清凉寺史前墓地 中

山西省考古研究所
运城市文物工作站　编著
芮城县旅游文物局

薛新明　主编

文物出版社

The Prehistoric Cemetery of Qingliangsi

Volume II

(With an English Abstract)

by

Shanxi Provincial Institute of Archaeology

Yuncheng Municipal Workstation of Cultural Heritage

Ruicheng County Administration of Tourism and Cultural Heritage

Editor-in-chief: Xinming Xue

Cultural Relics Press

Beijing · 2016

第八章　文化归属及墓地年代与布局

清凉寺墓地发掘成果的重要性表现在许多方面，解析该墓地的首要条件是梳理清楚所有的发掘资料，为此，我们在前面的几章中，首先对墓地的环境、发现与发掘过程作了介绍，并且依不同墓葬的层位关系和特点，划分出四个时期；然后对各个时期墓葬的保存状况和出土遗物的特征作了总结、归纳、叙述。确认这些墓葬的文化归属和年代是进一步研究该墓地丰富内涵的必要前提，只有在此基础上，我们才能根据墓葬反映的信息，对中原地区的史前文化发展和中国古代文明起源的一系列问题提出新的认识。在本章中，我们首先按分期分析墓地中具有代表性的资料，然后与其他遗址的同类遗存进行对比，确认墓地不同时期遗存的文化归属，从而将该墓地代表的文化特色纳入整个陕晋豫交界地区的文化体系中。同时，根据对不同时期墓葬发现人骨的碳十四测年，分析各期墓葬的具体年代。最后，对墓葬的入葬顺序和安排墓位反映的理念变化做出合理的推测。

第一节　各期墓葬的文化归属 *

在史前时期的文化遗物中，陶器是构成一个地域某一阶段文化特色最重要的因素和内容，也是体现文化传统、文化归属最直接和可靠的资料，由于其质地、纹饰和形制变化最快，又是研究文化演变细节最好的标本。清凉寺墓地随葬陶器的墓葬较少，反映的内容并不全面，即使如此，陶器仍旧对我们认识该墓地的一系列问题具有重要价值。

第一期墓葬中均未发现陶器，而且头向、葬式与后来三个时期有较大区别，属于一个独立的考古学文化。墓葬代表着一个重要阶段的特色，但是，仅从这些墓葬提供的情况来认识其归属显然资料欠缺，必须与墓地范围内的其他相关资料结合起来研究，并且参照这类墓葬的碳十四测年，方可得到较可信的认识。

墓地所在区域内最早的遗址属于仰韶早期，主要分布在墓地中、东部，遗址的地层堆积较厚，部分区域的遗迹也很密集，这些地层、遗迹与第一期墓葬未发生打破、叠压关系，但凡与墓地位置重合之处全部被第二至第四期墓葬打破，它们代表的年代显然早于第二期墓葬，与第一期墓葬类似。我们对上述的所有遗迹均未进行大规模发掘，从地层中发现的个别陶片以及墓葬间隙残存的房址、柱洞来看，坡地中部为一个年代较早的聚落遗址，最中间是居住区，东部是瓮棺葬区。如果将第一期墓葬与上述两类遗迹综合起来考虑，这些不同的单元已经构成了一个要素齐全的小

---

　*　本节执笔：山西省考古研究所薛新明。

型聚落。虽然地层中发现的陶片残破，房址也保存不好，但墓地东部发现的瓮棺葬所用陶器却可以复原，而且时代特征明确。瓮棺葬全部是夹砂罐与钵的组合，两类器物均与翼城枣园遗址的第二期[1]到北撖遗址第一期[2]的同类器物特征相近，因此，我们推测本墓地第一期墓葬属于枣园文化中后期，或许有部分墓葬已经进入与翼城北撖第一期遗存相当的庙底沟文化早期。值得注意的是，作为瓮棺葬具的夹砂罐的形制和纹饰有一些半坡文化因素，年代大约与关中盆地的半坡文化中后期接近，可见，这一时期晋南、豫西地区与关中盆地的文化交流比较频繁，这是后来盛极一时的庙底沟文化的基础。墓地第一期可能经历了由枣园文化向庙底沟文化转变的全过程。

第二、三期墓葬是本墓地最主要的文化遗存，但拥有陶器的墓葬很少，只有身份高贵的墓主人才有随葬陶器的待遇，这应该是当时社群组织的统一要求，因此，陶器已经具备了礼器的性质。随葬陶器的墓葬在中、西部均有少量发现，而且不同阶段器物的特点明确，能够代表当时这一区域内陶器的发展线索，通过与相关地域遗址中出土的同类器物进行对比研究，可以为确认墓葬的属性提供重要证据。不过，毕竟出土的器类很少，使我们对其文化归属与年代学的研究受到一些局限，很难做到准确和全面。

陕晋豫交界地区的史前文化十分发达，新中国成立以来，考古学者对这里的研究一直未曾间断，在历次配合基建或专题调查中，我们在运城盆地及黄河北岸一带发现的史前遗址并不少，而且文化阶段齐全、序列完整，是整个中原地区发现文化遗存最丰富、特色最显著的地域之一。但是，真正经过正式发掘的地点并不多，能够同时出土与清凉寺墓地第二、三期墓葬随葬器物类似的遗址更少，在目前认识较清晰的遗存中，具备条件的地点仅见于中条山东南部的垣曲古城盆地。垣曲古城东关遗址[3]和宁家坡遗址[4]均进行了大规模的发掘，其中东关遗址的陶器经过系统整理，并且划分出了不同的类型，不同特色的器物代表的年代序列比较清楚，一定程度上可以代表陕晋豫交界地区的史前文化特色。芮城与垣曲两地由黄河干流和中条山脉东西相连，相距不太远，整体的考古学文化面貌和发展传统也比较接近，二者完全可以对比研究，由此我们找到了一些认识清凉寺墓地文化归属的线索。

清凉寺墓地第二期相伴出土的陶器全部是泥质陶，总数仅有几件，主要器类为小口高领的折肩罐、侈口的深腹盆，应该是当时随葬品中比较固定的组合，除此之外，还在一个墓中发现一件素面长颈垂腹瓶。如果单纯从制作技术和形制、纹饰来考察，应该与本地居民生活中使用的陶器特点一致，反映着当时这一区域的时代特色，依此可以将其制作时代大致确定下来。通过检索，上述所有器类在垣曲古城东关、宁家坡等遗址都有出土，并且都能找到类似的标本。下面我们对清凉寺墓地与东关遗址两地部分墓葬、遗迹发现的代表性器物的形制、特点作一些对比分析。

M79 和 M82 是清凉寺墓地出土器物较全的墓葬，其中包括小口高领罐和侈口深腹盆两类陶器。两个墓葬中出土的小口高领罐分别与东关遗址出土的 A I 式高领罐 IH110∶4、IH185∶33 形制相似；侈口深腹盆则分别与东关遗址 C II 式宽沿盆 IH110∶41、IH145∶36 相似。清凉寺墓地同属于第二

[1] 山西省考古研究所等：《翼城枣园》，科学技术文献出版社，2004 年。

[2] 山西省考古研究所：《山西翼城北撖遗址发掘报告》，《文物季刊》1993 年 4 期。

[3] 中国历史博物馆考古部、山西省考古研究所、垣曲县博物馆：《垣曲古城东关》，科学出版社，2001 年。

[4] 薛新明、宋建忠：《山西垣曲宁家坡遗址发掘纪要》，《华夏考古》2004 年 2 期。

期的 M66 只出土了一件小口高领罐，其形制类似于东关 AⅡ式高领罐 IH145∶51。另外，位于墓地中部的 M183 出土了一件陶瓶，造型与古城东关遗址 IH44 出土的 B 型瓶十分相似。根据古城东关遗址的分期，上述罐、盆两类器物同时存在的时间并不长，IH44、IH110、IH145、IH185 等单位均属于庙底沟二期文化的晚期，由此可见，分布在清凉寺墓地不同区域的这几座墓，下葬的年代应该不会超出庙底沟二期文化晚期的范畴，最晚也只能到了庙底沟二期与龙山时期过渡的临界点。另外，在这一时期墓葬的填土中发现有一些陶片，虽然十分破碎，仅有部分残片可以辨识器类，但可以肯定年代属于庙底沟二期文化，所以，其年代也不可能再早了。上述出土陶器的墓葬中绝大部分同时出土有玉石器，这些玉石器无论质地还是形制，均与属于第二期的其他小型墓出土的玉石器特征相同，因此，这几座墓葬基本可以代表第二期的文化属性和相对年代。

在清凉寺墓地 M70 也发现了高领折肩罐和侈口深腹盆各一件，根据打破关系和墓位排列情况，我们认为该墓属于第三期，但是上述这两件器物出土于被扰乱的填土之中，应该是早于第三期的遗存，其制作和使用的年代大约与第二期接近。M70 所见高领折肩罐与古城东关遗址的 AⅡ式高领罐 IH108∶14 相似，宽沿侈口深腹盆与东关遗址的 AⅡ式宽沿盆 IH252∶140 相近，东关遗址的这两个单位也属于庙底沟二期文化的晚期阶段，从另一个角度证明我们前面推定的清凉寺第二期墓葬属性与年代是正确的。

需要注意的一个重要信息是，这一地区庙底沟二期文化晚期的年代和临汾盆地陶寺遗址的早期部分大型墓葬的年代接近[1]，两个相邻区域内同时出现早期文明因素，应当反映着较重大的历史变革和整个中原地区文化发展的大趋势，即使这种变革的动因或表现形式有差别，但社会进步的潮流已经不可阻挡。

第三期墓葬的随葬陶器不多，但情况比较复杂，有部分墓葬出土的器物与第二期的器类相同，而且具有相似的特点。M53 位于南区的西部，打破了属于第二期的 M54，而且拥有二层台，无疑属于第三期。该墓出土了一件小口高领折肩罐，整体特征表现出与第二期同类器物较明显的延续风格，只是罐表面饰竖篮纹且在纹路中带有横丝，这是龙山文化的特征。在位置接近 M53 的 M146 中，出土了三件彩绘陶瓶，整体造型与第二期 M183 出土的同类器物相似，并且和古城东关遗址属于庙底沟二期文化晚期的 IH210、IH185、IH44 等单位出土的 B 型瓶风格相近，仅器表增加了复杂的彩绘。上述两座墓葬集中分布在墓地的西部，由此来看，第三期靠西的部分墓葬与庙底沟二期文化晚期的年代比较接近，即使已经进入龙山时代，也应该属于较早阶段。另外，两座位于南区中部的墓葬也发现有陶器，其中发现小口高领罐的墓葬编号为 M188，无论是器物的形制还是器表装饰都有了较大变化，形制的差别主要在罐的肩部，整体变得比较浑圆，器表的装饰变化也体现在肩部，不仅在圆弧的折肩处有横向磨光痕迹，而且肩面正中还有三圈凹旋纹夹着的戳印纹。从器物的整体特点来看，虽然仍旧保留了第二期曾经流行的器类，但已经有了东关遗址龙山早期 IH158 出土高领罐的某些风格。该墓的东部打破属于第二期的 M222，但相邻的墓葬均为第三期的大型墓，北侧为 M180，南侧为 M189，西侧是 M167，墓位的安排符合第三期墓葬的排列规律，显

---

[1] 中国社会科学院考古研究所山西工作队、临汾地区文化局：《山西襄汾陶寺遗址发掘简报》，《考古》1980 年 1 期；中国社会科学院考古研究所山西工作队、临汾地区文化局：《1978~1980 年山西襄汾陶寺墓地发掘简报》，《考古》1983 年 1 期。

然属于第三期。另一座发现陶器的墓葬是 M155，排列位置情况与 M188 类似，周围也全部是第三期墓葬，虽然被严重盗扰，但当时的盗掘似乎并不注重陶器，所以墓底的中南部散乱地放着一些陶器的残片，经拼对复原，这是一件高领折腹罐，应该是该墓的随葬品。器物为敞口高领，中折腹，下腹斜长，小平底，整个器表均为素面，这件器物也有东关遗址龙山早期 IH83 出土高领罐的风格。虽然清凉寺墓地中部墓葬出土的这两件罐与东关遗址龙山早期同类器物的形制存在一些差别，但确实有了比西部区域墓葬晚一些的因素，所以，我们认为上述几座属于第三期的墓葬，已经进入龙山时期，而且中、东部的墓葬晚于西部的墓葬。由于遭到严重盗掘，所有区域发现的第三期墓葬中，随葬的玉石器种类多不齐全，但幸存的器物与上述这几座墓葬出土的同类器物特征相近，没有明显的差别，因此，即使下葬有早晚，但整个第三期应该全部属于龙山文化的范畴。

　　第四期未发现任何陶器，也没有找到其他确凿的证据说明其文化属性，不过，我们可以从其他迹象确定本期墓葬的起点和终点的时间，并且以此认定本期墓葬所属文化范畴。从墓葬的位置、葬制、少数墓葬中随葬的玉石器特点以及被盗扰的情况来看，第四期墓葬应该是第三期墓葬的延续，起点年代与第三期的最晚阶段相去不远。另外，虽然第三、四期墓葬均遭到不同程度的盗扰，但本期有多座墓葬的墓主人在盗扰中被拖动过，表明第四期墓葬在盗掘时，墓主人的尸骨尚未全部腐朽，仍旧可以整体拖移，所以下葬年代与墓地被盗扰的时间相距很近，也就是说，第四期墓葬年代的下限略早于墓地被盗扰的时间，这样来说，盗扰墓地的时间对我们确定第四期墓葬的属性具有重要参考价值。

　　本来，即使在实施盗扰墓葬之前有过计划，但操作过程一定会比较混乱，扰乱现象也应该缺乏规律，而且盗掘一般不会留下确切的时代特征，因此，要确定墓葬盗扰发生的时间比确认被盗墓葬的年代更加困难。幸运的是我们在属于第三期的 M269 盗洞内发现了一件陶鬲的残片，经拼对已经复原，该器物具有明确的陶寺文化晚期特征。根据本墓地所有发现的随葬品种类，可以排除该器物是墓地任何一期墓葬随葬品的可能，那么，弃置于盗洞内的器物就只能是盗扰墓地时留下的遗物。虽然我们还没有证据说明为什么在这座墓葬的盗洞中会弃置当时已经废弃的陶器残片，而且，也不能合理地解释为什么在黄河北岸的清凉寺墓地会出土陶寺文化晚期的器物，这里确实超出了陶寺文化的分布范围。但该器物的存在却证实墓地的盗扰年代是龙山晚期，也就是说墓地的下限不会超出龙山时代。依此判断，间于第三期与盗扰墓葬之间的第四期墓葬应该属于龙山时期，即使已经进入晚期，也没有突破其下限，仍旧属于史前时期。

　　综上所述，清凉寺墓地的每一个时期均具有重要的学术价值。第一期墓葬与后面的三期区别较大，有较长时间的间隔，这些墓葬与本区域年代最早的遗址属于仰韶早期的同一个小型聚落。从瓮棺葬具的特征来看，当时的文化成分以枣园文化至庙底沟文化早期的为主，也有部分半坡文化的特点，是两个具有很强实力的部族文化融合的见证。这种现象说明分布在晋南、豫西地区的枣园文化与关中盆地的半坡文化既对峙又交流，正是这种碰撞和融合奠定了雄厚的文化基础，才有了后来庙底沟文化的辉煌成就，在相当长的时间内成为中原地区文化的主体，对后世产生了极大的影响。第一期墓葬之后很长的时间内，本墓地所在区域未埋葬死者，包括强盛的庙底沟文化时期也未涉及这片区域。中原地区在仰韶晚期一度低迷之后，形成了以晋西南、豫西地区为主要分布区的庙底沟二期文化，而且文化因素开始向周边地区扩张，不仅在临汾盆地与北方文化交流融合，形成了以陶寺遗址早期遗存为代表的文化，而且还极大地影响了豫中、关中一带的同时期文化，中原的核心地区成为当时最强盛的地域。到了该文化的晚期阶段，在晋西南地区继续保持强盛的态势，这个时候清凉寺墓地一带成为本地部族成员的墓地，这就是第二期墓葬。需要特别提出的是，在该地区文化的复兴与发展过程中，曾经接受了其他地域文化的强烈影响，大量吸纳了其他同时期文化的因素，周边地区文化特色汇聚中原的趋势已经成为主流。在这种背景下，清凉寺第二期墓葬成为中原地区大量随葬玉石器年代最早的实例，当时，埋葬的虽然是该文化晚期的本地居民，但作为逐鹿中原的重要平台，不同文化的精华汇集已经成为大势所趋。以此为起点，本地文化进入全盛时期，墓地的迹象见证了中原地区文化的重新崛起，开启了文明时代的帷幕。龙山时期，统治这一带的集团在继承庙底沟二期文化以来传统的同时，继续接受周边地区文化不同程度的影响，来自东方的大汶口文化晚期、东南方的良渚及后续文化、南方屈家岭—石家河文化均参与其中，大范围文化的互动成为墓地所在地文化的特色，融合趋势因为特殊的地理和资源因素被强化。尽管不同考古学文化在中原腹地的碰撞过程中，对本地文化影响的程度有强弱的差别，但均为中原文化注入了新鲜的血液。清凉寺墓地所在的区域是中原文化汇聚的中心地带，作为主要代表的第三期墓葬是我国迄今发现史前时期殉人数量最多的实例，特殊的葬制和并非本地传统的厚葬习俗，表明各种文化因素和理念的汇聚一直延续到龙山文化晚期，而本地文化中，融合与创新的风格是发展的主旋律。第四期墓葬虽然整体级别明显下降，但与第三期墓葬具有相似的风格，直到墓地被大规模盗扰才终止了发展步伐。由于墓地发现的资料有限，我们还不能梳理出一个独立于同时期周边其他文化之外的地方类型，也许不同文化因素的共存使龙山时期这一地区缺乏自身独特的组合，既不能归入周边任何一个考古学文化，也不能确立一个新的文化，以前一直被提到的"龙山文化三里桥类型"区别于其他同时期遗存的特色其实就是不同因素的综合，正是这种开放式的发展模式成为文化飞跃的起点，极端的方式并没有阻止了文明时代到来的步伐，当时的中原地区正在发生一次大规模的文化变革，礼制在文化的反复中走向成熟。

第二节　墓地的年代 *

在史前遗址或墓地的研究中，除了需要用地层学和器物类型学等考古方法进行相对年代的研究以外，绝对年代的确定是解决年代问题的关键。清凉寺墓地发现墓葬数量很大，大多数墓葬都呈平面分布。在已经发掘墓葬中，有部分墓葬之间存在着复杂的打破关系，为分期提供了依据，发掘者根据具有规律的层位关系，确定相关墓葬下葬的先后和分期，但不能确定这些墓葬下葬的具体年代。要更好地了解墓地不同墓葬的绝对年代，目前最好的方法就是对墓地出土的人骨标本按照一定的空间分布顺序进行采集，采用加速器质谱碳十四年代测定方法进行系统的年代学研究。

2007 年 9 月底，受山西考古研究所清凉寺史前墓地研究课题组的邀请，北京大学考古文博学院科技考古实验室科研人员赴山西侯马采集清凉寺墓地出土的人骨标本。取样之前，所有人骨已由专业人员作了体质人类学鉴定。采样原则以墓葬的考古分期为主线，在每一期的墓葬中，又

---

* 本节执笔：北京大学考古文博学院吴小红。

按照不同的空间分布位置选取个体，并且兼顾具有地层叠压或打破关系的墓葬。经过筛选，从 37 座墓葬的 38 个个体采集了碳十四测年样品，其中绝大多数是墓主人，也有少数墓葬选择了非正常入葬的死者，取样部位主要为肢骨。在实验室对采集的标本进行处理，提取其中的胶原蛋白，制成明胶后冷冻干燥，再经过氧化还原后得到石墨，在北京大学物理学院进行加速器质谱碳十四年代测定。这批数据包括四个时期的墓葬，可以得到清凉寺史前墓地的整个年代框架，并且能够看出每个时期的年代分布。将这些数据进行分析，结合一些特殊的埋葬现象，可以验证某些埋葬行为。若与墓地出土陶器、玉石器等遗存结合进行综合研究，可以为进一步探讨墓地反映的社会制度、经济类型，并且为其他相关的研究课题提供扎实的年代基础。

根据课题组提供的墓地分期，我们将所测定的年代数据按分期列表 8-2-1 如下：

表 8-2-1　清凉寺墓地人骨碳十四年代

Lab 编号	墓号	分期	碳十四年代（BP）	树轮校正后年代（BC）	
				1σ（68.2%）	2σ（95.4%）
BA071311	M63	一期	5175±35	4037~3960	4049~3821
BA071309	M33	一期	5170±35	4037~3957	4046~3819
BA071310	M37	一期	5170±35	4037~3957	4046~3819
BA071315	M40	一期	5165±40	4039~3951	4048~3808
BA071308	M62	一期	5155±35	4037~3946	4042~3811
BA071313	M35	一期	5135±35	3981~3817	4037~3803
BA071312	M265	一期	5110±35	3966~3811	3976~3800
BA071380	M36	一期	5100±35	3961~3809	3971~3798
BA071381	M34	一期	5090±35	3957~3806	3966~3797
BA071316	M38	一期	5055±35	3942~3798	3959~3772
BA071371	M67	二期	3895±35	2462~2345	2473~2243
BA071375	M46	二期	3795±35	2287~2150	2397~2061
BA071361	M66	二期	3745±35	2203~2051	2281~2035
BA071329	M82 东北侧	二期	3735±35	2200~2046	2278~2031
BA071364	M249	二期	3735±35	2200~2046	2278~2031
BA071322	M286	二期	3730±35	2198~2044	2276~2028
BA071377	M196	二期	3730±35	2198~2044	2276~2028
BA071333	M223	二期	3725±35	2197~2041	2275~2025
BA071370	M71B	二期	3690±35	2136~2031	2198~1965
BA071382	M51	二期	3685±40	2137~2025	2198~1952
BA071362	M58 南	二期	3685±35	2136~2028	2196~1959
BA071376	M144	二期	3650±40	2123~1954	2140~1914
BA071386	M136	二期	3625±35	2031~1940	2129~1891
BA071383	M61	二期	3610±35	2023~1925	2121~1885
BA071402	M58 北	二期	3590±35	2010~1896	2036~1783

续表 8-2-1

Lab 编号	墓号	分期	碳十四年代（BP）	树轮校正后年代（BC）	
				1σ（68.2%）	2σ（95.4%）
BA071373	M53C	三期	3800±35	2290~2151	2430~2064
BA071334	M146 东北角	三期	3720±35	2196~2039	2271~1984
BA071391	M72	三期	3675±35	2134~1981	2192~1952
BA071344	M22	三期	3590±35	2010~1896	2036~1783
BA071366	M188 主	三期	3590±35	2010~1896	2036~1783
BA071406	M189	三期	3575±40	2010~1884	2032~1775
BA071320	M258	三期	3565±35	1972~1832	2023~1776
BA071323	M351	三期	3490±35	1879~1767	1906~1696
BA071347	M202	四期	3590±35	2010~1896	2036~1783
BA071378	M289	四期	3585±35	2008~1892	2034~1782
BA071345	M342	四期	3580±40	2011~1886	2035~1776
BA071324	M282	四期	3545±35	1941~1781	2009~1767
BA071353	M240	四期	3490±35	1879~1767	1906~1696

说明：所用碳十四半衰期为 5568 年，BP 为距 1950 年的年代。树轮校正所用曲线为 IntCal09 (1)，所用程序为 OxCal v4.2 (2, 3) (P. J. Reimer, M. G. L. Baillie, E. Bard, et al., IntCal09 and Marine09 radiocarbon age calibration curves, 0–50,000 years cal BP. Radiocarbon, 2009, 51 (4): 1111–1150; C. Bronk Ramsey, Bayesian analysis of radiocarbon dates. Radiocarbon, 2009, 51(1): 337–360; Christopher Bronk Ramsey, www.rlaha.ox.ac.uk/orau/oxcal. html, 2013)。

　　第一期共测定了 10 座墓葬的人骨标本，其碳十四年代大致在 5175±35BP 至 5055±35BP 之间，10 个数据的树轮校正年代分布在 4050BC~3770BC 之间（若不指明，文中树轮校正后年代分布范围均为 2σ，95.4% 置信度），这一期不同年代的墓葬在空间分布上没有显示出规律。第一期墓葬的年代与第二期墓葬年代在时间上有明显的早晚关系，而且二者之间分界很清晰，在年代上没有交叠，说明清凉寺墓地在第一期使用后就闲置了，直到第二期墓葬时期被作为墓地再次使用。

　　第二期共测定了 14 座墓葬的 15 个人骨标本，其中最早的年代出自 M67，碳十四年代为 3895±35BP，最晚的年代出自 M58 北，碳十四年代为 3590±35BP，经过树轮校正后，得到第二期墓葬的年代分布在 2470BC~1780BC 之间。从碳十四树轮校正年代分布图中可以看到，绝大部分数据集中在 2280BC~1780BC 之间。

　　第三期共测定了 8 座墓葬的人骨标本，其中最早的年代出自 M53C，碳十四年代为 3800±35BP，最晚的年代出自 M351，碳十四年代为 3490±35BP，经过树轮校正后，得到第三期墓葬的年代分布在 2430BC~1700BC 之间。

　　第四期共测定了 5 座墓葬的人骨标本，其中最早的年代出自 M202，碳十四年代为 3590±35BP，最晚年代出自 M240，碳十四年代为 3490±35BP，经过树轮校正后，得到第四期墓葬的年代分布在 2040BC~1700BC 之间。

　　为了便于观察，我们按照墓葬分期和碳十四年代数据大小排列，做了清凉寺墓葬日历年代数据分布图 8-2-1。

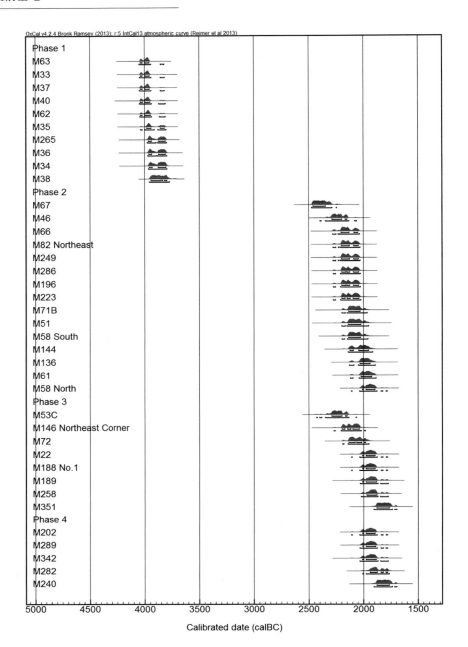

图 8-2-1　清凉寺墓葬日历年代数据分布图

　　从上述四期的碳十四年代数据分布来看，第一期的年代明显早于第二、三、四期的年代，日历年代分布在 4050BC~3770BC 之间，与第二期相比有明显的年代间隔。第二、三、四期之间没有明显的年代界限，可以把二、三、四期的年代变化看作一个连续的过程，其年代在2470BC~1700BC 之间分布。若仔细分辨，从年代分布图中可以看到不同期的年代分布还是有差别的，比如，二期早的墓葬略显早，而四期的墓葬都集中在晚段以后。由于二、三、四期的大部分墓葬年代分布基本一致，不妨把二、三、四期的墓葬作为同一个时期的墓葬来看待，其年代分布范围为 2470BC~1700BC。

　　为了解具有打破关系的墓葬是否属于同一时期，我们在选取样品时，针对一些关键部位和发现了重要遗迹现象的墓葬进行取样，具有打破关系的墓葬有以下几组，对年代结果具体分析如下。

第一组具有打破关系的墓葬是 M51 和 M61，其中前者打破了后者，M51 的墓主人跪在 M61 墓主人的脚踝之上，M51 的测年数据为 3685±40，经树轮校正其日历年代是 2150BC~1950BC（置信度为 88.6%）〔若用 1σ 误差（68.2% 置信度）计算得到的日历年代为：2140BC~2020BC〕。M61 的测年数据是 3610±35，经树轮校正后得到日历年代为 2040BC~1880BC（置信度为 91.7%）〔若用 1σ 误差（68.2% 置信度）计算得到的日历年代为 2025BC~1920BC〕。二者的碳十四年代落在了 1σ 误差范围之内，两个墓葬应属于同时期埋葬的。

第二组具有打破关系的墓葬为 M58、M66 和 M67，其中 M58 打破了其余两座墓葬，M66 又打破了 M67，他们的层位顺序应该是 M67 最早，M66 次之，M58 最晚，测出来的年代顺序与此完全一致，但是，具体的年代需要进行一些分析。在这一组测年数据中，M67 的年代最早，在测年样本中是除第一期以外年代最早的一个数据，碳十四年代为 3895±35BP，经树轮校正后得到日历年代为 2480BC~2280BC（置信度为 95.4%）〔若用 1σ 误差（68.2% 置信度）计算得到的日历年代为 2470BC~2340BC〕。经核对，M67 被其他两座墓葬打破，仅残存头部和少量肢骨，曾被 M66 扰乱、M58 破坏，墓内除发现本期常见的钺和单孔石器外，还有一件残破的透闪石玉器和雄猪的下犬齿，后两类器物大部分发现于第三期的墓葬中，这些随葬品是后来打破该墓时混入墓内还是下葬时随葬的器物，这些是综合分析时需要重点关注的现象。M66 的测年数据间于中间，其中发现了一件陶器，可以用类型学的方法研究，并且与测年数据相互参考。M58 的年代最晚，墓内埋有两位死者，其中一位仰身者应为墓主人，另一位呈趴卧状压在墓主人身上。仰身的墓主人的碳十四年代为 3685±35BP，经树轮校正，计算得到的日历年代是 2150BC~1950BC（置信度为 90.4%）〔若用 1σ 误差（68.2% 置信度）计算得到的日历年代为 2140BC~2020BC〕。趴卧状死者的碳十四年代是 3590±35BP，经树轮校正，计算得到的日历年代是 2040BC~1820BC（置信度为 95.4%）〔若用 1σ 误差（68.2% 置信度）计算，得到的日历年代为 2010BC~1890BC〕。二者的年代早晚关系与叠压关系一致，年代差别在 2σ 误差之内，但在 1σ 误差之外，这两位死者属于同一个时期被埋葬的，但同一个墓葬中年代之间的差别还是不能忽略。

第三组具有打破关系的墓葬为 M136 打破 M144，其碳十四年代分别为 3625±35BP（M136）和 3650±40BP（M144），经树轮校正后得到日历年代（95.4% 置信度）分别为 2129BC~1891BC（M136）和 2140BC~1914BC（M144），二者的年代与墓葬间的打破关系吻合，属于同时期的墓葬。

第三期有以下两个墓葬的数据需要作一些说明：M53 打破了第二期墓葬 M54，明确属于第三期，测年用的标本取自 M53 的一个成年男性殉人，碳十四年代是 3800±35BP，经树轮校正后得到的日历年代为 2350BC~2130BC（置信度为 93.7%）〔若用 1σ 误差（68.2% 置信度）计算得到的日历年代为 2290BC（60.2%）~2190BC〕，这样的年代数据即使在第二期中也是较早的。M146 也属于第三期，该墓拥有墓地中最多的殉人，测年时用的标本就取自位于墓葬东北角一个 14~17 岁的男性殉人，碳十四年代为 3720±35BP，树轮校正后得到的日历年代为 2210BC~2020BC（置信度为 95.4%）〔若用 1σ 误差（68.2% 置信度）计算得到的日历年代为：2100BC（37.5%）~2030BC〕，这个年代结果约当第二期中间偏早。从墓葬位置分布来看，这两个墓葬是第三期最早的一批，但不应该比第二期的小型墓葬还早。具体原因尚有待进一步探讨。

总体来看，清凉寺墓地墓葬人骨碳十四年代测定结果与墓葬分布、叠压打破关系反映的墓葬分期一致。根据上述分析我们得出对清凉寺墓地的年代认识，如果以 2σ 误差 95.4% 置信度的数据为依据的话，清凉寺墓地第二至第四期的日历年代范围在公元前 2470~ 前 1700 年之间，若以 1σ 误差 68.2% 置信度的数据为依据的话，清凉寺墓地第二至第四期的日历年代范围在公元前 2300~ 前 1800 年之间。

近年来，"中华文明探源工程预研究"和"中华文明探源工程"年代学研究课题组，对山西省垣曲县古城镇东关遗址发现的庙底沟二期文化遗存重新作了加速器测年，根据最新的测定数据，庙底沟二期文化中、晚期遗存的年代在 2600BC~2500BC 之间，也有一些晚期的数据可接近 2300BC；中原龙山时期大致从公元前 2300 年前后延续到公元前 1900 年。从整体而言，清凉寺墓地的年代与这个结论是吻合的。

第三节　墓地的布局[*]

通过对墓地分期和年代学的研究，我们已经明确先后几次使用该墓地的时间和每个阶段在中原地区史前文化体系中的位置，但是却未能说明不同时期选择墓地的思路和具体实施时的空间安排。其实，墓地的规划反映着社会制度的一个侧面，也是社会进程研究中不容忽视的内容，那么，是否每个时期的墓葬都在下葬之前就已经有了一个具体的规划呢？我们可以根据现有的线索，推定墓葬下葬的先后顺序，从墓地整体布局、墓位安排方式的角度，对下葬前人们选择墓地的标准和原则进行分析，窥探不同时期这片墓地主人的文化理念。

一　第一期墓葬下葬的先后顺序与规划理念

第一期墓葬全部分布在整个墓地的西部高地，范围从西北部经过最西端，然后延续到西南部，呈中部向西端凸出的环形带状，墓位较分散，这种安排方式并非偶然，与该区域内的居住区范围有一些联系。我们并没有对这一时期的遗迹进行全面揭露，只在不影响整个墓地布局的前提下，清理了墓穴间隙区的少量遗迹，由于绝大部分区域内，各期墓葬保存下来的开口层位与早期阶段的房址、柱洞、瓮棺葬等遗迹的开口层位在同一个平面上，因此，我们对聚落内不同遗迹的分布位置、大体形制等情况有了概括的了解。居民们选择生活在这里，可能涉及环境和生产、生活安排等诸多方面，不过，将墓地与居住区分开，已经有了注重不同功能分布在不同位置的理念。

在墓地中部偏西的区域内，我们发现了南北相距大约 12 米的两处小型房址（图 8-3-1，8-3-2）。两处房址均开口在近代垫土层下，只保存了部分室内地面，这些地面进行过简单整理，平坦结实，还有部分区域残留着踩踏的迹象。在地面之下的地基部处理较简单，仅在生土之上铺垫了一层厚约 3 厘米左右的黄色垫土，垫土之上即为厚仅 1 厘米的居住面。两座房址南北相对，地面结构相同，均被后期的墓葬打破，尤其是北部的房子被四个第二期和三个第三期的墓葬破坏，只能看到大致轮廓。房子位于墓地中部的 T5 和 T29，形状为方形，范围基本完整，四边的边缘保存相对较好，

---

[*]　本节执笔：山西省考古研究所薛新明。

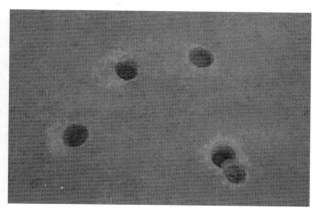

图 8-3-1　北部房址（南—北）　　　　　　　　图 8-3-2　南部房址（南—北）

东西约 4.60、南北约 3.80 米，北侧边缘地带发现有地面稍微往上翘起的迹象，整体似乎是半地穴式房子。南部的居址位于墓地西南部的 T52，保存情况较差，只保留少部分地面和五个可能位于房子范围内的柱洞，其中两个柱洞紧紧相连，其实起着同一个柱洞的作用，其余的小型柱洞排列有序，大致形成北窄南宽的梯形框架，房子的形制已经不能确认，但所在区域属于人类居住区则是肯定的。北部的房址之下叠压着属于枣园文化的地层，而且房子的东南部还有一个编号为 W2 的瓮棺葬打破了房内的地面，瓮棺由一个口沿外至上腹部饰凹弦纹、下腹粗糙无纹的夹砂罐和一个泥质红陶钵对扣组成，其中下面直立的罐内葬着一个年幼的婴儿。陶器的特点明显属于枣园文化晚期，可见，这些房子及被房子叠压的遗存不仅早于整个墓地的第二期，而且，北部房子使用的年代早于瓮棺葬 W2，不晚于枣园文化晚期（可参照图 2-3-1）。

　　与北部房子距离约五六十米的墓地东部，我们发现了另外 6 个被叠压在垫土层下的瓮棺葬，瓮棺的位置总体呈南北向分布，已经接近冲沟断崖。这些瓮棺打破了年代更早一些的枣园文化堆积，埋葬的方式与中部房址内的 W2 完全相同，葬具所用的器类也相同，只是部分器物的形制或器表装饰特点有一些差别。这些瓮棺葬的年代可能略有差别，但应该比较接近，不能将其再进行更细致的划分，从文化分期的角度来说，与中部房子属于同一时期。由于瓮棺葬是在后期墓穴之间的空隙地带发现的，或许还有一些被挖墓穴时或东边的冲沟破坏了，发现的瓮棺应当不是当时的全部遗存，但能够代表这种习俗的基本特点。

　　在我们已经清理的范围内，第一期墓葬数量最少，保存情况也不太好，而且墓葬的方向也有区别，个别墓葬之间存在的打破关系说明这些墓葬仍旧有时间上的差距，极少数头向东北或正北的墓年代略早，绝大部分头向西北的墓葬年代相近。这类墓葬的分布范围和特点基本能够代表第一期墓葬的情况。这些在生土上直接挖出竖穴的土坑墓葬，与居住区东西相邻，没有任何一座墓葬与中、东部的早期遗迹或地层重合，应该与东部的瓮棺葬、中部房址为代表的遗址属于同一个时期。但是，由于墓葬分布分散，而且没有任何随葬品，我们不能依据目前发现的这些墓葬反映的情况，说明墓葬下葬的先后顺序，也不能说明具体哪一座或哪些墓葬与房子、瓮棺同时存在，或者说，无法确定哪些"阴宅"与"阳宅"具有共时性。碳十四测年的数据中，年代略早的墓葬除分布在靠近中部区域的 M62、M63 外，其他 M33、M37 和 M40 等分布在最高处由北向南的区域内，与年代较晚的 M34、M36 和 M38 等墓葬位置交错，最靠南的 M265 的年代间于上述两组墓葬之间。

我们不能根据这些墓葬提供的信息说明哪一个小区域的墓葬年代更早，只能说属于较接近的时期，似乎除刻意将墓地安排在居住区之外的较高区域外，对死者墓位的安排相对随意。

在墓地中还能找到一些具有特色的陶片，这些器物发现于中、东部区域，大部分在遭后期墓葬打破的早期遗址地层内，所在层位明确，虽然不能复原，但遗物十分单纯，陶片明显属于枣园文化，即使有先后差别，也不可能突破该文化的基本范畴。我们对整个早期居住区的遗迹类别和特点并不十分清楚，却可以根据发现的迹象推测当时房子、墓葬和瓮棺葬三大类遗存的分布区域：中部为以房址和其他未清理的遗迹为代表的居住区，东部临近冲沟处是埋葬瓮棺的区域，而西部接近山梁处则是墓葬区。西北和西端的墓葬与北部房子之间的距离均 15 米到 20 米左右，西南部的墓葬距南部房址所在区域却只有 5 米左右，墓葬与遗迹之间的地势平缓过渡，未发现壕沟，也不见其他隔离的设施。根据我们对墓地原始地貌的推测，第一期墓葬所在的这一区域虽然高度也有区别，但从总体上来看，是这个小坡地中地势最高的位置，在山脚下的较高地段环绕着居住区安排墓位，显示出对死者的怀念和尊重，或许是一种较高的礼遇。

如果上述房子、瓮棺葬和竖穴土坑墓这三部分确实是清凉寺一带年代最早的聚落组成部分，那么当时的聚落规模实在很小，诸单元组合在一起，总的占地范围也只有直径或边长 80 米左右的规模，如果再考虑到这个范围内的遗存是在 5175 ± 35BP~5055 ± 35BP 之间形成的，大约延续了 100 余年，那么，具体在一个较短的时间段中，聚落内可能也只能有三两个家庭居住，如此少的居民显然不能构成一个部族，或许只是与附近其他小规模的聚落相互呼应的居民点。当时的生产力水平并不高，社会组织结构也应该比较简单，大概这个山梁环抱的平坦区域已经能够满足他们基本的生存需求。尽管如此，这里已经具备了一个小型聚落的基本要素。

二　第二期墓葬下葬的先后顺序与规划理念

第二期的墓葬分布情况较复杂，由于这一期本身延续时间较长，同一期墓葬之间存在着复杂的打破关系，而且第三期墓葬打破本期墓葬的现象十分普遍，许多墓葬在发现时已经不完整了，甚至有一部分被全部挖掉，致使现存的墓葬分布情况与下葬时有了很大差别，给我们认识这一时期的整体规划增加了难度，只能依据现存的线索作一些推测。

从总体上来说，第二期的墓葬应该是同一个群体的墓地，所有死者都以单人葬的方式埋葬，极个别发现两个以上的人骨。这些墓主人生前可能居住在一起，或者是血缘较接近的亲属，不过，在共同选择了这个地方埋葬逝者后，却没有统一规划入葬的先后顺序。从具体墓葬的布局来看，本期墓葬又可以划分出三个分布密集的小区域，由西向东依次分布，其中最东部的小区域受到后代的一条壕沟严重破坏，一些埋葬较浅的墓葬在壕沟所在的地方基本不存在了，壕沟两侧的小型墓葬应该属于同一个小的密集分布区。在每一个小区域的中心部位墓葬最密集，三个小区域两两之间则有一个较空旷的地带，这些地带应该是几个不同墓区之间的分隔带。根据墓葬分布情况判断，埋葬在同一个小区域内的死者关系较密切，而分别埋葬在不同小区域的死者之间关系相对疏远，说明当时墓地内的人群可按亲疏不同划分出更小的单元。如果说整个墓地的死者确实属于同一个部族的话，这些小区域埋葬的可能就是一个家族的死者。墓葬的位置是以家族为单位来分别安排的，这一时期内，墓地缺乏整体的规划，管理也不严格。

在对墓地发现的人骨进行碳十四测年时，我们有意选择了不同区域墓葬出土的标本，企图确定墓葬下葬的先后次序，为研究不同阶段埋葬理念的变化提供一些信息。其中最西部的一组数量最多，有近 10 例，东部和中部的墓群也各有 2 到 3 例，虽然这些墓葬的测年结果不一定能够与实际下葬的时间完全吻合，甚至个别墓葬的数据可能还有一些出入，但总体上能够反映不同区域墓葬营建的先后顺序。根据对数据的分析，可以看出，墓地最西部的部分墓葬在本期年代最早，这一组墓葬的起点比其他几组墓葬的年代早大约 100 年，整个第二期的上限就是根据这些墓葬的数据确定的。中、东部两组的年代起点接近，在这两个区域开始使用之后的一段时期内，西部区域仍然有较多死者入葬，一直沿用至最后阶段。由此可见，本期墓葬并不是采用从一端开始埋葬死者、然后向另一端逐渐扩展的方式，而是最早在西部地势较高的区域选择了较小的范围开始埋葬死者，这些死者来自本部族中的其中一个家族，整个第二期时期，这个家族的后代仍旧持续使用这块地域。大约在百余年以后的本期中段开始，居住在附近地区的其他家族也在墓地的中、东部各自选择了墓区，分别安排本家族死者的墓位，这一阶段开始，东、中、西部的几个墓区同时使用，各自局限于一个小区域内，并且互不混淆。这些墓葬规模较小，占据的范围有限，从墓葬的分布来看，每个小区域内最初下葬的墓葬应该南北相互并列，有些墓葬似乎还有成排的迹象，只是并不十分整齐，也许在最早选择这片墓地时和以后的一段时间内，对墓位的安排还是有规划的，但缺乏整体由一端向另一端延展或者从中间开始向外扩展的证据。随着下葬人数的增加，墓葬之间的关系开始变得复杂了，墓葬的距离差别较大，有的地方距离较远，也有的相距很近，有些地方分布十分密集，另外一些地方相对分散。另外，在三个小区域内均存在挖坏本期较早下葬墓葬的现象，目前我们不能确定这些破坏了较早下葬墓穴的墓中埋葬的是不是本家族的后人，也难以确认这种破坏是不是后来才出现的现象，只能作如下推测：从墓地内一直保持着几个相邻区域的模糊界限、基本没有打乱整体布局的现实情况来看，似乎当时也有规范的限制，部族内部的机制还在起作用，或许家族对墓区的传承一直延续着，同一区域的死者属于同一个或近亲后裔的可能性较大，那些破坏了较早下葬墓葬的人也许就是本家族的后裔。因为缺乏统一规划，每个区域的经营都不太精细，年代较早的墓葬下葬后标志不太明确或已经平毁，所以后来的墓穴就挖坏了前一段时期的墓葬，有些地方还存在连续打破的墓葬，但除某一座墓直接打破其他墓葬能够区分年代早晚外，墓葬之间的共存关系并不明确，不能确定某一座墓葬与其他小区域内的哪座墓葬同时下葬，墓葬的规律很难梳理。从具有打破关系的墓葬中出土的器物来看，所有小型墓葬的年代差距并不大，这种乱象是在较短的时间内发生的，从分期的角度说属于同一期的墓葬。

上述几组墓葬之外，在墓地的东南部，有几座墓葬情况比较特殊，尽管其规模、葬式等方面与其他同期墓葬没有明显区别，却全部头向东，是本墓地少数头向东的墓葬集中分布区。由于这些墓葬未与其他墓葬发生打破关系，我们无法确定与另外几个区域的哪些墓葬具有共时性，我们未对这些墓葬中出土的人骨进行科学测年，不能确认这些墓葬中的死者的具体的日历年代，不过，墓葬的规模和墓内出土的玉石器特点可以确认这些墓葬均属于第二期的基本范畴。在一个较小区域内埋葬与大部分墓主人头向不同的死者，而且与其他几组同期墓葬分布范围不重合，南北并列分布，排列比较整齐，间距较远，相互之间没有发生打破关系，这些墓主人显然与前述的几个区域的墓葬有区别，应该不是同一家庭或家族的死者。墓主人为什么头向东，至今我们不能解释，或许是外来的死者，他们因某种原因埋到本墓地，所以，不能与其他任何一个家族的死者埋葬在同一个区域内，头向东或许是保持了他们原来所在部族的习俗，也可能表示他们来此之前部族所在的方位，可惜墓地并没有提供这方面的信息。

根据对第二期墓葬的分析可以看出，当时遵循着以家族为单位安排墓葬范围的原则，每个家族的自主权比较大，各自区域内也曾经有过按一定之规安排墓位的基本规范，但入葬先后顺序随着死者的增加而不再清晰，而且出现了后葬墓打破先葬墓的现象。部族的管理权并没有覆盖全部事务，我们也难以据此总结出当时埋葬在这里的这个部族中权威人士的理念。

三　第三期和第四期墓葬下葬的先后顺序与规划理念

第三、四期的墓葬的排列十分规范，虽然因为整体方向、分布位置、个别墓室内布置的差别，我们从全局的角度将所有大型墓划分为两期，但对墓地总体的规划理念是一致的。从墓位南北并列、少见同一时期之间存在打破关系的情况来看，这两期的墓葬显然经过预先周密的规划和安排，但具体操作中，在不同的阶段也有一些区别。由于规模大小不一，第三期墓葬存在着一个特别明显的现象：占据的面积大、位于中间的墓葬，其南北两侧安排的墓葬数量较少；在这些规模大的墓葬的东西两侧，那些因为自身规模较小、占据的范围较小的墓葬，其南北两侧安排的墓葬数量较多。我们需要考证的是，这期间，墓葬是从中间开始入葬，然后向两侧扩展？还是从某一端开始，然后逐渐向另一端延展埋葬？也就是说，墓葬规模经历了由大逐渐变小过程，还是先由一端的规模较小逐渐变成中部的较大，然后再由大变小？如果是后者，这个变化过程从西向东还是由东向西呢？

我们先从第三期中间的墓葬开始考察，这里的墓葬不仅规模较大，而且盛行用小孩殉葬，残存的随葬品质量最高，应该属于墓地最兴盛的时期。在这些墓葬东、西两侧的墓葬虽然规模都逐渐变小，但却有一些区别：西部的墓葬大小不等，排列也不太规律，没有其他区域的墓葬整齐，尤其最西端第一排南北相邻的墓葬距离很不均匀，似乎规则不太严格，墓葬内一般都有殉人，但殉人的年龄大小不一，随葬的器物中，有本期墓葬已经较少见的鳄鱼骨板等特殊的随葬品；东部的墓葬尽管整体规模较小，墓位安排得却十分整齐，遵循着最基本的规则，不过，有一些墓葬中没有殉人，有一些墓葬的熟土二层台也不太规范，与中、西部的同期墓葬区别较大，随葬器物数量较少，显得比较窘迫。另外一个比较重要的现象是随葬的陶器特征不同，西部墓葬出土陶器的特征接近第二期墓葬同类器物的特色，中部墓葬发现的少量陶器已经具备了更多龙山时期的特点，而东部的墓葬却不见任何陶器随葬。由此看来，墓葬是从西向东逐渐扩展的，而且走过一个由起步到兴盛，然后逐渐衰落的过程。这样的认识得到了科学测年的支持，在本期所有测定的碳十四年代数据中，西部的墓葬较早，其中 M53 和 M146 的年代甚至早于第二期的部分墓葬，虽然这一点不太合乎墓葬实际，但在本期墓葬中年代最早却有可能。中部略偏东的三座墓葬的年代比较接近，比西部墓葬都晚，基本处于本期的中间阶段，而位于最东部的两座墓葬较晚，尤其是 M351年代最晚，代表着本期墓葬的下限。整体来说，这一时期的墓葬应该是由西部地势较高地段开始埋葬死者，然后逐渐向东及东南方较低平的区域延伸。

第四期墓葬位于整个墓地的最东端，由于墓的规模比较接近，排列比第三期墓葬更加整齐、规范。在本期墓葬下葬之前，这片区域内普遍存在着属于枣园文化晚期的遗迹和地层，所以几乎所有的本期墓葬都打破了枣园文化的地层和遗迹，在个别墓葬的间隙还发现了年代久远的瓮棺葬，其葬具分别具有枣园文化与半坡文化特点，与第一期墓葬可能属于同一时期。由于绝大部分区域已经超出第二期墓葬的范围，所以打破第二期墓葬的现象极少。本期墓葬与第三期墓葬的范围极少重合，只有位于本期西部的个别墓打破了第三期最东端的墓葬，但这些迹象都不能说明本期墓葬下葬的先后顺序。引人注目的一个特殊现象是，第四期墓葬所在区域出现了两个新的情况：其一，第四期墓葬的方向整体有了调整，使其墓位排列与第三期墓葬有了区别；其二，在第三、四期墓葬之间的南部区域出现了一块空旷的地带，未埋葬死者。这两个问题可能与当时的地势有关，由于整个墓地所有墓葬开口层位所在的地势呈西北高、东南低的缓平坡状，到了坡地东部之后，地势已经十分低缓了，而第三期墓葬下葬的具体操作过程中方向发生了偏差，东部剩余的区域南部较北部狭窄，已经不便于继续整齐地向东埋葬死者，必须对整个方向作些微调，才能维持南北方向并列的墓位排列规范。据现有迹象判断，本期下葬时，大约是从东部断崖边缘部位向西逐渐分排下葬的，南北的纵列应该是从北侧向南侧先后下葬。由于整个墓葬方向作了微调，到了第四期的最后时期，西部的墓葬与第三期墓葬接近的地方，两期墓葬有了部分重合，使个别墓葬打破了第三期下葬不久的墓圹，再后来这里便不埋葬死者了，于是便有了两列墓葬南侧未安排墓位的现象，也就形成了三、四期墓葬之间那块空旷的区域。

从碳十四测定的年代来看，第四期测定的 5 个数据中，M202 位于墓地东北部，那里只保存了一排墓葬，南北并列分布，但与经过发掘的绝大部分本期墓葬不在同一个区域，对排序没有参考意义。其他属于第四期的数据中，有 3 个可能与墓葬下葬先后有关，位于东南部的 M342 和北中部的 M289 年代相当，而且与第三期墓葬年代十分接近，或可说明二者下葬的年代相距不长。但位于本期西部的 M282 年代晚于上述两座墓葬，或许可以说明由东到西的埋葬顺序。年代最晚的是 M240，位置在第三期墓葬所在区域，超出了其他第四期墓葬的分布范围。该墓与位于南发掘区北侧未发掘的墓葬排列是否有关？因近代挖窑洞破坏成了断崖，已经无法复原其排列方式了，但这个墓葬位于整个第四期墓葬西侧或许也可以作为本期墓葬下葬顺序的参考。

整个清凉寺墓地经历了四个大的发展时期，可能先后有三个不同组织或集团的人群，分别在不同的时期将这里作为墓地：第一期的年代整体较早，当时，这里的墓葬是一个小型聚落的一部分，由于聚落整体规模较小，留下来的墓葬也少，与后来的三期有着明显的差距。后三期的年代基本前后相接，但从排列和墓葬下葬的方式及墓内的一系列特点来看，也不是同一个家族或集团的墓葬。第二期与后两期墓葬的区别较大，应该是居住在坡头一带的当地居民的墓地，包括若干个近亲的家族，甚至可能还有少数外来的死者埋到本墓地。本期墓葬基本分布在整体较高的西北部区域，未向东部接近断崖处发展，也没有对整个坡地作全面的规划，由于以家族为单位分别埋葬，除了可以确认西端的那个小区域最早开始埋葬死者外，现存迹象不能复原其他墓葬下葬的先后顺序。第三期时，使用这片墓地的可能是建立在坡头一带的一个集团成员，他们对墓地整体作了周到细致的规划和安排，遵循着由西向东的宗旨，逐渐向东扩展，墓葬均规范、整齐。第四期虽然有了新的调整，但与第三期应该属于同一个集团，只是由于地形、地势的限制，发生了一些变化，除了对方向进行了微调外，下葬顺序也变成由东向西。这些线索是根据墓葬分布现状和科学测年综合分析的结果，有助于我们认识墓地葬制的变化、墓主人的身份和整个社会的变革历程。

第九章　中条山南麓史前时期的环境变迁 [*]

　　清凉寺墓地所在的中条山南麓，史前文化比较发达，除大规模发掘该墓地之外，2009 年 9~10 月，山西省考古研究所等单位为配合运灵高速公路（山西运城市到河南灵宝市）建设，又对芮城县桃花涧新石器时代遗址进行了发掘，取得了重大的收获[1]。桃花涧遗址位于陌南镇西南，与清凉寺墓地直线距离约 15 千米，地处黄河北岸的丘陵地带，从总体地势来说，二者同属于中条山南麓的山前坡地。桃花涧遗址发现的主要遗存属于仰韶时期的庙底沟文化，和寺里—坡头遗址东南部的遗存为一个时代，是史前时期中原地区最兴盛时期的代表，虽然与清凉寺墓地的年代差距较大，但从陕晋豫交界地区的整体来说，属于同一个系统，均对研究中原地区史前文化发展、探索中华文明起源具有重要意义。

　　众所周知，人类活动与环境、气候之间有着密切关系，然而，目前对古环境的研究还相对薄弱。对遗址中采集的样品进行孢粉分析，可以恢复遗址所在区域某一阶段的植被状况，并依此推测当时的环境背景。由于样品直接从年代清晰的考古文化层中采集，虽然可能受到人类活动的扰动，其中有一些早于该文化层形成年代的遗物，所包含的孢粉、植硅石、各类元素、各种同位素也很有可能并不属于该文化层的形成年代，但是，如果我们将考古地层中采集样品的检测数据，与大致同时的自然地层样品的检测数据进行参照，就会取得较可信的信息。这种方法是研究古代环境变迁的一个较好手段，在考古学界受到普遍重视，已经成为各地考古研究中备受青睐的环境重建指标之一[2]。将环境重建与考古发掘中发现的其他遗存综合分析，可以了解环境变化和人类文化演变之间的关系[3]。需要说明的是，清凉寺墓地附近地貌特殊，很有可能造成同样的气候变化对

　　* 本章执笔：三门峡市纪检委、中国地质大学地球科学与资源学院倪爱武。

[1] 山西省考古研究所：《山西芮城桃花涧遗址发掘报告》，山西省考古研究所编《三晋考古》（第四辑），山西人民出版社，2012 年。

[2] 任来义、符俊辉、林桂芳等：《孢粉化石的信息函数与古环境分析》，《西北大学学报（自然科学版）》2001 年（31 卷）6 期，第 506~508 页；张俊牌、童敏、王书兵等：《太白山芳香寺剖面孢粉记录的古气候重建》，《地质力学学报》2001 年（7 卷）4 期，第 315~320 页；孙湘君、罗运利、陈怀成：《中国第四纪深海孢粉研究进展》，《科学通报》2003 年（48 卷）15 期，1613~1621；许清海、肖举乐、中村俊夫等：《孢粉资料定量重建全新世以来岱海盆地的古气候》，《海洋地质与第四纪地质》2003 年（23 卷）4 期，第 99~108 页；鞠远江、刘耕年：《孢粉记录揭示的 4000aBP 来乌鲁木齐河源区气候环境变化》，《冰川冻土》2004 年（26 卷）2 期：第 166~170 页；张玉兰：《孢粉分析在环境考古中的应用》，《上海地质》2005 年第 1 期，第 15~17 页；齐乌云、梁中合、高立兵等：《山东沭河上游史前文化人地关系研究》，《第四纪研究》2006 年 4 期（26 卷），第 580~588 页；谢远云、李长安、王秋良等：《江陵地区全新世早期人类活动的孢粉记录》，《地理科学》2008 年 2 期，第 276~281 页；吴阳田、张威、穆克华：《长白山白河 800 年来气候环境变化》，《高校理科研究》2009 年 16 卷，第 465~467 页；史凯：《苏州澄湖 SC1 孔晚更新世晚期以来的古环境演变研究》，《现代地质》2010 年 2 期（24 卷），第 214~220 页。

[3] 靳桂云、刘东生：《华北北部中全新世降温气候事件与古文化变迁》，《科学通报》2001 年（46 卷）20 期，第 1725~1730 页；夏正楷、陈福友、陈戈等：《我国北方泥河湾盆地新—旧石器文化过渡的环境背景》，《中国科学》D 辑，2001 年（31 卷）5 期，第 393~400 页；M. E. Conserva , R. Byrne. Late Holocene Vegetation Change in the Sierra Madre Oriental of Central Mexico . *Quaternary Research* , 2002,58 (2):122~129.

中条山区与黄河岸边产生不同的适应性影响，从而在文明和早期国家形成过程中起到不同的作用。

2009 年 9 月，我们对清凉寺遗址及其附近地区进行了野外调查，在中国地质科学院岩溶地质研究所史文强硕士的帮助下，我们分别在清凉寺墓地和桃花涧遗址选取了标准层位，采集了部分标本。由于清凉寺墓地的墓葬全部开口在耕土或垫土层下，没有与墓葬同时的文化层，而且采集样品时墓地的发掘已经结束，因此，我们在清凉寺采集的标本出自墓地西部被墓葬打破的自然层位，在墓地形成之前的年代，周边环境并未受到人为的影响，自然原因形成的地质层形成过程应该是匀速的。但是，桃花涧的标本是在考古文化层中采集的，文化层是人类活动过程中形成的，由于人类社会的发展并非匀速，地层的形成过程也不可能是匀速的，两处测定数据也许有一些差别，但大致是可信的。

在实验室对样品的孢粉分析是在范淑贤老师的指导下进行的，而加速器质谱（AMS）^{14}C 测年分析则是由北京大学考古文博学院的潘岩、高世君老师完成的。在对样品检测数据的基础上，我们结合沉积物的粒度分析，并参考邻境的关中、洛阳地区发现遗址的古环境情况，对清凉寺墓地附近公元前 10000 至公元前 2800 年之间的古植被与古环境变化进行探讨，并且对此后的环境变化作一些推测与分析，为研究古环境与古文化之间的关系提供定量数据。

第一节　清凉寺墓地形成之前的自然环境

清凉寺墓地所在地的海拔约 624 米，我们在墓地主要发掘区西部的北壁选择了一处较典型的剖面，观察了层位堆积情况，由于上部属于垫土和耕土，形成偏晚，我们未采集样品，采样处全部属于墓葬埋葬前形成的自然地层。

一　清凉寺剖面及年代标尺

选取样品的地层剖面厚度约 3.50 米，根据样品采集所在剖面的土质、土色区别，我们从上至下划分为 3 层（图 9-1-1），共采集样品 20 件，采样间距 5 厘米。具体岩性如下：

第 1 层（0~290 厘米）：浅黄色粉沙质黏土，土质疏松，含现代植物根系，有虫孔，属垫土和耕土层。

第 2 层（290~350 厘米）：深褐色粉沙质黏土，为褐色埋藏土，该层上部层表为墓葬的开口层位，几乎所有的墓葬全部打破了这一层。

第 3 层（320~350 厘米）：深黄色粉沙质黏土，我们未清理到该层的底部，只在其中采集了一些样品。

首先，我们对采集的所有土壤样品进行了筛选，将分别采自清凉寺北壁剖面第 2 层深度 295 厘米、340 厘米及

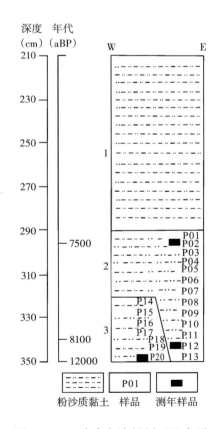

图 9-1-1　清凉寺地层剖面示意图

第 3 层深度 350 厘米处的部分样品送到北京大学加速器质谱实验室（第四纪年代测定实验室），由该实验室具有丰富经验的老师采用加速器质谱（AMS）^{14}C 测年法对样品所在的地层年代进行了测定。三个年代数据如下（表 9-1-1）：

表 9-1-1　清凉寺剖面部分样品测年结果

野外编号	实验室编号	样品	碳十四年代（aBP）	树轮校正年代（aBC）
P01	BA10002	土壤	6630±35	5630BC（95.4%）5490BC
P12	BA10001	土壤	7305±35	6230BC（95.4%）6070BC
P20	BA10003	土壤	10740±40	10900BC（95.4%）10750BC

说明：所用碳十四半衰期为 5568 年，BP 为距 1950 年的年代。树轮校正所用曲线为 IntCal04，所用程序为 OxCalv3.10。

上表显示，采自第 2 层上部、第 2 层下部和第 3 层的三个数据分别为：6630±35aBP、7305±35aBP 和 10740±40aBP。由于目前考古研究中所用的年代数据几乎都经过树轮校正，为了便于和其他遗址的测年数据进行对比研究，我们也有必要将样品的碳十四测年数据进行树轮校正转换。经树轮校正，以上三个层位的日历年代为：5630BC~5490BC、6230BC~6070BC 和 10900BC~10750BC，取其中间值，分别是 5500BC、6100BC 和 10000BC，由此得知，该剖面所在区域自然形成的第 1 至第 3 层的大致年代分别为：晚于公元前 5500 年、公元前 6100~ 前 5500 年和公元前 10000~ 前 6100 年。从测年结果看，清凉寺墓地发现的所有墓葬全部下葬于公元前 5500 年以后，在此之前的数千年间，环境的变化在当地地貌形成过程中具有一定作用，也是居民们选择这里作为墓地的重要前提。

二　沉积物粒度特征与沉积环境分析

我们在中国地质大学（北京）地球科学与资源学院第四纪生态环境实验室，完成了对清凉寺墓地部分样品的激光粒度分析，对遗址剖面沉积物的粒度特征与沉积环境进行了研究。实验采用的测量仪为英国 Malvern 公司生产的 Mastersizer-2000 激光粒度仪，该仪器精度可达 0.02 微米，平均标准偏差不高于 1.7%。在考古现场所采集的 20 件样品中，各取 0.5 克分别放入 50 毫升烧杯中，加入适量过氧化氢去除有机质、钙质等成分，消除样品的胶结作用对粒度的影响。测试前置振荡器中振荡形成高分散的颗粒悬浮液，然后加入六偏磷酸钠使其充分分散，每个样品测量 3 次，直至得到重复稳定的粒度分布曲线。我们按照在国际上应用较广泛的乌登—温特沃思粒级标准（Udden-Wentworth scale），结合研究区实际情况，以黏土（0.50~4.00 微米）、粉沙（4.00~63.00 微米）、细沙（63.00~250.00 微米）的粒级范围统计了遗址剖面沉积物不同粒径的百分含量，依此制成图 9-1-2。

从图 9-1-2 中可以看出，该遗址剖面多数样品的粉沙含量在 66%~71% 之间，所以粉沙是其主要颗粒组分；黏土含量在 22%~28% 之间，明显比粉沙少；细沙含量最高只有 6.75%，含量最少。整个剖面的沉积特征是：不含砾石，粉沙的含量较高，细沙含量较低。对照学术界普遍使用的"碎屑沉积物分类三角图解"[1]，本地层的沉积物为粉沙质黏土，其中，取自清凉寺第 2 层下部的样品具有最低的黏土含量和最高的粉沙含量，反映其沉积动力最强。

在实验的基础上，我们又绘制了频率曲线（图 9-1-3），进而探讨墓地所在区域沉积物的粒度特征与沉积环境。

在图 9-1-3 中，频率曲线反映出该墓地形成之前地层的粒度曲线皆为单峰，高峰值在 4< φ < 8（4.00~63.00 微米）之间，为粗粉沙级，低峰值在 8< φ < 11（0.50~4.00 μm）之间，为黏土颗粒组分，说明该区域内土壤颗粒中粗颗粒所占比例较大。同时可以看出，该地层的大部分样品为两段型，主要由 90% 左右的跃移组分和 10% 左右的悬移组分构成，普遍缺乏推移组分，表明物源可能是风成的粉沙质黏土，后期经过流水短距离搬运，在比较开阔的地方沉积形成。综合分析沉积物的粒度特征得知，清凉寺墓地所在区域地层的岩性比较单一，沉积韵律相对稳定，沉积环境变化较小。但在第 2 层因水动力条件加强等因素的影响，沉积动力最强，沉积环境有明显波动。

三　孢粉组合特征与古环境分析

清凉寺采集标本的孢粉鉴定由中国地质科学院水文地质环境地质研究所完成。我们从采集的 20 件样品中，挑选了 10 件代表性样品进行孢粉鉴定，采样间距 10~15 厘米，共鉴定出木本花粉 14 个科属，草本花粉 13 个科属，蕨类孢子 3 个科属（附表 9-1-1，9-1-2）。孢粉分

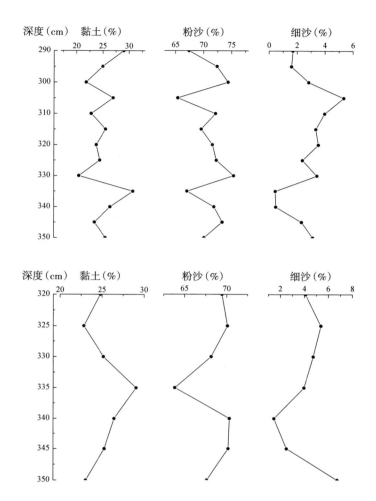

图 9-1-2　清凉寺剖面第 2、3 层沉积物不同粒径相对含量变化图

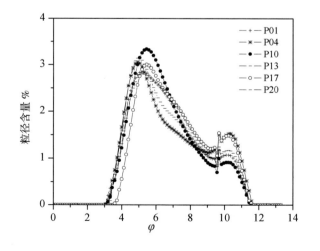

图 9-1-3　清凉寺剖面频率曲线图

[1] 任明达、王乃樑：《现代沉积环境概论》，科学出版社，1981 年。

析结果显示，木本花粉以松属（*Pinus*）最为丰富，最高含量达 64.1%；油杉属（*Keteleeria*）、铁杉属（*Tsuga*）、桦属（*Betula*）、榛属（*Corylus*）、栎属（*Quercus*）、榆属（*Ulmus*）、朴属（*Celtis*）、榉属（*Zelkova*）、槭属（*Acer*）、柳属（*Salix*）、桑科（Moraceae）、冬青属（*Ilex*）、木犀科（Oleaceae）等含量很少，在样品中断续出现。草本花粉中，蒿属（*Artemisia*）含量最多，最高达到 38.1%；其次是藜科（Chenopodiaceae）、菊科（Compositae），还有麻黄属（*Ephedra*）、蒲公英属（*Taraxacum*）、禾本科（Gramineae）、毛茛科（Ranunculaceae）、蒺藜科（Zygophyllaceae）、蓼属（*Polygonum*）、十字花科（Cruciferae）、旋花科（Convolvulaceae）、豆科（Leguminosae）、眼子菜属（*Potamogeton*）等。蕨类孢子极少，有石松属（*Lycopodium*）、卷柏属（*Selaginella*）、水龙骨科（Polypodiaceae）等，含量极低。根据孢粉组合特征，可将剖面自下而上划分为 2 个孢粉带。（图 9-1-4）

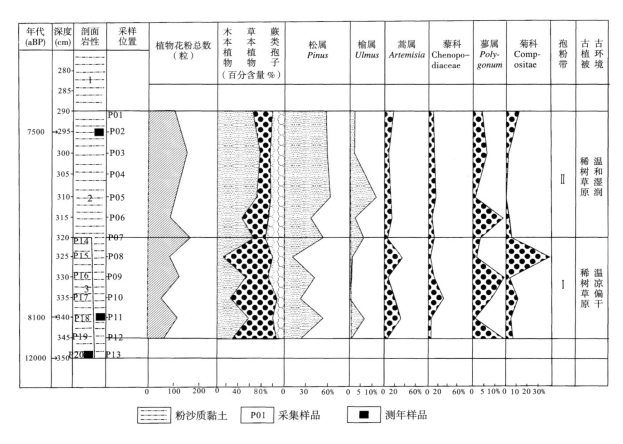

图 9-1-4　清凉寺剖面孢粉图示

　　I 孢粉带（350~320 厘米）：相当于剖面的第 3 层，年代约为公元前 10000~ 前 6100 年。该带草本花粉占优势，木本花粉次之，蕨类孢子极少。木本花粉最高含量为 45.9%，以松属为主，其次是榆属、榛属，含量极低。草本花粉最高含量为 84.5%，以蒿属为主，其次是藜科、菊科、蓼属，还有禾本科、十字花科、豆科、毛茛科、蒺藜科、蒲公英属等。水生湿生草本花粉见有眼子菜属；蕨类孢子仅见 1 粒石松属和 1 粒水龙骨科；还有几粒双星藻。本带花粉总浓度为 15.0~51.0 粒 / 克，产量不高，推测这一时期植被覆盖度不大。木本花粉中以针叶树松属花粉居多，最高含量为 42.4%，喜暖的树种仅有榆、榛等暖温带落叶阔叶树种，且花粉数量极少，说明气候温凉。草本花粉中以蒿属为主，最高含量为 38.1%，其次是耐干旱草原植物成分藜科、菊科、蓼属、十字花科、禾本科、毛茛科、蒺藜科、蒲公英属等，反映出干旱环境下的草原植被特征。有极个别的蕨类植物石松属和水龙骨科，还有几粒淡水静水藻类植物孢子双星藻。可见，本区域这一时段应是稀树草原的植被面貌，气候温凉偏干。

Ⅱ孢粉带（350~290 厘米）：相当于剖面的第 2 层，年代约为公元前 6100~ 前 5500 年。该带木本花粉占优势，草本花粉次之，蕨类孢子极少。木本花粉最高含量为 69.3%，比Ⅰ带含量增加了近 23.4%，以松属为主，其次是榆属、栎属，还有桦属、朴属、榉属、槭属、柳属、桑科、冬青属、木樨科、油杉属和铁杉属等。草本花粉最高含量为 47.3%，比Ⅰ带减少了 37.2%，以蒿属为主，其次是藜科、菊科、蓼属，还有禾本科、毛茛科、豆科、旋花科、蒺藜科、麻黄属、蒲公英属等。水生湿生草本花粉有眼子菜属。蕨类植物孢子仅见石松属、水龙骨科和卷柏属，还有几粒双星藻。本带花粉总浓度为 41.2~96.0 粒 / 克，产量较高，推测这一时期植被覆盖度较大。木本花粉中以针叶树松属花粉居多，最高含量增加到 64.1%，喜暖的树种有榆属、栎属、桦属、朴属、榉属、槭属、柳属等，较Ⅰ带不仅品种增加，且含量相对也增加了。还出现了常绿针叶乔木油杉和铁杉，它们皆适宜湿润、温和的生存环境，表明该带气候转暖，温和湿润。草本花粉中以蒿属为主，蒿属最高含量为 29.0%，其次是耐干旱的植物花粉藜科、菊科、蓼属、麻黄属、蒺藜科、蒲公英属、十字花科等，但含量都较低，表明该带为草原植被特征。蕨类植物孢子仅见几粒石松属、卷柏属和水龙骨科，还有几粒淡水静水藻类植物孢子双星藻。可见，本区域在这一时段的植被景观仍旧是稀树草原，温和湿润，气候条件比前一阶段好一些。

从对检测数据的分析来看，清凉寺墓地地层的岩性比较单一，沉积韵律相对稳定，沉积环境变化较小，在第 2 层因受水动力条件加强因素的影响，沉积动力在全部检测数据中显得最强，沉积环境有明显波动。总体来看，在公元前 10000 年 ~ 前 5500 年期间，芮城一带的古环境变化并不大，孢粉组合中既有木本植物，也有草本植物和孢子植物，植被面貌是森林和草原互相交错，在林木下生长着一些草本植物。其中，公元前 10000 年 ~ 前 6100 年期间草本花粉占优势，公元前 6100 年 ~ 前 5500 年期间木本花粉占优势，而蕨类孢子数量始终较少。我们将以上数据与关中地区的检测数据[1]进行了对比研究，发现中条山一带的孢粉组合特征和气候特点与关中地区基本一致。

第二节　桃花涧遗址反映的环境

2009 年秋，我们在清凉寺墓地选取样品时，意识到这里的样品检测结果只能了解清凉寺墓地未使用之前的自然环境情况，虽然对认识墓主人第一次选择墓地的基本条件有必要，但毕竟没有反映人类活动的地层样品，尤其是这里长期作为墓地缺乏环境背景，为了填补这个缺陷，我们又到当时正在发掘的芮城桃花涧遗址及其附近地区进行了野外调查，征得主持发掘的王金平先生同

---

[1] 贾鑫、王琳、董广辉等：《中全新世关中陕北陇东地区文化演变及环境驱动力》，《兰州大学学报（自然科学版）》，2008 年（44 卷）6 期，第 8~14 页；吕厚远、张健平：《关中地区的新石器古文化发展与古环境变化的关系》，《中华文明探源工程文集》（环境卷Ⅰ），2009 年，第 87~101 页。

意，在遗址的相关地层中选取了一些样品，并且将这些标本带回北京进行进一步的检测，企望能够了解史前时期清凉寺附近环境的变迁情况。

桃花涧遗址位于清凉寺的东南侧，在恭水涧东岸的台地上，南面接近黄河干流，中心点坐标为北纬34° 43′ 37.7″，东经110° 51′ 23.6″。遗址面积较大，东西长约1000余米，南北宽约800余米，总面积约80万平方米，覆盖桃花涧、杏林、刘家庄三个自然村，是一处以新石器时代遗存为主的复合性遗址。由于拟建的高速公路正好从遗址区中部通过，为配合基本建设，山西省考古研究所联合地方文物部门，对桃花涧遗址的桃花涧和杏林村两个地点进行了抢救性考古发掘，其中位于桃花涧的发掘地点属于整个遗址的东南部，地处桃花涧自然村东南约200米，地势为河旁的浅山丘陵地带，揭露面积1950平方米，发掘区中心坐标点为北纬34° 43′ 38.9″，东经110° 51′ 30.5″。遗址地层简单，文化层堆积较薄，发现了属于仰韶时期庙底沟文化的灰坑17座，不见其他时期或其他类别的遗迹，文化遗存单纯，不是中心居住区，而且与清凉寺墓地主要遗存不属同一个文化阶段，但地层堆积清晰，可以研究仰韶时期环境的变迁趋势。

一　遗址剖面及年代标尺

根据发掘者对整个遗址文化堆积情况的介绍，我们选择了T208南壁H3的北壁剖面采集土壤样品，地理坐标为北纬34° 43′ 39.9″，东经110° 51′ 32.7″，海拔高度约475米。选取的地层厚度约1.55米，根据野外考古的划分，从上至下共分为5层（图9-2-1），共采集样品28件，采样间距5厘米。具体的岩性如下：

第1层（0~17.5厘米）：浅黄色粉沙质黏土，含现代植物根系，属耕土层。

第2层（17.5~60厘米）：浅黄色粉沙质黏土，含植物根系，富含蜗牛壳，有虫孔，偶见瓷片，属新近黄土。

第3层（60~95厘米）：深黄色粉沙质黏土，含植物根系，偶见蜗牛壳，有虫孔，含仰韶时期庙底沟文化陶片，属庙底沟文化层。

第4层（95~130厘米）：灰黑色粗粉沙质黏土，土质疏松，偶见蜗牛壳，有虫孔，含仰韶时期庙底沟文化的陶片，属H3坑内填土，系人类活动形成的灰土层。

第5层（130~155厘米）：深黄色粉沙质黏土，属人类未扰动生土层。

首先，我们选取T02和T13样品，采用加速器质谱（AMS）^{14}C测年法，对它们代表的年代进行了测定，实验由北京大学加速器质谱实验室（第四纪年代测定实验室）完成，测得两个年代数据（表9-2-1），其中在人类未扰动过的第5层采集样品T02的年代为4475±35aBP，而属于庙底沟文化的第3层采集样品T13的年代为4225±35aBP，经树轮校正后，这两个年代分别为：3350BC~3080BC和2820BC~2670BC，本文均采用两个

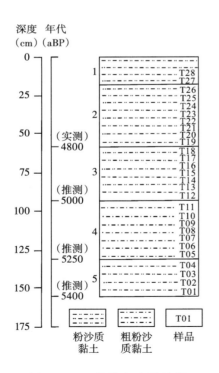

图9-2-1　桃花涧遗址地层剖面示意图

表 9-2-1　桃花涧剖面部分样品测年结果

野外编号	实验室编号	样品	碳十四年代（aBP）	树轮校正年代（aBC）
T02	BA10004	土壤	4475±35	3350BC（86.7%）3080BC
T13	BA10005	土壤	4225±35	2820BC（52.5%）2670BC

说明：所用碳十四半衰期为 5568 年，BP 为距 1950 年的年代。树轮校正所用曲线为 IntCal04，所用程序为 OxCalv3.10。

数据的中间值作为年代基数，则它们的年代分别为 5200aBP 和 4800aBP，也就是大约公元前 3200 年和公元前 2800 年。

　　由于该地点的岩性单一，沉积环境变化较小，每个层位可能具有相近的沉积速率，可以用顶、底年代之差推算平均沉积速率，以此推测各分层的年代。根据这两个 ¹⁴C 年代数据推算，这一阶段的平均沉积速率为 1.4 毫米 / 年，由此推算出第 1 至第 2 层的年代晚于公元前 2800 年，第 3 至第 5 层的年代分别约为公元前 3000 年 ~ 前 2800 年、公元前 3250 年 ~ 前 3000 年和公元前 3400 年 ~ 前 3250 年。因此，桃花涧遗址未经人类扰动的年代在公元前 3400 年以前，而文化层形成的年代为公元前 3250~ 前 2800 年。

二　沉积物粒度特征与沉积环境分析

　　我们在中国地质大学（北京）地球科学与资源学院第四纪生态环境实验室，采用激光粒度分析法，对桃花涧样品沉积物的粒度特征与沉积环境进行了分析，实验方法与清凉寺墓地采集样品相同。按照在国际上应用较广泛的乌登—温特沃思（Udden-Wentworth scale）粒级标准，结合检测地区的实际情况，以黏土（0.50~4.00 微米）、粉沙（4.00~63.00 微米）、细沙（63.00~250.00 微米）的粒级范围统计了该地层沉积物不同粒径的百分含量，并制作了桃花涧遗址地层沉积物不同粒径相对含量变化图。（图 9-2-2）

　　从图 9-2-2 中可以看出，多数样品粉沙含量在 68%~75% 之间，所以粉沙是该遗址的主要颗粒组分；黏土含量在 16%~26% 之间，明显比粉沙少；细沙从 1.26%~19.51% 不等，含量最少。整个地层不含砾石，而粉沙的含量较高，细沙含量较低。对照学术界普遍使用的"碎屑沉积物分类三角图解"，该地层的沉积物为粉沙质黏土，其中，第 4 层细沙的含量明显增高，表明当时的水动力条件有所加强，降雨增多，气候转湿，也可能与人类活动有关。

　　在地层沉积物不同粒径的百分含量分析的基础上，我们绘制了频率曲线和概率

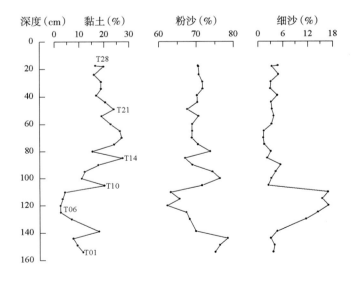

图 9-2-2　桃花涧遗址地层沉积物不同粒径相对含量变化图

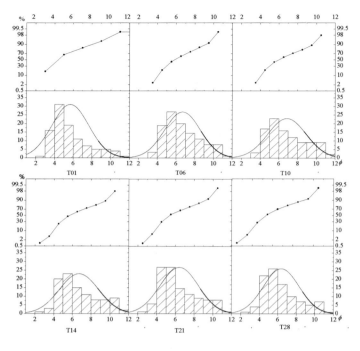

图 9-2-3 桃花涧遗址地层频率曲线与概率累积曲线图

累积曲线图（图 9-2-3），以此为基础探讨沉积物的粒度特征与沉积环境。

在图 9-2-3 中，频率曲线反映出该遗址的粒度曲线皆为单峰，高峰值在 4< φ< 8（4.00~63.00 微米）之间，为粗粉沙级；低峰值在 8< φ< 11（0.50~4.00 微米）之间，为黏土颗粒组分，说明该区域土壤颗粒中粗颗粒所占比例较大。从概率累积曲线来看，大部分样品为两段型，主要由 90% 左右的跃移组分和 10% 左右的悬移组分构成，普遍缺乏推移组分，表明物源可能是风成的粉沙质黏土，后期经过河流的短距离搬运，在比较开阔的地方沉积而形成。综合分析沉积物的粒度特征得知，桃花涧遗址的岩性比较单一，沉积韵律相对稳定，沉积环境变化较小，但在第 4 层时，因受水动力条件的加强以及人类活动等因素的影响，沉积环境有明显波动，这与后面孢粉分析的古环境变化一致。

三 孢粉组合特征与古环境分析

桃花涧遗址的孢粉鉴定由中国地质科学院水文地质环境地质研究所完成。我们从采集的 28 件样品中挑选了 12 件送到相关实验室做孢粉鉴定，采样间距 10~20 厘米，共鉴定出木本花粉 7 个科属，草本花粉 13 个科属，蕨类孢子 9 个科属（附表 9-2-1，9-2-2）。孢粉分析结果显示，木本花粉以松属（Pinus）最为丰富，最高含量达 84.7%。胡桃属（Juglans）、栎属（Quercus）、榆属（Ulmus）、榉属（Zelkova）、柳属（Salix）、桑科（Moraceae）等含量很少，而且是断续出现。草本花粉以蒿属（Artemisia）为主，最高含量达 63.6%，其次是藜科（Chenopodiaceae）、菊科（Compositae），还有禾本科（Gramineae）、毛茛科（Ranunculaceae）、唐松草属（Thalictrum）、蓼属（Polygonum）、旋花科（Convolvulaceae）、豆科（Leguminosae）、莎草科（Cyperaceae）、石竹科（Caryophyllaceae）、香蒲属（Typha）、眼子菜属（Potamogeton）等。蕨类孢子很少，有卷柏属（Selaginella）、中华卷柏（S.sinensis）、水龙骨科（Polypodiaceae）、铁线蕨属（Adiantum）、石韦属（Pyrrosia）、凤尾蕨属（Pteris）、阴地蕨属（Botrychium）等，其中，卷柏属花粉较多，最高含量为 35.5%。根据孢粉组合特征，可将剖面自下而上划分为 3 个孢粉带。（图 9-2-4）

Ⅰ孢粉带（144~80 厘米）：相当于第 5 层上部至第 3 层下部，年代约为公元前 3250 年 ~ 前 3000 年。花粉总浓度为 4.4~60.2 粒 / 克，生产量低，孢粉组合以木本和草本花粉为主，蕨类孢子含量很少。木本花粉含量占 30.2%~72.2% 不等，以松属为主，还有少量的榆属、栎属、胡桃属等。草本花粉含量占 25.0%~69.8% 不等，以蒿属为主，还有一定量的藜科、蓼属、豆科、禾本科、唐

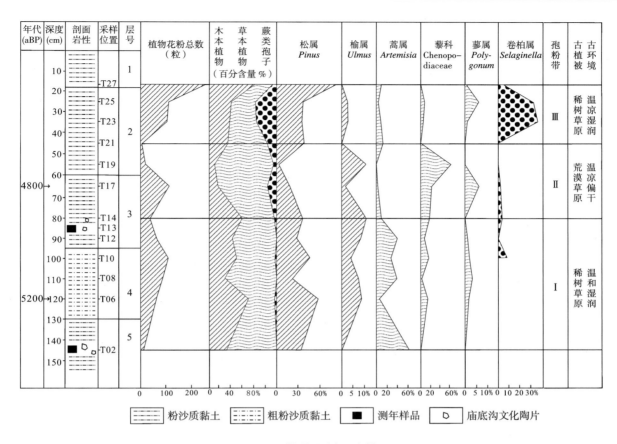

图 9-2-4　桃花涧剖面孢粉图示

松草属、茜草科、石竹科等，湿生草本有眼子菜属。蕨类孢子含量仅占 1.8%～2.8%，有卷柏属、瘤足蕨属和铁线蕨属，还有零星的指纹藻和双星藻。根据该带孢粉浓度较低的情况，我们推测公元前 3000 年之前的数百年期间，芮城境内的黄河北岸地区植被覆盖度不大。木本花粉中以喜温干的针叶树松属花粉居多，也有一些喜暖的植物，如栎、胡桃、榆等暖温带落叶阔叶树种花粉，但较少，说明气候温暖湿润。同时，存在着中旱生的草本和小半灌木，如蒿、藜、蓼、豆科、禾本科等成分，尤其是蒿属花粉含量较高，最高达 63.6%，而藜科花粉最高含量仅为 17.6%，反映出该阶段以草原植被为主，还有生长在潮湿林下的蕨类植物，如卷柏属。另外，还出现了零星的双星藻和指纹藻等淡水静水藻类植物孢子。由此可见，当时的气候总体特点是天气比较温暖，雨量比较充裕，在此条件下，当地生长着以针叶树为主的针阔混交林，呈现出稀树草原的植被面貌。

Ⅱ孢粉带（80～45 厘米）：相当于第 3 层上部和第 2 层下部，年代约为公元前 3000 年～前 2800 年。花粉总浓度为 2.4～79.8 粒 / 克，生产量不高。孢粉组合中草本花粉占优势，含量占 32.0%～78.0% 不等，其中藜科为主，蒿属明显减少，出现了少量的菊科、毛茛科等，水生湿生草本见，只有莎草科。木本花粉总体较少，只占 17.0%～62.0% 不等，仍以松属为主，但含量较前期明显减少，还有少量的榆属、栎属、桑科等。蕨类孢子略有增加，含量占 6.0%～16.7%，有卷柏属、中华卷柏、水龙骨科、凤尾蕨属、阴地蕨属等，此外还有零星的双星藻。由此可见，在公元前 3000 年之后的数百年期间，这里的孢粉浓度仍然不高。木本花粉中松属含量明显减少，榆、栎花粉较第一段略有增加，胡桃属基本消失，说明整体气温逐渐变凉。草本花粉中代表草原植被的蒿属显著减少，最高含量由前一阶段的 63.6% 减少到本阶段的 12.5%，而代表荒漠草原植被的藜科急剧增加，其最高含量由 17.6% 升高到 66.7%，说明气候偏干。另外，蕨类植物孢子中含有少量的中华卷柏和水龙骨科，表明气候存在短暂的偏湿变化。总体上来说，与前一阶段相比，气候由温和湿润逐渐变为温凉偏干，遗址所在区域在这样的气候条件下，生长着以针叶树为主的针阔混交林，呈现出荒漠草原的植被景观。

Ⅲ孢粉带（45~17.5 厘米）：相当于第 2 层上部和第 1 层下部，年代晚于公元前 2800 年。与前两个阶段相比，这一时期的孢粉较丰富，总浓度为 74.9~214.4 粒 / 克，组合以木本花粉和蕨类孢子为主。木本花粉含量占 39.3%~85.1% 不等，依然以松属为主，还有少量的榆属、柳属、桑科等。草本花粉显著减少，含量仅占 10.1%~25.2% 不等，蒿属、藜科减少，蓼属增加，还有少量的菊科、毛茛科、禾本科、茜草科等。蕨类孢子显著增加，最高含量达 37.4%，以卷柏属为主，其次是中华卷柏、水龙骨科、石韦属、凤尾蕨属等。此外，还有零星的指纹藻和双星藻。该带孢粉的浓度较大，说明晚于公元前 2800 年之后，这里的植被覆盖度比前两个时期大。木本花粉依然以松属为主，而且含量明显回增，最高达 84.7%，而喜暖的树种榆属、柳属只零星出现，说明整体气温继续变凉。草本花粉减少，仅蓼属有所增加，蒿属最高含量仅为 11.2%，藜科最高含量仅为 6.3%，说明植被以草原为主，气候较为湿润。蕨类孢子急剧增加是本时段的一个最大特点，以喜湿的卷柏属为主，其次是中华卷柏、水龙骨科、石韦属等，也反映出湿润的气候。由此可见，遗址区当时应是在温凉、湿润气候条件下，生长着以针叶树为主的针阔混交林植被，呈现出稀树草原的植被面貌。

根据上述研究与测试，我们可以看出，几个阶段的孢粉组合中均有木本植物，也有草本植物和孢子植物，其比例却发生过变化，有的时候木本花粉占优势，另外一段时间草本花粉占优势，但蕨类孢子的数量一直较少。这些数据说明：桃花涧遗址的古植被总的面貌是既有森林，又有草原，木本植物与草本植物互相交错生长着，林木一直不太茂盛，在林下生长着一些草本植物，草原与树木在不同时期各有侧重。

第三节　中条山南麓史前时期的环境变迁

清凉寺墓地和桃花涧遗址的样品分别采集于自然地层和遗址文化层之内，虽然样品的原始生成条件不同，但检测数据基本可以代表各自形成时期的清凉寺墓地附近地区的环境和气候情况，目前，在这两个阶段之间仍旧有一段时间缺乏具体的检测结果。然而，我们将已经检测的数据与邻境的河南西部、陕西关中地区同期研究结果进行了对比，无论在清凉寺墓地开始之前，还是桃花涧遗址形成之时，芮城一带的气候与当时中原相邻区域的环境状况基本相同，由此可推测：间于上述两期之间及桃花涧遗址之后的一段时间内，这里的气候特点也应该与河南西部、陕西关中地区相似。这样我们就可以根据这两个地点的研究成果对清凉寺墓地形成时期的气候与环境形成一个总体认识。总体而言，公元前 10000 年至 2800 年之间的清凉寺墓地附近古环境面貌经历了以下几个阶段。

一　公元前 10000 年～前 5500 年期间

根据清凉寺墓地自然堆积层位的测定数据，并且与关中地区同期所测数据对比得知，这一时期的中原核心地区可分为两个小的阶段，公元前 6100 年之前的气候温凉偏干，公元前 6100 年～前 5500 年期间，气候温暖湿润，但两个小阶段之间的植被变化不大，皆呈现稀树草原的植被面貌，只是前一阶段草本植物偏多，树木也没有后一阶段茂盛，气候的变化趋势正向着适宜人类生活的条件转化。

二　公元前 5500 年～前 3250 年期间

在芮城检测的地点缺乏这一阶段的数据，然而，已经检测过的两个地点分别代表此前和此后的时间段，而且这两个阶段中条山区均与河南西部、陕西关中地区的气候与环境情况相同，我们可以参照芮城邻境的洛阳地区同期研究结果提出气候变化的大体过程。据河南洛阳寺河南剖面中全新世以来的孢粉分析，大约公元前 5380 年～前 5235 年期间气候较为寒冷干燥，缺少乔木花粉。大约公元前 4120 年～前 3625 年期间，气候温暖湿润，出现很多喜暖树种[1]。这种气候一直延续到公元前 3300 年前后，这是全新世气候最好的时期，当时的植被面貌为稀树草原，上述古环境研究结果与邻境的关中同期古环境研究结果基本一致。这一时期最温暖湿润的阶段正好是清凉寺墓地第一期墓葬下葬时期，适宜人类生存的气候为清凉寺墓地所在区域最早的居民提供了十分必要的条件。

三　公元前 3250 年～前 2800 年期间

桃花涧遗址的检测数据表明，呈稀树草原和荒漠草原分布的景观与清凉寺墓地出现之前未发生质的区别，如果与现在气候相比，这一阶段的总体气候偏凉、偏湿润，其中也有一些小的气候波动。公元前 3250 年～前 3000 年期间，气候温暖、湿润，呈现出稀树草原的植被面貌；而公元前 3000 年～前 2800 年期间，气候温凉、偏干，呈现出荒漠草原的植被景观；在公元前 2800 年之后，气候开始温凉、湿润，再次呈现出稀树草原的植被面貌。将桃花涧遗址检测的情况与相邻区域进行对比可知，该遗址剖面孢粉组合特征、气候特点与前述洛阳寺河南剖面孢粉研究结果一致，皆为温和湿润的气候。同时，我们还与关中盆地[2]同期的研究结论进行了比较，根据检测，关中盆地中全新世 5000~3600BP 为温湿气候：陕西老官台、将杨村剖面的磁化率值较高[3]，显示了气候温湿的特点；陕西五里铺、南官庄、新店村剖面在 5100~2100BP 期间发育古土壤，且其 $CaCO_3$ 均呈现低值，也显示出 5000BP 以来气候温湿[4]；渭水流域 5000~4000BP 左右，植被也是

［1］孙雄伟、夏正楷：《河南洛阳寺河南剖面中全新世以来的孢粉分析及环境变化》，《北京大学学报（自然科学版）》2005 年（41 卷）2 期，289~294。
［2］吕厚远、张建平：《关中地区的新石器古文化发展与古环境变化的关系》，《中华文明探源工程文集》（环境卷Ⅰ），2009 年，第 87~101 页。
［3］HUANG Chun-chang, JIA Yao-feng, PANG Jiang-li, et al., Holocene colluviation and its implications for tracing huang-induced soil erosion and redeposition on the piedmont loess lands of the Qinling Mountains, northern China. Geoderma, 2006, 136 (34): 838-851.
［4］HUANG Chun-chang, PANG Jiang-li, CHEN Shu-e, et al., Holocene dust accumulation and the formation of polycyclic cinnamon soils (luvisols) in the China Loess Plateau. Earth Surface Processes and Landforms, 2003, 28 (12): 1259-1270.

以蒿、藜、禾本科为主的疏林草原，反映气候暖湿[1]。上述几个地点的年代都是距今年代，如果换算成以公元前纪年的日历年代，桃花涧遗址代表的公元前 3250 年~前 2800 年期间，关中地区也属于同期温湿的气候特征，两地呈现出较强的一致性，且与以往研究显示的结果相吻合，即从距今 5000 年开始全球呈现温湿气候，到距今 4000 年左右，全球同步气候变冷，标志着全新世气候最适宜期结束[2]。

根据对清凉寺墓地出土人骨的碳十四年代的测定，墓地第二至第四期的日历年代范围在公元前 2470~前 1700 年之间，在上述检测过气候与环境的地点中，比年代最接近的桃花涧遗址的年代也要晚 300 余年，虽然我们知道公元前 2800 年之后，气候开始变得比较温凉、湿润，但持续了多长时间，中间是不是曾经发生过极端的气候变化等情况均没有检测数据。好在前面几个检测数据表明，陕晋豫交界地区与整个北方地区的气候变化是同步发展的，我们还可以根据学者们对中国北方地区气候变化的宏观研究，对清凉寺墓地第二到第四期墓葬形成期间的气候状况作一个推测性的复原。

学者们根据对不同区域一系列地点的检测，发现在公元前 4000 年至前 1500 年的这段时间内，中国北方地区整体的气候比较温暖湿润，但也经历了气候的剧烈波动，其中在公元前 3800 年、公元前 3300 年和公元前 2600 年各地普遍经历了三次降温事件，每次降温之后气温均迅速回升，波动幅度也明显减弱，只是约公元前 2600 年前后的这次降温幅度大、持续时间长，大致从公元前 2800 年开始，一直延续至公元前 2300 年前后[3]。这次降温从一开始就对中原地区仰韶晚期文化产生了较大影响，可能就是这一支曾经如日中天的部族联盟走向衰落的原因之一。降温之后的升温过程几乎伴随着庙底沟二期文化的复兴，而气候基本回归到仰韶晚期之前的水平时，已经到了以清凉寺墓地第二期为代表的庙底沟二期文化末期，走过了一个地区文化的轮回。这种气候、环境与文化之间的对应不应该仅仅是一种巧合。

综合研究还表明，在公元前 2300 年之后，中原地区的气温明显迅速回升，又进入了一段相对稳定的时期，一直持续至公元前 1800 年前后，中原地区又有了一次短暂但却十分明显的气候波动，这段气候稳定、温暖湿润的时期正值龙山时期，也就是清凉寺墓地第二到第四期墓葬延续的年代，适宜的气候为这里的居民们创造全新的物质文化和思想意识的突飞猛进提供了非常良好的环境。而气候发生波动的公元前 1800 年前后却是清凉寺墓地被盗掘、整个中原地区陷入新一轮动荡不安时期的起点，如此看来，气候与文化的发展、兴衰是具有一定关联的。

[1] 张宏彦：《渭水流域全新世环境变化的初步研究》，《环境考古研究（第二辑）》，科学出版社，2000 年，第 145~151 页。
[2] 许靖华：《太阳、气候、饥荒与民族大迁徙》，《中国科学》D 辑，1998 年（28 卷）4 期，第 366~384 页。
[3] M. A. J. Williams，刘东生等：《第四纪环境》，科学出版社，1997 年。

附表9-1-1　清凉寺遗址采样剖面部分样品孢粉含量统计表（%）

野外编号	室内编号	深度(cm)	孢子花粉总数（粒）	木本植物总数（粒）	草本植物总数（粒）	蕨类孢子总数（粒）	油杉属	松属	铁杉属	栲属	榛属	栎属	榆属	朴属	桦属	槭属	柳属	桑科	冬青属	木樨科
P02	P12	340	107	63	44			54				1	7			1				
				58.9	41.1			50.5				0.9	6.5			0.9				
P04	P10	330	129	67	61	1		57		2		6	1				1			
				51.9	47.3	0.8		44.2		1.6		4.7	0.8				0.9			
P06	P08	320	160	101	58	1		83	2			3	9					1		1
				63.1	36.3	0.6		51.9	1.3			1.9	5.6					0.6		0.6
P08	P06	310	103	69	34			66				1	1							1
				67.0	33.0			64.1				1.0	1.0							1.0
P10	P04	300	150	104	45	1		87	1			3	11		1			1		
				69.3	30.0	0.7		58.0	0.7			2.0	7.3		0.7			0.7		
P13	P01	285	101	64	37		1	57				2	2	1					1	
				63.4	36.6		1.0	56.4				2.0	2.0	1.0					1.0	
P14	P20	345	67	18	49			17					1							
				26.9	73.1			25.4					1.5							
P16	P18	335	50	12	37	1		12												
				24.0	74.0	2.0		24.0												
P18	P16	325	84	13	71			12			1									
				15.5	84.5			14.3			1.2									
P20	P14	315	85	39	45	1		36					2							
				45.9	52.9	1.2		42.4					2.4							

续附表 9-1-1

野外编号	室内编号	深度(cm)	孢子花粉总数(粒)	木本植物总数(粒)	草本植物总数(粒)	蕨类孢子总数(粒)	麻黄属	菊科	蒿属	蒲公英	藜科	毛茛科	豆科	旋花科	十字花科	蒺藜科	藜属	禾本科	眼子菜属	石松属	卷柏属	水龙骨科	双星藻
P02	P12	340	107	63	44		1	5	31		5			1			1						
				58.9	41.1		0.9	4.7	29.0		4.7			0.9			0.9						
P04	P10	330	129	67	61	1		3	10		17	1					25	4	1	1			
				51.9	47.3	0.8		2.3	7.8		13.2	0.8					19.4	3.1	0.8	0.9			
P06	P08	320	160	101	58	1		9	6		17	1	17	1			7					1	2
				63.1	36.3	0.6		5.6	3.8		10.6	0.6	10.6	0.6			4.4					0.6	
P08	P06	310	103	69	34			1	13	1	16		2				1						
				67.0	33.0			1.0	12.6	1.0	15.5		1.9				1.0						
P10	P04	300	150	104	45	1		4	11		17			2		1	8	2			1		2
				69.3	30.0	0.7		2.7	7.3		11.3			1.3		0.7	5.3	1.3			0.7		
P13	P01	285	101	64	37		1	11	19		3						3						
				63.4	36.6		1.0	10.9	18.8		3.0						3.0						
P14	P20	345	67	18	49			4	2	27	3		2				10	1	1				
				26.9	73.1			6.0	3.0	40.3	4.5		3.0				14.9	1.5					
P16	P18	335	50	12	37			5	10	2	15						4		2			1	1
				24.0	74.0			10.0	20.0	4.0	30.0						8.0					2	
P18	P16	325	84	13	71			32	32		1		3				2	1	1				
				15.5	84.5			38.1	38.1		1.2		3.6				2.4	1.2	1.2				
P20	P14	315	85	39	45			3	14		5	1	3		4	1	13			1			2
				45.9	52.9			3.5	16.5		5.9	1.2	3.5		4.7	1.2	15.3			1.2			

附表 9-1-2　清凉寺遗址采样剖面部分样品孢粉浓度统计表（粒/克）

野外编号	室内编号	深度(cm)	孢子花粉总数(粒)	木本植物总数(粒)	草本植物总数(粒)	蕨类孢子总数(粒)	油杉属	松属	铁杉属	桦属	榛属	栎属	榆属	朴属	桦属	槭属	柳属	桑科	冬青属	木樨科
P02	P12	340	107	63	44			54				1	7			1				
			74.9	44.1	30.8			37.8				0.7	4.9			0.7				
P04	P10	330	129	67	61	1		57		2		6	1				1			
			64.5	33.5	30.5	0.5		28.5		1		3	0.5				0.5			
P06	P08	320	160	101	58	1		83	2	2		3	9					1		1
			96	60.6	34.8	0.6		49.8	1.2	1.2		1.8	5.4					0.6		0.6
P08	P06	310	103	69	34			66				1	1							1
			41.2	27.6	13.6			26.4				0.4	0.4							0.4
P10	P04	300	150	104	45	1		87	1			3	11			1		1		
			60	41.6	18	0.4		34.8	0.4			1.2	4.4			0.4		0.4		
P13	P01	285	101	64	37		1	57				2	2	1					1	
			60.6	38.4	22.2		0.6	34.2				1.2	1.2	0.6					0.6	
P14	P20	345	67	18	49			17					1							
			20.1	5.4	14.7			5.1					0.3							
P16	P18	335	50	12	37	1		12												
			15	3.6	11.1	0.3		3.6												
P18	P16	325	84	13	71			12					1							
			25.2	3.9	21.3			3.6					0.3							
P20	P14	315	85	39	45	1		36			1	2								
			51	23.4	27	0.6		21.6			0.6	1.2								

附表9-2-1　桃花涧遗址采样剖面部分样品孢粉含量统计表（%）

野外编号	室内编号	深度(cm)	孢子花粉总数（粒）	木本植物总数（粒）	草本植物总数（粒）	蕨类孢子总数（粒）	松属	栎属	榆属	桦属	胡桃属	柳属	桑科	菊科	蒿属	藜科	毛茛科	唐松草属	豆科	旋花科
T23	T27	17.5	268	228	27	13	227					1			25				1	
				85.1	10.1	4.9	84.7					0.4			9.3				0.4	
T21	T25	24	111	45	28	38	42		3					2	3	7			2	
				40.5	25.2	34.2	37.8		2.7					1.8	2.7	6.3			1.8	
T19	T23	34	107	42	25	40	38		3				1	1	12	6	2			
				39.3	23.4	37.4	35.5		2.8				0.9	0.9	11.2	5.6	1.9			
T17	T21	44	8	3	4	1	3							2	1					
T15	T19	54	18	3	14	1	1		2					2		12				
T13	T17	65	114	22	73	19	19	1	2					20	1	27	2	3		1
				19.3	64.0	16.7	16.7	0.9	1.8					17.5	0.9	23.7	1.8	2.6		0.9
T10	T14	80	34	21	11	2	13	1	4		1		1		3	6	1			
T08	T12	90	60	26	34		17	2	5				2		24	5	1			
				43.3	56.7		28.3	3.3	8.3				3.3		40.0	8.3	1.7			
T06	T10	100	114	57	55	2	52		5						31	19				
				50.0	48.2	1.8	45.6		4.4						27.2	16.7				
T04	T08	110	86	26	60		19		6	1					34	1		1	17	
				30.2	69.8		22.1		7.0	1.2					39.5	1.2		1.2	19.8	
T02	T06	120	72	52	18	2	43	2	7						4	11				
				72.2	25.0	2.8	59.7	2.8	9.7						5.6	15.3				
T26	T02	144	11	4	7		4								7					

续附表 9-2-1

野外编号	室内编号	深度(cm)	孢子花粉总数(粒)	木本植物总数(粒)	草本植物总数(粒)	蕨类孢子总数(粒)	苘草科	蓼属	禾本科	石竹科	香蒲属	莎草科	眼子菜属	石松属	卷柏属	中华卷柏	水龙骨科	石韦属	凤尾蕨属	阴地蕨属	瘤足蕨属	铁线蕨属	指纹藻	双星藻
T23	T27	17.5	268	228	27	13		1							11			1	1				1	
				85.1	10.1	4.9		0.4							4.1			0.4	0.4					
T21	T25	24	111	45	28	38		14						1	37									1
				40.5	25.2	34.2		12.6						0.9	33.3									
T19	T23	34	107	42	25	40	1	2	1						38	1	1						1	
				39.3	23.4	37.4	0.9	1.9	0.9						35.5	0.9	0.9							
T17	T21	44	8	3	4	1				1									1					
T15	T19	54	18	3	14	1								1										
T13	T17	65	114	22	73	19		15	1		2	1			3	14	1		1					1
				19.3	64.0	16.7		13.2	0.9		1.8	0.9			2.6	12.3	0.9		0.9					
T10	T14	80	34	21	11	2									1				1					
T08	T12	90	60	26	34		2			1														
				43.3	56.7		3.3			1.7														
T06	T10	100	114	57	55	2		4					1		1							1	1	
				50.0	48.2	1.8		3.5					0.9		0.9							0.9		
T04	T08	110	86	26	60			5	2																1
				30.2	69.8			5.8	2.3															
T02	T06	120	72	52	18	2		2					1		1						1		1	
				72.2	25.0	2.8		2.8					1.4		1.4						1.4		
T26	T02	144	11	4	7																			

附表 9-2-2　桃花洞遗址采样剖面部分样品孢粉浓度统计表（粒／克）

野外编号	室内编号	深度(cm)	孢子花粉总数(粒)	木本植物总数(粒)	草本植物总数(粒)	蕨类孢子总数(粒)	松属	栎属	榆属	桦属	胡桃属	柳属	桑科	菊科	蒿属	藜科	毛茛科	唐松草属	豆科	旋花科
T23	T27	17.5	268	228	27	13	227					1			25				1	
			214.4	182.4	21.6	10.4	181.6					0.8			20				0.8	
T21	T25	24	111	45	28	38	42		3					2	3	7			2	
			66.6	27	16.8	22.8	25.2		1.8					1.2	1.8	4.2			1.2	
T19	T23	34	107	42	25	40	38		3				1	1	12	6	2			
			74.9	29.4	17.5	28	26.6		2.1				0.7	0.7	8.4	4.2	1.4			
T17	T21	44	8	3	4	1	3							2	1					
			2.4	0.9	1.2	0.3	0.9							0.6	0.3					
T15	T19	54	18	3	14	1	1		2					2		12				
			5.4	0.9	4.2	0.3	0.3		0.6					0.6		3.6				
T13	T17	65	114	22	73	19	19	1	2					20	1	27	2	3		1
			79.8	15.4	51.1	13.3	13.3	0.7	1.4					14	0.7	18.9	1.4	2.1		0.7
T10	T14	80	34	21	11	2	13	1	4	1			1		3	6	1			
			10.2	6.3	3.3	0.6	3.9	0.3	1.2	0.3			0.3		0.9	1.8	0.3			
T08	T12	90	60	26	34		17	2	5	1	1		2		24	5	1			
			30	13	17		8.5	1	2.5	0.3	0.3		1		12	2.5	0.5			
T06	T10	100	114	57	55	2	52		5						31	19				
			57	28.5	27.5	1	26		2.5						15.5	9.5				
T04	T08	110	86	26	60		19		6		1				34	1		1	17	
			60.2	18.2	42		13.3		4.2		0.7				23.8	0.7		0.7	11.9	
T02	T06	120	72	52	18	2	43	2	7						4	11				
			43.2	31.2	10.8	1.2	25.8	1.2	4.2						2.4	6.6				
T26	T02	144	11	4	7		4								7					
			4.4	1.6	2.8		1.6								2.8					

第十章　人骨特征与病理分析[*]

　　清凉寺墓地的规模大，年代跨度大，出土人骨数量众多。全部 355 座墓葬可以分为四期，其中第一期与第二期之间有较长的年代缺环，第二至第四期的年代基本连续。墓地位于黄河中游，是中华文明的发祥地，因此，对于墓地所有死者生前的状况进行检测，不仅是本墓地研究的必要环节，而且为深入认识黄河中游地区新石器时代居民种族构成、健康和营养状况等方面也可以提供翔实而难得的信息。在墓地的发掘过程中，我们即现场对墓主人的性别、年龄及保存状况进行了鉴定和记录。每个发掘阶段结束，专业人员又亲自将人骨收集、转运到侯马工作站专门的文物库房。2005 年冬到 2006 年夏，我近十次往返于西安和侯马之间，在完成教学任务的前提下，到山西省考古研究所侯马南山文物资料中心对全部出土人骨进行了室内整理，完成了非测量性形态特征的观察记录、全部人骨按性别或者部位分类进行的测量，对一些特殊的个体进行了病理、创伤分析，选择了部分检测标本进行了稳定同位素及微量元素的检测和分析。后来，又多次到侯马对人骨资料进行复核。根据对这些人骨观察、测量、测定和研究的成果，完成了清凉寺史前墓地人骨研究报告。

第一节　性别、年龄的鉴定与人口寿命的研究

一　人口性别、年龄的分布

　　清凉寺墓地 355 座墓葬中，虽然个别墓葬因为被破坏或盗掘已经不见人骨，但另外一些墓内却因为各种不同的原因埋葬着不止一个死者，所以，从墓地中共采集到 417 例人骨标本。骨骼收集都是专业人员现场负责的，各部位的骨骼采集齐全。除个别死者因为下葬后的保存条件不好，骨骼有些疏松外，其余绝大多数保存状况良好，其中 160 例个体保留了髋骨。本文对每例标本的性别、年龄鉴定，主要依据吴汝康等[1]和邵象清[2]所确立的标准。对于成年个体性别的推断，首先依据髋骨的性别特征，其次是头骨（包括下颌骨），再次为长骨、胸骨等。年龄的推断首先依据耻骨联合面的磨耗程度，其次是牙齿的磨耗程度，最终结合颅骨骨缝以及四肢长骨骨骺线的愈合情况综合判断。对于未成年个体的年龄鉴别主要依据牙齿的萌出情况和长骨的长度。

---

　　[*]　本章执笔：西北大学文化遗产学院陈靓。

　[1] 吴汝康、吴新智、张振标：《人体测量方法》，科学出版社，1984 年。
　[2] 邵象清：《人体测量手册》，上海辞书出版社，1985 年。

根据牙齿的磨耗程度与耻骨联合面磨耗程度判断出来的齿龄和骨龄存在一定的误差。初步统计，在 30 岁以前，齿龄比骨龄约大 10 岁，在 30 岁以后，齿龄比骨龄约大 15 岁。据此，在实际操作中，我们对齿龄鉴定的结果进行了校正，本文的年龄数据为校正后的数据。居民的死亡年龄分布依照考古学文化的分期分别统计（三期和四期在文化属性上属于同一个考古学文化，合并统计），根据统计数据，我们分别制作了不同时期居民死亡年龄统计表 10-1-1~ 10-1-3。

表 10-1-1　清凉寺第一期居民死亡年龄分布统计

年龄段	男性	女性	性别不明	合计
未成年（< 14 岁）	0.00%（0）	0.00%（0）	100.00%（3）	17.65%（3）
青年期（15~23 岁）	50.00%（2）	30.00%（3）	0.00%（0）	29.41%（5）
壮年期（24~35 岁）	0.00%（0）	30.00%（3）	0.00%（0）	17.65%（3）
中年期（36~55 岁）	50.00%（2）	20.00%（2）	0.00%（0）	23.53%（4）
老年期（> 56 岁）	0.00%（0）	0.00%（0）	0.00%（0）	0.00%（0）
成年（具体年龄不详）	0.00%（0）	20.00%（2）	0.00%（0）	11.76%（2）
合计	23.53%（4）	58.82%（10）	17.65%（3）	100.00%（17）

表 10-1-2　清凉寺墓地第二期死亡年龄分布统计

年龄段	男性	女性	性别不明	合计
未成年（< 14 岁）	1.18%（1）	2.94%（3）	42.11%（8）	5.83%（12）
青年期（15~23 岁）	10.59%（9）	13.73%（14）	0.00%（0）	11.17%（23）
壮年期（24~35 岁）	20.00%（17）	15.69%（16）	0.00%（0）	16.02%（33）
中年期（36~55 岁）	49.41%（42）	31.37%（32）	0.00%（0）	35.92%（74）
老年期（> 56 岁）	2.35%（2）	5.88%（6）	0.00%（0）	3.88%（8）
成年（具体年龄不详）	16.47%（14）	30.39%（31）	57.89%（11）	27.18%（56）
合计	41.26%（85）	49.51%（102）	9.23%（19）	100.00%（206）

表 10-1-3　清凉寺墓地第三、四期死亡年龄分布统计

年龄段	男性	女性	性别不明	合计
未成年（< 14 岁）	0.00%（0）	0.00%（0）	91.67%（33）	17.01%（33）
青年期（15~23 岁）	12.28%（14）	34.09%（15）	2.78%（1）	15.46%（30）
壮年期（24~35 岁）	15.79%（18）	4.55%（2）	0.00%（0）	10.31%（20）
中年期（36~55 岁）	47.37%（54）	31.82%（14）	0.00%（0）	35.05%（68）
老年期（> 56 岁）	3.51%（4）	2.27%（1）	0.00%（0）	2.58%（5）
成年（具体年龄不详）	21.05%（24）	27.27%（12）	5.56%（2）	19.59%（38）
合计	58.76%（114）	22.68%（44）	18.56%（36）	100.00%（194）

在墓地发现的 417 例人骨中，性别明确或倾向于明确者共 359 例，鉴定率为 86.09%；年龄段明确或相对明确者共 321 例，鉴定率为 76.98%。明确或倾向于属于男性的标本 203 例，属于女性的标本 156 例，男女两性比为 1.30 : 1。有学者作过统计，黄河中下游地区史前人口的男女两性比值数据如下：裴李岗时代为 1.59 : 1，仰韶时代为 1.72 : 1，大汶口文化为 1.75 : 1，龙山时代为 1.67 : 1，二里头时代为 2.0 : 1[1]。与上述几个不同时期或地点统计数据相比，清凉寺墓地男女两性比值偏低，性别比例趋向合理。

从表 10-1-1 可看出，清凉寺墓地的第一期死者个体较少，死亡年龄段男性分布在青年期和中年期，女性集中在青壮年期，突出的特点是未成年者的死亡率非常高，达到 17.65%，与此形成鲜明对比的是居然没有 1 例个体进入老年期。第一期男女两性比为 0.4 : 1，女性人口数占绝大多数，是男性的 2.5 倍。（图 10-1-1）

清凉寺二期的死者数量较多，统计数据更接近真实。从总体的人口的死亡年龄段来看，数量最集中的在中年期，其次为壮年期，未成年者的死亡率较一期有所降低，只占总人口的 5.83%，虽然进入老年期的死者仍旧较少，但已经占到 3.88% 的比例。从性别的角度来看，女性在青年期死亡率略高于男性，到了壮年期和中年期又低于男性，进入老年期的女性死亡比例是男性的两倍以上，表明女性在青年时期死亡概率较高，而进入壮年以后比较稳定，进入 56 岁以上高龄的人数比男性更高。第二期墓葬的男女两性比为 0.83 : 1，女性人口所占比例略高于男性。（图 10-1-2）

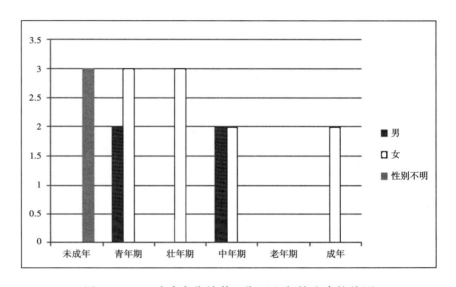

图 10-1-1　清凉寺墓地第一期死亡年龄分布柱状图

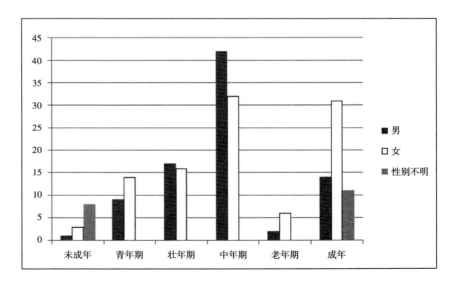

图 10-1-2　清凉寺墓地第二期死亡年龄分布柱状图

---

[1] 王建华：《黄河中下游地区史前人口研究》，科学出版社，2011 年，第 180~206 页。

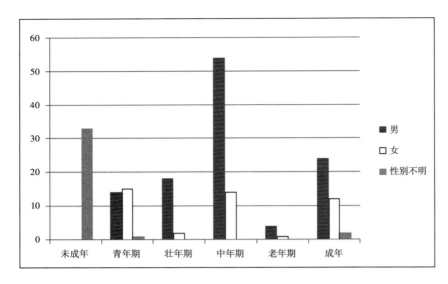

图 10-1-3　清凉寺墓地第三、四期死亡年龄分布柱状图

清凉寺三、四期人口合计数量也比较多，但人口的构成发生了很大变化。从死亡率来看，女性死亡的高峰期集中在青年期，中年期其次，而男性死亡的高峰期在中年期，壮年期和青年期亦占相当比例，但是，老年死者和未成年人数量增加，其中男性进入老年期的死者达到全部男性数量的 3.51%，是女性老年死者的 4 倍。未成年人的死亡率也上升到 17.01%，其中很少有墓主人，绝大部分是殉人。另一个明显的变化来自于男女性别的差别，三、四期的男女两性比骤然上升到 2.59∶1，男性的死亡率高出了女性 2 倍以上，如果将三、四期再划分开来，第三期男性的死者接近女性的 4 倍，这是一个十分特殊的现象。（图 10-1-3）

二　编制人口简略生命年表

编制简略生命年表是目前考古学和人类学研究古代居民人口构成所采用的一种主要方法，国内学者已经在此方面进行了一些积极有益的尝试[1]。简略生命年表可以反映出一段时间内一群人的死亡和生存经历，折射出这个地区居民的健康状况。简略生命年表所计算出的平均预期寿命则有助于比较各地区古代居民死亡资料以及评估死亡趋势[2]。

下面采用编制简略生命年表的方法对清凉寺墓地新石器时代居民人口平均预期寿命进行推算。为了全面了解当时不同性别、群体的寿命，我们首先制作了全部人口的简略生命年表（表 10-1-4），然后又分别按男性、女性的情况编制了各自的简略生命年表（表 10-1-5）和（表 10-1-6），这三个表可以相互参照，不仅对居民的平均寿命有一个概括的了解，而且能反映不同性别的生存状况。

从以上三组简略生命年表计算出清凉寺总人口的平均预期寿命为 32.92 岁，男性为 36.98 岁，女性为 33.94 岁。男性平均预期寿命高出总人口平均寿命 4.06 岁，女性平均预期寿命只高于总人口平均寿命 1.02 岁。清凉寺女性平均预期寿命低于男性，是因为女性在青年期的死亡率高于男性。新石器时代的生产力低下，卫生状况欠佳，医疗条件恶劣，女性在孕产期很容易染疾而亡，因而青年期的女性死亡率趋高。

我国史前时期编制过人口简略生命年表的墓地还有河北阳原姜家梁和江苏金坛三星村墓地，

[1] 张君、王根富：《江苏金坛三星村新石器时代墓葬中的人口统计与研究》，《文物》2004 年 2 期，第 54~60 页；李法军：《河北阳原姜家梁新石器时代遗址人口寿命研究》，《中山大学学报（社会科学版）》2006 年 1 期，第 62~66 页。
[2] 黄荣清：《人口分析技术》，北京经济学院出版社，1989 年，第 57~59 页、78~79 页、99 页。

表 10-1-4　清凉寺居民全体人口的简略生命表

年龄组 X	死亡概率 nqx	尚存人数 lx	各年龄组死亡人数 ndx	各年龄组内生存人年数 nLx	未来生存人年数累计 Tx	平均预期寿命 Ex
0-	0.00	417	0	417.0	13727.0	32.92
1-	2.16	417	9	1688.0	13310.0	31.92
5-	6.86	408	28	1970.0	11622.0	28.49
10-	3.95	380	15	1862.5	9652.0	25.40
15-	6.30	365	23	1767.5	7789.5	21.34
20-	6.43	342	22	1655.0	6022.0	17.61
25-	12.19	320	39	1502.5	4367.0	13.65
30-	24.56	281	69	1232.5	2864.5	10.19
35-	38.68	212	82	537.0	1632.0	7.70
40-	26.92	130	35	562.5	1095.0	8.42
45-	51.58	95	49	352.5	532.5	5.61
50-	71.74	46	33	147.5	180.0	3.91
55-	100.00	13	13	32.5	32.5	2.50

表 10-1-5　清凉寺居民男性简略生命表

年龄组 X	死亡概率 nqx	尚存人数 lx	各年龄组死亡人数 ndx	各年龄组内生存人年数 nLx	未来生存人年数累计 Tx	平均预期寿命 Ex
0-	0.00	203	0	203.0	7507.5	36.98
1-	0.00	203	0	812.0	7304.5	35.98
5-	0.00	203	0	1015.0	6492.5	31.98
10-	0.00	203	0	1015.0	5477.5	26.98
15-	3.94	203	8	995.0	4462.5	21.98
20-	8.72	195	17	932.5	3467.5	17.78
25-	10.67	178	19	842.5	2535.0	14.24
30-	33.96	159	54	660.0	1692.5	10.64
35-	25.71	105	27	457.5	1032.5	9.83
40-	37.18	78	29	317.5	576.0	7.38
45-	59.18	49	29	172.5	257.5	5.26
50-	65.00	20	13	67.5	85.0	4.25
55-	100.00	7	7	17.5	17.5	2.50

前者总人口平均寿命为 34.06 岁[1]，后者平均寿命为 26.26 岁[2]。与之比较，清凉寺先民人口构成接近姜家梁先民。

---

[1] 李法军：《河北阳原姜家梁新石器时代遗址人口寿命研究》，《中山大学学报（社会科学版）》2006 年 1 期，第 62~66 页。

[2] 张君、王根富：《江苏金坛三星村新石器时代墓葬中的人口统计与研究》，《文物》2004 年 2 期，第 54~60 页。

表 10-1-6　清凉寺居民女性简略生命表

年龄组 X	死亡概率 nqx	尚存人数 lx	各年龄组死亡人数 ndx	各年龄组内生存人年数 nLx	未来生存人年数累计 Tx	平均预期寿命 Ex
0-	0.00	156	0	156.0	5295.0	33.94
1-	0.00	156	0	624.0	5139.0	32.94
5-	0.00	156	0	780.0	4515.0	28.94
10-	1.28	156	2	775.0	3735.0	23.94
15-	10.39	154	16	730.0	2960.0	19.22
20-	11.59	138	16	650.0	2230.0	16.16
25-	10.66	122	13	577.5	1580.0	12.95
30-	45.87	109	50	420.0	1002.5	9.20
35-	28.81	59	17	252.5	582.5	9.87
40-	33.33	42	14	175.0	330.0	7.86
45-	57.14	28	16	100.0	155.0	5.54
50-	58.33	12	7	42.5	55.0	4.58
55-	100.00	5	5	12.5	12.5	2.50

三　清凉寺二期与清凉寺三、四期人口的两性比变化

清凉寺墓地的墓葬根据形制、结构以及随葬品的特征分为四期，从墓地第一期发展到四期，清凉寺人口的男女两性比从 0.4：1 飙升到 2.59：1，剧烈变化背后的原因应该从墓主人的身份探寻。发掘者根据墓地所处的地理位置等因素推测，清凉寺墓地第二期开始有一些人专门从事运城盐湖产食盐的运销，而第三、四期墓群的墓主人应该是从事盐运业管理的人群。我们从墓地不同时期死者的构成等指标来分析，可以对以上认识提出修正抑或支持。

清凉寺墓地第一期时，运城盐湖应当还没有开发，当地自然没有成立专门的运盐机构，人口构成主要是部族成员。从碳十四测年的数据来看，这一期持续的时间接近 300 年，但发现的墓葬数量却很少，如果说这基本是当时的主要墓地，那么部族的规模肯定很小。由于保存条件不太好，发现时人骨遗骸酥碎、缺失，也许并不能代表当时的实际情况，只能从一个侧面管窥早期清凉寺一带居民的人口比例，不过未成年人占比较大却应该符合当时的生产力水平。由于年代的差距太大，第一期与第二期及以后的死者之间没有直接的联系，墓主人生前的职业也没有直接传承。清凉寺墓地第二期人数较多，人口统计大体可以代表当地庙底沟二期文化晚期阶段的人口比例。王仁湘先生在研究中国史前人口两性比例时，根据大量墓地发现人数的数据总结出我国北方史前时代男女两性比例情况，从总体来看，男性明显高于女性[1]。清凉寺墓地的第二期的情况却与此不同，女性比例高于男性。从表 10-1-2 统计发现，女性中仅能够鉴别为成年的个体占到女性总数的约 1/3，这部分骨骼多数只采集到四肢骨，性别的鉴定主要来自四肢提供的信息，可能会产生

---

[1] 王仁湘：《我国新石器时代人口性别构成再研究》，《考古求知集》，中国社会科学出版社，1997 年，第 68~82 页。

一定比例的误差。但我国北方亦有部分史前墓地发现的女性多于男性，例如陕西华阴横阵墓地的男女两性比为 0.70 ：1[1]，陕西潼关南寨子墓地与此接近，为 0.75 ：1[2]，因此，不排除清凉寺墓地第二期男女两性比即当时人口真实两性比的反映。到了清凉寺墓地第三、四期时，当地已经建立了专门销售盐湖产食盐的管理机构，清凉寺墓地成为这个机构的专用墓地，这里第三、四期大墓埋葬的就是这一时期机构中死亡的管理人员，由于机构的主要成员是男性，所以男女两性的比例有了十分巨大的差距。在第三期的早、中期时，大墓的主人下葬时普遍使用殉人，殉人除了极少数成年人之外，绝大多数为 14 岁以下的未成年个体，还有一小部分为 15~20 岁的青年女性，这是三、四期人口构成中，未成年人比例占到 17.01%，而且青年女性死亡率也偏高的主要原因所在。从墓地不同时期死者情况的分析来看，发掘者认为墓地第二到第四期墓主人与运城盐湖产食盐外销有关的认识是可以成立的。

第二节　头骨形态特征的研究

清凉寺墓地发现人骨个体虽然很多，但由于墓地所在的区域埋藏条件并不好，真正保存较好可供观察和测量的头骨仅有 66 例，其中男性 33 例，女性 33 例。属于第一期墓葬的头骨普遍保存很差，无一例个体可供测量。出自第二期墓葬的男性头骨有 16 例，女性有 17 例。出自第三期墓葬的男、女两性头骨各有 11 例。出自第四期墓葬的男性头骨有 6 例，女性头骨有 5 例。在进行头骨的连续性形态观察时，统计数据为清凉寺全组，所统计的男女例数，除 68 例保存较好的头骨外，还包括虽然残破但仍可观察部分颅面部形态特征的个体。

一　连续性形态的特征

清凉寺组头骨的连续性形态包括一些不同的内容，这些都是反映本组死者头骨特点的不同侧面，依据对头骨的观察结果，我们制作了清凉寺墓地头骨连续性形态特征观察统计表 10-2-1。（彩版 10-2-1~10-2-12）

头骨的每个不同部位都有各自不同的对比标准，下面我们分项对清凉寺墓地头骨连续性形态特征进行分析。

1. 颅型

清凉寺墓地男女两性的颅型均以卵圆形者为主（男性占 59.78%，女性占 61.82%），其次为椭圆形（男性占 28.26%，女性占 20.00%），圆形、五角形和菱形再次，楔形颅仅见 1 例，属于男性个体。

2. 眉弓

眉弓的形态观察分为三部分内容：眉弓突度、眉间突度和眉弓范围。

（1）眉弓突度：男性以显著级为主（占 56.03%），特显级其次（占 17.24%），中等级再次（占

［1］王建华：《黄河中下游地区史前人口研究》，科学出版社，2011 年，第 180~206 页。

［2］陈靓、张燕、郭小宁：《陕西潼关南寨子遗址出土人骨研究》，《考古与文物》2011 年 6 期，第 93~96 页。

表 10-2-1　清凉寺墓地头骨连续性形态特征观察统计（男女两性）

项目	性别	例数	形态分类及出现率					
颅型			椭圆形	卵圆形	圆形	五角形	楔形	菱形
	男性	92	28.26%（26）	59.78%（55）	5.43%（5）	3.26%（3）	1.09%（1）	2.17%（2）
	女性	55	20.00%（11）	61.82%（34）	5.45%（3）	9.09%（5）	0.00%（0）	3.64%（2）
	合计	147	25.17%（37）	60.54%（89）	5.44%（8）	5.44%（8）	0.68%（1）	2.72%（4）
眉弓突度			弱	中等	显著	特显	粗壮	
	男性	116	11.21%（13）	15.52%（18）	56.03%（65）	17.24%（20）	0.00%（0）	
	女性	79	50.63%（40）	31.65%（25）	13.92%（11）	3.80%（3）	0.00%（0）	
	合计	195	27.18%（53）	22.05%（43）	38.97%（76）	11.79%（23）	0.00%（0）	
眉弓范围			0级	1级	2级	3级	4级	
	男性	106	0.94%（1）	30.19%（32）	60.38%（64）	8.49%（9）	0.00%（0）	
	女性	77	11.69%（9）	71.43%（55）	16.88%（13）	0.00%（0）	0.00%（0）	
	合计	183	5.46%（10）	47.54%（87）	42.08%（77）	4.92%（9）	0.00%（0）	
眉间突度			不显	微显	中等	显著	极显	粗壮
	男性	113	27.43%（31）	51.33%（58）	15.93%（18）	4.42%（5）	0.88%（1）	0.00%（0）
	女性	76	61.84%（47）	28.95%（22）	7.89%（6）	1.32%（1）	0.00%（0）	0.00%（0）
	合计	189	41.27%（78）	42.33%（80）	12.70%（24）	3.17%（6）	0.53%（1）	0.00%（0）
前额			平直	中等	倾斜			
	男性	106	20.75%（22）	38.68%（41）	40.57%（43）			
	女性	66	48.48%（32）	43.94%（29）	7.58%（5）			
	合计	172	31.40%（54）	40.70%（70）	27.91%（48）			
额中缝			无	小于1/3	1/3~2/3	大于2/3	全	
	男性	92	95.65%（88）	0.00%（0）	0.00%（0）	0.00%（0）	4.35%（4）	
	女性	73	94.52%（69）	0.00%（0）	0.00%（0）	1.37%（1）	4.11%（3）	
	合计	165	95.15%（157）	0.00%（0）	0.00%（0）	0.61%（1）	4.24%（7）	
颅顶缝前囟段			微波形	深波形	锯齿形	复杂形		
	男性	93	72.04%（67）	20.43%（19）	7.53%（7）	0.00%（0）		
	女性	74	54.05%（40）	41.89%（31）	4.05%（3）	0.00%（0）		
	合计	167	64.07%（107）	29.94%（50）	5.99%（10）	0.00%（0）		
颅顶缝顶段			微波形	深波形	锯齿形	复杂形		
	男性	87	8.05%（7）	21.84%（19）	68.97%（60）	1.15%（1）		
	女性	65	3.08%（2）	23.08%（15）	73.85%（48）	0.00%（0）		
	合计	152	5.92%（9）	22.37%（34）	71.05%（108）	0.66%（1）		
颅顶缝顶孔段			微波形	深波形	锯齿形	复杂形		
	男性	81	28.40%（23）	28.40%（23）	43.21%（35）	0.00%（0）		
	女性	57	35.09%（20）	22.81%（13）	42.11%（24）	0.00%（0）		
	合计	138	31.16%（43）	26.09%（36）	42.75%（59）	0.00%（0）		

续表 10-2-1

项目	性别	例数	形态分类及出现率					
颅顶缝后段			微波形	深波形	锯齿形	复杂形		
	男性	79	26.58%（21）	24.05%（19）	39.24%（31）	10.13%（8）		
	女性	57	10.53%（6）	31.58%（18）	52.63%（30）	5.26%（3）		
	合计	136	19.85%（27）	27.21%（37）	44.85%（61）	8.09%（11）		
乳突			极小	小	中等	大	特大	
	男性	119	0.00%（0）	12.61%（15）	34.45%（41）	50.42%（60）	2.52%（3）	
	女性	80	3.75%（3）	36.25%（29）	32.50%（26）	27.50%（22）	0.00%（0）	
	合计	199	1.51%（3）	22.11%（44）	33.67%（67）	41.21%（82）	1.51%（3）	
枕外隆突			阙如	稍显	中等	显著	极显	喙嘴
	男性	106	1.89%（2）	30.19%（32）	12.26%（13）	33.02%（35）	19.81%（21）	2.83%（3）
	女性	72	11.11%（8）	48.61%（35）	15.28%（11）	20.83%（15）	4.17%（3）	0.00%（0）
	合计	178	5.62%（10）	37.64%（67）	13.48%（24）	28.10%（50）	13.48（24）	1.69%（3）
眶形			圆形	椭圆形	方形	长方形	斜方形	
	男性	74	10.81%（8）	40.54%（30）	6.76%（5）	18.92%（14）	22.97%（17）	
	女性	53	13.21%（7）	58.49%（31）	5.66%（3）	3.77%（2）	18.87%（10）	
	合计	127	11.81%（15）	48.03%（61）	6.30%（8）	12.60%（16）	21.26%（27）	
梨状孔			心形	梨形	三角形			
	男性	78	44.87%（35）	53.85%（42）	1.28%（1）			
	女性	56	53.57%（30）	26.79%（15）	19.64%（11）			
	合计	134	48.51%（65）	42.54%（57）	8.96%（12）			
梨状孔下缘			锐型	钝型	鼻前沟型	鼻前窝型		
	男性	99	46.46%（46）	29.29%（29）	5.05%（5）	19.19%（19）		
	女性	68	29.41%（20）	45.59%（31）	2.94%（2）	22.06%（15）		
	合计	167	39.52%（66）	35.93%（60）	4.19%（7）	20.36%（34）		
鼻前棘			不显	稍显	中等	显著	特显	
	男性	83	50.60%（42）	31.33%（26）	15.66%（13）	2.41%（2）	0.00%（0）	
	女性	58	72.41%（42）	18.97%（11）	5.17%（3）	3.45%（2）	0.00%（0）	
	合计	141	58.16%（82）	26.24%（37）	11.35%（16）	2.84%（4）	0.00%（0）	
上颌中门齿			铲形	非铲形				
	男性	72	100%（72）	0%（0）				
	女性	53	100%（53）	0%（0）				
	合计	125	100%（125）	0%（0）				
鼻根凹陷			0级	1级	2级	3级	4级	
	男性	70	11.43%（8）	72.86%（51）	8.57%（6）	7.14%（5）	0.00%（0）	
	女性	47	55.32%（26）	40.43%（19）	4.26%（2）	0.00%（0）	0.00%（0）	
	合计	117	29.06%（34）	59.83%（70）	6.84%（8）	4.27%（5）	0.00%（0）	

续表 10-2-1

项目	性别	例数	形态分类及出现率					
			0 级	1 级	2 级	3 级	4 级	
犬齿窝	男性	78	34.62%（27）	38.46%（30）	20.51%（16）	5.13%（4）	1.28%（1）	
	女性	60	25.00%（15）	41.67%（25）	26.67%（16）	6.67%（4）	0.00%（0）	
	合计	138	30.43%（42）	39.86%（55）	23.19%（32）	5.80%（8）	0.72%（1）	
翼区（左）			H 型	I 型	X 型	缝间型		
	男性	54	83.33%（45）	7.41%（4）	7.41%（4）	1.85%（1）		
	女性	33	84.85%（28）	12.12%（4）	3.03%（1）	0.00%（0）		
	合计	87	83.91%（73）	9.20%（8）	5.75%（5）	1.15%（1）		
鼻梁			凹凸型	凹型	直型			
	男性	38	13.16%（5）	78.95%（30）	7.89%（3）			
	女性	32	9.38%（3）	87.50%（28）	3.13%（1）			
	合计	70	11.43%（8）	82.86%（58）	5.71%（4）			
鼻骨形状			I 型	II 型	III 型			
	男性	37	35.14%（13）	45.95%（17）	18.92%（7）			
	女性	34	35.29%（12）	55.88%（19）	8.82%（3）			
	合计	71	35.21%（25）	50.70%（36）	14.08%（10）			
矢状嵴			有	无				
	男性	81	76.54%（62）	23.46%（19）				
	女性	61	52.46%（32）	47.54%（29）				
	合计	142	66.20%（94）	33.80%（48）				
腭形			U 形	V 形	椭圆形			
	男性	96	19.79%（19）	59.38%（57）	20.83%（20）			
	女性	68	14.71%（10）	60.29%（41）	25.00%（17）			
	合计	164	17.68%（29）	59.76%（98）	22.56%（37）			
腭圆枕			无	嵴状	丘状	瘤状		
	男性	90	34.44%（31）	37.78%（34）	13.33%（12）	14.44%（13）		
	女性	62	37.10%（23）	29.03%（18）	27.42%（17）	6.45%（4）		
	合计	152	35.53%（54）	34.21%（52）	19.08%（29）	11.18%（17）		
顶孔数目			无	仅左孔	仅右孔	左右全	附加孔	
	男性	79	16.46%（13）	16.46%（13）	15.19%（12）	50.63%（40）	1.27%（1）	
	女性	57	21.05%（12）	15.79%（9）	29.82%（17）	33.33%（19）	0.00%（0）	
	合计	136	18.38%（25）	16.18%（22）	21.32%（29）	43.38%（59）	0.74%（1）	
颧骨转角			较陡直	较圆钝				
	男性	86	58.14%（50）	41.86%（36）				
	女性	66	71.21%（47）	28.79%（19）				
	合计	152	63.82%（97）	36.18%（55）				

续表 10-2-1

项目	性别	例数	形态分类及出现率					
			方形	圆形	尖形	角形	杂形	
颏形	男性	91	30.77%（28）	39.56%（36）	27.47%（25）	2.20%（2）	0.00%（0）	
	女性	75	9.33%（7）	28.00%（21）	57.33%（43）	4.00%（3）	1.33%（1）	
	合计	166	21.08%（35）	34.34%（57）	40.96%（68）	3.01%（5）	0.60%（1）	
颏孔位置			P1P2	P2	P2M1	M1		
	男性	109	12.84%（14）	65.14%（71）	21.10%（23）	0.92%（1）		
	女性	79	12.66%（10）	64.56%（51）	21.52%（17）	1.27%（1）		
	合计	188	12.77%（24）	64.89%（122）	21.28%（40）	1.06%（2）		
下颌圆枕			无	小	中	大		
	男性	106	27.36%（29）	15.09%（16）	22.64%（24）	34.91%（37）		
	女性	77	54.55%（42）	20.78%（16）	9.09%（7）	15.58%（12）		
	合计	183	38.80%（71）	17.49%（32）	16.94%（31）	26.78%（49）		
摇椅型下颌			无	轻度	明显			
	男性	91	72.53%（66）	18.68%（17）	8.79%（8）			
	女性	68	64.71%（44）	19.12%（13）	16.18%（11）			
	合计	159	69.18%（110）	18.87%（30）	11.95%（19）			
下颌角形			外翻型	直型	内翻型			
	男性	107	71.03%（76）	23.36%（25）	5.61%（6）			
	女性	79	34.18%（27）	50.63%（40）	15.19%（12）			
	合计	186	55.38%（103）	34.95%（65）	9.68%（18）			

15.52%），弱级最少（占 11.21%），无粗壮级。女性中以弱者为主（占 50.63%），中等者次之（占 31.65%），显著者所占比例较少（占 13.92%），特显者最少（占 3.80%），无粗壮者出现。

（2）眉间突度：男性半数以上为稍显级（占 51.33%），不显级其次（占 27.43%），中等级再次（占 15.93%），显著级和极显级出现率很低（分别占 4.42% 和 0.88%），无粗壮级个体。女性多数为不显级（占 61.84%），其次为微显级（占 28.95%），中等级和显著级的出现率较低（分别占 7.89% 和 1.32%），无极显级和粗壮级个体。

（3）眉弓范围：眉弓范围分为五级，即 0 级、1 级、2 级、3 级和 4 级。清凉寺的头骨，男性中以 2 级为主（占 60.38%），1 级次之（占 30.19%），3 级所占比例较少（占 8.49%），0 级仅 1 例，无 4 级出现。女性以 1 级为主（占 71.43%），2 级次之（占 16.88%），0 级出现 9 例个体（占 11.69%），无 3 级和 4 级者出现。

总体来看，男女两性眉弓的形态特征存在明显的差异。男性眉弓特征的发达程度明显高于女性。男性眉弓突度多为显著级以上，女性则多弱级；男性的眉间突度多稍显级以上，女性则多为不显级；男性的眉弓范围中等者居多，女性则以弱者为主。

3. 前额

清凉寺墓地发现头骨的前额形态不同，其中属于男女两性之间的差异十分显著，男性以倾斜者为主（占40.57%），中等者居次（占38.68%），平直者最少（占20.75%）。女性中平直者最多（占48.48%），中等者稍次（占43.94%），倾斜者较少（占7.58%）。

4. 额中缝

体质人类学研究一般认为，额中缝的出现与遗传因素、地理环境或者种族变异有关。在清凉寺墓地发现的头骨中，男性中有4例完整保留该缝（占4.35%）。女性中有1例保留2/3该缝（占1.37%），另有3例完整保留该缝（占4.11%）。

5. 颅顶缝

描述颅顶矢状缝的形态时通常分为前囟段、顶段、顶孔段和后段四部分记录。清凉寺墓地发现的头骨，在前囟段男女两性均以微波形为主，深波形次之，锯齿形最少，男女两性无复杂形，表明此段两性个体以简单形为主。顶段区男女两性均以锯齿形为主，深波形其次，微波形较少，复杂形出现率极低，仅有1例男性头骨表现为复杂形，表明此段两性间复杂程度稍高于前囟段，但仍属于简单形。在顶孔段男女两性均以锯齿形为主，微波形和深波形次之，无复杂形出现，表明此段男女两性亦属于简单形。后段以锯齿形为主，深波形和微波形次之，复杂形的出现率较前三段明显提高，表明此段在两性间均较为复杂。综上所述，男女两性在这四段中的形态出现率相当一致，表明清凉寺墓地发现的头骨，男女两性在颅顶缝的形态分布上不存在性别差异。

6. 乳突

根据我们对乳突的观察，发现在乳突的发育程度上，不同性别的死者存在着明显的差异。男性大者超过一半（占50.42%），中等者其次（占34.45%），小者再次（占12.61%），特大者出现率很小（占2.52%），无极小者。女性以小者为主（占36.25%），中等者次之（占32.50%），大者再次（占27.50%），极小者的出现率较低（占3.75%），无特大者出现。

7. 枕外隆突

枕外隆突的发育程度与乳突一样，也存在明显的性别差异。男性以显著者为主（占33.02%），稍显者次之（占30.19%），极显者和中等者再次（分别占19.81%和12.26%），喙嘴状者和阙如者有很小的出现率（分别占2.83%和1.89%）。女性中近一半头骨属于稍显者（占48.61%），显著者居次（占20.83%），中等者和阙如者再次（分别占15.28%和11.11%），极显者有很小的出现率（占4.17%），无喙嘴状者出现。

8. 眶形

男女两性眶形均以椭圆形者为主（分别占40.54%和58.49%），斜方形者次之（分别占22.97%和18.87%），男性长方形者再次（占18.92%），圆形者和方形者有较小的出现率（分别占10.81%和6.76%），女性再次者为圆形（占13.21%）、方形者和长方形的出现率很低（分别占5.66%和3.77%）。

9. 梨状孔

男性中以梨形者为主（占53.85%），心形者其次（占44.87%），三角形者出现率最少（占1.28%）。女性中以心形者为主（占53.57%），梨形者次之（占26.79%），三角形者较少（占19.64%）。

10. 梨状孔下缘

男性的梨状孔下缘以锐型为主（占 46.46%），钝型次之（占 29.29%），鼻前窝型再次（占 19.19%），鼻前沟型的出现率最少（占 5.05%）。女性中以钝型为主（占 45.59%），锐型其次（占 29.41%），鼻前窝型再次（占 22.06%），最少的为鼻前沟型（占 2.94%）。

11. 鼻前棘

鼻前棘的发育程度可为五级：不显、稍显、中等、显著和特显。总的来看，该组居民男女两性的鼻前棘分布以不显为主（分别占 50.60% 和 72.41%），稍显次之（分别占 31.33% 和 18.97%），中等再次（分别占 15.66% 和 5.17%），显著很少（分别为 2.41% 和 3.45%），无特显者出现。

12. 上颌中门齿

铲形门齿是黄种人显著的体质特征之一，一般出现于上颌门齿，特别是上颌中门齿。其特征为：齿冠舌面近中缘和远中缘各有一条明显的唇形嵴，使得齿冠的舌面出现一个明显的窝，形状似铲，故名铲形门齿。本墓地所有观察个体上颌中门齿均为铲形。

13. 鼻根凹陷

鼻根凹陷即鼻根点凹陷，可以分为 0~5 级。本组标本男性以 1 级（略有凹陷）为主（占 72.86%），0 级（无鼻根凹陷）次之（占 11.43%），2 级和 3 级（凹陷中等和极为明显）分别占 8.57% 和 7.14%，无 4 级者（鼻根点极深，深陷明显）出现。女性以 0 级为主，占（55.32%），1 级次之（占 40.43%），2 级很少（占 4.26%），无 3 级和 4 级者出现。表明该组中男性鼻根凹陷发育程度大于女性。

14. 犬齿窝

犬齿窝在不同人种中有明显的区别，蒙古人种的犬齿窝通常不发达，欧罗巴人种和澳大利亚—尼格罗人种的犬齿窝则相对发达。犬齿窝一般分为 0~4 级。本墓地发现的个体中，男女两性均以 1 级为主（分别占 38.46% 和 41.67%），男性 0 级其次（占 34.62%），女性则 2 级（26.67%）和 0 级（25.0%）大体相当。男女两性中，3 级、4 级所占比例都很少。

15. 翼区

翼区是指蝶骨大翼、顶骨、额骨和颞骨相交界的区域，除了这四块骨骼的骨缝可有多种衔接方式外，还可以观察到独立的翼上骨存在。翼区包括四种类型：H 型（蝶顶型）、I 型（额颞型）、X 型（点型）和缝间型。本墓地发现的头骨男女两性均以 H 型为主（分别占 83.88% 和 84.85%），I 型和 X 型在男性中所占比例相同（为 7.41%），缝间型仅有 1 例（占 1.85%），女性中 I 型和 X 型出现率较低（分别占 12.12% 和 3.03%），无缝间型出现。

16. 鼻梁

在黄种人中，凹型鼻梁的出现率很高。本墓地发现的人骨也不例外，男女两性个体的鼻梁均以凹型为主（分别占 78.95% 和 87.50%），凹凸型和直型鼻梁所占的比例均较少。

17. 鼻骨形状

指从正面观察鼻骨的形状，可分为 I 型（上下宽明显大于中部）、II 型（由上到下逐渐变宽）和 III 型（上下鼻骨宽度大体相等，变化不大）三种类型。本墓地发现人骨的鼻骨均以 II 型最多（男女两性分别占 45.95% 和 55.88%），Ⅰ 型其次（男女两性分别占 35.14% 和 35.29%），Ⅲ 型最少（男女两性分别占 18.92% 和 8.82%）。

18. 矢状嵴

黄种人中矢状嵴的出现率居于各大人种之首，澳洲土著也有相当的分布。本墓地发现的人骨 76.54% 的男性有矢状嵴，女性的这一比例为 52.46%。

19. 腭型

腭型可分为 U 形、V 形和椭圆形三种形态。本墓地发现的头骨男女两性均以 V 形为主，出现率最高（分别占 59.38% 和 60.29%），其次为椭圆形（分别占 20.83% 和 25.00%），U 形最少（分别占 19.79% 和 14.71%）。

20. 腭圆枕

腭圆枕的观察结构变异较大，男性嵴状最多（占 37.78%），其次为无腭圆枕个体（占 34.44%），瘤状和丘状所占比例相对较小（14.44% 和 13.33%）。女性无腭圆枕个体最多（占 37.10%），嵴状和丘状所占比例大致相当（29.03% 和 27.42%），瘤状个体最少（6.45%）。

21. 顶孔数目

本组人骨男女均以顶孔数目左右全者最多（占 50.63% 和 33.33%），仅有 1 例男性个体有附加孔出现。

22. 颧骨上颌骨下缘转角处形状

墓地发现的人骨不论男女颧骨上颌骨下缘转角处形状多为陡直者（占 58.14% 和 71.21%），圆钝者数量少（占 41.86% 和 28.79%）。

23. 颏形

两性的颏部形态有明显的差异，男性通常以方形和圆形为主，女性则以尖形为主。在本墓地发现的人骨中，男性以圆形的出现率最高（占 39.56%），其次为方形（占 30.77%），尖形也有一定的出现率（占 27.47%），角形有 2 例，不见杂形。女性以尖形的出现率为主（占 57.33%），圆形和方形也有一定比例的出现率（分别占 28.00% 和 9.33%），角形和杂形分别有 3 例和 1 例。

24. 颏孔位置

墓地发现的人骨大部分个体颏孔位于 P_2 位（分别占 65.14% 和 64.56%），其次位于 P_2M_1 之间（分别占 21.10% 和 21.52%），位于 M_1 者最少。

25. 下颌圆枕

下颌圆枕指下颌骨舌侧出现的圆形、椭圆形或者条纹形的骨质隆起，通常位于第一前臼齿到第二臼齿之间，该项特征在蒙古人种中有较高的出现率。清凉寺墓地发现的人骨中，男性有下颌圆枕者占 72.64%，其中 34.91% 的个体有发育显著的下颌圆枕，27.36% 的个体无下颌圆枕。女性中无下颌圆枕的个体占到 54.55%，下颌圆枕发达的个体仅占 15.58%。男女两性下颌圆枕合计出现率为 61.20%。

26. "摇椅型" 下颌

本组人骨只有少部分轻度—明显级的个体（占 30.82%），大部分个体属于非 "摇椅型" 下颌。

27. 下颌角形

下颌角形一般分为三种形态：外翻型、直型和内翻型。本墓地发现的人骨中，男性外翻型的出现率最高（占 71.03%），其次是直型（占 23.36%），内翻型的出现率最低（占 5.61%）。女性中直型最多（占 50.63%），外翻型次之（占 34.18%），内翻者最少（仅占 15.19%）。

根据以上各分项的统计，我们可以将清凉寺墓地全组头骨的连续性形态特征概括如下：颅型以卵圆形为主，眉间突度以弱级为主，眉弓发育男性多属显著级，女性多弱级。颅顶缝以简单为主，眶型多椭圆形和斜方形，眶角圆钝，梨状孔男性多梨形，女性多心形，两性鼻前棘分布均以不显和稍显为主，上颌中门齿均为铲形，鼻根凹陷以浅平为主，有 76.54% 的男性和 52.46% 的女性有矢状嵴，两性腭形以 V 形为主，颧骨上颌骨下缘转角处明显陡直者多，犬齿窝发育以弱为主。清凉寺组古代居民在连续性形态特征方面体现出了同种系的特征，属于蒙古大人种。

二 颅面部测量性形态特征

我们在室内对清凉寺墓地出土人骨进行了详细的测量（附表 10-2-1~10-2-12），并对全组的颅面部测量性形态特征出现率作了记录，制成统计表 10-2-2。

根据表 10-2-2 的统计结果，我们可以从以下一些方面对清凉寺墓地出土人骨的颅面部特征进行分析。

1. 颅指数（8 ∶ 1）

全组以中颅型为主（分别 50.00% 和 48.28%），男性长颅型其次（占 38.24%），女性短颅型次之（占 31.03%），长颅型也占一定比例（占 20.69%）。男性短颅型所占比例很小（8.82%），仅 1 例为特短颅型；女性无特短颅型。总体分析，女性的颅型比男性短。

2. 颅长高指数（17 ∶ 1）

全组都属于高颅型，无正颅型和低颅型。

3. 颅宽高指数（17 ∶ 8）

全组绝大多数属于狭颅型（分别占 88.46% 和 83.33%），少数个体属于中颅型（分别占 11.54% 和 11.11%），仅 1 例女性个体属于阔颅型。

4. 额宽指数（9 ∶ 8）

男性阔额型最多（占 41.38%），中额型也占有相当比例（37.93%），狭额型最少（20.69%）。女性集中在中额型（61.90%），阔额型和狭额型次之（各占 19.05%）。

5. 垂直颅面指数（48 ∶ 17）

全组垂直颅面指数多集中在中等级（分别占 42.86% 和 31.25%），男性中很小级位居其次（35.71%），最少的是小级（21.43%），无大和很大级者。女性分布较零散，小级其次（25.00%），很小级再次（18.75%），大和很大级比例最少（各占 12.50%）。

6. 上面指数（48 ∶ 45）

全组的上面指数集中于中上面型（分别占 70.59% 和 55.56%），其次为狭上面型（占 29.41% 和 22.22%），男性无阔上面型和特狭上面型，女性阔上面型和特狭上面型所占的比例最少（各占 11.11%）。无特阔上面型。

表 10-2-2　清凉寺墓地主要颅面部测量性特征出现率统计表

项目	性别	形态类型及出现例数				
颅指数 (8∶1)		特长 (<69.9)	长 (70~74.9)	中 (75~79.9)	短 (80~84.9)	特短 (>85)
	男 (34)	0.00% (0)	38.24% (13)	50.00% (17)	8.82% (3)	2.94% (1)
	女 (29)	0.00% (0)	20.69% (6)	48.28% (14)	31.03% (9)	0.00% (0)
	合计 (63)	0.00% (0)	30.16% (19)	49.21% (31)	19.05% (12)	1.59% (1)
颅长高指数 (17∶1)		低 (<69.9)	正 (70~74.9)	高 (>75)		
	男 (26)	0.00% (0)	0.00% (0)	100.00% (26)		
	女 (18)	0.00% (0)	0.00% (0)	100.00% (18)		
	合计 (44)	0.00% (0)	0.00% (0)	100.00% (44)		
颅宽高指数 (17∶8)		阔 (<91.9)	中 (92~97.9)	狭 (>98)		
	男 (26)	0.00% (0)	11.54% (3)	88.46% (23)		
	女 (18)	5.56% (1)	11.11% (2)	83.33% (15)		
	合计 (44)	2.27% (1)	11.36% (5)	86.36% (38)		
额宽指数 (9∶8)		狭 (<65.9)	中 (66~68.9)	阔 (>69)		
	男 (29)	20.69% (6)	37.93% (11)	41.38% (12)		
	女 (21)	19.05% (4)	61.90% (13)	19.05% (4)		
	合计 (50)	20.00% (10)	48.00% (24)	32.00% (16)		
垂直颅面 指数 (48∶17)		很小 (<47.8)	小 (47.9~51.1)	中 (51.2~54.8)	大 (54.9~58.1)	很大 (>58.2)
	男 (14)	35.71% (5)	21.43% (3)	42.86% (6)	0.00% (0)	0.00% (0)
	女 (16)	18.75% (3)	25.00% (4)	31.25% (5)	12.50% (2)	12.50% (2)
	合计 (30)	26.67% (8)	23.33% (7)	36.67% (11)	6.67% (2)	6.67% (2)
上面指数 (48∶45)		特阔 (<44.9)	阔 (45~49.9)	中 (50~54.9)	狭 (55~59.9)	特狭 (>60)
	男 (17)	0.00% (0)	0.00% (0)	70.59% (12)	29.41% (5)	0.00% (0)
	女 (18)	0.00% (0)	11.11% (2)	55.56% (10)	22.22% (4)	11.11% (2)
	合计 (35)	0.00% (0)	5.71% (2)	62.86% (22)	25.71% (9)	5.71% (2)
全面指数 (47∶45)		特阔 (<79.9)	阔 (80~84.9)	中 (85~89.9)	狭 (90~94.9)	特狭 (>95)
	男 (8)	0.00% (0)	25.00% (2)	62.50% (5)	12.50% (1)	0.00% (0)
	女 (10)	20.00% (2)	50.00% (5)	10.00% (1)	20.00% (2)	0.00% (0)
	合计 (18)	11.11% (2)	38.89% (7)	33.33% (6)	16.67% (3)	0.00% (0)
鼻指数 (54∶55)		狭 (<46.9)	中 (47~50.9)	阔 (51~57.9)	特阔 (>58)	
	男 (37)	16.22% (6)	45.95% (17)	37.84% (14)	0.00% (0)	
	女 (37)	8.11% (3)	29.73% (11)	48.65% (18)	13.51% (5)	
	合计 (74)	12.16% (9)	37.84% (28)	43.24% (32)	6.76% (5)	
眶指数 (52∶51)		低眶型 (<75.9)	中眶型 (76~84.9)	高眶型 (>85)		
	男 (35)	42.86% (15)	57.14% (20)	0.00% (0)		
	女 (35)	25.71% (9)	71.43% (25)	2.86% (1)		
	合计 (70)	34.29% (24)	64.29% (45)	1.43% (1)		

续表 10-2-2

项目	性别	形态类型及出现例数				
鼻根指数 (SS：SC)		很弱（< 23.4）	弱（23.5~35）	中（35.1~47.9）	突（48~59.5）	很突（> 59.6）
	男（54）	14.81%（8）	29.63%（16）	50.00%（27）	3.70%（2）	1.85%（1）
	女（50）	4.00%（2）	42.00%（21）	52.00%（26）	2.00%（1）	0.00%（0）
	合（104）	9.62%（10）	35.58%（37）	50.96%（53）	2.88%（3）	0.96%（1）
面突度指数 (40：5)		平颌（< 97.9）	中颌（98~102.9）	突颌（> 103）		
	男（15）	53.33%（8）	46.67%（7）	0.0%（0）		
	女（16）	43.75%（7）	25.00%（4）	31.25%（5）		
	合计（31）	48.39%（15）	35.48%（11）	16.13%（5）		
腭指数 (63：62)		狭（< 79.9）	中（80~84.9）	阔（> 85）		
	男（32）	28.13%（9）	40.63%（13）	31.25%（10）		
	女（36）	50.00%（18）	22.22%（8）	27.78%（10）		
	合计（68）	39.71%（27）	30.88%（21）	29.41%（20）		
齿槽弓指数 (61：60)		长（< 109.9）	中（110~114.9）	短（> 115）		
	男（35）	2.86%（1）	8.57%（3）	88.57%（31）		
	女（35）	8.57%（3）	8.57%（3）	82.86%（29）		
	合计（70）	5.71%（4）	8.57%（6）	85.71%（60）		
面角 (72)		超突（< 69.9）	突（70~79.9）	中（80~84.9）	平（85~92.9）	超平（> 93）
	男（13）	0.00%（0）	0.00%（0）	15.38%（2）	84.62%（11）	0.00%（0）
	女（13）	0.00%（0）	0.00%（0）	46.15%（6）	53.85%（7）	0.00%（0）
	合计（26）	0.00%（0）	0.00%（0）	30.77%（8）	69.23%（18）	0.00%（0）
齿槽面角 (74)		超突（< 69.9）	突（70~74.9）	中（80~84.9）	平（85~92.9）	超平（> 93）
	男（14）	0.00%（0）	28.57%（4）	57.14%（8）	14.29%（2）	0.00%（0）
	女（13）	0.00%（0）	53.85%（7）	38.46%（5）	7.69%（1）	0.00%（0）
	合计（27）	0.00%（0）	40.74%（11）	48.15%（13）	11.11%（3）	0.00%（0）
鼻骨角 (75-1)		很小（< 18.9）	小（19~23）	中（24~28）	大（29~33）	很大（> 34）
	男（9）	44.44%（4）	33.33%（3）	22.23%（2）	0.00%（0）	0.00%（0）
	女（10）	40.00%（4）	50.00%（5）	10.00%（1）	0.00%（0）	0.00%（0）
	合计（19）	42.11%（8）	42.11%（8）	15.78%（3）	0.00%（0）	0.00%（0）
鼻颧角 (77)		很小（< 135）	小（136~139）	中（140~144）	大（145~148）	很大（> 149）
	男（37）	0.00%（0）	10.81%（4）	40.54%（15）	24.32%（9）	24.32%（9）
	女（37）	0.00%（0）	5.41%（2）	40.54%（15）	32.43%（12）	21.62%（8）
	合计（74）	0.00%（0）	8.11%（6）	40.54%（30）	28.38%（21）	22.97%（17）
颧上颌角 (zm1∠)		很小（< 124）	小（125~130）	中（131~136）	大（137~142）	很大（> 143）
	男（27）	7.41%（2）	37.04%（10）	33.33%（9）	18.52%（5）	3.70%（1）
	女（33）	15.15%（5）	27.27%（9）	42.42%（14）	12.12%（4）	3.03%（1）
	合计（60）	11.67%（7）	31.67%（19）	38.33%（23）	15.00%（9）	3.33%（2）

7. 全面指数（47：45）

男性多为中面型（62.50%），其次为阔面型（25.00%），狭面型最少（12.50%），无特阔和特狭型。女性类型分布零散，阔面型最多（50.00%），次为特阔面型和狭面型（各占20.00%），中面型最少（10.00%），无特狭型。

8. 鼻指数（54：55）

男性中鼻型最集中（占45.95%），阔鼻型也占有较大比例（37.84%），狭鼻型最少（16.22%），无特阔鼻型。女性阔鼻型最集中（48.65%），中鼻型其次（29.73%），特阔鼻型再次（13.51%），狭鼻型最少（8.11%）。女性比男性鼻型更阔。

9. 眶指数 L（52：51）

全组最多集中在中眶型（分别占57.14%和71.43%），其次为低眶型（占42.86%和25.71%），男性无高眶型，女性仅有1例为高眶型。

10. 鼻根指数（SS：SC）

全组多集中在中等级别（分别占50.00%和52.00%），其次为弱级（占29.63%和42.00%），再次为很弱（占14.81%和4.00%），突出级的个体很少（占3.70%和2.00%），仅1例男性属于明显突出个体。

11. 面突度指数（40：5）

全组都集中在平颌型（占53.33%和43.75%），剩余男性属于中颌型（46.67%），女性突颌型其次（31.25%），中颌型最少（占25.00%）。女性比男性突颌明显。

12. 腭指数（63：62）

男性集中于中腭型（40.63%），其次为阔腭型（31.25%），狭腭型最少（28.13%）。女性多狭腭型（50.00%），阔腭型和中腭型所占比例大体相当（27.78%和22.22%）。

13. 齿槽弓指数（61：60）

绝大多数集中在短齿槽型（占88.57%和82.86%）。

14. 面角（72）

平颌型最多（分别为84.62%和53.85%），其余为中颌型（分别为15.38%和46.15%）。这一测量项目上，女性同样比男性突颌程度稍明显。

15. 齿槽面角（74）

男性中颌型最多（57.14%），其次为突颌型（28.57%），平颌型最少（14.29%）。女性突颌型最多（53.85%），中颌型其次（38.46%），有1例为平颌型。全组均无超突颌型和超平颌型。女性突颌程度明显超过男性，男性更趋向于平颌。

16. 鼻骨角（75-1）

男性很小级最多（44.44%），其次为小级（33.33%），中等级最少（22.23%）。女性小级最多（50.00%），很小级其次（40.00%），中等级只有1例个体。无大级和很大级个体。

17. 鼻颧角（77）

全组人骨的鼻颧角从小级到很大级均有分布。多集中于中等级（各占40.54%）。男性中，大级和很大级所占比例相同（各占24.32%），小级最少（占10.81%）。女性中，大级（32.43%）

位居其次，很大级再次（21.62%），小级也最少（5.41%）。男女均无很小级。

18. 颧上颌角（zm1 ∠）

分布较为分散。男性中，小级最多(37.04%)，中等级其次（33.33%），大级再次（18.52%），很小级很少（7.41%）。女性中等级最多（42.42%），小级其次（27.27%），很小级再次（15.15%）。男女两性各有 1 例为很大级。

根据以上统计分析，我们将清凉寺墓地发现头骨的测量性形态特征概括如下：脑颅为中颅型—高颅型—狭颅型相结合；面颅是中等偏狭的面型—偏低的中眶型—中 - 阔鼻型—中等偏弱的鼻根突度与中等偏小的垂直颅面比例相结合，面部在矢状方向上属于平颌型，上齿槽角度属于接近突颌型的中颌型，水平方向上，中等偏大的上面部扁平度，中等偏短的腭型，短的齿槽型。

第三节　颅骨的测量学（种族人类学）研究

一　颅骨测量特征的种系纯度检验

清凉寺墓地采集样本量较大，面对这样一份大群体样本，判断该群体成员是否存在种族成分的混杂，估算出他们的混杂程度是十分必要的。目前，在体质人类学研究中，通常采用生物统计学计算变异度来讨论这一人群的种系纯度。

我们引用了皮尔逊和莫兰特的 10 个同种系组的颅长、颅宽和颅指数的标准差，与清凉寺组进行比较，制成表 10-3-1。如果清凉寺组的颅长、颅宽和颅指数三项标准差明显大于以下 10 个同种系组的标准差，那么清凉寺组有可能是异种系的，反之，则为同种系。根据皮尔逊对于颅骨组的种系纯正度的研究，如果任意一个颅骨长和宽的标准差大于 6.5，这组头骨可能是异种系的人群，如果颅骨长度的标准差小于 5.5，宽度的标准差小于 3.3，则该组头骨可能属于同种系人群[1]。与皮尔逊的 5 个同种系组比较，清凉寺墓地全组和清凉寺墓地第二期组颅长的标准差小于所有对比组，第三、四期组标准差仅稍大于纳夸达组。将清凉寺墓地的几组数据与莫兰特的 5 个同种系组对比，仅埃及 E 组的颅长标准差略小于清凉寺第三、四期，其余各组都大于清凉寺的三个组。在颅宽标准差的比较中，清凉寺全组和第二期组只大于皮尔逊阿伊努组，小于皮尔逊其他四个组；清凉寺全组的颅宽标准差为 3.97，与 3.90 的阿伊努组相差无几；清凉寺第三、四期组则小于皮尔逊和莫兰特的全部五组。我们再与莫兰特设置的 5 个对比组颅指数的标准差进行比较，清凉寺全组和第二期组均大于莫兰特设置的 5 个组，第三、四期组则小于莫菲尔德组（3.27），与维特卡普组（2.97）相仿，大于其余三个组。需要指出的是莫兰特并没有像颅长、颅宽一样，给出颅指数的同种系界值，因此对于清凉寺全组和第二期组颅指数标准差是否在同种系界值之内尚难以说明。另外，我们还将清凉寺墓地的颅指数标准差数据与国内的殷墟中小墓组、祭祀坑组、上孙家寨卡约组和汉代组、火烧沟组和姜家梁组进行了比较，清凉寺全组最接近上孙家寨卡约组，小于殷墟祭祀坑组和姜家梁组，大于其余三个组。第三、四期组与国内的检测数据比较，差距进一步缩小，只有第二期组的颅指数标准差稍大。

---

[1] 韩康信：《中国西北地区古代居民种族研究》，复旦大学出版社，2005 年，第 24~28 页。

表 10-3-1　清凉寺组颅长、颅宽及颅指数标准差与其他组之比较

		颅长标准差	颅宽标准差	颅指数标准差
本文作者	清凉寺全组	5.69（35）	3.97（34）	3.64（34）
	清凉寺第二期组	5.61（16）	4.54（16）	4.40（16）
	清凉寺第三、四期组	5.79（17）	3.56（16）	3.03（16）
皮尔逊	阿伊努组	5.94（76）	3.90（76）	
	巴伐利亚组	6.01（100）	5.85（100）	
	帕里西安组	5.94（77）	5.21（77）	
	纳夸达组	5.72（139）	4.62（139）	
	英国组	6.09（136）	4.80（136）	
莫兰特	埃及 E 组	5.73	4.76	2.67
	纳夸达组	6.03	4.60	2.88
	维特卡普组	6.17	5.28	2.97
	莫菲尔德组	5.90	5.31	3.27
	刚果尼格罗组	6.55	5.00	2.88
韩康信等	殷墟中小墓组	5.79（42）	4.44（39）	2.85（36）
杨希枚	殷墟祭祀坑组	6.20（319）	5.90（317）	3.98（316）
韩康信	上孙家寨卡约组	5.8（101）	5.1（100）	3.6（97）
	上孙家寨汉代组	5.9（45）	4.8（44）	2.9（42）
	火烧沟组	5.94（57）	4.78（50）	3.14（49）
李法军	姜家梁组	7.16（26）	5.09（25）	4.98（25）

　　根据对清凉寺墓地的三个组人骨的检测，从颅长、颅宽和颅指数的标准差分析，距离最大的第二期组虽然在颅指数项目上或许存在某种程度的变异，但是只是一种量的变化，这种量的变化并没有体现出大人种之间的差异。因此，清凉寺墓地所有组仍然属于同种系人群。

　　我们将豪厄尔斯设置的多项欧洲同种系标准差百分率，与清凉寺的三组数据进行对比，并制成表 10-3-2，用以进一步检验清凉寺组的种系纯度。方法是计算出被检验组与欧洲同种系标准差的百分比值，百分比值越接近 100，即表示被检验组的种系特征越纯粹[1]。如果被检测组与对比组的标准差百分比值小于 100，表明被检测组各项标准差值较小，显示该组人群的颅面部各项特征相对集中，更可能属于同种系人群。为了能够更好地体现对比组之间种系特征的精确性，我们将皮尔逊和莫兰特的比较项目由 3 项增加到了 26 项线性测量项目和 8 项指数项目。从 26 项测量项目绝对值标准差和包括 8 项指数项目在内的全部 34 项标准差百分比值来看，清凉寺全组的计算结果为 93.74（26 项）和 92.40（34 项），第二期组分别为 90.56（26 项）和 92.58（34 项），第三、四期组分别为 92.58（26 项）和 88.97(34 项)，均比较接近 100。

　　综合以上的考察，清凉寺墓地的三个头骨组从颅部、面部多项测量项目分析，没有理由把他们看作属于不同来源的群体，他们应该属于同种系人群。

---

[1] 杨希枚：《河南安阳殷墟中小墓人骨的研究》，见《安阳殷墟头骨研究》，文物出版社，1985 年，第 21~24 页。

表 10-3-2 清凉寺组测量值及指数的标准差与欧洲同种系平均标准差百分比（男性）

项目	同种系 欧洲 δ0	清凉寺 （全）δ1	清凉寺 （二）δ2	清凉寺 （三、四）δ3	δ1/δ0	δ2/δ0	δ3/δ0
颅长	6.09	5.69	5.61	5.79	93.43	92.12	95.07
颅宽	5.03	3.97	4.54	3.56	78.93	90.26	70.78
颅高	5.12	5.29	5.42	5.25	103.32	105.86	102.54
耳上颅高	4.24	4.66	4.89	4.42	109.91	115.33	104.25
最小额宽	4.32	3.67	4.11	3.37	84.95	95.14	78.01
颅矢状弧	12.71	12.25	11.86	11.90	96.38	93.31	93.63
额骨矢状弧	6.01	4.86	3.95	5.02	80.87	65.72	83.44
顶骨矢状弧	7.65	9.21	6.25	6.10	120.39	157.39	81.70
枕骨矢状弧	7.46	7.79	8.50	7.17	104.42	102.68	113.94
颅周长	14.14	9.99	9.34	10.61	70.65	66.05	75.04
颅横弧	10.02	10.07	9.77	10.80	100.50	97.50	107.78
颅基底长	4.22	4.59	4.41	4.97	108.77	104.50	117.77
面底长	4.88	6.83	6.19	8.28	139.96	126.84	170.0
上面高	4.28	3.36	2.99	2.88	78.50	69.86	67.29
面宽	5.10	4.01	4.96	2.45	78.63	97.25	48.04
鼻宽	1.81	1.63	1.52	1.73	90.06	83.98	95.58
鼻高	3.03	2.21	1.31	2.35	72.94	43.23	77.56
眶宽	1.82	1.65	1.65	1.73	90.66	90.66	95.05
眶高	2.01	2.06	1.46	2.04	102.49	72.64	101.34
腭长	2.93	2.80	2.97	2.48	95.56	101.37	84.64
腭宽	3.19	2.24	2.57	1.89	70.22	80.56	59.25
下颌髁突间宽	5.58	6.53	5.31	5.62	117.03	95.16	100.72
下颌角间宽	6.62	6.52	6.15	6.63	98.49	92.90	100.15
下颌联合高	2.84	3.01	2.31	3.40	105.99	81.34	119.72
下颌支最小宽	2.71	2.29	2.25	2.12	84.50	83.03	78.23
全面高	6.33	3.77	3.15	5.42	59.56	49.76	85.62
线弧测量平均 标准差百分比					93.74（26）	90.56（26）	92.58（26）
颅指数	3.22	3.64	4.40	3.03	113.04	136.65	94.10
颅长高指数	3.05	2.71	2.56	2.97	88.85	83.93	97.38
颅宽高指数	4.61	4.37	6.07	2.39	94.79	131.67	51.84
额宽指数	3.23	3.02	3.29	3.04	93.50	101.86	94.12
上面指数（K）	3.30	2.21	2.58	1.91	66.97	78.18	57.88
鼻指数	4.49	3.07	3.43	2.80	68.37	76.39	62.36
眶指数	5.33	4.51	3.97	4.89	84.62	74.48	91.74

续表 10-3-2

项目	同种系 欧洲 δ0	清凉寺 (全) δ1	清凉寺 (二) δ2	清凉寺 (三、四) δ3	δ1/δ0	δ2/δ0	δ3/δ0
腭指数	6.61	6.22	7.28	4.52	94.10	110.14	68.36
指数平均 标准差百分比					88.03(8)	99.16(8)	77.22(8)
全部项目平均 标准差百分比					92.40(34)	92.58(34)	88.97(34)

二 头骨种系类型的分析

1. 主干人种形态的确认

对清凉寺组的种族类型的判断，首先要从区分东西方大人种特征着手。我们将赤道人种、欧亚人种和亚美人种面部测量项目和指数的变异范围值与清凉寺组进行比较，并制成了表 10-3-3。与三大人种 3 项面部测量值、2 项角度测量值、5 项颅面部指数值变异范围，结合一项观察项目的比较显示，清凉寺组除了鼻颧角、眶高和垂直颅面指数超出了亚美人种的变异范围外，其余各项比较值均落入其中，而且超出的 3 项非常接近亚美人种的下限。与欧亚人种相比，清凉寺组仅上面高、面宽、眶高和垂直颅面指数落入其变异范围，上面高和面宽值处于亚美人种和欧亚人种变异范围重合的部分。赤道人种与清凉寺组在鼻指数、齿槽面角、鼻颧角、上面高、齿槽弓指数和犬齿窝发达程度等项目上差异较大。上述比较表明清凉寺古代居民属于亚美人种。

表 10-3-3　清凉寺组与三大人种测量特征的比较　　　　(长度：毫米；角度：度)

马丁号	比较项目	清凉寺	赤道人种	欧亚人种	亚美人种
54∶55	鼻指数	49.77	51~60	43~49	43~53
SR∶O3	鼻尖点指数	32.08	20~35	40~48	30~39
SS∶SC	鼻根指数	35.96	20~45	46~53	31~49
74	齿槽面角	73.46	61~72	82~86	73~81
77	鼻颧角	144.23	140~142	约 135	145~149
48	上面高 n-sd	73.89	62~71	66~74	70~80
45	面宽	137.91	121~138	124~139	131~145
52	眶高	33.92	30~34	33~34	34~37
61∶62	齿槽弓指数	125.1	109~116	116~118	116~126
48∶17	垂直颅面指数	51.01	47~53	50~54	52~60
	犬齿窝	浅	深	深	浅

2. 与亚洲蒙古人种类型的比较

亚洲蒙古人种按照不同的地理环境，不同的气候影响又可以划分为北亚类型、东北亚类型、东亚类型和南亚类型等区域性小人种。下面将清凉寺组 17 项测量项目、指数和角度值与亚洲蒙古人种的 4 个区域类型进行比较，制成表 10-3-4。

表 10-3-4　清凉寺组与亚洲蒙古人种的比较　　　　　　　（长度：毫米；角度：度）

No.	组别 项目	清凉寺	亚洲蒙古人种			
			北亚类型	东北亚类型	东亚类型	南亚类型
1	颅长	183.76	174.90~192.70	180.70~192.40	175.00~182.20	169.90~181.30
8	颅宽	140.35	144.40~151.50	134.30~142.60	137.60~143.90	137.90~143.90
17	颅高	145.92	127.10~132.40	132.90~141.10	135.30~140.20	134.40~137.80
9	最小额宽	94.92	90.60~95.80	94.20~96.60	89.00~93.70	89.70~95.40
32	额角 n-m FH	86.50	77.30~85.10	77.00~79.00	83.30~86.90	84.20~87.00
45	面宽	137.91	138.20~144.00	137.90~144.80	131.30~136.00	131.50~136.30
48	上面高 n-sd	73.89	72.10~77.60	74.00~79.40	70.20~76.60	66.10~71.50
8：1	颅指数	76.59	75.4~85.90	69.80~79.00	76.90~81.50	76.90~83.30
17：1	颅长高指数	79.52	67.40~73.50	72.60~75.20	74.30~80.10	76.50~79.50
17：8	颅宽高指数	103.93	85.20~91.70	93.30~102.80	94.40~100.30	95.00~101.30
48：17	垂直颅面指数	51.01	55.80~59.20	53.00~58.40	52.00~54.90	48.00~52.20
48：45	上面指数	53.85	51.40~55.00	51.30~56.60	51.70~56.80	49.90~53.30
77	鼻颧角	144.23	147.00~151.40	149.00~152.00	145.00~146.60	142.10~146.00
72	面角 n-prFH	87.31	85.30~88.10	80.50~86.30	80.60~86.50	81.10—84.20
52：51	眶指数 R	76.83	79.30~85.70	81.40~84.90	80.70~85.00	78.20~81.00
54：55	鼻指数	49.77	45.00~50.70	42.60~47.60	45.20~50.20	50.30~55.50
SS：SC	鼻根指数	35.96	26.90~38.50	34.70~42.50	31.00~35.00	26.10~36.10

说明：亚洲蒙古人种组间变异范围值引自《柳湾墓地的人骨研究》[1]。

根据表 10-3-4 的对比，在 17 个比较项目中，清凉寺组头骨的测量项目有 14 项落入亚洲蒙古人种的变异范围，落入变异范围之外的 3 项为颅高、颅宽高指数和眶指数，前两项很接近变异范围的上限，后一项比较接近蒙古人种变异范围的下限，再次确定清凉寺居民属于亚洲蒙古人种。

北亚类型的主要特征是短颅、低颅、阔颅的颅型结合面部非常扁平的宽面。清凉寺组头骨的测量项目与北亚蒙古人种比较，有 8 项落入其变异范围，它们是颅长、最小额宽、上面高等测量绝对值，颅指数、上面指数、面角、鼻指数和鼻根指数等角度项目和指数项目。然而，在体现差异的颅长高指数、宽高指数、面宽、垂直颅面指数、颧宽等项目上，二者之间差异较大，反映出清凉寺居民与北亚蒙古人种存在较大的体质形态上的差异。

东北亚类型的特征体现在特别扁平的宽面、倾斜的额部和偏狭的鼻型。将清凉寺组与东北亚类型数据对比，落入其变异范围的项目有 7 项，为颅长、颅宽、最小额宽、面宽 4 项直线测量项目，颅指数、上面指数和鼻根指数 3 项指数项目。在最能够体现东北亚类型特征的颧宽、额角、鼻颧角和鼻指数上，二者差距很大。

东亚类型的主要特征体现在中颅、高颅、狭颅结合中面、中鼻和中等的面部扁平程度。清凉

---

[1] 潘其风、韩康信：《柳湾墓地的人骨研究》，《青海柳湾》附录一，文物出版社，1984 年，第 272 页。

寺组落入东亚蒙古人种的项目仅有 6 项，分别是颅宽、额角、上面高三项测量值和颅长高指数、上面指数和鼻指数三项指数项目。清凉寺组的颅长、最小额宽、面宽、颅指数、垂直颅面指数、鼻颧角、面角和鼻根指数等 8 项测量值和指数的上下限都比较接近。由此可见，清凉寺组居民与东亚类型的差异表现在前者具有更高更狭的颅型、略低的面形、中等的面部扁平程度和很低的眶型上。

与南亚类型比较，清凉寺组数据落入南亚类型的项目亦仅占 6 项，即颅宽、最小额宽、额角、鼻颧角 3 项测量项目及角度，垂直颅面指数和鼻根指数 2 项指数项目。与南亚类型存在差异的项目是较大的颅高，稍大的面角和略狭的鼻型。从中狭颅、低眶和中等的面部扁平度等颅面部特征看，清凉寺组与南亚类型形态特征趋向统一。

综合考虑，清凉寺居民的种系特征与东亚类型相对接近，与南亚类型也存在一定的相似性，但与北亚和东北亚类型差距较大。

我们按照表 10-3-1 提供的数据，绘制出清凉寺组的平均值折线图 10-3-1。据图 10-3-1 显示，清凉寺组在北亚和东北亚类型的折线图中波动幅度较大，然而，在东亚类型和南亚类型的折线图中波动幅度则较小，其中东亚类型的波动范围最小。这种波动反映着清凉寺组与亚洲蒙古人种中的几个不同的区域性小人种之间的关系，由上面的对比不难看出，清凉寺组与东亚类型和南亚类型存在较多的共性，种族特征较为接近。

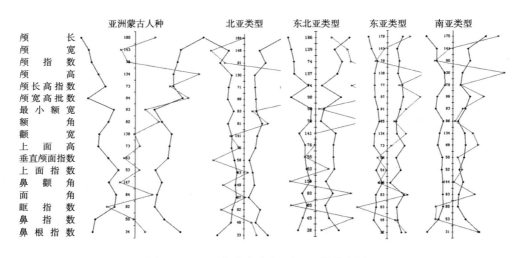

图 10-3-1　清凉寺全组项目平均值折线图

3. 与近代组的比较

表 10-3-5 列出了亚洲蒙古人种的 5 个近代组的 18 项测量项目和指数数据。通过计算，清凉寺组与 5 个近代组的平均数组差均方根和欧式距离系数，可以进一步比较他们之间的亲疏关系。

根据我们对清凉寺组与其他亚洲蒙古人种的比较结果，我们制作了表 10-3-6，清凉寺组与代表蒙古人种东亚类型同时混有少量南亚类型因素的华南组，不论是平均数组差均方根值还是欧式距离系数值都最小，它们之间全部的组差均方根值为 0.90，欧式距离系数值为 3.71。与代表北亚类型的蒙古组函数值最大，均方根值为 1.51，欧式距离系数值则为 6.41。代表东北亚类型的因纽

表 10-3-5 清凉寺组近现代组的比较

（长度：毫米；角度：度；指数：%）

马丁号	组别 项目	清凉寺	华北	华南	蒙古	因纽特	印尼	δ
1	颅 长	183.76	178.50	179.90	182.20	181.8	174.9	5.73
8	颅 宽	140.35	138.20	140.90	149.90	140.7	139.4	4.76
17	颅 高	145.92	137.20	137.80	131.40	135	135.6	<u>5.69</u>
9	最小额宽	94.92	89.40	91.50	94.30	94.9	92.8	4.05
45	面 宽	137.91	132.70	136.60	141.80	137.5	132.7	4.57
48	上面高 n-sd	73.89	75.30	73.82	78.00	77.5	66.6	4.15
54	鼻 宽	26.91	25.00	25.25	27.40	24.4	26.8	1.77
55	鼻高 n-ns	54.12	55.30	52.60	56.50	54.6	50.6	2.92
51	眶宽 mf-ek	44.33	44.00	42.10	43.20	43.4	[41.7]	1.67
52	眶 高	33.92	35.50	34.60	35.80	35.9	34.2	1.91
72	面角 n-pr FH	87.31	83.39	84.70	87.00	83.8	—	3.24
8：1	颅 指 数	76.59	77.60	78.75	82.00	77.6	79.8	2.67
17：1	颅长高指数	79.52	[76.82]	[76.60]	[72.12]	74.26	77.5	2.94
17：8	颅宽高指数	103.93	99.55	97.80	88.19	95.95	97.5	4.30
9：8	额宽指数	67.74	[64.69]	[64.94]	[63.29]	[67.45]	[66.6]	<u>3.29</u>
48：45	上面指数	53.85	56.80	55.70	55.01	56.07	50.1	$\boxed{3.30}$
54：55	鼻 指 数	49.77	45.23	47.40	48.60	44.8	51.5	3.82
52：51	眶 指 数	76.83	80.66	84.90	82.90	83.0	80.2	5.05

说明：方括号内的数值是根据平均值计算所得近似值。δ 中加下划线者为挪威组同种系标准差；加方框者为欧洲同种系标准差，其余均借用莫兰特埃及 E 组各项的标准差。

表 10-3-6 清凉寺组与亚洲蒙古人种各近代组之均方根函数值及欧式距离系数值

清凉寺组	华北组	华南组	蒙古组	因纽特组	印尼组
r 全部项目 18 项	0.94	0.90	1.51	1.04	1.10
Dij 全部项目 18 项	3.88	3.71	6.41	4.22	4.57

特组和代表南亚类型的印尼组居中。上述比较表明：清凉寺组与华南组有着较为接近的种系特征。

4. 与其他古代组的比较

（1）与新石器时代组的对比分析

在探讨1清凉寺组与其他古代组居民在种系特征上的相互关系时，同属于新石器时代的数据自然更具有说服力，为此我们选择了2庙子沟组[1]、3仰韶合并组[2]、4庙底沟组[3]、5柳湾

［1］朱泓：《内蒙古察右前旗庙子沟新石器时代颅骨的人类学特征》，《人类学学报》1994 年 2 期，第 126~133 页。

［2］颜訚等：《西安半坡人骨的研究》，《考古》1960 年 9 期，第 36~47 页；颜訚：《宝鸡新石器时代人骨的研究报告》，《古脊椎动物与古人类》1960 年 1 期，第 33~44 页；颜訚：《华县新石器时代人骨的研究》，《考古学报》1962 年 2 期，第 85~104 页；考古研究所体质人类学组：《陕西华阴横阵的仰韶文化人骨》，《考古》1977 年 4 期，第 247~250 页。以上四组同属仰韶文化，且体质特征基本一致，所以合并，称为仰韶合并组。

［3］韩康信、潘其风：《陕县庙底沟二期文化墓葬人骨的研究》，《考古学报》1979 年 2 期，第 255~270 页。

合并组[1]、6 贾湖组[2]、7 西坡组[3]、8 陶寺组[4]、9 晓坞组[5]、10 阳山组[6]、11 大汶口组[7]、12 姜家梁组[8]、13 西山组[9]、14 昙石山组[10]、15 龙虬庄组[11]和 16 甑皮岩组[12]等地的 16 个新石器时代对比组与清凉寺组进行比较。具体的比较项目及数据见表 10-3-7。

表 10-3-7　清凉寺组颅骨测量平均值与新石器时代组比较（男）

（长度：毫米；角度：度；指数：%）

项目＼组别	1	2	3	4	5	6	7	8	9	10	11	12	13	14	15	16
颅长	183.76	177.63	180.70	179.40	185.93	182.00	181.12	174.73	179.0	181.80	181.1	178.27	176.50	189.70	178.30	190.40
颅宽	140.35	137.03	142.56	143.80	136.41	150.50	143.27	141.93	141.0	133.30	145.7	134.20	136.30	139.20	141.91	138.80
颅高	145.92	140.93	142.53	143.20	139.38	144.00	144.08	144.04	147.0	133.90	142.9	138.10	145.30	141.30	140.17	140.00
上面高 n–sd	73.89	73.50	73.38	73.50	78.19	76.70	71.80	73.92	75.9	75.60	77.3	75.53	76.04	71.10	73.02	67.70
面宽	137.91	136.64	136.37	140.80	137.24	137.50	143.25	140.32	133.5	131.70	140.6	135.63	137.50	135.60	141.25	134.60
最小额宽	94.92	90.36	93.64	93.69	90.30	93.50	95.43	94.53	94.9	93.94	91.6	88.60	95.02	91.00	96.04	92.25
面角 n–pr FH	87.31	82.33	81.39	85.80	89.21	85.00	85.50	84.86	87.0	84.38	83.6	82.59	84.48	81.00	82.10	83.50
颅指数	76.59	77.22	79.10	80.31	73.92	82.70	79.17	76.93	78.85	73.31	78.7	75.76	77.22	73.40	79.72	72.93
颅长高指数	79.52	79.57	78.62	77.64	74.74	79.10	80.11	77.64	82.01	73.76	78.2	78.74	82.32	73.80	78.67	73.53
颅宽高指数	103.93	102.95	99.41	99.47	100.96	95.70	99.59	102.06	103.16	101.84	97.5	102.33	106.60	99.50	98.82	100.86
眶高（R）	33.92	32.93	33.48	32.40	34.27	32.80	33.52	32.79	33.2	33.30	35.1	33.39	33.14	33.80	33.86	35.80
眶宽（mf–ek R）	44.33	43.93	43.41	41.80	43.87	42.80	44.70	41.80	43.3	42.20	42.8	44.41	43.43	42.20	43.83	43.13
鼻宽	26.91	26.23	27.56	27.30	27.26	27.40	28.78	27.23	25.7	25.90	27.5	27.04	27.24	29.50	27.98	27.80
鼻高	54.12	52.63	53.36	54.00	55.77	56.90	53.24	54.45	53.4	54.80	54.7	55.58	53.14	51.90	55.07	52.95
鼻指数	49.77	49.90	52.08	50.15	49.09	48.10	54.18	49.99	48.23	47.25	49.5	49.00	51.08	57.00	50.89	52.50
眶指数	76.83	76.76	77.18	77.71	78.46	78.20	75.12	74.42	76.67	79.29	81.9	77.39	76.25	80.00	77.39	79.38
上面指数	53.85	53.68	54.58	51.86	57.60	55.70	50.12	51.55	57.32	53.68	54.3	55.71	53.45	52.50	51.70	47.62

说明：1 清凉寺组；2 庙子沟组；3 仰韶合并组；4 庙底沟组；5 柳湾合并组；6 贾湖组；7 西坡组；8 陶寺组；9 晓坞组；10 阳山组；11 大汶口组；12 姜家梁组；13 西山组；14 昙石山组；15 龙虬庄组；16 甑皮岩组。

[1] 韩康信、潘其风：《柳湾墓地的人骨研究》，《青海柳湾》附录一，文物出版社，1984 年，第 261~303 页。
[2] 陈德珍、张居中：《早期新石器时代贾湖遗址人类的体质特征及与其他地区新石器时代人的比较》，《人类学学报》1998 年 3 期，第 191~211 页。
[3] 王明辉：《灵宝西坡墓地》第三章《人骨综合研究》，文物出版社，2010 年，第 115~177 页。
[4] 转引自朱泓：《内蒙古察右前旗庙子沟新石器时代颅骨的人类学特征》，《人类学学报》1994 年 2 期。
[5] 陈靓：《河南灵宝晓坞村新石器时代 M1、M2 出土人骨研究》，待刊。
[6] 韩康信：《青海民和阳山墓地人骨》，《民和阳山》，文物出版社，1990 年，第 160~173 页。
[7] 韩康信、潘其风：《大汶口文化居民的种属问题》，《考古学报》1980 年 3 期，第 91~122 页。
[8] 李法军：《河北阳原姜家梁新石器时代人骨研究》，科学出版社，2008 年。
[9] 魏东：《郑州西山遗址新石器时代人骨研究》，吉林大学硕士学位论文，2000 年。
[10] 韩康信等：《闽侯县昙石山遗址的人骨》，《考古学报》1976 年 1 期，第 121~129 页。
[11] 韩康信：《龙虬庄——江淮东部新石器时代遗址发掘报告》第七章《自然遗物——人骨》，科学出版社，1999 年，第 419~439 页。
[12] 王明辉：《桂林甑皮岩》第八章《体质特征》，《桂林甑皮岩》，文物出版社，2003 年，第 405~428 页。

图 10-3-2 显示，16 个对比组聚成了三
大类，昙石山组、甑皮岩组、柳湾合并组和
阳山组聚为一大类，其中昙石山组与甑皮岩
组，柳湾合并组与阳山组距离分别较近，两
两聚类，后面两组之间的差异又较前两组之
间的距离为大。庙底沟组、龙虬庄组、仰韶
合并组、陶寺组、西坡组、贾湖组与大汶口
组聚为一大类，其中贾湖组和大汶口组关系
稍近，但距离又远于其他组。清凉寺组与邻
近的灵宝晓坞组、郑州西山组首先聚为一小
类，关系最接近，它与华北地区的庙子沟组
和姜家梁组关系次之。地处华南的昙石山组、

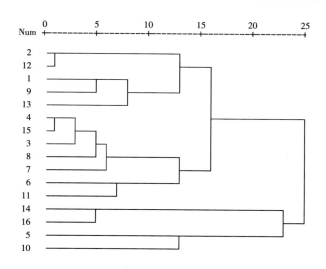

图 10-3-2　清凉寺组与新石器时代对比组的聚类图

甑皮岩组以及黄河上游甘青地区的柳湾合并组、阳山组与清凉寺组距离较远。

为了更为具体地探讨清凉寺组与不同地区新石器时代人群的种系关系，我们利用表 10-3-7 的
数据，采用因子分析的方法对 16 个古代组进行主成分的分析，并根据分析结果制成表 10-3-8。

表 10-3-8　清凉寺组与新石器时代组之间的主成分分析结果

项目 ＼ 主成分	主成分			
	第一主成分	第二主成分	第三主成分	第四主成分
颅长	−0.791	−0.034	0.234	0.363
颅宽	0.320	0.648	0.621	0.011
颅高	0.523	0.560	−0.138	0.301
上面高（sd）	0.639	−0.531	0.351	0.116
颧宽	0.286	0.714	0.195	0.164
最小额宽	0.406	0.497	−0.182	−0.105
面角	0.429	−0.253	0.047	0.482
颅指数	0.721	0.505	0.357	−0.085
颅长高指数	0.811	0.269	−0.289	0.185
颅宽高指数	0.159	−0.351	−0.873	0.101
眶高（R）	−0.644	−0.035	0.176	0.531
眶宽	0.152	−0.006	−0.296	0.728
鼻宽	−0.515	0.680	0.182	0.159
鼻高	0.414	−0.351	0.657	0.067
鼻指数	−0.605	0.651	−0.232	0.092
眶指数	−0.558	−0.285	0.599	0.047
上面指数	0.506	−0.599	0.241	0.204

在此表中，第一主成分得分较高的因子包括上面高、颅指数、颅长高指数以及上面指数等，主要代表了颅型的长短和面部的高度特征。第二主成分具有贡献性的因子包括颅宽、颅高、颧宽、最小额宽、鼻宽和鼻指数等，主要代表了颅面部的宽度和高度特征以及鼻部的宽窄特征。第三主成分的重要因子包括鼻高和眶指数，主要代表面部的鼻眶特征。第四主成分的重要因子包括颅长、面角、眶高和眶宽，主要代表了面部在矢状方向的突度以及眶部的宽高特征。

主成分分析计算结果显示，第一主成分的方差贡献率是28.544%，第二主成分方差贡献率是21.985%，第三主成分的方差贡献率是15.770%，第四主成分的方差贡献率是8.537%，前四个主成分累积贡献率为74.836%，基本代表了大部分变量的信息。

图10-3-3和图10-3-4是利用因子得分绘制的散点图。两图中16个对比组的位置略有差异，但主流结构并没有改变。清凉寺组依旧与黄河上游的柳湾合并组、阳山组、华南地区的昙石山组以及黄河下游的大汶口组、淮河流域的贾湖组距离相对较远，与华北地区的姜家梁组、豫西的晓坞组距离相对较近。两图的结果也有差异，在图10-3-3中清凉寺组与同在晋南地区的陶寺组距离较近，与甑皮岩组距离较远。而图10-3-4中，陶寺组与甑皮岩组位置发生了对调。究其原因，第一主成分中重要因子包括上面高、上面指数，这两项指标清凉寺组与甑皮岩组差异明显。图10-3-4是第二、三、四主成分围成的散点图，去除第一主成分因子的影响，两个对比组相对比较接近。图中甑皮岩组与清凉寺组的接近程度大于晓坞组、姜家梁组与后者的距离。从前四个主成分的贡献率看，第四主成分贡献率较小，只占8.357%，第一主成分的贡献率最大，为28.544%。因此图10-3-3中16个古代组的相互距离应该最具说服力。

根据主成分和聚类结果的分析，清凉寺古代居民的体质特征与豫西、晋南地区新石器居民关系比较密切，同时，还与华北地区新石器居民在种族特征上存在相对密切的关系。清凉寺组在大的时空范围内，无疑处于古中原类型居民的分布区，与黄河上游的古西北类型居民和地处南方的古华南类型居民在体质特征上存在较大的距离，这当然是合乎情理的，值得留意的是清凉寺居民

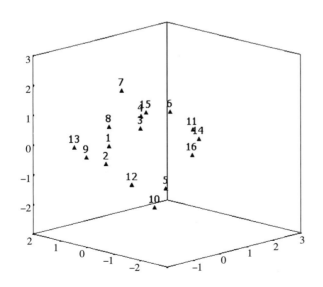

图10-3-3　第一、二、三主成分围成的散点图

说明：数字1~16所代表的新石器组同表10-3-7

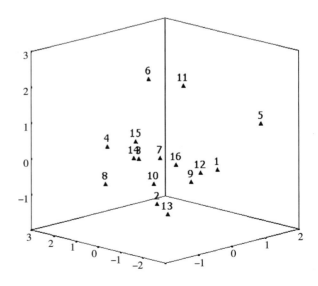

图10-3-4　第二、三、四主成分围成的散点图

说明：数字1~16所代表的新石器组同表10-3-7

与代表古华北类型的庙子沟组、姜家梁组古代居民关系相对较近，或许暗示他们之间在体质特征上具有一定的传承关系。

（2）与青铜时代古代组的对比研究

为了在时间范围上把握清凉寺居民与青铜—早期铁器时代古代居民在体质特征上的联系，我们选择了一部分青铜—早期铁器时代古代组的检测地点与1清凉寺组进行对比研究。

青铜时代有以下一些具有代表性的地点：2山西忻州游邀夏代组[1]、3山西侯马西周—春秋战国时代的上马组[2]、4陕西铜川先周晚期的瓦窑沟组[3]、5宁夏固原春秋晚期的彭堡组[4]、6内蒙古和林格尔东周时期的新店子组[5]、7陕西商州东龙山夏代组[6]、8青海湟中县李家山卡约文化组[7]、9河南安阳殷墟中小墓Ⅱ组和10Ⅲ组[8]、11甘肃民乐县东灰山四坝文化组[9]、12陕西韩城梁带村两周之际芮国组[10]、13内蒙古凉城县崞县窑子东周组[11]、14内蒙古林西县井沟子东周组[12]、15山西曲沃县天马—曲村周代组[13]、16内蒙古伊金霍洛旗朱开沟组[14]。根据上述地点与清凉寺组的数据比较，我们制成了表10-3-9。

表 10-3-9　清凉寺组与青铜—早期铁器时代组比较（男）

（长度：毫米；角度：度；指数：%）

组别 项目	1	2	3	4	5	6	7	8	9	10	11	12	13	14	15	16
颅长	183.76	183.65	181.62	181.33	182.20	173.80	185.9	182.2	184.03	187.18	176.70	181.0	186.40	184.43	183.26	179.07
颅宽	140.35	140.65	143.41	140.08	146.80	153.27	139.7	140.0	140.13	142.67	137.63	141.5	149.00	147.88	141.56	139.89
颅高	145.92	142.13	141.11	139.45	131.90	129.18	144.0	136.5	140.32	134.83	136.05	143.5	133.60	131.50	141.30	138.10
上面高 n-sd	73.89	73.95	75.02	77.50	77.80	73.91	73.5	77.3	73.81	75.08	73.10	82.3	75.80	79.00	73.55	71.77
面宽	137.91	137.60	137.36	136.31	139.80	142.08	136.7	138.6	133.08	145.40	133.33	140.5	138.74	143.67	138.28	135.20
最小额宽	94.92	94.00	92.41	91.50	96.00	94.33	89.9	91.2	90.43	93.86	88.28	95.1	90.06	93.83	94.70	90.84
面角 n-pr FH	87.31	84.44	82.42	83.53	90.70	88.00	85.2	87.0	83.81	84.63	83.83	84.0	89.83	89.80	85.58	87.33
颅指数	76.59	76.73	79.00	77.00	81.09	88.13	75.3	76.93	76.50	76.27	78.39	78.17	79.93	80.39	77.30	78.22

［1］朱泓：《游邀遗址夏代居民的人类学特征》，《忻州游邀考古》附录二，科学出版社，2004年，第188~214页

［2］潘其风：《上马墓地出土人骨的初步研究》，《上马墓地》附录一，文物出版社，1994年，第398~483页。

［3］陈靓：《瓦窑沟青铜时代墓地颅骨的人类学特征》，《人类学学报》2000年1期，第32~43页。

［4］韩康信：《宁夏彭堡于家庄墓地人骨种系特点之研究》，《考古学报》1995年1期，第109~125页。

［5］张全超：《内蒙古和林格尔县新店子墓地人骨研究》，科学出版社，2010年。

［6］陈靓：《陕西商州市东龙山遗址出土人骨的研究报告》，待刊。

［7］张君：《青海李家山卡约文化墓地人骨种系研究》，《考古学报》1993年3期，第381~413页。

［8］韩康信、潘其风：《安阳殷墟中小墓人骨的研究》，《安阳殷墟头骨研究》，文物出版社，1985年，第50~80页。

［9］朱泓：《东灰山墓地人骨的研究》，《民乐东灰山考古——四坝文化墓地的揭示与研究》附录二，科学出版社，1998年，第172~179页。

［10］陈靓：《梁带村墓地出土人骨鉴定报告》，《梁带村芮国墓地——二〇〇七年度发掘报告》，文物出版社，2010年。第231~245页。

［11］朱泓：《内蒙古凉城县东周时期人骨研究》，《考古学集刊》七，科学出版社，1991年，第169~191页。

［12］朱泓、张全超：《内蒙古林西县井沟子遗址西区墓地人骨研究》，《人类学学报》2007年2期，第97~106页。

［13］潘其风：《天马—曲村遗址西周墓地出土人骨的研究报告》，《天马—曲村》（1980~1989）第三册附录一，科学出版社，2000年，第1138~1152页。

［14］潘其风：《朱开沟墓地人骨的研究》，《朱开沟》附录一，文物出版社，2000年，第340~399页。

续表 10-3-9

项目 \ 组别	1	2	3	4	5	6	7	8	9	10	11	12	13	14	15	16
颅长高指数	79.52	77.15	77.69	76.90	72.39	72.80	77.4	74.96	76.09	72.08	77.01	79.29	72.63	71.76	77.18	77.58
颅宽高指数	103.93	101.02	98.62	99.55	89.65	84.57	101.1	97.6	99.35	94.53	98.08	101.43	91.73	89.51	99.68	98.75
眶高（R）	33.92	34.08	33.57	33.38	33.80	33.12	34.7	35.4	33.55	33.52	34.33	36.1	33.90	32.84	34.21	33.36
眶宽（mf-ek R）	44.33	44.42	42.99	41.92	42.60	44.38	44.0	43.2	42.43	44.88	42.40	44.9	43.98	43.34	44.45	43.93
鼻宽	26.91	26.79	27.27	26.38	26.80	27.12	26.5	26.7	26.99	28.96	26.30	28.0	25.62	27.66	27.16	26.97
鼻高	54.12	53.10	54.41	55.00	58.60	56.52	52.2	57.0	53.38	56.52	51.95	58.2	55.28	57.72	53.99	52.35
鼻指数	49.77	50.52	50.43	48.21	46.24	48.06	50.8	47.0	50.98	51.41	50.63	48.29	46.30	47.99	50.52	51.74
眶指数	76.83	76.73	78.00	80.00	79.46	74.71	79.0	82.0	78.59	79.32	81.16	80.36	77.07	75.88	77.05	76.00
上面指数	53.85	53.53	54.59	53.24	55.63	51.93	55.5	55.88	53.98	52.66	55.66	56.58	54.78	51.93	53.56	52.45

说明：1 清凉寺组；2 游邀组；3 上马组；4 瓦窑沟组；5 彭堡组；6 新店子组；7 东龙山组；8 李家山组；9 殷墟中小墓 II 组；10 殷墟中小墓 III 组；11 东灰山组；12 梁带村组；13 崞县窑子组；14 井沟子组；15 天马—曲村组；16 朱开沟组。

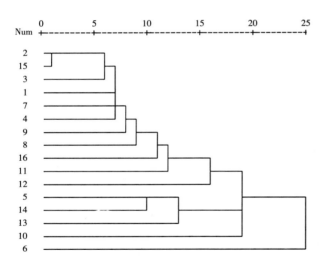

图 10-3-5　清凉寺组与青铜—早期铁器时代
对比组的聚类图

我们又利用计算欧式距离系数的方法做出了清凉寺组与青铜—早期铁器时代对比组的聚类图（图 10-3-5）。该图显示清凉寺组与同处晋中、晋南地区的游邀组、天马—曲村组、上马组以及邻近的陕西瓦窑沟组、东龙山组距离相对接近，体质特征上具有一定的相似性，在先秦时期人种坐标的划分上，他们同属于古中原类型，或许他们之间存在遗传因素的传承。清凉寺组与处于北方长城地带、属于古蒙古高原类型的彭堡组、井沟子组、崞县窑子组和属于古东北类型的殷墟中小墓 III 组距离疏远，颅面部的形态特征差距明显，古蒙古高原类型以短颅、低颅和阔颅结合高宽面为特征，而古东北类型以高狭颅结合高阔面、面部非常扁平为特征。在人种坐标上亦属于古蒙古高原类型的新店子组由于测量数据太过典型，因此与古中原类型和古蒙古高原类型的人群均存在较大的偏离。

下面用主成分分析的方法来探究清凉寺组与青铜—铁器时代组的相互关系。利用表 10-3-9 提供的数据，我们对主成分作了具体分析，并制作了表 10-3-10。

从主成分的计算结果看，第一、第二和第三主成分的方差贡献率分别为 39.283%、19.316% 和 16.098%，前三个主成分的方差累计贡献率达到了 74.697%，可以代表绝大部分变量的信息。

在第一主成分中得分最高的变量有颅宽、颧宽、面角、颅指数、鼻高等，代表了颅形和面形的宽度等信息。第二主成分中贡献较大的变量包括上面高、眶高、眶指数和上面指数，代表了面

表 10-3-10　清凉寺组与青铜 – 早期铁器时代组之间的主成分分析结果

项目 \ 主成分	主成分		
	第一主成分	第二主成分	第三主成分
颅长	–0.143	0.290	0.322
颅宽	0.929	–0.099	–0.032
颅高	–0.845	0.162	0.333
上面高（sd）	0.316	0.836	–0.070
颧宽	0.739	0.345	0.495
最小额宽	0.464	0.351	0.570
面角	0.719	–0.005	–0.191
颅指数	0.799	–0.235	–0.197
颅长高指数	–0.832	0.045	0.149
颅宽高指数	–0.936	0.152	0.221
眶高（R）	–0.438	0.743	–0.091
眶宽	0.135	0.137	0.747
鼻宽	0.202	0.270	0.765
鼻高	0.717	0.658	0.031
鼻指数	–0.606	–0.480	0.517
眶指数	–0.435	0.630	–0.415
上面指数	–0.417	0.662	–0.457

部高度、眶形的高度等面部特征。第三主成分中得分较高的变量为颅长、颅高、最小额宽、眶宽、鼻宽和鼻指数等，代表了颅形的长短和鼻眶部的宽窄等特征。

　　根据主成分分析的结果，我们又制作了第一和第二主成分以及第一和第三主成分围成的平面散点图 10-3-6 和 10-3-7。

　　在图 10-3-6 中，清凉寺组和游邀组、上马组、瓦窑沟组以及天马—曲村组的散点位置最近，有着较近的距离关系。与清凉寺组距离偏离的古代组有北方系的新店子组、彭堡组、井沟子组、崞县窑子组以及邻近晋南的陕西韩城梁带村组。清凉寺组拥有中颅、高颅结合狭颅，中等的上面高、中等的面宽，中等的鼻形以及具有中等偏低的眶形，与短颅、偏低的正颅配合阔颅，偏阔的面形结合趋狭的鼻形的新店子组、彭堡组、井沟子组、崞县窑子组的差距明显。清凉寺组与梁带村组同属于"古中原类型"，二者之间的散点位置应当较为靠近，但在图 10-3-6 中他们相距较远，分析造成这种结果的原因，可能是因为在第二主成分中包含了上面高这一变量，上面高的绝对值在清凉寺组和梁带村组之间差异很大，梁带村组居民拥有很大的上面高值，而清凉寺组上面高值中等偏小，因此影响了二组之间的位置。

　　在图 10-3-7 中，16 个对比组的相对位置与图 10-3-6 大体相同，由于这个比较图选用的是第三主成分，正好校正了图 10-3-6 中梁带村组所处的位置。清凉寺组与游邀组、上马组、梁带村组、天马—曲村组和朱开沟组形态距离较近，而与北方系各对比组之间的距离偏大，他们之间的关系

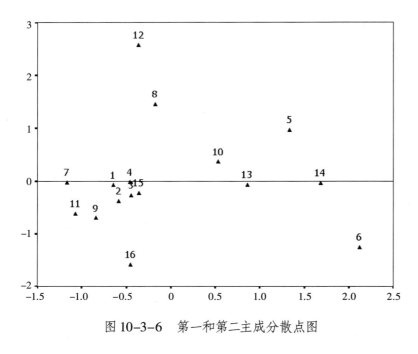

图 10-3-6　第一和第二主成分散点图

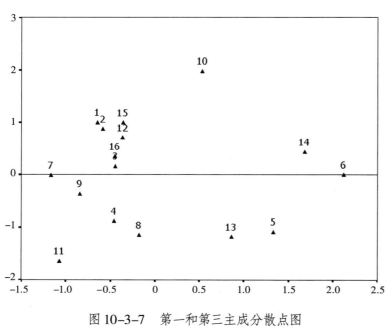

图 10-3-7　第一和第三主成分散点图

同属于先秦人种坐标体系中的"古中原类型"。

相对疏远。

　　与青铜—早期铁器时代的古代组聚类和主成分分析显示，该时段我国北方古代居民的种族类型大体可以分为两大类群，游邀组、上马组、瓦窑沟组、东龙山组、李家山组、殷墟中小墓Ⅱ组、东灰山组、梁带村组、天马—曲村组和朱开沟组为第一类群；清凉寺组与该大类群中的各组形态特征相对接近。彭堡组、新店子组、殷墟中小墓Ⅲ组、崞县窑子组和井沟子组为第二类群。两大类群在体质特征上的差异主要体现在颅形上，前者是中颅、高颅结合狭颅，后者为短颅、偏低的正颅配合阔颅。由此可见，晋南地区古代居民的种族特征在距今6000~2000年的时间段里保持了较强的一致性，他们的颅形多卵圆形，具有中颅—高颅配合狭颅，中等的面宽、面高，中眶、偏狭的中鼻，中等的上面部扁平度等颅面部特征。与隔黄河而邻、时代早于清凉寺墓地的灵宝西坡居民比较，清凉寺居民面较狭窄，上面部稍高，鼻偏狭。这两组居民种族特征上的差异相对较小，他们之间种系成分的共性居主导，

第四节　清凉寺组居民的肢骨研究

　　对肢骨的测量、观察和分析与头骨的研究同样重要，也是反映出群体成员的性别、年龄、营养和行为方式的重要因素。美国学者研究发现，以采集和狩猎生计方式为主的人群中，男性肢骨比女性明显粗壮，进入农耕社会后男女两性之间的肢骨差异显著缩小，四肢骨的粗壮程度和尺寸

与采集、狩猎人群相比明显降低，骨骼亦呈现薄化趋势[1]。

因此，对四肢骨的研究对于探讨男女社会分工和农业起源具有重要的参考价值。以往国内体质人类学的研究把重点放在了对头骨的测量、观察和相关的种族分析研究上，忽视了颅后骨，特别是四肢骨的研究。近年来学者们逐渐认识到了四肢骨研究的重要性与迫切性，开始将目光投入到四肢骨的研究中。例如内蒙古和林格尔新店子东周时期墓地人骨的四肢骨研究表明，该人群上、下肢骨的粗壮程度差异明显，上肢粗壮程度远远强于下肢的粗壮程度，据此，研究者推断或许与上下肢从事不同的生产活动有关[2]。为此，我们对清凉寺墓地出土肢骨进行分析，首先按照《人体测量手册》中的相关测量项目和指数分级标准，对清凉寺墓地出土的四肢骨进行测量（附表10-4-1~10-4-24），并根据测量数据进行进一步研究。

一　肱骨测量数据的研究

清凉寺可供测量的肱骨共 130 根，其中男性 78 根，女性 52 根。根据肱骨的各项测量数据的平均值，我们制作了表 10-4-1。

表 10-4-1　清凉寺组肱骨各项测量值及指数

项目	侧别	男			女		
		N	X	Sd	N	X	Sd
最大长	L	34	307.74	12.05	24	296.58	19.44
	R	44	312.20	14.55	28	301.14	18.05
生理长	L	34	303.79	12.16	24	293.67	18.88
	R	44	308.00	14.53	28	297.57	18.14
体中部最大径	L	34	23.65	1.94	24	22.12	2.36
	R	44	24.28	1.55	28	22.36	2.27
体中部最小径	L	34	18.32	1.63	24	16.72	2.07
	R	44	18.15	1.19	28	16.66	1.80
体中部横径	L	34	21.04	1.95	24	19.31	3.24
	R	44	21.08	1.69	28	18.66	2.36
体中部矢径	L	34	22.63	1.47	24	21.27	1.99
	R	44	23.11	1.46	28	21.68	2.02
下端宽	L	32	62.31	3.33	23	57.22	5.74
	R	43	63.23	3.10	27	59.30	6.20
头纵径	L	34	46.08	2.98	24	43.53	4.15
	R	44	46.42	2.32	26	43.15	3.89

［1］C. S. Larsen, The anthropology of St. Catherines Island. 3: Prehistoric Human Biological Adaptation, Anthropological Papers of the American Museum of Natural History, 1982, 57 (3): 157~270. 转引自 Barbara Li Smith, 2005, *Diet, Heath,and Lifestyle in Neolithic North China*, Dr. Dissertation, Harvard University, 2004.

［2］张全超、常娥：《内蒙古和林格尔县新店子墓地古代居民的肢骨研究》，《边疆考古研究》（第五辑），科学出版社，2007 年。

续表 10-4-1

项目	侧别	男			女		
		N	X	Sd	N	X	Sd
头横径	L	31	41.71	2.44	22	39.20	3.23
	R	41	42.30	2.16	26	39.60	3.74
体最小周长	L	33	63.79	3.73	24	59.67	6.13
	R	44	64.73	3.11	28	60.29	5.44
头周长	L	32	138.38	7.84	23	130.09	10.39
	R	41	139.12	6.32	24	130.13	11.50
髁干角	L	34	96.92	4.61	24	96.08	2.86
	R	44	96.77	2.92	28	95.68	2.61
横断面指数	L	34	77.74	7.01	24	75.60	4.90
	R	44	74.83	5.00	28	74.57	4.66
粗壮指数	L	33	21.04	1.96	23	20.27	1.72
	R	44	20.76	1.05	27	20.13	1.40

说明：N 为例数，X 为平均值，Sd 为标准差，X 项中除指数外，单位为毫米。

从表 10-4-1 中肱骨的粗壮指数看，男性左右两侧的平均值约为 20.88，其中左侧为 21.04，右侧为 20.76，左侧比右侧略显粗壮；女性的平均值为 20.19，其中左侧为 20.27，右侧为 20.13，同样左侧较右侧略显粗壮，总体来说，女性肱骨的粗壮程度比男性发育弱。该组男女左右两侧肱骨均保存完整的共 35 例，其中，M347（♂）左侧肱骨粗壮指数（29.4）明显大于右侧（20.1），M274（♂）左侧肱骨（粗壮指数 25.4）也较之右侧更为粗壮（粗壮指数 23.3）。在女性标本中，M189 和 M282 左侧肱骨粗壮程度亦超过右侧。表明上述 4 人在日常生活中惯用左手生产劳作，即俗称的"左利手"。初步统计清凉寺先民"左利手"的人数占所测量的个体总数的 11.43%。现代人大约 90% 使用右手，人类是唯一喜欢用一只手的哺乳动物[1]。

二 股骨各项测量数据及指数的研究

在清凉寺墓地出土人骨中，四肢骨的保存情况不一致，可供测量的股骨共有 84 根，其中男性 59 根，女性 25 根，根据股骨的各项平均值我们制作了表 10-4-2。

从股骨的粗壮指数来看，男性左右两侧平均值均为 13.23，粗壮程度相当；女性左侧平均值为 12.85，右侧为 12.95，两侧平均值为 12.90，右侧股骨较左侧稍显粗壮。股骨扁平指数表明股骨骨干上部的发育程度，清凉寺墓地男性的左侧扁平指数为 77.08，右侧为 77.23，属于扁型，左侧较右侧更扁平，两侧平均值是 77.15，亦为扁型。女性的平均值为 77.99，其中左侧为 76.88，右侧为 79.20，左侧的扁平程度超过右侧，亦属于扁型。男性与女性相比，更显扁平。股骨嵴指数代

---

[1] 科林·伦福儒、保罗·巴恩：《考古学：理论、方法与实践》11 章《他们是谁？他们像什么？》，文物出版社，2004 年，第 425~464 页。

表 10-4-2 清凉寺组股骨各项测量值及指数

项目	侧别	男			女		
		N	X	Sd	N	X	Sd
最大长	L	31	445.61	23.20	13	439.85	20.74
	R	28	448.39	22.61	12	427.67	22.93
生理长	L	31	441.16	24.02	13	435.31	20.77
	R	28	444.00	22.28	12	423.00	22.59
上部矢径	L	31	26.39	1.79	13	25.37	1.79
	R	28	26.55	1.64	12	25.68	1.95
上部横径	L	31	34.26	1.87	13	33.03	1.53
	R	28	34.45	2.09	12	32.36	1.84
中部矢径	L	31	30.47	2.25	13	29.18	2.37
	R	28	30.81	2.03	12	28.05	2.03
中部横径	L	31	27.77	1.67	13	26.96	1.85
	R	28	27.93	1.90	12	26.73	1.86
中部周长	L	31	91.32	6.11	13	87.69	5.48
	R	28	92.61	5.53	12	86.42	5.60
颈高	L	31	35.75	3.10	13	32.92	4.25
	R	28	35.90	3.09	12	32.66	3.71
颈矢径	L	31	28.45	2.78	13	26.35	3.04
	R	28	27.90	3.19	12	26.03	3.24
头最大长	L	29	49.19	2.96	12	46.44	3.57
	R	28	48.80	3.11	12	45.21	3.70
头周长	L	28	152.82	9.42	12	144.58	10.81
	R	28	152.54	9.41	12	142.00	11.10
下部最小矢径	L	31	32.83	3.16	13	31.09	2.20
	R	28	33.31	3.70	12	30.90	1.98
下部横径	L	31	41.65	3.64	13	40.94	2.26
	R	28	42.59	4.22	12	40.00	2.92
上髁宽	L	25	82.23	4.25	10	78.09	4.30
	R	22	82.50	4.22	10	77.15	4.78
外侧髁长	L	31	64.07	3.33	13	63.57	3.98
	R	27	64.31	3.32	12	62.80	4.84
内侧髁长	L	28	63.14	3.20	11	61.84	4.10
	R	22	63.20	3.61	11	61.73	3.63
颈干角	L	31	126.77	5.33	13	128.92	5.56
	R	28	127.46	5.98	12	127.25	4.33
长厚指数	L	31	20.70	1.01	13	20.15	0.83
	R	28	20.88	1.03	12	20.42	0.62

续表 10-4-2

项目	侧别	男			女		
		N	X	Sd	N	X	Sd
粗壮指数	L	31	13.23	0.52	13	12.85	0.45
	R	28	13.23	0.48	12	12.95	0.42
扁平指数	L	31	77.08	4.59	13	76.88	5.48
	R	28	77.23	4.43	12	79.20	3.16
嵴指数	L	31	109.85	7.41	13	108.69	11.72
	R	28	110.67	9.07	12	105.08	6.45

说明：N 为例数，X 为平均值，Sd 为标准差，X 项中除指数外，单位为毫米。

表股骨嵴的发育程度，清凉寺墓地男性的左侧为 109.85，右侧为 110.67，右侧的发育程度略强于左侧，两侧平均值为 110.24；女性的平均值为 106.96，其中左侧为 108.69，右侧为 105.08，左侧的骨间嵴发育程度超过右侧。男女股骨嵴指数都大于 105，男性的平均值达到了 110，反映出该人群股骨嵴非常发达，而且男性股骨嵴的发育程度明显强于女性。股骨的长厚指数反映出股骨骨干的厚度。清凉寺墓地男性左侧的长厚指数为 20.70，右侧为 20.88，平均值是 20.79；女性左侧是 20.15，右侧是 20.42，左右两侧平均值为 20.28。相比而言，男性股骨骨干的厚度略大于女性。整体来说，清凉寺先民骨骼发育明显粗壮，而且男性股骨的发育程度明显强于女性。

三　胫骨各项测量数据及指数的研究

清凉寺墓地共发现可供测量的胫骨 128 根，其中男性 77 根，女性 51 根，根据有关胫骨的各项平均值统计，我们制作了表 10-4-3。

表 10-4-3　清凉寺组胫骨各项测量值及指数

项目	侧别	男			女		
		N	X	Sd	N	X	Sd
最大长	L	37	368.27	19.01	25	358.12	20.98
	R	40	370.10	18.84	26	360.19	23.62
生理长	L	37	365.97	18.92	25	355.80	20.93
	R	40	367.55	18.84	26	358.15	23.30
体中部横径	L	38	22.98	1.64	25	21.21	1.91
	R	41	23.40	2.13	26	21.63	1.84
体中部最大径	L	38	32.79	2.13	25	30.38	2.50
	R	41	32.79	1.69	26	30.27	2.56
下端矢径	L	38	38.50	2.19	25	37.15	2.31
	R	41	38.16	3.28	25	36.66	2.13

续表 10-4-3

项目	侧别	男			女		
		N	X	Sd	N	X	Sd
下段宽	L	36	52.19	2.87	25	50.04	2.86
	R	39	53.08	2.65	26	50.38	3.98
滋养孔处矢径	L	38	37.10	2.56	25	33.97	3.49
	R	41	37.20	1.29	26	34.20	2.97
滋养孔处横径	L	38	25.52	1.77	25	24.12	3.06
	R	41	25.68	1.93	26	23.95	2.25
体最小周长	L	38	79.61	4.80	25	73.72	5.22
	R	41	79.27	3.91	26	74.38	5.40
胫骨指数	L	38	68.93	3.65	25	69.67	5.99
	R	41	69.13	5.81	26	70.16	5.57
中部断面指数	L	38	70.23	4.54	25	69.96	5.86
	R	41	71.31	5.00	26	71.66	5.16
胫骨长厚指数	L	37	21.80	1.50	25	20.76	1.39
	R	40	21.65	1.25	26	20.80	1.42

说明：N 为例数，X 为平均值，Sd 为标准差，X 项中除指数外，单位为毫米。

从胫骨指数来看，男性左侧为 68.93，右侧为 69.13，两侧的平均值为 69.03，属于中胫型，但是接近中胫型的上限；女性左侧为 69.67，右侧为 70.16，两侧平均值为 69.92，同样属于偏宽的中胫型。由此可知，清凉寺墓地死者胫骨的骨干形态女性比男性胫骨稍宽。胫骨中部断面指数显示，男性左侧为 70.23，右侧为 71.31，平均值为 70.77；女性左侧为 69.96，右侧为 71.66，平均值为 70.83。数据表明，男女两性右侧的胫骨中部发育程度较左侧略圆一些，两性相比，女性稍强于男性，原因可能是女性的右侧胫骨中部比男性更为粗壮。

四 四肢骨数据的分析

对于古代居民四肢骨的发育程度进行观察和测量，能够为推测当时人群的生计方式提供重要的参考信息。我们选取以下一些古代组的股骨指数与清凉寺组做一个对比研究，以便了解清凉寺古代居民股骨的发育程度在相对较大的时空范围内所处的位置。对比组包括河南灵宝西坡组、广西桂林甑皮岩组、陕西华县组、内蒙古赤峰兴隆洼组、山东曲阜西夏侯组、河南舞阳贾湖组、内蒙古和林格尔新店子组、陕西临潼姜寨 I 期组。根据比较数据我们制成了表 10-4-4。

在表 10-4-4 中，清凉寺男女两性居民骨干中部指数和骨嵴指数比较接近华县组、兴隆洼组和姜寨组。但从骨扁平指数看，清凉寺男性组与姜寨 I 期 A 组存在一定距离，较为接近华县组和兴隆洼组。女性组则接近兴隆洼组、西夏侯组和姜寨 I 期 A 组。概括起来，在股骨在中部形态和粗壮程度上，清凉寺组居民与华北、黄河中下游仰韶时期居民的发育大体相近，与鄂尔多斯地区东周时代居民的股骨在形态和发育水平上存在一定的差异。在骨干中部和骨间嵴的发育水平上男

表 10-4-4　清凉寺组与古代对比组股骨各项指数的比较

指数 组别	骨干中部指数		骨嵴指数		骨扁平指数	
	男性	女性	男性	女性	男性	女性
清凉寺组	90.90	93.84	110.24	106.96	77.15	77.99
西坡组	96.05	113.67	105.23	88.39	76.51	72.41
甑皮岩组	95.15	86.4	105.1	115.95	67.09	74.95
华县组	89.31	92.05	111.47	108.04	77.6	71.89
兴隆洼组	88.19	94.87	114.51	105.72	76.12	74.89
西夏侯组	99.5	103.0	100.9	97.5	75.85	75.0
贾湖组	88.00	90.41	113.35	109.4	76.7	74.05
新店子组	96.36*	101.55*	103.61	98.70	69.61	71.79
姜寨 I 期 A 组	89.93	93.16	111.89	107.29	68.29	75.10
姜寨 I 期 B 组	89.37	103.21	111.79	97.18	75.46	72.12

说明：以上各组数据除新店子组引自张全超、常娥《内蒙古和林格尔县新店子墓地古代居民的肢骨研究》，其中加 * 号的数据是本文作者根据文章中发表的数据计算的近似值。其余各组数据引自王明辉《灵宝西坡墓地》第三章《人骨综合研究》。

性明显强于女性，但股骨的扁平程度上显示女性更为扁平一些，或许提示清凉寺墓地居民的生计方式是以种植农业为主，采集为辅。

第五节　身高的推算

　　从肢骨的长度来推算身高可以了解古代居民的身体发育状况，进而间接提供某一人群食物组成、营养状况和疾病现象等信息。有学者通过研究发现，新石器时代我国古代居民的身高随着时间的推移呈现出逐步降低的趋势。裴李岗时代男性平均身高为 169.1 厘米，仰韶时代为 167.79 厘米，到了龙山时代降为 165.75 厘米[1]。正因为身高的信息对我们了解古代人群至关重要，因此它是体质人类学研究中的一项不可或缺的内容。

　　利用四肢长骨的最大长来推算古代居民的身高是一项可行的方法，但是目前人类学界推算身高的公式很多，计算标准尚未统一。不同的学者往往根据骨骼保存情况以及其他因素，选择不同的计算公式，因此推算出的身高具有一定的差异。根据以往的经验和清凉寺墓地的实际情况，我们在推算清凉寺墓地男女身高时选择了不同公式，男性的身高推算公式选择了 K.Pearson[2] 和邵象清[3] 的公式，女性的身高推算公式选用了 K. Pearson 和张继宗[4] 的公式。根据公式推算出来的结果，我们制作了表 10-5-1 和 10-5-2。

[1] 王建华：《黄河流域史前人口健康状况的初步考察》，《考古》2009 年 5 期，第 61~69 页。
[2] K. Pearson. Karl and Bell. Julia. *A study of the long bones of the English skeleton*, Cambridge University Press, London. 1917. 转引自张君：《河南商丘潘庙古代人骨种系研究》，《考古求知集——96 考古研究所中青年学术讨论会文集》，中国社会科学出版社，1997 年，第 486~498 页。
[3] 邵象清：《人体测量手册》，上海辞书出版社，1985 年。
[4] 张继宗：《中国汉族女性长骨推断身长的研究》，《人类学学报》2001 年 4 期，第 302~307 页。

表 10-5-1　清凉寺组的身高推算（男性）　　　　　　　　　　　（单位：毫米）

		股骨最大长	胫骨最大长	K. Pearson 公式		邵象清公式	
				股骨	胫骨	股骨	胫骨
M25	L	—	367	—	165.86	—	166.81
	R	—	368	—	166.10	—	167.21
M26	L	465	—	168.73	—	171.31	—
	R	—	—	—	—	—	—
M28	L	—	—	—	—	—	—
	R	—	379	—	168.71	—	169.72
M29	L	—	362	—	164.78	—	165.70
	R	—	—	—	—	—	—
M47	L	459	378	167.60	168.48	169.93	169.26
	R	—	373	—	167.29	—	168.35
M48	L	—	—	—	—	—	—
	R	—	365	—	165.39	—	166.53
M51	L	—	—	—	—	—	—
	R	461	385	167.97	170.14	170.98	171.09
M52	L	—	370	—	166.58	—	167.48
	R	—	373	—	167.29	—	168.35
M53	L	497	—	174.74	—	178.68	—
	R	—	415	—	177.28	—	178.67
M58（1）	L	433	336	162.71	158.50	163.92	159.93
	R	433	336	162.71	158.50	164.51	159.92
M58（2）	L	470	—	169.67	—	172.46	—
	R	—	390	—	171.33	—	172.23
M59	L	—	—	—	—	—	—
	R	433	—	162.71	—	164.51	—
M65	L	462	390	168.16	171.33	170.62	171.92
	R	465	390	168.73	171.33	171.90	172.23
M69（1）	L	—	400	—	173.70	—	174.14
	R	—	401	—	173.94	—	174.74
M69（2）	L	—	359	—	163.96	—	165.04
	R	—	360	—	164.2	—	165.39
M75（2）	L	430	356	162.15	163.25	163.26	164.37
	R	—	—	—	—	—	—
M75（3）	L	—	358	—	163.72	—	164.82
	R	—	—	—	—	—	—
M82	L	429	347	161.96	161.11	163.03	162.37
	R	—	—	—	—	—	—

续表 10-5-1

		股骨最大长	胫骨最大长	K. Pearson 公式		邵象清公式	
				股骨	胫骨	股骨	胫骨
M89	L	464	384	168.54	169.90	171.08	170.59
	R	—	380	—	168.95	—	169.95
M90	L	471	388	169.85	170.85	172.69	171.48
	R	473	387	170.23	170.62	173.75	171.55
M94	L	451	—	166.09	—	168.09	—
	R	449	373	165.72	167.29	168.20	168.35
M95	L	478	392	171.17	171.80	174.30	172.36
	R	—	390	—	171.33	—	172.23
M98	L	457	381	167.22	169.19	169.47	169.92
	R	460	377	167.79	168.24	170.74	169.27
M103	L	424	359	161.02	163.96	161.88	165.04
	R	426	361	161.39	164.44	162.89	165.62
M114	L	435	—	163.09	—	164.41	—
	R	430	360	162.15	164.20	163.81	165.39
M115	L	—	375	—	167.76	—	168.81
	R	—	—	—	—	—	—
M117	L	460	—	167.79	—	170.16	—
	R	465	—	168.73	—	171.90	—
M119	L	—	370	—	166.58	—	167.48
	R	—	—	—	—	—	—
M127	L	—	—	—	—	—	—
	R	—	368	—	166.10	—	167.21
M128	L	—	390	—	171.33	—	171.92
	R	480	390	171.55	171.33	175.36	172.23
M135	L	—	371	—	166.81	—	167.70
	R	464	370	168.54	166.58	171.67	167.67
M138	L	434	—	162.90	—	164.18	—
	R	431	—	162.33	—	164.05	—
M147	L	—	—	—	—	—	—
	R	446	—	165.15	—	167.51	—
M148	L	422	—	160.64	—	161.42	—
	R	—	—	—	—	—	—
M155	L	410	—	158.39	—	158.66	—
	R	—	333	—	157.78	—	159.23
M157	L	—	372	—	167.05	—	167.92
	R	440	367	164.03	165.86	166.12	166.99

续表 10-5-1

		股骨最大长	胫骨最大长	K. Pearson 公式		邵象清公式	
				股骨	胫骨	股骨	胫骨
M219	L	400	328	156.51	156.60	156.36	158.16
	R	398	325	156.13	155.88	156.42	157.41
M222	L	407	341	157.82	159.69	157.97	161.04
	R	402	342	156.88	159.92	157.35	161.29
M277	L	—	365	—	165.39	—	166.37
	R	—	—	—	—	—	—
M284	L	—	—	—	—	—	—
	R	—	358	—	163.72	—	164.93
M287	L	—	330	—	157.07	—	158.60
	R	—	—	—	—	—	—
M297（1）	L	433	350	162.71	161.82	163.95	163.04
	R	—	353	—	162.54	—	163.79
M301	L	448	—	165.53	—	167.40	—
	R	—	385	—	170.14	—	171.09
M308	L	415	344	159.33	160.40	159.81	161.71
	R	420	342	160.27	159.92	161.50	161.29
M311	L	453	370	166.47	166.58	168.55	167.48
	R	452	—	166.28	—	168.90	—
M317	L	—	394	—	172.28	—	172.81
	R	472	392	170.04	171.80	173.52	172.69
M322	L	428	347	161.77	161.11	162.80	162.37
	R	422	344	160.64	160.40	161.97	161.74
M324	L	—	365	—	165.39	—	166.37
	R	—	367	—	165.86	—	166.99
M327	L	—	361	—	164.44	—	165.48
	R	—	363	—	164.91	—	166.07
M330	L	460	371	167.79	166.81	170.16	167.70
	R	456	—	167.03	—	169.82	—
M331	L	431	370	162.33	166.58	163.49	167.48
	R	434	368	162.90	166.10	164.51	167.21
M336	L	—	—	—	—	—	—
	R	—	376	—	168.00	—	169.04
M345	L	—	—	—	—	—	—
	R	470	—	169.67	—	173.05	—
M346	L	—	383	—	169.66	—	170.37
	R	—	380	—	168.95	—	169.95

续表 10-5-1		股骨最大长	胫骨最大长	K. Pearson 公式		邵象清公式	
				股骨	胫骨	股骨	胫骨
M347	L	453	376	166.47	168.00	168.62	168.81
	R	453	374	166.47	167.53	169.13	168.58
M348	L	—	—	—	—	—	—
	R	470	—	169.67	—	172.46	—
M350	L	466	—	168.91	—	171.54	—
	R	472	—	170.04	—	173.52	—
M352	L	—	376	—	168.00	—	168.81
	R	—	—	—	—	—	—
M354（1）	L	469	—	169.48	—	172.23	—
	R	478	374	171.17	167.53	174.90	168.58
M355	L	—	—	—	—	—	—
	R	—	370	—	166.58	—	167.67
两侧合计平均身高				165.33	166.24	167.41	167.27
平均身高				165.84		167.33	

表 10-5-2　清凉寺组的身高推算（女性）　　　　　　　　　（单位：毫米）

		股骨最大长	胫骨最大长	K. Pearson 公式		张继宗公式	
				股骨	胫骨	股骨	胫骨
M10	L	—	346	—	154.15	—	160.04
	R	—	—	—	—	—	—
M12	L	425	—	155.51	—	161.91	—
	R	424	347	155.31	154.39	162.61	161.21
M44	L	—	—	—	—	—	—
	R	—	342	—	153.21	—	159.76
M64	L	—	—	—	—	—	—
	R	—	350	—	155.09	—	162.09
M66（2）	L	—	—	—	—	—	—
	R	—	337	—	152.04	—	158.31
M70（1）	L	—	338	—	152.27	—	157.72
	R	—	—	—	—	—	—
M80	L	449	378	160.17	161.68	168.32	169.32
	R	—	378	—	161.68	—	170.23
M102	L	463	—	162.90	—	172.06	—
	R	—	362	—	157.92	—	165.58
M104	L	—	352	—	155.56	—	161.78
	R	—	—	—	—	—	—

续表 10-5-2

		股骨最大长	胫骨最大长	K. Pearson 公式		张继宗公式	
				股骨	胫骨	股骨	胫骨
M109	L	—	—	—	—	—	—
	R	403	—	151.23	—	156.83	—
M112（1）	L	—	351	—	155.33	—	161.49
	R	—	—	—	—	—	—
M118	L	433	355	157.06	156.27	164.05	162.65
	R	—	358	—	156.98	—	164.41
M122	L	431	—	156.67	—	163.51	—
	R	—	—	—	—	—	—
M124	L	—	—	—	—	—	—
	R	410	334	152.59	151.33	158.76	157.43
M130	L	—	—	—	—	—	—
	R	402	—	151.03	—	156.56	—
M131	L	420	—	154.53	—	160.57	—
	R	420	365	154.53	158.62	161.51	166.45
M136	L	—	350	—	155.09	—	161.20
	R	—	360	—	157.45	—	165.00
M137	L	—	383	—	162.86	—	170.76
	R	—	381	—	162.39	—	171.10
M138	L	—	350	—	155.09	—	161.20
	R	—	348	—	154.62	—	161.51
M144	L	—	390	—	164.50	—	172.79
	R	—	393	—	165.21	—	174.59
M146（2）	L	—	310	—	145.69	—	149.60
	R	—	312	—	146.16	—	151.04
M146（3）	L	—	332	—	150.86	—	155.98
	R	—	336	—	151.80	—	158.02
M151	L	—	342	—	153.21	—	158.88
	R	—	—	—	—	—	—
M154	L	—	—	—	—	—	—
	R	453	—	160.95	—	170.59	—
M158	L	—	360	—	157.45	—	164.10
	R	—	—	—	—	—	—
M172	L	447	363	159.79	158.15	167.78	164.97
	R	—	365	—	158.62	—	166.45
M175	L	—	—	—	—	—	—
	R	—	326	—	149.45	—	155.11

续表 10-5-2

		股骨最大长	胫骨最大长	K. Pearson 公式		张继宗公式	
				股骨	胫骨	股骨	胫骨
M196	L	—	365	—	158.62	—	165.55
	R	—	363	—	158.15	—	165.87
M197	L	410	330	152.59	150.39	157.90	155.40
	R	412	—	152.98	—	159.31	—
M227	L	—	353	—	155.80	—	162.07
	R	—	—	—	—	—	—
M259	L	—	351	—	155.33	—	161.49
	R	431	353	156.67	155.80	164.54	162.96
M279	L	455	—	161.34	—	169.92	—
	R	—	—	—	—	—	—
M281	L	—	356	—	156.51	—	162.94
	R	—	366	—	158.86	—	166.74
M282	L	—	401	—	167.09	—	175.98
	R	467	407	163.68	168.50	174.45	178.66
M286	L	454	385	161.15	163.33	169.65	171.34
	R	456	385	161.54	163.33	171.42	172.27
M297（2）	L	408	—	152.2	—	157.37	—
	R	406	335	151.81	151.57	157.66	157.73
M304	L	—	386	—	163.56	—	171.63
	R	—	384	—	163.09	—	171.97
M343	L	—	354	—	156.03	—	162.36
	R	—	—	—	—	—	—
M344	L	446	372	159.59	160.27	167.52	167.58
	R	448	378	159.98	161.68	169.22	170.23
M351	L	477	—	165.62	—	175.80	—
	R	—	400	—	166.85	—	176.63
两侧合计平均身高				157.26	157.25	164.79	164.32
平均身高				157.25		164.47	

K. Pearson 的公式为：

$$男性\ S=81.306+1.880F$$

$$S=78.664+2.376T$$

$$女性\ S=72.844+1.945F$$

$$S=72.774+2.352T$$

邵象清的中国汉族男性身高公式为：

$$男性\ S=64.362+2.30F \pm 3.481（左）$$

$$S=85.339+2.22T \pm 3.874 （左）$$

$$S=64.484+2.31F \pm 3.486 （右）$$

$$S=83.310+2.28T \pm 3.813 （右）$$

张继宗的公式为：

$$女性 S=48.391+2.671F （左）$$

$$S=59.733+2.899T （左）$$

$$S=45.929+2.752F （右）$$

$$S=60.307+2.908T （右）$$

其中 F 为股骨最大长，T 为胫骨最大长。

从表 10-5-1 和表 10-5-2 的推算结果来看，清凉寺男性居民的平均身高约在 165.84~167.33 厘米之间，女性居民的平均身高约在 157.25~164.47 厘米之间。虽然不同地点用的计算方式不一样，推算出来的身高准确性也会有区别，但相互之间的差距不会太大，我们仍然能够从身高数据入手，对清凉寺居民生计模式管窥一二。以下选择了部分古代组的身高数据与清凉寺组进行对比研究，并且根据对比的数据统计制作了表 10-5-3。

表 10-5-3　清凉寺组与部分古代组身高的比较

组别	地点	时代 / 文化	身高	
			男性	女性
清凉寺组	山西芮城	仰韶 / 龙山	166.59*	160.86*
仰韶组	河南渑池	仰韶文化	171.10	—
西坡组	河南灵宝	仰韶文化	168.59	159.23
大汶口组	山东泰安	大汶口文化	171.68	—
姜家梁组	河北阳原	仰韶 / 龙山	169.69	160.39
大甸子组	内蒙古赤峰	夏家店下层文化	163.28	154.40
少陵原组	陕西西安	西周	164.22*	155.11*
新店子组	内蒙古和林格尔	东周	164.76	159.31
土城子组	内蒙古和林格尔	战国	164.82	153.15
余吾组	山西屯留	战国—汉代	165.60	153.19

说明：仰韶组、西坡组、大汶口组、姜家梁组、大甸子组、新店子组数据引自王明辉《灵宝西坡墓地》第三章《人骨综合研究》（文物出版社，2010 年，第 115~177 页）；土城子组数据引自顾玉才《内蒙古和林格尔县土城子遗址战国时期人骨研究》（科学出版社，2010 年）；少陵原组和余吾组由本文作者测量完成。

据表 10-5-3 显示，清凉寺组居民男性的身高低于仰韶组、大汶口组、姜家梁组和西坡组，高于时代较晚的大甸子组、少陵原组、新店子组、土城子组和余吾组。但清凉寺女性身高偏高，是所有对比组中最高的人群。有资料显示，种植农业要求的劳动强度和压力功能远大于采集经济，会对骨骼结构造成一定的影响，从而导致农业人群的身高逐渐下降[1]。清凉寺人群的身高处于新

---

[1] 王建华：《黄河流域史前人口健康状况的初步考察》，《考古》2009 年 5 期，第 61~69 页。

石器时代仰韶时期与青铜—早期铁器时代的过渡位置，整体变化比较符合上述规律。

第六节　骨骼上的疾病现象与创伤

一　口腔疾病

1. 龋齿

龋齿在不同人群中罹患率的高低反映了特定人群饮食结构的差异。美国学者 C.G.TURNER 在统计龋齿的发病率与人群生计方式的关系时指出，以采集—狩猎为主要生计方式的人群龋齿发病率很低，范围在 0~5.3% 之间，平均发病率为 1.3%。以采集—狩猎与农业相结合的混合经济类型为主的居民龋齿发病率居中，范围在 0.44~10.3% 之间，平均发病率为 4.8%。以定居农业经济为主的人群龋齿发病率最高，范围在 2.1~26.9% 之间，平均发病率为 8.6%[1]。对清凉寺古代居民龋齿现象的观察和发病率的统计可以帮助我们推测该人群的经济生活模式，进而为研究农业的起源、社会的分工、文明起源以及人与自然环境的互动关系奠定坚实可靠的基础。

我们对清凉寺不同年龄段的头骨附带牙齿的 215 例个体和 643 颗牙齿进行了龋齿的统计，发现罹患龋齿的个体数为 78 例。特定人群的患龋率公式为患龋病人数 / 受检人数 ×100%，经过计算和统计，清凉寺古代居民总的患龋率为 36.28%（表 10-6-1）。男性的患龋率为 40.00%，女性患龋率为 35.87%，男女合计为 38.12%（表 10-6-2）。从龋齿的患病部位看，多发生在两牙相邻的近中、远中齿颈处，有些龋面腐蚀后会延伸到齿冠部，患龋部分还见于咬合面和齿根表面（彩版 10-6-1:1）。龋齿损害按照深度可以划分为浅龋、中龋和深龋。经统计，清凉寺组人群中浅龋所占比例较高，共有 44 例，占 56.41%；中龋人数为 18 例，占 23.08%；深龋人数为 16 例，占 20.51%。

根据上述两个统计，我们发现，清凉寺居民们患龋率随着年龄的增加呈现正比例上升态势。老年期 > 中年期 > 壮年期 > 青年期 > 未成年期。一般来说，龋齿的罹患率是有性别差异的，女性龋齿的出现率要高于男性，但是清凉寺墓地相反，男性患龋率高于女性。

表 10-6-1　清凉寺墓地不同年龄组个体龋齿病统计表

年龄段	总人数	患龋人数	患龋率
未成年期（< 14 岁）	13	1	7.69%
青年期（15~23 岁）	35	10	28.57%
壮年期（24~35 岁）	44	15	34.09%
中年期（36~55 岁）	111	44	39.64%
老年期（> 56 岁）	12	8	66.67%
合计	215	78	36.28%

[1] C. G. Turner, Dental anthropological indications of agriculture among Jomon people of central Japan, *American Journal of Physical Anthropology*, 1979, 51 (4): 619~636.

表 10-6-2 清凉寺墓地不同性别个体龋齿病统计表

性别	总人数	患龋人数	患龋率
男性	110	44	40.00%
女性	92	33	35.87%
合计	202	77	38.12%

表 10-6-3 清凉寺墓地龋齿发生率统计表

性别	牙齿数目	龋齿数目	龋齿率
男性	434	36	8.29%
女性	209	21	10.05%
合计	643	57	8.86%

用龋齿发生率这一指标能够更清晰地显现出清凉寺居民的生计方式，统计龋齿率的计算公式为患龋牙齿数 / 受检牙齿 ×100%。据统计，农业经济和采集、狩猎混合的经济状态下，平均发病率为 4.8%，主要经营农业经济的情况下，平均发病率为 8.6%。我们选择了头骨保存较好的 42 例个体头骨上所带的牙齿进行了鉴定，其中男性 28 例，女性 14 例，根据统计数据，我们制作了表 10-6-3，由此可知，清凉寺组居民的龋齿发生率为 8.86%，这一数据位于农业经济的范围内，因此清凉寺居民更接近定居的农业经济人群。

从上面的三个统计表我们发现了这样一个问题，从表 10-6-3 统计的龋齿发生率来看，清凉寺墓地发现的患龋率略高于主要经营农业生产居民的平均数，或许与当时食物中含盐量较高有关。从龋齿发生率的性别差异看，表 10-6-2 统计的不同性别个体患龋率中，男性略高于女性，而表 10-6-3 的统计却是女性稍稍超过男性，二者的差距不大，反映出男女居民的食物组成是相同的。

2. 牙周病

牙周病的鉴定通常是以齿槽骨萎缩、臼齿齿根暴露超过 1/3 为标准。清凉寺居民共观察了 208 例标本，其中男性 118 人，女性 90 人。男性患牙周病的个体有 93 人，占总人数的 78.81%，女性患牙周病的人数是 65 人，占总人数的 72.22%（彩版 10-6-1:2~4）。全体居民合计牙周病的罹患率是 75.96%。（表 10-6-4~10-6-6）这一比例远较同为新石器时代的西坡墓地的 40%[1]、姜家梁墓地的 17.24% 为高[2]，甚至比距今约 2000 年前的秦始皇山任窑址修陵人组的 49.04% 也高[3]。如此高的牙周病发病率表明清凉寺居民的营养处于十分不均衡的状态，他们的食物中缺乏足够的维生素 C、D 以及钙、磷等微量元素。

3. 根尖脓肿

根尖脓肿的致病原因主要与龋齿、牙周病、创伤以及细菌性炎症有关。我们对清凉寺墓地中患有不同程度的根尖脓肿的死者作了鉴定，其中 34.19% 的男性患有不同程度的根尖脓肿，29.21% 的女性罹患根尖脓肿，男性的患病率高于女性，所有人口的根尖脓肿的患病率为

---

[1] 王明辉：《灵宝西坡墓地》第三章《人骨综合研究》，文物出版社，2010 年，第 115~177 页。
[2] 李法军：《河北阳原姜家梁新石器时代人骨研究》，科学出版社，2008 年。
[3] 韩迎星：《两千年前出土人颌骨的口腔疾病研究》，第四军医大学硕士学位论文，2005 年，中国知网网络版。

表 10-6-4   清凉寺墓地不同年龄组个体牙周病统计表（男性）

年龄段	总人数	患牙周病人数	患病率
青年期（15~23 岁）	18	6	33.33%
壮年期（24~35 岁）	23	17	73.91%
中年期（36~55 岁）	71	64	90.14%
老年期（> 56 岁）	6	6	100.00%
合计	118	93	78.81%

表 10-6-5   清凉寺墓地不同年龄组个体牙周病统计表（女性）

年龄段	总人数	患牙周病人数	患病率
青年期（15~23 岁）	18	3	16.67%
壮年期（24~35 岁）	16	10	62.50%
中年期（36~55 岁）	48	44	91.67%
老年期（> 56 岁）	8	8	100.00%
合计	90	65	72.22%

表 10-6-6   清凉寺墓地不同性别个体牙周病统计表

性别	总人数	患牙周病人数	患病率
男性	118	93	78.81%
女性	90	65	72.22%
合计	208	158	75.96%

表 10-6-7   清凉寺墓地不同年龄组个体根尖脓肿统计表（男性）

年龄分组	总人数	患根尖脓肿人数	患病率
青年期（15~23 岁）	18	1	5.56%
壮年期（24~35 岁）	22	8	36.36%
中年期（36~55 岁）	71	28	39.44%
老年期（> 56 岁）	6	3	50.00%
合计	117	40	34.19%

表 10-6-8   清凉寺墓地不同年龄组个体根尖脓肿统计表（女性）

年龄分组	总人数	患根尖脓肿人数	患病率
青年期（15~23 岁）	16	2	12.50%
壮年期（24~35 岁）	16	5	31.25%
中年期（36~55 岁）	49	17	34.69%
老年期（> 56 岁）	8	2	25.00%
合计	89	26	29.21%

表 10-6-9 清凉寺墓地不同性别个体根尖脓肿统计表

性别	总人数	患根尖脓肿人数	患病率
男性	117	40	34.19%
女性	89	26	29.21%
合计	206	66	32.04%

32.04%。根据对牙齿的鉴定情况，我们制作了表 10-6-7、10-6-8 和 10-6-9 三个统计表。从 10-6-7、10-6-8 的统计看，根尖脓肿的患病率与年龄成正比，年龄越大，患病率越高。比较严重的有以下几个死者：其中 M22（1）左侧 I^1、P^2、右侧 P^1 在齿槽颊侧分别形成 11.6、7.3 和 6.0 毫米的蚀洞。M53（1）右侧 M^2 在齿槽面形成一大的凹陷，齿槽窝开始萎缩。M58 左侧 M^2 在齿槽面颊侧形成一个直径 5.2 毫米的空洞。M66（2）上颌左侧 C、左右侧 P^1 在齿槽面形成大的蚀洞。M66（3）上颌左侧 C、P^1 在硬腭面上形成一个直径 17.2 毫米的蚀洞，左侧 M^1 在颊侧形成一个长 9.2 毫米、宽 7.0 毫米的蚀洞（彩版 10-6-1:5）。M89 上颌左 M^1 在齿槽面颊舌两侧分别留有 11.6 和 7.5 毫米的空洞。M158 上颌右侧 C 在齿槽面上形成了一个长 12.7、宽 6.3 毫米的蚀洞（彩版 10-6-1:6）。M184 上颌硬腭部分有约 20 毫米 ×20 毫米的蚀洞。

4. 牙釉质发育不全

牙釉质发育不全是指因为釉质厚度的缺乏导致牙齿表面坑、线、沟的出现。清凉寺 M254 釉质发育不全。M290 和 M354 上颌中门齿呈凿形，牙齿表面缺乏光泽，出现一条条的横线。

5. 错颌以及牙齿畸形

清凉寺墓地发现有一些死者的牙齿发生了错位及畸形。其中 M35 下颌齿列拥挤，犬齿被挤出齿列外。M45 牙齿排列稀疏。M69 上颌右侧门齿先天性缺失。M114 上颌左右 I^1 处出现一颗多生齿，上颌一共 17 颗牙齿（彩版 10-6-2:1）。M161 上颌左右 I^1 错位，生长在 I^2 的后部。

牙齿阻生常发生于上下颌第三臼齿上，清凉寺人骨上正是这样。M37 下颌右侧 M_3 横向阻生。M40 下颌左 M_3 向舌侧方向阻生。M71（2）下颌左、右 M_3 横向阻生。M82（2）上颌左 C 错位，俗称小虎牙，下颌左侧 M_3 横向阻生。M108 下颌中 I_1 错位，挤向舌侧（彩版 10-6-2:2）。M111（2）下颌左、右侧 M_3 阻生。M136 下颌左侧横向 M_3 阻生。M157（彩版 10-6-2:3）和 M173 下颌左 M_3 阻生，向近中方向阻生。

6. 偏斜式磨耗

清凉寺墓地死者的牙齿发生了偏斜式磨损，国内有学者认为这种磨耗方式可能与将牙齿用作工具有关，如制皮等工种[1]。M28 墓主人的上颌右 M^1 偏斜式磨耗严重，从舌侧向颊侧呈现斜坡状磨耗。M105 墓主人的牙齿出现严重偏斜式磨耗，从舌侧向颊侧磨耗。M29 墓主人的前牙也过度磨耗，上颌左右侧 I^1 和 I^2 呈凿型。M319 墓主人右侧 I^2 和 C 从唇侧向舌侧偏斜式磨耗（彩版 10-6-2:4）。M351 墓主右侧 $C–P^2$ 从舌侧向颊侧偏斜式磨耗（彩版 10-6-2:5）。前三例个体为中

---

[1]韩康信：《哈密焉不拉克古墓人骨种系成分之研究》，《丝绸之路古代居民种族人类学研究》，新疆人民出版社，1993 年，第 176~260 页。

年男性，其中 M29 属于第三期，其他两例属于第二期；后两例个体为老年女性，皆属于文化分期中的第三期。

二　贫血

缺铁性贫血疾病的多发，一般被认为是采集—狩猎人群向农业人群转化过程中的食物结构发生了变化，主要依赖种植作物，缺少动物性食物造成的结果。通常作为判断缺铁性贫血的标准有以下几种现象：头骨上可以观察到眼眶顶部（额骨的眶面）有筛状小孔，另外，额骨和顶骨上见有多孔性肥厚现象。（表 10-6-10）

表 10-6-10　清凉寺墓地不同性别个体患贫血人数统计表

性别	总人数	患贫血人数	患病率
男性	109	24	22.02%
女性	72	18	25.00%
未成年	11	1	9.09%
合计	192	43	22.40%

清凉寺墓地的男性共观察 109 例个体，其中额部的眶面、额骨和顶骨处有筛状小孔或者弥散性小孔的人数是 24 例，缺铁性贫血的罹患率为 22.02%。女性共观察 72 例个体，18 例个体发现了筛状孔和多孔性肥厚现象，占观察女性总数的 25.00%。女性额骨、顶骨以及眶上面筛状小孔的出现比例稍高于男性。11 例未成年个体中，M309 为一个 12~13 岁的儿童，在眶上缘的内侧见有筛状小孔。男女合并统计，类似贫血现象的标本出现率为 22.40%。

与新石器时代其他地区的居民相比，距今 8200~7500 年前的内蒙古兴隆洼遗址多孔性肥厚（贫血）的出现率是 37%[1]，与清凉寺墓地隔黄河相邻的灵宝西坡墓地贫血现象的出现率是 14.3%，地处黄河下游的山东广饶遗址、位于淮河流域的蒙城尉迟寺新石器遗址居民贫血的出现率与兴隆洼相近，均在 30.0% 以上[2]。由此可见，清凉寺居民贫血发病率在史前时期处于中等水平。贫血的多发是因为种植作物中铁的含量较少，与动物性食物相比，谷物中的铁又很难被吸收。此外，新石器时代的卫生条件较差，人类感染寄生虫、疟疾等疾病也会直接影响铁的吸收与代谢。

三　退行性关节病

退行性关节病是由于年龄的增长，身体上的关节部位发生退行性改变引起的。在 M245 盗洞中发现的一个死者脊椎的椎体周围遍布骨刺，四肢骨均骨质疏松。M90（彩版 10-6-3:1、2）和 M330（彩版 10-6-3:3）墓主人从第一腰椎到第五腰椎的椎体周缘均发现骨刺，M191、M241 和

[1] 张君、巴巴拉·李·史密斯：《内蒙古赤峰市兴隆洼居室葬的人骨调查》，见《中国考古学与瑞典考古学——第一届中瑞考古学论坛文集》，科学出版社，2006 年，第 127~138 页。

[2] 尚红、韩康信：《山东新石器时代人类眶顶筛孔样病变》，《第八届中国古脊椎动物学学术年会论文集》，海洋出版社，2001 年，第 281~287 页；张君：《尉迟寺新石器时代出土人骨的观察与鉴定》，《蒙城尉迟寺（第二部）》，科学出版社，2007 年，第 410~423 页。

M351 墓主人的椎体周缘也遍布骨刺。M180、M276 和 M282 墓主脊椎骨椎体周缘遍布屋檐状骨刺。除骨刺之外，M135 墓主人的肱骨下端滑车处骨骼硬化，出现象牙化骨质。（彩版 10-6-3:4）。M288 墓主人的左侧腓骨上端腓骨头关节面出现钙化面（彩版 10-6-3:5）。M300 墓主人右侧的肱骨近顶端肱骨头关节面和周缘则出现大量的骨赘。（彩版 10-6-3:6）

四　骨瘤

清凉寺人骨所见的骨瘤都发现在颅骨上，属于成骨性肿瘤，无癌变。

M65 左侧额部生有一个直径 6.3 毫米的小骨瘤。M90 左侧颧骨颧面上有一个直径 10.3 毫米的骨瘤。M96 左侧颧骨下端生有一个 5.1 毫米的小骨瘤。M114 右侧顶骨靠近冠状缝处有一个直径 6.0 毫米的小骨瘤（彩版 10-6-3:7）。

五　强直性脊柱炎

强直性脊柱炎属于自身免疫的关节病，病因不明，是一种进行性炎症反应性疾病。"骶髂关节融合"是强直性脊柱炎鉴别诊断的重点，受累部位常涉及中轴骨。总体来说，男性患者明显多于女性，男女比例约为 5：1[1]。在清凉寺墓地 M87（♂）墓主三块腰椎的椎体向上融合，在椎体外部形成竖直生长的薄骨片。M120（♂）五块腰椎由向上竖直生长的薄骨片连接起来，形成韧带骨赘。M258（♂）右侧骶骨与髂骨在骶髂关节面上发生融合（彩版 10-6-4:1）。

六　腰椎骶化

骶椎腰化和腰椎骶化都属于发生在脊椎上的畸形，区别在于脊椎同化的边界上移还是下移，受累的脊椎呈现出与它相邻脊椎相似的特征。清凉寺墓地只发现 2 例，M222（彩版 10-6-4:2）与 M324（彩版 10-6-4:3）属于第五腰椎骶椎化，出现六块骶椎，第五腰椎呈现出第一骶椎的特征。

七　骨骼创伤

创伤指人身体上的任何损伤或者伤口。分为四种类型：骨骼部分或者全部破碎（骨折），骨骼的位置异常或者脱臼，神经或者血液供应中断以及人为的形态或者轮廓的异常。清凉寺居民中骨骼创伤比较常见。M29 左侧尺骨下端 1/3 处骨折（彩版 10-6-4:4）。M44 右侧顶骨靠近人字缝附近有一近菱形孔，约 5.0 毫米 ×5.0 毫米。M114（彩版 10-6-4:5）和 M235 鼻骨曾骨折，鼻梁断裂后重新愈合。M26 右侧股骨骨干中部骨折，下肢变形（彩版 10-6-5:1）。M72 左侧股骨骨干滋养孔下端曾骨折，标本腐朽，无法采集。M65 左侧桡骨骨干中近 1/2 处骨折（彩版 10-6-5:4）。M99 第一掌骨在远端指节处曾骨折，后自我修复愈合（彩版 10-6-5:2）。M164 左侧尺骨骨干下端约 3/4 处骨折（彩版 10-6-5:3）。M274 左侧肱骨骨干下方发生了骨折，在愈合过程中产生了感染，以致肱骨下端发生了扭曲变形（彩版 10-6-5:5、6）。

[1]夏洛特·罗伯茨、基思. 曼彻斯特：《疾病考古学》（第三版）第六章《关节疾病》，张桦译，山东画报出版社，2010年，第145~178页。

第七节 头骨上的其他特征分析

人的额中缝、下颌圆枕以及第三臼齿的萌出率都可能发生一些尚可以观察的小变异现象，这些特征的出现率在不同的人群中差异明显，可以作为划分种族类型的标准，我们在清凉寺墓地的人骨中也发现了一些变异，下面将这些特点与其他地方的变异情况作比较分析。

一 额中缝

额中缝被认为是受遗传因素影响，具有明显种族差异的小变异特征。清凉寺居民中，男性中有 4 例完整保留额中缝（占 4.35%）；女性中有 1 例保留 2/3 该缝（占 1.37%），另有 3 例完整保留此缝（占 4.11%）；男女合计有 4.85% 的居民保留有超过 2/3 或者完整的额中缝。现代中国人和欧洲人额中缝的出现率最高，为 8%~13%，澳大利亚和黑人的出现率较低，通常在 1% 左右。新石器时代我国居民额中缝的出现率一直保持较高的比例[1]。例如河南长葛市石固居民额中缝出现率为 6.67%，西坡居民为 8.57%。但姜家梁居民的额中缝出现率仅为 1.59%，所观察的 63 例个体中，只有 2 例有额中缝，1 例还是不完整额中缝[2]。与之比较，清凉寺人额中缝出现率居中。

二 下颌圆枕

下颌圆枕一般指出现在下颌骨舌侧面的骨质隆起结构。在体质人类学的研究中，将下颌圆枕按照发育程度划分为微弱、中等和显著级[3]。下颌圆枕出现的机理一般认为与食物的硬度和粗糙程度密切相关。如果下颌骨承受了特别大的咀嚼压力，就会在下颌体的舌侧出现代偿性增厚而产生下颌圆枕[4]。下颌圆枕出现的位置多在第一、第二前臼齿的舌侧面。这一位置恰好是颊侧颏孔出现的地方，此处骨质变薄，因此在舌侧出现下颌圆枕使得骨质增厚，增加肌肉的附着。我们对清凉寺先民下颌圆枕出现率作了统计，制成表 10-7-1。统计显示，清凉寺墓地男性下颌圆

表 10-7-1 清凉寺居民下颌圆枕统计表

发育等级	清凉寺组				
	男例			女例	
	总数	出现率		总数	出现率
微弱		16（15.09%）			16（20.78%）
中等	106	24（22.64%）		77	7（9.09%）
显著		37（34.91%）			12（15.58%）
合计		77（72.64%）		合计	35（45.45%）

---

[1] 李应义：《额中缝的观察与分析》，《人类学学报》1983 年（2 卷）3 期，第 301 页。
[2] 李法军：《河北阳原姜家梁新石器时代人骨研究》，科学出版社，2008 年。
[3] 吴汝康、吴新智、张振标：《人体测量方法》，科学出版社，1984 年，第 1~172 页；邵象清：《人体测量手册》，上海辞书出版社，1985 年，第 81~82 页。
[4] 李海军：《中国现代人群下颌骨的形态变异与功能适应》，中国科学院古脊椎动物与古人类研究所博士学位论文，2010 年，第 90~100 页。

枕的出现率为 72.64%，其中显著级人数最多，占所有男性的 34.91%。女性下颌圆枕的出现率为 45.45%，其中微弱级最多，占所有女性的 20.78%（彩版 10-7-1:1~6）。

清凉寺先民下颌圆枕的出现率在男女之间体现出了显著的差异，男性的出现率远高于女性，并且显著级的人数占有相当大的比例。其他地方也对下颌圆枕出现率作过检测，灵宝西坡墓地下颌圆枕出现率为 5.89%，比例偏低，姜家梁墓地的出现率达到 37.5%，依然远低于清凉寺先民 61.2% 的出现率。居高的下颌圆枕出现率反映出当时居民的食物硬度较高，食物中的含沙量偏高。

三　上下颌 M3 先天缺失情况研究

牙齿人类学研究表明，人类的牙齿在整个人类演化过程中是一个逐渐退化的器官。牙齿形态结构日趋简单，牙齿尺寸缩小，出现了第三臼齿阻生等牙齿萌生障碍，某些牙齿甚至终生不萌出，如上颌侧门齿、下颌中门齿、上下颌第二前臼齿、上下颌第三臼齿等，其中第三臼齿先天缺失最为常见[1]。吴汝康、吴新智等根据蓝田直立人下颌骨第三臼齿先天缺失以及包括现代中国人在内的东亚蒙古人种第三臼齿先天缺失的出现率较高的情况，认为第三臼齿先天性缺失是支持中国古人类连续进化的形态学证据之一[2]。

清凉寺先民上下颌第三臼齿的先天缺失统计为 26.28%。其中男性统计 85 例上下颌骨，有 22 例第三臼齿终生未萌出，占 25.88%；女性统计 71 人，有 19 人第三臼齿终生不萌出，占 26.76%。

我们还将清凉寺居民第三臼齿先天缺失率的情况与史前和先秦时期的一些地点检测情况作了对比，制成表 10-7-2，表中列出了先秦时期中国古代居民第三臼齿先天缺失率的几组数据，经比较，清凉寺先民处于中等偏低的水平。

表 10-7-2　清凉寺组与部分先秦时期中国古代居民第三臼齿先天缺失率的比较

组别	地点	时代 / 文化	上颌 + 下颌	
			%	例数
清凉寺组	山西芮城	仰韶 / 龙山	26.28	41
成皋组[3]	河南成皋	新石器时代	40.00	10
大墩子组[4]	江苏邳县	新石器时代	24.5（下颌）	102（下颌）
下王岗组[5]	河南淅县	新石器时代	27.5	167
长阳组[6]	湖北长阳	青铜时代	37.5	20
陇县组[7]	陕西陇县	战国时代	49.4	77

[1] 刘武等：《第三臼齿退化及其在人类演化上的意义》，《人类学学报》1996 年（15 卷）3 期，第 185~199 页。
[2] 吴汝康：《古人类学》，文物出版社，1989 年，第 203 页；吴新智：《中国的早期智人》，见《中国远古人类》，科学出版社，1989 年，第 24~41 页。
[3] 周大成：《河南成皋广武镇出土新石器时代人骨的口腔情况》，《中华口腔科杂志》1959 年 7 期，第 285~291 页。
[4] 韩康信等：《江苏邳县大墩子新石器时代人骨的研究》，《考古学报》1974 年 2 期，第 125~141 页。
[5] 刘武：《华北新石器时代人类牙齿形态特征及其在现代中国人起源与演化上的意义》，《人类学学报》1995 年（14 卷）4 期，第 360~380 页。
[6] 张振标：《长阳青铜时代与大同北魏朝代人类牙齿的形态变异》，《人类学学报》1993 年（12 卷）2 期，第 103~112 页。
[7] 刘武等：《陕西陇县战国时代人类牙齿形态特征》，《人类学学报》1996 年（15 卷）4 期，第 302~314 页。

第八节　清凉寺墓地人骨的特点

我们在前面的几节中对清凉寺墓地 355 座墓葬出土的 401 例个体做了性别和年龄段分布的统计，编制了该人群的简略生命年表。对其中保存较好的 68 例头骨进行了形态观察和测量，这些头骨取自从仰韶早期到龙山晚期的不同墓葬中。测量了四肢骨中的 130 根肱骨、84 根股骨和 128 根胫骨，据此对清凉寺先民进行了身高的推测。依据以上人骨遗骸探讨了清凉寺居民的性别年龄分布结构、男女两性比、头骨的形态特征，检验了他们的种系纯度，统计了种族形态学特征，并且运用聚类分析和主成分分析等统计学方法，与周邻地区新石器时代、青铜时代以及近代组的形态距离进行了比较，确定了清凉寺先民的种族归属，此外，我们还统计了清凉寺先民骨骼上的病理状况等。

从总体来说，清凉寺墓地的人骨有以下一些特点。

一　性别、年龄鉴定与死亡分布的特点

清凉寺墓地总的男女性别比为 1.28 ∶ 1。在不同时期，男女的比例发生了巨大的变化，其中仰韶时期男女两性比为 0.75 ∶ 1，庙底沟二期为 0.83 ∶ 1，龙山时期上升为 2.59 ∶ 1，总的趋势是男性逐渐增加，如果说前两期虽然男性略少于女性，但总体接近一个正常部族的比例，但龙山时期的男性则远远多于女性，变化原因可能与不同文化中墓主人的身份发生了变化有关，龙山时期墓主人可能是从事特殊职业的人员，而且以男性为主。从简略生命年表看，清凉寺人口的平均预期寿命为 33.67 岁，男性平均预期寿命高于女性。

二　头骨的形态特征

在人骨的研究中，头骨是一个十分重要的指标性内容，我们观察和测量项目也最多，可分为以下两部分内容。

1. 观察特征

清凉寺居民的颅型以卵圆形为主，眉间突度以弱级为主，眉弓发育男性多属显著级，女性多弱级。颅顶缝以简单为主，眶型多椭圆形和斜方形，眶角圆钝，梨状孔男性多梨形，女性多心形，两性鼻前棘分布以稍显和不显为主，上颌中门齿均为铲形，鼻根凹以浅平为主，矢状嵴的出现率较高，腭型以 V 形为主，颧骨上颌骨下缘转角处明显陡直者多，犬齿窝发育弱。以上的观察结果表明，清凉寺古代居民在连续性形态特征方面体现出了较为一致的同种系的特征。

2. 测量特征

清凉寺组头骨的测量特征可分别从脑颅、面颅、面部等几个方面，概括来说，脑颅是中颅型—高颅型—狭颅型相结合；面颅是中等偏狭的面型—偏低的中眶型—中－阔鼻型—中等偏弱的鼻根突度与中等偏小的垂直颅面比例相结合；面部在矢状方向上属于平颌型，上齿槽角度属于接近突颌型的中颌型，水平方向上中等偏大的上面部扁平度，中等偏短的腭型，较短的齿槽型等。

三　头骨的种系成分分析

种系研究包括人种的纯度和种族的分析，根据这两个方面与其他地区人骨的比较，我们不仅可以确认墓地中的死者属于什么人种，而且能确定有无外族的成员，甚至能够找到与不同时代死者的传承关系。

1. 种系纯度的分析

通过与欧洲、亚洲、非洲各个组的多项测量项目的同种系头骨变异度比较，我们确认清凉寺组无异种系头骨，无论是清凉寺全组还是二期组、三四期组都属于同种系人群。

2. 种族人类学的分析

在与三大人种典型资料的比较中，我们确认清凉寺先民最接近亚美人种。与现代亚洲蒙古人种的四个支系比较，他们最接近东亚类型，与南亚类型也存在一定程度的相似性。

根据与新石器其他地区相关组比较，清凉寺居民与豫西、晋南地区新石器居民体质特征比较接近，同时还与华北地区新石器时代居民在种族特征上存在相对密切的关系，但是，与黄河上游居民和华南地区的古代居民在体质特征上存在较大的距离。值得留意的是清凉寺居民与代表古华北类型的庙子沟、姜家梁先民关系相对较近，或许暗示他们之间在体质特征上具有一定的同源性。

通过清凉寺组与青铜时代各组人骨的测量数据进行比较，清凉寺组接近黄河中游地区的游邀组、上马组、瓦窑沟组、梁带村组的居民，与低颅阔面的彭堡子组、井沟子组、新店子组形态距离疏远。

四　身高的推测

利用下肢骨的最大长度可推算出清凉寺不同性别居民的身高，其中男性居民的平均身高约在 165.84~167.33 厘米之间，女性居民的平均身高约在 157.25~164.47 厘米之间。与新石器时代其他古代组比较，清凉寺先民身材偏低，但是高于北方青铜时代古代组人群。

五　肢骨的研究

四肢骨的专项研究表明，清凉寺先民骨骼发育粗壮。通过肱骨发育程度的比较统计，约 11.43% 的人属于"左利手"。该人群股骨骨干粗壮，骨间嵴发达，胫骨的骨干发育程度多属于中胫型。

六　病理学统计

1. 口腔疾病

清凉寺居民的龋齿发生率为 8.86%，这一数据最接近定居的农业经济。从龋齿的发生率看，女性人数稍稍超过男性。该群体牙周病的发病率高达 75.96%，根尖脓肿的罹患率为 34.02%。反映出先民的营养状况处于不均衡状态，公共卫生水平低下。

2. 贫血的统计

额骨的眶面、顶骨上有筛状小孔被认为是缺铁性贫血的标志。统计显示这类标本的出现率在清凉寺居民中占 22.40%。间接说明清凉寺先民的食物结构主要以植物性食物为主，缺少动物性食物。

3. 其他疾病

从清凉寺墓地肢骨的观察来看，该人群中退行性关节病发病率较高。而脊椎部分的疾病也较常见，有的个体椎骨的椎体周缘遍布骨质赘生物，甚至形成联桥。另外，强直性脊柱炎也有一定程度的发病率。

4. 创伤

由于接近中条山区，清凉寺先民骨折的个体占有一定比例，而且有一些骨骼还有骨折后自然修复的明显痕迹。然而有一个特别的现象是，在所有的骨折个体中，鼻骨的骨折及修复最为常见，或许暗示当时人群间冲突时常发生。

附表 10-2-1　头骨测量项目代号及说明

马丁号	测量项	英文说明及代号	英文代号
1	颅骨最大长	Maximum cranial length	g-op
8	颅骨最大宽	Maximum cranial breadth	eu-eu
17	颅高	Basi – bregmatic height	b-ba
21	耳上颅高	Auricular height	po-po
9	最小额宽	Minimum frontal breadth	ft–ft
7	枕骨大孔长	Foramen magnum length	ba-o
16	枕骨大孔宽	Foramen magnum breadth	
25	颅矢状弧	Cranial sagittal arc	n-o
26	额骨矢状弧	Frontal arc	n-b
27	顶骨矢状弧	Parietal arc	b-l
28	枕骨矢状弧	occipital arc	l-o
29	额骨矢状弦	Frontal chord	n-b
30	顶骨矢状弦	Parietal chord	b-l
31	枕骨矢状弦	occipital chord	l-o
23	颅周长	Cranial horizontal circum ference	
24	颅横弧	Cranial transverse arc	po-b-po
5	颅基底长	Basis length	n-enba
40	面底长	Profile length	pr–enba
48	上面高	Upper facial height	n-pr
	上面高	Upper facial height	n-sd
47	全面高	Morphological facial height	n–gn
45	面宽	Bizygomatic breadth	zy-zy
46	中面宽	Middle facial breadth	zm-zm
SSS	颧颌点间宽	Bimaxillary subtense	Sub. zm-ss-zm

续附表 10-2-1

马丁号	测量项	英文说明及代号	英文代号
46	中面宽	Middle facial breadth	Zm1-zm1
SSS	颧颌点间宽	Bimaxillary subtense	Sub. zm1-ss-zm1
43（1）	两眶外缘宽	Biorbital breadth	fmo-fmo
50	眶间宽	Interorbital breadth	mf-mf
MH	颧骨高	Malar height	fmo-zm
MB'	颧骨宽	Malar breadth	zm-rim. orb.
54	鼻宽	Nasal breadth	
55	鼻高	Nasal height	n-ns
SC	鼻骨最小宽	Simotic chord	
SS	鼻骨最小宽高	Simotic subtense	
51	眶宽	orbital breadth	mf-ek
51a	眶宽	orbital breadth from dacryon	d-ek
52	眶高	orbital height	
60	上颌齿槽弓长	Maxillo-alveolar length	pr-alv
61	上颌齿槽弓宽	Maxillo-alveolar breadth	ecm-ecm
62	腭长	Palatal length	ol-sta
63	腭宽	Palatal breadth	enm-enm
12	枕骨最大宽	Maximum occipital breadth	ast-ast
11	耳点间宽	Interauriculare breadth	au-au
44	两眶宽	Biorbital breadth	ec-ec
FC	两眶内宽	fmo-fmo	
FS	鼻根点至两眶内宽之矢高	Nasio-frontal subtence	sub. fmo-n-fmo
DC	眶间宽	Interorbital breadth	d-d
32	额侧角Ⅰ	Forehead slope angle	∠ n-m FH
	额侧角Ⅱ	Profile angle of frontal bone	∠ g-m FH
	前囟角	Bregmatic angle	∠ g-b FH
72	面角	Total facial angle	∠ n-pr FH
73	鼻面角	Nasal profile angle	∠ n-ns FH
74	齿槽面角	Alveolar profile angle	∠ ns-pr FH
75	鼻梁侧角	Nasalia roof angle	∠ n-rhi FH
77	鼻颧角	Nasion-frontal angle	∠ fmo-n-fmo
SSA	颧上颌角	Zygomaxillary angle	∠ zm-ss-zm
	面三角Ⅰ（上齿槽角）	Alveolar angle	∠ n-pr-ba
	面三角Ⅱ（鼻根点角）	Nasal angle	∠ pr-n-ba
	面三角Ⅲ（颅底角）	Basilar angle	∠ n-ba-pr
	鼻梁角	72-75	
8：1	颅长宽指数	Cranial index	

续附表 10-2-1

马丁号	测量项	英文说明及代号	英文代号
17：1	颅长高指数	Cranial length-height index	
17：8	颅宽高指数	Breadth basio-bregmatic height index	
21：1	颅长耳高指数	Cranial length -aurical height index	
9：8	额宽指数	Fronto-parietal index	
16：7	枕骨大孔指数	occipital foramen index	
40：5	面突指数	Gnathic index	
48：17	垂直颅面指数	Vertical cranio-facial index	
48：45	上面指数（K）	Upper facial index	
48：46	中面指数（V）	Middle facial index	
54：55	鼻指数	Nasal index	
52：51	眶指数 I	orbital index I	
52：51a	眶指数 II	orbital index II	
54：51	鼻眶指数	Nasion-orbital index I	
54：51a	鼻眶指数	Nasion-orbital index II	
SS：SC	鼻根指数	Simotic index	
63：62	腭指数	Palatal index	
45：(1+8)/2	横颅面指数		
17：(1+8)/2	高平面指数		
65	下颌髁突间宽	Bicondylar breadth	cdl-cdl
66	下颌角间宽	Bigonial breadth	go-go
67	颏孔间宽	Bimentalbreite	
68	下颌体长	Mandibular body length.	
68（1）	下颌体最大投影长	Maximum projective mandibular breadth	
69	下颌联合高	Symphysial height	id-gn
MBH	下颌体高 I（颏孔位）	Height of the mandibular body I	
	下颌体高 II（臼齿位）	Height of the mandibular body II	
MBT	下颌体厚 I（颏孔位）	Thickness of the mandibular body I	
	下颌体厚 II（臼齿位）	Thickness of the mandibular body II	
70	下颌支高	Height of the mandibular ramus	
71	下颌支宽	Breadth of the mandibular ramus	
71a	下颌支最小宽	Min. breadth of the mandibular ramus	
	颏孔间弧	bimental bogen	
79	下颌角	Mandibular angle（go）	
68：65	下颌骨指数	Mandibular index	
71：70	下颌支指数	Mandibular ramus index	

附表 10-2-2　清凉寺墓地男性头骨测量值（全组）

马丁号		测量项	测量项	例数	最大值	最小值	平均值	标准差	变异系数
1		g-op	颅长	35	194.0	172.5	183.76	5.69	3.10
8		eu-eu	颅宽	34	148.0	134.0	140.35	3.97	2.83
17		b-ba	颅高	26	155.0	138.5	145.92	5.29	3.63
21		po-po	耳上颅高	18	130.5	114.3	121.31	4.66	3.84
9		ft-ft	额骨最小宽	42	104.40	86.1	94.92	3.67	3.87
7		ba-o	枕骨大孔长	28	42.6	32.8	37.71	2.23	5.91
16		FOR. MA. B	枕骨大孔宽	28	34.8	25.7	30.35	2.39	7.87
25		n-o	颅矢状弧	30	407	365	386.57	12.25	3.17
26		n-b	额骨矢状弧	36	141	121	131.28	4.86	3.70
27		b-l	顶骨矢状弧	35	152	114	133.2	9.21	6.91
28		l-o	枕骨矢状弧	33	142	109	121.88	7.79	6.39
29		n-b	额骨矢状弦	36	123.4	106.2	115.83	3.78	3.26
30		b-l	顶骨矢状弦	35	132.8	102.9	117.57	7.34	6.24
31		l-o	枕骨矢状弦	33	117.7	88.1	102.15	5.96	5.83
23		g,op	颅周长	28	543	509	523.71	9.99	1.91
24		po-b-po	颅横弧	26	344	303	322.42	10.07	3.12
5		n-enba	颅基底长	20	112.5	96.5	105	4.59	4.37
40		pr-enba	面底长	15	110	86.5	100.73	6.83	6.78
48		n-pr	上面高	37	78	64.2	70.33	3.27	4.65
		n-sd (av)	上面高	35	82.2	67.3	73.89	3.36	4.55
47		n-gn	全面高	8	128.3	116.8	121.88	3.77	3.09
45		zy-zy	面宽	22	144	128	137.91	4.01	2.91
46		zm-zm	中面宽 1	29	112.3	95.4	105.52	4.34	4.11
		sub zm-ss-zm		27	35.6	20.2	26.1	3.65	13.98
		Zm1-zm1	中面宽 2	29	111.3	97	105.32	4.13	3.92
		sub zm1-ss-zm1		27	35.2	16.6	23.77	3.78	15.90
43 (1)		fmt-fmt	上面宽	29	113.3	101.8	107.19	3.0	2.80
50		mf-mf	前睛间宽	30	22.8	15	19.18	1.81	9.44
MH	L	fmo-zm	颧骨高	45	53	43	47.54	2.55	5.36
	R			38	51	42.2	47.15	2.23	4.73
MB	L	zm-rim	颧骨宽	46	31.4	21.4	26.63	2.31	8.67
	R			40	32.1	20.2	26.88	2.72	10.12
54		Nadal.breadth	鼻宽	38	30.5	23.7	26.91	1.63	6.06
55		n-ns	鼻高	37	58.6	49.4	54.12	2.21	4.08
SC		Simotikchord	鼻骨最小宽	54	12	3.7	7.6	1.86	24.47
SS		Sim. cho. to SC	鼻最小宽高	54	5.3	1.3	2.68	0.83	30.97

续附表 10-2-2

马丁号		测量项	测量项	例数	最大值	最小值	平均值	标准差	变异系数
O3		Mid-orbital breadth	眶中宽	25	68.0	46.7	57.11	4.48	7.84
SR		Subtense of rhinion	鼻尖高	17	25.8	14.5	18.15	2.24	12.34
51	L	mf-ek	眶宽	35	48.7	39.0	44.42	2.0	4.50
	R			34	47.6	41.7	44.33	1.65	3.72
51a	L	d-ek	眶宽	31	43.5	37.2	41.02	1.67	4.07
	R			29	44.8	38.6	41.28	1.68	4.07
52	L	Orb. Heig.	眶高	35	38.9	28.6	34.17	1.99	5.82
	R			33	39.0	29.6	33.92	2.06	6.07
60		pr-alv	上颌齿槽弓长	35	61.1	44.1	53.89	4.21	7.81
61		ekm-ekm.	上颌齿槽弓宽	35	72.2	61.0	67.11	2.7	4.02
62		ol-sta	腭长	33	51.5	40.1	46.66	2.8	6.00
63		enm-enm	腭宽	33	42.5	33.0	38.3	2.24	5.85
12		ast-ast	枕骨最大宽	25	122.4	103.2	110.82	4.01	3.62
11		au-au	耳点间宽	29	138.5	122.8	128.39	4.22	3.29
44		ek-ek	两眶宽	27	106.8	96.3	101.56	3.04	2.99
FC		fmo-fmo	两眶内宽	37	108	93.8	100.07	3.41	3.41
FS		n to fmo-fmo	鼻眶内宽矢高	37	20	12.5	16.46	1.85	11.24
DC		d-d	眶间宽	27	25.6	19.4	23.07	1.55	6.72
DN			眶内缘点鼻根突度	26	6.8	2.8	4.8	1.04	21.67
DS			鼻梁眶内缘宽高	25	10.7	5.5	8.13	1.16	14.27
NL'		Nasalia length	鼻骨长	22	30.7	20.3	24.99	2.69	10.76
RP		Rhinion-proshon length	鼻尖齿槽长	22	57.2	40.0	47.8	3.8	7.95
32		∠ n-m FH	额侧角Ⅰ	16	93	81	86.5	4.08	4.72
		∠ g-m FH	额侧角Ⅱ	16	87	72	79.75	4.15	5.20
		∠ g-b FH	前囟角	17	54	45	49.53	2.57	5.19
72		∠ n-pr FH	面角	13	92	83.5	87.31	2.81	3.22
73		∠ n-ns FH	中面角	13	94	87.5	90.38	2.17	2.40
74		∠ ns-pr FH	齿槽面角	14	85	65	73.46	5.93	8.07
75		∠ n-rhi FH	鼻梁侧角	9	74	60	65.5	4.44	6.78
77		< fmo-n-fmo	鼻颧角	37	153	137	144.23	3.96	2.75
		< zm-ss-zm	颧上颌角1	27	136	115	127.69	5.61	4.39
		< zm1-ss-zm1	颧上颌角2	27	143	116	131.41	5.84	4.44
		< n-pr-ba	面三角Ⅰ	13	77	68	72.65	2.54	3.50
		< pr-n-ba	面三角Ⅱ	13	71	64	67.73	2.52	3.72
		< n-ba-pr	面三角Ⅲ	13	43	37	39.62	1.61	4.06
		72-75	鼻梁角	9	27.5	16	20.94	4.26	20.33

续附表 10-2-2

马丁号		测量项	测量项	例数	最大值	最小值	平均值	标准差	变异系数
8:1			颅长宽指数	34	85.8	71.9	76.59	3.64	4.75
17:1			颅长高指数	26	86.0	75.5	79.52	2.71	3.41
17:8			颅宽高指数	26	113.4	95.3	103.93	4.37	4.20
9:8			额宽指数	29	74.6	61.69	67.74	3.02	4.46
16:7			枕大孔指数	27	98.6	67.9	80.74	7.27	9.00
DS:DC			眶间宽高指数	25	43.81	23.61	35.36	4.74	13.40
SR:O3			鼻面扁平度指数	17	37.9	28.9	32.08	2.62	8.17
40:5			面突指数	15	100.0	89.6	95.51	3.34	3.50
48:17 pr			垂直颅面指数	15	51.6	44.4	48.35	2.3	4.76
48:17 sd				14	54.34	47.12	51.01	2.39	4.69
48:45 pr			上面指数（K）	19	56.3	47.3	51.07	2.31	4.52
48:45 sd				17	58.2	50.6	53.85	2.21	4.10
48:46 pr			中上面指数（V）	23	72.4	59.7	66.13	3.58	5.41
48:46 sd				21	76.3	64.2	70.02	3.11	4.44
54:55			鼻指数	37	57.75	42.3	49.77	3.07	6.17
52:51	L		眶指数	35	84.9	63.4	76.99	4.39	5.70
	R			32	86.5	65.8	76.83	4.51	5.87
52:51a	L		眶指数	32	92.5	71.5	82.94	4.76	5.74
	R			28	93.4	69.2	82.09	5.45	6.64
54:51	L		鼻眶指数	25	69.63	51.75	60.22	3.95	6.56
	R			21	68.1	53.4	60.75	4.14	6.81
54:51a	L		鼻眶指数 L	22	70.7	55.5	65.13	4.15	6.37
	R		R	20	70.7	58.5	65.43	4.04	6.17
SS:SC			鼻根指数	54	60.61	18.3	35.96	9.46	26.31
63:62			腭指数	32	95.91	70.2	82.59	6.22	7.53
61:60			齿槽弓指数	35	146.0	108.5	125.1	8.71	6.96
45:(1+8)/2			横颅面指数	19	89.7	81.8	85.41	2.39	2.80
17:(1+8)/2			高平面指数	21	95.6	83.7	88.61	3.14	3.54
65		cdl-cdl.	下颌额突间宽	39	144.7	114.7	127.72	6.53	5.11
66		go-go	下颌角间宽	45	118.4	87.2	103.18	6.52	6.32
67		Bimen. brea.	颏孔间宽	64	57.5	44.5	49.74	2.35	4.72
68		mandi. body. len.	下颌体长	43	83.9	65.8	75.53	4.31	5.71
68（1）			下颌体最大投影长	39	107.3	90.7	101.13	4.23	4.18
69			下颌联合高	56	43.8	28	34.36	3.01	8.76
MBH I	L		下颌体高 I	63	37.4	23.5	30.97	2.87	9.27
	R			63	37	23.6	30.65	3.02	9.85

续附表 10-2-2

马丁号		测量项	测量项	例数	最大值	最小值	平均值	标准差	变异系数
MBT I	L		下颌体厚 I	63	20.8	13	17.02	1.64	15.30
	R			63	21.3	13.2	17.12	1.53	8.94
70	L		下颌支高	42	81	57.8	67.39	5.56	8.25
	R			48	82.7	54.9	67.96	5.36	7.89
71	L		下颌支宽	40	49.2	40.8	44.57	2.31	5.18
	R			45	50.5	38.7	44.61	2.38	5.34
71a	L		下颌支最小宽	56	40.5	31.2	36.05	2.1	5.83
	R			55	40.5	31.1	35.73	2.29	6.41
79			下颌角	43	126	110	118.44	4.24	3.58
68：65			下颌骨指数	36	89	66.4	79.4	4.66	5.87
71：70	L		下颌支指数	35	76.5	53.7	79.4	4.66	5.87
	R			43	80.5	56.4	66.43	5.39	8.11
		Bimen.bogen	颏孔间弧	64	71	52	59.58	3.75	6.29

说明：变异系数常用的为标准差系数，即标准差与平均值的比率。

附表 10-2-3　清凉寺墓地第二期男性头骨测量值

马丁号	测量项	测量项	例数	最大值	最小值	平均值	标准差	变异系数
1	g–op	颅长	16	192.0	172.5	182.88	5.61	3.07
8	eu–eu	颅宽	16	148.0	134.0	140.59	4.54	3.23
17	b–ba	颅高	12	155.0	139.0	146.75	5.42	3.69
21	po–po	耳上颅高	9	128.0	114.3	122.39	4.89	4.00
9	ft–ft	额骨最小宽	22	102.6	86.1	94.95	4.11	4.33
7	ba–o	枕骨大孔长	11	40.0	32.8	36.91	2.17	5.88
16	FOR. MA. B	枕骨大孔宽	11	34.0	27.3	30.96	2.37	7.66
25	n–o	颅矢状弧	14	407	369	387.57	11.86	3.06
26	n–b	额骨矢状弧	15	140	126	132.07	3.95	2.99
27	b–l	顶骨矢状弧	15	152	114	133.8	12.04	9.00
28	l–o	枕骨矢状弧	16	140	109	121.0	7.66	6.33
29	n–b	额骨矢状弦	15	121.5	110.8	116.38	3.10	2.66
30	b–l	顶骨矢状弦	15	132.8	102.9	117.84	9.40	7.98
31	l–o	枕骨矢状弦	16	108.9	88.1	101.51	5.92	5.83
23	g,op	颅周长	13	542	513	524.77	9.34	1.78
24	po–b–po	颅横弧	12	337	303	320.92	9.77	3.04
5	n–enba	颅基底长	10	112.5	96.5	105.1	4.41	4.20

续附表 10-2-3

马丁号		测量项	测量项	例数	最大值	最小值	平均值	标准差	变异系数
40		pr-enba	面底长	7	105	91.0	100.43	6.19	6.16
48		n-pr	上面高	18	74	64.2	69.24	2.89	4.17
		n-sd（av）	上面高	18	77.2	67.3	72.65	2.99	4.12
47		n-gn	全面高	5	125.0	116.8	121.6	3.15	2.59
45		zy-zy	面宽	10	144.0	128.0	137.95	4.96	3.60
46		zm-zm	中面宽 1	15	112.3	98.4	104.61	4.12	3.94
		sub zm-ss-zm		13	32.7	20.2	26.31	3.57	13.57
		Zm1-zm1	中面宽 2	15	110.8	98.6	104.48	3.79	3.63
		sub zm1-ss-zm1		13	28.3	16.6	23.62	3.55	15.03
43（1）		fmt-fmt	上面宽	16	113.3	101.8	106.67	3.23	3.03
50		mf-mf	前眶间宽	15	22.8	15.3	19.01	1.99	10.47
MH	L	fmo-zm	颧骨高	22	51.8	43.0	47.16	2.58	5.47
	R			20	51.0	42.2	46.68	2.51	5.38
MB	L	zm-rim	颧骨宽	23	29.6	23.1	26.73	2.02	7.56
	R			21	30.4	22.4	26.87	2.29	8.52
54		Nadal.breadth	鼻宽	18	29.8	24.7	26.92	1.52	5.65
55		n-ns	鼻高	18	55.8	51.6	53.46	1.31	2.45
SC		simotikchord	鼻骨最小宽	27	12.0	5.0	7.95	2.13	26.79
SS		Sim. cho. to SC	鼻最小宽高	27	5.3	1.7	2.87	0.87	30.31
O3		Mid-orbital breadth	眶中宽	12	62.4	46.7	55.73	4.64	8.33
SR		Subtense of rhinion	鼻尖高	8	19.0	14.5	17.2	1.66	9.67
51	L	mf-ek	眶宽	17	48.7	39	44.1	2.19	4.97
	R			18	47.6	41.7	44.0	1.46	3.32
51a	L	d-ek	眶宽	15	43.5	37.2	40.53	1.75	4.32
	R			14	43.9	38.6	40.94	1.77	4.32
52	L	Orb. Heig.	眶高	17	35.8	28.6	33.66	1.73	5.14
	R			18	35.7	29.6	33.36	1.39	4.17
60		pr-alv.	上颌齿槽弓长	17	61.1	48.1	54.71	3.68	6.73
61		ekm-ekm.	上颌齿槽弓宽	17	72.2	63.8	67.34	2.57	3.82
62		ol-sta	腭长	17	50.4	40.1	46.08	2.97	6.42
63		enm-enm	腭宽	17	42.0	33.0	38.32	2.57	6.71
12		ast-ast	枕骨最大宽	11	114.9	104.9	110.45	3.23	2.93
11		au-au	耳点间宽	13	137.5	122.8	128.96	4.70	3.65
44		ek-ek	两眶宽	14	106.8	96.3	101.12	3.10	3.06
FC		fmo-fmo	两眶内宽	21	106.8	95.7	100.19	3.27	3.27
FS		n to fmo-fmo	鼻眶内宽矢高	21	20.0	12.5	16.32	1.85	11.34

续附表 10-2-3

马丁号	测量项	测量项	例数	最大值	最小值	平均值	标准差	变异系数
DC	d–d	眶间宽	13	25.6	20.5	22.95	1.55	6.75
DN		眶内缘点鼻根突度	14	6.3	3.2	4.59	1.05	22.92
DS		鼻梁眶内缘宽高	13	10.7	7.1	8.15	1.01	12.35
NL'	Nasalia length	鼻骨长	12	27.6	20.3	24.24	2.14	8.85
RP	Rhinion–proshon length	鼻尖齿槽长	11	51.7	42.4	48.15	3.01	6.24
32	∠ n–m FH	额侧角 I	8	93	83	87.69	4.22	4.81
	∠ g–m FH	额侧角 II	8	87	72	80.56	5.42	6.73
	∠ g–b FH	前囟角	8	53.5	45.5	50.5	2.38	4.70
72	∠ n–pr FH	面角	6	92.0	83.5	86.33	3.09	3.58
73	∠ n–ns FH	中面角	6	94.0	87.5	89.5	2.41	2.69
74	∠ ns–pr FH	齿槽面角	6	77.0	66.0	72.33	4.51	6.24
75	∠ n–rhi FH	鼻梁侧角	4	66.0	60.0	62.75	3.20	5.10
77	< fmo–n–fmo	鼻颧角	21	153.0	137.0	144.88	3.58	2.47
	< zm–ss–zm	颧上颌角 1	13	135.0	119.0	126.88	5.49	4.33
	< zm1–ss–zm1	颧上颌角 2	13	143.0	123.0	131.23	5.73	4.37
	< n–pr–ba	面三角 I	7	77.0	71.0	73.14	2.27	3.10
	< pr–n–ba	面三角 II	7	71.0	64.0	67.86	2.79	4.12
	< n–ba–pr	面三角 III	7	41.0	37.0	39.0	1.29	3.31
	72–75	鼻梁角	4	29.0	19.0	22.63	4.75	20.99
8 : 1		颅长宽指数	16	85.8	71.9	76.99	4.40	5.71
17 : 1		颅长高指数	12	83.0	75.5	79.92	2.56	3.21
17 : 8		颅宽高指数	12	113.4	95.3	104.39	6.07	5.81
9 : 8		额宽指数	13	74.19	61.9	67.97	3.29	4.84
16 : 7		枕大孔指数	10	98.6	75.6	84.55	6.43	7.61
DS : DC		眶间宽高指数	13	41.80	31.56	35.46	3.20	9.03
SR : O3		鼻面扁平度指数	8	35.4	28.9	31.9	2.55	8.00
40 : 5		面突指数	7	100.0	92.0	96.7	3.08	3.19
48 : 17 pr		垂直颅面指数	7	51.4	44.4	47.44	2.46	5.19
48 : 17 sd			7	53.47	47.12	49.75	2.4	4.82
48 : 45 pr		上面指数（K）	8	56.3	47.6	50.24	2.84	5.65
48 : 45 sd			8	58.2	50.6	52.73	2.58	4.89
48 : 46 pr		中上面指数（V）	11	70.7	59.7	65.56	3.56	5.43
48 : 46 sd			11	73.3	64.2	69.21	2.88	4.16
54 : 55		鼻指数	18	57.75	45.6	50.42	3.43	6.80
52 : 51	L	眶指数	17	83.64	63.4	76.44	4.93	6.45
	R		18	84.2	65.8	76.22	3.97	5.21

续附表 10-2-3

马丁号		测量项	测量项	例数	最大值	最小值	平均值	标准差	变异系数
52：51a	L		眶指数	15	90.4	71.5	82.29	5.14	6.25
	R			14	90.9	69.2	81.17	5.19	6.39
54：51	L		鼻眶指数	10	66.82	55.44	59.87	3.28	5.48
	R			10	65.3	56.7	60.27	3.37	5.59
54：51a	L		鼻眶指数	9	71.01	62.06	65.82	3.37	5.12
	R			9	69.6	60.5	64.92	3.73	5.75
SS：SC			鼻根指数	27	55.2	18.3	37.15	9.67	26.03
63：62			腭指数	16	95.91	70.2	83.71	7.28	8.70
61：60			齿槽弓指数	17	138.5	113.9	123.49	7.82	6.33
45：(1+8)/2			横颅面指数	9	89.7	81.8	85.94	3.02	3.51
17：(1+8)/2			高平面指数	10	95.6	83.7	88.24	3.88	4.40
65		cdl–cdl.	下颌髁突间宽	16	137.7	114.7	128.73	5.31	4.12
66		go–go	下颌角间宽	17	118.4	93.0	104.66	6.15	5.88
67		Bimen. brea.	颏孔间宽	24	55.1	45.2	50.02	2.24	4.48
68		mandi. body. len.	下颌体长	17	83.5	69.7	76.4	3.65	4.78
68(1)			下颌体最大投影长	16	106.2	95.2	102.31	3.12	3.05
69			下颌联合高	19	38.6	30.5	35.56	2.31	6.50
MBH I	L		下颌体高I	25	35.6	25.5	31.10	2.64	8.49
	R			25	37.0	27.5	31.18	2.39	7.67
MBT I	L		下颌体厚I	25	20.4	14.7	17.31	1.26	7.28
	R			25	20.6	14.8	16.99	1.33	7.83
70	L		下颌支高	17	81.0	61.0	68.21	5.68	8.33
	R			19	82.7	61.2	68.46	5.32	7.77
71	L		下颌支宽	17	49.2	40.8	44.71	2.37	5.30
	R			18	50.5	40.0	44.56	2.39	5.36
71a	L		下颌支最小宽	22	39.7	31.8	36.19	1.99	5.50
	R			21	40.5	31.8	35.7	2.25	6.30
79			下颌角	17	126.0	110.0	118.65	4.92	4.15
68：65			下颌骨指数	16	89.0	74.7	79.58	3.60	4.52
71：70	L		下颌支指数	15	76.5	59.7	65.45	4.54	6.94
	R			43	73.1	58.0	65.18	3.84	5.89
		Bimen.bogen	颏孔间弧	24	71.0	52.0	60.0	3.97	6.62

说明：变异系数常用的为标准差系数，即标准差与平均值的比率。

附表 10-2-4　清凉寺墓地第三、第四期男性头骨测量值表

马丁号		测量项	测量项	例数	最大值	最小值	平均值	标准差	变异系数
1		g-op	颅长	17	194.0	174.0	185.15	5.79	3.13
8		eu-eu	颅宽	16	148.0	136.0	140.44	3.56	2.53
17		b-ba	颅高	13	155.0	138.5	145.62	5.25	3.61
21		po-po	耳上颅高	9	130.5	114.8	120.23	4.42	3.68
9		ft-ft	额骨最小宽	18	104.4	90.2	95.03	3.37	3.55
7		ba-o	枕骨大孔长	16	42.6	33.4	38.41	2.10	5.48
16		FOR. MA. B	枕骨大孔宽	16	34.8	25.8	30.21	2.20	7.28
25		n-o	颅矢状弧	14	406.0	370.0	388.07	11.90	3.05
26		n-b	额骨矢状弧	19	141.0	121.0	131.53	5.02	3.81
27		b-l	顶骨矢状弧	18	144.0	124.0	133.61	6.25	4.68
28		l-o	枕骨矢状弧	15	142.0	110.0	122.93	8.50	6.91
29		n-b	额骨矢状弦	19	123.4	106.2	115.96	4.07	3.51
30		b-l	顶骨矢状弦	18	126.7	109.7	118.08	5.15	4.36
31		l-o	枕骨矢状弦	15	117.7	91.4	102.83	6.46	6.28
23		g,op	颅周长	13	543.0	509.0	524.46	10.6	2.02
24		po-b-po	颅横弧	13	344.0	311.0	324.15	10.8	3.33
5		n-enba	颅基底长	9	112.5	96.5	105.44	4.97	4.71
40		pr-enba	面底长	7	110.0	86.5	101.43	8.28	8.16
48		n-pr	上面高	15	78.0	66.2	72.31	2.95	4.08
		n-sd（av）	上面高	13	82.2	72.0	76.24	2.88	3.78
45		zy-zy	面宽	10	142.0	135.0	138.70	2.45	1.77
46		zm-zm	中面宽 1	11	112.0	95.4	106.60	4.68	4.39
		sub zm-ss-zm		11	35.6	21.2	26.27	4.04	15.4
		Zm1-zm1	中面宽 2	11	111.3	98.5	106.68	3.91	3.66
		sub zm1-ss-zm1		11	35.2	19.0	24.44	4.37	17.9
43（1）		fmt-fmt	上面宽	11	112.5	104.8	108.25	2.69	2.49
50		mf-mf	前眶间宽	13	21.4	15.0	19.27	1.78	9.25
MH	L	fmo-zm	颧骨高	19	53.0	44.3	48.16	2.51	5.21
	R			16	50.2	45.5	47.78	1.53	3.20
MB	L	zm-rim	颧骨宽	19	31.4	21.4	26.47	2.65	10.0
	R			17	32.1	20.2	26.84	3.28	12.2
54		Nadal.breadth	鼻宽	16	30.5	23.7	27.3	1.73	6.35
55		n-ns	鼻高	15	58.6	51.0	55.55	2.35	4.23
SC		simotikchord	鼻骨最小宽	22	10.0	3.7	7.26	1.42	19.5
SS		Sim. cho. to SC	鼻最小宽高	22	4.0	1.4	2.57	0.7	27.4
O3		Mid-orbital breadth	眶中宽	7	11.0	68.0	52.7	58.38	4.46

续附表 10-2-4

马丁号		测量项	测量项	例数	最大值	最小值	平均值	标准差	变异系数
SR		Subtense of rhinion	鼻尖高	6	7.0	25.8	17.0	19.49	3.0
51	L	mf-ek	眶宽	16	47.8	40.5	44.96	1.73	3.85
	R			14	47.6	41.9	44.46	1.82	4.09
51a	L	d-ek	眶宽	14	43.4	39.3	41.72	1.33	3.18
	R			13	44.8	39.1	41.61	1.66	3.99
52	L	Orb. Heig.	眶高	16	38.9	32.5	34.83	2.04	5.85
	R			13	39.0	31.3	34.59	2.53	7.32
60		pr-alv.	上颌齿槽弓长	6	17.0	60.2	44.1	53.29	4.7
61		ekm-ekm.	上颌齿槽弓宽	17	71.3	61.0	67.0	2.93	4.38
62		ol-sta	腭长	14	51.5	43.0	47.0	2.48	5.27
63		enm-enm	腭宽	14	42.5	35.3	38.54	1.89	4.9
12		ast-ast	枕骨最大宽	12	122.4	106.3	111.93	4.31	3.85
11		au-au	耳点间宽	15	138.5	123.0	127.9	4.01	3.14
44		ek-ek	两眶宽	11	106.5	96.5	102.06	3.11	3.05
FC		fmo-fmo	两眶内宽	14	108.0	93.8	100.24	3.81	3.8
FS		n to fmo-fmo	鼻眶内宽矢高	14	18.8	13.4	16.66	1.86	11.2
DC		d-d	眶间宽	12	25.4	19.4	22.96	1.57	6.85
DN			眶内缘点鼻根突度	10	5.9	2.8	4.94	0.92	18.6
DS			鼻梁眶内缘宽高	10	9.6	6.4	8.14	0.91	11.2
47		n-gn		3	128.3	117.7	122.33	5.42	4.43
NL'		Nasalia length	鼻骨长	6	29.9	25.4	26.75	1.65	6.16
RP		Rhinion-proshon length	鼻尖齿槽长	7	57.2	42.9	48.17	4.99	10.4
32		∠ n-m FH	额侧角I	8	93.0	81.0	85.31	3.83	4.48
		∠ g-m FH	额侧角II	8	84.0	76.0	78.94	2.46	3.11
		∠ g-b FH	前囟角	9	54.0	45.0	48.67	2.55	5.24
72		∠ n-pr FH	面角	7	91.0	85.0	88.14	2.46	2.79
73		∠ n-ns FH	中面角	7	93.0	89.0	91.14	1.77	1.95
74		∠ ns-pr FH	齿槽面角	8	85.0	65.0	74.31	6.98	9.4
75		∠ n-rhi FH	鼻梁侧角	5	74.0	63.5	67.70	4.27	6.3
77		< fmo-n-fmo	鼻颧角	14	152.0	139.0	143.36	4.16	2.9
		< zm-ss-zm	颧上颌角1	11	134.0	115.0	127.91	5.63	4.4
		< zm1-ss-zm1	颧上颌角2	11	138.0	116.0	130.73	6.03	4.62
		< n-pr-ba	面三角I	5	77.0	68.0	72.1	3.29	4.56
		< pr-n-ba	面三角II	5	71.0	64.0	67.5	2.69	3.99
		< n-ba-pr	面三角III	5	43.0	38.0	40.4	1.95	4.83
		72-75	鼻梁角	5	27.5	16.0	20.1	4.92	24.5

续附表 10-2-4

马丁号		测量项	测量项	例数	最大值	最小值	平均值	标准差	变异系数
8：1			颅长宽指数	16	84.57	72.7	76.15	3.03	3.99
17：1			颅长高指数	13	86.0	75.6	79.28	2.97	3.75
17：8			颅宽高指数	13	109.9	100.0	103.58	2.39	2.31
9：8			额宽指数	14	74.6	61.69	67.52	3.04	4.5
16：7			枕大孔指数	16	92.2	67.9	78.86	7.0	8.88
DS：DC			眶间宽高指数	10	43.8	27.2	35.82	5.21	14.5
SR：O3			鼻面扁平度指数	7	37.9	29.4	33.03	2.71	8.22
40：5			面突指数	7	100.0	89.6	96.11	3.99	4.15
48：17 pr			垂直颅面指数	7	51.6	46.0	49.21	2.12	4.32
48：17 sd				6	54.34	50.0	52.31	1.84	3.51
48：45 pr			上面指数（K）	9	53.4	47.3	51.63	1.91	3.69
48：45 sd				7	56.9	53.4	54.81	1.42	2.59
48：46 pr			中上面指数（V）	9	72.4	59.7	67.23	3.98	5.92
48：46 sd				7	76.3	67.7	71.8	3.29	4.58
54：55			鼻指数	15	52.6	42.3	49.22	2.8	5.7
52：51	L		眶指数	16	84.9	73.0	77.49	3.89	5.01
	R			12	86.5	70.1	78.12	4.89	6.26
52：51a	L		眶指数	15	92.5	74.4	83.48	4.65	5.57
	R			12	93.4	76.2	82.91	5.12	6.17
54：51	L		鼻眶指数	12	65.11	51.75	60.36	4.13	6.84
	R			9	68.1	55.0	62.57	4.15	6.63
54：51a	L		鼻眶指数	13	70.74	55.50	65.3	4.74	7.26
	R			9	70.7	58.5	66.84	4.25	6.36
SS：SC			鼻根指数	22	60.61	21.47	35.92	9.28	25.8
63：62			腭指数	14	92.2	74.7	82.12	4.52	5.5
61：60			齿槽弓指数	17	146	108.5	126.44	9.7	7.67
45：(1+8)/2			横颅面指数	8	88.0	82.7	85.04	1.57	1.84
17：(1+8)/2			高平面指数	10	93.5	84.3	88.99	2.54	2.86
65		cdl-cdl.	下颌颏突间宽	9	137.0	118.3	127.84	5.62	4.40
66		go-go	下颌角间宽	10	110.2	87.2	100.67	6.63	6.59
67		Bimen. brea.	颏孔间宽	18	57.5	44.5	49.7	3.12	6.27
68		mandi. body. len.	下颌体长	9	82.7	68.9	76.28	4.7	6.16
68（1）			下颌体最大投影长	8	106.5	90.9	100.58	4.86	4.83
69			下颌联合高	17	43.8	29.5	35.02	3.4	9.70
MBH I	L		下颌体高 I	17	35.3	25.6	31.18	2.62	8.39
	R			17	35.5	25.5	30.56	3.35	10.96

续附表 10-2-4

马丁号		测量项	测量项	例数	最大值	最小值	平均值	标准差	变异系数
MBT I	L		下颌体厚 I	17	20.8	13.0	16.64	2.25	13.55
	R			17	21.3	14.2	17.25	1.96	11.38
70	L		下颌支高	10	73.0	60.4	68.88	5.3	7.70
	R			11	75.4	61.0	70.61	4.47	6.34
71	L		下颌支宽	10	47.6	41.3	44.82	2.16	4.83
	R			11	50.0	41.9	44.3	2.29	5.16
71a	L		下颌支最小宽	12	39.7	33.7	36.05	1.93	5.35
	R			12	38.4	33.0	35.57	2.12	5.96
79			下颌角	9	124.0	110.0	117.22	4.38	3.74
68：65			下颌骨指数	8	85.2	66.4	78.94	5.8	7.34
71：70	L		下颌支指数	8	76.2	57.6	66.3	6.81	10.28
	R			10	75.9	56.4	63.55	5.82	9.15
		Bimen. bogen	颏孔间弧	18	70.0	52.0	59.39	4.58	7.71

说明：变异系数常用的为标准差系数，即标准差与平均值的比率。

附表 10-2-5　清凉寺墓地女性头骨测量值（全组）

马丁号	测量项	测量项	例数	最大值	最小值	平均值	标准差	变异系数
1	g-op	颅长	33	188.0	154.0	176.05	8.53	4.85
8	eu-eu	颅宽	31	148.0	127.0	138.19	5.7	4.12
17	b-ba	颅高	18	152.0	130.5	139.78	5.56	3.98
21	po-po	耳上颅高	14	127.0	115.7	119.83	3.78	3.15
9	ft-ft	额骨最小宽	38	119.0	85.7	93.36	5.52	5.91
7	ba-o	枕骨大孔长	21	41.2	32.8	35.85	2.18	6.08
16	FOR. MA. B	枕骨大孔宽	21	31.2	25.5	28.27	1.58	5.59
25	n-o	颅矢状弧	22	397.0	341.0	372.36	17.08	4.59
26	n-b	额骨矢状弧	30	138.0	119.0	128.03	5.9	4.61
27	b-l	顶骨矢状弧	31	148.0	116.0	129.42	7.76	6.0
28	l-o	枕骨矢状弧	26	128.0	101.0	116.15	8.14	7.01
29	n-b	额骨矢状弦	31	121.0	103.0	112.93	4.98	4.41
30	b-l	顶骨矢状弦	31	128.4	103.4	114.16	7.0	6.13
31	l-o	枕骨矢状弦	25	108.2	87.4	98.06	5.78	5.89
23	g,op	颅周长	22	540.0	478.0	510.18	17.29	3.39
24	po-b-po	颅横弧	22	343.0	293.0	317.05	13.1	4.13
5	n-enba	颅基底长	17	110.5	95.0	102.18	4.24	4.15

续附表 10-2-5

马丁号		测量项	测量项	例数	最大值	最小值	平均值	标准差	变异系数
40		pr-enba	面底长	16	110.5	93.0	100.0	4.77	4.77
48		n-pr	上面高	34	74.6	60.5	67.91	4.03	5.93
		n-sd (av)	上面高	32	80.0	63.5	71.08	4.25	5.98
47		n-gn	全面高	12	124.1	103.8	114.15	5.54	4.85
45		zy-zy	面宽	19	142	124.5	133.84	5.77	4.31
46		zm-zm	中面宽1	33	111.8	95.2	103.22	4.59	4.45
		sub zm-ss-zm		33	33.4	20.0	25.4	3.45	13.58
		Zm1-zm1	中面宽2	33	112.7	95.8	103.11	4.55	4.32
		sub zm1-ss-zm1		33	32.2	17.2	23.7	3.67	15.49
43（1）		fmt-fmt	上面宽	28	109.8	98.0	103.99	3.09	2.97
50		mf-mf	前眶间宽	29	22.6	16.1	19.28	1.76	9.13
MH	L	fmo-zm	颧骨高	41	52.2	40.0	45.08	2.73	6.06
	R			42	59.6	39.6	45.23	3.32	7.34
MB	L	zm-rim	颧骨宽	44	28.1	20.6	25.39	1.84	7.25
	R			43	32.2	21.5	25.59	2.13	8.32
54		Nadal.breadth	鼻宽	38	30.0	22.9	27.01	1.67	6.18
55		n-ns	鼻高	38	56.8	45.7	51.61	3.07	5.95
SC		simotikchord	鼻骨最小宽	51	11.6	3.7	7.18	1.82	25.35
SS		Sim. cho. to SC	鼻最小宽高	51	4.7	1.1	2.47	0.76	30.77
O3		Mid-orbital breadth	眶中宽	29	65.5	42.9	56.67	5.25	9.26
SR		Subtense of rhinion	鼻尖高	19	22.5	11.5	15.96	2.73	17.11
51	L	mf-ek	眶宽	37	46.0	40.4	42.84	1.37	3.20
	R			35	46.0	40.0	42.86	1.62	3.78
51a	L	d-ek	眶宽	35	42.5	37.5	39.53	1.14	2.88
	R			33	43.5	37.4	39.94	1.52	3.81
52	L	Orb. Heig.	眶高	37	36.8	30.8	33.32	1.71	5.13
	R			35	37.3	30.5	33.7	1.81	5.37
60		pr-alv.	上颌齿槽弓长	36	60.2	48.0	54.25	2.5	4.61
61		ekm-ekm.	上颌齿槽弓宽	36	72.6	59.0	65.63	3.46	5.27
62		ol-sta	腭长	37	51.3	41.0	46.91	2.66	5.67
63		enm-enm	腭宽	37	44.2	31.3	37.59	3.04	8.09
12		ast-ast	枕骨最大宽	22	116.1	96.8	107.83	4.92	4.56
11		au-au	耳点间宽	26	135	114.4	125.99	5.22	4.14
44		ek-ek	两眶宽	27	104.7	93	98.64	3.02	3.06
FC		fmo-fmo	两眶内宽	37	104.7	90.4	96.93	3.35	3.46
FS		sub fmo-fmo	鼻眶内宽矢高	37	20.1	11.0	15.63	2.11	13.50

续附表 10-2-5

马丁号		测量项	测量项	例数	最大值	最小值	平均值	标准差	变异系数
DC		d-d	眶间宽	29	26.0	19.0	22.53	1.97	8.74
DN			眶内缘点鼻根突度	23	6.7	3.3	4.63	0.92	19.87
DS			鼻梁眶内缘宽高	23	11.7	6.3	8.78	1.28	14.58
NL'		Nasalia length	鼻骨长	20	29.4	19.6	24.15	2.86	11.84
RP		Rhinion-proshon length	鼻尖齿槽长	20	52.4	40.6	45.77	3.12	6.82
32		∠ n-m FH	额侧角 I	14	94.0	86.0	89.93	2.34	2.60
		∠ g-m FH	额侧角 II	14	87.5	80.5	84.25	2.16	2.56
		∠ g-b FH	前囟角	14	53.0	47.0	49.93	2.49	4.99
72		∠ n-pr FH	面角	13	91.0	80.0	85.65	3.26	3.81
73		∠ n-ns FH	中面角	14	94.0	86.0	89.64	2.14	2.39
74		∠ ns-pr FH	齿槽面角	13	84.0	63.0	71.19	5.66	7.95
75		∠ n-rhi FH	鼻梁侧角	11	80.0	61.0	69.45	6.53	9.40
77		< fmo-n-fmo	鼻颧角	37	155.0	138.0	145.41	4.14	2.85
		< zm-ss-zm	颧上颌角 1	33	136.0	115.0	127.77	5.96	4.66
		< zm1-ss-zm1	颧上颌角 2	33	143.0	117.0	130.97	6.38	4.87
		< n-pr-ba	面三角 I	15	80.0	68.0	72.13	2.84	3.94
		< pr-n-ba	面三角 II	15	75.5	63.5	69.17	3.51	5.07
		< n-ba-pr	面三角 III	15	44.0	34.0	38.7	2.99	7.73
		72-75	鼻梁角	10	23	4	16.25	6.67	41.05
8 : 1			颅指数	29	84.42	71.4	78.18	3.64	4.66
17 : 1			颅长高指数	18	83.1	84.7	78.62	2.27	2.89
17 : 8			颅宽高指数	18	109.4	91.6	101.77	4.49	4.41
9 : 8			额宽指数	21	72.5	62.4	67.28	2.38	3.54
16 : 7			枕大孔指数	21	88.0	68.3	79.0	4.83	6.11
DS : DC			眶间宽高指数	23	51.0	27.12	38.94	6.60	16.94
SR : O3			鼻面扁平度指数	18	34.4	20.6	27.96	3.55	12.70
40 : 5			面突指数	16	104.2	91.9	97.83	3.11	3.18
48 : 17 pr			垂直颅面指数	16	54.5	42.9	48.91	3.6	7.36
48 : 17 sd				16	59.46	44.64	51.51	4.47	8.68
48 : 45 pr			上面指数（K）	18	62.1	46.3	51.76	4.21	8.13
48 : 45 sd				18	65.1	47.7	54.31	4.49	8.27
48 : 46 pr			中上面指数（V）	23	75.7	58.5	65.37	4.31	6.59
48 : 46 sd				22	79.4	60.3	68.73	4.48	6.52
54 : 55			鼻指数	37	62	44.38	52.5	4.08	7.77
52 : 51	L		眶指数	35	86.9	68	77.82	4.19	5.38
	R			35	87.1	68	78.65	4.18	5.31

续附表 10-2-5

马丁号		测量项	测量项	例数	最大值	最小值	平均值	标准差	变异系数
52：51a	L		眶指数	34	94.1	75.4	84.2	4.49	5.33
	R			32	93.3	73.6	84.15	4.57	5.43
54：51	L		鼻眶指数1	27	70.38	54.65	62.86	3.9	6.20
	R			27	71.43	55.2	62.91	4.2	6.68
54：51a	L		鼻眶指数2	27	75.76	59.95	67.87	3.99	5.88
	R			27	76.92	58.6	67.62	4.57	6.76
SS：SC			鼻根指数	50	50.98	19.64	34.77	6.88	19.79
63：62			腭指数	36	94.4	65.8	80.51	7.96	9.89
45：(1+8)/2			横颅面指数	17	92.8	79.0	84.69	3.5	4.13
17：(1+8)/2			高平面指数	17	93.3	82.9	88.28	2.83	3.21
65		cdl-cdl.	下颌髁突间宽	38	135.7	89.7	121.21	8.71	7.19
66		go-go	下颌角间宽	44	112.5	82.2	96.46	6.9	7.15
67		Bimen. brea.	颏孔间宽	55	54.3	44	48.09	2.57	5.34
68		mandi. body. len.	下颌体长	41	79.9	64.6	71.92	3.68	5.12
68（1）			下颌体最大投影长	36	107.5	88.4	98.6	4.59	4.66
69			下颌联合高	46	40.9	27.7	33.64	2.8	8.32
MBH I	L		下颌体高I	55	37.8	24.5	29.51	2.8	9.49
	R			55	34.3	24.0	29.36	2.58	8.79
MBT I	L		下颌体厚I	55	20.2	12.6	16.61	1.7	10.23
	R			55	19.7	12.7	16.61	1.41	8.49
70	L		下颌支高	42	74.0	54.5	62.8	4.43	7.05
	R			41	69.2	56.4	62.43	3.72	5.96
71	L		下颌支宽	39	48.0	37.0	42.99	2.43	5.65
	R			36	49.4	38.6	43.58	2.44	5.60
71a	L		下颌支最小宽	52	43	27.5	34.92	2.84	8.13
	R			54	42	29.6	34.93	2.58	7.39
79			下颌角	42	137	106	121.26	6.01	4.96
68：65			下颌骨指数	36	94.4	72.4	81.1	5.7	7.03
71：70	L		下颌支指数	41	80.4	52.4	68.7	5.16	7.51
	R			33	78.1	57.8	69.55	4.79	6.89
		Bimen.bogen	颏孔间弧	55	65	53	57.78	3.29	5.69

说明：变异系数常用的为标准差系数，即标准差与平均值的比率。

附表 10-2-6　清凉寺墓地第二期女性头骨测量值

马丁号		测量项	测量项	例数	最大值	最小值	平均值	标准差	变异系数
1		g-op	颅长	19	188.0	154.0	173.74	8.94	5.14
8		eu-eu	颅宽	18	148.0	127.0	137.83	6.00	4.36
17		b-ba	颅高	9	142.5	131.0	138.11	4.21	3.05
21		po-po	耳上颅高	5	127.0	115.7	118.9	4.58	3.85
9		ft-ft	额骨最小宽	22	119.0	85.7	93.75	6.90	7.37
7		ba-o	枕骨大孔长	11	39.5	32.8	35.8	2.01	5.63
16		FOR. MA. B	枕骨大孔宽	11	31.2	25.6	27.96	1.58	5.65
25		n-o	颅矢状弧	11	395.0	341.0	369.0	17.46	4.73
26		n-b	额骨矢状弧	17	138.0	119.0	126.65	5.72	4.52
27		b-l	顶骨矢状弧	17	148.0	118.0	130.41	8.44	6.47
28		l-o	枕骨矢状弧	14	128.0	101.0	114.71	8.94	7.79
29		n-b	额骨矢状弦	17	121.0	103.0	111.26	4.52	4.06
30		b-l	顶骨矢状弦	17	128.4	104.2	114.34	6.86	6.00
31		l-o	枕骨矢状弦	14	105.8	87.4	96.49	5.84	6.05
23		g,op	颅周长	12	540.0	478.0	507.67	17.58	3.46
24		po-b-po	颅横弧	12	343.0	293.0	317.33	13.33	4.20
5		n-enba	颅基底长	8	106.5	96.0	101.31	3.62	3.58
40		pr-enba	面底长	7	110.5	93.0	100.21	6.42	6.41
48		n-pr	上面高	20	72.8	60.5	67.09	3.60	5.37
		n-sd（av）	上面高	20	75.6	63.5	70.22	3.80	5.41
47		n-gn	全面高	7	117.3	109.5	114.43	3.01	2.63
45		zy-zy	面宽	10	142.0	125.0	134.95	6.21	4.60
46		zm-zm	中面宽1	19	110.2	96.0	103.25	4.51	4.37
		sub zm-ss-zm		19	29.1	20.0	24.29	2.46	10.13
		Zm1-zm1	中面宽2	19	108.7	95.8	102.76	4.16	4.05
		sub zm1-ss-zm1		19	28.0	17.2	22.46	2.87	12.78
43（1）		fmt-fmt	上面宽	15	108.2	99.5	103.51	2.82	2.72
50		mf-mf	前眶间宽	17	21.7	16.3	19.12	1.53	8.00
MH	L	fmo-zm	颧骨高	24	52.2	40.0	44.96	2.89	6.44
	R			24	59.6	39.6	45.25	4.10	9.06
MB	L	zm-rim	颧骨宽	26	28.1	20.6	25.22	1.91	7.57
	R			25	30.8	21.5	25.48	2.19	8.61
54		Nadal.breadth	鼻宽	21	30.0	24.1	27.28	1.65	6.06
55		n-ns	鼻高	21	55.3	45.9	51.01	2.81	5.51
SC		simotikchord	鼻骨最小宽	33	10.4	3.7	6.69	1.44	21.51
SS		Sim. cho. to SC	鼻最小宽高	33	3.1	1.1	2.31	0.55	23.63

续附表 10-2-6

马丁号		测量项	测量项	例数	最大值	最小值	平均值	标准差	变异系数
O3		Mid-orbital breadth	眶中宽	16	64.6	47.6	55.46	4.78	8.62
SR		Subtense of rhinion	鼻尖高	9	16.4	11.5	14.14	1.76	12.41
51	L	mf-ek	眶宽	23	45.2	40.5	42.83	1.16	2.72
	R			20	45.6	40.0	42.66	1.42	3.33
51a	L	d-ek	眶宽	21	41.3	37.5	39.63	0.89	2.23
	R			18	42.7	37.4	39.9	1.27	3.18
52	L	Orb. Heig.	眶高	23	36.3	31.0	33.40	1.45	4.35
	R			20	37.0	30.5	33.55	1.68	5.02
60		pr-alv.	上颌齿槽弓长	23	57.6	48.0	54.28	2.32	4.28
61		ekm-ekm.	上颌齿槽弓宽	23	72.6	59.0	65.80	3.69	5.60
62		ol-sta	腭长	23	51.3	42.3	47.39	2.29	4.83
63		enm-enm	腭宽	23	44.2	32.7	38.24	2.78	7.27
12		ast-ast	枕骨最大宽	11	113.0	96.8	107.27	5.33	4.97
11		au-au	耳点间宽	14	133.3	114.4	126.32	5.42	4.29
44		ek-ek	两眶宽	14	104.7	93.6	98.76	2.73	2.76
FC		fmo-fmo	两眶内宽	24	104.7	90.4	96.5	3.23	3.35
FS		sub fmo-fmo	鼻眶内宽矢高	24	19.7	11.0	15.1	2.06	13.65
DC		d-d	眶间宽	17	25.2	19.0	22.57	1.75	7.74
DN			眶内缘点鼻根突度	12	5.5	3.3	4.18	0.74	17.71
DS			鼻梁眶内缘宽高	12	10.7	6.3	8.24	1.25	15.11
NL'		Nasalia length	鼻骨长	10	28.7	20.9	23.95	2.49	10.40
RP		Rhinion-proshon length	鼻尖齿槽长	10	48.3	41.8	45.2	1.77	3.91
32		∠ n-m FH	额侧角Ⅰ	5	93.0	87.0	90.0	2.55	2.83
		∠ g-m FH	额侧角Ⅱ	5	87.0	80.5	83.5	2.83	3.39
		∠ g-b FH	前囟角	5	53.0	47.0	49.3	2.39	4.84
72		∠ n-pr FH	面角	5	90.5	80.0	84.7	3.77	4.45
73		∠ n-ns FH	中面角	5	94.0	86.0	89.8	3.03	3.38
74		∠ ns-pr FH	齿槽面角	5	77.0	63.0	69.0	5.10	7.39
75		∠ n-rhi FH	鼻梁侧角	4	80.0	72.0	76.25	3.5	4.59
77		< fmo-n-fmo	鼻颧角	24	155.0	138.5	146.35	4.34	2.96
		< zm-ss-zm	颧上颌角1	19	136.0	121.0	129.61	4.72	3.64
		< zm1-ss-zm1	颧上颌角2	19	143.0	124.0	133.0	5.30	3.99
		< n-pr-ba	面三角Ⅰ	7	73.0	68.0	70.86	2.06	2.90
		< pr-n-ba	面三角Ⅱ	7	75.5	64.0	70.29	3.91	5.57
		< n-ba-pr	面三角Ⅲ	7	43.0	36.0	38.86	2.72	7.00
		72-75	鼻梁角	4	15.5	4.0	9.63	5.12	53.21

续附表 10-2-6

马丁号	测量项	测量项	例数	最大值	最小值	平均值	标准差	变异系数
8：1		颅指数	16	84.42	71.4	78.68	4.18	5.31
17：1		颅长高指数	9	83.1	75.7	78.54	2.88	3.67
17：8		颅宽高指数	9	106.1	91.6	100.81	4.52	4.48
9：8		额宽指数	10	70.67	62.4	67.58	2.50	3.71
16：7		枕大孔指数	11	86.2	68.3	78.25	4.90	6.27
DS：DC		眶间宽高指数	12	44.83	27.12	36.56	6.22	17.02
SR：O3		鼻面扁平度指数	8	30.89	20.6	26.08	3.17	12.17
40：5		面突指数	7	104.2	94.9	98.8	3.16	3.19
48：17 pr		垂直颅面指数	7	53.1	46.2	48.87	2.53	5.17
48：17 sd		垂直颅面指数	7	56.11	48.43	51.32	2.90	5.64
48：45 pr		上面指数（pr）	9	62.1	48.5	51.39	4.63	9.00
48：45 sd		上面指数（sd）	9	65.1	50.9	53.98	4.62	8.57
48：46 pr		中上面指数（pr）	11	72	59.5	64.36	3.66	5.68
48：46 sd		中上面指数（sd）	11	74	62.0	67.41	3.71	5.50
54：55		鼻指数	20	62	44.38	53.73	4.70	8.74
52：51	L	眶指数	21	83.8	69.6	78.02	3.42	4.39
	R		20	86.1	68.0	78.64	4.04	5.14
52：51a	L	眶指数	20	91.2	76.4	84.12	3.97	4.71
	R		17	90.4	73.6	83.51	4.17	5.00
54：51	L	鼻眶指数1	8	70.38	58.63	64.06	4.12	6.43
	R		8	71.4	58.1	64.8	4.61	7.12
54：51a	L	鼻眶指数2	8	74.62	64.16	69.30	4.00	5.77
	R		8	75.6	62.9	69.6	4.92	7.08
SS：SC		鼻根指数	32	50.98	19.64	35.35	7.06	19.97
63：62		腭指数	22	94.4	68.2	81.17	7.02	8.65
61：60		齿槽弓指数	22	135.4	108.66	121.34	6.36	5.24
45：(1+8)/2		横颅面指数	8	92.8	79.9	85.95	3.76	4.38
17：(1+8)/2		高平面指数	8	90.7	82.9	87.45	3.2	3.66
65	cdl-cdl.	下颌额突间宽	26	135.7	106.2	122.12	7.45	6.10
66	go-go	下颌角间宽	30	108.2	82.2	94.84	6.19	6.53
67	Bimen. brea.	颏孔间宽	39	54.3	44	47.80	2.47	5.18
68	mandi. body. len.	下颌体长	28	79.9	64.6	71.58	3.87	5.40
68（1）		下颌体最大投影长	25	107.5	88.4	99.30	4.14	4.17
69		下颌联合高	34	40.9	27.7	33.48	2.75	8.21
MBH I	L	下颌体高I	39	36.6	24.5	29.41	2.69	9.14
	R		39	33.7	24	29.17	2.50	8.58

续附表 10-2-6

马丁号		测量项	测量项	例数	最大值	最小值	平均值	标准差	变异系数
MBT I	L		下颌体厚 I	39	20.2	12.6	16.37	1.69	10.33
	R			39	19.7	12.7	16.55	1.46	8.80
70	L		下颌支高	28	74	54.5	61.94	4.44	7.17
	R			28	67.9	56.4	61.69	3.61	5.85
71	L		下颌支宽	26	48	39.1	43.28	2.29	5.28
	R			24	49.4	39.7	43.95	2.14	4.88
71a	L		下颌支最小宽	37	39.7	27.5	35.01	2.79	7.97
	R			37	40.3	29.6	35.04	2.51	7.15
79			下颌角	29	137	110	122.14	5.64	4.61
68 : 65			下颌骨指数	25	94.4	72.6	81.71	5.89	7.21
71 : 70	L		下颌支指数	27	80.4	63.3	69.97	4.83	6.91
	R			22	78.1	64.4	70.54	4.20	5.95
		Bimen.bogen	颏孔间弧	39	64	53	57.26	2.98	5.20

说明：变异系数常用的为标准差系数，即标准差与平均值的比率。

附表 10-2-7　清凉寺墓地第三、第四期女性头骨测量值

马丁号	测量项	测量项	例数	最大值	最小值	平均值	标准差	变异系数
1	g-op	颅长	14	188	165	179.18	7.08	3.95
8	eu-eu	颅宽	13	147	128	138.69	5.46	3.93
17	b-ba	颅高	9	152	130.5	141.44	6.45	4.56
21	po-po	耳上颅高	9	126	116.3	120.34	3.44	2.86
9	ft-ft	额骨最小宽	16	97.4	87.1	92.81	2.82	3.04
7	ba-o	枕骨大孔长	10	41.2	32.9	35.91	2.46	6.84
16	FOR. MA. B	枕骨大孔宽	10	30.5	25.5	28.6	1.59	5.55
25	n-o	颅矢状弧	11	397	342	375.73	16.82	4.48
26	n-b	额骨矢状弧	13	137	120	129.85	5.86	4.51
27	b-l	顶骨矢状弧	14	138	116	128.21	6.95	5.42
28	l-o	枕骨矢状弧	12	125	102	117.83	7.09	6.02
29	n-b	额骨矢状弦	14	120.5	106.4	114.94	4.92	4.28
30	b-l	顶骨矢状弦	14	127	103.4	113.94	7.43	6.52
31	l-o	枕骨矢状弦	11	108.2	91	100.06	5.28	5.28
23	g,op	颅周长	10	528	485	513.2	17.36	3.38
24	po-b-po	颅横弧	10	340	293	316.7	13.52	4.27
5	n-enba	颅基底长	9	110.5	95	102.94	4.80	4.66

续附表 10-2-7

马丁号		测量项	测量项	例数	最大值	最小值	平均值	标准差	变异系数
40		pr-enba	面底长	9	105.5	95.5	99.83	3.43	3.43
48		n-pr	上面高	14	74.6	62	69.09	4.45	6.44
		n-sd（av）	上面高	12	80	64.5	72.51	4.74	6.54
47		n-gn	全面高	5	124.1	103.8	113.76	8.40	7.38
45		zy-zy	面宽	9	141	124.5	132.61	5.31	4.01
46		zm-zm	中面宽 1	14	111.8	95.2	103.19	4.86	4.71
		sub zm-ss-zm		14	33.4	20.4	26.9	4.08	15.17
		Zm1-zm1	中面宽 2	14	112.7	97.5	103.57	5.16	4.98
		sub zm1-ss-zm1		14	32.2	19.4	25.38	4.05	15.97
43（1）		fmt-fmt	上面宽	13	109.8	98	104.53	3.41	3.26
50		mf-mf	前眶间宽	12	22.6	16.1	19.5	2.10	10.76
MH	L	fmo-zm	颧骨高	17	51.2	42	45.25	2.56	5.66
	R			18	48.5	42.2	45.19	1.96	4.34
MB	L	zm-rim	颧骨宽	18	27.8	22.3	25.65	1.75	6.83
	R			18	32.2	22.7	25.75	2.09	8.13
54		Nadal.breadth	鼻宽	17	29.5	22.9	26.69	1.67	6.26
55		n-ns	鼻高	17	56.8	45.7	52.35	3.30	6.29
SC		simotikchord	鼻骨最小宽	18	11.6	4	8.08	2.13	26.34
SS		Sim. cho. to SC	鼻最小宽高	18	4.7	1.2	2.76	1.00	36.39
O3		Mid-orbital breadth	眶中宽	13	65.5	42.9	58.15	5.61	9.64
SR		Subtense of rhinion	鼻尖高	10	22.5	14.1	17.59	2.42	13.78
51	L	mf-ek	眶宽	14	46	40.4	42.86	1.70	3.97
	R			15	46	40.1	43.13	1.88	4.35
51a	L	d-ek	眶宽	14	42.5	37.7	39.39	1.47	3.72
	R			15	43.5	37.5	39.99	1.83	4.58
52	L	Orb. Heig.	眶高	14	36.8	30.8	33.2	2.12	6.39
	R			15	37.3	30.8	33.91	2.01	5.92
60		pr-alv.	上颌齿槽弓长	13	60.2	49.1	54.2	2.88	5.31
61		ekm-ekm.	上颌齿槽弓宽	13	70.6	61	65.32	3.15	4.82
62		ol-sta	腭长	14	50.6	41	46.11	3.10	6.72
63		enm-enm	腭宽	14	41.7	31.3	36.54	3.24	8.88
12		ast-ast	枕骨最大宽	11	116.1	100.4	108.39	4.65	4.29
11		au-au	耳点间宽	12	135	117.7	125.61	5.19	4.13
44		ek-ek	两眶宽	13	103.5	93	98.51	3.41	3.46
FC		fmo-fmo	两眶内宽	13	103.5	92	97.72	3.55	3.64
FS		sub fmo-fmo	鼻眶内宽矢高	13	20.1	13	16.61	1.88	11.35

续附表 10-2-7

马丁号		测量项	测量项	例数	最大值	最小值	平均值	标准差	变异系数
DC		d–d	眶间宽	12	26	19.5	22.48	2.34	10.39
DN			眶内缘点鼻根突度	11	6.7	4	5.11	0.88	17.30
DS			鼻梁眶内缘宽高	11	11.7	8	9.36	1.09	11.66
NL'		Nasalia length	鼻骨长	10	29.4	19.6	24.34	3.32	13.63
RP		Rhinion–proshon length	鼻尖齿槽长	10	52.4	40.6	46.33	4.09	8.82
32		∠ n–m FH	额侧角Ⅰ	9	94	86	89.89	2.37	2.64
		∠ g–m FH	额侧角Ⅱ	9	87.5	83	84.67	1.75	2.07
		∠ g–b FH	前囟角	9	53	47	50.28	2.61	5.19
72		∠ n–pr FH	面角	8	91	83	86.25	3.01	3.49
73		∠ n–ns FH	中面角	9	92	87	89.56	1.69	1.88
74		∠ ns–pr FH	齿槽面角	8	84	66.5	72.56	5.88	8.10
75		∠ n–rhi FH	鼻梁侧角	7	73	61	65.57	4.08	6.22
77		< fmo–n–fmo	鼻颧角	13	150	138	143.65	3.21	2.23
		< zm–ss–zm	颧上颌角1	14	135	115	125.29	6.71	5.35
		< zm1–ss–zm1	颧上颌角2	14	138	117	128.21	6.85	5.34
		< n–pr–ba	面三角Ⅰ	8	80	69.5	73.25	3.08	4.21
		< pr–n–ba	面三角Ⅱ	8	73	63.5	68.19	3.02	4.43
		< n–ba–pr	面三角Ⅲ	8	44	34	38.56	3.39	8.78
		72–75	鼻梁角	6	23	17	20.67	2.42	11.72
8：1			颅指数	13	82.4	72.6	77.56	2.90	3.74
17：1			颅长高指数	9	81.3	76.4	78.7	1.61	2.04
17：8			颅宽高指数	9	109.4	94.5	102.72	4.51	4.39
9：8			额宽指数	11	72.5	63.2	67.01	2.35	3.51
16：7			枕大孔指数	10	88	72.8	79.83	4.88	6.11
DS：DC			眶间宽高指数	11	51	32.28	41.53	6.24	15.03
SR：O3			鼻面扁平度指数	10	34.4	23.9	29.47	3.21	10.88
40：5			面突指数	9	101.6	91.9	97.08	3.04	3.13
48：17 pr			垂直颅面指数	9	54.5	42.9	48.92	4.41	9.02
48：17 sd				9	58.39	44.64	51.29	4.92	9.60
48：45 pr			上面指数（K）	9	59.9	46.3	52.12	3.98	7.64
48：45 sd				9	63.7	47.7	54.64	4.60	8.43
48：46 pr			中上面指数（V）	12	74.7	58.5	66.31	4.80	7.23
48：46 sd				11	79.4	60.3	70.05	4.96	7.09
54：55			鼻指数	17	55.17	44.89	51.05	2.66	5.20
52：51	L		眶指数	14	86.9	68	77.53	5.27	6.80
	R			15	87.1	71.3	78.67	4.51	5.73

续附表 10-2-7

马丁号		测量项	测量项	例数	最大值	最小值	平均值	标准差	变异系数
52：51a	L		眶指数	14	94.1	75.4	84.32	5.30	6.28
	R			15	93.3	77.9	84.87	5.03	5.93
54：51	L		鼻眶指数1	13	68.03	54.65	61.72	3.77	6.11
	R			12	68.2	55.2	61.61	3.54	5.75
54：51a	L		鼻眶指数2	17	81.94	63.61	74.13	4.64	6.26
	R			12	72.9	58.6	66.55	4.13	6.21
SS：SC			鼻根指数	18	43.9	23.8	33.75	6.62	19.63
63：62			腭指数	14	94.3	65.8	79.47	9.44	11.87
45：(1+8)/2			横颅面指数	9	87.1	79	83.57	3.01	3.60
17：(1+8)/2			高平面指数	9	93.3	85.4	89.02	2.41	2.70
65		cdl-cdl.	下颌髁突间宽	12	129.1	89.7	119.23	11.09	9.30
66		go-go	下颌角间宽	14	112.5	84.3	99.94	7.29	7.29
67		Bimen. brea.	颏孔间宽	16	52.8	44.5	48.81	2.73	5.59
68		mandi. body. len.	下颌体长	13	77	66.4	72.64	3.28	4.51
68(1)			下颌体最大投影长	11	107.3	89	96.99	5.36	5.52
69			下颌联合高	12	39.9	29.6	34.09	3.01	8.84
MBH I	L		下颌体高I	16	37.8	26.1	29.78	3.12	10.48
	R			16	34.3	24.8	29.82	2.79	9.37
MBT I	L		下颌体厚I	16	19.8	14.2	17.19	1.62	9.42
	R			16	18.7	14.0	16.73	1.33	7.96
70	L		下颌支高	14	70.6	56.0	64.54	4.02	6.24
	R			13	69.2	56.6	64.02	3.58	5.59
71	L		下颌支宽	13	46.3	37.0	42.42	2.70	6.35
	R			12	47.6	38.6	42.84	2.90	6.76
71a	L		下颌支最小宽	15	43	29.8	34.67	3.05	8.78
	R			17	42	31.2	34.68	2.80	8.08
79			下颌角	13	132.0	106.0	119.31	6.58	5.51
68：65			下颌骨指数	11	88.3	72.4	79.7	5.24	6.58
71：70	L		下颌支指数	14	73.1	52.4	66.26	5.04	7.61
	R			11	74.6	57.8	67.57	5.46	8.09
		Bimen. bogen	颏孔间弧	16	65.0	53.0	59.06	3.75	6.35

说明：变异系数常用的为标准差系数，即标准差与平均值的比率。

附表 10-2-8　清凉寺第二期新石器时代人骨个体测量表（男性）

（长度：毫米；角度：度；指数：%）

马丁号		M26	M28（2）	M47	M48	M51	M61	M69东	M76	M78	M89	M90	M94	M98	M111	M113
1		180.0	—	184.0	—	176.0	—	—	—	—	—	182.0	179.5	—	190.5	—
8		148.0	—	141.5	—	148.0	—	—	—	—	—	139.0	142.0	—	137.0	—
17		149.0	—	—	—	143.0	—	—	—	—	—	142.5	149.0	—	153.0	—
21		126.2	—	—	—	—	—	—	—	—	—	114.3	124.0	—	—	—
9		102.6	94.5	93.8	102.6	—	—	93.0	88.2	—	—	86.1	—	96.0	96.4	95.6
7		34.5	—	—	—	35.8	—	—	—	—	—	37.3	38.7	—	38.7	—
16		34.0	—	—	—	28.2	—	—	—	—	—	33.0	32.8	—	30.3	—
25		—	—	385.0	—	—	—	—	—	—	—	379.0	—	—	403.0	377.0
26		132.0	—	128.0	—	—	—	—	—	—	—	133.0	—	—	138.0	132.0
27		—	—	139.0	—	—	—	—	—	—	—	114.0	116.0	—	144.0	129.0
28		127.0	—	118.0	—	—	—	—	—	—	—	132.0	123.0	—	121.0	116.0
29		118.8	—	115.0	—	—	—	—	—	—	—	116.3	—	—	121.0	117.5
30		—	—	119.8	—	—	—	—	—	—	—	102.9	106.1	—	128.5	110.0
31		106.6	—	99.8	—	—	—	—	—	—	—	104.0	106.4	—	103.6	89.7
23		535.0	—	—	—	—	—	—	—	—	—	524.0	—	—	524.0	525.0
24		334.0	—	—	—	—	—	—	—	—	—	303.0	328.0	—	319.0	—
5		108.0	—	—	—	—	—	—	—	—	—	105.0	—	—	105.0	—
40		102.0	—	—	—	—	—	—	—	—	—	104.0	—	—	105.0	—
48		70.0	67.5	—	68.2	—	—	—	72.1	71.6	73.6	71.3	—	67.5	67.9	—
		73.3	69.5	—	71.8	—	—	—	74.5	74.2	77.2	75.0	—	70.8	72.1	—
47		—	—	—	—	—	—	—	—	—	—	123.3	—	—	—	—
45		—	—	—	—	—	—	—	128.0	—	—	144.0	—	—	142.5	—
46		104.2	—	—	—	—	—	—	102.0	100.8	103.0	109.0	—	—	112.3	—
SSS		22.0	—	—	—	—	—	—	29.3	28.5	29.6	32.7	—	—	29.8	—
46		103.8	—	—	—	—	—	—	107.2	101.7	102.4	106.0	—	—	110.8	—
SSS		19.5	—	—	—	—	—	—	28.2	25.7	28.3	27.7	—	—	26.5	
43（1）		110.6	104.5	—	—	—	—	—	103.4	—	—	109.0	—	103.0	109.1	102.5
50		20.0	20.0	—	22.8	—	—	—	18.2	—	—	15.3	—	19.1	16.8	—
MH	L	49.5	43.3	—	—	—	48.5	45.3	50.4	50.1	46.0	46.9	47.9	—	46.0	46.4
	R	46.2	—	—	42.2	—	—	44.8	49.8	46.7	49.6	46.0	—	45.7	44.5	—
MB	L	28.0	23.2	—	—	—	28.6	25.2	28.4	26.5	25.7	26.7	28.6	—	28.8	26.7
	R	28.1	—	—	23.9	—	—	25.2	29.8	26.2	25.4	26.7	—	26.6	29.4	—
54		29.4	27.4	—	28.7	—	—	—	27.5	26.2	27.7	27.0	—	25.3	27.0	—
55		53.0	53.7	—	54.0	—	—	—	53.0	52.0	53.9	54.5	—	53.7	52.0	—
SC		12.0	8.7	—	5.0	7.4	5.3	—	12.0	5.8	9.6	5.8	—	8.5	7.8	10.7
SS		2.9	2.6	—	1.8	2.9	2.2	—	2.2	3.1	4.2	3.2	—	3.0	2.6	4.5

续附表 10-2-8

马丁号		M26	M28(2)	M47	M48	M51	M61	M69东	M76	M78	M89	M90	M94	M98	M111	M113
51	L	44.0	41.2	—	—	—	—	45.8	44.3	—	—	48.7	—	39.0	46.0	44.1
	R	45.0	42.7	—	45.0	—	—	—	42.3	43.3	—	47.6	—	42.4	44.2	—
51a	L	41.4	37.5	—	—	—	—	41.0	39.5	—	—	43.5	—	37.2	42.0	41.5
	R	43.0	39.0	—	41.8	—	—	—	39.5	—	—	43.9	—	38.8	40.2	—
52	L	35.0	32.1	—	—	—	—	34.3	35.7	—	—	34.4	—	32.4	33.0	35.1
	R	35.7	32.6	—	33.5	—	—	—	33.5	34.5	—	34.8	—	32.8	32.8	—
60		56.2	53.0	—	—	—	—	—	—	56.8	57.9	61.1	—	51.5	59.6	—
61		64.0	64.4	—	—	—	—	—	—	68.3	66.7	70.8	—	66.0	72.2	—
62		47.0	46.8	—	—	—	—	—	—	50.4	49.6	49.0	—	45.0	47.9	—
63		33.0	38.0	—	—	—	—	—	—	39.3	36.8	42.0	—	40.5	39.7	—
12		114.2	—	—	—	—	—	—	—	—	—	108.7	114.9	—	113.7	—
11		132.0	—	—	—	—	—	—	—	—	—	128.0	137.2	—	128.6	—
PB		128.0	—	—	—	—	—	—	—	—	—	124.0	131.3	—	126.3	—
44		106.8	97.8	—	—	—	—	—	100.3	—	—	105.4	—	96.3	100.5	—
FC		106.8	97.2	—	104.2	—	—	101.3	97.0	—	—	105.2	—	95.7	102.0	103.3
FS		17.4	16.1	—	18.9	—	—	14.7	12.5	—	—	17.3	—	17.0	13.9	16.0
DC		24.6	25.2	—	—	—	—	—	24.0	—	—	22.2	—	23.4	22.5	—
32		86.0	—	—	—	—	—	—	—	—	—	83.0	—	—	—	—
∠ g–m FH		81.0	—	—	—	—	—	—	—	—	—	75.0	—	—	—	—
∠ g–b FH		50.0	—	—	—	—	—	—	—	—	—	45.5	—	—	—	—
72		87.0	—	—	—	—	—	—	—	—	—	83.5	—	—	—	—
73		89.0	—	—	—	—	—	—	—	—	—	87.5	—	—	—	—
74		77.0	—	—	—	—	—	—	—	—	—	66.0	—	—	—	—
75		—	—	—	—	—	—	—	—	—	—	60.0	—	—	—	—
77		144.0	145.0	—	142.0	—	—	148.0	153.0	—	—	144.0	—	142.0	150.0	146.0
SSA		134.0	—	—	—	—	—	—	121.0	121.0	120.0	119.0	—	—	124.0	—
∠ n–pr–ba		75.0	—	—	—	—	—	—	—	—	—	71.0	—	—	71.0	—
∠ pr–n–ba		66.0	—	—	—	—	—	—	—	—	—	70.0	—	—	71.0	—
∠ n–ba–pr		39.0	—	—	—	—	—	—	—	—	—	39.0	—	—	38.0	—
8 : 1		82.2	—	76.9	—	84.09	—	—	—	—	—	76.4	79.1	—	71.9	—
17 : 1		82.8	—	—	—	81.25	—	—	—	—	—	78.3	83	—	80.3	—
17 : 8		100.7	—	—	—	96.62	—	—	—	—	—	102.5	104.9	—	111.7	—
9 : 8		69.3	—	—	—	—	—	—	—	—	74.19	61.9	—	—	70.4	—
16 : 7		98.6	—	—	—	—	—	—	—	—	—	88.5	84.8	—	78.3	—
40 : 5		94.4	—	—	—	—	—	—	—	—	—	99.0	—	—	100.0	—
48 : 17 sd		47.0	—	—	—	—	—	—	—	—	—	50.0	—	—	44.4	—
48 : 45 pr		—	—	—	—	—	—	—	56.3	—	—	49.5	—	—	47.6	—

续附表 10-2-8

马丁号		M26	M28(2)	M47	M48	M51	M61	M69东	M76	M78	M89	M90	M94	M98	M111	M113
48：45 sd		—	—	—	—	—	—	—	58.2	—	—	52.1	—	—	50.6	—
48：46 pr		67.2	—	—	53.15	—	—	—	70.7	—	—	65.4	—	59.7	60.5	—
48：46 sd		70.3	—	—	—	—	—	—	73.0	—	—	68.8	—	65.2	64.2	—
54：55		55.5	51.0	—	74.44	—	—	—	51.9	50.38	51.39	49.5	—	47.1	51.9	—
52：51	L	79.5	77.9	—	—	—	—	74.9	80.1	—	—	70.6	—	83.1	71.7	79.6
52：51	R	79.3	76.3	—	80.14	—	—	—	79.2	79.68	—	79.1	—	77.4	74.2	—
52：51a	L	84.5	85.6	—	—	—	—	83.7	90.4	—	—	73.1	—	87.1	78.6	84.6
52：51a	R	83.0	83.6	—	—	—	—	—	84.8	—	—	79.3	—	84.5	81.6	—
54：51	R	65.3	—	—	—	—	—	—	65.0	—	—	56.7	—	—	61.1	—
54：51a	R	68.4	—	—	—	—	—	—	69.6	—	—	61.5	—	—	67.2	—
SS：SC		24.2	29.9	—	36.0	38.92	41.51	—	18.3	53.28	43.75	55.2	—	35.3	33.3	42.1
63：62		70.2	81.2	—	—	—	—	—	—	72.78	—	85.7	—	90.0	82.9	—
61：60		113.9	121.5	—	—	—	—	—	—	120.25	115.2	115.9	—	128.2	121.1	—
45：(1+8)/2		—	—	—	—	—	—	—	—	—	—	89.7	—	—	87.6	—
17：(1+8)/2		90.9	—	—	—	—	—	—	—	—	—	88.8	—	—	83.7	—
65		—	—	—	—	—	—	125.5	—	—	130.2	127.8	131.7	—	133.0	135.2
66		—	101.3	—	101.9	—	—	107.0	—	—	97.2	101.4	102.4	—	105.0	103.7
67		—	49.0	—	48.7	51.0	—	51.7	—	—	50.1	55.1	50.6	49.5	54.1	53.0
68		—	—	—	72.0	—	—	74.3	—	—	80.5	83.5	77.5	—	82.8	73.2
68(1)		—	—	—	—	—	—	100.2	—	—	97.9	106.2	102.6	—	105.9	103.0
69		38.3	36.7	—	33.0	36.0	—	35.8	—	—	38.6	34.7	34.4	30.6	36.9	36.1
MBH I	L	31.2	29.9	—	30.6	34.5	—	31.4	—	—	33.7	34.9	29.7	25.5	32.2	30.3
MBH I	R	33.6	28.5	—	27.5	34.0	—	32.3	—	—	31.5	37.0	33.1	28.4	32.7	32.2
MBT I	L	19.4	18.1	—	16.6	16.0	—	18.0	—	—	18.1	16.7	16.7	16.0	20.4	17.9
MBT I	R	17.6	17.1	—	16.8	15.3	—	17.3	—	—	16.7	17.3	16.7	16.6	20.6	17.9
70	L	71.5	—	—	—	—	—	72.6	—	—	64.4	81.0	66.7	63.6	73.4	66.7
70	R	72.1	—	—	66.3	—	—	73.0	—	—	69.9	82.7	65.4	—	74.3	67.3
71	L	42.7	—	—	—	—	—	45.0	—	—	43.5	49.2	41.4	42.7	44.0	44.9
71	R	41.8	—	—	45.0	—	—	45.5	—	—	43.6	50.5	43.8	—	45.0	43.0
71a	L	33.4	37.7	—	36.2	34.3	—	37.0	—	—	38.3	39.7	33.8	34.2	38.8	35.3
71a	R	32.8	35.8	—	36.0	—	—	37.3	—	—	37.5	39.4	35.5	—	40.5	34.9
79		—	—	—	119.0	—	—	116.0	—	—	110.0	112.0	118.0	—	111.0	119.0
68：65		—	—	—	—	—	—	79.8	—	—	75.2	83.1	77.9	—	79.6	76.2
71：70	L	59.7	—	—	—	—	—	62.0	—	—	67.5	60.7	62.1	—	59.9	67.3
71：70	R	58.0	—	—	67.9	—	—	62.3	—	—	62.4	61.1	67.0	—	60.6	63.9
Bime. bogen		—	59.0	—	57.0	61.0	—	62.0	—	—	59.0	71.0	60.0	59.0	65.0	65.0

续附表 10-2-8

马丁号	M114	M115	M120	M123	M128	M135	M136	M157	M164	M173	M183	M185	M187	M192	M221	M223
1	188.0	—	—	172.5	179.0	—	180.0	184.0	192.0	—	182.5	179.0	185.0	—	192.0	
8	136.0	—	—	148.0	140.0	—	135.5	134.0	140.5	—	142.5	143.0	136.0	—	138.5	—
17	142.0	—	—	141.0	—	—	—	152.0	155.0	—	139.0	—	144.0	—	151.5	—
21	118.8	—	—	—	121.2	—	128.0	—	128.0	—	—	—	117.0	—	124.0	—
9	96.2	98.0	98.8	98.3	96.7	—	88.7	93.0	96.2	—	91.5	92.5	94.1	—	96.2	—
7	38.1	—	—	—	—	—	—	—	38.6	35.4	36.1	—	32.8	—	40.0	—
16	33.2	—	—	—	—	—	—	—	32.5	29.3	27.3	—	28.3	—	31.7	—
25	386.0	396.0	—	370.0	369.0	—	388.0	395.0	407.0	—	382.0	—	387.0	—	402.0	—
26	130.0	134.0	—	134.0	130.0	—	126.0	132.0	140.0	—	129.0	—	127.0	—	136.0	—
27	141.0	142.0	—	127.0	120.0	—	148.0	138.0	142.0	—	135.0	—	120.0	—	152.0	—
28	115.0	120.0	—	109.0	119.0	—	114.0	125.0	125.0	—	118.0	—	140.0	—	114.0	—
29	113.6	118.8	—	117.4	115.2	—	111.8	117.1	121.5	—	113.5	—	110.8	—	117.4	—
30	124.1	126.9	—	110.2	108.4	—	125.1	121.5	124.8	—	118.2	—	108.3	—	132.8	—
31	99.7	102.4	—	88.1	107.3	—	101.4	105.4	104.9	—	98.3	—	108.9	—	97.7	—
23	527.0	—	—	513.0	518.0	—	516.0	516.0	541.0	—	520.0	—	521.0	—	542.0	—
24	312.0	—	—	319.0	—	—	320.0	324.0	337.0	—	322.0	—	309.0	—	324.0	—
5	106.0	—	—	100.0	—	—	—	103.5	112.0	—	96.5	—	106.0	—	109.0	—
40	105.0	—	—	92.0	—	—	—	—	—	—	91.0	—	104.0	—	—	—
48	67.0	—	69.1	64.2	72.4	—	65.8	—	—	—	64.8	69.3	74.0	70.0		
48	69.2	—	75.2	67.3	76.5	—	69.8	—	—	—	68.6	72.7	77.0	73.0		
47	116.8	—	—	—	—	—	—	—	—	—	—	—	125.0	—	122.5	
45	136.5	—	—	—	143.0	—	135.0	—	136.0	—	135	—	142.0	—	137.5	—
46	101.7	—	109.5	—	106.6	—	102.2	—	110.3	99.9	98.4	—	105.0	—	104.2	—
SSS	24.0	—	24.3	—	26.7	—	26.5	—	—	23.4	20.2	—	25.0	—	—	—
46	102.5	—	110.0	—	104.6	—	103.2	—	110.2	98.6	98.6	—	104.0	—	103.6	—
SSS	21.7	—	23.0	—	22.8	—	23.8	—	—	21.8	16.6	—	21.4	—	—	—
43（1）	107.5	—	107.7	109.5	113.3	—	101.8	—	104.8	—	106	—	108.0	—	106.0	—
50	19.1	—	21.6	—	20.5	—	18.0	—	18.6	—	16.1	—	20.1	—	19.0	—
MH L	43.0	—	49.5	—	48.7	—	45.2	—	45.4	43.2	49.8	51.8	49.2	—	43.9	47.5
MH R	43.0	—	51.0	50.7	46.7	—	46.0	—	45.7	44.1	48.4	—	47.7	—	45.2	49.6
MB L	26.3	—	29.6	—	27.2	—	23.3	29.0	24.6	23.1	24.5	27.7	29.2	—	25.9	28.1
MB R	26.2	—	30.4	29.3	27.0	—	22.4	29.5	24.9	24.1	25	—	30.0	—	25.8	28.4
54	26.1	—	26.6	—	25.2	—	24.7	—	—	—	28.9	29.8	25.3	26.1	25.7	—
55	52.4	—	55.8	—	55.3	—	51.7	—	—	—	52.4	51.6	54.8	53.1	55.3	—
SC	6.5	6.0	9.4	—	7.8	10.5	6.8	9.3	5.1	8.6	5.7	10.0	8.4	10.2	6.0	5.8
SS	2.9	1.8	3.9	—	3.1	5.3	2.8	1.8	2.5	1.9	1.7	3.0	2.8	3.8	2.6	2.3

续附表 10-2-8

马丁号		M114	M115	M120	M123	M128	M135	M136	M157	M164	M173	M183	M185	M187	M192	M221	M223
51	L	45.1	—	45.2	—	43.3	—	42.6	—	45.7	—	45.7	42.8	42.5	—	43.7	—
	R	45.0	—	41.7	45.6	43.9	—	42.6	—	45.3	—	43.7	44.6	43.9	—	43.2	—
51a	L	40.0	—	40.8	—	—	—	39.8	—	42.8	—	41.6	—	39.7	—	39.6	—
	R	42.8	—	38.6	—	—	—	39.5	—	42.6	—	41.7	—	41.8	—	40.0	—
52	L	28.6	—	34.2	—	34.3	—	32.5	—	33.6	—	34	35.8	32.6	—	34.6	—
	R	29.6	—	35.1	34.0	33.5	—	33.4	—	32.7	—	33.5	34.0	31.3	—	33.1	—
60		57.6	56.2	55.3	—	50.3	53.0	48.1	51.6	—	51.2	—	—	58.7	52.0	—	—
61		66.0	65.8	67.9	—	67.0	63.8	66.6	65.2	—	68.4	—	—	71.0	70.6	—	—
62		48.3	47.2	44.4	—	47.4	44.5	42.3	—	—	40.1	40.7	—	47.4	45.4	—	—
63		39.0	35.5	41.5	—	38.7	37.2	39.0	—	—	38.2	33.1	—	39.4	40.6	—	—
12		111.3	—	—	—	—	—	108.4	104.9	111.0	—	112.5	—	106.8	—	108.6	—
11		127.3	—	—	137.5	—	—	122.8	123.0	124.7	126.0	127.4	—	130.6	—	131.4	—
PB		119.1	—	—	133.7	—	—	119.6	116.4	120.9	119.8	120.3	—	126.5	—	126.2	—
44		104.1	—	102.2	—	103.0	—	97.0	—	102.0	—	101.8	—	99.7	—	98.9	—
FC		103.4	101.8	97.8	99.4	102.5	102.0	97.0	—	97.3	—	96.6	97.7	98.0	—	97.8	—
FS		16.4	18.4	17.0	15.6	17.2	16.0	14.8	—	18.0	—	14.5	13.7	20.0	—	17.3	—
DC		22.4	—	25.6	—	—	—	21.0	—	22.0	—	20.5	—	22.0	—	23.0	—
32		85.0	—	—	—	83.0	—	92.5	—	92.0	—	—	—	87.0	—	93.0	—
∠g–m FH		77.0	—	—	—	72.0	—	87.0	—	84.5	—	—	—	82.0	—	86.0	—
∠g–b FH		51.0	—	—	—	50.0	—	53.5	—	52.0	—	—	—	52.0	—	50.0	—
72		84.0	—	—	—	92.0	—	86.5	—	—	—	—	—	85.0	—	—	—
73		87.5	—	—	—	94.0	—	89.0	—	—	—	—	—	90.0	—	—	—
74		68.5	—	—	—	77.0	—	74.0	—	—	—	—	—	71.5	—	—	—
75		65.0	—	—	—	—	—	60.0	—	—	—	—	—	66.0	—	—	—
77		145.0	141.0	143.0	146.0	145.0	146.0	146.0	—	140.0	—	147.5	149.0	137.0	—	143.0	—
SSA		130.0	—	132.0	—	127.5	—	126.0	—	—	131.0	135.0	—	129.0	—	—	—
∠n–pr–ba		72.0	—	—	77.0	—	—	—	—	—	—	74.0	—	72.0	—	—	—
∠pr–n–ba		71.0	—	—	64.0	—	—	—	—	—	—	66.0	—	67.0	—	—	—
∠n–ba–pr		37.0	—	—	39.0	—	—	—	—	—	—	40.0	—	41.0	—	—	—
8：1		72.3	—	85.8	78.2	—	75.3	72.8	73.2	—	—	78.1	79.89	73.5	—	72.1	—
17：1		75.5	—	—	81.7	—	—	—	82.6	80.7	—	76.2	—	77.8	—	78.9	—
17：8		104.4	—	—	95.3	—	—	—	113.4	110.3	—	97.5	—	105.9	—	109.4	—
9：8		70.7	—	—	66.4	69.1	—	65.5	—	68.5	—	64.2	64.69	69.2	—	69.5	—
16：7		87.1	—	—	—	—	—	—	84.2	82.77	—	75.6	—	86.3	—	79.3	—
40：5		99.1	—	—	92.0	—	—	—	—	—	—	94.3	—	98.1	—	—	—
48：17 sd		47.2	—	—	45.5	—	—	—	—	—	—	46.6	—	51.4	—	—	—
48：45 pr		49.1	—	—	—	50.6	—	48.7	—	—	—	48.0	—	52.1	—	—	—

续附表 10-2-8

马丁号		M114	M115	M120	M123	M128	M135	M136	M157	M164	M173	M183	M185	M187	M192	M221	M223
48：45 sd		50.7	—	—	—	53.5	—	51.7	—	—	—	50.8	—	54.2	—	—	—
48：46 pr		65.9	—	63.1	—	67.9	—	64.4	—	—	—	65.9	—	70.5	—	—	—
48：46 sd		68.0	—	68.7	—	71.8	—	68.3	—	—	—	69.7	—	73.3	—	—	—
54：55		49.8	—	47.7	—	45.6	—	47.8	—	—	—	55.2	57.75	46.2	49.15	46.5	—
52：51	L	63.4	—	75.7	—	79.2	—	76.3	—	73.5	—	74.4	83.64	76.7	—	79.2	—
	R	65.8	—	84.2	74.6	76.3	—	78.4	—	72.2	—	76.7	76.23	71.3	—	76.6	—
52：51a	L	71.5	—	83.8	—	—	—	81.7	—	78.5	—	81.7	—	82.1	—	87.4	—
	R	69.2	—	90.9	—	—	—	84.6	—	76.8	—	80.3	—	74.9	—	82.8	—
54：51	R	58.0	—	—	—	57.4	—	58.0	—	—	—	64.1	—	57.6	—	59.5	—
54：51a	R	61.0	—	—	—	—	—	62.5	—	—	—	69.3	—	60.5	—	64.3	—
SS：SC		44.6	30.0	41.5	—	39.7	50.48	41.2	19.8	49.0	22.1	29.8	30.0	33.3	36.86	43.3	39.7
63：62		80.7	75.21	93.5	—	81.6	83.6	92.2	—	—	95.91	81.3	—	83.1	89.43	—	—
61：60		114.6	117.08	122.8	—	133.2	120.38	138.5	126.4	—	133.59	—	—	121.0	135.77	—	—
45：(1+8)/2		84.3	—	—	—	89.7	—	85.6	—	81.8	—	83.1	—	88.5	—	83.2	—
17：(1+8)/2		84.0	—	—	88.0	—	—	—	95.6	84.5	—	85.5	—	89.7	—	91.7	—
65		127.2	—	130.7	—	132.0	137.7	122.4	114.7	128.5	126.9	—	—	127.2	—	129.0	—
66		109.2	—	118.4	—	115.3	108.4	93.0	105.0	103.7	99.3	—	—	107.0	—	—	—
67		47.0	49.0	49.5	49.0	47.6	49.8	51.6	48.1	50.6	45.2	—	49.0	49.5	52.8	49.0	—
68		74.1	—	76.3	—	77.5	77.4	76.0	73.8	74.8	69.7	—	—	76.2	—	79.2	—
68（1）		101.6	—	106.0	—	103.0	102.9	99.0	102.1	103.9	95.2	—	—	101.4	—	106.0	—
69		35.9	—	—	38.4	—	30.5	—	35.4	—	36.9	—	—	33.8	36.3	37.3	—
MBH I	L	28.1	33.7	31.3	33.3	29.5	28.0	33.2	32.4	25.8	28.3	—	30.5	31.3	35.6	32.5	
	R	28.6	32.7	32.6	30.0	27.7	29.8	31.8	33.7	28.7	31.4	—	29.0	28.8	32.7	31.3	
MBT I	L	15.2	18.4	18.0	18.4	17.5	17.0	17.0	16.0	14.7	17.4	—	17.0	18.1	17.6	16.5	
	R	14.8	17.8	18.9	18.1	17.5	14.9	16.5	16.8	14.8	15.2	—	17.3	17.7	17.8	16.7	
70	L	65.2	—	65.0	—	74.6	62.0	63.2	72.5	62.5	61.0	—	—	73.6	—	—	—
	R	69.0	—	69.4	66.0	71.8	61.8	67.5	68.2	61.2	62.0	—	—	71.7	—	61.2	—
71	L	43.8	—	45.5	—	48.1	47.4	43.7	47.8	—	40.8	—	—	46.0	—	43.6	—
	R	43.0	—	46.4	—	47.0	45.2	44.0	46.4	40.0	41.5	—	—	46.3	—	44.1	—
71a	L	37.3	—	37.3	—	38.0	36.2	36.1	36.7	35.1	31.8	—	36.4	38.3	—	34.2	—
	R	34.0	—	37.9	31.8	36.5	35.0	35.1	36.9	32.8	32.5	—	36.2	37.2	—	34.1	—
79		122.0	—	125.0	—	124.0	121.0	116.0	121.0	126.0	119.0	—	—	114.0	—	124.0	—
68：65		79.9	—	81.1	—	78.0	74.7	80.9	89.0	80.9	75.0	—	—	79.7	—	82.2	—
71：70	L	67.2	—	70.0	—	64.5	76.5	69.1	65.9	—	66.9	—	—	62.5	—	—	—
	R	62.3	—	66.9	—	65.5	73.1	65.2	68.0	65.4	66.9	—	—	64.6	—	72.1	—
Bime. bogen		55.0	54.0	58.0	58	57.0	59.0	63.0	61.0	63.0	52.0	—	58.0	60.0	62.0	62.0	—

附表 10-2-9　清凉寺二期新石器时代人骨个体测量表（女性）

（长度：毫米；角度：度；指数：%）

马丁号		M28（1）	M37	M44	M46	M67	M79南	M79北	M88	M97	M101	M104	M110东	M111下
1		—	—	182.0	—	—	—	180.5	174.0	164.0	173.0	—	—	—
8		—	—	130.0	—	—	—	132.0	136.0	146.0	143.0	—	—	—
17		—	—	—	—	—	—	140.0	—	—	131.0	—	—	—
21		—	—	—	—	—	—	117.0	—	117.3	115.7	—	—	—
9		—	92.4	119.0	89.4	—	93.0	88.0	89.6	95.4	98.0	90.3	—	—
7		—	—	—	—	—	—	34.6	—	—	34.7	—	—	—
16		—	—	—	—	—	—	27.7	—	—	28.7	—	—	—
25		—	—	382.0	—	—	—	372.0	376.0	354.0	363.0	—	—	—
26		—	—	136.0	—	—	—	125.0	124.0	122.0	129.0	—	—	—
27		—	—	130.0	—	—	—	123.0	130.0	124.0	127.0	—	—	—
28		—	—	116.0	—	—	—	124.0	122.0	108.0	107.0	—	—	—
29		—	—	115.7	—	—	—	110.7	107.5	107.8	110.0	—	—	—
30		—	—	117.8	—	—	—	111.6	114.6	105.8	110.6	—	—	—
31		—	—	96.0	—	—	—	100.3	103.1	96.7	87.4	—	—	—
23		—	—	507.0	—	—	—	497.0	—	490.0	510.0	—	—	—
24		—	—	319.0	—	—	—	304.0	—	312.0	309.0	—	—	—
5		—	—	—	—	—	—	102.0	—	—	98.0	—	—	—
40		—	—	—	—	—	—	100.0	—	—	93.0	—	—	—
48		—	60.5	—	—	—	69.7	65.3	—	65.6	69.5	68.4	72.8	—
		—	63.5	—	—	—	72.3	67.8	—	68.8	73.5	70.5	75.6	—
47		—	—	—	—	—	—	116.3	—	109.5	111.2	—	—	—
45		—	—	—	—	—	—	—	—	140.0	139.0	—	—	—
46		101.1	97.5	—	—	—	—	101.0	—	102.5	110.2	—	107.9	—
SSS		28.4	20.0	—	—	—	—	23.2	—	22.0	22.0	—	24.1	—
46		102.8	97.0	—	—	—	—	101.9	—	103.0	108.7	—	106.0	—
SSS		25.9	18.7	—	—	—	—	22.6	—	17.2	20.9	—	22.2	—
43（1）		—	101.0	—	—	—	101.0	101.0	—	105.0	105.3	103.3	—	—
50		—	18.4	—	—	—	19.1	17.0	—	20.0	20.0	19.0	—	—
MH	L	—	47.8	—	—	—	—	40.5	—	42.7	47.0	—	—	44.6
	R	—	43.8	—	48.0	—	45.5	40.3	—	43.2	46.5	42.9	46.1	
MB	L	—	25.5	—	—	—	—	22.0	—	23.2	26.3	—	26.7	23.2
	R	—	25.2	—	22.2	—	26.9	23.8	—	24.7	25.7	23.3	26.5	—
54		—	25.7	—	28.4	—	27.4	26.5	—	26.0	28.7	30.0	27.5	—
55		—	47.8	—	55.3	—	48.7	49.5	—	50.0	52.7	48.4	55.0	—
SC		6.0	5.8	—	7.0	5.8	8.2	4.8	—	7.1	5.5	3.7	6.1	5.4
SS		2.1	2.0	—	3.0	2.3	1.8	1.9	—	1.7	1.8	1.3	2.9	2.0

续附表 10-2-9

马丁号		M28（1）	M37	M44	M46	M67	M79南	M79北	M88	M97	M101	M104	M110东	M111下
51	L	—	42.0	—	—	42.8	41.4	44.2	—	43.2	44.7	42.7	—	43.5
	R	—	42.4	—	44.5	—	41.3	43.8	—	44.0	42.7	42.0	—	—
51a	L	—	39.3	—	—	—	39.3	39.8	—	40.0	40.7	39.6	—	—
	R	—	39.8	—	—	—	39.2	40.3	—	40.6	40.0	39.0	—	—
52	L	—	33.0	—	—	32.0	33.4	33.8	—	35.0	31.1	33.9	—	35.0
	R	—	33.0	—	37.0	—	33.7	35.7	—	33.4	32.6	34.0	—	—
60		55.6	53.0	—	50.2	53.0	53.9	55.0	—	53.0	48.0	57.0	57.6	—
61		69.7	64.0	—	61.0	69.6	64.7	64.2	—	63.7	65.0	66.3	68.2	—
62		48.6	45.0	—	44.2	45.7	49.6	49.0	—	47.5	42.3	46.4	47.8	—
63		38.3	38.3	—	33.5	40.7	34.6	37.4	—	38.0	38.0	43.0	39.3	—
12		—	—	—	—	—	—	109.7	—	109.5	99.8	—	—	—
11		—	—	—	—	—	—	122.5	—	133.3	132.5	—	—	—
PB		—	115.3	—	—	128.0	128.7	—	—	—	121.6	—	115.7	—
44		—	96.8	—	—	97.0	97.7	—	—	101.0	101.8	100.0	—	—
FC		—	94.7	—	98.6	—	96.6	95.1	94.2	96.1	99.6	98.2	—	—
FS		—	16.5	—	11.8	—	15.7	15.0	14.9	14.2	17.5	12.4	—	—
DC		—	22.6	—	—	—	22.0	20.3	—	22.8	24.6	24.7	—	—
32		—	—	—	—	—	—	88.0	—	92.0	90.0	—	—	—
∠ g-m FH		—	—	—	—	—	—	82.0	—	86.0	80.5	—	—	—
∠ g-b FH		—	—	—	—	—	—	50.0	—	49.0	47.0	—	—	—
72		—	—	—	—	—	—	84.0	—	85.0	90.5	—	—	—
73		—	—	—	—	—	—	91.0	—	88.0	94.0	—	—	—
74		—	—	—	—	—	—	63.0	—	69.0	77.0	—	—	—
75		—	—	—	—	—	—	80.0	—	78.0	75.0	—	—	—
77		—	143.0	—	154.0	—	145.0	146.0	147.0	149.0	142.0	152.0	—	—
SSA		121.0	136.0	—	—	—	—	132.0	—	135.0	136.0	—	131.0	—
∠ n-pr-ba		—	—	—	—	—	—	73.0	—	—	73.0	—	—	—
∠ pr-n-ba		—	—	—	—	—	—	70.0	—	—	64.0	—	—	—
∠ n-ba-pr		—	—	—	—	—	—	37.0	—	—	43.0	—	—	—
8 : 1		—	—	71.4	—	—	—	73.1	78.2	—	82.7	—	—	—
17 : 1		—	—	—	—	—	—	77.6	—	—	75.7	—	—	—
17 : 8		—	—	—	—	—	—	106.1	—	—	91.6	—	—	—
9 : 8		—	—	—	—	—	—	66.7	—	—	68.5	—	—	—
16 : 7		—	—	—	—	—	—	80.1	—	—	82.7	—	—	—
40 : 5		—	—	—	—	—	—	98.0	—	—	94.9	—	—	—
48 : 17 pr		—	—	—	—	—	—	46.6	—	—	53.1	—	—	—
48 : 17 sd		—	—	—	—	—	—	48.43	—	—	56.11	—	—	—
48 : 45 pr		—	62.1	—	—	—	—	—	—	—	50.0	—	—	—

续附表 10-2-9

马丁号		M28（1）	M37	M44	M46	M67	M79南	M79北	M88	M97	M101	M104	M110东	M111下
48：45 sd		—	65.1	—	—	—	—	—	—	—	52.9	—	—	—
48：46 pr		—	—	—	—	—	—	64.7	—	—	63.1	—	67.5	—
48：46 sd		—	—	—	—	—	—	67.1	—	—	66.7	—	70.1	—
54：55		—	53.8	—	51.36	—	56.3	53.5	—	—	54.5	62.0	50.0	—
52：51	L	—	78.6	—	—	—	80.7	76.5	—	—	69.6	79.4	—	80.46
52：51	R	—	77.8	—	83.15	74.77	81.6	81.5	—	—	76.3	81.0	—	
52：51a	L	—	84.0	—	—	—	85.0	84.9	—	—	76.4	85.6	—	—
52：51a	R	—	82.9	—	—	—	86.0	88.6	—	—	81.5	87.2	—	—
54：51	L	—	—	—	—	—	—	59.95	—	—	64.21	—	—	—
54：51	R	—	—	—	—	—	—	60.5	—	—	67.2	—	—	—
54：51a	L	—	—	—	—	—	—	66.58	—	—	70.52	—	—	—
54：51a	R	—	—	—	—	—	—	65.8	—	—	71.8	—	—	—
SS：SC		35.0	34.4	—	43.29	39.66	22	39.6	—	—	32.7	35.1	47.5	37.04
63：62		78.8	85.1	—	75.79	89.06	69.8	76.3	—	—	89.8	92.7	82.2	—
61：60		125.4	120.8	—	121.53	131.32	120	116.7	—	—	135.4	116.3	118.4	
45：（1+8）/2		—	—	—	—	—	—	—	—	88.0	—	—	—	
17：（1+8）/2		—	—	—	—	—	—	89.6	—	82.9	—	—	—	
65		—	—	—	—	—	—	113.7	118.3	114.0	126.7	113.9	120.0	—
66		—	101.3	—	101.9	—	89.3	95.4	82.2	91.0	97.3	—	85.4	—
67		—	—	—	—	—	46.4	50.2	48.1	46.4	47.4	49.4	44.4	—
68		—	—	—	—	—	—	67.8	75.8	70.5	—	74.0	74.2	
68（1）		—	—	—	—	—	—	102.4	95.8	101.7	—	107.5	101.3	
69		—	—	—	—	—	35.8	33.5	29.6	36.2	36.4	35.7	34.6	—
MBH I	L	—	—	—	—	—	27.0	31.2	29.4	29.7	26.2	28.2	30.7	
MBH I	R	—	—	—	—	—	28.1	30.3	31.5	29.3	27.1	28.8	30.6	
MBT I	L	—	—	—	—	—	17.0	16.2	17.0	15.2	15.3	17.2	15.5	
MBT I	R	—	—	—	—	—	16.5	15.6	16.1	15.0	16.5	17.1	17.0	
70	L	—	—	—	—	—	—	60.6	66.0	54.5	—	59.2	65.5	—
70	R	—	—	—	—	—	—	61.3	67.3	57.0	57.0	60.4	64.1	
71	L	—	—	—	—	—	—	40.8	44.0	42.2	43.7	43.0	45.3	—
71	R	—	—	—	—	—	—	42.2	43.6	44.0	—	42.7	48.3	
71a	L	—	—	—	—	—	33.3	34.5	37.9	32.5	31.6	33.3	35.2	—
71a	R	—	—	—	—	—	33.6	34.3	37.0	34.6	32.6	34.3	36.7	
79		—	—	—	—	—	—	128.0	110.0	123.0	—	126.0	119.0	—
68：65		—	—	—	—	—	—	90.1	81.0	89.2	—	94.4	84.4	
71：70	L	—	—	—	—	—	—	67.3	66.7	77.4	—	72.6	69.2	—
71：70	R	—	—	—	—	—	—	68.8	64.8	77.2	—	70.7	75.4	
Bime. bogen		—	—	—	—	—	53.0	56.0	58.0	56.0	55.0	59.0	55.0	—

附表 10-2-10　清凉寺第三期新石器时代人骨个体测量表（男性）

（长度：毫米；角度：度；指数：%）

马丁号		M52	M57	M65	M75	M87	M96	M147	M155	M166	M199	M252	M253	M263	M264	M271	M294	M311	M324
1		—	186.5	182.0	182.0	—	—	190.5	187.5	—	—	194.0	—	187.0	175.0	174.0	—	191.0	188.5
8		—	137.0	142.0	138.0	—	—	138.5	142.0	—	—	—	—	147.0	148.0	136.0	—	141.5	144.0
17		—	142.0	146.0	142.0	—	—	—	—	—	—	—	—	152.0	150.5	138.5	—	146.0	151.0
21		—	—	119.2	—	—	—	—	—	—	—	—	—	—	—	114.8	—	122.0	—
9		—	95.6	94.4	92.4	—	—	93.5	—	100.0	—	—	—	98.4	91.3	94.5	—	93.4	96.0
7		—	39.4	37.7	38.8	—	37.0	—	—	—	—	—	37.2	—	38.7	38.2	—	42.6	41.2
16		—	27.6	30.7	28.3	—	31.0	—	—	—	—	—	32.9	—	31.8	29.9	—	29.6	34.8
25		—	392.0	—	394.0	—	379.0	399.0	396.0	—	—	—	—	—	375.0	370.0	—	394.0	406.0
26		—	126.0	129.0	138.0	121.0	134.0	138.0	132.0	—	134.0	132.0	—	138.0	127.0	127.0	—	132.0	141.0
27		—	137.0	—	135.0	129.0	124.0	128.0	142.0	—	—	141.0	—	144.0	134.0	131.0	—	132.0	138.0
28		—	129.0	—	121.0	—	121.0	133.0	122.0	—	—	—	—	—	114.0	112.0	—	130.0	127.0
29		—	113.5	117.0	121.1	106.2	113.2	118.9	119.8	—	114.7	113.4	—	121.6	112.5	112.0	—	117.0	123.4
30		—	122.0	—	118.0	113.6	109.7	116.1	126.7	—	—	125.4	—	125.9	117.2	114.0	—	115.0	119.7
31		—	105.8	—	102.8	—	101.1	105.8	101.9	—	—	—	—	—	99.8	92.2	—	108.7	107.7
23		—	536.0	521.0	515.0	—	—	—	—	—	—	—	—	543.0	515.0	509.0	—	538.0	—
24		—	315.0	324.0	320.0	—	—	—	—	—	—	—	—	341.0	344.0	311.0	—	320.0	337.0
5		—	99.0	105.0	—	—	—	—	—	—	—	—	—	107.0	—	96.5	—	107.0	106.0
40		—	98.5	—	—	—	—	—	—	—	—	—	—	104.0	—	86.5	—	104.0	—
48		72.1	72.5	—	—	—	69.4	—	—	71.7	73.2	—	73.4	—	68.6	—	74.2	—	
		74.7	76.0	—	—	—	72.6	—	—	73.7	77.0	—	76.0	—	72.0	—	78.4	—	
47		—	—	—	—	—	—	—	—	—	—	—	—	—	—	—	—	—	—
45		—	136.0	—	—	—	—	—	—	—	136.0	—	—	142.0	—	—	—	140.0	—
46		—	110.0	—	—	—	—	—	—	105.4	—	—	105.5	—	95.4	—	107.5		
SSS		—	26.8	—	—	—	—	—	—	24.0	—	—	23.9	—	21.2	—	28.5		
46		—	106.5	—	—	—	—	—	—	105.5	—	—	106.0	—	98.5	—	110.8		
SSS		—	24.0	—	—	—	—	—	—	23.9	—	—	21.2	—	19.0	—	26.2		
43（1）		—	106.8	—	—	—	—	—	—	—	—	—	—	109.0	—	—	—	105.6	—
50		—	18.6	—	—	—	—	—	—	19.1	19.3	—	21.4	—	15.0	—	19.0		
MH	L	50.3	44.3	44.8	—	—	50.6	45.3	—	—	48.9	46.0	—	46.2	—	45.8	53.0	48.8	50.3
	R	48.8	45.5	—	—	—	50.2	—	49.4	—	49.0	—	—	46.1	—	46.0	—	47.9	48.8
MB	L	27.5	26.8	26.1	—	—	25.6	27.0	—	—	26.3	24.2	—	27.5	—	25.0	29.4	29.0	27.5
	R	26.5	26.3	—	—	—	25.3	—	23.5	—	26.2	—	—	29.0	—	26.8	—	28.2	26.5
54		27.7	27.8	—	—	—	—	—	26.5	25.5	30.5	—	28.1	—	25.9	—	27.6	27.7	
55		55.2	56.4	—	—	—	—	—	—	51.0	53.8	58.6	—	54.9	—	51.9	—	57.5	55.2
SC		6.6	7.3	—	—	8.5	—	—	8.6	7.3	8.1	7.6	—	7.8	—	5.1	10.0	7.0	6.6
SS		4.0	2.9	—	—	2.5	—	—	1.9	3.2	3.3	2.6	—	2.8	—	1.9	3.2	2.3	4.0

续附表 10-2-10

马丁号		M52	M57	M65	M75	M87	M96	M147	M155	M166	M199	M252	M253	M263	M264	M271	M294	M311	M324
51	L	—	43.6	40.5	—	—	—	44.3	—	—	46.2	46.7	—	44.6	—	46.2	—	45.0	—
	R	—	43.2	—	—	—	—	—	—	41.9	46.4	—	—	43.6	—	45.8	—	44.0	—
51a	L	—	39.3	—	—	—	—	39.8	—	—	42.7	43.4	—	41.8	—	42.0	—	41.8	—
	R	—	39.3	—	—	—	—	—	—	40.2	43.1	—	—	41.2	—	42.0	—	42.0	—
52	L	—	32.7	33.4	—	—	—	34.2	—	—	35.5	36.6	—	33.2	—	34.3	—	33.8	—
	R	—	32.0	—	—	—	—	—	—	31.3	35.8	—	—	32.0	—	34.3	—	34.9	35.0
60		56.5	57.3	—	—	49.5	—	54.0	—	—	46.0	51.3	59.5	54.7	—	44.1	56.8	60.2	—
61		64.8	71.3	—	—	63.2	—	66.2	—	—	66.8	69.1	71.3	69.5	—	64.4	70.0	65.3	—
62		44.7	51.5	—	—	46.6	—	48.7	—	—	48.4	44.7	49.9	46.4	—	—	—	47.8	—
63		38.3	42.5	—	—	35.7	—	39.9	—	—	37.9	41.2	37.3	38.2	—	—	—	38.2	—
12		—	114.7	109.1	109.6	—	—	113.8	—	—	—	—	—	106.7	—	111.0	—	111.7	—
11		—	129.6	130.7	124.0	—	—	—	—	—	—	—	129.2	131.6	138.5	123.0	—	130.2	124.8
PB		—	119.2	121.4	117.7	—	—	—	—	—	—	—	123.8	125.0	—	119.0	—	125.7	121.0
44		—	99.6	—	—	—	—	—	—	—	—	—	—	103.7	—	99.3	—	103.5	—
FC		—	97.2	—	95.8	—	—	—	—	—	105.2	—	—	99.4	—	101.6	—	100.0	97.8
FS		—	13.4	—	18.2	—	—	—	—	—	16.5	—	—	18.6	—	16.8	—	17.3	15.6
DC		—	24.1	—	—	—	—	—	—	—	23.7	23.1	—	25.4	—	19.4	—	22.7	—
32		—	—	81.0	—	—	—	—	—	—	—	—	—	—	—	84.0	—	85.0	—
∠ g–m FH		—	—	—	—	—	—	—	—	—	—	—	—	—	—	76.0	—	77.0	—
∠ g–b FH		—	—	49.0	—	—	—	—	—	—	—	—	—	—	—	48.0	—	48.0	—
72		—	—	—	—	—	—	—	—	—	—	—	—	—	—	91.0	—	86.5	—
73		—	—	—	—	—	—	—	—	—	—	—	—	—	—	92.0	—	90.0	—
74		—	—	—	—	—	—	—	—	—	—	—	—	—	—	85.0	—	69.0	—
75		—	—	—	—	—	—	—	—	—	—	—	—	—	—	—	—	68.0	—
77		—	149.0	—	140.0	—	—	—	—	—	146.0	—	—	140.0	—	139.0	—	142.0	141.0
SSA		—	129.0	—	—	—	—	—	—	—	130.0	—	—	131.0	—	132.0	—	124.0	—
∠ n–pr–ba		—	68.0	—	—	—	—	—	—	—	—	—	—	73.0	—	—	—	71.5	—
∠ pr–n–ba		—	69.0	—	—	—	—	—	—	—	—	—	—	66.0	—	—	—	67.5	—
∠ n–ba–pr		—	43.0	—	—	—	—	—	—	—	—	—	—	41.0	—	—	—	41.0	—
8：1		—	73.5	78.0	75.8	—	—	72.7	75.73	—	—	—	—	78.6	84.57	78.2	—	74.1	76.4
17：1		—	76.1	80.2	78.0	—	—	—	—	—	—	—	—	81.3	86.0	79.6	—	76.4	80.1
17：8		—	103.6	102.8	102.9	—	—	—	—	—	—	—	—	103.4	101.69	101.8	—	103.2	104.9
9：8		—	69.8	66.5	67.0	—	—	—	—	—	—	—	—	66.9	61.69	69.5	—	66.0	66.7
16：7		—	70.1	81.4	72.9	—	83.8	—	—	—	—	—	88.4	—	82.17	78.3	—	69.5	84.5
40：5		—	99.5	—	—	—	—	—	—	—	—	—	—	97.2	—	89.6	—	97.2	—
48：17 sd		—	51.1	—	—	—	—	—	—	—	—	—	—	48.3	—	49.5	—	50.8	—
48：45 pr		—	53.3	—	—	—	—	—	—	—	52.7	—	—	51.7	—	—	—	53.0	—

续附表 10-2-10

马丁号		M52	M57	M65	M75	M87	M96	M147	M155	M166	M199	M252	M253	M263	M264	M271	M294	M311	M324
48：45 sd		—	55.9	—	—	—	—	—	—	—	54.2	—	—	53.5	—	—	—	56.0	—
48：46 pr		—	65.9	—	—	—	—	—	—	—	—	—	—	69.6	—	71.9	—	69.0	—
48：46 sd		—	69.1	—	—	—	—	—	—	—	—	—	—	71.7	—	75.5	—	72.9	—
54：55		50.18	49.1	—	—	—	—	—	—	51.96	47.4	52.0	—	51.2	—	49.9	—	48.0	—
52：51	L	—	75	82.5	—	—	—	77.2	—	—	76.8	78.4	—	74.4	—	74.2	—	75.1	—
	R	—	74.1	—	—	—	—	—	74.7	—	77.2	—	—	73.4	—	74.9	—	79.3	79.4
52：51a	L	—	83.2	—	—	—	—	85.9	—	—	83.1	84.4	—	79.4	—	81.7	—	80.9	—
	R	—	81.4	—	—	—	—	—	77.86	—	83.1	—	—	77.7	—	81.7	—	83.1	—
54：51	R	—	64.4	—	—	—	—	—	—	—	—	—	—	64.4	—	56.6	—	62.7	—
54：51a	R	—	70.7	—	—	—	—	—	—	—	—	—	—	68.2	—	61.7	—	65.7	—
SS：SC		60.61	39.7	—	—	29.4	—	—	22.1	43.84	40.7	34.2	—	35.9	—	37.3	32.0	32.9	39.3
63：62		85.68	82.5	—	—	76.61	—	81.9	—	—	78.3	92.2	74.7	82.3	—	—	—	79.9	—
61：60		114.69	124.4	—	—	127.68	—	122.6	—	—	145.2	134.7	119.8	127.1	—	146.0	123.24	108.5	—
45：(1+8)/2		—	84.1	—	—	—	—	—	—	—	—	85.0	—	—	—	84.2	—	—	—
17：(1+8)/2		—	87.8	90.1	—	—	—	—	—	—	—	—	—	91.0	—	89.4	—	87.8	90.8
65		—	127.2	132.1	—	—	—	—	—	—	—	137.0	—	—	—	—	—	—	129.4
66		—	100.8	108.0	—	—	—	—	—	—	—	99.5	—	—	—	103.3	—	—	104.8
67		51.5	54.0	48.4	—	—	—	—	—	—	50.0	50.4	—	—	—	47.1	—	51.6	44.5
68		—	74.9	80.7	—	—	—	—	—	—	—	68.9	—	—	—	—	—	—	82.0
68（1）		—	103.8	103.3	—	—	—	—	—	—	—	90.9	—	—	—	—	—	—	100.8
69		33.6	34.8	32.5	—	—	—	—	—	—	34.6	32.5	—	—	—	37.5	—	37.4	35.3
MBH I	L	29.7	30.8	29.4	—	—	—	—	—	—	31.7	25.6	—	—	—	30.6	—	31.4	27.9
	R	28.4	32.3	28.7	—	—	—	—	—	—	30.5	25.5	—	—	—	28.5	—	32.3	25.7
MBT I	L	14.9	18.3	17.1	—	—	—	—	—	—	17.7	13.0	—	—	—	17.4	—	15.8	19.0
	R	17.6	19.0	17.4	—	—	—	—	—	—	17.2	16.3	—	—	—	18.1	—	18.0	19.4
70	L	—	62.0	72.4	—	—	—	—	—	—	—	72.4	—	—	—	61.4	—	—	72.0
	R	—	61.0	71.3	—	—	—	—	—	—	—	75.4	—	—	—	—	—	72.0	68.5
71	L	—	46.4	45.9	—	—	—	—	—	—	—	47.6	—	—	—	43.2	—	—	43.7
	R	—	46.3	43.6	—	—	—	—	—	—	—	50.0	—	—	—	—	—	42.6	43.4
71a	L	—	36.9	36.6	—	—	—	—	—	—	—	37.4	—	—	—	34.5	—	—	36.3
	R	—	37.6	35.4	—	—	—	—	—	—	—	37.3	—	—	—	—	—	35.6	37.6
79		—	124.0	118.0	—	—	—	—	—	113.0	—	113.0	—	—	—	—	—	—	117.0
68：65		—	81.6	78.2	—	—	—	—	—	—	—	66.4	—	—	—	—	—	—	77.9
71：70	L	—	74.8	63.4	—	—	—	—	—	—	—	65.7	—	—	—	70.4	—	—	60.7
	R	—	75.9	61.2	—	—	—	—	—	—	—	66.3	—	—	—	—	—	59.2	63.4
Bime. bogen		65.0	66.0	59.0	—	—	—	—	—	—	60.0	61.0	—	—	—	58.0	—	63.0	52.0

附表 10-2-11 清凉寺第四期新石器时代人骨个体测量表（男性）

（长度：毫米；角度：度；指数%）

马丁号		M274	M276	M277	M280	M284	M327	M330	M342	M346	M348	M350
1		186.0	—	—	178.0	180.5	—	184.5	190.0	—	—	190.5
8		139.0	—	—	140.0	138.5	—	136.0	138.5	—	—	141.0
17		—	—	—	140.0	146.5	—	139.5	144.0	—	—	155.0
21		118.2	—	—	118.4	—	—	118.0	119.0	122.0	—	130.5
9		93.0	—	—	104.4	90.2	—	96.9	91.8	95.3	95.0	94.5
7		—	38.2	—	37.3	39.0	—	38.0	33.4	—	41.0	36.9
16		—	29.8	—	31.8	30.0	—	25.8	30.8	—	31.0	27.6
25		380.0	—	—	—	382.0	—	370.0	402.0	—	—	394.0
26		131.0	—	—	—	131.0	—	127.0	133.0	—	—	128.0
27		128.0	—	—	124.0	136.0	—	133.0	127.0	—	—	142.0
28		121.0	—	—	123.0	115.0	—	110.0	142.0	—	—	124.0
29		116.9	—	—	—	117.4	—	112.8	115.0	—	—	116.8
30		114.0	—	—	111.3	117.9	—	118.4	115.2	—	—	125.3
31		102.8	—	—	98.9	100.2	—	91.4	117.7	—	—	105.6
23		530.0	—	—	522	518.0	—	524.0	533.0	—	—	514.0
24		319.0	—	—	319	—	—	313.0	319.0	—	—	332.0
5		—	—	—	—	—	—	110.0	106.0	—	—	112.5
40		—	—	—	—	—	—	110.0	97.0	—	—	110.0
48		72.3	76.9	—	—	—	—	72.0	66.2	78.0	70.9	73.2
		—	79.9	—	—	—	—	75.8	—	82.2	74.8	78.0
47		—	—	—	—	—	—	121.0	117.7	—	—	128.3
45		140.0	—	—	135.0	—	—	141.0	140.0	—	140.0	137.0
46		108.7	—	—	101.7	—	—	112.0	110.8	107.8	107.8	—
SSS		24.6	—	—	22.3	—	—	35.6	24.6	29.3	28.2	—
46		109.1	—	—	101.4	—	—	111.3	110.0	107.0	107.4	—
SSS		24.4	—	—	20.2	—	—	35.2	22.0	26.0	26.7	—
43（1）		110.8	—	—	105.9	—	—	109.2	108.7	111.8	112.5	104.8
50		18.3	—	—	17.7	—	—	21.2	20.6	21.0	20.8	18.5
MH	L	49.9	—	—	49.8	—	—	48.6	52.0	46.8	46.9	50.2
	R	45.6	—	—	48.8	48.7	—	47.2	47.5	49.7	47.7	—
MB	L	27.7	—	—	22.9	—	—	24.2	31.4	22.8	21.4	30.5
	R	27.5	—	—	23.4	32.1	—	25.9	31.6	22.8	20.2	31.2
54		30.0	27.9	—	26.7	—	—	29.3	26.0	26.2	23.7	27.4
55		57.0	57.2	—	—	—	—	56.7	52.2	58.2	56.0	56.7
SC		7.1	6.4	—	6.1	6.8	6.8	8.0	8.8	7.3	3.7	9.3
SS		2.9	2.3	—	2.8	1.5	1.5	2.7	1.9	3.3	1.4	3.5

续附表 10-2-11

马丁号		M274	M276	M277	M280	M284	M327	M330	M342	M346	M348	M350
51	L	47.1	44.7	—	43.8	—	—	45.0	44.1	47.8	45.8	43.9
	R	46.2	—	—	42.2	—	—	43.0	44.6	47.6	46.9	43.0
51a	L	42.7	41.1	—	40.2	—	—	42.6	40.6	43.4	42.7	—
	R	42.5	—	—	39.1	—	—	41.5	40.8	44.8	43.7	40.7
52	L	34.4	32.9	—	37.2	—	—	35.5	33.6	38.9	38.6	32.5
	R	32.4	—	—	36.5	—	—	36.2	—	39.0	38.3	32.0
60		—	56.9		49.1			54.7	—	48.2	51.1	56.0
61		—	69.5	—	61.0			66.0	—	65.7	65.7	69.2
62		—	47.3	—	43.2	—	—	46.8	—	—	43.0	49.0
63			38.7		38.3			38.5	—		35.3	39.5
12		122.4	—	—	114.9	—	—	106.3	112.2	—	—	110.8
11		126.4	—	—	125.3	127.3	—	123.1	127.3	—	—	127.5
PB		123.3	—	—	122.2	121.4	—	118.5	122.4	—	—	122.6
44		105.0	—	—	96.5	—	—	101.0	103.0	106.5	105.2	99.4
FC		103.0	—	—	—	93.8	100.6	102.4	101.6	108.0	—	97.0
FS		13.6	—	—	—	16.5	18.8	17.2	14.1	18.7	—	18.0
DC		23.4	—	—	20.6	—	—	23.3	22.7	23.6	23.5	—
32		84.0	—	—	—	—	—	82.0	93.0	85.0	—	88.5
∠ g–m FH		80.0	—	—	78.0	—	—	78.0	84.0	78.5	—	80.0
∠ g–b FH		50.0	—	—	45.0	—	—	46.0	49.0	49.0	—	54.0
72		86.5	—	—	—	—	—	85.0	90.0	91.0	—	87.0
73		89.0	—	—	—	—	—	89.0	93.0	92.0	—	93.0
74		73.0	—	—	73.0	—	—	65.0	75.0	84.0	—	70.5
75		64.0	—	—	—	—	—	69.0	74.0	63.5	—	—
77		152.0	—	—	—	141.0	139.0	144.0	149.0	144.0	—	141.0
SSA		132.0	—	—	134.0	—	—	115.0	132.0	123.0	125.0	—
∠ n–pr–ba		—	—	—	—	—	—	71.0	77.0	—	—	—
∠ pr–n–ba		—	—	—	—	—	—	71.0	64.0	—	—	—
∠ n–ba–pr		—	—	—	—	—	—	38.0	39.0	—	—	—
8 : 1		74.7	—	—	78.7	76.73	—	73.7	72.9	—	—	74.0
17 : 1		—	—	—	78.7	81.39	—	75.6	75.8	—	—	81.4
17 : 8		—	—	—	100	105.78	—	102.6	104.0	—	—	109.9
9 : 8		66.9	—	—	74.6	65.13	—	71.3	66.3	—	—	67.0
16 : 7		—	78.01	—	85.3	76.92	—	67.9	92.2	—	75.6	74.8
40 : 5		—	—	—	—	—	—	100.0	91.5	—	—	97.8
48 : 17 sd		—	—	—	—	—	—	51.6	46.0	—	—	47.2
48 : 45 pr		51.6	—	—	—	—	—	51.1	47.3	—	50.6	53.4

续附表 10-2-11

马丁号		M274	M276	M277	M280	M284	M327	M330	M342	M346	M348	M350
48：45 sd		—	—	—	—	—	—	53.8	—	—	53.4	56.9
48：46 pr		66.5	—	—	—	—	—	64.3	59.7	72.4	65.8	—
48：46 sd		—	—	—	—	—	—	67.7	—	76.3	69.4	—
54：55		52.6	48.78	—	—	—	—	51.7	49.8	45.0	42.3	48.3
52：51	L	73.0	73.6	—	84.9	—	—	78.9	76.2	81.4	84.3	74.0
	R	70.1	—	—	86.5	—	—	84.2	—	81.9	81.7	—
52：51a	L	80.6	80.05	—	92.5	—	—	83.3	82.8	89.6	90.4	74.4
	R	76.2	—	—	93.4	—	—	87.2	—	87.1	87.6	78.6
54：51	R	64.9	—	—	63.3	—	—	68.1	—	55.0	—	63.7
54：51a	R	70.6	—	—	68.3	—	—	70.6	—	58.5	—	67.3
SS：SC		40.8	35.9	—	45.9	22.1	21.47	33.8	21.6	45.2	37.8	37.6
63：62		—	81.82	—	88.7	—	—	82.3	—	—	82.1	80.6
61：60		—	122.14	—	124.2	—	—	120.7	—	136.3	128.6	123.6
45：(1+8)/2		86.2	—	—	84.9	—	—	88.0	85.2	—	—	82.7
17：(1+8)/2		—	—	—	88.1	—	—	87.1	84.3	—	—	93.5
65		—	—	—	—	121.6	—	118.3	129.5	—	125.0	130.5
66		100.0	—	—	—	94.4	—	87.2	—	—	98.5	110.2
67		51.6	57.5	49.5	52.0	45.4	—	46.8	48.0	49.2	47.8	49.3
68		75.7	—	—	—	72.5	—	82.7	—	—	72.8	76.3
68（1）		—	—	—	—	102.0	—	100.8	—	—	96.5	106.5
69		37.8	36.5	32.3	29.5	33.1	—	31.4	—	43.8	33.9	38.9
MBH I	L	35.0	35.3	30.3	29.3	30.6	—	30.8	—	34.7	32.5	34.5
	R	34.5	35.1	25.6	33.0	29.3	—	28.6	—	35.5	31.7	34.3
MBT I	L	15.7	18.5	20.5	14.7	14.6	—	15.7	—	14.6	14.5	20.8
	R	16.1	17.6	21.3	16.0	14.9	—	15.3	—	14.2	14.8	20.0
70	L	—	—	—	70.8	73.0	—	60.4	—	—	71.7	72.7
	R	73.6	—	—	—	70.0	—	64.2	—	72.7	74.3	73.7
71	L	—	—	—	47.2	—	—	46.0	42.1	—	41.3	44.8
	R	43.9	—	—	—	44.7	—	44.8	42.0	—	41.9	44.1
71a	L	34.6	—	—	35.6	33.8	—	39.7	34.7	—	33.7	38.8
	R	33.0	—	—	—	33.7	—	38.0	33.2	33.5	33.5	38.4
79		116.0	—	—	—	120.0	—	110.0	—	—	115.0	122.0
68：65		—	—	—	—	83.4	—	85.2	—	—	77.2	81.6
71：70	L	—	—	—	—	—	—	76.2	—	—	57.6	61.6
	R	59.6	—	—	—	63.9	—	69.8	—	—	56.4	59.8
Bime. bogen		61.0	70.0	56.0	54.0	55.0	—	58.0	54.0	58.0	59.0	60.0

附表 10-2-12　清凉寺三、四期新石器时代人骨个体测量表（女性）

（长度：毫米；角度：度；指数：%）

马丁号		M75上（三）	M86殉（三）	M167（三）	M219殉（三）	M236（三）	M246（三）	M254（三）	M264（三）	M268（三）	M285（三）	M299（三）
1		—	178.0	176.0	186.0	165.0	174.0	181.0	176.5	—	—	—
8		—	144.0	145.0	135.0	128.0	135.0	134.0	138.0	—	—	—
17		—	—	137.0	144.5	130.5	136.0	140.5	—	—	—	—
21		—	—	118.3	—	—	116.3	—	120.4	—	—	126.0
9		97.0	91.3	91.6	89.4	92.8	89.9	87.1	91.8	92.8	—	95.5
7		—	—	41.2	32.9	35.6	34.7	36.7	—	—	—	—
16		—	—	30.0	28.4	26.9	27.6	28.6	—	—	—	—
25		—	366.0	384.0	397.0	342.0	367.0	375.0	—	—	—	—
26		—	128.0	135.0	137.0	120.0	126.0	130.0	128.0	—	—	—
27		—	116.0	129.0	135.0	120.0	125.0	130.0	127.0	—	—	—
28		—	122.0	120.0	125.0	102.0	116.0	115.0	—	—	—	—
29		—	113.2	117.6	119.7	106.5	112.3	116.3	112.3	—	—	—
30		—	105.6	114.2	120.9	105.5	113.8	113.9	109.4	—	—	—
31		—	103.8	99.4	105.0	91.0	97.8	97.1	—	—	—	—
23		—	—	528.0	522.0	485.0	494.0	—	513.0	—	—	—
24		—	—	—	328.0	293.0	304.0	—	314.0	—	—	—
5		—	—	95.0	100.5	100.5	100.5	101.0	—	—	—	—
40		—	—	96.5	101.0	97.0	99.0	95.5	—	—	—	—
48		72.0	—	74.6	62.0	64.0	73.6	74.6	66.6	62.6	—	72.4
		74.8	—	80.0	64.5	67.8	75.3	79.3	69.6	—	—	—
47		—	—	—	106.9	—	—	—	—	—	—	—
45		—	—	138.0	129.5	126.0	134.5	124.5	—	—	—	—
46		100.8	—	111.8	95.2	98.0	101.2	99.9	103.8	104.5	—	—
SSS		26.0	—	33.4	27.0	20.4	21.9	32.0	23.5	24.4	—	—
46		101.5	—	111.5	98.4	97.5	98.6	99.8	101.3	107.2	—	—
SSS		24.7	—	31.0	24.2	19.4	19.7	30.1	21.8	23.0	—	—
43（1）		106.7	—	102.5	101.2	105.4	105.6	98.0	104.0	102.8	—	109.8
50		21.0	—	16.1	19.2	21.0	22.6	17.7	17.0	—	—	—
MH	L	43.7	42.0	51.2	42.8	43.5	48.2	45.1	42.3	44.5	—	47.5
	R	46.4	—	47.9	42.2	43.2	46.9	44.8	42.8	43.7	—	46.5
MB	L	25.2	22.7	26.3	23.3	25.1	27.0	26.6	26.7	27.0	—	27.8
	R	25.8	—	24.9	23.4	25.0	24.5	26.1	26.2	26.6	—	25.7
54		27.0	25.6	28.3	22.9	26.7	25.4	28.3	26.2	26.0	28.7	28.8
55		54.2	50.3	56.4	45.7	48.4	55.2	53.0	52.3	49.7	56.3	52.6
SC		11.6	10.2	4.6	7.6	11.6	9.5	6.3	4.0	8.8	8.9	7.3
SS		4.7	3.8	1.3	2.0	4.3	3.2	1.5	1.2	2.2	3.8	2.6

续附表 10-2-12

马丁号		M75上 (三)	M86殉 (三)	M167 (三)	M219殉 (三)	M236 (三)	M246 (三)	M254 (三)	M264 (三)	M268 (三)	M285 (三)	M299 (三)
51	L	43.6	41.4	43.4	41.9	42.2	42.0	41.6	41.5	40.4	—	44.2
	R	44.8	—	42.9	41.5	43.1	42.8	41.5	40.5	42.4	—	46.0
51a	L	40.8	38.0	40.0	38.2	38.9	38.8	38.2	38.5	37.7	—	40.2
	R	41.4	—	39.2	39.1	39.3	40.0	38.8	37.6	39.3	—	42.1
52	L	34.7	31.1	36.8	32.1	35.5	36.5	31.4	33.7	30.8	—	32.0
	R	36.5	—	35.9	32.2	35.3	37.3	32.1	34.1	30.8	—	32.8
60		60.2	—	—	55.0	56.9	49.1	55.8	—	52.0	53.0	—
61		63.5	—	—	67.2	61.0	63.0	67.4	—	66.8	70.3	—
62		50.0	—	—	43.0	50.6	41.8	46.3	41.0	45.2	44.0	—
63		34.6	—	—	36.4	33.3	31.3	36.1	39.3	39.2	38.9	—
12		—	—	116.1	107.9	105.7	104.7	105.6	104.6	—	—	—
11		—	—	129.3	120.6	117.7	124.9	120.4	129.0	—	—	—
PB		—	—	126.6	110.4	111.8	118.0	114.3	123.2	—	—	—
44		101.8	—	96.4	96.5	97.3	101.4	93.2	93.0	97.6	—	103.5
FC		100.0	—	94.0	96.0	97.9	101.7	92.0	93.6	—	—	103.5
FS		20.1	—	13.0	16.4	18.2	16.0	15.1	14.3	—	—	18.2
DC		24.0	—	20.3	21.8	24.0	25.3	20.4	19.5	—	—	—
32		—	—	89.0	—	—	86.0	—	94.0	—	—	92.0
∠g-m FH		—	—	87.5	—	—	83.0	—	87.0	—	—	84.5
∠g-b FH		—	—	47.0	—	—	47.5	—	53.0	—	—	52.0
72		—	—	83.0	—	—	86.0	—	91.0	—	—	83.0
73		—	—	87.5	—	—	91.0	—	92.0	—	—	87.0
74		—	—	68.0	—	—	73.0	—	84.0	—	—	68.0
75		—	—	—	—	—	64.0	—	—	—	—	63.0
77		138.0	—	150.0	142.0	140.0	145.0	145.0	148.0	—	—	143.0
SSA		125.0	—	119.0	122.0	135.0	132.0	115.0	131.0	130.0	—	—
∠n-pr-ba		—	—	—	71.0	73.5	69.5	72.5	—	—	—	—
∠pr-n-ba		—	—	—	73.0	69.0	68.0	63.5	—	—	—	—
∠n-ba-pr		—	—	—	36.0	37.5	42.5	44.0	—	—	—	—
8：1		—	80.9	82.4	72.6	77.6	77.6	74.0	78.2	—	—	—
17：1		—	—	77.8	77.7	79.1	78.2	77.6	—	—	—	—
17：8		—	—	94.5	107.0	102.0	100.7	104.9	—	—	—	—
9：8		—	—	63.2	66.2	72.5	66.6	65.0	66.5	—	—	—
16：7		—	—	72.8	86.3	75.6	79.5	77.9	—	—	—	—
40：5		—	—	101.6	100.5	96.5	98.5	94.6	—	—	—	—
48：17 pr		—	—	54.5	42.9	49.0	54.1	53.1	—	—	—	—
48：17 sd		—	—	58.4	44.6	52.0	55.4	56.4	—	—	—	—
48：45 pr		—	—	54.1	47.9	50.8	54.7	59.9	—	—	—	—

续附表 10-2-12

马丁号		M75上（三）	M86殉（三）	M167（三）	M219殉（三）	M236（三）	M246（三）	M254（三）	M264（三）	M268（三）	M285（三）	M299（三）
48：45 sd		—	—	58.0	49.8	53.8	56.0	63.7	—	—	—	—
48：46 pr		71.4	—	66.7	65.1	65.3	72.7	74.7	64.2	59.9	—	—
48：46 sd		74.2	—	71.6	67.8	69.2	74.4	79.4	67.1	—	—	—
54：55		49.8	50.9	50.2	50.1	55.2	46.0	53.4	50.1	52.3	51.0	54.8
52：51	L	79.6	75.1	84.8	76.6	84.1	86.9	75.5	81.2	76.2	—	72.4
	R	81.5	—	83.7	77.6	81.9	87.1	77.3	84.2	72.6	—	71.3
52：51a	L	85.0	81.8	92.0	84	91.3	94.1	82.2	87.5	81.7	—	79.6
	R	88.2	—	91.6	82.4	89.8	93.3	82.7	90.7	78.4	—	77.9
54：51	L	61.9	61.8	65.2	54.7	63.3	60.5	68.0	63.1	64.4	—	65.2
	R	—	—	66.0	55.2	61.9	59.3	68.2	64.7	61.3	—	62.6
54：51a	L	75.0	71.1	78.6	63.6	74.2	70.6	78.6	72.8	72.2	79.7	80.0
	R	—	—	72.2	58.6	67.9	63.5	72.9	69.7	66.2	—	68.4
SS：SC		40.5	37.45	28.3	26.3	37.1	33.7	23.8	30.0	25.0	42.7	35.6
63：62		69.2	—	—	84.7	65.8	74.9	78.0	92.9	86.7	88.41	—
61：60		105.5	—	—	122.2	107.2	128.3	120.8	—	128.5	132.64	—
45：（1+8）/2		—	—	86.0	80.7	86.0	87.1	79.0	—	—	—	—
17：（1+8）/2		—	—	85.4	90.0	89.1	87.4	89.2	—	—	—	—
65		—	—	—	112.0	111.5	—	—	—	—	—	—
66		—	95.1	—	84.3	92.8	89.3	—	—	87.2	—	—
67		—	47.9	—	47.3	—	46.4	47.7	—	45.3	—	—
68		—	73.9	—	71.7	68.9	—	—	—	66.9	—	—
68（1）		—	—	—	91.2	97.6	—	—	—	—	—	—
69		—	30.6	—	32.5	33.0	—	—	—	32.5	—	—
MBH I	L	—	28.0	—	28.6	26.2	—	32.0	—	29.1	—	—
	R	—	28.5	—	31.5	26.3	—	31.9	—	26.3	—	—
MBT I	L	—	16.7	—	16.4	17.1	—	16.0	—	17.5	—	—
	R	—	15.4	—	16.6	16.8	—	15.9	—	17.0	—	—
70	L	—	58.6	—	62.2	56.0	—	70.6	—	64.0	—	—
	R	—	—	—	60.7	56.6	—	—	—	—	—	—
71	L	—	41.0	—	44.8	39.5	—	37.0	—	—	—	—
	R	—	—	—	45.3	39.3	—	—	—	—	—	—
71a	L	—	35.0	—	36.1	33.0	—	31.5	—	34.0	—	—
	R	—	35.0	—	37.0	31.6	—	31.2	—	34.0	—	—
79		—	122.0	—	111.0	132.0	—	—	—	120.0	—	—
68：65		—	—	—	81.4	87.5	—	—	—	—	—	—
71：70	L	—	70.0	—	72.0	70.5	—	52.4	—	—	—	—
	R	—	—	—	74.6	69.4	—	—	—	—	—	—
Bime. bogen		—	59.0	—	56.0	—	—	56.0	—	53.0	—	—

续附表 10-2-12

马丁号		M308（三）	M319（三）	M320（三）	M351（三）	M354（三）	M282（1）（四）	M282（2）（四）	M288（四）	M331（四）	M343（四）
1		166.5	187.0	—	182.0	184.0	188.0	—	180.5	184.0	—
8		134.0	139.0	—	—	138.5	147.0	—	143.5	142.0	—
17		—	152.0	—	—	146.0	—	—	146.0	140.5	—
21		116.5	124.7	—	—	122.7	—	—	119.1	119.1	—
9		91.8	92.6	—	—	92.9	—	—	95.2	97.4	95.9
7		37.0	38.0	—	—	35.4	—	—	33.4	34.2	—
16		30.3	30.5	—	—	28.8	—	—	29.4	25.5	—
25		359.0	397.0	—	—	377.0	—	—	377.0	392.0	—
26		122.0	135.0	—	123.0	132.0	—	—	136.0	136.0	—
27		130.0	138.0	—	135.0	120.0	130.0	—	122.0	138.0	—
28		107.0	124.0	—	—	125.0	121.0	—	119.0	118.0	—
29		106.4	120.0	—	109.6	118.3	120.5	—	119.7	116.8	—
30		127.0	123.8	—	119.6	109.7	103.4	—	107.9	120.5	—
31		93.8	105.8	—	—	108.2	—	—	101.0	97.8	—
23		488.0	525.0	—	—	523.0	—	—	526.0	528.0	—
24		306.0	320.0	—	—	327.0	340.0	—	315.0	320.0	—
5		—	107.0	—	—	108.0	—	—	110.5	103.5	—
40		—	105.5	—	—	104.0	—	—	101.5	98.5	—
48		—	67.0	72.4	—	69.6	—	—	65.3	70.6	—
		—	70.6	74.5	—	72.3	—	—	67.3	74.1	—
47		115.0	—	—	—	124.1	—	—	103.8	119.0	—
45		—	132.5	—	—	133.0	—	—	141.0	134.5	—
46		—	104.2	—	—	106.6	—	104.7	111.7	104.5	97.7
SSS		—	29.2	—	—	33.2	—	24.7	26.9	24.5	29.5
46		—	103.9	—	—	109.2	—	104.0	112.7	106.6	97.8
SSS		—	26.8	—	—	32.2	—	24.2	25.7	23.1	29.4
43（1）		100.7	—	—	—	107.2	—	—	109.0	106.0	—
50		21.9	18.0	—	—	18.3	—	—	21.4	19.8	—
MH	L	44.7	—	49.0	—	45.5	—	43.7	47.3	44.8	43.5
	R	47.5	43.3	48.5	47.2	45.7	—	43.7	44.5	45.5	43.2
MB	L	26.0	23.5	27.2	—	22.3	—	27.5	27.5	25.6	24.4
	R	27.0	26.1	32.2	23.5	22.7	—	25.8	28.2	25.0	24.8
54		—	26.3	29.5	—	27.4	—	25.1	26.0	25.5	—
55		—	51.6	55.5	—	53.8	—	47.5	50.7	56.8	—
SC		9.2	6.6	6.2	—	8.0	—	6.8	8.4	9.8	—
SS		2.4	2.9	2.5	—	3.4	—	2.1	2.4	3.4	—
51	L	42.0	—	—	—	46.0	—	—	46.0	43.8	—
	R	40.1	42.2	—	46.0	45.6	—	—	44.0	43.5	—

续附表 10-2-12

马丁号		M308 （三）	M319 （三）	M320 （三）	M351 （三）	M354 （三）	M282（1） （四）	M282（2） （四）	M288 （四）	M331 （四）	M343 （四）
51a	L	38.2	—	—	—	42.5	—	—	41.5	40.0	—
	R	37.5	38.6	—	43.1	43.5	—	—	40.8	39.6	—
52	L	30.8	—	—	—	34.1	—	—	31.3	34.0	—
	R	31.5	33.9	—	36.1	34.9	—	—	32.3	32.9	—
60		—	54.5	—	—	54.5	—	56.9	52.8	51.2	52.7
61		—	64.0	—	—	70.6	—	63.0	67.5	63.0	61.9
62		—	48.0	47.7	—	49.9	—	48.4	44.2	45.5	—
63		—	32.8	36.8	—	40.9	—	32.8	41.7	37.5	—
12		100.4	110.8	—	—	112.2	—	—	113.0	111.3	—
11		125.5	122.4	—	—	123.4	132.8	—	135.0	126.3	—
PB		121.2	116.6	—	—	119.0	125.9	—	130.5	122.2	—
44		97.2	—	—	—	101.3	—	—	102.6	98.8	—
FC		95.3	96.0	—	—	99.0	—	—	101.8	99.6	—
FS		16.4	15.5	—	—	17.3	—	—	18.0	17.4	—
DC		25.4	21.6	—	—	20.0	—	—	26.0	21.4	—
32		91.0	89.0	—	—	89.0	—	—	88.0	91.0	—
∠ g–m FH		86.0	83.0	—	—	84.0	—	—	83.0	84.0	—
∠ g–b FH		53.0	52.0	—	—	52.0	—	—	47.0	49.0	—
72		—	84.0	—	—	86.0	—	—	90.0	87.0	—
73		90.0	90.0	—	—	89.0	—	—	91.0	88.5	—
74		—	66.5	—	—	71.0	—	—	78.0	72.0	—
75		67.0	61.0	—	—	63.0	—	—	73.0	68.0	—
77		144.0	146.0	—	—	142.5	—	—	142.0	142.0	—
SSA		—	122.0	—	—	116.0	—	130.0	129.0	131.0	117.0
∠ n–pr–ba		—	72.5	—	—	73.0	—	—	80.0	74.0	—
∠ pr–n–ba		—	71.0	—	—	69.0	—	—	66.0	66.0	—
∠ n–ba–pr		—	36.5	—	—	38.0	—	—	34.0	40.0	—
8：1		80.5	74.3	—	—	75.3	78.2	—	79.5	77.2	—
17：1		—	81.3	—	—	79.3	—	—	80.9	76.4	—
17：8		—	109.4	—	—	105.4	—	—	101.7	98.9	—
9：8		68.5	66.6	—	—	67.1	—	—	66.3	68.6	—
16：7		81.9	80.3	—	—	81.4	—	—	88.0	74.6	—
40：5		—	98.6	—	—	96.3	—	—	91.9	95.2	—
48：17 pr		—	44.1	—	—	47.7	—	—	44.7	50.2	—
48：17 sd		—	46.4	—	—	49.5	—	—	46.1	52.7	—
48：45 pr		—	50.6	—	—	52.3	—	—	46.3	52.5	—
48：45 sd		—	53.3	—	—	54.4	—	—	47.7	55.1	—
48：46 pr		—	64.3	—	—	65.3	—	—	58.5	67.6	—

续附表 10-2-12

马丁号		M308（三）	M319（三）	M320（三）	M351（三）	M354（三）	M282（1）（四）	M282（2）（四）	M288（四）	M331（四）	M343（四）
48：46 sd		—	67.8	—	—	67.8	—	—	60.3	70.9	—
54：55		—	51.0	53.2	—	50.9	—	52.8	51.3	44.9	
52：51	L	73.3	—	—	—	74.1	—	—	68.0	77.6	—
	R	78.6	80.3	—	78.48	76.5	—	—	73.4	75.6	
52：51a	L	80.6	—	—	—	80.2	—	—	75.4	85.0	—
	R	84.0	87.8	—	83.76	80.2	—	—	79.2	83.1	
54：51	L	—	—	—	—	59.6	—	—	56.5	58.2	—
	R	—	62.3	—	—	60.1	—	—	59.1	58.6	
54：51a	L	—	73.1	81.9	—	76.1	—	69.7	72.2	70.8	—
	R	—	68.1	—	—	63.0	—	—	63.7	64.4	
SS：SC		26.1	43.9	40.3	—	42.5	—	30.9	28.6	34.7	—
63：62		—	68.3	77.2	—	82.0	—	67.8	94.3	82.4	
61：60		—	117.4	—	—	129.5	—	110.7	127.8	123.0	117.5
45：(1+8)/2		—	81.3	—	—	82.5	—	—	87.0	82.5	—
17：(1+8)/2		—	93.3	—	—	90.5	—	—	90.1	86.2	—
65		123.0	—	—	—	125.8	—	118.3	128.6	121.5	89.7
66		106.9	94.6	—	—	98.0	—	82.2	106.7	102.3	
67		46.9	52.8	—	—	47.2	52.7	48.1	50.5	48.8	46.0
68		75.7	—	—	—	75.2	—	75.8	74.2	71.0	—
68（1）		89.0	—	—	—	100.5	—	95.8	99.9	97.8	—
69		32.0	39.9	—	—	35.5	35.8	29.6	—	—	35.5
MBH I	L	26.1	28.0	—	—	30.4	37.8	29.4	—	31.3	31.4
	R	27.5	33.8	—	—	28.7	34.3	31.5	—	31.0	29.0
MBT I	L	18.5	18.7	—	—	16.7	16.5	17.0	—	17.9	18.7
	R	17.7	18.6	—	—	16.4	17.1	16.1	—	18.3	17.1
70	L	63.3	65.6	—	—	69.4	—	66.0	65.0	64.2	—
	R	64.4	—	—	—	69.2	—	67.3	66.8	60.5	64.2
71	L	46.3	44.5	—	—	—	—	44.0	42.8	42.9	—
	R	47.6	—	—	—	40.0	—	43.6	46.8	43.7	42.3
71a	L	43.0	37.4	—	—	32.5	—	37.9	33.7	34.5	—
	R	42.0	36.0	—	—	31.6	36.7	37.0	37.0	34.2	36.1
79		106.0	—	—	—	118.0	—	110.0	121.0	120.0	—
68：65		72.4	—	—	—	79.9	—	81.0	77.7	80.5	
71：70	L	73.1	67.8	—	—	—	—	66.7	65.8	66.8	65.9
	R	73.9	—	—	—	57.8	—	64.8	70.1	72.2	—
Bime. bogen		57.0	64.0	—	—	59.0	64.0	58.0	63.0	57.0	57.0

附表 10-4-1 清凉寺第二期新石器时代墓葬肱骨个体测量表（男性）

（长度：毫米；角度：度）

项目\墓号		M25	M47	M51	M58	M69B	M89	M90	M92	M94	M98	M101	M105
肱骨最大长	L	302.0	316.0	—	308.0	—	323.0	—	305.0	—	310.0	—	308.0
	R	—	322.0	327.0	313.0	300.0	324.0	325.0	310.0	328.0	312.0	329.0	305.0
肱骨全长	L	297.0	313.0	—	302.0	—	318.0	—	304.0	—	308.0	—	300.0
	R	—	320.0	325.0	310.0	298.0	317.0	320.0	308.0	321.0	310.0	324.0	299.0
中部最大径	L	22.7	26.7	—	21.3	—	25.7	—	21.8	—	22.4	—	24.3
	R	—	25.4	23.5	24.7	22.3	27.5	23.6	22.0	24.3	23.8	21.3	24.4
中部最小径	L	18.6	19.1	—	17.5	—	15.2	—	17.6	—	17.7	—	17.3
	R	—	17.3	19.6	18.0	16.6	16.8	18.8	17.0	16.0	17.7	16.5	17.4
体中部横径	L	19.6	25.4	—	20.5	—	19.0	—	20.8	—	20.0	—	20.2
	R	—	24.8	20.0	23.0	18.8	17.0	23.4	20.3	22.0	20.6	17.3	20.4
体中部矢径	L	22.5	23.3	—	21.3	—	25.3	—	21.6	—	22.2	—	24.3
	R	—	21.0	23.3	22.5	21.7	26.8	22.6	22.0	24.0	23.1	21.1	23.2
下端宽	L	63.0	60.0	—	56.0	—	63.0	—	57.0	—	64.0	—	64.0
	R	—	61.0	63.0	56.0	55.0	63.0	66.0	58.0	61.0	65.0	63.0	61.0
头纵径	L	45.4	45.6	—	48.0	—	44.0	—	41.4	—	46.4	—	47.4
	R	—	45.9	45.4	50.0	44.5	46.0	48.1	43.1	45.0	48.6	48.3	46.2
头横径	L	40.8	41.8	—	43.0	—	41.4	—	39.0	—	41.8	—	44.6
	R	—	41.0	40.3	43.0	39.8	42.7	42.8	39.0	40.3	44.2	43.0	44.1
体最小周长	L	64.0	68.0	—	64.0	—	65.0	—	59.0	—	60.0	—	66.0
	R	—	67.0	65.0	67.0	61.0	67.0	70.0	60.0	62.0	63.0	60.0	65.0
头周长	L	136.0	141.0	—	143.0	—	135.0	—	127.0	—	138.0	—	145.0
	R	—	140.0	138.0	145.0	132.0	138.0	143.0	129.0	137.0	143.0	144.0	143.0
髁干角	L	99.0	98.0	—	92.0	—	100.0	—	91.0	—	96.0	—	102.0
	R	—	97.0	91.0	93.0	98.0	99.0	97.0	92.0	97.0	93.0	98.0	101.0
骨干横断面指数	L	81.9	71.5	—	82.2	—	59.1	—	80.7	—	79.0	—	71.2
	R	—	68.1	83.4	72.9	74.4	61.1	79.7	77.3	65.8	74.4	77.5	71.3
粗壮指数	L	20.9	21.5	—	20.8	—	20.1	—	19.3	—	19.4	—	21.4
	R	—	20.8	19.9	21.4	20.3	20.7	21.5	19.4	18.9	20.2	18.2	21.3

续附表 10-4-1

项目	墓号		M111	M114	M117	M119	M128	M135	M152	M157	M164	M173	M185
肱骨最大长		L	305.0	298.0	—	—	—	312.0	—	321.0	—	—	—
		R	309.0	303.0	330.0	311.0	341.0	—	336.0	324.0	327.0	312.0	321.0
肱骨全长		L	303.0	296.0	—	—	—	296.0	—	317.0	—	—	—
		R	305.0	301.0	326.0	306.0	330.0	—	332.0	317.0	324.0	310.0	316.0
中部最大径		L	23.4	23.7	—	—	—	24.0	—	23.5	—	—	—
		R	24.0	27.0	23.0	23.6	23.8	—	25.0	25.4	24.2	22.3	25.7
中部最小径		L	19.5	17.5	—	—	—	19.5	—	17.7	—	—	—
		R	19.3	18.7	17.0	17.4	19.6	—	21.0	17.8	18.3	17.2	19.5
体中部横径		L	22.8	20.5	—	—	—	21.6	—	19.7	—	—	—
		R	21.3	23.1	19.0	20.2	20.3	—	22.6	20.6	19.8	19.2	20.8
体中部矢径		L	21.9	22.8	—	—	—	21.7	—	23.3	—	—	—
		R	23.0	22.6	22.8	23.0	23.0	—	24.1	25.3	23.6	22.0	23.9
下端宽		L	—	67.0	—	—	—	61.0	—	62.0	—	—	—
		R	66.0	66.0	66.0	65.0	66.0	—	70.0	65.0	64.0	62.0	61.0
头纵径		L	50.0	48.6	—	—	—	45.3	—	45.0	—	—	—
		R	50.0	47.8	43.2	45.5	50.0	—	48.3	46.4	45.8	45.1	46.8
头横径		L	44.0	43.0	—	—	—	42.2	—	41.5	—	—	—
		R	46.7	44.0	41.0	42.4	46.0	—	43.8	41.5	41.0	—	42.7
体最小周长		L	64.0	62.0	—	—	—	66.0	—	62.0	—	—	—
		R	65.0	63.0	63.0	62.0	66.0	—	71.0	65.0	63.0	60.0	66.0
头周长		L	150.0	141.0	—	—	—	136.0	—	135.0	—	—	—
		R	151.0	144.0	135.0	136.0	151.0	—	145.0	136.0	134.0	—	139.0
髁干角		L	96.0	92.0	—	—	—	116.0	—	101.0	—	—	—
		R	98.0	94.0	97.0	96.0	104.0	—	96.0	99.0	96.0	95.0	99.0
骨干横断面指数		L	83.3	73.8	—	—	—	81.3	—	75.3	—	—	—
		R	80.4	69.3	73.9	73.7	82.4	—	84.0	70.1	75.6	77.1	75.9
粗壮指数		L	21.0	20.8	—	—	—	21.2	—	19.3	—	—	—
		R	21.0	20.8	19.1	19.9	19.4	—	21.1	20.1	19.3	19.2	20.6

续附表 10-4-1

项目	墓号	M187	M192	M221	M234	M284	M317	平均值	标准差	最大值	最小值	例数
肱骨最大长	L	—	—	286.0	328.0	—	—	309.4	11.15	328.0	286.0	13
	R	311.0	328.0	290.0	—	294.0	325.0	317.6	12.79	341.0	290.0	26
肱骨全长	L	—	—	284.0	315.0	—	—	304.1	9.92	318.0	284.0	13
	R	305.0	325.0	285.0	—	292.0	324.0	313.5	12.14	332.0	285.0	26
中部最大径	L	—	—	20.4	24.2	—	—	23.4	1.72	26.7	20.4	13
	R	23.8	25.7	21.5	—	24.5	25	24.1	1.53	27.5	21.3	26
中部最小径	L	—	—	15.6	19.7	—	—	17.9	1.41	19.7	15.2	13
	R	19.3	19.7	15.8	—	18.2	19.5	18.1	1.33	21.0	15.8	26
体中部横径	L	—	—	17.7	21.0	—	—	20.7	1.88	25.4	17.7	13
	R	21.3	22.6	18.8	—	20.6	20.8	20.7	1.84	24.8	17	26
体中部矢径	L	—	—	20.2	23.4	—	—	22.6	1.35	25.3	20.2	13
	R	22.3	25.5	21.4	—	24.0	24.0	23.2	1.36	26.8	21	26
下端宽	L	—	—	57.0	63.0	—	—	61.4	3.34	67.0	56.0	12
	R	60.0	65.0	—	—	64.0	62.0	63.0	3.40	70.0	55.0	25
头纵径	L	—	—	45.1	47.5	—	—	46.1	2.22	50.0	41.4	13
	R	47.0	49.8	46.5	—	47.2	45.0	46.8	1.98	50.0	43.1	26
头横径	L	—	—	—	42.6	—	—	42.1	1.48	44.6	39.0	12
	R	41.0	—	39.6	—	41.4	42.7	42.3	1.95	46.7	39.0	24
体最小周长	L	—	—	60.0	67.0	—	—	63.6	2.84	68.0	59.0	13
	R	63.0	72.0	61.0	—	65.0	67.0	64.6	3.28	72.0	60.0	26
头周长	L	—	—	—	142.0	—	—	139.1	5.92	150.0	127.0	12
	R	138.0	—	133.0	—	137.0	140.0	139.6	5.54	151.0	129.0	24
髁干角	L	—	—	94.0	96.0	—	—	97.9	6.47	116.0	91.0	13
	R	99.0	97.0	96.0	—	92.0	95.0	96.5	2.94	104.0	91.0	26
骨干横断面指数	L	—	—	76.6	81.4	—	—	76.7	6.73	83.3	59.1	13
	R	81.1	76.7	73.5	—	74.3	78.0	75.1	5.40	84.0	61.1	26
粗壮指数	L	—	—	21.0	20.4	—	—	20.5	0.78	21.5	19.3	13
	R	20.3	22.0	21.0	—	22.1	20.6	20.4	0.98	22.1	18.2	26

附表 10-4-2　清凉寺第二期新石器时代墓葬肱骨个体测量表（女性）

（长度：毫米；角度：度）

项目	墓号	M7	M12	M15	M47	M66	M80	M82C	M97	M101（2）	M103	M104	M106
肱骨最大长	L	—	286.0	304.0	284.0	297.0	—	257.0	294.0	—	300.0	—	320.0
	R	288.0	292.0	—	—	—	305.0	—	296.0	310.0	—	302.0	325.0
肱骨全长	L	—	285.0	300.0	280.0	296.0	—	256.0	290.0	—	295.0	—	316.0
	R	284.0	289.0	—	—	—	303.0	—	291.0	306.0	—	296.0	322.0
中部最大径	L	—	20.6	20.9	25.0	25.0	—	18.0	18.5	—	19.9	—	22.8
	R	20.6	20.5	—	—	—	20.2	—	18.5	24.6	—	20.2	23.3
中部最小径	L	—	14.7	15.8	16.6	18.5	—	13.3	13.1	—	15.5	—	18.0
	R	16.0	15.6	—	—	—	16.4	—	13.3	18.3	—	16.0	18.7
体中部横径	L	—	17.7	18.0	24.0	21.5	—	15.6	13.9	—	18.2	—	20.3
	R	17.4	17.0	—	—	—	19.0	—	14.5	21.3	—	18.4	21.0
体中部矢径	L	—	20.4	20.8	17.7	24.3	—	17.8	18.3	—	19.9	—	22.1
	R	19.7	20.2	—	—	—	19.1	—	18.0	24.3	—	19.9	22.3
下端宽	L	—	51.0	54.0	54.0	59.0	—	46.0	50.0	—	57.0	—	66.0
	R	56.0	52.0	—	—	—	58.0	—	52.0	65.0	—	58.0	68.0
头纵径	L	—	37.0	42.0	42.0	42.2	—	35.7	40.6	—	39.3	—	45.8
	R	36.2	38.0	—	—	—	45.1	—	41.1	48.7	—	41.2	46.2
头横径	L	—	35.8	38.8	38.8	40.7	—	33.3	37.3	—	37.2	—	41.5
	R	33.5	34.8	—	—	—	41.5	—	37.7	43.7	—	37.4	42.6
体最小周长	L	—	53.0	54.0	62.0	67.0	—	50.0	50.0	—	57.0	—	63.0
	R	54.0	53.0	—	—	—	56.0	—	51.0	70.0	—	58.0	65.0
头周长	L	—	113.0	124.0	128.0	133.0	—	119.0	121.0	—	125.0	—	138.0
	R	109.0	114.0	—	—	—	134.0	—	123.0	145.0	—	126.0	140.0
髁干角	L	—	96.0	97.0	100.0	89.0	—	92.0	97.0	—	99.0	—	100.0
	R	98.0	98.0	—	—	—	94.0	—	96.0	95.0	—	97.0	94.0
骨干横断面指数	L	—	71.4	75.6	66.4	74.0	—	73.9	70.8	—	77.9	—	78.9
	R	77.7	76.1	—	—	—	81.2	—	71.9	74.4	—	79.2	80.3
粗壮指数	L	—	18.5	17.8	21.8	22.6	—	19.5	—	—	19.0	—	19.7
	R	18.8	18.2	—	—	—	18.4	—	—	22.6	—	19.2	20.0

续附表 10-4-2

项目	墓号	M107	M109	M110仰身	M111下层	M118	M122	M124	M130	M131	M138	M154	M175
肱骨最大长	L	—	280.0	285.0	294.0	—	294.0	286.0	277.0	—	—	—	285.0
	R	290.0	271.0	—	298.0	302.0	—	—	276.0	297.0	302.0	312.0	—
肱骨全长	L	—	278.0	282.0	291.0	—	290.0	284.0	275.0	—	—	—	281.0
	R	285.0	268.0	—	295.0	300.0	—	—	272.0	295.0	298.0	306.0	—
中部最大径	L	—	20.7	22.7	23.2	—	22.7	20.3	21.6	—	—	—	18.8
	R	21.8	20.3	—	22.7	20.9	—	—	21.4	23.5	25.2	22.8	—
中部最小径	L	—	16.0	18.1	19.0	—	18.4	15.7	15.1	—	—	—	14.7
	R	15.7	15.7	—	18.8	14.8	—	—	16.4	16.3	19.5	18.0	—
体中部横径	L	—	16.6	20.0	22.5	—	20.4	16.7	17.4	—	—	—	16.3
	R	17.5	17.0	—	21.0	16.4	—	—	18.0	19.4	23.5	20.0	—
体中部矢径	L	—	20.6	22.5	21.3	—	22.5	20.1	21.4	—	—	—	18.8
	R	20.8	20.2	—	21.7	20.6	—	—	21.2	23.0	23.3	22.2	—
下端宽	L	—	53.0	57.0	61.0	—	64.0	53.0	54.0	—	—	—	51.0
	R	55.0	48.0	—	63.0	54.0	—	—	56.0	56.0	65.0	65.0	—
头纵径	L	—	41.0	44.0	44.8	—	46.4	38.0	41.4	—	—	—	40.8
	R	40.7	40.8	—	46.7	41.4	—	—	39.7	43.6	46.3	44.3	—
头横径	L	—	38.7	40.2	39.6	—	44.3	36.0	36.5	—	—	—	35.8
	R	36.4	37.8	—	41.5	39.0	—	—	35.4	39.3	42.6	41.3	—
体最小周长	L	—	57.0	63.0	62.0	—	63.0	55.0	60.0	—	—	—	52.0
	R	61.0	56.0	—	63.0	55.0	—	—	60.0	61.0	68.0	61.0	—
头周长	L	—	125.0	133.0	135.0	—	136.0	118.0	123.0	—	—	—	121.0
	R	123.0	125.0	—	140.0	—	—	—	121.0	131.0	140.0	138.0	—
髁干角	L	—	94.0	96.0	96.0	—	98.0	100.0	98.0	—	—	—	94.0
	R	97.0	98.0	—	95.0	94.0	—	—	97.0	91.0	98.0	100.0	—
骨干横断面指数	L	—	77.3	79.7	81.9	—	81.1	77.3	69.9	—	—	—	78.2
	R	72.0	77.3	—	82.8	70.8	—	—	76.6	69.4	77.4	78.9	—
粗壮指数	L	—	20.4	22.1	21.1	—	21.4	19.2	21.7	—	—	—	18.2
	R	21.0	20.7	—	21.1	18.2	—	—	21.7	20.5	22.5	19.6	—

续附表 10-4-2

项目 \ 墓号		M177	M193	M195	M196	M197	M286	平均值	标准差	最大值	最小值	例数
肱骨最大长	L	293.0	322.0	—	—	273.0	—	290.6	15.50	322.0	257.0	18
	R	292.0	—	277.0	306.0	277.0	327.0	297.3	15.21	327.0	271.0	20
肱骨全长	L	290.0	319.0	—	—	272.0	—	287.8	14.84	319.0	256.0	18
	R	289.0	—	274.0	304.0	275.0	324.0	293.8	15.17	324.0	268.0	20
中部最大径	L	19.8	22.2	—	—	22.2	—	21.4	2.03	25.0	18.0	18
	R	19.3	—	23.0	21.4	22.5	24.5	21.9	1.84	25.2	18.5	20
中部最小径	L	15.0	18.8	—	—	16.2	—	16.3	1.84	19.0	13.1	18
	R	15.3	—	15.9	14.5	16.7	19.9	16.6	1.74	19.9	13.3	20
体中部横径	L	16.2	20.3	—	—	19.0	—	18.6	2.62	24.0	13.9	18
	R	15.5		17.2	16.2	19.3	22.0	18.6	2.35	23.5	14.5	20
体中部矢径	L	19.6	22.2	—	—	20.5	—	20.6	1.77	24.3	17.7	18
	R	18.8	—	22.8	21.3	21.0	22.7	21.2	1.64	24.3	18	20
下端宽	L	53.0	62.0	—	—	61.0	—	55.9	5.35	66.0	46.0	18
	R	55.0	—	58.0	53.0	63.0	67.0	58.4	5.71	68.0	48.0	20
头纵径	L	40.2	46.0	—	—	45.4	—	41.8	3.15	46.4	35.7	18
	R	40.5	—	41.7	39.5	44.7	47.5	42.7	3.38	48.7	36.2	20
头横径	L	35.5	—	—	—	41.0	—	38.3	2.75	44.3	33.3	17
	R	36.0	—	36.4	38.3	—	43.3	38.9	3.11	43.7	33.5	19
体最小周长	L	53.0	63.0	—	—	59.0	—	57.9	5.20	67.0	50.0	18
	R	53.0	—	58.0	56.0	59.0	68.0	59.3	5.39	70.0	51.0	20
头周长	L	118.0	—	—	—	132.0	—	126.0	7.39	138.0	113.0	17
	R	118.0	—	124.0	123.0	—	140.0	128.6	10.33	145.0	109.0	18
髁干角	L	98.0	97.0	—	—	95.0	—	96.4	2.89	100.0	89.0	18
	R	97.0	—	96.0	92.0	94.0	96.0	95.9	2.23	100.0	91.0	20
骨干横断面指数	L	75.8	84.7	—	—	73.0	—	76.0	4.64	84.7	66.4	18
	R	79.3	—	69.1	67.8	74.2	81.2	75.9	4.47	82.8	67.8	20
粗壮指数	L	18.1	19.6	—	—	21.6	—	20.1	1.56	22.6	17.8	17
	R	18.2	—	20.9	18.3	21.3	20.8	20.1	1.48	22.6	18.2	19

附表 10-4-3　清凉寺第三、四期新石器时代墓葬肱骨个体测量表（男性）

（长度：毫米；角度：度）

项目 ＼ 墓号		M29	M53A	M65	M75中	M147	M206	M219	M258	M274	M276	M277	M299	M311
肱骨最大长	L	297.0	—	319.0	309.0	303.0	—	—	322.0	295.0	302.0	—	320.0	304.0
	R	—	300.0	—	302.0	311.0	305.0	278.0	—	300.0	—	306.0	—	310.0
肱骨全长	L	295.0	—	317.0	305.0	298.0	—	—	318.0	288.0	300.0	—	318.0	299.0
	R	—	298.0	—	293.0	304.0	298.0	273.0	—	297.0	—	303.0	—	306.0
中部最大径	L	21.3	—	27.5	22.0	24.0	—	—	25.0	25.2	27.0	—	24.8	24.2
	R	—	24.7	—	21.8	24.4	25.8	21.4	—	26.2	—	26.0	—	25.8
中部最小径	L	20.2	—	18.3	20.2	19.7	—	—	18.2	22.4	21.0	—	19.4	19.4
	R	—	16.8	—	17.5	18.6	18.1	16.5	—	19.4	—	17.6	—	18.6
体中部横径	L	21.2	—	25.7	20.6	22.8	—	—	22.3	22.4	24.5	—	20.6	20.2
	R	—	24.2	—	19.1	20.6	23.0	18.0	—	21.8	—	20.3	—	21.1
体中部矢径	L	21.0	—	21.3	22.0	23.8	—	—	24.5	24.1	25.2	—	24.8	24.2
	R	—	21.4	—	20.7	23.8	24.5	20.3	—	24.1	—	25.5	—	24.7
下端宽	L	63.0	—	67.0	61.0	65.0	—	—	63.0	66.0	63.0	—	65.0	—
	R	—	63.0	—	62.0	65.0	64.0	61.0	—	65.0	—	63.0	—	67.0
头纵径	L	45.0	—	50.2	46.9	45.3	—	—	47.8	44.0	43.5	—	47.5	54.8
	R	—	49.2	—	45.3	43.8	43.0	44.2	—	44.6	—	44.7	—	53.1
头横径	L	41.3	—	45.0	43.3	40.5	—	—	43.2	39.0	43.5	—	43.3	46.7
	R	—	43.0	—	40.6	42.5	39.5	41.6	—	41.0	—	44.2	—	48.3
体最小周长	L	63.0	—	66.0	62.0	66.0	—	—	68.0	75.0	—	—	68.0	64.0
	R	—	63.0	—	61.0	66.0	66.0	60.0	—	70.0	—	67.0	—	65.0
头周长	L	135.0	—	149.0	140.0	134.0	—	—	146.0	133.0	—	—	142.0	160.0
	R	—	143.0	—	134.0	136.0	130.0	135.0	—	136.0	—	138.0	—	158.0
髁干角	L	94.0	—	96.0	98.0	103.0	—	—	97.0	93.0	95.0	—	93.0	98.0
	R	—	92.0	—	103.0	102.0	99.0	97.0	—	96.0	—	97.0	—	94.0
骨干横断面指数	L	94.8	—	66.5	91.8	82.1	—	—	72.8	88.9	77.8	—	78.2	80.2
	R	—	68.0	—	80.3	76.2	70.2	77.1	—	74.0	—	65.2	—	72.1
粗壮指数	L	21.2	—	20.7	20.1	21.8	—	—	21.1	25.4	—	—	21.3	21.1
	R	—	21.0	—	20.2	21.2	21.6	21.6	—	23.3	—	21.9	—	21.0

续附表 10-4-3

项目 \ 墓号		M319 殉	M324	M330	M342	M346	M348	M350	M354 (1)	平均值	标准差	最大值	最小值	例数
肱骨最大长	L	304.0	297.0	315.0	294.0	334.0	326.0	309.0	320.0	310.0	11.96	334.0	294.0	17
	R	—	306.0	318.0	—	335.0	—	310.0	326.0	308.2	13.69	335.0	278.0	13
肱骨全长	L	300.0	295.0	314.0	292.0	329.0	324.0	307.0	316.0	306.8	12.16	329.0	288.0	17
	R	—	303.0	315.0	—	331.0	—	308.0	323.0	304.0	14.25	331.0	273.0	13
中部最大径	L	23.3	24.7	24.3	22.8	23.3	25.6	25.0	22.7	24.3	1.63	27.5	21.3	17
	R	—	24.7	25.0	—	23.9	—	26.0	23.8	24.6	1.55	26.2	21.4	13
中部最小径	L	18.9	18.0	19.4	19.0	17.8	19.7	19.6	16.6	19.3	1.33	22.4	16.6	17
	R	—	19.2	19.2	—	17.9	—	20.0	17.7	18.2	1.04	20.0	16.5	13
体中部横径	L	19.2	21.4	21.6	20.8	19.5	22.0	23.3	21.5	21.7	1.69	25.7	19.2	17
	R	—	21.7	23.0	—	20.2	—	24.0	22.0	21.5	1.84	24.2	18.0	13
体中部矢径	L	21.8	24.6	22.3	22.6	22.6	22.8	23.5	20.8	23.1	1.40	25.2	20.8	17
	R	—	24.4	23.1	—	23.9	—	24.0	21.6	23.2	1.67	25.5	20.3	13
下端宽	L	64.0	58.0	68.0	62.0	65.0	61.0	68.0	60.0	63.7	2.87	68.0	58.0	16
	R	—	61.0	68.0	—	67.0	—	68.0	63.0	64.4	2.50	68.0	61.0	13
头纵径	L	46.9	46.0	46.0	44.6	48.6	48.0	49.7	48.0	47.2	2.73	54.8	43.5	17
	R	—	46.6	47.0	—	48.3	—	49.3	47.8	46.7	2.84	53.1	43	13
头横径	L	41.8	38.3	44.4	39.8	42.2	43.8	43.7	43.0	42.5	2.25	46.7	38.3	16
	R	—	39.5	45.4	—	44.0	—	43.7	44.6	42.9	2.51	48.3	39.5	13
体最小周长	L	62.0	68.0	66.0	65.0	66.0	63.0	67.0	60.0	65.6	3.48	75.0	60.0	16
	R	—	68.0	66.0	—	65.0	—	69.0	62.0	65.2	3.03	70.0	60.0	13
头周长	L	142.0	135.0	143.0	126.0	144.0	142.0	143.0	143.0	141.1	7.68	160.0	126.0	16
	R	—	137.0	144.0	—	144.0	—	147.0	144.0	140.5	7.26	158.0	130.0	13
髁干角	L	97.0	97.0	93.0	97.0	98.0	93.0	93.0	94.0	95.8	2.72	103.0	93.0	17
	R	—	95.0	95.0	—	97.0	—	95.0	96.0	96.8	3.06	103.0	92.0	13
骨干横断面指数	L	81.1	72.9	79.8	83.3	76.4	77.0	78.4	73.1	79.7	7.15	94.8	66.5	17
	R	—	77.7	76.8	—	74.9	—	76.9	74.4	74.1	4.25	80.3	65.2	13
粗壮指数	L	20.4	22.9	21.0	22.1	19.8	19.3	21.7	18.8	21.2	1.54	25.4	18.8	16
	R	—	22.2	20.8	—	19.4	—	22.3	19.0	21.2	1.18	23.3	19.0	13

附表 10-4-4 清凉寺第三、四期新石器时代墓葬肱骨个体测量表（女性）

（长度：毫米；角度：度）

项目	墓号	M146 东南	M148	M189	M266	M282	M288	M300	M308	M319	M328
肱骨最大长	L	287.0	—	288.0	—	325.0	294.0	—	282.0	322.0	—
	R	291.0	296	295.0	300.0	325.0	294.0	286.0	280.0	324.0	334.0
肱骨全长	L	282.0	—	286.0	—	324.0	290.0	—	278.0	320.0	—
	R	285.0	291	293.0	294.0	324.0	288.0	283.0	275.0	323.0	329.0
中部最大径	L	20.9	—	23.2	—	26.3	22.5	—	20.4	25.1	—
	R	20.6	23.4	25.3	19.0	24.6	24.5	24.2	21.7	26.6	24.4
中部最小径	L	13.4	—	18.8	—	19.0	16.5	—	16.0	19.3	—
	R	14.2	17.6	17.0	14.0	19.6	17.6	16.7	16.5	18.7	17.2
体中部横径	L	14.0	—	22.6	—	24.0	18.3	—	19.0	22.8	—
	R	14.8	20.8	21.7	15.0	20.0	21.0	18.7	19.9	21.6	21.2
体中部矢径	L	20.8	—	22.5	—	23.8	21.5	—	20.4	24.5	—
	R	20.9	21.5	24.5	19.0	23.5	22.4	23.2	20.9	25.1	23.6
下端宽	L	53.0	—	58.0	—	64.0	62.0	—	57.0	66.0	—
	R	55.0	62.0	61.0	56.0	61.0	61.0	—	59.0	67.0	64.0
头纵径	L	40.8	—	42.9	—	49.3	43.0	—	42.3	50.0	—
	R	39.7	46.0	43.4	38.1	—	42.8	47.5	43.3	—	48.3
头横径	L	35.2	—	40.0	—	44.2	37.0	—	37.5	43.5	—
	R	36.6	—	41.4	35.5	—	41.9	42.7	39.2	44.9	41.0
体最小周长	L	52.0	—	65.0	—	68.0	59.0	—	58.0	68.0	—
	R	53.0	63.0	64.0	61.0	65.0	63.0	65.0	61.0	69.0	62.0
头周长	L	121.0	—	130.0	—	143.0	130.0	—	125.0	152.0	—
	R	119.0	—	133.0	123.0	—	134.0	138.0	129.0	—	141.0
髁干角	L	100.0	—	93.0	—	92.0	95.0	—	94.0	95.0	—
	R	99.0	99.0	95.0	94.0	91.0	96.0	93.0	96.0	92.0	100.0
骨干横断面指数	L	64.1	—	81.0	—	72.2	73.3	—	78.4	76.9	—
	R	68.9	75.2	67.2	73.7	79.7	71.8	69.0	76.0	70.3	70.5
粗壮指数	L	18.1	—	22.6	—	20.9	20.1	—	20.6	21.1	—
	R	18.1	21.3	21.7	20.3	20.0	21.4	22.7	21.8	21.3	18.6

续附表 10-4-4

项目 \ 墓号		M331	M332	M343	M347	M351	M354（2）	平均值	标准差	最大值	最小值	例数
肱骨最大长	L	298.0	—	—	325.0	332.0	304.0	305.7	18.64	332.0	282.0	10
	R	302.0	340.0	294.0	328.0	—	—	306.4	19.55	340.0	280.0	14
肱骨全长	L	293.0	—	—	320.0	326.0	301.0	302.0	18.76	326.0	278.0	10
	R	298.0	335.0	288.0	324.0	—	—	302.1	20.15	335.0	275.0	14
中部最大径	L	21.8	—	—	26.8	22.0	27.0	23.6	2.50	27.0	20.4	10
	R	21.4	27.3	22.2	26.7	—	—	23.7	2.46	27.3	19.0	14
中部最小径	L	17.0	—	—	17.3	17.3	20.0	17.5	1.94	20.0	13.4	10
	R	18.0	20.0	16.7	18.6	—	—	17.3	1.73	20.0	14.0	14
体中部横径	L	19.3	—	—	23.2	21.0	25.4	21.0	3.37	25.4	14.0	10
	R	20.8	22.4	19.0	21.0	—	—	19.9	2.33	22.4	14.8	14
体中部矢径	L	21.6	—	—	23.6	22.0	24.8	22.6	1.55	24.8	20.4	10
	R	21.1	26.0	21.7	25.1	—	—	22.8	2.01	26.0	19.0	14
下端宽	L	62.0	—	—	63.0	63.0		60.9	4.08	66.0	53.0	9
	R	63.0	76.0	59.0	61.0	—	—	61.9	5.27	76.0	55.0	13
头纵径	L	41.0	—	—	46.2	49.3	50.8	45.6	3.99	50.8	40.8	10
	R	42.8	52.0	45.4	47.2	—	—	44.7	3.84	52.0	38.1	12
头横径	L	38.8	—	—	—	42.8		39.9	3.33	44.2	35.2	8
	R	39.3	49.7	41.8	42.2	—	—	41.4	3.71	49.7	35.5	12
体最小周长	L	59.0	—	—	63.0	62.0	71.0	62.5	5.72	71.0	52.0	10
	R	60.0	70.0	61.0	66.0	—	—	63.1	4.16	70.0	53.0	14
头周长	L	129.0	—	—	135.0	145.0	140.0	135.0	9.78	152.0	121.0	10
	R	128.0	160.0	135.0	140.0	—	—	134.5	10.88	160.0	119.0	11
髁干角	L	102.0	—	—	99.0	97.0	94.0	96.1	3.28	102.0	92.0	10
	R	102.0	96.0	100.0	98.0	—	—	96.5	3.30	102.0	91.0	14
骨干横断面指数	L	78.0	—	—	64.6	78.6	74.1	74.1	5.81	81.0	64.1	10
	R	84.1	73.3	75.2	69.7	—	—	73.2	4.63	84.1	67.2	14
粗壮指数	L	19.8	—	—	29.4	18.7	23.3	21.5	3.20	29.4	18.1	10
	R	19.9	20.6	20.7	20.1	—	—	20.6	1.24	22.7	18.1	14

附表 10-4-5 清凉寺第二期新石器时代墓葬尺骨个体测量表（男性）

（长度：毫米）

项目 \ 墓号		M51	M58 南	M82 北	M89	M90	M92	M101（1）	M119	M127
尺骨最大长	L	—	257.0	—	—	268.0	247.0	261.0	—	260.0
	R	277.0	—	247.0	275.0	273.0	—	265.0	270.0	—
生理长	L	—	224.5	—	—	233.0	232.0	230.0	—	229.0
	R	239.0	—	214.5	244.0	237.0	—	232.0	239.0	—
骨干矢径	L	—	14.7	—	—	17.0	13.0	15.2	—	15.1
	R	12.5	—	13.3	12.6	17.4	—	14.5	15.5	—
骨干横径	L	—	18.7	—	—	19.6	16.8	16.8	—	15.7
	R	17.2		16.7	17.7	18.6	—	17.0	17.2	—
骨干断面指数	L	—	78.6	—	—	86.7	77.4	90.5	—	96.2
	R	72.7	—	79.6	71.2	93.5	—	85.3	90.1	—

项目 \ 墓号		M128	M157	M164	M187	M192	平均值	标准差	最大值	最小值	例数
尺骨最大长	L	—	272.0	—	—		260.8	8.75	272.0	247.0	6
	R	268.0	276.0	280.0	252.0	279.0	269.3	10.85	280.0	247.0	11
生理长	L	—	234.0	—	—		230.4	3.44	234.0	224.5	6
	R	234.0	239.5	246.5	222.0	249.0	236.0	10.26	249.0	214.5	11
骨干矢径	L	—	14.4	—	—		14.9	1.30	17.0	13.0	6
	R	16.4	14.7	14.8	14.0	14.8	14.6	1.50	17.4	12.5	11
骨干横径	L	—	16.2	—	—		17.3	1.52	19.6	15.7	6
	R	16.9	17.5	18.0	16.6	17.8	17.4	0.61	18.6	16.6	11
骨干断面指数	L	—	88.9	—	—		86.4	7.23	96.2	77.4	6
	R	97.0	84.0	82.2	84.3	83.1	83.9	7.83	97.0	71.2	11

附表 10-4-6　清凉寺第二期新石器时代墓葬尺骨个体测量表（女性）

（长度：毫米）

项目 \ 墓号		M47(2)	M97	M102	M103	M109	M124	M130	M134	M151	M154	M159
尺骨最大长	L	236.0	241.0	—	—	225.0	254.0	—	234.0	235.0	—	—
	R	—	238.0	265.0	261.0	229.0	—	239.0	—	—	272.0	288.0
生理长	L	207.0	212.5	—	—	200.0	225.0	—	227.0	206.0	—	—
	R	—	211.0	235.5	231.0	201.0	—	219.0	—	—	238.0	254.0
骨干矢径	L	11.7	10.9	—	—	11.0	12.3	—	13.3	12.1	—	—
	R	—	11.2	13.0	13.8	12.3	—	11.7	—	—	15.3	14.3
骨干横径	L	16.8	13.2	—	—	16.5	12.5	—	16.5	15	—	—
	R	—	14.0	16.3	15.7	17.2	—	14.8	—	—	17.0	16.4
骨干断面指数	L	69.6	82.6	—	—	66.7	98.4	—	80.6	80.7	—	—
	R	—	80.0	79.8	87.9	71.5	—	79.1	—	—	90.0	87.2

项目 \ 墓号		M175	M182	M196	M197	M286	M321	平均值	标准差	最大值	最小值	例数
尺骨最大长	L	228.0	241.0	—	—	—	—	236.8	8.94	254.0	225.0	8
	R	228.0	—	255.0	240.0	263.0	272.0	254.2	19.15	288.0	228.0	12
生理长	L	196.5	212.0	—	—	—	—	210.8	10.87	227.0	196.5	8
	R	199.5	—	223.0	208.0	229.0	240.0	224.1	16.89	254.0	199.5	12
骨干矢径	L	12.0	13.7	—	—	—	—	12.1	0.99	13.7	10.9	8
	R	12.2	—	11.2	14.2	17.0	14.1	13.4	1.76	17.0	11.2	12
骨干横径	L	14.0	15.1	—	—	—	—	15.0	1.61	16.8	12.5	8
	R	12.6	—	14.9	14.8	20.0	16.0	15.8	1.86	20.0	12.6	12
骨干断面指数	L	85.7	90.7	—	—	—	—	81.9	10.35	98.4	66.7	8
	R	96.8	—	75.2	95.9	85.0	88.1	84.7	7.80	96.8	71.5	12

附表 10-4-7 清凉寺第三、四期新石器时代墓葬尺骨个体测量表（男性）

（长度：毫米）

项目 \ 墓号		M52	M57	M65	M75中	M147	M150	M155	M171 墓主	M202	M252	M258 （2）	M302	M309
尺骨最大长	L	—	274.0	—	254.0	272.0	246.0	251.0	—	257.0	272.0	264.0	—	—
	R	268.0	—	280.0	—	268.0	—	—	265.0	—	—	—	264.0	289.0
生理长	L	—	237.0	—	223.0	240.0	235.5	218.0	—	224.0	237.5	224.0	—	—
	R	235	—	245.0	—	237.0	—	—	234.0	—	—	—	230.0	252.0
骨干矢径	L	—	15.2	—	12.8	15.3	14.7	13.4	—	15.6	15.0	15.6	—	—
	R	11.6	—	14.8	—	16.2	—	—	15.5	—	—	—	15.4	14.9
骨干横径	L	—	18.6	—	16.4	18.8	16.0	16.2	—	18.1	18.0	18.3	—	—
	R	18.0	—	18.7	—	17.6	—	—	20.0	—	—	—	17.9	18.3
骨干断面指数	L	—	81.7	—	78.0	81.4	91.9	82.7	—	86.2	83.3	85.2	—	—
	R	64.4	—	79.1	—	92.0	—	—	77.5	—	—	—	86.0	81.4

项目 \ 墓号		M311	M313	M324	M326	M330	M348	M350	M354 （2）	平均值	标准差	最大值	最小值	例数
尺骨最大长	L	—	—	265.0	—	265.0	270.0	255.0	271.0	262.8	9.21	274.0	246.0	13
	R	264.0	277.0	275.0	262.0	264.0	267.0	256.0	266.0	268.9	8.53	289.0	256.0	14
生理长	L	—	—	238.0	—	230.0	236.0	224.0	233.5	230.8	7.30	240.0	218.0	13
	R	228.0	245.0	241.0	230.0	228.0	232.0	226.0	235.0	235.6	7.66	252.0	226.0	14
骨干矢径	L	—	—	13	—	15.3	14.4	15.3	14.8	14.7	0.97	15.6	12.8	13
	R	14.2	11.8	13.6	15.0	14.5	13.0	16.1	14.0	14.3	1.43	16.2	11.6	14
骨干横径	L	—	—	18.0	—	20.5	17.3	17.7	17.2	17.8	1.22	20.5	16.0	13
	R	18.2	17.5	17.7	16.7	20.1	18.3	17.9	16.3	18.1	1.04	20.1	16.3	14
骨干断面指数	L	—	—	72.2	—	74.6	83.2	86.4	86.0	82.5	5.23	91.9	72.2	13
	R	78.0	67.4	76.8	89.8	72.1	71.0	89.9	85.9	79.4	8.65	92.0	64.4	14

附表 10-4-8　清凉寺第三、四期新石器时代墓葬尺骨个体测量表（女性）

（长度：毫米）

项目 \ 墓号		M146东北	M146东南	M148	M189	M191	M203	M282	M288	M308	M319	M320
尺骨最大长	L	—	—	255.0	—	—	245.0	268.0	258.0	237.0	274.0	—
	R	227.0	228.0	250.0	254.0	246.0	—	276.0	260.0	238.0	276.0	264.0
生理长	L	—	—	226.5	—	—	215.5	242.5	226.0	204.0	237.0	—
	R	200.0	200.0	222.5	222.0	220.0	—	243.0	228.0	206.0	241.0	230.0
骨干矢径	L	—	—	14.3	—	—	12.9	14.3	14.1	12.0	14.5	—
	R	12.9	9.6	14.0	14.3	13.4	—	14.8	14.8	13.6	14.7	13.7
骨干横径	L	—	—	16.8	—	—	15.2	16.5	15.0	15.6	16.8	—
	R	14.2	15.7	16.3	15.9	15.5	—	16.7	16.6	16.2	16.8	19.5
骨干断面指数	L	—	—	85.1	—	—	84.9	86.7	94.0	76.9	86.3	—
	R	90.8	61.1	85.9	89.9	86.5	—	88.6	89.2	84.0	87.5	70.2

项目 \ 墓号		M331	M343	M345	M347	M351	M354（2）	平均值	标准差	最大值	最小值	例数
尺骨最大长	L	260.0	—	270.0	259.0	268.0	—	259.4	11.57	274.0	237.0	10
	R	255.0	246.0	—	—	—	268.0	252.9	16.05	276.0	227.0	13
生理长	L	225.0	—	248.0	230.0	238.0	—	229.3	13.03	248.0	204.0	10
	R	224.0	218.0	—	—	—	238.0	222.5	14.15	243.0	200.0	13
骨干矢径	L	13.5	—	15.7	15.6	13.7	—	14.1	1.13	15.7	12.0	10
	R	12.6	13.9	—	—	—	13.7	13.5	1.36	14.8	9.6	13
骨干横径	L	17.0	—	17.7	17.7	19.0	—	16.7	1.24	19.0	15.0	10
	R	16.4	15.8	—	—	—	19.0	16.5	1.39	19.5	14.2	13
骨干断面指数	L	79.4	—	88.7	88.1	72.1	—	84.2	6.38	94.0	72.1	10
	R	76.8	88.0	—	—	—	72.1	82.4	9.31	90.8	61.1	13

附表 10-4-9　清凉寺第二期新石器时代墓葬桡骨个体测量表（男性）

（长度：毫米）

项目＼墓号		M25	M51	M58(1)	M58(2)	M69B	M82北	M89	M90	M92	M98	M101(1)	M105	M117
桡骨最大长	L	—	253.0	232.0	251.0	259.0	—	—	252.0	247.0	241.0	246.0	229.0	279.0
	R	245.0	254.0	236.0	—	—	217.0	253.0	252.0	—	247.0	238.0	—	277.0
生理长	L	—	237.7	218.2	237.8	248.0	—	—	239.0	232.0	228.0	234.5	224.0	264.0
	R	230.0	238.0	222.3	—	—	204.8	238.3	236.0	—	231.0	230.5	—	263.0
骨干最小周	L	—	42.0	44.0	48.0	43.0	—	—	48.0	41.0	43.0	44.0	43.0	41.0
	R	44.0	43.0	45.0	—	—	43.0	41.0	47.0	—	45.0	41.0	—	40.0
骨干横径	L	—	16.5	17.6	21.8	17.6	—	—	18.7	16.8	17.9	17.3	18.7	14.8
	R	15.5	16.8	18.4	—	—	15.5	17.7	18.8	—	18.2	16.2	—	14.5
骨干矢径	L	—	12.3	12.8	13.4	13.1	—	—	13.2	13.0	12.5	12.4	13.8	12.5
	R	12.2	11.9	13.6	—	—	11.6	13.0	13.7	—	12.6	11.8	—	12.2
桡骨长厚指数	L	—	17.7	20.2	20.2	17.3	—	—	20.1	17.7	18.9	18.8	19.2	15.5
	R	19.1	18.1	20.2	—	—	21.0	17.2	19.9	—	19.5	17.8	—	15.2
骨干横断面指数	L	—	74.5	72.7	61.5	74.4	—	—	70.6	77.4	69.8	71.7	73.8	84.5
	R	78.7	70.8	73.9	—	—	74.8	73.4	72.9	—	69.2	72.8	—	84.1
桡肱指数	L	—	—	75.3	—	—	—	—	—	81.0	77.7	—	74.4	—
	R	—	77.7	75.4	—	—	—	78.1	77.5	—	79.2	72.3	—	83.9

项目＼墓号		M119	M123	M127	M128	M157	M164	M187	M192	M284	平均值	标准差	最大值	最小值	例数
桡骨最大长	L	—	—	—	250.0	254.0	262.0	234.0	264.0	233.0	249.1	13.41	279.0	229.0	16
	R	251.0	251.0	246.0	250.0	—	—	238.0	—	236.0	246.1	12.95	277.0	217.0	15
生理长	L	—	—	—	236.0	238.0	248.0	220.0	251.5	220.0	236.0	12.61	264.0	218.2	16
	R	234.0	236.0	231.0	235.0	234.0	—	216.0	—	220.5	231.3	12.40	263.0	204.8	16
骨干最小周	L	—	—	—	49.0	42.0	42.0	42.0	47.0	47.0	44.1	2.73	49.0	41.0	16
	R	45.0	48.0	45.0	47.0	39.0	—	40.0	—	46.0	43.7	2.80	48.0	39.0	16
骨干横径	L	—	—	—	17.5	17.6	16.2	17.4	20.7	17.2	17.8	1.66	21.8	14.8	16
	R	17.0	15.0	17.7	17.2	16.2	—	16.2	—	17.3	16.8	1.25	18.8	14.5	16
骨干矢径	L	—	—	—	12.0	12.4	12.4	11.4	13.4	12.8	12.7	0.60	13.8	11.4	16
	R	11.8	12.2	12.0	12.0	11.4	—	12.5	—	13.0	12.3	0.68	13.7	11.4	16
桡骨长厚指数	L	—	—	—	20.8	17.7	16.9	19.1	18.7	21.4	18.8	1.57	21.4	15.5	16
	R	19.2	20.3	19.5	20.0	16.7	—	18.5	—	20.9	18.9	1.60	21.0	15.2	16
骨干横断面指数	L	—	—	—	68.6	70.5	76.5	65.5	64.7	74.4	71.9	5.50	84.5	61.5	16
	R	69.4	81.3	67.8	69.8	70.4	—	77.2	—	75.1	73.9	4.59	84.1	67.8	16
桡肱指数	L	—	—	—	—	79.1	—	—	80.5	—	78.0	2.71	81.0	74.4	6
	R	80.7	—	—	73.3	—	—	76.5	—	80.3	77.7	3.35	83.9	72.3	11

附表 10-4-10 清凉寺第二期新石器时代墓葬桡骨个体测量表（女性）

（长度：毫米）

墓号\项目		M12	M15	M47(2)	M82C	M97	M103	M106	M109	M110 仰身者	M111 下层	M124	M151	M172	M175
桡骨最大长	L	—	—	216.0	—	226.0	243.0	256.0	212.0	—	234.0	219.0	223.0	245.0	211.0
	R	227.0	234.0	—	195.0	222.0	240.0	—	210.0	224.0	—	—	219.0	—	—
生理长	L	—	—	204.3	—	214.0	231.0	240.0	200.0	—	221.0	212.0	210.0	230.0	200.0
	R	216.0	222.0	—	186.5	210.0	229.0	—	198.0	208.0	—	—	206.0	—	—
骨干最小周	L	—	—	42.0	—	35.0	43.0	46.0	41.0	—	44.0	42.0	46.0	44.0	38.0
	R	41.0	41.0	—	35.0	33.0	44.0	—	40.0	40.0	—	—	45.0	—	—
骨干横径	L	—	—	15.2	—	13.5	15.4	15.9	15.8	—	17.6	14.5	18.5	17.2	16.8
	R	15.7	16.4	—	13.6	12.7	15.7	—	16.7	16.0	—	—	19.1	—	—
骨干矢径	L	—	—	11.2	—	9.6	12.5	12.2	10.6	—	12.3	10.8	12.5	11.5	10.6
	R	11.0	11.4	—	9.4	10.0	13.5	—	11.0	13.0	—	—	11.4	—	—
桡骨长厚指数	L	—	—	20.6	—	16.4	18.6	19.2	20.5	—	19.9	19.8	21.9	19.1	19.0
	R	19.0	18.5	—	18.8	15.7	19.2	—	20.2	19.2	—	—	21.8	—	—
骨干横断面指数	L	—	—	73.7	—	71.1	81.2	76.7	67.1	—	69.9	74.5	67.6	66.9	63.1
	R	70.1	69.5	—	69.1	78.7	86.0	—	65.9	81.3	—	—	59.7	—	—
桡肱指数	L	—	—	76.1	—	76.9	81.0	80.0	75.7	—	79.6	76.6	—	—	74.0
	R	77.7	—	—	—	75.0	—	—	77.5	—	—	—	—	—	—

墓号\项目		M182	M193	M196	M197	M198	M223	M235	M286	M321	平均值	标准差	最大值	最小值	例数
桡骨最大长	L	220.0	260.0	240.0	218.0	242.0	252.0	224.0	247.0	249.0	233.5	15.77	260	211	19
	R	—	—	237.0	214.0	—	—	219.0	249.0	—	224.2	14.62	249	195	12
生理长	L	208.0	246.5	229.0	204.0	227.5	237.0	213.0	234.0	234.0	220.8	14.57	246.5	200	19
	R	—	—	227.0	198.0	—	—	209.0	236.0	—	212.1	14.50	236	186.5	12
骨干最小周	L	38.0	47.0	41.0	41.0	45.0	43.0	44.0	50.0	45.0	42.9	3.51	50	35	19
	R	—	—	42.0	41.0	—	—	41.0	50.0	—	41.1	4.36	50	33	12
骨干横径	L	13.2	18.0	15.5	16.1	18.8	17.4	17.5	19.5	18.3	16.6	1.77	19.5	13.2	19
	R	—	—	15.0	15.3	—	—	16.5	19.3	—	16.0	1.90	19.3	12.7	12
骨干矢径	L	10.6	13.4	10.8	12.1	11.4	13.0	12.5	14.1	13.2	11.8	1.18	14.1	9.6	19
	R	—	—	11.0	11.5	—	—	11.8	12.7	—	11.5	1.18	13.5	9.4	12
桡骨长厚指数	L	18.3	19.1	17.9	20.1	19.8	18.1	20.7	21.4	19.2	19.5	1.31	21.9	16.4	19
	R	—	—	18.5	20.7	—	—	19.6	21.1	—	19.4	1.56	21.8	15.7	12
骨干横断面指数	L	80.3	74.4	69.7	75.2	60.6	74.7	71.5	72.3	72.1	71.7	5.25	81.2	60.6	19
	R	—	—	73.3	75.2	—	—	71.5	65.8	—	72.2	7.29	86	59.7	12
桡肱指数	L	—	80.7	—	79.9	—	—	—	—	—	78.1	2.46	81	74	10
	R	—	—	77.5	77.3	—	—	—	76.1	—	76.9	1.07	77.7	75	6

附表 10-4-11 清凉寺第三、四期新石器时代墓葬桡骨个体测量表（男性）

（长度：毫米）

项目	墓号	M29	M52	M57	M65	M75中层	M147	M155	M171墓主	M202	M219	M238	M252	M263	M299
桡骨最大长	L	246.0	—	248.0	258.0	237.0	247.0	—	247.0	240.0	213.0	—	—	—	—
	R	—	245.0	248.0	—	—	247.0	230.0	—	240.0	—	270.0	256.0	245.0	251.0
生理长	L	233.0	—	233.4	244.0	226.0	232.0	—	232.5	226.0	200.0	—	—	—	—
	R	—	227.8	234.8	—	—	234.0	216.0	—	227.0	—	256.0	242.0	232.0	237.0
骨干最小周	L	40.0	—	45.0	48.0	40.0	45.0	—	48.0	47.0	41.0	—	—	—	—
	R	—	42.0	44.0	—	—	45.0	41.0	—	47.0	—	46.0	46.0	46.0	47.0
骨干横径	L	15.7	—	19.4	20.2	15.9	15.4	—	18.0	17.2	15.4	—	—	—	—
	R	—	16.8	18.5	—	—	16.5	16.4	—	17.4	—	18.4	21.3	20.0	21.0
骨干矢径	L	12.0	—	12.3	13.5	12.0	12.6	—	12.6	13.2	11.3	—	—	—	—
	R	—	11.8	12.3	—	—	12.4	11.5	—	13.8	—	14.5	13.2	12.6	13.3
桡骨长厚指数	L	17.2	—	19.3	19.7	17.7	19.4	—	20.6	20.8	20.5	—	—	—	—
	R	—	18.4	18.7	—	—	19.2	19.0	—	20.7	—	18.0	19.0	19.8	19.8
骨干横断面指数	L	76.4	—	63.4	66.8	75.5	81.8	—	70.0	76.7	73.4	—	—	—	—
	R	—	70.2	66.5	—	—	75.2	70.1	—	66.7	—	78.8	62.0	63.0	63.3
桡肱指数	L	82.8	—	—	80.9	76.7	81.5	—	—	—	—	—	—	—	—
	R	—	—	—	—	—	79.4	—	—	—	—	—	—	—	—

项目	墓号	M302	M313	M324	M330	M342	M346	M348	M350	M354(1)	平均值	标准差	最大值	最小值	例数
桡骨最大长	L	249.0	—	254.0	247.0	238.0	—	—	240.0	246.0	243.6	10.55	258.0	213.0	14
	R	—	253.0	—	250.0	—	252.0	247.0	240.0	248.0	248.1	8.76	270.0	230.0	15
生理长	L	232.0	—	238.0	231.0	224.0	—	—	226.0	232.0	229.3	9.91	244.0	200.0	14
	R	—	240.0	—	233.5	—	237.0	235.5	228.0	235.0	234.4	8.68	256.0	216.0	15
骨干最小周	L	45.0	—	42.0	46.0	46.0	—	—	51.0	42.0	44.7	3.31	51.0	40.0	14
	R	—	42.0	43.0	47.0	—	44.0	42.0	49.0	41.0	44.5	2.48	49.0	41.0	16
骨干横径	L	17.4	—	17.1	20.2	18.0	—	—	20.0	17.4	17.7	1.74	20.2	15.4	14
	R	—	17.0	17.5	18.6	—	15.3	16.2	19.0	16.2	17.9	1.77	21.3	15.3	16
骨干矢径	L	13.0	—	12.9	12.6	13.0	—	—	13.4	12.3	12.6	0.61	13.5	11.3	14
	R	—	13.0	13.3	13.0	—	12.7	13.3	12.7	12.6	12.9	0.73	14.5	11.5	16
桡骨长厚指数	L	19.4	—	17.6	19.9	20.5	—	—	22.6	18.1	19.5	1.49	22.6	17.2	14
	R	—	17.5	—	20.1	—	18.6	17.8	21.5	17.4	19.0	1.18	21.5	17.4	15
骨干横断面指数	L	74.7	—	75.4	62.4	72.2	—	—	67.0	70.7	71.9	5.51	81.8	62.4	14
	R	—	76.5	76.0	69.9	—	83.0	82.1	66.8	77.8	71.7	6.84	83.0	62.0	16
桡肱指数	L	—	85.5	78.4	81.0	—	—	77.7	76.9	80.1	2.96	85.5	76.7	9
	R	—	—	78.6	—	75.2	—	77.4	76.1	77.3	1.73	79.4	75.2	5

附表10-4-12　清凉寺第三、四期新石器时代墓葬桡骨个体测量表（女性）

（长度：毫米）

项目\墓号		M146东北角	M146东南角	M148	M189	M203	M236	M246	M282	M288	M308	M319	M322
桡骨最大长	L	—	204.0	237.0	—	226.0	260.0	250.0	257.0	—	—	256.0	232.0
	R	208.0	—	236.0	228.0	—	—	—	—	234.0	220.0	252.0	—
生理长	L	—	194.0	223.0	—	214.0	248.0	237.0	242.5	—	—	240.5	220.0
	R	194.8	—	223.0	218.0	—	—	—	—	219.0	204.0	239.0	—
骨干最小周	L	—	41.0	41.0	—	46.0	48.0	44.0	44.0	—	—	49.0	47.0
	R	41.0	—	41.0	40.0	—	—	—	—	42.0	39.0	49.0	—
骨干横径	L	—	15.8	16.2	—	16.9	19.7	17.8	18.2	—	—	19.6	17.2
	R	15.7	—	16.4	16.2	—	—	—	—	15.5	15.3	17.6	—
骨干矢径	L	—	10.7	11.4	—	11.3	13.6	12.7	13.0	—	—	14.2	14.2
	R	10.0	—	11.9	12.5	—	—	—	—	11.4	11.6	13.5	—
桡骨长厚指数	L	—	21.1	18.4	—	21.5	18.5	18.6	18.1	—	—	20.4	21.4
	R	21.0	—	18.4	18.3	—	—	—	—	19.2	19.1	20.5	—
骨干横断面指数	L	—	67.7	70.4	—	66.9	69.0	71.3	71.4	—	—	72.4	82.6
	R	63.7	—	72.6	77.2	—	—	—	—	73.5	75.8	76.7	—
桡肱指数	L	—	71.1	—	—	—	—	—	79.1	—	—	79.5	—
	R	—	—	79.7	77.3	—	—	—	—	79.6	78.6	77.8	—

项目\墓号		M328	M331	M333	M343	M345	M351	M354（2）	平均值	标准差	最大值	最小值	例数
桡骨最大长	L	258.0	—	221.0	—	—	254.0	251.0	242.2	17.98	260	204	12
	R	—	237.0	—	228.0	262.0	—	251.0	235.6	16.08	262	208	10
生理长	L	241.0	—	210.0	—	—	239.5	238.5	229.0	16.55	248	194	12
	R	—	225.0	—	216.0	248.0	—	240.5	222.7	16.45	248	194.8	10
骨干最小周	L	42.0	—	41.0	—	—	42.0	46.0	44.3	2.90	49	41	12
	R	—	42.0	—	40.0	48.0	—	45.0	42.7	3.47	49	39	10
骨干横径	L	18.0	—	14.7	—	—	17.4	18.8	17.5	1.50	19.7	14.7	12
	R	—	16.0	—	15.7	18.1	—	17.0	16.4	0.93	18.1	15.3	10
骨干矢径	L	12.8	—	11.6	—	—	12.4	13.4	12.6	1.16	14.2	10.7	12
	R	—	12.6	—	11.8	13.7	—	14.2	12.3	1.25	14.2	10	10
桡骨长厚指数	L	17.4	—	19.5	—	—	17.5	19.3	19.3	1.48	21.5	17.4	12
	R	—	18.7	—	18.5	19.4	—	18.7	19.2	0.91	21	18.3	10
骨干横断面指数	L	71.1	—	78.9	—	—	71.3	71.3	72.0	4.46	82.6	66.9	12
	R	—	78.8	—	75.2	75.7	—	83.5	75.3	5.06	83.5	63.7	10
桡肱指数	L	—	—	—	—	—	—	82.6	78.1	4.91	82.6	71.1	4
	R	—	78.5	—	77.6	—	—	—	78.4	0.95	79.7	77.3	7

附表 10-4-13　清凉寺第二期新石器时代墓葬股骨个体测量表（男性）

（长度：毫米；角度：度）

项目 \ 墓号		M26	M47	M51	M58	M69	M82	M89	M90	M94	M95	M98
股骨最大长	L	465.0	459.0	—	433.0	470.0	429.0	464.0	471.0	451.0	478.0	457.0
	R	—	—	461.0	433.0	—	—	—	473.0	449.0	—	460.0
股骨全长	L	461.0	457.0	—	432.0	467.0	423.0	460.0	467.0	447.0	470.0	452.0
	R	—	—	454.0	431.0	—	—	—	465.0	447.0	—	455.0
股骨体上部矢径	L	27.9	28.0	—	28.2	27.7	25.0	28.0	29.2	26.8	26.8	27.3
	R	—	—	25.7	24.9	—	—	—	26.1	27.5	—	29.1
股骨体上部横径	L	34.7	34.5	—	37.3	35.0	33.9	34.2	35.0	34.6	37.4	35.5
	R	—	—	33.6	35.4	—	—	—	36.3	34.9	—	34.3
股骨体中部矢径	L	31.8	34.0	—	29.7	34.8	27.5	30.8	34.2	31.2	30.8	29.4
	R	—	—	33.0	30.0	—	—	—	32.7	30.2	—	29.7
股骨体中部横径	L	27.2	28.0	—	29.2	29.1	27.4	29.8	30.3	27.6	27.0	28.3
	R	—	—	27.4	29.8	—	—	—	29.5	29.0	—	29.2
股骨体中部周长	L	92.0	96.0	—	95.0	102.0	86.0	94.0	103.0	91.0	90.0	90.0
	R	—	—	98.0	94.0	—	—	—	100.0	91.0	—	91.0
股骨颈高	L	34.5	31.7	—	32.8	35.2	33.8	35.3	39.3	35.6	27.0	37.2
	R	—	—	34.8	30.4	—	—	—	38.7	33.3	—	37.2
股骨胫矢径	L	26.2	26.8	—	28.8	31.8	27.2	29.6	30.6	27.0	30.1	28.9
	R	—	—	26.4	25.0	—		—	27.5	24.0	—	27.3
股骨头最大径	L	45.6	49.0	—	49.2	50.3	47.3	51.0	52.8	48.0	50.3	48.8
	R	—	—	46.2	48.3	—	—	—	52.5	47.4	—	50.2
股骨头周长	L	145.0	150.0	—	154.0	157.0	148	161.0	164.0	151.0	158.0	154.0
	R	—	—	157.0	153.0	—	—	—	160.0	148.0	—	157.0
下部最小矢径	L	35.5	33.0	—	34.0	32.0	31.6	32.8	35.3	33.4	34.0	33.2
	R	—	—	34.5	32.0	—	—	—	35.0	33.2	—	32.0
下部横径	L	44.3	39.4	—	46.1	42.0	39.6	43.6	46.8	37.8	43.5	45.5
	R	—	—	43.0	43.8	—	—	—	45.2	37.4	—	44.8
股骨上髁宽	L	84.3	83.0	—	81.3		78.6	83.0	89.5	83.6	83.9	—
	R	—	—	82.6	81.0	—	—	—	90.0	84.0	—	83.0
股骨上外侧髁长	L	64.0	64.4	—	63.3	67.1	60.4	66.7	66.4	66.2	67.2	65.6
	R	—	—	63.4	62.8	—	—	—	67.3	63.8	—	65.5
股骨上内侧髁长	L	62.0	66.7	—	64.7	64.8	61.4	67.0	65.4	64.2	63.0	66.2
	R	—	—	60.3	61.7	—	—	—	64.0	65.0	—	63.7
颈干角	L	126.0	135.0	—	129.0	124.0	129.0	121.0	123.0	127.0	122.0	129.0
	R	—	—	132.0	130.0	—	—	—	126.0	128.0	—	126.0

续附表 10-4-13

项目 \ 墓号		M26	M47	M51	M58	M69	M82	M89	M90	M94	M95	M98
髁干角	L	98.0	94.0	—	99.0	101.0	103.0	99.0	103.0	104.0	104.0	101.0
	R	—	—	99.0	95.0	—	—	—	100.0	97.0	—	99.0
长厚指数	L	20.0	21.0	—	22.0	21.8	20.3	20.4	22.1	20.4	19.1	19.9
	R	—	—	21.6	21.8	—	—	—	21.5	20.4	—	20.0
粗壮指数	L	13.0	13.6	—	13.6	13.7	13.0	13.2	13.8	13.2	12.3	12.8
	R	—	—	13.3	13.9	—	—	—	13.4	13.2	—	12.9
肱股指数	L	—	69.1	—	71.3	—	—	70.2	—	—	—	68.6
	R	—	—	72.0	72.6	—	—	—	69.9	73.4	—	68.6
扁平指数	L	80.4	81.2	—	75.6	79.1	73.7	81.9	83.4	77.5	71.7	76.9
	R	—	—	76.5	70.3	—	—	—	71.9	78.8	—	84.8
嵴指数	L	116.9	121.4	—	101.7	119.6	100.4	103.4	112.9	113.0	114.1	103.9
	R	—	—	120.4	100.7	—	—	—	110.8	104.1	—	101.7

附表 10-4-14　清凉寺第二期新石器时代墓葬股骨个体测量表（女性）

（长度：毫米；角度：度）

项目 \ 墓号		M12	M80	M101	M103	M109	M118	M122	M124	M130	M131
股骨最大长	L	425.0	449.0	463.0	424.0	—	433.0	431.0	—	—	420.0
	R	424.0	—	—	426.0	403.0	—	—	410.0	402.0	420.0
股骨全长	L	420.0	440.0	457.0	422.0	—	430.0	422.0	—	—	416.0
	R	420.0	—	—	423.0	401.0	—	—	404.0	400.0	416.0
股骨体上部矢径	L	24.5	25.6	25.5	25.8	—	23.8	23.8	—	—	23.5
	R	25.2	—	—	26.8	26.5	—	—	23.4	26.0	24.5
股骨体上部横径	L	32.4	30.4	33.5	30.8	—	32.8	33.6	—	—	32.0
	R	31.4	—	—	30.0	30.8	—	—	30.2	32.9	32.3
股骨体中部矢径	L	26.0	28.3	31.4	27.3	—	28.5	30.0	—	—	27.2
	R	26.3	—	—	29.3	28.1	—	—	26.2	25.2	28.8
股骨体中部横径	L	26.4	23.6	27.6	26.7	—	28.0	25.5	—	—	28.3
	R	24.8	—	—	25.5	25.9	—	—	25.4	27.5	27.4
股骨体中部周长	L	81.0	80.0	90.0	83.0	—	84.0	88.0	—	—	86.0
	R	80.0	—	—	85.0	85.0	—	—	82.0	81.0	88.0
股骨颈高	L	28.4	34.2	33.6	31.4	—	32.9	23.7	—	—	29.7
	R	26.7	—	—	30.8	30.5	—	—	29.5	32.8	28.6
股骨胫矢径	L	24.6	25.9	29.0	23.6	—	22.5	27.0	—	—	25.2
	R	24.8	—	—	26.0	24.0	—	—	21.8	25.0	23.2

续附表 10-4-14

项目 \ 墓号		M12	M80	M101	M103	M109	M118	M122	M124	M130	M131
股骨头最大径	L	40.3	43.7	47.5	44.5	—	44.0	47.2	—	—	42.0
	R	40.0	—	—	43.2	42.0	—	—	40.6	43.7	41.6
股骨头周长	L	129.0	135.0	146.0	137.0	—	136.0	146.0	—	—	131.0
	R	127.0	—	—	132.0	133.0	—	—	127.0	138.0	132.0
下部最小矢径	L	28.5	28.0	32.2	29.0	—	30.0	34.7	—	—	31.4
	R	29.4	—	—	28.8	30.2	—	—	29.3	29.0	33.2
下部横径	L	41.0	38.0	41.5	37.6	—	38.0	41.5	—	—	41.0
	R	40.1	—	—	38.0	37.6	—	—	34.6	41.3	39.8
股骨上髁宽	L	70.8	75.0	—	76.8	—	74.8	80.8	—	—	75.0
	R	71.3	—	—	76.8	73.3	—	—	71.4	75.6	75.0
股骨上外侧髁长	L	56.2	62.4	64.7	60.9	—	60.6	65.6	—	—	60.2
	R	56.7	—	—	60.5	60.2	—	—	57.6	58.5	61.3
股骨上内侧髁长	L	56.0	61.3	—	59.3	—	58.6	59.3	—	—	61.2
	R	57.2	—	—	58.7	57.6	—	—	—	59.0	61.7
颈干角	L	128.0	133.0	133.0	130.0	—	126.0	135.0	—	—	133.0
	R	131.0	—	—	136.0	136.0	—	—	129.0	127.0	131.0
髁干角	L	103.0	102.0	105.0	101.0	—	99.0	104.0	—	—	102.0
	R	97.0	—	—	99.0	98.0	—	—	98.0	97.0	98.0
长厚指数	L	19.3	18.2	19.7	19.7	—	19.5	20.9	—	—	20.7
	R	19.0	—	—	20.1	21.2	—	—	20.3	20.3	21.1
粗壮指数	L	12.5	11.8	12.9	12.8	—	13.1	13.2	—	—	13.3
	R	12.2	—	—	13.0	13.5	—	—	12.8	13.2	13.5
肱股指数	L	68.1	—	—	71.1	—	70.0	69.7	—	—	—
	R	69.5	—	—	—	67.6	—	—	70.8	69.0	71.3
扁平指数	L	75.6	84.2	76.1	83.8	—	72.6	70.8	—	—	73.4
	R	80.3	—	—	89.3	86.0	—	—	77.5	79.0	75.9
嵴指数	L	98.5	119.9	113.8	102.2	—	101.8	117.6	—	—	96.1
	R	106.0	—	—	114.9	108.5	—	—	103.1	91.6	105.1

附表 10-4-15　清凉寺第三、四期新石器时代墓葬股骨个体测量表（男性）

（长度：毫米；角度：度）

项目	墓号	M53	M59	M65	M75	M147	M155	M157	M219	M297	M301
股骨最大长	L	497.0	—	462.0	430.0	—	410.0	—	400.0	433.0	448.0
	R	—	433.0	465.0	—	446.0	—	440.0	398.0	—	—
股骨全长	L	495.0	—	450.0	426.0	—	405.0	—	385.0	431.0	444.0
	R	—	429.0	459.0	—	440.0	—	436.0	396.0	—	—
股骨体上部矢径	L	26.0	—	28.0	22.3	—	24.0	—	23.2	25.1	27.4
	R	—	27.1	28.5	—	27.4	—	25.0	23.8	—	—
股骨体上部横径	L	33.8	—	35.2	30.3	—	33.0	—	33.0	33.8	32.3
	R	—	34.8	35.5	—	34.3	—	36.3	31.7	—	—
股骨体中部矢径	L	34.0	—	33.2	26.2	—	27.6	—	27.0	29.9	31.4
	R	—	31.8	33.8	—	30.6	—	27.3	27.5	—	—
股骨体中部横径	L	27.5	—	31.7	25.4	—	27.0	—	24.1	27.3	27.2
	R	—	28.6	30.8	—	27.0	—	28.3	22.8	—	—
股骨体中部周长	L	99.0	—	105.0	80.0	—	83.0	—	81.0	90.0	95.0
	R	—	98.0	103.0	—	93.0	—	85.0	81.0	—	—
股骨颈高	L	38.3	—	40.6	38.0	—	35.0	—	34.8	37.4	37.0
	R	—	39.5	38.2	—	34.8	—	37.8	33.2	—	—
股骨胫矢径	L	32.2	—	34.5	28.7	—	30.5	—	28.6	28.3	24.3
	R	—	29.6	29.4	—	29.0	—	27.6	24.6	—	—
股骨头最大径	L	52.2	—	52.3	55.4	—	48.5	—	45.8	48.6	—
	R	—	46.7	51.8	—	48.0	—	48.2	46.0	—	—
股骨头周长	L	164.0	—	159.0	180.0	—	152.0	—	144.0	150.0	—
	R	—	148.0	163.0	—	150.0	—	150.0	146.0	—	—
下部最小矢径	L	34.2	—	45.4	28.4	—	32.7	—	28.0	31.2	31.8
	R	—	30.5	47.7	—	32.5	—	34.4	29.4	—	—
下部横径	L	39.8	—	33.2	39.2	—	39.8	—	40.2	37.0	42.6
	R	—	41.6	34.0	—	42.8	—	45.5	39.8	—	—
股骨上髁宽	L	82.5	—	91.3	—	—	84.0	—	75.5	78.0	81.8
	R	—	79.0	89.7	—	83.2	—	82.8	75.7	—	—
股骨上外侧髁长	L	64.8	—	70.0	60.5	—	63.5	—	59.0	64.8	63.4
	R	—	59.6	69.0	—	58.7	—	64.2	59.6	—	—
股骨上内侧髁长	L	62.0	—	67.0	—	—	—	—	59.5	63.3	61.5
	R	—	58.3	68.2	—	—	—	—	60.8	—	—
颈干角	L	131.0	—	139.0	121.0	—	125.0	—	128.0	126.0	127.0
	R	—	134.0	138.0	—	131.0	—	115.0	130.0	—	—

续附表 10-4-15

项目	墓号	M53	M59	M65	M75	M147	M155	M157	M219	M297	M301
髁干角	L	104.0	—	100.0	99.0	—	101.0	—	100.0	100.0	99.0
	R	—	98.0	101.0	—	101.0	—	100.0	99.0	—	—
长厚指数	L	20.0	—	23.3	18.8	—	20.5	—	21.0	20.9	21.4
	R	—	22.8	22.4	—	21.1	—	19.5	20.5	—	—
粗壮指数	L	12.4	—	14.4	12.3	—	13.5	—	13.3	13.3	13.2
	R	—	14.1	14.1	—	13.1	—	12.8	12.7	—	—
肱股指数	L	—	—	70.9	72.5	—	—	—	—	—	—
	R	—	—	—	—	70.7	—	74.3	70.2	—	—
扁平指数	L	76.9	—	79.5	73.6	—	72.7	—	70.3	74.3	84.8
	R	—	77.9	80.3	—	79.9	—	68.9	75.1	—	—
嵴指数	L	123.6	—	104.7	103.1	—	102.2	—	112.0	109.5	115.4
	R	—	111.2	109.7	—	113.3	—	96.5	120.6	—	—

附表 10-4-16　清凉寺第三、四期新石器时代墓葬股骨个体测量表（女性）

（长度：毫米；角度：度）

项目	墓号	M148	M279	M282	M297	M308	M331	M344	M345	M347	M351	平均值	标准差	最大值	最小值	例数
股骨最大长	L	422.0	455.0	—	408.0	415.0	431.0	446.0	—	453.0	477.0	438.4	23.40	477.0	408.0	8
	R	—	—	467.0	406.0	420.0	434.0	448.0	470.0	453.0	—	442.6	23.83	470.0	406.0	7
股骨全长	L	420.0	453.0	—	405.0	409.0	428.0	444.0	—	451.0	474.0	435.5	24.0	474.0	405.0	8
	R	—	—	460.0	402.0	414.0	428.0	442.0	468.0	451.0	—	437.9	24.29	468.0	402.0	7
股骨体上部矢径	L	25.8	24.6	—	24.8	23.2	25.3	28.1	—	26.8	29.1	25.96	1.94	29.1	23.2	8
	R	—	—	29.2	24.4	24.2	26.1	28.6	28.8	27.3	—	26.94	2.09	29.2	24.2	7
股骨体上部横径	L	36.3	33.0	—	35.0	31.0	35.5	35.3	—	33.0	33.6	34.09	1.75	36.3	31.0	8
	R	—	—	35.7	32.3	31.6	32.5	35.2	39.8	33.7	—	34.4	2.82	39.8	31.6	7
股骨体中部矢径	L	29.8	29.2	—	25.6	27.7	32.2	28.6	—	31.6	31.6	29.5	2.25	32.2	25.6	8
	R	—	—	31.3	26.0	28.2	32.8	29.0	35.2	31.2	—	30.5	3.06	35.2	26.0	7
股骨体中部横径	L	27.1	27.6	—	27.8	25.4	27.0	28.6	—	29.0	29.3	27.7	1.27	29.3	25.4	8
	R	—	—	29.0	26.5	25.8	26.0	29.0	30.2	29.0	—	27.9	1.77	30.2	25.8	7
股骨体中部周长	L	90.0	97.0	—	83.0	84.0	93.0	91.0	—	97.0	95.0	91.3	5.42	97.0	83.0	8
	R	—	—	97.0	83.0	84.0	93.0	91.0	104.0	97.0	—	92.7	7.50	104.0	83.0	7
股骨颈高	L	37.0	36.0	—	30.5	31.6	35.7	37.7	—	36.2	39.5	35.5	3.03	39.5	30.5	8
	R	—	—	37.0	30.2	32.3	35.0	37.2	42.0	35.5	—	35.6	3.78	42.0	30.2	7
股骨胫矢径	L	26.0	26.8	—	23.0	26.4	25.5	34.2	—	25.4	28.4	27.0	3.29	34.2	23.0	8
	R	—	—	27.7	22.0	25.2	25.0	29.6	30.8	25.9	—	26.6	3.00	30.8	22.0	7

续附表 10-4-16

项目		M148	M279	M282	M297	M308	M331	M344	M345	M347	M351	平均值	标准差	最大值	最小值	例数
股骨头最大径	L	49.7	—	—	45.1	44.5	46.9	52.3	—	—	51.0	48.3	3.22	52.3	44.5	6
	R	—	—	47.6	44.5	44.2	46.2	51.5	51.1	48.5	—	47.7	2.93	51.5	44.2	7
股骨头周长	L	152.0	—	—	141.0	138.0	146.0	165.0			158.0	150.0	10.33	165.0	138.0	6
	R	—	—	150.0	138.0	139.0	142.0	162.0	161	151	—	149.0	9.90	162.0	138.0	7
下部最小矢径	L	30.0	29.8	—	28.5	29.2	34.5	32.3	—	33.4	32.8	31.3	2.21	34.5	28.5	8
	R	—	—	33.3	28.7	29.4	34.0	33.8	38.6	35.1	—	33.3	3.38	38.6	28.7	7
下部横径	L	40.5	38.3	—	42.7	35.7	44.5	45.3	—	47.6	43.6	42.3	3.90	47.6	35.7	8
	R	—	—	42.8	40.5	35.4	42.3	45.5	53.2	43.6	—	43.3	5.39	53.2	35.4	7
股骨上髁宽	L	—	80.0	—	76.8	74.1	81.6	85.2	—	—	—	79.5	4.29	85.2	74.1	5
	R	—	—	—	75.8	—	83.5	84.3	—	—	—	81.2	4.69	84.3	75.8	3
股骨上外侧髁长	L	57.8	63.3	—	58.0	61.4	63.0	68.4	—	67.4	69.4	63.6	4.50	69.4	57.8	8
	R	—	—	71.8	58.9	60.6	64.1	68.9	68.0	—	—	65.4	5.04	71.8	58.9	6
股骨上内侧髁长	L	58.0	64.0	—	58.0	57.4	61.0	64.7	—	69.0	64.8	62.1	4.18	69.0	57.4	8
	R	—	—	63.2	58.0	58.7	63.1	67.0	—	68.0	—	63.0	4.11	68.0	58.0	6
颈干角	L	134.0	138.0	—	132.0	126.0	123.0	122.0	—	123.0	124.0	127.8	6.07	138.0	122.0	8
	R	—	—	120.0	130.0	128.0	124.0	124.0	124.0	124.0	—	124.9	3.24	130.0	120.0	7
髁干角	L	103.0	99.0	—	100.0	98.0	101.0	101.0	—	98.0	100.0	100.0	1.69	103.0	98.0	8
	R	—	—	99.0	97.0	98.0	103.0	100.0	—	—	—	99.4	2.30	103.0	97.0	5
长厚指数	L	21.4	21.4	—	20.5	20.5	21.7	20.5	—	21.5	20.0	20.9	0.63	21.7	20.0	8
	R	—	—	21.1	20.6	20.3	21.7	20.6	22.2	21.5	—	21.1	0.69	22.2	20.3	7
粗壮指数	L	13.5	12.5	—	13.2	13.0	13.8	12.4	—	13.4	12.8	13.1	0.49	13.8	12.4	8
	R	—	—	13.1	13.1	13.0	13.7	13.1	13.9	13.3	—	13.3	0.35	13.9	13.0	7
肱股指数	L	—	—	—	—	68.9	69.6	—	—	72.1	70.0	70.2	1.38	72.1	68.9	4
	R	—	—	70.7	—	67.6	70.6	—	—	72.7	—	70.4	2.10	72.7	67.6	4
扁平指数	L	71.1	74.5	—	70.9	74.8	71.3	79.6	—	81.2	86.6	76.3	5.70	86.6	70.9	8
	R	—	—	82.8	75.5	76.6	80.3	81.3	72.4	81.0	—	78.6	3.78	82.8	72.4	7
嵴指数	L	110.0	105.8	—	92.1	109.1	119.3	100.0	—	109.0	107.8	106.6	7.93	119.3	92.1	8
	R	—	—	107.9	98.1	109.3	126.2	100.0	116.6	107.6	—	109.4	9.62	126.2	98.1	7

附表 10-4-17 清凉寺第二期新石器时代墓葬胫骨个体测量表（男性）

(长度: 毫米)

项目 \ 墓号		M25	M28	M47	M48	M51	M58(1)	M58(2)	M69(1)	M69(2)	M82	M89	M90	M94	M95	M98
胫骨最大长	L	367.0	—	378.0	—	—	336.0	—	400.0	359.0	347.0	384.0	388.0	—	392.0	381.0
	R	368.0	379.0	373.0	365.0	385.0	336.0	390.0	401.0	360.0	—	380.0	387.0	373.0	390.0	377.0
胫骨全长	L	366.0	—	376.0	—	—	334.0	—	399.0	358.0	345.0	382.0	387.0	—	389.0	380.0
	R	366.0	377.0	371.0	363.0	384.0	333.0	387.0	399.0	358.0	—	379.0	386.0	371.0	386.0	375.0
胫骨体中部横径	L	22.8	—	23.5	—	23.2	24.1	—	26.6	22.0	22.0	23.3	24.7	—	23.7	24.0
	R	24.2	23.7	23.8	22.8	25.5	24.2	22.2	27.8	26.6	—	23.4	24.7	22.3	24.0	22.7
胫骨体中部最大径	L	30.6	—	35.7	—	33.6	33.0	—	33.8	29.0	35.0	33.3	33.8	—	32.6	34.0
	R	30.5	31.4	34.8	33.0	34.2	32.3	34.0	33.5	34.8	—	32.2	34.0	33.3	32.1	33.7
胫骨下段矢径	L	36.9	—	40.5	—	38.2	36.2	—	41.7	38.2	41.6	40.6	43.0	—	38.7	40.4
	R	36.2	41.1	40.5	32.8	36.5	37.0	40.0	40.5	38.2	—	40.0	41.0	38.4	37.8	41.7
胫骨下段宽	L	51.0	—	59.0	—	51.0	50.0	—	50.0	46.0	50.0	55.0	56.0	—	53.0	50.0
	R	50.0	54.0	55.0	50.0	53.0	52.0	55.0	54.0	52.0	—	56.0	57.0	55.0	55.0	50.0
滋养孔处矢径	L	34.5	—	39.6	—	38.3	37.7	—	38.1	35.5	39.0	39.5	38.8	—	36.6	37.6
	R	34.4	35.8	38.2	39.3	38.7	37.0	39.0	39.2	39.0	—	39.5	38.2	37.8	37.9	36.0
滋养空处横径	L	23.1	—	24.8	—	27.0	25.3	—	27.2	25.5	27.3	27.0	27.4	—	25.6	25.9
	R	24.1	25.4	23.3	25.7	27.4	27.0	23.3	29.6	26.8	—	27.0	28.2	25.2	26.7	24.5
体最小周长	L	74.0	—	86.0	—	80.0	82.0	—	84.0	75.0	94.0	78.0	83.0	—	80.0	83.0
	R	75.0	78.0	85.0	80.0	82.0	83.0	80.0	82.0	90.0	—	77.0	84.0	78.0	80.0	82.0
胫骨指数	L	67.0	—	62.6	—	70.5	67.1	—	71.4	71.8	70.0	68.4	70.6	—	69.9	68.9
	R	70.1	70.9	61.0	65.4	70.8	73.0	59.7	75.5	68.7	—	68.4	73.8	66.7	70.4	68.1
胫骨中部断面指数	L	74.5	—	65.8	—	69.0	73.0	—	78.7	75.9	62.9	70.0	73.1	—	72.7	70.6
	R	79.3	75.5	68.4	69.1	74.6	74.9	65.3	83.0	68.7	—	72.7	72.6	67.0	74.8	67.4
胫骨长厚指数	L	20.2	—	22.9	—	—	24.6	—	21.1	20.9	27.2	20.4	21.4	—	20.6	21.8
	R	20.5	20.7	22.9	22.0	21.4	24.9	20.7	20.6	25.1	—	20.3	21.8	21.0	20.7	21.9

续附表 10-4-17

项目	墓号	M112墓主	M114	M115	M119	M127	M128	M135	M222	M284	M317	平均值	标准差	最大值	最小值	例数
胫骨最大长	L	351.0	—	375.0	370.0	—	390.0	371.0	341.0	—	394.0	372.0	19.43	400.0	336.0	17
	R	—	360.0	—	—	368.0	390.0	370.0	342.0	358.0	392.0	373.5	16.53	401.0	336.0	21
胫骨全长	L	348.0	—	373.0	368.0	—	388.0	369.0	339.0	—	393.0	370.2	19.63	399.0	334.0	17
	R	—	358.0	—	—	367.0	388.0	369.0	340.0	356.0	390.0	371.6	16.58	399.0	333.0	21
胫骨体中部横径	L	19.2	—	22.4	23.4	—	23.4	22.4	22.0	—	24.7	23.2	1.53	26.6	19.2	18
	R	—	23.5	—	23.0	24.0	24.4	22.8	22.7	24.4	22.1	23.9	1.41	27.8	22.1	22
胫骨体中部最大径	L	27.4	—	32.0	30.5	—	36.1	35.0	31.3	—	34.2	32.8	2.33	36.1	27.4	18
	R	—	32.0	—	30.9	32.3	36.0	34.0	30.2	31.8	33.5	32.9	1.49	36.0	30.2	22
胫骨下段矢径	L	38.4	—	41.5	38.8	—	38.8	39.0	32.7	—	37.7	39.1	2.41	43.0	32.7	18
	R	—	39.4	—	38.3	40.6	40.2	37.8	33.4	37.0	38.2	38.5	2.36	41.7	32.8	22
胫骨下段宽	L	46.0	—	55.0	50.0	—	56.0	57.0	47.0	—	49.0	51.7	3.85	59.0	46.0	18
	R	—	50.0	—	—	57.0	55.0	60.0	51.0	52.0	51.0	53.5	2.77	60.0	50.0	21
滋养孔处矢径	L	31.2	—	35.8	34.1	—	40.5	38.3	33.2	—	39.6	37.1	2.56	40.5	31.2	18
	R	—	34.0	—	33.3	38.7	41.5	36.6	32.7	38.0	38.0	37.4	2.22	41.5	32.7	22
滋养空处横径	L	22.2	—	25.1	25.0	—	27.3	25.7	23.6	—	25.3	25.6	1.51	27.4	22.2	18
	R	—	25.2	—	25.2	28.6	29.0	25.6	24.0	26.2	24.6	26.0	1.79	29.6	23.3	22
体最小周长	L	68.0	—	76.0	75.0	—	86.0	80.0	75.0	—	80.0	79.9	5.85	94.0	68.0	18
	R	—	75.0	—	73.0	79.0	86.0	80.0	74.0	78.0	82.0	80.1	4.13	90.0	73.0	22
胫骨指数	L	71.2	—	70.1	73.3	—	67.4	67.1	71.1	—	63.9	69.0	2.77	73.3	62.6	18
	R	—	74.1	—	75.7	73.9	69.9	69.9	73.4	68.9	64.7	69.7	4.28	75.7	59.7	22
胫骨中部断面指数	L	70.1	—	70.0	76.7	—	64.8	64.0	70.3	—	72.2	70.8	4.39	78.7	62.9	18
	R	—	73.4	—	74.4	74.3	67.8	67.1	75.2	76.7	66.0	72.2	4.66	83.0	65.3	22
胫骨长厚指数	L	19.5	—	20.4	20.4	—	22.2	21.7	22.1	—	20.4	21.6	1.88	27.2	19.5	17
	R	—	20.9	—	—	21.5	22.2	21.7	21.8	21.9	21.0	21.7	1.29	25.1	20.3	21

附表 10-4-18 清凉寺第二期新石器时代墓葬胫骨个体测量表（女性）

（长度：毫米）

项目 \ 墓号		M10	M12	M47(2)	M64	M66南	M80	M102	M103	M104	M118	M124	M131	M136	M137	M138
胫骨最大长	L	346.0	—	—	—	—	378.0	—	359.0	352.0	355.0	—	—	350.0	383.0	350.0
	R	—	347.0	342.0	350.0	337.0	378.0	362.0	361.0	—	358.0	334.0	365.0	360.0	381.0	348.0
胫骨全长	L	344.0	—	—	—	—	376.0	—	356.0	349.0	352.0	—	—	348.0	382.0	348.0
	R	—	345.0	340.0	348.0	336.0	375.0	360.0	360.0	—	356.0	333.0	364.0	358.0	380.0	347.0
胫骨体中部横径	L	20.7	—	—	—	—	19.7	—	19.6	19.9	21.0	—	—	23.4	22.0	23.8
	R	—	22.5	21.7	20.5	20.8	19.4	21.0	20.8	—	20.8	20.5	22.7	23.0	22.3	24.4
胫骨体中部最大径L	L	25.8	—	—	—	—	29.2	—	31.6	29.8	28.3	—	—	32.7	30.6	32.6
	R	—	29.8	29.0	30.4	28.7	28.0	27.8	31.2	—	28.7	27.0	30.0	32.4	30.5	31.6
胫骨下段矢径	L	34.5	—	—	—	—	34.4	—	35.8	35.2	36.3	—	—	38.6	40.3	39.2
	R	—	34.9	36.8	34.7	35.4	34.7	34.8	33.7	—	35.0	33.4	37.5	39.3	—	38.6
胫骨下段宽	L	48.0	—	—	—	—	49.0	—	49.0	48.0	50.0	—	—	50.0	53.0	54.0
	R	—	45.0	44.0	50.0	46.0	50.0	51.0	50.0	—	49.0	43.0	50.0	50.0	57.0	51.0
滋养孔处矢径	L	27.4	—	—	—	—	31.5	—	36.0	24.5	34.0	—	—	38.4	34.8	35.0
	R	—	33.0	30.7	37.5	32.0	31.0	32.6	37.0	—	33.7	32.6	33.3	37.0	35.2	33.5
滋养空处横径	L	21.7	—	—	—	—	22.2	—	22.6	31.6	23.9	—	—	27.5	23.0	24.0
	R	—	23.3	25.2	23.0	20.0	22.0	23.7	24.0	—	22.7	23.3	25.6	25.0	24.0	25.5
体最小周长	L	65.0	—	—	—	—	66.0	—	74.0	74.0	70.0	—	—	79.0	80.0	78.0
	R	—	72.0	73.0	78.0	73.0	65.0	70.0	74.0	—	69.0	67.0	80.0	80.0	79.0	79.0
胫骨指数	L	79.2	—	—	—	—	70.5	—	62.7	77.5	70.3	—	—	71.6	66.1	68.6
	R	—	70.7	82.1	61.3	62.5	71.0	72.7	64.9	—	67.4	71.5	76.9	67.6	68.2	76.1
胫骨中部断面指数	L	80.2	—	—	—	—	67.5	—	62.0	66.8	73.5	—	—	71.6	71.9	73.0
	R	—	75.5	74.8	67.4	72.5	69.3	75.5	66.7	—	72.5	75.9	75.7	71.0	73.1	77.2
胫骨长厚指数	L	18.9	—	—	—	—	17.6	—	20.8	21.2	19.9	—	—	22.7	20.9	22.4
	R	—	20.9	21.5	22.4	21.7	17.3	19.4	20.6	—	19.4	20.1	22.0	22.3	20.8	22.8

续附表 10-4-18

项目 \ 墓号		M144	M151	M158	M172	M175	M196	M197	M227	M259	M286	平均值	标准差	最大值	最小值	例数
胫骨最大长 L	L	390.0	342.0	360.0	363.0	—	365.0	330.0	353.0	351.0	385.0	359.5	16.29	390.0	330.0	17
	R	393.0	—	—	365.0	326.0	363.0	—	—	353.0	385.0	358.3	17.70	393.0	326.0	19
胫骨全长	L	388.0	340.0	357.0	360.0	—	363.0	328.0	351.0	350.0	383.0	357.4	16.40	388.0	328.0	17
	R	391.0	—	—	363.0	324.0	360.0	—	—	350.0	383.0	356.5	17.58	391.0	324.0	19
胫骨体中部横径	L	20.4	22.2	24.4	22.4	—	20.2	21.0	20.2	21.1	21.2	21.4	1.46	24.4	19.6	17
	R	22.6	—	—	22.0	21.4	20.6	—	—	22.1	21.8	21.6	1.16	24.4	19.4	19
胫骨体中部最大径	L	32.6	27.0	32.8	34.0	—	28.0	29.5	31.3	28.3	30.8	30.3	2.32	34.0	25.8	17
	R	32.5	—	—	33.5	27.5	28.8	—	—	28.3	29.0	29.7	1.84	33.5	27.0	19
胫骨下段矢径	L	39.6	36.0	36.6	40.0	—	33.4	38.3	34.7	34.4	39.0	36.8	2.29	40.3	33.4	17
	R	39.3	—	—	39.3	36.0	33.5	—	—	37.2	39.3	36.3	2.15	39.3	33.4	18
胫骨下段宽	L	53.0	50.0	49.0	52.0	—	46.0	49.0	48.0	48.0	50.0	49.8	2.14	54.0	46.0	17
	R	55.0	—	—	55.0	47.0	45.0	—	—	56.0	52.0	49.8	4.09	57.0	43.0	19
滋养孔处矢径	L	36.4	34.6	35.3	37.0	—	31.4	32.0	35.6	33.5	34.5	33.6	3.48	38.4	24.5	17
	R	38.2	—	—	36.3	32.0	33.0	—	—	34.0	33.4	34.0	2.23	38.2	30.7	19
滋养空处横径	L	24.5	24.7	27.0	24.7	—	22.8	24.6	20.5	24.0	23.6	24.3	2.56	31.6	20.5	17
	R	25.6	—	—	24.6	24.1	22.8	—	—	25.0	23.8	23.9	1.41	25.6	20	19
体最小周长	L	74.0	70.0	81.0	78.0	—	71.0	73.0	72.0	74.0	73.0	73.6	4.55	81.0	65.0	17
	R	75.0	—	—	79.0	69.0	72.0	—	—	76.0	72.0	73.8	4.58	80.0	65.0	19
胫骨指数	L	67.3	71.4	76.5	66.8	—	72.6	76.9	57.6	71.6	68.4	70.3	5.52	79.2	57.6	17
	R	67.0	—	—	67.8	75.3	69.1	—	—	73.5	71.3	70.4	5.11	82.1	61.3	19
胫骨中部断面指数	L	62.6	82.2	74.4	65.9	—	72.1	71.2	64.5	74.6	68.8	70.8	5.59	82.2	62	17
	R	69.5	—	—	65.7	77.8	71.5	—	—	78.1	75.2	72.9	3.80	78.1	65.7	19
胫骨长厚指数	L	19.1	20.6	22.7	21.7	—	19.6	22.3	20.5	21.1	19.1	20.7	1.47	22.7	17.6	17
	R	19.2	—	—	21.8	21.3	20.0	—	—	21.7	18.8	20.7	1.44	22.8	17.3	19

附表 10-4-19 清凉寺三、四期新石器时代墓葬胫骨个体测量表（男性）

（长度：毫米）

项目	墓号	M29	M52	M53殉人	M65	M75（1）	M75（2）	M155	M157	M219	M277	M287	M297墓主	M301	M311
胫骨最大长	L	362.0	370.0	—	390.0	406.0	358.0	—	372.0	328.0	365.0	330.0	350.0	—	370.0
	R	—	373.0	415.0	390.0	—	—	333.0	367.0	325.0	—	—	353.0	385.0	—
胫骨全长	L	360.0	368.0	—	387.0	404.0	356.0	—	369.0	326.0	363.0	329.0	348.0	—	368.0
	R	—	370.0	413.0	388.0	—	—	330.0	365.0	323.0	—	—	350.0	380.0	—
胫骨体中部横径	L	21.2	20.4	—	23.4	23.7	21.2	—	23.5	20.4	22.8	23.2	21.1	—	23.8
	R	—	21.2	23.0	25.5	—	—	22.8	23.6	21.8	—	—	21.9	24.0	—
胫骨体中部最大径	L	32.8	31.8	—	34.0	35.0	26.4	—	32.0	29.5	31.0	30.6	31.3	—	35.9
	R	—	33.0	35.3	34.2	—	—	29.4	32.3	28.7	—	—	32.0	30.4	—
胫骨下段矢径	L	37.4	41.2	—	41.5	37.4	37.3	—	37.0	36.8	40.3	36.6	38.4	—	42.1
	R	—	40.3	36.7	41.7	—	—	40.3	36.4	35.3	—	—	37.6	38.0	—
胫骨下段宽	L	51.0	54.0	—	55.0	53.0	50.0	—	—	47.0	54.0	54.0	50.0	—	57.0
	R	—	57.0	56.0	54.0	—	—	54.0	—	49.0	—	—	49.0	54.0	—
滋养孔处矢径	L	35.2	37.0	—	39.6	42.3	28.7	—	36.2	31.5	34.4	35.6	35.5	—	39.7
	R	—	37.2	38.6	37.0	—	—	31.8	36.3	32.7	—	—	37.2	38.2	—
滋养空处横径	L	23.6	22.0	—	26.5	27.1	22.5	—	24.0	24.2	27.2	27.5	23.6	—	25.9
	R	—	23.0	23.9	28.0	—	—	24.6	24.8	25.3	—	—	23.3	25.5	—
体最小周长	L	79.0	76.0	—	80.0	83.0	70.0	—	74.0	75.0	78.0	75.0	77.0	—	85.0
	R	—	78.0	77.0	82.0	—	—	72.0	76.0	76.0	—	—	78.0	76.0	—
胫骨指数	L	67.0	59.5	—	66.9	64.1	78.4	—	66.3	76.8	79.1	77.2	66.5	—	65.2
	R	—	61.8	61.9	75.7	—	—	77.4	68.3	77.4	—	—	62.6	66.8	—
胫骨中部断面指数	L	64.6	64.2	—	68.8	67.7	80.3	—	73.4	69.2	73.5	75.8	67.4	—	66.3
	R	—	64.2	65.2	74.6	—	—	77.6	73.1	76.0	—	—	68.4	78.9	—
胫骨长厚指数	L	21.9	20.7	—	20.7	20.5	19.7	—	20.1	23.0	21.5	22.8	22.1	—	23.1
	R	—	21.1	18.6	21.1	—	—	21.8	20.8	23.5	—	—	22.3	20.0	—

续附表 10-4-19

项目＼墓号		M322	M324	M327	M330	M336	M346	M352	M354 盗洞人骨	M355	平均值	标准差	最大值	最小值	例数
胫骨最大长	L	347.0	365.0	361.0	371.0	—	383.0	376.0	—	—	364.9	19.53	406.0	328.0	17
	R	344.0	367.0	363.0	—	376.0	380.0	—	374.0	370.0	367.7	22.61	415.0	325.0	15
胫骨全长	L	343.0	363.0	360.0	370.0	—	367.0	374.0	—	—	362.1	18.93	404.0	326.0	17
	R	341.0	364.0	361.0	—	373.0	365.0	—	371.0	368.0	364.1	22.34	413.0	323.0	15
胫骨体中部横径	L	21.8	23.6	25.3	24.7	—	24.7	22.2	—	—	22.8	1.54	25.3	20.4	17
	R	22.4	23.6	25.3	—	22.8	23.6	—	23.6	20.0	23.0	1.45	25.5	20.0	15
胫骨体中部最大径	L	33.6	33.7	33.6	32.8	—	36.6	31.3	—	—	32.5	2.46	36.6	26.4	17
	R	34.0	33.3	33.2	—	33.5	36.2	—	31.0	33.0	32.6	2.07	36.2	28.7	15
胫骨下段矢径	L	39.3	36.3	38.5	41.4	—	39.8	33.0	—	—	38.5	2.38	42.1	33	17
	R	38.5	37.2	39.0	—	37.7	39.9	—	38.5	37.0	38.3	1.73	41.7	35.3	15
胫骨下段宽	L	56.0	53.0	55.0	54.0	—	—	50.0	—	—	52.9	2.72	57.0	47.0	15
	R	54.0	55.0	53.0	—	53.0	57.0	—	52.0	51.0	53.4	2.53	57.0	49.0	14
滋养孔处矢径	L	38.6	38.5	36.8	38.8	—	37.6	36.7	—	—	36.6	3.19	42.3	28.7	17
	R	35.8	38.0	37.7	—	40.0	39.7	—	37.5	35.3	36.9	2.27	40.0	31.8	15
滋养空处横径	L	24.4	27.2	27.7	27.3	—	26.0	23.8	—	—	25.3	1.90	27.7	22	17
	R	24.2	28.0	26.4	—	26.7	24.5	—	25.2	22.2	25.0	1.70	28.0	22.2	15
体最小周长	L	78.0	82.0	84.0	85.0	—	82.0	74.0	—	—	78.6	4.39	85.0	70.0	17
	R	77.0	83.0	81.0	—	83.0	84.0	—	76.0	75.0	78.3	3.51	84.0	72.0	15
胫骨指数	L	63.2	70.6	75.3	70.4	—	69.1	64.9	—	—	69.4	5.92	79.1	59.5	17
	R	67.6	73.7	70.0	—	66.8	61.7	—	67.2	62.9	68.1	5.65	77.4	61.7	15
胫骨中部断面指数	L	64.9	70.0	75.3	75.3	—	67.5	70.9	—	—	70.3	4.62	80.3	64.2	17
	R	65.9	70.9	76.2	—	68.1	65.2	—	76.1	60.6	70.7	5.75	78.9	60.6	15
胫骨长厚指数	L	22.7	22.6	23.3	23.0	—	22.3	19.8	—	—	21.8	1.25	23.3	19.7	17
	R	22.6	22.8	22.4	—	22.3	23.0	—	20.5	20.4	21.5	1.34	23.5	18.6	15

附表 10-4-20 清凉寺第三、四期新石器时代墓葬胫骨个体测量表（女性）

（长度：毫米）

项目 \ 墓号		M70 西	M146 东南角（西）	M146 东南角	M281	M282	M297（2）	M304	M308	M331
胫骨最大长	L	338.0	310.0	332.0	356.0	401.0	—	386.0	344.0	370.0
	R	—	312.0	336.0	366.0	407.0	335.0	384.0	342.0	368.0
胫骨全长 L	L	335.0	308.0	330.0	355.0	399.0	—	382.0	342.0	368.0
	R	—	311.0	334.0	363.0	404.0	333.0	381.0	340.0	365.0
胫骨体中部横径	L	21.5	17.0	19.4	17.8	25.3	—	22.0	21.9	22.9
	R	—	17.5	19.4	18.4	25.5	21.0	22.3	23.0	23.0
胫骨体中部最大径	L	29.9	29.8	25.9	31.0	34.7	—	32.0	31.5	34.6
	R	—	29.7	25.6	32.2	36.8	29.8	31.3	31.5	33.4
胫骨下段矢径	L	36.0	34.5	35.1	35.4	40.4	—	39.1	35.1	35.5
	R	—	34.3	35.5	34.2	38.7	38.0	37.5	36.0	35.9
胫骨下段宽	L	47.0	46.0	49.0	54.0	55.0	—	52.0	47.0	55.0
	R	—	46.0	48.0	54.0	54.0	52.0	55.0	46.0	50.0
滋养孔处矢径	L	34.0	31.0	31.8	34.0	40.6	—	36.6	35.4	38.9
	R	—	30.6	29.5	34.8	42.6	32.0	36.0	34.9	38.5
滋养空处横径	L	23.7	17.7	23.7	19.1	29.0	—	24.0	22.8	26.6
	R	—	18.1	23.3	21.2	28.5	23.0	24.3	23.8	26.1
体最小周长	L	75.0	67.0	65.0	73.0	83.0	—	75.0	77.0	86.0
	R	—	68.0	65.0	76.0	85.0	76.0	76.0	76.0	82.0
胫骨指数	L	69.7	57.1	74.5	56.2	71.4	—	65.6	64.4	68.4
	R	—	59.2	79.0	60.6	66.9	71.9	67.5	68.2	67.8
胫骨中部断面指数	L	71.9	57.0	74.9	57.4	72.6	—	68.8	69.5	66.2
	R	—	58.9	75.8	57.1	69.3	70.5	71.2	73.0	68.9
胫骨长厚指数	L	22.4	21.8	19.7	20.6	20.8	—	19.6	22.5	23.4
	R	—	21.9	19.5	20.9	21.0	22.8	19.9	22.4	22.5

续附表 10-4-20

项目\墓号		M343	M344	M347	M351	平均值	标准差	最大值	最小值	例数
胫骨最大长	L	354.0	372.0	376.0	—	358.1	26.25	401.0	310.0	11
	R	—	378.0	374.0	400.0	363.8	29.45	407.0	312.0	11
胫骨全长	L	351.0	368.0	374.0	—	355.6	26.04	399.0	308.0	11
	R	—	375.0	372.0	398.0	361.5	29.00	404.0	311.0	11
胫骨体中部横径	L	21.9	22.5.0	23.7	—	21.4	2.47	25.3	17.0	11
	R	—	24.5	22.6	23.8	21.9	2.55	25.5	17.5	11
胫骨体中部最大径	L	31.7	33.9	33.1	—	31.6	2.56	34.7	25.9	11
	R	—	34.0	34.3	34.0	32.1	3.00	36.8	25.6	11
胫骨下段矢径	L	39.8	39.5	37.8	—	37.1	2.23	40.4	34.5	11
	R	—	40.5	38.3	38.0	37.0	1.97	40.5	34.2	11
胫骨下段宽	L	49.0	56.0	50.0	—	50.9	3.65	56.0	46.0	11
	R	—	54.0	52.0	51.0	51.1	3.24	55.0	46.0	11
滋养孔处矢径	L	34.9	39.2	40.2	—	36.1	3.32	40.6	31.0	11
	R	—	38.6	39.1	36.2	35.7	3.94	42.6	29.5	11
滋养空处横径	L	23.8	29.4	29.0	—	24.4	3.86	29.4	17.7	11
	R	—	28.3	30.7	26.7	24.9	3.61	30.7	18.1	11
体最小周长	L	77.0	82.0	80.0	—	76.4	6.44	86.0	65.0	11
	R	—	84.0	81.0	76.0	76.8	6.19	85.0	65.0	11
胫骨指数	L	68.2	75.0	72.1	—	67.5	6.30	75.0	56.2	11
	R	—	73.3	78.5	73.8	69.7	6.40	79.0	59.2	11
胫骨中部断面指数	L	69.1	66.4	71.6	—	67.8	5.83	74.9	57.0	11
	R	—	72.1	65.9	70.0	68.4	5.74	75.8	57.1	11
胫骨长厚指数	L	21.9	22.3	21.4	—	21.5	1.20	23.4	19.6	11
	R	—	22.4	21.8	19.1	21.3	1.30	22.8	19.1	11

附表 10-4-21　清凉寺第二期新石器时代墓葬腓骨个体测量表（男性）

（长度：毫米）

项目	墓号	M47	M51	M82北	M90	M95	M114	M135	M157	M229	平均值	标准差	最大值	最小值	例数
最大长	L	367.0	362.0	332.0	377.0	378.0	—	352.0	345.0	384.0	362.1	18.04	384.0	332.0	8
	R	—	366.0	—	—	372.0	346.0	356.0	—	384.0	364.8	14.60	384.0	346.0	5
最小周长	L	44.0	34.0	47.0	42.0	42.0	—	41.0	53.0	38.0	42.6	5.71	53.0	34.0	8
	R	—	40.0	—	—	42.0	38.0	40.0	—	36.0	39.2	2.28	42.0	36.0	5
中部最大径	L	17.6	18.5	17.6	18.0	18.1	—	19.1	22.2	16.8	18.5	1.65	22.2	16.8	8
	R	—	19.3	—	—	19.3	17.5	20.4	—	17.6	18.8	1.24	20.4	17.5	5
中部最小径	L	14.8	13.9	12.6	16.6	14.7	—	16.3	14.6	11.3	14.4	1.77	16.6	11.3	8
	R	—	13.4	—	—	13.3	14.8	16.0	—	13.5	14.2	1.18	16.0	13.3	5
腓骨长厚指数	L	12.0	9.4	14.2	11.1	11.1	—	11.6	15.4	9.9	11.8	2.04	15.4	9.4	8
	R	—	10.9	—	—	11.3	11.0	11.2	—	9.4	10.8	0.78	11.3	9.4	5
腓骨骨干断面指数	L	84.1	75.1	71.6	92.2	81.2	—	85.3	65.8	67.3	77.8	9.37	92.2	65.8	8
	R	—	69.4	—	—	68.9	84.6	78.4	—	76.7	75.6	6.58	84.6	68.9	5

附表 10-4-22　清凉寺第二期新石器时代墓葬腓骨个体测量表（女性）

（长度：毫米）

项目	墓号	M102	M103	M196	M197	M232	平均值	标准差	最大值	最小值	例数
最大长	L	—	345.0	348.0	—	320.0	337.7	15.37	348.0	320.0	3
	R	352.0	345.0	—	324.0	—	340.3	14.57	352.0	324.0	3
最小周长	L	—	42.0	39.0	—	41.0	40.7	1.53	42.0	39.0	3
	R	41.0	38.0	—	36.0	—	38.3	2.52	41.0	36.0	3
中部最大径	L	—	17.0	14.1	—	17.5	16.2	1.84	17.5	14.1	3
	R	15.3	15.3	—	15.0	—	15.2	0.17	15.3	15.0	3
中部最小径	L	—	12.0	10.9	—	10.2	11.0	0.91	12.0	10.2	3
	R	10.3	12.2	—	11.4	—	11.3	0.95	12.2	10.3	3
腓骨长厚指数	L	—	12.2	11.2	—	12.8	12.1	0.81	12.8	11.2	3
	R	11.6	11.0	—	11.1	—	11.2	0.32	11.6	11.0	3
腓骨骨干断面指数	L	—	70.6	77.3	—	58.3	68.7	9.64	77.3	58.3	3
	R	67.3	79.7	—	76.0	—	74.3	6.37	79.7	67.3	3

附表 10-4-23　清凉寺第三、四期新石器时代墓葬腓骨个体测量表（男性）

（长度：毫米）

项目＼墓号		M29	M52	M53C	M65	M155	M171墓主	M287	M297中	M301	M346	M354（1）	平均值	标准差	最大值	最小值	例数
最大长	L	350.0	359.0	—	—	—	—	328.0	342.0	—	367.0	375.0	353.5	17.14	375.0	328.0	6
	R	—	—	368.0	372.0	326.0	342.0	—	—	361.0	—	368.0	356.2	18.25	372.0	326.0	6
最小周长	L	37.0	45.0	—	—	—	—	39.0	41.0	—	39.0	39.0	40.0	2.76	45.0	37.0	6
	R	—	—	37.0	47.0	38.0	39.0	—	—	41.0	—	38.0	40.0	3.69	47.0	37.0	6
中部最大径	L	18.9	20.0	—	—	—	—	18.1	19.3	—	18.2	16.4	18.5	1.24	20.0	16.4	6
	R	—	—	18.3	19.8	14.5	17.9	—	—	18.8	—	16.0	17.6	1.95	19.8	14.5	6
中部最小径	L	12.9	11.7	—	—	—	—	14.8	13.8	—	13.7	15.0	13.7	1.23	15.0	11.7	6
	R	—	—	15.0	10.8	11.0	12.7	—	—	15.0	—	14.0	13.1	1.89	15.0	10.8	6
腓骨长厚指数	L	10.6	12.5	—	—	—	—	11.9	12.0	—	10.6	10.4	11.3	0.90	12.5	10.4	6
	R	—	—	10.1	12.6	11.7	11.4	—	—	11.4	—	10.3	11.3	0.93	12.6	10.1	6
腓骨骨干断面指数	L	68.3	58.5	—	—	—	—	81.8	71.5	—	75.3	91.5	74.5	11.37	91.5	58.5	6
	R	—	—	82.0	54.5	75.9	70.9	—	—	79.8	—	87.5	75.1	11.54	87.5	54.5	6

附表 10-4-24　清凉寺第三、四期新石器时代墓葬腓骨个体测量表（女性）

（长度：毫米）

项目＼墓号		M146东南	M285	M288	M297（2）	M304	M331	M351	平均值	标准差	最大值	最小值	例数
最大长 L	L	325.0	—	340.0	—	—	—	—	332.5	10.61	340.0	325.0	2
	R	321.0	370.0	—	327.0	376.0	357.0	395.0	357.7	28.87	395.0	321.0	6
最小周长 L	L	36.0	—	42.0	—	—	—	—	39.0	4.24	42.0	36.0	2
	R	33.0	30.0	—	40.0	40.0	42.0	41.0	37.7	4.93	42.0	30.0	6
中部最大径	L	14.6	—	16.0	—	—	—	—	15.3	0.99	16.0	14.6	2
	R	14.0	13.6	—	15.2	18.6	17.0	17.3	16.0	1.99	18.6	13.6	6
中部最小径	L	11.2	—	12.0	—	—	—	—	11.6	0.57	12.0	11.2	2
	R	11.3	10.5	—	12.1	14.5	13.0	15.5	12.8	1.91	15.5	10.5	6
腓骨长厚指数	L	11.1	—	12.4	—	—	—	—	11.8	0.92	12.4	11.1	2
	R	10.3	8.1	—	12.2	10.6	11.8	10.4	10.6	1.44	12.2	8.1	6
腓骨骨干断面指数	L	76.7	—	75.0	—	—	—	—	75.9	1.20	76.7	75	2
	R	80.7	77.2	—	79.6	78.0	76.5	89.6	80.3	4.83	89.6	76.5	6

第十一章　食性分析

为了揭示先民的食物组成，探索他们的生存方式，我们采用了分析人骨中的稳定同位素组成的方法，在对人骨特征与病理分析时，西北大学的凌雪博士、陈靓博士选取了部分样品，在对墓地年代进行测定时，北京大学的吴小红教授也选取了部分样品，西北大学的凌雪博士、陈靓博士和当时在北京大学考古文博学院攻读博士学位的舒涛分别进行了稳定同位素的分析，由于选择的样品不同，得出的结论也有差别，为了便于学术研究，我们将二者的研究方法和认识全部收录。

第一节　食性分析（一）*

考古学研究一个十分重要的目的是还原人类曾经经历过的生产、生活状况，通过测定古代人骨胶原蛋白的碳、氮稳定同位素组成，能够还原古人的食谱，其中 $\delta^{13}C$ 数值与食物链源头的植物所属的光合作用二氧化碳代谢类型相关，$\delta^{15}N$ 数值与肉食量、营养级水平相关。

一　方法原理

植物按照光合作用的二氧化碳代谢类型划分，主要有 C_3、C_4 两种。C_3 植物的 $\delta^{13}C$ 平均为 $-26.5‰$，这类植物适宜湿润温凉的环境，常见的类别有水稻、小麦、大豆、土豆等；C_4 植物的 $\delta^{13}C$ 平均值为 $-12.5‰$，这类植物适宜高温、太阳辐射强烈的环境，并能忍受干旱，常见的类别有粟、黍、玉米、甘蔗、狗尾草等。人和动物肉质部分的 $\delta^{13}C$ 值比食物富集 $1‰$ 左右，富集程度较低，通常忽略不计，骨胶原富集 $5‰$ 左右。根据上述数据的差别，我们只要测得人和动物骨胶原的 $\delta^{13}C$ 数值，就可以推断出食物链源头的植物类型[1]。在比较不同食物的 $\delta^{13}C$ 值时，采用"负"、"正"来描述。

植物性食物的 $\delta^{15}N$ 值都较低，在 $1‰\sim3‰$ 左右，营养级之间 $\delta^{15}N$ 值富集 $3‰\sim5‰$，完全食用这类食物后人体骨胶原 $\delta^{15}N$ 值约为 $5‰$。完全食用植食性动物如野生的鹿、兔等，以及由家养但很少吃厨余剩饭的动物如黄牛、绵羊等，人体骨胶原 $\delta^{15}N$ 值约为 $9‰$。中原地区最常见的家畜猪，食物中包括人类的厨余剩饭，其肉质 $\delta^{15}N$ 值较高，大约在 $7‰$ 左右；如果人类完全

---

* 本节执笔：海南热带海洋学院舒涛。

[1] M. Calvin, A. A. Benson., The Path of Carbon in Photosynthesis, *Science*, 1948, 107 (2784): 476~480. M. H. O' Leary. Carbon isotope fractionation in plants, *Phytochemistry*, 1981, 20 (4): 553~567; N. J.van der Merwe, E. Medina Photosynthesis and $^{13}C/^{12}C$ ratios in Amazonian rain forests, *Geochimica et Cosmochimica Acta*, 1989, 53 (5): 1091~1094.

食用家畜肉质，其骨胶原 $\delta^{15}N$ 值约为11‰。陆地肉食性动物和淡水鱼 $\delta^{15}N$ 值更高，都在8‰以上；食用这些肉食后，人体骨胶原的 $\delta^{15}N$ 值相应也较高[1]。在比较不同食物的 $\delta^{15}N$ 值时，本文用"高"、"低"来描述。

按照人类食谱中的 $\delta^{13}C$、$\delta^{15}N$ 数值的差异，可以将所有重要组分分为4种基本类型：以 C_4 类型家畜为代表的正碳高氮、以粟为代表的正碳低氮、以 C_3 类野生陆相肉食为代表的负碳高氮和以水稻为代表的负碳低氮。

1. 线性相关系数

在以往的研究中，对骨胶原 $\delta^{13}C$、$\delta^{15}N$ 数据的处理手段较为简单，不能将碳、氮数据作为一个整体对待，使得分析结果有很大的不确定性，往往多种食物组合都可以与同位素数据相对应。从 $\delta^{13}C$、$\delta^{15}N$ 数据的线性相关性角度出发，找出相关性的强弱、正负与食谱之间的关系之后，就可以解读出更加准确的食物信息。

在一元线性回归分析中，相关系数 r 的数学意义是：两组数据对线性关系的符合程度。如果两组数据呈完全的线性关系，r=1（正相关）或 –1（负相关），在二维坐标图形上，每一个 $\delta^{13}C$、$\delta^{15}N$ 点都处在一条直线上；若线性程度降低，则 |r| 减小，降至0时表示 $\delta^{13}C$、$\delta^{15}N$ 数据完全没有线性对应关系，在图形上散点呈现对称形状的面分布。

为了清晰地说明上述原理，我们制作了图11-1-1。

图11-1-1 是食物的基本类型数目为1时的图形。如果人类的食物中只有1种基本类型，那么所有人的 $\delta^{13}C$、$\delta^{15}N$ 值在图中将是同一个点，比如一个人群都以水稻作为唯一主食，那么所有人的 $\delta^{13}C$ 值都是 –21‰、$\delta^{15}N$ 值都是5‰，散点都堆叠在左下角（–21，5）这一个点上。然而，一个点的情况不止如此，任意两种基本类型的食物以固定比例搭配，也将是一个点，比如所有人都以4：1的比例食用 C_3 野生动物和 C_4 家畜的肉类，所有人的 $\delta^{13}C$、$\delta^{15}N$ 散点就都将堆叠在（–8.4，9）这一个点上。甚至3种、4种基本类型以固定比例混合，所有人的 $\delta^{13}C$、$\delta^{15}N$ 值在图中都将是同一个点。为了方便理解，我们可以把这种混合食物当作一种特殊食物，只要混合比例固定，它同样具有恒定的

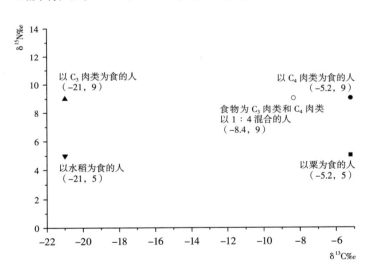

图11-1-1　食物的基本类型数目为1时的人体骨胶原 $\delta^{13}C$、$\delta^{15}N$ 图形

[2] G. Shearer, D. Kohl, N₂-Fixation in Field Settings: Estimations Based on Natural ¹⁵N Abundance, *Australian Journal of Plant Physiology*, 1986, 13 (6): 699~756; B. C. Joan, M. H. John , E. C. Thure, *et al.*, Stable isotope biogeochemistry and its implications for the palaeoecology of late Pleistocene,coastal southern California, *Palaeogeogr Palaeoclimatol Palaeoecol*, 2004, 205: 199~219; S. H. Ambrose, Effects of diet, climate and physiology on nitrogen isotope abundances in terrestrial foodwebs, *Journal Archaeological Science*, 1991, 18: 293-317; 吴小红、肖怀德、魏彩云等：《河南新寨人、猪食物结构与农业形态和家猪驯养的稳定同位素证据》，中国社会科学院考古研究所考古科技中心《科技考古》（第二辑），科学出版社，2007年，第49~58页。

$\delta^{13}C$、$\delta^{15}N$ 值。

图 11-1-2 是食物的基本类型数目为 2 时的图形。如果人类的食物由两种基本类型组成，那么全部 4 种基本类型有 6 种组合，每一种组合将对应图 11-1-2 中的一条直线，并按照这两种基本类型食物的取食比例分布于这条直线上。如果 $\delta^{13}C$、$\delta^{15}N$ 散点的线性程度良好，就意味着人们的食物由两种主要成分组成，个体之间的食物区别在于这两种成分的差异。6 种组合中，野生动物（陆相 C_3 肉食）与粟（C_4 植物性食物）这一组，较常见于黄河中游仰韶时期各遗址。

图 11-1-3 是食物中包括全部 4 种基本类型，且遍布所有组成比例时的图形，$\delta^{13}C$、$\delta^{15}N$ 散点组成一个矩形面，此时计算得到 $r=0$。如果食物的基本类型数目为 3，图形将介于图 11-1-1 和图 11-1-2 之间，为一个三角形区域，$|r|$ 值介于 1 到 0 之间。

由上述分析得出，一元线性回归分析中得到的 $|r|$ 值大小与食物的组成繁杂程度相关：如果 $|r|$ 很大、接近于 1，此时 $\delta^{13}C$、$\delta^{15}N$ 散点近乎汇聚为直线，那么食物中只有两种基本类型；如果 $|r|$ 值很小、接近于 0，图形接近于矩形面分布，即为 4 种俱全（图 11-1-2）；居中的 $|r|$ 值意味着基本类型数目可能为 3。

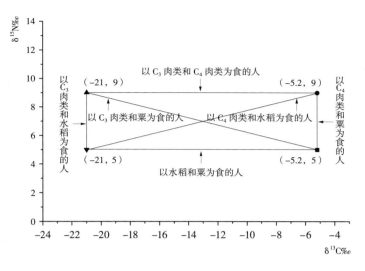

图 11-1-2 食物的基本类型数目为 2 时的人体骨胶原 $\delta^{13}C$、$\delta^{15}N$ 图形

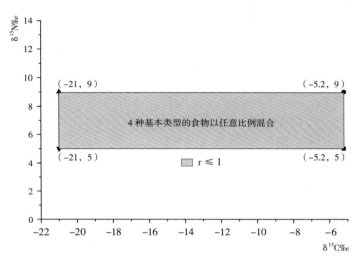

图 11-1-3 食物包括全部 4 种基本类型时的人体骨胶原 $\delta^{13}C$、$\delta^{15}N$ 图形

2. 回归直线的斜率 k

一元线性回归分析所得参数中包括一个直线方程，形式为 $y=kx+b$，k 是直线的斜率。斜率的数学含义为：纵坐标变化量与横坐标变化量的比值，$k>0$ 则 x 与 y 同方向变化、正相关，$k<0$ 则 x 与 y 反方向变化、负相关，$|k|$ 值大则直线陡峭，趋近于无穷大时成为垂直直线，$|k|$ 值小则直线平缓，$|k|=0$ 成为水平直线。

黄河中游地区新石器时代遗址人骨的 $\delta^{13}C$、$\delta^{15}N$ 图形通常表现为负相关，负相关图形的含义是：偏好吃素的人（$\delta^{15}N$ 低）食物结构偏向 C_4 类型（$\delta^{13}C$ 正），吃肉多的人（$\delta^{15}N$ 高）食物结构偏向 C_3 类型（$\delta^{13}C$ 负）。具体而言，在人类种植 C_4 类型作物粟、黍，同时在饲养业大规模开展之前，主要是通过渔猎活动获取野生 C_3 类型的肉食，这样的食物结构就是 C_4 植物性食

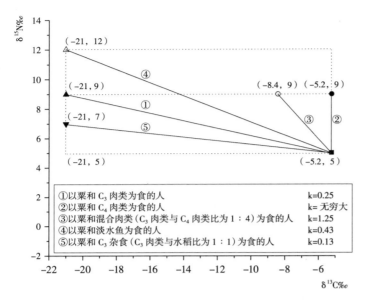

图 11-1-4　粟与各类肉食组合产生的各种 K 值

物与 C_3 类型肉食的组合，导致了人骨 $\delta^{13}C$、$\delta^{15}N$ 数值呈负相关。

在了解 k 值正负的含义之后，可以进一步考究 k 的绝对值的大小的意义。图 11-1-4 绘制了 5 条直线，分别对应各种肉食与粟搭配之后形成的 $\delta^{13}C$、$\delta^{15}N$ 图形。把粟与单一野生动物（最典型的比如鹿）的组合作为基准，|k| 值从理论上可以计算出来，计算的公式为：

$$|k|=|\frac{\Delta y}{\Delta x}|=|\frac{9-5}{5.2-21}|=0.25$$

直线①，当 C_3 成分中不仅有肉，还有野生植物性食物（在这一地区可以认为全部属于 C_3 类型），能够想见当食物中 C_3 类型的份额达到 100%、粟的份额降到 0 时，$\delta^{15}N$ 的提高水平不如只有肉的情况，|k| 将减小。当肉和野生植物性食物的比例为 1 ：1 时，按照稳定同位素食性原理的机械化假设，计算得到 $\delta^{15}N$ 的提高量只有基准的一半，|k| 也只有前者的一半 0.13。相反，如果 C_3 食物全部是 $\delta^{15}N$ 值更高的淡水鱼类或其他水产品、陆相 C_3 肉食和鱼的混合物，那么，$\delta^{15}N$ 的提高量将增加，|k| 将比基准值 0.25 增大。

直线②，黄河中游地区进入仰韶晚期之后，一直到龙山时期，人们肉食的主要成分是人工饲养的 C_4 家畜，设想极端情况，完全没有了 C_3 渔猎肉食的份额，粟和 C_4 家畜组合是一条垂直直线，|k| 无穷大。

直线③，人们的肉食成分是 C_3 类型和 C_4 类型以 1 ：4 比例混合，|k| 值也较大，清凉寺墓地后三期的图形与之非常接近。

直线④，当人们的肉食是 $\delta^{15}N$ 值更高的淡水鱼，可想而知在同等肉食比例下，人体骨胶原的 $\delta^{15}N$ 值提高量会比直线①大，|k| 值也随之增大。

直线⑤，在仰韶早期的一些遗址中会出现类似的图形，人们已经大规模种植粟，但是尚未利用作物副产品饲养家畜，肉食属于 C_3 类型，同时还从环境中采集部分植物性食物。我们可以把粟看作食谱中的一种基本类型，把 C_3 肉食和 C_3 植物性食物混合之后看作第二种基本类型，它的 $\delta^{13}C$ 值为 -21‰、$\delta^{15}N$ 值介于 9‰和 5‰之间，直线⑤的假定混合比例为 1 ：1，一个人完全食用这种 C_3 混合食物，理论计算其骨胶原的 $\delta^{15}N$ 值为 7‰，$\delta^{15}N$ 值的提高量较小，直线较为平缓，|k| 值较小。清凉寺第一期的图形与之相近。

二　第一期墓葬

清凉寺墓地的第一期墓葬只有 17 座土坑葬和 7 座瓮棺葬，共测量 11 个个体，10 个出自土坑葬，1 个出自瓮棺葬，资料列入表 11-1-1，统计数据列入表 11-1-2。根据测量个体情况和分类统

表 11-1-1　第一期墓葬资料

墓号	头向	年龄	性别	编号	$\delta^{13}C‰$	$\delta^{15}N‰$	$C_4\%$
M33	东北	40~45	男	BA071309	−10.2	8.3	68.4
M34	西北	24~26	女	BA071381	−9.3	8.1	74.1
M35	西北	40	男	BA071313	−8.7	8.1	77.8
M36	西北	15~16	男	BA071380	−9.8	7.8	70.9
M37	西北	16~17	女	BA071310	−9.4	8.0	73.4
M38	西北	14~15	女	BA071316	−8.8	7.8	77.2
M40	西北	25	女	BA071315	−8.7	7.5	77.8
M62	西北	成年	女	BA071308	−9.0	7.5	75.9
M63	西北	35~40	女	BA071311	−8.2	8.1	81.0
M265	西北	6	儿童	BA071312	−11.8	8.9	58.2
W3	瓮棺葬	0~1	婴儿	BA071314	−9.5	10.2	72.8

表 11-1-2　第一期墓葬分类统计

	$\delta^{13}C‰$	$\delta^{15}N‰$	$C_4\%$
成年人（9）	−9.1±0.6	7.9±0.3	75.2
男性（3）	−9.6±0.8	8.1±0.3	72.4
女性（6）	−8.9±0.4	7.8±0.3	76.6
未成年（2）	−10.7±1.6	9.6±0.9	65.5

计数据，我们将其 $\delta^{13}C$、$\delta^{15}N$ 图形制成图 11-1-5。

根据古气候环境的研究成果，在整个仰韶和龙山时期，山西南部的中条山地区自然植被以 C_3 类型占据绝对优势[1]。第一期墓葬的 $\delta^{13}C$ 平均值为 −9.1‰，对应的 C_3 食物类型大约在 25% 左右，只占一小部分，说明人们的生业基础是粟作农业，已经步入了农耕时代。

第一期 $\delta^{13}C$、$\delta^{15}N$ 总体呈弱负相关，负相关表明食谱中肉食部分比植物性部分 $\delta^{13}C$ 偏负，肉食应当以野外渔

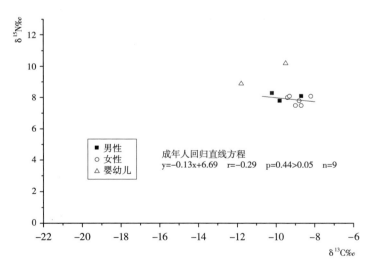

图 11-1-5　第一期墓葬的 $\delta^{13}C$、$\delta^{15}N$ 图形

[1] 施雅风、孔昭辰、王苏民等：《中国全新世大暖期气候与环境的基本特征》，施雅风、孔昭辰编《中国全新世大暖期气候与环境》，海洋出版社，1992年，第1~18页。

猎获取的 C_3 类型为主。且食谱中除了粟和 C_3 肉食之外还有第三种不可忽略的成分。

图 11-1-5 中回归直线角度平缓、|k| 值较小，与图 11-1-4 中的直线⑤接近，指示居民食谱中 C_3 食物不仅有肉类，还有一部分植物性食物，第三种重要组分就应当是采集获取的 C_3 植物性食物。

由上述分析推断出，第一期人的食谱主要由 3 种成分构成：粟，渔猎获取的 C_3 肉食和采集获取的 C_3 植物性食物。肉食量较为丰富，个体之间差别不大。所测样品中年代最久远的 M33 同时具有最高的肉食量和最低的粟消费量，代表了粟作农业水平较低的阶段，随后粟在人们食谱中的比例逐渐提高，而肉食量反而略有下降。男性、女性之间食谱差异不大，在清凉寺的全部四期墓葬中都没有发现性别之间存在显著的饮食差异。

三　第二期墓葬

第二期墓葬共 189 座，女性较男性略多。相对于多数小型墓来说，仅有个别面积较大，并埋有非正常入葬的成年人，与第三期以儿童殉葬的情况不同。

我们选择了 32 座墓葬进行食性分析。绝大多数是单人墓，M58、M61、M71、M79 等 4 座墓葬除墓主人外还有非正常入葬的死者，其中 M61 的殉人应该就是属于 M51 的死者。M82 只选择了殉人；M77 的成员身份不明。以上这些墓葬的资料列入表 11-1-3，统计数据列入表 11-1-4，根据各个墓葬具体的发现情况和检测数据，我们制成了本期墓葬死者的 $\delta^{13}C$、$\delta^{15}N$ 图形图 11-1-6。

表 11-1-3　第二期墓葬资料

墓号	身份	年龄	性别	随葬品	编号	$\delta^{13}C‰$	$\delta^{15}N‰$	$C_4\%$
M46	单人墓	40~44	女	5 石	BA071375	−7.8	10.0	83.5
M48	单人墓	45~50	男	4 石	BA071401	−7.8	10.0	83.5
M49	单人墓	40	男	未发现	BA071385	−7.1	9.4	88.0
M51	殉人	40~44	男	未发现	BA071382	−14.4	9.5	41.8
M54	单人墓	20~25	男	10 石、16 鳄骨	BA071317	−10.2	12.2	68.4
M58	墓主	30~35	男	未发现	BA071362	−8.5	10.2	79.3
	殉人	20~25	男		BA071371	−7.1	8.3	88.3
M61	墓主	40	男	4 玉	BA071383	−8.8	11.5	77.2
M67	单人墓	20~25	女	1 玉、2 石、猪犬齿、1 鳄骨	BA071402	−6.7	8.1	90.5
M71	墓主	40	男	未发现	BA071367	−9.7	12.0	71.5
	殉人	20	男		BA071370	−6.2	9.4	93.7
M77	不明	8~9	儿童	1 石、1 陶	BA071330	−7.6	6.9	84.7
	不明	成年	男		BA071331	−7.2	7.9	87.3
M79	墓主	30~35	男	15 石、2 陶、10 鳄骨	BA071336	−7.0	6.5	88.4
	殉人	18~19	女		BA071335	−7.1	8.6	87.9
	殉人	11	儿童		BA071340	−7.4	9.9	85.9
M82	殉人	18~19	男	10 石、2 陶	BA071329	−6.2	7.4	93.7
M121	单人墓	成年	女	未发现	BA071374	−8.5	9.4	79.1
M125	单人墓	40~45	女	未发现	BA071360	−7.3	9.2	86.7
M126	单人墓	50	女	未发现	BA071389	−7.2	8.4	87.3

续表 11-1-3

墓号	身份	年龄	性别	随葬品	编号	$\delta^{13}C‰$	$\delta^{15}N‰$	$C_4\%$
M136	单人墓	成年	女	未发现	BA071386	−6.7	9.7	90.5
M138	单人墓	成年	男	未发现	BA071369	−8.4	9.0	79.7
M144	单人墓	20~25	女	2 石	BA071376	−7.7	10.3	84.2
M145	单人墓	成年	女	6 石	BA071379	−8.3	10.7	80.4
M195	单人墓	45~50	女	1 骨簪	BA071372	−7.8	8.5	83.5
M196	单人墓	20	女	未发现	BA071377	−7.0	8.2	88.6
M197	单人墓	18~19	女	未发现	BA071403	−9.5	9.0	72.8
M221	单人墓	35~40	男	未发现	BA071388	−6.4	8.3	92.4
M222	单人墓	40	男	未发现	BA071387	−7.0	9.0	88.6
M223	单人墓	60~	女	未发现	BA071333	−6.8	8.7	89.9
M224	单人墓	成年	女	未发现	BA071384	−7.4	8.9	86.1
M227	单人墓	50	女	未发现	BA071358	−6.5	9.0	91.8
M228	单人墓	成年	女	未发现	BA071368	−7.6	8.6	84.8
M249	单人墓	成年	女	未发现	BA071364	−8.1	9.0	81.6
M256	单人墓	15~16	男	未发现	BA071398	−6.7	8.5	90.5
M286	单人墓	35~40	女	1 石	BA071322	−7.3	8.9	86.7
M290	单人墓	25	孕妇	未发现	BA071397	−7.4	7.4	86.1

表 11-1-4　第二期墓葬分类统计

	$\delta^{13}C‰$	$\delta^{15}N‰$	$C_4\%$
成年人（34）	−7.6±1.0	9.1±1.2	85.1
男性（15）	−7.6±1.2	9.3±1.6	84.7
女性（19）	−7.5±0.7	9.0±0.8	85.4
未成年（2）	−7.5±0.1	8.4±2.1	85.3
墓主（4）	−8.5±0.6	10.0±1.2	79.1
单人墓（25）	−7.6±0.9	9.1±1.0	85.0
成年殉人（4）	−6.7±0.5	8.4±0.8	90.9

　　从表 11-1-4 中可以看出，第二期墓葬性别之间没有体现出显著的饮食差异，饮食差异存在于不同身份之间，较大一些墓的墓主人、单人墓、殉人的 $\delta^{15}N$ 值渐趋降低、$\delta^{13}C$ 值趋正，表明地位优越的人吃了较多的肉食，同时食物的 $\delta^{13}C$ 值偏负。第二期墓葬 $\delta^{13}C$ 平均值为 −7.6‰，C_4 食物在 85% 左右，$\delta^{15}N$ 平均值9.1‰，比第一期提高了 1.2‰。

　　这一时期人们的主食是粟，而且所占比例较第一期有明显提高。$\delta^{13}C$、$\delta^{15}N$ 图形呈负相关，同时回归直线的 |k| 值较大，与图 11-1-4 中的直线③非常接近，说明肉食结构应当是以 C_4 家畜为主，包含少量的 C_3 渔猎肉食。

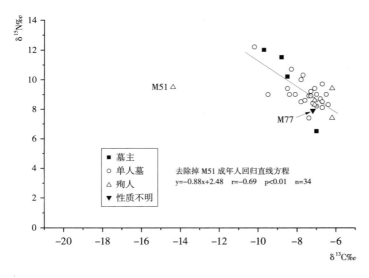

图 11-1-6　第二期墓葬的 $\delta^{13}C$、$\delta^{15}N$ 图形

与第一期相比，这一时期的食谱构成主要有两点变化：一是基本不再取食野生植物性食物，二是肉食的种类由 C_3 渔猎肉食转变为以 C_4 家畜为主。$\delta^{15}N$ 平均值较第一期提高了 1.2‰。不过，第一期的 $\delta^{15}N$ 值变化幅度很小，本期个体差异很大，说明在食物分配尤其是肉食分配上出现了严重的不平等。

本期有一些比较特殊的现象，需要根据发现情况进行具体分析。

M54 是一座单人墓，墓主是 20~25 岁的男子，陪葬有 10 件玉石器、16 片鳄鱼骨板，墓主拥有本期最高的 $\delta^{15}N$ 值 12.2‰和最多的 C_3 食物消费量 31.6%，但是墓葬形制却很普通，高达 12.2‰的 $\delta^{15}N$ 值说明他不仅以肉类为主食，而且还吃了一些 $\delta^{15}N$ 值很高的特殊肉类。M54 中随葬有鳄鱼骨板，仰韶、龙山时期鳄鱼不太可能自然生长于本地区，如果说是通过盐池所产食盐的贸易交换获取，或许也有一些水产品进入饮食。

单人墓 M67 墓主是一位 20~25 岁的女子，墓中出土 3 件玉石器、大量猪牙和 1 片鳄鱼骨板，墓葬面积与本期其他墓葬区别不大，墓主人的 $\delta^{15}N$ 值只有 8.1‰，低于本期平均值，C_4 食物比例达到 90%，属于一种接近殉人的、"贫困"的生活条件，随葬猪牙、鳄鱼骨板的现象和她的食性资料显得很不匹配。骨胶原成分代谢速度缓慢[1]，或许是 M67 墓主在死前不久地位才得到了急剧提高。

第二期有 3 座墓葬出土了鳄鱼骨板，M54、M67 两座都是单人墓，M79 是拥有 3 个非正常死者、面积较大的墓，出土物品的数量为第二期最多，计有 15 件玉石器、2 件陶器和 10 片鳄鱼骨板。墓主是 30~35 岁的男性，三个殉人分别是 18~19 岁的女性、11 岁左右的儿童和 18~20 岁的女性，除了 18~20 岁的女性殉人外都有食性数据。反常的是，墓主人拥有本期最低的 $\delta^{15}N$ 值 6.5‰，18~19 岁的女性殉人 $\delta^{13}C$、$\delta^{15}N$ 值分别为 –7.1‰和 8.6‰，儿童值为 –7.4‰和 9.9‰，两个殉人营养等级低合乎情理，但墓主的肉食量比殉人更少，情况的特殊性超过 M67。

M51 和 M61 是两座相关的墓葬。M61 形式上是单人墓，墓主人采用仰身直肢的正常体位入葬，$\delta^{15}N$ 值为 11.5‰，C_3 食物比例相对较高 23%，显示地位优越。但是 M51 的西端打破了 M61，墓主人是被处死或活埋之后以跪姿的方式安置在本墓西端，并且叠压在 M61 脚踝之上，拥有本期殉人最高的 $\delta^{15}N$ 值 9.5‰，更为特殊的是 $\delta^{13}C$ 值为 –14.4‰，C_3 食物接近 60%，使他在图 11-1-6 中成为一个奇特的点，M51 的墓主人有可能来自东方海岱或南方江淮流域等 C_3 食物占据优势的地

[1] M. J. Stenhouse and M. S. Baxter, The uptake of bomb ^{14}C in humans. R. Berkeley and H. Suess (eds.), *Radiocarbon dating*. University of California Press, 1979, pp.324~341.

区，或者来自邻境地区粟作农业落后、主要从事采集渔猎的部族。与 M61 出土 4 件玉石器不同，M51 无任何随葬品，或许能够说明二者的地位差距。

四 第三期墓葬

第三期墓葬共 105 座，全部为大型墓，普遍伴有殉人，西部区域与第二期大面积重叠，第二期墓葬因此受到严重破坏，但是在第三期墓葬遭受严重盗扰的情况下，邻近的第二期墓葬却极少被殃及，而且从盗扰情况来看，盗墓者并不是以获取贵重随葬品为目的，破坏墓主尸骨泄愤的意图明显。以上迹象表明第二期和第三期墓主人很可能不属于同一部族或集团，而且破坏第三期墓葬的人对这些墓葬的情况非常了解。第三期墓主女性不到男性的四分之一，性别比例大为失衡。我们选择了 19 座墓葬进行食性分析。墓葬资料列入表 11-1-5，统计数据列入表 11-1-6，$\delta^{13}C$、$\delta^{15}N$ 图形绘制成图 11-1-7。

表 11-1-5 第三期墓葬资料

墓号	身份	年龄	性别	随葬品	编号	$\delta^{13}C‰$	$\delta^{15}N‰$	$C_4\%$
M22	墓主	40~45	男	1 玉	BA071344	-7.2	10.0	87.7
	殉人	10~11	儿童		BA071343	-6.6	9.1	90.9
M52	墓主	35~40	男	1 玉、猪犬齿	BA071328	-7.8	7.5	83.8
	殉人	5	儿童		BA071399	-10.3	9.1	67.6
M53	墓主	51~60	男	1 石、1 陶	BA071390	-6.7	9.6	90.7
	殉人	成年	男		BA071373	-15.7	11.3	33.4
	殉人	12~13	儿童		BA071400	-15.3	9.0	36.3
M57	墓主	40	男	2 石、1 陶、猪犬齿	BA071342	-7.5	9.1	85.5
	殉人	5~6	儿童		BA071355	-6.4	8.7	92.6
M87	盗洞内	成年	男	1 玉、4 石	BA071359	-7.5	9.4	85.2
M146	墓主	成年	男	4 个殉人，为最多，2 玉、5 石、3 陶、猪犬齿，3 象牙饰品，少量鳄鱼骨板	BA071338	-9.8	11.8	71.1
	殉人	20~25	女		BA071331	-7.2	7.9	87.3
	殉人	14~17	男		BA071334	-6.9	8.0	89.4
	殉人	27~28	女		BA071337	-7.3	7.4	86.7
M150	墓主	40	男	3 石	BA071356	-7.3	8.7	86.9
M188	墓主	成年	男	1 陶	BA071366	-10.2	10.7	68.1
M189	墓主	40	女	未发现	BA071406	-7.8	10.6	83.3
M241	墓主	成年	男	1 玉	BA071354	-8.5	9.8	79.3
M253	墓主	45	男	未发现	BA071327	-9.7	11.5	71.4
M254	墓主	51~60	女	未发现	BA071405	-7.9	10.0	83.1
M258	墓主	成年	男	未发现	BA071320	-8.5	10.6	78.8
M269	不明	14~15	少年	未发现	BA071351	-8.9	11.4	76.4
	殉人	10~13	儿童		BA071350	-10.6	8.3	65.6
M271	殉人	5	儿童	未发现	BA071321	-6.6	9.1	90.9

续表 11-1-5

墓号	身份	年龄	性别	随葬品	编号	$\delta^{13}C$‰	$\delta^{15}N$‰	C_4%
M272	殉人	7~8	儿童	未发现	BA071325	−7.5	9.0	85.3
	殉人	6	儿童		BA071326	−7.3	8.0	86.7
M279	墓主	35~39	女	未发现	BA071395	−7.9	10.0	82.7
M295	墓主	30~35	男	未发现	BA071318	−8.7	10.7	77.7
M351	墓主	51~60	女	未发现	BA071323	−7.7	11.1	84.3

表 11-1-6　第三期墓葬分类统计

	$\delta^{13}C$‰	$\delta^{15}N$‰	C_4%
成年人（19）	−8.0±1.0	9.7±1.3	82.2
墓主（15）	−8.2±1.0	10.1±1.1	80.9
成年殉人（3）	−7.2±0.2	7.8±0.3	87.8
未成年殉人（7）	−7.9±1.8	8.8±0.4	82.8

说明：统计未计入 M53 中两个明显为奇异点的殉人。

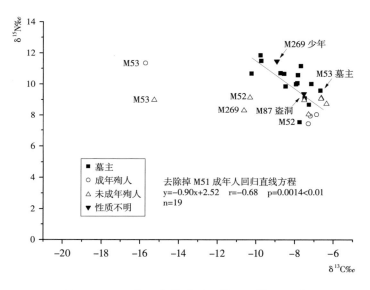

图 11-1-7　第三期墓葬的 $\delta^{13}C$、$\delta^{15}N$ 图形

选取的 19 座墓葬中，16 座有墓主人（含 1 少年）；M271、M272 只有未成年殉人的数据，缺少墓主人的数据；M87 是盗洞内性质不明的个体。在 M53、M146 两座墓葬中共检测了 4 个成年殉人。

第三期成年人的食谱构成与第二期几乎一致，都是粟和以 C_4 家畜为主的肉食，含有少量 C_3 类型。肉食量平均比第二期有少许增长，$\delta^{15}N$ 值提高 0.6‰，$\delta^{13}C$ 值降低 0.4‰，不过，考虑到三期所测个体中墓主较多的因素，与其他各期相比时或许有一些偏差。

因为哺乳效应，未成年殉人的 $\delta^{15}N$ 值会畸高，所以一般不与成年人合并统计。第三期检测数据中有 8 个未成年殉人，其 $\delta^{15}N$ 值在 8‰~9‰之间，都不应出于很优越的生长环境。未成年殉人的 $\delta^{13}C$ 值差异较大，C_3 食物最高达到 34.4%，显示这些儿童的食谱构成与成年人有一些差别，加入了 C_3 植物性食物，或许说明他们与墓主不是一个部族，而是来自粟作农业发展程度较低的群体。

M53 在本期的墓葬中最为特殊，墓主人是一个 51~60 岁的老年男性，其 $\delta^{15}N$ 值为 9.6‰，略低于本期墓主的平均值 10.1‰，C_4 食物比例超过 90.7%。该墓中有两个殉人，都在墓室内，与其他墓葬的殉人出现于二层台上不同，与第二期的殉人形式相似。成年男性殉人的 $\delta^{13}C$、$\delta^{15}N$ 值

分别为 –15.7‰和 11.3‰，儿童殉人的 $\delta^{13}C$、$\delta^{15}N$ 值则分别为 –15.3‰和 9.0‰，C_4 食物都不足40%，与第二期跪伏在 M61 墓主脚下的 M51 类似，可能是从主食以 C_3 食物为主的地区掳掠而来，或是邻境地区粟作农业不发达的部族。第二期 M51 的 $\delta^{15}N$ 值 9.5‰，属于杂食水平，M53 的成年殉人达到了纯肉食水平，应当是一个社会地位较高的人；比较之下，儿童殉人的阶层似乎要低得多。

第三期墓葬的特点是普遍殉人，殉人以儿童为主，成年和儿童殉人中都既有本地食谱结构的，也有食用较多 C_3 食物的例子，说明殉人来自部族内部和外部都有可能。

五 第四期墓葬

表 11–1–7 第四期墓葬资料

墓号	年龄	性别	随葬品	二层台	编号	$\delta^{13}C‰$	$\delta^{15}N‰$	$C_4\%$
M202	45~50	男	未发现	无	BA071347	–7.7	9.2	84.3
M212	35	男	未发现	无	BA071353	–8.2	11.1	81.3
M275	45	女	1 玉、3 石	有	BA071393	–9.1	12.1	75.3
M276	51~60	男	1 石	有	BA071392	–7.3	10.2	86.8
M282	40~45	女	未发现	有	BA071324	–7.4	10.5	85.9
M289	51~60	男	未发现	有	BA071378	–6.5	10.6	91.5
M327	40	男	未发现	可能有	BA071357	–7.7	10.5	84.1
M342	56~60	男	未发现	无	BA071345	–7.2	9.6	87.1
M345	35~40	女	未发现	无	BA071348	–7.3	9.7	86.6
M347	40~45	男	未发现	有	BA071346	–7.3	8.9	86.9

第四期墓葬共 44 座，都属于大型墓，成行分布，整齐有序。与第三期的区别在于只有少部分墓葬有二层台，不见殉人，随葬品发现很少，玉石器不仅数量少，制作水平也大为下降。女性人数所占的比例比第三期有增加。我们选择了 10 座墓葬进行食性分析。墓葬资料列入表 11–1–7，$\delta^{13}C$、$\delta^{15}N$ 图形绘制成图 11–1–8。

第四期 $\delta^{13}C$、$\delta^{15}N$ 平均值为 –7.6‰、10.2‰，食物结构仍然与第二期、第三期接近，而略有区别。第四期的图形走势与前面两期相似而整体上移，表明除了第四期的肉食量有所提高外，肉

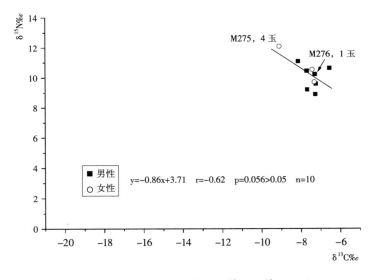

图 11–1–8 第四期墓葬的 $\delta^{13}C$、$\delta^{15}N$ 图形

食中 C_4 家畜的优势得到了加强，C_3 肉食的比例变得更低，应当是家畜饲养业更加成熟的反映。

六　食性的总体特点

为了说明清凉寺墓地总体的食性特点，我们将墓地全部四期的 $\delta^{13}C$、$\delta^{15}N$ 统计数据列入表 11-1-8，图形绘入图 11-1-9。考古学文化类型研究和测年结果显示第一期与后三期年代间隔较远，食谱的差别也很大。

表 11-1-8　清凉寺墓地四期墓葬的 $\delta^{15}N$、$\delta^{13}C$ 分类统计结果

分期	分类	$\delta^{15}N‰$	$\delta^{13}C‰$	$C_4\%$
第一期	成年人(9)	7.9±0.3	-9.1±0.6	75.2
第二期	成年人(34)	9.1±1.2	-7.6±1.0	85.1
	墓主(4)	10.0±1.2	-8.5±0.6	79.1
	单人墓(25)	9.1±1.0	-7.6±0.9	85.0
	成年殉人(4)	8.4±0.8	-6.7±0.5	90.9
第三期	成年人(19)	9.7±1.3	-8.0±1.0	82.2
	墓主(15)	10.1±1.1	-8.2±1.0	80.9
	成年殉人(3)	7.8±0.3	-7.2±0.2	87.8
	未成年殉人(7)	8.8±0.4	-7.9±1.8	82.8
第四期	成年人(10)	10.2±0.9	-7.6±0.7	85.0

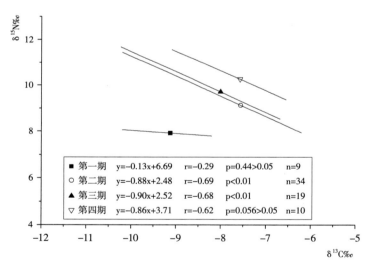

图 11-1-9　清凉寺墓地四期墓葬的 $\delta^{13}C$、$\delta^{15}N$ 图形

第一期人们的主食已经是粟，显然已经经营着比较成熟的农业生产，但同时还通过渔猎获取较丰富的 C_3 肉食，一部分人还采摘少量的野生植物性（C_3 类）食物，整体属于杂食水平。具体到个体之间，肉食量差别很小。

到了第二期，采摘活动基本绝迹，人们对粟的依赖增强，同时开展了成规模的家畜饲养，肉食主要以 C_4 家畜为主，含有少量的 C_3 渔猎肉食。值得注意的一个现象是，个体之间产生了显著的饮食差异，肉食量总体与墓葬形制和随葬品价值正相关，只有个别墓葬的情况反常，即随葬品比较丰富，但吃肉很少。

第二期开始出现殉人，数量比第三期少，其食物结构有符合主体人群规律的，也有主食 C_3 食物的个体。

第三期主体人群的食物结构与第二期非常接近。第三期墓葬普遍发现殉人，就目前的检测结果来看，第二期和第三期凡是正常入葬的人，无论贫富，食物结构都符合一般规律，而非正常入

葬的殉人，既有合乎大众规律的、而且这部分人食肉量都不高，也有主食 C_3 食物的，其中不乏肉食量很高的个体。似乎可以解读为，清凉寺墓地殉人的来源，首先是本部族的穷人，其次是从其他部族掳掠而来，有时会抓到对方的首领。结合墓葬中发现的鳄鱼骨板和南方风格的玉琮，都表明清凉寺人与东方或者南方区域有着频繁的往来。

第四期墓葬的随葬品品质降低、数量显著减少并且不再出现殉人，看上去是部族衰落的表现，但是人们的肉食量却略有上升（相对应的食粟量有所降低），肉食中 C_4 类型的优势得到加强。

总体上第二、三、四期人们的食物种类基本一致，主体都是粟和 C_4 家畜，第二期和第三期的 $\delta^{13}C$、$\delta^{15}N$ 图形几乎重合，第四期的细微变化意味着 C_4 家畜饲养业得到了进一步发展。（表11-1-9）

表 11-1-9　清凉寺墓地四期墓葬的食谱构成

分期	食谱构成			内部饮食差异
	粟	肉食	C_3 植物性食物	
第一期	√	C_3 类型	√	很小
第二期	√	C_4 家畜为主	×	大
第三期	√	C_4 家畜为主	×	大
第四期	√	C_4 优势增强	×	较大

第二节　食性分析（二）*

山西芮城清凉寺墓地出土了大量的人骨，利用人骨中稳定同位素进行食谱结构研究，可以对该地区新石器时代仰韶时期到龙山时期先民的生活状况有一个客观的了解，还能对他们所处的经济形态变化情况进行探讨。因此，我们选取了清凉寺墓地出土的部分人类遗骸，通过对人骨中 C 和 N 稳定同位素的分析，期望为揭示和复原该地区古人类的生存方式、社会经济结构等方面提供新的证据和重要信息。

一　实验及结果

1. 样品概况

根据出土人骨的保存情况，共采集了 27 个人骨样品，其中 3 个属于仰韶早期，11 个属于庙底沟二期，另外 14 个属于龙山时期，有 2 个样品性别不详。

2. 骨胶原的制备

依据 Ambrose[1] 等学者提出的骨胶原处理方法，我们首先用手术刀和打磨机械去除了样品内、外表面的污染物和疏松部分，接着对打磨好的骨样进行粉碎研磨，收集粒度为 40~60 目的骨粉，然后将这些骨粉置于 0.1mol/L HCl 溶液中浸泡，进行脱钙，每天换新鲜酸液一次，直至看不

* 本节执笔：西北大学文化遗产学院凌雪、陈靓。

[1] S. H. Amrose, B. M. Butler, D. H. Hanson, et al., Stable isotopic analysis of human diet in the Marianas Archipelago, Western Pacific [J]. American Journal of Physical Anthropology, 1997, 104 (3): 343-361.

见骨粉颗粒为止。在用蒸馏水将样品冲洗至中性后，再用 0.125mol/L NaOH 溶液浸泡 20 小时，以去除骨样中掺杂的腐殖酸。再用蒸馏水将样品冲洗至中性后，加入 0.001mol/L HCl 溶液，置于鼓风烘箱中，在 90℃条件下使其明胶化（过夜），次日趁热过滤，再将其滤液放入烘箱，温度调至 95℃，进行蒸发浓缩，最后在冷冻干燥机中冷冻干燥，收集明胶化的骨胶原。

3. 样品测试及结果

（1）元素分析：我们取少许骨胶原，在西北大学化学系分析测试中心的元素分析仪上进行了 C、N 元素含量的测试。所用仪器是德国艾乐曼元素分析系统公司生产的 Vario EL Ⅲ型元素分析仪，仪器标准偏差：C、H、N、S < 0.1% abs，分析结果见表 11-2-1。

（2）稳定同位素测试：我们将样品送到中国科学院地球环境研究所进行 C 和 N 稳定同位素的测试，有机碳在 MAT-251 型质谱仪双路进样系统上分析，测定碳同位素的标准是国家标准 GBW 04407（炉黑），对于标准样品的重复分析误差 < 0.2‰。有机氮在 Finnigan MAT Delta Plus 型质谱仪上用连续流分析，氮同位素标准是国际标准 IAEA-3，对于标准样品的重复分析误差 < 0.3‰，测试的统计数据见表 11-2-1。

表 11-2-1　人骨概况与分析结果

墓葬编号	时期	性别	年龄	C 含量 /%	N 含量 /%	C/N（摩尔比）	$\delta^{13}C‰$	$\delta^{15}N‰$
M33	仰韶（一）	男	40~45	38.81	14.01	3.23	-10.07	7.93
M34	仰韶（一）	女	24~26	37.68	13.51	3.25	-9.83	7.06
M37	仰韶（一）	女	16~17	36.37	14.27	2.97	-10.1	7.46
M45	庙二（二）	男	35~40	39.76	14.3	3.24	-7.87	9.5
M48	庙二（二）	男	45~50	37.05	13.31	3.25	-8.01	9.11
M64	庙二（二）	女	20~23	40.73	14.95	3.18	-7.86	7.45
M76	庙二（二）	男	45~50	37.31	13.35	3.26	-9.29	10.57
M79B	庙二（二）	女	18~20	40.32	14.56	3.23	-7.62	6.48
M79C	庙二（二）	女	18~19	40.66	14.78	3.21	-7.26	7.67
M80	庙二（二）	女	18~19	40.35	14.7	3.2	-7.93	8.55
M97	庙二（二）	女	45~50	39.59	14.62	3.16	-7.9	7.72
M190	庙二（二）	女	成年	42.22	15.46	3.19	-7.62	8.84
M243	庙二（二）	女	成年	41.15	15.09	3.18	-8.11	8.54
M256	庙二（二）	男	15~16	38.69	14.18	3.18	-7.12	7.87
M22	龙山（三）	?	10~11	39.63	14.71	3.14	-7.26	8.82
M30	龙山（三）	男	35 左右	40.46	14.55	3.24	-8.62	10
M52	龙山（三）	男	35~40	41.07	15.02	3.19	-7.19	9.2
M57	龙山（三）	男	40 左右	40.46	14.83	3.18	-7.8	9.35
M70A	龙山（三）	男	17~18	39.86	14.6	3.18	-7.23	7.73
M75	龙山（三）	女	45~50	38.83	14.1	3.21	-8.15	8.82
M146	龙山（三）	男	成年	37.22	13.48	3.22	-7.91	6.12

续表 11-2-1

墓葬编号	时期	性别	年龄	C含量/%	N含量/%	C/N（摩尔比）	δ¹³C‰	δ¹⁵N‰
M155	龙山（三）	男	51~60	39.43	14.27	3.22	−7.63	9.32
M155	龙山（三）	？	12~13	40.19	14.59	3.21	−7.21	8.21
M171	龙山（三）	男	51~60	39.3	14.27	3.21	−8.09	8.59
M216	龙山（三）	男	51~60	40.44	14.78	3.19	−8.36	9.42
M220	龙山（三）	男	30~35	37.61	13.57	3.23	−8.03	9.28
M241	龙山（三）	男	成年	39.71	14.4	3.22	−9.19	9.79

说明：A、B、C代表取自同一墓葬中出土的不同个体人骨样品。

二　相关问题的讨论

1. 人骨污染鉴别

鉴别骨骼的受污染程度是进行稳定同位素分析的前提条件。若人骨受到严重污染，骨骼的成岩作用使其本身的化学组成发生改变，骨骼的稳定同位素分析也就无从谈起。检验骨胶原是否受到污染的最重要指标，当属骨胶原中的 C 与 N 含量以及 C/N 摩尔比值。

（1）通过 C、N 含量判断

骨胶原中的 C、N 的含量可作为判断骨胶原保存状况的指标之一，通过与现代样品的 C、N 含量比较可以判断样品污染状况，现代骨胶原的 C 含量约为 41%，N 含量约为 15%[1]，若所测骨骼样品发生污染，其有机成分——骨胶原将产生降解，C、N 的含量也随之降低。C、N 含量过高或过低都不能用作食谱分析。从表 11-2-1 的统计结果中可以看出，所有样品中 C 的含量分布相当集中，分布在 36.37%~42.22% 范围内，其均值为（39.44±1.45）%。同时，样品 N 含量离散度也很低，分布在 13.31%~15.46% 范围内，其均值为：（14.38±0.56）%。就 C 和 N 含量而言，与现代样品十分相近，适合对其进行食谱研究。

（2）通过 C/N 摩尔比值来判断

根据学者多年的研究，C/N 摩尔比值在 2.9~3.6 之间的骨胶原可认为未受污染[2]。从表 11-2-2 中，我们可以看出清凉寺选取所有样品的 C/N 比值分布在 2.97~3.26 之间，其均值及标准偏差为 3.20±0.05，处于未受污染的标准比值范围内，与现代样品的 C/N 比值（3.20）[3] 相比，总体上也没有大的差异。

通过上述的判别可见，虽然清凉寺墓寺收集的人骨在埋藏环境中有一定的污染，但是总体看来，保存状况较好，得到的骨胶原仍保留其生前的化学特性，均可用于食谱分析。

[1] S. H. Ambrose, B. M. Butler, D. H. Hanson, *et al*. Stable isotopic analysis of human diet in the Marianas Archipelago, Western Pacific [J]. American Journal of Physical Anthropology, 1997, 104.

[2] 李士、秦广雍著：《现代实验技术在考古学中的应用》，科学出版社，1991 年。

[3] 胡耀武：《古代人类食谱及其相关研究》，中国科学技术大学博士论文，2002 年。

表 11-2-2　样品未污染指标统计表

	样品数量	最大值	最小值	平均值	标准偏差
C 含量 /%	27	42.22	36.37	39.44	1.45
N 含量 /%	27	15.46	13.31	14.38	0.56
C/N（摩尔比）	27	3.26	2.97	3.20	0.05

2. 食谱分析

通过测定骨骼骨胶原中的 $\delta^{13}C$ 值，可以知道人们以 C_3 植物还是 C_4 植物为主要食物[1]。根据 $\delta^{15}N$ 值的含量，即可判别先民所处营养级，了解其食谱是以肉食为主或者素食为生[2]。所以，通过分析人骨中的 C、N 稳定同位素，可以获得古人在较长生活过程中的饮食情况。在缺乏遗址食物链中各营养级 $\delta^{15}N$ 值的状况下，先民的 $\delta^{15}N$ 值是否大于 9‰，常用来判定先民的肉食来源。若 $\delta^{15}N$ 值大于 9‰，说明先民食谱中包括大量的肉食，其获取动物蛋白的方式主要来自渔猎活动；而 $\delta^{15}N$ 值小于 9‰ 时，则其食谱中当以植物类食物居多，辅以少量肉食[3]。

根据清凉寺部分样品的检测结果，我们制作了检测样品的 $\delta^{13}C$ 和 $\delta^{15}N$ 散点图 11-2-1，由图 11-2-1 和表 11-2-1 可见，所有样品的 $\delta^{13}C$ 值全部分布在 -7.12‰ ~ -10.1‰ 的范围内，表明山西芮城清凉寺地区史前人类位于以 C_4 类植物为底层的食物链。而 $\delta^{15}N$ 值分布在 6.12‰ ~ 10.57‰ 范围内，平均值为 8.50‰，说明芮城清凉寺地区先民的食物结构应是兼具动植物资源。综上所述，从人骨样品的 $\delta^{13}C$ 和 $\delta^{15}N$ 值的综合分析可知，山西芮城清凉寺地区史前先民的食物结构是以 C_4 类植物为主，包括 C_4 类植物和少量以 C_4 类植物为食的动物。

骨胶原中 C 同位素主要反映食物中蛋白质的来源，而 N 则主要来自动物蛋白质，对它们的相关分析，可让我们了解先民们的主要蛋白质来源。Ambrose 等测定了多种陆生植物和动物的 N 含量，发现植物中的 N 含量远低于动物蛋白。因此，即使植物类食物在总食物中所占的比例较高，对 N 的贡献也较低，而动物类食物较高的 N 含量，即使动物类食物在总食物中所占比例甚小，对 N 的贡献却依然较大。因此，骨胶原中的 $\delta^{15}N$ 值主要反映了食物中动物类食物的来源，即人们所吃食物中肉类的来源。如样品的 $\delta^{13}C$、$\delta^{15}N$ 两者密切相关，表明食谱中动物类食物占了绝大部分，该个体应以渔猎作为主要的生活方式。若两者不呈现明显的相关关系，则表明食谱中含有较大量的植物类食物，该个体应采取采集或农业生产作为主要经济方式[4]。由图 11-2-1 可见，样品的 $\delta^{13}C$、$\delta^{15}N$ 值之间无明显的相关性，根据数理统计的相关分析（N=27, r=-0.05071, P=0.8017）可见两者呈弱负相关，表明清凉寺地区先民食谱中含有较大量的植物类食物，应以采集或农业生

［1］张雪莲、王金霞、冼自强等：《古人类食物结构研究》，《考古》2003 年 2 期，第 62~75 页；胡耀武、王根富、崔亚平等：《江苏金坛三星村先民的食谱研究》，《科学通报》2007 年 1 期，第 85~88 页。
［2］张全超：《吐尔基山辽墓墓主人骨骼的稳定同位素分析》，《内蒙古文物考古》2006 年 1 期：第 106~108 页。G. J. V. Klinken, M. P. Richards, R. E. M. Hedges, An overview of causes for stable isotopic variations in past European human populations: environmental, ecophysiological, and cultural effects. In S. H. Ambrose and M. A. Katzenberg eds, *Biogeochemical approaches to palaeodietary analysis*, Kluwer Academic publishers, New York, 2000, 39~63.
［3］胡耀武、王昌遂：《中国若干考古遗址的古食谱分析》，《农业考古》2005 年 3 期，第 49~54 页。
［4］卫斯：《新石器时代河东地区的农业文化》，《中国农史》1994 年 1 期；张素琳：《试论垣曲古城东关庙底沟二期文化》，《文物季刊》1995 年 4 期。

产作为主要的经济方式。

由于清凉寺墓地出土随葬器物不多，且在该遗址未见农作物遗迹，因此通过一些相邻地区同期其他遗址的研究成果，可以进一步为稳定同位素分析结果揭示的清凉寺先民的生活面貌提供证据。根据目前考古材料所提供的检测结果，新石器时代山西的河东地区，主要以种植粟、黍为主，其次是高粱、大豆，另外还有麻类经济作物[1]。到目前为止，山西省出土有谷子的 10 处遗址中，新石器时代的占 4 处。在河东地区正式发掘过的新石器文化遗址中，都普遍发现了古人贮藏粮食的窖穴，这些窖穴主要是存

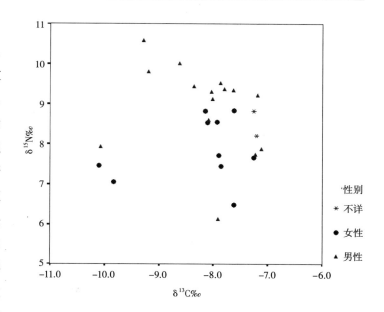

图 11-2-1　样品的 $\delta^{13}C$、$\delta^{15}N$ 散点图

放粟、黍一类谷物的。万荣县荆村文化遗址和夏县西荫村文化遗址的年代距今已有 6000~5000 年，说明山西在五六千年以前已大面积栽培谷子。粟、黍等谷物均为典型的 C_4 类植物，由此判断，处于新石器时代的清凉寺先民可能也已经能够广泛种植粟、黍等类谷物了。另外，山西垣曲古城东关遗址，地处庙底沟二期文化的策源地——晋西南地区，经过几年正式发掘，发现该遗址遗存极为丰富，大量兽骨与石镞、骨镞、石球等生产工具同时出土，反映当时的经济活动除农业生产外，狩猎及家畜饲养业也占有相当比重。1960 年发掘的芮城西王村遗址，发现有生产工具及猪、狗等动物骨骼，同样也表明此处的古人类可能已能饲养、驯化动物。因此，与其年代相近的清凉寺地区先民们，经济活动除农业生产外，家畜饲养业也应该占有一定比重。

综上所述，山西芮城清凉寺地区史前先民的食谱特征是以 C_4 类的粟、黍等植物为主，并食用少量家养的动物。他们生前经营粟作农业，并辅以家畜饲养，或者食用以这两种方式生产的食物。

3. 不同性别的食谱差异

不同性别在食物结构上是不是存在差异是人们关注的一个问题，我们在清凉寺墓地所取的人骨样品中，除了 2 个样品的性别不详外，其余死者的性别明确，其中男性和女性个体数分别为 15 个和 10 个，由表 11-2-3 可见，男性和女性人骨中的 $\delta^{13}C$ 的平均值分别为（-8.16±0.83）‰和（-8.24±0.95）‰，而 $\delta^{15}N$ 的平均值分别为（8.92±1.11）‰和（7.86±0.80）‰，可见男性和女性的 $\delta^{13}C$ 均值相差并不大，但是 $\delta^{15}N$ 均值却存在一些差异。如果利用数理统计中单因素方差分析方法进行分析，可见男性和女性人骨中 $\delta^{13}C$ 的 F 值远小于 Fcrit 值，但男性和女性人骨中 $\delta^{15}N$ 的 F 值大于 Fcrit 值，进一步表明男性和女性之间的 $\delta^{13}C$ 值不存在显著性差异，但 $\delta^{15}N$ 值存在显著性差异。因此，我们推测新石器时期清凉寺地区先民男性和女性可能获取的植物性食物资源比较接近，但男性比女性食用的肉类相对较多，造成这种现象可能是由于当时男女社会分工

---

[1] 张全盛：《新石器时代的山西》，《今日山西》2004 年 9 期。

表 11-2-3　不同性别骨样中稳定同位素数理统计

稳定同位素	男性			女性			方差分析	
	样本量	平均值	标准偏差	样本量	平均值	标准偏差	F	Fcrit
$\delta^{13}C‰$	15	−8.16	0.83	10	−8.24	0.95	0.046	4.279
$\delta^{15}N‰$	15	8.92	1.11	10	7.86	0.80	6.732	4.279

不同的缘故。

4. 不同时期先民的食物结构变化

清凉寺墓地的墓葬分为仰韶文化时期、庙底沟二期文化晚期和龙山文化时期。从图 11-2-2 可见，如果不计墓葬偏少的仰韶早期，从庙底沟二期文化到龙山文化时期的 $\delta^{13}C$ 值变化不太明显，但 $\delta^{15}N$ 值有所增加，两者的分散程度均减小，表明不同时期获取植物食物资源比较稳定，但所食的肉类资源有所增加。我国黄河中游地区发展到庙底沟二期文化时期时，已有了较发达的农业，并饲养了猪、狗等家畜，除此之外人们也从事狩猎、捕鱼和采集活动，龙山时期的农业和畜牧业有了很大的发展，不仅农业生产比庙底沟二期更加稳定，家畜饲养也有了进一步的发展，人们获取肉食资源更加丰富，生产和生活更加繁荣。清凉寺地区 $\delta^{13}C$ 和 $\delta^{15}N$ 值的变化趋势与黄河中游地区庙底沟二期向龙山时期转变的情况一致。

值得注意的是分别取自第二期的 M76、第三期的 M146 的人骨样品的 $\delta^{15}N$ 出现了异常值，分别为 10.57‰ 和 6.12‰，这可能与墓葬本身的特殊情况有必然的联系：两座墓葬的人骨发掘出土时未发现异常，但墓内的随葬品或下葬方式却比较特别。在 M76 的墓室内，除发现有第二期较多见的玉石器组合外，另外还随葬着本墓地唯一的一件完整的猪下颌骨，而且是野猪下颌骨，死者生前或许在狩猎方面有比较突出的本领，从 $\delta^{15}N$ 的数据可以推测 M76 的墓主人日常饮食中可能

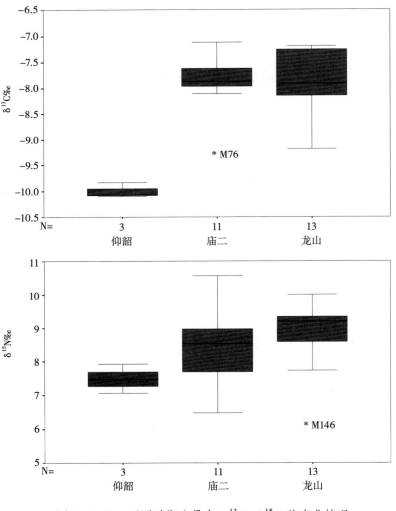

图 11-2-2　不同时期人骨中 $\delta^{13}C$、$\delta^{15}N$ 值变化情况

含有较多的肉类食物。M146位于整个墓地的西南部，属于第三期偏早阶段，是一座有着特殊遗迹、遗物的墓葬，该墓的墓主人为一个成年男子，上半身已经被后期破坏，仅存部分下肢骨，但却拥有4个殉人，是本墓地所有墓葬中殉人数量最多的墓葬，其中包括墓室北侧可能是管家一类的一个20~25岁的女子，东部则为叠置在一起的两个青少年及成年女子。墓内不同部位共发现11件（组）形制各异的随葬品，不仅一些玉石器品类比较特别，而且有一些被烧过的猪犬齿、3个花纹不一的彩绘陶瓶及部分鳄鱼骨板，根据上述情况看，如果说按级别来说，墓主人是当时地位较高的人物，而且极有可能是管理祭祀一类活动的特殊人员，他以植物类食物为主，所食肉类较少的原因，也许是由于墓葬主人特殊的饮食习惯造成的，或许与其生前从事的职业有一些关系。

综上，清凉寺史前先民的食物结构是以 C_4 类植物为主，包括 C_4 类植物和少量以 C_4 类植物为食的动物。经济模式以种植粟、黍等作物的农业形式，并辅以饲养家畜为生。男性比女性获取肉类资源相对较多，可能与当时男女社会分工不同有关。

第十二章　人骨的锶同位素比值分析[*]

对古代人类的迁移活动进行研究历来是考古学的热点和难点问题。自从 Ericson 在 1985 年将锶同位素分析技术首先引入到考古学研究中来之后，二十多年来的研究结果已表明锶同位素分析技术目前已经成为国际考古学界用于探索人类迁移活动的主要方法[1]。在此之前，无论是国内还是国外，传统的考古学研究方法都是通过对古代遗物的流通和传播途径的追寻来推测可能存在的人群的迁徙。显而易见，这种方法获得的证据只是人口迁移的间接证据，要寻找人口迁移的直接证据，还得从人本身着手。而锶同位素分析技术正是通过对出土人类遗骸的锶同位素比值的测定，利用出土人体骨骼和牙齿中锶同位素比值间的差异可以直接确定古代人群在不同地理区域间的移动。其原理在作者已发表的论文中有详细介绍，不再赘述[2]。研究表明，不同的地质构成特征形成不同的锶分布区域，因此可以依据锶同位素的地区特征追溯人类或动物的栖息地。对考古出土人类遗骸而言，人体骨骼中的锶同位素比值反映的是个体去世前生活地区的特征，牙釉质中的比值则反映的是个体幼年时期生活地区的特征。同一个体的骨骼和牙釉质的锶同位素比值间存在着差别则表明个体发生过迁移。不同个体牙釉质的锶同位素比值在遗址当地的锶同位素比值范围内说明个体出生在本地，牙釉质的锶同位素比值在遗址当地的锶同位素比值范围外则说明个体出生在外地[3]。

由于出土人类骨骼和牙釉质的锶同位素分析对考古学研究而言具有十分重要的学术价值，因此吸引了许多考古学家与化学家合作，在世界上不同地区对不同时代的出土人类遗骸进行锶同位素比值分析，取得了许多成果[4]。特别是近几年来，国际上利用锶同位素分析研究古代人类迁移

　＊　本章执笔：中国社会科学院考古研究所赵春燕。本项目为国家科技支撑计划项目（批准号：2010BAK67B03），并获中国社会科学院 2011 知识创新工程资助。

［1］J. E. Ericson, Strontium isotope characterization in the study of prehistoric human ecology, *Journal of Human Evolution*, 1985, 14 (5): 503~514. R. A. Bentley, Strontium isotopes from the earth to the archaeological skeleton: a review. *Journal of Archaeological Method & Theory*, 2006, 13 (3): 135~187. S. Kusaka, T. Nakano, T. Yumoto, *et al*., Strontium isotope evidence of migration and diet in relation to ritual tooth ablation: a case study from the Inariyama Jomon site, Japan, *Journal of Archaeological Science*, 2011, 38 (1): 166~174.

［2］赵春燕、杨杰、袁靖等：《河南省偃师市二里头遗址出土部分动物牙釉质的锶同位素比值分析》，《中国科学：地球科学》2012 年 42 卷 7 期，第 1011~1017 页。

［3］K. J. Knudson, B. O'Donnabhain, C. Carver, *et al*., Migration and Viking Dublin: paleomobility and paleodiet through isotopic analyses, *Journal of Archaeological Science*, 2012, 39 (2): 308~320.

［4］T. D. Price, L. Manzanilla, W. D. Middleton, Immigration and the ancient city of Teotihuacán in Mexico: A study using Strontium isotope ratios in human bone and teeth. *Journal of Archaeological Science*, 2000, 27 (10): 903~913. I. D. Julia, Strontium isotope analysis of Neolithic and Copper age population on the Great Hungarian Plain. *Journal of Archaeological Science*, 2009, 36 (2): 491~497. R. A. Bentley, H. R. Buckley, M. Spriggs, *et al*., Lapita migrants in the Pacific's oldest cemetery: isotope analysis at Teouma, Vanuatu. *American Antiquity*, 2007, 72 (4): 645~656. C. Chenery, G. Muldner, J. Evans, *et al*., Strontium and stable isotope evidence for diet and mobility in Roman Gloucester, UK, *Journal of Archaeological Science*, 2010, 37 (1):150~163.

的实例呈逐年增多的趋势,而国内的相关研究也开始起步[1]。

芮城清凉寺墓地出土了大量的古代人类和动物遗骸,为我们进行科学研究提供了宝贵的基础材料。因此,我们选取清凉寺墓地出土的部分人类遗骸和动物牙齿,通过对人和动物牙釉质中的锶同位素分析,追溯清凉寺墓地埋藏的古人类为当地出生抑或来自他乡。

一 材料与方法

(一)样品的采集

根据田野发掘出土的人类及动物遗骸数量及样品保存状况,我们选择了清凉寺墓地出土的5份猪犬齿和15份人类牙齿样品作为研究对象,这些样品分别来自二期、三期和四期,其时代特征、考古编号及取样部位等均列于表12-0-1中。

表 12-0-1　清凉寺墓地人类和动物牙釉质样品的 $^{87}Sr/^{86}Sr$ 的比值

序号	实验室编号	出土单位	分期	性别和年龄	样品	$^{87}Sr/^{86}Sr$	2σ
A	2012528-1	04 芮城寺里 M148	三期	雄,1岁以上	猪犬齿	0.711554	0.000013
B	2012528-2	04 芮城寺里 M57	三期	雄,1岁以上	猪犬齿	0.711551	0.00001
C	2012528-3	04 芮城寺里 M52	三期	雄,1岁以上	猪犬齿	0.711545	0.000015
D	2012528-4	04 芮城寺里 M141	三期	雄,1岁以上	猪犬齿	0.711450	0.000011
E	2012528-5	04 芮城寺里 M52	三期	雄,1岁以上	猪犬齿	0.711483	0.000012
F	2012530-12	04 清凉寺 M51	二期	男,40~44	下牙齿	0.711526	0.00001
G	2012530-13	04 清凉寺 M79	二期	B,女,18~20	下牙齿	0.711467	0.000012
H	2012530-14	04 清凉寺 M79	二期	C,女,18~19	下牙齿	0.711438	0.00001
I	2012530-15	04 清凉寺 M48	二期	男,45~50	下牙齿	0.711562	0.000009
J	2012530-1	04 清凉寺 M80	二期	女,18~19	下牙齿	0.711482	0.000011
K	2012530-2	04 清凉寺 M29	三期	男(殉人),30左右	下牙齿	0.711770	0.00001
L	2012530-11	04 清凉寺 M29	三期	男(墓主),40~45	下牙齿	0.711575	0.000011
M	2012530-17	04 清凉寺 M146	三期	东南角,女,27~28	下牙齿	0.711514	0.000014
N	2012530-3	04 清凉寺 M146	三期	东北角,男,14~17	下牙齿	0.711423	0.000012
O	2012530-4	04 清凉寺 M146	三期	北侧二层台,女(殉人),20~25	下牙齿	0.711637	0.00001
P	2012530-5	04 清凉寺 M343	四期	女,35~40	下牙齿	0.711778	0.00001
Q	2012530-6	04 清凉寺 M287	四期	男,成年	下牙齿	0.711814	0.000019
R	2012530-18	04 清凉寺 M347	四期	男,40~45	下牙齿	0.711786	0.000011
S	2012530-20	04 清凉寺 M350	四期	男,50左右	下牙齿	0.711769	0.000014
T	2012530-21	04 清凉寺 M330	四期	男,45~50	下牙齿	0.711684	0.000013

---

[1] 尹若春、张居中、杨晓勇:《贾湖史前人类迁移行为的初步研究——锶同位素分析技术在考古学中的应用》,《第四纪研究》2008年28卷1期,第50~57页;赵春燕、袁靖、何努:《陶寺遗址出土动物牙釉质的锶同位素比值分析》,《第四纪研究》2011年31卷1期,第22~28页;赵春燕、吕鹏、袁靖等:《河南禹州市瓦店遗址出土动物遗存的元素和锶同位素比值分析》,《考古》2012年11期。

（二）样品的前处理

样品的前处理是在洁净实验室内进行的。首先用工具打磨每一个样品表面，除去任何可见的污垢或杂色物质，牙齿样品去掉内部牙基质，经去离子水浸泡后在超声波水浴中反复清洗50次以上，直至清洗液无色为止。之后用纯净水超声清洗3次，每次20分钟；再加入Milli Q超纯水，超声清洗3次，每次20分钟。清洗后的样品加入5%稀醋酸（优级纯），超声清洗30分钟，浸泡7小时，将稀醋酸倒掉，再加入Milli Q超纯水，超声清洗三次，每次20分钟。然后样品放入恒温干燥箱干燥后，于825℃下灼烧8小时。

（三）锶同位素比值的测定

准确称取0.1~0.2克粉末样品于低压密闭溶样罐中，用混合酸（$HF+HNO_3+HClO_4$）溶解24小时。待样品完全溶解后，蒸干，加入6mol/L的盐酸转为氯化物蒸干。用0.5mol/L的盐酸溶液溶解，离心分离，清液栽入阳离子交换柱（ϕ0.5cm×15cm，AG50W×8（H+）100-200目），用2.5mol/L的盐酸溶液淋洗锶。蒸干，质谱分析。

锶同位素分析采用ISOPROBE-T热电离质谱计，单带，M+，可调多法拉第接收器接收. 质量分馏用86Sr/88Sr=0.1194校正，标准测量结果：NBS987为0.710250±0.000007。

二　结果与讨论

（一）锶同位素比值测定结果

清凉寺墓地出土人类和动物牙釉质样品的锶同位素分析结果列在表12-0-1中。

（二）清凉寺墓地区域锶同位素比值范围的确立

目前，国际考古学界用于探索人类迁移的原理主要是通过对遗址出土的人类遗骸的锶同位素比值与遗址当地锶同位素比值进行比较，进而判断个体的生活居住地是否发生过变化，从而了解古人类的迁移情况。根据上述原理，若要探索清凉寺墓地古人类的来源，首先必须确定当地的锶同位素比值范围，才能以此判断遗址出土人类遗骸是当地出生抑或来源不同。

在国际上，一般是以遗址出土的当地动物牙釉质的锶同位素比值的平均值及2倍标准偏差来确定当地的锶同位素比值范围[1]。因此，根据清凉寺墓地出土猪犬齿牙釉质的锶同位素比值测定结果，经过计算得到5个猪犬齿牙釉质的锶同位素比值的平均值为0.711517，将该平均值加或减2倍标准偏差得到当地的锶同位素比值范围在0.711408~0.711626之间。至此，以出土猪犬齿牙釉质样品确定了当地的锶同位素比值范围，就可以以此推断人类遗骸是当地的还是外来的。

（三）清凉寺墓地古人类的迁移情况

清凉寺墓地出土古人类的15个牙釉质样品和5个猪犬齿牙釉质样品的锶同位素比值测定结果列在表12-0-1中。根据样品的锶同位素比值测定数据所作柱状图如图12-0-1所示。图中横坐标表示不同时期出土人类遗骸样品，纵坐标表示锶同位素比值。图中两条虚线之间的部分就代表当地的锶同位素比值范围。

［1］R. A. Bentley, T. D. Price, E.Stephan, Determining the "local" 87Sr/86Sr rang for Archaeological skeletons: a case study from Neolithic Europe. *Journal of Archaeological Science*, 2004, 31 (4): 365~375.

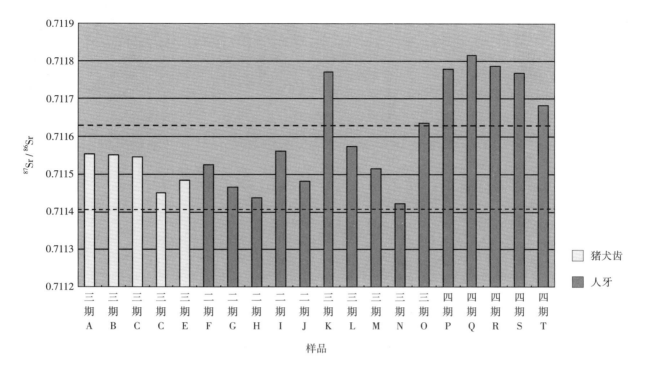

图 12-0-1　清凉寺墓地出土人及动物遗骸锶同位素比值柱状图

　　将清凉寺墓地出土的古人类牙釉质锶同位素比值与遗址当地的锶同位素比值进行比较，结果发现：本次检测的属于二期的 5 个个体的牙釉质的锶同位素比值全部位于当地的锶同位素比值范围内，说明这 5 个个体可能全部是当地人；三期的 5 个个体分别来自 2 座墓葬 M29 和 M146，其中，M29 出土的 2 个个体，男性墓主牙釉质的锶同位素比值位于当地的锶同位素比值范围内，可能是当地出生，男性殉人牙釉质的锶同位素比值位于当地的锶同位素比值范围以外，可能是外来的。而 M146 墓中，1 个个体可能是外来的，另 2 个个体则可能是当地出生；四期的 5 个个体的牙釉质锶同位素比值全部在遗址当地的锶同位素比值范围以外，表明这些个体在其他地区出生，可能全部是外来者。

三　结论

　　根据此次清凉寺墓地出土部分人类遗骸的锶同位素比值的测定结果，可以得到以下认识：在以清凉寺墓地出土猪犬齿牙釉质样品确定了当地的锶同位素比值范围的基础上，可以推断本次检测的 15 个个体中，属于二期的 5 个个体可能全部是当地人；三期的 5 个个体分别来自 2 座墓葬 M29 和 M146，其中，M29 出土的 2 个个体，男性墓主可能是当地出生，男性殉人可能是外来的；而 M146 墓中，1 个个体可能是外来的，另 2 个个体则可能是当地出生；四期的 5 个个体可能全部是外来者。

　　因时间所限，本次检测的样品数量不是全部出土样品，更进一步的研究正在进行中。

附表 12-0-1　清凉寺墓地样品目

序号	出土单位	样品名称	时期	性别	年龄	地位
1	04 芮城寺里 M141	猪犬齿	三期	雄	1 岁以上	随葬品
2	04 芮城寺里 M148	猪犬齿	三期	雄	1 岁以上	随葬品
3	04 芮城寺里 M57	猪犬齿	三期	雄	1 岁以上	随葬品
4	04 芮城寺里 M52	猪犬齿	三期	雄	1 岁以上	随葬品
5	04 芮城寺里 M52	猪犬齿	三期	雄	1 岁以上	随葬品
6	04 清凉寺 M97	下牙齿	二期	女	45~50	墓主
7	04 清凉寺 M48	下牙齿	二期	男	45~50	墓主
8	04 清凉寺 M79B	下牙齿	二期	女	18~20	殉人?
9	04 清凉寺 M79C	下牙齿	二期	女	18~19	殉人?
10	04 清凉寺 M51	下牙齿	二期	男	40~44	墓主
11	04 清凉寺 M51	股骨	二期	男	18~19	墓主
12	04 清凉寺 M80	下牙齿	二期	女	18~19	墓主
13	04 清凉寺 M80	股骨	二期	女	18~19	墓主
14	04 清凉寺 M146 东南角	下牙齿	三期	女	27~28	殉人
15	04 清凉寺 M146 东南角	股骨	三期	女	27~28	殉人
16	04 清凉寺 M146 东北角	下牙齿	三期	男	14~17	殉人
17	04 清凉寺 M146 北侧	下牙齿	三期	女	20~25	殉人
18	04 清凉寺 M146	股骨	三期	男	成年	墓主
19	04 清凉寺 M29	下牙齿	三期	男	40~45	墓主
20	04 清凉寺 M29	下牙齿	三期	男	30 左右	殉人
21	04 清凉寺 M169	下牙齿	三期	男	20~25	墓主
22	04 清凉寺 M191	下牙齿	三期	女	45 左右	墓主
23	04 清凉寺 M199	下牙齿	三期	男	50 左右	墓主
24	04 清凉寺 M351	下牙齿	三期	女	51~60	墓主
25	04 清凉寺 M319	下牙齿	三期	女	60 左右	墓主
26	04 清凉寺 M319	上肢骨	三期	女	60 左右	墓主
27	04 清凉寺 M147	股骨	三期	男	45~50	墓主
28	04 清凉寺 M53C	股骨	三期	男	成年	殉人
29	04 清凉寺 M297	股骨	三期	男	45~50	墓主
30	04 清凉寺 M301	股骨	三期	男	45~50	墓主
31	04 清凉寺 M308	股骨	三期	男	35~39	墓主
32	04 清凉寺 M155	股骨	三期	男	51~60	墓主
33	04 清凉寺 M155	上牙齿	三期	男	51~60	墓主
34	04 清凉寺 M354	股骨	三期	女	45~50	墓主
35	04 清凉寺 M354	下牙齿	三期	女	45~50	墓主
36	04 清凉寺 M287	下牙齿	四期	男	成年	墓主
37	04 清凉寺 M343	下牙齿	四期	女	35~40	墓主

续附表 12-0-1

序号	出土单位	样品名称	时期	性别	年龄	地位
38	04 清凉寺 M345	股骨	四期	男	35~40	墓主
39	04 清凉寺 M331	下牙齿	四期	男	50~55	墓主
40	04 清凉寺 M331	股骨	四期	男	50~55	墓主
41	04 清凉寺 M330	下牙齿	四期	男	45~50	墓主
42	04 清凉寺 M330	股骨	四期	男	45~50	墓主
43	04 清凉寺 M346	下牙齿	四期	男	55~60	墓主
44	04 清凉寺 M346	股骨	四期	男	55~60	墓主
45	04 清凉寺 M347	下牙齿	四期	男	40~45	墓主
46	04 清凉寺 M347	股骨	四期	男	40~45	墓主
47	04 清凉寺 M348	下牙齿	四期	男	20~23	墓主
48	04 清凉寺 M348	股骨	四期	男	20~23	墓主
49	04 清凉寺 M350	下牙齿	四期	男	50 左右	墓主
50	04 清凉寺 M350	股骨	四期	男	50 左右	墓主

说明：涂灰的样品是本文发表检测数据的样品。

第十三章　动物骨骸研究 *

清凉寺史前墓地发现的动物骨骸并不多，但却包括有猪、羊、象、鳄鱼等不同的种类，这些骨骸分别属于不同时期的墓葬，其中，第一期和第四期未发现任何动物骨骸，但第二期到第三期共发现动物骨骼296件，其中包括可鉴定的标本以及骨器、装饰品等，研究这些动物骨骸对认识清凉寺史前墓地具有重要的意义。

根据动物骨骸的情况，我们采用的研究方法如下：对每件标本进行种属鉴定，并记录每件标本的重量，其中完整的标本按照《考古遗址出土动物骨骼测量指南》[1]进行测量。鉴于猪的犬齿目前还没有统一的测量标准，本文按照实际情况测量了带尖下犬齿的保存长度，以及上犬齿的长度和宽度。在鉴定过程中，注意观察标本上的人工痕迹，如是否为烧骨，是否有钻孔、磨制等痕迹。在对每件标本鉴定的基础上进行数量统计，对清凉寺墓地随葬动物骨骸的时空变化进行初步探讨。

第一节　分类描述

我们观察或检测了清凉寺史前墓地出土的全部动物骨骼，其中可鉴定标本数（NISP）为277件，最小个体数（MINI）为46，重3608.0克。包括猪（*Sus domesitc*）、羊（*Ovis/Capra* sp）、鳄鱼（*Alligator sinensis*）、象（Elephantidae）（?）等四种动物。其中以猪的数量占有绝对优势。

根据最小个体数总数的统计我们制作了表13-1-1。下面我们对这些动物作具体分析。

表 13-1-1　清凉寺墓地可鉴定动物骨骼统计表

动物种类	可鉴定标本数（NISP）	最小个体数（MNI）	重量 g（WT）
猪（*Sus domesitc*）	226	43	3285.3
羊（*Ovis/Capra* sp）	15	1	183
象（Elephantidae）（?）	3	1	88.2
鳄鱼（*Alligator sinensis*）	33	1	51.5
总计	277	46	3608.0

---

* 本章执笔：中国科学院大学考古学与人类学系赵静芳。

[1] 安格拉·冯登德里施：《考古遗址出土动物骨骼测量指南》，马萧林、侯彦峰译，科学出版社，2007年。

1. 猪（*Sus domestic*）

猪的骨骼主要包括下颌骨、犬齿以及少量碎骨，共226件。据这些骨骼统计，计算出了整个墓地可确认的最小个体数。最小个体数的算法为：每个时期内所出同一侧可鉴定骨骼的最大数为该时期的最小个体数，将不同时期个体的数量相加，即为整个墓地此类动物的最小个体数。由于该墓地猪骨骼当中下犬齿的数量最多，可根据该骨骼计算最小个体数。结果如下：第一期为0；第二期左侧下犬齿数量最多，为12个，另有1件完整下颌骨，可代表1个个体，因此最小个体数为13；第三期右侧下犬齿数量最多，达30个，最小个体数即为30；第四期为0。墓地出土猪的最小个体数共计43。

下颌骨

仅发现1件，出土于第二期墓葬M76，重1067.0克。保存较完整（图5-2-26A；彩版5-2-26:3、4，13-1-1:1、2），代表1个个体。我们根据对该下颌骨的测量数据制成表13-1-2。

表 13-1-2 M76 猪下颌骨测量数据 （单位：毫米）

编号	测量项目	左	右
1	下颌骨从角长（+）	295	
2	下颌骨从髁长【下颌骨髁突的远口缘—下齿点（+）】	305	313
3	长【下颌角后点—M_3齿槽的远口缘（-）】	105	98
4	下颌骨水平部长【M_3齿槽的远口缘—下齿点（+）】	204	209
5	长【下颌角后点—P_2齿槽的口缘（-）】	211	210
6	长【M_3齿槽远口缘—犬齿齿槽远口缘（+）】	136	143
7a	M_3-P_1齿列长【沿齿槽颊侧测量（+）】	/	138
7b	M_3-P_2齿列长【沿齿槽颊侧测量（+）】	114	117
8	臼齿列长【沿齿槽颊侧测量（-）】	79	79
9a	P_1-P_4齿列长【沿齿槽颊侧测量（-）】	/	59
9b	P_2-P_4齿列长【沿齿槽颊侧测量（-）】	35	42
10	M_3的长和宽【靠近臼冠根部测量（-）】	40/16	42/17
11	长【P_2齿槽口缘—I_3齿槽远口缘（+）】	74	74
12	下颌骨体正中切面长【颏隆凸-下齿点（+）】	95	
13	下颌骨垂直部远口侧高【下颌角腹侧点—下颌髁最高点（+）】	146	150
14	下颌骨垂直部中部高【下颌角腹侧点—下颌切迹最深处（+）】	133	136
15	下颌骨垂直部口侧高【下颌角腹侧点—冠状凸点（+）】	139	141
16a	M_3后下颌骨高【从M_3齿槽的最远口侧点测量（-）】	59	60
16b	M_1前下颌骨高【垂直测量到底缘（-）】	61	60
16c	P_2前下颌骨高【垂直测量到底缘（-）】	60	60
17	下颌骨两侧支犬齿齿槽间宽（+）	52	
18	下颌骨两侧支最外侧点间宽（+）	163	
19	两侧下颌髁间的宽（+）	146	
20	下颌骨两侧支冠状突间的宽（-）	104	
21	犬齿齿槽的最大径（+）	165	167

说明："+"代表可以确切测量的数据，"-"代表不能够确切测量的数据。该表所列测量项目参考《考古遗址出土动物骨骼测量指南》。

该下颌骨所附牙齿已经全部萌出。左右两侧各有 2 个门齿（I_1、I_2），连续分布。犬齿（C）出露长，由于剖面呈三角形，长、宽各有三个数据，从尖部到出露处的测量数据如表 13-1-3。左侧保存第二至第四前臼齿（P_2-P_4），未见第一前臼齿（P_1）齿槽；右侧可见 P_1 齿槽以及 P_2-P_4 牙齿。左右两侧均带臼齿 M_1-M_3，M_1 齿冠低，M_2 略高，M_3 带发育的跟座。值得注意的是，M_3 外侧还见一对牙齿。这对牙齿形态较直，齿冠呈尖锥状，齿根圆形，深深嵌入第三臼齿的后方（彩版 13-1-1:2、3）。该下颌骨的齿式比较特殊，表现在以下两个部位：1）第三门齿（I_3）缺失；2）M_3 之后还多出一对锥形齿。

表 13-1-3　M76 猪下颌骨犬齿测量数据　　　　　　　　　　　（单位: 毫米）

	长			宽		
	前长	舌侧长	颊侧长	前宽	后宽	颊侧宽
左	100	72	73	25.4	17.2	17.1
右	99	64	67	24.1	17.0	16.9

该下颌骨的磨蚀情况为：P_2-P_4 略磨；M_1 磨蚀重，齿质全出；M_2 磨出梅花状图案；M_3 原尖和前尖均磨出较大齿质点，次尖刚磨出齿质点。综上所述，该下颌骨磨蚀较严重，根据 Annie Grant 有关猪牙齿萌出和磨蚀的研究[1]，估算年龄约为 32 月龄左右。综合牙齿萌出与磨蚀情况可知，该下颌骨属于一只老年雄猪，并且齿式不同寻常。

犬齿

清凉寺史前墓地出土猪的犬齿数量较大，共 210 件，均为雄性，又可分为下犬齿和上犬齿，上、下犬齿分别发现在不同时期的不同规模或葬制的墓葬中，可能有不同寓意。

在所有犬齿中，下犬齿数量最多，共达 148 件。其中 78 件带有齿尖，可鉴定左右；另外 70 件则为不带齿尖的残块，仅可凭借形态确定为下犬齿。有的犬齿断面非常平齐，经观察为切割或者锯开犬齿时形成的，其中部分标本还带有切割或锯至末端自行断裂开的痕迹，类似于劈柴断裂的裂口。在 78 个带有齿尖的犬齿当中，68 件带有上述的切割断口，残块当中也有 41 件具此特点，残块中包括一端带切割面和两端均为切割面这两种情况。这类断口痕迹的表面相当平整，说明切锯工具较为精细。以上特点说明，下犬齿经过人为切或者锯之后，形成若干残段。我们对有明显断口的下犬齿标本进行了测量：长度在 11.1~115.1 毫米之间，平均为 45.7 毫米。其中，带齿尖的下犬齿长度为 11.1~115.1 毫米，平均 39.6 毫米，不带齿尖的残块长度为 14.9~112.6 毫米，平均 37.6 毫米。由此可以看出，犬齿的长度变化范围较大，超过 100 毫米。若将所有可测量犬齿按照每 10 毫米为一个单位计数，如图 13-1-1 所示。根据该图可知，下犬齿的长度主要集中在 20~50 毫米之间，其次是 10~20 毫米以及 50~60 毫米，大于 60 毫米的标本非常稀少。

据以上分析可知，清凉寺先民有将猪下犬齿切锯成段陪葬的习俗，他们将下犬齿切割为

---

[1] A. Grant, The use of tooth wear as a guide to the age of domestic animals. In B. Wilson, C. Grigson & S. Payne (eds), *Ageing and Sexing Animal Bones from Archaeological Sites*, British Archaeological Reports, British Series 109. Oxford: British Archaeological Reports, 1982, pp.91–108.

11~115 毫米的残段，其中以 20~50 毫米数量最多，10~20 毫米和 50~60 毫米次之，60 毫米以上的标本数量非常有限。说明当时人们对每段犬齿的长度可能有一定的要求，但这种要求并不严格。

出土下犬齿的墓葬主要为 M67 和 M146。

M67 属于第二期，出土下犬齿 37 件，摆放于墓主人头部西侧，代表 12 个个体。该墓的其他随葬

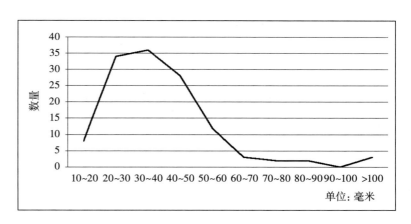

图 13-1-1 猪下犬齿残段长度分布图

品为石钺、长方形石器组合以及一件残玉璜。这 37 件下犬齿均未经过烧烤，保存较好，可见清晰的釉面、切割面、断裂部分以及犬齿齿尖部被磨蚀的痕迹（彩版 5-2-32:3，13-1-1:4）。

M146 属于第三期较早阶段，共出土下犬齿 108 件，代表 30 个个体，摆放在墓室内墓主人股骨旁。该墓是一座规格较高的墓葬，随葬有玉石器、彩陶、猪犬齿以及象牙饰品等。出土的猪下犬齿胶结在一起，其中还包裹着一件窄长的刀状石器残片（彩版 13-1-1:5）。为了将石器包裹紧，可能还使用了某种胶合物，使这些犬齿互相胶结。经观察，石器一侧的犬齿经过烧烤，另一侧则未经烧烤，推测应当是将这些犬齿包裹在一起以后又进行了某种祭祀行为：将这一套物品置于火上烧烤一段时间后再埋葬，因此导致了与火接触的部分经过烧烤变形，而另一侧未经与火长期接触，烧烤程度非常轻。经烧烤后，有的牙釉质被烤裂并脱落，齿质变青。此类严重烧烤导致表面破坏的犬齿共有 30 件，占该墓所有犬齿数量的 1/3；中等烧烤者 56 件；没有烧烤痕迹者仅 22 件。与 M67 出土的犬齿相比，该墓葬出土的下犬齿保存相当不好。

墓地其他的一些墓葬中发现有上犬齿，这些牙齿发现在属于第三期的墓葬中，由于墓葬多数被盗扰，所以多数上犬齿都零星地分布在墓主人头部西端的二层台上，其中保存下来的总数量为 62 件，大多保存完整。上犬齿不存在类似下犬齿的残段现象（彩版 13-1-1:6）。我们测量了 61 件上犬齿的整体高度、长和宽，根据测量数据制作了表 13-1-4。

从表 13-1-4 可知，整体高度从 48.6~75.4 毫米不等，平均值为 61.1 毫米。长度平均值为 16.4

表 13-1-4　猪上犬齿测量数值　　　　　　　　　　　　　　　　　　　　　（单位：毫米）

尺寸	高度	长度	宽度
标本数量	61	61	61
最大值	75.4	20	26
最小值	48.6	13.9	15
平均值	61.1	16.4	21.8
标准差	5.7	1.4	2.3

说明：高度即从齿尖到齿根末端的垂直距离；长度为将上犬齿复原为生长方式后，水平测量其最大前后距离所得的值；最大左右距离的值为宽度。

毫米，宽度平均值为 21.8 毫米，长度（前后径）小于宽度（左右径）。

2. 羊 （*Ovis/Capra* sp）

清凉寺史前墓地所见羊的骨骼较少，保存有头骨、上颌骨以及四肢骨，出自属于第三期的 M139，代表 1 个个体。头骨除少数残片外，还发现左侧上颌骨 1 件，带有乳臼齿 dm^2、dm^3 以及恒齿 M^1。其中 M^1 刚刚萌出，年龄约为半岁左右。四肢骨数量较多，全部是完整肢骨，包括左、右侧肱骨各 1 件，左、右侧桡骨各 1 件，右侧尺骨 1 件，左侧股骨 1 件，左、右侧胫骨各 1 件，右侧掌骨 1 件，右侧跖骨 1 件等共 10 件。另外还有残断的跖骨、肋骨以及指骨等骨骼。羊的四肢骨均未愈合，从骨骼鉴定和保存情况来看，M139 可能随葬了一整只小羊，参照发掘时的记录，该羊弃置于二层台上，是否为下葬时的牺牲值得关注。由于未见可鉴定种类的骨骼，所以这只羊的种类不详，就同时期其他遗址随葬的羊来看，绵羊和山羊均有可能。

3. 鳄鱼 （*Alligator sinensis*）

鳄鱼骨板在清凉寺并不多见，总数为 38 块，集中发现在同时期几个规模比较大墓内，其中属于第二期的 M54 出土 23 块，M79 出土 10 块，M67 出土 1 块（彩版 5-2-27:2，5-2-45:6，13-1-1:7）。另外，在属于第三期较早阶段的 M146 中也有少量出土，因此鳄鱼个体数为 2。

骨板多呈方形或圆角方形，可见纵列的中棱脊，骨板的上表面有许多形状不规则的凹坑，下表面光滑，可能均属于鳄鱼背面骨板，种类为扬子鳄。

4. 象 （Elephantidae）（？）

属于象的遗存仅有可能用象门齿制作的象牙饰品 3 件，应为象门齿制成。

第二节　骨器与饰品的制作

除了第一节叙述的可鉴定动物骨骼外，清凉寺墓地还发现了骨簪、骨饰和牙饰等骨器与工艺品共计 22 件，由于经过人为加工，已经看不出原来动物的具体种属。对于这类标本，发掘者已经在报告当中给予了详细的分类描述，这里不予赘述。我们在此仅根据保存下来的迹象对取自动物的具体部位作一些推断，并对器物进行简单分类。

1. 骨簪

共发现 11 件。根据制作骨簪所利用的骨骼形制，可确定属于动物的哪个部位。我们将清凉寺墓地的骨簪分为以下三型：

Ⅰ型，用大中型动物肋骨制成。此类骨簪形制为扁平，多为上宽下尖，顶部和簪体均经磨制。受到肋骨本身形状的影响，有的器形略呈 S 型。包括 M126、M158、M175、M176 出土的骨簪。（彩版 13-2-1:1）

Ⅱ型，用大中型动物长骨制成。这类骨骼通常质地较肋骨细密，磨制较为精致。M10 出土的 2 件骨簪，长均为 198 毫米，直径 5.4 毫米，顶部磨成圆帽形，簪体细长，整体扁圆。另外，在 M92 和 M246 出土的骨簪也是用长骨制成，尤其后者通体磨光，两端均磨出细长尖，非常精美。（彩版 13-2-1:2）

Ⅲ型，用鸟类管状骨制成。簪体呈扁圆形，通体磨光，制作略粗糙，仅有 M309 出土的一件骨簪属于这一类型。

2. 骨饰

共 2 件，均为大型动物管状骨制作而成，分别出土于属于第二期的 M60 和 M99。

Ⅰ型，长方形，出土于 M99，已残破。两侧各有 2 个穿孔，是由动物骨骼切割而成。

Ⅱ型，呈瓦状，出土于 M60。推测由大型动物管状骨切割、磨制而成，制作精美，左右各有三个用于连缀的穿孔。（彩版 13-2-1:3）

3. 牙饰

共 6 件，均出土于 M180。形制相同，大小相近。制作方法一致，均为犬齿去薄之后，再对边缘进行磨制，最后形成近椭圆形状。其中一件标本有小型穿孔，方向为从牙的非釉质面向釉质面。（彩版 13-2-1:4）

4. 象牙饰

3 件。出土于 M146。象门齿通常是一根平直或有不同程度弯曲的圆柱体，其横剖面呈现同心圆构造，类似于植物树干的年轮[1]。这三件标本表面粗糙，与象门齿外侧的釉质层类似；形态上均有不同程度的弯曲，也就是说，标本的横切面呈弧形，这种形状与象门齿的同心圆结构相对应。因此，初步判断这三件标本均用象门齿制成。

在两件饰品的一侧边缘各有 3 个孔，似可以用绳索将断裂的两部分连接起来。推测这几件物品可能在制作的过程中断裂，但在随葬时仍将其修复起来。可见，这类饰品对于当时来讲也是相当珍贵的。（彩版 13-2-1:5、6）

第三节　随葬动物骨骼的变化

清凉寺史前墓地共分为四期，第一期和第四期未发现任何动物随葬品，而第二到第三期随葬动物骨骼的墓葬数量、动物种类及骨制品情况有所变化，我们根据出土动物骨骼的墓葬所属分期、伴出的其他随葬品和最小个体数的情况制作了表 13-3-1。

第二期随葬动物骨骼的墓葬共 11 座。随葬动物种类也比较丰富，其中包括随葬猪下颌骨、下犬齿以及鳄鱼骨板，如 M76 随葬猪下颌骨，M67 随葬猪下犬齿，M54 和 M79 随葬鳄鱼骨板，而这些墓葬中除了动物骨骼外，往往有玉石器、陶器等其他随葬品。随葬骨簪的现象在本期就有发现，但此类墓葬一般没有其他随葬品一起出土。

第三期随葬动物骨骼的墓葬共 10 座，但随葬动物种类和数量均有显著增加。新增了随葬猪上犬齿、羊和牙饰。数量方面，猪的最小个体数增加明显，从第二期的 13 个增至 30 个个体。在同一个墓葬中随葬动物骨骼的数量上来说，个别墓葬甚为丰富，如 M146，除了大量的猪下犬齿外，也发现用象牙制作的饰品，而且还存在大量精美的玉石器。其他随葬猪上犬齿、下犬齿的墓葬也都有较精美的玉石器发现，随葬牙饰的 M180 中还发现了玉环。随葬骨簪的墓葬情况与第二期相同，并未发现其他随葬品。

---

[1] 周明镇、张玉萍著：《中国的象化石》，科学出版社，1974 年，第 40~41 页。

表 13-3-1　清凉寺墓地随葬动物骨骼墓葬登记表

墓葬	出土动物骨骼	其他陪葬品	期属	最小个体数
M76	猪下颌骨 1 件	石钺、单孔石器、三孔石刀	二	猪 13、鳄鱼 1
M67	猪下犬齿 37 件、鳄鱼骨板 1 块	石钺、单孔石器、残玉璜		
M54	鳄鱼骨板 23 块	石钺、五孔石刀、单孔石器、联璜石璧、石环、联璜石环		
M79	鳄鱼骨板 10 块	小口高领陶罐、敞口深腹陶盆、石钺、长方形双孔石器、三孔石刀、石料、石璧、石环、联璜石环		
M92	骨簪 1 件	无		
M126	骨簪 1 件	无		
M10	骨簪 2 件	无		
M158	骨簪 1 件	无		
M175	骨簪 1 件	无		
M176	骨簪 1 件	无		
M195	骨簪 1 件	无		
M316	骨簪 1 件	石环		
M60	骨器 1 件	石钺、石璧、石璜		
M99	骨饰 1 件	无		
M146	猪下犬齿 108 件，鳄鱼骨板，象牙制品 3 件	彩绘陶瓶、玉钺、玉梳形器、石钺、刀状石器、六边形凸沿筒状石器、双孔石刀、石饰品	三	猪 30、羊 1、象 1
M141	猪下犬齿 1 件，上犬齿 19 件	石璧、石环		
M147	猪下犬齿 2 件，上犬齿 12 件	联璜石环、陶片		
M52	猪上犬齿 22 件	玉琮		
M57	猪上犬齿 6 件	石璧、联璜石环、陶片		
M148	猪上犬齿 3 件	联璜玉环、石镯、石环		
M139	羊肢骨 10 件，上颌 1 件，头骨、肋骨残块 3 件			
M246	骨簪 1 件	无		
M309	骨簪 1 件	无		
M180	牙饰 6 件（3 对）	玉环		

仅从随葬动物骨骼的数量来说，第二期 M67 最多，而第三期 M146 最多、其次是 M52，其余墓葬仅零星存在。说明动物骨骼虽然不是主要的随葬品，只是某种仪式或死者具有特殊身份才随葬，但也有种类和多少的变化过程，从一个侧面反映了清凉寺墓地墓主人身份的变化、财富积累程度以及生前的职业变化情况。另外，一些动物并非来自本地，说明当时已经有了异地远程的贸易活动。此外，还可看出重要人物下葬时会举行不同规模的祭祀活动。

第四节　讨　论

清凉寺史前墓地出土动物骨骼数量不多，但其特点鲜明。根据该墓地时代和骨骼本身的特点，我们就以下几个方面予以讨论。

一 家猪还是野猪？

猪的骨骼是本墓地数量最多的动物骨骼，不仅有完整的下颌骨，还有大量犬齿集中出土。这些猪是否经过驯化呢？根据目前的研究，判断家猪的标准有牙齿测量数据、下颌骨变化、死亡年龄分布、随葬现象等，我们分别进行分析。

1. 牙齿测量数据

在解剖学上，测量数据可以作为判断是否为家猪的标准之一，尤其是对于猪下颌的观察和测量十分重要。清凉寺仅第二期的 M76 出土一件完整下颌骨，因此 M_3 的数据仅有一组，M_3 的长度为 40~42 毫米，宽度为 16~17 毫米（表 13-1-2）。学者们经过细致研究，认为我国的家猪从距今 8000 年左右已经开始出现，以内蒙古兴隆洼、磁山遗址以及跨湖桥等遗址出土猪的骨骼为代表[1]。兴隆洼猪的 M_3 长度超过 40 毫米者占三分之二以上；磁山猪的 M_3 平均长度为 41.4 毫米，平均宽度为 18.3 毫米；跨湖桥猪的 M_3 除了 3 件大于 42 毫米之外，其余均小于这一数值，并且有牙齿逐渐变小的趋势。总之，M_3 平均长度为 40 毫米、宽度为 17 毫米，这是鉴定家猪的标准之一。清凉寺墓地的数据在这个范围的临界点上，也就是说，从测量数据来看，该下颌骨可能属于野猪，也可能属于家猪。

到目前为止，犬齿的数据几乎没有发表，无法进行对比。从其他已发表报告中的图片可推测，清凉寺史前墓地猪犬齿的数值可能也会比确切的家猪偏大。

2. 年龄分布

清凉寺墓地 M76 出土的猪下颌骨显示，下葬时猪的年龄在 32 月龄左右，很明显这是一头老年猪。由于墓地仅此一例，无法确知是否为家养，但这头老年猪所具有的独特生物学特征表明人类对其进行了干预。M_3 后一对锥形齿的出现，自身生长的可能性较小，更可能是一种人类行为的结果。锥形齿的齿根进入齿槽很深，说明其生长了较长时间。以上特点表明 M76 出土的猪下颌骨所属的公猪即使不是家畜，也可能经过一段时间驯养。

根据对大量出土的猪上、下犬齿测量和观察，确认这些猪在屠宰时犬齿已经萌出并长全。据目前的研究，猪的犬齿在 12 个月龄之内即完全萌出[2]，因此，它们的年龄均为 1 岁以上。目前，根据臼齿或前臼齿的磨蚀程度确定猪死亡年龄的研究较为成熟，但犬齿磨蚀所指示年龄的资料还没有，因此，我们暂且无从知晓这些犬齿所代表猪的年龄上限。

3. 随葬现象

清凉寺史前墓地以大量犬齿作为随葬品，这种现象表明他们与猪的关系比较密切。若要在短暂的下葬期间捕获大量凶猛的野猪，并将其牙齿拔下陪葬，可能并不是一件容易的事情。因此，从大量随葬犬齿的现象来讲，人们当时使用的可能是家养的猪，或者是驯养了一段时间的野猪。

---

[1] 袁靖：《中国古代家猪的起源》，西北大学考古学系、西北大学文化遗产与考古学研究中心编《西部考古（第一辑）》，三秦出版社，2006 年，第 43~49 页。

[2] G. Bull, & S. Payne, Tooth eruption and epiphyseal fusion in pigs and wild boar. In B. Wilson, C. Grigson, & S. Payne, (eds), *Ageing and Sexing Animal Bones from Archaeological sites*. *British Archaeological Reports, British Series* 109, Oxford: British Archaeological Reports. pp. 55~71.

综上所述，从生物学特征来讲，由于材料种类和数量均较少，难以区分是野生还是家养。但进一步从大量随葬犬齿现象以及死亡年龄比较集中来看，清凉寺发现的猪有可能经过驯化。如果单纯以测量数据来看，无论下颌骨还是牙齿，其特征均比较原始，可能是经过驯化的野猪。根据学者们的研究，在猪的驯化过程中，其形态逐渐发生变化，直到龙山文化晚期或夏代，家猪的形态才可以和野猪区分，到商代才出现最早培育的改良品种——肿面猪[1]。清凉寺墓地仍处于新石器时代，家猪和野猪从形态上难以区分应为正常现象。

另外，由于随葬动物骨骼仅仅反应人与动物关系的一个方面，结合居址中的发现方能对驯养问题提供较为合理的解释。因此清凉寺墓地附近人类居住场所的发现将会对这一问题的解释有重要的启示意义，但我们目前还缺乏这方面的资料。

二 随葬猪下颌骨及犬齿的文化现象

在新石器时代中后期，我国广大范围内曾经十分流行随葬猪下颌骨[2]。黄河下游的大汶口文化、山西临汾盆地的陶寺文化遗址均有大量发现。其中陶寺墓地中，仅 M3084 就出土猪下颌骨30 副以上[3]。因此清凉寺墓地出现这类随葬品当属正常。

但是，如果与大汶口文化、陶寺墓地随葬丰富的猪下颌骨比较，清凉寺墓地随葬动物下颌骨的现象并不普遍，仅在 M76 里发现了一件。这种情况表明清凉寺可能并不流行随葬猪下颌骨的习俗，这里发现猪下颌骨的原因可能有以下两种情况：一种可能是文化交流的结果，另一种可能仅为偶然现象。前面我们曾经谈到在新石器时代这一现象曾经大范围存在，因此在众多族属并存的时期，文化交流完全可以产生这样的结果。需要指出的是，清凉寺墓地唯一的猪下颌骨具有独特的生物学特征，尤其是生长有一对锥形齿，或许是用来显示墓主人权威性的一种方式，也有可能是墓主人生前职业的一种标志。这种情况表明，清凉寺墓地出土的猪下颌骨可能在文化交流基础上得到某种启示，用本地猎获并驯养的猪随葬在墓内。

清凉寺史前墓地大量猪犬齿的发现是一个重要的文化现象，第二期墓葬仅发现下犬齿随葬，第三期墓葬不仅有下犬齿，还有不少的上犬齿。具有代表性的是第二期的 M67，近 40 件犬齿集中分布在墓主人头部西侧，而第三期较早阶段的 M146 上百件犬齿胶结在一起，中间还裹着一件残断的刀状石器。尤其值得关注的是对犬齿区别对待现象，下犬齿通常被截成 20~50 毫米的残段，而上犬齿则完整陪葬，可能是本地存在的一种风俗。在墓葬当中大量随葬犬齿应与墓主人的身份有关，所有随葬犬齿的墓葬都随葬有其他物品，墓葬规格相对较高。第二期 M67 中石钺、长方形石器、玉环的器物组合在当时十分流行，而第三期的 M146 中，同时出土了彩陶、玉钺、石钺、联璜石璧、石环、六边形凸沿筒状石器、双孔石刀、鳄鱼骨板、象牙饰品等丰富的随葬品，并且有 4 个殉人。其余随葬零星犬齿的墓葬也或多或少葬有其他物品，尤其以玉石器为多，可见，随

[1] 黄蕴平：《动物骨骼数量分析和家畜驯化发展初探》，河南省文物考古研究所编《动物考古》（第 1 辑），文物出版社，2010 年，第 1~31 页。

[2] 袁靖：《中国新石器时代用猪祭祀及随葬的研究》，北京大学考古文博学院、中国国家博物馆编《俞伟超先生纪念文集·学术卷》，文物出版社，2009 年，175~192 页。

[3] 中国社会科学院考古研究所山西工作队、临汾地区文化局：《山西襄汾县陶寺遗址发掘简报》，《考古》1980 年 1 期，第 18~31 页。

葬犬齿也是墓主人生前权势和地位的一种体现。

三　随葬其他动物的现象分析

在清凉寺墓地 M139 发现了一只未成年的小羊。与随葬猪下颌骨和零散犬齿的情况不同，随葬羊更像是现实生活在墓葬中的体现，表明的是对墓主人死后生活的食物供给，可能是下葬后用羊祭祀，之后直接埋入墓穴的棺材之外。由于仅发现一个个体，而且出于墓葬，这只小羊是否经过驯化尚不清楚。从考古资料来看，我国大约在距今 5000 年前在华北和西北地区已经饲养山羊和绵羊[1]。因此，该墓所发现的小羊可能已经被驯化。

目前，发现鳄鱼骨板的有晋南襄汾陶寺遗址[2]、山东王因遗址[3]等。长江中下游新石器时代遗址曾有鳄鱼骨骸发现[4]。鳄类一般生活在温暖地区或热带地区，但我国的扬子鳄分布在温带较北的地区。根据扬子鳄生活习性，山东王因遗址出土的鳄应为当地生存，后来才绝迹。清凉寺墓地出土鳄鱼仅为骨板，未见其他骨骼，可能是从外地引进的。

四　对动物骨骼的利用

清凉寺墓地出土了少量用动物骨骼制作的骨器和饰品。根据上面的描述，以骨簪类最多，其次是用牙齿制作的牙饰，只有极少数大型动物管状骨进行磨制加工而成的饰品。

尤其值得注意的是 M146 出土了 2 件弧形饰品，其质地不同于骨骼，却与象门齿类似。在饰品边缘的穿孔可能是用来修复已被破坏的饰品，其珍贵性可见一斑。这个时代象在该地区已经绝迹，这类饰品也应当是从外地引进的。

第五节　小　结

综合以上观察和分析，我们认为清凉寺墓地动物骨骼有如下特点：

墓葬中随葬的动物骨骼种类包括猪、羊、鳄鱼、象等。其中猪的数量较多，以完整下颌骨和丰富的犬齿为特点。存在用完整小羊祭祀的现象。鳄鱼仅见零星的骨板。还发现疑似象门齿制作的装饰品。鳄鱼骨板、象牙饰品等的存在是当地文化与周边其他文化交流的见证，也是清凉寺墓地辉煌的重要证据。

在墓地四期墓葬中，动物骨骼仅见于墓地的第二期、第三期，这两个时期的墓葬往往有丰富的随葬品，包括玉石器、陶器，动物骨骼也是重要的种类，随葬动物种类和数量的不同也代表了不同的墓葬礼制，与随葬的其他器物共同体现墓葬级别，是清凉寺墓地考古学文化因素的一个重要方面。

---

[1] 黄蕴平：《动物骨骼数量分析和家畜驯化发展初探》。

[2] 中国社会科学院考古研究所山西工作队、临汾地区文化局：《山西襄汾县陶寺遗址发掘简报》。

[3] 周本雄：《山东兖州王因新石器时代遗址中的扬子鳄遗骸》，中国社会科学院考古研究所编著《山东王因新石器时代遗址发掘报告》，科学出版，2000 年，第 417~423 页。

[4] 浙江省文物考古研究所：《河姆渡》，文物出版社，2003 年，第 201 页；浙江省文物考古研究所、萧山博物馆：《跨湖桥》，文物出版社，2004 年，第 241~270 页。

　　清凉寺墓地的猪是否为家养还不能确定，生物学特征较为原始，但数量较丰富，可能是经过驯化的野猪。随葬猪下颌骨的现象在新石器时代许多地区均有所发现，但清凉寺墓地仅发现一件下颌骨，其形态又较为独特，显示了这种随葬现象的区域化特征，从直觉来说，第三臼齿后面的锥形齿给人以更加权威和暴力的感觉。随葬猪犬齿的现象在新石器时代其他地点的报道中比较少见，以前的考古报告中，往往会提供是否存在猪犬齿，但其数量、特征等保存情况不太清楚。尤其值得关注的是对下犬齿进行了截段处理，这样的做法目前在其他地区的考古资料中基本没有见到，或者说这类现象没有被注意到，迄今为止，清凉寺的犬齿截段现象尚属首次发现，这可能是当地的一种风俗习惯。随葬猪犬齿的现象与猪下颌骨具有相似的意义，都彰显了墓主人生前的地位以及他们所掌握的权柄，以此与普通墓葬相区别，表现出这一时期中原核心地带已经有了阶层分化甚至阶级对立现象，这是文明起源时期的重要特点。

第十四章　玉石器用料研究 [*]

清凉寺墓地出土各类玉石器 250 余件，其中包括一些碎片。这些碎片有的可以确定属于某一件器物，有的则是被弃置或其他原因发现于墓葬中，但基本可以肯定其曾是本墓地某个墓葬的随葬品。这是目前所知中原地区发现玉石器数量较大的史前墓地之一。除第一期墓葬没有发现随葬品外，第二到第四期的墓葬都有随葬玉石器的墓例，每座墓发现玉石器的数量不等，不同的器物放的位置也不同，不同阶段的种类也有区别，反映着复杂的内容，该墓地玉石料的研究遂成为大家关注的焦点之一。基于此，自 2004 年始，我们查阅了与清凉寺墓地玉石器有关的资料，两次考察了清凉寺出土玉石器的地点，五次观察了出土玉石器，并对绝大部分器物进行了比重测试。2007 年 11 月，我们又调查了中条山区出露的岩石情况和矿产，采集了与出土玉石器质地相似的标本。在实验室内，对少量玉石器碎片标本运用切片显微观察、红外光谱、X 射线粉晶衍射仪、微量及稀土分析、放射性同位素分析等科学手段进行鉴定与分析，对地质调查采集的岩石标本也进行了显微观察。在上述研究取得大量实验资料和科学数据的基础上，我们从清凉寺墓地玉石料及周围相关出露岩石的考察、鉴定、认识以及产源分析等方面对清凉寺的玉石料进行了比较全面的研究。

第一节　玉石器的矿物学研究

2004 年 10 月 31 日~11 月 3 日，我们到山西省考古所侯马工作站观察了清凉寺墓地出土的 160 余件玉石器，后来在实验室内对其中的 28 件残器碎片进行了初步肉眼观察，并对 22 件进行比重测试、28 件红外测试、3 件 X 光粉晶衍射、2 件切片镜下鉴定、2 件微量元素测试、3 件稳定同位素测试、1 件 K–Ar 法年代测定。2007 年 8 月 22~27 日，我们又到山西省博物院和山西省考古所侯马工作站观察清凉寺玉石器 221 件，完成了对清凉寺墓地出土器物玉石料的矿物学研究。

一　总体观察与比重测试

我们先后观察了清凉寺出土的玉石器达 247 件，其中属于第二期的 155 件，属于第三期的 85 件，属于第四期的器物仅 7 件。由于有一些玉石器出土时已经残破，另外一些器物我们检测时正好调展，还有的器物出土时粘贴在一起，无法进行比重测试，所以，有 35 件器物未作比重测试。根据总体观察和比重测试的具体情况及统计数据，我们制作了表 14-1-1。

---

[*]　本章执笔：中国地质大学（北京）员雪梅、北京大学赵朝洪。

表 14-1-1　清凉寺出土玉石料总体观察及比重测试

序号	单位	分期	器物名称	颜色	数量	比重	质地
1	M2：1	二	石环	浅白色，白化较重，上有许多钙质斑点	2	2.793/2.695	大理岩
2	M4：1	二	石环	象牙白色，新鲜面细腻，大部分白化	4	2.541/2.525/2.507/2.493	蛇纹石岩
3	M4：2	二	石环	青绿色，局部白化	3	2.685/2.676/2.746	大理岩
4	M4：3	二	石环	绿色带黑斑，碎末状，颗粒粗，结构疏松	2	2.653/2.633 (2.643)	红外光谱分析：蛇纹石化大理岩（蛇纹石＋少量方解石）
5	M4：4	二	石环	灰白色透青，边缘受沁	2	2.706/2.710	大理岩
6	M4：5	二	单孔石钺	绿色、深绿色夹黑斑		2.697	蛇纹石化大理岩
7	M4：6	二	单孔石器	灰黄白色，硬度低		2.758	红外测试分析：绿片岩（绿泥石＋菱钡镁石＋石英）
8	M4：7	二	单孔石钺	黄白色，大部分受沁，布有钙质斑点	2	2.784/2.945	大理岩
9	M4：8	二	单孔石钺	青绿色带白斑		2.648	蛇纹石化大理岩
10	M4：9	二	单孔石钺	黄色带灰斑，硬度大		3.034	红外测试分析：矽卡岩（伊利石＋方柱石）
11	M4：10	二	三孔石器	灰绿色		2.629	蛇纹石化大理岩
12	M4：11	二	联璜石环	黄白色，白化较严重	4	2.658/2.650/2.901/2.761	含有机质的蛇纹石化大理岩（方解石＋蛇纹石和碳氢有机物）
13	M4：12	二	长方形石片	灰绿色		2.612	蛇纹石化大理岩
14	M5：1	二	石环	青白色带黄斑，边缘受沁，疏松碎裂	6	2.641/2.578/2.65/2.656/2.631/2.673	蛇纹石化大理岩
15	M25：1	二	石环	灰白色，质地较细	2	2.705/2.823	大理岩
16	M26：1	二	石环	灰青色		2.612	蛇纹石化大理岩
17	M26：2	二	单孔石器	浅白色		2.764	红外测试分析：泥页岩（蒙脱石＋白云石）
18	M26：3	二	石钺	黄灰褐色		2.689	大理岩
19	M27：1	二	石钺	黄白色		2.682	大理岩
20	M27：2	二	单孔石器	灰绿色		2.659	千枚状片岩
21	M27：3	二	石环	豆青色泛白	2	2.841/2.875	大理岩
22	M27：4	二	三孔石刀	黄白色，受沁严重		2.743	白云岩
23	M28：1	二	石环	黄白色		2.721/2.744	大理岩
24	M45：01	二	石钺	灰黑色夹白色斑块			红外测试分析：大理岩（白云石＋石英）
25	M46：1	二	三孔石刀	浅灰色，一面受沁严重，呈土黄色		2.714	红外测试分析：石灰岩（方解石＋白云石）

续表 14-1-1

序号	单位	分期	器物名称	颜色	数量	比重	质地
26	M46：2	二	石钺	土黄色带褐色斑点		2.642	石灰岩
27	M46：3	二	单孔石器	紫红色带黄绿斑		2.764	红外测试分析：泥页岩（蒙脱石 + 白云石）
28	M46：4	二	石璧	青绿色，质地比较细	3	2.852	蛇纹石化大理岩
29	M46：5	二	石璧	豆绿色带黑条带	4	2.756	蛇纹石化大理岩
30	M48：1	二	联璜石环	黄绿色	3	2.566/2.642/2.659	蛇纹石岩
31	M48：2	二	联璜石环	浅灰色，局部浅绿色发青，受沁发白	4	2.656	大理岩
32	M48：3	二	石环	绿色受沁发黄	3	2.719	蛇纹石化大理岩（蛇纹石、内杂云母颗粒）
33	M48：4	二	石钺	黑色夹杂白条纹		2.654	大理岩（方解石 + 白云石和石英）
34	M54：1	二	联璜石璧	白色，经测试，质地细腻，透明度好		< 2.8	蛇纹石岩
35	M54：2	二	联璜石璧	浅绿色，硬度低			蛇纹石岩
36	M54：3	二	联璜石环	墨绿色		> 2.8	伊利石
37	M54：4	二	石环	灰白色，硬度低			蛇纹石岩
38	M54：5	二	石环	白色，硬度低			蛇纹石岩
39	M54：6	二	石环	白色，硬度低			蛇纹石岩
40	M54：7	二	五孔石刀	灰白色			红外光谱分析：泥页岩（石英 + 高岭石 + 白云石）
41	M54：8	二	石钺	青灰色带黄线		2.793/2.81	红外光谱分析：大理岩（方解石 + 石英）
42	M54：9	二	单孔石器	土黄色，硬度低		2.775	泥页岩（蒙脱石 + 白云石）
43	M54：11	二	石钺	灰黄色		2.671	石灰岩
44	M61：1	二	石璧	浅绿色		2.66	蛇纹石化大理岩
45	M61：2	二	联璜石璧	土黄色	3	2.725/2.715/2.710	大理岩
46	M61：3	二	五孔石刀	青灰色		2.809	白云岩
47	M61：4	二	石钺	灰白色，沁蚀发黄白		2.712	石灰岩
48	M67：1	二	石钺	黑白条带夹杂			大理岩（方解石 + 白云石和石英）
49	M67：2	二	单孔石器	灰白色		2.808	泥页岩（蒙脱石 + 白云石）
50	M67：3	二	玉璜	深绿色，透青，边缘受沁发黄		3	闪石玉（透闪石）
51	M68：01	二	石钺	豆青色		2.75	红外光谱分析：硅质岩（石英 + 伊利石）
52	M68：02	二	石环	灰白色，局部绿中带黄		2.682	大理岩

续表 14-1-1

序号	单位	分期	器物名称	颜色	数量	比重	质地
53	M73：01	二	七孔石刀	灰绿色			红外光谱分析：泥页岩（高岭石＋石英）
54	M76：1	二	三孔石刀	褐红与黄色交杂，土黄色，底含有卵状、透镜状、大小不等的褐红色物质		2.708	红外测试分析：石灰岩（方解石＋少量石英，三氧化二铁含量高）
55	M76：2	二	单孔石器	黄白色，大部分受沁为白色		2.634	泥页岩
56	M76：3	二	石钺	灰黑色		2.826	红外光谱分析：透闪石化大理岩（透闪石＋白云石，红色为纤铁矿）
57	M78：01	二	联璜石环	青灰色，边缘受沁，新鲜面微透明，为乳白色		2.538	红外光谱分析：蛇纹石岩（蛇纹石）
58	M78：02	二	联璜石环	黄白色，新鲜面乳白色，边缘受沁，呈白色	1	2.554	红外光谱分析：蛇纹石岩（蛇纹石）
59	M78：03	二	石环	青绿色，上有墨绿色斑点，含水量云母，风化严重疏松易破碎			蛇纹石化大理岩
60	M78：04	二	石环	灰白色	2	2.714/2.729	大理岩
61	M79：1	二	石环	浅灰绿色，受沁发白		2.706	红外光谱分析：蛇纹石化大理岩（蛇纹石＋方解石）
62	M79：2	二	石璧	青绿色，受沁发白			红外光谱分析：蛇纹石岩（蛇纹石，内杂云母颗粒）
63	M79：3	二	石环	浅绿色，受沁发白		2.511	蛇纹石岩（蛇纹石，内杂云母颗粒）
64	M79：4	二	联璜石环	土黄色，半透明	3段	2.686/2.697/2.682	红外光谱分析：含有机质的蛇纹石化大理岩（方解石＋蛇纹石＋碳氢有机物）
65	M79：5	二	石环	灰绿色		2.712	蛇纹石化大理岩
66	M79：6	二	石环	浅绿色，受沁呈灰白色		2.675	含有机质的蛇纹石化大理岩（方解石＋蛇纹石＋碳氢有机物）
67	M79：7	二	石环	深灰色，砂性大		2.697	蛇纹石化大理岩
68	M79：8	二	石环	青白色		2.838	大理岩
69	M79：9	二	石环	黄白色，透灰		2.66	蛇纹石化大理岩
70	M79：10	二	双孔石钺	黑白斑杂			大理岩（方解石＋白云石＋石英）
71	M79：11	二	长方形双孔石器	土黄色			红外光谱分析：绿泥石片岩（绿泥石＋石英＋白云石）
72	M79：14	二	石环	浅黄褐色	4	2.688/2.662/2.712	含有机质的蛇纹石化大理岩（方解石＋蛇纹石＋碳氢有机物）
73	M79：15	二	三孔石刀	黑白条带交杂，正面受沁发白		2.715	大理岩（方解石＋白云石＋石英）

续表 14-1-1

序号	单位	分期	器物名称	颜色	数量	比重	质地
74	M79：16	二	单孔石钺	青灰色		2.711	大理岩
75	M79：17	二	石料	灰青色		2.598	石英砂岩
76	M77：1	三	单孔石钺	浅灰色，带黑色斑点		2.645	红外光谱分析：硅质片岩（微斜长石＋石英）
77	M82：1	二	石璧	灰白色			大理岩
78	M82：2	二	石环	灰白色泛黄			大理岩
79	M82：3	二	石璧	灰白色			大理岩
80	M82：4	二	石璧	浅绿色			大理岩
81	M82：5	二	石璧	浅绿色			大理岩
82	M82：12	二	联璜石环	灰绿色			大理岩
83	82：7	二	单孔石钺	绿色带白色斑块，白色部分受沁发黄，硬度低		2.978	伊利石（或水白云母）
84	M82：8	二	双孔石器	黄色泛金色，遍布黑点		2.624	泥页岩
85	M82：9	二	双孔石钺	白灰黑斑杂		2.676	大理岩（方解石＋白云＋石英）
86	M93：1	二	石钺	灰白色，不透明，孔内有朱红		2.815	红外测试分析：石灰岩（方解石＋石英＋蒙脱石）
87	M95：1	二	三孔石刀	黑白条带斑杂			石英、白云质大理岩（方解石＋白云石＋石英）
88	M95：2	二	石环	黄白色，半透明	3	2.824/2.624/2.763	含有机质的蛇纹石化大理岩（方解石＋蛇纹石＋碳氢有机物）
89	M98：1	二	石钺	黄白带绿，质地细腻		2.6	蛇纹石化大理岩
90	M102：1	二	石钺	灰白色有黑色条斑		2.702	大理岩（方解石＋白云石＋石英）
91	M110：1	二	石钺	浅褐色，上有黑褐色斑点，受沁，密度较低		2.6	红外测试分析：石灰岩（方解石＋纤铁矿）
92	M110：2	二	三孔石刀	黄白色		2.822	大理岩
93	M110：3	二	石环	灰白色			大理岩
94	M110：4	二	石环	青绿色，质地较细			大理岩
95	M110：5	二	石环	白色，局部青色，微透明		2.7	红外测试分析：蛇纹石化大理岩（方解石＋少量石英＋少量蛇纹石）
96	M110：6	二	石环	黄白色			大理岩
97	M111：1	二	联璜石环	绿色带黑条带斑，透明度好，较温润		2.624/2.618/2.664/2.561 平均2.617	蛇纹石岩
98	M111：2	二	璜形石器	灰绿色，部分受沁发白	2	2.721/2.715	大理岩
99	M111：3	二	双孔石器	青绿色		2.684	泥页岩

续表 14-1-1

序号	单位	分期	器物名称	颜色	数量	比重	质地
100	M111：4	二	石钺	土黄色，受沁严重		2.551	红外测试分析：石灰岩（方解石）
101	M112：1	二	五孔石刀	灰色，上有红色条带，管钻孔里有朱红痕迹			硅质岩
102	M112：2	二	石钺	黑灰色斑杂		2.674	大理岩（方解石＋白云石＋石英）
103	M112：3	二	双孔石器	土黄色，土状光泽，质地较细，孔内有朱红痕			泥页岩
104	M112：4	二	石环	灰白色	3	2.673/2.601/2.659	大理岩
105	M112：5	二	石璧	灰白色		2.817	大理岩
106	M119：1	二	联璜石环	象牙白色	4	2.563/2.568/2.56/2.573	红外光谱分析：蛇纹石岩（蛇纹石）
107	M120：1	二	联璜石环	浅绿色，微透明，局部受沁白化	2	2.629/2.623	蛇纹石化大理岩
108	M120：2	二	联璜石环	浅灰白色，边缘受沁，含绿色片状杂质			蛇纹石化大理岩
109	M122：1	二	石环	青灰色		2.695	蛇纹石化大理岩
110	M123：1	二	三孔石刀	浅灰色，质地疏松，受沁严重		2.534	砂质泥页岩
111	M135：1	二	石环	青灰色		2.734/2.755	含有机质的蛇纹石化大理岩（方解石＋蛇纹石＋碳氢有机物）
112	M135：2	二	单孔石器	灰绿色		2.638	红外光谱分析：泥页岩（白云石＋珍珠陶土）
113	M135：3	二	石钺	灰白色		2.818	白云岩
114	M142：1	二	石环	青灰色	3	2.674/2.719/2.752	大理岩
115	M142：2	二	石环	灰绿色，受沁严重，局部呈灰白色	4	2.574/2.619/2.529/2.408	蛇纹石化大理岩
116	M142：3	二	石环	新鲜面为黄绿色，受沁严重，受沁后为灰白色	3	2.608/2.619/1.621	大理岩
117	M142：4	二	石璧	新鲜面为黄白色	4	2.556/2.566/2.565/2.571	红外光谱分析：蛇纹石岩（蛇纹石，受沁严重）
118	M144：1	二	五孔石刀	黑白条带斑杂			红外光谱分析：蛇纹石化大理岩（方解石＋蛇纹石）
119	M144：2	二	石璧	黄白色		2.609	蛇纹石化大理岩
120	M145：1	二	石环	青白色，上有绿色斑，边缘风化受沁，半透明		2.745	大理岩
121	M145：2	二	石环	黄白色，受沁为象牙白色	2	2.564/2.547	蛇纹石岩
122	M145：3	二	石钺	灰白色，砂性大		2.825	红外测试分析：透闪石化大理岩（方解石＋透闪石）
123	M145：4	二	九孔石刀	土黄色、浅褐色，受沁			大理岩
124	M145：5	二	石钺	绿色发青		＜2.8	蛇纹石化大理岩

续表 14-1-1

序号	单位	分期	器物名称	颜色	数量	比重	质地
125	M145：6	二	三孔石刀	浅灰褐色			白云岩
126	M152：1	二	石钺	灰白色，质地疏松，易碎裂			泥页岩（蒙脱石＋白云石）
127	M159：1	二	联璜石环	碧绿色，表面严重白化	5	2.733/2.776/ 2.696/2.768/2.771	大理岩
128	M170：1	二	石环	青灰色		2.736	大理岩
129	M193：1	二	石环	青白色有黑斑		2.608	大理岩
130	M200：1	二	石环	黄灰色	2	2.711/2.716	大理岩
131	M200：2	二	石环	浅绿色		2.683	大理岩
132	M200：3	二	石环	黄白色	4	2.747/2.726/ 2.715/2.732	大理岩
133	M200：4	二	石钺	灰绿色		2.79	白云岩
134	M200：5	二	石钺	青灰色，受沁为浅白色		2.814	白云岩
135	M200：6	二	五孔石刀	黑白斑杂		2.675	大理岩（方解石＋白云石＋石英）
136	M215：01	二	石钺	深灰色，质地疏松		2.631	红外光谱分析：泥质灰岩（蒙脱石＋石英＋方解石）
137	M217：1	二	石环	浅豆青色带黑斑，受沁严重，半透明	4	2.684	蛇纹石化大理岩
138	M217：2	二	石钺	豆绿色带白条带	5	2.606	石英质大理岩
139	M218：01	二	石环	黄白色，砂性大，受沁严重	2	2.686/2.637	大理岩
140	M286：1	二	石钺	灰白色带深灰色斑点		3.064	矽卡岩
141	M316：1	二	石环	黄白色	2	2.705/2.713	含碳氢有机质的大理岩
142	M321：1	二	石钺	浅绿色		2.615	蛇纹石化大理岩
143	MT37①：1	？	石环	浅绿色		2.688	红外光谱：蛇纹石化大理岩（方解石＋蛇纹石＋碳氢有机物）
144	T38①：1	？	五孔石刀	浅绿色，夹杂灰白色斑点，部分受沁为灰褐色			白云岩
145	MT44①：1	？	石钺	灰白色		2.916	红外测试分析：透闪石化大理岩（方解石＋方柱石）
146	MT44①：2	？	石璧	深绿色，带白条带斑杂		2.753	大理岩
147	T210①：2	？	石环	灰白色带青色暗纹		2.65/2.667	红外测试分析：蛇纹石化大理岩（蛇纹石＋方解石）
148	T210①：1	？	石钺	灰褐色，质地较细			红外测试分析：黏土岩（伊利石＋石英，三氧化二铁含量高）
149	M60：1	二	石璧	绿色带黄斑		2.62	蛇纹石岩
150	M60：2	二	石璜	黄绿色		2.641	红外光谱分析：蛇纹石化大理岩（蛇纹石＋方解石）

续表 14-1-1

序号	单位	分期	器物名称	颜色	数量	比重	质地
151	M60：4	二	石钺	黑色，断面呈菱形面，铁锰风化膜		2.65	红外光谱分析：大理岩（方解石＋白云石）
152	T17①：1	？	石钺	深灰色，上有黑色斑点		3.111	红外光谱分析：硅质黏土岩（高岭石）
153	T19①：1	？	石钺	灰白色，质地较细			泥页岩
154	T21①：1	？	石牙璧	灰白色略发黄，受沁严重白化		2.504	红外光谱分析：蛇纹石岩（蛇纹石）
155	T30①：1	？	石环	黄白色，表面白化，微透明，受沁严重		2.491/2.517	蛇纹石岩
1	M22：1	三	玉环	青白色，边缘为糖色，玉质细腻，温润		2.954	闪石玉（透闪石）
2	M29：1	三	玉环	浅黄绿色，略发灰，局部有糖色，玉质温润		2.951	闪石玉（透闪石）
3	M30：1	三	石璧	深绿色带黑斑，受沁白化		2.664	蛇纹石化大理岩
4	M52：1	三	玉琮	整体灰白色，局部黄白、黑灰色交杂，局部显糖色		2.93/2.942	红外光谱分析：闪石玉（透闪石）
5	M52：01	三	石钺	灰白色，间有黑灰色斑杂		2.957	红外光谱分析：白云岩（多硅白云母＋锂磷铝石＋白云石）
6	M53：1	三	石璧	浅灰绿色		2.766	大理岩
7	M53：01	三	石璜	豆青色，细腻		2.625	红外光谱分析：蛇纹石化大理岩（方解石）
8	M53：04	三	多孔石刀	黑白斑杂，受沁白化			大理岩（方解石＋白云石＋石英）
9	M53：05	三	多孔石刀	灰色		2.71	红外光谱分析：石灰岩（方解石）
10	M53：06	三	石钺	浅绿色		2.642	蛇纹石化大理岩
11	M53：07	三	石璧	灰绿色夹杂黑色斑点，白化严重，凹下部分为方解石		2.36	红外光谱分析：蛇纹石化大理岩（方解石＋蛇纹石）
12	M53：08	三	石钺	黑白交杂，白居多			大理岩（方解石＋白云石＋石英）
13	M53：09	三	多孔石刀	黑白交杂，黑色条纹稍多			大理岩（方解石＋白云石＋石英）
14	M53：02	三	单孔石刀	灰黑色		2.769	红外光谱分析：石灰岩（方解石）
15	M53：03	三	单孔石器	黄白色		2.702	石灰岩
16	M53：010	三	石刀	灰色与黑色条带相间			红外光谱分析：白云质大理岩（白云石＋石英＋绿泥石）
17	M56：01	三	石环	黄白色		2.697	大理岩
18	M56：02	三	石钺	深灰色		2.714	红外测试分析：大理岩（方解石＋绿脱石）
19	M57：1	三	石璧	灰绿色带黑点		2.806	大理岩

续表 14-1-1

序号	单位	分期	器物名称	颜色	数量	比重	质地
20	M57：2	三	联璜石环	浅绿色发黄	4	2.719/2.676/2.686/2.695	蛇纹石化大理岩
21	M57：01	三	石钺	灰绿色		2.899	红外测试分析：黏土岩（高岭石＋水白云母）
22	M65：01	三	石斧	灰绿色		2.999	辉绿岩
23	M65：03	三	石料	黄白色，层状分布		2.773	石英岩
24	M70：01	三	玉料	灰白色		2.617	玉髓
25	M70：02	三	石环	黄白色，带青，有红斑		2.613	大理岩
26	M75：01	三	石环	灰白色		2.711	大理岩
27	M86：01	三	石环	灰白色，可见细粒方解石		2.71	红外光谱测试分析含：有机质的大理岩（方解石＋碳氢有机物）
28	M87：1	三	石琮	深绿色，受沁部分白化		2.704	大理岩
29	M87：2	三	石璧	黄白色，部分带糖色		2.715	大理岩
30	M87：3	三	玉环	青灰色，有些部分深，中间有细小黑斑		2.943	闪石玉（透闪石）
31	M87：4	三	动物头状石饰	白色略暗，微泛浅黄，质地细腻，温润，上有裂隙，硬度低		3.22	红外光谱分析：伊利石
32	M87：5	三	动物头状石饰	白色略暗，微泛浅黄，质地细腻，温润，上有裂隙，硬度低		2.896	伊利石
33	M87：01	三	石环（璧）残片	青白色，含有深绿色斑晶	2	2.73/2.811	红外光谱测试分析：大理岩（方解石＋白云石＋铬金云母）
34	M91：01	三	玉璧	青绿色杂黑色条斑，颗粒感清楚，结构不均匀		2.934/2.90	红外光谱分析：闪石玉（透闪石）
35	M91：02	三	石器残块	浅白色，微黄，断面有颗粒感为方解石		2.73/2.747	红外光谱分析：大理岩（方解石）
36	M96：1	三	石璧	黄白色带灰条带	1	2.726	大理岩
37	M100：1	三	石环	浅绿色杂白、绿条带质地很细，微透明，硬度低		2.726	大理岩
38	M100：2	三	管状玉饰	新鲜面可见淡青白色，大部分白化		2.959	闪石玉（透闪石）
39	M100：3	三	异型联璜玉环	新鲜面青灰色，表面白化，孔内嵌绿松石珠	3	2.98/2.974/3.004	闪石玉（透闪石）
40	M100：4	三	联璜石璧	青白色，白化特严重全白，土状	3	1.909/1.718/1.855	红外光谱分析：黏土岩（非晶质 SiO_2＋蒙脱石）
41	M100：5	三	玉环	青色发灰，边缘受沁发白		2.967	闪石玉（透闪石）
42	M100：6	三	联璜玉璧	青白色，受沁部分白化，细腻，温润	2	2.974/2.971	闪石玉（透闪石）
43	M100：7	三	玉牙璧	黄绿色，边缘受沁白化		2.953	闪石玉（透闪石）

续表 14-1-1

序号	单位	分期	器物名称	颜色	数量	比重	质地
44	M100：8	三	玉环	青绿色，表面局部白化，温润		2.949	闪石玉（透闪石）
45	M100：9	三	石钺形器	黄白色，全部白化		1.899	红外光谱分析：蛇纹石岩（蛇纹石）
46	M132：02	三	石环	深绿色微带蓝，微透明，硬度低		2.834	红外光谱分析：伊利石（水白云母）
47	M139：01	三	石镯	灰白色，玉质细腻，温润		2.848	红外光谱分析：伊利石（水白云母）
48	M140：01	三	石环	浅绿色，表面受沁，呈白色，微透明		2.56/2.606	红外光谱分析：蛇纹石岩（蛇纹石＋方解石）
49	M141：1	三	石璧	灰白色，受沁严重，砂性大		2.695	大理岩
50	M141：2	三	石环	黄白色，局部有黑色斑点，结构疏松	3	2.658/2.585/2.608	红外光谱分析：蛇纹石岩
51	M141：01	三	石器残片	黑、灰、黄斑杂		2.677	大理岩（方解石＋白云石＋石英）
52	M146：1	三	玉钺	青灰色，斑杂状，有裂隙		2.965	闪石玉（透闪石）
53	M146：2	三	石钺	灰绿色，带黄色，质地较细，边缘咖啡色		2.646	红外光谱分析：钠长石岩（钠长石）
54	M146：3	三	六边形凸沿筒状石器	黄白色带黑灰色颗粒		2.684	大理岩
55	M146：4	三	双孔石刀	深灰色		2.985	大理岩（有机质、沥青质含量较高）
56	M146：6	三	石饰品	乳白色		比重小	
57	M146：7	三	玉梳形器	黄白色带灰		2.962	闪石玉（透闪石）
58	M147：1	三	联璜石环	灰白色杂黑条带	7	2.862/2.788/2.762/2.787/2.784/2.648/2.853	红外光谱分析：含镁铁正辉石白云岩（白云石＋少量镁铁正辉石）
59	M148：1	三	石环	灰白色		2.79	大理岩
60	M148：2	三	石镯	新鲜面为乳白色，表面土黄色，风化严重，疏松			大理岩
61	M148：3	三	联璜玉环	浅绿色，质地细腻，温润	2	2.976/2.976	闪石玉（透闪石）
62	M149：1	三	管状石饰	深绿色发青，质地细腻，硬度低		2.951	伊利石（水白云母）
63	M149：2	三	管状石饰	深绿色发青，质地细腻，硬度低		2.879	伊利石（水白云母）
64	M150：1	三	石环	青灰色，颗粒稍粗，微透明		2.707	大理岩
65	M150：2	三	联璜石环	浅黄绿色，微透明	3	2.737/2.658/2.7	大理岩
66	M150：3	三	方形石璧	灰白色夹深绿色斑块，白色受沁发黄		2.723	蛇纹石化大理岩
67	M153：01	三	石璧	浅绿色夹杂细白条带，不透明		2.715	红外光谱分析：蛇纹石化大理岩（蛇纹石＋方解石＋白云石）
68	M153：02	三	玉环	深绿色，质地较粗	2	2.962/2.95	红外光谱分析：闪石玉（透闪石）

续表 14-1-1

序号	单位	分期	器物名称	颜色	数量	比重	质地
69	M153：03	三	石器残片	深绿色向墨绿过渡，有滑感，硬度低	3	2.87/2.9/2.91	红外光谱分析：滑石
70	M155：1	三	石璧	浅黄绿色		2.649	蛇纹石化大理岩
71	M155：2	三	联璜玉璧	浅绿色带糖色，玉质细腻	2	2.961/2.960	闪石玉（透闪石）
72	M162：1	三	联璜玉璧	绿色，部分白化	3	2.942/2.999/2.909	闪石玉（透闪石）
73	M167：01	三	玉璜	青灰色，带白纹		2.987	闪石玉（透闪石）
74	M180：1	三	玉环	浅黄绿色，带糖色		2.977	闪石玉（透闪石）
75	M207：01	三	石环	灰白色，微透明		2.7	含铬金云母大理岩
76	M207：02	三	石环	灰白色		2.736	红外光谱分析：含铬金云母大理岩（方解石+铬金云母）
77	M207：03	三	三孔石刀	青灰色，质地细，硬度低	2	2.788/2.786	红外测试分析：白云岩（石英+白云石+多硅白云母）
78	M207：04	三	多孔石刀	黑灰色		2.679	大理岩（方解石+白云石+石英）
79	M241：1	三	玉璜	灰白色带黑斑纹		2.962	闪石玉（透闪石）
80	M267：1	三	玉环	青绿色，边缘受沁白化		2.973	闪石玉（透闪石）
81	M303：01	三	管状石饰	碧绿色		2.863	红外光谱分析：伊利石（水白云母）
82	M315：1	三	石环	灰白色，部分发黄		2.718	大理岩（含有机质）
83	M328：01	三	石璜	绿色杂深绿斑块		2.707	蛇纹石化大理岩
84	M353：1	三	管状石饰	深绿色		2.875	红外光谱分析：伊利石（水白云母）
85	M354：01	三	枣核状石器	白色		2.799	红外测试分析：大理岩（白云石）
1	M201：1	四	联璜玉石璧	两段绿色带黄沁，一段黑白斑杂纹	3	2.961/2.956/2.509	两段闪石玉，一段蛇纹石大理岩
2	M275：1	四	柱状石器	青白色，白化严重		2.523	红外光谱分析：蛇纹石岩（蛇纹石）
3	M275：2	四	玉环	黄白色，玉质细腻		2.945	闪石玉（透闪石）
4	M275：3	四	石璧	绿白灰条带交杂		2.69	大理岩
5	M275：4	四	石璧	绿色受沁白化		2.639	大理岩
6	M276：1	四	石环	灰绿色，边缘白化	3	2.717/2.739/2.715	大理岩
7	M334：1	四	石镯	黄白色，白化较甚，多钙质胶结斑点	2	2.7/2.694	红外测试分析：大理岩（方解石）

　　第二期共观察出土于 45 墓葬中的 145 玉石器，另外，还有 10 件出土于不同探方第 1 层垫土内的玉石器。由于这些地层均叠压在墓葬的开口层位之上，从形制、质地来看，绝大部分应该属于第二期，而且墓地没有早于第二期的玉石器，所以也归到第二期之中，第二期观察器物总数达

155件。这些器物均作了比重测定，确定玉石料的种类有大理岩、蛇纹石岩、蛇纹石化大理岩、透闪石化大理岩、泥页岩、黏土岩、石灰岩、白云岩、伊利石（水白云母）、石英砂岩、硅质岩、绿片岩、矽卡岩和闪石玉，其中，仅有1件璜为闪石玉。当时制作者已经对不同质地岩石的岩性有了较清楚的了解，根据器物形制的要求和获取岩石的难度、岩石硬度、表面颜色等方面综合考虑，不同器物选用了不同的岩石，其中使用率最高的有大理岩、蛇纹石岩和蛇纹石化大理岩，其次是石灰岩和白云岩等碳酸盐类岩石，少数为泥页岩、硅质岩、伊利石（水白云母）和片岩。

第三期共观察85件玉石器，这些器物分别出土于37座墓葬中。其中除本期墓葬的随葬品外，还有相当一部分出土于墓葬填土中的玉石器，其形制与质地和第二期的同类器物基本相同，或许是在开挖本期墓葬时破坏了前期墓葬，并且在对墓主人的祭礼完成之后，将其与土壤一起回填入本期墓葬的墓圹中，应该属于第二期，然而，已经无法知道它们原来所属的墓葬。其实，即使是填土中发现的玉石器的年代不属于这一期，也是本期墓葬本身的一个组成部分，应该与本期的随葬品进行综合分析。依据上述两类情况，本期可看到的玉石器石料有闪石玉、大理岩、蛇纹石岩、蛇纹石化大理岩、石灰岩、白云岩、泥页岩、黏土岩、石英岩、玉髓、硅质片岩、伊利石（水白云母）、钠长石岩、滑石、辉绿岩等。这一时期最大的特点是出现了用闪石玉料制作的玉石器，总数共21件，分别出土于15座墓中。其中M100最多，达6件，M146也有2件，其他墓葬均为1件。绝大部分的器物还是用普通岩石制作的，其中大理岩、闪石玉、蛇纹石岩和蛇纹石化大理岩仍然是利用率最高的岩石，伊利石（水白云母）也占一定比例，与第二期区别最明显的地方是白云岩和石灰岩较少，大概是因为本期极少见到钺和刀类器物所致，其他岩石则只有零星发现。

第四期仅有7件玉石器，分别出土于4座墓葬中，玉石料种类有大理岩、闪石玉、蛇纹石岩。出土于M201的一件联璜璧，用两段闪石玉料和一段蛇纹石化大理岩料组成，这是墓地仅有的一个特例，显示闪石玉料在这一时期比较难得。

二 红外光谱物相分析

红外光是指波长为0.78~500微米范围内的电磁波。红外光在整个电磁波谱中的位置在可见光和微波之间，矿物的红外光谱只涉及2~25微米。红外光谱的产生与物质所含分子内部的运动有关，主要反映物质与红外辐射相互作用时振动能级的变化[1]。各种分子都有自己的特征能级，存在各自的特征谱。利用以上原理，将所测矿物样品红外光谱的特征谱与标准矿物的特征谱进行比较，就可以判断出检测样品的矿物种类[2]。红外光谱分析法的优点是所需样品量少，测定速度快。

在清凉寺墓地发掘期间，发掘者收集了全部器物的残损部分。其中将72件器物的少量粉末屑标本用于检测，标本全部送到北京大学造山带与地壳演化教育部重点实验室进行了红外光谱测试和物相分析。测试条件：PE983G红外分光光度计，分辨率：3cm^{-1}，扫描范围：4000cm^{-1}~180cm^{-1}，测试人：赵印香。测试后，得到了所有检测样品的红外光谱图（图14-1-1），并据此制成了玉石器标本红外光谱测试分析结果表14-1-2。

---

[1] 董振信：《宝玉石鉴定指南》，地震出版社，1995年；彭明生：《宝石优化处理与现代测试技术》，科学出版社，1995年。
[2] 彭文世、刘高魁：《矿物红外光谱图集》，科学出版社，1982年。

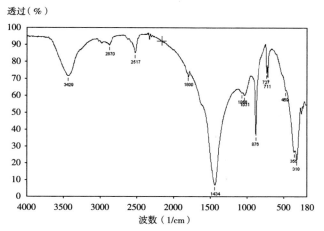

1. 样品名：M46∶1　方解石＋白云石
实验编号：711662

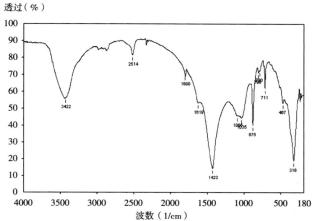

2. 样品名：M76∶1　方解石＋少量石英
实验编号：711665

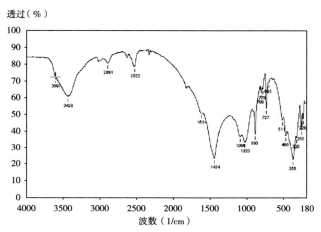

3. 样品名：M93∶1　方解石＋石英＋蒙脱石
实验编号：711666

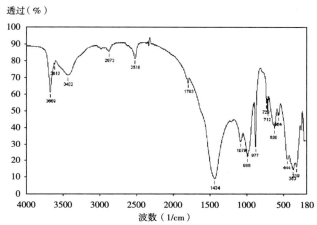

4. 样品名：M144∶1　方解石＋蛇纹石
实验编号：412115

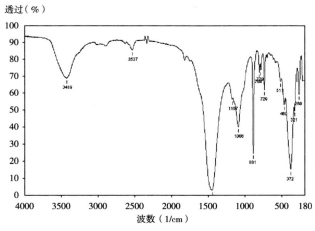

5. 样品名：M54∶8　方解石＋石英
实验编号：412107

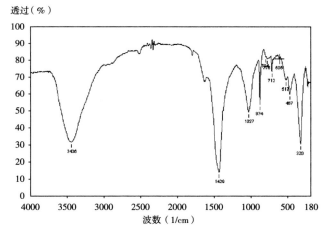

6. 样品名：M76∶3（朱砂）　方解石＋纤铁矿
实验编号：711700

图 14-1-1　清凉寺玉石残块红外光谱图（一）

（测试单位：北京大学造山带与地壳演化教育部重点实验室；测试人：赵印香）

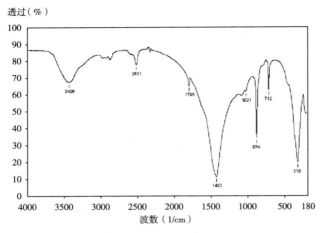

7. 样品名: M111：4　方解石
实验编号: 711668

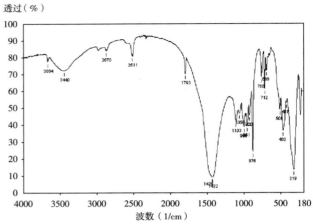

8. 样品名: M145：3　方解石＋透闪石
实验编号: 711669

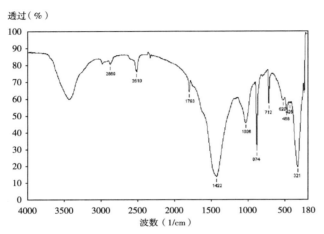

9. 样品名: M110：1　方解石＋纤铁矿
实验编号: 711667

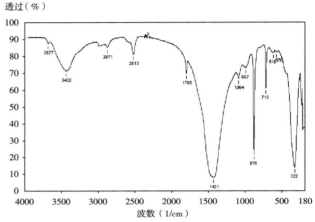

10. 样品名: M79：4　方解石＋蛇纹石＋碳氢有机物
实验编号: 412110

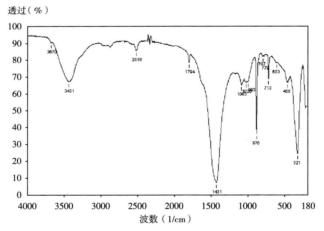

11. 样品名: M110：5　方解石＋少量石英＋少量蛇纹石
实验编号: 412111

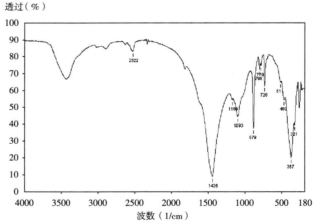

12. 样品名: M45：01　白云石＋石英
实验编号: 711661

图 14-1-1　清凉寺玉石残块红外光谱图（二）

（测试单位: 北京大学造山带与地壳演化教育部重点实验室; 测试人: 赵印香）

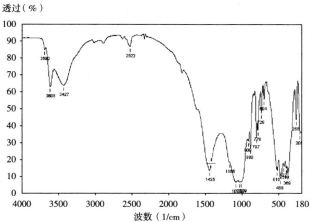

13. 样品名: M135 : 2　白云石 + 珍珠陶土
实验编号: 711689

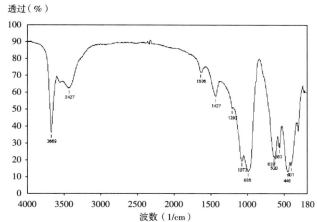

14. 样品名: M4 : 3　蛇纹石 + 少量方解石
实验编号: 412101

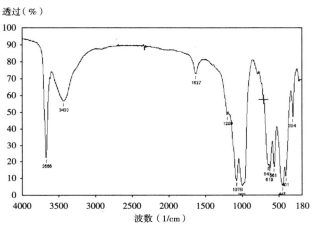

15. 样品名: M78 : 01　蛇纹石
实验编号: 711695

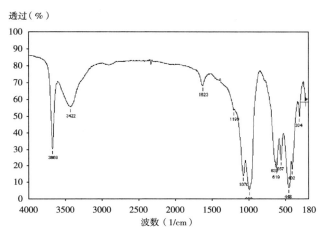

16. 样品名: M78 : 02　蛇纹石
实验编号: 711684

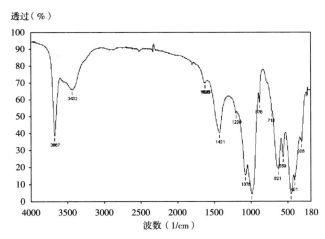

17. 样品名: M79 : 1　蛇纹石 + 方解石
实验编号: 412108

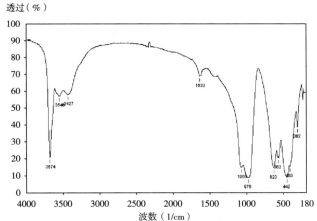

18. 样品名: M79 : 2　蛇纹石
实验编号: 412109

图 14-1-1　清凉寺玉石残块红外光谱图（三）

（测试单位: 北京大学造山带与地壳演化教育部重点实验室; 测试人: 赵印香）

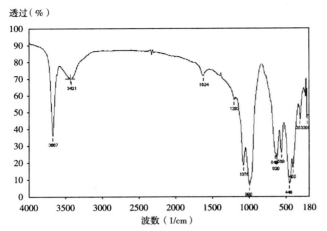

19. 样品名: M119:1　蛇纹石
　　实验编号: 711688

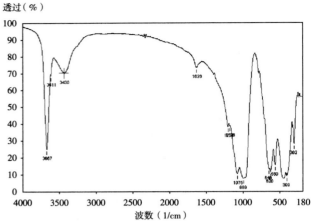

20. 样品名: M142:4　蛇纹石
　　实验编号: 711690

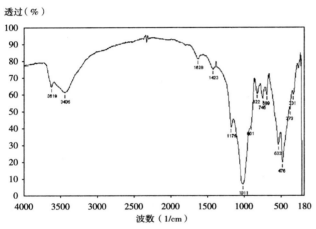

21. 样品名: M4:9　伊利石+方柱石
　　实验编号: 711676

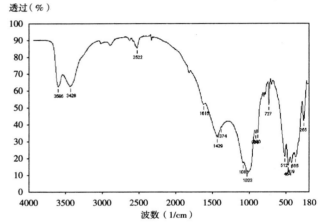

22. 样品名: M26:2　蒙脱石+白云石
　　实验编号: 711677

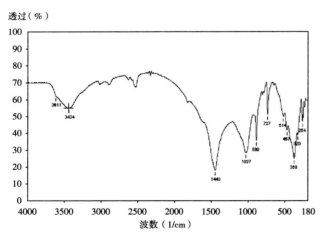

23. 样品名: M46:3　蒙脱石+白云石
　　实验编号: 711678

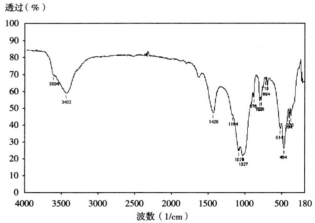

24. 样品名: M215:01　蒙脱石+石英+方解石
　　实验编号: 412120

图 14-1-1　清凉寺玉石残块红外光谱图(四)

(测试单位: 北京大学造山带与地壳演化教育部重点实验室; 测试人: 赵印香)

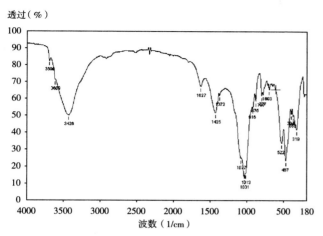

25. 样品名: M112: 1　高岭石 + 纤铁矿 + 石英 + 方解石
　　实验编号: 711699

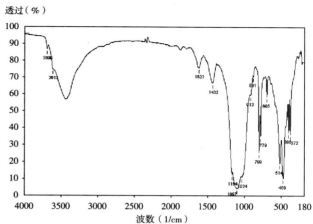

26. 样品名: M54: 7　石英 + 高岭石 + 白云石
　　实验编号: 412106

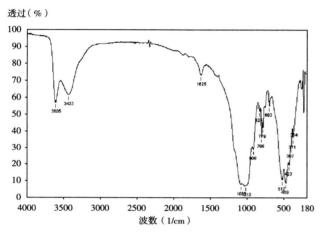

27. 样品名: M68: 01　石英 + 水白云母
　　实验编号: 711682

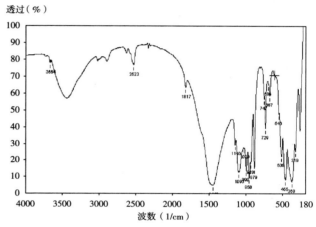

28. 样品名: M76: 3　透闪石 + 白云石
　　实验编号: 711697

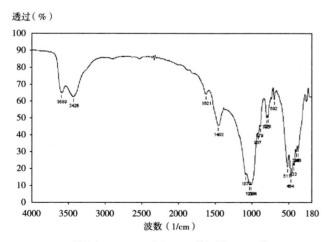

29. 样品名: M4: 6　绿泥石 + 菱钡镁石 + 石英
　　实验编号: 711675

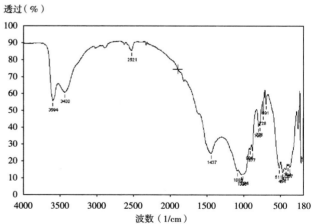

30. 样品名: M79: 11　绿泥石 + 石英 + 白云石
　　实验编号: 711685

图 14-1-1　清凉寺玉石残块红外光谱图(五)

(测试单位: 北京大学造山带与地壳演化教育部重点实验室; 测试人: 赵印香)

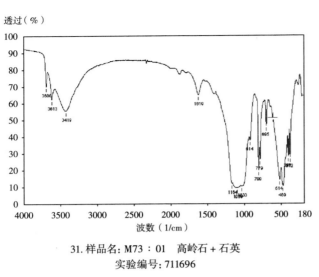

31. 样品名：M73：01　高岭石＋石英
实验编号：711696

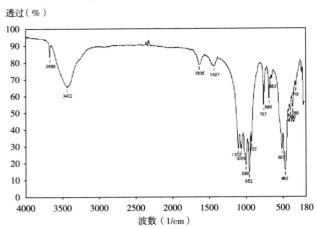

32. 样品名：M77：1　微斜长石＋石英
实验编号：711683

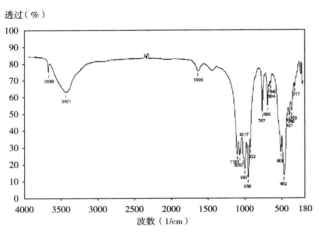

33. 样品名：M153：02　透闪石
实验编号：412117

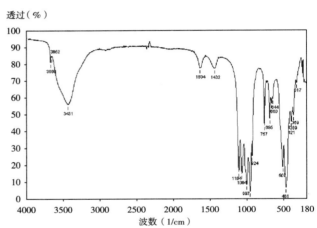

34. 样品名：M91：01　透闪石
实验编号：412100

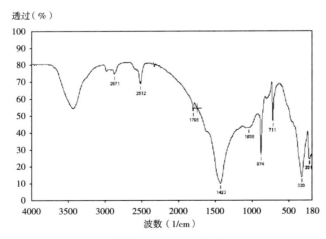

35. 样品名：M52：1　透闪石
实验编号：412102

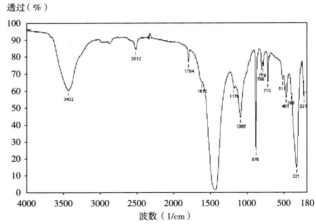

36. 样品名：M53：010　方解石＋石英
实验编号：412104

图 14-1-1　清凉寺玉石残块红外光谱图（六）

（测试单位：北京大学造山带与地壳演化教育部重点实验室；测试人：赵印香）

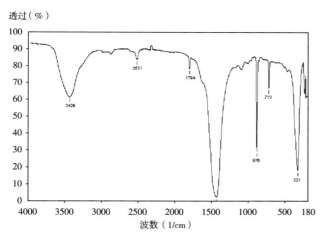

37. 样品名: M53∶05　方解石
实验编号: 412105

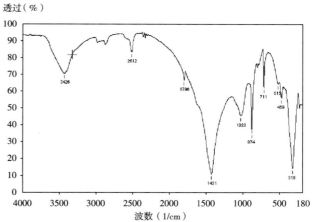

38. 样品名: M56∶02　方解石＋绿脱石
实验编号: 711663

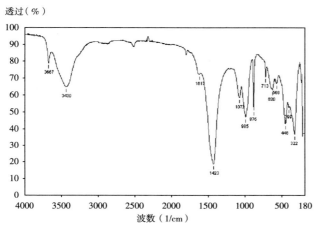

39. 样品名: M53∶07　方解石＋蛇纹石
实验编号: 412103

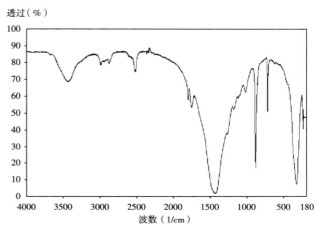

40. 样品名: M86∶01　方解石＋碳氢有机物
实验编号: 412098

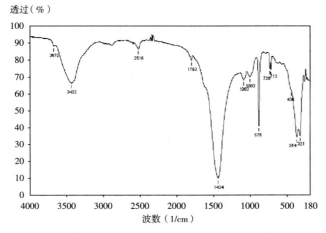

41. 样品名: M87∶01　方解石＋白云石＋铬金云母
实验编号: 412092

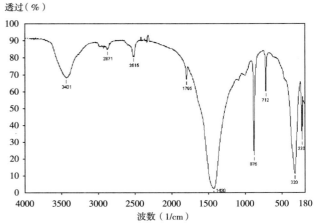

42. 样品名: M91∶02　方解石
实验编号: 412099

图 14-1-1　清凉寺玉石残块红外光谱图(七)

(测试单位: 北京大学造山带与地壳演化教育部重点实验室; 测试人: 赵印香)

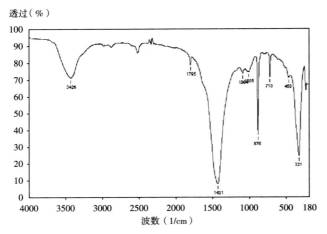

43. 样品名: M207 : 02　方解石 + 铬金云母
实验编号: 412119

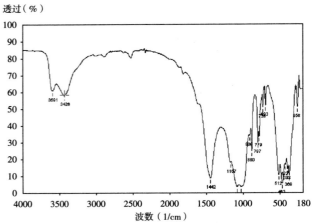

44. 样品名: M53 : 08　白云石 + 石英 + 绿泥石
实验编号: 711681

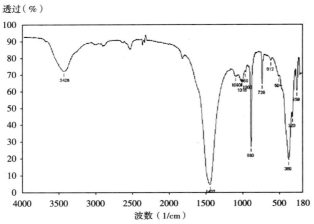

45. 样品名: M147 : 1　白云石 + 少量镁铁正辉石
实验编号: 412116

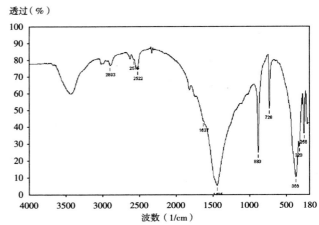

46. 样品名: M354 : 01　白云石
实验编号: 711672

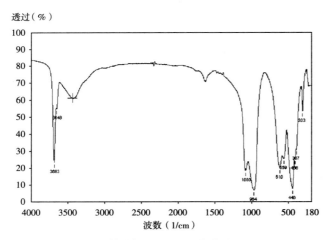

47. 样品名: M100 : 9　蛇纹石
实验编号: 711687

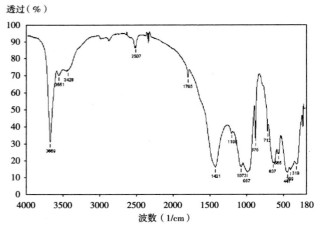

48. 样品名: M140 : 01　蛇纹石 + 方解石
实验编号: 412113

图 14-1-1　清凉寺玉石残块红外光谱图(八)

(测试单位: 北京大学造山带与地壳演化教育部重点实验室; 测试人: 赵印香)

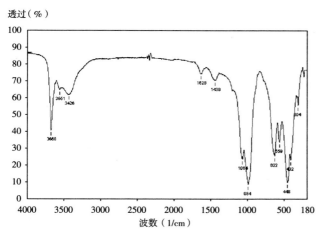

49. 样品名: M141∶2　蛇纹石
实验编号: 412114

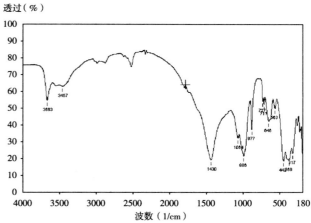

50. 样品名: M153∶01　蛇纹石 + 方解石 + 白云石
实验编号: 711698

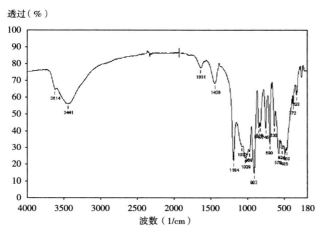

51. 样品名: M52∶01　多硅白云母 + 锂磷铝石 + 白云石
实验编号: 711679

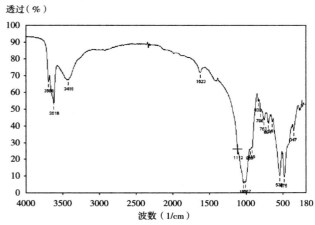

52. 样品名: M57∶01　高岭石 + 水白云母
实验编号: 711664

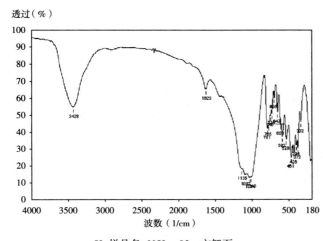

53. 样品名: M53∶02　方解石
实验编号: 711680

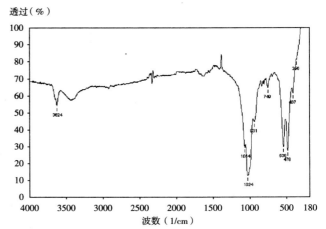

54. 样品名: M87∶4　伊利石
实验编号: 711657

图 14-1-1　清凉寺玉石残块红外光谱图(九)

(测试单位: 北京大学造山带与地壳演化教育部重点实验室; 测试人: 赵印香)

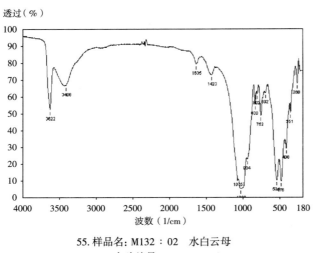

55. 样品名：M132：02　水白云母
实验编号：412112

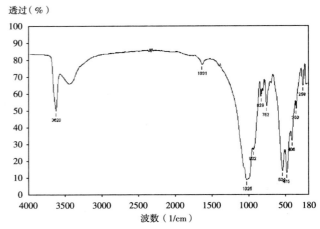

56. 样品名：M139：01　水白云母
实验编号：711658

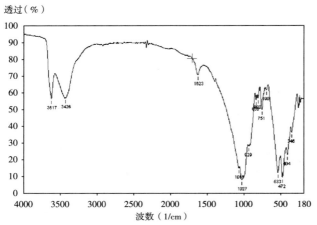

57. 样品名：M303：01　水白云母
实验编号：711659

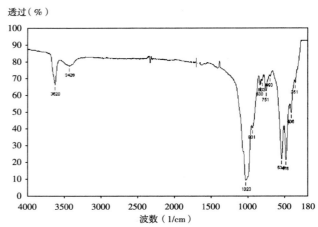

58. 样品名：M353：1　水白云母
实验编号：711660

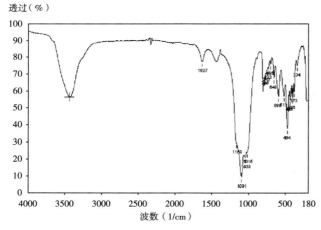

59. 样品名：M146：2　钠长石
实验编号：711691

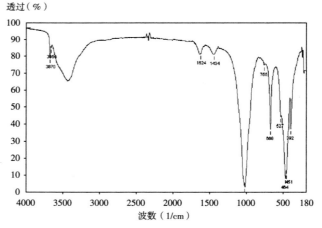

60. 样品名：M153：03　滑石
实验编号：412118

图 14-1-1　清凉寺玉石残块红外光谱图（十）

（测试单位：北京大学造山带与地壳演化教育部重点实验室；测试人：赵印香）

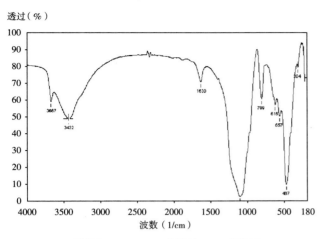

61. 样品名: M100 : 4　非晶质 SiO$_2$+ 蒙脱石
　　实验编号: 711686

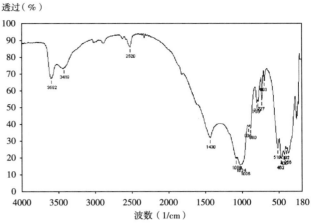

62. 样品名: M207 : 03　石英 + 白云石 + 多硅白云母
　　实验编号: 711670

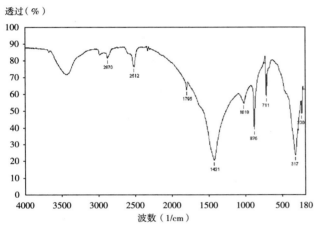

63. 样品名: M334 : 1　方解石
　　实验编号: 711671

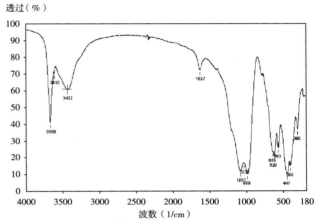

64. 样品名: M275 : 1　蛇纹石
　　实验编号: 711692

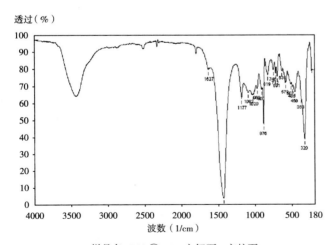

65. 样品名: T44 ① : 1　方解石 + 方柱石
　　实验编号: 711673

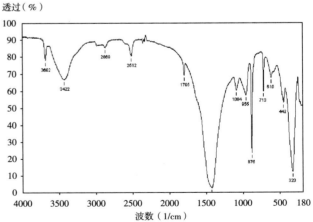

66. 样品名: T37 ① : 1　方解石 + 蛇纹石 + 碳氢有机物
　　实验编号: 412094

图 14-1-1　清凉寺玉石残块红外光谱图(十一)

(测试单位: 北京大学造山带与地壳演化教育部重点实验室; 测试人: 赵印香)

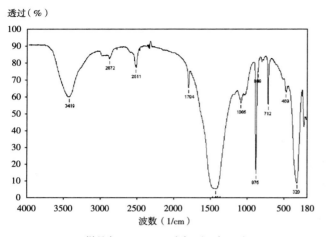

67. 样品名: M60∶4　方解石 + 白云石
实验编号: 412095

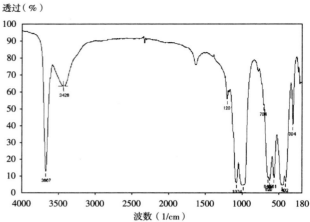

68. 样品名: T21 ①∶1　蛇纹石
实验编号: 711694

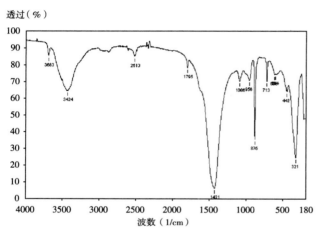

69. 样品名: T210 ①∶2　蛇纹石 + 方解石
实验编号: 412093

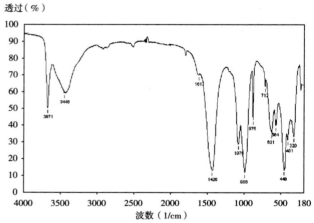

70. 样品名: M60∶2　蛇纹石 + 方解石
实验编号: 412096

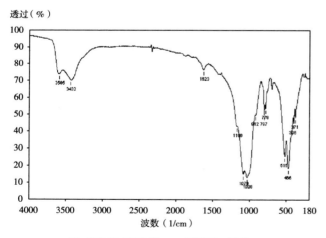

71. 样品名: T210 ①∶1　伊利石 + 石英
实验编号: 711674

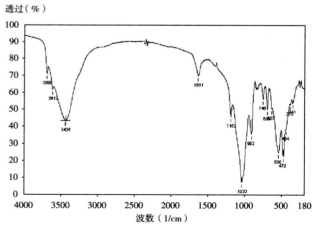

72. 样品名: T17 ①∶1　高岭石
实验编号: 711693

图 14-1-1　清凉寺玉石残块红外光谱图(十二)

(测试单位: 北京大学造山带与地壳演化教育部重点实验室; 测试人: 赵印香)

表 14-1-2　红外光谱测试分析结果

序号	标本原始编号	分期	标本名称	实验室编号	鉴定结果
1	M46：1	第二期	三孔石刀	711662	方解石＋白云石
2	M76：1	第二期	三孔石刀	711665	方解石＋少量石英
3	M93：1	第二期	石钺	711666	方解石＋石英＋蒙脱石
4	M144：1	第二期	五孔石刀	412115	方解石＋蛇纹石
5	M54：8	第二期	石钺	412107	方解石＋石英
6	M76：3	第二期	石钺（朱砂）	711700	方解石＋纤铁矿
7	M111：4	第二期	石钺	711668	方解石
8	M145：3	第二期	石钺	711669	方解石＋透闪石
9	M110：1	第二期	石钺	711667	方解石＋纤铁矿
10	M79：4	第二期	联璜石环	412110	方解石＋蛇纹石＋碳氢有机物
11	M110：5	第二期	石环	412111	方解石＋少量石英＋少量蛇纹石
12	M45：01	第二期	石钺	711661	白云石＋石英
13	M135：2	第二期	单孔石器	711689	白云石＋珍珠陶土
14	M4：3	第二期	石环	412101	蛇纹石＋少量方解石
15	M78：01	第二期	联璜石环	711695	蛇纹石
16	M78：02	第二期	联璜石环	711684	蛇纹石
17	M79：1	第二期	石环	412108	蛇纹石＋方解石
18	M79：2	第二期	石璧	412109	蛇纹石
19	M119：1	第二期	联璜石环	711688	蛇纹石
20	M142：4	第二期	石璧	711690	蛇纹石
21	M4：9	第二期	单孔石钺	711676	伊利石＋方柱石
22	M26：2	第二期	单孔石器	711677	蒙脱石＋白云石
23	M46：3	第二期	单孔石器	711678	蒙脱石＋白云石
24	M215：01	第二期	石钺	412120	蒙脱石＋石英＋方解石
25	M112：1	第二期	五孔石刀（朱砂）	711699	高岭石＋纤铁矿＋石英＋方解石
26	M54：7	第二期	五孔石刀	412106	石英＋高岭石＋白云石
27	M68：01	第二期	石钺	711682	石英＋水白云母
28	M76：3	第二期	石钺	711697	透闪石＋白云石
29	M4：6	第二期	单孔石器	711675	绿泥石＋菱钡镁石＋石英
30	M79：11	第二期	长方形双孔石器	711685	绿泥石＋石英＋白云石
31	M73：01	第二期	七孔石刀	711696	高岭石＋石英
32	M77：1	第二期	石钺	711683	微斜长石＋石英
33	M153：02	第三期	玉环	412117	透闪石
34	M91：01	第三期	玉璧	412100	透闪石
35	M52：1	第三期	玉琮	412102	透闪石
36	M53：010	第三期	石刀	412104	方解石＋石英

续表 14-1-2

序号	标本原始编号	分期	标本名称	实验室编号	鉴定结果
37	M53：05	第三期	多孔石刀	412105	方解石
38	M56：02	第三期	石钺	711663	方解石 + 绿脱石
39	M53：07	第三期	石璧	412103	方解石 + 蛇纹石
40	M86：01	第三期	石环	412098	方解石 + 碳氢有机物
41	M87：01	第三期	石环（璧）残片	412092	方解石 + 白云石 + 铬金云母
42	M91：02	第三期	石器残块	412099	方解石
43	M207：02	第三期	石环	412119	方解石 + 铬金云母
44	M53：08	第三期	石钺	711681	白云石 + 石英 + 绿泥石
45	M147：1	第三期	联璜石环	412116	白云石 + 少量镁铁正辉石
46	M354：01	第三期	枣核状石器	711672	白云石
47	M100：9	第三期	钺形石器	711687	蛇纹石
48	M140：01	第三期	石环	412113	蛇纹石 + 方解石
49	M141：2	第三期	石环	412114	蛇纹石
50	M153：01	第三期	石璧	711698	蛇纹石 + 方解石 + 白云石
51	M52：01	第三期	石钺	711679	多硅白云母 + 锂磷铝石 + 白云石
52	M57：01	第三期	石钺	711664	高岭石 + 水白云母
53	M53：02	第三期	单孔石刀	711680	方解石
54	M87：4	第三期	动物头状石饰	711657	伊利石
55	M132：02	第三期	石环	412112	水白云母
56	M139：01	第三期	石镯	711658	水白云母
57	M303：01	第三期	管状石饰	711659	水白云母
58	M353：1	第三期	管状石饰	711660	水白云母
59	M146：2	第三期	石钺	711691	钠长石
60	M153：03	第三期	石器残片	412118	滑石
61	M100：4	第三期	联璜石璧	711686	非晶质 SiO_2 + 蒙脱石
62	M207：03	第三期	三孔石刀	711670	石英 + 白云石 + 多硅白云母
63	M334：1	第四期	石镯	711671	方解石
64	M275：1	第四期	柱状石器	711692	蛇纹石
65	T44①：1	？	石钺	711673	方解石 + 方柱石
66	T37①：1	？	石环	412094	方解石 + 蛇纹石 + 碳氢有机物
67	M60：4	第二期	石钺	412095	方解石 + 白云石
68	T21①：1	？	石牙璧	711694	蛇纹石
69	T210①：2	？	石环	412093	蛇纹石 + 方解石
70	M60：2	第二期	石璜	412096	蛇纹石 + 方解石
71	T210①：1	？	石钺	711674	伊利石 + 石英
72	T17①：1	？	石钺（2个样，1个新鲜）	711693	高岭石

三　X 射线粉晶衍射分析

X 射线是一种波长短、能量高的电磁波，射线通过晶体时会发生衍射效应。X 射线粉晶衍射仪是用计数管收集衍射线强度，并通过电子装置把收集到的强度信号绘在纸上，在衍射图上会出现一系列衍射峰，峰的面积或高度代表强度，所在位置代表 2θ 角，并可获得 d 值。将检测标本的上述数据与已知标准矿物的衍射数据对比，可以确定矿物的类别。

为了校验前述观察、比重测试和红外光谱测试的结果，并进一步测定软玉中的杂质矿物，我们在中国地质大学（北京）X 光实验室，对经过三种检测，初步确定为软玉的 3 件玉石器标本进行了 X 射线粉晶衍射分析。测试条件：日本理学 D/Max-RC X 射线粉晶衍射仪，CuKa1 靶，电压40Kv，电流 70mA，连续扫描。测试后得到了三件玉石器标本的部分衍射图（图 14-1-2）。

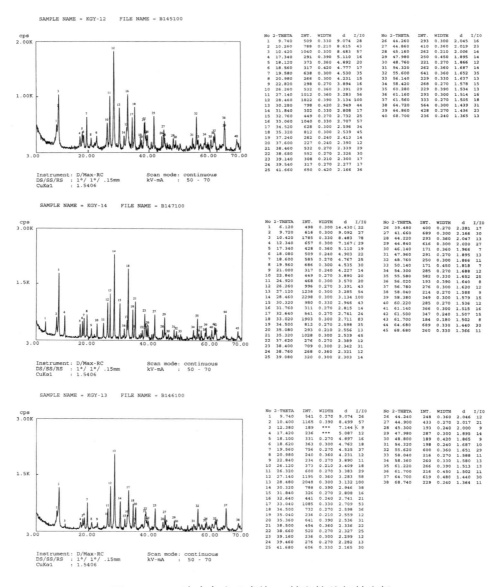

图 14-1-2　清凉寺古玉残块 X 射线粉晶衍射分析

[测试单位：中国地质大学（北京）X 光实验室；测试人：陈荣秀]

根据 X 射线粉晶衍射的分析结果我们制成了表 14-1-3。

表 14-1-3　X 射线粉晶衍射分析结果

样品号	实验号	分析结果	备注
M52：1	KGY—12	透闪石	用压片法制样，衍射图谱及衍射数据见图 14-1-2
M91：01	KGY—14	透闪石，绿泥石（少）	
M153：02	KGY—13	透闪石，高岭石（极少）	

四　切片的显微镜观察

闪石玉（软玉）是一种具有交织纤维结构的透闪石—阳起石系列的矿物集合体。在自然界中，具有这种纤维结构的矿物集合体并不罕见，但绝大多数的透闪石—阳起石并未形成软玉（闪石玉），能够形成软玉（闪石玉）还有其他必备的条件，因此玉在这类矿物体只占极少的一部分[1]。要确定古玉是不是闪石玉，既要鉴别该标本的矿物成分，还要鉴别其显微结构。我们将 2 件经观察、比重测试、红外光谱测试和 X 射线粉晶衍射分析认定为闪石玉的少量样品切成薄片，在偏光显微镜下进行矿物成分和显微结构的鉴定[2]，由此来准确定名，并揭示其成因。

1. 编号 M153：02

显微矿物成分和结构的鉴定显示，编号为 M153：02 的标本为软玉，玉质较粗。透闪石为较粗的纤维，并有较明显的残斑显示，残斑中纤维状透闪石近于平行排列，并呈闪消光状。由于检测前薄片磨得太薄，所有透闪石的干涉色均为一级灰白（彩版 14-1-1:1）。

2. 编号 M91：01

与前一件器物类似，显微矿物成分和结构的鉴定显示，编号为 M91：01 的标本为软玉。透闪石组成具纤维交织结构，透闪石颗粒均为无定纤细针状，最高干涉色一级紫红，斜消光，消光角 $C \wedge Ng \approx 23°$（彩版 14-1-1:2）。质地中含有少量绿泥石（彩版 14-1-1:3）。

五　微量元素分析

软玉（闪石玉）主要有两种地质产状类型，即产于镁质大理岩或产于蛇纹石化超基性岩。由于两种类型软玉原岩主成分存在显著差异，导致软玉主成分和某些副成分微量元素含量都存在着差异，即产于镁质大理岩中软玉的铬、镍、钴含量比产于蛇纹石化超基性岩中的相对要低。因此，铬、镍、钴含量可判别考古遗址出土古软玉的主体地质产地[3]，微量元素 Be、Sr 等的含量特征作为判别同种类型具体产地的参考标志[4]。从现有的研究成果看，用微量元素特征来判别地质产状类型比较可靠，对判别同种地质产状类型的玉料产地问题，由于现有玉料及古玉料标本微量元

---

［1］闻广：《中国古玉的研究》，《建材地质》1990 年 2 期，第 2~10 页。

［2］切片显微观察与鉴定是在中国地质大学（北京）蔡克勤教授帮助下完成的，在此表示感谢！

［3］闻广：《中国古玉的研究》，《建材地质》1990 年 2 期，第 2~10 页；闻广、荆志淳：《沣西西周玉器地质考古学研究——中国古玉地质考古学研究之三》，《考古学报》1993 年 2 期，第 251~280 页。

［4］何明跃：《新疆西昆仑、辽宁岫岩等地镁质碳酸盐岩型透闪石玉的宝石学及其成因研究》，中国地质大学博士论文（未刊），2003 年，第 51 页。

素的数据还比较少，难以找出特征的指纹元素，尚有待于今后测试大量的数据来解决。

为了确定闪石玉的具体产地，我们将前述 3 件闪石玉样品送到北京大学地质系电感耦合等离子质谱（ICP-MS）化学分析室，对其微量元素作了测试，其中 M91：01 制作了 2 个样品，另外实验室还选了 2 个标样分别制作了 2 个样品，其目的是验证本测试所用方法的可行性。需要说明的是，其中的微量元素 Zn 受污染的概率较大，尽管各标本微量元素 Zn 有明显差别，但在分析中也不予考虑。根据测试结果，我们制作了表 14-1-4。

从表 14-1-4 看，标本 M91：01 制作的两个样品的微量元素值基本相似，Cr 含量分别为 746.28 和 776.801，Co 的含量分别为 40.62 和 41.061，因此本实验的方法是可行的，由于标本 M91：01 的两个样品的微量元素 Cr、Co 含量明显偏高，说明该标本来自蛇纹石化超基性岩可能性最大。其他 2 件测试标本的微量元素 Cr、Co 的含量明显偏低，可能来自镁质大理岩类型。

表 14-1-4　清凉寺墓地出土部分样品微量元素含量表　　　　（单位：ppm）

标本号	M52：1	M153：02	M91：01	M91：01
Be 9	0.679	4.352	0.629	0.59
Cr 52	9.146	17.831	746.28	776.801
Co 59	0.88	2.3	40.62	41.061
Cu 63	2.871	6.083	2.986	3.129
Zn 64	123.47	113.899	166.585	142.345
Ga 69	1.348	1.485	1.598	1.39
As 75	0.956	1.227	2.103	0.292
Rb 85	3.557	9.237	5.592	1.807
Sr 88	49.822	18.244	16.211	20.146
Y 89	20.552	8.113	0.081	0.153
Zr 90	18.127	33.039	2.657	4.274
Nb 93	1.75	1.402	1.75	1.649
Mo 98	0.692	0.455	0.294	0.402
Cd 114	0.038	0.031	0.029	0.031
Sb 121	0.217	0.391	0.183	0.13
Cs 133	1.471	1.18	0.061	0.077
Ba 138	30.259	19.456	15.108	17.644
Hf 180	0.347	0.935	0.061	0.048
Ta 181	0.058	0.273	0.017	0.017
W 184	1.84	0.46	0.123	0.078
Pb 208	14.153	14.366	8.719	8.709
Bi 209	0.365	0.276	0.165	0.767
Th 232	0.54	0.505	0.501	0.541
U 238	0.07	0.118	0.323	0.047

说明：北京大学地质系化学全分析实验室测定。

六 稳定同位素分析

前述三件清凉寺软玉样品还被送到国土资源部矿产资源研究所进行了氧同位素的测定，方法是以五氟化溴法制备，以 MAT-251EM 型质谱仪测定，采用 SMOW 国际标准检验，分析精密度为 $\delta^{18}O= \pm 0.2‰$。分析结果如表 14-1-5。

表 14-1-5 清凉寺墓地部分样品的氧同位素

样品号	$\delta^{18}Ov-smow‰$
M52：1	3.1
M91：01	9.7
M153：02	5.1

说明：国土资源部矿产资源研究所测定。

从以前对著名玉石料的检测资料看，产于不同地域的玉石 $\delta^{18}O$ 值不同，新疆和田玉的 $\delta^{18}O$ 值在 2.3‰~5.1‰之间，辽宁宽甸玉的 $\delta^{18}O$ 值在 2.5‰~8.0‰的范围内，河南淅川玉的 $\delta^{18}O$ 值为 9.0‰±，天山玛纳斯碧玉的 $\delta^{18}O$ 值为 9.4‰。对清凉寺墓地出土的上述三件器物的检测结果并不一致，M52：1 和 M153：02 的 $\delta^{18}O$ 同位素值间于 3.0‰~5.1‰之间，与新疆和田、辽宁宽甸出产的玉石比较接近，但是，M91：01 的 $\delta^{18}O$ 值为 9.7‰，与我国产于河南淅川、天山玛纳斯等地蛇纹石化超基性岩中的同类型玉矿比较接近。

七 地质年代测定

由微量元素测定可知分别出土于 M153 和 M91 的两件标本可能为镁质大理岩生成。我国现有镁质大理岩成因经过年代测试，其透闪石玉矿年代不同，和田玉距今 225~400Ma，生成于华力西期；梅岭玉距今 117~119.7Ma，生成于中生代燕山期；岫岩软玉距今 800~1800Ma，生成于元古代；宽甸玉距今 507±35.7Ma，生成于加里东期；龙溪玉生成于海西期；临洮玉距今 192±53.7Ma，是晚印支或早燕山期的产物。为确定上述这两件闪石玉的生成年龄，我们采用了检测同位素的方法，并且分别送到两个不同的单位用了不同检测方法，从而使检测的生成年龄更接近真实。

1. K-Ar 法测定

M153：02 的少量标本送到中国石油勘探开发研究院石油地质实验研究中心，由该中心科研人员对其进行了 K-Ar 同位素年代的测定。本次测试使用仪器是 MM5400 静态真空质谱计。测试条件是样品在 1500℃左右熔化的同时，加入准确定量的 ^{38}Ar 稀释剂，测定混合稀释剂后的同位素比值（$^{40}Ar / ^{38}Ar$）m 和（$^{38}Ar / ^{36}Ar$）m，求出样品的放射性成因 ^{40}Ar，再根据样品的钾含量计算年龄。

根据测定，M153：02 的年龄值为 201.18±20.16Ma（表 14-1-6）。由同位素年代值可知玉石的生产年代为印支期，此间，我国曾有大规模的岩浆活动，与我国现有的地质资料基本相符。

本次测试的标本年代值明显不同于辽宁岫岩、宽甸、梅岭玉的生成年代，而与和田玉、龙溪玉、临洮玉的年代接近。由于实验标本量太少，每个样品只能测一次，所见钾的含量稍低，试验中免

表 14-1-6　K-Ar 法年龄测定分析结果

标本号	原编号	样品称重（g）	钾含量（%）	$(^{40}Ar/^{38}Ar)m$	$(^{38}Ar/^{36}Ar)m$	放射成因氩（^{40}Ar 放 /g）mol/g	^{40}ArK 含量（$^{40}ArK/g$）mol/g	^{40}Ar 放 /^{40}Ar 总（%）	^{40}Ar 放 /^{40}K	年龄值（Ma, 1σ）
M153：02	BD-2	0.01604	0.075	10.14604	54.61405	2.768E-11	2.238E-09	46.20	0.0123660	201.18±20.16
常数：λe=0.581×10⁻¹⁰ 年 ⁻¹　λß=4.962×10⁻¹⁰ 年 ⁻¹40K/K=1.167×10⁻⁴										

说明：测试单位：中国石油勘探开发研究院石油地质实验研究中心。

不了有误差，今后需要再做其他方法的测试进行验证和比较。

2. Ar-Ar 法测定

我们将 M153：02、M91：01 这两件标本送到在北京大学造山带与地壳演化教育部重点实验室，运用 $^{40}Ar/^{39}Ar$ 激光探针定年系统进行了测试。测试方法和流程：将 0.18~0.28 毫米粒径样品用自制的高纯铝罐包装，封闭于石英玻璃瓶中，2008 年 10 月 27~28 日，置于中国原子能科学研究院 49-2 反应堆 B4 孔道进行中子照射，照射时间为 24 小时 10 分钟，快中子通量为 2.2359x1018。用于中子通量监测的样品是我国周口店 K-Ar 标准黑云母（ZBH-25，年龄为 132.7Ma）。同时对纯物质 CaF_2 和 K_2SO_4 进行同步照射，得出的校正因子参见数据。照射后的样品冷置后，在显微镜下，以每个样品仓约 10~15 颗不等量的颗粒数分别转移到约 22 个样品仓中，密封去气之后，装入系统。

测试由北京大学造山带与地壳演化教育部重点实验室用全时标全自动高精度高灵敏度激光 40Ar/39Ar 定年系统完成。采用聚焦激光对单颗粒或多颗粒的样品进行一次性熔融。激光能量 1.0~3.5 瓦，激光束斑直径 0.5 毫米。激光在 5 秒内升温到 1.0~3.5 瓦，升温后熔样释气时间持续 40 秒。系统分两个阶段使用两个锆铝泵对释出气体进行纯化，第一阶段纯化时间 180 秒，第二阶段 60 秒。系统通过测量已知摩尔数的空气对五个氩同位素（^{40}Ar、^{39}Ar、^{38}Ar、^{37}Ar、^{36}Ar）质量歧视进行日常监测，进行校正，D 值为 1.00355±0.00002。基准线和五个氩同位素均使用电子倍增器进行 13 个循环测量。信号强度测量采用电流强度测量法，信号强度以纳安（nA）为单位记录。测量已知摩尔数的空气的氩同位素信号强度，获得系统在电子倍增器单位增益下的绝对灵敏度为 2.394×10⁻¹⁰moles/nA。通过绝对灵敏度可以将氩同位素信号强度由纳安（nA）换算为摩尔。电子倍增器增益（与法拉第杯测量信号强度的比值）为 3000~4000 倍。整个设备的平均本底水平为：^{40}Ar=0.00301804±0.000150622，^{39}Ar=0.0000218432±0.00000134457，^{38}Ar=0.00000143146±0.00000 0063684，^{37}Ar=0.00000870990±0.000000652602，^{36}Ar=0.0000171280±0.000000940753。

系统测试过程、原始数据处理、模式年龄和等时线年龄的计算均采用美国加州大学伯克利地质年代学中心 Alan L. Denio 博士编写的 "MASS SPEC（V.7.665）" 软件自动控制。经计算、处理得出以下结果：M153：02 的同位素年龄值为 268±3Ma（见图 14-1-3 及表 14-1-7），地质年代属于海西期。M91：01 的同位素年龄值为 364±4Ma（见图 14-1-4 及表 14-1-8），地质年代也属于海西期。根据以往的检测资料，清凉寺出土的这两件玉料的同位素年龄值与西北地区玉料的同位素年龄值比较接近。据《山西省区域地质志》[1] 记载，山西省在海西期没有大规模的岩浆活动，

---

[1] 西省地质矿产局：《山西省区域地质志》，地质出版社，1989 年。

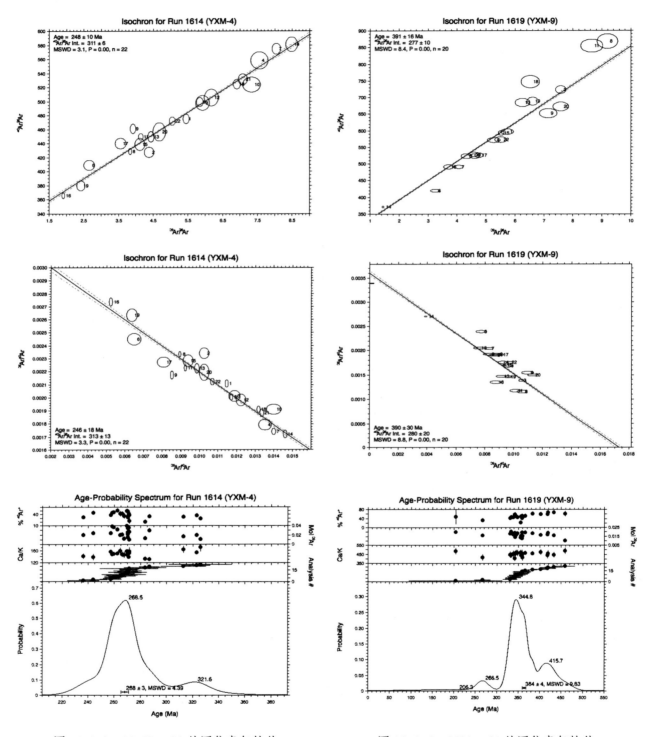

图 14-1-3　M153：02 的同位素年龄值　　　图 14-1-4　M91：01 的同位素年龄值

表 14-1-7　M153：02 的同位素年龄表

M153：02　　　　　　　　YXM-4　　　　　　　　　　　　Tremolite　　　　　　　　date: 3/4/09

Run ID	Sample	%40*	Age (Ma)	±	Ar39 (Moles)	40	±40	39	±39	38	±38	37	±37	36	±36
1614-01	YXM-4	37.8	257.6	10.7	2.27E-16	0.251	0.000	0.00304	0.00002	0.000143	0.000010	0.23871	0.00086	0.000595	0.000008
1614-02	YXM-4	30.8	236.6	12.9	1.88E-16	0.190	0.000	0.00204	0.00005	0.000120	0.000010	0.14530	0.00042	0.000485	0.000008
1614-03	YXM-4	40.6	266.0	13.1	1.96E-16	0.170	0.000	0.00212	0.00005	0.000117	0.000008	0.15755	0.00056	0.000385	0.000007
1614-04	YXM-4	47.0	270.6	12.5	2.48E-16	0.189	0.000	0.00270	0.00006	0.000106	0.000010	0.20563	0.00076	0.000396	0.000008
1614-05	YXM-4	40.8	271.0	9.6	3.48E-16	0.307	0.000	0.00378	0.00002	0.000182	0.000011	0.26476	0.00089	0.000689	0.000008
1614-06	YXM-4	27.7	326.1	24.8	1.05E-16	0.165	0.000	0.00114	0.00006	0.000068	0.000008	0.09791	0.00026	0.000430	0.000008
1614-07	YXM-4	48.5	269.9	10.0	3.85E-16	0.319	0.000	0.00472	0.00003	0.000156	0.000014	0.37433	0.00160	0.000660	0.000008
1614-08	YXM-4	31.1	270.6	10.6	3.39E-16	0.390	0.001	0.00368	0.00002	0.000229	0.000013	0.28438	0.00089	0.000989	0.000008
1614-09	YXM-4	35.9	323.2	13.3	1.92E-16	0.232	0.000	0.00208	0.00002	0.000112	0.000010	0.16089	0.00039	0.000548	0.000008
1614-10	YXM-4	43.6	244.2	11.6	2.34E-16	0.195	0.000	0.00287	0.00007	0.000131	0.000010	0.20076	0.00074	0.000429	0.000007
1614-11	YXM-4	34.2	286.9	10.1	2.86E-16	0.322	0.000	0.00312	0.00002	0.000184	0.000010	0.20675	0.00061	0.000775	0.000008
1614-12	YXM-4	41.5	264.7	13.4	1.86E-16	0.156	0.000	0.00202	0.00004	0.000102	0.000009	0.16266	0.00068	0.000355	0.000007
1614-13	YXM-4	34.3	270.4	12.4	2.09E-16	0.219	0.001	0.00228	0.00002	0.000115	0.000010	0.17668	0.00052	0.000535	0.000008
1614-14	YXM-4	49.1	262.5	9.8	3.04E-16	0.242	0.000	0.00372	0.00002	0.000138	0.000011	0.28123	0.00096	0.000495	0.000008
1614-15	YXM-4	32.6	270.5	15.4	1.44E-16	0.159	0.000	0.00157	0.00004	0.000104	0.000009	0.11416	0.00032	0.000394	0.000007
1614-16	YXM-4	19.2	283.8	16.4	1.21E-16	0.239	0.000	0.00131	0.00002	0.000154	0.000008	0.08814	0.00031	0.000679	0.000008
1614-17	YXM-4	32.9	313.0	18.9	1.60E-16	0.204	0.000	0.00174	0.00007	0.000114	0.000008	0.14348	0.00052	0.000502	0.000008
1614-18	YXM-4	43.6	258.7	9.5	3.78E-16	0.296	0.000	0.00410	0.00002	0.000191	0.000011	0.30512	0.00111	0.000650	0.000008
1614-19	YXM-4	22.2	271.7	22.5	9.30E-17	0.150	0.000	0.00101	0.00004	0.000102	0.000008	0.08030	0.00030	0.000418	0.000007
1614-20	YXM-4	35.2	267.8	17.1	1.14E-16	0.115	0.000	0.00124	0.00003	0.000085	0.000009	0.09162	0.00027	0.000278	0.000007
1614-21	YXM-4	44.3	259.7	9.8	3.58E-16	0.277	0.000	0.00389	0.00003	0.000174	0.000014	0.29234	0.00068	0.000603	0.000008
1614-22	YXM-4	37.3	271.5	10.6	2.54E-16	0.301	0.000	0.00340	0.00002	0.000156	0.000010	0.26022	0.00079	0.000710	0.000008

J	0.004661	37 Decay	9.95E+00	39 Decay	1.000823	Irr Ca 39/37	0.0006633	Irr Ca 38/37	0.00014	P36Cl/38Cl	320
±J	4.35E-05	Irr K 38/39	0.01077	±K 38/39	0	±Ca 39/37	0.0003535	±Ca 38/37	0	±P36Cl/38Cl	0
Irr Ca 36/37	0.0002775					Irr K 40/39	0.0039448	Irr Ca 38/37	0		
±Ca 36/37	0.0000253					±K 40/39	0.0015421				

表 14-1-8 M91：01 的同位素年龄表

| M91:01 | | YXM-9 | | | | | | | | | | Tremolite | | | | date: 3/4/09 | |
Run ID	Sample	%40*	Age (Ma)	±	Ar39 (Moles)	40	±40	39	±39	38	±38	37	±37	36	±36
1619-01	YXM-9	50.4	359.5	35.0	1.89E-16	0.182	0.000	0.00205	0.00006	0.000140	0.000008	0.45743	0.00159	0.000432	0.000004
1619-02	YXM-9	43.4	339.1	34.8	1.62E-16	0.169	0.000	0.00176	0.00005	0.000122	0.000009	0.40540	0.00159	0.000436	0.000004
1619-03	YXM-9	59.1	383.3	36.5	1.80E-16	0.197	0.001	0.00245	0.00003	0.000119	0.000010	0.56669	0.00228	0.000430	0.000004
1619-04	YXM-9	48.2	357.1	34.7	1.51E-16	0.182	0.001	0.00198	0.00006	0.000132	0.000008	0.43702	0.00160	0.000440	0.000005
1619-05	YXM-9	43.5	360.1	33.8	1.50E-16	0.169	0.000	0.00163	0.00006	0.000099	0.000009	0.33990	0.00160	0.000418	0.000004
1619-06	YXM-9	29.4	267.0	28.1	1.55E-16	0.186	0.000	0.00168	0.00007	0.000157	0.000009	0.35076	0.00149	0.000541	0.000005
1619-07	YXM-9	39.7	331.5	33.1	1.77E-16	0.197	0.000	0.00192	0.00005	0.000140	0.000010	0.43072	0.00137	0.000521	0.000004
1619-08	YXM-9	65.9	419.5	40.7	1.85E-16	0.161	0.000	0.00201	0.00005	0.000063	0.000011	0.46910	0.00206	0.000316	0.000005
1619-09	YXM-9	54.6	343.0	34.9	1.33E-16	0.138	0.000	0.00178	0.00005	0.000088	0.000010	0.40676	0.00149	0.000324	0.000005
1619-10	YXM-9	45.2	205.0	106.6	1.96E-16	0.136	0.032	0.00257	0.00007	0.000128	0.000011	0.62988	0.00240	0.000427	0.000005
1619-11	YXM-9	65.4	433.7	40.9	1.56E-16	0.163	0.000	0.00194	0.00006	0.000085	0.000011	0.43439	0.00161	0.000312	0.000004
1619-12	YXM-9	5547.4	-575.1	81.5	1.88E-16	-0.002	0.000	0.00204	0.00006	0.000139	0.000012	0.51401	0.00195	0.000508	0.000005
1619-13	YXM-9	56.8	418.7	39.3	1.66E-16	0.169	0.001	0.00181	0.00005	0.000096	0.000009	0.40315	0.00252	0.000359	0.000004
1619-14	YXM-9	20.3	356.2	36.9	1.31E-16	0.305	0.000	0.00142	0.00002	0.000210	0.000010	0.33874	0.00104	0.000918	0.000006
1619-15	YXM-9	50.0	366.4	35.9	1.91E-16	0.230	0.001	0.00255	0.00002	0.000146	0.000010	0.60157	0.00322	0.000556	0.000005
1619-16	YXM-9	39.7	359.5	37.8	1.21E-16	0.146	0.000	0.00131	0.00005	0.000132	0.000010	0.30488	0.00107	0.000383	0.000004
1619-17	YXM-9	43.8	333.6	32.1	2.00E-16	0.204	0.000	0.00217	0.00004	0.000179	0.000012	0.48301	0.00173	0.000522	0.000005
1619-18	YXM-9	60.4	459.7	47.9	9.59E-17	0.117	0.000	0.00123	0.00004	0.000064	0.000008	0.30294	0.00088	0.000241	0.000004
1619-19	YXM-9	57.0	402.4	39.8	1.59E-16	0.174	0.000	0.00199	0.00004	0.000122	0.000010	0.47532	0.00197	0.000385	0.000004
1619-20	YXM-9	56.0	341.9	30.2	1.83E-16	0.152	0.000	0.00199	0.00005	0.000113	0.000010	0.40695	0.00186	0.000339	0.000004
1619-21	YXM-9	44.0	348.1	36.4	1.77E-16	0.186	0.000	0.00192	0.00006	0.000147	0.000009	0.44779	0.00244	0.000478	0.000005
1619-22	YXM-9	48.3	345.0	35.8	1.60E-16	0.152	0.000	0.00174	0.00004	0.000096	0.000009	0.41125	0.00140	0.000379	0.000004

J	±J														
0.004211	4.40E-05			37 Decay	39 Decay			Irr Ca 39/37	± Ca 39/37	± Ca 39/37		Irr Ca 38/37	± Ca 38/37		
				1.14E+01	1.00087			0.0006633	0.0003535	0.0003535		0.00014	0		
Irr Ca 36/37	± Ca 36/37			Irr K 38/39	± K 38/39			Irr K 40/39	± K 40/39			P36Cl/38Cl	± P36Cl/38Cl		
0.0002775	0.0000253			0.01077	0			0.0039448	0.0015421			320	0		

该期岩浆岩仅见于阳高县西北部，其岩浆岩同位素年龄值为245Ma左右，属于海西期晚期。当时本区内没有形成闪石玉的条件，因此，至少可以说清凉寺这两件闪石玉料不会出自山西省境内。

第二节　清凉寺墓地周围出露岩石情况的考察

一　区域地质概况

清凉寺史前墓地所在区域位于山西、河南、陕西三省交汇处，在黄河中游主要的支流汾河南侧。从地质构造上讲，墓地北侧的运城盆地是新生代形成的断陷盆地，长轴呈北东—南西向展布，地势北东高，南西低，地形较为封闭。盆地南侧的中条山脉，整体呈向南东凸出的弧形，西北侧以山前大断裂为界，与临汾—运城新裂陷相邻；东南侧以马村断裂为界，与济源—渑池块坳相接。在中条山块隆广泛出露结晶基底，由涑水群、绛县超群、中条超群组成，其构造为北东向。块隆上的沉积盖层主要在西南段，其分布方向为北东东向，但震旦系、寒武系、奥陶系分布区有一系列北西西向或近东西向断裂。

本区域内出露有中太古界、上太古界、下元古界、中元古界、上元古界、下古生界、新生界的地层。中太古界有洞沟组为黑云斜长片麻岩夹浅粒岩、斜长角闪岩、大理岩及磁铁石英岩，主要分布于盐池以南的中条山分水岭两侧。下元古界有变黑云母花岗岩。中元古界分为长城系、蓟县系。长城系有西阳河群的马家河组安山岩及凝灰质砾岩；汝阳群的白草坪组紫红色泥岩夹砂岩及石英岩状砂岩；北大尖组石英岩状砂岩、泥岩及白云质砂岩；崔庄组页岩夹粉沙岩及黄铁矿结核；洛峪口组细晶白云岩。蓟县系有洛南群的龙家圈组含燧石条带白云岩、泥晶—粉晶白云岩。上元古界有震旦系罗圈组冰碛砾岩。下古生界的寒武系有辛集组的含磷石英砂砾岩、含磷泥岩、石英岩状砂岩及石英砂岩；关口组的石英杂砂岩、粉沙岩夹泥岩；朱砂洞组的含燧石结核白云岩、细晶白云岩；馒头组的页岩夹泥晶—粉晶灰岩、竹叶状灰岩；张夏组的鲕状灰岩夹竹叶状灰岩、三山子组细晶白云岩及薄层泥晶白云岩；奥陶系有马家沟组的细晶灰岩夹白云质灰岩、砾岩及页岩。新生界有亚黏土、粉沙土等。

早前寒武纪陌南幅太古宙出露片麻岩、片麻状二长花岗岩、下元古界钙质片岩、黑云片岩和透闪石化大理岩、硅质大理岩。晋宁期辉绿岩脉侵入。解州幅涑水期Ⅰ幕涑水表壳岩组合有长石、石英浅粒岩、黑云变粒岩、超镁铁质岩、斜长角闪岩、钙质片岩和蛇纹石化大理岩，属于火山建造，碎屑岩、碳酸盐建造；西姚片麻岩黑云斜长片麻岩，英云闪长岩—奥长花岗岩侵入，中构相韧性剪切变形。Ⅱ幕刘家窑片麻岩黑云二长花岗质岩脉和黑云二长片麻岩，黑云二长花岗岩侵入；基性岩脉斜长角闪岩，辉长岩脉和辉绿岩脉侵入，Ⅱ幕中构相韧性剪切变形形成主动组构。Ⅲ幕解州片麻岩片麻状二长花岗岩、片麻状二长花岗质岩脉，二长花岗岩侵入。Ⅰ～Ⅲ幕变质事件为区域动力热流角闪岩相。中条期Ⅰ幕土地庙大理岩钙质片岩、黑云片岩和透闪石大理岩，碳酸盐建造，浅构相韧性剪切变形，绿片岩相退变质。Ⅱ幕较小规模的花岗岩脉、伟晶岩，文象伟晶岩，花岗岩脉、伟晶岩脉侵入，片理褶皱及断裂，绿片岩相。芮城县幅涑水岩群斜长角闪岩、黑云片岩，火山建造；西姚片麻岩，黑云斜长片麻岩，英云闪长岩—奥长花岗岩，中构相韧性变形。刘家窑片麻岩条带状黑云二长片麻岩，黑云二长花岗岩侵入，中构相韧性变形。解州片麻岩，钾质片麻岩、片麻状二长花岗岩，二长花岗岩侵入。基性岩脉，斜长角闪岩，辉长、辉绿岩。五老峰变花岗岩，钙质花岗岩侵入。陶家窑伟晶岩，文象伟晶岩。

二　出露岩石情况考察

根据《山西省区域地质志》的记载、清凉寺史前墓地的位置以及出土玉石器的质料情况，我们于 2007 年 11 月 1~7 日，对分布在清凉寺周围的陌南、解州、芮城县城北侧邻近中条山地带进行了野外地质调查（参见彩版 2-4-1），调查遵循由近及远的原则，确定了区域、时间和路线，了解了出露的岩石和矿产情况，在 50 个点采集了与出土玉石器质地相似的标本 70 余件，根据采集标本的情况制作了岩石出露地点与采集标本情况简表（表 14-2-1）。

表 14-2-1　中条山野外调查岩石出露地点与采集标本情况简表

日期	采集点编号	位置		高程	岩性	简单描述
2007.11.2	1	34.57N	110.02422E		千枚岩	深绿色，结构松散，质软，易风化，带云母。
					石英岩	
					含黄铁矿的斜长角闪岩	
	2	34.57227N	111.02792E		斜长角闪岩	
2007.11.3	3	34.53415N	110.51633E		含黄铁矿的斜长角闪岩	深绿色，结构致密，坚硬
	4	34.50819N	110.53158E		砂质灰岩	含砂质，较硬
	5	34.49844N	110.53254E		生物碎屑灰岩 鲕粒灰岩—微晶灰质白云岩	岩石中含土黄色砾，带小壳化石
	6	34.49618N	110.52231E		碎屑灰岩	带生物化石
	7	34.4659042N	110.4949333E	618	房屋白灰面	
	8	34.4656547N	110.4942932E	591	砾石	冲沟剖面上有河流或者洪水堆积，次圆，并有一定分选性，石英砂岩为主，比较单一
	9	34.4659793N	110.4936808E	608	清凉寺墓地所在	
	10	34.4704223N	110.4938976E	602	泉华	
	11	34.4712135N	110.4937015E	617	河床砾岩	有数层砾石堆积，疑为河床
2007.11.4	12	34.485850N	110.4846793E	1032	碎屑灰岩	面积约为 6 平方米，疑为采石场，但未找到石器。表面岩石经风化，为灰白色，下层为土黄色，质细软
	13	34.49315N	110.48764E	1134	绿色页岩 硅质页岩	绿色，与制作多孔石刀的石料相似，但是偏绿
	14	34.491502N	110.49516E		山顶定点	
	15	34.4939713N	110.4758926E	1092	石英细沙岩	绿色
	16	34.4954482N	110.4754806E	1014	硅质灰岩	比较松散斑晶为绿色长条，较粗，但未玉化

续表 14-2-1

日期	采集点编号	位置		高程	岩性	简单描述
2007.11.4	17	34.4954485N	110.4755536E	1014	含透闪石斑晶的大理岩	绿色和红色斑杂, 绿色颜色较深且较透
	18	34.4954369N	110.4756006E	1005	硅质岩 透闪石化大理岩	绿色与粉红色组成
	19	34.4954370N	110.4756007E		含黄铁矿的斜长角闪岩	滚石, 绿色带闪石斑晶、石英颗粒, 有分层
	20	34.4956058N	110.4803055E		中粗晶大理岩	白色泛浅绿色, 局部含硅质团块
	21	34.4757867N	110.4808141E	894	中粗晶大理岩	透明度较好
	22	34.49968N	110.48159E	959	透闪石化大理岩 细晶石英岩	绿色与红色斑杂
	23	34.4956835N	110.4812701E	946	石英	绿色, 滚石
					黄铜矿	
2007.11.5	24	34.5247116N	110.5623753E	945	硅质灰岩	大理岩化比较微弱
	25	34.52683N	110.56432E	995	含海绿石的泥晶灰岩	灰黑色
					斜长角闪岩	灰黑色
	26	34.5236590N	110.5627759E	1066	磁铁矿	凤凰咀, 铜矿处采集
					黄铜矿	凤凰咀, 铜矿处采集
2007.11.6	27	34.5234092N	110.5625254E	1116	蛇纹石化大理岩 硅质泥晶灰岩	黄绿色和深绿色, 玉化比较好, 表面光洁带滑石, 中心发灰白有麻点、麻线似虫迹
	28	34.5234435N	110.5624537E	1132	大理岩	灰白色, 较纯, 质细
	29	34.5234436N	110.5624538E	1133	蛇纹石化大理岩	黄绿色深绿色浅绿色质细, 表面一层玉化好。地名为靖家山
	30	34.5334174N	110.5624317E	1129	大理岩	灰白色带青色条带和团块
	31	34.5223675N	110.5634426E	1100	片岩	灰白色, 含钙质, 与多孔石刀石料相似
	32	34.5222080N	110.5638811E	1119	片岩与灰岩过渡	灰白色钙质板岩与灰岩的过渡带, 钙质含量高
	33	34.5234623N	110.5707445E	1097	竹叶状灰岩	
	34	34.52220N	110.57587E	1111	微晶灰岩	灰岩带少量白云质
	35	34.5251049N	110.5740507E	1069	辉绿岩	
					蛇纹岩	含绿色蛇纹石, 蛇纹石化微弱
	36	34.5251989N	110.5741878E	1065	辉绿岩	
					水晶	质地不佳, 滚石
	37	34.5254890N	110.4739594E	1068	辉绿岩	
	38	34.5256415N	110.5739087E	1057	蛇纹岩	黄绿色, 质细, 但未玉化, 与含铁的岩脉共存
	39	34.5257810N	110.5743782E	1072	大理岩	白色, 结晶程度较好
	40	34.5257811N	110.5743783E		含闪石斑晶的大理岩	

续表 14-2-1

日期	采集点编号	位置		高程	岩性	简单描述
2007.11.6	41	34.524291N	110.46408E	408	蛇纹石化大理岩	表面一层较好为浅绿色,中心为白色布满深绿色小斑点,夹杂灰白色大理岩
	42	34.51N	110.46810E		透闪石化大理岩	
					石英	
					大理岩	
					透闪石化大理岩	闪石斑晶呈绿色
					斜长角闪岩	滚石
2007.11.7	43	34.45965N	110.3710412E	858	大理岩	水幽村。属奥陶纪,灰色、白色大理岩,质细,较硬,有部分蛇纹石化
	44	34.4637188N	110.3646159E	926	蛇纹石化大理岩	黄绿色、深绿色,但玉化不好。属奥陶纪或寒武纪
	45	34.4640919N	110.3643570E	1007	大理岩	灰色、白色条带分布,部分蛇纹石化,质细,较透明。属奥陶纪或寒武纪
	46	34.4635822N	110.3643160E	1033	竹叶状灰岩	
					纹层状灰岩	
	47	34.4637757N	110.3641348E	1054	大理岩	白色
	48	34.4638757N	110.3636603E	1101	大理岩	灰色
	49	34.4635481N	110.3637071E	1031	大理岩	
	50	34.4635482N	110.3637072E		闪长斑岩	

三 采集标本切片的显微观察

野外调查结束后,我们将采集的岩石标本运到中国地质大学(北京),在室内对 65 件标本进行了切片、显微观察[1],并且对所有标本的岩性、结构及少量标本的颜色、矿物含量等情况作了详细记录。

1. S1 含黄铁矿的斜长角闪岩

角闪石,淡褐色—绿色多色性,斜柱状,定向排列,含量 15%;斜长石 80%;少量石英,2%;黄铁矿 3%。

2. S2 斜长角闪岩

角闪石 30%,长石 65%,少量黑云母、石英。

3. S3 含黄铁矿的斜长角闪岩

角闪石定向排列,60%;长石 30%;黄铁矿 2%;石英 5%;少量黑云母。

4. S4a 砂质微晶灰岩

---

[1] 切片显微观察与鉴定是在中国地质大学(北京)蔡克勤教授帮助下完成的,在此表示感谢!

纹层构造，含砂质。

5. S4b 细晶灰岩

含有假鲕粒，鲕粒直径 1~3 毫米，有些是复鲕，以泥晶灰岩碎屑为核心发育而成，鲕粒已重结晶为放射状、菊花状方解石。

6. S5a 生物碎屑微晶灰岩

具韵律性纹层构造，底部为生物碎屑泥晶灰岩，向上为泥晶灰岩或微晶灰岩。

生物碎屑为腕足类介壳。

7. S5b 鲕粒灰岩—微晶灰质白云岩

薄片上部为鲕径 0.7~1.2 毫米的鲕粒，含有腕足类介壳碎屑，向上白云石化形成交代白云岩，其中残留有少量鲕粒或含泥质的黄褐色自形方解石残余。

8. S6a 碎屑灰岩

碎屑粒径 0.5~2 毫米。内碎屑有：鲕粒，棘皮类生物屑 70%；亮晶方解石胶结，30%；见有少量海绿石。

9. S6b 同 S6a

中间夹有一层泥晶灰岩，含细薄腕足类介壳碎片。

12. S12 碎屑灰岩

内碎屑为泥晶灰质砾，为微晶方解石胶结，岩石发育缝合线。

13. S13 硅质页岩

微晶石英组成，含少量绢云母片，局部含褐铁矿而染成褐黄色。

15. S15 石英细沙岩（石英岩状细沙岩）

石英砂，圆—次圆状，分选好，粒径 0.1~0.5 毫米为主，次生加大明显，颗粒间为缝合线状交互嵌生。少量绢云母。

16. S16 硅质灰岩

硅质团块由细微晶石英组成。岩石主体为含泥质的细晶灰岩，局部方解石重结晶，成为粒大晶粒。

18. S18a 硅质岩

岩石主体为燧石岩，由微晶石英组成，但局部残留有较多的方解石。

不透明金属矿物（可能为黄铁矿，铁矿物边部出现透闪石，从多色性及光性判断应为阳起石。

19. S18b 透闪石透闪石化大理岩

含少量石英，方解石，黄铁矿（原岩可能为透闪石化大理岩）。

20. S19 黄铁矿—透闪石—石英—斜长石组合

含黄铁矿的斜长角闪岩（变质岩）。

21. S20 中粗晶大理岩

局部含硅质团块。

22. S21 粗晶大理岩

23. S22a 透闪石化大理岩

透闪石 15%。粗晶，它形，柱粒状，其余为中细晶方解石（或白云石）。

24. S22b 细晶石英岩

原岩为石英细沙岩（已变质）。

25. S23 石英脉

不等粒变晶结构，有褐铁矿和蓝铜矿化。

26. S24 硅质灰岩

硅质呈团块状，以微晶石英为主，局部石英结晶粗。硅质含量 60%。

27. S25a 含海绿石的泥晶灰岩

出现海绿石处的灰岩条带重结晶呈垂直层理的纤维方解石，少量黄铁矿。海绿石，绿色胶状。

28. S25b 斜长角闪岩

斜长石为宽板状微斜长石，具环带，发育聚片双晶，卡纳复合双晶，泥化不强，含量 70%。石英 15%。角闪石 8%。磁铁矿 7%。

29. S26a 铁矿石

其间杂有绿泥石。绿泥石叶片状，放射状球粒，分布于针柱状赤铁矿之间。少量方解石。

30. S26b 磁铁矿矿石

磁铁矿自形细晶粒状，其间为方解石。少量石英、绿泥石。

31. S27 硅质泥晶灰岩

硅质呈团块状，分散状的微晶石英。

32. S28 硅质灰岩

灰岩为细晶粒状方解石组成，其中分布有 30% 左右的球状硅质。硅球为纤维状石英构成，球粒粒径 0.25~0.4 毫米，可能为硅藻类生物成因，但未见生物组构。石英不似球粒，而是分布在方解石晶体之间，有平直的外形。

33. S29a 泥晶灰岩

岩石结构与 S28 相似，但基质为泥晶灰岩，其中的"球粒"为亮晶方解石，而未见硅质。有少量黑色金属矿物。

34. S29b 斜长角闪岩

微斜长石，呈板状、宽板状，具环带和长钠复合双晶，占 70%。角闪石，细粒、它形—柱状半自形，含量 20%。岩石中有碳酸盐细脉。边部有碳酸盐栉壳。

35. S30a 硅质灰岩同 S28

36. S30b 硅质灰岩

微晶石英分散状，局部相对集中分布于泥晶灰岩中，但泥晶灰岩局部有细晶方解石。薄片边部有海绿石或孔雀石出现。

37. S31 含石英粉沙的泥岩

具纹层，泥状结构。其中可分辨出含石英粉沙，局部集中呈不规则粉沙条带。

38. S32 泥岩同 S31

39. S34 微晶灰岩

40. S35 辉绿岩

斑状结构，斑晶为斜长石。基质是辉绿结构，板状斜长石呈格架状，其中分布有角闪石细粒。

41. S36 辉绿岩

杏仁构造。杏仁体为微斜长石、石英、角闪石充填，局部杏仁体中央有针状方解石。大部分杏仁体为圆形，部分为规则椭圆状。基质辉绿结构，辉绿间隐结构。偶见微斜长石斑晶。杏仁体径 1~6 毫米。

42. S37 辉绿岩同 S36

43. S38 蛇纹石化大理岩

发育碳酸盐脉。

44. S39 粗巨晶大理岩

少量石英，分布于薄片下部边缘，为硅质条带。

45. S40a 大理岩

不等粒粒状结晶结构，岩石含少量泥质物。

46. S40b 蛇纹石化大理岩

薄片下部有蛇纹石出现，呈 2~3 毫米的半自形粒状，并碎裂为针状集合体。岩石主体为细晶粒状方解石组成。

47. S41a 蛇纹石化大理岩

微晶粒状为主，中高突起。岩石中有少量微晶石英。

48. S41b 黑云母斜长角闪岩

角闪岩定向排列，部分斜长石板状也定向排列，显示岩石塑性流动。黑云母交代角闪石。长石泥化强烈。石英。

49. S41c 透闪石化大理岩

含有少量石英，透闪石呈纤维化，针柱状，无色—淡蓝绿色，多色性。

50. S42a 斜长角闪岩

有少量方解石，斜长石泥化。

51. S42b 透闪石化大理岩

含少量石英。

52. S43a 大理岩

细粒状结晶结构，方解石组成。

53. S43b 大理岩同 43a

54. S44 蛇纹石化大理岩

薄片上部边缘有石英团块。

55. S45a 大理岩

具纹层，不同纹层为微晶方解石与细晶方解石条带构成。薄片下部边缘为硅质条带，宽 3~4 毫米。

56. S45b 大理岩

57. S46 竹叶状灰岩

局部方解石重结晶。

58. S47 大理岩

59. S48 大理岩

60. S49 大理岩

61. S50 闪长斑岩

斑状结构，斑晶主要为微斜长石，宽板状，具环带，发育卡钠复合双晶，粒径 2~5 毫米，含量 15%。角闪石，柱状、粒状，半自形，粒径 0.2~1 毫米，含量 5%。黑云母交代角闪石。铁矿物 2%。榍石少量。基质为细晶粒状长石、石英组成。

62. S51a 大理岩

63. S51b 大理岩

64. S51c 大理岩

65. S51d 大理岩

第三节　清凉寺墓地玉石料的分选性与来源研究

一　玉石料的分选性分析

根据考察和鉴定结果得知清凉寺墓地玉石料的主要种类是不同质地的岩石，只有极少数闪石玉，不同质地的岩石分别制作不同的器物，根据对器物质地的考察，可以对当时玉石料使用中的分选性做出概括性总结。

从闪石玉料利用情况看，第二期仅有一件残断的玉璜，与石钺、单孔石器等本期常见器物一起出土，可能只是联璜环类器物的其中一部分，或许是墓主人从其他地方得到的特殊礼品，而不是本地制作的器物。第三期则有 21 件，综合所有发现的器物，种类有环、异型联璜环、璧、联璜璧、牙璧、璜、琮、梳形器、管状饰、单孔钺等，如果说璧、琮和钺等器物是礼器，是墓主人生前权威、地位的象征，那么更多的器物则是日常生活、重大活动时佩戴的装饰品，显示拥有者的富有和身份，这是墓地的全盛时期，一部分墓主人生前已经有了较稳定的玉石料来源，但这种精美的宝石仍旧比较珍贵，不仅发现数量少，而且局限于少数的种类，是当时墓主人生活奢华腐化的集中体现。第四期仅发现有 2 件闪石玉料，全部是装饰品，其中只有一件环的质地较好，另外一件是联璜璧的一部分，三段中有两段为质量并不太好的闪石玉，与其配伍的另外一段是蛇纹石化大理岩，可见当时的墓主人地位、财富均与第三期有了较大的差距，只是保留了从第三期以来的理念，但却没有了以前的财力，而且当时的玉石料也可能十分稀缺，也许其来源渠道受到了某种因素的影响，变得不太通畅。

除闪石玉外，绝大部分璧、环、镯类的质料为大理岩、蛇纹石化大理岩、蛇纹石岩等种类的岩石，从第二期到第四期尽管墓主人的身份、所属的人群组织可能发生过变化，但制作这类器物的传统并没有改变，而且器物的形制也十分相似，显示出一以贯之的传统风格。原因应该是由于这些岩石具备了结晶程度比较高、质地细腻、颜色艳丽的特色，同时硬度较低，易于加工，成为工匠们钟爱的石料，同时也说明从早到晚用的是同一个地方的岩石，无论使用者是谁，当地的岩石种类只能提供这些质地的原料。

钺、刀类器物主要见于第二期，绝大部分使用石灰岩和白云岩等碳酸盐类岩石，也有一部分用大理岩、蛇纹石岩、矽卡岩（伊利石＋方柱石）或蛇纹石化大理岩制成，但多孔刀多用泥页岩制作。这些岩石的一个共同特点是平面延展性好，适合制作扁平的器物。第三期除墓葬填土中出土的钺、刀类器物与第二期的同类器物高度一致、显示出同一个时代的特色，本期只有极少数靠近西部的墓内发现有这两类器物，而且还有个别器物用闪石玉制成，其余少数器物分别用钠长石岩（钠长石）、白云岩或大理岩制成，这几个墓葬都是本期年代较早的代表，进入兴盛时期以后，已经基本不见了这些器类。

单孔石器和双孔石器仅见于第二期，是作为钺的配伍器物存在的，除了发现于第三期墓葬填土中、已经不知下葬时具体位置者外，其他器物一般均与钺一起出土，钻孔的数量和位置也取决于和其搭配的钺的钻孔情况，但无论是几孔的器物，因为本身只是一种装饰，实用性不强，其质地全部用泥页岩或片岩制作而成。这种岩石硬度较低，易于加工，颇适合制作这种具有象征性的礼器类器物。由于埋葬条件方面的原因，联结钺与单孔、双孔石器的木质柄已经腐烂，无法复原二者的结合方式，但器物边缘磨薄的迹象却十分明显，应该是镶嵌进木柄体内，个别器物表面留有红色痕迹，说明当时下葬时还用红色彩绳将器体与木柄及钺绑缚在一起。

管状器和动物头状的饰品类器物只见于第三期，除少数用闪石玉之外，其余器物均用伊利石（水白云母）或黏土岩制成。另外，由于伊利石（水白云母）具有美观大方、质地细腻的特点，还有少数环或镯类器物也用这种岩石。

石刀、单孔器等石器孔内壁或表面涂暗红色，发掘者曾经取粉末经红外测试，确认其矿物成分为纤铁矿。纤铁矿主要是含铁矿物遭受氧化和分解而成的次生矿物。这些带孔的器物上留下此类纷末，说明当时都是作为彩绳的染色原料，这种矿物已经被当地人普遍使用了。

除上述主要的岩石类型外，第二期时，还有一些器物用砂岩、硅质岩、绿片岩制成，第三期也有玉髓、钠长石岩、滑石、辉绿岩等类型岩石的器物，虽然只是个别现象，但却表明当地工匠不断寻找着不同的可用材料，并且尝试着制作不同用途的器物。

二　玉石料的来源分析

根据中华人民共和国地质矿产部地质专报——区域地质第 18 号《山西省区域地质志》和中华人民共和国陌南、解州、芮城 1∶5 万地质图[1]提供的有关资料，结合当地地质部门对周围相关岩石出露情况的介绍和我们对中条山部分区域的实地调查情况，下面对清凉寺墓地出土玉石器原料的来源进行分析。

大理岩：在清凉寺墓地周围的中条山区有一些分布。在我们调查过的陌南、解州、芮城县城

---

[1] 山西省地质矿产局：《山西省区域地质志》，地质出版社，1989 年；山西省地质矿产局二一三地质队测制：《中华人民共和国 1∶5 万地质图 I 49E　008012（陌南）》、《中华人民共和国 1∶5 万地质图 I 49E　007012（解州）》、《中华人民共和国 1∶5 万地质图 I 49E　008011（芮城）》，1994 年。

北接近中条山的区域都发现出露有大理岩、蛇纹石化大理岩和透闪石化大理岩。其中，中太古界洞沟组大理岩主要分布于盐池以南的中条山分水岭两侧。在陌南幅太古宙则出露透闪石化大理岩、硅质大理岩；解州幅涑水期Ⅰ幕涑水表壳岩组合有蛇纹石化大理岩，中条期Ⅰ幕有土地庙大理岩。在实地调查时，我们在17、18、20、21号地点均观察到上述岩石，并进行了采样分析。

片岩：包括钙质片岩、绿片岩和云母、硅质片岩。在陌南镇下元古界出露钙质片岩；解州幅涑水期Ⅰ幕涑水表壳岩组合有钙质片岩，中条期Ⅰ幕有钙质片岩、黑云片岩，Ⅱ幕有绿片岩相。另外，芮城县幅涑水岩群有黑云片岩。实地调查时，我们在31号地点发现有出露。

辉绿岩：陌南晋宁期辉绿岩脉侵入；解州幅涑水期Ⅱ幕有辉长岩脉和辉绿岩脉侵入。芮城县幅涑水群有辉长—辉绿岩。

石灰岩：在清凉寺墓地附近的下古生界寒武系馒头组有泥晶—粉晶灰岩、竹叶状灰岩，张夏组有鲕状灰岩夹竹叶状灰岩；奥陶系的马家沟组有细晶灰岩夹白云质灰岩。

白云岩：在属于长城系汝阳群的洛峪口组有细晶白云岩，属于蓟县系的洛南群龙家圈组有含燧石条带的白云岩、泥晶—粉晶白云岩。属于下古生界寒武系的朱砂洞组有含燧石结核白云岩、细晶白云岩，三山子组有细晶白云岩及薄层泥晶白云岩。

泥页岩：在汝阳群白草坪组有紫红色泥岩，北大尖组有泥岩。属于下古生界寒武系的辛集组有含磷泥岩，关口组有泥岩，馒头组有页岩；奥陶系的马家沟组有页岩。

砂岩：在汝阳群白草坪组有砂岩及石英岩状砂岩，北大尖组有石英岩状砂岩、白云质砂岩，崔庄组有粉沙岩。属于下古生界寒武系的辛集组有石英岩状砂岩及石英砂岩；关口组有石英杂砂岩、粉沙岩。

硅质岩（燧石岩）：这类岩石主要出露在清凉寺附近的蓟县系洛南群龙家圈组，呈燧石条带夹于白云岩中。

高岭土岩：这类岩石的层位在石炭系本溪组铝土矿层顶部，太原组中部和下部煤层顶部。

蒙脱石黏土岩：这类岩石主要分布在浑源县的侏罗系后城组、张家口组。

水白云母（伊利石）黏土岩：主要分布于长城系、寒武系、石炭系、二叠系的页岩中。

通过肉眼观察、微量元素、氧同位素及年代测试的结果分析，清凉寺发现的闪石玉体现了多来源的特点。其中清凉寺墓地M153：02的同位素年龄值为$268 \pm 3Ma$，地质年代属于海西期；M91：01的同位素年龄值为$364 \pm 4Ma$。结合以往我们对各地闪石玉同位素年龄值的测试数据分析，这两件玉料的同位素年龄值与西北地区玉料的同位素年龄值比较接近。在中条山区的野外调查中，几个地点均未发现闪石玉在本地出露，如此来看，至少可以说，清凉寺墓地发现的上述两件闪石玉料不会出自山西省境内。

清凉寺第二期玉石器所用玉石料多为大理岩、蛇纹岩、蛇纹石化大理岩等，这些岩石在地质部门对中条山区的调查中均有发现，我们实地勘察时也采集到了部分标本，说明这些器物是用本地的玉石料制作而成的。由此可见，清凉寺古代先民首先接受的是东部、东南地区的用玉传统理念，开始模仿其他地方流传已久的器物造型，并且把学习到的新工艺用来加工当地的岩石，从而开始了中原地区最早的玉石器制造业。这一时期仅发现一件闪石玉制成的玉璜，而且还有可能是属于环类器物一部分，或许是作为质地优良的礼品或赠品从其他地方得到的，当地可能还没有开始加工闪石玉。到了第三期，闪石玉料迅速增加，可能是在这一时期，当地已经把用玉的观念传入了西北地区，然后又引进了西北地区的闪石玉料，那里丰富的玉石料成为中原新的材料来源，但是，器物形制的本地特色说明仍旧是本地制作，由此也合理地解释了清凉寺所测的两件标本与西北地区玉料同位素年龄值属于同一时期的原因。

由以上分析得出，清凉寺墓地的玉石料除闪石玉、绿松石之外，其他大部分的玉石料都来自中条山区，而且集中于清凉寺墓地的周围，这样既方便于采集，也有利于集中加工。

第四节　玉石器材质与文化交流

清凉寺墓地出土的玉石器，从形制和种类看，与周边同时期的考古学文化存在着诸多联系，彼此既有许多文化上的共同点，也有一些区别，显示出与不同区域文化之间复杂的文化交流和互动。从玉石器的材质来看，有的地方有助于说明当时的文化汇聚或传播趋势，但也有一些地方表现出与文化交流不同步的迹象，需要进行具体的分析。

清凉寺出土玉石器与良渚文化之间的关系比较密切，长江下游地区的居民也是最早与清凉寺墓地的墓主人发生联系的族群之一，两地的璧、环、琮等器类有很多类似的特征，其中的玉石璧是本地最早接受的一种器类，但器体的形制有较大区别，清凉寺玉石器多内缘厚、外圈薄，而良渚玉石器基本均厚。更大的区别是两地材质不同，良渚文化的玉璧大都为闪石玉，受沁严重；而清凉寺发现的璧类器物大部分用大理岩或蛇纹石化大理岩制作，即使第三期本地已经得到闪石玉料，但仍有相当一部分器物还是用当地的岩石。玉琮是良渚文化最具有代表性的器物，在墓地第三期才出现了这种器类，其外表的凹槽可能是仿良渚文化玉琮中间的直槽有意刻上的，但已经失去原来繁密的刻划图案，也没有了原来的寓意和风格，只是一种大致相似的仿制。尤其是玉器的色泽与良渚文化相去甚远，与西北地区的玉料则比较接近，绝对不可能是从良渚输入的器物。

清凉寺墓地第二期常见的多孔石刀与淮河流域的薛家岗文化有一定联系，目前，史前时期大量出土多孔石器的地点集中在江淮地区的薛家岗，另外北阴阳营也有部分出土，但清凉寺墓地出土的多孔石刀无论是质地，还是形制，与江淮地区的差别十分明显，尤其是大型的器物，由于泥页岩等岩石的石质比较酥脆、层理结构不太紧密，很难保持规整、棱角分明的形制，所以，这里的刀具便呈现出器体浑圆、弧形转角、钻孔大小不一等特点，显然这种器物的引进也只是一种大致外形的模仿，而不是整器的输入或原形的照搬，但却客观上具有了自己本地造型自然、多样的特色。

清凉寺墓地第三期的 M87 发现了两个动物头状的装饰品，其造型与湖北天门市石家河肖家屋脊遗址 6 号瓮棺出土的 W6：53 玉虎头比较相似。清凉寺出土的几件管状饰品，形制也与肖家屋脊出土的玉管状器比较近似；另外，动物头状饰品与石峁龙山文化的玉虎头近似，只是材质有区别。肖家屋脊和石峁龙山文化发现的虎头都用闪石玉料，但清凉寺发现的动物头状饰品和管状饰物却大部分用水白云母（伊利石）黏土岩制作，水白云母（伊利石）黏土岩主要分布于山西境内，属于长城系、寒武系、石炭系、二叠系的页岩中。当时，也应该是见到并引进了这种风格的器物之后，用尽量与其接近的当地岩石仿制出来的。由此来看，这一时期，清凉寺一带已经与长江中游地区发生了比较密切的交流，并且喜欢当地最有特色的器物，而且，将这种风格传递到了与之相邻的西北地区。但与陕西石峁一带的居民不同，清凉寺一带即使已经从西北地区输入闪石玉料，但由于属于比较稀缺的珍品，如果制作时能在当地找到替代的材料，还会用本地的岩石。

红山文化的一些玉石器风格可能经过中间的黄河下游中转以后也传入清凉寺一带，清凉寺发现的玉梳形器（M146∶7），与红山文化的勾云形佩的整体造型比较相似，或许是受红山文化此类器形影响的结果。这件梳形器的玉质虽然是白色的闪石玉，但玉质较粗，与红山文化黄绿色的玉料有比较明显的差别，因此从东北辗转传到中原的可能性不大。与此相似的现象在牙璧上也有体现，清凉寺墓地虽然有几件残牙璧，但能够看到全貌的只有 M100 发现的器物，这也是本墓地唯一的一件完整牙璧，其造型与辽东地区、海岱地区发现的同类器形态比较近似，但辽东地区有二牙璧、三牙璧，海岱地区大汶口文化晚期至龙山文化先后发现的十几件牙璧全部为三个牙，而清凉寺则为四牙璧。其玉料为闪石玉，但颜色偏绿，与东北地区岫岩玉中绿色的玉石器色泽风格不太一致。

黄河下游对中原地区的影响是十分明显的，其中清凉寺墓地玉石器的出现就是这种影响的结果之一，无论是东北地区的风格还是长江下游的特点，都可能是通过这一区域的转型发展之后，才溯河而上到达内陆地区，然而，这种长途跋涉的方式却决定了只能是一种理念的传播，而不会实物传输，清凉寺材质的本地化就反映了这样的过程。

联璜环和联璜璧在齐家文化中早就有发现，但是年代偏晚。在清凉寺墓地第二期到第四期都有发现的此两类玉石器，不仅形制与西北地区的齐家文化同类器类类似，制作工艺也非常相似，二者之间的传承关系比较明显。重要的是从质地来说，齐家文化大多为闪石玉，而清凉寺除闪石玉外，大多为大理岩或蛇纹石岩及蛇纹石化大理岩。玉料的差异，可能是由于时间的差别，但更重要的是山西地区缺乏闪石玉料。然而，在墓地第三期时，西北地区的玉料传到中原地区，于是，闪石玉料的璧、环类玉器有所增加，其中包括联璜环和联璜璧。这种多片连缀的方式是中原到西北地区的一个特色，虽然可能有其他方面的原因，但最早在清凉寺墓地出现时，不能排除原料的稀缺这个现实，我们曾经发现有用一件整体的半圆形材料中间剖开，然后拼接成一件联璜璧的实例。当然，在发展过程中逐渐成为一个风格的体现，但那是后来的事情了。

清凉寺出土的玉石器与陶寺文化中发现的同类器物有许多相似之处，只有个别器类区别较大，但远没有陶寺的器物精美，而且存在着太多的当地普通岩石。或许在清凉寺玉石器引进这种理念之后，迅速将这一制作工艺传播到临汾盆地，由于政治和经济方面的强盛而成就了陶寺发达的玉石器工业。另外一个有趣的现象是清凉寺只存在于第二期的钺类器物在陶寺却一直保持着，显示出两种不同的社会需求。

以清凉寺墓地为代表的中原地区玉石器的兴起，显然接受了东部地区用玉石观念的重要影响。玉石器制作的不同阶段汇集了周边许多文化因素，其主线可能有以下两条：一是海岱地区的玉石器传统（包括东北地区与海岱地区），二是长江中下游地区的玉石器传统通过淮河的不同河道传入。这两种或者还有更多种的传统在晋西南的汇聚过程中，当地居民逐渐接受了用玉的传统与观念，认同玉器这种高等级奢侈品的消费观念，用本地玉石料，进行模仿，也在吸纳、融合的同时不断进行改造和文化创新，形成新的器物组合、新的用玉风格。然后再把这种观念传入西北等地，这里面既有观念的引入，可能也有实物的输入，但以前者为主，后者仅局限在个别馈赠的器物上。清凉寺墓地所处的地理位置比较特殊，是周边文化交汇地带，不同的文化交流是玉石器的发达原因之一。清凉寺墓地出土玉石器与东、东南、南部地区玉石器风格的相似和质地的差异，与西北地区比较统一的器物风格及部分相似的质地，反映着理念上的东向西传和材质上的西向东传的史实，而清凉寺一带在这两个发展趋势中都起到十分重要的媒介作用。

第五节　玉石器质地的特色

根据对清凉寺墓地所用玉石料的鉴定与研究，初步形成如下认识：

一、清凉寺墓地选用的石料有的来自于当地，有的来自几千米外的山上，也有的来自十几千米处甚至更远一些的地方。这些石料的开采、搬运、设计、制作，既需要集体的劳动，也需要专门人才的知识与技术。先民们在对石料的选择、开采与利用已达到较高的水平。利用简陋的石质工具在山上开采出大块的岩石，制成各种器形，表明他们开采石材及利用石材的技术与能力均达到了一个空前的高度。

二、中条山周围一带有着丰富的石材资源，种类包括大理岩、蛇纹石岩、蛇纹石化大理岩、透闪石化大理岩、泥页岩、黏土岩、石灰岩、白云岩、伊利石（水白云母）、石英砂岩、硅质岩、绿片岩、硅质片岩、钙质片岩、石英岩、辉绿岩、绿松石等。这些岩石在结构、构造、硬度、韧性、颜色等方面各不相同，因而表现各不相同的特点：如石灰岩、白云岩、页岩、片岩、砂岩层理比较发育，容易形成板状石材；大理岩结构细腻、美观，为装饰品的常见岩性；蛇纹岩和蛇纹石化大理岩细腻，颜色多样。闪石玉料资源在山西地区比较缺乏，通过对比分析，来自于西北地区的可能性比较大。清凉寺古代先民根据不同的用途，分别选择具有不同性能的玉石料用来加工玉石器，显示了较高的认识水平与加工能力。

三、玉料上反映着等级差别，闪石玉集中于第三期。联系到墓葬的规模、殉人和随葬器物方面的差别，反映出墓地第二期已经开始存在明显的阶层分化，而第三期时更出现明确的阶级对立，出现了既有权势又占有财富的贵族阶层。

四、从玉石器的制作技术明显可以看出，这个时期清凉寺先民中已出现了一些技术高超的手工业者，他们有别于农人及狩猎者。

五、遗址所处的特殊地理位置是玉石器特别发达的原因之一。这里玉石器的兴起，显然接受了东部地区的用玉石观念，并且一直保持着紧密的联系。清凉寺逐渐接受外来的用玉传统，认同玉器这种高等级奢侈品的消费观念，用本地的玉石料制作玉石器，不仅模仿其他地方的传统器物，吸纳、融合的同时，也在不断进行改造和文化创新，形成新的器物组合、新的用玉风格，然后再把这种观念传入西北等其他地区。晋西南地区的清凉寺一带，在玉石器制作水平有了较快提高后，迅速传播到临汾盆地，成就了陶寺玉石器的风格。或许在同一时期，这个传统也传播到陕北和西北地区，促成了内陆地区玉石器的发达和兴盛。

六、铁矿颜料的使用说明清凉寺古代先民有了一定的宗教意识和审美意义。石刀、石钺等石器上都有暗红色的颜料，这种颜色恰恰是血液的颜色，以红色作为血液的象征，一方面表达了活人对死人的留恋；另一方面也说明，让死人与活人一样在另外一个世界生活。这种观念由来已久，早在 18000 年以前的山顶洞人时期就已经形成。在死者的尸骸上发现撒有赤铁矿粉，这些赤铁矿碎块最大的有 20 厘米，在不同地点发现的碎块能相互对接，并能看出人工打制的痕迹。另外，在遗址中还发现有一件扁圆形的石灰岩，其表面也有红色的痕迹。清凉寺墓地的墓主人可能与山顶洞人有类似的认识。赤铁矿粉，红色，已经不再单纯是它本身，还在想象中被赋予了生命的意识，"被赋予了人类（社会）所独有的符号象征的观念含义"（李泽厚《美的历程》第 4 页，文物出版社，1981 年），也就有了审美的意义。

对清凉寺玉石器材质的检测和研究只是一个开始，目前提出的看法也还不太全面，今后还需要对更多具有代表性的材料进行不同方式的检测和分析，这样才能对这个问题得出更科学的认识。

第十五章　墓主人职业推测*

　　墓葬是社会制度的缩影，墓主人生前生产、生活和思想意识都会在一定程度上反映到墓葬中。清凉寺史前墓地记录了本地区社会制度变迁与进步的轨迹，其中不同类型墓葬的情况具有很大的差别，导致这些差别的原因主要是下葬时间的不同，但是，不能忽视的一个重要因素是墓主人生前从事职业之间的区别。如果说第一期墓葬因为数量太少、形制简单、葬式单调、缺乏随葬品等种种原因，给我们研究墓主人生前从事职业提供的素材太少，那么，从第二期墓葬代表的时代开始，墓葬的各种迹象已经比较齐全，尤其突出的特点是第二期发现了中原地区年代最早的玉石礼器，并且出现了一些极端的不平等现象，严重的贫富分化昭然若揭。而第三期在继续随葬精美玉石器的同时，普遍拥有了殉人。这不是本地传统的自然延续，无论享有那些制作精良的玉器，还是拥有人数不等的殉人，复杂的葬仪都非同寻常，墓主人生前应该有显赫的地位，本期墓葬的墓主人远非普通的聚落居民。

　　寺里—坡头遗址区内遗存最丰富、分布面积最大的是仰韶时期的庙底沟文化，清凉寺墓地埋葬的却并不是遗址最兴盛时期的死者；属于庙底沟二期文化到龙山时期的遗址虽然有较密集的大型窖穴，但整体面积偏小，似乎居住的也就是普通规模的村落居民。墓地的情况与其所属的遗址存在着较大反差，出现这种情况不仅与这里特殊的地理位置有关，而且和下葬时的时代背景不无关系。根据文献资料的分析，与清凉寺墓地仅隔一座中条山的运城盐湖的最早开发时间应该在史前时期，大致与清凉寺墓地第二期相当。随之产生了食盐外销的职业，墓地第二期的部分居民可能从事着这方面的业务，而第三期的墓主人则有可能是食盐销售的管理者。这可能就是产生墓地特殊现象的根源所在。他们生前因地制宜，从事着不同于其他地方同时期居民的特殊职业，并且在墓葬中充分地表现出来。

　　运城盐湖与清凉寺史前墓地二者之间的联系并没有直接证据，本章中，我们将通过对运城盐湖的形成机制、埋藏深度、开发模式、外销情况及相关的问题进行简单研讨；然后对墓地所在区域与盐湖之间的通道、黄河渡口及墓地中存在的一些特殊现象进行分析，最后对各个时期墓主人生前从事职业做出推测，从而基本认定墓地第二到第四期埋葬的死者，与盐湖产食盐向南方的销售确实存在着密切的联系。

---

*　本章执笔：山西省考古研究所薛新明。

第一节　运城盐湖的基本情况

我们知道，人类自身素质的维持和提高有许多重要的条件和因素，除了生理方面的进化之外，还与生存的环境有关，包括特定条件下才能生成的自然资源。食盐就是其中不可或缺的生活必需品，它可以维持人类胃液中的酸碱平衡、调节血液中的含碱度，对维持心脏的跳动和肌肉的感应能力也具有重要作用。早期的人类只是从不同的食物中摄取盐分，并不知道用自然食盐补充身体所需，影响了体质的发育，制约着早期人类的生存和智力的发展。这种现象持续了相当长的时间，应该说，人类绝大部分时间内是在这种条件下生存和发展的。真正开发出自然界的食盐并被人类食用，只有数千年的历史。

目前的资料显示，食盐矿源存在的地域与人类聚居的位置并不相适应，绝大部分适合人类生存、发展的地区不一定存在食盐，而存在食盐矿源的地方又不一定适合人类生存。人类认识食盐对人体的益处不仅需要一定的机遇，而且需要借助于智力、经验的充分积累，而真正能够采集、收集供日常食用，还必须具备与之相适应的生产力水平。从最初感知食盐对人体的好处，然后在自然界发现存储量较大的矿源，最后学会生产食盐并广泛开发，这是一件十分了不起的大事。在史前时期，人们还没有发现井盐、矿盐、海盐等不同类型的资源，也没有掌握必要的技能，人类认识并大量开采利用这些资源是历史时期的事。

一　运城盐湖的形成与变迁

在人类聚居的地域存在自然生成池盐的地方并不多，但运城盐池却是在人类聚居区的少数盐湖之一，而且较早被人类发现。相对于其他种类食盐的开采方式，池盐的开发要简单一些。由于盐池是一个封闭型的内陆湖，整体表露于地面，只要阳光和风力适宜，含有盐分的卤水会不断蒸发，随着时间的推移，湖面就会自然生成盐粒，无须人力再加工就可食用，被称为"天日晒盐"。因为结晶成盐完全依靠自然力，史前人类比较容易发现这种现象，也容易了解食盐对提高人的素质所具有的好处。这种自然的恩赐使运城盐湖在中国所有的产盐区中最早被人类认识，甚至在世界产盐历史上都是最早的区域之一。尽管池盐的收集对技能的要求低、难度小，但生产和广泛开发仍然不是一件容易的事情，因此，最早被发现并成功开发的盐业资源显得弥足珍贵。

运城盆地是山西地堑西南端的一个断陷地域，西隔黄河与渭河盆地相望，北部为峨嵋台断块台地，东侧和南侧为中条山地，整体是一个接近三角形的平原，总面积约600平方千米。断裂深陷的湖泊——盐湖位于盆地最南端，在中条山北侧的山脚下，是目前晋西南地区地势最低的区域，海拔约320米，比邻近的黄河枯水面还低20多米，以此为中心，形成了山西省内唯一的内陆水系。

文献对运城盐池的记载很多，在不同的时期还有不同的称谓，除名为"盐池"外，最早时被称为"盬"、"盐贩之泽"，后来又叫"两池"、"解池"、"河东盐池"，由于湖水呈银白色，还有"银湖"之称。盐湖所产的盐以形状、味道或产区的地名等原因，历史上曾名之为"苦盐"、"颗盐"、"大盐"、"解盐"、"河东盐"、"潞盐"等。

一般情况下，盐湖多形成于干旱（沙漠）或半干旱（干草原）的气候环境中，然而，运城盐湖所在地却不仅年降水量较大，而且年蒸发量较小。这里是运城古湖的残余，在特殊的地质构造、气候条件下形成，这在世界上也是一种奇迹。地质资料表明，因为区域构造运动强烈，北面的峨嵋岭、南面的中条山地及其间的运城盆地早在上新世初期就已经形成。上新世中、晚期，构造运动较和缓，盆地内部湖泊已经开始咸化。早更新世早期，中条山的山前断层再次强烈活动，将上新世形成的台地连同中条山一起抬高，运城盆地则下陷形成河湖，这是地质上的"运城古湖"时期。当时，湖水占据的面积很大，而且北部与侯马古湖连成一个完整的水体。盐湖的范围随着时代的变迁也在不断变化，在中更新世早期时，湖泊发生萎缩，而中更新世中期，湖泊面积又发生扩张，到中更新世的晚期，由于峨嵋岭的强烈抬升，运城古湖与侯马古湖分开，才彻底退出汾河流域。在以后几次大的地质变迁中，中条山系主体不断隆起，其北侧最早于中生代燕山构造运动中形成的断层则不断断裂下陷，逐渐形成了一个海拔高度极低的盆地，最低处沿山脚分布。这期间，受地形的限制，地表水明显减少，湖泊迅速缩小，盆地内部接受了较多的沉积，堆积了巨厚的河湖相地层，而且湖水的含盐度日益增加，其中有一段时期，湖水的含盐量上升很快。晚更新世时期，峨嵋岭南侧的鸣条岗也开始抬升，峨嵋岭与鸣条岗之间的涑水河向西偏移，不能直接注入盐湖，中条山前的现代湖泊区湖水沉积淤滞，沉积了灰绿色为主、具水层理的粉沙黏土层，咸卤的湖水积淀为含盐的沉积层，其中含有丰富的盐类矿物。全新世时期的环境与晚更新世相近，曾经规模较大的"运城古湖"面积进一步缩小，局限于中条山山前构造下沉最强烈、地势最低洼的次一级断层带内，湖泊的周边区域长期水流内泄，山脚下成为今天盐湖的主体[1]。

由于中条山山前地带下沉十分强烈，而北部的峨嵋岭则相对抬升，湖内沉积层的底界由北向南倾斜，北部一般埋深400米左右，碎屑沉积物仅限于南部的中条山地，深达1000米以上。在涑水河退出盐湖所在地之后，中条山地北坡由南向北流的沟谷就成了盐湖区域内地表水沉积物补给的主要来源，这里的沟谷非常发育，但山坡较狭窄、陡峭，冲沟流程短、坡度大，汇水面积小，水源减少不仅限制了盐分的来源，而且碎屑物的沉积补偿不了构造下沉的凹陷速度，沉积作用与构造下沉作用严重不平衡，使山前断陷带越来越深，运城盐湖洼地也日益内凹，致使地面积水不能外流，成为一个封闭的汇水盆地，有利于湖水浓缩、盐类矿物的沉积，这是运城盐湖发育的重要条件。

气候的干湿变化是影响湖水盐度的主要因素，因为在盐湖的形成过程中，当地气候经历了干燥、湿润的往复变化，湖泊的面积也随之发生过增减，致使不同年代形成的沉积层含盐量不同，含盐矿体的埋藏深度也不同。据物探、钻孔资料，盐湖内第四纪有三个沉积中心，分别位于今天的虞乡、解州和盐湖东部，它们均在中条山山前地带，厚度在1200米以上。最深的部分矿体形成于晚更新世早期，位于盐湖东段的界村附近，埋深70~120米。中间深度的矿体形成于晚更新世晚期，分布在大、小李村一带，埋深20~39米。最浅的部分矿体形成于全新世，分布在盐湖的西端，埋深0.5~10米。三个矿体均呈东西方向、长条状分布在盐湖区的洼地内，总体从东向西由深逐渐变浅。地下水也是影响含盐度的因素之一，受岩石走向的影响，盆地内地下水的径流方向为由北向南，沉积物的粒度也从北向南明显变细，在这些沉积物阻滞下，地下水径流变缓，水中的盐分则逐渐

---

[1] 王乃梁、杨景春、夏正楷等：《山西地堑系新生代沉积与构造地貌》第五章《运城盆地晚新生代沉积与环境演化》，科学出版社，1996年。

增多，至湖中心部位，盐的含量达到最高值。在盐湖深厚的沉积层内，主要成分除食盐外，还蕴藏着丰富的其他自然资源，其中有芒硝、硫酸镁、硫酸钙、钾、溴、硼等，这些矿物质主要是由东、北、西三面的地下水提供，虽然绝大部分可以用于现代工业，但受人类自身的认识和开采能力的限制，相当长的时间内未受到重视，盐湖最早是为了食用而开发的。

盐湖（盐池）本来是一个较大范围的通称，历史时期，在运城盆地从东到西还分布着硝池等湖群，这些湖区后来被分隔开，成了几个独立的、非泄水性的池、滩和小型湖泊，包括东池、北门滩、硝池、六小池、小鸭子池和汤里滩等，有的池塘还分为更小的单位。在这些众多的小型湖泊中，硝池和六小池曾经产盐，而且投产时间较早。硝池的地位比较重要，该湖位于解州境内的，亦名西池、女盐泽、女盐池，也就是"小盐池"。六小池其实是永小、金井、贾瓦、夹凹、苏老、熨斗等六个小池的合称。由于这两个池盐的产量较小、质量较差，在清代末期，六小池被彻底平毁，现在，硝池也逐渐成了一个蓄水滩。我们今天所认识的运城盐池其实只是以前的东池，即"大盐池"，这是古河东盐池的主体，大致呈东西较长的椭圆形，东西长 20~30、南北宽 3~5 千米，周长近 60 千米，面积约 130 平方千米。目前，盐湖的湖水已经趋于干涸，仅在雨季才有不深的积水，有时还必须抽地下水来补充，以开发盐湖为主业的南风化工集团主要生产工业用硝，基本不再生产食盐。

二　文献记载中的早期盐湖

盐湖形成的时代、沉积的过程是近代科技兴起以后才揭示出来的，但人类关注这个问题却由来已久，早在先秦时期就有了记载，不过只是各种传说，并且与神话交织在一起。据说早在黄帝时期，生活在这一带的部族曾因争夺盐湖的资源进行过一次大规模的战争，现在属于运城市的解州也因此而得名。《解州全志》称"解州，即因黄帝分解蚩尤于此，故名解。"《孔子三朝记》还有更详细的记载："黄帝杀（蚩尤）于中冀，蚩尤肢体身首异处，而其血化为卤，则解之盐泄也。因其尸解，故名此地为解。"这场黄帝与蚩尤之间的战争被称为"涿鹿之战"，最终以黄帝取得胜利而告结束。黄帝因此更加牢固地控制了运城盐池，巩固他的"帝位"。虽然记载近似神话，但至少反映出人类早就对盐湖的形成机制产生了兴趣，而且根据他们的理解给予解析，尽管今天看起来有些荒诞，不过其中可能也隐含着史前史的影子。由此看来，文献记录的最早产盐区可能以现在解州附近的硝池为主。

众所周知，在我国古史谱系中，夏代以前是被称为三代"贤王"的尧、舜、禹时期。传说他们相继在古河东地区建都，尧都平阳在今山西省临汾市尧都区；舜都蒲阪在今山西省永济市；禹都安邑在今山西省夏县。有学者指出他们选择"帝都"与盐湖有着密切的关系："这三个所谓'帝都'距运城盐池都不远，禹都安邑约为 20 公里，舜都蒲阪约为 60 公里，尧都平阳约为 140 公里。因此可以认为，尧、舜、禹建都时，除了考虑地理环境、自然条件外，也必然考虑到了运城盐池可以提供盐的供给这一因素。"甚至认为："夏、商、周三代的国都，也都建于消费运城盐池盐的地区"[1]。迄今为止，这些"帝都"还没有被考古证实，被尊为"三帝"的尧、舜、禹，应该

---

[1] 柴继光：《运城盐池今古》，《中国地方志·山西史志文化》。

是活动在这一带的几个部族首领，后人说他们所建的"都"，可能只是他们各自所统领部族的聚居中心。但相传已久，必然有一定的渊源，如果当时盐湖确实已经开发，与这些先贤联系在一起并不为过。

较之黄帝与蚩尤之间"涿鹿之战"的传说，更切合实际的是关于盐湖与舜的关系，这个故事与著名的先秦诗歌——《南风》歌有着千丝万缕的联系。据《史记·乐书》记载："昔者舜作五弦之琴，以歌《南风》。"张守节的《史记正义》载："《世本》'神农作琴'，今云舜作者，非谓舜始造也，改用五弦琴，特歌《南风》诗，始自舜也。"类似的记载还见于《礼记·乐记》、《韩非子·外储说左上》、《尸子》、《韩诗外传》、《淮南子》之《诠言训》、《新语·无为》、《说苑·建本》、《越绝书》、《孔子家语》等近十种早期文献。但是，诸家记载均只有弹琴、歌诗两句话，并无更多内容，亦不载歌词。《礼记·乐记》郑玄注曰："南风，长养之风也，以言父母之长养己，其辞未闻也。"可见，最初的记载中并未说明《南风》的具体内容，更没有描述生产食盐场景，然而对于当地部族来说，南风的重要性莫过于促使盐湖中水凝固成食盐了，应该说盐湖与南风关联这件事情的重要性已经不言而喻。这个传说与早期盐湖生产食盐相关的《南风》歌词大约从唐代开始见于文献，孔颖达为《礼记·乐记》所做的《疏》中明确指出，案《圣证论》引《尸子》及《家语》难郑云："昔者舜弹五弦之琴，其辞曰'南风之薰兮，可以解吾民之愠兮；南风之时兮，可以阜吾民之财兮。'郑云其辞未闻，失其义也。"相似的记载还见于今本《文选》中《琴赋》之李善注："《尸子》曰：舜作五弦之琴，以歌《南风》：'南风之薰兮，可以解吾民之愠'，是舜歌也。"据考证，《尸子》是战国时期尸佼的著作，如果此歌词确引自《尸子》原文，则至晚从战国起，《南风》及其歌词便流传较广了。《南风》的歌词虽然在文献中出现较晚，甚至是否确实是转引自战国时期的著作也不能确定，但简练的语言却提供了一个十分重要的信息：在运城盐湖，生成食盐的重要因素除了需要充足的阳光照射外，还须借助南风的吹拂。盐湖的南面紧靠着高耸的中条山脉，南风要吹到盐湖，必然受到中条山地的阻挡，所幸山区许多向北冲沟的沟头位置越过山顶的分水线而位于山地南坡，形成了南北向较通透的风口。据古盐书记载，在盐池南边的中条山上有"盐风洞"："仲夏应候风出，声隆隆然，俗称盐南风，盐花得此，一夕成盐"[1]。这应该是夏季南风通过中条山间的空隙吹来的真实写照。尽管《南风》歌词并没有说到食盐生产，却是目前所知对盐湖成盐机制的最早、最贴切的记载。能够认识到南风与生成盐的关系，是人类对自然风力与运城盐湖关系的科学认识。另外，在《史记·乐书》中，还将舜的德能与《南风》音乐比附在一起："故舜弹五弦之琴，歌《南风》之诗而天下治；纣为朝歌北鄙之音，身死国亡。舜之道何弘也？纣之道何隘也？夫《南风》之诗者生长之音也，舜乐好之，乐与天地同意，得万国之欢心，故天下治也。夫朝歌者不时也，北者败也，鄙者陋也，纣乐好之，与万国殊心，诸侯不附，百姓不亲，天下叛之，故身死国亡。"将王朝的兴衰成败与所谓的"诗歌"联系在一起显然有些夸张，但所言的道理却并不为过，运城盐湖只有得到南风吹拂才能形成食盐，食盐销售所得给当地的居民带来了财富，也才能给人民带来精神上的慰藉，解当地居民之"愠"，这都是合情合理的。如果以上记载并非后人的附会，而确实反映的是传说时代中"舜时期"的实

---

[1]（清）《河东盐法备览》卷二《近池山泽》。

际情况，那么，生活在盐湖附近的居民，早在史前时期就已经开始采集天然结晶盐了。

由于食盐是生活必需品，在资源十分稀缺的条件下，占领了产盐之地的部族，不仅居民自身的体质健康有了保障，而且，在食盐的交易中加强了与其他部族的交流，必然使该区域的文化发展占据先机，盐湖附近的居民自然对盐湖产的食盐十分珍视。如此说来，夏、商、周时期注重盐湖就更在情理之中了，当地的统治者自然成为盐湖产品的受益者，也会对食盐的采集和维护十分重视。在《周礼》中有明确的记载，西周时期运城盐湖出产的苦盐被用于王室的祭祀。晋国时期，还曾计划迁都于盐湖附近，《左传·成公六年》有如下一段记载："晋人谋去故绛，诸大夫皆曰：'必居郇、瑕氏之地，沃饶而近盬，国利君乐，不可失也'"据考证，郇在运城盐池西北，瑕在运城盐池南。但是，由于韩献子的反对，晋国并没有迁都郇、瑕之地，而最终定都于新田。如果以上记载确有依据，晋国诸侯和大臣们重视盐池之利溢于言表，对盐湖在国计民生中的重要地位有着清醒的认识。这些认识不是一朝一夕能够形成的，应该是从史前时期以来日积月累的结果，也是世代相传的信条，从这个角度来说，中原最早文明兴起于运城盐池附近是有可能的。

三 盐湖的生产方式

运城盐池能够比其他地方、其他类型的食盐更早被人们认识并开发，与天然成盐的条件和相对简单的采食方式密切相关。根据对运城盐湖早期开发的研究，最初不仅采用粗放式的采集方式，而且对生产和管理要求并不十分严格，对参与人员的能力要求也不太高。据文献资料的记载，最早采用的是"集工捞采"的生产方式：食盐在自然的太阳和风力的共同作用下于湖底平面结晶成型，在此之后便可以组织力量人工采集，采集过一次，湖底还会再次结晶，如此循环往复，并不需要十分复杂的技术手段。这种采集方式是由湖内天然成盐的条件决定的，与以煎熬煮晒为特点的海盐工艺流程相去甚远，也与打捞晾晒的井盐作业程序不同。虽然运城盐湖初期的食盐产量低、质量也不高，但由于不假人力而坐收天然之利，简单易行，在生产力水平较低下的时期，具有很大的优势。我们不能对早期简单易行的生产工艺有丝毫轻视，毕竟，在那洪荒的岁月里，是盐湖的生产为部族的振兴提供了最直接和重要的基础。根据盐湖的这种生产方式，位置在今天盐湖（原东池）西部的解州镇的硝池可能是最早被认识和开发的地点，因为这里的含盐层距地表浅、易于结晶，也方便采集，后来，随着需求量的增加和居民们采集能力的提高，才逐渐扩展到其他湖区。

较原始的生产方式沿袭了很长时间，一直到唐代才得到改革，首次出现了"垦畦浇晒法"（亦称"治畦浇晒法"）。就是人工垦地为畦，将水灌入畦内，利用日光曝晒、风力吹拂等自然力成盐，在晒制盐的过程中，还要人工给卤水（咸水）中搭配淡水，用此方法提高盐的质量。这种方法不仅改变了长期以来纯粹依赖自然的被动方式，而且加快了成盐的速度，自然也增加了总体的产量，效率有了很大的提高。据文献记载，用这种方法只要五、六天就可以晒制成一次盐。这是运城盐池生产技术史的重大进步，是划时代的变革。后来，在自然环境变迁的同时，为了便于盐湖的碱化和盐分的析出，修通了姚暹渠，将湖区东北方的地表水绕开盐湖，直接导入黄河。由于减少了盐湖地表水的供给，加剧了湖水的浓缩和盐类矿物的沉积，历经各代不断发展完善，最终形成了运城盐池独特的生产特点。这些特点不见于国内外其他产盐区，是运城盐湖历代盐业生产者智慧、实践的结晶，是因地制宜的成功典范，所以，尽管后来仍有短期反复，但这种采盐方式一直沿用到近代。

思想意识方面的变化总是和生产、生活密切联系在一起，与其他领域一样，在盐池的生产和管理中，为了得到更多更好的食盐，也为了解决食盐生产中随时可能出现的问题，形成了一些属于精神方面的传统，向神灵祈祷、对盐神的祭祀活动就是重要内容。这种祭祀是物质崇拜的表现形式之一，也是对自然本质力量的一种肯定。近、现代的祭祀中，献祭的品种一般有馒头、猪头、面塑元宝等，更重要的是，必须用自己生产的精盐来祭祀盐神。盐神崇拜在特定的历史时期可以发挥独特的作用，这种祭祀应该在盐湖开发之初就已经开始了，但具体祭祀程序、以什么为祭品等却没有确切的证据。

四　盐湖产食盐的外销

食盐的发现和开发固然十分重要，也必然会吸引先民围绕它而聚居，但对外的销售也不可忽视，这是关系到这种特殊资源能否给当地居民带来利益的关键环节。在最早发现运城盐湖资源并开始捞采时，限于部族规模，用于自己本族消费的数量不可能太多，余下来的食盐或者被遗弃，也有可能被囤积起来。相邻区域的居民肯定也会想办法取得这种生活必需品，然而，他们要得到食盐，就必须通过当地的居民，方式不外乎武力强夺和贸易交换两种。武力掠夺的方式由来已久，但必然损伤部族的元气，这和得到食盐的初衷相去甚远，也不利于自身的发展，显然不是最经济的方法。从当时的生产力和社会发展水平来看，用相对和平的交易不是不可能的。交易的方式既有可能由其他区域的居民到盐湖一带购买，也有可能是本地居民运到外地出售，而这两种方式其实就是一种商业贸易，区别只在于这种贸易或交换是由本地成员主导还是由外地人员从事，交易的方式是以物易物还是用钱财购买。无论如何，盐湖几乎在其最早开发之时，就是开始食盐外运或外销之日。

食盐外销始于何时涉及盐湖开发的起点，在清凉寺墓地发现之前，已经有学者关注这个问题。据研究，至晚在商代就已经有了专门负责销售的机构，东下冯遗址中一些特殊的建筑基址就有可能与盐湖食盐的外销有关[1]。文献资料显示，在西周时期，盐湖的食盐已经进入了当时周王室所在的地区，春秋时期，晋国之所以能够由一个小国逐渐强大，在诸侯林立的中原地区称霸，除了政治的原因之外，和运城盐池提供的大量财富也是不可分割的。当时的晋国对盐业生产和交易采用征收赋税的方式，盐湖的生产、运销都由商贾管理。这种管理方式将产销紧紧联系到一起，既有益于提高生产者的积极性，也有利于食盐的对外销售。由于运销食盐可以谋取很丰厚的利润，因此，历史上有许多商人参与食盐的运销，销售的范围也十分广阔，并且由此产生了个别富可敌国的著名富商。以征收盐税为主的制度一直延续到汉初。汉武帝时，国家实行盐铁专卖制度，当时运城盐池的盐官为河东均输长，居全国诸盐官之首，直属于中央大司农，这是运城盐池设立盐务官吏管理的开端。魏晋南北朝开始，历代统治者曾不断更改盐制，但是，总不外是征税和专卖两种制度的更替。唐代时，潞盐行销范围包括现今的河北、河南、陕西、山西及甘肃部分地区，

---

[1] 刘莉、陈星灿：《城：夏商时期对自然资源的控制问题》，《东南文化》2000 年 3 期。

累计达一百六十四县，当时，没有任何一种食盐的销售范围可以和运城盐池的潞盐相比，从此奠定了其行销区域的基础。此后一直到清代，销售范围虽有几次变迁，但基本是在唐代销售区的基础上伸缩。

食盐的外销成就了产盐区的繁荣与发展。运城市区所在地原本只是个小村庄，但名称从一开始就与盐有关，春秋战国时名为"盐氏"，汉时称"司盐城"。不过最早管理运城盐池的盐务机构并不在此，而是设在解州。元太宗时，采纳盐运使姚行简的建议，设运司于当时名为潞村的地方，这个潞村就是现在运城市区所在地。到了元末，盐运使那海德俊，筑凤凰城以资保障，而运治始立，并因"盐运"而定名为运城。自此以后，管理运城盐池的盐务机构都驻节于此，盐湖生产的食盐也就有了"潞盐"的名称，而且，以潞盐的产、运行业为核心的客商亦云集星聚于这里，运城市因盐池的发展而建立并发展繁荣。食盐向周边地区销售的过程中，在经过的道路附近必然会有一些专门的设施和中转的地点。这些中转地也会得到发展的机会，不同时期的相关遗址也可能留存下来。东下冯遗址的部分遗存如果真的与食盐销售有关，那么，就是迄今为止知道的最早与盐有关的遗址。唐代永济浦津渡是连接晋、陕的重要桥梁，其主要功能之一便是为了向陕西一带运输食盐，运城盐湖为唐王朝的兴盛做出过重要贡献。宋元时期的外销路线都很明确，到明清时期，还规定了运盐经过的地点和行程，陆路经过的县城、重要店镇都是固定的，这些内容在文献资料都有清楚的记载。

这就使我们产生了这样一些疑问：食盐外销会不会早在史前时期就开始了呢？当时是通过什么方式把盐运到异地的？有没有用于运送食盐的史前时期遗址留下来？

第二节　中条山的驮运道与黄河的古渡口

中条山南侧消费群体大，销量自然也可观，历史上曾经是盐湖产食盐外销的重要区域。但是，在没有现代化交通工具之前，翻越中条山是向南运送食盐的唯一选择，人们必须通过崎岖的山路才能到达黄河沿岸，然后渡河南下。由于历史时期盐湖主要的生产基地在东池，也就是目前的盐池，这里的东端接近平陆县境，中条山在这一带的坡度相对较小，而且有一个台地形通道，于是开通了便于出行的平陆茅津渡路线，成为运城盆地与河南三门峡地区的重要交通线。

在文献中，对经平陆茅津渡过黄河，将食盐销往河南、湖北一带的情况有着较详细的记载[1]。与平陆东西相邻的芮城县位于盐湖的正南面，历史上也是潞盐远销中原的重要通道之一，而且，距离最早开发的硝池最近，黄河渡口在这一地段也比较稳定，因此，在这一带开辟通过中条山的道路显得十分重要。然而，即使确实曾经有过这样的道路，历经数千年的沧桑变迁，也早已不复存在了，或许在其附近还保留着部分遗迹，这种遗迹对我今天认识食盐外销仍旧具有特别重要的意义。

在大量文献中鲜见芮城地区的盐运道记载，只在地方志中可以找到一些线索，目前在中条山西部地区留下的通道也十分简陋，所以，我们只能对山中的驮运道、黄河上的著名古渡口进行分析，

---

[1]（清）《河东盐法备览》卷六《运商门》。

希望能从中找到一些蛛丝马迹。

一　直岔岭盐道与驮运道

中条山脉不仅东部与西部的走向不同，而且南北两侧的地势也有较大的差别。南侧坡度较小，虽然沟谷也发育较好，但冲沟相对较长，沟床倾斜度较小，与盐湖所在的北侧冲沟短、沟床坡度大的陡峭地势形成鲜明对比，这种地貌是由于第四纪以来，中条山南侧断层活动幅度小于北侧形成的。从地势来说，在山的南侧建立商品中转点的条件明显较北侧优越。清凉寺墓地所在地接近中条山南侧的山脚，位置偏僻，范围狭小，交通很不便利。与墓地属于同一个遗址的坡头一带情况类似。然而，由于特殊的需求，导致其位置在中条山区古代的南北交通中曾经占有较关键的地位，只是文献中的记载较少，致使从清凉寺墓地为代表的史前时期开始，食盐在这一带的运销情况一直不太清楚。

据《芮城县志》等文献记载，古代芮城县境内的陆路交通主要依靠几条沿黄河北岸开辟的东西向的道路。南北向的道路一直不太发达，除西侧接近黄河边的低平地区外，大部分是运城盆地通往黄河沿岸之间的山路。相当长的时间内，这些穿越山峰、沟壑的道路主要是驮运道，可供畜力驮运或行人通行，除用于大山两侧的居民日常交往外，与晋、豫两地之间的交流和贸易相关。清代以前，在芮城县的岭底沿山一带，驮运业是一项相传已久、十分重要的职业，直到民国时期，全县尚有 4000 头牲口参加驮运，运输的物资除粮食、棉花等生活必需品外，主要是运城盐湖产的食盐，收入甚至超出农业所占的份额。另外，当地农民还用扁担运送，参与到运输业之中，部分居民经常直接将货物送到遥远的他乡。当时，芮城驮运队的足迹范围相当广阔，北越中条山，南下伏牛山，直抵汉江和长江流域，西入陕西商洛、安康地区。新中国成立后，驮运业随着公路的发展逐渐消失。

位于芮城东北部中条山区的直岔岭盐道，俗称二十里岭，是有史记载以来，大山南北之间最主要的行驿通道，也是河东潞盐通过芮城运销中原、湖北等地的必经之路。由于明清时期岭上还驻有官兵防守，故又称为横岭关。盐道始建年代不详，以运城解州镇为起点，翻越中条山上的直岔岭，南下到达芮城县的陌南镇。由于山路崎岖陡峭，而且时常被山洪冲溃，需要经常进行维护。目前见于记载的维修时间均比较晚，较大规模维修的时间在宋代，当时，一个名为邵伯温的县令曾主持大修该盐道，方便了南北交通。后来，明、清、民国均曾对此路进行过维修，盐道逐渐取代了其他一些狭窄的驮运道，成为中条山南北之间一条主要的路径，民国时，该路已可供畜力车通行。日本侵华期间，强征民夫修筑简易公路。目前，芮城和运城盆地之间的主要交通线——解陌公路（运城解州—芮城陌南镇），是新中国成立后在古"直岔岭盐道"的基础上改建而成的，以山顶为界，南北各 15 千米。道路从北向南通过中条山后分为两条路，其中一条路到达陌南镇后继续向南，经桃园、刘堡、窑头到沙窝（洼津）古渡所在的黄河边，再船运过河。另外一条路从石坡池村向西南斜行，经过平西村、坡头村南的朱吕村，进入东西向的"虞芮古道"，西通今天的芮城县城，东接平陆县境。

除直岔岭盐道之外，在清代末年，芮城境内跨越中条山的道路还有 13 条驮运道。驮运道南北两端的起点都接近中条山脚，其中几条道路南端的起点与清凉寺墓地及寺里—坡头遗址相距约三四千米，包括现在陌南镇的庙后村、茨林沟村和西陌乡的麻峪村、禹门口村。现将这几条陆路通道的情况摘录如下：

（1）今芮城陌南镇庙后村至今运城市解州的驮运道。

（2）今芮城陌南镇茨林沟村至今运城市柴家窑、东胡村的驮运道。

（3）今芮城西陌乡麻峪村至今运城市石卫村的驮运道。

（4）今芮城西陌乡禹门口村至今运城市石卫村的驮运道。

以上各条通道全长均不到 20 千米，北部终点都在盐湖区解州镇的硝池附近。与直岔岭盐道弯多但较平缓的特点相比，这些驮运道的山路更加崎岖险峻，沟谷狭窄，并不方便通行。但是，由于路径较直，距离最近，如果用人力背运或畜力驮运的话，应该是最好的选择，尤其是对于居住在清凉寺附近地区的人来说，比绕远道去直岔岭要方便许多，所以，在清代以前，当地居民经常从这些驮运道上通行。现在，随着出行工具的变化，人们已经不再依靠人力和畜力运送货物了，所以有的道路已废弃，但也有一些驮运道经拓宽之后仍继续使用，茨林沟通往今运城市柴家窑的古驮运道，目前勉强可以单向通过一辆机动三轮车，山区的村民还偶尔通行。驮运道是中条山南北两侧居民长期交往的主要方式，显然不是清代才开始出现的，在历史上肯定是南销潞盐的重要路径，应该存在已久，但是，驮运道里程较短，沿线的大部分区域是陡峭的沟谷，没有适宜设立居住区的地点，也没有留下可供考证的遗迹，因此，无法确认其始建的年代。

二　黄河古渡口

黄河干流在芮城县境南侧的部分从西端的风陵渡开始，一直到东面进入平陆县境，全长约 80 千米，西段较宽，东段较窄，大部分区域可以通航，是山西南部与河南西部的主要的航运道之一。在这段河流中曾经有 9 个渡口，由西到东分别是风陵渡、晓里渡、原村渡、永乐渡、礼教渡、太安渡、大禹渡、南窑渡、沙窝渡，除了原村渡为新中国成立以后的新开渡口外，其余 8 个都是古渡口。有些渡口在历史上影响巨大，比如：芮城西南端的风陵渡，古称风陵关或风陵津，是晋、秦、豫三省的交通要津，早在春秋时期著名的泛舟之役中，秦国运粮船队由渭河入黄河后北上，然后再循汾河下游到达晋都新田，大批船队往来于渭河、黄河和汾河之上，史上称为"秦输晋粟"，风陵渡为这次大规模转运的主要中转渡口。汉代以后，政府在此开始设立了专管运输的机构，强盛的汉、唐王朝曾经大批量调运东南之粮到当时的京都长安，浩浩荡荡的运粮船队沿黄河西上，蔚为大观，芮城漕运段的发展达到鼎盛时期。此后，虽然再未重现这样的盛况，但一直到民国期间，这里始终是重要的航运要地。

除风陵渡外，其他渡口在历史上也曾经作为漕运的重要河段沿河上下通行，但主要用于南北摆渡。其中与清凉寺墓地距离较近的古渡口有以下两个。摘录如下：

（1）南窑古渡：位于清凉寺西南约 20 千米处，距恭水涧入河口约 5 千米。原渡口在南窑村旁一处 50 米的悬崖之下，对岸是河南灵宝东古驿，属于常年渡口。因三门峡水库蓄水，渡口被淹没，1960 年迁到许八坡，因此也称为许八坡渡。

（2）沙窝古渡：古称陌底渡、洭津渡，俗称沙窝渡或曲里渡，因沙窝与曲里两村迁移，渡口接近柳湾村，又称为柳湾渡。该渡口位于清凉寺东南约 20 千米处，历代均有土路通向恭水涧畔。

由于河床不稳，位置多次移位，但位置靠东，与通往中条山北侧的道路距离最近，成为历代驿道和盐运的必经要津。根据文献记载，在战国魏惠王由安邑迁都大梁以后，此渡口即为南北行驿的重要孔道，记载文献还有《三国志·杜畿传》："固等使兵数千人绝陕津……（畿）诡道从沮津渡"。后来，唐王朝在此设立沮津关。宋代时，这里成为河东三大官运盐路之一[1]。主持过中条山直岔岭盐道大修的县令邵伯温，还负责黄河两岸的行旅设施建设："宋建都汴梁，中条山北职贡部使者，按行驿路由此，故令邵伯温筑待济亭于河干，从息宾旅"[2]。足见当时这个渡口在南北交通中的重要地位。元至元十八年（1281年），平陆县在此设立巡检司。明洪武九年（1376年），又置批验所。明天启以后，福王封于河南府（洛阳），食用运城池盐，每年用船20余艘连载。清袭明制，在此设巡检员，稽查盐运过河，乾隆五十八年（1793年）撤裁，咸丰、同治年间湘军起，为筹兵饷，在此渡口设厘金局征收往来货税。民国初年，添陆军防守，又派稽查队搜查入境烟土，渡口仍为当地闻名的水陆码头。一直到1960年三门峡水库蓄水之前，因河南灵宝县城和陇海铁路南移，渡口才逐渐冷落[3]。

以上两个渡口距离清凉寺墓地大约20千米，自然与直岔岭盐道有关，那么，在该盐道没有修整之前，渡口是否也与清凉寺一带的过山驮运道起点连接呢？

三　驮运道与黄河古渡口之间的道路

近距离的文化交流和物资流通并不是十分困难的事情，即使在史前时期也是如此。古人突破自然障碍的能力相当强，接近山区的居民必然很早就对中条山区的地势、通道有详细的了解，而且有能力穿越这个南北并不太宽的山脉。另外，晋西南中条山南麓的清凉寺一带与运城盆地、豫西地区的史前考古发现一再证实，早在庙底沟二期文化之前相当长的时间里，这些地域的文化遗存便显示出高度的统一性，属于同一个文化区，其中的原因除环境类似、生产力水平接近外，相邻区域之间的交流肯定是一个重要因素。由此可见，居住在中条山南、北两侧的居民们早就有了频繁的往来，黄河两岸之间的文化交流也没有因为大河阻挡而隔断，河流两岸或许已经有了往来的手段，在清凉寺墓地代表的庙底沟二期文化晚期至龙山时期，南北交流应该已经有了比较通畅的渠道和方式。

前已述及，位于运城盆地西部解州附近的硝池，因矿体埋藏较浅、更易结晶而便于开发，或许是盐湖区最早生产食盐的地方。大约是因为更接近食盐生产区域的缘故，管理盐湖的机构开始时就设立在解州，一直到元代，才开始在今天的运城市区一带设立了类似的机构。硝池的地理位置与芮城清凉寺隔中条山南北对应，是盐湖距离黄河干流最近的地段。清凉寺墓地附近的居民若要去盐湖买卖食盐的话，穿过中条山有以下两个选择：其一是走直岔岭盐道，道路虽然相对比较平缓，但距离较远。其二是走驮运道，在所有的驮运道中，茨林沟与硝池正好南北相对，距离最近，全长不到20千米。该驮远道从茨林沟北上，在甘枣山双峰之间的山凹处翻过中条山，然后进入基本呈南北走向的沟谷逐渐走低，又分为东西两条支线，分别通往今运城市的柴家窑、东胡村，

---

[1]《宋史·司马池传》。

[2]《山西通志》光绪版。

[3]芮城县志编纂委员会：《芮城县志》，1994年。

进入产盐区。

连接驮运道南端和黄河渡口的一条重要河流是恭水涧。恭水涧是芮城境内 14 条由北向南流的涧水之一，俗称"朱吕沟"。据《水经注》记载："甘枣之山，共水出也。""河水于北有涅津之名……余按河之南畔，夹侧水喷有津，谓之涅津，河北县有涅水，涅津其水南入于河，河水故有涅津之名。"由此可见，此涧水古代曾名之为共水或涅水、涅津。涧水主要发源于西陌乡老池沟九龙泉，沿线又汇入一些冲沟内的小股泉水，清凉寺墓地东西两侧的沟内和沿坡头沟而上的茨林沟至今仍有流量不大的清泉，也属于该涧水的源头。这些大小不一的泉水在清凉寺南的台塬下汇集成溪流，由北向南流经寺里、坡头、义和、朱吕、三十里铺等村庄，在东关村南注入黄河干流，全长不到 20 千米。

从地理位置上讲，清凉寺墓地所在地基本间于运城盐湖与黄河干流上渡口的正中间，向北可走茨林沟为起点的驮运道，直接进入产盐区；向南沿恭水涧南下，就能到了沙窝渡。由于沙窝渡位置并不固定，最早的"沙窝渡口"也有可能就在恭水涧水入河口所在的宽阔河面附近，从恭水涧入河口溯河西上就是南窑古渡口。在没有新修公路之前，清凉寺、坡头等地的居民往返于盐湖与这两个渡口之间，这是一条最便捷的道路。早期运盐必须人背畜驮，每天的行程有限，而且，没有治理的黄河渡口也不一定随时能够完成摆渡，在食盐产地与黄河渡口之间设立一个中转站应该在情理之中。从盐湖产区出来后便进入沟谷内，只有翻越中条山后才有条件建立这类中转站。这里凭借着接近山脉要冲的地理优势设立一个机构，控制通过中条山区从运城盆地运来的食盐，然后向外分销，无论从里程上说，还是从地理位置来看，坡头一带应该是一个相当好的位置，具备经营运盐业的天然条件。以中转站为桥梁，将运城与豫西两地联系在一起顺理成章。

早在距今四五千年前是否已经有了类似于后来"潞盐"外销的通道？当时可能存在专管机构吗？如果确实有这种可能，就为推测清凉寺墓地那些拥有殉人、随葬珍稀器物的死者生前从事的职业提供了必要的前提。

第三节　各期墓主人生前从事职业推测

清凉寺墓地四个时期的墓葬具有十分明显的不同特点，虽然我们至今仍不能解释全部疑问，但部分墓葬的特征还是透露出一些线索。下面我们依时间的先后进行分析，试图复原不同阶段死者生前的部分生活状况。

第一期的墓葬分布较散乱，呈环形围绕着当时的居住区，虽然墓葬所在地是坡地内地势最高的区域，显示出对死者的尊崇，但墓内没有任何随葬品，除了反映当时薄葬的习俗外，似乎也说明生活并不富裕。与墓葬同一时期的居住区规模也很小，当时在这里生活的人数自然也十分有限。根据对这一时期人骨的食性分析，这些人全部以粟类作物为主要食物，肉的摄入量并不大，应该与附近其他地区的居民一样，从事着能够满足基本生存需求的初期农业生产活动，生产能力维持在较低水平。考虑到这里接近中条山区的地理条件，或许兼营狩猎，但在墓葬中并未表现出来，是不是已经有了家畜饲养也没有足够的资料说明。与同期墓葬中的成年人相比，只有瓮棺葬 W3 埋葬的小孩吃肉明显偏多，或许说明对孩子的特殊关爱，但对这里生活的居民职业并不产生实质影响。我们未发现当时存在社会地位差别的依据，自然没有阶级对立和压迫，但当时的生活并不如田园牧歌一样美好，人们还不足以创造更好的生活条件保护自己。除了大量的瓮棺葬埋葬的是婴儿之外，土坑竖穴墓葬中的死者也有一部分是婴幼儿，看来当时的婴幼儿死亡率很高，十几、二十岁的年纪就死亡的人也较多，年龄较大的也在四十五岁以前就殒命，几乎没有能活过五十岁这样"高寿"的人。生存是当时的最高诉求，没有任何迹象说明这一时期与盐湖发生了联系。

与清凉寺墓地隔着中条山的盐湖区域拥有特殊的资源，那里的居民最早发现了食盐自然生成的现象，从而尝试对盐湖进行开发，如果今天的解州附近的开采时间确实能早到史前时期，那么，对外的销售或交换基本在同时或者稍晚阶段就已经开始了。从目前的考古发现来看，史前时期盐湖附近的居民人数并不多，不可能在采集食盐之外，还有精力从事向周边地区的贩运。最早翻越中条山从事向南方运送并销售食盐的人应该就是中条山南侧的普通居民。这不仅是由于地理位置适中，而且他们还具有以下两个方面的优势：其一，长期居住在中条山脚下的部族，对大山的地势最了解，利用中条山南北两侧的沟谷和山峰间的豁口，穿梭往来可能由来已久，或许还凿通了简易的道路，历史时期使用的驮运道应该是在史前时期简陋通道的基础上逐渐形成的。其二，这一带的居民除了与盐湖区的居民近距离接触外，与精于横渡黄河的居民之间的交流应该也比较多，从山脚下到黄河渡口之间有可能存在依傍着涑水开通的道路可供通行。他们不仅是从事向南方贩运食盐最合适的人群，而且这里也具有设立食盐外销中转站的基本条件。遗憾的是，无论盐池、驮运道、中转站，还是黄河渡口，都没有留下能够说明这些问题的直接证据，清凉寺史前墓地第二到四期墓葬是目前唯一可能与运送食盐有关的遗存。我们试图从对墓地的详细分析中，推测墓主人生前的职业，从另外一个角度探讨中原地区文明起源的机制与历程。

根据现有情况推测，第二期埋葬的应该是居住在清凉寺东面坡头一带的部族居民。这些死者生前已经存在贫富和地位的明显差别，财产有了较大差距的根本因素应该是他们从事了不同的职业。大约从这一时期开始，清凉寺附近的部分居民开始从事将盐湖生产的食盐向南方销售的业务，这种特殊的职业打破了这里农业生产的常规性进展。那些拥有较多玉石器、鳄鱼骨板、野猪下颌骨等特殊物品随葬的墓主人，生前可能以食盐的运输和销售为职业，因而率先富裕起来。但是，并不是所有的人都经营或参与了与盐相关的业务，本期墓葬中另外一些成员还从事着普通的农业生产活动，并且秉承着传统的薄葬习俗，所以，墓中不见任何随葬器物。食盐的外销贸易不外乎两种方式：一种是由本地的居民远程送出，在这种方式下，他们就成为常年奔波在外的行商，墓主人生前的职业与20世纪初年在这一带从事贩运的居民一样，他们需要往返他乡，赚取在盐湖买盐与异地卖盐之间的利润致富，在这个过程中可能带回来一些其他地方的珍稀物品，他们死后这些物品就作为随葬品放到墓室里。另外一种方式是其他地方的人来这里将盐买走，也就是说本地人的活动状态是稳定地定居于此的坐贾，这种方式下，本地人只是接触外地来的客人，除得到与食盐等价的货币或实物外，可能还能收到部分外地人馈赠的礼品，死后也被放到墓室作为随葬品。在墓葬中的迹象里，我们不能确定当时到底是否两种方式都存在，或者以哪种方式为主，但无论如何，都涉及异地运输。在少数墓葬中发现的鳄鱼骨板还透露出一个重要信息，这些骨板的平面形状为方形、圆角方形或者近三角形，其中一面有纵列的中棱脊，棱脊的两侧有许多形状不规则的凹坑，另外一面则比较光滑，是夹在鳄鱼皮中的软骨。众所周知，鳄鱼是一种喜暖的动物，一般都生存在气候条件比较温暖的南方，根据专业人员鉴定，清凉寺墓地发现的鳄鱼骨板均属于扬子鳄，这类鳄鱼现在生存在长江流域，黄河流域的气候不适合它们生存。清凉寺墓地第二期时的气候与现在区别并不大，不大可能存在这类动物。这样说来，鳄鱼皮应该是中原地区难得的珍稀物品，可能是被"客商"带来或者当地居民运送食盐到南方返回时带回来的，并且作为重要随葬品放到墓葬中。清凉寺墓地的这种现象在中原地区出现最早，应该和他们与外界人士交流频繁有关，其中包括长江流域的南方或东南方地区。比实物馈赠或购回珍品更重要的是人们思想的变化。因为食盐的外销，极大地开阔了当地人的眼界，同时得到许多新的文化信息，引入了不同于中原的东南地区的文化理念，而且将这些思维与本地传统整合在一起，最直接的成果就是学会了南方流行多年的玉石器制作技能。使用当地石料制出特殊形制的玉石器，作为较高等级部族成员的标志性佩饰，成了身份、地位的象征，由此促成了中原地区制玉手工业的产生。由于上层人士的喜爱，这种新兴产业得到快速的发展。由于贩盐得到了丰厚利润，那些从事食盐外销的部族居民很快与其他居民有了差别，他们的墓葬中便出现了随葬精美玉石器和其他珍稀物品的现象。

对墓地出土人骨和动物骨骼的科学检测给我们研究当时买卖食盐的方式提供了一些可喜的线索。在对本期人骨的食谱分析中，墓地第二期的人群基本上不再采集食用野生植食，食物主干为粟，这是当时中原地区最常见的作物，以家畜饲养为主要来源的肉食比例较大，来自猎捕野生动物的收获相对较少。墓地发现的人牙和猪牙釉质的锶同位素比值分析显示，当时墓地埋葬的死者主要是出生于离墓地很近地方的人，应该是坡头一带居住的居民。但鉴于目前检测的标本太少，我们没有证据说明是否有少数外来人员客死本地并埋葬在本墓地。

需要进行详细分析的特殊墓例是 M51。该墓的墓主人为一个成年男子，食性分析表明，他在生前的最后几年里，主要食用大米或者野菜，有点像江淮地区生活中常见的食物结构。而对其牙齿进行的锶同位素的分析却说明他出生于本地，由此可以排除他原来就是南方人、只是短时间内从种植水稻的地区迁入本地的可能性。那么，他为什么会长期居住在外地呢？除为了向南方销售食盐之外，清凉寺一带的居民还能有什么重要原因长时间旅居江淮呢？从这个墓葬下葬的方式来看，这是一个不同于其他墓葬的特殊个案，不仅墓内没有任何随葬器物，墓主人的姿态也很特殊，垂首、前倾、向后反绑双手、屈膝下跪，十分奇特。由于他出生于清凉寺本地，所以只能是成年后才到南方，即使长期不在本地生活，老死时仍旧要归葬清凉寺这个虽然偏僻却是他出生地的小地方，这可能是部族的规矩。M51 的西部打破了 M61，墓主人也是一个成年男子，仰身直肢，属于正常体位，墓室内随葬有 4 件玉石器，种类有石钺、五孔石刀、石璧、联璜石璧各 1 件，显然，这个墓的主人是有较高地位或拥有较丰厚财富的人。M51 的墓主人双膝正好跪于 M61 墓主人小腿至脚踝之上，他为什么要给世居于此、始终吃着小米的 M61 墓主人下跪呢？前述的两种科技手段为我们推测这两个人关系提供了有益的线索：或许他们具有亲缘关系，在 M61 去世时，M51 的墓主人因故未能回来，后来被族人活埋在 M61 墓旁，以示赎罪。我们还可以作这样的推测：也许他们生前有过节，极有可能是有关食盐销售方面的纠纷，而且，这种纠纷已经使两人的关系势同水火，不能相容。当然，这些推测已经不可能得到证实，但是，对具有南方生活经历的人施以暴力还有其他解释吗？

也许在墓地第二期时，贩运食盐并没有专门的组织机构，只有部族内的部分人从事这个职业，只有少数人去往南方或与南方的"客商"有过密切接触，虽然投入较少的盐运给这些人带来了丰厚的收入，但这种现象并不利于盐运的规模经营。然而，由当地居民兼职"贩盐"的时间持续了相当长的时间，基本与墓地第二期相始终。这是因为真正成就一个管理者阶层需要一个相当长的过程，当时本地还没有负责盐运管理的机构。

第三期墓葬发生了质的变化，不仅规模明显比第二期的墓葬大，而且墓位分布十分整齐、规范，同一期墓葬之间绝对不存在打破关系，显然，事先经过精心规划，并且平常有人专门负责管理。由于本期墓葬与第二期墓葬的分布区有大面积重合，所以打破第二期墓葬的现象十分普遍，几乎在所有重合之处全部无情地破坏了已经存在的坟茔。根据对第三期墓葬人骨的食性分析，绝大部分人的食物状况相同或相似，是以小米为主食的北方人。少见的现象出现在墓地西部，在一个编号为 M53 的墓内发现有三个死者：墓主人为一个 51~60 岁的男子，与同期其他墓葬的墓主人葬式相同，也以小米为主要食物；墓内的两个非正常入葬死者却与本期绝大部分的殉人情况不同，其中之一为成年男子，仅存一些毫无规律的头骨残片与少量下肢骨，另外一个死者则是无头尸骨，年仅 12~13 岁，骨骼也不全。这两个死者因何埋入墓室并不确定，或许是盗扰时弃置入墓，也有可能是下葬时就肢体不全，从有些骨骼被压在墓主人身下的情况来看，似乎是在墓主人下葬前就被弃置在墓圹内。这种下葬方式与第二期的部分墓葬情况有些类似，显然继承了前期的一些做法，看起来，从第二期开始的非正常入葬现象一直延续到第三期初期，这个时候仍旧未发展为成熟的殉葬制度。尤其令人费解的是两个非正常入葬的死者生前吃大米或野菜（或以此饲养的动物）较多，同时吃肉量也很大，食物构成情况与第二期的 M51 类似，具有和江淮地域类似的生活特点。他们弃置于这座墓圹内可能有以下几种情况：其一，如果不是一种仪式的遗留，就可能是挖掘本墓时打破了的前期墓葬，在回填时又将那些墓内挖出来的骨骼埋入了本墓内，支持这个看法的是碳十四测年的数据，对墓内非正常入葬成年男子骨骼的测定数据与第二期接近，却早于第三期大部分墓葬。其二，这些非正常入葬的人曾经有南方生活的经历，进驻清凉寺一带后，与长期生活在墓地附近的人争夺食盐销售权时处于劣势地位，不仅争夺失败，还被作为某种仪式的牺牲，这种不太完善的殉葬情况反映着一个新制度成熟的过程，支持这种认识的是本期从西向东的第二排开始墓地整齐划一的规划和逐渐完善的殉葬制度。

整合零星的贸易者，由一个管理阶层负责食盐外销，使销售更有序、高效，这是商业发展到一定程度以后的必然趋势。从现在的情况看，大约在第三期墓葬的初期，长期居住在墓地附近的人成立了一个新的机构，主要职能就是负责食盐外销的管理，无法确认其中的成员是不是包括第二期墓主人的后裔。在此以后，这个墓地显然已经不再是一个部族的墓地，墓主人也不是普通的部族成员，埋葬着这个新建立机构中的死者，墓葬反映的是管理阶层生前的状况。墓葬的规格整体较高，入葬的墓主人享受了不同凡响的丧葬礼仪，制度严格程度近乎苛刻，人与人之间的差别被规范的制度固定下来。在已经清理、属于第三期的 105 座墓葬中，部分墓主人无法确定，其中有的是因盗扰已经成为空墓，有的是同一个墓内有几个不同个体的人骨无法确认墓主人，还有的是发现的骨骼保存太差无法鉴定。除此之外，其他可确认的墓主人全部为成年人，其中男性明显多于女性，成员构成比例严重失调。所有的墓主人生前很可能从事着食盐销售这种与众不同的职业，这个职业由男人主导。这个机构从成立之初，就是一个专职的特殊阶层，与普通的居民迥然不同。无论食盐外销是以何种方式进行，都必须通过这个销售机构，即使本地居民要远涉他乡输送食盐，大概也不能和第二期一样自行去盐湖收集，而必须向管理者奉上不菲的费用，甚至一些珍贵礼品。我们没有证据说明当时是否已经有了用于交换的通用货币，即使已经有了这类货币，以物易物或远道而来的客人送礼给当地管理人员的事情也在所难免。丰厚的回报让这个以男人为主要成员的集团积累了大量的财富，随着地位的迅速提升，成为独霸一方的强势群体，在这一带拥有至高无上的地位。财富历来都是培养特权的肥沃土壤，管理成员逐渐开始奢侈起来，他们将相当一部分的收益用于显示权威和尊贵身份，制作了那些需要花费大量劳力和经费、却没有实用价值的奢侈物品，只有他们才能拥有绝非产自本地材质的精美玉石器，并且在死后随葬在墓葬中。各区域墓葬规模、殉人和随葬品的差异，反映着下葬时墓主人所在机构地位、实力方面的差别。随着机构的发展和权力的集中，极端不平等的因素逐步增加，甚至愈演愈烈，与管理机构对立的现象或许也存在于他们与本地其他部族的人群之间，致使社会矛盾日益突出。在这个接近特殊资源的地方，摆脱了仅仅满足基本生存需求的阶段，快速致富的根本因素是食盐的外销，可是却又进入了一个极度危险的腐化过程中，同时也因此埋下了后来倾覆的祸根。

第四期墓葬规模虽然较第三期有所下降，但仍可称为大型墓。从整个墓葬的安排理念来说，这一时期的绝大部分墓葬没有破坏前期的墓葬，只将墓区整体向东移，甚至将坟茔选在临近沟边的位置，这可能只是空间缺乏的一种无奈之举，透露出墓主人与第三期墓葬属于同一机构或集团、延续使用同一块墓地的信息。从整体下葬顺序来看，这一时期的墓葬可能是从冲沟边缘地带向西推进的，可能是由于地域狭窄的限制或冲沟边缘的走向的原因。为了避免打破已经存在的第三期墓葬，墓地管理者将墓葬的方向作了微调，在与第三期墓葬接近处有个别打破前期墓葬的现象，仅是一小部分墓室之间有了交错。年代最晚的 M240 这座特殊墓葬可能另有原因，或许与后期墓地管理的松懈有关。墓葬内随葬品普遍缺乏，墓主人所享受的丧葬礼仪明显下降，入葬的级别降低，未发现明确属于墓主人的殉人，幸运的是盗扰程度也没有第三期严重。在经过清理的第四期全部44 座墓葬中，除因盗扰已经成为空墓、残存骨骼保存太差无法鉴定外，其余可以确定的墓主人全部是成年人，男子的数量也远超过女子，这种人员构成与第三期十分相似，因此，第四期墓葬的墓主人应该还是负责食盐外销机构中的成员，只是地位已经有了明显下降。

造成第四期墓发生上述变化的原因也许有许多，其中最有可能的是，鼎盛时期显赫一时的机构成员由于不能践行管理职能，或者他们所拥有的特权被滥用，社会的协调机制不平衡，导致机构收入出现下滑。在支撑其上层管理成员奢侈腐化的经济基础发生了变化后，整个机构或集团的地位不再巩固，开始逐渐走向崩溃。这一时期的墓主人不仅经济实力大不如前，而且整体远不如第三期时那样位高权重，或许影响力也已经明显下降，所以出现了墓葬规格走低的现象。另外的一种可能是，随着社会的发展进步，管理者更新了观念，管理风格发生了变化。也不排除附近另外设立了新的食盐外销管理机构，坡头所设机构中管理者的权力、地位和经济实力因竞争而下降了。甚至有可能统治这一区域的那些售盐集团的地位受到了某些新兴势力的冲击，导致这里的墓主人财力匮乏，以至于无力承担昂贵的墓葬管理费用。尽管以上的各种现象可能交织在一起，但拥有销售食盐的权力是以社会大多数人认可为基础的，即使他们已经没有了以前那样的财力或权力，在发生颠覆性的事件之前，他们的职业可能并未更替或改变。

通过对清凉寺墓地、历史文献和运城盐湖基本情况的分析，除第一期墓葬与后面的墓葬缺乏联系之外，清凉寺墓地的其他三期墓葬与古文献提到的尧舜禹时期运城盆地盐湖的开发和外销有关，这是当时对资源控制的一种方式。展示了如下的变化轨迹：一、墓主人的职业从主要从事农业生产、部族内部少数人"兼职"从事贩运盐湖产的食盐，到墓地附近建立了一个管理食盐外销的机构，专职管理食盐销售，管理机构的驻地应该就在今天的坡头一带，这是在这里发生一系列社会变革的基础；二、入葬规模和阶层分化走过了一个渐进、渐退的过程，由第二期小型墓仅有个别暴力现象，到第三期大型墓内常见殉人，再到第四期大型墓回归寻常，这是墓主人权势、地位的轮回；三、随葬品经过起步、盛行到缺乏的过程，第二期开始出现玉石器和珍稀的彩绘陶器、鳄鱼骨板、猪下颌骨等随葬品，第三期流行来自外地的透闪石玉制作的精美器物及猪犬齿等随葬，到第四期却少见随葬品，这是墓主人拥有财富多少变化的轨迹。清凉寺墓地这些实实在在的物质遗留，既是初期礼制逐渐形成的标志，也反映新制度发生、发展的过程，是一个特殊群体崛起、衰落历程的再现。

中条山区的崎岖小路和黄河干流的原始渡口为潞盐外销提供了重要条件，销售食盐的暴利成就了初期的社会分化、阶级对立，在华夏文明发展史上，清凉寺墓地所在的小地域发挥过十分重要的作用，对盐业资源的商业化运作进行了有益的探索。一种新制度的形成要付出代价，制度的完善也可能出现起伏，每个地域的文化水平可以随着时间推移而兴衰，但总体代表着向新时代或新社会的发展趋势。

第四节　相关的几个问题

在清凉寺墓地发掘中，我们没有找到说明该墓地与运城盐湖有关的直接证据，因此，对墓主人身份和生前职业的分析研究，主要是从外围入手或从后期向前推导的方式。虽然盐湖形成的机制、埋葬深度、初期的采集方式以及文献资料的记载，都说明食盐的最早开发应该在史前时期，恰好与清凉寺墓地第二期到第四期的下葬时间重合，而且两地之间确实有可以通行的山间孔道，清凉寺墓地附近设立具有中转站的天然优势，距离古黄河渡口也不远，但目前我们仍旧面临一些无法回避的问题。

一、缺少居住遗址的信息。墓地所在的坡地范围内缺乏同时期的居住遗址，所以，这里埋葬的人应该曾经生活在对面山梁上坡头遗址区域内，但目前对该遗址的认识仅限于调查收获，不仅不能明确将不同时期的死者与其生前的情况对应研究，进而揭示不同时期居住区的性质，而且没有资料说明遗址区是否保存与墓地同时的建筑遗迹，有没有与存储食盐相关的遗迹，不利于认识当时的社会发展情况和文明进程。因此，发掘遗址区对墓地的认识具有十分重要的作用，也对文明起源研究具有特殊的意义。

二、不知盐湖"集工捞采"的生产中是否有专用的工具。在海盐、井盐的生产中，都有比较齐全的流程，也有专业的生产工具和专门的生产场地，但运城盐湖由于自然天成的特点与其他地区的食盐生产方式没有任何相同之处。即使在历史时期的采集中，也没有资料说明哪些器皿专门用于收集食盐，目前的研究还不能说明什么样的遗迹或遗物必然与盐湖的早期开发有关，更无法确认何种器类是用来运送或销售食盐的，不能为清凉寺墓地与盐湖的关系提供更多确凿的依据。

三、不知中条山区南侧是否存在史前时期用于食盐销售的中转站。在历史时期，经过山区的驮运道确实曾经用于运送食盐，但我们在中条山区的调查中，未发现任何能够说明早在史前时期就存在这些道路的遗存。黄河干流上的摆渡，历史上也曾经是盐运的重要方式，但由于渡口周围的变化太频繁，到底从什么时候开始使用也没有留下任何证据。唯一可能保存中转站证据的坡头遗址区，调查中也没有发现保存食盐的相关设施，使我们的研究只能建立在推测的基础上。

四、文献资料中缺乏芮城县盐道的详细记载。同在盐湖南侧的平陆县，境内的中条山中有多条南北向通道，也许是由于与中原腹地郑洛地区等地连通更加便捷，或者是历史时期盐湖开发的重点转到了东池（即今天的盐湖），所以，文献中对平陆作为盐道的记载十分详细。而最早开采食盐的解州及外销通道反而鲜见记载，只在地方性史志的记载中能够找到一些线索，但却缺乏系统性，使成就了不俗外销业绩的早期销售管理人才湮没在遥远且模糊的过去，清凉寺墓地那样富有的墓葬也成为一个难以解释的谜团。

五、我们还没有将史前时期盐湖的开发和外销这个课题提到应有的高度。以前，我们对盐湖的研究局限于其地质时期的形成机制、包含成分、采集的方式和利用，即使谈到盐湖的开发史，也只注意在后期有文献资料记载的辉煌历史。由于没有足够的资料，对"南风歌"也缺乏充分认识，对早期开发时期的外销历程更鲜有关注。

虽然有上面一些不确定的因素，我们还是决定将这样一篇以推测为基本方法的内容收入清凉寺史前墓地的发掘报告中，这是因为考古发掘的目标是用有限的资料复原已经过去的社会发展历程。清凉寺墓地的发掘中发现了这样一批葬制特殊的墓葬，并且出土了大量集中了不同文化传统因素的玉石器，肯定有着不同于一般墓地的特殊原因，让我们终于有机会对食盐的销售在社会发展过程中的作用这个问题进行探讨了。更重要的是涉及中国古代文明起源的历程这样一个重大的课题，理应引起各相关学科学者的关注，对中原地区率先进入文明时期的机制重新进行评估。如果我们无视这些现象，就是对历史、对现实不负责任。虽然我们的解读可能存在着许多缺陷和不足，但却是我们为认识该墓地做出的努力和探讨，因此，我们愿意将这些不成熟的认识提出来，希望能够让关心该墓地资料、关心中国古代文明起源历程的学者和朋友们对盐湖开发和销售进行更详细的诠释，一起探索特殊资源与文明进程之间的关系。

第十六章　清凉寺墓地反映的文化进程 *

　　史前社会的发展总趋势是由相对简单逐步复杂化的过程，然而，由于环境、传统和文化交流等方面因素的影响，各地的发展和复杂化道路、方式有较大差异。在讨论文明起源时，人们总是对大型聚落遗址最关注，无论是城市的兴起，还是宫殿、祭祀类基址的出现，都让人有一种文明时代呼之欲出的感觉。与此相适应，一个完整的墓地也是反映文明化进程十分重要的载体。其实墓地本身就是其所在聚落的重要组成部分，是墓主人生前社会和精神生活的部分再现，丧葬习俗是现实生活制度的缩影，反映着整个聚落内涵的一个侧面，与所在区域的文化进程密切相关。所以，对墓地的解析不仅需要将其与居住区相互对应，并且应该放在区域文化的角度来进行考察，这将有助于对墓主人生前所在社会的认识。

　　在对清凉寺墓地的资料进行总结和梳理的过程中，我们曾试图将墓地特殊的现象与对面的坡头遗址区的遗迹进行整合。在田野调查中，我们在遗址区周边的断崖上确实发现了分布密集的窖穴，而且个体规模也较大，但由于遗址区没有进行过正式发掘，没有迹象表明这里有一个城址或高等级居住区，目前得到的信息还不足以反映当时聚落的真实情况，因此，不能给认识墓地提供更多信息。我们只能对清凉寺墓地主要发掘收获进行梳理，释读墓地葬制保留的信息，全面解析墓地不同阶段葬制、随葬品折射出来的社会生活变革。首先通过对墓地的部分因素与其他区域的考古学文化进行纵向和横向的对比分析，得到一些文明初期社会变革方面的线索，包括阶层分化的出现、社会秩序的改变、阶级矛盾的激化等具有代表性的变化过程，展现一个区域文明起源的发展轨迹。在此基础上，我们还需要将墓地和当地的特殊环境、自然资源等具体情况结合起来，与中原地区同时期的整个社会进程进行整合，诠释文明和国家起源的不同模式，从中总结中原地区文化发展的机遇和机制，进而探索中原地区文明化进程的道路。

　　我们分别对清凉寺墓地的墓葬布局、下葬方式和墓内随葬品的变化等方面进行考察。

第一节　墓葬布局与下葬方式反映的文化进程

　　部族内部举行群体活动的传统由来已久，葬礼应该从人类开始刻意将死者埋葬入土的时候就已经产生了，对死者的祭祀也是社会活动的重要组成部分。在视死如视生的观念驱使下，部族或集团的成员死后，无论穷达贫富，必然要举行一整套祭祀礼仪，下葬时也会举行入葬仪式，这样

---

　　* 本章执笔：山西省考古研究所薛新明。

才能将生前与死后衔接起来。但是在不同阶段，其表现形式有一些区别，而且，新秩序对旧传统的否定与超越总是不断发生，尤其是财富和文化的积累达到一定程度时，一些繁文缛节就必然应运而生。从墓地的选择、墓葬位置的安排，到下葬的方式，总是与墓主人生前所在聚落的规模、人员构成等实际情况相辅相成，而且与不同阶段社会发展的水平密切相关，因此，分析墓地中每一期墓葬的情况都要与其居住区信息和时代背景结合起来。清凉寺墓地的重要性体现在部分地复原或再现了本区域社会复杂化的全过程，虽然我们在墓地没有发现能说明丧葬仪式具体情况的线索，但根据每个阶段墓葬的不同现象，尤其是对第二到第四期墓葬的布局、下葬情况的分析，我们可以看出这一地区葬俗变革的大致历程，进而探索当时社会发展的基本趋势。

墓地第一期墓葬形成时期，寺里—坡头遗址已经出现了较稳定的居民，但当时的墓葬很少，而且分布不太规范，有两座墓葬的方向与其他墓葬不统一，其中一座墓主人头向东北的墓葬还被墓主人头向西北的墓葬打破，早于这一期的大部分墓葬，因此，从墓地布局的角度来看，第一期墓葬只有 15 座墓。这些墓葬整体从西北到西南部呈弧形分布，比较分散，南北跨度接近 40 米，遵循着统一的形制和方向，已经有了较固定的范围和规则。墓葬皆为东北—西南方向，墓主人的头向西北的山梁，葬式均为仰身直肢，墓内没有任何随葬品，显然当时并不流行厚葬，这一特点与临汾盆地的翼城北撖遗址第一、二期的情况类似，却与同属于仰韶早期的半坡文化习俗差别明显。虽然没有发现这一时期的陶器，但因为这些墓葬与东部保留的瓮棺葬、中部残存的居住址属于同一个小型聚落，瓮棺葬具的特点就能够代表墓葬的年代范畴。瓮棺所用陶罐的器表装饰、形制，有一些半坡文化的风格，但更多因素接近山西翼城枣园遗址第二期至北撖遗址第一、二期遗存，我们认为清凉寺墓地第一期的主体风格仍旧保持着晋南至豫西地区枣园文化以来的传统。从大的时空范围来看，黄河三角地带是东西两大系统交融的前沿地带，这一时期，晋豫交界地区的枣园文化可能已经与半坡文化有了较多交流，甚至引入了部分半坡文化的因素，在对峙与渗透过程中，这里的居民们从对方的文化内涵中吸纳适合本地生活的元素，后来盛行一时的庙底沟文化正是这种交流、融合的结果。

长期以来，晋豫交界地区少见属于仰韶中、晚期的大型墓地，在清凉寺墓地的发掘中也未发现这一阶段的墓葬，与遗址中大量属于庙底沟文化的遗迹形成很大的反差。近年来，在与清凉寺墓地仅隔一条黄河的河南灵宝西坡发现了属于庙底沟文化晚期的墓地[1]，无论是墓葬规模、入葬规格，还是随葬陶器、玉石器的新资料，都表现出与半坡文化时期显而易见的差别，为研究当时的墓葬习俗、社会制度提供了极其重要的资料，也让我们原来的一些认识得到修正。由此看来，早在庙底沟二期文化以前的相当长时间里，清凉寺墓地所在的地区已经有过厚葬习俗，而且存在着阶层的差别，这对解释清凉寺墓地的一些特殊现象颇有启发。仰韶晚期，中原地区的整体文化发展水平陷入低谷，然而，地理位置的优势让这里的居民更容易接受不同文化传统的影响，在来自不同区域文化因素的汇聚和促进下，晋豫交界的黄河两岸地区率先取得了突破，从而促成庙底沟二期文化的崛起，这在史前文化的发展中具有十分重要的意义。经过数百年的苦心经营，中原文化有了飞跃性进展，发生了脱胎换骨的变化。清凉寺墓地的资料显示，至晚从庙底沟二期文化

---

[1] 中国社会科学院考古研究所、河南省文物考古研究所：《灵宝西坡墓地》，文物出版社，2010 年。

晚期开始，新的习俗或礼制已经初现雏形，新制度的成型、成熟是一个渐进的过程，到第三期代表的龙山时期，社会阶层分化和阶级对立已经十分明显，一个全新的制度终于诞生。

墓地第二期墓葬布局虽然不太规整，但根据墓葬的密集程度和模糊的界线来看，分为几个小区域、互不侵占的规则比较明确，或许属于几个不同的亲缘团体，具有家庭或家族的传承关系。在每个小区域内，墓葬的排位与规模区别并不大，看不出以某一座或某几座墓葬为中心的迹象。墓地的所有墓葬的规模接近，男女成员构成合理，基本格局清楚，不同区域之间的墓葬形成共存关系，构成一个更大的居民团体，符合部族墓地的基本特征，也许就是同一个部族。由于清凉寺附近的缓平地带狭窄，未发现同一时期较大规模的居住区，所以，这里埋葬的应该是居住在清凉寺东面坡头一带的部族居民。这一时期墓葬之间的差别，最直接的表现是墓主人是否拥有随葬品以及随葬品种类、数量的不同。在每个小区域内都有部分墓葬中空无一物，仅有墓主人的尸骨；另外一些墓葬中随葬着类别、质地有别的玉石器或其他随葬品。拥有随葬品的墓主人不仅富有，而且应该是部族中等级较高的上层人士，也许同一个家族内部还可以划分出不同的级别，而且不同阶层人士已经有了比较分明的界限。在随葬的玉石器中，多孔石刀孔数的区别、是否拥有石钺或许就是不同等级的标志。由此来看，当时确实已经有了人与人之间地位的差别、家庭与家庭之间财富的不均，但差别以单个墓葬之间的不同表现出来，没有出现一片墓区整体富有、另一片墓区较为贫困的情况，尚未形成一个人对一群人或者一个家族对其他家族的统治或奴役。既没有证据说明拥有随葬品的墓葬必然晚于没有随葬品的墓葬，或者相反，也就是说，随葬品的有无并不能确定墓葬的早晚；更没有证据说明死者地位的高低与墓位的安排有直接联系。尽管不同于本地传统的新理念已经进入这个具有深厚文化积淀的地域，但贫富分化并没有冲破部族规范对成员的约束，人们的观念、意识和思维成长的水平也没有突破血缘关系的束缚，个人与个人之间或家庭内部开始的不平等并没有影响到他们各自在整个墓地人群中的总体地位，社会不同阶层人群之间还没有达到尖锐对立的程度。根据对墓葬的碳十四测年数据，这种情况延续了数百年。

但整体的规范、基本的平等并不能掩盖个体之间的差异。墓主人的葬礼肯定是根据他们生前实际生活中地位、权力差别按级别举行的，特殊人物死后的程序可能很复杂，墓葬规模、下葬方式的差别与墓内的祭祀用品、礼器一起反映了特殊部族成员与众不同丧葬礼仪。每一个墓葬的下葬情况都建立在基本的社会分层基础之上，这是墓葬制度由不太规范逐渐趋于完善的物化形式。我们将关注点集中在少数墓葬的特殊情况，因为这些现象能够说明发展中不和谐的另类特质，根据对这些迹象的比较分析，能看出社会进步的曲折轨迹。虽然这些墓例在本期墓葬中所占比例不大，并不能代表当时的主体，但肯定得到了部族内部的认可，这是一种整体平静之中掩藏着的潜流或波澜，大约从这一时期开始，本地艰难地迈出了走向成熟的步伐。

首先讨论编号为 M67 这个并不完整的特殊墓葬。该墓东半部绝大部分被同一类小型墓 M58 和 M66 破坏，墓葬范围已经不太清楚，墓主人为一个 20~25 岁的女子，仅保存有头部、右上臂、手腕及少量肋骨、椎体。在墓葬接近南壁处发现有 3 件玉石器，组合与本期其他墓葬相同，其中有组合器物石钺和单孔石器各一件，另外右手腕西侧还发现由一件玉环残断形成的透闪石玉璜——这是属于第二期墓葬中可确认的唯一透闪石玉质器物。墓主人头部南侧则散置一件鳄鱼骨板，头部西北侧还有大量猪犬齿，这种随葬品组合已经达到本期地位最高的级别，尤其是透闪石玉器和猪犬齿，与第三期初的同类器物相同，给人一种富有、高贵的印象。但是，墓主人骨骼的碳十四测年数据属于第二期的最早阶段，而且，食性分析显示墓主人的食肉量低于本期平均值，粟类是其主要的食物，生活条件的"贫困"程度甚至接近第三期才存在的殉人，测年数据、随葬品现象和她的食性数据显得很不匹配，反映着转型期的混乱。

在第二期的墓葬中，共存在表现墓主人不平等的三类特殊墓例，其中有发生在男人与男人之间、女人与女人之间的暴力现象，还有疑似仆人给主人殉葬的情况。

男人与男人之间的暴力现象仅一例，这就是前面已经多次提到的 M51 与 M61。在这组墓葬中，两个墓葬的主人全部是成年男子，其中 M61 的墓主人是一个家境殷实、地位较高的死者。M51 的墓主人在 M61 下葬之后另掘一坑直接活埋入墓，并且以下跪的方式安排在 M61 墓主人的脚踝处。这种以暴力手段让人下跪的入葬方式非同寻常，明显是对人格尊严的严重损害，反映着极端的不平等。如果说他们生前确实有过某些纠纷，应该不会是普通的问题，肯定超出纯粹个人恩怨的范围，而是关系到生死存亡的大事。根据对墓地部分死者进行的食性分析，M61 墓主人尽管吃肉偏多，但基本在正常的范围内；但对 M51 的检测却出现了不同结果：锶同位素检测确认 M51 墓主人出生在本地，应该与 M61 的墓主人属于同一部族，但食性分析却表明他死前的若干年间生活在南方的江淮地区。有理由相信，在大部分时间内，这两个人并不生活在同一个地方。引发他们采取如此超常手段的原因可能与这种生活在两地的现象有某种联系，而且当时本地的居民显然认可了这一做法，否则，他们不可能先后进入部族墓地，正如我们在前一章中指出的那样，或许这是食盐外销中产生的经济纠纷在墓葬中的真实反映。无论如何，两个男人的不平等待遇继续发展，必然导致各自代表的阶层或集团之间发生冲突，由此开了不同人群间尖锐对立的先河，成为阶级压迫的起点。

第二种特殊墓葬发现于 M112。该墓埋葬的是两个成年死者，墓主人为一个 50 岁左右的女子，仰身直肢，与其他同时期的墓葬并无差别。特殊之处是在接近南壁处趴伏着一个 35~40 岁的女子，死者垂首、躯体倾斜，左臂扒在墓壁上，显得极端不情愿。如此非常规的葬式，显然不是正常埋葬。她与墓主人同时死亡的可能性极小，应该是墓主人下葬的同时被推入墓坑中活埋的。这两个死者的身份让我们极端困惑：如果她们是同一个家庭的女人，正常情况下可以分别享受本部族成员应有的礼遇，根据当时男女分穴埋葬的惯例，不会埋入同一个墓穴，更不能采用这样的葬式；如果非正常入葬的女子是其他部族或家族的成员，只能是给墓主人殉葬的，然而为什么要选择一个成年女子为一个已经接近老年的女人殉葬呢？按一般部族内的分工来说，女子不会参与对外贸易或其他生产领域的经营，两人之间应当没有不可调和的矛盾。选择仆役的话，应该使用年轻人。莫非是家中的管家之类的成员？如果确实是这样，这两个女人之间的不平等反映着家庭内部人与人之间地位的极大落差，居然能够让一个人被迫以死相殉，矛盾不可谓不大。

第三种特殊墓例以 M79 为代表。该墓的主人为一个 30~35 岁的男子，仰身，身体中部呈弧形向北弯曲，双臂在体侧顺着身体的弧度向外张开，双腿呈弓形分别向两侧之外凸出，是一个具有较高身份和地位又家境富裕的死者。墓葬东南部和东北部各有一个 18~20 岁的女子，东北部女子腿部以下还叠压着一个 11 岁左右的儿童。除墓主人外，这三个人均不是正常的葬式，但也与第三期的殉人有一些区别。两个女子生前可能有一定的地位，或许是墓主人的近亲或十分得宠的侍从，或者生前还为墓主人管理着某方面的事务，但是她们没有享受到一个正常墓主人的待遇，扭曲的姿势可看出活埋进墓内时的不愿和抗争，而这个儿童无论是葬式还是年龄，均与第三期为墓主人殉葬的孩子具有相同含义，当然是墓主人的牺牲品。M79 不同死者的食性也有异常的情况：在四个人中，墓主人的地位显然最高，但却吃肉最少；墓内其他非正常入葬的死者虽然都是以小米为主食的本地人，但吃肉却较多。如果我们单纯以吃肉多少来衡量人的地位高低，M79 的情况显然与这个标准不符，应该是一种特殊的例子。也许墓主人生性不爱吃肉，而两个女子虽然出生于本地，却并不是本部族的人或不是墓主人家庭中的成员，曾经在较长时间内生活在另一个的地方，甚至有生活在江淮地区的可能，只是在墓主人下葬时才被迫充当了殉葬的角色。另外一种可能性是，她们是墓主人的侍从、管家或仆役之类的下人，但从事着一些特别的工种，致使吃肉较多。无论如何，她们不可能与墓主人同时死去，被强制埋入该墓中，表明墓主人生前具有役使这些人的权威。这是一幅主人、仆人生存状态的生动再现。与 M79 情况类似的还有 M82。该墓内除墓主人外，另外几个不正常入葬死者的待遇与埋葬在 M79 墓内的两个女子及小孩基本相同。两个墓葬相距很近，墓主人应该是同一个家族的成员，而且死亡的时间也相差不大。如此看来，在第二期的某一阶段，至少个别家族内部已经能够认同这种方式了，或许当时的富有家庭、地位较高的部族成员已经对一些地位低下的仆人有了生杀予夺的大权。

　　以上这三种特殊的墓例中，多数发现有不同质地的随葬品。各种珍贵的玉石器和其他珍稀物品，无一例外地都放在墓主人的身旁，璧、环类器物则叠套在墓主人的手臂上。那些非正常入葬的死者绝大部分一无所有，只有 M79 和 M82 两个墓葬中的个别死者旁边放着陶器。这些器物应该也是属于墓主人的，只是这些接近陶器的死者生前为墓主人管理着某些事务，这也是他们身份为仆役的体现。而 M51 墓内未发现任何随葬品，这是因为该墓的主人本身附属于另外一个墓葬，并不是这组墓葬的主体，与其他墓葬的非正常死者情况类似。依此来看，第二期的部分家庭中，已经有了类似第三期的殉葬现象，殉葬者除了墓主人生业竞争中的对手外，其他人应当是从家庭内部的"管家"、"仆役"中选择的，人对人的压迫是从个人与个人之间或家庭内部开始的，并没有刻意寻找、捕捉或买卖用来殉葬的殉人的现象，殉葬在这个时期并未制度化。但是，以如此残酷的方式陪葬，甚至比第三期用小孩殉葬的现象更加血腥，或许，这就是一种新制度产生过程中的特殊现象。需要注意的问题是，这种人格不平等现象极少，只存在于个别墓葬之中，并没有成为普遍且至高无上的社会规则。从这一点来说，虽然当时整个社会已经有了阶层划分，而且本期的这些非正常入葬现象与第三期的殉葬制度有一些渊源，但性质迥然不同。

　　第三期墓葬无情地破坏本区域已经存在的坟茔，而且设计了十分完善的墓葬排列方案，明显是一种侵占。墓主人的男女构成比例与第二期有了很大的不同：在可以鉴定的所有人骨中，墓主人全部为成年人，其中男性接近 80%，而女性只有 20% 左右。这绝对不是一个部族应该存在的现象，表明这里不再属于原来那个普通的部族，而是设在附近、以男性为主、以销售食盐为职业的机构或集团的集体墓地。他们驱逐了第二期那些墓主人的后代，执行了一种新兴的制度。新制度的出现不仅要有适宜的社会环境，有一整套人人遵守的秩序规范，而且要有一个具有很大权力的社会组织去实施。由此看来，这些新来的墓主人有着凌驾于其他群体之上的显赫地位，内部组织和职能分类已经比较完备了，为了规范不同等级人群的区别，打破中原地区长期奉行的常规，让极度的不平等渗透到整个社会的各个角落，暴力成为这一时期司空见惯的现象，墓葬中便有了普遍的草菅人命现象。在已经发掘的墓葬中，定格了一些当时社会上普遍存在的规范，其中最令人发指的就是殉人制度。将年幼的孩子及个别成年人作为墓主人的殉葬者一起埋葬，让他们在另外一个世界继续侍奉主人，场面十分残酷，对于被迫殉葬的死者及其亲属来说，被埋入墓的那一刻无疑是一种灭顶之灾。这种现象一般盛行于阶级社会，而且在国家机器比较健全以后比较常见，在我国史前时期的考古发现中，虽然也有个别地方存在着殉葬现象，但普遍殉人的墓地十分少见。清凉寺墓地的殉人只发现在第三期，尽管每一个具体的墓葬情况不尽相同，但基本程序和含义应该是相同的。

依入葬先后为序，一种新的制度形成、成熟和变化的过程十分清晰，这个过程中的变革符合不同阶段人们奉行的礼制要求。本地的葬俗从第三期开始走上了逐渐规范的轨道。位于西部下葬年代较早的墓葬，主体虽然发生了变化，但阶层区分得到延续，一些类似第二期特殊墓葬的现象仍旧存在，尽管墓葬规模普遍较大，但南北相邻墓位的排列并不整齐。墓主人为了彰显他们生前特殊的荣耀与权威，不仅继续随葬各种玉石器和其他珍品，而且将前期非正常埋葬死者的现象逐渐规范为在墓内殉人，但殉葬人员构成还不太完善，既有成年人，也有小孩子。成年死者尽管生前可能有较高的地位，有的可能是为墓主人管理某些事务的近侍，但也只是从事的职业不同，与其他随葬品和祭品一样，都是殉葬制度的牺牲品。我们可以从具体墓葬的情况了解当时的葬制。编号为 M53 和 M146 的两座墓葬的年代最早，均属于本期的西端第一排，两墓中间还有属于同一时期的另外一座墓葬。M53 打破了第二期的 M54，墓室内的人骨比较乱：男性墓主人 51~60 岁，仰身直肢，葬于墓室正中间；墓室南侧为一个成年男子，仅存一些毫无规律的头骨残片和少量下肢骨；墓主人下肢上斜置一个 12~13 岁的儿童，西北—东南方向弃置，无头骨，仅残存少量肋骨、肢骨和髂骨部分。除墓主人之外，这两个死者显然不是正常埋葬，骨骼缺失的原因不太清楚，或许在下葬时就已经不全，有可能是本墓下葬前挖出来的前期人骨又被填入本墓，也有可能是后来盗掘该墓时散失。M146 位于 M53 南侧大约 6 米处，虽然西半部被建设或维修清凉寺大殿时破坏，但基本殉葬情况清楚，墓主人位于墓室正中间，是一个成年男性，年龄不详。墓内拥有四个殉人，单独殉葬的是位于北侧二层台内的一个 20~25 岁女子，女子侧身屈肢，怀抱着两件玉石器，生前应该有较高的地位；其余三个殉人全部弃置于墓室的东部，在紧贴棺木的墓壁内侧，错乱地叠置着 14~17 岁的男孩、11~12 岁的儿童和 27~28 岁的女子各一个，他（她）们姿态不一，或躺或卧，相互纠缠、交叉在一起，显然在下葬时用的是活埋的方式。殉人身下发现有彩陶瓶、六边形凸沿石器、长方形双孔石刀以及鳄鱼骨板等特别的随葬品。这两座墓葬的殉人方式与第二期的 M79、M82 等墓葬有些类似，理念应该一脉相承，但和墓地中部为代表的绝大部分第三期墓葬情况不同，还不是殉葬制度健全后流行的方式。在两座墓的死者中还有一个特殊的现象：少部分人有不同于本地大部分人的食性特点，其中有的是墓主人，也有的是殉人。M53 的两个非正常入葬的死者中的成年死者达到了纯肉食水平，或者是某种特殊肉食的享用者，具备了南方生活的食性特色，而儿童则食肉很少，这个成年殉人应该具有不同的生存环境或饮食习惯。M146 墓主人的食物主要由肉类组成，除了家畜和一般陆相野生动物外，还应有一些水产品或猛兽的肉，这是墓地目前唯一确认具有江淮地区食性特点的墓主人，但墓内三个非正常入葬死者的食物中肉食含量很低，以粟为绝对主食，似乎更接近本地大部分人的生活习性。这是这个转型时期南北方文化交流比较频繁的反映。

随着时间的推移，殉葬制度日益趋于规范，所有墓葬底部接近圹边的位置均有熟土二层台，也就是说全部用了棺材，墓底铺撒朱砂，墓内随葬精美的玉石器和其他珍贵器物，使用稀缺的祭品。对于墓主人及其所在的部族、集团或机构来说，隆重的葬礼是执行一种至高无上的社会约定，也是对死者无限的追念和虔诚的安慰，既要彰显出墓主人的富有，也要表现其特殊的荣耀与权威，其中最重要的标志就是用活人殉葬作为一种制度性习俗固定下来，强制性的规则严酷且苛刻。殉人一般发现于棺材之外的熟土二层台内，每座墓中殉葬人数多少、殉葬人员的构成，由墓主人生前的地位或整个集团势力的强弱及入葬时间决定，在不同的阶段情况有一些区别。以下两座墓葬反映的是年代较早并且比较典型、成熟的新葬制：本期西端第二排的墓位已经排列比较整齐，其中的 M52 位置偏北，未与其他墓葬发生打破关系，尽管也被盗扰，但保留了较完整的信息。墓主人是一个 35~40 岁的男子，葬式为仰身直肢，头部和部分上半身整体被翻转过来，置于西北侧，不仅面向下，包括胸部、双上臂和部分脊椎骨均向下作俯身状，另外一些肋骨部分弃置于墓室的北侧，右腿和左腿的股骨平行伸直，左腿膝盖以下向内斜置，接近踝骨部双腿并拢。在该墓二层台的东北角有一个 5~6 岁的殉人，上半身向内蜷缩，头部低垂，脊椎弯曲，双臂向前下方伸展，下肢屈曲近下跪式，其状甚为悲惨。墓主人的食肉量很少，粟类食物占大约 84%，或许与其生前的职业有关。M57 位于 M52 南侧大约 6 米处，东北部打破了第二期的 M110，西部和西南部打破了第二期的 M74（下部是 M111）和 M114，圹边保存完整。墓主人是一个 40~45 岁的男子，葬式为仰身直肢。二层台北侧中部叠置一个 5~6 岁的儿童骨骼，头向西，面向上，残存的右臂顺置于北侧墓壁旁，其他部位的骨骼已经朽腐不存。根据其他相邻几排墓葬的情况可知，从这个时候开始，墓葬中无论拥有几个殉人，皆为未成年的孩子，入葬的姿态各异，有的呈蹲踞式蜷缩在墓葬的一角，有的呈俯身式横趴在墓葬的一端，也有的为垂首下跪状，他们入葬时挣扎、捆绑的现象直到发掘时仍然有迹可循。无论以何种方式埋入墓坑，都是违背本人意愿的极端行为，表现了这些孩子的悲惨境遇，展现出比较复杂、血腥的场面。这些小孩子与墓主人没有任何血缘关系，也不太可能是墓主人所在集团或机构的正式成员，而是一个特殊的人群，他们或许是从周边其他部族中抓来，或是在某种压力下被送来，与奉献给墓主人的其他随葬品具有类似的含义，纯粹是制度规定必不可少的特殊随葬品，成为丧葬礼仪的一个组成部分，但从其形成之初，严重的隐患便埋下了这个集团或机构最后倾覆的伏笔。

第三期最强盛时期的墓葬位于墓地正中部，规模最大、规格最高的一排墓葬是从西向东的第四排，属于这一排的墓葬也因墓主人的财力和权力不同而有区别：最北侧的墓葬已经盗为空墓，无法知道具体情况；中部的两个墓中只殉葬 1 个孩子；而靠近南部的几座规模最大的墓中，殉人都在 2 人以上，全部用小孩殉葬，无论从规模还是葬制，殉葬制度也达到极致，只是由于被盗扰的程度最严重，已经不能复原下葬时的情形了。以 M272 为例，该墓位于墓地中心偏南部，墓主人为一个成年男子，由于墓室全部被盗掘扰乱，尸骨散乱地扔在墓室中部。墓内殉葬两个孩子，都是活埋的，场面触目惊心。其中靠近墓圹南壁、头向东的是一个大约 7~8 岁的儿童，整体呈直肢状，上身严重扭曲，右上肢扒在墓壁上，似乎挣扎着试图爬起来。近东壁处趴着一个 6 岁左右的儿童，头向南，上肢向下伸，下肢屈曲呈"M"状，被按压入墓室的痕迹尚存。随着该集团成员死亡人数和每个墓葬殉葬人数的增加，需要的殉葬者也相应增长。这是一个庞大的数字，大约当时已经有了某种获得这些孩子的渠道或方式。然而，无论怎么得到孩子，都会让这些墓主人生前所在集团与孩子所在部族极端对立。这时的集团成员生活整体比较好，根据对部分墓葬的食性检测，墓主人生前的饮食条件得到改善，食物结构与第二期接近而偏优越，喜爱渔猎获取的肉食，而家畜的比例反而下降了。与此相反，未成年的殉人，虽然与墓主人均生活在以粟为主食的墓地附近区域，却不是生长在优越的环境中，也就是说墓主与殉人不属于同一族群，也不在一起生活。不同阶层成员的境遇有了天壤之别，而且距离日益加大，显然突破了以前部族内部精神、意识和道德观念的束缚，是整个社会具有严格阶级划分的曲折反映。由于缺乏制约的机制，集团管理具有浓郁的专制色彩，滥用刚刚获得的权力，殉人所属群体与墓主人所在集团之间的对立也达到十分尖锐和程度，维系社会运转的制度走向了畸形，殉葬现象成为这个新兴制度潜在的破坏力量。

从墓地中部向东发展，墓葬规模在逐渐变小，规格日益下降，墓葬制度悄然发生着变化，东部三排墓葬的墓位安排虽然还按照规划整齐地向东扩展，但基本没有殉葬现象了，联系到随葬品也日渐减少的情形，说明这一时期只是保持着已经形成制度的外壳，墓地的辉煌时期也已经过去。第四期墓葬的墓主人也是男多女少，与正常的部族情况不符，埋葬的应该还是第三期时已经建立起来的那个机构或集团中的成员，但墓主人已经不再有往日的权威和崇高的地位。墓葬延续了第三期后一阶段的衰落趋势，奢侈现象一落千丈，入葬的规格明显降低，享受的丧葬礼仪显著下降。玉石器随葬很少，只有部分墓葬中还依稀可见一些曾经盛行的文化传统。这是集团的财力下降所致，盛极一时的隆重葬仪再未重现。令人吃惊的是墓主人生前的生活水平并没有下降，仍旧保持着较高的生活水平，根据食性分析，第四期的肉食水平进一步提高，家畜类肉食的份额有了增加。

我们在分析墓地死者的食性时，发现了一个值得重视的特殊现象，第二期至第三期初，个别墓内具有江淮生活背景的死者，除一个是墓主人外，其他人都不是正常入葬，包括殉人和被迫下跪的成年男子。这应该不是偶然的。给我们这样两个信息：其一，这种现象正好与中原地区开始随葬玉石器的时间重合；其二，这些具有江淮食性特点的死者多数不是正常入葬的成年人。根据前面对清凉寺墓地资料的梳理，第二期中原地区与江淮、长江下游和黄河下游开始频繁交流的时期，一些产于江南的珍稀动物被作为随葬品埋进部分富有者的墓中，东方、东南方流行多年的玉石器传统被传到中原核心区域，或许与东、南方有文化的交流还有人员的流动。无论是清凉寺一带出生的人到过南方，还是南方部分人员来到中原，都能够促进两地文化的交流，从而碰撞出新的"火花"，引发大规模的文化变革。同时，这些人的流动正好与文献资料记载的运城盐湖开发时间吻合。我们是否可以设想：分别生活在两个不同地方的人在食盐外销主导权的争夺中发生冲突，如果说 M146 的墓主人确实在死亡之前生活在江淮地区，在这类人中地位得到承认或许是因为其从事着宗教职业，而其他具有这种生活经历的人全部被作为殉人或者类似殉人的角色被弃置于墓室内或另掘一坑活埋。显然，本地生活的人在这场销售权争夺中占有绝对优势，主导着食盐的外销工作，而来自江淮的少数人或负责与江淮、江南和黄河下游等地区联系的人处于从属地位，甚至于是被奴役的对象。

清凉寺墓地年代最晚的一件大事是第三、四期墓葬被盗扰，这个现象大约出现在龙山晚期，第四期部分墓葬中死者被拖动的情况说明有些墓葬在下葬后不久就被盗扰了。显然，食盐销售集团与当地其他群体之间的尖锐矛盾在墓地的最后阶段并没有得到缓解，反而以更激进的方式表现出来。这次行动或许是周边部族或与之有世仇的人们的报复行为，甚至有来自临汾盆地的部分人员参与，所以，在 M269 的盗洞填土中才会发现只有陶寺文化晚期才有的直口肥袋足鬲。被盗扰的墓葬局限于第三、四期，盗掘者显然与这些负责食盐销售的人士有着不可调和的矛盾。第二期墓葬除极个别墓葬在盗掘第三期相关墓葬时被波及外，其他基本保存完好。也许是因为这些墓葬的主人属于当地的一个普通部族，而且，并未做出伤天害理的恶性事件，所以才得以幸免。当然，如果说主导这起事件的成员来自那些殉人所属的部族，或者是被掘了祖坟的第二期墓主人的后裔，他们扰乱的自然更不会涉及第二期墓葬，而只是第三、四期墓葬了。另外，有一个重要的背景不容忽视，在这里被盗掘的同时，位于临汾盆地的龙山时期墓葬也被扰乱，整个中原地区可能全部进入了一个类似于后来"改朝换代"的变革当中，也只有这样的大背景之下，下层居民或普通部族才有可能对曾经具有极大权势的集团下手，这是中原文化发展和文明起源进程中十分重要的环节。

第二节　随葬品反映的文化进程

在清凉寺墓地第一期墓葬中未随葬任何物品，自然不能以随葬品来认识当时的社会组织结构，也无法与后来几期墓葬反映的情况进行对比，所以，本节不涉及第一期墓葬。但从第二期开始，已经有相当一部分墓葬拥有随葬品，由于此前本地未发现与这些器物属于同一类别的遗存，应该不是当地文化传统的延续。但是，中原不太可能在没有原型模仿的情况下生产出如此规范的器类，也不会突然出现如此成熟的丧葬习俗，应该是引进了其他区域的一些理念，结合本地的具体情况而形成的一种新制度。在这种新的制度中，以随葬器物的方式显示墓主人生前地位、财富的观念已深入人心，礼器、生活用品以及特殊寓意的珍宝，无论多么精美、贵重与价值连城，即使部族内部本身也数量有限，甚至有可能为此付出不菲的代价，只要是墓主人生前拥有的重器，都必须放入墓葬之中，这已经成为葬俗中十分重要的内容之一。在史前时期的礼制形成与发展历程中，以清凉寺墓地为代表的中原核心地区起了十分关键的作用，承载着深厚的文化内涵。

一　玉石器反映的文化进程

清凉寺墓地第二到第四期墓葬中发现的玉石器，不仅反映着不同时期的审美意识，而且还涉及自然资源的开发和利用。只有积攒了大量财富的部族或集团，才有能力参与以玉石器制作为代表的奢侈手工业生产。专业化的生产程序和有效利用是制造业进步的标志，反映了不同阶段和不同层面的文化进程，是我们认识当时当地治玉、用玉的珍贵线索，其中透露出的信息也是研究当时中原地区文化进程的内容之一。

我国玉石器的开发可早到新石器时代早期，进入新石器时代晚期，年代早于清凉寺墓地的东北地区红山文化、东南地区良渚文化都有比较成熟的用玉制度，在这些地区，发达的玉器已经是无可争辩的礼器。清凉寺所在的中原不是最早开发玉石器工业的地区，发现的这类器物并不多，而且美石为玉的观念支配着人们的行为，多数器物并非矿物学上认定的"真玉"，这里发现的玉石器含义与其他地区是否相同仍旧是一个需要讨论的问题。在清凉寺墓地发现的玉石器并不单纯，不同阶段的种类有较大差别，即使属于同一阶段的同一类器物，其质地、形制和在墓中的位置、数量也有一些区别，在当时的生活中和墓葬中随葬的含义也应该有区别，反映了同一个地区不同时期观念的变化，为探索不同器物的演变提供了线索，也有利于对文化交流情况进行分析。

尽管中原核心区域的河南灵宝地区近年来出土了年代早到庙底沟文化的玉石器，由此引起人们对中原地区传统文化特点的重新认识和估计，但就目前的资料来说，仰韶晚期至庙底沟二期文化期间大型墓地发现较少，是否存在大规模随葬玉石器的现象仍然没有依据。让人吃惊的是清凉寺墓地第二期出土了大量玉石器，而且比灵宝西坡墓地发现的器物种类更加齐全，这是中原地区目前发现大量随葬玉石器年代最早的墓地。虽然开始时，玉石器制作并不十分精致，但品类固定，特征突出，明显已经是一种比较成熟的文化现象。当地缺乏同类器物自然演进的前身，显然有其确定的仿制原型。也就是说清凉寺墓地玉石器的出现是外来文化影响的产物，以此为代表的多元文化不断融入可能是导致整个中原地区社会变革的主要因素之一。这种文化传播是否伴随着不同地区之间人口的迁移目前还没有足够的证据，但也是需要我们考察的文化现象。

为了探索清凉寺墓地发现玉石器的渊源，归纳主要的特点，进而分析这些玉石器在中原地区的出现和传播反映的文化、社会进程，我们将清凉寺出土的玉石器分别与其他地区出土的史前玉器作了横向和纵向的比较，发现了一些珍贵的线索。下面我们按分期和器类分析玉石器出土时的情况，并对这些器物的质地、形制演变过程进行梳理。由于第四期的器物发现很少，而且也缺乏新的要素，我们主要以第二和第三期的遗物为分析对象。

（一）玉石器材质变化反映的文化进程

玉石器材料的优劣决定器物的质量，而玉料的选择受到矿源的制约，如果没有途径取得精美材质，人们就会在条件允许的情况下，对每一种不同类别器物的形制、用途进行观察和分析，同时，对矿源进行测试、试验，在制作的过程中，分别用不同的材料制作不同的玉石器，使比较常见的石材表现出最佳的视觉效果。已有学者对晋陕地区新、旧石器时代遗址所见石器的石料材质进行了较精细的统计分析，认为该地区缺乏生成大闪石玉岩体的条件，限制了大规模玉器文化的发展[1]。清凉寺墓地发现的玉石器，除少量用透闪石玉制成之外，大部分器物并非矿物学意义上的"玉"，也就是说这里最早出现具有礼器性质的器物并非是"玉"。然而，用不同岩石制作的器物同样反映着玉石器制造业的发展和进步，探讨中原地区玉石器的渊源、用途，必须以这些"美石"为对象，这是认识不同于其他地区特点的中原早期玉石器的一个重要途径。那么，这些岩石的产地在哪里呢？

确定器物材质的产地，首先需要对出土遗物的材质进行测定。中国地质大学（北京）的员雪梅博士和当时北京大学考古文博学院硕士研究生杨歧黄女士曾经专程来山西，对清凉寺发现的玉石器全部作了观察和分析，并对其中的代表性器物进行了一系列的无损检测，确认了不同器物所用的具体材质类型。在室内检测出土遗物之后，她们又与山西省考古所和中国地质大学的专业人员一起，对清凉寺墓地邻近的中条山区进行了野外地质调查，然后，将采集的岩石标本带回中国地质大学（北京），在实验室进行了切片鉴定。在此基础上，将清凉寺史前墓地出土玉石器的材质和野外调查的标本进行了对比研究。

---

[1] 黄翠梅、叶贵玉：《自然环境与玉矿资源——以新石器时代晋陕地区的玉器发展为例》，张忠培、许倬云主编《新世纪的考古学——文化、区位、生态的多元互动》，紫禁城出版社，2006年，第442~470页。

　　清凉寺墓地出土的器物多数为非玉石类的不同岩石，尤其是第二期的器物仅有一件残器为透闪石玉，其余全部是石器，包括大理岩、蛇纹石、硅质泥岩、灰岩、石英砂岩等 20 余种岩石。由于大理岩、蛇纹石化大理岩、蛇纹石等岩石结晶程度比较高，细腻，硬度低，易于加工，所以，成为绝大部分璧、环、镯类器物的首选材质；钺、多孔刀等器类虽然也有部分器物用上述原料，但大部分为石灰岩和白云岩等碳酸盐类岩石；用料最为单一的是与钺配套使用的单孔或双孔长方形石器，质地全部为泥页岩和片岩。即使到了第三期，璧、环类玉石器仍旧沿用第二期以来的岩石，只是增加了部分透闪石玉，个别器物上还镶嵌有绿松石，制作也较此前精致，新出现的管状器和动物类饰品的玉石料则以伊利石（水白云母）黏土岩为主。第四期的玉石器很少，质地与第三期区别不大，但石灰岩、白云岩所占比例更大。将寻常岩石制成礼器或装饰品，不仅表明本地居民对美的向往，而且对这些器类所代表的身份、地位等深意有了较清晰的了解，同时，他们对本地所产岩石的岩性已经有了较充分的认识，能够有目的地开采不同种类的石料。当然，如果能够得到其他地区质地更好的石料时，也会根据其岩性制作出精美的器物。除了制作器物之外，另一种现象也与岩石的材质相关，在第二期的多孔刀、单孔石器、钺等钻孔器物的孔内壁和器物表面接近钻孔处，多见涂有暗红色颜料的现象，这些痕迹应该与捆绑所用的绳索有关，颜料相同。我们在部分残器上采集了少量粉末，对其作了红外测试，确定矿物成分为纤铁矿。这是含铁的矿物氧化和分解以后形成的次生矿物，人们在日常生活中可能就用这类矿粉染色。红色是人们喜欢的颜色，在一些庄重场合或礼仪、宗教活动中，经常被选为"圣物"用色，在墓葬底部的朱红色中，除大量使用朱砂之外，也有可能掺杂着这类纤铁矿粉。这种现象的存在，建立在使用者对岩石和矿物充分了解的基础之上，他们已经十分熟练地掌握了采集、加工这些矿物的技术，并且在实际生活中广泛使用。

　　在清凉寺墓地附近的中条山区调查时，我们发现了与墓地出土器物相同或相似的岩石，除透闪石玉料、绿松石等稀有材料之外，其他几乎所有石料在这里都有矿源，而且有一部分集中于清凉寺墓地北侧不远处，因此，墓地发现的器物应该是用当地的材料在本地生产的。丰富的岩石资源为清凉寺墓地所在部族或集团的玉石器制造提供了极其便利的条件，然而，从山体上把石料开采回来也不是一件容易的事情，其中最易开采的石料当然是人们的首选。包括砂岩、硅质岩和页岩等岩石在墓地周围的浅山地带多有出露，相对来说比较容易开采。另外，碳酸岩类的灰岩和白云岩分布区域也比较广，而且质地较软，易于开采，这也许就是第二期的大件器物多用以上这些石料的根本原因。但大理岩、蛇纹石化大理岩、蛇纹石岩等质地坚硬，开采需要付出较多的时间和较大的精力，在没有金属工具的史前时期尤其不易，所以，在刚刚开始制作玉石器时，这些岩石就被作为珍品看待，用来制作那些精致、美观的装饰类器物。也许是原料来之不易的缘故，除了整块石料制作璧、环类器外，还常常采用多块小石片连缀的方式，成为本地的一个显著特点。即使到了第三期，这些岩石的珍贵程度也仅次于从外地得到的透闪石玉，经常与透闪石玉制作的器物放置或叠套在一起。依此来看，岩石的用途除取决于各种器物的形制、造型之外，也与开采的难易程度密切相关，从而间接反映出当时人们的生产力水平的提高历程。

　　开采不易获得、需求量又大的岩石是一个复杂的工程，尤其是当一些岩石在陡峻的断崖绝壁上时，攀登、开凿和自身的保护都不是一个人能够承担的，确实是一件工程量浩大的事，需要较高的专业化水平，甚至多人协作才能完成，必然产生统一管理需求。清凉寺墓地的玉石器制造流程比较复杂，从原料的采集、初加工、运输到最后的成型、打磨等工序十分烦琐，虽然并没有资料说明是否全部为集体作业，但由于对技术要求较高，并不是每个人都能胜任，所以，至少有一部分环节可能已经形成专业化的生产模式，而且技能随着时间的推移逐步提高。中条山南麓地区的文化积淀深厚，开采岩石使用也由来已久，但由于聚落从事的主要生产活动是农业，所以局限于普通的农业生产或生活用具需要的材料，尽管不同用途的器物也存在对质地要求的差别，但基本都是普通岩石，而且加工程序也相对简单。就目前的资料来看，将岩石制作成璧、环、钺、刀等特殊形制、特别寓意的器物，应该是从清凉寺墓地第二期才开始的。虽然秉承了前人生产日常用具的经验，但这种新的器类必然需要有一个学习、模仿的过程。我们没有证据说明是否有外地工匠来中原传授技艺，但至少玉石器的制作技术有相当一部分是从其他地区传来的。这种模仿与复制本身就是一种文化交流，起到了潜移默化的作用，使得中原地区的玉石器制作业异军突起，逐步走向繁荣，成为史前文化中的一朵奇葩。

我们查阅了相关的地质调查资料，没有发现中条山地区有开采玉料的记录，在野外考察中也未发现与矿物学意义上"玉"相关的标本，透闪石软玉显然在当地没有原料。从清凉寺墓地的情况看，发现玉石器数量较多的第二期仅有一件透闪石玉，出土于年代较早的 M67。这是一件用环的残片磨制而成的璜状器，器表光滑细腻，一端尚可看出断痕。可能是在接受其他地方用玉传统的过程中，获取了少量用透闪石玉制作的器物，在受到破坏后也舍不得丢弃，只是改变了形制，并且作为珍品留存，但当时本地尚未引进这类玉料。进入第三期以后，虽然仍旧使用质地较好的当地岩石制作器物，但透闪石玉器的数量迅速增加，清凉寺墓地发现的全部 24 件透闪石玉器中，这一时期的就达 21 件，用优质的透闪石玉制作特殊形制的器物成为本期最引人注目的现象。尽管由于扰乱严重，第三期发现的器物多不在下葬时的位置，数量也肯定比下葬时少，但经过浩劫之后仍然保存了相当一部分精品。制作的器物不限于小件器物，还有体量较大的器类，其中主要品类有璧、环、璜、琮等，特点与其他地区有明显的区别，甚至有的器形还不见于其他地区，显示出其独特的个性，具有十分奢侈的风格。根据检测，至少有一部分玉料的同位素年龄值与西北地区玉料的同位素年龄值比较接近，暗示着这些原料可能就是与西北地区交流的过程中得到的。在得到了质地精美的透闪石玉料以后，由本地工匠制作出具有自身特色的玉器，在集团内部有重大集会或重要的礼仪场合佩戴，主人死后随葬入墓，这个过程主要流行于第三期早期至中期，这一阶段是清凉寺一带治玉水平最高的时期。由此来看，大约在第三期初，墓主人所在的集团与黄河以西的人群有了较多的交流，将东方、东南方的用玉理念传入西北地区，同时对透闪石玉这类精美材质十分钟爱，在那里获取了部分透闪石玉料。这是一个精神与物质同步交流的过程，也是一个文化同化与融合的过程，占据地理优势的清凉寺一带在东西方文化交流中起了桥梁和媒介的作用。

第四期仅有少数几座墓葬随葬玉石器，透闪石玉更是仅有 2 件，其中一件用三片连缀在一起的璜形环，两片是透闪石玉，另一片则是蛇纹石化大理岩，可见透闪石玉的稀缺和墓主人财富的窘迫，只是根深蒂固的厚葬理念使墓主人的后人勉强凑成一件连缀式玉石璧，表示对逝者的追念。显然，透闪石玉的原料来源地已经不再供货了，如果这些透闪石玉质器物不是传世的，就是用多年前珍藏的玉料在本地生产的，清凉寺所在地的用玉盛世已经一去不返，玉石器制作工艺也每况愈下，进入文化进程中的一个低潮时期。

（二）玉石器形制反映的文化汇聚

玉石器的含义最初可能比较单纯，很少用于生产活动，主要是装饰品，但随着社会的发展，逐渐给不同形制的玉石器赋予越来越复杂的含义，包括许多精神方面的寓意。每一个较大的变化都有着深刻的历史背景，甚至与不同时期、不同地域文化之间的交流、理念的变化或物质的贸易有关，反映着复杂的社会问题。

如果说清凉寺墓地第一期所代表的仰韶早期，文化交流可能仅局限于陕晋豫交界地区的较小范围内，那么，经过仰韶时期与周边其他地区大规模的文化交流，在清凉寺墓地第二期代表的庙底沟二期文化晚期阶段，部分墓葬中随葬并非中原传统的玉石器是可以理解的。这是目前中原地区发现年代较早、并且大规模使用玉石器的地点，仅第二期发现的玉石器就达 100 多件，但这些显然还不是随葬器物的全部。除墓葬中本身不可能囊括生活中拥有的所有器物外，发掘过的墓葬也仅是整个墓地的一部分，而且还有一些墓葬发现时已被破坏，仅保存了半个或很少的一部分，墓内的随葬品在发现时已经不存在了。不过，玉石器的种类应该已经比较齐全了，完全能够代表当时较高等级墓主人生前使用玉石器的情况。这一时期器物的组合比较固定，有石璧、石环、多孔石刀、石钺与带孔石器等几类，器物的种类虽然较少，而且多数在其他地区也存在，但却具有明确的地域特色。由于有些玉石器的总体形制比较固定，只是细部在不同时期发生变化，所以，追溯渊源、辨别所属的阶段和地域特色不能仅局限于器类的区别，而必须从玉石器自身的形制出发，在对器物不同部位的分析中，确认当时与本地进行文化交流的地域及可能的传播途径，研究中原地区汇聚的周边先进文化因素，进而探索文明起源的曲折历程。

璧、环类器物是清凉寺墓地第二期的代表性器物，也是这里发现的年代最早的器物之一。除了用一块原料制作成器体扁薄、圆环状的器物外，另外一些由双片或多片璜形或不规则形石片连缀而成的联璜璧、联璜环较有特色，是本地代表性的器类。初期的器物制作不太精细，内外圈均不够周正，而且器表往往有锯痕、磨痕，中孔外也有钻孔时留下的痕迹。发现时绝大多数套于死者臂、腕部，或者用环绕的方式放置在手臂上，仅有个别器物象征性地放在手腕上或两臂旁边，流行几件器物一起叠套于小臂上的做法。由此推测，在生活中这些器物可能是装饰品，但与普通的装饰品又有明显的区别，尤其是多件器物叠套的方式不可能是日常生活中存在的现象，也许只有在重大节日或场合才佩戴。出土时，璧与环的佩戴方式没有任何区分，当时应该属于同一类别，并没有观念上或用途上的区别。每座墓葬随葬的总体数量不一，从 1 件到 6、7 件不等。

在中原地区，从新石器时代早期开始，便有用陶、石质地的环类器物作装饰的习俗，这是人类追求自身美的体现，但那些装饰品的形制与清凉寺墓地出土的璧、环截然不同，二者没有直接的传承关系。在年代比清凉寺墓地早的考古学文化中，玉璧、环类器物多见于长江下游及太湖周围地区，是良渚文化[1]最具代表性的原创。如果从制作理念的角度上说，璧与环出现在中原应该与良渚文化向外的传播有一定关系。但是两地的器物特征并不相同，清凉寺发现的璧、环，无论

---

[1] 蒋卫东：《良渚文化玉器发现与研究的心路历程》，载浙江文物考古研究所编《浙江省文物考古研究所学刊》第八辑《纪念良渚遗址发现七十周年学术研讨会文集》，科学出版社，2006 年。

是整块石料制成的器物，还是多片连缀的器物，均以中间较大的穿孔、扁薄的器体为特色，而且一般内圈略厚、外圈稍薄，器体断面为楔形。良渚文化的同类器物则以小孔、厚重、器体基本均厚为主要特色。两地发现的玉石器质地也有根本的区别，良渚文化多用透闪石玉，清凉寺第二期的器物则绝大部分是用本地不同的岩石制作的。由此可见，清凉寺一带璧、环类器物的出现可能受到良渚文化的影响，但只是观念方面的借鉴，而不是整个器形的照搬或者将成器直接输入。我们同时注意到以山东为代表的黄河下游地区，在大汶口文化时期曾经流行玉石质地的璧与环，而且形制更接近清凉寺墓地出土的器物。山东地区对中原的影响时间应该早到庙底沟二期文化较早的阶段，从考古学年代上来说，大汶口文化的玉石器出现略早，或许这类器物的制作理念就是通过黄河下游地区传入中原的，不过，经过远距离的传播，原来的形制有了变异，而且寓意也发生了很大变化，代表的宗教意义逐渐淡化，清凉寺第二期发现的璧、环应该主要是作为稀有物品来炫耀墓主人财富的。

钺也是中原最早出现的器类之一。器物的整体形制扁长，中心稍厚，周边较薄，一般刃部所在的一边略宽，与刃端相对的顶端稍窄，接近顶端的平面上钻孔，以单孔为主，极少数为双孔。大部分拥有钺的墓葬中只随葬一件，也有个别墓内发现几件钺放置在一起。另外，钺和带孔石器常常一起出土，这种现象十分特别，二者是配伍的组合器类，出土时两种器物之间均有较窄的空隙，因此，下葬时应该有竖置的木柄将二者联结在一起，但器物的刃部并未发现使用痕迹，绝对没有实用意义，纯粹属于礼器的范畴。

在我国新石器时代的不同时期、许多地方都存在钺，由于整体形制与生产工具中的铲十分接近，甚至最早作为礼器也可能是从铲的用途演变而来的，中原地区的居民应该对这种形制并不陌生。将钺视为礼器，并且作为随葬品埋入墓葬之中也不是从清凉寺墓地才开始的，钺作为身份较高的象征这种理念在中原地区由来已久。河南灵宝西坡仰韶时期庙底沟文化墓地的部分墓葬中就出土过钺类器物[1]。据报道，西坡墓地发现的玉石器可分为钺和环两类，其中钺的器形单一，采用线切割技术，运用了管钻的方法、琢磨技术和抛光技术，器表不见使用痕迹，说明早在仰韶中期，中原地区的钺已经完成了向礼器的转化。西坡遗址与清凉寺墓地南北相对，隔黄河相望，直线距离约三四十千米，虽然二者的年代有较大的距离，但两地的文化传统相同。清凉寺墓地所在的寺里—坡头遗址本身也存在着大量庙底沟文化遗存，并且占据了遗址面积的绝大部分，清凉寺墓地的居民继承了在墓葬中随葬这类器物的做法自然不是空穴来风。清凉寺出土的钺以长方、近梯形为主，极少数为不规则状或扁宽薄体梯形，器物的形制与西坡墓地出土的钺有一些区别，同时，将带孔石器与钺相配置的做法也不见于西坡遗址。因此，钺的功能、用途与随葬的寓意，可能受到东南太湖地区以良渚文化为代表的钺冠饰等复合器物的影响，至少应当得到了一些启发。耐人寻味的是，在清凉寺墓地，钺的流行时期主要在第二期，当时，部族内部的分化已经十分明显，

---

[1] 中国社会科学院考古研究所、河南省文物考古研究所：《灵宝西坡墓地》，文物出版社，2010 年；河南省文物考古研究所、中国社会科学院考古研究所河南一队、三门峡市文物考古研究所等：《河南灵宝市西坡遗址墓地 2005 年发掘简报》，《考古》2008 年 1 期；马萧林、李新伟、杨海青：《河南灵宝西坡遗址第五次发掘获重大突破》，《中国文物报》2005 年 8 月 26 日第 1 版；马萧林、李新伟、杨海清：《灵宝西坡仰韶文化墓地出土玉器初步研究》，《中原文物》2006 年 2 期；马萧林、李新伟、陈启贤：《河南灵宝西坡出土玉器浅论》，杨建芳师生古玉研究会编《玉文化论丛 2》，文物出版社，2009 年。

每一个家族内部的成员也有了地位的差距，因此，象征身份和地位的钺作为礼器受到族内人员的普遍重视。正是由于它具有较高身份象征的寓意，所以并不是每个人都能享用，只见于少数墓葬中。但是，进入第三期后，钺却仅见于年代较早的两座墓中，不见与带孔石器配伍出土的实例。其他墓内所见的钺，全部出土于填土内，不是墓葬本身的随葬品，特点与第二期的同类器物一致，应该是挖掘该墓穴时破坏了属于第二期的墓葬，回填时又将这些前期墓内挖出来的器物带到新墓的填土内，显然，这一时期钺不再是人们重视的器类了。或许随着社会制度或墓主人所在集团性质的变化，他们不再将钺作为重要的身份象征，而把更多的注意力转到精美装饰类器皿的享受方面，中原地区礼制的进化发生了明显的断裂，也就是说第二期与第三、四期墓主人的职业不同，观念不同，内部组织结构也有质的差别。

多孔石刀是清凉寺墓地颇具特色的器类，只见于墓地第二期。刀的刃部磨薄，有些刀的两个侧边也磨薄，均接近双面刃，个别的器物刀背所在的一边也稍微磨薄，未在任何一侧发现有使用痕迹。接近刀背一侧的平面上钻有圆形小孔，不同的刀钻出的孔数有 3、5、7、9 的区别，但全部为奇数，孔数多少与器体的大小虽然有关，但并非绝对匹配，比如 M145 出土九孔刀的体量小于 M73 出土的七孔刀，当时应该已经清晰地以孔数的多少来表示墓主人的等级，或许还意识到奇数与偶数的寓意差别，应当是一种具有礼器性质的器类。

史前时期发现石刀的地点虽然不少，但多孔石刀却并不多，目前，大量出土此类器物的地点只有南京北阴阳营[1]和安徽潜山薛家岗[2]等遗址，尤其是薛家岗文化晚期，多孔石刀已经成为该地最具代表性的器物。如果我们将清凉寺墓地出土的多孔石刀与薛家岗遗址中出土的同类器物进行比较，就会发现二者既有相似之处，也有显著的差别。薛家岗文化的石刀均为灰黄色或青灰色的粉沙质或砂质板岩磨制而成，器体扁薄、窄长、规整，全部是一端宽、一端窄、刃部弧凹或平直的斜梯形，接近背部平面上钻出的小孔间距相近、分布均匀，这是其主要特色。清凉寺墓地第二期的多孔石刀质地不一，有少部分器物的质地为大理岩、蛇纹石岩和蛇纹石化大理岩，大部分为石灰岩和白云岩等碳酸盐类岩石，器体厚重、较宽，边缘圆钝，不太规整，形制虽然也是一端宽、一端窄，但刃部多数为弧凸状，接近背部平面上钻出的小孔间距不等。从器物的总体设计来说，多孔石刀在中原没有源头，理念上只能传承自薛家岗文化，多孔刀的样式、钻孔周围涂有朱砂的特点都应该受到薛家岗文化的影响。另外，钻出的孔数两地均为奇数，而且布局也十分相似，只是薛家岗文化有些刀的孔数更多、更规矩，这不应该是偶然的巧合，说明两地对数字有较一致的认识。但是，器物的具体形制有较大差别，清凉寺出土的多孔刀远没有薛家岗文化的器物规整，器体转角处棱角较和缓，显得比较随意，制作比较粗糙，用的材质也是本地常见的岩石，显然没有直接从薛家岗一带输入的可能性，应该是一种仿制的产品。从其他文化因素来看，淮河流域文化融入中原的过程应该从仰韶文化晚期就已经开始了，而且很可能与豫中的史前文化有密切联系，但目前没有发现地域、时间上能够将两地出土玉石器联系起来的遗址或者墓地。

综上所述，在清凉寺墓地第二期最早出现的这几类器物，多数象征着墓主人的身份和地位，

---

[1] 南京博物院：《北阴阳营——新石器时代及商周时期遗址发掘报告》，文物出版社，1993 年。
[2] 安徽省文物考古研究所：《潜山薛家岗》，文物出版社，2004 年。

表明当时部族内部已经划分出不同的阶层，而且社会生活中需要显示这种权威。石钺与带孔石器的组合器、多孔石刀是作为单纯的礼器，多孔石刀上的孔数则可能表示墓主人地位的级差，也就是说，在这些富有人群的内部还有等级的差别。璧、环类器物在生活中可能是装饰品，但平日里并不佩戴，只有在重大节日或典礼时才会套叠着戴在臂上，更多的寓意可能是炫耀财富。由于最先富裕起来的就是那些具有较高权威的人士，财富和地位在当时、当地已经合二为一。但是，中原核心地区玉石器大量作为墓葬随葬品这种观念并不是本地传统的自然延续，而是异地传播的结果。最早的随葬器物组合是具有不同来源的器物组成，这些各有特色的器物是某一个区域文化在特定环境下形成并发展起来的，它们汇聚到中原地区，说明这个时候周边地区不同的文化都与中原发生了文化交流。就目前的情况来看，最早影响这里的考古学文化有良渚文化、大汶口文化和薛家岗文化。出现在同一座墓葬中的几类器物虽然渊源不同，却都是用当地的材料制作而成的，当地居民们以极大的兴趣吸纳来自不同地域的文化精华，并且注重对聚落范围内的中条山区资源进行有效控制，开始组织大规模劳力，集体从事专业化生产。在仿制过程中形成了自己的特点，其中既有器物原来流行地域的传统，又有了新的地方特色，所具有的寓意也有保留、有扬弃。这种复杂的现象促进了中原地区传统文化的变革，以此为标志，一种综合了不同特色的全新习俗或礼制出现在中原核心地区。作为珍贵奢侈品的玉石器进入中原地区，肯定伴随着不同地区居民之间的频繁交往，技术的输入应该是在相互馈赠礼品的现象之后出现的。也就是说，在清凉寺墓地第二期时，远程贸易这种形式已经在中原与周边地区之间比较盛行，从而促成各具特色的文化呈辐辏式传播，使中原地区的文化异彩纷呈。同时，我们必须注意到没有随葬品的墓葬，如果以是否拥有随葬品作为不同阶层的分界线的话，这一时期大约有一半左右成员比较贫穷，这些人可能从事普通的农业生产，并且秉承着本地长期以来的薄葬习俗。食盐销售只是给那些地位较高的人士带来财富，并没有让所有居民分享。

在第三期，墓葬的整体特点发生了根本性的变化，这里埋葬的不再是普通的部族居民，而是来自管理食盐销售这个特殊机构，但是文化汇聚的步伐并未因此而中断，而是以另外一种方式得到传承。由于这一时期所有墓葬均遭盗扰，出土的玉石器数量相对较少，还有一些发现于盗洞中，或者被弃置在扰乱后的墓室内，能够保留下葬时放置位置的器物不多，所以，要了解玉石器的整体特点，需要对一些扰乱不太严重的墓葬情况进行分析。扰乱有一个规律，除那些整个墓室全部翻动的墓葬之外，有一部分墓室的中部未被扰乱，墓主人的骨骼虽然不全，但两臂肘部以下或手腕部仍旧在原来的位置，下葬时给死者佩戴的璧、环类器物没有挪动，佩戴方式与第二期墓葬类似，多数套在手腕上，也有几件一起叠套的现象。另外，一些玉璧、环置于死者胸腹部，器体上还钻有小孔，应是用系带佩在胸前的饰品。在侥幸基本保存了器物下葬时情况的 M100，我们可以大致了解流行的器类组合，包括了用不同种类材质、制作精致的璧、环、管状玉饰等器物，其中多数为透闪石玉，璧、环多数叠套在双臂接近腕部，有一件异形璧置于胸部，仅见的石钺形器发现于墓主人头部，已经纯属一种象征性的摆设，失去了第二期的特色。由此可知，这一时期的玉石器的组成器类发生了很大的变化，不见了前期十分重要的石钺、带孔石器组合，也没有了多孔石刀，前一时期作为地位、权威、身份标志的器类不再随葬，却增加了享受或装饰意义显著的精美饰物比例。似乎墓主人生前的主要职业改变之后，他们的地位不需要用等级的方式强调，而在奢侈品方面的用心却显得专注而执着。由于专业化生产继续盛行，对玉石器的制作更精心，选料更严格，加工更细致，器形也更规整，精雕细刻、巧夺天工的制作工艺凸显出一种前所未有清新活泼，促进了精细玉石器制作工业的进步。

　　璧、环类器物在本期一直沿用，不仅在其他地区流行多年的器类被仿制得越来越精致，而且在引进外来因素的同时，进行了技术革新，发明了一些形制特别的器形，牙璧、方形璧、六边形凸沿筒状石器、宽体镯、多片连缀的大型玉璧等器物追求新意，造型别致，构思独特，十分精巧。比较特别的一件器物是 M146 发现的六边形凸沿筒状石器，从器形来看应该是戴在臂上的筒状镯类器物，筒体外侧的中部向外凸起一周薄棱，棱的外侧呈不等边的六边形。这种器物不仅在中原地区少见，其他区域也未发现过。由于它置于墓葬东南角的殉人身下，既不在墓主人臂上或腕部，也不在二层台内缘棺木范围内，失去了推测它用途的依据。根据它与彩绘陶瓶放在一起，周围还散落着鳄鱼骨板的情况来看，或许是墓主人身份较高的象征。在充满激情的创新过程中，周边区域的文化继续对这里产生强烈影响，出现了器体基本均厚、外缘呈方棱状、中孔相对较小的整体扁平圆形的璧，其中包括透闪石玉和大理石的器物，一些环虽然中孔较大，器体也具有类似的风格，这些特点与良渚文化的同类器物十分相似，也许这一时期，中原已经与太湖流域的居民有了直接的接触。需要特别提出的是牙璧，这是璧的一种变体，形制比较特殊，在器体的外围刻意做出凹凸不平的牙状突出，有二牙、三牙、四牙和五牙等差别。据学者们研究，牙璧首先产生于山东东部和辽东半岛南部地区[1]，后来才沿黄河向西传播，成为史前玉器中一种具有代表性的器类。由于发现数量本来就较少，而且多不能确认出土地点，无法确认佩戴方式。清凉寺 M100 发现的牙璧与其他玉环叠套在一起，使用方式与普通的玉璧可能并没有明确的区别。这件牙璧的外形显然受到原料坯体的限制，没有将外圈磨圆，而是就原料的大小和形状制成方形器，四边均切割并磨制出牙形突出，十分巧妙。这种造型与山东临朐西朱封[2]、五莲丹土[3]等遗址发现的器物外形、颜色均比较接近，只是山东发现的牙璧为三牙器，反倒不如清凉寺墓地发现的牙璧精致。虽然山东所见的器物均为采集品，但由于这两个遗址的年代属于大汶口文化晚期到龙山早期，牙璧的年代自然不会超出这个范围，其绝对年代必然在公元前 2300 年之前，比清凉寺出土牙璧的 M100 略早。由此来看，从庙底沟二期文化的形成时期就已经开始的东方文化西渐，一直是中原文化变革的一个重要前提。龙山时期，清凉寺玉石器继续接受黄河下游地区的启发，这是该区域玉石器制作业迅速兴盛起来的重要因素。目前为止，我们发现的史前时期四牙璧极少，据报道，陕西是牙璧发现相对较多的地方，共发现有 6 件，主要分布在陕北及其邻近地区[4]。其中在神木石峁曾经征集到的一件牙璧为四牙器[5]，外形整体接近方形，只是在一边接近转角处多出了一个小牙；另外一件四牙璧则发现于陕西延安的芦山峁[6]，也是一件征集到的变体器，外形为圆形。陕西地区发现牙璧的遗址属于龙山时期，总体时间相当或略晚于清凉寺墓地第三期，应当受到山西西南部

［1］栾丰实：《牙璧研究》，《文物》2005 年 7 期。
［2］山东省文物考古研究所、临朐县文物保护管理所：《山东临朐县史前遗址调查简报》，《海岱考古》第一辑，山东大学出版社，1989 年。
［3］山东文物事业管理局：《山东文物精萃》，山东美术出版社，1996 年。
［4］刘云辉：《陕西发现的非本地史前玉器》，《玉魂国魄——中国古代玉器与传统文化学术讨论会文集（四）》，浙江古籍出版社，2010 年。
［5］张长寿：《论神木出土的刀形端刃玉器》，《南中国及邻近地区古文化研究》，香港中文大学出版社，1994 年。
［6］黄智安主编：《延安文物大观》，陕西旅游出版社，2006 年。

地区庙底沟二期文化到龙山时期文化的影响。此后，用玉的理念继续西传，促成了年代更晚一些的齐家文化玉石器的盛行。正是在这种东方文化向西传播的过程中，晋、陕之间的文化交流得到进一步加强，而西北地区丰富的优质玉料也引起了山西地区居民的青睐，清凉寺第三期的部分玉料就应该是在与西部的交流或贸易中得到的。

清凉寺发掘之前收集的器物具有明确的出土地点，位置在发掘区之南，收集到的器物中有两件玉琮，皆为内圆外方的矮体琮，虽然有学者推测它们应该出土于墓葬之中，但一直不知它们在墓葬中的具体位置，也不清楚佩戴的方式。在 2004 年的发掘中，我们又在两个墓葬中各发现了一件玉琮，形制与收集到的器物大体相似。其中，被严重扰乱的 M87 墓室北侧中部的二层台内弃置着一件玉琮，整体制作略显粗糙，而且已经不知下葬时放置的位置；但在 M52 中，墓主人的骨骼虽然被严重扰乱，但斜向内置的左小臂和置于裆部的手腕均未移位，玉琮明确被套在墓主人的左手指骨上，这是我们在本墓地发现的四件玉琮中，唯一可以确定下葬时佩戴位置和方式的琮，这是一个十分重要的信息。根据最早发现玉石器的当地老乡指认，多年前发现玉琮的地点位于墓地规模最大的那排墓葬西南侧，与这次发现玉琮的两座墓相距约 50 米，而且南北在一条直线上，属于第三期葬制刚刚成熟的时期，也就是说即将达到墓主人所在集团最兴盛的阶段。

众所周知，玉琮最早出现于良渚文化，是该文化最具代表性的原创性器类，经过长期的演变，形成了形制规范、特征鲜明的独特风格。玉琮对外产生过极强的影响，在跨越文化障碍方面有着非同寻常的能力。在良渚文化同时和稍后的阶段里，玉琮在长江流域和黄河流域受到青睐，许多地方都有发现，这些文化或多或少都受到过良渚文化的影响，但在其向外的传播过程中，不同地域又形成了不同的形态、纹样，演变序列和蕴含的社会、宗教意义也各有不同。山西接受该文化的影响，必然经过一个中间地带的中转。在以前的田野考古发掘中，考古工作者在垣曲古城东关遗址属于庙底沟二期文化早期的ⅢH22 发现过一件类似玉琮的残器，由于残破过甚，只知道是一件墨绿似玉的石器，形制内圆外方，通体磨光[1]，这是中原地区早于清凉寺史前墓地的遗存中仅有的一件似琮器物。由此可知，大约从庙底沟二期文化早期开始，这里就已经受到来自东南方的影响。清凉寺 M52 等单位出土的玉琮和此前采集到的玉琮的器表均为素面，没有继承良渚文化后期高节琮的特色，未雕刻复杂的纹样，也不刻画神徽，仅有竖向的凹痕。即使有以上形制和观念上的差别，创意的源头仍然应该在东南方。然而，从器物的质地、特征来看，它们与西北地区年代更晚一些的玉琮类似，因此，这里的玉琮可能是在东南方文化的影响下，由当地居民用从西北地区得到的玉料加工而成的，也许是受到材质或工艺方面的局限，琮体整体较简单。从发现于死者手腕部位的情况来看，佩戴方式应该与镯类似，也有可能是在某种重要的场合或典礼中拿在手中的器物。如果琮是祭礼上使用的法器，应该只有巫觋才能长期拥有，也只有他们死后才能随葬这类器物。清凉寺 M52 和 M87 两墓死者的身份虽然均较高，却没有说明墓主人是否为巫觋的直接证据。当然，若果真是巫觋的话，他们就是将本地礼仪进一步制度化的使者。如果说他们不是巫觋，或许这种造型独特的器物进入中原地区时，已经与良渚文化有了不同的寓意，淡化了神秘的色彩，只是作为财富和地位的象征。

---

[1] 中国历史博物馆考古部、山西省考古研究所、垣曲县博物馆：《垣曲古城东关》，科学出版社，2001 年。

　　第三期的小件饰品虽然不多，但仅有的几件却展示出了清新的风格。颇具特色的亚腰形管状玉饰散置于不同墓葬中，由于盗扰严重，均不知下葬时放在什么位置，只有扰乱不严重的 M100 内，可以确认管状器放在墓主人右侧胸部，应该是位于项下或胸部的装饰品。这类饰品可能与黄河下游的大汶口、龙山文化西传有一些关系。引人关注的是 M87 中被扰乱的墓室中部偏北处，散落着两个虎头状饰品。这是清凉寺第三期才出现的器类，虽然器体很小，但雕刻精细，惟妙惟肖，颇具特点，中部或两侧有上下贯穿或向外斜穿的小孔，推测是连缀在其他物品上的饰物。这种虎头状饰品具有明确的长江流域中游玉石器风格，无论其整体形制，还是雕刻手法、细部表现形式，都和在长江中游地区石家河文化部分遗址中发现的同类器物相似[1]，二者的传承关系显而易见。由于两地发现的虎头状饰品质地有别，是原物输入还是本地加工还有待进一步研究。不过，在第三期时，中原受到南方同时期文化的强烈影响却是肯定的，而且有一些文化因素高度一致，这是中原地区玉石器风格的又一个文化来源。其实，由于距离比东南方的良渚文化近，早在仰韶晚期，以屈家岭文化为代表的长江中游地区文化已经开始向中原地区渗透，山西垣曲宁家坡遗址庙底沟二期文化的较早阶段，就发现有具有屈家岭文化风格的多件彩绘陶杯[2]，二者相似程度极高。清凉寺墓地所在的芮城县与垣曲东西相邻，文化特征相似或相同，自然也会与长江中游地区发生一些交往，所以，在庙底沟二期文化基础上发展起来的清凉寺墓地龙山时期遗存中，发现有屈家岭文化后继者石家河文化具有代表性的虎头状饰品，也在情理之中。

　　清凉寺玉石器也间接接受了其他地域玉石器传统的影响。在 M146 出土了一件梳形玉器，工匠在一块接近扁平长方形的玉器以钻孔、琢磨的方式制作出形制特别的器物，接近较长一边的平面上磨出三个渐浅式凹槽，凹槽前端磨成豁口，二者共同形成尖齿，同时在齿尖两端近转角处各钻一个小孔，其中一个孔由于太靠近边缘也形成了豁口。从整体造型来看，这件梳形器与红山文化的简化玉兽面有某些相似之处。另外一件特殊的器物是发现于 M150 的近方形璧，璧的一角有一个单面桯钻的小孔。据研究，目前所见年代最早的方形玉璧发现在属于红山文化的凌源三官甸子城子山 2 号墓[3]，虽然数量较少，但也是其原创的品类。山东地区也发现有方形璧，年代比红山文化晚一些，据报道，在属于大汶口文化的邹县野店[4]、临沂湖台[5] 和胶县三里河[6] 等地都存在，器物的形制虽然不太一致，却都是外圈为方形的璧，如果说山东地区的方形璧受到红山文化的影响后产生[7]，清凉寺的这件器物的制作方法则可能是从黄河下游传过来的。

　　根据上面的分析可以看出，第三期时，清凉寺墓地墓主人所在的集团，财富的积累已经达到前所未有的程度，随着人们的经验、知识和技能的积累，对外交流的加强，玉石器的制作与使用也进入了鼎盛时期。尽管比第二期减少了石钺、多孔石刀等具有特色的器类，却吸纳了东方大汶口、南方石家河、东南良渚和东北红山等周边体系的元素，将装饰类器物做到了极致。不同文化传统的传

［1］湖北省荆州博物馆等：《肖家屋脊》，文物出版社，1999 年。

［2］山西省考古研究所发掘资料。

［3］李恭笃：《辽宁凌源三官甸子城子山遗址试掘报告》，《考古》1986 年 6 期。

［4］山东省博物馆、山东省文物考古研究所：《邹县野店》，文物出版社，1985 年。

［5］临沂市博物馆：《山东临沂湖台遗址及墓葬》，《文物资料丛刊》10，文物出版社，1987 年。

［6］中国社会科学院考古研究所：《胶县三里河》，文物出版社，1988 年。

［7］雍颖：《试探山东地区出土的新石器时代玉器分期与特征》，《辽海文物学刊》1996 年 2 期。

播、不同精神因素的融入、不同地域特色的汇聚，使新的观念支配着制作者的思维，决定了玉石器多源一体、异彩纷呈的发展走向，促使玉石器工业更加活跃，本地制作出来的玉石器具有装饰和财富双重象征，部分器物甚至比源头地区的同类器物更加精美。陕晋豫交界地区的文化在受到周边区域影响的同时，也向外拓展，在向西北传播用玉理念的同时，获取透闪石原料，显示出追求奢侈的突出特色，炫富的风气弥漫整个集团，聚敛财富、贪图享受成为他们的主要目标。上述各考古学文化的分布区与晋西南相距遥远，到底是通过什么地方、以何种方式传播的？目前还缺乏中间的环节，很难确定清晰的路线。从地理位置上说，豫中南的颍河流域很可能是东方的大汶口—龙山文化、东南方的良渚文化和薛家岗文化对庙底沟二期及其后续文化产生影响的重要途径，甚至屈家岭文化—石家河文化也有可能循此进入中原腹地，然而，目前也缺乏具有说服力的遗址或墓地资料证实。而用玉理念向西北地区的传播也没有具体的模式。尽管这些都是需要探索的课题，但无论如何，当时整个社会远程贸易、人口流动和文化交流十分频繁，却是一个不争的事实。

如果说远方的文化因素与本地文化因素的融合和升华相对复杂的话，与邻近区域的接触应该更频繁，而且应该包括物质和精神两方面的交流。清凉寺 M146 出土了一件完整的双孔长条状石刀，直背凹刃，形制与临汾盆地陶寺文化的临汾下靳墓地[1]、陶寺遗址[2]发现的同类器物基本相同。由于清凉寺其他墓葬未发现同类风格的石刀，说明本地未大量仿制这种器类，或许这是一件北方相邻区域原物输入的器物。文化的交流总是相互的，大约在清凉寺墓地第二期时，文化理念已经开始向北传播，并且一直保持交往。陶寺遗址的晚期出土有牙璧、玉琮，而且风格与清凉寺墓地的十分接近，这些起源于东部或东南地区的元素，应该是经过清凉寺墓地一带的中转才传播到临汾盆地。与此同时或稍晚，向西部的传播结出了硕果，清凉寺墓地的主人们在与西部贸易时，潜移默化地将用玉的理念传入广阔的大西北。陕西地区龙山文化、甘青地区齐家文化均存在与清凉寺玉石器风格相似的遗存，除了前面已经提到的牙璧、玉琮等器物外，那种长度在 50 厘米以上的多孔玉刀也有可能继承了清凉寺多孔石刀的传统。此后，西北地区逐渐形成了独特的风格，并且一直保持着自己的特色。以清凉寺为代表的中原文化为东、西两大文化区之间的传播提供了交流的舞台。这种文化互动使广阔的地域展现出既多元又统一的局面，开了历史时期不同区域交流与融合的先河，奠定了沿海与内地各具特色又相互渗透的瑰丽画卷，而且这种风格与模式具有绵长的遗韵，历史时期曾经一再重演。

第四期发现的玉石器极少，只有璧、环类器物，质地和制作水平也较差。应该是支撑着这些死者的财源发生了大的变化，表现出盛世不再的窘境，社会面临新的转折，终于发生不久后整个墓地被盗扰的惨剧，曾经显赫一时的清凉寺一带不复有往日的荣光。

二 其他随葬品反映的文化进程

在清凉寺墓地第二到第三期墓葬中，除玉石器外，还发现了一些其他的随葬品，其中多见于

［1］下靳考古队：《山西临汾下靳墓地发掘简报》，《文物》1998 年 12 期；山西省临汾行署文化局、中国社会科学院考古研究所山西工作队：《山西临汾下靳村陶寺文化墓地发掘报告》，《考古学报》1999 年 4 期。
［2］中国社会科学院考古研究所山西工作队、临汾地区文化局：《山西襄汾陶寺遗址发掘简报》，《考古》1980 年 1 期；中国社会科学院考古研究所山西工作队、临汾地区文化局：《1978~1980 年山西襄汾陶寺墓地发掘简报》，《考古》1983 年 1 期。

第二期到第三期的较早阶段，种类包括陶器、动物骨骼、鳄鱼骨板、猪下颌骨和猪犬齿等，绝大部分是某种宗教仪式的遗留。有些质地的随葬品在不同时期都存在，也有些质地的随葬品仅见于某一个时期，反映的社会现象比较复杂。有一些特殊的随葬品代表着财富、身份，另外一些器物则侧重文化的传承，还有的类别表现文化的汇聚，反映出不同区域间的文化互动，折射出整个社会的不同侧面。

墓地发现的陶器数量较少，填土中发现的陶片大多数已经碎裂到不能看出器形的程度，极个别随葬品也失去复原的基础，其余陶器的总数仅十余件，而且种类十分单纯，主要是小口高领折肩罐、敞口或折沿盆和敞口长颈圆腹瓶三类，其制作水平和造型延续了本地的传统。出土陶器的墓葬绝大部分属于第二期和第三期偏早阶段，主要分布在墓地西部或靠近西部的区域，仅有第二期和第三期的各一座墓葬在墓地正中部。在前面的研究中，我们已经将这几类器物和垣曲古城东关遗址、宁家坡遗址的同类器物进行了比较，认定清凉寺墓地第二期属于庙底沟二期文化晚期的最晚阶段，而第三、四期则属于龙山时期。在此我们只对这些陶器反映的社会问题进行一些探讨。

陶罐和陶盆是当时普通居民生活中都会使用的常见器类，它们的基本用途已经为大家所熟知，不过，即使这些器物曾经具有实用功能，但随葬入墓后，与同类器物在实际生活中的用途已经不同了，所表达的寓意相去甚远，有了明显的象征意义，被赋予了不一样的含义。根据对出土这两类器物的墓葬情况观察，其主要是被用来显示墓主人的身份和地位的，并不是普通死者能够拥有，而且是下葬时经过了选择的固定组合。陶器的装饰比较特殊，盆、罐等器表饰以传统的斜篮纹或竖篮纹，瓶类器物则为光滑的素面，以此为基础，还要在陶罐、瓶表面增加红色、白色与绿色等彩绘。属于第二期的罐类器物上多见整齐划一的白色或红色，图案为条带状或在器体上半部分外表涂色，而属于第三期初期的瓶类器物外表则有较复杂的组合图案，宣示墓主人的地位不仅明显高于同一个墓地、同一时期未随葬器物的那些人，而且比随葬一般玉石器的墓主人也要高一些。除陶器本身之外，有的陶盆内还放置着鳄鱼骨板。显然在这些墓主人死后，一些专门人员要主持入葬仪式，仪式结束或某些固定程序完成之后，安放器物也是下葬仪式的一个组成部分，陶器内要放置敬献给墓主人享用的牺牲品。随葬这些彩绘陶器的墓葬内，除墓主人之外，绝大部分还有非正常入葬的死者，有的墓内还有多个陪葬或殉葬者，比其他同时期随葬玉石器的墓葬规模也大一些。从这些特点来看，早在第二期时，入葬本墓地的人就有了明显的地位差别，是否随葬陶器、随葬陶器的级别均有严格的规定，它们和玉石器中的石钺和长方形石器的组合器、多孔石刀等器物具有相同之处，共同构成了初期的礼器，并通过这些礼器折射出当时不太完善的礼制。这种现象一直延续到第三期的初期，应该说陶器是清凉寺墓地这次大变故的见证。另外，还有一个需要注意的现象，虽然墓葬中的随葬陶器与一般遗址中的同类器物用途不同，但时代特征却应该是相同的。从总体上来看，器物形制第二期到第三期的变化与第三期墓葬分布区域的东扩显示了相同的趋势，也就是说，清凉寺墓地与本地长期以来的文化传统一脉相承，并未发生文化的断裂，也没有发现其他地域特点的陶器替代本地原来的传统，应该说，在当时的生产、生活中，一直是以本地文化的发展为主线的。

发现在第三期墓葬 M269 盗洞填土中的陶鬲，具有明确的陶寺文化晚期风格，反映着另外一种特别重要的信息。同类器物在运城盆地鸣条岗以北地区的龙山时期遗址、墓葬中十分常见，但是，根据夏县东下冯遗址和芮城南礼教遗址的发掘资料，中条山附近区域内并不使用这种器物。也就是说，临汾盆地虽然早就与这里有了交流，但两地在龙山时期具有不同的文化特色，应该生活着不同的部族。然而，在清凉寺墓地即将走到尽头时，临汾盆地的陶寺文化部分居民可能参与了对清凉寺墓地第三、四期墓葬的盗掘。这是一件十分奇异的事情。联系临汾盆地的同时期墓葬也遭到类似命运的情况，我们认为龙山末期在整个中原地区应该发生了十分重大的事件，虽然我们目前仍不能对这些大事件做出清晰的判断和复原，但至少从这时开始，中条山地区与临汾盆地产生了联动式的暴力行动，进入一个发生大规模变革的时期。这种变革肯定会对中原地区文明化进程产生影响，甚至是决定性影响。

在墓葬中随葬一些动物或者动物某个部位的现象在许多地方的史前墓葬中都有发现，寓意也有差别。具体到清凉寺墓地，这些不同的动物都是下葬时举行仪式后献祭的牺牲，除了表明墓主人的地位较高外，还显示他们拥有丰厚的财富。墓地发现的动物种类和数量不多，主要在第二期至第三期的初期阶段，而且经过从少到多再到无的变化过程。随葬这些动物的墓葬分布于墓地西部或接近西部的区域，动物遗存还经常与陶器共存，规模均较其他墓葬略大一些，葬制也较为豪华，应该与陶器具有相同或相似的含义。在第二期 M76 随葬的猪下颌骨是墓地唯一的一件接近野猪的骨骼，总的含义应该与其他地区的同时期遗存类似，是墓主人富有的标志。但由于此猪是一个不同于普通家畜的个体，除了表明富裕程度以外，还说明墓主人或许是一位狩猎高手，或者就是在贩盐的过程中捕获过野猪并圈养，将该猪下颌骨随葬入墓以示纪念。与猪下颌骨相比，出土猪犬齿的现象更普遍，这是值得注意的一个现象，这类墓葬也主要集中在墓地的西部区域。所有牙齿均属于雄性猪。由于墓地第三期中部规模最大的几座墓中均未发现这类遗存，所以猪犬齿肯定不限于表示墓主人富有，应该与宗教信仰有关。上、下犬齿分别随葬在不同墓葬中，没有发现共存的墓例。下犬齿的总体数量较多，断面非常平齐，应当经过人为的切或锯，还进行了截段处理，每段犬齿的长度也有要求，但并不严格。每座墓中一般发现 1 至 2 件。数量最多的是第二期的 M67 和第三期的 M146，这两座墓葬的年代分别属于第二期最早阶段和第三期最早阶段，说明这种习俗盛行了很长时间，无论是第二期的当地部族，还是第三期的专业集团成员，都有这种宗教信仰。M67 是一座被打破的残墓，整体情况不太清楚，猪犬齿散乱地分布在墓主人头部的西北部，已经不能复原下葬时的状况。比较典型的是 M146，这座墓葬虽然也被破坏，但墓室内的情况保存较好，墓内随葬品丰富，其中包括大量猪下犬齿。牙齿集中放置在二层台内侧的东北部，可能原来是放在棺木上的，后来棺材腐朽掉入棺木内侧。部分犬齿经过烧烤，为了使牙齿互相粘在一起，使用了某种胶合物，中间还包裹着一件长条形的刀状石器。根据食性分析，该墓的主人死前的食物主要由肉类组成，除了家畜和一般陆相野生动物，还有一些水产品或猛兽的肉，食物构成接近江淮地区的居民。如果说他确实具有南方生活的阅历，或许他能在本地拥有这种较高的地位与他的特殊身份有关，虽然还不能就此确定他是一个巫师，但其身份一定与祭祀或其他礼仪有关。猪的上犬齿总数并不多，在属于第三期较早阶段几座墓内有发现，这些犬齿大多保存完整，不存在截段现象，放置的地方一般在头部一侧。随葬猪犬齿的现象在史前墓地的报道中比较少见，这是下葬时进行祭祀或具有宗教性质礼仪的遗留，当时应该有一些人专门从事这种特殊的职业，墓地中出土成组猪下犬齿的墓主人生前也许就是这种职业的从业者。

在第二期和第三期较早阶段的部分墓葬出土了一些鳄鱼骨板，根据所在位置推测，当时应该是连带着鳄鱼肉或皮一起放进墓内的，或许也是专门仪式上用来献祭的牺牲。据鉴定，这些鳄鱼属于扬子鳄。众所周知，扬子鳄是中国特有的一种鳄鱼，俗称猪婆龙、土龙，是世界上体型最细小的鳄鱼品种之一，目前主要分布在长江中下游地区及太湖周围的安徽、浙江、江苏地区。属于南方的动物遗存还有在第三期的 M146 发现的象牙饰品，发现时已不能辨别原来的形制，是原物引进还是本地加工已经无迹可考，象牙的来源也不能确定，但应该是亚洲象。目前，大象主要生存于南亚和东南亚地区，历史上曾广布于我国长江以南及河南中南部。按环境考古学的研究，清凉寺墓地形成时期，当地的气候条件与现在接近，即使比现在稍暖湿一些，也不适宜于鳄鱼生存，更不可能存在大象这类动物。在墓葬中发现的这些鳄鱼骨板和象牙制品，显然是从东南方、南方辗转传到中原地区来的。这些产于其他区域的珍品的发现，至少能够说明以下三个方面的事实：其一，鳄鱼骨板和象牙因产于其他区域，在中原地区十分稀有，拥有这些器物自然十分不容易，是一种财富的象征；其二，当时下葬时确实举行过较隆重的仪式；其三，当时与南方、东南方的部族存在着密切交往，甚至有了远程贸易。

以上讨论的随葬品无论是陶器还是动物骨骼，绝大部分放置在墓室底部的二层台内侧，其实就是棺材所在的范围之内，但是，在 M139 北侧偏西部的二层台上弃置的一具羊骨骼却明确在棺材与墓壁之间。羊头向东，贴于墓壁内侧，身体似趴伏于二层台之上，四肢不规则地置于肋骨周围，只有一条腿呈曲尺状伸向墓室，从保存的左上颌可知，年龄为半岁左右。这种随葬羊的现象在清凉寺墓地仅此一例。从放置的位置看，可能是将墓主人的棺材放进墓室后举行了一种仪式，用羊作为牺牲，祭祀完毕之后，直接将羊埋入墓坑中。其与随葬到墓室内的祭品有一些差别，既没有表示墓主人身份的含义，也不能说明墓主人富裕或贫穷，大约就是宗教仪式中的祭祀用品，但由于出土较少，而且位置又在棺外，我们没有更多证据证实。

综上对墓地出土玉石器之外其他随葬品的叙述，我们形成以下两个认识：

其一，清凉寺墓地出土的陶器，虽然数量和种类都不多，但却足以说明墓地的文化主体是当地前期的延续，不仅第二期属于当地部族的遗存具有明确的庙底沟二期文化晚期风格，而且属于食盐销售集团的龙山时期遗存也与在本地同时期文化内涵相同，并没有因为墓主人的特殊身份发生远距离的文化替代，外来的文化因素并没有动摇了这个文化发展的主线。然而，主线发展并不排除较大范围的文化交流，从第二期开始到墓地终止，不同区域之间的文化影响与交流一直存在，而且，在不同的阶段，这里接受的文化因素也各有侧重，最早可能与东方和东南方的交流比较频繁，到第三期时，中原地区已经集中了周围几乎所有的不同传统文化的特色，本地的主体传承与周边文化的交流、碰撞，共同促成了该区域文化的跨越性发展。

其二，动物骨骼等类遗存的种类虽然不多，但反映的现象却比较特别。生长在南方的鳄鱼、大象等动物随葬到墓内说明两地大范围、跨区域的交流，可能还存在着以物易物的方式，当地居民将这些遗存视为珍贵的财富，又表明其来之不易。墓主人下葬时举行仪式在许多方面都得到证实，但祭祀活动为什么要以雄性猪牙齿为载体？上齿和下齿有什么区别？这些仪式是继承自本地原来的传统，还是与其他区域文化理念传入有关？我们仍然没有找到资料说明。祭祀为什么要用从其他地域得到的部分珍品也是值得深思的一个问题。

在本节中，我们依据对清凉寺墓地出土的玉石器及其陶器、动物骨骼等类随葬品的分析，得出这样一种认识：至晚在庙底沟二期文化后期，以中条山为中心的中原地区确实成为周边文化的汇聚之地，尽管外来的元素进入中原有先后之分，但这些来自不同地域、具有不同特点的文化因素，在进入中原核心地区之后，全部融入了当地文化的体系之中，构成了一个完整的统一体。不同文化因素的传播为本地文化的进步增添了活力，生产技术的提高加速了中原地区的文化发展，促进了文明化的进程。但是，渊源不同的文化既没有替代了当地原来的传统，也没有将原来的居民驱逐出他们世代生活的地域，以本地居民为主的人群主导着不同时期不同的职业，只是得到异地的新鲜血液以后，当地确实繁荣富裕了。由于不同区域、不同传统的文化都有部分因素传播过来，才让我们看出这样一种现实：虽然不能排除出现过小规模其他地域居民进入中原的现象，但是，并没有发生大规模的人群迁移，也就是说没有任何一个中原地区以外的部族从他们原来生活的区域向中条山地区远程进发。总体来说，这是一种兼容并包的局面。

第三节　清凉寺墓地与中原地区史前文化进程

分析研究清凉寺墓地反映的社会变革，有助于我们深入认识中原地区史前文化的进程。为此，必须将墓地表现出来的特色与晋豫交界地区史前文化进步的大背景联系起来，并且将这里的文化发展历程与整个中国文化多元一体、文明多源一统的整体格局一起考察。清凉寺墓地从早到晚的发展历程具有复杂的机制，是一种非常态的进化模式，与其发生交流的周边文化的发展道路和方式又有显著的差异，使中原地区在与这些文化的融合中能够得到不同的养分，然后综合提升。探索这个小区域内发生的事件与当时社会大环境之间的内在联系，可以阐释不同文化模式在中华历史上的不同作用。导致清凉寺墓地发生变革的内容包括许多方面，其中比较重要的有环境变化、文化融合、技术进步等因素。

一　环境变化对文化进程的影响

任何一个时代的人类都要在特定的条件下生存，他们的聚居地都会在一定组织经营下发展与进步，并且要有一整套与之相适应的社会制度，这些组织、制度的形成和人类文化的进步都离不开所在区域的自然环境。虽然绝大多数情况下，环境对于文化的发展方向并不起决定性作用，但却是基本的前提和不能忽略的因素。自然地势是环境中比较恒定的因素，在相当长的时间内，人类居住区附近的山脉、河流、坡地、台塬等基本条件都不会有明显的变化，甚至史前时期和今天的山川大势也没有大的区别。清凉寺一带自然也不例外，这里的地质构造带早在第四纪末期便已经趋于稳定，不断隆起的中条山脉是黄河北岸一个东西向的屏障，而从中条山南麓至黄河谷地间的倾斜坡地上尘积了大量的离石黄土和马兰黄土，不过，坡地经受了发源于中条山山谷的水流分割，尤其是雨水的冲刷，形成了许多沟壑密布、东西不相连续的黄土台塬，好在东西侧向的沟谷很少，南北塬面尚较完整。中条山南麓的这种地势使这一区域的气候变化等方面具有一些特殊性，由于南方暖湿气流顺着河谷长驱直入，北方的西北风被中条山北坡强力阻挡，所以，清凉寺附近形成了一个得天独厚的暖湿小气候，植被属于暖温带落叶阔叶林地带。但从大的气候变化来看，并未与整个中国北方地区宏大的环境背景形成太大的差异，因此，环境变化对当地文化发展的影响应该置于一个较大的范围来考察。

公元前4000年前，中原地区气候的大趋势是逐渐变暖，雨量也较适中。一般来说，温暖湿润的气候有助于以农业为主业的居民们进行基本的生产活动。在这一时期，晋南到豫西地区的枣园文化较好地发展了初期的农业生产。黄河北岸、中条山南麓的清凉寺一带，在这时候迎来了首批定居的居民，他们就定居在清凉寺所在台塬的东部坡地上，聚落旁边的墓地埋葬了属于该聚落的死者，这就是墓地的第一期。当时的居住区规模并不大，但位置的选择却十分精细，他们选择这一小区域内较平缓的地方作为他们生活、生产和死后的归宿，可能看重的是这里三面环绕着低山丘陵、中部泉水流淌的小环境，或许当时已经有了明确的"风水"概念。这个精心选择的聚落，和同时期其他地点的居民，一起成为中条山地区新石器时代较早阶段的开拓者。但是，遗址内留下了数量较多的瓮棺葬，根据发掘区内不完全的发现，瓮棺葬的数量超过同期土坑墓的一半，而且土坑墓中还有一些幼儿。显然，人类的生活尚处于较低水平，过多的婴幼儿夭折，显示居民们生活的艰难。公元前3000年至前1800年期间，中国北方地区的气候条件整体来说仍旧比较好，但也经历过两次明显的气候波动事件，其中发生在公元前2800年至公元前2300年之间的一次变化最显著，当时北方地区明显降温，对黄河流域各地居民们的生产和生活都产生了重要的影响。首先受到冲击的是中原地区，曾经辉煌的文化急骤衰落，进入仰韶晚期的低潮。黄河下游地区也不能幸免，由于气候和地势的双重作用，黄河干流发生了改道，大汶口—龙山文化的居民被迫西进，东方文化系统逐渐进入整体文化比较低迷的中原核心区域。气候的波动还使西北地区的生存条件极度恶化，生活在那里的部分人员也向内地迁徙，进入中原地区。与人口内迁相应的是周边地区的文化因素大量涌入中原，应该说，气候的变化促成了不同文化区之间人群的迁移和多元文化融入中原的进程。随后，气温明显回升，吸纳了不同文化要素的中原地区文化开始复兴，庙底沟二期文化迅速兴起，进入继仰韶时期庙底沟文化之后又一个全盛时期。这一时期因为不同的原因，长江下游及江淮地区的文化遇到了一些发展中的波折，开始向中原渗透。大约公元前2300年前后，这次气候波动的进入后期，中原的气候再次趋于温暖湿润，而且升温速度较快，庙底沟二期文化也进入其晚期阶段，清凉寺墓地正是在这一阶段重新启用，这就是第二期墓葬下葬的背景。大量墓葬的入葬说明这一时期生活在附近的居民数量较多，是一个文化比较发达的部族，并且开始参与盐湖产食盐的外销。第三期初，中条山南部地区完成了向龙山时期的转化，清凉寺附近入驻了负责食盐外销的管理机构，兼容并包的理念得以延续，新兴的食盐销售机构占据并持续使用清凉寺墓地。温暖的气候一直持续至公元前1800年前后的龙山时代晚期，也就是墓地第四期前后。大概在墓地被盗扰的时候，中原地区又产生了一次短暂但却十分明显的气候波动，目前还没有证据说明此次气候波动与清凉寺墓地的衰落具有必然的联系，但不应该纯粹是一种巧合。

墓地第二到第四期墓主人吃肉多少的不同、肉食种类的差异也可能与气候的变化有关。受公元前2300年之前那次持续时间较长的大幅度降温过程的影响，清凉寺墓地附近的鱼类资源肯定会急骤减少，所以第二期时肉食中鱼类较少；由于此后中原地区的气温迅速回升，进入墓地第三期以后，已经进入了一段相对稳定的时期，本地或许能够提供较多鱼类资源，所以，销售食盐的管理者能够吃到新鲜的水生食物。公元前1800年前后，清凉寺一带又有了一次短暂但却十分明显的气候波动，这里的气候已经不适合大量捕获鱼类了，致使清凉寺墓地第四期再次以家畜作为主要的肉食来源，但肉食在整个食物中所占的比重却增加了。日常生活中肉食种类、肉食在食物构成中所占的比例，并不一定与本地部族或集团的兴盛与否完全对应，却与他们的生活环境有着密切的关系，并且间接反映着生活水平的高低。

清凉寺第一期墓葬与第二期之间的间隔时间较长，与后面三期墓葬的演变也没有直接联系，但墓主人所处的环境却有一些相似之处，本地最早的居民在气候逐渐变得温暖湿润的大背景下兴起，开启了中原地区数百年辉煌的新时期。数百年之后，到了以第二期墓葬代表的阶段，随着本地气候由干冷向暖湿的转变，墓主人所在的部族迈出了走向繁荣的步伐，第三期食盐销售集团的兴盛正好与气候的稳定伴随，而接近第四期时逐渐的衰落也与气候波动联动。连续的三个时期文化的发展与气候的变化走过一个相似的历程，最后，墓地终于因为集团势力的衰竭被弃用，接着，又被大规模盗扰，进而融入了整个中原地区社会动荡变革的洪流中。由此看来，气候变化即使不是影响墓地附近地区文化兴衰的主要因素，但不会全然无关，注重古气候的研究，或许能给我们提供对清凉寺墓地兴衰原因的另外一种解析。

二　交流融合对文化进程的影响

从地理位置的角度来说，清凉寺墓地所在地既是中原农耕文化的核心区域，同时，与北方游牧文化也有频繁的交流，还是东部沿海文化区与西部内陆文化区的交接地带，属于天下之中、八方辐辏之地，有利于各种文化、经济和社会形态的交汇与融合，区位优势明显。清凉寺墓地发现的陶器表现的本地特点比较突出，这里每一个时期的主体文化都与整个陕晋豫交界地区的同时期遗存基本一致，这是文化发展的主线。在长期的生产生活中，中原地区的居民形成了务实的风格，在自身力量比较强盛的时期，不断向周边地区输出先进的文化理念。同样毋庸置疑的是，这里的居民也具有包容和开放的心态，周边因素向中原地区的汇聚现象也始终存在，不同时期多元文化的融入正是推动这里发生社会变革的重要因素。交流与融合，正是史前社会发展的主旋律，但在不同的时期，文化汇聚又各具特色。

仰韶早期，不同文化之间的交流和融合局限在较小的范围之内，其中的原因可能是聚落规模、成员人数均不能满足长距离迁徙、交流的条件，不同地域的居民也不一定能够适应异地的气候变化、生存环境。然而，陕晋豫交界地区是东、西两个文化板块的交接地带，即使小范围的文化交流也往往能够促成大规模的文化变革。从清凉寺墓地发现的瓮棺葬来看，墓地第一期时，枣园文化与半坡文化之间发生了互动，遗址中埋葬婴儿的瓮棺具备了两个文化的不同特点，这次交流和融合对本地文化水平的提升具有极其重要的作用，直接成果就是形成了仰韶时代中期的庙底沟文化，奠定了中原地区数百年繁盛的基础。在庙底沟文化强盛时期，清凉寺一带也是重要的居民聚居地，在坡头村到韩家村之间留下了近 200 万平方米的大型遗址，为引领黄河流域快速发展做出了应有的贡献。

大约从仰韶文化晚期开始，中原地区文化式微，但文化底蕴深厚的中原核心区域保持着扎实的基础，仍然能够坚守家园，待机而发。与庙底沟文化时期不同的是对外交流的主体发生了逆转，原来强势的中原成为接受其他区域文化影响的重要地区，周边文化因素纷至沓来。最早吸收的是东方大汶口文化的因素，稍后，南方屈家岭文化也开始向北传播。不同文化的融合在传统文化基础上进行重组，获取了新鲜血液的中原地区迅速复兴，庙底沟二期文化应运而生，并且逐步强大。这支兼容了部分东方、南方因素的新兴势力，成为黄河流域众多实体中的一支重要力量。清凉寺墓地的第二期属于庙底沟二期文化的晚期，是承前启后的关键阶段。这一时期，除大量出现东方大汶口文化因素之外，又加强了与东南方的薛家岗文化、良渚文化等地的交流，突出的表现就是引进了一种全新的玉石器制作业。开始将石钺与带孔石器的组合、多孔刀、璧、环类等石器作为最初的礼器，接纳了少量鳄鱼骨板、象牙制品等南方的珍稀物品，而且，以上物品均作为随葬品进入了墓葬。但是，新因素的介入并未完全改变了原来部族的主体传统，墓地固有格局并没有被破坏，基本排位、墓葬规模和下葬方式也没有改变，部族内以家族为基础单元，只在个别墓葬中出现了暴力现象和非正常入葬的死者，表明当时的社会生活已经开始突破传统习俗，走上革新之路。尽管构建新的社会结构和社会关系的步伐已经开始了，但却不是一种单纯的本地部族文化逐步兴起、由小到大、由弱到强的稳定社会进程，而是基于控制盐业资源而兴盛的特殊发展模式。

重大的历史变革完成于龙山初期，最初的变化是主导本地社会生活力量的改变，在原来只有部分人参与食盐运输的基础上，不同的人群开始对食盐销售权进行激烈的争夺，社会结构发生了重大重组，终于建立了不同于部族组织的新群体，一种全新的食盐销售体制总算尘埃落定。墓地的这些新主人显然具有比第二期墓主人更强大的对外交流能力，根据职业的需要，他们逐步将地理环境的优势转化为文化的优势，于是这里成为各种势力交汇的区域。以临汾盆地为中心的陶寺文化势力可能向南有所扩展，对中条山地区产生了一些影响，部分墓葬中出土了与陶寺文化石刀类似的玉石器。以此推测，王湾三期文化和客省庄文化的人群肯定也参与了争夺，但临汾盆地、伊洛地区和关中盆地的近距离互动没有替代大范围的文化交流，随着经济实力的进一步增强，墓主人所在集团不断地吸引、同化和融合更多、更远地区的外来先进文化和文明因素，继续与东方的大汶口—龙山系统保持交往，持续与南方长江中游的屈家岭—石家河文化系统密切联系，仍然通过不同的渠道或方式接纳东南方的良渚文化的先进因素，同时和远在东北的红山文化也有了间接关系。以大量不同外来文化的不断涌入为先导，来自上述不同文化系统的玉琮、牙璧、虎头状饰品等器物为代表的风格汇聚，多元文化元素发生了碰撞，迸射出了绚丽的火花；新的技术、观念和管理经验，推动了中原的制度变革，促进了社会复杂化以及早期文明进程的迅猛发展。在东方和东南方不同传统文化深入中原腹地的过程中，黄河沿岸、河南中南部的颍河流域很可能是重要途径，而西方和北方的影响则应该通过汾河流域到运城盆地，只是目前这些地方均未发现具有说服力的遗存。文化来源的多样性和文化成分的复杂性以区域性之间的交流、互动的形式表现出来，决定了不同的理念在中原社会的大熔炉中重新熔铸的趋势，替代、融合、同化和创新、变革等不同的方式同步推进，其中在玉石器制作方面的表现最明显。璧、环类器物仍然受到人们的喜爱，不仅保持了前期多片璜形或不规则形玉石片连缀的方式，而且在博采众长的基础上，制作出了六边形凸沿筒状石器为代表的新品种。器物形制的多样必然是因为有了更为先进的生产过程和模式，中原文化以常新的姿态在变革中发展壮大。在吸收了外来文化优秀因素的同时，厚葬、宗教、迷信和奢华享受的思想弥漫在整个社会生活之中，社会成员之间等级分化严重，社会矛盾在这一时期达到顶峰。另外，文化的汇聚是否伴随着人口的大规模、远距离迁徙？清凉寺墓地埋葬的除本地人之外，是不是还有出生于其他地方的人？这两个问题其实也和文化的融合有关，反映着整个中原腹地社会复杂化的过程。我们邀请中国社会科学院考古研究所赵春燕研究员对清凉寺墓地部分死者牙釉质的锶同位素进行了测定。我们选取了清凉寺墓地出土的猪犬齿进行锶同位素检测，并计算得到了当地的锶同位素比值范围，确定了山猪的活动范围大约在方圆 30 平方千米左右。我们同时选择了部分代表性墓葬死者的牙齿，对不同时期、身份的死者牙釉质的锶同位素也作了检测。在此基础上，将人的牙釉质锶同位素比值与遗址所在地的锶同位素比值进行比较，推断每个被检测人幼儿到童年（1~12 岁）期间的生活地点，如果死者是本地出生的，就应该"不超出山猪的活动范围"，而非本地出生的死者就应该"超出了山猪的活动范围"。在第一批检测的 15 个死者中，属于第二期的有 5 个人，他们可能全部是距离墓地很近的地方出生的。第三期的 5 个人分别来自 M29 和 M146 这两座墓葬，其中，M29 出土的有墓主人和殉人各 1 人，男性墓主可能是当地出生的，但男性殉人却可能是从其他地方迁入的。M146 检测的 3 个标本全部取自殉人，其中仅有 1 个人是其他地方迁来的，另 2 个人则可能是当地出生的。第四期共检测了 5 个人，全部出生于离墓地比较远的其他地区。根据调查，以清凉寺墓地为中心向周围扩展，在 30 平方千米范围内，除了与墓地属于同一个遗址的坡头遗址外，没有发现有与墓地同时、规模也比较大的其他遗址，因此，我们可以认定出生于当地的人就是坡头一带出生的，但非当地出生的人却不能确定距离清凉寺墓地的远近。虽然目前我们检测的数据尚少，难以全面概括墓地的人员构成，但从统计的概率来说，还是应该接近事实的。综上所述，我们推定第二期的墓主人全部出生于本地，无论贫富，都是墓地附近坡头一带居住的部族居民。第三期开始有"超出山猪的活动范围"的外地人埋到墓地里，但这些外来的死者并没有完全代替当地出生者的地位，经过检测的 M29、M146 两个墓葬中，从外地迁入的全部是殉人，本期标本中唯一的墓主人出自 M29，他明确出生在墓地附近，也就是说，从第三期以后，这里不再是由家族为基本单元的部族世袭墓地，而是一个包括不同区域出生死者的集体墓地，他们从不同的地方来这里就业，死后也埋到这片墓地。本期是不是也有外地出生的墓主人，还需要对更多样品进行检测，不过，即使存在这样一些外地来的墓主人，至少在绝大部分时段内，墓地附近出生的人仍旧主宰着这里的生产与生活。到第四期时，情况有了很大变化，选取的几个标本都是墓葬的墓主人，检测出来的结果显示，这些死者全部出生在远离墓地的其他地方，所以，在墓地的最后阶段，这里埋葬的死者已经不再是本地土生土长的人，也不是前期墓主人的直系后裔，这个机构内的从业人员已经基本上都成为出生于其他地区的人了。

死者生前的食物种类由他们生活的环境和聚居地出产的食物品种决定，人骨的骨胶原成分反映死者生命中最后 6 到 7 年的食物组成，确定死者食物的种类可以从另外一个角度审视这个地域中成员的构成。为此，我们请当时就读于北京大学考古文博学院的博士研究生舒涛对清凉寺墓地出土的部分人骨进行了食性分析。检测的结果显示，除极个别实例外，整个墓地绝大部分死者都以粟类食物为主食，也就是说，墓地埋葬的主要成员生前基本全部生活在食性相近的区域，即使并非坡头附近出生，但在生前的最后阶段也是生活在墓地附近不太远的地方。需要关注的是，有少数人员的食性与其他人不同，反映出墓地构成人员在不同时期有一些差别。下面我们对一些特例进行分析。

　　第二期的 M51 发现的死者的食性比较特殊，入葬前的生活区域可能是东方海岱或南方江淮流域稻粟混作区。这种现象在第三期较早的 M53 也有发现，不过具有南方食性特点的死者都不是正常埋葬入墓，而是两个殉人，食性情况与 M51 接近，应当不是清凉寺附近的本地人。但这些只是个例，在当时并不是主流。第二期时，可能有出生于本地的人曾经去南方经营食盐销售，与 M51 墓主人一样具备了江淮区域的食性特点。虽然他们是与其他地方接触、交流的使者，但在本地并不占主导地位，尤其是 M51 的墓主人，虽然是本地出生的，但从江淮地区回到清凉寺后受到惩罚，最后以跪拜的方式入葬。至于 M53 发现的那两个殉人，由于人骨不全，不能确定当时下葬时的情况，目前还不知是否出生于本地，但与生活在当地人的相比较，绝对处于从属的地位。到了第三期的中、后期，尤其是第四期时，非本地出生的人逐渐主导了墓主人生前所在集团的日常事务，然而，这些人可能也出生在附近区域，而不是从南方迁移到此的人。试作如下分析：假如说清凉寺墓地突然出现非本地传统的厚葬习俗，与大量具有东方、东南方特点的玉石器伴随的是这些地域的人口大量迁入，那么，他们会将原来居住地的生活方式、饮食习惯保持下来，在他们的食性中必然会出现相当数量的南方特点，而且文化构成中会有更多原居地的文化因素，包括生活中常用的陶器在内，这个过程应该在第二期就存在。但目前看到的情况是，经检测的第二期的墓主人全部出生在本地，而且一直到死前若干年，还保持着北方地区以粟为主食的传统饮食习惯，唯一具有南方江淮地区生活阅历的一个人也是本地出生的。到破坏了第二期墓葬的第三、四期，那些大墓的主人入主清凉寺墓地时，有资格埋到这片墓地的只有参与食盐销售管理机构的人，从死者性别构成的情况看，这些人的家属都不一定能埋到本墓地。在这一时期的文化构成中虽然包括了不同地域的因素，但却不能确认任何一个区域是向中原传播的主体。目前确定的少数死前具有南方食性特点的死者多为殉人，其他人则全部是北方人，说明本地和东南方交流过程中尽管引进了技术和理念，但远道而来的人并未取代了本地人的地位。由于他们负责运城盐湖出产食盐的外销工作，短距离的人口移动可能性应该很大，而且中条山北侧区域入主本地是一个趋势，也符合常理。也就是说，清凉寺墓地的主体人群一直是墓地附近以粟类食物为主食的地区出生和生长的人，并没有其他地域大规模的人群远程迁入，不同区域之间的交流仅限于文化因素的传播。

　　由于社会结构和社会关系的变化总是滞后于文化元素的融入和变动，社会制度整体的变革又是在文化发展、多元文化融合的基础之上逐步实现的，不能同步演进，因此，清凉寺一带的社会变革的完成，应该在外地文化元素输入之后发生。而埋葬制度由于涉及人们的宗教信仰和历史传统，最富保守性，所以，墓葬反映的情况应该较之墓主人生存的现实又稍微滞后。大规模的移民虽然并未发生，但小规模的人口移动也可能在血缘关系的基础上融入了地缘关系的因素。清凉寺墓地第二期时，在众多外来文化因素的促进下，社会分层逐步明显、贫富严重分化，成员之间出现了等级、地位的差别。大约从第三期初开始，整个社会的发展已经打破了本地原有的常规，并且以一些极端的方式反映在墓地中，但是应该还有当地出生的人在主导着这里的事务。龙山时代的晚期，大量周边文化持续涌入，不同的观念在这里不断发生碰撞，不同阶层人员之间的冲突终于上升到对社会秩序产生强烈冲击的程度。当时，社会组织、社会关系和经济技术的积淀，可能尚不足以应对新的形势，社会处在转型的十字路口，以至于第四期时，管理机构中已经几乎全部是从其他地方迁移到此的人。不久后，大规模盗扰墓地的现象在临汾盆地到中条山南部同时暴发，食盐销售集团在这种大环境的压迫和不同区域、不同力量的冲突中萎缩、夭折了，而且此后再未重现昔日的辉煌。

三　资源开发与经济技术的进步

经济技术的进步被看作社会趋于复杂化的关键性因素，经济管理能力的进步、技术环节的改进与生产方式、经济组织及社会变革之间存在着必然的联系。经济技术的发展涉及许多方面，我们当然可以对手工业产品的形态、技术和功能、用途等方面进行分析，并从中找出一些技术进步的线索，但在清凉寺一带，一个值得注意的现象是史前时期所有的技术类别几乎都与资源开发有关，甚至可以说经济技术的变革都是通过对资源的开发来实现的。如果从社群自身利益这个角度来说，在中条山南北地区为中心的区域内，运城盐湖的开发当然代表最重要的经济技术进步，但我们目前没有找到说明史前时期这项重大工程的资料。清凉寺墓地的重大发现中，玉石器的引进、制作技术的进步都可能与盐湖的开发有关，而且玉石器本身也涉及器物原料的开发，我们可以从此了解盐湖开发期间当地的技术发展轨迹。

清凉寺墓地第一期，这里的居民生产力水平较低，显然没有能力对附近的自然资源进行较大规模的开采，甚至生产、生活用的工具原料也应该局限于易于开发的出露岩石（目前只在遗址的调查中发现有个别残断的石器，墓地并没有发现这类产品）。仰韶中期，位于黄河南岸的河南灵宝等地已经开始使用礼器，所见玉石器的形态比较固定，但刚刚脱离实用工具的形态，质地品种单一，造型特征古朴，工艺较为简单，虽然不排除借鉴了相邻地区先进的手工业生产技术，但主要继承了本地的制作传统，没有超出本区域其他石器制作工具的难度。仰韶晚期，由于中原地区整体水平较低，不可能有新的突破。但是，至晚从庙底沟二期文化晚期开始，山西南部地区的玉石器制作水平取得了很大成就，已经存在两个玉石器制作、使用中心，分别位于北侧的临汾盆地和南侧的中条山周围，其中临汾盆地以陶寺和下靳遗址为代表，中条山周围以清凉寺墓地所在的寺里—坡头遗址为中心。

在食盐最早开发时期，中条山周边地区的居民极端依赖食盐等特殊资源的获取，同时加强了与外界的交流。清凉寺墓地北侧的中条山脉紧靠运城盐湖，由此形成了特定的生活方式和宗教信仰，社会发展和社会结构变化也具有了与此相关的自身特色，清凉寺墓葬内出土的玉石器是这种现象的集中体现。这里发现的玉石器种类固定，形态新颖，形制特点、制作技术等方面在中原地区此前的遗存中找不到类似的先例。尽管本地往昔已经有较悠久的石器制作传统，对普通资源的获取、日常农业生产活动来说，手工业生产技术应该说基本可以满足要求，但是，如果用于获取供上层社会使用的稀有资源、制作高档手工业产品类型的话，传统技能显然不能满足需要。在清凉寺墓地各个时期出现的新技术内容，与周边地区多元传统的融入存在密切的关联，也就是说以玉石器为代表的手工业生产技术，主要是在与周边其他文化的交往中引进的，而且在发生较大的变革时，也是这些因素起了关键作用。从技术的层面来看，本地玉石器加工业的发展与进步得益于外来的因素，而且一直占据最主要的地位。

玉石器制作技术的传入和变革自然是因为生产、生活的需要。无论是从外地学到技术的当地人，还是外地少数传授技艺的匠人，都需要一个基本稳定的原料基地，只有具备了充足的原料，才能使这项专业化生产长期发展和壮大。上层成员对玉石器的钟爱使原料的需求量不断增加，如果说特殊的材料或许会有少量从外地传入的可能性，那么，专业化生产所需要的原料显然不大可能从外地大量输入，尤其是石料这类体量和重量都十分不易远程搬运的材料更是如此，因此，玉石器原料的获得与中心聚落所能控制的资源获取范围有关。清凉寺墓地附近具备岩石类材料的供应条件，根据地质部门提供的资料和我们实地调查，虽然不同质地的石料资源布局不同，但在中条山的不同部位，蕴含着除透闪石玉之外的多种岩石资源。工匠们完全可以根据器物形制、用途的需要，选择不同的岩石，从而形成本地稳定的资源开发模式。从目前的发现情况来看，从第二期开始，玉石器制作的技术虽然是引进的，但主要用的是当地的岩石，而且根据不同器物的不同要求，选择了不同结构、质地的石料。由于整体形制设计较粗放，质地和造型自然不能与江淮、苏浙地区发现的玉石器比肩，但也显得比较得体，而且充分发挥了原料的潜力，具备了自身的一些特色。到第三期时，也许因为本地与西北地区发生了密切的联系，那里丰富的玉石矿源成为获取透闪石玉料等高档新资源的主要渊源。他们还将原料的引进扩展到更多区域，绿松石等制品虽然较少，但也非本地出品，中原与周边地区实现了聚落群之间的相互整合，最终形成了各类资源在不同区域间流通的形态。不过，跨区域的合作与联系毕竟是小规模的引进，而且局限于体量较小的器物用料，即使是外来原料最多的第三期，中条山区的岩石仍旧是最重要的原料来源。进入第四期后，不仅外来的精美玉石料稀缺，甚至于本地的玉石器也逐渐不再生产，玉石料为代表的岩石开发坠入低潮。

玉石器制作属于技术密集型产业，经济结构虽然较为单一，但通过外引内联的方式，沟通了本地与外地的经济联系，推动了当地的经济发展，还促进了对外的贸易，为繁荣中原地区的经济做出了重要贡献。从社会发展的角度来说，玉石器制作及与之相关的资源开发和技术进步，在社会结构与社会关系的复杂化过程中功不可没，甚至可以说二者之间是一种相辅相成的联动关系。地处中原地区的中条山区因为对运城盐湖这种特殊资源的开发，引起社会上层对奢侈品的钟爱，由此引进了其他地区的玉石器产业；同时，玉石器制作技术变革反过来促进了当地社会的发展，加速了阶层的分化，引领着整个中原地区向文明时代进发。

四　社会进步的曲折历程

清凉寺墓地每一期墓主人的身份地位的尊卑、下葬时间的早晚和生者对逝者追思的理念都是构成墓葬制度的因素，也是形成不同时期特色的重要原因，墓地展示了这一区域内史前时期墓葬制度的变化轨迹，但并不是一脉相承的进化模式，而是经历了曲折的过程。

墓地第一期是本地目前发现的年代最早的遗存，根据对墓葬中出土人骨碳十四同位素的测定，第一期比第二期早约 2000 年。当时，这里只是一个小型的聚落，居民们的生产力水平低下，墓葬内未随葬任何物品。因为与后期的年代相隔太久远，社会发展发生了自然的断层，文化的载体不能衔接，两个时期发现的死者之间有无血缘传承也是个未知数，而且环境、生产力水平有着根本的不同。我们自然无法在文化、习俗和生存方式上找到其中的共同特点，甚至不能勾勒出一个比较清晰的发展线索。

第二期墓葬下葬之前，在墓区北侧还有部分居民生活过，并且留下了一些遗迹，但从此以后，一直到第四期结束，这里成为一个单纯的墓葬区。这三期墓葬前后相继，但走过的历程却有明显的断裂，入葬的人不是具有血缘关系的成员，曾经发生人群的替代、转化，墓葬制度也发生了巨大变化。下面我们根据前面已经论述过的内容，对不同类别遗存在不同时期的情况进行梳理、比较，企望通过纵横两个角度审视墓地，讨论中原地区史前社会变革的曲折历程，其中包括墓葬分布区域的改变与差别、墓地埋葬成员构成的变化、殉葬制度的起始与改变、随葬品种类与特点的演变、阶层分化到阶级对立等几个方面。

1. 墓葬分布区域的差别

从整个墓地的区域划分来看，尽管有部分不同时期的墓葬分布范围重合，但每一期墓葬的分布重心都是不同的，反映着不同的理念。第二期时，墓主人所在部族选择的主要是西部、中部偏北侧的较高地段，只有极少数墓葬分散在中南部区域。墓葬入葬顺序并非有规律地从这个坡地一个固定的位置开始、向另外一侧依次入葬，而是将墓地分为几个较小的区域，在相近的时间内分别埋葬不同家族的死者。在每个小的区域内，似乎也没有事先安排好每座墓葬的墓位，所以，后来下葬于本区的墓葬往往打破前期的墓葬，或许墓葬下葬后并没有明确的标志，而且后来的死者选择位置也比较随意。第三期开始，墓地占据了包括前期墓葬范围在内的中部最好位置，并破坏了不久前刚下葬的墓葬，从西部较高的地段向东部较低平的区域逐步延伸。墓葬不仅个体规模较大，而且排列整齐有序，显然事先就有了较周密的计划。后来的墓葬如此大规模地破坏原来的墓地，其主人肯定不是本地原来的居民，他们生前所在的人群应该是一个具有严密组织结构的集体，可能有专人负责丧葬类的安排与礼仪。第四期延续了第三期的预设计划，并未大规模破坏已经下葬的墓葬，可能是由于第三期靠东的墓葬已经接近冲沟，没有足够的空间整齐地安排墓位，所以，他们对墓葬的方向作了微小的调整，而且不再依原来从西到东的顺序安排，而是根据坡地内剩余区域的范围，从冲沟的边缘地带开始由东向西依次排列。虽然在接近中部的区域，有个别墓葬打破了第三期墓，但绝大部分墓葬刻意避免破坏大型墓葬，显然仍旧有专门的人从事墓地的管理，基本的理念与第三期没有质的区别。由此可见，在第二期与第三期之间有一个明显的变化，这是两种不同群体和组织的替代，不存在血缘传统的延续；但第三、四期之间却没有质的变化，只有财富多少和势力强弱的差距。

2. 墓地埋葬成员构成的变化

墓地不同时期的成员构成不同，这种区别既有年龄的差异，也有性别的不同，甚至还有出生与成长区域的区别。在不同阶段，墓主人的构成情况有较大变化，并不是一个循序渐进的发展过程。

第二期时，墓主人年龄、性别构成比较合理，既有老年，也有中年和青年，甚至于还有一些未成年人的墓葬，而且男女人数相近，各种比例协调，应该是客观地显示了当时社群内人员的寿命、男女比例等情况。在墓地内，确实存在着阶层分化，既有身无长物的贫民，也有随葬不同物品的富人，但那些随葬着特殊风格器物的死者也不是其他部族的成员。根据对墓地部分人员进行的锶同位素分析，这一时期的墓主人全部是出生在墓地附近的本地人。对墓地部分成员的食性分析也显示，只有极个别人入葬前具有江淮地区生活的经历，其他人都生活在食用粟类粮食的北方地区。由此可见，本期的所有墓主人都是居住在坡头一带的部族成员。但是，分别埋葬在几个小区域的死者也有差别，应该至少可分为几个较小的血缘集团，或许就是几个家族的成员，血缘最亲近的成员埋到同一个小的区域内，几个家庭或家族共同构成一个部族。这一时期，即使已经与中原以外的区域有了比较多的交流，并且引进了一些新的理念，出现了一些非常态的入葬现象，但本墓地仍旧属于一个传统的部族墓葬区。

第三和第四期埋葬的死者与第二期有了很大的差别，墓主人全部是成年人，但性别有很大差距，第三期时，男性墓主人的比例占据大约80%左右，除墓主人之外，在一部分墓葬中还有殉人。对墓地部分成员食性的分析显示，除极个别较早阶段的殉人入葬前具有江淮地区生活的经历外，其他人都生活在北方地区，应该不是从另外一个生活条件与这里差别很大、距离也比较远的地方整体迁居到中条山区的死者，但是，并不排除发生过近距离的迁移。对墓葬部分人员进行的锶同位素分析中，第三期的死者中已经有不是出生在墓地附近的外地人。但由于检测的人数太少，目前所见仅限于殉人，墓主人是不是全部是本地人还需要再进一步检测。第四期的情况与第三期的类似，墓主人中男子所占比例也明显偏多，但在进行过锶同位素分析的墓主人中，全部不是墓地附近出生的人，排除了与前两期墓主人之间的血缘传承关系，但检测过的墓主人毫无例外地生活在以粟为主食的区域。也就是说，无论第三期还是第四期，无论墓主人是不是出生在墓地附近，墓主人主要是北方人，没有发生外地大规模、远距离的人口迁入，主体成员不应该来自遥远的其他区域。男女比例严重失调，是因为他们很可能就是向南方销售食盐的管理者。刚开始时还有部分原来居住在附近的人参与管理，甚至主导着这个新兴的机构，到后来便逐渐过渡到全部由其他地区出生的人来负责，或许这些出生于其他地区的北方人就来自中条山北侧的盐湖周边地区。墓地构成人员的变化反映了这个区域内文明化进程的特殊背景。如果说食盐生产让盐湖区域内的居民快速致富，那么，食盐销售成就了清凉寺墓地附近地区的兴盛，但同时也因食盐销售毁掉了这个区域宁静、平和、自然的生存秩序。

3. 殉葬制度的起始与改变

殉葬现象是清凉寺墓地十分突出的一个现象，虽然史前时期的殉葬并不是从清凉寺墓地代表的阶段开始的，但从发现数量、殉葬人数和普遍程度来说，类似清凉寺墓地这样的情况却十分罕见。从不同时期墓葬的发现情况看，尽管墓葬的主人并不是同一个部族的延续，而且墓主人生前从事的职业也不同，但埋葬理念还是具有一些连续发展的迹象。从第二期开始，墓地所在区域就有了阶层分化，而且存在部分暴力现象和非正常埋葬人员，即使不是成熟的殉葬制度，但已具有为墓主人殉葬的含意。只是当时这些特殊的墓葬并不多见，而且非正常入葬的死者没有固定的位置，年龄、性别似乎也没有固定标准，应该是一种非理性暴力事件。非正常埋葬现象到第三期前段得到了延续。这一时期，所有的墓主人都是社会的上层成员，以厚葬为特点的不平等的理念发展很快，下葬时间较早的中西部墓葬用少数成人陪葬或用儿童作为殉人，被活埋或被处死的情况十分普遍，从起步到盛行并逐渐规范，在很短的时间就完成了，原来仅有少数墓葬存在的暴力现象演变成不可或缺的殉葬，成为丧葬制度的重要组成部分。从此以后，墓主人的整个下葬过程成为惨绝人寰的恐怖活动，殉人基本是未成年的孩子，入葬时十分悲惨。这些尖锐对立的现象与重视社群内部关系和氏族利益的观念格格不入，不符合具有亲缘关系的人们之间应有的亲情，只能是从其他地域部族中抓来或在某种压力下被本地部族的人送来，肯定与墓主人不属于同一部族或集团。随着墓主人的权威和残酷的殉葬制度日益巩固，墓葬扩展到正中心位置之时，殉葬达到鼎盛时期。

每个墓内的殉人不止一人，需要的殉人数量是一个不小的数字。机构内部死亡的人数在逐年增加，如果说人死亡之后才找殉人，显然是不现实的，因此，当时可能已经有专门用于殉葬的人员储备，集团中也许有人专门从事这类事情的管理。在第三期的中后期阶段，因财力下降，墓葬规模逐渐缩小，殉葬现象也逐渐减少。进入第四期，虽然墓葬仍旧规范，但已回归薄葬，当时的财力可能已经不能支撑他们的奢靡生活了，而且墓主人也失去了第三期时的威权，殉葬制度在这一区域内全部消失。综上所述，尽管前后的殉葬情况有一些变化，但殉葬制度反映的社会发展具有前后相继的连续性。在这个殉葬制度的形成过程中，最早可能是东方文化的西传过程中带来了这种残酷的观念，但并不是原样照搬；第三期时殉葬比较普遍，但并不是形成于另外一个地域成熟的埋葬制度完全代替或中断了此前本地的丧葬习俗；第四期时殉葬现象不存在了，也不能说又重新启用了以前的制度，只是人类走过了人性的轮回，也是这种制度在中原地区起源期间的一个重要特点。社会阶层的分化、不同等级人员的差别是文明进程中非常重要的环节，代表着社会发展的一个新的阶段，社会正在发生一次大的变革，"文明"社会就是以这种极端不文明的方式前行。

4. 随葬品种类与特点的演变

随葬品是清凉寺墓地引起关注的一个重要内容，不仅因为发现大量玉石礼器和其他特殊的珍稀物品，更重要的是器物在不同时间具有不同的特色，显示着不同的含义。这些随葬品种类与特点的变化其实是一个礼制形成的过程，体现的是特权阶层和普通社会成员之间的等级名分，确定上下、尊卑、亲疏、长幼之间的隶属服从关系，在举行各种活动时需要佩戴礼器，以明贵贱，辨等级，死后还要将器物随葬入墓。

清凉寺墓地第二期时，因为海盐、井盐尚未开采，中原以外区域的部族跋山涉水到这里来索取食盐，给了清凉寺一带的居民与周边不同文化发生碰撞与融合的机会，随葬的器物就是这种文化交流的产物。在本期墓葬中，只有富有者才有随葬品，发现的器物均非本地传统，而是受到外来文化的影响。其中玉石器最具特色，虽然所有的器物都是用本地岩石制成，但理念却是从其他地方引进的。玉石器的形制特色，涉及东方和东南方的几个区域，本地工匠学会了不同文化的玉石器制作技术，开始从事先进的制玉工艺。随葬玉石器的墓葬在本期几个小的区域内都存在，不是某一个家庭或家族独有，而是所有家族的上层人士都能拥有。同时，在墓地西部的几个墓葬中出土了具有固定组合的陶器，虽然具有礼器的性质，但形制特点却表现出明确的本地特色。玉石器及陶器都有固定的器类组合，与鳄鱼骨板、野猪下颌骨一起构成了初期的礼器，整个社会已经等级分明。第三期时，具有垄断地位的食盐外销集团成员，掠夺财富，侵占田园，滥用奢侈品，成就了第三期墓主人的辉煌与荣耀。初期礼制在这一时期逐渐形成，富裕的上层人士重视物质享受，拥有许多精美玉石器。从随葬玉石器的特征来看，不同的器物具有不同传统文化的特色，东、南、西、北方的风格俱全，应该是受到更多地域其他文化的影响。但是，玉石器的种类有了很大变化，装饰品受到墓主人的青睐，而且形制活泼精致、极其珍贵的透闪石类玉石材料制作的奢侈品成为本期最重要的特点，这些器物引起人们爱美和炫耀的心理。但限于透闪石玉料的稀缺，本期绝大部分器物还是用本地的岩石制作的，外来文化的影响与当地文化的传承相得益彰。到第四期时，不再富有的墓主人已经很少用随葬品了，即使个别墓葬随葬了少数器物，也特色尽失，已经看不出有异地的任何因素了，礼制的发展遇到了瓶颈。后来大规模的盗扰现象却是社会秩序重组的一个重要体现，礼制正在以螺旋式的模式上升与完善。

5. 阶层分化与阶级对立

阶层分化和阶级对立是两个既相互联系又不能等同的概念，阶层分化出现较早，仅有阶层分化，还不至于出现尖锐对立的矛盾，但长期的分化必然导致阶级的产生。在两极分化的社会，必然存在着对立的阶级，而且，相互之间的矛盾是不会通过民主来调解的。

清凉寺墓地的第二期，由于墓主人是同一个部族内的成员，反映的是当时社会上普遍存在的阶层分化和贫富差别，无论是地位还是财富，那些拥有随葬品的墓葬明显高于没有任何随葬品的墓葬，依此，至少能够清楚地分出两个档次，而且，在拥有随葬品的墓葬中还能够根据器物的种类、多少、特征等内容划分出更详细的层次，但梯级不太清晰。第三期墓葬的墓主人整体地位比较高，不同位置墓主人待遇的差别是因为下葬时间早晚造成的，到墓地中部所处的阶段，墓主人极端富裕，地位显赫，是当地最高级别的人士。另外一个档次就是陪葬的死者或殉人，他们毫无地位，生命的权利也被剥夺，两个对立的阶级表现得十分清晰。从整个区域的角度上说，男女比例不可能差距太大，也不可能只有墓主人和殉人为代表的两类人员，附近应该有独立的居民生存，只是由于清凉寺墓地的墓主人全部是负责销售食盐的管理集团成员，所以未发现那些普通人的墓葬。若要对当时社会的人群进行阶层划分，至少应该可以分出三个层次，即集团上层、当地普通居民和被迫殉葬的死者，他们生前很可能不属于同一部族，社会地位有着十分明显的差异。其中集团上层对殉人拥有生杀予夺的权利，是当地的主宰者；殉人显然属于被奴役的对象，处于社会的最底层；当地居民的生存状况在清凉寺墓地没有反映，应该介于二者之间。从墓主人极度的奢华与强势情况来看，这个集团成员与当地普通居民之间的矛盾也会十分尖锐，阶级对立在集团或聚落群之间也应该存在，社会地位的差距较之于第二期明显加大，甚至有了天壤之别。以上三种人群的存在，表明墓地第三、四期时，当地的社会结构复杂化程度已经很高了，一个较高层次的、以阶级尖锐对立为特色的社会已经诞生。墓地第四期之后，尖锐的社会矛盾并没有得到缓解，包括第三、四两期的墓葬被大规模盗扰就是矛盾的总暴发，在墓葬中常常发现随葬品被弃置，说明盗扰并不是以图谋墓中财物为第一目标，主要目的是让死者魂魄不得安定，如果食盐销售集团与当地的其他居民之间确实结下了宿怨深仇，也许还隐含有对死者的复仇意味。令人深思的是，这种盗扰墓葬的现象不仅仅存在于清凉寺墓地所在的区域，而是席卷了整个山西南部地区，而且均以极端的形式对原来的上层人员进行攻击，即使已经安葬的死者也不能幸免，似乎是一场规模宏大的社会变革。

庙底沟二期文化是晋西南到豫西地区一个重要的转折时期，进入到龙山时代后，中原地区出现了王湾三期文化、陶寺文化、客省庄文化等各有特色且势力十分强大的考古学文化，但晋陕豫三省交界的地方，始终只是三种文化交汇的前沿地带，文化内涵中包括有三个文化的特色或风格，很难分清以哪个文化为主，而且也缺乏自身独特的指征性器类，没有形成独立的或统一的文化。清凉寺墓地的资料说明，这里还受到更远距离的一些地区的文化影响，不同地区的先进理念、高超技术、成功经验在这里汇聚，在继承当地优秀传统的基础上，不断丰富自身，完成了从阶层的分化、社会秩序的改变到阶级矛盾激化的几次转化。虽然在第四期之后，这个曾经兴盛的区域发展受到限制，但新制度必然在相邻区域内得到延续，构建新社会秩序的步伐不会因此而停滞，其至因为特殊的资源控制方式摸索出一条走向文明的道路。清凉寺墓地葬俗的发展历程其实就是中原地区这一时期文化发展轨迹的一个缩影，反映了中原地区文明起源的曲折历程。

五　文化理念的长远影响

一般来说，常态的经济发展、生产力提高是文明产生的必要前提，但是，如果按部就班地循序渐进，这个过程需要比较充分的酝酿和积累，时间比较长一些。突发性、跳跃性等非常态的进化，能够引发整个社会中各个阶层人员很快分化，成为产生阶级对立的直接诱因。清凉寺墓地反映的社会进步缘于对运城盐湖的开发。大约在清凉寺墓地第二期时，中原地区已经走出了仰韶晚期文化低迷的状态，步入复兴之路，盐湖地区的居民可能也正好在这一时期发现了"天日晒盐"的现象，采用"集工捞采"的生产方式成功开发了运城盐湖，清凉寺墓地附近的居民们依靠邻近盐湖的地理优势，在参与外销的过程中，经历了兴起、发展和夭折的过程，再现了一个特殊群体突然繁荣、矛盾激化、被迫衰落的起伏。对特殊资源的控制并不具备普遍性，是一种非常态的进化模式，但广泛吸纳周边文化多元文明要素的文化汇聚却体现着一种先进的理念。多种文化向中原地区渗透、传播成为一种趋势，中原地区居民们将各种先进的文化理念和经验融入自身长期积淀下来的文化体系中，实现生产技术、社会制度和文化格局的进一步提升。这种社会复杂化的特点、发展模式符合中原地区居民的生存条件，代表着一个新时代到来前的社会发展趋势。由此引发的社会变革，不仅需要对外开放的姿态和兼容并包的胸怀，也需要文化发展整体格局的条件。这里的居民和周边区域的部族在与其他地区文化的交流、互动过程中，通过多方接触，择优汰劣，在通向文明的道路上得到了锻炼，积累了经验，并在此基础上，总结出一整套发展思路。这就是后来一直奉行的世俗、务实、开放和可持续发展的风格，奠定中原地区再次成为整个黄河流域甚至更大区域的中心地位，从此中原地区向文明时代进发的脚步迈得更加坚实了。由此可见，中原文明首先是在个别地点得到突破，并且在小范围内的起伏中走向成熟，然后才在较大范围内得到推广。一种新制度的形成要付出代价，制度的完善也可能出现反复，初期的社会复杂化不可能一蹴而就、一劳永逸，也许通往规范的尝试不一定成功，但却是人类不断进步的探索，社会在动荡中求得革新和发展。

清凉寺墓地走过的是一个地域文化的多元一体化过程，也是整个中原文明的多元一体化过程的一个缩影，其诞生和发展模式、演变过程给当时其他区域的文化发展提供了一个很好的范例。最早受益的是清凉寺的北侧、西北的两个地区，在清凉寺墓地第三、四期或略晚的阶段中，临汾盆地的陶寺文化、陕西北部区域的龙山时期文化，先后兴起了十分发达的玉石器文化中心。陶寺遗址早期阶段曾经与东方的大汶口文化晚期也有过交流，而且最早以该遗址早期和临汾下靳墓地为代表的文化阶段，玉石器特点与清凉寺墓地第二期有一些差别，缺乏多孔石刀，也不流行单孔石器和石钺组合的方式，具有两种不同的风格，但是，用多片璜形或不规则形石片连缀环状器的风格却如出一辙。在龙山时期，不仅清凉寺墓地第三期为代表的文化达到了前所未有的高度，成为中原地区向文明时代迈进的急先锋，临汾盆地、陕北高原等几个地点也先后发展成为史前后期文化最发达的区域，创造了辉煌的地方文化，包括近年来发现有大规模城址的陶寺遗址、陕西神木石峁遗址等。这些史前后期文化的高峰都与清凉寺墓地形成的观念具有一脉相承的关系，甚至西北地区的齐家文化用玉的理念，或许就有清凉寺墓地为代表的龙山时期中原史前文化的流变，以清凉寺墓地为代表的中原地区已经成为中国东西文化交流中十分重要的地域和文化桥梁。清凉寺墓地的发展模式，在后来整个中华文明的长期发展过程中，仍旧产生了绵长久远的影响，其中既包括物质生产，也涵盖精神状态。

黄河南北地区一直到北部的临汾盆地，在龙山时期以后的一段时间内兴起的是"东下冯类型"。该类型的主体因素并不是本地文化的自然延续，而与形成于河南的二里头文化具有更多联系。这次文化的更替年代应该晚于清凉寺墓地的最后阶段，可能比清凉寺墓地被盗扰的那次事件略晚，但是，二里头文化的北进肯定与龙山晚期晋南地区的动荡不安有着必然的联系。在整个东下冯类型盛行的时期，那些原来的居民不可能全部被消灭，他们创造的文化也不可能轻易失传，以陶寺文化为代表的人群应该被迫迁徙到晋中以北地区了，但清凉寺一带的居民的去向却并不清楚。无论人群的归宿如何，在此基础上形成的玉文化被后代继承发扬，成为整个中华民族文化中不可分割的一部分。我们在感叹玉石器本身生命力的同时，也会对史前时期发生在陕晋豫交界地区的文化汇聚与文化变革心生敬畏。

我们对墓地葬俗的总结和梳理只是初步的认识，在此基础上对墓主人从事职业及墓葬被盗扰原因作的一些推测也只是发掘者个人的释读意见，根据发掘资料和各种检测结果对中原核心区域社会发展进程的探索肯定也很不全面，目前，对与墓地相关的许多课题还没有立项，希望我们的报告能给大家继续研究提供翔实的资料，让不同学科的研究工作能够建立在真实和全面的基础上。

清凉寺墓地代表的是一条通向阶级社会的道路，在数千年前，这个中条山南麓的小地域完成了一次华丽的转身，在遥远的史前时期做出了不朽的贡献。正是由于产生了复杂的社会现象，当时的中条山区不再空蒙、柔和、静谧，而显得充实、繁忙、喧嚣，宛如墓地背后高耸的巍巍中条一样伟岸，恰似面前东去的滔滔黄河一样壮美，也许这只是文明化进程诸多重要内容中的一个转折点，但却在诠释中原文化的汇聚、中华文明的产生和发展机制等一系列重要问题上具有里程碑意义。

后　记

　　清凉寺史前墓地的发掘和整理得到了国家文物局和省、市各级文物主管部门领导的深切关怀。他们多次到工地视察，并解决了工作中遇到的关键问题，这是发掘、整理工作得以顺利进行的前提和保证。相关科研单位的专家学者对清凉寺墓地的发掘、资料整理、报告撰写给予了高度关注，其中既有德高望重的学界泰斗，也有年富力强的中年学者，还有崭露头角的后起之秀，他们或现场指导，或观摩会商，从不同的视角给予了具体的指教，学者们无私的教导，让我们提高了认识，并避免了一些失误。

　　本书包括清凉寺史前墓地 2003~2005 年清理的所有墓葬资料。田野发掘由山西省考古研究所薛新明担任领队，工作人员还有山西省考古研究所的韩磊、宋文兵、孙先徒、李全贵、张立强、牛秀平、翼保金、梁淑红、张雪梅、张明菊、白秀平、海金波等业务人员，运城市文物工作站的丁金龙、石忠参加了 2003 年下半年的工作，清凉寺的部分村民始终参加了田野发掘，并在后勤保障方面提供了帮助。除正常的墓葬清理外，孙先徒承担了田野绘图任务，宋文兵负责墓地的常规管理、摄影与录像，高空摄影由王宝平完成。后期整理中，山西省考古研究所侯马考古站、南山文物资料中心的同事给予了大力支持，梁苏红修复了全部陶器，畅红霞对墓葬的平面图进行了校正和清绘，并承担了部分在山西省博物院展出玉石器的绘图工作，其他器物的绘图由侯马市博物馆的权美丽完成。在此向所有在田野和室内工作中贡献了聪明才智的成员表示衷心的感谢。

　　本书是不同单位、不同学科研究人员共同完成的。除了山西省考古研究所的马金花、杨林中始终参加了发掘资料整理外，我们还邀请著名高校、科研单位的科研人员参加了工作：最早参与资料整理的是西北大学文博学院的陈靓博士和中国地质大学的员雪梅博士，她们从 2004 年初夏就开始分别负责对墓地出土人骨、玉石器的鉴定和研究工作。北京大学吴小红教授于 2007 年亲自带队到侯马选取样品，并组织了对墓葬部分人骨的碳十四年代测定。2008 年开始，北京大学在读博士赵静芳承担了墓地出土动物骨骼的研究工作。2009 年，我们邀请了当时在中国地质大学上学的河南三门峡市纪委干部倪爱武博士负责对墓地附近古环境的研究。2013 年开始，中国社会科学院考古研究所的赵春燕博士主持了锶同位素分析，她还对清凉寺第二到第四期部分墓葬的人骨进行了微量元素分析、牙结石的碳和氮同位素分析。同时，北京大学在读博士舒涛也对墓葬部分人骨生前的食性进行了分析。他们根据各自研究的成果分别撰写了专业性很强的研究报告。正是这些不同单位专家们的同心协力，才使清凉寺墓地的整理和研究取得了目前的成果，我们将永远牢记这愉快的合作经历。

　　本书的出版得到文物出版社的大力支持，谷艳雪女士从 2005 年开始就一直与作者保持沟通，在报告接近完成之际，又与山西省考古研究所领导就出版事宜进行了协商，担任了本书的责任编辑。在具体编辑过程中，发现器物照片不太清晰，遂与同事刘昶、专业摄影师宋朝到山西进行了拍摄，此后，又就报告的体例、插图的编排方式作了探索，而且，不厌其烦地几次通审全稿，调整了章节，从考古和编审两个方面的角度提出了许多专业程度极高的修改意见，付出了大量心血，一丝不苟的工作风格让我十分感佩。

墓地资料的整理和报告的撰写得到国家社科基金的支持，根据要求书稿曾送交全国社科基金办公室进行了评审，确认达到了该项目的要求。本书同时也是全国社科基金项目"清凉寺史前墓地"的结题报告。另外，2006年，国家科技支撑计划项目"中华文明探源工程（二）"正式启动，由薛新明负责的"山西芮城清凉寺史前墓地综合研究"和陈靓负责的"山西芮城清凉寺遗址人骨的体质人类学研究及食性研究"均作为由中国社会科学院考古研究所研究员陈星灿负责的"3500—1500BC中华文明形成与早期发展阶段的社会与精神文化研究"的子课题参加了工程的研究。2009年开始，薛新明参与了由北京大学李水城教授负责的"指南针计划：中国早期盐业的创造与发明"研究。这些研究的成果为本报告的撰写打下了良好基础，而且参加课题的高水平研究人员对相关课题的分析研究方法，也给清凉寺墓地资料的整理提供了许多可供了借鉴的经验或参考。为了完成上述这些研究任务，我们组织了对墓地部分墓葬的资料整理，绘制的墓葬线图是本报告所用线图的主要组成部分。国家文物局给报告的出版提供了经费，2013年以来，先后负责山西省考古研究所工作的张庆捷、谢尧亭等领导对资料整理和遗物摄影及时拨付了经费，在此表示感谢。

清凉寺墓地反映的信息是十分全面的，我们虽然尽量邀请了相关学科的专家参加了整理和分析，但报告中肯定还有许多疏漏和不足，希望能得到专家学者和广大读者的指导和谅解。

编　者

2016 年 12 月 30 日

The Prehistoric Cemetery of Qingliangsi

(Abstract)

The prehistoric cemetery of Qingliangsi is located in the northeastern part of Ruicheng County, Shanxi Province, where a flat slope lies under a north-south ridge at the southern foot of Zhongtiao Mountain. Distributed at the northeast side of Qingliangsi Hall which is a Buddhist temple founded in the seventh year of Yuan Dade (1303) and covering an area of nearly 5000 m², the cemetery is an important part of Sili-Potou Site. During 2003–2005, Shanxi Provincial Institute of Archaeology and other units conducted a rescue excavation here, and excavated 355 tombs in total. This excavation was named one of the 'Ten Major Archaeological Discoveries' in 2004, and won a third-prize in field archaeology awarded by the State Administration of Cultural Heritage. These tombs are important materials for the study of the origin of the Central-Plains Civilization. The whole report can be divided into two parts, that is, introduction of basic materials and monographic studies.

The introduction of the cemetery includes regional geography, history, discovery, investigation and excavation, staging, and specific relics of each stage, committed to restoring the true condition of the remains. All the tombs found in the cemetery are vertical pit tombs. According to comprehensive analysis of the opening position and the breaking relationship of the tombs, the head direction of tomb owners, the scale of the tombs, the burial object as well as other specific characteristics, we infer that the entire cemetery underwent four major stages, and had buried three different organizations or groups of people successively. The report introduces characteristics of the tombs from the earliest to the latest stages respectively, including summary of the basic condition of each stage and current condition of each tomb. Tombs of the first stage were of a rather small number, which should be part of a small settlement. The second to the fourth stages were in succession; however, the tomb scale and the distribution law varied, and the identities of the dead had a great difference. Scales of the tombs in the second stage were rather small. The tombs distributed in the higher northwest region. Proportions of males and females were nearly the same, meaning that there existed a reasonable member structure. What's more, several less-structured small groups can be marked off, indicating that this was a tribal cemetery composed of several family tomb areas. During this stage, special burial objects like jade articles and crocodile bones were found in a few tombs, and in individual tombs there were the dead abnormally buried, showing that the tomb owners were apparently not equal, and even were in extreme opposite positions. Tombs of the third and fourth stages damaged the cemetery of the second stage. Scales of these tombs were relatively large. Tomb owners were all adults, and there existed a large gap between the proportions of males and females. Among tomb owners identified, percentage of males was close to 80%, while that of females was only 20%. The group buried during these stages was probably comprised mainly of males, and the whole cemetery was meticulously planned and arranged. The cemetery of the third stage was arranged under the rule of 'west to east', and gradually expanded eastwards, in which the tombs were standardized and regular. In the fourth stage, limited by the terrain and topography, some changes took place. Besides a slight change in the direction, the burying order turned into 'east to west'. A large number of human sacrifices were found from the western to the middle parts of the cemetery of the third stage, while in the eastern part of that cemetery and the cemetery of the fourth stage existed no human sacrifice. There may be exquisite jade articles in this stage, however, because of severe robbery, only a few of them have been left. What's comforting, these objects are of high quality, and concentrate cultural characteristics of many areas. The quantity and quality of jade articles degraded in later times, which was a reflection of the tortuous development of groups and strict class division within the whole society. Based on comprehensive introduction of the materials, time and cultural belonging of the tombs are analyzed. According to comparative study of the pottery found in some tombs, the second stage belonged to the latest stage of Miaodigou Second Period Culture, while the third and fourth stages belonged to Longshan Period. Professor Xiaohong Wu of Peking University led the Carbon-14 dating research of the human bones found in the cemetery, and came to such conclusions: the first stage was between 4050 BC–3770 BC, which lasted for more than two hundred years and belonged to the early stage of Yangshao Period, with a separation of thousands of years from the second stage. The second to the fourth stages were in succession. If we based the time range on data with error of 2σ and confidence of 95.4%, these stages were between 2470 BC to 1700 BC. If we based it on data with error of 1σ and confidence of 68.2%, these stages were between 2300 BC to 1800 BC. Such dating results are consistent with the research of cultural belonging.

Monographic studies include study of ancient environment around the cemetery, physical anthropological study of human bones found in the cemetery, study of the material of the jade articles, study of the application of the animal bones, and strontium isotope study of human and animal bones unearthed in the cemetery.

According to burial materials and monographic studies, the report tries to interpret the occupations of the tomb owners and the cultural process manifested in the cemetery. Based on the geographical location of the cemetery and the traffic condition in later times, there was an inevitable link between the earliest development of Salt Lake and the special phenomenon found in the cemetery. The author argues that from around the second stage, special occupations engaged in salt transportation and sales broke the routine progress of agriculture here. Residents of Qingliangsi broadened their horizons and gained new cultural information, with the advanced cultural ideas of the eastern and southeastern areas being brought in. At about the beginning of the third stage, an administrative group or organization established in this area, with the main occupation of it being salt sales. This group, mainly composed of males, accumulated enormous wealth. The members were of supreme status, and lived a luxury life. Tomb owners of the fourth stage were probably still in charge of salt export sales, but both their status and wealth had dropped significantly. Control of special resources contributed to a development trend in prehistoric time. As latest as in Miaodigou Second Period Culture, surrounding cultures had converged in the Central Plains. Cultural factors of different regions and different characteristics came into the Central Plains, and all fused into the local cultural system, thus forming an integrated unity. Although we cannot rule out the possibility that people of other areas may enter into the Central Plains in small scales, however, large-scale migration did not happen, and no tribe came far away from their original living area to Zhongtiao Mountain. Local residents led the cultural development to an all-embracing situation. The Central-Plains Civilization made breakthroughs first in individual places, tortuously moved to maturity in small areas, and finally spread widely in a large range. This is the developing process of regional culture, as well as the epitome of pluralistic-integrating process of the Central-Plains Civilization. The birth, evolution and developing process of the cemetery make a very good example to cultural development in other areas. For example, development of Taosi Culture with a large-scale city site and remains like Shenmu Shimao in Shaanxi Province can be related to the development of the cemetery, and even the idea of using jade in Qijia Culture was inherited from the prehistoric Longshan Culture of the Central Plains represented by Qingliangsi Cemetery. The Central Plains is a very important area and acts like a bridge in the cultural exchange between eastern and western China. It even had a far-reaching influence in the long-term development of Chinese civilization both in material level and spiritual level.

Note: The original abstract is written in Chinese by Xinming Xue 薛新明 from Shanxi Provincial Institute of Archaeology 山西省考古研究所 , translated into English by Yin Wang 王音 from School of Archaeology and Museology, Peking University 北京大学考古文博学院 , and revised by Nan Cao 曹楠 from the Institute of Archaeology, Chinese Academy of Social Sciences 中国社会科学院考古研究所 .

本报告为

国家社会科学基金项目（项目批准号：06BKG004）

"中华文明探源工程（二）"子课题"3500BC~1500BC 中华文明形成与

早期发展阶段的社会与精神文化研究（2006BAK21B04）"项目

"指南针计划"专项"中国早期盐业文明与展示试点研究"项目

国家重点文物保护专项补助经费资助项目

清凉寺史前墓地 上

山西省考古研究所
运城市文物工作站
芮城县旅游文物局　编著

薛新明　主编

文物出版社

图书在版编目（CIP）数据

清凉寺史前墓地 / 山西省考古研究所，运城市文物工作站，芮城县旅游文物局编著；薛新明主编. -- 北京：文物出版社，2016.12
ISBN 978-7-5010-4311-8

Ⅰ.①清… Ⅱ.①山… ②运… ③芮… ④薛… Ⅲ.①墓葬（考古）—芮城县 Ⅳ.①K878.8

中国版本图书馆CIP数据核字（2015）第116929号

清凉寺史前墓地

编　　著：山西省考古研究所　运城市文物工作站　芮城县旅游文物局
主　　编：薛新明

封面设计：程星涛
责任编辑：谷艳雪
责任印制：张　丽

出版发行：文物出版社
社　　址：北京市东直门内北小街2号楼
邮　　编：100007
网　　址：http://www.wenwu.com
邮　　箱：web@wenwu.com
经　　销：新华书店
印　　刷：北京鹏润伟业印刷有限公司
开　　本：889mm×1194mm　1/16
印　　张：61.25
插　　页：1
版　　次：2016年12月第1版
印　　次：2016年12月第1次印刷
书　　号：ISBN 978-7-5010-4311-8
定　　价：980.00元（全三册）

The Prehistoric Cemetery of Qingliangsi

Volume I

(With an English Abstract)

by

Shanxi Provincial Institute of Archaeology

Yuncheng Municipal Workstation of Cultural Heritage

Ruicheng County Administration of Tourism and Cultural Heritage

Editor-in-chief: Xinming Xue

Cultural Relics Press

Beijing · 2016

目　录

上　册

中　册

插图目录

第一章　自然环境与历史沿革 *

　　自然环境是文化的载体，每一个区域自身的文化传统与其所在的自然地理背景密切相关。我国自然环境最显著的特点在于其多样性，地貌类型的差异使不同地域的文化各具特色，同时，气候在每个小的地理单元内也有差别，而且总是在不断地变化着，对文化发展和延续的影响也十分明显。清凉寺史前墓地所在的中原腹地，处在我国整体地貌的第二阶梯向第三级阶梯的过渡地带，这一区域内的地势起伏较大，多山多川是地貌环境的重要特征。为了清晰地表述清凉寺史前墓地出现、发展和消失的前因后果，我们有必要首先对其所在区域的自然地理环境和文化传统、历史沿革作一些简略的介绍。

第一节　自然地理环境

　　清凉寺史前墓地属于寺里—坡头遗址，位于芮城县东北部。

　　芮城县在山西省西南端，隶属于运城市。黄河干流从永济市进入芮城境内后，沿其西界南流至风陵渡凤凰堆，受到秦岭的强力阻挡，以90度的转折向东奔流，经县境南界进入平陆县区域。县境北侧以中条山为界，与永济市、运城市盐湖区毗连；东侧以涑水涧为界，与平陆县接壤。黄河是县境与陕西、河南两省的天然分界线，其中西部与陕西大荔、潼关以水为邻，南部与河南灵宝市隔河相望，黄河转折之处与渭河汇合，是晋、秦、豫三省交界之地，素有"鸡鸣三省闻"之称，也是西北、中原、华北交通的要冲，不仅在历史时期为兵家必争之地，而且早在中原地区史前文化的发展、早期国家起源等重大历史事件中已经显示了其突出的区位优势。也正是在这些历史发展的过程中，人们逐渐认识到这个山川秀美的地方所具有的重要地位。（图1–1–1~1–1–3）

一　地理位置、地形地貌、河流交通

　　芮城县的境域呈东西狭长的椭圆形，东西长约65千米，南北最宽处约24千米。地理坐标为北纬34°35′16″~34°50′20″，东经110°14′30″~110°57′34″。全境总面积1178平方千米，迄至20世纪90年代中期，常住人口40余万[1]。

　　根据地质构造学的研究，中条和秦岭是两个古老的断块，在地质年代，这里的地壳变化十分

---

　　* 第一至第四章执笔：山西省考古研究所薛新明。

　　[1] 芮城县志编纂委员会：《芮城县志》，三秦出版社，1994年。本章除注明者外，均引自该书。

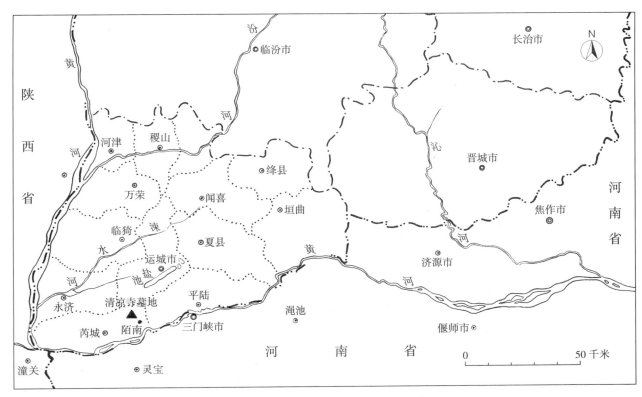

图 1-1-1　清凉寺墓地地理位置示意图

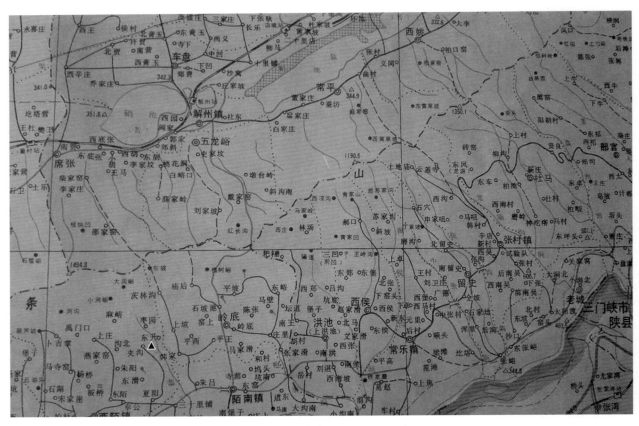

图 1-1-2　清凉寺墓地位置示意图

（▲为清凉寺墓地）

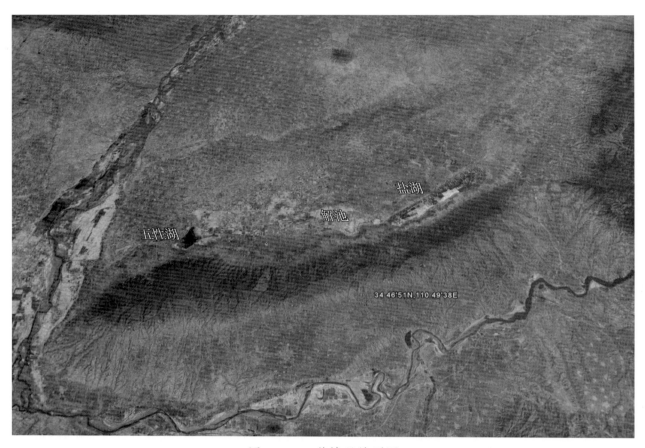

图 1-1-3　芮城县地形图

剧烈，地势、地貌也在不同时期相应改变。目前，中条山与崤山、华山、伏牛山隔黄河干流对峙，形成了一条东西向的河谷走廊，属于华北地台汾渭地堑的一部分。由于地域相连的芮城县与平陆县分布在黄河北岸、中条山脉南麓，这种特殊的地貌被学术界称为芮城—平陆地貌区。

芮城县域内的地势北高南低，县界北部是东西横亘的中条山脉。海拔一般在 800 米以上，最高的雪花山海拔 1993.8 米。山势的总体走向为东北—西南，山区基岩为侵蚀构造地形，顶部和东部坡地略和缓，西部边坡较陡峭，沟谷侵蚀深度达 500~740 米。东西向剖面为峡谷式，南北向剖面呈阶梯状。以中条山脊为界，向南依次分布着山地、丘陵、台塬、河谷四种不同的地形：山地沿山脊走向分布，分为中高山和中低山两部分，海拔均在 750 米以上。接近山地的东部、中部为坡度不大的山前洪积坡地，整体由北向南倾斜，海拔在 600~700 米之间，表层为马兰黄土覆盖，由于受山谷中下泄山洪的长期冲刷，多见东西并列、宽狭不一、深浅不等的自然冲沟；西部为倾斜的平原低洼地带。从风陵渡至陌南的公路南北两侧为一个东西狭长的黄土台塬，地势相对平坦，海拔约 600 米。黄河北岸地区，地势低缓，是一个多沟、多涧的黄土丘陵区，海拔大部分在 500 米以下。最南部的黄河谷地为全县最低处，海拔约 302 米[1]。

中条山是一个隆起的山脉，历经三次较大的地质构造运动和相应的海侵，堆积了海相沉积物。

---

[1]唐国来：《运城地区黄土》，《运城师专学报》1989 年 4 期。

中生代和新生代的几次地质运动，使中条山隆起带大为升高，三门沉降带也随之形成，大约在地质分期的燕山运动末期，汾渭地堑便已经出现，芮城所在的区域是该地堑大湖盆中三个洼地之一，属于三门湖盆，当时，湖盆内积水较深，仅中条山是其中的隆起带。

新生代第三纪初，受喜马拉雅山运动的影响，中条山隆起带进一步升高，三门湖盆面积相对缩小，形成"三门古湖"。由于气候炎热，在第三系地层中，中条山山前区域主要是紫红、褐红色岩石，盆地中部则堆积了河湖相沉积物及洪积物，今天黄河的河道处当时还是一片汪洋的湖区。

第四纪早更新世初期，中条山一带继续隆起，高台地升出水面，此后，山脉处于相对稳定状态。而古湖的面积则进一步缩小，黄河水系开始下切。经过早更新世末的三门运动、中更新世到晚更新世的湖盆抬升和清水期侵蚀，古黄河切穿了三门峡谷，与华北平原贯通，成为联结西部黄土高原与东部低平地域的纽带，黄河两岸的阶地随之出现，原来的"三门古湖"也演变为黄河干流的部分河段，形成了当地整个地势的基本框架。至第四纪末期，随着中条山构造带趋于稳定，黄河阶地和山前的洪积扇分别日积月累地堆积，逐渐形成从中条山南麓至黄河谷地间的倾斜坡地和东西向分布的平原，在晚更新世堆积了二、三级台地，今天的地貌轮廓和山川大势基本形成。

进入全新世以来，地貌没有大的改变，只是堆积了一级台地，呈阶梯状分布在黄河北岸，地表也接收了大量尘积的离石黄土和马兰黄土。然而，由于中条山区为中高山型的山岳形态，其南侧的这片不太大的坡地和平原地带自形成之后，一直都在经受着发源于中条山的水流的分割、下切，尤其是雨水的冲刷，地面侵蚀加强，河床不断加深，黄土台塬上的南北向沟壑密布、东西不相连续，主干沟谷下切较深处达 100 米左右，离石黄土出露较多，沟壁陡直。进入历史时期，随着农垦面积的扩大，植被破坏严重，冲沟更趋发育，而塬面则逐渐缩小。由于水源方面的原因，东西向的沟谷很少，只是主干沟旁的小豁口，整体较短，所以，南北塬面尚较完整[1]。

黄河是经过芮城的最大河流，其干流在芮城县境内全长约 80 千米，西段较宽，东段较窄，是芮城唯一的航运道，也是山西与河南之间主要的航运水路，从东到西有沙窝渡、南窑渡、大禹渡、太安渡、礼教渡、永乐渡、原村渡、晓理渡、风陵渡等 9 个主要渡口，其中除原村渡为新兴渡口外，其余 8 个皆为古渡口。大部分渡口，河水稳定平缓，适宜于上下通行及南北摆渡，但也有的渡口河床不稳，数度移位。除此之外，境内的其他河流均较短，而且，受到地形的限制，大部分由北向南流。较大的沟涧基本东西平行，主要有安家涧、孙家涧、葡萄河、恭水涧等 14 条涧水，它们均为季节性河流，发源于北部的中条山，通过梳状沟涧水系迅速向南注入黄河，不能通航。东西向的沟谷数量较少，一般均为南北向涧水的小支流。

芮城县陆路交通比较发达的地区主要分布在西南部临近黄河的区域，除南同浦铁路南北向通过县境西部外，京昆高速的组成部分——运风高速公路（运城—风陵渡）基本与铁路平行，南北向的公路还有庙风线（夏县庙前—芮城风陵渡），但在芮城境内仅有 9 千米。县境中东部的省级公路有东西向的风平线（芮城风陵渡—平陆县城），全线长约 120 千米，芮城境内 70.7 千米。解陌（运城解州—芮城陌南）公路是从运城盆地跨越中条山进入芮城境内的重要通道，全线长约 30 千米，芮城境内约 15 千米。

---

[1] 山西省地图集编撰委员会：《山西省自然地图集》，内部资料，1984 年。

近年来，山西高速公路建设发展迅速，在建的运灵高速公路以打通隧道的方式穿越中条山山体，将使运城盆地与黄河沿岸的距离大大缩短，首次改变了数千年来翻山越岭的交通方式。

二 气候、土壤、植被、动物、矿藏

从总体上来说，芮城县的气候属于暖温带季风型大陆性气候，四季分明。冬季少雪，寒冷干燥；春季多风，少雨干旱；夏季炎热多雨，但雨量分布不均匀，伏旱明显；秋初多雨，秋末天气晴朗、凉爽。芮城所在的中条山南侧是由暖温带向亚热带过渡的起始线，由于地势高差和纬度的影响，山区与沿河地带的气候变化相差约 20 天左右。与山西省其他地区相比，虽然太阳辐射能较少，却是热量资源最丰富的地区之一。根据气象资料统计：芮城历年平均日照时数为 2366.2 小时，总辐射量为 125 千卡 / 平方厘米，平均气温为 12.8℃。1 月份最冷，平均气温 2.1℃，极端最低 18.7℃；7 月份最热，平均气温 26.4℃，极端最高气温达 42.4℃。年平均地面温度为 15.1℃。霜冻期在 10 月下旬至次年 3 月下旬，历年平均无霜期为 203.6 天。降雨量明显不足，而且年际变化较大，时空分布不均，历年平均降水量为 513.0 毫米，多雨年份达 772.6 毫米，少雨年份仅有 396.0 毫米。一年中降水主要分布在 7~9 月，三个月的降雨量占到全年总量的 50% 左右。雨量的不稳定对农业生产影响较大，使农作物容易遭受旱、涝灾害。由于本县绝大部分地处中条山南坡，南方暖湿气流顺河谷长驱直入，北方的西北风被中条山北坡阻挡，所以，形成了一个得天独厚的暖湿小气候。

芮城县是山西省的大风速区之一，受地形限制，多为东西风向，以偏东北风和东风居多，西风和西南风次之，北风较少。各月的风速在 2.6~3.4 米 / 秒之间，年平均风速 3.0 米 / 秒，最大风速为 20 米 / 秒。全年平均大风日数为 15.7 天，极端大风天数达 49 天。

受地带性和隐域性气候、地理环境及人类生产活动的影响，芮城县不同区域的土壤类型性质各异，总体上可分为褐土和草甸土两大类。从北向南依海拔的不同分别分布着不同的土壤：海拔 1300~1900 米的中山石质山区分布着淋溶褐土，基本为未垦土壤。海拔 825~1300 米的低山区分布着山地褐土。海拔 500~850 米的丘陵、台塬地带分布着褐土性土。海拔 350~700 米的黄河阶地、黄土塬坪、丘陵洪积扇的缓平地带分布着碳酸盐褐土，这是全县分布面积最大、最有代表性的地带性土壤。海拔 325~340 米的黄河北岸低阶地和河漫滩分布着隐域性浅色草甸土。另外，个别积水洼地分布有面积很小的沼泽化草甸土。上述土壤分布区在一些相互邻近的区域有交错现象。碳酸盐褐土的土壤质量较好，褐土性土等类土壤质量较差。不同区域的土壤受着程度不同的侵蚀，其中北部的土石山区为轻度侵蚀区，南部的丘陵阶地区为中度侵蚀区，而中部的丘陵沟壑区则是强度侵蚀区，土壤流失较严重。

无论在什么地形或经纬度的区域，气候总是随着时间的推移在不断变化，清凉寺所在的芮城一带自然也不例外。从宏观的角度来说，芮城一带的气候变化与中国北方地区的变迁相同。根据学者们长期以来对古气候变化的研究，学术界将距今 8500~3000 年的时间范围界定为"全新世大暖期"[1]。清凉寺墓地形成时期正处于全新世大暖期的中后段。全新世大暖期的最重要特征

---

[1] 施雅风等主编：《中国全新世大暖期气候与环境》，海洋出版社，1992 年。

之一就是气候变化的不稳定性，当时，降温事件时有发生。气候波动情况与人类的生存状态的变迁存在着明显的相关性，考古遗址又是记录这种联系的重要载体，较早注意到黄河流域史前时期气候变化的是著名学者竺可桢，他在四十年前就根据相关资料的研究，提出在公元前 3000~1100 年间的绝大多数时间内，黄河中下游地区的年平均温度较现代高约 2℃，而冬季的平均温度较现代高 3~5℃[1]。这一结论直至今天仍不断得到新材料的证实。学者们的研究还表明：在公元前 4000~1900 年间，中国北方地区普遍经历了气候的剧烈波动，其中在公元前 3800 年前后、公元前 3300 年前后和公元前 2600 年前后，各地经历了三次程度不同的降温事件，在这期间，虽然区域性气候的差异十分显著，但北方地区在大的规律性变化方面却比较相似。研究还显示：每次降温之后气温迅速回升，波动幅度明显减弱[2]。清凉寺墓地形成时期的气候条件应当与北方气候的整体变化同步，同时也与区域小气候存在着某种联系，这是我们解读该墓地的前提之一。

历史时期，气候变化和人为采伐使芮城县境内的植被在不同时期有较大差异。据记载，西周初年，在芮城境内不同的区域分别生长着不同的树种，中条山区有枢、樗、漆、柞、槐、竹等树种，而黄河岸边有檀、桑等种类，聚落旁生长着桃树和枣树等。从秦汉以后，历代在山下地区的耕种集约程度逐渐增高，已经基本没有森林。但一直到明清时期，北部的中条山区仍"千嶂松柏"，山下谷中也"桧柏交错"，岩旁还有"松竹琼林"，山麓上可见柿树林。民国时期，山区林木遭到掠夺性破坏，留下的多为酸枣、荆条等灌木丛和白草等草丛。

现在芮城县境内的中条山区只保存有少部分原始森林，其余林木多为新中国成立后栽培，野生植物共有 350 余种，主要植被属于暖温带落叶阔叶林，其中有一定数量的亚热带作物。树种有松属（油松、华山松、白皮松）、栎属（槲树、栓皮栎）、柏属（侧柏）等组成的暖温性针叶林、针阔叶混交林和阔叶林，并有一些半常绿树种和北亚热带植物种类。根据地势的海拔高低不同，生长的林木也有差别，海拔 800~1900 米的山区主要是林草植被区。海拔 800 米以下是丘陵川原作物栽培区，目前仍在种植的农作物有 189 种，分为以小麦为主的谷类作物、以棉花为主的经济作物和其他蔬菜作物。居住区附近有苹果、枣树等经济林和杨树、泡桐等树种，其他的灌木和草本植物较普遍。

据当地相关部门统计，全县生存着野生动物 200 余种。以脊椎动物为主，包括哺乳动物、爬行动物、两栖动物、鸟类和鱼类五大类。其次为节肢动物，包括多足纲、甲壳纲、蛛虫纲和昆虫纲。但是，常见的动物仅 49 种，珍贵稀有动物极少，而且，野生动物的种类和数量逐渐减少。此外，家畜家禽有 10 类 22 种，水产动物 9 类 15 种。

芮城县境内的几乎所有矿藏都位于中条山区或山前地带。在中条山西端和县城北部发现有铜、铁和金矿资源，但储量不大。非金属矿主要是各种石料资源，其中有磷矿、石灰石、大理石、白云石、花岗岩、石英砂、蛭石和重晶石等，清凉寺史前墓地之北的山峰及山前地带有较丰富的石灰石、白云石和大理石等矿藏，有的地方基岩裸露，易于开采。

---

[1] 竺可桢：《中国近五千年来气候变迁的初步研究》，《考古学报》1972 年 1 期，第 1~15 页。

[2] M. A. J. Williams 著，刘东生编译：《第四纪环境》，科学出版社，1997 年；靳桂云、刘东生：《华北北部中全新世降温气候事件与古文化变迁》，《科学通报》2001 年（第 46 卷）20 期，第 1725~1730 页。

三　墓地周边环境

清凉寺史前墓地接近中条山脚，从墓地北上约 5 千米即为属于该山脉的甘枣山，南距黄河干流约 15 千米，具备了背山面水的大环境。周边的地形与整个芮城中北部的地势相同，总体属于丘陵坡地，但较开阔的台塬被南北向的沟壑分割为东西并列、高低不一的山梁。从遗址中部通过的"坡头沟"（俗名"干沟"）是恭水涧源头之一，为一条自然冲沟，冲沟的上源呈 V 字形，中间夹着一座小土岭，沟东为遗址区所在的坡头村，沟西即为清凉寺史前墓地所在的南北向台塬。该台塬东西较狭窄，中部为元大德七年（1303 年）始建的清凉寺（现为全国重点文物保护单位），寺院以北地势隆起为山脊，山脊两侧是寺里村民居，与山脊相连的东北部山梁呈半包围状环绕墓地。墓葬区位于清凉寺大殿东北、山脊之下一块较低平的区域，海拔高度约 620 余米，与沟东侧的坡头村落差较大。目前在"坡头沟"中有泉水终年流淌，沟旁遍植青竹，寺里村通向坡头村的小路蜿蜒迂回于沟两侧断崖旁的斜坡上。清凉古寺西侧的深沟是恭水涧的主源，1974~1982 年，芮城县西陌乡组织附近村民在这里建成了东升水库，后来，又先后建了东升二库和三库，具有蓄、引、提三种功能，将恭水涧内的泉水通过人工开凿的万米长洞，跨越 13 条沟壑，灌溉涧水下游两岸及芮城县中部的土地。在建设水库时，当地政府从湖南移植了大片楠竹，植于水库所在的两侧坡地和库外临近区域，目前长势旺盛，生机盎然。清凉寺南面是平缓的狭窄台塬，极少见到古遗存。墓地附近小桥流水，清凉扑面，地域虽小，环境优雅。（图 1-1-4；彩版 1-1-1:1、2）

墓地一带虽然与整个芮城县其他地区一样属暖温带季风型大陆性气候，但由于地处中条山脚，与沿河地带相比，相同的气候特征起始和终结时间均总体滞后，物候相差约 20 天左右。相对而言，这里的无霜期较短，霜冻期较长，降水量略偏多，气温偏低，大风较多。由于人类活动的过多介入，附近地区的原始森林已经不存，地表原生植被主要为荆条、酸枣、白羊草灌草丛。在居住区附近散布有近年来栽培的苹果、梨、柿树、核桃、板栗、桃等经济林木，种植的农作物有小麦、棉花、玉米、谷物、豆类、油菜等种类。

据《清凉寺创修碑》记载，这里"峰峦秀异，涧壑清奇，泉甘而土肥，林木丛茂"。清凉寺院兴盛时曾有土地千亩，寺院周围全部是寺属土地，当年僧侣还在寺东建有僧舍。现在虽然不复旧观，但仍旧竹木苍翠，风景优美，只是由于台地狭窄封闭，缺乏延展的空间，现在又是寺里村部分居民居住地，所以，接近"坡头沟"的区域已经遭到自然和人为的严重破坏。

墓地的北侧是中条山山前坡地，南部是黄河北岸的黄土台地。台地东西宽阔、南北纵深倾斜。墓地所属的遗址区接近山脚，虽然不如河边地区的地势平坦，使农业及其他相关产业的发展受到一定的限制，但在气候突发事件引发的洪水、泥石流等自然灾害到来时，却可以有效地躲避，这可能是这个小区域内文化得以延续数千年的一个重要原因。（彩版 1-1-2:1、2）

墓地所在地十分偏僻，交通不太便利，但在中条山区古代的南北交通中却占有较重要的地位。我们依据清代的情况，对芮城县东部的陆路和水路交通特别说明如下：

清代以前，芮城境内的中条山区，除后来扩建为解陌（运城解州—芮城陌南）公路的直岔岭盐道之外，另外还有 13 条驮运道，各条驮运通道均以翻越中条山脉为限，一般全长约 20 千米左右。与清凉寺墓地距离接近并有可能产生关系的通道有 4 条，分别是：芮城陌南镇庙后村至运城市解

图 1-1-4　清凉寺墓地发掘位置示意图

州的驮运道、芮城陌南镇茨林沟村至运城市柴家窑与东胡村的驮运道、芮城西陌乡麻峪村至永济市石卫村的驮运道、芮城西陌乡禹门口村至永济市石卫村的驮运道。这些驮运道除了用于民间物资的运输外，一个主要的功能是将运城盐湖的食盐运到黄河渡口，然后船运过河。清代以前，在岭底沿山一带，驮运业是农家的一项重要收入。当地村民通过驮运道往返运城，当地的货物、食盐等特产经几个渡口过河进入豫西地区，再用其他方式运往河南、湖北各地。芮城驮运队的足迹曾经北越中条山，南下伏牛山、直抵汉江和长江流域，西入陕西商洛、安康地区。据当地文献记载，直到民国时期，全县尚有 4000 头牲口参加驮运。

无论从现在的西陌乡麻峪村或禹门口村至永济市石卫村、陌南镇庙后村至运城市解州区，还是从茨林沟村到盐湖的硝池附近，这几条驮运道离寺里—坡头遗址都不太远。如果遗址使用时期已经有了这些通道的话，坡头遗址区的居民们最常用的应该是从遗址区北约 3 千米的茨林沟进入中条山，再向上约 2.2 千米穿过中条山东部三峰并立的甘枣山（彩版 1-1-3，1-1-4），在山顶分东西两路，分别经崎岖的山路直通今运城市的柴家窑或东胡村。这条道路直到现在仍可勉强单向通过一辆三轮车，由于距离较近，山两侧的当地村民还偶尔穿行。这些驮运道南下中条山后，又分为两条支线，一路向南到黄河边的古渡口，还有一路在黄河北岸的台地中部并入东西向的"虞芮古道"，西通今天的芮城县城一带，东达平陆县境。

在芮城的八个古渡口中，与清凉寺墓地距离较近的有两处，其一是位于清凉寺西南大约 20 千米处的南窑古渡，其二是位于清凉寺东南约 20 千米处的沙窝古渡。沙窝古渡因接近陌南镇，古称"陌底渡"，也曾叫"洿津渡"，俗称"沙窝渡"或"曲里渡"。在历史时期，此渡口不仅用于军事，也是古驿道和黄河盐运的必经要津。至晚在战国魏惠王由安邑迁都大梁以后，此渡口即为南北行驿的重要孔道。此后，历代都有关于该渡口的记载，并从唐王朝开始在此设立洿津关，宋代这是河东三大官运盐路之一，元代至清代均在此设巡检机构，稽查盐运过河，直到民国时期，渡口仍为当地闻名的水陆码头。1960 年，三门峡水库蓄水，渡口移到柳湾，因河南灵宝县城和陇海铁路南移，河运逐渐冷落。

芮城境内 14 条涧水之一的恭水涧是连接盐道、驮运道和黄河渡口的一条重要河流，俗称"朱吕沟"。据《水经注》记载："甘枣之山，共水出也""河水于北有洿津之名……余按河之南畔，夹侧水喷有津，谓之洿津，河北县有洿水，洿津其水南入于河，河水故有洿津之名。"由此可见，此涧古代曾名为"共水"或"洿水"、"洿津"。涧水主要发源于西陌乡老池沟九龙泉，清凉寺墓地东侧的坡头沟和沿此沟而上的茨林沟至今仍有泉水，也是该涧的源头之一。甘枣山南侧的几个泉水构成溪流，由北向南流经寺里、坡头、义和、朱吕、三十里铺等村庄，在东关村南注入黄河干流，全长约 17 千米。在未修通解陌公路及支线之前，从运城翻越中条山后，沿恭水涧直达黄河边的道路也许更便于通行。

从清凉寺墓地所在的寺里—坡头遗址，经韩家村、朱吕村即可与"芮虞古道"相通，由"芮虞古道"中部的陌南到沙窝渡也有道路相通。沙窝渡因河床不稳、河道多变，曾多次移位，最早的"沙窝渡口"也有可能就在恭水涧水入河口所在的宽阔河面附近。从恭水涧入河口溯河西上就是南窑古渡口，两个渡口与清凉寺墓地的距离接近，而且通行也比较便利。

总体来说，墓地所在地北通运城盐湖，距离大约 20 千米。南达黄河干流的渡口，距离也接近 20 千米，基本位于二者正中间。

第二节　历史沿革

芮城历史悠久，管辖的境域在历史上也曾几度分合、变迁。

史书记载之前的历史只能依靠考古发现来说明，数十年的调查、发掘资料为我们认识早期历史提供了重要证据。1959 年 10 月，在西去黄河 3 千米、今芮城县城以西 45 千米的中瑶乡西侯度村东北方一座俗称"人疙瘩"的土山背后，发现了一处旧石器时代遗址，这是目前北方地区发现的年代最早的旧石器时代文化遗址[1]。据最新的考古研究资料，该类遗存距今约 180 万年。显然，当时已经有人生存在这个黄河岸边的台地上，由此可以确认山西西南部是我国最早有人类活动的地区之一。

20 世纪 30 年代，著名古人类学家杨钟健在西安见到一批动物化石，据说是从芮城风陵渡镇一个叫匼河村的地方挖出来的，由此他首次提出在这一带存在着中国猿人时期河湖相堆积的认识。从 20 世纪 60 年代到 80 年代，考古人员又先后在村庄周边发现了近 20 个地点，并对其中的部分地点进行了发掘[2]，进而确立了距今约 60 万年前的"匼河文化"，成为研究我国北方地区旧石器文化的又一个重要支点。

距今 10000 年前后，我国绝大部分地区先后进入新石器时代。在芮城县境内，新石器时代的遗址星罗棋布，除北部山区之外，其他区域都发现有属于这一时期的遗址，已经确认的遗存分别属于枣园文化、庙底沟文化、西王村文化、庙底沟二期文化和龙山时期等不同阶段，几乎涵盖了山西目前发现的所有新石器时代考古学文化，从距今 7000 年前绵延至距今约 4000 年左右。

夏时期，芮城一带是当时夏部族主体的主要分布区域，在考古学文化序列中，东下冯类型可能是某一阶段该部族在本地留下的物质文化遗存。

商代，芮城一带为芮国属地。芮国属商王朝直接统辖，是商王朝的核心区域，与西方姬周及西北少数民族相邻。近年来，在芮城东邻的平陆县前庄一带发现属于商代早期的青铜器，中条山之北的夏县还有东下冯商城，沿黄河东下，在垣曲县古城镇南关也发现有商代城址，说明商王朝对整个汾河下游和黄河三角地带均十分重视，而且，在这里建立了强大的军事基地，抵御来自西方和西北方的侵袭。历年来，芮城境内不仅采集到一些属于典型商文化风格的陶器，而且发现有商代遗址，特点与典型商文化比较接近。

西周初，武王封姬姓子弟在芮城一带建立诸侯国——魏国，古魏城遗址在今县城北约 2.5 千米处[3]。

周桓王十一年（公元前 709 年），从殷时延续至周、跨黄河两岸的诸侯国芮国发生内讧，芮伯万为其母所逐，出当时建在今陕西朝邑南芮城的国都，奔于黄河之东的魏，在今芮城县郑村、

［1］贾兰坡、王建：《西侯度——山西更新世早期古文化遗址》，文物出版社，1978 年。
［2］贾兰坡、王择义、王建：《匼河——山西西南部旧石器时代初期文化遗址》，科学出版社，1962 年。
［3］陶正刚、叶学明：《古魏城和禹王古城调查简报》，《文物》1962 年 4、5 期合刊；戴尊德、刘贷瑜：《山西芮城柴村出土的西周铜器》，《考古》1989 年 10 期。

杜家村南筑城居之，后称为"芮伯城"。周惠王十六年（公元前 661 年），晋献公灭魏，赐封辅佐有功的毕万于此。

东周的春秋时期，芮城地区属晋国统辖，韩、赵、魏三家分晋后，整个战国时期，芮城一带是魏国的辖地。

秦始皇二十六年（公元前 221 年），魏城与风陵皆为河东郡邑地。秦二世二年（公元前 208 年），属魏王豹。

汉灭秦后，于高祖二年（公元前 205 年）定魏地，始置河北县于魏城，隶属河东郡。

王莽新天凤元年（14 年），改河东郡名为兆阳郡，河北县属之。

东汉时期，又恢复了河东郡名，河北县仍属该郡。

三国时期，河东郡属魏。

西晋因袭旧制，仍属河东郡。

十六国时期，后秦置河北郡于魏城，河北县改名为安戎县。县治在今芮城的东张村，隶属河北郡。

北魏时期，移河北郡治于大阳（今平陆），芮城一带复名河北县，仍属河北郡。

北周明帝二年（558 年），改河北县为芮城县，治于今县城，属永乐郡。

武成元年（559 年），分芮城县置永乐县，次年改芮城县为长乐县。保定二年（562 年），长乐县并入永乐县，隶属河东郡。

隋开皇三年（583 年），永乐县改名芮城县，属蒲州。大业三年（607 年）改州为郡，芮城县属河东郡。

唐武德元年（618 年）分芮城县复置永乐县，次年于芮城置芮州，辖芮城县和永乐县。贞观二年（628 年），废芮州，芮城县属陕州，永乐县属虢州。贞观八年（634 年），永乐县改属蒲州；开元九年（721 年），蒲州改名为河中府，永乐县属之。

五代时期，芮城县属陕州，永乐县属河中府。

北宋淳化四年（993 年）始，芮城、永乐县属永兴路陕州，熙宁六年（1073 年），永乐县并入河东县（今永济）。

金代，芮城县改属解州。

元代，芮城县属晋宁路解州。至元三年（1266 年），芮城县并入平陆县。元贞元年（1295 年），复置芮城县。

明代，芮城县仍属解州。

清袭明制，雍正二年（1724 年），改解州为直隶州，芮城属之。

民国 2 年（1913 年），设河东观察使，次年改为河东道，芮城县属之。

民国 26 年（1937 年），改道为行政区，芮城县属山西省第七行政区（1941~1945 年，芮城县日伪政权隶属山西省河东道管辖）。

1947 年 4 月 29 日芮城解放，8 月复置永乐县于永乐镇。芮城、永乐县皆属晋冀鲁豫边区太岳行政区第三分区。

1948 年 7 月 14 日，太岳三分区划归晋绥十一分区，芮城、永乐两县也改属晋绥区。

1949 年 2 月，设立晋南行政公署运城分区，归陕甘宁边区，芮城、永乐属之。6 月 6 日，成立晋南专署，分设运城、永济等五个中心县。7 月 1 日，永乐县并入芮城县，隶属永济中心县。同年 8 月 1 日，晋南专署又划分出山西省运城专区，芮城县属之。

1954 年 7 月 1 日，临汾、运城两专区合并为晋南专区，芮城县随之属于该专区。1970 年 4 月，恢复运城地区，芮城县属该地区[1]。

1996 年，运城地区改称运城市，芮城县属该市管辖。

寺里—坡头遗址位于芮城县东北部，包括两部分：

西部墓葬区所在的寺里村，因清凉寺而著名，当地人亦直接称之为清凉寺村。东升水库建成后，寺里村与东升水库统一属于一个党支部和大队管理，行政村更名为东升村，其实管辖范围仍旧是原来的寺里村，本村只设一个生产队。

东部遗址区所在的坡头村，与上坡、平窑、杏花四个小村同属于一个行政单位，统归上坡大队和党支部管理，后来，大队易名为村民委员会，但行政管理权限未改。

寺里和坡头两个自然村分属不同的乡镇管辖，西部的寺里村属于西陌乡，东部的坡头村一直隶属于岭底乡，撤并乡镇以后，岭底乡撤销建制，原来管辖的区域划归陌南镇，坡头村遂归陌南镇，寺里村仍属于西陌乡。

---

[1] 自北周武成二年（560 年）至公元 1958 年间，芮城县西部的部分区域划归永乐县、河东县、蒲州、永济县管辖的情况，可参照：（A）运城地区地方志编纂委员会《运城地区简志》，1986 年；（B）刘纬毅：《山西历史地名通检》，山西教育出版社，1990 年。

第二章　发现、调查与发掘

芮城最早的考古发现可追溯到 20 世纪 30 年代，当时，著名古人类学家杨钟健曾在西安见到从芮城匼河挖出来的动物化石，这是该县第一批经确认的史前时期实物资料。但是，与历史时期的田野考古工作一样，芮城县史前时期的考古调查、发掘，主要是新中国成立以后进行的。

从 20 世纪 50 年代中后期开始，中国科学院古脊椎动物与古人类研究所会同山西省文物考古部门，在芮城先后发现并发掘了西侯度和匼河遗址，遗存分别属于距今 180 万年前和 60 万年前，对北方地区人类在不同时期的生存环境、使用的工具及早期采集渔猎经济状况有了较清晰的认识，确认芮城一带是我国最早有人类生存和生活的地域之一。

芮城最早进行系统的新石器时代考古调查是为配合黄河三门峡水库建设而进行的。20 世纪 50 年代中期，中央和山西省等考古单位组成的黄河水库考古队在包括芮城县在内的黄河沿岸调查，先后在芮城发现了东庄村、西王村、南礼教、金胜庄和清凉寺墓地所在的寺里—坡头等重要遗址。在此基础上，中国科学院考古研究所山西工作队于 1958 年对南礼教遗址进行了小规模的发掘，首次揭示了这里龙山时期的文化面貌。1958 年和 1960 年，又分别对移民区域内的东庄村、西王村等遗址进行了较大规模的发掘，发现了一批新石器时代不同阶段的代表性遗存，在相当长的时间内，是我们研究陕晋豫交界地区仰韶时期文化的断代标尺。此外，1987 年还在大王乡金胜庄一带的调查中发现了属于仰韶时期庙底沟文化的完整器物。这些工作为研究芮城及周边地区的新石器时代考古学文化积累了一批十分重要的资料。此后，直到 20 世纪 90 年代初期，由于国家整体的文物工作以保护为主，这里缺乏大型工程建设，所以，芮城县没有对史前遗址或墓地进行较大规模的发掘，考古工作的重点转入对以往资料的整理、消化和研究阶段。

1995~1997 年，为配合《中国文物地图集·山西卷》的编写，山西省考古研究所组织业务人员对全省地下文物进行了一次全面的普查。这次普查中，芮城县境内复查、确认和新发现汉代以前遗址共 105 处，其中旧石器地点 4 处、新石器时代遗址 48 处、夏代遗址 4 处、西周至汉代遗址 49 处，对搞清芮城县的历史发展脉络、在中原地区古文化中的地位等学术课题具有重要的作用，也为我们了解寺里—坡头遗址与其他遗存的关系提供了可贵的线索。

2002 年秋季，作为中华文明探源工程预研究的重要区域，需要对山西南部区域内史前至夏时期的遗存进行梳理，山西省考古研究所和国家博物馆的科研人员深入芮城县，对部分重点遗址和墓地进行了实地复查，其中包括清凉寺墓地所在的寺里—坡头遗址。

2007 年，全国第三次文物普查开始，由山西省文物局组织、运城市文物局具体实施，对芮城县境内的历代文物再次进行了全面调查，又发现了一些新的史前时期遗址，目前资料尚在整理之中。

第一节　发　现

　　1955 年，黄河水库考古队发现了寺里—坡头遗址，当时称为"坡头遗址"，认为属于仰韶文化。后来各级文物部门多次复查，并在遗址范围内采集了不少暴露在地面上的遗物，对最初的认识有了一些修正。1965 年 5 月 24 日，该遗址被公布为省级文物保护单位，范围东起坡头东浅沟，西至清凉寺西 150 米，南起韩家村西北，北至坡头村北约 300 米处，南北长约 2400、东西宽约 875 米，总面积 200 余万平方米。东部遗址区所在的坡头村地势较高，海拔高度约 620~700 米，呈北高南低的缓坡状，塬面较完整，为便于耕作，其间分布着许多地堰、梯田，整个坡头村全部坐落在遗址北中部。坡头村西为规模较大的南北向冲沟（坡头沟，亦称干沟），由此沟向西即为清凉寺墓地所在的低台塬，这里地面暴露的陶片较少。地面可见的遗迹主要有坡头沟东部断崖上的大型灰坑、窖穴、陶窑等，虽然受到雨水冲刷和侵蚀，但绝大部分保存尚好，最初定名为"坡头遗址"就是因为暴露的遗存主要见于坡头村所在的区域[1]。1994 年，芮城县志编辑委员会撰写《芮城县志》时，作者认为其内涵"包括仰韶时期庙底沟类型、庙底沟二期文化类型、河南龙山文化三里桥类型等，是一处研究远古文化相互关系的重要遗址"。2003 年以前发表的一些文章中，有的学者将清凉寺墓地称为"坡头墓地"，清凉寺出土的玉石器也称为"坡头玉器"。[2]其实，遗址区和墓葬区所在的两个自然村分别隶属于两个乡镇，为了清晰地表示其位置，我们在 2003 年调查时开始称其为寺里—坡头遗址[3]。

　　在陕晋豫交界地区，与寺里—坡头遗址类似的地点很多，因此，该遗址发现之初，并未引起文物考古界的特别关注。但是，在 20 世纪七八十年代，清凉寺大殿东北侧两次偶然发现了罕见的史前玉器，各级文物管理部门与考古学者的目光开始聚焦于这个偏僻的小山村，其重要性逐渐被大家认识。

　　1975 年春夏之交，清凉寺第一次发现了玉器。当时，清凉寺村民齐天义一家获准在清凉寺大殿东侧的断崖处挖掘一处土窑洞，在整理地井状院落时，黄土中发现了埋藏的累累白骨，他们感到十分惊讶、困惑与恐惧，几次萌生另选地址的念头，但背山面水的向阳地势、对住房的渴求和连日来的劳碌，以及当时批复宅基地手续的繁杂，让他们还是选择留下来继续挖掘，这也使玉器的发现有了一个关键的契机。

　　在清理窑洞上部的断面时，齐天义在距当时的地表约 1.5 米处发现一些似石如玉的环状薄片物品（玉璧）。纯朴的村民们虽然颇感诧异，但并不知道这是何物，天真的孩子们则以此作为玩具。心细的齐天义将一起出土的 12 个大小不一的玉石环状物用绳子串起来，挂在窑前的壁面上（彩版 2-1-1:1~3）。后来，这些玉石器被到村里下乡的县博物馆工作人员发现，告诉齐天义这是文物，属于国家所有，发动他捐献给国家，送交有关部门。时任村干部的齐天义便将自己以前收集到的玉石器和其他村民们陆续收藏的近 20 件器物集中起来，与他父亲一起送到芮城县博物馆，从此，

[1] 芮城县志编辑委员会：《芮城县志》，三秦出版社，1994 年。
[2] 李百勤、张惠祥：《山西·芮城·坡头玉器》，《文物世界》增刊，2003 年 12 月。
[3] 山西省考古研究所、运城市文物工作站、芮城县博物馆：《山西芮城寺里—坡头遗址调查报告》，《古代文明》第 3 卷，2004 年。

这些玉石器得到妥善保管。80 年代初，芮城县在县城举办了一次旨在宣传芮城悠久历史的图片展，清凉寺出土的玉石器照片被作为该县商周时期的代表性遗存第一次向公众展出，引起了当地社会各界的注意。

1984 年秋天，连续的阴雨致使寺里村的一些土窑洞坍塌，第一次发现玉石器地点附近的一孔窑洞的顶部也塌了下来。在清理虚土时，村民们发现了一些形制与多年前所见器物类似的玉石器，于是便将新发现的器物收藏起来。齐家再次发现玉石器的消息不胫而走，一些不法分子开始觊觎并企图占有这些器物。1986 年春天，三个假称是"运城市考古队工作人员"的不法分子来到清凉寺，居然堂而皇之地在村里住了一个多月！他们不仅收购了村民们手中尚存的部分玉石器，还雇人在出土器物地点的北侧又进行了挖掘，一些玉石器因此落入这些人之手。直到 1987 年春，运城市公安部门得到举报，在一家旅馆抓获了几个文物走私犯，从清凉寺墓地掠走的 64 件玉石器被依法收缴，并于 1992 年移交给运城市博物馆（今运城市盐湖区博物馆）收藏，这是清凉寺出土的第二批玉石器。

经统计，芮城、盐湖两个博物馆先后收藏了史前玉石器 80 余件，种类有琮、钺、璧、环等。1997 年，收藏于上述两个博物馆的部分玉石器在省城太原举办的"陕、晋、豫三省古代玉器精华展"中展出，引起了不小的轰动，更多关注史前史和考古的学者、群众有幸目睹了这批出土于芮城清凉寺的玉石器，文博部门的专家学者开始关注出土这些器物的地点。

进入 21 世纪，各级文物管理机构和部分专家学者先后以不同的方式将资料公之于众。2002 年，山西省考古研究所和芮城县博物馆的专业人员对最早收藏入馆的 14 件玉石器资料以简报的形式发表，该文作者认为此批玉石器与"陶寺文化墓葬中出土的同类玉器相同，应属同一时期器物"，并且认定这些器物出土于墓葬之中，指出："清凉寺墓地现已发现的墓葬为坡头遗址掌握王权和神权的贵族所使用"[1]，这是清凉寺出土玉石器第一次以图文并茂的形式对外公布。

2003 年，运城市文物工作站的李百勤和张惠祥对运城市盐湖区博物馆（原运城市博物馆）和芮城县博物馆收藏的两批玉石器进行了整理。同年底由他们执笔撰写的《山西·芮城·坡头玉器》作为《文物世界》的增刊公开发行[2]，其中收录了当时能够确认出土于清凉寺的所有器物。书中不仅有玉石器的照片，还配有线图，并加了简略的文字说明，而且邀请中国社会科学院考古研究所的高炜研究员撰写了《芮城坡头遗址玉器浅说》。这是对这些馆藏玉石器较全面的介绍，有助于我们了解清凉寺早期收缴玉石器的基本情况。

第二节　调　查

寺里—坡头遗址大量出土史前玉石器，而且这些玉石器明显与后代的礼器有着传承关系，这种现象在文明起源与早期国家发展研究中占有重要地位，因此，了解与此相关的地点及与这些器物共存的其他遗存情况成为学术界关注的焦点。从 1992 年开始，中国社会科学院考古研究所、

［1］山西省考古研究所、芮城县博物馆：《山西芮城清凉寺墓地玉器》，《考古与文物》2002 年 5 期。
［2］李百勤、张惠祥：《山西·芮城·坡头玉器》，《文物世界》增刊，2003 年 12 月。

山西省考古研究所、中国历史博物馆（今国家博物馆）和运城市、芮城县各级文物部门的专业人员先后对遗址做了详略程度不同的调查，尤其对发现玉石器的寺里村更为重视。另外，芮城县博物馆的工作人员还在遗址区采集了一些陶器、卜骨及石器的标本。

所有的调查者事先都对馆藏玉石器作了观摩，然后到出土地点进行踏查。根据对玉石器出土地点的勘察和对当事者的走访，不同的学者对玉石器出土于何种遗迹、代表的时代做出了各自不同的推测，多数学者认为玉石器应该出土于墓葬之中，是龙山时期的遗物。但由于没有见到墓葬，也未找到与玉石器一起出土的其他遗存，缺乏充分的依据，所以此问题一直悬而未决。

2002年秋季，山西省考古研究所和国家博物馆的科研人员承担了"中华文明探源预研究"课题的部分任务，其中一项是整理、撰写"运城盆地龙山至二里头时期考古学文化谱系与分期研究"报告，要求对黄河北岸及运城盆地龙山至夏时期的研究进展和主要遗存的特点进行梳理、分析。由于一些地方历年发现的资料并未全部发表，而且散见于各地博物馆收藏，同时，还需要实地考察一些重要遗址的现存情况，因此，我们第一次来到芮城清凉寺和坡头村进行调查。鉴于清凉寺附近发现过史前玉石器，而中原地区此前的考古发掘中很少见到这一时期的玉石器，我们对该地点特别关注。科研人员首先到了清凉寺，在出土玉石器的断崖前徘徊良久，认真勘察了出露的遗迹，也采集到一些陶器残片。然而，现场考察的初步印象却让我们感到十分困惑：这里地势较周围台塬低，而且绝大部分是较陡的坡地，相对平坦的地带只有玉石器出土地点附近约七八千平方米的范围。和周围其他的台塬相比，这里的环境没有任何优势，甚至于还不如其他区域，我们不能解释这个小台塬上出土史前时期那么重要遗存的因由。

为了解开这些疑惑，我们登上了清凉寺后面的山梁，北望近在咫尺的中条山群峰，极目远眺蜿蜒东去的黄河干流和河南西部的崤山山脉，然后左右观察坡头遗址所在山梁及周围其他的台塬，试图从较大范围审视这里在晋豫交界区域中的独特之处，从宏观的角度认识区域环境与史前玉石器之间的某种联系。

中条山南麓、清凉寺东部的坡地比较开阔，向南逐渐降低并一直延续到黄河边，南北宽不足20千米，但土质肥沃，只是梳状沟壑截断了左右的延展空间，居住区只能在南北方向不同高程的区域展开，并不适合大规模城址的建设。清凉寺东北侧这片不大的平坦地区，在群山环抱之中显得很不起眼，既然坡头遗址区没有条件建设一个城址性质的大型聚落，应该不会在清凉寺附近有太高档次的墓葬。如果没有什么特别的原因，怎么可能会存在那么多史前玉石器呢？莫非从迷信的角度上说，这里的"风水"好吗？难道埋葬在这里的死者当时已经有了对"风水"的认识？

按照《辞海》的解释，风水："住宅基地或坟地周围的风向水流等形势，能招致住者或葬者一家的祸福。"《葬书》："葬者乘生气也，经曰，气乘风则散，界水则止，古人聚之使不散，行之使有止，故谓之风水。"可见这种观念主要是从环境方面来确定相关成员的祸福，认为理想的风、水等自然条件可以使入葬者安息，也能使后人永得福祉。清凉寺东北侧的这个缓平地带范围虽小，但确实地势封闭：西侧、西北、东北部依靠着山梁或较高的台塬，可以聚风不散，东南侧有汩汩泉水所在的恭水涧源头，水界此则止，堪称"聚风得水"，天然的地形优势足以弥补区域狭窄的不足（彩版2-2-1:1）。在山梁顶部向西倾斜的一处陡坡中部，我们意外发现有一处史前房址的残迹。当时，一户村民在山梁西侧断崖上刚刚挖掘了一孔窑洞，窑洞弧形顶部之上的断壁上可以清楚地看到一个史前房址的断面：房子开口在一层厚厚的后代坡积黄土之下，下部直接建在生土上，室内地面上铺有草拌泥，草拌泥上抹有一层十分清晰的白灰面，白灰面之上残存着部分灰色填土（彩版2-2-1:2）。我们检索了挖窑洞时倾倒的虚土，其中发现了属于庙底沟二期文化的少数陶片，未发现其他时期的遗物。由于挖掘窑洞时的破坏，仅大致看出这是一座半地穴式房子，无法清理，只能作如下推测：在晋西南地区，这类遗存一般在庙底沟二期文化前后才开始出现，而且在同一地点只发现了属于庙底沟二期文化的遗物，该房址的时代不可能早到仰韶时期，可能属于庙底沟二期或龙山时期。

出土玉石器的地点就在这附近。我们关注的是：房子与多年前出土的玉石器有关吗？以前学者们多数将玉石器的年代断定为龙山时期，而且对面的坡头遗址区确实有属于龙山时期的遗迹存在，给这种推测提供了可能性。在这个房子所在的山梁两侧，我们还发现有属于庙底沟二期文化的少数遗迹，那么玉石器的年代也就有早到这一阶段的可能。

由于调查时间的限制，我们带着满腹的疑惑离开了清凉寺所在的小台塬，到对面的坡头作了一些田野勘察。在断崖上十分普遍的灰坑附近采集了不少陶片，但遗址面积太大，在有限的时间内还不能有一个全面的了解和认识。

这次调查并没有解答对清凉寺出土玉石器的疑问，反而因为不断添加的不确定因素增加了更多的不解。于是我们向考古所领导进行了汇报。经所务会认真商讨，决定在2003年春天，再次对包括坡头和寺里两个自然村在内的整个遗址进行更详细的田野调查，力图达到如下两个目的：

一、用尽量详细的调查资料构建该遗址的时空框架。厘清遗址包含的文化内涵，了解不同时代的文化遗存在该遗址的空间分布情况及丰富程度，确立何种考古学文化为该遗址发展史上的全盛时期，确认遗址的哪一个或几个阶段具有拥有玉石器的能力、实力或条件。

二、确认两次出土玉石器的遗迹性质。弄清这些据说出土于清凉寺东北侧的玉石器到底是出土于何种类型的遗迹之中，这些遗迹与对面的坡头遗址是否确实属于同一个遗址，所处的时代与陕晋豫地区文化序列中哪一个阶段相当。

以上两个基础性认识是认识清凉寺出土玉石器的突破口。在此基础上，可以对玉石器所属的部族文化进行进一步的分析研究，从而复原中原地区史前时期文化的进化和文明起源的历程。

2003年4月20日，由当时担任山西省考古研究所副所长的宋建忠担任领队的田野调查队，来到引起各方面人士注意的清凉寺调查，参加的队员包括山西省考古研究所、运城市文物工作站和芮城县博物馆的业务人员，对整个遗址进行了为期10天的细致勘察。

仲春时节，返青的麦子已经将沉睡的大地唤醒，目光所及遍野青绿。根据计划，调查队员首先对遗址周边区域进行了大致的了解，主要是观察暴露在断崖上的灰坑及其他遗迹，确认原来所谓的坡头遗址地跨属于两个乡管辖的寺里和坡头自然村，所以，我们称其为寺里—坡头遗址。为了尽量全面地考察遗址的情况，我们采取调查队员一字排开的地面踏查方式，相互之间的间隔约10米，从南向北依次同步推进，不放过任何一处地面可观测到的遗迹现象。对发现的遗迹地点利用全球卫星定位系统定点，然后进行编号、测绘，并做出详细的文字、线图和影像记录，最后把这些地点标注于1：5000的地图上。对地表散落的陶片及其他遗物全部收集，重要遗迹以半径5米的范围采集遗物，能够确定属于同一单位的遗物则单独采集。

调查中，我们在清凉寺北侧山脊的东部山坡上，发现了三座规模较大的墓葬残迹。墓葬的位置已经接近山梁的顶部，东西并列，间距约 1 米，开口在耕土层下。由于这里就在以前出土玉石器地点的侧后上方，而且距离较近，发现的遗迹也较典型，所以引起了我们的高度关注。

三座墓均土坑竖穴墓，轮廓基本清楚，断面可大致看清其宽度和深度，宽度在 1.45~1.7 米之间，深度达 4.2~5 米。墓葬之上是一条乡间小路，无法进行清理，所以墓葬长度不详。墓内填土为较纯净的黄色，与生土极其相似。此外还在填土中发现有夯土块，墓底似乎铺有白灰。幸运的是，我们在一座墓葬的填土中发现有一片庙底沟二期文化的夹砂罐口沿，在墓葬与旁边灰坑交界的地方发现有属于龙山时期的一件单耳鬲口沿，我们还在该地点旁边的地表采集到属于新石器时代的罐类器物残片。据在附近整理果树的村民说，此前他们曾见过另外一个墓葬中出土的形体较大的三孔石刀，由于质地不好，村民们都没有在意，已不知去向。刀类器物在以前博物馆收藏的玉石器中还未见到，若这座墓葬与以前发现的玉石器确实属于同一个墓地，那么，清凉寺墓地应该还有不同阶段或不同类型的遗存。从墓葬形制看，这三座墓葬的时代当属于同一时期，附近采集的陶器对这些墓葬年代的判断有一定参考价值。

虽然发现的这几座墓葬已经被破坏殆尽，但还是坚定了我们在附近寻找大型墓地的信心[1]。可是，墓地真的会在这个山梁上吗？我们在对地形进行了仔细观察后认为：如果这里确实存在着较大型的墓地，其主要范围应该在山梁下以前出土过玉石器的低平区域，山梁上坡度太陡，无法将墓地的范围扩展开。只有少数墓葬可能因某种原因埋到接近山顶的部位，这三座墓葬大概就是这种情况。

在田野勘察的同时，我们还到农户和田间地头进行了一些问询调查，了解遗址内历年出土玉石器、陶器及其他遗存的有关情况，为我们后来正式发掘墓地时的选址提供了十分重要的信息。

我们对寺里—坡头遗址进行的详细调查一直持续到 4 月底，突如其来的"非典"已经席卷全国，当然也波及芮城。五一节前，芮城县对防止"非典"作了认真部署，严格限制远距离的人员流动，我们已经无法再在这里做田野考古调查，只能带着尚未进行整理和核实的资料暂时撤离。

在室内整理和分析调查资料时，我们曾根据现场地点的记录，试图对相邻地点的地层、遗迹的开口层位进行对比和串联，期望依时间先后划分出不同阶段的层位情况，并对不同特征的遗迹有一个清晰的认识。然而，调查发现的遗迹几乎全部开口于表土层下，相邻地点采集物之间联系也不密切，每一个地点只能依发现的陶器特征来确定其性质和时代。好在各采集点出土遗物的特点较鲜明，虽然详细划分阶段有较大难度，但可以将大的时间段区分出来。根据对遗迹、遗物特征的分析、排比，遗址的主要遗存分为以下几个大的阶段：枣园文化晚期、庙底沟文化、仰韶文化晚期、西王村三期、庙底沟二期、龙山时期、东下冯类型、东周时期。不同时代遗存的分布区域各有侧重，虽然也存在两种以上不同阶段遗存共见于一个较小区域内的情况，但大面积的重合现象并不普遍。现将每一个时期的情况简单介绍于下：

遗址中年代最早的遗存属于枣园文化晚期阶段。此类遗存在本遗址仅发现于寺里村清凉古寺的东侧与东北侧，其分布范围局限于坡头沟西侧较低平但却十分狭小的区域，也就是后来发掘的

---

[1] 山西省考古研究所、运城市文物工作站、芮城县博物馆：《山西芮城寺里—坡头遗址调查报告》，《古代文明》第 3 卷，2004 年。

大型墓地所在地。看来在古人的心目中，这片不大的平坦区域确有其特殊之处，无论是作为居住区还是作为墓地都是首选。我们还在坡头沟西侧的断崖上清理了一座瓮棺葬（编号 W1），作为葬具的夹砂罐和敞口钵都可以复原，是十分典型的枣园文化晚期代表性器物。

庙底沟文化时期，遗址所在区域进入了最繁荣的阶段。调查中发现属于这一阶段的遗迹地点最多，遗物也具有代表性，分布范围从坡头村的中部一直向南延伸至韩家村西北的开阔地带，中间几乎没有中断，另外，在寺里村清凉寺东侧也有少量发现，整个遗址区域内四分之三以上的面积均有这一阶段的遗存分布。遗迹包括灰坑、房址和包含物较丰富的地点，累计 37 处。采集遗物主要是陶器，包括大量双唇明显的小口尖底瓶、彩陶钵、曲腹盆等代表性器类。黑色彩陶的图案均以圆点、勾叶和弧线三角等为主要母题。遗址的全盛阶段能够代表陕晋豫交界地区的特色，这里也许是当时的重要居住区之一。

仰韶晚期至西王村三期阶段的遗存发现甚少，与整个中原地区一样进入了持续数百年的沉寂期。

庙底沟二期文化时期，这一带开始了数百年的发展期。这一阶段的文化遗存主要分布在坡头村中部到村南苹果园的较大区域内，南部有部分区域与庙底沟文化的遗迹单位见于同一个地点。坡头村中部发现的大型窖穴就是这一阶段最具有代表性的文化遗迹，那些规模巨大且相互之间少有打破关系的窖穴排列有序，分布集中，或许曾经是当时的仓储重地。由于庙底沟二期文化的重要遗迹都位于现在村落所在地，被窑洞破坏的大型窖穴又分布在断崖边上，给采集遗物带来很大困难。我们在本次调查中采集的遗物多数不能与上述遗迹对应，虽然该文化的绝大部分器类基本齐全，但缺少庙底沟二期文化典型的釜灶、斝等器物。

调查中发现最丰富的是龙山时期的遗存，分布区域东起杏华自然村，西到清凉寺附近的区域，遗迹仅有个别灰坑，层位不太连续。坡头村南侧虽然有少数龙山时期遗存与庙底沟文化、庙底沟二期文化共存于同一地点，但已经位于龙山时期分布区的边缘地带。遗迹集中在坡头村的中部和北部，遗存分布密集，上述村中部集中在一起的窖穴中也有这一时期的遗迹。另外，在村东南部有一个地点发现有堆积厚达 5 米、宽近 40 米的大灰层，这里显然曾经是一个规模较大的居住区。采集到的这一时期遗物十分丰富，种类也比较齐全，但几乎全部是地表上采集的遗物。文化特点较清楚的是在清凉寺后面的小山梁上发现的鬲和罐的残片，与河南陕县三里桥龙山时期遗存较接近。虽然不能确定有别于周边其他龙山时期器物，但精细的制作技术和精致的器物造型显示出这里处于全盛时期的风采。

进入夏时期以后，遗址区日渐衰微，仅有零星的人群曾经在此活动，该地再未重现昔日的辉煌。商代甚至没有人涉足这块土地。强盛的两周阶段，也只留下少量墓葬，而且分布在清凉寺西北的山坳里，未形成大型的聚落。

毫无疑问，寺里—坡头遗址吸引众多学者关注的原因是这里历年出土的玉石器。近年来，对史前时期玉器的研究方兴未艾，已经确认它不仅是简单的装饰品，还具有神器、法器的功能，在社会阶层划分、成员身份确认和社会组织结构的变革中都扮演了重要角色，是早期礼制的重要组成部分。在文明起源过程中，礼制的出现和发展、完善是一个重要标志。由于考古资料的限制，史前时期礼制较多的成分是从墓葬中反映出来的，墓葬的等级、墓主人的身份与其代表的部族在当时的地位有直接的联系。墓中随葬品的组合、质地、形制、性质和数量是说明史前时期墓葬等级的十分重要的内容，也是构成当时礼制的基本要素。但是，我们以前见到的清凉寺玉石器都是收集到的器物，出土地点也只是根据当地人的指认找到的，对出土于何种遗迹之中只限于推测，而且对这些器物的时代、性质的认识也有待进一步深化。虽然这次调查工作并未确认这里是否存在大型墓地，但却在以前博物馆收藏的玉石器发现地点附近找到了墓葬。

清凉寺后面山梁上发现的墓葬残迹为我们探讨遗迹的属性提供了参考，也为研究玉石器的年代提供了可能。在墓葬填土中出土的陶片系庙底沟二期文化遗物，因此该墓年代的上限当不会早于庙底沟二期。由于没有充分的依据将附近采集的陶片与墓葬联系在一起，所以我们无法确定其年代的下限。然而，从墓葬的规模、形制和填土中仅见史前遗物及附近出土有龙山时期陶片等情况看，晚到商周时期的可能性较小，似不超出龙山时代的范畴。

既然有墓葬，那么清凉寺附近就可能确实存在一个大型墓地，而且至少有部分墓葬可能早到庙底沟二期文化时期。该文化的中晚期与古文献中提到的尧舜禹时期大致吻合，也正是中国古代文明起源阶段。这里的墓葬如果拥有玉礼器，相应的墓葬等级就比较高，他们生前所在的群体就应当拥有类似王权、神权或者某种特权，或许可以给我们正在进行的中华文明探源研究以某种启示。但由于仅限于地面调查，墓葬的具体情况仍然不清楚。

我们对遗址区及其周边地区的水土流失情况进行了初步分析，认为墓地可能存在于寺里村所在的台地，那里与其东边的坡头村所在的台地可能曾经连为一体，但高度不一；雨水和泉水的长期冲刷导致二者之间形成了被称为"坡头沟"的冲沟，但在史前时期没有现在这样深和宽；墓葬区可能与坡头台地上的遗址区为同一个部族的物质文化遗存，而且墓葬区的东部已经有部分被后代人为破坏或洪水冲毁了。

更让我们难以释怀的一个现实情况是，清凉寺墓地面临着被盗掘的危险。早在20年前，随着清凉寺附近大批玉石器的出土，一些盗墓贼已将黑手伸向这片沉寂了数千年的古墓地。近年来，这种压力更加明显，利益的驱动令部分人失去理智。据当地村民讲，在2002年夏日的一天晚上，这里曾经发生过一起盗挖古墓事件，一些不法分子乘着夜色和苹果树林的掩护，到清凉寺东北侧的平坦区域进行了盗挖。盗掘处之南约50米处，便是以前出土玉石器的地点。所幸这次盗掘挖到的主要是一处填充了大量灰土的窖穴（在后来我们进行正式发掘时，清理了该坑残余的部分，证实该坑属于庙底沟二期文化时期），也涉及一座小型墓（墓葬打破了灰坑，其中出土的散碎骨头已被平整土地和回填盗坑的地主堆到当时是一处苹果树所在的地边，是否挖到玉石器已经不得而知）。盗墓事件发生以后，还有外地陌生人经常在清凉寺附近的区域出没，有时还能发现这些人踩点、钻探的迹象，清凉寺附近区域到处有钢筋棍扎下的圆形小孔，地势较平坦之处小孔更是密密麻麻。好在史前墓葬填土与周边遗址的堆积差别不大，盗掘者判断上容易出现偏差，这可能正是墓地能够幸存下来的原因，但我们无法保证下一次还能幸免。

调查工作达到了最初设定的部分目标，确认清凉寺所在区域与东部的坡头村属于同一个遗址，该遗址包含的遗存跨度也基本搞清了，出土玉石器的遗迹可能是墓葬。但还无法确认玉石器与遗址区哪个阶段的考古学文化相当，对墓葬的确切地点和规模、葬具等因素还不了解，而且对该部族的文化发展水平做出推断也有困难，这方面的确切材料需要正式发掘来获取。

第三节 发 掘

　　根据对遗址调查情况的总结，我们对其学术价值进行了评估，遗址的重要性得到了大家的一致认同，同时对这一带面临被盗掘危险的实际情况也十分担忧，尤其是清凉寺附近平缓区域发现的勘探孔，说明不法分子对墓地的光顾日益频繁。参加调查和资料整理的人员都认为无论从学术研究的需要，还是文物保护的紧迫性，对该墓地进行正式发掘已经刻不容缓。

　　我们的意见得到山西省考古研究所领导的支持，于是，申请对芮城清凉寺史前墓地进行抢救性发掘的报告通过省文物局相关部门上报到了国家文物局。2003 年秋，国家文物局批准了我们的发掘申请，随即，芮城清凉寺史前墓地考古队正式成立，对该墓地的发掘进入具体实施阶段，为期三年的大规模田野发掘工作由此拉开了帷幕。

　　参加芮城清凉寺史前墓地考古队的成员以山西省考古研究所职工为主，同时，还抽调了山西省运城市文物工作站的部分成员参加，由山西省考古研究所的薛新明担任项目领队，全面负责对该墓地的发掘工作。

　　山西省考古研究所领导对清凉寺墓地的发掘十分重视，考古队出发之前，专门组织部分研究人员对该项目的实施进行了论证，确定了发掘的主要方法和目的，力求解决以下几个方面的问题：

　　一、了解墓地的范围和现存面积；

　　二、采取多点或一字型排开的方式布方，了解不同区域墓葬的地层堆积情况；

　　三、在确认墓地分布情况后，加大揭露面积，弄清所有墓葬的先后关系、分布规律、形制、葬制等情况；

　　四、对墓葬中出土玉石器与以前在当地发现的器物进行对比，并且对其他随葬品的种类、数量、组合情况作重点考察；

　　五、综合研究墓地的时代、文化内涵、反映的社会进程等问题。

　　根据课题设置中确定的目标，考古队全体队员又作了具体研究，制定了稳妥、详细、周密的田野考古发掘计划，主要内容是对整体工作进度进行分解，并对不同阶段要达到的目的、需要完成的任务进行细化，确保循序渐进的工作计划得以贯彻执行。

　　此后三个年度的发掘经历是我们了解和认识清凉寺墓地的渐进过程。每次遇到特殊的遗迹现象和新的情况后，我们的分析思路和最后采用的方法及效果也是我们全面了解清凉寺史前墓地的一个重要组成部分。在这一节中我们将尽可能把该墓地发掘中一些具有代表性或启发性墓葬发掘情况作一些回顾，从墓葬的发现到最后清理完成的过程均作介绍，重点是当时存疑的问题或不容易理解的地方。这既不是对发掘方法的总结，也不是对发掘遗迹、发现精品器物的描述与汇报，只是将每一个阶段工作中遇到的难点、重点和当时采取措施时的思路进行梳理。叙述中对工作安排和实际操作中存在的问题不刻意回避，而是把当时没有注意到或者有疏漏的地方一并如实记录下来，是发掘者心路历程的再现。其中有些问题在后来的发掘或分析中已经得到解答，也有的问题不仅现场未得到解决，甚至直到今天仍存疑问，需要不同学科的学者们从各自不同的角度或侧面给予解释。

基于上述指导思想，本节并不对所有墓葬的发掘过程全部进行记录，选择的是那些具有阶段性代表意义或者某些现象存疑的墓葬，突出当时的思路与实施一些措施后效果的叙述，力求客观、真实、完整。但在本节中选取的个案是否能够代表墓地发掘中最关键的节点，仍旧反映的是发掘者的主观认识，不过我们尽量将那些可供以后类似发掘参考的现象呈现出来。虽然具体的叙述有些烦琐，但可以让研究该墓地的学者们与我们一起根据当时的实际情况进行分析，有心的读者或许还会发现一些报告整理者未认识到的线索，从而更好地释读该墓地复杂的现象。

一　2003 年的发掘

2003 年 10 月，"非典"的阴霾散尽，考古队在运城市文物局、芮城县博物馆及当地行政部门的支持下，首次对清凉寺墓地进行发掘。

结合对春天调查资料的分析，我们预测墓葬的方位可能在清凉寺大殿东北的平坦区域，不仅因为这块缓平的地带包括以前两次偶然出土玉石器的地点，而且这里也是这个小区域内仅有的一块能容下较大墓地的地方，周围其他地点，或为陡峭的山坡，或为深长的壕沟，显然无法展开。这块相对平缓的地形经过近年的修整，分为三个高低不同的台地，每一个台地的地势都比较平坦，相互之间的落差较小。为了确保能够找到墓葬抑或其他遗迹，同时对较大范围的层位和主要遗存有一个概括的了解，我们首先采取了以下工作方法：测绘墓地所在区域的大比例地形范围图，同时，对周边断崖详细勘察，清理出部分剖面并全方位记录，然后对初步划定的重点区域进行考古钻探。

在上述工作的基础上，我们决定在清凉寺东北平坦区域的中心部位布 5×5 米的探方进行发掘。探方从西到东一字排开，由于第 4 个探方东边是两个小台地的分界线，有一条不太高的地堰隔开了两块高程不同的台地，所以我们空开了两个探方，但统一编了探方号 T5 和 T6，在东部较低的台地又开了 6 个探方 T7~T12，整个揭露面积覆盖了东西长达 60 米的范围（彩版 2-3-1:1）。这种方式具有明显的试探性质，以期同时达到确认墓地、发现玉石器、了解层位的目的，如果有条件的话，进一步弄清墓葬的葬式、随葬品种类。

2003 年 11 月 1 日，我们发现了第一座墓葬，编号从 M1 开始。同一天清理了 4 座墓葬，其中比较重要的是与 M1 相距很近的 M4。该墓内随葬玉石器达 12 件，种类有玉璧、环、钺、小玉饰等，其中璧、环与博物馆收藏的器物形制和质地接近。此发现让大家如获至宝，这不仅是首次通过科学发掘确认这里是一处史前墓地，而且可以推知以前在清凉寺附近发现的同类玉石器确实出土于墓葬之中，并有固定的器类组合。（彩版 2-3-1:2）

第一次发现随葬玉石器的墓葬之后，我们又清理了 10 余座小型的墓葬，均为土坑竖穴墓，全部开口在表土层下。由于近年对这里的土地进行过较大的整修，有的地方属于取土的范围，所以部分墓葬的上部已经遭到破坏，现存的口部已不是下葬时的墓口，有的墓揭去耕土即出露人骨，个别墓葬的头骨或肢骨已被破坏。墓葬平面形状均为长方形，保存基本完好，一般宽约 0.5、长约 2 米，深度却保存较浅，多数在 0.2 米左右，个别墓葬两端的宽度有少许差别。墓内死者一般为成人，头向基本为正西，均为一次葬，葬式皆仰身直肢。在发掘的墓葬中，有一半以上被打破，除被近、现代坑或平整土地破坏者外，还有的墓葬之间也有打破关系，如 M5 打破 M6、M12 打破 M13 等，说明墓葬还有先后之分，但规模十分接近。（彩版 2-3-2:1）

天有不测风云，11月7日，中条山区2003年的第一场雪降临了。纷纷扬扬的大雪伴随着呼啸的西北风，给高低不同的山地穿上了一层厚约10厘米的晶莹雪衣，场面极其壮观（彩版2-3-2:2）。这场雪持续下了三天，全然不顾发掘工作对光和热的渴望。雪后的时间似乎变得十分漫长，气温回升特别缓慢，泥泞的湿地使工地的发掘停了下来。10余天后，发掘工作才得以恢复。又清理了几座小型墓，其中在发掘区的东部区域，我们吃惊地发现有4座墓葬埋葬的是小孩，其葬式与成人基本相同，但保存情况很差。未等我们对这些新的现象做进一步分析，又一场雪降临了。眼看时间已经接近月底，还有两座较大的墓葬已经划出了具体范围，未来得及清理，如果再往后推延，土地将上冻。我们决定扫开积雪，冒雪清理。在宛若沼泽的条件下，我们艰难地清理了东部的部分墓葬，包括规模较大的M29和M30。接着，队员们冒着纷飞的大雪和凛冽的寒风，精心绘制了两个墓葬的平、剖面图，并拍摄了照片。但是，湿滑的地面已经不能满足清理平面、确认墓葬范围的条件，发掘被迫再一次停了下来。

11月30日，天气仍不见好转，我们只好将发掘区作了浮土覆盖，在安排好墓地的安全看守后，撤离了工地。

这次发掘中，我们共清理30座墓葬，大部分墓内仅有人骨，只有10座墓葬发现有随葬品，其中主要是玉石器，共发现20余件。除前述的M4之外，还有一座墓随葬3件，其余随葬器物的墓均仅有1件玉石器。玉石器的种类较少，数量最多的是璧、环，其他器物还有石刀、石钺、小饰品等。所有墓葬均没有发现随葬陶器。根据当时仅有的一些线索，我们对墓葬的年代作了如下推测：填土中出土陶片除部分早到枣园文化晚期外，其余陶片的特点明显属于庙底沟二期文化，没有更晚的遗存。据此，我们认为：虽然具有打破关系的墓葬也有先后的差别，但未超出庙底沟二期文化的基本范畴。首次发掘达到了确认墓地和了解地层堆积情况的目的，同时对墓葬的葬制、随葬品的种类也有了一些初步的认识。然而，由于发掘面积太小，对以下一些问题我们还不能给出圆满的解答：

一、发掘资料无法说明墓葬的排列规律，也无法确认整个墓地的分布范围。

二、集中埋葬小孩是墓地的通例，还是有其他原因尚不得而知。

三、有4座墓葬的规模较大，它们各有特点，与众不同：

（1）在T1范围内的M21为这次发掘最西端的一座墓葬，其中埋有两个南北并列的死者，与其他单人葬的葬制显然不同，个中原因不明。

（2）M22不仅规模大，而且在北侧有一个殉人性质的死者，初步判断是东周墓（这是当时认识上的失误，第二年清理时，发现该墓底有二层台，墓主人骨骼基本保存完好，而且还有精致的随葬品——那件精美的玉环竟然在覆盖的浮土下静等了我们好几个月），由于下雪后墓底泥泞不堪，未清理完毕。

（3）M29，规模较大，墓主人为仰身直肢，其胸部左侧有一件玉环。玉环器表为浅绿色，有大面积褐色或黑色斑纹，上下两面均有片状工具的切割痕，内孔的边缘有管钻时留下的旋转痕迹。其形制与其他墓葬发现的同类器物相似，但是其质地更好，放置的位置也较特别。这显然是一座史前的墓葬。但墓室北侧有一个殉人，紧贴墓壁，头向东，一手抱头，一手屈置于胸前。这一现象反映的是一种什么葬俗？

（4）M30，规模较大，发现有熟土二层台，与周边其他大部分小型墓有明显的区别。这是时间早晚的差别还是墓主人地位的差异（该墓地史前时期大型墓葬中普遍存在二层台的事实在当时还未得到确认）？

四、有一些其他遗迹现象也没有搞清其属性。比如，T8~T9交界处发现一个一边较直、一角呈圆弧形的坑。该坑一半在南侧的探方外，分别打破了M5和M13、M24等墓葬，由于未能清理到底，所以暂编为灰坑（2004年大面积揭露时证实其是一座大型墓葬，编号为M171）。还有一些墓葬虽然有了一些迹象，但由于延伸到探方之外等原因未能清理（当然，后来的发掘还表明，当时还有不少墓葬未被辨识出来，除了雪后的地面难辨土色的特殊原因外，不了解墓地的整体情况也是造成这一情况的主要因素）。

对上述情况我们疑惑不解，但揭露范围太小，天气也不允许我们再作进一步考察。不过，以此为界，长期以来迷雾重重的清凉寺史前墓地终于撩开了其神秘面纱的一角，不仅为以前发现于该墓地范围内的众多玉石器找到了归宿，而且发现了一个大型墓地的可贵线索，为我们下一步的发掘安排打下了很好的基础。

二　2004年的发掘

相对于黄河沿岸地区，清凉寺墓地海拔较高，土地解冻缓慢，所以，直到2004年3月底，我们才赶到清凉寺墓地，再次对其进行发掘。基于对前一年收获的分析和我们最初设定的总体目标，我们认为首要的任务是确定墓地的范围和墓地形成时的地形、地势。

根据新的规划，我们调整了前一年的工作方式，重新安排了发掘计划。

首先采取钻探的方式对较平坦的区域再次进行详细的勘察。在前一年的发掘中，我们注意到墓葬填土分为较纯净的黄土或灰褐色土两类，分别位于不同的区域，而且不同墓葬的填土颜色与其所在区域的地层堆积相似，在一个较小的范围内从土质土色难以准确划分墓葬的界线。根据再次勘察和分析，我们得出以下结论：墓地西北边缘的墓葬基本全部挖掘在生黄土上，下葬后回填的就是刚挖出来的黄色土；墓地中部的墓葬打破枣园文化或庙底沟二期文化的地层或遗迹，较深的墓葬同时打破了最下面的生黄土，回填的土自然与这些遗迹或地层中的土质地与颜色接近。看来，仅依靠钻探并不能确认墓地的范围，只有在较大面积的区域内分别布探方发掘，对整个墓葬区的层位、不同遗迹和包含物进行综合分析，才能确认墓地的范围，并解答前一年发掘中的困惑。

鉴于上述情况，我们在前一年发掘区的北侧西部、北侧中部和东北侧沟边的三个地点采取不连续布探方的方式，共开了16个5×5米的探方。其中，北侧西部实际发掘探方的编号为T201~T204、T207、T210，北侧中部的探方编号为T213~T218，东北侧沟边的探方编号为T219~T222。在操作中，T220~T222的西面向外进行了较大面积的扩方。除去不同区域未清理的隔梁部分，这三处揭露面积共约266平方米。（彩版2-3-3:1，2-3-4:1、2）

4月底，三个小区域的发掘结束。北侧西部高台地的六个探方内清理了9座墓葬，根据这些墓葬的分布情况确认了墓地的西北部边缘。北侧中部的六个探方中没有发现墓葬，只清理了几个属于庙底沟二期文化较早阶段的灰坑。这两个区域均发现了部分接近西部山脚的迹象。在东北侧的冲沟断崖边上，四个探方及其扩方的范围内也发现了9座墓葬，我们根据探方范围内最北侧的墓葬位置确定了墓地的东北部边缘。至此，根据三个小区域墓葬及其他遗迹的分布情况，我们划定了墓地西北部至东北部的确切走向。

根据分散布方发掘的情况，我们对于古代这里的微观地势形成这样的基本认识：

一、古代居民将这里选取为墓地之前，附近的地形为一个相对平缓的小坡地，西北部的山梁范围较现存部分宽大，从山顶到山脚是一个长坡，虽然坡度比较大，但远不像现在这么陡峭，也不存在断崖，山前的缓平区域相应较小一些，地势也是西北部较高，向东、南方向逐渐降低，山根至冲沟之间为缓平的坡地，高差大约在 5 米左右。

二、在上述认识的基础上，结合南部、东部现存断崖调查的情况，我们确认墓地的范围应该局限在清凉寺后面山梁下的坡地内，墓地使用期间东部和南部向外伸展的区域比现存范围略微大一些。墓地形成之后，长期的雨水冲刷使东部临近冲沟边的地面不断坍塌；南部区域也因早年僧人建筑僧舍、历代人为的破坏和现在居民的活动有了部分缺损；墓地的西南部虽然目前较完整，但已经接近最初建于唐代、现存建筑为元代的清凉寺大殿，在不同时期起建和维修该寺院时，取土破坏了部分墓地；只有西北部和北部基本保存了下葬时的范畴。

三、2003 年发掘的探方正在墓地的中心部位。

小区域的发掘确认了墓地的确切范围，同时也发现了一些让我们无法理解的特殊现象，虽然这些疑问绝大部分在后来的发掘中逐渐得到解决，但当时却让我们十分困惑。比如，北侧西部发掘区发现了个别头向西北的墓葬，保存状况很差，没有任何随葬器物，虽然觉得年代可能较早，但未发现与其他墓葬之间的打破关系；另外一些墓葬虽然与此前发现的墓葬一样为东西方向，但人骨却杂乱无章，有的几乎就是一些堆放尸骨的坑穴，且坑穴中发现的玉石器也没有固定的佩戴方式，只是杂乱无章地置于人骨之间，似乎全部被扰乱过，甚至属于弃置（这种现象在后来的发掘中频繁见到，但当时却令我们十分诧异，一些墓葬的分期归属，至今仍旧不能保证准确）。东北发掘区已经到了冲沟的边上，发现的多数为大型墓葬，被冲沟破坏的现象十分普遍，但从墓葬的方向看似乎与前一年发掘的大型墓葬有一些区别。不能确定是否为年代差异，不过，当时只是有一种朦朦胧胧的感觉。

在上述三个小区域发掘的同时，我们还在 2003 年发掘区的西、南、北三面小范围地进行了发掘。由于原来的西部地面较高，农民为了浇地方便做了平整。从西边断崖下的边缘地带往东近30 米是一个较平坦的台地，接着是一条不太高的地堰，地堰之上皆为近年来的垫土，我们先去掉这些垫土，让地面呈缓斜坡状与东部地面基本取平，既便于向外运土，也接近原来的地势。根据对这些区域发掘资料的分析，我们确定了墓地最西部的界线与前一年发掘区 T1 的西端接近。墓地的西南部上部层位破坏严重，未发现墓葬，除了现存耕地的原因之外，还可能是后来起建和维修清凉寺时取土所致。

南部发掘区（彩版 2-3-3:2）接近中部的层位情况提供了另外一个重要信息：坡地最初的文化遗存属于枣园文化晚期，目前仍旧保留着较完整的层位。在墓葬分布较稀疏的间隙中，我们清理了一个属于枣园文化的灶坑遗迹。另外，在灶坑不远处，我们发现了一些头向西北的竖穴土坑墓葬和一座头向东北的墓葬，并且这座头向东北的墓葬被一座头向西北的墓葬打破了，说明二者之间有早晚的差别。这些墓内均未发现任何随葬品，只有属于枣园文化的碎陶片，这种现象与西北侧高台地内少数墓葬的情况相同。这些头向不同的墓葬与绝大部分头向西方的墓葬之间的关系是当时未弄清的一个问题。

整个 4 月份的发掘工作，对墓葬的分布情况及分期找到了一些线索。从学术的角度上说，这些内容显然是一个重要的突破，同时也为下一步大面积揭露做好了准备。

确定了以上信息之后，我们对整个墓地的情况再次作了认真的分析，根据墓葬分布密集、填土与周边土色难以区分的实际情况，认为大面积揭露可以在较大范围内相互对比，同时避免探方之间隔梁之下叠压半个墓葬、影响清理进度的情况出现，可以对墓葬开口层位所在的平面布局进行宏观分析，不仅能确认不同头向和不同规模墓葬分别代表的时代和葬制、葬俗，而且在发掘期间就能对不同期墓葬的分布规律进行总结梳理，以此指导下一步的工作规划。所以，有必要对主要的分布区进行大面积揭露。

确定了工作方针后，工作人员不敢有丝毫的懈怠，从 2004 年 5 月份开始，我们在南部的主要发掘区进行了大面积揭露。出于对墓地的保护，根据勘探、试掘及工作进展情况，我们认真考虑了田野发掘过程中获取和保留信息的方式，采取了以下几方面的措施：

一、由西向东逐步揭露，保留东西南北周边的剖面，根据发掘时段和区域的实际情况以及发掘状况，尽量向南北两侧扩展，扩大揭露的面积，解决新出现的问题。发掘中依清理的先后再清理出若干南北向的剖面，对整个工地不同区域的探方剖面进行综合分析，确保对墓葬开口层位及墓葬之间打破关系、分布规律的整体把握。

二、将发掘区大面积揭露的区域也划分出探方，并绘制探方分布图，已经发掘的探方编号不作调整，以后的探方编号依次顺延。

三、以 5×5 米的探方范围为墓葬位置和出土遗物的记录单位，确保墓葬所在位置、墓内出土的每一件器物的相对位置等情况的准确记录。

四、采用多种方式提取信息。在清理过程中及时绘制大比例平、剖面图，写好详细的发掘日记、墓葬文字记录和综合日志，逐墓摄取照片，对重要墓葬的发掘过程、墓地全景跟踪摄像。每进行到一定阶段时，测绘一次墓葬分布图。

五、由于墓地范围狭小，如果将墓内的填土堆积起来，必然影响墓葬的清理。根据这种情况，我们决定将地表耕土、垫土和墓葬的填土一起清运出墓地范围，填到东部的冲沟内，一则方便在墓地发掘期间扩方，二则可以遏制冲沟长期以来对墓地东部的冲刷破坏。在墓葬填土清运出去时，进行全程监控、反复查验，严防遗物碎片流失。

六、为了保证出土文物的安全，每一个墓葬清理完毕后，我们都要对易损坏的遗物由专业人员进行现场加固，并且及时送到侯马考古站国家一级风险库房妥善保管，做到万无一失。

在做好以上几方面的准备后，我们谨慎地开始了分批的揭露，从西端开始向东以 20 米为一个阶段性区域逐步清理。

由于揭取耕土和垫土耽搁了半个多月的时间，真正开始发现并清理墓葬已经到了 5 月中旬。最初清理的绝大部分是小型墓葬，虽然有是否随葬器物的区别，但从发掘来说并不复杂。而到了 5 月底至 6 月初，有几座墓葬的情况颇让我们费解，甚至让我们的发掘一度暂停。

最早给我们出了难题的是两座相互关联的墓葬（M51 和 M61），因为后来资料公布时，一直有人对这两座墓葬的关系存有疑问，在此有必要对当时的发掘情况予以说明，或许有助于人们对此特殊现象的分析。5 月 31 日，在墓地西南部发现了两座具有打破关系的小墓。最初划定墓葬的轮廓线之后，首先发现的是两座墓葬交界处出露的一个头骨顶部。根据墓地一般墓葬墓主人头向西的惯例，东面的墓圹应该是该墓的范围，这个墓圹被已经清理完毕的 M48 打破。我们顺着头部所在的位置往下清理，发现其头顶向上，项部未向东，而是一直在向下延伸，直至底部。至此，确认这是一个面向西屈膝下跪的死者，我们清理出来的只是其后背部分，他头颅低垂，双手被反绑在身后，脚踝压在盆骨之下，显然不是正常埋葬。而在这个跪姿死者向东的墓圹内再无其他个体，也不见随葬品（参见彩版 3-2-1:2）。为了弄清这个墓葬的情况，我们接着清理了西侧被该墓打破的另一座墓葬，在即将清理到底时，却发现跪姿死者的双膝竟然正好是跪在新清理出来的这个墓葬主人的脚踝之上（参见彩版 3-2-1:3）。按编号序列，东部墓葬为 M51，西部的墓葬为 M61。M61 墓内仰身直肢的墓主人没有任何反常，还随葬着 4 件玉石器，其中 2 件石璧套在右臂近腕部，五孔石刀则竖置于右侧与上臂平齐的墓壁上，石钺横放在腹部（参见彩版 3-2-1:2）。M51 和 M61 是一个墓葬还是两个墓葬？是同时下葬还是有先后之分？让我们颇费思量：如果跪姿死者是与 M61 同葬一墓的陪葬者，那么就是我们在发掘前对墓葬划定范围时出了差错。根据当时的现场观察：两个墓葬各有墓室，跪姿死者所在的 M51 底部高于 M61 底部约 10 厘米，M51 死者的膝盖正好位于 M61 死者的脚踝之上，但膝盖距 M61 的腿骨还有一些差距，所以并未破坏 M61 的脚部，而且两个墓葬的方向也略有区别。我们初步认为这是两座墓葬。两个墓葬肯定是有关系的，也许 M51 的死者生前有罪于 M61 墓主人，在 M61 下葬以后，另掘一坑将其活埋，并让其跪在 M61 的脚上以示谢罪。若确实如此，则发掘的顺序并没有错。如果说 M51 的死者与 M61 的死者同时下葬，并且是殉葬，应该会摔倒或者呈后仰的姿势靠向后面的墓壁，不应该在墓主人的腿上跪着而且身体前倾、趴伏在前端的墓壁之上，墓底也不会有 10 厘米的高差。无论如何，这两座墓葬的情况不仅在史前时期十分罕见，即使在后来的阶级社会中也难见到。然而实际的关系到底如何，还待有识者进一步研究。

在稍后的几天里，我们又在 M51 以东发现了一组具有分期意义的墓葬。这组墓葬共 2 座，分别编号为 M53 和 M54，具有打破关系（参见彩版 3-2-2:2）。最初墓葬的清理其实存在失误。由于东部前期揭取耕土时垫土没清理干净，我们在平面上未能确定 M53 的具体范围，也没有确认该墓与其他墓葬之间的打破关系，遂决定先清理其近旁的 M54。M54 的情况是，西半部圹边比较清楚，东部的范围仅北边比较清晰。当时，我们根据这条清楚的墓边与西部墓葬的宽度大致确定了发掘范围，但清理过程中一直未能找到其明确的边缘，直到接近底部时，才发现其东部被另外一个墓葬打破的迹象。我们赶紧在东部再次清理平面，经大家一起反复观察，确认已经编号的 M53 是一个大型墓葬，并且打破了 M54。当时，我们对这类面积较大的墓葬的情况还不十分清楚，所以先搁置了 M54，小心翼翼地清理 M53 的墓室填土。6 月 2 日，M53 清理到墓室，呈现在我们面前的是这样一种情况：底部有熟土二层台，墓主人仰身直肢，胸部放置一件玉璧，南部为一些毫无规律、缺肢少头的人骨，人骨旁边还有一个可以复原的陶罐碎片。接着，我们将位于西部的 M54 上部覆盖的浮土揭开，露出了其真容：M54 的规模较 M53 略小一些，未发现有二层台的迹象，墓主人也是仰身直肢，右臂上套着一组 6 件石璧、环，南侧紧贴墓壁放置着石钺和单孔石器各 1 件，旁边还有一些鳄鱼骨板，下腹部沿身体的方向顺放着一件残缺的多孔石刀，整个墓葬的下半部已被 M53 破坏。需要补充的是，在清理 M53 的填土时，曾经发现许多残破的玉石器，其中有些是属于 M54 下腹部那件石刀的组成部分，并完全可以拼合在一起，另外一些器物却不能确定归属。这是我们继 M30 后再次确认大型墓葬拥有二层台，第一次发现墓葬中有如此复杂的葬式。虽然这两个墓葬在发掘时颠倒了顺序，却对我们后来的发掘起了警示作用，让我们最早注意到了大、小墓之间存在的先后关系和大型墓葬中会有不同身份的死者，同时确认了大型墓葬的填土中可能包含着小型墓葬中被扰乱的器物。

虽然我们已经发现了墓葬的特殊葬式，但不能确认这几个墓内的非正常入葬者是否属于殉人，真正注意到殉人的问题是从 M52 的发掘开始的。该墓位于墓地的中心偏西部，西南距 M53 约 8 米多，未与其他墓葬发生打破关系，墓圹基本保存完好。发掘始于 5 月中旬，清理中首先在墓葬东北角发现了一个小孩头骨，墓室中部似乎还有一个小范围的土色与墓葬的填土不同（参见彩版 6-2-4:2）。由于对这一现象的认识不统一，发掘工作一度停了下来，直到 M51、M61、M53 和 M54 清理结束。受到这些墓葬情况的启示，我们认为这也是一座带二层台的墓葬。从 5 月底开始，我们再次清理墓室中部与周边土色不同的范围，6 月初，M52 在翘首期盼中清理出来了：墓葬的周边是熟土二层台，中西部被扰乱；位于东半部的墓主人下半身尚在原位，为仰身直肢，但上半身则被翻转过来，向下俯身，肋骨更被弃置于北侧（参见彩版 6-2-4:1）。二层台的东北角最早发现的幼年骨骼应该是一个殉人，葬式为向内蜷缩的俯首屈肢状，头部低垂，脊椎弯曲，其状甚为悲惨。墓内的随葬品受到扰乱，有一些可能已经被扔出墓圹，仅残余一件套在墓主人左手上的玉琮和一些散乱的兽牙。这件玉琮是整个墓地发现的最漂亮的玉器之一，也是象征死者身份的礼器。从墓内骨骼的弃置情况看，该墓已经被盗扰。最初我们认为被扰乱时尸体还没有完全腐烂，否则无法将其翻转过来，但是在后来的整理过程中，发现该墓属于第三期较早的阶段，如果当时下葬后不久便被扰乱，则整个墓地的扰乱便是一个长期的过程，也就是说边扰乱边埋葬，显然不太合理。或许是在后期扰乱时，是将部分填土与骨骼一起翻转过来的？这种现象既给我们认识盗扰的时间提供了线索，也增加了困惑，至今未完全弄清。大型墓葬被盗扰的情况，是一个普遍现象，后来的发掘中也屡有发现，但墓主人被三段分尸的，却仅此 M52 一例。

在接下来的几天里，我们又发掘了 M52 南北两侧的几座大型墓。这类墓全部打破小型墓，初步确认了大型墓整体晚于小型墓的事实。然而，在 M53 东南侧的一组具有打破关系的墓葬却让我们又一次陷入左右为难的境地。

6 月初，我们在最初清理平面时发现了墓葬的界线，根据 M53 的情况，以为这又是一座大型墓葬，所以，按一个墓葬将穴内部分一起向下清理。到距开口处大约 1 米处时，在中部发现了墓主人，男，30~35 岁，面向上，右臂从肘部向上折，与上臂重叠，左上臂贴在体侧，从肘部斜向内折，腕部放在右侧盆骨之上，双腿伸直。墓主人尸骨东北部的上部叠压着另外一个死者，整体呈下趴式入葬，男，20~25 岁，双臂从肘部开始斜向内折，两手腕均压在骨盆之下，双腿伸直。墓葬的南壁较规整，但略外弧，接近南壁处埋有 3 个人骨。这三个人骨的情况十分特殊：南部死者为一 51~60 岁左右的女子，侧身屈肢；中间死者为一个 40 岁左右的男子，头骨、下颌骨保存稍好，上肢骨仅有几小残段，身下还压着部分下肢骨，葬式已看不清楚；北部死者为一 13~14 岁的女子，发现时仅有残破的头骨，下颌骨亦残。这个时候，我们已经意识到最初的认识有偏差。接下来的发掘更离奇：在清理西部墓底时，发现在最早清理出的死者之下仍然是墓葬填土，大约下挖 0.25 米后，又发现了一个人骨。这是一个成年女子，头略偏南，面向上，口微张，右上臂斜向外置，肘部以下不存，手腕在接近骨盆的位置，胸部残存有少量肋骨和椎体，左臂及腹部以下均被最初清理出来的人骨打破并破坏。墓内的随葬品情况也与一般墓葬不同，在近南壁处发现有由 1 件石钺和 1 件单孔石器组成的组合，旁边还发现有 1 件残断的玉环，此外，死者的头部西侧还发现了一些散乱的动物牙齿，也当属于该墓葬的随葬品（以上死者的年龄、性别是后来鉴定的，为了叙述方便此处引用了这一结果）。这三处人骨之间的关系如何，让我们很难下判断（参见彩版 5-2-29）。开始，我们的认识是：中部死者为一个墓葬的墓主人，东北部趴着的死者和南部的三个死者均为其殉人，这两处的人骨正好在一个平面上，而西侧底部略低的显然是另外一个墓葬，只是被上部的墓破坏殆尽而已。但是，东北部发现的两个死者的构成与其他大型墓不同，而且两个死者的身下还是类似于墓葬填土的土，这也不符合一个墓葬的常理。而南部的几个人骨年龄、性别不同，也与墓地其他墓葬殉葬现象不同。为客观反映情况，我们将三处有人骨的区域分别编号，这就是：东北部的两个死者属于 M58，南侧的三个死者属于 M66，西部被破坏的部分人骨属于 M67。根据这三组墓葬的情况，M67 的年代肯定早于 M58，而 M66 的年代应当略晚于 M67 或与其接近。但是，我们一直对这个认识存有疑虑。2008 年，我们分别选取了这三个墓葬的人骨标本进行碳十四测年，试图搞清楚这些墓葬之间的关系。测年数据显示，M58 两个死者的年代差距较大，最上面下趴着的死者年代最晚，被 M58 打破的 M67 的年代最早，与我们确认的墓葬之间的打破关系相符。但根据对其他墓葬的综合研究，M67 出土的这类动物牙齿多见于较晚的墓葬之中，这增加了这组墓葬的复杂性。真实的情况究竟怎样，至今未找到合理的解释。所以，我们在本报告中将三者分别介绍，而且全部放在第二期，备有识者研究。

头向西北或东北的那些小型墓葬在墓地整个序列中的位置问题，在 6 月中旬有了答案。在清理南部主要发掘区的西部区域时，发现了如下两组墓葬之间存在着打破关系：头向西的小型墓葬 M46、M55 打破了头向西北的 M62（参见彩版 4-2-3:4），头向西的 M58 打破了头向西北的 M63（参见彩版 4-2-4:1），而此前的清理中已经确认头向东北的 M33 被头向西北的小型墓 M32 打破（参见彩版 3-2-1:1）。也就是说这些头向西北和东北的墓葬尽管时间有先后之分，但两类墓葬均早于头向西的小型墓葬，是该墓地最早的遗存，包括北部发掘区发现的少数头向西北的墓葬。根据前一年的发掘资料，头向西的墓葬属于庙底沟二期文化，那么，这些头向西北或东北的墓葬年代应该早于或相当于庙底沟二期文化。由于这一区域内早于庙底沟二期文化的遗存只有枣园文化，所以这些墓极有可能属于此时期。由此可以证实，人类最早选择这里居住的年代是枣园文化时期。这与我们 2003 年春天调查时获得的认识一致，但这次增加了墓葬方面的资料。

在接近墓地中部的区域，我们又在部分墓葬的四壁上发现了一种普遍存在的地层堆积情况：所有头向西的小型墓全部打破了枣园文化时期的遗迹与地层。从这些头向西的小型墓葬代表的时期开始，这里被选择为专用的墓地，下葬时，这块小坡地的绝大部分区域还基本保留着枣园文化时期的地面。

南部主要发掘区的北侧是一条小路，是村民下地的必经之地，我们最初将此小路留了下来。

6月下旬，根据工作需要，我们重新整修了小路，发掘区也向北扩展了一排探方。然而这次扩方范围内两座规模界于大型墓与小型墓之间的墓葬 M79 和 M82 却让我们颇费了一些脑筋。

M79 位于南区西部，墓葬形制不太规则，两端为圆弧形、稍窄，中部略宽，规模界于大小两类墓葬之间，6月15日，墓葬清理结束，底部凹凸不平，没有二层台。墓内共有 4 个人骨，都有不同程度的扭曲或变形：墓主人为一个成年的男子，头向西，仰身直肢；东南部和东北部均为年青女性，分别头向西或东，下肢或弯曲或伸直，东北部女子身下还叠压着一个儿童，蜷缩屈肢。这些头向不一、姿态各异的死者，显然不是正常的葬式。这座墓葬发现不同质地的随葬品共 16 件，其中以玉石器为主，还发现了 2 件陶器，一件是彩绘陶罐，另外一件是敞口深腹盆，盆内放置着鳄鱼骨板（参见彩版 5-2-40:1）。

此后发掘的 M82 与该墓的形制类似。墓内有 3 个人的骨骼：墓主人为一个成年男子，头向西，但头骨及左上臂已被近年栽树时挖出墓坑，仰身直肢；墓主人东北侧有一个 18~19 岁的男子，头骨严重变形，头向西并后仰，斜侧身，身体扭曲，左臂沿墓壁呈抱头状，下肢并拢，呈 V 字形弯曲，膝部向南弓起突出，双脚叠压在一起并蹬在东北角的墓壁上；墓主人东南侧为一个 15~16 岁的女子，整体呈西南—东北方向趴卧状，头骨已残并变形，面向东南，上半身扭曲，整个下半身全部被 M72 破坏。墓内发现不同质地的随葬品共 12 件，除特色突出的玉石器外，也有陶罐和陶盆各 1 件，而且在陶盆中也发现了鳄鱼骨板（参见彩版 5-2-46:3）。

这种两端为圆弧形、规模界于大小两型墓之间的不规则墓葬，与有二层台、形制规整的大型墓不同：其中虽然发现有不同年龄的非正常入葬死者，但与大型墓中位于二层台上或二台内的殉人有差别，入葬后也没有被刻意盗扰。随葬器物虽然较多，但玉石器特征与小型墓内的同类器物类似。这些墓葬既包括有较早小型墓的部分特点，也有较晚的大型墓葬的某些风格，其年代与归属让我们相当长时间无法断定。最初我们以墓葬的规模和殉人的标准判断其与大型墓代表的年代接近。由于整个墓地出土的陶器墓葬较少，这两座墓内恰好出土有可复原的两类器物，其特征属于庙底沟二期文化的基本范畴，所以曾经将整个墓地大型墓的年代全部归入这一时期。直到后来整个墓地发掘结束，根据墓葬规模、分布情况、是否存在二层台、殉人的位置与年龄、典型器物的特征等方面全面分析，才将这两座墓葬与小型墓归入同一个时期，但是否合理仍然需要学者们继续研究。

多学科的合作研究一直是我们追求的目标，但是我们参加发掘的单位当时缺乏这方面的专门人才。幸好，从事玉器研究的员雪梅博士和从事人骨研究的陈靓博士，在我们最需要的时候，加入到了我们的团队中来。

清凉寺墓地最主要的随葬品是玉石器，玉石器的矿物学鉴定和工艺学研究并不是普通考古人员可以胜任的，我们必须请这方面的专门人才进行专题研究。目前，兼具考古学和地质学专业背景的学者并不多。6月16日，在出土遗存较多、墓葬现象复杂的 M79 刚刚清理结束，工作人员正在进行绘图、照相和现场摄影时，这样稀有的兼具考古学和地质学双专业背景的员雪梅博士意外地来到了我们工地，给了我们一个惊喜。当天，时任山西省考古研究所副所长的宋建忠和山西省文物局文物处主管考古的副处长程书林到工地视察，已经下午 6 点了，工地负责人接他们去时，我所近年来主要从事古玉器研究的马金花女士陪着就读于北京大学考古博物学院、师从严文明教授和赵朝洪教授的员雪梅博士也来到了工地。员雪梅的大学本科就读于中国地质大学，硕士研究生开始学习古玉器，博士研究生的专业方向是考古学，研究方向之一是北方地区的史前玉石器，正好与清凉寺史前墓地出土的玉石器契合。员雪梅到工地后，进行了详细的实地考察，并表达了希望合作研究的意向。返京时，她提取了少量玉石器碎裂残片的粉末，带回学校准备进行矿物学方面的测定。后来，清凉寺墓地出土的全部玉石器质地的测定、分析和研究就全部由她负责了。这使得清凉寺墓地出土玉石器的研究得以全方位进行。

对墓葬中出土的人骨进行人类学方面的研究，是我们设计课题时就确定的重要内容。在中原发现的史前墓地中，类似清凉寺这样不同规模、不同分布规律和不同葬制的墓葬可以划分出不同阶段和不同集团的人群，人骨数量众多并且骨质保存较好的史前墓地少之又少，亟须邀请一位既有较高水平、又便于根据发掘进度随时进入发掘现场进行鉴定的科研人员，但一直没有联系到合适的人选。7月中旬，清凉寺所在地开始进入雨季，虽然我们对发现的人骨采取了塑料薄膜覆盖保护，但是时间太长了，很难保证其不受损害，这个工作已经刻不容缓了。西安距墓地较近，可以在很短的时间内赶到工地处理相关问题，经西北大学王建新老师联系，我们邀请到了曾受教于吉林大学朱泓教授、当时已经供职于西北大学文博学院的陈靓博士来负责人骨方面的研究。我们去西安接她时，为人爽快的陈博士没有任何犹豫便来到了工地。从7月24日开始，研究人员在发掘现场对墓地出土人骨的性别、年龄作了初步的鉴定（参见彩版2-4-1：1、2），然后又提取了全部标本收藏于山西省考古研究所侯马南山文物资料中心，准备在发掘结束后再次对其进行测量、记录，并且依托西北大学、吉林大学的相关仪器设备进行进一步的分析与研究。此后，她先后多次亲临工地，并且在侯马市作了长期的室内鉴定工作。

进入墓葬中心部位后，大型墓越来越多，从墓葬的分布情况推测出大型墓下葬前已经有较细致的规划，东西成排分布。值得注意的一个现象是：大型墓绝大部分被盗扰，虽然程度不同，但墓内靠西部的墓主人上身部位多被扰乱，二层台保存下来的较多，所以殉人较多见。有的墓葬整个墓底乱七八糟，甚至部分墓内尸骨无存。关于这些墓葬盗扰发生的时间，发掘人员有不同的推测，据此前发现的M52来看，应该在入葬不久就盗扰了，然而，其他墓葬似乎是下葬一段时间后才被扰乱。墓葬被盗必然有进入墓室的地方，令人困惑的是在这些墓葬中并未发现明确进入墓室的盗洞，在已清理过的所有墓葬中，填土都未发现明显的异常。莫非当时墓葬之上还有某种标志，使盗掘者能准确认出具体的墓位，并且将盗洞直接打在墓圹范围内，再将从墓内挖出来的土回填进去？由于最初清理的大型墓葬多挖在生土上，填土本身就比较单纯，所以，虽然我们煞费苦心却仍未能找到盗洞的范围。

对大型墓盗扰现象认识的突破也经历一个十分纠结的过程。最早发现盗掘苗头的时间在7月初，当时正对墓地中心部位的M86进行发掘。由于这里已经进入枣园文化遗址的分布区，墓葬填土中夹杂着一些红烧土、灰土和褐色土。在清理到距墓口约0.60米时，墓圹西北角发现了一些玉石环残片，我们不能确定墓葬是否被盗窃一空，也未能清理出一个明确的盗扰迹象。7月中旬，该墓北侧的M96的清理过程中也发现了一些不寻常的现象：在西端墓口之下约0.30米处，墓壁明显斜向内收缩，大约距墓口1.10米时，再次向内收缩，并且留下一个长条状的平台，平台上还发现1件精致的玉石璧。当时，这两墓均未清理到生土，也未进入墓室，那玉石器为什么会在墓葬的角落或一端出现？根据当时我们掌握的情况还不能解释，我们认为有必要暂停这两座墓的工作。

对 M100 的清理让我们对大型墓盗扰、墓室内随葬情况的认识有了关键性的突破。该墓位于 M96 之北，是一座随葬器物十分丰富的墓葬。7 月底，我们清理平面时，发现在划定墓葬的范围的西侧还有一个呈半圆形的凸出部分，与墓内填土连在一起，范围与一个小型墓葬接近，其西端打破小型墓 M94。最早以为这个半圆形的凸出部分是一座被大型墓葬打破的小型墓葬，遂先发掘 M100。但往下清理的过程中，发现了半圆形的洞伸入墓葬范围内的迹象，并且洞内的填土也与墓室内其他区域的填土有一些不同，应该是该洞穴打破了 M100 而不是相反。于是我们开始清理这个范围内的填土，并在与 M100 西边接近处留了一小部分，以备一旦判断失误时能够及时补救。随着往下清理的深度增加，洞穴的范围也越来越大。在距口部约 1.20 米深处，发现了一件散置的玉环。再往下约 0.20 米，这个小型坑已经到头，未向下延伸，也没有向 M100 墓圹中间扩展（参见彩版 6-2-21:3），墓室周边则出现了第一层台阶。我们便把工作重点转到对 M100 墓室的清理。8 月 6 日，M100 整个清理完毕。墓葬圹边清晰，壁面规整，周边有二层熟土台阶，可能分别是椁室与棺室的痕迹，底部平坦，墓内底部整个全部是朱红色，包括殉人的骨架上亦为朱红色（参见彩版 6-2-21:1）。可以确认墓葬中、西部的那个坑为盗扰时留下的，由于其未进入墓室，所以墓葬底部基本保存完好。该墓内的墓主人和随葬器物基本未经扰乱，但墓主人的骨骼已经朽坏，只能看出一个大致轮廓，无法确认其性别和年龄。近底部的二层台内发现有一个殉葬的儿童骨骼。墓内出土器物比较精致，全部为玉石器，累计达 9 件，而且基本保持在原来下葬时的位置。该墓发掘的重要收获是找到了盗扰的迹象，同时还确定了墓内随葬品的基本组合和放置位置。

根据 M100 的情况，我们认为 M86 和 M96 都可能存在盗扰现象，出土玉石器的地方应当属于盗扰范围。我们重新开始清理 M96，发现长条形平台以下的墓壁十分整齐，到了约与二层台上缘平齐时，有较厚的一层朱红粉末，两块体积较大的长条状石块置于骨骼之上的墓室中央。不能确认这两块石头是盗扰时扔进墓内，还是原来下葬时就在墓内、只是后来盗扰时移动了位置，但我们认为盗扰时扔进墓内的可能性略大。在墓葬西端上部，属于盗扰范围的部分洞穴超出了墓圹，进入墓室内才将扰乱范围扩展到整个墓底（参见彩版 6-2-20:2）。M86 的清理情形与此类似，只是盗洞打在墓圹内，洞穴的规模没有 M96 大，墓室内弃置的石头也较小。至此，我们对盗扰现象有了较清晰的认识。

8 月底，在墓地南区西部的 T41 西北发掘了小型墓葬 M112（参见彩版 5-2-62:1）。墓葬圹边清晰，四壁规整，现存深度约 0.85 米，宽度仅容一人下葬。清理墓内填土到距口部 0.20 米时，在墓圹西南近南壁处发现东西向的一段上肢骨，并与指骨相连，显然与正常葬式不同。此前的小型墓并未发现被盗扰的现象，莫非还有特例？往下清理过程中，逐渐显露出这是一个贴着南壁呈下趴状葬着的死者，头向西南角，左臂上伸呈弯曲状搭在墓壁上，右臂压在身下，身体严重倾斜，头部低垂。在这个死者之下是一个头向西、仰身直肢的死者，这应该是墓主人。墓内随葬有 3 件玉石器，分别是压在墓主人左侧臂和盆骨下的五孔石刀、置于大腿部的单孔石钺和单孔长方形石器组合。后经鉴定，墓主人为一个 50 岁左右的女子，而下趴式入葬的是一个 35~40 岁的女子。这是小型墓中唯一埋有两个成人女子的墓葬，死者之间的关系颇耐人寻味。墓主人是正常下葬并不特别，随葬器物也是小型墓常见的组合，但趴着的女性死者显然是不正常入葬，从姿势看有可能被活着推进墓穴，其挣扎的姿势仍然十分清晰。无论他们之间是什么关系，都显示了一种极不平等的现实。这已经是小型墓葬发现特殊情况的第 4 个实例。也就是说在较早的小型墓葬代表的时期，这一带已经有了部分极端不平等的现象，让我们以前形成的认识有了变化。该墓的情况某种程度上与 M51 和 M61 类似，只是两组墓葬涉及的死者性别不同。

9 月初，我们清理中部大型墓之间的区域时，发现了一座小型的居住遗址。房址开口在近代垫土层下，发现时，仍旧保存着平整的地面，表面质地较硬，还有部分区域发现踩踏的迹象，在表层之下是一层很薄的垫土层。房址形状为方形，范围基本完整，东西约 4.60、南北约 3.80 米。由于上层被近代垫土层破坏，墙体的情况已不可知，只有极个别位置可依稀看到房子底部上翘的痕迹。房子的不同部位又分别被不同的墓葬打破，涉及 M57、M65、M87、M109、M110、M117 和 M131 等，这些墓葬既有年代较晚的大型墓，也有年代偏早的小型墓，显然，这个房址的年代应该更早一些。另外，在房址的范围内的 M117 南侧，我们还清理了一个与房子相关的瓮棺葬，瓮棺中埋葬的是一个婴儿。该瓮棺与我们 2003 年春天调查时在墓地东部断崖上发现的 W1 情况相似，所以我们编号为 W2。瓮棺葬的构成如下：下面放置婴儿主体的是一个红褐色夹砂罐，扣在上面的为一个红陶钵。二者的特征均属于枣园文化的中、晚期，或许与墓地西部那些头向西北或东北的墓葬年代相当。如果这个推测不错的话，清凉寺墓地所在地最早被人类利用的年代，这里已经有了一处包括居住区、墓地的小型聚落，另外可能还有专门埋葬婴幼儿的区域。但是，为了保留墓地的平面现状，我们未对这些早期的遗址进行发掘，只对保存在墓葬间隙地带的遗迹作了一些清理，主要是东部的瓮棺葬。虽然复原了绝大部分葬具，器物特点较明确，但对该文化在清凉寺附近区域的具体分布情况和文化的整体构成了解甚少。

9 月中旬，我们试图了解清凉寺起建和维修时对墓地的破坏程度，于是将整个发掘范围向南侧扩充了近 2 米。没有想到这次扩展不仅确认了墓地的西南边缘，而且有了意外的收获。9 月 21 日，在发掘区西南部，我们清理了一座仅存约三分之二的墓葬，编号为 M146。墓葬东、南、北三面的剩余部分圹边十分清晰，壁面也很规整，但西部已经被建筑或维修清凉寺时取土破坏，仅在墓葬西北部接近底部处尚存较小范围的墓圹。墓室的周边有熟土二层台，但较低浅。墓主人为一个成年男性，年龄不详，骨盆以上及右腿股骨全部被后代破坏，仅余左腿及右腿下半部，应该为仰身直肢。这是整个墓地中发现殉人最多的墓葬，共有 4 个殉人。在墓葬北部的二层台上有一个殉人，为一个年轻女子，侧身屈肢，脚踝部被压在东北角另一个殉人的身下，怀里抱着一宽一窄两件玉石钺（参见彩版 6-2-32），紧邻该死者的墓室内有一堆动物牙齿，其中还有一件玉器残片，该女子的身份可能略高，或为近侍。墓葬东部的死者包括一个少年的男性、一个 11~12 岁的儿童和一个年轻的女子，这些死者相互叠压、纠缠在一起，为整个墓地仅见。墓内的随葬品也较特别，在墓葬东南部二层台上的死者身下放置着彩陶瓶、六边形凸沿器、长方形双孔石刀等。其中的彩绘陶瓶形制独特，敞口，高领，圆鼓腹，小平底，器表红、黑、白、绿等颜色相间装饰，相互映衬，鲜艳夺目。这里发现的彩绘器物与仰韶时期的彩陶显然不同，花纹有着异乎寻常的想象力，是同类器物中的上等精品，蕴含的内涵尚有待研究。该墓的发现给我们如下启示：大型墓中的殉人既有下葬后推入墓内乱七八糟弃置的殉葬方式，也有侧卧于一侧的侍者，他（她）们的地位或有高低之分，但同样彰显着一种等级的差别；墓内的动物牙齿不仅仅是随葬品，可能有某种特殊的用途；该墓随葬品的放置位置、器形特点与其他墓葬不同，反映着与整个墓地不太一致的风格，或许有宗教方面的含义，或者与墓主人生前的职业或身份相关。此外，建庙取土范围呈圆弧形分布在墓地的西南部，破坏的区域比较清晰，为此我们决定探方不再向墓地的西南侧扩展。

10月下旬，我们在南部发掘区接近北侧小路处发掘了一座墓葬，编号为M179，其实这是包括不同阶段死者、应该是具有打破关系的几座墓葬。其南北均被破坏，西部又叠压着一座小型墓，我们无法确认不同墓葬的界线。由于上部被现代耕地严重破坏，现存开口层位很浅，其实就是耕土层的底面，开口之处就是人骨所在层面，壁面几乎不存在，每一个单元的圹边均不太清晰，底部也不平整，情况较复杂。其中共有4具人骨：西南部为一个25~30岁的女性，仰身直肢，右腹部到右腿股骨被M191破坏；由南向北的第二个人骨为成年男性，面向上，仰身直肢，左半部被北部的死者叠压或破坏，大部分盆骨和左腿已经不存；北部的死者是一个成年女性，面向上，仰身直肢，左臂被M178打破；东部是一个不能分辨性别年龄的死者，仅存有半个左侧盆骨和一段右腿股骨（参见图版5-2-88:2）。根据现场分析，我们认为西南部较完整的人骨可能为一个墓葬，中部叠压在一起的人骨应该是北侧墓葬叠压并打破南侧墓葬，东部仅存有部分骨盆和一段股骨的可能是另外一个单元。由此看来，这些不是胡乱弃置的死者。但几个人骨身上或身旁均未发现随葬品。从层位和墓葬规模来看，它们都应该属于小型墓葬，但这几个人骨叠压在一起的情况在本墓地十分少见。由于上部破坏严重，相互之间的打破关系并不十分清晰，很难分清各自具体的埋葬情况，甚至不能划分出每一个单元的范围，所以只编了一个墓号，但既不表明它们属于同一个墓葬，也不能确定共有几个单元。情况到底如何，研究者可以根据我们提供的情况提出各自的认识。

10月到11月是收获的季节，随着发掘面积的扩大和向东的推移，大部分区域的墓葬分布情况逐渐清晰起来，我们对墓地反映的葬俗有了这样的了解：当时安排死者的墓葬有一整套严格的规定，最清楚的是大型墓葬，排列规整有序，墓室内普遍存在熟土二层台，下葬时应该有长方形的葬具，现存二层台其实是下葬时的填土；墓主人均为成人，头向基本均向正西的山梁，只有微小的差别；墓室内、棺木上或死者身上多数曾放有朱砂，有的墓葬在整个墓底均铺撒一层朱砂，尚红可能是当时的一种习俗；大部分死者地位十分高贵，用小孩殉葬，殉葬者葬式特殊，多数屈身俯首，姿势十分痛苦，或弃置于一角，或置于墓葬一侧的二层台内，极少数墓内用成年人殉葬。遗憾的是由于绝大部分大型墓已经被盗扰，其中发现的随葬品很少，不过从留下来的器物看，墓主人显然十分富有。许多小型墓被大型墓打破，年代偏早，而且小型墓之间也有复杂的打破关系，相当一部分墓葬已经不完整了，在这些墓葬中有的仅有尸骨，有一些墓葬随葬玉石器，精致程度虽然不能与大型墓出土的同类器物同日而语，但却因未被盗扰，玉石器的总体数量较多，不仅是认识当时玉石器特点的绝好标本，也是与大型墓葬对比的重要资料，反映了一种与大型墓死者不同的人生轨迹。

通过大规模揭露和对墓葬的分析，我们已经对墓地内墓葬的分布、等级和葬制等方面的现象有了一定了解：大型墓葬打破小型墓的情况十分普遍，没有任何例外；大型墓之间基本不见相互打破的现象。然而，11月初，在当时发掘区的东北部，从平面上看出一座大型墓打破了东西各一座大型墓，与我们已经习惯的情况不同。经过再三的比较和分析，我们决定先清理中间的一座墓葬，编号为 M240，清理过程中密切关注两侧与其他大型墓交汇的区域，看情况再调整发掘方案。顺利清理到底后，发现该墓的东西两侧确实各打破了一个大型墓葬。接着，我们先后又清理了西侧的 M241 和东部的 M258，结果是三座墓葬均遭盗扰，而且各自还打破一些小型墓葬。除 M258 的下肢骨尚在原位置外，其余人骨全部散置，是否有殉人也不得而知。从分布的情况来看，M241 和 M258 分别与其他大型墓葬成行分布，而 M240 则不属于任何一排。这是我们此前发掘中仅见的大型墓之间具有打破关系的墓例（参见彩版 6-2-59:2），也是第一次发现排列不整齐的个案。这让我们十分困惑，也是我们在发表墓地简报时提到还有最晚一期墓葬的因素之一。虽然该简报发表在 2006 年初，但在 2005 年初就写成了，当时的认识还是在工地上形成的，有一些看法不太成熟。

到 11 月下旬，我们已经清理墓葬 262 座。而节气又是冬季了，按照前一年的经验，中条山一带将要开始下雪，已经不再适合大规模的野外发掘工作，因此，我们开始着手准备结束这一年的发掘。

首先，测绘各部分发掘区的墓葬分布图，并且对不同阶段绘制的平面图进行整合，绘制出整个发掘区的墓位分布平面图。同时，又多方联系，亲自去西安聘请陕西省汉阳陵博物馆的专业人员王保平，采用氢气球高空拍摄的方法，用不同的胶片和数码相机对墓地全景和局部重点区域进行了高空拍摄（彩版 2-3-5:1），取得了鸟瞰式墓地全景（彩版 2-3-6）和周边环境的照片（彩版 2-3-7）。与此同时，我们还对主要发掘区的墓葬进行了录像（彩版 2-3-5:2）。

此后，我们请来了吉林大学的专业人员对墓地的部分墓葬人骨作了现场鉴定（参见彩版 2-4-1:1、2），根据陈靓博士的要求，将已经初步鉴定的人骨全部提取，打包送到山西省考古研究所侯马南山文物资料中心，以备进行室内的人类学观测与鉴定。玉石器和其他出土遗物是当年发掘中发现的最主要的实物资料，需要重点保管，在请示所领导后，全部运抵山西省考古研究所侯马考古工作站国家一级风险库房保存。

取全了全部发掘墓葬的资料，并安排好墓地的保护措施，时间已经到了月底。11 月 31 号，我们撤离工地时，一场大雪降到刚刚发掘完毕的清凉寺墓地，纷飞的雪花扮靓了清凉寺旁这片具有悠久历史的土地，也为这次发掘画上了一个完美的句号。

发掘取得了十分丰硕的成果。发掘期间，我们向国家文物局领导和专家学者汇报了主要收获（彩版 2-3-8:1、2）。

2004 年是清凉寺史前墓地发掘收获最大的一年，虽然经过了许多曲折和困惑，但我们用多角度、多方法提取资料的方式使墓地的发掘做到了科学、全面、精确和互补，比较准确地记录了该墓地各个阶段的详细情况，也使我们清醒地意识到清凉寺史前墓地反映着中原地区史前时期全方位的信息。这些信息多为首次发现，但有些现象并未全面揭示出来，从科研和保护的角度来说，继续发掘该墓地是必然的选择。

三 2005 年的发掘

清凉寺墓地 2004 年度的发掘资料上报后，得到各级文物保护管理部门的高度重视，主要收获收录到由国家文物局主编的《2004 中国重要考古发现》一书。学术界也对墓地发掘给予了热切关注。2005 年 4 月，在中国考古学会和中国文物报社主办的"第十五届全国十大考古新发现"评选中，由国内最高水平的考古学者组成的评委会经过认真评估，清凉寺墓地在全国二十多项重要考古发现的角逐中脱颖而出，被选为 2004 年度"全国十大考古新发现"之一（彩版 2-3-8:3）。担任评委的专家们有这样的评语："清凉寺墓地所在的区域是中原的核心地区，也是庙底沟二期文化的腹心地区，墓地的现象表示当时中原地区正在发生一次大规模的文化变革，周边各种文化因素和理念在这里汇聚。这批以随葬玉石器、特殊葬制为特色的墓地，对中原地区文明起源及与此相关的学术课题研究也将有所助益，是近年来少见的重要发现。该墓地的发现和发掘将促进对以前一些认识的重新思考和定位。"

清凉寺史前墓地的重要性已经成为整个考古学界的共识，但是，根据我们确认的墓地范围，墓地东部和南部区域的分布情况还没有搞清，一些墓葬中存在的特殊现象也不能很合理地予以解释，而且墓地面临的盗掘危险也未解除。为了对整个墓地有更深入的认识，对不同规模墓葬之间的关系、不同阶段墓葬分布范围和葬制情况的变化进行解析，有必要再次对清凉寺墓地进行发掘，尤其对那些可能成为盗墓者目标的墓葬来说，尽快清理是最好的保护。为此，报请国家文物局批准，我们于 2005 年 3~11 月，对墓地进行了第三次发掘。

4 月 8 日，初春的天气尚有一丝凉意，考古队员第三次踏上了清凉寺这块已经比较熟悉的土地。根据事先确定的目标，我们把这次发掘的地点选择在前两年主要发掘区的南部区域，仍旧采取从西部开始一直向东大面积揭露的方式。因为在 2004 年的发掘中已经确认西南部被清凉寺起建或维修时破坏，不存在墓葬了，所以，最西端的发掘位置比前一年发掘时的西侧边缘向东移了约 11 米，向南的范围则尽量扩展，一直到了不影响现在仍旧居住在这里的村民们的窑洞为限，西端最宽处达 17 米，向东依现代民居的位置向北收缩，发掘区域也逐渐变窄。

初期的工作并不顺利。由于整个墓葬区原来的地势呈北高南低的斜坡状，平整土地时在这一区域内加上的垫土层就很厚，表层的土方量很大。考古发掘的性质决定不能动用大型机械，而且，为了发掘结束回填后，在复耕中不破坏墓葬的分布格局，我们又必须将挖出来的土堆放在前两年的发掘区，使墓葬所在区域的平面得到有效保护，所以，在持续一个多月的时间内，我们首先回填并覆盖了以前清理的墓葬，然后在墓地西南部东西约 25 米的范围内揭取表土层。

一直到 5 月 23 日，我们才在新揭取了表土的西端发现了两座墓葬，编号为 M263 和 M264。这两座墓葬距离前一年发掘的 M146 仅有 3 米，然而其等级和保存的情况却有天壤之别，墓葬上部已经被清凉寺起建时扰乱，剩余的墓葬圹边还较清晰，壁面也规整，但底部不平坦。偏南的 M263 墓主人为一个成年男子，人骨杂乱地堆放在墓葬西半部，毫无规律，其中还有一个小于 12 岁儿童的一块左侧髋骨。M264 西宽东窄，中间有一个圆形盗洞，墓内共有 4 个人的骨骼，其中墓主人是一个为成年男子，另有两个成年女子，年龄均不详，此外，还有一个颅骨残片，骨壁很薄，为一个儿童，性别年龄不详。人骨绝大部分杂乱地堆放在墓室西半部盗洞西侧，毫无规律，只有墓主人的小腿骨虽然酥碎，但还放在原位，呈伸直状。显然这是两个被盗扰的墓葬，然而其位置又超出属于大型墓的西端范围，让我们十分困惑，或许其中有盗扰墓地时其他墓葬中的人骨，甚至不排除是当时刻意埋葬从其他墓葬中挖出头骨的可能。

发掘在焦虑中继续。此后的一个星期中，我们又清理了 5 座墓葬，但仍与年前发掘的墓葬特征不同，即使南北相邻的区域，也不例外。新发现的头向西北的 M265 和头向东北的 M266，可能属于最早的那一期，不是墓地的主要遗存。另外三座的情况基本与 M263 一样被盗扰，墓内的人骨或堆在一起，或所剩无几，M270 更是仅有几根骨头，若无其他墓葬参考，甚至不能确定其头向，唯一发现玉器的 M267 也只是在散乱的人骨下残余了一件玉环。这里东南距离最早发现玉石器的地点很近，肯定未超出墓地的范围，莫非全部被维修清凉寺时破坏了？

5 月底，我们在接近 M267 的地方再一次发现了属于枣园文化的房子遗迹，主要是排列有序的小型柱洞和周围的房址地面，虽然已经不能看出其形制，但与 2004 年发现的房址情况一致，并且二者南北相对，相距约 12 米，应该是同一个时期的遗存。为了保持后代墓葬的布局，我们并未对枣园文化时期的遗址全面揭露，但部分区域出露的这些遗迹现象却让我们对居址的分布有了更进一步的了解，一个以坡地中部为居住区，以西部山脚下为墓葬区的小型聚落基本有了轮廓。另外，在上述枣园文化遗迹的东南约 5 米处首次发现了属于庙底沟二期文化的地层，该层位被叠压在近代耕土层下，并且被大型墓打破，其中出土有部分夹砂罐类器物残片，这使我们开始怀疑以前推测大型墓属于庙底沟二期文化的可靠性。上述这些遗迹的存在说明：（1）这里的地层并没有被后代全部破坏；（2）所有墓葬全部开口于垫土层下，打破了枣园文化所在的地面；（3）部分地点有少量庙底沟二期的地层；（4）墓地的范围在西南边缘向内收缩了，其实起建和维修清凉寺时被破坏的墓葬很少。

6 月份，我们发现了几座整个墓地面积最大的墓葬（彩版 2-3-9:1）。在清理平面时，我们曾寄予了较大的期望，因为这几座墓葬的位置十分重要，南与 20 余年前最初发现玉石器的地点接近，北和 M155、M149 等墓葬为一排，这些都是出土有精美或特别形制玉石器的墓葬。但唯一让我们担心的是前一年发掘的大型墓均被严重盗扰，这几座能否幸免呢？发掘的结果在不久后就揭晓了。6 月中旬，南北并列的 M269 和 M271~M273 全部清理完毕，担心的情况还是出现了，4 座墓葬全部被严重扰乱，无一幸免，尽管几座墓中的殉人还在，但墓室内或者乱七八糟，或者空空如也，已经无法辨别下葬时的情况，只是保留下来的殉人的情况较特殊，说明其地位不同凡响。这期间的发掘中，有一件出土于墓葬填土中的器物引起了发掘队员的注意：在清理 M269 的填土时，我们发现了一些陶片，幸运的是虽然数量较少，却要素齐全，居然可以复原，整器为一件方唇直口的肥袋足鬲。这是陶寺文化晚期的典型器物，根据学者们的研究，该文化的分布范围未越过鸣条岗。龙山时期的东下冯遗址已经不属于典型陶寺文化的范围了，以前在芮城南礼教遗址的发掘和附近的调查中均未发现这类器物。方唇直口的肥袋足鬲在这个墓的填土中发现到底是怎么回事呢？这涉及两个问题，一是墓葬的年代，二是清凉寺一带在龙山时期的文化性质。经过大家再三核对，确认陶片确实出土于该墓的墓圹范围内，由于墓葬遭到严重盗掘和扰乱，陶器也在盗洞所在的区域内，也就是说器物不是下葬时填入墓圹，很可能是在盗掘墓葬时丢弃在盗洞填土中的（参见彩版 6-2-63:2）。这件并不完整的器物并不能代表整个中条山一带的文化归属，却给我们两个提示：一是墓葬的盗扰年代大约在龙山晚期，二是陶寺文化的部分人也参与了对这里墓葬的盗扰，来自临汾盆地的影响已经不局限于文化、理念方面的传播，也不仅仅是物质财富方面的交流贸易这样简单，甚至有可能发生了移民或远程奔袭式的事件，当时整个中原地区的社会可能十分动荡。

在墓地的北、西、南三面边缘的墓葬情况基本搞清后，一个重要的问题就是落实东部冲沟边的具体情况。在前一年东北部的发掘中，发现靠东端的一些大型墓葬被冲沟破坏，说明墓地的范围一直延续到现存的沟边。根据我们调查时在沟边断崖上的观察，南部主要发掘区的东端也有部分墓葬的遗迹，这里应该是墓地重要的组成部分。2004 年的发掘中，由于时间接近上冻，尽管东部还有一片未发掘的区域，在靠近东端的一些墓葬之间存在的打破关系也十分特殊，但因时间关系未能再向东扩展发掘范围。为了解决这些悬而未决的课题，并且尽量完整地清理出墓地，我们决定将发掘区域转移到 2003~2004 年发掘位置的东侧，发掘顺序仍旧是从西向东。

7 月初，在东部刚揭开的区域接近前一年发掘区的地方，清理了南北并列分布的 M275 和 M276。两墓虽然规模上属于大型墓，也有二层台并随葬环、璧类玉石器，但未被盗扰也未发现殉人，而且它们共同打破其西侧的另一座编号为 M279 的大型墓，M276 西南部还叠压在 M279 东北部之上（参见彩版 3-2-2:3）。显然，这两类大型墓在下葬的时间上有相当长的一段距离。接下来的发掘中，我们又发现 M282 的西北角打破了 M285 的东南部。从墓葬的分布来看，M275、M276 与 M282、M283、M287、M293 等墓葬属于南北向排列的同一行，而 M279 与 M285、M292 和 M294（彩版 2-3-9:2）等墓葬属于南北向排列的同一行，二者的总体方向略有差异，由此可见，东部的大型墓葬整体上较晚。如此看来，2004 年发掘的 M240 可能与东部的墓葬属于同一时代，只是其位置偏西了，而被它打破的 M241 和 M258 则属于中部大型墓的阶段。同理，前一年在墓地东北部清理的沟边的那些大型墓葬显然也属于东部较晚的这一时期。当时因为墓中少见遗物，而且同类墓葬发现很少，他们与南部发掘区大型墓是否属于同一时期一直就存有疑问，新发掘墓葬的情况终于让这个疑问得到解答。

进入 8 月以后，我们规划发掘的区域仅剩余东南部曲尺状的部分了，由于墓地的基本情况已经摸清，我们决定重新将发掘的重心放到南部，继续从西到东清理，最后清理东部直到断崖边的墓葬。东南部区域原来的地势较低，所以覆盖层十分厚，发掘进度较慢。这一区域最主要的是大型墓葬，分布也十分整齐，但几乎没有随葬品。出乎意料的是在这里还有少数小型墓葬，由于已经超出那些小型墓的集中分布区域，所以墓葬比较零散，而且有几座相邻墓葬的墓主人头向东，与此前仅有个别墓头向东的情况不同，但小墓也被大型墓葬打破，特点与西北部的小墓相同，应该属于同一时期。

属于最晚阶段的墓葬被盗扰的情况有些特殊，有的墓主人在被扰乱时居然可以整体拖动。最早发现这个现象是在 M332，虽然在墓圹南侧还发现一个圆形的坑穴，但因为绝大部分在墓圹外，仅仅有小部分与墓葬南壁相交，我们认为属于早期枣园文化遗址，根据保留墓葬平面布局的原则，我们先清理了墓圹内的部分填土，但进入墓室底部时，发现墓圹西南侧扰动的迹象接近圹外的那个圆形洞穴，墓主人的尸骨虽然基本保存完好，但却整体被拖到西南部，头部正好向着墓圹外的圆形遗迹斜置。于是，我们重新检视这二者之间的关系，确认这是一个盗洞，盗扰者由此进入墓室后，对其主人进行了拖拉，说明盗扰与下葬之间的时间很近。后来在其他一些墓中也发现有这种现象，但多数盗扰的部位在死者上身，只有少数墓葬整个墓底都被扰乱。另外，东部的这些墓葬仅有近三分之一存在二层台，基本没有殉人现象。由此可见，这些较晚的墓葬已经不具有中部大型墓葬的规格和礼仪，当时葬入墓地人员的地位整体下降了。

最后阶段是集中清理东部剩余区域的墓葬。这里的大型墓葬方向和规模都与中间的大型墓有差别，共有四排，分布整齐，十分规范（彩版2-3-9:2）。最东部的两排墓葬贯通发掘区的南北，基本与东北发掘区的沟边墓葬南北成行，东端也遭到破坏，而西侧的两排仅保留北部的六座，向南只到了发掘区中间位置，南部形成一块空白。这可能是当时分配墓位时，因为东西两类墓葬方向有差别，为了躲开已经下葬的大型墓，导致无法安排而形成的。由此联系到前面发掘中M276等墓葬打破中间大型墓的情况，东部区域的墓葬整体晚于中间的大型墓，二者应该属于两个不同阶段，而且，东部的这些墓葬是从东向西逐列安排的，所以中间有个别墓葬发生了打破关系。

在东部区域的发掘中，我们又发现了几座瓮棺葬，葬具和入葬的婴儿情况皆与前一年在发掘区中部房址范围内的W2一致，除上面扣置的陶钵已经破碎外，基本保存完整，分布在属于最晚阶段墓葬之间的空隙地带。显然，因为这些墓葬间隔较宽，才得以保留下来。这成为我们认识早期遗址年代的重要依据，而且，因为这些瓮棺葬的存在还使早期聚落要素更加齐全。

时间随着东部墓葬发掘的顺利进行而流逝，眼看冬季即将再次到来，由于未发掘的区域均接近或者就是现在居民房屋的顶部，所以该墓地的田野发掘已经告一段落。在回填之前，我们再次请王保平对墓地进行了高空拍照（彩版2-3-10，2-3-11），陈靓博士也赶到现场对墓葬人骨进行了非测量性形态观察、性别和年龄的初步鉴定，又指导工作人员将所有人骨资料收集、提取，运送到侯马，以备日后在室内进行测量、记录和研究。安排好墓地回填和后续的地面保护工作，我们全体发掘人员愉快地撤离了工地。

在2003~2005年的三次发掘中，累计发掘面积3000余平方米，主要发掘区在清凉寺大殿东北方的墓地正中心位置，其余三处也距此不远。四个发掘区先后清理土坑竖穴墓葬355座，其中2003年清理30座，2004年清理232座，2005年清理93座。此外，还发现有早期房址2座、灶坑1个、瓮棺葬7座（图2-3-1；彩版2-3-12）。不同阶段的墓分别属于枣园文化晚期、庙底沟二期文化晚期和龙山时期。这是近年来中原地区发掘面积较大的史前墓地。

2006年初，山西省考古研究所根据历年来对清凉寺墓地的检查、资料提取工作的评估，推荐清凉寺史前墓地项目参加了国家文物局组织的2003~2004年度田野考古奖评选。发掘队对山西芮城清凉寺史前墓地项目三年的工作进行了系统的总结，分发掘缘起、课题目标、发掘过程中新技术与新方法的使用与对重要遗迹的保护情况、清凉寺史前墓地发掘过程中跨区域多学科合作研究情况、2003~2004年的发掘收获、2005年的后续发掘与室内研究、存在的问题、新的工作思路等八个方面作了全面的书面总结，填写了《国家文物局田野考古奖申报书》。同时将清凉寺史前墓地部分遗存的图纸、三年发掘期间的年度工作报告及单位对清凉寺墓地发掘工作的检查情况集结到一起，并附上了山西省芮城清凉寺史前墓地部分出土玉石器样品测试报告、山西芮城清凉寺史前墓地发掘现场照片资料作为附录，最后将山西芮城清凉寺史前墓地上述全部汇报资料制作成光盘，一起报送到国家文物局。经过国家文物局组织的专家组严格评定，该项目被评为三等奖，这是迄今为止，山西省新石器时代考古发掘中唯一获得田野考古奖的项目，充分肯定了我们田野发掘的规范和资料提取的科学、全面，这一系列的工作成果也为后来撰写发掘报告打下了良好的基础。

第四节　资料整理与编写报告

对清凉寺史前墓地资料的整理、报告的撰写由山西省考古研究所统一安排，薛新明组织实施。具体工作既有分工，又互相联系；既分头进行，又相互沟通。除负责墓地整体发现、调查和发掘情况说明和整理以及介绍出土现场情况的成员来自山西省考古研究所外，其他科研工作是由不同单位的科研人员分别完成的。虽然参与研究的时间有先后之别，但均十分认真，都付出了大量心血。最早参加资料整理的有西北大学的陈靓博士和中国地质大学的员雪梅博士。陈靓负责体质人类学方面的研究，她在侯马观察、测量和记录期间，由山西省考古所派人配合，但后期的整理、检测和报告撰写则是在西北大学完成的。员雪梅博士负责玉石器质地、产地及相关的鉴定，在山西收集资料、提取标本和野外调查期间，山西考古所的工作人员也全程参加，后来的标本鉴定和多种检测、研究均由她负责联系和操作。另外，2007 年，北京大学的吴小红教授结合中华文明探源工程的研究，开始对墓地年代的测定和分析。2008 年开始，在北京大学学习的在读博士赵静芳女士负责墓地出土动物骨骸的整理。在年代学和动物遗存的研究中，山西省考古所的工作人员在侯马南山资料中心库房，协助科研负责人提取了标本，她们将标本带回北京进行一系列的鉴定、检测和观察研究。2009 年，在中国地质大学学习的倪爱武博士开始负责墓地所在地古环境的研究，在田野选取标本的过程中，清凉寺墓地发掘主持者、运城市文物研究所给予了协助，同时当时在芮城桃花涧遗址发掘的山西省考古研究所侯马考古站科研人员也提供了方便。中国社会科学院的赵春燕研究员最后时期才加入进来。2012 年初，报告基本完成，即将提交给出版社时，本书责任编辑、文物出版社的谷艳雪编审，凭着她长期从事考古发掘报告编辑的职业敏感，发现其中缺乏锶同位素的测定，对墓主人是否为本地人的推测缺乏依据，而且不同时期的死者生前的生存状况和饮食也需要加强研究，于是推荐赵春燕博士主持这项检测，在报告出版前的最后阶段补上了这一缺环。2013 年夏，北京大学考古文博学院博士研究生舒涛对清凉寺墓地人骨的稳定同位素进行了检测与分析。

本报告中涉及和收录了有关上述问题的所有研究内容。对墓地的发现、调查和发掘情况进行介绍的是田野工作的主持人和后期资料整理的直接参与者，其他专业性很强的相关章节的文稿，全部由负责对不同标本整理、检测或鉴定的专家亲自撰写。因此，本报告是多学科研究人员合作的成果。下面，我们依时间的先后，对资料的整理、报道、报告的撰写过程和与报告体例相关的一些问题作一些梳理和说明。

一　考古资料整理报道与多学科介入

资料整理包括对墓地的全部出土遗迹、遗物进行的修复、观察，也涉及对相关标本进行的检测、测定，同时，对墓地附近的地质调查和取样的过程也是这个工作的重要组成部分。为了让考古学界、文物管理部门和社会各界了解清凉寺史前墓地的发掘收获和研究进程，我们在整理期间也作了一些报道。由于资料整理和相关报道均与本报告的最后成稿相关，有些认识在不同阶段有差别，为了让大家完整地了解墓地的情况，所以，我们在此对不同条件下的报道也作一些梳理。

　　清凉寺墓地最早的整理工作开始于工地发掘的间隙，当时的整理工作并非为发表报告或出版著作，主要任务是确定整个墓地所处的大概年代，作为向上级文物管理部门和关心该遗址发掘的学术界专家汇报的阶段性认识。所以，只对部分出土陶器作了拼对和修复，并对一些极易破损的玉石器进行了必要的现场保护，然后将这些遗物与其他同时期的遗物进行了初步的对比研究。整理内容虽然十分简单，但由于与田野发掘同步进行，可以在现场核对资料，对正在进行的发掘工作也能够起到了启示和改进作用。

　　2003 年冬季第一次田野发掘结束后，根据当时清理的 30 座墓葬和发现的 20 余件玉石器资料，我们首次写成报道性的文稿《山西芮城寺里—坡头遗址发现庙底沟二期文化墓地》，对墓地涉及的一些问题提出了初步的认识，于次年初在《中国文物报》发表[1]。后来又将 2003 年春天调查的成果与同年秋冬的发掘收获结合在一起，写成了《山西芮城寺里—坡头遗址勘察与清凉寺墓地的重要收获》，刊载于《文物世界》[2]。这两次报道其实只是向各级文物部门进行的工作汇报，内容十分简略，但由于是第一次公开发表墓地的发掘资料，所以，提供的信息受到各界人士较广泛的关注。

　　2004 年发掘结束之后，清凉寺史前墓地的重要性已经日益充分地显现出来，各地的专家、学者们也多次亲临墓地指导或参观。为了让大家能够及时了解墓地的主要发掘收获，我们于当年发掘结束后，又写了新的发掘收获总结，并在《中国文物报》上再次进行了报道[3]。后来，由国家文物局主编的《2004 中国重要考古发现》一书也对墓地截至 2004 年底的发掘成果作了重点介绍[4]。以上内容均在 2005 年初发表。与此同时，发掘队还向各级文物管理部门作了较详细的汇报，引起了各级文物管理部门的高度重视。

　　2005 年初，该墓地进入第十五届"全国十大考古新发现"的候选名录，根据该项目的要求，我们必须在评选现场进行一次汇报。为了能够尽量齐全地向专家和学者们展示当时清凉寺墓地的发掘收获，春节后，山西省考古研究所主要参与发掘的成员，在侯马南山文物资料中心对相关资料进行了初步整理。这期间，梁苏红对新出土的部分可复原的陶器进行了拼对和修复，科研人员对出土的玉石器也作了逐一统计和复核，并且与田野发掘期间的记录结合起来考察。在此基础上，完成了第一个墓地发掘情况演示文稿。通过严格的现场评审，清凉寺史前墓地项目顺利入选第十五届即 2004 年度"全国十大考古新发现"（参见彩版 2-3-8:3）。根据主办方的要求，所有入选者都要写一个介绍该项目情况的文稿，并且集中出版发行。我们将清凉寺墓地从发现、调查到发掘期间的一些经历和主要收获，写成了纪实性的发掘散记《中国古代文明起源的新证据》，文中依发掘者在发掘过程中形成的一些想法，提出了一些初步的认识，被收入 2006 年出版的文集之中[5]。

　　2005 年初，我们应《文物》杂志的要求，根据 2004 年底以前的发掘资料，整理出了反映阶

［1］薛新明：《山西芮城寺里—坡头遗址发现庙底沟二期文化墓地》，《中国文物报》2004 年 4 月 16 日。
［2］薛新明：《山西芮城寺里—坡头遗址勘察与清凉寺墓地的重要收获》，《文物世界》2004 年 3 期。
［3］薛新明：《山西芮城清凉寺揭露庙底沟二期文化大型墓地》，《中国文物报》2005 年 2 月 23 日。
［4］薛新明：《山西芮城清凉寺庙底沟二期墓地》，《2004 中国重要考古发现》，文物出版社，2005 年。
［5］薛新明：《中国古代文明起源的新证据》，《2004 全国十大考古新发现》，生活·读书·新知三联书店，2006 年。

段性发掘成果的《山西芮城清凉寺新石器时代墓地发掘简报》[1]，并对墓地涉及的相关问题提出了一些简单的看法[2]。以上两篇文章均在《文物》2006年第3期发表。

2005年冬，广东省博物馆在广州举办了"贞石之语——先秦玉器精品展"，清凉寺墓地新发现的玉石器引起了主办者的关注，经与山西省考古研究所联系，部分器物作为展品参加了这次展览。根据主办者的计划，在展览前，将出版一部以回忆参展玉石器发现过程为重点内容的文集，作为参展方，我们再次对墓地的发现、发掘始末作了简要的记叙[3]，其中主要是工作过程的叙述，也提出了一些不太成熟的见解。展览期间，精美的玉石器引起了《收藏·拍卖》杂志编辑的关注，他们对这些玉石器的发现地点、年代、发现过程和特色产生了浓厚兴趣，应该杂志的约请，我们又撰写了介绍和赏析性的文章《山西芮城清凉寺史前墓地出土玉器赏》[4]，在该杂志上发表，向社会各界宣传。

在上述的这些资料报道、发掘过程的回顾及其他学术研究论文[5]中，我们基本形成的认识包括以下几个方面：

一、墓地的年代问题：在不包括头向不同的早期墓葬的前提下，墓地可分为三个先后继起的阶段，即年代较早的小型墓、稍后的大型墓和最晚阶段的大型墓，它们均属于庙底沟二期文化晚期，早期可能早于公元前2500年，而晚期可能在公元前2300前后，也有可能已经突破了该文化下限，进入龙山文化时期。

二、墓主人的身份问题：小型墓的墓主人应该是同一个部族的成员；大型墓可能是当时一个具有较大权势的机构中死者的墓葬。对于更晚阶段墓葬的认识是在2005年的发掘过程中逐渐清晰起来的，因此，当时我们基本未涉及这一问题。

三、一些特殊墓葬的解读：在小型墓代表的阶段，人与人之间以经济上的纠纷较为常见，一些特殊葬式都是基于对经济利益的追逐，然而，这也是一种人与人之间地位不平等的表现，显示出初期社会阶层划分的情况，而且开了非正常死亡者入葬的先河。在大型墓代表的阶段，墓内非正常入葬者的数量显著增多，而且已经普遍流行殉人，殉葬死者的年龄、性别构成比较杂乱，葬式也各种各样。殉葬者与其他随葬品和祭品具有相似的寓意，但更能说明墓主人显赫的身份，殉葬现象的存在是整个社会阶级对立的曲折反映。

四、关于墓葬被盗扰的问题：大型墓多数被盗扰，盗扰的时间可能略晚一些，年代应该已经进入龙山时代了。

五、关于墓主人生前职业的推测：大型墓葬的墓主人与小型墓葬的墓主人不属于同一群体，从早到晚，墓主人经历了兼营贩盐到解盐外销管理者的变更，如果这一推测不错的话，那么资源控制在史前时期社会阶层分化和阶级产生过程中所起的特殊作用是一个新的重要课题，在中国古代文明起源研究中也是一个值得重视的现象。

---

[1] 山西省考古研究所、运城市文物局、芮城县文物局：《山西芮城清凉寺新石器时代墓地发掘简报》，《文物》2006年3期。

[2] 王晓毅　薛新明：《有关清凉寺墓地的几个问题》，《文物》2006年3期。

[3] 宋建忠　薛新明：《山西芮城清凉寺史前墓地发掘纪实》，《考古学家的兴奋》，岭南出版社，2006年。

[4] 薛新明：《山西芮城清凉寺史前墓地出土玉器赏》，《收藏·拍卖》2006年12期。

[5] 宋建忠、薛新明：《清凉寺墓地的文明起源信息》，《龙山时代与早期国家国际学术研讨会论文集》，科学出版社，2006年；薛新明：《山西芮城清凉寺史前墓地死者身份解析》，《西部考古——西北大学考古专业成立50年论文集》，三秦出版社，2006年。

今天看来，上述认识显然不成熟，其中有些观点明显需要修正，但确实代表了我们当时的认识，也是解读该墓地资料复杂过程的记录。

在向上级部门、权威学者的汇报和与同行、专家的接触和讨论过程中，我们觉得对一些问题并不能做出令人满意的解释，提出的看法也受到资料和知识方面的局限，进一步发掘墓地是解开这些谜团的重要环节。清凉寺墓地的第三次发掘开始后，对前两年发掘资料的整理暂停，选取了一些必要的标本，分别由负责不同类别遗存研究的科研人员送到相关单位进行检测和鉴定。因为鉴定和检测需要较长时间，在没有取得确切成果前发表看法有较大风险，所以，此后的数年间，发掘者对墓地再未公开发表解读性的认识。

2005 初冬，清凉寺墓地的最后一次发掘结束，该墓地的全面整理也正式开始。根据墓地资料整理工作的需要，参加的人员有了新的增加和调整，除了山西省考古所的研究人员、在发掘期间已经确定合作研究的员雪梅博士和陈靓博士外，此后的几年间，年代测定、动物骨骼检测、古环境复原等方面的专家陆续加入了基础性的工作。然而，由于负责不同侧面研究的科研人员分属不同的高校，各自还承担着其他重要的研究或教学、学习任务，而且，有的标本还必须送到其他科研单位检测，加之部分科研人员是后来才参与的，玉石器质地的研究和环境考古研究还需要重新到墓地周边进行调查，这些因素使必要的基础工作居然进行了 6 年多，直到 2012 年才基本完成。

从 2005 年冬到 2006 年夏天，清凉寺墓地的主要整理任务是对墓地出土的人骨进行鉴定（彩版 2-4-1:1、2）。征得西北大学文博学院领导的同意，陈靓博士在完成教学任务的前提下，近 10 次往返于西安和侯马之间，在山西省考古研究所侯马南山文物资料中心对全部出土人骨进行了室内整理。由于中心条件所限，陈靓在十分简陋和艰苦的环境下度过了难忘的寒暑交替，在当地助手的协助下，完成了包括对非测量性形态特征的观察记录、对全部人骨按性别或者部位分类进行的测量，并且对在墓地现场鉴定的性别和年龄情况作了校正，还对一些特殊的个体进行了病理、创伤分析，从人种学的角度分析研究清凉寺史前墓地发现的古代居民的体质特征。最后选择了部分检测标本，回校进行了同位素分析及微量元素分析，以了解墓地发现的居民们生前的食物构成。2008 年 9 月 18~30 日，陈靓博士再一次赴侯马，对所有曾经鉴定过的人骨资料进行了复核，并补充鉴定了一些以前遗漏的个体。根据对这些人骨观察、测量、测定和研究的成果，由陈靓进行综合整理与研究，执笔写出清凉寺史前墓地的人类学研究报告，并且数易其稿，作为墓地研究的重要组成部分，收录到本书之中，是为第十章和第十一章第二节。

早在 2004 年 6 月 16~17 日，员雪梅博士就到正在发掘的清凉寺墓地进行了初步考察，当即，我们决定对墓地出土玉石器的质地进行合作研究。此后，这方面的研究一直由她负责。她也根据工作的需要合理安排了研究进度，当年 10 月 31 日到 11 月 3 日期间，仍旧忙于撰写博士论文的她专门从北京赶到侯马，观摩了当时已经出土的全部玉石器，采集了部分刚刚出土、但已经碎裂的器物残片。回京后将这些样品送到北京大学和中国地质大学等单位，作了以下七个方面的测定：总体观察及比重测试、红外光谱物相分析、X 射线粉晶衍射分析、切片的显微镜观察、微量元素分析、稳定同位素分析、地质年代测定。根据当时已经检测的标本情况，她写成了《山西省清凉寺出土玉石器材质初步鉴定报告》初稿，由于上述鉴定仅仅是本阶段的初步成果，还需要进一步修改完善，所以，报告一直未公开发表，只是作为内部整理的资料交流，但在申报国家文物局田野考古奖期间，该报告作为整理工作的重点项目上报了文物主管部门。

2007年8月21~28日，员雪梅博士和北京大学赵朝洪教授及硕士研究生杨岐黄一起到侯马、太原观摩了清凉寺墓地所有的出土玉石器，现场测定或复核了器物的比重，测绘了草图，拍摄了照片，补充采集了少量样品，并对器物上的微痕进行了记录。这次员雪梅提出一个新的想法：根据对此前采集样品的初步检测成果，深入的矿源研究需要对清凉寺墓地周围及其邻近区域进行野外岩石出露情况的调查、取样，然后结合室内大量测试数据来综合分析。既然工作需要，我们自然会安排实施。经商定，我们决定在当年的秋、冬之交，组织有经验的成员去中条山作一次地质勘查，力图找到部分玉石器的矿源，同时考察从运城盆地到芮城清凉寺一带的驮运道现状。

2007年10月30日至11月8日，按照预先的计划，我们对清凉寺墓地附近的中条山地区进行为期10天的岩性调查（彩版2-4-1:3）。员雪梅博士、中国地质大学李国彪博士和北京大学硕士研究生杨岐黄专程来山西，由山西省考古研究所的薛新明、宋文斌、张立强和张雪梅等人配合，对中条山区各种不同的岩石所在位置、分布情况、开采难度等进行记录。同时采集一些岩石标本，准备与墓地出土的岩石进行比较分析，寻找二者之间相同或者相类的因素，试图找出墓地的石器是否为本地开采的一些线索。

员雪梅博士来山西之前已经查找了有关中条山岩石情况的相关资料，来太原后，我们在山西省考古研究所资料室借出了五十万分之一的地图，作为调查中标注采集地点的底图，又在运城文物工作站站长钟龙岗的帮助下，找到驻运城市的"山西省地质矿产局213地质队"的专业技术人员，对中条山区岩石的分布情况做了进一步了解，确定了墓地之北山区的调查范围。为了工作方便，我们以2006年在坡头遗址进行发掘时的住地为后勤基地，每天早晨出发，进山后根据地图寻找相关岩石的地点，然后标注各种岩石的具体地点、照相、采集标本，晚上归来后再进行分类、整理。在近10天的调查过程中，队员们先后四次翻越中条山，其中包括重走了已经荒芜的两条古驮运道，根据地质部门标示的不同岩石分布区域，尽量逐一进行核查。由于山区绝大部分区域没有到达岩石所在地的道路，队员们在荆棘丛生的陡峭坡地和断崖地区曾经三次遇险，但在具有丰富野外地质调查经验的李国彪博士的指导和引领下，我们大家群策群力，总算都化险为夷，但今天想起来仍旧心有余悸。

这次调查中，我们在当地人探矿时留下的洞穴处、山体崩塌的断崖前、山区修路时取石的残迹边、人迹罕至的峰峦上和沟壑里冲刷下来的滚石旁，采集到不同区域、不同岩性的标本60余个，几乎可以代表清凉寺墓地相邻区域的所有岩石类别，取得了超出预期的成果。根据肉眼观察，有一些岩石的色泽、肌理、质感显然与墓地出土的器物类似，为研究清凉寺墓地绝大部分石器的矿源找到了重要线索。但是，只有盐湖与平陆交界处的一个地点具有玉器成矿的条件，其他地点均不可能产生矿物学上的玉石，而且调查中也未找到任何一件玉石标本。看来，墓地中发现的那些透闪石玉来源还要从其他角度去研究。调查结束后，研究人员将上述标本全部带回北京，在实验室进行进一步的检测。

员雪梅博士根据上述调查收获、对墓地出土遗物标本进行测定的结果，写成了《玉石器用料研究》，收入本书作为第十四章。

墓葬的年代是一个十分重要的问题，从 2007 年开始，我们基本不对墓地进行解读，其中的一个最重要原因就是对年代的认识缺乏具有说服力的数据。目前，国内考古学界，仅有北京大学考古文博学院和中国社会科学院考古研究所具有系统进行加速器质谱（AMS）碳—14 测年的能力，于是，我们向北京大学考古文博学院提出申请，希望能够对清凉寺墓地进行系列测年，给墓地建立一个完整的年代框架。为了保证标本的质量，专门聘请北京大学考古文博学院科技考古实验室的相关科研人员来山西选取标本。2007 年 9 月 26~30 日，北京大学考古文博学院副院长、科技考古实验室负责人吴小红教授亲率陈建立、崔剑锋、潘岩、蒙清平、宝文博、杨颖亮等专业人员，专程来山西采集清凉寺墓地的碳十四测年样品。我们根据墓葬之间的打破关系、初步的分期和每一期墓葬在墓地中的分布情况，将位于不同时期、不同区域的墓葬分别取样，重点是那些具有重要分期意义的墓葬，同时，对一些存疑或存在打破关系的墓葬也一起取样，以期在测定墓葬年代跨度的同时，确认每一期中分布在每个小区域内墓葬下葬的先后，依此推知整个墓地的入葬顺序，从而对墓地形成时规划、布局的理念进行分析。除此之外，还采集了墓地出土的陶器残片、彩绘颜料等标本，试图确定当时在陶器表面和玉石器部分区域使用颜料的成分。回校后，吴小红教授等人对墓地提取的标本进行了选择，分别检测了包括四期墓葬的部分资料，结合文明探源工程的研究，及时给我们提供了一批重要的数据。尽管有个别墓葬的年代与墓葬之间的打破关系相左，而且整体年代比我们的预期偏晚，但一系列数据可以与北方地区其他史前遗存相互印证，从而将墓地融入中原地区史前文化的整体格局中，也在一定程度上弥补了墓葬中出土陶器太少的缺憾，使我们有条件对以前的一些认识进行反思，部分墓葬的分期归属也有了切实的依据。从 2009 年开始，我们对相关遗存的研究已经建立在这个最坚实的基础之上。本书的第八章第二节，是由吴小红教授对相关标本进行分析之后亲自写成的。

墓地出土的动物骨骼并不多，除用于制作装饰品的动物肢骨外，还有一些是具有身份象征或代表财富的遗存，并且存在着并不产于本地的珍稀动物。当时下葬时到底动用了哪些动物，这些骨骼又因何埋进墓内，需要具有这方面专业知识的研究人员作鉴定和分析。赵静芳女士长期在山西省考古研究所从事旧石器时代和动物考古研究，她与清凉寺墓地发掘主持人属于同一个研究室，这些动物骨骼由她来研究顺理成章。2008 年 7 月 5~7 日，我们请她赴侯马取回了所有动物骨骼、牙齿及骨器资料。当时，赵静芳已经考取了北京大学考古文博学院王幼平教授的博士研究生，我们希望她抓紧到北京上学之前的宝贵时间进行观察，如果有必要的话，她还可以将资料带到北京大学，在考古文博学院考古与文物保护实验室或其他院系对部分样品进行检测，并进行相关研究。赵静芳博士十分认真地对所有资料进行了分类，后来，在紧张的研究生课程学习间隙，根据鉴定结论写出了报告，作为课题的一个重要组成部分，这就是本书的第十三章。

近年来，学者们根据古代环境的变化对考古学文化进行解析已经取得了许多的成功经验，清凉寺墓地附近的古环境也一直是我们关心的一个问题，课题负责人曾经向国内这方面的专家多次提出合作邀请，相关专家也表示了浓厚的兴趣，但由于种种原因一直未能成行。2009 年初，我们专程赶赴中国地质大学，与该校的博士研究生倪爱武相约合作研究，得到了她的首肯。2009 年 9 月 25~28 日，倪爱武博士和硕士研究生史文强应约到清凉寺采集土样标本，试图对墓地形成和存续期间的环境、气候变化情况进行研究。在运城市文物研究所王立忠先生的大力支持下，我们驱车赶赴清凉寺，找到2004年发掘的位置，由当地村民协助清理出剖面，用科学手段取了部分自然地层的标本。然而，由于墓地缺乏普遍分布的文化层堆积，而且，发掘区已经回填，在选择的地点我们没有能够采集到墓葬打破的枣园文化地层样品，其他地点又不符合取样的条件。为了弥补这一缺陷，我们赶到山西省考古研究所正在发掘的芮城桃花涧遗址，现场选取了属于仰韶时期庙底沟文化的土样标本。倪爱武博士将两个地点的样品全部带回北京，分别在北京大学、北京地质大学和中国地质科学院水文地质环境研究所进行检测。她首先采用了激光粒度分析法对剖面沉积物的粒度特征进行了分析，接着选送标本采用加速器质谱（AMS）碳—14测年法对地层年代进行了测定，并且作了孢粉鉴定，为恢复中条山区史前时期的古环境面貌提供了可靠的定量数据。在此基础上，负责这一部分研究的倪爱武博士执笔先后写出了《山西芮城桃花涧剖面中全新世晚期的孢粉分析及环境变化》[1]和《山西芮城清凉寺剖面中全新世晚期的孢粉分析及环境变化》两篇论文，后来，又专门撰写了《中条山南麓史前时期的环境变迁》，收入本书作为第九章。

早在2006年2月底，我们就向全国哲学社会科学规划办公室提出了申请，希望清凉寺史前墓地发掘报告的整理课题得到国家社会科学基金资助，同年5月，被批准立项。这是历年以来山西省新石器时代遗址和墓地整理课题首次得到国家社科基金的资助。然而，由于相关测定需要不同的学者分头进行，而且有的项目还需要更多单位科研人员的配合，致使测定数据迟迟不能汇总，所以，未能按时结项，直到2012年，我们才终于完成了课题的全部项目。我们将全部文稿收集到一起，和选用的照片一起刻录成光盘，并根据要求上报全国社会基金办公室，并且通过了国家社会科学基金项目结项鉴定，将最终成果以专题报告的形式奉献给读者。作为项目负责人，理应为这个成果的迟到，向支持清凉寺墓地整理的全国哲学社会科学规划办公室及社会各界人士致歉。

2006年底，国家科技支撑计划项目"中华文明探源工程（二）"正式启动，由薛新明负责的"山西芮城清凉寺史前墓地综合研究"和陈靓负责的"山西芮城清凉寺遗址人骨的体质人类学研究及食性研究"均作为由中国社会科学院考古研究所研究员陈星灿负责的"3500BC~1500BC中华文明形成与早期发展阶段的社会与精神文化研究"的子课题参加了工程的研究。至2008年底，两个子课题全部按时结题，不仅我们承担的研究成果为本报告的撰写打下了良好基础，而且参加这个课题的业内高水平研究人员对相关课题的分析研究方法，也给清凉寺墓地资料的整理提供了许多可供借鉴的经验和参考。许多同仁对清凉寺墓地反映的社会变革表现出浓厚的兴趣，并就墓地本身的一些问题进行了解析，还对报告的撰写提出了建议。这些都使我们获益良多。

在墓地发掘期间和发掘刚刚结束后，我们曾经在不同的书刊或杂志上对墓地的情况作过详略程度不同的报道或介绍，其中有一些不成熟的解读，在一定程度上反映了不同时期资料的积累状况，是当时资料整理情况和作者阶段性认识的反映。但是，从2007年开始，我们感到在墓葬年代测定、玉石器质地鉴定、人骨的人类学研究、动物骨骼的鉴定和环境变迁等相关问题缺乏一个基本结论的情况下，发表资料有很大的局限性，而且，没有基础数据的推测性提法可能会给读者造成一种误导，所以，在相当长的时间内我们停止了资料报道，也未作进一步的解析。不过，其他负责专题研究的成员根据各自研究的成果，用不同的形式或从不同的侧面，在相关的杂志或书

---

[1]《现代地质》2011年25卷2期。

刊中发表了一些文章。由于这些资料只是墓地整体的其中一部分，文章的视角也不同，而且不同学科对资料的解读方式有很大差异，并不能代表墓地整理的综合结论。为了资料的完整，各课题的负责人根据考古发掘报告的体例和要求，全部重新撰写了专题报告，在本书中均有专门的章节介绍，同时，各项相关成果还散见于各期墓葬的综合介绍和研究中，成为整个课题不可或缺的组成部分。

2010 年底，随着不同负责人相关研究的深入和结论的陆续汇总，对墓地资料的报道条件逐渐成熟，但大型发掘报告的撰写和出版需要一个周期，为了与不同学科学者们进行学术交流，让更多读者了解清凉寺墓地资料的整理进展和部分重要墓葬的情况，在基本完成前期整理的基础上，我们又开始对一些相关的问题进行介绍性报道。其中，2010 年 12 月，先后撰写了《山西芮城清凉寺史前墓地反映的社会变革》[1]和《山西芮城清凉寺墓地出土玉器探源》[2]两篇文章，参加不同性质的会议研讨，后来陆续发表。这两篇文章选择了不同的资料，并分别从不同的角度解读墓地的某些侧面，但由于文章体裁的限制，并不是对墓地发掘情况的总结报告。2011 年 5 月，我们又选择了部分典型墓葬的资料，撰写了《山西芮城清凉寺史前墓地》[3]，以中型发掘报告的形式公布了研究成果，于当年底在《考古学报》发表。这些文章的认识已经与本书基本相同。

让我们特别感到欣喜的是，在本书已经进入编辑出版阶段时，责任编辑谷艳雪与中国社会科学院考古研究所的赵春燕博士取得了联系，由她主持对清凉寺第二到第四期部分墓葬的人骨作一些同位素的分析。得到谷编审的通知，我们十分感动，立即组织取样报送，赵春燕博士对我们提供的样品做了微量元素分析、锶同位素分析和牙结石的碳和氮同位素分析三项检测，终于在本书付印之前完成了研究报告，是为第十二章。

2013 年夏，北京大学考古文博学院博士研究生舒涛检测了 2008 年吴小红选取的清凉寺墓地人骨样品，根据其稳定同位素的组成情况，对清凉寺墓地各阶段死者生前的食性进行了分析，将其研究成果整理成文，并允诺收入本报告，即第十一章第一节。

发掘报告的主要任务是对资料的翔实报道，在先后不同阶段，发掘者和一些专题研究者对墓地提出的看法有一些差别，反映了作者认识的渐进过程。如果以前发表的资料与本书的介绍有不同或者冲突之处，以本书发表的资料为准。对该墓地反映的许多课题仍然在进行不断探索之中，此后的研究中对一些问题的认识还可能与目前不同，这当然是大家都能理解的。

二　编写发掘报告

从 2006 年秋天开始，清凉寺史前墓地的正式发掘报告就已经开始断断续续地分头撰写。根据在发掘和整理期间参加者的工作内容和各自的研究方向，最早确定参加撰写报告者，除山西省考古研究所的科研人员外，还有员雪梅博士和陈靓博士，后来，由于对报告体例和内容进行了调

[1] 薛新明、杨林中：《山西芮城清凉寺史前墓地反映的社会变革》，《中国聚落考古的理论与实践——纪念新砦遗址发掘 30 周年学术研讨会论文集》，科学出版社，2010 年。

[2] 薛新明、马金花：《山西芮城清凉寺墓地出土玉器探源》，《玉魂国魄——中国古代玉器与传统文化学术讨论会文集（四）》，浙江古籍出版社，2010 年。

[3] 山西省考古研究所、山西运城市文物局、芮城县文物旅游局：《山西芮城清凉寺史前墓地》，《考古学报》2011 年 4 期。

整和充实，一些参与后期研究的学者也参加了报告的撰写，先后增加的有吴小红教授、赵静芳博士、倪爱武博士、赵春燕博士和舒涛博士。其实报告的写作过程也是研究过程，我们相互之间的沟通和交流从来没有中断，一直延续到送交出版社付印之前。

最早开始撰写的部分是对墓葬发现情况的梳理和介绍部分，在 2007 年底就完成了第一稿的写作，但是，由于缺乏年代测定以及主要随葬品的鉴定和环境研究等方面的支撑，报告显得十分空泛，远远不能完整解读墓葬资料，甚至不能写出一个差强人意的结语。于是，报告的撰写者被迫开始学习一些专业性较强的知识，同时由负责各个检测项目的成员分头对相关资料作科学的测定和鉴定。撰写条件基本具备时，已经到了 2010 年。回过头来再看原来写好的初稿，除前面的墓地环境、历史沿革和发现、调查、部分发掘过程的叙述只是需要修改之外，其他部分全部不符合要求，我们只能从头开始，重新撰写，而且，由于其他学者的研究在整合过程中经过修改或补充，所以，基础介绍也数度易稿。虽然目前也只是阶段性的认识，但总算可以作为一个完整的考古报告呈献给读者了。

整个报告按照内容可分为基本情况介绍和专题研究两大部分。

第一至七章为基本情况介绍，包括墓地所在地的区域地理与历史沿革，墓地发现、调查和发掘过程，墓葬的分期和每一期具体遗存的客观介绍。在这些部分中，尽管也难免有作者对原始资料进行研究中的主观认识，而且其中引用了一些遗物经过测定或鉴定后的结论，但尽量将其所占的比重降到最低，致力于还原遗存保存情况的客观真实。个别墓葬存在着特殊的情况，分期确认中存在着随葬品与墓葬规模或保存情况不符、墓葬的打破关系与测年数据不一致等等情况，我们全部如实反映，并说明之所以在报告中归入某一期的原因。总的思路是让学者们在运用这些资料进行进一步研究时，能得到接近墓葬清理现场的信息。

第八章是对墓葬的年代和文化归属的分析，包括与相邻地区文化遗存的比较、对碳十四测年的数据的分析和墓地下葬顺序的推测，内容既有客观依据，又有主观认识。

第九章到第十四章为专题研究部分，其中包括墓地附近的古环境研究、人骨的体质人类学研究、食性分析、人骨的锶同位素研究、动物骨骼研究和玉石器用料研究报告。在这些章节中，各位执笔者以各自所取的标本为素材，借助科学测定、鉴定结果，参考文献资料，通过与其他地区出土文物或研究成果的对比，对本墓地的相关遗存进行了介绍、分析和综合研究。这些内容主要基于墓地发现的资料，而且主要的依据是专家对不同遗存进行的科学测定和鉴定结果，具有较强的专业性和权威性，某种程度上也是对原始资料的一种报道性内容，可以与前面对墓葬发现情况的介绍相互对应、参照。在这几个章节中，不同学科的检测报告和研究方法并不统一，甚至有些结论和观点也不一定相同。

第十五章和十六章，分别对墓主人职业和墓地反映的文化进程等问题做了推论，涉及对墓地整体解读方面的内容，所依据的资料不仅限于墓地发掘的收获，还有一些文献和对运城盐湖开发史的综合分析。需要特别说明的是，关于墓地各期墓主人从事职业的推测，目前并没有直接的证据，也没有得到遗迹方面的支持。我们虽然也将这篇以推理方式写出来的文章作为报告的一部分，只是作为发掘者的一种解读尝试，而不一定是墓地遗存反映的必然结果，也许学者们会提出与此不同甚或相反的认识。因此，这几章的文稿只是提供了一种释读的思路，却不是结论，谨供读者在研究清凉寺墓地时参考。

清凉寺墓地虽然未能完整地全部发掘，但清理的面积已经比较大，墓葬的数量也比较多，基本涵盖了本墓地从开始使用到最后弃用期间主要的入葬过程，而且可以看出不同时期的布局变化。由于时代、级别、葬俗、后期盗扰和其他一些原因，几乎每一座墓葬包含的信息都有区别，其所在的位置、随葬器物的有无、各种墓葬在同一时期所占的比例均需要认真对待。有些墓葬没有发现随葬品或者被严重破坏，只剩余一小部分，信息保存情况较差，但这些墓葬对墓地整体复原和认识都有帮助，甚至具有较大影响。所以，本报告将所有已经清理的墓葬均进行介绍，但根据墓葬情况的不同，在收录时有一些侧重，具体到每一个墓葬时，在基本信息齐全的前提下，详略程度的把握中有意作了一些区分。报告对每一个时期墓葬的整体特点进行了总结，并且在所在章节的前面作了陈述，然后再对具体墓葬进行介绍，对一些保存有重要信息的墓葬、与同期大部分墓葬不同的特殊墓葬都进行了详细叙述、分析和说明，还附以照片和线图，个别地方还加一些细部照片。总之，力求做到全面报道，重点突出。

本报告在分期的基础上，我们以期别划分章节，按从早到晚的顺序分别介绍墓葬的特征。对墓葬发现情况和随葬品的介绍是了解本期或某一座具体墓葬特点的主要方式，为此，我们专门确定了一些顺序和标准，尽量让不同的章节中同一类问题的介绍方式基本统一，使任何一期、任何一座墓葬可与同一期的其他墓葬或其他期别的墓葬能够进行对比研究。

墓葬的编号在发掘期间就确定了，发掘的先后是根据墓地所在的地势和学术要求安排的，序号只反映着墓葬清理的先后时间大致情况，相邻的编号不一定排列在相邻的位置，甚至不一定在同一个区域。同时，既不保证序号在前的墓葬肯定晚于序号在后的墓葬，也不反映墓葬的期别。在本书中介绍墓葬时，以分期为基础，属于同一期的墓葬再按序号大小安排。墓葬位置以探方为单位记录。

因为所有的墓葬皆为竖穴土坑，而且口部与底部的形状基本一致，绝大部分墓葬的底部尺寸较口部略小，但由于墓均不太深，区别并不是太大，所以，平面尺寸一般只介绍一组数据。形制简单的普通墓葬只绘制平面图，只在文字介绍中说明开口平面距地表的深度和发掘时保存的深度，另外，选择了一些具有代表性或有特殊形制的墓葬附剖面图，辅助说明墓圹、墓室及二层台和脚窝等现象，而极个别保存状况太差的墓葬或仅存部分墓室、墓内又未发现任何随葬品的墓葬，只在墓葬分布图中显示，并用文字说明，尽量附上该墓清理完毕后的照片，但不再另附独立的墨线平面和剖面图。需要特别说明的是有些墓葬被同期或后期的墓葬打破，残存部分较少，如果能够与打破该墓的墓葬在同一张照片或图纸上表现出来的话，我们就合并在一起，以便于说明墓葬之间的先后关系。

在墓葬的叙述中，我们基本遵循以下顺序：概括介绍本期墓葬的基本状况之后，分别介绍每一个具体墓葬。每一座墓葬均依编号、所在位置、方向、整体保存状况、墓葬形制与规模、不同位置的尺寸、墓主人及其他死者的葬式、随葬器物放置位置和填土状况的顺序介绍。其中，墓葬的方向以墓圹两个较长的边为准，用罗盘测量的度数来表示，这是准确无误的，但文字叙述必须涉及墓主人的头向或墓葬方向时，只取大致方向，即文字说明中向西、向东或向北的墓葬并不是绝对正方向，一般略有偏差。

在墓葬尺寸的说明中，如果不同的边长、宽度差距较大，则用最小至最大的方式说明，如果差距不大，则取最大的数据；距地表的距离以墓葬现存口部平面距其所在位置的现存地表为准，只说明口部至地面的尺寸；埋藏深度以墓葬底部中心位置至口部平面的尺寸为准，如果墓圹底部至口部深度差距较大的话，也用从最小至最大数据说明；二层台较规范的只介绍内侧范围的尺寸，如果形制不规则，而且宽度差别较大，在介绍其内侧长、宽之外，再对某侧不规则二层台的宽度用最小至最大的方式说明，如果宽度接近，则以一个数据说明。

对墓葬中发现的人骨，如果存在两个以上个体，我们一般先介绍墓主人，然后再介绍殉人或不正常入葬死者。对每一个人骨保存状况的介绍中，均遵循从头到脚的顺序，而且只描述未被破坏的部分。

根据对墓地全部墓葬发现情况的总结梳理，除不见任何器物的墓葬之外，不同时期墓内出土的器物可分为三种情况，分别为属于墓主人的随葬品、盗洞内发现的器物和填土中发现的器物，这三类器物分开介绍。在介绍墓葬中器物的发现情况时，只简要说明器物数量、所在的位置和放置的方式。器物的具体特点描述均安排在所在墓葬发现情况的介绍之后，一般以陶器、玉石器、其他随葬品为顺序。每一件随葬品都包括名称、编号、质地、颜色、形制、尺寸、线图和彩版的位置等内容，线图与文字介绍尽量安排在相邻位置，照片则另外编排，文字、线图、彩版以标示编号的方式相互对应，以便于查找、核对。

报告的各部分初稿是由不同的执笔者分别完成的，撰稿人各自写成初稿后，全部送交主编薛新明审核定稿，由于这些内容涉及许多不同学科的知识，检测的方法和内容均由负责人根据课题的要求各自确定，最后测定的数据不能有任何更改，因此，我们只是对每一个专题研究中，一些相互重复或需要与其他章节衔接的墓地背景介绍作了一些删节或修改，其他内容没有作任何改动。在对全部资料进行整合之后，根据先整体后局部、先宏观后微观的顺序，对所有内容的各个章节进行统一编排。在此基础上，薛新明又撰写了各期墓葬的文化归属、墓主人职业推测和墓地反映的文化进程等方面的内容，作为对整个墓地探索性的解读和认识。

根据一般发掘报告的体例，应该有一个附表介绍墓葬的概况，其中有相当一部分是正文中未选取的资料，考虑到本报告已经将所有的墓葬全部作了介绍，而且，各种检测、鉴定和研究也作为墓地研究的章节安排到报告中，附表的内容只能是对前面资料的重复，所以，我们没有再进行统计。在专题研究部分，作者制作的附表是为其中的某一章内容服务的，并不是传统意义上的墓葬附表。

对墓地资料的全面报道是一个复杂的系统，虽然我们尽了最大限度的努力，仍不敢保证书中对资料的报道没有疏漏，尤其是作为遗存报道延伸的研究部分，有些是作者的认识，结论也不一定全部正确，读者可以对照前面报道的资料和检测的客观数据对这些认识进行检验。

基于尊重作者著作权和文责自负的原则，在相关章、节的开头均注明相应部分的执笔者，如果作者完成了连续安排的几个章节的撰写任务，则在第一章节中注明连续几章的执笔者，后面的几个章节不再另外说明。

第三章　地层堆积与墓葬分期

　　清凉寺墓地所属的遗址虽然发现很早，但无论是行政主管部门，还是学术研究机构，对该遗址的关注均较少，只根据早期调查时采集的遗物特点判断遗址的时代，并且大致划定了整个遗址的范围和面积。在 20 世纪七八十年代两批玉石器偶然被发现之后，这里开始引起业内的注意，到清凉寺一带进行调查的人士较多，但一般均以确认出土玉石器地点为主要目标，也有细心人在最早发现玉石器地点附近院落的窑洞上方发现了部分墓葬的残迹，由此推测这里存在墓葬。2003 年春天的调查，首次推断这些墓葬属于一处大型的史前墓地，但没有对墓地范围进行勘察。对清凉寺墓地所在区域的地层堆积情况和墓地的范围是在 2003 年深秋开始的发掘中逐渐了解的。

第一节　墓地的分布范围与地层堆积

　　2003 年春天，在对寺里—坡头遗址进行的全面调查中，"地井院"边的窑洞顶部仍然依稀能看到墓葬的残迹，另外，我们还在最早发现玉石器的东、南部少数坍塌区域的断崖上，发现了残存的墓葬现象，可以确认这里曾经有较多墓葬分布。但这里的西、北部是呈阶梯状分布的耕地，从地面上既不能确定墓地的确切范围，也不能断定这些墓葬的年代。

　　2003 年 10~11 月，我们对清凉寺墓地进行了第一次发掘。发掘带有探索性质，主要目的还是确认这里是否确实如我们推测的那样，是一个大型墓地，并探索墓地所属的年代和文化性质。发掘找到了墓地中心区域所在的位置，但由于工作目标、方式和时间等方面的局限，仍旧未能廓清整个墓地的范围。

　　2004 年初，我们将勘察墓地范围作为工作的首要目的。根据地面调查的实际情况，在进行广谱式钻探的基础上，在主要发掘区北侧的西部、中部和东北侧的三个地点不连续布探方发掘，在这些区域分别发现了一些墓葬或其他遗迹。在对探方中堆积层位、各层位所在的高程和墓葬的分布范围进行详细分析后，又对南部、东部断崖重新进行了观察，首次确定了墓地形成前的地形和墓地的确切范围以及目前保存的面积等信息。这成为我们后来安排发掘工作的基础。

　　根据观察，墓地所在地在人类未开发之前，东部和西南部两条冲沟之间的山梁东南侧只是一块相对平缓的小坡地，西北部靠近山脚处的地势较高，向东、南部逐渐降低，最大高差约 5 米。这块面积并不大的坡地在史前时期经历了如下的开发历程：最初被开发的时间在距今 6000 年以前的枣园文化中晚期。当时这里只是一个小型的聚落，中部为居住区（目前仍然有少数房子残迹），在居住区西端留下了少数墓葬，东部临近冲沟处有部分瓮棺葬，是寺里—坡头遗址目前所知年代最早的文化遗存。此后的相当长时间内，这个区域未作为人类活动的重点区域。直到庙底沟二期文化时期，坡地的中北部才开始有少数人居住。大约到该文化的最晚阶段，开始埋葬东部坡头一带居民，此前枣园文化时期人类的居住址及周围区域均成为这一阶段墓地的用地范围，主要分布在坡地中西部地势较高的地带，从而形成了第二期墓葬区。此后不久，这里被另外一批人选择为墓地，坡地的中心低平部位成为墓地的中心区域，整体范围除包括第二期墓葬所占据的区域外，逐渐向东部和南部扩展，形成了第三期的大型墓葬区。随着墓地的扩展，到第三期后段，坡地范围内较平缓的区域基本全部被占用，仅存东部接近冲沟的低地了，所以，整个墓地第四期的墓葬区就局限在东部冲沟边的地域，埋葬过程一直延续到整个墓地全部被盗扰之前。

墓地废弃于一场规模空前的盗扰，几乎所有第三期和绝大部分第四期墓葬均遭到严重破坏。此后，一直到附近的清凉寺起建之前，这个区域内再没有留下人类大规模活动的迹象。但清凉寺兴建及使用时期，接近大殿的墓地西南部因取土受到破坏。僧人们还在墓地南部与清凉寺大殿毗邻之处建筑了僧舍，也毁坏了部分墓葬。20世纪中后期，居民开始在原来的僧舍之北挖"地井院"和窑洞居住，致使墓地的这些区域有了部分缺损。同时，长期的雨水冲刷，使东部冲沟边的地面不断坍塌，有些墓葬已经被冲毁了，只有墓地的西、北部基本保留了原来的界线。上述自然和人为的破坏使墓地面积日益缩小，保存的范围南北最长处大约100米，东西宽度不一，大约30~90米，总面积接近5000平方米。2003年底发掘的位置基本就是墓地的中心区域。

在确认墓地范围之后，为了便于掌握发掘的进度，并对每一座墓葬所在范围能够准确记录，我们对不同区域的发掘地点进行了分区：最早开始发掘的地点所在区域为南区；南区北侧的发掘地点称为北区，由于北区中部的那六个探方未发现墓葬，所以，所谓北区其实是指北侧西部的那几个探方；东北部发掘点称东北区。在南区又以2003年发掘所布探方的情况分为西、中、东三个小区，其中T1~T3列及扩方范围属于西部，T4~T11列为中部，T12列及其以东为东部。到2005年最后一次发掘结束时，南区探方编号已经达到T108。另外，为了不与南区混淆，北区和东北区的探方，从一开始就以T201为编号的起点，其中，北区从T201开始直到T218（其中T205、T206、T209、T211、T212规划了探方号，未实际布方），东北区编号为T219~T222。探方编号及所在区域，可以参考南区探方分布图和其他两个区域的平面图（参见图2-3-1）。

在工作过程中，根据实际情况有一些探方并未发掘，有的探方中未发现墓葬，所以，在本报告的介绍中也未涉及这些探方，将来发表遗址发掘报告时将会对其中的部分探方再作介绍。

虽然墓地所在的坡地并不平坦，却是这个小山村中相对平缓的区域，为浇水方便，村民们曾对这个小坡地进行了较大规模平整，还在中部筑起了几条地堰，使墓地的地层堆积发生了较大改变。我们选择的三个发掘区所在地面也不在同一个水平面上，最高的北区较西侧山脚低约2米，却比南区的西端和东北区高出2米左右，比南区东部高出约3米，而且，北区与东北区、北区与南区之间都有一个较高的断崖。在统合地层时，我们都以所在区域平面为起算的基点，这样有利于把握本区域的层位，读者可根据上述介绍对不同区域的墓葬高程进行对应测算。

这个坡地的地层堆积并不复杂，通过对不同区域的发掘情况进行对比和综合，我们对整个墓地的地层堆积情况有了大致的了解。总体来说，从现存的地面到生黄土可分为现代耕土层和历代垫土层、庙底沟二期文化层、枣园文化层三个大的阶段，但不同层位在不同的区域并不完全相同。

包括垫土层在内的耕土层遍布所有发掘区。垫土层为近年形成，厚薄不均，而且比较杂乱，没有与耕土层划分开的必要。南区西北部原来较高的区域在平整土地时下挖较严重，目前已经不存在上部原来的地层，现代耕土下即为生土。中部的地层相对保存较好，耕土、垫土之下，除了大面积的枣园文化时期灰黑色文化层外，还保留着规模不大的房址、与房址年代接近的瓮棺葬。东部和东南部原来较低缓的区域，上面垫着的杂土是从较高的西北部区域取来的堆积，内部除碎陶片外，还有极少数第二期的玉石器残片，但这些遗存均与数量不多的近现代瓷片混杂在一起。在垫土之下为少数庙底沟二期文化遗存、枣园文化遗存或生黄土，庙底沟二期文化遗存不仅很薄，而且断断续续，未形成一个连续的层位。为了保留墓葬的平面布局，我们只是将晚于所有墓葬的堆积全部揭取，到了墓葬开口所在的层面后，无论是否到了生土，只清理墓葬范围内的填土，只有在不影响墓葬分布完整性的个别地方清理了少数属于枣园文化的遗迹。所以，尽管有些区域的下部文化层仍旧保存着，但我们对被墓葬打破的地层堆积情况了解很少，仅局限于对墓葬四壁剖面的观察，好在这对认识墓地反映的情况影响不大。北区和东北区的地层堆积简单，在不同厚度的耕土或垫土层下即为生土。

墓葬全部开口在耕土层或垫土层下，打破的层位根据不同区域堆积情况不同而有所区别：东北区、北区和南区最西部的墓葬直接挖掘在生土上；南区中部和东部的墓葬打破了部分枣园文化的遗迹，有一些墓葬的壁面上可以清楚地看出厚薄不一的地层堆积；南区东南部的多数墓葬除打破了枣园文化层外，有少数墓葬同时打破了庙底沟二期文化和枣园文化两类遗存的堆积。由于庙底沟二期文化堆积和枣园文化层全部被墓葬打破，早于所有墓葬的下葬年代，所以，墓葬的地层堆积情况只能确定所有墓葬均介于枣园文化与近、现代之间。

下面，我们以不同发掘区域的几个代表性剖面图说明墓地不同位置的地层堆积情况。这些都是在发掘过程中留下的南北向剖面，其中南部发掘区当时揭露时，东西的距离是按实际发掘探方的大小由西向东规划的，这样每次只会留下一个南北向的剖面，这个剖面位于探方最东面的边缘，其实就是其东部探方的西壁剖面的位置。由于发掘是阶段性的，南北向剖面涉及的探方并不是同时清理出来的，所以，这个剖面图是后来在室内连接到一起的。另外，我们还对所选剖面涉及的同一时期或不同时期墓葬之间的打破关系，根据图示进行一些分析。墓葬之间的打破关系是发掘期间划分出来的，墓葬的深度、宽度是根据当时清理的情况测算出来的，并没有真正对墓葬外侧的堆积作过解剖，所以，缺乏探方的剖面照片。

1. 南区西部的剖面图

这是由南向北的一组剖面，位置接近南部发掘区的最西部。这里的地面较发掘区内最高的北区平面低约2米。我们选择的是T50、T39、T27、T3和T15等5个探方的西壁剖面。只有耕土或垫土一层堆积，之下即为生土。（图3-1-1:1）

第1层　耕土层与垫土层，厚0.25~1.15米，灰黄色土。其中最中间的区域耕土较薄，北侧稍厚，南部区域被维修或起建清凉寺时破坏。填土中也包含有近现代的瓷片、砖块等杂物，偶尔发现一些史前时期的陶片、玉石器残片，与其他垫土层类似，也归入耕土与垫土层中。

在该层堆积之下共发现墓葬9座，从南向北依次是M263、M264、M143、M61、M62、M46、M76、M39和M41。虽然墓葬的规模有一些区别，深度也不同，但总体来说都属于小型墓葬。其

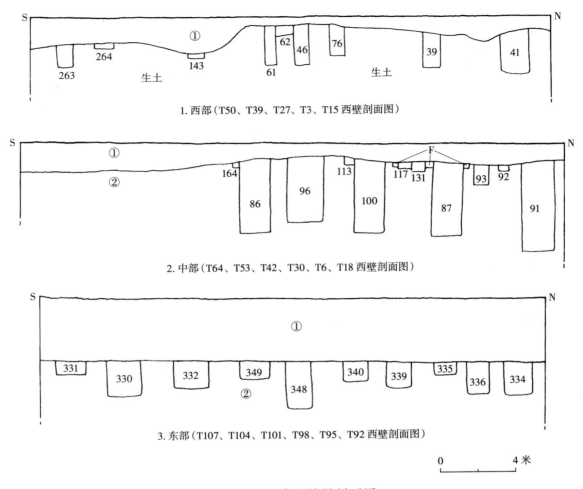

1. 西部（T50、T39、T27、T3、T15 西壁剖面图）

2. 中部（T64、T53、T42、T30、T6、T18 西壁剖面图）

3. 东部（T107、T104、T101、T98、T95、T92 西壁剖面图）

0　　　　4 米

图 3-1-1　南区地层剖面图

中 M46 打破西北—东南方向的 M62，另外，M46 和 M76 分别打破一个不规则状坑，但坑内包含物极少。

第 1 层下即为生黄土，所有的墓葬也全部打破生黄土。

2. 南区中部的剖面图

这也是由南向北的一组剖面，位于前一组剖面之东 15 米处，是 T64、T53、T42、T30、T6 和 T18 等 6 个探方的西壁剖面。这里正好是一个不太高的地堰所在区域，虽然选择的这些探方，地面与西部高度一致，但比由此往东、同属于南区中部的地面却要高 1 米左右。这一区域共有 2 层堆积，我们为了保存墓葬的平面布局，未揭取第 2 层，所以该层堆积的厚度和土质土色是根据部分墓壁上保存的迹象推测出来的，不一定十分准确。（图 3-1-1:2）

第 1 层　耕土层与垫土层，厚 0.35~0.70 米，灰黄色土。北部原来地势较高，上部曾被平整土地时破坏，垫土层主要在南部区域。包含物与其他垫土层类似，包含有近现代的瓷片、砖块等杂物，偶尔发现一些史前时期的陶片、玉石器残片。

在该层堆积之下共发现墓葬 11 座，从南向北依次是 M164、M86、M96、M113、M100、M117、M131、M87、M93、M92 和 M91。这些墓葬的规模有较大区别，深度也不同，其中

M164、M113、M117、M131、M93 和 M92 属于小型墓葬，其余的是大型墓葬，两类墓葬全部打破第 2 层。

墓葬之间存在着两组大型墓葬打破小型墓葬的现象，即：M86 打破 M164、M100 打破 M103。还发现有一组小型墓葬之间的打破关系，即：M117 打破 M131。另外，大型墓葬 M87 和小型墓葬 M117、M131 都打破了一个房子的地面，房子建在第二层堆积之上，还被一个瓮棺葬打破，但剖面上未出现瓮棺的情况。

第 2 层　灰褐色土，分布较普遍，有些地方在这一层下还叠压着填充灰土、红褐色土、红烧土块的灰坑，该层堆积表面距地表 0.35~0.70 米，根据对不同区域墓葬壁面的观察，本层堆积厚0.20~0.35 米。其下叠压的灰坑情况不明。

第 2 层下即为生黄土，有部分墓葬打破生土。

3. 南区东部剖面图

位置接近南部发掘区的最东部，也是墓地目前保存部分的最东部，接近冲沟的断崖。这里的地面较发掘区内最高的北区平面低约 3 米，较本区的西部地面低约 1 米。我们选择的断面由南向北涉及 T107、T104、T101、T98、T95 和 T92 等 6 个探方，是这些探方的西壁剖面。在这一区域内，地层本可分为 3 层，但由于中间的一层只断断续续见于部分探方中，而且很薄，出土遗物很少，未形成一个完整的层位，发掘期间是作为第 2 层之上的一个小层，编号为 2a 层，所以，尽管这类堆积可能代表一个时代，却不是坡地内普遍存在的一层。由于涉及该层的所有墓葬全部打破了这个小层，对认识墓葬开口层位没有影响，我们在这里仅介绍其他两层堆积。（图 3-1-1:3）

第 1 层　耕土层与垫土层，厚约 1.70 米，灰黄色土。由于这里原来的地势较低，上层除近年来耕种形成的堆积外，在平整土地时，这一区域内均填充了很厚的一层垫土，应该是从坡地西、北部原来较高之处运来的，因此形成整个墓地第一层最厚的垫土层。包含物与其他区域的垫土层类似。

在第 1 层之下，共发现墓葬 10 座，从南向北依次是 M331、M330、M332、M349、M348、M340、M339、M335、M336 和 M334。这些墓葬都是大型墓，相互之间没有打破关系，距离比较均匀，规模虽然有些区别，但绝大部分比较接近，深度也相近，所有墓葬全部打破第 2 层。另外，在涉及 2a 层处，也打破了该小层堆积，但所选择的剖面未显示这种打破关系。

在这一区域内，共发现了 6 座瓮棺，分别分布在所选择的这一排和西侧相邻的另一排探方内。这些瓮棺全部开口在第 1 层下，打破了第 2 层，有的还打破了第 2 层下填有红烧土、沙粒和灰黑色土的灰坑，但所选剖面上未涉及这些遗迹。

第 2 层　灰褐色土，分布较普遍，该层堆积表面距地表 0.35~0.70 米，根据对不同墓葬壁面的观察，该层堆积厚 0.20~0.35 米。有些地方在这一层下还叠压着一些灰坑。为了保存墓葬的平面布局，我们不仅未揭取这一层堆积，对其叠压的灰坑也未清理，所以堆积的厚度和土质、土色是根据墓壁上保存的部分迹象推测出来的，不一定十分准确，灰坑的具体情况也不明。

第 2 层下即为生黄土，部分墓葬及个别瓮棺葬打破了生土。

4. 北区剖面图

北区指位于南部发掘区西部北侧、也即北侧西部的 6 个探方。这里是整个发掘范围内地势最

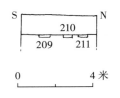

图 3-1-2　北区地层剖面图（T207 西壁）

高的区域，与山脚下的地势基本持平。这里的堆积十分简单，垫土之下，除墓葬外就到了生土。在本发掘区的中部发现了 4 座墓葬，虽然墓葬的主体在 T204 的东隔梁范围内，但从开口层位的角度来看，东侧的 T207 西壁剖面具有最全面的代表性，所以，我们选取了这一组剖面作为这一区域的代表介绍。（图 3-1-2）

　　第 1 层　耕土层与垫土层，灰黄色土。平整土地时，这里垫上了大量山脚下的坡积土，是发掘区内垫土层最厚的地方之一，厚约 1.25 米。包含有近现代的瓷片、砖块等杂物，也有个别玉石器，整体情况与其他区域的垫土层类似。

　　第 1 层下共发现墓葬 3 座，从南向北依次是 M209、M210 和 M211。这些墓葬的规模接近，深度相似，均属于小型墓，但方向不同。由于保存情况不好，当时只清理出人骨所在的大致范围，圹边并不确切，但开口层位是确定的。

　　第 1 层下即为生黄土，墓葬均打破了生土。

　　5. 东北区剖面图

　　东北区在一个断崖边的小平台上，墓葬上部遭到严重破坏。我们选择了不在探方边的一组剖面，而是这一区域内的断崖边的层位情况，由南向北涉及 T220、T221 和 T222 等 3 个探方。这是由于这个小区域所在的平面，西侧是高达 2 米的断壁，断壁之上是高于这个小平台的另外一个平台，探方的东半部就是平整该平台时填入沟内的垫土，位于探方中部的剖面正好是以前冲沟破坏了墓葬的断面，而且涉及好几个墓葬，相比之下，更具有代表性，所以，我们选择了原来冲沟边的剖面。（图 3-1-3）

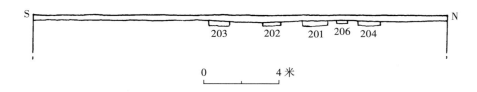

图 3-1-3　东北区地层剖面图（T220~T222 冲沟断面图）

　　第 1 层　耕土层与垫土层，厚约 0.25 米，灰黄色土。平整台地的时候已经破坏了原来的层位，耕土较薄，其中也包含有近现代的瓷片、砖块等杂物。

　　在该层堆积之下共发现墓葬 5 座，从南向北依次是 M203、M202、M201、M206 和 M204，全部是大型墓葬。

　　第 1 层下直接叠压着生土，所有墓葬均打破生土。

第二节　墓葬的分期

　　尽管地层堆积对每一座墓葬的开口层位有了一个确切的定位，但却由于层位太简单，无法确认不同特点墓葬分期的情况，我们只能依靠墓葬之间的关联和其他特征来分析。本节将要分析的资料包括清凉寺先后三次发掘清理的全部墓葬，分期认识是在发掘过程中和资料整理期间逐渐完善起来的。

在墓地不同的区域，墓葬之间存在着比较复杂的打破关系，这种情况既存在于具有同类特点、规模的墓葬之间，也存在于不同规模、特点的墓葬之间，说明墓地不仅延续时间较长，而且曾经发生过较大的变革。然而，先后入葬的墓葬能否给我们进行分期提供具有规律性的依据，也需要具体分析，同时还要与其他现象进行综合。为此，我们对不同墓葬之间的打破关系进行了梳理，同时参考各单位出土的遗物特点，希望找到具有划分时期意义的墓葬，确认他们的先后顺序，以此为突破口确定整个墓地时期的划分，并且总结出每一个时期的共性特色。

墓地中头向西北、东北或北方的墓葬较少，几乎均未发现可以说明其时代的任何随葬品，这些方向不同的墓葬之间的打破关系也较少，M32 和 M33 基本可以代表这类墓葬的情况。

M32 和 M33 均位于墓地最西部，墓内未发现任何随葬品。M32 墓圹上部及东南部被后代破坏，整体为西北—东南走向，西北部打破 M33 的东南部，墓主人头向西北。M33 墓圹的上部及东北部被后代破坏，西南部被 M32 打破并叠压，整体为东北—西南走向，墓主人头向东北。从这一组墓葬中，我们可以确认头向东北的 M33 早于头向西北的 M32（彩版 3-2-1:1），但在整个墓地，头向东北的墓葬仅发现 M33 一座，由于数量太少，又缺乏其他特点，所以不能代表一个分期意义上的阶段。头向西北的墓葬相对较多，规模和葬式接近，应该能够代表一个时代。从整个墓地的分期来说，这组打破关系的意义并不明显。

规模、方向、特点相同或相似的墓葬之间的打破关系较普遍，其中绝大部分存在于头向西的小型墓葬之间，范围几乎遍及所有小型墓的分布区。这些墓葬肯定有先后差别，但是否具有分期意义则需要具体对每一组墓葬情况进行分析对比。下面我们选择几组较典型的墓例，这几座墓葬的规模和特点基本相同，虽然均分布于墓地的西部，但具有较广泛的代表性。

第一组：M48 ⟶ M51 ⟶ M61

第二组：M136 ⟶ M144 ⟶ M145
　　　　　↓　　　　 ↑
　　 M138 ─────┘

上述墓葬的区别主要在是否有随葬品，我们简略说明各组墓葬的情况。

第一组的 M48、M51 和 M61 位于墓地的最西部，这几座墓的方向虽然略有区别，但大致均为东西走向，除发现于 M51 的死者葬式特殊且没有任何随葬品外，其余两墓的墓主人头皆向西，墓葬的规模、形制、随葬品组合和特点基本相同。（彩版 3-2-1:2、3）

第二组的 M136、M138、M144 和 M145 均位于墓地西部，但整体较上一组墓葬略靠东，其中 M136 的东部打破了 M138 和 M144 的西部，南部的 M138 打破了 M144，M144 又打破了最北部的 M145。四座墓葬皆圹边清晰，壁面规整，底部平坦，全部为头向西的小型墓，墓主人的葬式也相同，皆为仰身直肢一次葬。南部的 M136 和 M138 未发现随葬品，而 M144 和 M145 出土的玉石器特征相同。这组墓葬除说明从早到晚的顺序为 M145、M144、M138、M136 外，也未发现其他明显的区别。（彩版 3-2-2:1）

在墓地中部，还普遍存在许多与上述两组打破关系类似的情况，说明墓地在相当长的时间内都被这类小型墓葬的主人占据，而且，虽然总体上可能划分出几个墓葬较密集区域，或许是不同家族各自的埋葬区域，但界限并不十分清晰。然而，在一个小的范围内存在墓葬之间的打破关系，说明这一时期对墓地的管理并不十分精细。

从上述这类具有打破关系墓葬的规模、葬式的对比中，我们没有找到具有规律性的不同之处，尤其是拥有随葬品的墓葬，器物的组合、器类和特点基本相同，尽管知道墓葬延续时间较长，却无法划分出更详细的分期。

打破关系也存在于不同头向或不同规模的墓葬之间，而且墓葬的分布、特点和随葬品有较明显的差别，类似的现象十分普遍，从而为我们的分期提供了重要依据，使墓地的资料整理取得了较大进展。

下面列举几组具有典型分期意义的墓葬，其中包括不同特征的四类墓葬。

第一组：M46 —→ M62
　　　　　M55 ———↑

第二组：M53 —→ M54

第三组：M275 —→ M279
　　　　　M276 ———↑

第一组的 M62 是小型墓，位于墓地西部，墓主人头向西北。墓葬特点、方向与前面介绍的 M32 类似，这类墓全部挖在生土上，仅可能比 M33 的年代略晚，从分期的角度来说，是整个墓地的墓葬中年代最早的遗存，即第一期。

打破 M62 的 M46 和 M55 也是小型墓，整体特点与前面介绍的 M48、M51、M61 及 M136、M138、M144 和 M145 相同。这类墓葬皆东西向，墓主人大致头向西，分布于墓地中、西部的绝大部分区域，范围最广，数量也最多，葬制相似，仅有少数墓葬在规模、随葬品方面有一些区别，除位于西部的一部分直接挖在生土上外，位于中部区域的一些墓葬打破了枣园文化的遗迹及文化层。由这组墓葬之间的打破关系可见，头向西的墓葬整体晚于以 M62 为代表的第一期墓葬，为墓地的第二期。

第二组的 M54 位于第一组 M46 的东侧，虽然规模略大，但墓葬的整体特征与 M46、M55 相同，墓内的随葬器物特点也与 M46 发现的同类器物接近，属于墓地的第二期。打破 M54 的 M53 也为东西方向，墓主人亦头向西，但规模明显大于 M54，墓室接近底部的四壁内侧有熟土二层台，墓室内除墓主人外，还有一个非正常埋葬的死者，整个墓葬经过盗扰。在 M53 墓室内发现有随葬的玉石器和陶器，其中玉石璧的特征与小型墓葬出土的同类器物显著不同，陶器的纹饰也具有较晚的因素。在该墓的填土中却发现与第二期墓葬相同或相似的玉石器残片，而且有部分刀类器物的残片与 M54 中被破坏的器物可以拼合在一起。与这两座墓葬类似的情况，在墓地中、西部十分常见，全部为大型墓打破小型墓。大型墓的排列十分整齐，不少墓葬拥有殉人，与第二期墓葬形成鲜明的反差，代表着墓地最重要的一个发展阶段，为墓地的第三期。（彩版 3-2-2:2）

第三组的 M279 位于整个墓地中、东部交界处，从排列顺序与盗扰情况看，与中部区域以 M53 为代表的大型墓葬相同，属于第三期。该墓的东部被 M275 和 M276 两座大型墓打破，由于 M279 较深，墓室东北部的上半部分还被相对较浅的 M276 叠压，M275 和 M276 显然较晚，但 M279 南部的圹边受到 M275 填土的挤压略向内收，可见，前者下葬后不久就被后者破坏了，破坏时前者的填土尚不踏实。M275 和 M276 与墓地东部的另外几排墓葬规模相近、方向一致，排列也十分整齐，属于同一阶段。这一阶段墓葬的墓主人虽然也头向西，但与中部第三期墓的方向有一些微小的差别，而且，只有少数墓葬的墓室内侧有熟土二层台，没有殉人，随葬品也极少。由此可见，东部以 M275、M276 为代表的这些墓葬虽然与第三期的墓相似之处甚多，但区别也较明显，为了对墓地入葬先后和不同阶段的特点有一个较清晰的认识，我们认为单独划分出一个阶段比较合适，也就是墓地的第四期。（彩版 3-2-2:3）

根据对上述墓葬间打破关系和墓葬特点的分析，我们首先确定了具有直接层位关系墓葬的分期，其中第一期与第二期之间的差别，以墓葬的方向的不同便可以确定，而第二期小型墓与第三期大型墓之间的划分是按打破关系确立的，由于两类墓葬在墓地中、西部有大面积重合，而且凡是两类墓葬分布重合之处，全部有大型墓打破小型墓的现象存在，无一例外。所有大型墓的分布整齐划一，与第二期墓葬之间的区别十分明显。第三期与第四期之间的区别是依据少数相互交杂地带墓葬之间的打破关系初步确定，然后根据中部与东部两种墓葬不同的方向划分开，最后，通过比较两类墓葬的室内葬制、有无殉人及随葬品特点，觉得第三期墓葬下葬时是从西向东延展，而东部墓葬下葬前的规划是从东向西逐步延展，两类墓葬交界处存在个别打破现象或空旷区域，因此可以单独划分出一个阶段来。

确定上述标准后，我们又将那些没有直接层位关系的墓葬与已经确认了期别的墓葬进行比较，确认了所有 355 座墓葬各自的归属，并且结合不同特征墓葬在平面布局上的关系，将主要发掘区不同时期墓葬的分布区域作了划分。

需要说明的是，在发掘过程中和前期整理时，由于少部分墓葬的规模界于第二和第三期的临界点上，墓内存在非正常入葬的死者，墓内的随葬品却与第二期小型墓中出土的同类器物相似，我们曾对一些墓葬的归属存在过反复。另外，北部发掘区和东北发掘区的一些墓葬因为位置与南部主要发掘区不相连续，墓内的人骨葬式也不规范，下葬方式和出土遗物的特点不属于同一个时期，所在区域又未进行大规模揭露，无法从分布规律上认定其归属，在确定各自的归属时，一直在第二或第三期之间犹豫不决，个别墓葬的归属至今仍不能保证准确。

下面介绍的分期情况是目前确认的方案。

第一期全部为小型墓，共 17 座，零散地分布在墓地西部，绝大部分在南部主要发掘区，北部发掘区仅有 1 座。这些墓葬的分布不太规范，墓主人头向也不一致，没有明显的规律，应该与这个小坡地最早的聚落同属于枣园文化的范畴。墓葬的编号分别为：

M31、M32、M33、M34、M35、M36、M37、M38、M40、M42、M43、M62、M63、M88、M211、M265、M266

第二期共 189 座墓葬，分布在墓地的中、西部，包括南部主要发掘区、北部发掘区头向西的小型墓，由于本期墓葬之间还有复杂的打破关系，可能是较长一些的时间内形成的，现存的墓葬虽然可大致分为较集中的组群，但是，墓位排列不太规则，无法确认规范的分布规律，也不能确认更详细的分期。本期许多墓葬与其他时期墓葬存在打破关系，凡与第三期墓分布区重合者，皆被第三期墓打破，而少数与第一期墓分布区重合者则打破了第一期墓，无一例外。墓葬的编号如下：

M1、M2、M3、M4、M5、M6、M7、M8、M9、M10、M11、M12、M13、M14、M15、M16、M17、M18、M19、M20、M21、M23、M24、M25、M26、M27、M28、M39、M41、M44、M45、M46、M47、M48、M49、M51、M54、M55、M58、M60、M61、M64、M66、M67、M68、M69、M71、M73、M74、M76、M77、M78、M79、M80、M81、M82、M83、M84、M85、M89、M90、M92、M93、M94、M95、M97、M98、M99、M101、M102、M103、M104、M105、M106、M107、M108、M109、M110、M111、M112、M113、M114、M115、M117、M118、M119、M120、M121、M122、M123、M124、M125、M126、M127、M128、M129、M130、M131、M133、M134、M135、M136、M137、M138、M142、M143、M144、M145、M151、M152、M154、M156、M157、M158、M159、M163、M164、M165、M170、M172、M173、M174、M175、M176、M177、M178、M179、M181、M182、M183、M184、M185、M186、M187、M190、M192、M193、M194、M195、M196、M197、M198、M200、M208、M209、M210、M215、M217、M218、M221、M222、M223、M224、M226、M227、M228、M229、M231、M232、M233、M234、M235、M237、M239、M242、M243、M244、M247、M248、M249、M255、M256、M257、M259、M260、M261、M262、M278、M284、M286、M290、M296、M307、M310、M316、M317、M318、M321、M325

第三期共 105 座，全部为大型墓，主要分布在南部主要发掘区的中部，另外，北部发掘区有少数墓葬也可能属于这一时期。在墓地的中、西部，有大量墓葬与第二期小型墓分布区域重合，并且打破第二期墓，但属于本期的墓葬之间没有任何打破关系，东部有极少数墓被第四期墓葬打破，所有墓葬均分布规范整齐，南北成行，东西并列。这些墓葬的编号如下：

M22、M29、M30、M50、M52、M53、M56、M57、M59、M65、M70、M72、M75、M86、M87、M91、M96、M100、M116、M132、M139、M140、M141、M146、M147、M148、M149、M150、M153、M155、M160、M161、M162、M166、M167、M168、M169、M171、M180、M188、M189、M191、M199、M207、M216、M219、M220、M225、M230、M236、M238、M241、M245、M246、M250、M251、M252、M253、M254、M258、M263、M264、M267、M268、M269、M270、M271、M272、M273、M279、M281、M285、M292、M294、M295、M297、M298、M299、M300、M301、M302、M303、M304、M305、M306、M308、M309、M311、M312、M313、M314、M315、M319、M320、M322、M323、M324、M326、M328、M329、M351、M352、M353、M354、M355

第四期墓葬共 44 座，全部分布在墓地最东部临近冲沟的区域，包括南部主要发掘区、东北发掘区头向西、规模较大的墓葬，整体方向与第三期墓葬略有差别。与第一、二期墓葬分布区不重合，本期墓葬在南区西部有极少数墓打破第三期墓。墓葬南北成行分布，东西并列，布局十分规则。墓葬的编号如下：

M201、M202、M203、M204、M205、M206、M212、M213、M214、M240、M274、M275、M276、M277、M280、M282、M283、M287、M288、M289、M291、M293、M327、M330、M331、M332、M333、M334、M335、M336、M337、M338、M339、M340、M341、

M342、M343、M344、M345、M346、M347、M348、M349、M350

从墓葬的分布区域和特征，我们可以清楚地看出，第一期的墓葬分布不规范，头向也与第二期以后的墓葬不同，年代差距也应该很长。但第二至第四期墓葬的墓主人皆头向西侧的山梁，代表着基本前后继起的不同阶段，其中，第二期墓葬的分布情况因被第三期墓葬打破的情况较普遍，后期形成的小型冲沟或坑穴对一些深度较浅的墓葬破坏也比较严重，因此，布局已经不太完整了。从第三期开始，墓葬的风格发生了较大变化，而且分布区域与第二期墓葬大面积重合，第三与第四期墓葬之间的差别较小，保存着较全面的布局。由于第三、四期均有大量墓葬遭到严重盗扰，除极个别墓葬中的葬仪保留了下葬时的实际情形外，绝大部分墓葬保存不好。此外，在东部临近坡头沟的区域，对第四期墓葬的破坏也较严重，有一些墓葬只保存了靠近西部的半个墓葬，个别墓葬甚至只剩下一个角落，或许还有部分墓葬已经全部被破坏，使本来就不再兴盛的这一期墓葬留下的信息更少。以上种种情况都给我们解读墓地造成一定困难。

以部分墓葬之间的打破关系确定的分期和每一期的墓葬数量只是我们目前的认识。对一些墓葬的归属本来还存疑，但为了便于介绍，我们暂且归入某一期，在后面对墓葬的介绍中将具体说明存疑墓葬归入某一期的理由。

可能读者对墓地的分期，尤其是部分遗存较丰富的墓葬的归属会有不同的认识，这当然是可以讨论的，但这些少数墓葬的情况或问题并不影响我们对墓地的总体认识。

第三节　地层堆积出土遗物

在发掘过程中，我们在墓地的不同位置的地层中发现了一些玉石器，从其特点来看，这些器物显然是某些墓葬中的随葬品，但是，由于不同时期的人为破坏，极大地改变了墓地所在区域原来的地貌和层位，使器物失去了所属的单位，分别散置于地层之中，我们自然无法将其恢复，只能将出土地点记录清楚，并集中发表于本节中。需要说明的是，由于这些器物都夹杂在近年来平整土地形成的垫土层中，或者在这层堆积的底部，发掘期间我们统一将其编为第1层，为了明确每一件所在的方位，在层位之前分别注明所在探方的编号。

下面依器物的种类分别介绍。从器类和个体特点来看，绝大部分属于整个墓地分期中的第二期，只有极个别器物的年代可能稍晚，但由于被后期扰乱或者平整土地时翻动，已经没有办法归入某一个单位，在下面的介绍中也只对器物的质地和种类进行说明，不划归任何一期，读者可以根据自己对这一时期器物的分析确定其年代归属。另外，鉴于地层中的玉石器受到很大破坏，所以绝大部分是残器，除个别完整或接近完整的器物外，其他器物只附线图。

石钺　共发现4件，分别出土于不同方位的四个探方中。

T17①：1，高岭石。深灰色，上有黑色斑点。器身残断，周边皆为断裂面，原大小不明。接近较窄的一端有一个单面管钻穿孔，孔内有钻痕，最长处13.7、最宽处8.3、厚0.5~1.7厘米。（图3-3-1；彩版3-3-1:1）

T19①：1，泥页岩。灰白色。整体为长方形，器形规整，切割平齐，厚薄较匀，边缘部分略磨薄，顶端微向外凸出，留有切痕，两侧边较直，刃部稍磨薄。接近顶端的中央有一个双面管钻孔，孔内留朱砂。器身有从一侧边斜向另一侧边和刃角的两条断裂隙，一个刃角残损。长 23.0~24.0、残宽 13.5~15.0、厚约 1.0、孔径 1.7~2.0 厘米。（图 3-3-1；彩版 3-3-1:2）

T44①：1，残损，仅余部分刃部。透闪石化大理岩。深绿色，受沁后部分表面为灰白色或浅褐色，有斑杂的条带状纹理。磨制较精细，中间厚，边缘薄，双面平刃微弧。残存最长处约 14.0、残存最宽处约 12.8、最厚处约 1.2 厘米。（图 3-3-1；彩版 3-3-1:3）

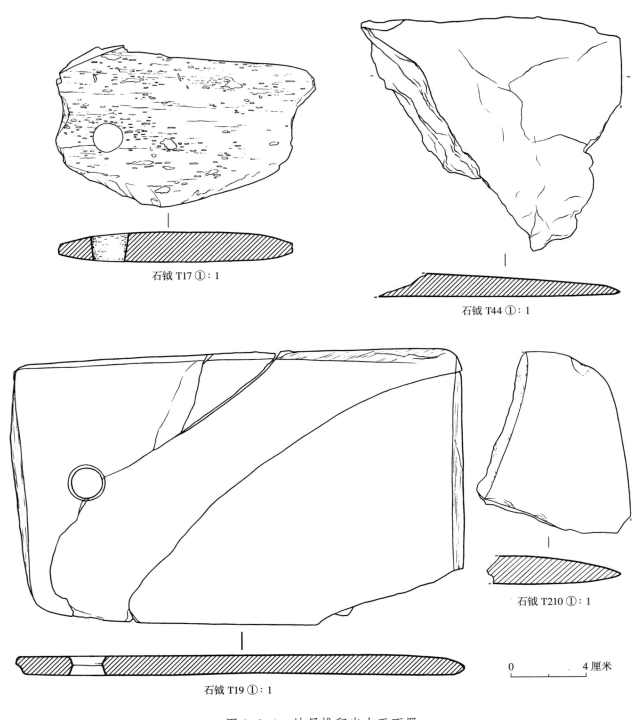

石钺 T17 ①：1

石钺 T44 ①：1

石钺 T210 ①：1

0　　　　　　4 厘米

石钺 T19 ①：1

图 3-3-1　地层堆积出土玉石器

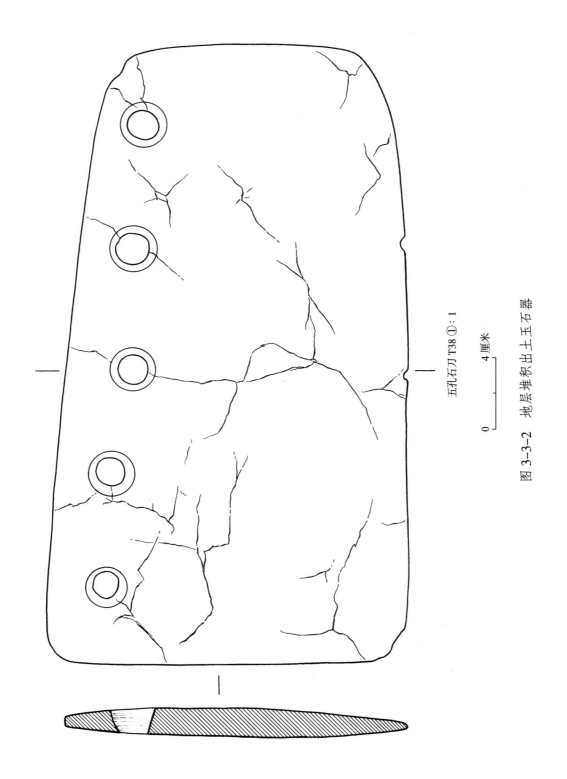

玉孔石刀 T38①:1

0   4 厘米

图 3-3-2　地层堆积出土玉石器

T210①：1，仅余部分刃部。黏土岩。深灰色，器表有许多褐色钙质斑块。磨制较精细，器表无磨痕，中间厚，边缘薄，双面刃，刃部有一处崩痕。最长处10.2、残宽3.3~7.5、最厚处约1.5厘米。（图3-3-1；彩版3-3-1:4）

五孔石刀　共1件，基本完整，出土于T38①层的底部。

T38①：1，白云岩。浅绿色，其中夹杂着灰白色斑点，上半部受沁为灰褐色。形制较规整，背部斜直，一侧为直边、另一侧边为弧直边，圆弧角，平直刃，中间厚，边缘薄，刃部较钝。接近背部有五个双面管钻孔，五孔不在一条直线上，正中间的钻孔明显靠下，孔周和内壁稍作修整。长32.1~34.0、宽12.2~19.2，厚0.3~1.5厘米。（图3-3-2；彩版3-3-2）

石牙璧　共1件，出土于T21①层。

T21①：1，残。蛇纹石岩。灰白色略发黄，受沁白化。器形规整。中孔为单面管钻，较直。内缘较厚，外圈磨薄，断面接近楔形。外圈边较圆，在边缘处向内侧打出一个凹入的三角形，形成牙状。残断的两端均有用于连缀的双面桯钻孔，其中一端钻出一小孔，另一端因器体发生断裂，钻有两个小孔。最长处约8.2、宽约2.9、最厚处约0.6、小孔径0.1~0.4厘米。（图3-3-3；彩版3-3-3:1）

石璧　仅发现一件，位于T44。

T44①：2，大理岩。深绿色与白色条带斑杂。器形完整，但不太规整，中孔为双面管钻后又作了修整，但外圈不太圆。内缘略厚，外圈稍薄，但器体厚薄不匀，内外缘皆磨成圆弧状。外

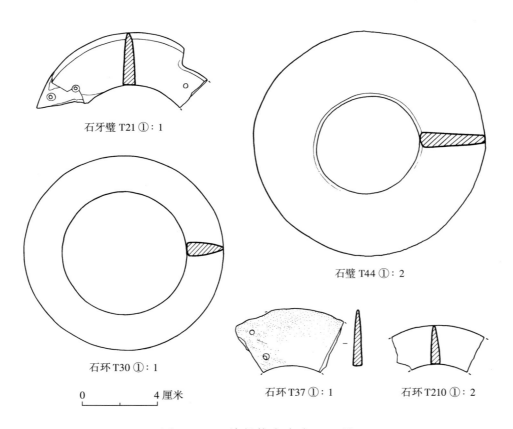

石牙璧 T21①：1

石璧 T44①：2

石环 T30①：1

0　　　　4厘米

石环 T37①：1

石环 T210①：2

图3-3-3　地层堆积出土玉石器

径 12.1~12.3、内径 5.2~5.6，厚 0.4~0.8 厘米。（图 3-3-3；彩版 3-3-3:4）

石环　共 3 件，分别出土于不同方位的三个探方中。

T30①：1　蛇纹石岩。黄白色，受沁严重，表面白化，剥落处为土黄色，微透明。器形规整，中孔为双面管钻后再修整，较直，内外圈均较周正，较圆，内缘处较厚，外缘薄，环体中部微鼓，断面接近楔形。外径约 10.6、内径约 6.6、最厚处约 0.7 厘米。（图 3-3-3；彩版 3-3-3:5）

T37①：1，残，应当是缀连环中其中的一段断块。蛇纹石化大理岩。本色为浅绿色，表面沁蚀严重，已经变为灰白色。中孔为双面管钻后修整。内缘处厚，外圈边薄，断面为楔形。残留的一端有二个双面桯钻小孔，孔洞略倾斜。残存最长处约 5.5、环体宽约 3.2、最厚处约 0.5、小孔径 0.1~0.3 厘米。（图 3-3-3；彩版 3-3-3:2）

T210①：2，蛇纹石化大理岩。灰白色，其中带青色暗纹。仅余少许环体，内外皆为弧形。残长约 4.8、宽约 2.1、最厚处 0.4 厘米（图 3-3-3；彩版 3-3-3:3）

第四章　第一期墓葬

根据对整个清凉寺史前墓地的分期分析，确认属于第一期的墓葬共 17 座。其实，这些墓葬还有一些区别，最明显的差别就是方向不一致，绝大多数为西北—东南方向，墓主人头向西北，但有 3 座墓葬方向不同，其中，东北—西南方向、头向东北的墓葬 2 座，接近正南北方向、头向北的墓葬仅 M43 一座。头向东北的 M33 上半部被头向西北的 M32 打破并叠压，下葬的年代显然较 M32 早，另一座头向东北的 M266 位于墓地西南部，特点与 M33 相同。头向北的 M43 被一个近代墓打破，范围不太清晰，墓内残存人骨酥碎，无法进行碳十四测年，留下的其他信息也极少，从其位置和墓坑的情况分析，与头向西的第二期墓葬区别明显，年代应当较早。因为这两类方向不同的墓葬数量太少，而且也未发现能够说明其时代的遗物，特点类似于头向西北的墓葬，故此，我们将这两类墓全部归入第一期。

在墓地的中部和东部，我们还发现了 7 座瓮棺葬，虽然埋的全部是婴儿，但也是当时葬俗的组成部分。根据使用的葬具特点，我们认为瓮棺葬与上述 17 座墓葬年代相近，也归入第一期墓葬中介绍。

第一节　概　述

第一期墓葬分布比较分散，绝大部分都位于墓地的西部，整体从西北经西端到西南部呈环形分布，个别墓葬在中部靠西的区域。绝大多数墓葬坑穴较浅，受破坏严重，保存状况较差。大多数瓮棺葬集中在墓地东半部，只有一座在中部的一个房子内，葬制相同。

墓葬皆为小型的长方形土坑竖穴墓，墓室全部在生黄土上直接挖成。由于上部分别经耕土层、近代坑或平整土地时破坏，多数仅存接近底部的遗迹，少数墓葬还被第二期墓葬打破，只剩半个墓坑，应该已经不是下葬时的原状，但绝对没有被盗掘或刻意扰乱的现象。墓葬的规模仅可容身，墓坑长约 2.00、宽仅 0.3~0.50 米，由于村民平整土地时在墓葬所在地域取土较多，现存深度多在 0.50 米以内，个别区域揭去耕土即出露墓葬范围或人骨。墓主人全部为一次葬，以仰身直肢者为主，骨骼保存情况极差。墓葬均不随葬任何器物。

总体来说，这一期墓葬不仅保存状况不好，而且本身保留的信息也较少，从个别打破关系来看，这些墓葬应该还存在着早晚之分。而年代较早墓葬的方向也与其他墓葬不同，这种情况是代表着另外一种埋葬习俗，抑或另有含义，现在已无从知晓。从墓的规格和保留下来的葬制来看，所有墓葬均比较统一，无论形制还是墓主人的葬式都没有发现明显的等级差别，也看不出男女墓主人之间有什么不同。当时应该是一个低级的平等社会，与本墓地后面几期墓葬具有十分显著的差别，反映了较早历史阶段当地墓葬制度的基本情况。

7 座瓮棺全部埋葬着婴儿，是在大型墓之间的空隙处发现的，如果不是后来几期墓葬的破坏，年代相近的瓮棺葬数量或许会更多一些。

本期的 17 座土坑竖穴墓葬及 7 座瓮棺葬，与本墓地中部的房址可能有某种联系，这些要素共同构成了一个小型的聚落。这些墓主人是这个小坡地最早的主人，具有开拓意义。

第二节　土坑竖穴墓详述

在本节中，我们依编号的先后顺序具体介绍属于本期的每一座土坑竖穴墓葬的情况。在说明墓葬的具体位置时，仅指出其所在的发掘区和在本区中的方位，相对位置以同一期墓葬作为参照，同时，与早期遗迹接近处，也提出二者之间的大致距离，空间分布情况中不涉及后面的三期墓葬，只有个别被后期墓打破的部分墓葬专门说明。

本期墓葬中均未发现任何随葬品，下面不再逐一说明。

M31

M31 位于南区最西部的 T13，这里是整个墓地中地势最高的区域。东北侧为 M32 及 M33。方向 339 度。墓圹上部及西南部被后代破坏。墓壁不规整，底部基本平整。墓口距地表 0.10~0.20、残长约 1.10、宽约 0.54、现存最深处 0.15 米。墓主人为一个 3~10 岁之间的儿童，仅有被后代扰乱、散乱地分布着的肋骨、下肢骨等，已经看不出葬式。墓圹内填黄褐色花土。（彩版 4-2-1:1）

M32

M32 位于南区最西部的 T13，这里是整个墓地中地势最高的区域。西南侧为 M31，东侧为 M34，西北部打破了 M33。方向 330 度。墓圹上部及东南部被后代破坏。残存墓壁不规整，底部依地势西北高、东南低，但基本平整。墓口距地表 0.14~0.37、残长约 1.15、宽约 0.40、现存深度约 0.06 米。墓主人为一个成年女子，年龄不详，头向西北，但头部和颈部被后代扰乱，不知去向，仅存上半身，仰身，脊椎酥碎、断裂，肋骨基本在原位，右臂紧贴在身侧，近腕部以下不存，左臂仅残存部分散落的骨头，腹部以下已经不存。墓圹内填黄褐色花土。（彩版 4-2-1:2）

M33

M33 位于南区最西部的 T13，是整个墓地中地势最高的区域。东南侧为 M34，西南部被 M32 打破并叠压。方向 46 度。墓圹上部及东北部被后代破坏。墓壁较规整，底部基本平整。墓口距地表 0.10~0.30、长约 1.55、宽 0.45~0.50、现存最深约 0.50 米。墓主人为一个 45~50 岁的男子，头向东北，面略向东侧偏转，口微张，仰身，颈椎与胸椎断裂，锁骨与肋骨散乱，左上臂基本伸直，置于体侧，近肘部缺失，手腕在骨盆外侧，右上臂顺置于体侧，肘部以下微向内折，手腕置于下腹部，骨盆残破，双腿平行伸直，脚尖向东倒置。墓圹内填黄褐色花土。（彩版 4-2-1:3）

M34

M34 位于南区最西部的 T13，这里是整个墓地中地势最高的区域。西侧为 M32 和 M33，东侧是 M36。方向 336 度。墓圹上部被后代破坏，东南侧被一个近代坡状坑打破。墓壁不规整，底部依地势西北高、东南低，基本平整。墓口距地表 0.10~0.30、残长约 1.39、宽约 0.50、现存最深处约 0.15 米。墓主人为一个 24~26 岁的女子，头部已被后代破坏压扁，面略向东侧偏转，口微张，仰身，锁骨受到上层耕种的扰乱，平行斜置于下颌骨到胸部，颈椎与胸椎的上半段较直，腰椎断裂，肋骨大部分排列尚好，腹部被破坏，双臂置于体侧，左侧手腕缺失，右臂肘部以下缺失，双腿股骨略向内侧斜置，膝部以下并拢，小腿伸直，大部分下肢被破坏，脚部不存。墓圹内填黄褐色花土。（彩版 4-2-1:4）

M35

M35 位于南区最西部的 T13、T14，地势较高。东南侧距 M33、M34 约 5 米。方向 317 度。上部被平整土地破坏，南部被一个长条形近代沟破坏。残存墓壁不规整，底部依地势西北高、东南低，底面倾斜，较平整。墓口距地表约 0.30、残长 0.90~1.30、宽约 0.55、现存最深处约 0.10 米。墓主人为一个 40 岁左右的男子，头向西北，面向西南侧偏转，仰身，颈椎与胸椎上半段较直，锁骨与肋骨排列整齐，腹部被破坏，双臂顺置于体侧，左手腕放在左侧股骨与骨盆交接处的外侧，右臂肘部以下不存，骨盆残破，腿部绝大部分均被近代沟打破，仅存接近骨盆的少许骨骼，基本伸直。墓圹内填黄褐色花土。（图 4-2-1；彩版 4-2-2:1）

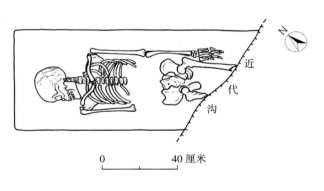

图 4-2-1　M35 平面图

M36

M36 位于南区最西部的 T13 范围内。北部被一个长条形坡状近代沟破坏，东北侧为 M35，西侧为 M34。方向 335 度。残存墓壁规整，底部平坦。墓口距地表约 0.50、残长约 0.75、宽约 0.40、现存最深处约 0.10 米。墓主人为一个 15~16 岁的男子，头向西北，上半身被破坏，仅余两条腿的部分骨骼，膝部并拢，直肢并列。墓圹内填黄褐色花土。（彩版 4-2-2:2）

M37

M37 位于南区最西部的 T1、T2 和 T25。西北距 M31、M32 和 M34 约 5 米，西南侧为 M40。

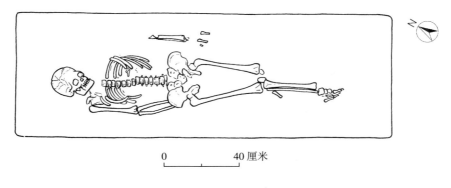

0   40 厘米

图 4-2-2 M37 平面图

方向 330 度。上部被破坏。墓壁较规整，底部依地势西北高、东南低，底面倾斜，平面较平坦。墓口距地表约 0.40、长约 2.00、宽约 0.68、现存深度为 0.15 米。墓主人为一个 16~17 岁的女子，头向西北，面微向东北侧偏转，仰身，颈椎、左侧锁骨和左上臂与肩部一起被破坏，所余脊椎较直，肋骨排列较整齐，右臂置于体侧，腕部压在身下，左下臂紧贴身体，部分指骨散置于股骨外侧，骨盆与尾骨保存尚好，腿部股骨部分略向内侧斜置，膝部接近并拢，右小腿与股骨错位，基本伸直，脚部向东南倒置，左腿膝部以下因扰乱而不知去向。墓圹内填黄褐色花土。（图 4-2-2；彩版 4-2-2:3）

M38

M38 位于南区最西部的 T25。西北侧为 M40，东南侧为 M42。方向 333 度。上部被近代取土破坏。墓壁较规整，底部依地势西北高、东南低，底面倾斜，平面较平坦。墓口距地表约 0.45、长约 1.70、宽约 0.56、现存深度为 0.15 米。墓主人可能为一个 14~15 岁的女子，头向西北，面向上，仰身，右臂与胸、腹部被破坏，仅在左侧的肩胸部残存部分骨骼，颈下还有锁骨等散碎骨头，左上臂置于体侧，肘部以下不存，骨盆左侧保存较好，右侧残损，腿部股骨略向内侧斜置，右腿移位，膝盖以下被破坏，仅残存一块脚掌骨，其余部分因墓葬上半部分扰乱而不知去向。墓圹内填黄褐色花土。（彩版 4-2-2:4）

M40

M40 位于南区最西部的 T25。东南侧为 M38，东北侧是 M37。方向 340 度。上部被近代取土破坏。墓壁口部和壁面均不太清晰，而且墓葬范围内经过近代取土的扰乱，底部依地势西北高、东南低，底面较平整。墓口距地表约 0.40、残长约 1.90、宽约 0.66、现存深度为 0.15~0.20 米。墓主人为一个 25 岁左右的女子，头向西北，面向东北偏转，原来应该是仰身直肢，胸腹部受到严重挤压，颈椎、胸椎与锁骨压在一起，右侧肋骨向斜下方竖置，左侧肋骨已被扰乱移位，右臂顺置于体侧，肢骨已近脊椎，手腕接近骨盆，左臂压在身下，近腹部骨骼被挖出墓坑，骨盆破碎，左腿基本伸直，脚部向东南侧倒置，右腿股骨略向内侧斜置，膝盖以下已为后代取土破坏不知去向。墓圹内填黄褐色花土。（彩版 4-2-3:1）

M42

M42 位于南区西部的 T26 和 T38。西北侧为 M38，南侧被兴建或维修清凉寺时取土破坏。方向 321 度。墓葬上部被后代取土破坏。底部呈斜坡状，西北高东南低，底面平整。墓口距地表约 0.30、长约 1.20、宽约 0.48、现存深度为 0.07~0.15 米。墓主人为一个 2 岁左右的幼儿，性别不详，头、颈和整个右半部分身躯全部被破坏，仅留有左侧的部分肋骨、上臂及腿骨，整体为仰身直肢，残存的部分脊椎和左侧肋骨基本位于原位，左臂仅存肘部至腕部的一段，顺置于体侧，左骨盆残损，左腿伸直，脚部不存。墓圹内填黄褐色花土。（彩版 4-2-3:2）

M43

M43 位于南区西部的 T2 和 T26。西南侧为 M38 和 M42，西侧接近 M37 和 M40。方向 10 度。墓圹上部被后代取土破坏，东北部被一个近代墓打破。范围不太规范，墓壁不规整，底部亦不太平整。墓口距地表约 0.10、长约 1.80、宽约 0.69、现存最深约 0.50 米。墓主人为一个 18~19 岁的男子，无法判断其葬式，从股骨放置的方向看，原来可能头向北，但人骨保存情况很差，仅见左侧下颌骨残段、残破的左右髋骨以及股骨残段散置于墓室的中东部，其余部分均被破坏。墓圹内填黄褐色土。（彩版 4-2-3:3）

M62

M62 位于南区西部的 T26 与 T27 交界处。西北侧为 M43，西南侧是 M38 和 M42，北部和南部分别被第二期的 M46 和 M55 打破。方向 335 度。仅残存中部的部分墓室，残余墓壁较规整，底部平整。墓口距地表约 0.25、残长约 1.00、宽约 0.52、现存深度约 0.30 米。墓主人为一个成年女子，具体年龄不详，仅存有右侧残髋骨和残断的部分下肢骨，右腿伸直，左腿上下均残断，股骨部分微向内斜置，膝盖以下与右腿并列。墓圹内填浅灰色土。（彩版 4-2-3:4）

M63

M63 位于南区西部的 T28。西侧为 M62，南部被内第二期的 M58 打破，北部被一个属于庙底沟二期文化的灰坑破坏。方向 345 度。残余左右两侧墓壁较规整，西北端墓壁已经被破坏，底部较平整。墓口距地表约 0.20、残长约 1.25、宽约 0.54、现存深度约 1.00 米。墓主人为一个 35~40 岁的女子，人骨仅存有上半身骨骼，头向西北，面向西侧偏转，口微张，仰身，颈椎不存，脊椎部分保存不好，肋骨略显散乱，双臂顺置于体侧，手腕均放在骨盆与股骨相交处的侧下方，骨盆边缘残损，两腿伸直，股骨中部以下被 M58 破坏。墓圹内填红褐色花土。（参见图 5-2-19；彩版 4-2-4:1）

M88

M88 位于南区西部 T5 和 T17。离其他同时期墓葬较远，但南面距早期的房址 F1 仅 2 米多一点。方向 316°。墓葬圹边清晰，壁面也较规整，底部平坦。墓口距地表约 0.55、长约 1.80、宽约 0.65、现存深度约 0.20 米。墓主人为一个 40~45 岁的女子，整体斜置于墓圹内，头向西北，面向西侧斜上方，

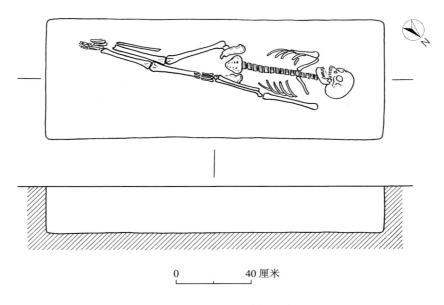

0   40 厘米

图 4-2-3   M88 平剖面图

仰身，脊椎与肋骨均保存不好，但位于原位，双臂均顺置于体侧，紧贴身体，右臂肘部以下已朽，左手腕放在骨盆与股骨交接处，骨盆已经朽坏，腿部整体偏向西南侧墓圹，左腿基本伸直，右腿股骨向内侧斜置，膝盖抵近右腿股骨内侧，膝部以下与左腿基本平行并列，似曾经外力挤压变形，脚部一先一后叠加并向东南侧倒置。墓圹内填灰褐色花土。（图 4-2-3；彩版 4-2-4:2）

M211

M211 位于北区的 T204 和 T205。该墓距离其他同期墓葬较远，是目前发现本期最靠北的墓葬。方向 318 度。因平整土地，上部覆盖了很厚的垫土层，但在垫土之前，墓葬上部已经遭到破坏，因此，墓圹边线不清晰，壁面不明显，目前清理的只是骨架所在的位置，实际范围不详。墓口距现地表约 1.25、清理长度约 1.10、清理宽度约 0.40、现存深度约 0.07 米。墓主人为一个 20~25 岁的女子，头已残碎，面略向西斜上方偏转，口微张，肢骨和肋骨均散乱地叠压在一起，看不清最初的葬式。墓圹内填灰褐色花土。（彩版 4-2-4:3）

M265

M265 位于南区的 T51。上部被清凉寺起建或后期维修时扰乱，东南侧为 M266，西北距离最近的同期墓葬有 10 余米，但东距早期的一处硬面和柱洞网仅 5 米左右。方向 325 度。墓葬圹边较清晰，但壁面不太规整，底部凹凸不平。墓口距地表约 0.85、长约 1.25、宽 0.38~0.46、现存深度约 0.10 米。墓主人为一个年仅 6~6.5 岁的儿童，性别不详，头向西北，头骨被压扁，面向东北侧偏转，上、下颌错位，仰身，脊椎骨略扭曲，肋骨排列整齐，左上臂紧贴于体侧，肘部以下已不存，右臂略向外撇，手腕不存，两腿并列伸直，左腿股骨残缺，左脚部被破坏，右脚尖向东南端倒置。墓圹内填黄褐色花土。（图 4-2-4；彩版 4-2-4:4）

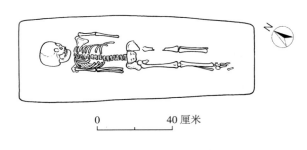

0   40厘米

图 4-2-4　M265 平面图

M266

M266 位于南区的 T51 和 T62。上部被清凉寺起建或后期维修时扰乱，西北侧为 M265，这是墓地第一期墓中最靠南的一座，东北距早期的一处硬面和柱洞网仅 3 米左右。方向 35°。墓葬圹边不太清晰，壁面较粗糙，底部凹凸不平。墓口距地表约 0.85、长约 2.05、宽 0.45~0.55、现存深度约 0.10~0.15 米。墓主人为一个 30~35 岁的女子，头向东北，面向上，口微张，仰身，颈椎斜置，脊椎至下腹部位置错乱，锁骨、肋骨基本在原位，排列也较整齐，左上臂紧贴于体侧，肘部以下略向外张，右臂顺置于体侧，双手腕部均放在骨盆与股骨交接处外侧，两腿伸直，脚跟并拢，脚尖向两侧斜向倒置，但脚掌骨已散乱。墓圹内填黄褐色花土。（彩版 4-2-4:5）

第三节　瓮棺葬详述

在 2003 年春天的调查中，我们在南部发掘区旁的断崖边发现了一座瓮棺葬（W1），发掘期间发现的瓮棺从 W2 开始编号，由于 W1 已经在调查报告中作了报道[1]，在此不再重复。

在本节中，我们依编号的先后顺序，具体介绍发掘期间发现的属于本期的每一座瓮棺葬情况。在说明瓮棺的具体位置时，仅指出其所在的发掘区和在本区中的方位，相对位置以保存下来的同一时期瓮棺作为参照，如果附近存在第一期的遗迹，也提出来相互之间的关系，空间分布情况中不涉及后面的三期墓葬，只有被后期墓打破的部分专门说明。

瓮棺内埋的都是婴儿，发现时虽然能够看到其中散碎的人骨，但由于已经全部朽若酥土，无法知道当时放进瓮棺时的方式，也未能对这些人骨进行科学测年和其他检测。尽管瓮棺中未发现随葬品，但由于这些婴儿的葬具是陶器，本身就是具有时代和地域意义的标志性器物，所以，我们在说明瓮棺本身的发现情况后，对这些葬具的特点进行专门介绍。其实，瓮棺的年代和文化归属都是根据葬具的特点来确认的，甚至前述对土坑竖穴墓葬和其他遗迹现象的认识也得益于这些瓮棺葬具。

瓮棺的入葬方式全部为下面竖置一个夹砂罐，上面扣一个钵。其中夹砂罐的特点比较明确，可以看出明显是两种不同的风格。形成这种现象，既有可能是下葬时间先后的差别，也可能反映着不同文化系统在这里汇聚。两类瓮棺的分布区域虽然有各自的侧重，但也有位置接近的，因此不能将二者截然分开。我们依瓮棺的编号为序介绍，反映的是这些瓮棺发现的先后顺序，而不是

---

[1] 山西省考古研究所、运城市文物工作站、芮城县博物馆：《山西芮城寺里—坡头遗址调查报告》，《古代文明》第 3 卷，2004 年 12 月。

其年代或特色的区别。

下面均先介绍瓮棺葬发现时的情况，然后介绍每一个瓮棺所用器物的特点。

W2

W2 发现于南部发掘区的中部 T5 和 T29。在属于仰韶早期的房址 F1 的东南角，瓮棺打破了房子的地面，可能是房子使用期间埋葬的。由于后期扰乱，发现时扣在上面的直口小平底钵已经破碎，钵片散乱地分布在罐口周围，罐底部发现的婴儿骨骼已经腐朽，呈浅灰色粉末状。（彩版 4-3-1:1）

侈口弦纹陶罐 W2：1，夹砂红褐陶，由于火候掌握不好，器表颜色不太纯正，口沿外部呈深红色，从上腹部开始逐渐变为褐色。方唇，窄折沿，沿面有凹槽，侈口，微束颈，上腹部圆弧，腹中部开始变为斜直腹内收，小平底，底心有一个不规则的小圆孔。器表绝大部分粗糙无纹，但沿下有密集的平行凹弦纹。口径 34.5、最大腹径 40.8、底径 12、高 54.8 厘米。（图 4-3-1；彩版 4-3-1:2）

直口深腹陶钵 W2：2，泥质红陶，下腹至底部渐变为灰陶。圆唇，直口，深弧腹，小平底。器表均素面，颜色不统一，口沿内外皆为橙红色，腹中部开始至底部由浅褐色渐变为灰色。口径 37.0、底径 12.0、高 18.0 厘米。（图 4-3-1；彩版 4-3-1:3）

W3

W3 发现于南部发掘区的东北部 T91 和 T94。东南距 W5 约 4.5 米。这里分布着较厚的仰韶早期堆积，瓮棺打破了部分灰色与褐色混杂的地层，地层中夹杂着许多红烧土块，瓮棺西部被第四期的 M289 打破。由于后期扰乱，发现时，上面扣的敛口小平底钵已经破碎，碎片较整齐地分布在罐口之上，罐内发现的婴儿骨骼已经腐朽，只有部分头骨残片被压扁于罐底部。（彩版 4-3-2:1、2）

侈口弦纹陶罐 W3：1，夹砂褐陶，由于火候掌握不好，器表颜色不太纯正，绝大部分呈深褐色，腹部有些斑纹。方唇，窄折沿，沿面有凹槽，侈口，微束颈，上腹部略鼓，腹中部开始变为微弧腹内收，小平底。器表绝大部分粗糙无纹，但沿下有密集的平行凹弦纹。口径 23.2、最大腹径 25.8、底径 10.2、高 29.6 厘米。（图 4-3-2；彩版 4-3-2:4）

敛口深腹陶钵 W3：2，泥质红陶，下腹至底部渐变为灰陶。圆唇，敛口，沿外略鼓，从上腹部开始向下呈微弧形斜收至底，小平底。器表均素面，颜色不统一，口沿内外皆为橙红色，腹中部开始至底部由浅褐色渐变为灰色。口径 22.8、底径 7.6、高 11.2 厘米。（图 4-3-2；彩版 4-3-2:3）

W4

W4 发现于南部发掘区的东部 T101。北距 W6 约 10 米，西南侧紧邻 W7。这里还属于仰韶早期的分布范畴，但堆积并不厚，瓮棺打破了部分褐色地层，地层中夹杂着一些红烧土块。发现时，上面扣着的直口圜底钵体已经破碎，夹砂罐口也有部分残碎，器身裂为许多碎片，罐内发现的婴

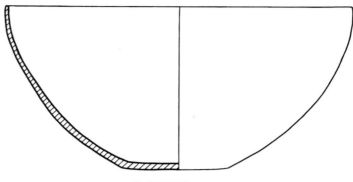

直口深腹陶钵 W2：2

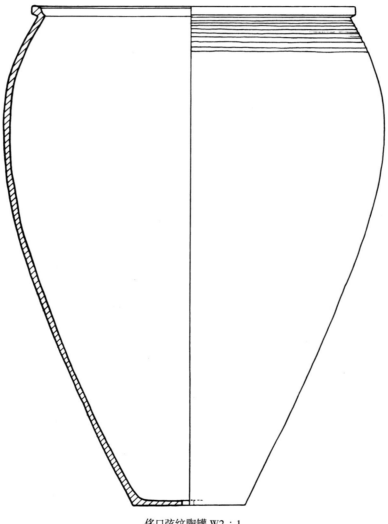

侈口弦纹陶罐 W2：1

0 _____ 8 厘米

图 4-3-1　W2 葬具

儿骨骼已经腐朽，不能辨别身体部位和下葬时的方式。（彩版 4-3-3:1）

敛口绳纹陶罐 W4:1，夹砂红褐陶，由于火候掌握不好，器体颜色不太纯正，内壁多为褐色，外表绝大部分红褐色，但深浅颜色不均匀，下半部分呈土黄色。方唇加厚，窄沿，沿面微内凹，敛口，上腹部略鼓，腹中部开始变为微弧腹斜内收，平底。口外和下腹部粗糙无纹，但上腹部拍印密集的浅细斜绳纹。口径 28.8、最大腹径 32.2、底径 12.2、高 33.0 厘米。（图 4-3-3；彩版 4-3-3:2）

直口深腹陶钵 W4:2，泥质红陶。圆唇，直口，沿外略鼓，从上腹部开始向下呈微弧形斜收成圜底，底部外面有一圈凹槽，正中心还被敲出一个不太规则的圆形小孔。器表均素面，绝大部分皆为红色，底部凹槽之内为灰色，较粗涩。口径 32.0、高 16.0 厘米。（图 4-3-3；彩版 4-3-3:3）

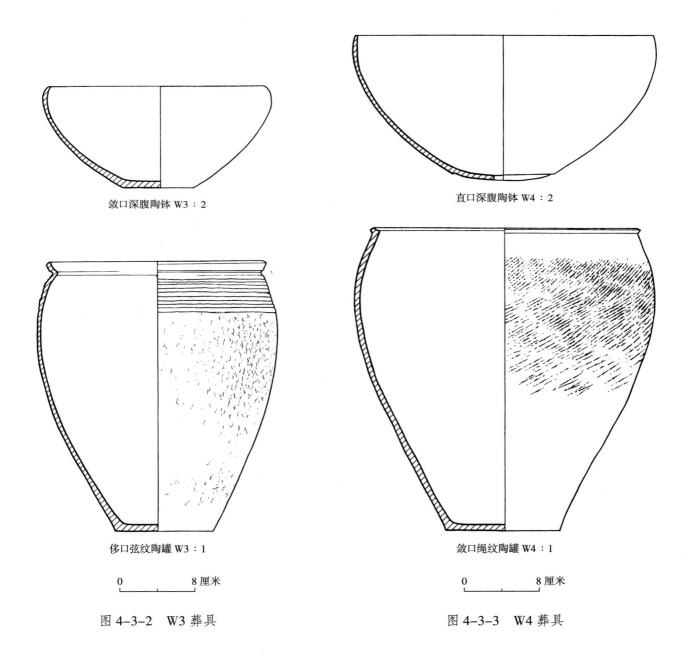

敛口深腹陶钵 W3:2

直口深腹陶钵 W4:2

侈口弦纹陶罐 W3:1

敛口绳纹陶罐 W4:1

0　　　　　8厘米

0　　　　　8厘米

图 4-3-2　W3 葬具　　　　　　　　　　　图 4-3-3　W4 葬具

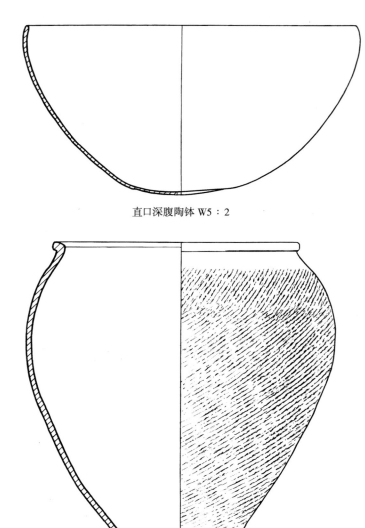

直口深腹陶钵 W5:2

敛口绳纹陶罐 W5:1

0   8 厘米

图 4-3-4 W5 葬具

W5

W5 发现于南部发掘区的东北部 T95。东南紧邻 W6，西北距 W3 约 4.5 米。这里属于仰韶早期的分布范畴，但堆积不厚，瓮棺打破的地层土质较纯净。发现时，上面扣的直口深腹钵体已经破碎，绝大部分钵的口沿环绕在下面口向上的夹砂罐口外侧，钵体中、下部碎片堆放在罐体的上面，由于瓮棺靠近台地的东侧冲沟，正好有树根伸至夹砂罐口部，使罐口部酥脆残碎，器身也有许多裂纹，罐内发现的婴儿骨骼已经腐朽，不能辨别身体部位和下葬时的方式。(彩版 4-3-4:1、2)

敛口绳纹陶罐 W5:1，夹砂红褐陶，由于火候掌握不好，器体颜色不太纯正，口沿内外均为深灰色，内壁多为褐色，外表腹部绝大部分红褐色，但深浅颜色不均匀。方唇加厚，窄沿微外翻，敛口，上腹部略鼓，腹中部开始变为微弧腹斜内收，平底微内凹。口外和近底部粗糙无纹，但腹部遍布密集的拍印浅细斜绳纹。口径 26.4、最大腹径 33.0、底径 11.0、高 34.8 厘米。（图 4-3-4；彩版 4-3-4:3 ）

直口深腹陶钵 W5:2，泥质红陶。圆唇，直口，沿外略鼓，从上腹部开始向下呈微弧形斜收成圜底，底心有一个不规则的小圆孔。底部外面有一圈折棱，折棱之内较粗涩。器表均为红色素面。口径 35.2、高 18.5 厘米。（图 4-3-4；彩版 4-3-4:4 ）

W6

W6 发现于南部发掘区的东北部 T95。西北紧邻 W5，南距 W4 和 W7 约 10 余米。这里仍旧属于仰韶早期的分布范畴，但堆积不厚，瓮棺打破的地层与 W5 的情况相同，土质属于自然堆积层，比较纯净。发现时，上面扣的直口深腹钵体已经破碎，绝大部分口沿环绕在罐体腹部的外侧，钵体中下部碎片在罐的上面，但已经不成形，比较散乱，罐内发现的婴儿骨骼已经腐朽，不能辨别

身体部位和下葬时的方式。（彩版 4-3-
4:1，4-3-5:1）

侈口弦纹陶罐 W6：1，夹砂红褐陶，
由于火候掌握不好，器表颜色不太纯正，
绝大部分呈深褐色，腹部有些褐色斑纹。
方唇，窄折沿，沿面有凹槽，侈口，束颈，
上腹部略鼓，腹中部开始变为微弧腹内收，
小平底。器表绝大部分粗糙无纹，沿下有
不太密集的平行凹弦纹。口径 26.2、最大
腹径 31.8、底径 11.8、高 37.8 厘米。（图
4-3-5；彩版 4-3-5:2）

直口深腹陶钵 W6：2，泥质红陶。
圆唇，直口，从上腹部开始向下呈微弧形
斜收成圜底，底部外面有一圈折棱，折棱
之内较粗涩。器表皆为红色素面，近口沿
处为橙黄色。口径 35.0、高 17.5 厘米。（图
4-3-5；彩版 4-3-5:3）

W7

W7 发现于南部发掘区的东部 T101。
东北紧邻 W4，北距 W5 和 W6 约 10 余米。
这里仍旧属于仰韶早期的分布范畴，但堆
积不厚，瓮棺打破的地层与 W4 的情况相
同，有一部分褐色地层，地层中夹杂着一
些红烧土块。发现时，上面扣置的钵体已
经不存，下面向上放置的罐片也比较散乱，
罐内未发现婴儿骨骼，不知入葬死者的情
况和下葬时的方式。

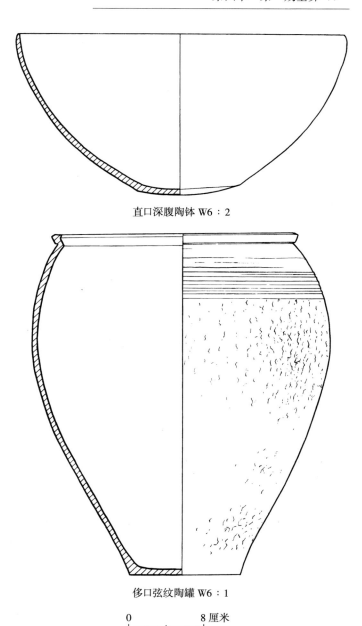

直口深腹陶钵 W6：2

侈口弦纹陶罐 W6：1

0   8 厘米

图 4-3-5 W6 葬具

敛口绳纹陶罐 W7：1，夹砂灰褐陶，由于火候掌握不好，内壁多为褐色，器表颜色不太纯正，
绝大部分呈灰褐色，腹部外表有些土黄色泥浆附贴在罐体上。圆唇，窄沿加厚，沿面微内凹，微敛口，
上腹部略鼓，腹中部开始变为微弧腹斜内收，平底。器表的口沿外和近底部抹光，腹中部绝大部
分拍印斜浅绳纹，但贴附土黄色泥浆处已经看不清了。口径 31.0、最大腹径 35.5、底径 12.0、高
34.8 厘米。（图 4-3-6；彩版 4-3-6:1）

W8

W8 发现于南部发掘区的东部 T97。东南距 W4 和 W7 有 5 余米，东北距 W5 和 W6 近 7 米，

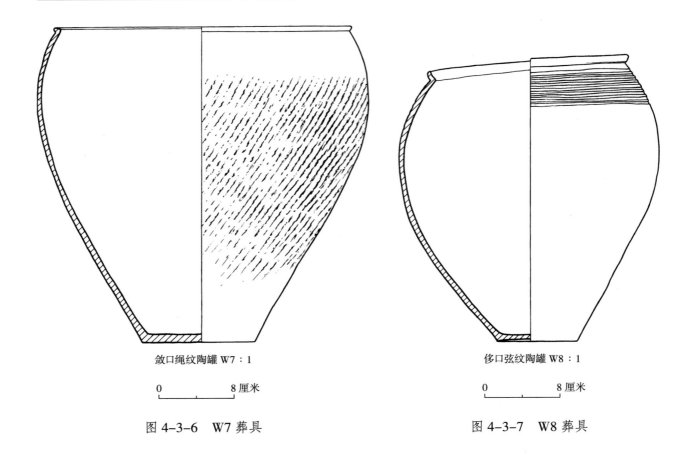

敛口绳纹陶罐 W7：1

0　　　　8厘米

图 4-3-6　W7 葬具

侈口弦纹陶罐 W8：1

0　　　　8厘米

图 4-3-7　W8 葬具

西北距 W3 约 9 米。这里仍旧属于仰韶早期的分布范畴，但堆积不厚，瓮棺打破的地层与 W5 的情况相同，土质属于自然堆积层，比较纯净。入葬方式也应该与 W5 相同。发现时，上面扣的钵体已经不存，罐片也比较散乱，罐内未发现婴儿骨骸，不知入葬死者的情况和下葬时的方式。

侈口弦纹陶罐　W8：1，夹砂红褐陶，由于火候掌握不好，器表颜色不太纯正，上腹部外表为红褐色，腹中部以下呈深褐色，器表有部分区域被土黄色泥浆贴附。近方唇，窄折沿，沿面有凹槽，侈口，束颈，腹中部部略鼓，下腹部为微弧腹内收，小平底略内凹。器表绝大部分粗糙无纹，沿下有密集的平行凹弦纹。口径 21.6、最大腹径 28.0、底径 8.5、高 31.0 厘米。（图 4-3-7；彩版 4-3-6:2）

第五章　第二期墓葬 *

第二期墓葬共 189 座。均为长方形土坑竖穴，墓位排列不太规则，似有意划分出几个小的区域，但相互之间的界线不太清晰。墓葬方向虽然略有差别，但大致均为东西方向。墓葬没有经过刻意扰乱，绝大部分墓壁和墓室都保存比较完整。不过，由于被第三期墓葬打破的现象十分普遍，有些墓葬仅保存了不同部位的部分遗存，而且由于后期墓葬和近代冲沟、近代坑穴的破坏，整体布局不太完整。

与墓地其他各期墓葬不同，本期墓葬之间存在着比较复杂的打破关系（参见图 2-3-1），显然有先后之分，说明本期延续了相当长的时间。我们曾试图根据这些打破关系进一步划分出更详细的期别来，这样将有利于我们对不同阶段墓主人入葬时的具体情况进行分析，对墓葬制度的变化有更清晰的了解，进而对这一时期文化的进程进行梳理。然而，由于具有打破关系的墓葬分布区域比较散乱，既没有方向或规模方面的证据，出土的器物也没有明显的差别，所以，最终没有找到具有阶段性、规律性的区分点，只能将其视为同一期的遗存。

第一节　概　述

在属于第二期的墓葬中，有一部分只埋着婴儿、少年等未成年人，极个别墓因现代盗掘或破坏未发现人骨，还有的墓被后代墓葬打破，墓内残留的人骨太少或保存太差，已经无法进行相关鉴定。在能够确认性别、年龄的成年墓主人中，男性略少于女性，但从死者的构成来看，比例还比较合理。

由于本期墓葬绝大部分分布在南部发掘区，这里的耕土或垫土层下普遍存在着现代坑、壕沟，而且第三期墓葬的主要分布区也与本期墓葬重合，不仅造成大量本期墓葬仅保存有部分墓圹范围的现象，而且破坏了墓地的完整性，对认识墓葬分布规律有较大影响。从目前的情况来看，这一时期的墓葬大致可以划分出四个较密集的小区域，相邻的两个区域之间都有一个相对空旷的地带，较少发现墓葬。如果这些区域是以血缘亲疏来划分的话，当时埋葬在墓地内的人群应当是以家族为单位选择墓地区域的，同一个小区域内的墓葬，血缘关系肯定更密切一些，但整个墓地埋葬着更高一级组织的人群，他们彼此之间也应该存在着亲缘或地缘关系，或许是一个部族墓地。

这一时期绝大部分墓葬规模较小，长约 2.00、宽仅 0.50~0.80 米，面积约 1.00~1.20 平方米，

---

*　第五至第七章执笔：山西省考古研究所薛新明、杨林中、马金花。

深度一般在 0.50~0.80 米之间。个别位于西部或西北部的墓葬，因为近年平整土地时削去了上部的堆积，所以，现存口部已经不是原来的地面，坑穴很浅，揭去耕土即出露墓葬的范围或人骨。由于墓室窄小，一般仅可容身，入葬规格也相同或相近，所有墓葬均不见二层台，也未发现其他任何可能是葬具的痕迹，不能确认下葬时是否用了棺木。墓主人的葬式比较统一，除极个别保存面积太小的墓葬不能确认最早下葬时的埋葬方式外，全部为一次葬，主要葬式为仰身直肢，只有一小部分死者因为年龄较小或其他原因采用了其他葬式。墓主人的头向以向西为主，头向东的墓葬较少，但在墓地的东南部，有多座墓葬南北成排，墓主人皆头向东，墓位排列方式、随葬器物及其他葬制与同期其他墓葬相同。这种现象与入葬的墓主人身份有无关系目前还不得而知。许多墓主人的骨骼上留有朱红色，显然是下葬时有意为之，但不能确定这些红色是撒进墓底还是撒在死者身上。拥有随葬品的墓葬与没有任何随葬品的墓葬，在规模、葬仪上看不出差别，应该没有地位和阶层的差距。

第二期也有少数墓葬的规模略大，面积约 2.00 平方米左右，而且，这种规模上的差别往往与墓葬中其他葬制的差别相互依存，显示出各自所在家庭富裕程度的差距，或许在部族中的地位也有一些差别。这些墓葬的葬制超出了一般墓葬的规范，室内往往发现有一个或多个非正常入葬的成年死者，与后来盛行的殉葬类似，说明当时部族内部已经出现了显著的不平等现象，一些死者被活埋或捆绑的现象已经是压迫的体现。虽然存在这种现象的墓葬数量并不多，但却表现出极端的暴力，代表着一种不容忽视的发展趋势，为第三期大量出现的殉人找到了源头。

本期部分墓葬中随葬着不同质地和不同形制的器物，是构成当时丧葬制度的一个重要部分。与规模、葬式等相比，墓主人之间的等级区别在随葬品的有无或多少方面表现得更加突出，而且这种差别与墓主人的性别、年龄似乎没有必然联系。另外，本期有相当一部分墓葬仅埋葬死者，没有随葬任何器物，反映当时一部分人秉持的一种习俗，或者确实没有经济实力的社会现实，我们可以根据墓主人是否随葬器物划分出不同的阶层。还有一部分墓葬本来应当是随葬器物的，但因为被后期墓葬打破或其他原因破坏，随葬的器物在发现时已经不存在了。第三期墓葬的填土或耕土、垫土中常发现这一时期的器物残片，有些残片甚至可以与本期某一座墓内被破坏了的器物拼合在一起，从侧面说明这一时期随葬遗物流失的严重情况。由于这一时期墓葬的数量较多，而且这些墓葬均未被有意盗扰，相当一部分的随葬品保存完好，所以，尽管本期墓葬中只有大约三分之一发现有随葬品，但在整个墓地的四期遗存中，还是以本期墓葬出土器物的总数最多，而且具有鲜明的时代特色。

墓葬中随葬器物的种类、摆放的位置、形制和特点等方面蕴含着人们的一种信仰或普遍认可的习俗。本墓地第二期，不同墓葬出土的器物基本能够代表这一阶段不同等级墓主人随葬器物的情况，同类质地和形制的器物在墓葬中的位置比较接近，而不同质地或形制的器类放置的位置却不同，这些差别或许正说明不同的器物在当时的生活中具有不同的用途，而相同的器类则功能也相同。在拥有随葬品的墓葬中，无论器物的质地、种类，还是质量、数量，都有明显的差别。有的墓内各类随葬器物均较为丰富，质地也较好，另外一些墓内只有墓主人随身的一些装饰品，呈现出明显的等级分化。可见墓主人生前生活的社会中，可能已经有等级或贫富的差距，不同人的地位甚至已经有了十分显著的差别。由此，我们可以推测这些墓主人所在部族的社会组织结构。

在本期墓葬的随葬品中，玉石器的数量最多，虽然器物的种类较少，但组合比较固定。主要器类有钺、单孔或双孔石器、多孔石刀、璧与环等，其他小件器物极少。

根据科学检测，本期玉石器的质地并不相同，其中有石灰岩、白云岩、大理岩、蛇纹石岩、硅质泥岩、灰岩、石英砂岩等类别，极少见到矿物学意义上的玉器。考虑到古代以美石为玉的理念，我们统称之为"玉石器"。这些岩石在结构、硬度、韧性、颜色等方面各不相同，不同岩性的岩石适合制作的器物也不同。比如：石灰岩和白云岩等碳酸盐类岩石多用于制作钺、刀类的片状器物；蛇纹石岩多用来制作璧、环类圆环状器物；大概是因为大理岩和蛇纹石化大理岩结构细腻、颜色多样的特性，这类岩石用途较广，上述几类器物均能制作；另外，与钺共同出土的带孔石器几乎全部是用硅质泥页岩制成。在中条山周围一带有着丰富的石材资源，至今仍能找到与上述质地相同的岩石标本。从原料获取难易程度的角度考虑，墓葬中出土的玉石器原料应该就在当地。也就是说，尽管器物的形制与其他地区的史前玉石器相同或相似，但应该是用本地的石材制作而成的，而且工匠们已经能够根据岩石的岩性特征制作出不同形制的器物来——这是制作者对岩石特性、器物形制两方面都有了比较清楚认识的反映。

钺是本期最重要的随葬器物，也最具有代表性。大部分用石灰岩、白云岩制成，也有部分器物的质地为大理岩、蛇纹石岩、蛇纹石化大理岩。钺的整体形状为扁平的长条形，后端钻孔，以平面中间钻单孔为主，极少数在接近两角处各钻一孔，形成双孔。除个别墓内仅发现钺外，一般钺和放置在其后端旁边的带孔石器一起出土，二者之间有较窄的空隙，推测下葬时二者之间应该有一根竖置的木柄将它们固定在一起，但发现时木柄已经全部腐朽，了无痕迹。多数放在墓主人腹以下的身侧或置于墓主人下肢股骨之上，多横向平放，刃端位于墓壁一侧，有多件钺时常叠置在一起，也有一些墓葬的钺竖立贴靠着墓壁，刃部向下。钺这类器物仅见于部分等级较高的墓葬中，而且每座墓葬仅有 1 件或 1 组，应该是墓主人身份和权威的象征。

带孔石器是钺的附件，是与钺组合配伍使用的器物。全部为硅质泥页岩制作而成，质地较细腻。发现时均置于钺的后端旁边，应该是与钺绑缚在一起固定的附件。整体形状为方形或长方形，器体中部或近两端处钻小孔，钻孔与钺后端的钻孔相互对应，也就是说若钺为单孔，相应的带孔石器亦为单孔，若钺为双孔，相应的带孔石器也是双孔。

多孔刀也是第二期较为重要的器物。形状接近扁平的长方形，器宽大于器高，刀背一般在较宽的一端，刃部与刀背相对，但并不锋利，在接近刀背一侧的平面上钻有并列的小孔，孔数全部是奇数，有 3、5、7、9 孔不等，但孔数最多的器物并非体量最大，大部分器物的四边不太直，所有转角均较和缓，呈弧形。器物多平放，竖置者极少。放置的位置较杂，放于死者腹部或腿骨之上者略多，也有的放在胸侧与上臂之间，还有的放在骨盆之上，极个别的器物发现于死者身下或竖立在一侧的墓壁旁。竖立于墓壁旁者刃部向下，顺置平放者，刃部没有固定朝向。石刀只在少数墓中发现，一般每一座墓只随葬 1 件，只有一例发现了三孔刀与九孔刀各 1 件，其刃部分别朝向南北。这类器物也应该是墓主人身份和权威的象征。

璧、环类器物在本期最常见，平面形制多为中孔较大的圆形环状，还有一些用双片或多片璜形或不规则形石片连缀成圆圈形，整体扁平。绝大部分器物的质料为大理岩、蛇纹石化大理岩、蛇纹石岩。如果按传统的标准来确认器物的名称，依整器的直径和中孔直径的比例进行测算，绝大部分应该是环，仅有少部分为璧，在当时人的意识中，还没有璧、瑗和环的区分，它们基本被赋予了相同的寓意或具有相同的用途，所以我们全部归为璧、环类器。在介绍器物时，为了说明其形制上的差异，我们将那些中孔小于整个器物直径二分之一的称为璧类器，中孔直径接近或大于整个器物直径二分之一的全部归为环类器，其中，由一块玉石磨制成的器物称璧或环，两片及两片以上璜形、长方形或不规则片状块连缀在一起的器物称为联璜璧或联璜环。从发现位置来看，这类器物绝大多数都套在手腕或臂部，也有的象征性地放在腕部或臂旁，只有少数置于胸腹部，也许是用系带佩在胸前的饰品。每座墓葬的出土数量不一，以1件者最多，多者几件一起叠置，并套于小臂上或腕部，最多的达6件。叠置在一起的器物有环，也有联璜环，还有璧，有的几种器物共存。由此来看，这些器物应该是装饰品，但日常生活中，绝对不可能将那么多体量很大的器物佩戴于手臂上，也许只有在节日或某些庆典仪式上才偶尔用上一次，故此，也就有了炫耀财富和某种礼仪的用意。但是，即使被称为璧的器物，也只属于墓主人个人，整个墓地未发现用于整个部族"礼天"的迹象。

第二期其他种类的随葬品还有陶器、野猪下颌骨和鳄鱼骨板等中原地区稀有的物品，但拥有这些器物的墓葬数量较少，而且集中分布在墓地的西部和中部靠西的区域。

墓葬中出土陶器的数量不多，种类也很单纯，只有小口高领折肩罐和侈口或宽沿深腹盆两类，应该是当时有某种寓意的固定器类组合。陶器仅见于少数墓葬，应该只有十分高贵的墓主人才能拥有，是等级、身份的标志，具有明显的礼器性质。有个别罐类器物表面绘彩，所绘的纹样比较简单，只在领部至折肩处和近底部的器表绘红色。所有器物均不是专门为随葬烧制的明器，其形制、制法及器表装饰应该与当时生活中使用的器物相同，具有鲜明的时代特色，是我们研究墓葬下葬时间最主要的证据之一。

鳄鱼骨板仅见于少数几座墓葬之中，虽然数量有限，却颇具特色。能够随葬鳄鱼骨板的墓葬，葬制显得较为豪华，规模也较其他墓葬略大一些，其中M54、M67和M79等墓葬均分布于墓地西部。骨板放置的位置不同，有的放在陶盆内，也有的置于墓葬一侧靠近墓壁处，还有的集中放置在墓室底部。根据这些情况来看，当时应该是连带着鳄鱼肉或皮一起放进墓内的，有某种特殊的含义。骨板的大小不一致，形状也不同，从发现的情况无法推断是不是属于同一个个体。在清凉寺墓地附近当时不存在这种动物，应该来自其他更温暖湿润的地方。

作为随葬品的野猪下颌骨仅发现一件，出土于M76，这是本墓地所见最特殊的随葬品。这个墓葬的规模与葬制并不特殊，规模、随葬玉石器与同时期的其他随葬着玉石器的小型墓葬没有明显的区别，除了显示财富外，或许与墓主人生前从事的职业有关系。

总体来说，第二期墓葬很像一个部族的集体墓地，但却并非普通的部族。那些拥有珍贵稀罕的玉石器、鳄鱼骨板等特殊随葬品的墓主人，可能是部族中率先富裕起来的人士，同时，这些人在部族中的地位也较高。根据这些具有特殊意义的随葬品，或许还能将这些较高级的墓主人划分出不同的等级。另外一些墓中不见任何随葬器物，说明墓主人较贫穷或者在部族中的地位也较低。有无随葬品还可能反映墓主人生前从事着不同的职业。

由于墓葬只能分出几个密集的区域，每一个区域内具有打破关系的墓葬中，既有不出土器物的墓葬打破随葬玉石器的墓葬，也有出土玉石器的墓葬打破一无所有的墓葬，还有出土玉石器的墓葬打破出土特征相同玉石器的墓葬，所以，不能确定随葬品的有无是否具有时间早晚的差别。可见，当时不仅家庭与家庭之间的财富不均，人与人之间的地位也有差别，而且这种差别在每一个家族中都存在。每一个墓葬所代表的个体是最基层的单元，贫富或者地位的差别是以墓葬为单元表现出来的，如果说是否随葬玉石器决定于墓主人所属阶层的话，在每一个家族内部都有不同阶层的成员，而且同一个阶层可能还有地位高下之分。每一个小区域内，随葬玉石器的墓葬数量并不比空无一物的墓葬少，在随葬玉石器的墓葬之中，也没有区分出随葬器物的种类、数量和质量在地位认定中的差别，所以，尽管可以肯定墓主人生前的地位或职业确实存在差别，但目前还无法确认从贫穷到富有、从下层贵族到上层贵族逐级递减的规律，也没有总结出社会结构的整体框架。

第二节　详　述

在本节中将集中对属于第二期墓葬的发现情况进行介绍，凡是拥有随葬器物的墓葬，在介绍墓葬的保存状况之后，对该墓出土遗物的特点也分类进行叙述。这种方式将每一个墓葬作为一个单元，整个墓葬的层位、规模、结构和墓室内随葬品情况及下葬后是否经过扰动、发现时的保存情况和出土器物构成了一组完整的资料，有助于学者们进行个别剖析。同时，将这些资料集中起来，就可以将本阶段所有墓葬的情况作综合分析，还能与其他阶段的墓葬特点进行对比，从而对整个墓地的变迁有一个全面的认识。

下面我们依墓葬的编号先后，对分布于不同方位属于这一时期的墓葬逐一进行介绍。由于墓葬全部为土坑竖穴，方向皆为东西向，墓主人的头向也绝大部分大致向西，所以除个别头向东的墓葬特别说明之外，每个墓葬的形制、方向和头向不再专门说明。另外，本期墓葬之间具有打破关系时，不专门说明相关墓葬的期别；但凡被后期墓葬打破或者打破了前期墓的墓葬，则专门说明相关墓葬的期属。

M1

M1 位于南区中部的 T7。东南侧为 M2，西南侧是 M154，西部被第三期的 M139 打破。方向 276 度。上部被耕土破坏。墓壁不太规整，墓圹西部稍宽，墓底不太平整，由东向西呈斜坡状升高。墓口距地表约 0.30、现存长度约 1.63、宽 0.40~0.50、保存深度 0.20~0.24 米。墓主人为一个成年女子，年龄不详，仰身，胸部以上已经被破坏不存，脊椎较直，肋骨排列不太整齐，两臂略向外侧伸直，手腕不存，骨盆两侧缘酥碎，两腿微向内侧伸直，脚部微向内侧倾斜倒置。墓内墓圹内填灰褐色花土。（彩版 5-2-1:1）

未发现随葬品。

M2

M2 位于南区中部的 T7。东南侧为 M4，西北侧是 M1，西侧是 M154。方向 268 度。墓壁不太规整，墓圹西部稍宽，墓底不太平整，西部略高。墓口距地表约 0.30、长约 1.85、宽 0.40~0.50、现存深度 0.22~0.25 米。墓主人为一个 40~45 岁的男子，面部微向北侧偏转，仰身，脊椎酥碎，肋骨与锁骨仅存痕迹，两上臂均顺置于体侧，从肘部开始斜向内折，手腕分别放在骨盆两侧之外，骨盆边缘缺损，两腿微向内侧斜伸，左腿微向外弓，脚部均向内侧倒置。墓圹内填灰褐色花土。（图5-2-1；彩版5-2-1:1、2）

在墓主人右胸部发现有1件残断的石环。

石环　M2:1，残，发现时仅存两段。大理岩。浅白色，表面泛黑色，白化较重。器形较规整，中间厚，向外边逐渐变薄。疑为圆形环断裂而成，相邻两段间以二对一的小孔连缀，缀孔均为双面桯钻的斜孔。外径12.1、内径7.8、最厚处0.4、缀孔径0.3厘米。（图5-2-1；彩版5-2-1:3）

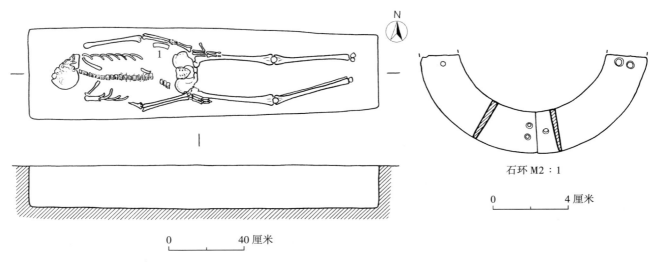

石环 M2:1

图 5-2-1　M2 平剖面图及其出土玉石器
1. 石环

M3

M3位于南区中部的T7。北侧为M2，东南侧为M25，东北部打破了M4的西南角，由于墓葬较浅，叠压在M4一角的上部。方向278度。因现代耕地破坏，墓葬仅存东部的一少部分。墓口距地表0.40~0.45、现存长度0.52~0.60、残宽约0.40、现存最深处约0.07米。墓主人可能为一成年女子，年龄不详，膝部以上的大部分人骨已不存，只有呈直肢状平行分布的两段小腿残骨。墓圹内填灰褐色花土。

未发现随葬品。

M4

M4位于南区中部的T7和T8。西北侧为M2，东南侧为M25，东侧是M6，西南角上半部被M3打破并叠压，东北部被第三期的M161打破。方向268度。墓葬口部被现代耕地破坏，不平整，中部正好在一条南北向的地埂上，东端略低，整个墓葬仅存近底部的部分遗存。周壁不太规整，墓圹四角略弧，墓底不太平整，西部略高。墓口距地表约0.30、长约2.05、宽约0.66、现存深度0.20~0.30米。墓主人为一个20岁左右的男子，面略向北侧偏转，嘴微张，仰身，脊椎与下腹部保存不好，仅存部分痕迹，锁骨与肋骨排列较整齐，两上臂略向外张，从肘部开始均顺置于体侧，手腕放在骨盆外侧，骨盆已经酥碎，两腿微向内侧斜向伸直，并一起略向南偏转，踝部近并拢，双脚并列并向东端倒置。墓圹内填灰褐色花土。（图5-2-2A；彩版5-2-1:1，5-2-2:1、2）

墓内共发现12件玉石器。其中右小臂上叠套着4件不同颜色和形制的石环；下腹部置1件残断的联璜石环；股骨附近交错叠置着4件石钺，其中一件钺的顶端还有1件单孔石器；左腿髋骨之下压着1件带三孔的长方形器物；另外还有1件长方形的石片。

石钺 共4件。均单孔。

M4:5，蛇纹石化大理岩。绿色、深绿色夹一些黑色斑点。器形较规整，切割平齐，整体为一端略宽的长方形，中间较厚，边缘略薄近刃状，顶端平齐微外弧，两侧边斜直略内凹，双面平刃，近顶端平面的正中部有一个单面管钻孔，孔外有两道朱砂捆绑痕，其中的一面沁蚀严重，有许多黑褐色碎屑。器长22.8、宽9.2~10.0、最厚处0.9、孔径1.8~1.9厘米。（图5-2-2B；彩版5-2-3:1）

M4:7，大理岩。原来应为青灰色，因大部分受沁，器表大部分为黄白色，并分布有钙质斑点和黑色附着物。整体呈长方形，转角处近弧形，器表磨制较精细，中间厚，边缘略薄，双面弧刃，接近顶端平面的正中部有一个单面管钻孔，近两侧边处有两处绳索勒痕。一侧边的正中部击打出三个等距离的豁口，豁口在上下两面向器体延伸，形成由边缘向器体中部逐渐变浅的凹槽，可能为绑系用。长12.8~13.4、宽5.0~8.2、最厚处0.9、孔径1.8~2.0厘米。（图5-2-2B；彩版5-2-3:2）

M4:8，蛇纹石化大理岩。青绿色带白斑。整体呈长方形，器形规整，两侧边切割平齐，中间厚，边缘薄，顶端不太规整，有明显切痕，刃部两角为弧形，刃部薄平，有崩损痕，近顶端的平面正中有一个双面管钻孔，一面还有钻孔时留下的台面，未作进一步修整。与单孔平齐的两侧

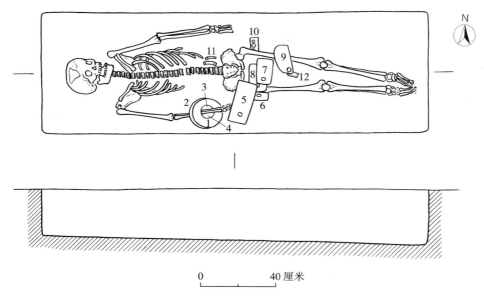

图 5-2-2A M4 平剖面图

1~4. 石环　5、7~9. 石钺　6. 单孔石器　10. 三孔石器　11. 联璜石环　12. 石片

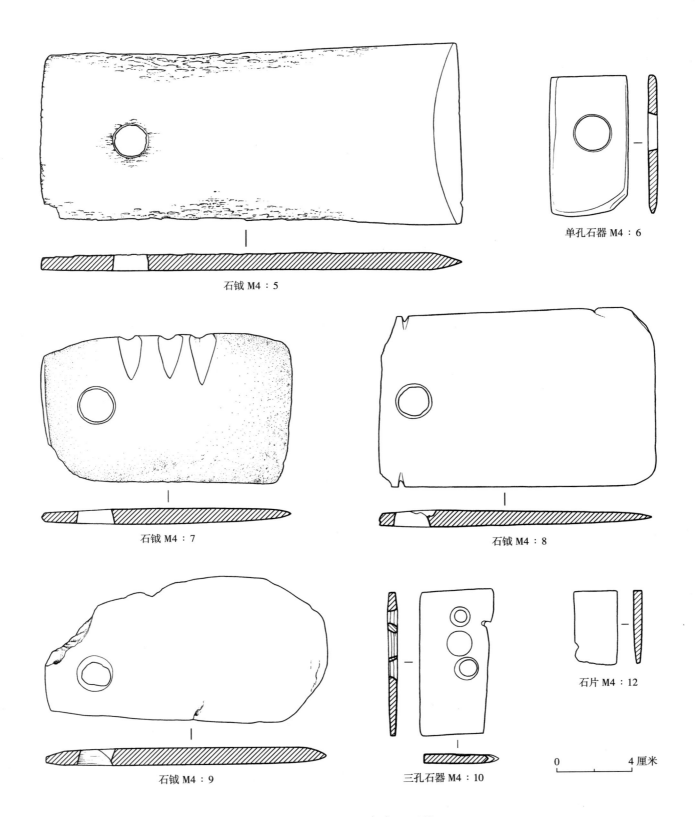

石钺 M4：5

单孔石器 M4：6

石钺 M4：7

石钺 M4：8

石钺 M4：9

三孔石器 M4：10

石片 M4：12

0   4 厘米

图 5-2-2B　M4 出土玉石器

边缘各击打出一个狭长的豁口，豁口在上下两面向器体延伸，形成逐渐变浅的短凹槽，可能为使用时绑系之用。长 14.2~14.7、宽 9.4~9.8、最厚处 0.9、孔径 1.6~1.9 厘米。（图 5-2-2B；彩版 5-2-4:1）

M4:9，矽卡岩。黄色带灰斑，硬度大。制作不太精细，顶端一角残损。形制不规整，一侧边较直，另一侧边呈弧形突出，中间厚，边缘薄，除顶端近平齐外，其余边缘皆呈刃状，接近顶端的平面偏一侧处有一个双面管钻孔，孔内壁歪斜，未修整。最长处 15.2、最宽处 7.9、孔径 1.9 厘米。（图 5-2-2B；彩版 5-2-4:2）

单孔石器　M4:6，绿片岩（硅质泥页岩）。灰黄白色，质细软。长条形，器形规整，三边平直，一端略薄，一角圆弧，平面正中有单面管钻孔，钻痕未修整。长 7.5~7.7、宽 4.2、厚 0.5、孔径 1.8~2 厘米。（图 5-2-2B；彩版 5-2-4:3）

三孔石器　M4:10，蛇纹石化大理岩。灰绿色。扁薄的长条形，中间部分略厚，三条边近直，另一边磨薄，还有一个钻孔时形成的豁口，并在豁口旁磨出薄刃，平面正中用单面钻的方式钻出有三个圆形孔，中间的孔大且直，两侧的孔稍小且一面大一面小，三孔相隔较近。长 7.8、宽 3.2~4.0、中部最厚处 0.5、一面的三个孔径 1.0~1.2、另一面的孔径 0.7~1.3 厘米。（图 5-2-2B；彩版 5-2-2:3）

石片　M4:12，蛇纹石化大理岩。灰绿色。整体近长方形，器身厚薄较匀，三边较直，切割齐整，下端为薄斜刃，不锋利。一侧边残存半个钻孔形成的豁口，可能是修整时留下的。长 3.8~4.0、宽 2.2、最厚处 0.4、小孔径 0.5 厘米。（图 5-2-2B；彩版 5-2-2:4）

石环　共 4 件。

M4:1，蛇纹石岩。象牙白色，新鲜面细腻，受沁严重，大部分白化。器形规整，内外圈都很圆，内缘较厚，外缘很薄。入葬前已经断为三段，断裂处以二对二的方式钻小孔缀连，缀孔皆为双面桯钻，发现时有一片又断为两部分。器表打磨精细，其中一面留有 5 道斜向切割痕，缀孔边还有线绳磨损的痕迹。外径 15.5~15.6、内径 7.0、最厚处 0.5 厘米。（图 5-2-2C；彩版 5-2-5:1）

M4:2，发现时已经断为大小不一的几段，疏松碎裂。大理岩。青绿色，有部分白色或黄褐色斑块。器形较规整，中孔双面管钻，内外圈皆较圆，内缘厚，外边薄，断面为楔形。边缘沁蚀严重，内外圈均有残损，有一处留下了修整的小钻孔，以一对一的双面桯钻小孔缀补。外径 12.3~12.5、内径 6.5、最厚处 0.4 厘米。（图 5-2-2C；彩版 5-2-5:2）

M4:3，蛇纹石化大理岩，结构疏松，颗粒粗。绿色带黑斑。中孔为单面管钻，内外圈都较圆，内缘较厚，外缘很薄。部分边缘受沁残损为齿状，发现时已断为两段。外径 13.6~14.2、内径 6.8~7.2、最厚处约 0.3 厘米。（图 5-2-2C；彩版 5-2-5:3）

M4:4，大理岩。灰白色与青绿色相间。边缘受沁残损致使形制不规整，中孔用双面管钻而成，较圆，中间略厚，边缘薄近刃状。环体断裂，整器由两段缀连而成，两段连接处均有修补时留下的小钻孔，由于有的孔已经破损，曾多次补缀钻孔。外径 13.6、内径 6.8、最厚处 0.7 厘米。（图 5-2-2C；彩版 5-2-5:4）

联璜石环　M4:11，残断。蛇纹石化大理岩。黄白色，表面泛黑，受严重沁蚀、白化较严重。形制不太规整，用断块连缀而成，环体已经不全。中孔为双面管钻，环体较薄、窄，中间略厚，

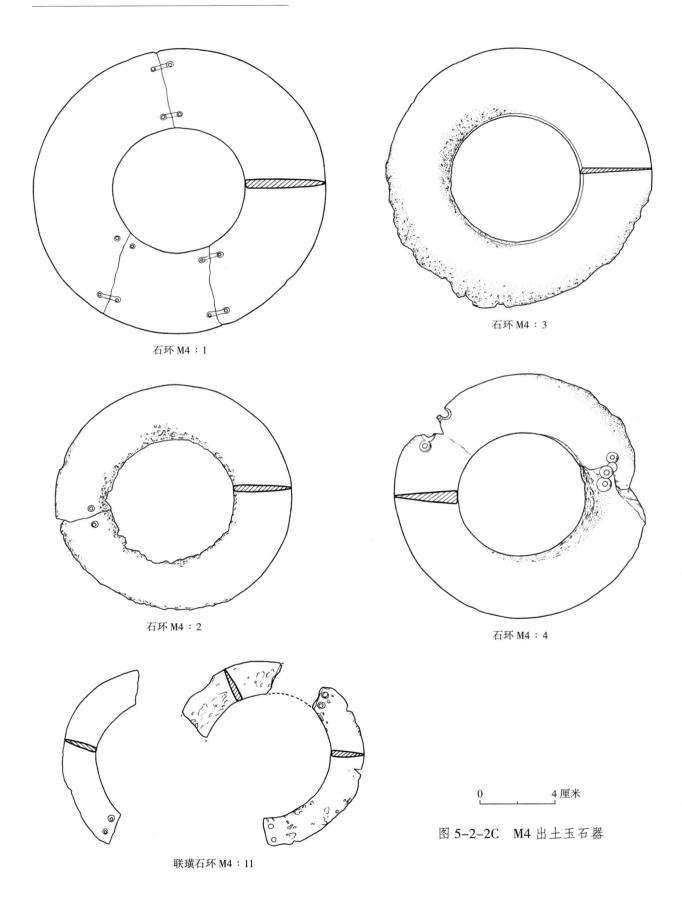

石环 M4：1

石环 M4：3

石环 M4：2

石环 M4：4

联璜石环 M4：11

0　　　　　　　4厘米

图 5-2-2C　M4 出土玉石器

外边缘渐薄呈刀状，断面为楔形。在两段缀连处有双面桯钻小孔，以二对二的方式联连接。外径 10.3、内径 6.7、最厚处 0.3、缀补小孔径 0.2 厘米。（图 5-2-2C；彩版 5-2-5:5）

M5

M5 位于南区中部的 T8。东北侧为 M8，东侧是 M13 和 M232，南侧为 M24，西南侧为 M25，西北部打破了 M6，东南部被第三期的大型墓葬 M171 打破。方向 296 度。西部的墓壁基本规整，墓圹转角处略弧，东北部斜向内收，而且上半部被后期破坏，底面很不平整，西部高出东部达 0.19 米。墓口距地表约 0.37、长约 1.80、宽约 0.60、现存深度 0.56~0.75 米。墓主人为一个 30~35 岁的男子，骨骼保存较差，头后仰，面略向北，口微张，下巴上翘，仰身，脊椎和胸腹部保存不好，锁骨与肋骨分布散乱，大部分仅存痕迹，左上臂伸直略外张，从肘部开始置于墓边，右上臂斜向外置，肘部上下断裂，近腕部缺失，骨盆酥碎，左腿伸直，右腿的股骨和绝大部分小腿骨被 M171 破坏，只留下部分小腿与左小腿并列，双脚向东端倒置。墓圹内填灰褐色花土。（图 5-2-3；彩版 5-2-6:1、2）

在墓主人下腹右侧近手臂处发现 1 件石环。

石环　M5:1，蛇纹石化大理岩。青灰色，一半受沁，局部因白化呈灰褐色。磨制较细，未留制作痕。环体较窄，内外圈均较圆，内缘厚，外缘薄，断面为楔形，中孔为双面管钻，留有钻痕，孔径的不同部位修整痕有微小差别。外径 8.9~9.0、孔径 5.6~5.8、最厚处 0.5 厘米。（图 5-2-3；彩版 5-2-6:3）

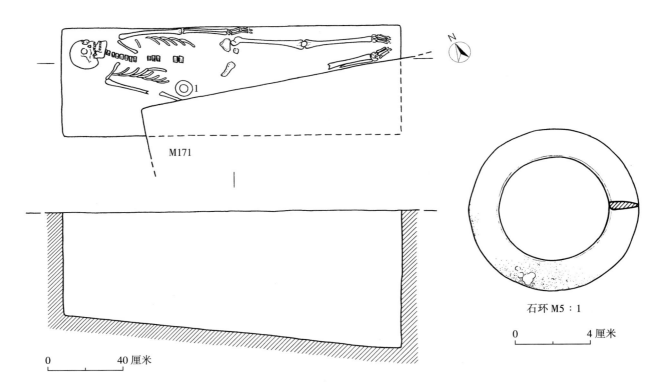

图 5-2-3　M5 平剖面图及其出土玉石器

1. 石环

M6

M6 位于南区中部的 T8。西侧为 M4，北侧为 M7，东南侧为 M24，西南侧是 M25，东部绝大部分被 M5 打破。方向 290 度。残余墓壁不太规整，墓底很不平整。墓口距地表约 0.37、残长约 0.85、宽约 0.59、现存深度约 0.27 米。墓主人为一个 40 岁左右的男子，葬式不规则，骨骼保存较差，头部已经严重残损且不成形，牙齿向上裸露，脊椎上半部分平置但扭曲，胸旁的肋骨缩聚在一起，腹侧的肋骨呈上下竖置，两上臂伸直，但并列斜置于身体右侧的上部，直到墓边，两臂的肘部以下顺置于体侧，腹部以下大部分被破坏，仅留下少量残断的盆骨。墓圹内填灰褐色花土。（彩版 5-2-6:1，5-2-7:1）

未发现随葬品。

M7

M7 位于南区中部的 T8。间于南侧的 M6 与北侧的 M173 之间，西南侧是 M4，东半部被第三期的大型墓 M22 打破。方向 265 度。墓圹较窄，墓壁不太规整，墓底呈斜坡状，东部较低。墓口距地表约 0.32、残长约 0.90、宽 0.40~0.44、现存深度 0.24~0.34 米。墓主人为一个 25 岁左右的女子，面向南，仰身，骨骼似受挤压，颈椎扭曲，胸椎以下基本挺直，肋骨散乱不全但在原位，两上臂紧贴于体侧，其中左上臂整体向内移位，肘部以下向外斜张，骨盆残破，下肢全部被 M22 破坏。墓圹内填灰褐色花土。（彩版 5-2-6:1，5-2-7:2）

未发现随葬品。

M8

M8 位于南区中部的 T8 与 T9。东北侧是 M23、M104，东南侧为 M232，西南侧为 M5。方向 290 度。墓葬四壁不太规整，墓底凹凸不平。墓口距地表约 0.34、长约 1.65、宽 0.30~0.36、现存深度 0.21 米。墓主人为一个 45 岁左右的女子，骨骼保存不好，头骨略被破坏且向上抬起，面向上，颈椎扭曲，仰身，胸椎以下残断，锁骨与肋骨被耕地扰乱，分布较散乱，左上臂紧贴于体侧，从肘部开始微向内斜置，右上臂顺置，肘部以下有部分被压在身下，骨盆保存不好，边缘缺损，两腿整体微向内伸直，踝部并拢，脚部仅存少许趾骨。墓圹内填灰褐色花土。（彩版 5-2-7:3）

未发现随葬品。

M9

M9 位于南区中部的 T9。北侧为 M226，西侧为 M198，南侧为 M23，东南部打破了 M106，东北部被第三期的 M225 打破。方向 281 度。本墓的范围内其实包括具有打破关系的 3 个墓葬，其中南部的墓葬被中间的墓打破，而西北部的墓葬又打破了中间的墓葬。由于墓葬上部受到近代耕地的严重破坏，三个墓葬均已不完整，而且不能明确区别各自的形制和范围，所以编了同一个墓号。目前清理出来的也仅仅是保存着骨骼的大致范围，边缘并不清晰，能确认的是南部墓葬的东、西和南边墓壁及中间墓葬的东壁，其余墓壁均已不存，尤其是北侧的墓葬只有部分骨骼，未留下任何可确认范围的迹象，三个墓葬的底部均凹凸不平。三个墓葬的墓主人年龄均不详，其中西北侧墓主人可能为一个成年男子，中部墓葬的墓主人的性别不详，南侧墓葬的墓主人可能为一成年男子。可确定葬式的仅中间墓葬，墓主人面微向南侧偏转，仰身，脊椎挺直，锁骨与南侧肋骨分布散乱，北侧被破坏，右臂紧贴于体侧，左臂被北部墓葬破坏，右腿伸直，脚向东倒置，左下肢已被北侧墓葬或耕土破坏。南部墓葬头部和左半身已被中部墓葬破坏，仅见右半身的部分骨骼，似为仰身直肢，右臂贴身顺置，手腕在骨盆外侧，但骨盆却保存不好，左腿的股骨被破坏，右腿和左小腿伸直，脚部并拢并向东南倒置于墓壁旁。西北部墓葬仅留下了右下肢和左小腿，均伸直，双脚并拢且向东侧倒置，其余均被破坏。现存墓口距地表约 0.40、清理范围长约 1.90、宽约 0.68、现存深度 0.20~0.65 米。墓圹内均填灰褐色花土。（彩版 5-2-7:4）

未发现随葬品。

M10

M10 位于南区中部的 T10。北侧为 M16，南侧为 M237，东侧是 M17，西北部打破了 M244，东北角被第三期的 M253 打破。方向 275 度。墓圹范围清晰，但墓壁不太规整，墓底西高东低，呈斜坡状。墓口距地表 0.35~0.40、长约 1.95、宽 0.46~0.5、现存深度 0.27~0.30 米。墓主人为一个 20 岁左右的成年女子，面向上，口张开，仰身，脊椎伸直，左侧锁骨不存，肋骨保存尚好，排列较整齐，左上臂略向外斜置，肘部以下向内斜折，手腕置于小腹部，右臂伸直置于体侧，手腕在骨盆外侧，骨盆保存较好，两腿略向内侧斜向伸直，踝部接近并拢，脚部仅存几节趾骨，已经看不出下葬时的放置方式。墓圹内填灰褐色花土。（图 5-2-4A；彩版 5-2-8:1）

墓主人头顶后侧、颈椎右侧的锁骨之上各发现 1 件骨簪。

骨簪　共 2 件。均用大中型动物长骨制成。器表为浅黄白色。整体为扁圆长条状，一端有一个肢骨端的"帽"，断面为弧边三角形或半圆形，进入肢体后有一周内凹束颈，中部是断面为椭圆形的长条，前段逐渐磨细，尖端为扁圆锥状，接近尖端处向一侧微弧，外面整体光滑平缓。

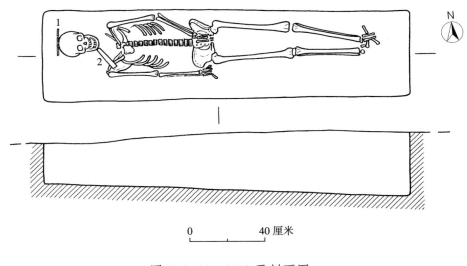

图 5-2-4A　M10 平剖面图

1、2. 骨簪

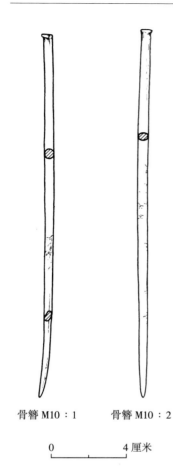

骨簪 M10：1   骨簪 M10：2

0 ____ 4 厘米

图 5-2-4B   M10 出土骨器

M10：1，全长约 19.9 厘米；后端断面为半圆形，直径 0.6 厘米；中部断面为椭圆形，长径 0.5、短径 0.3 厘米。（图 5-2-4B；彩版 5-2-8:2）

M10：2，全长约 20.2 厘米；后端断面为弧边三角形，边长 0.5~0.6 厘米；中部断面为椭圆形，长径 0.6、短径 0.4 厘米。（图 5-2-4B；彩版 5-2-8:3）

M11

M11 位于南区中部的 T10。西侧为 M14 和 M15，西南侧为 M16，东南侧为 M17，东北部打破了 M103。方向 260 度。墓葬范围不太清晰，墓壁不规整，墓底西高东低呈斜坡状，不平坦。墓口距地表约 0.35、长约 0.75、宽约 0.40、现存深度 0.23~0.30 米。墓主人为一个 6~7 岁的儿童，骨骼保存较差，十分酥碎，头部略高，上部被耕地破坏，似为仰身，胸部有不太整齐的肋骨，脊椎骨似向斜下方延伸，双上臂似伸直置于体侧，肘部以下不存，仅存半个骨盆，下半身酥碎或不存。墓圹内填灰褐色花土。（彩版 5-2-9:1）

未发现随葬品。

M12

M12 位于南区中部的 T9。北侧为 M23 与 M104，西北侧是 M8，西部打破 M13 和 M232，南部打破 M233，东北角被第三期的 M29 打破。方向 279 度。墓壁不太规整，近底部微内收，四个转角均圆弧，墓底基本平整。墓口距地表约 0.35、长约 1.80、宽 0.56~0.60、现存深度 0.60 米。墓主人为一个 40~44 岁的成年女子，整体位置偏于墓圹的北侧，面向南侧斜上方偏转，脊椎较直，锁骨与肋骨保存较好，排列整齐，双臂皆顺置于体侧，左臂的肘部以下微向外张，左右手腕均向内斜折置于盆骨旁边，双腿微向内侧伸直，脚部并列，向东倒置。墓圹内填灰褐色花土。（彩版 5-2-9:2）

未发现随葬品。

M13

M13 位于南区中部的 T9。北部打破了 M232 的上半部，东部被 M12 打破，西部被第三期的 M171 打破。方向 279 度。残存的少部分南、北中段墓壁基本规整，墓底较平整。墓口距地表约 0.35、残长 0.49~0.60、宽约 0.45、现存深度约 0.50 米。墓主人为一个 35~39 岁的成年女子，由于前、后两端均被打破，骨骼仅余胸、腹部到骨盆之间的一小部分，墓主人为仰身，脊椎断裂，肋骨残缺不全，散置于脊椎两侧，左臂伸直，顺置于体侧，手腕放在骨盆之下，右上臂不存，肘部以下向内斜折，置于骨盆之上，手腕放在骨盆中部，脊椎、部分肋骨及骨盆基本保持在原位，保存尚好。墓圹内填灰褐色花土。（彩版 5-2-9:3）

未发现随葬品。

M14

M14 位于南区中部的 T10。东南侧是 M16，东部是 M11，北部打破了 M15，西部被近代沟破坏。方向 250 度。残存着中、东部的少部分墓壁，壁面不太规整，墓底基本平整。墓口距地表约 0.32、残长 0.91~1.28、宽约 0.40、现存深度约 0.48 米。墓主人为一个成年女子，年龄不详，仰身，上半身大部分已不存，只有近骨盆处的少数脊椎尚在原位，左臂伸直置于体侧，手腕放在骨盆外侧，右臂整体不存，仅有几节手指骨散置于股骨外侧，骨盆两侧边酥碎，两腿向内侧斜置，踝部并拢，散碎的脚掌和脚趾骨向东倒置。墓圹内填灰褐色花土。（彩版 5-2-9:4）

未发现随葬品。

M15

M15 位于南区中部的 T10。北侧为 M261，东北侧是 M260，南部被 M14 打破，西部被近代沟打破。方向 264 度。残存的东、西和北侧墓壁均不太规整，墓底基本平整。墓口距地表约 0.32、残长约 0.78、宽 0.38~0.45、现存深度约 0.45 米。墓主人为一个 40 岁左右的女子，头部略向南偏转，头顶有少部分被近代沟破坏，面向上，口张开，仰身，右侧从肩膀至骨盆部分均被 M14 破坏，脊椎酥碎并扭曲，锁骨保存尚好，左侧肋骨排列整齐，右侧肋骨散乱，右臂已不存，左上臂顺置于身体外侧，肘部以下略向内侧斜置，骨盆仅有左侧的一半且酥碎，下肢仅存左腿的股骨部分，直肢。墓圹内填灰褐色花土。（彩版 5-2-9:4）

未发现随葬品。

M16

M16 位于南区中部的 T10。西北侧为 M14，东北侧是 M11，南部打破 M243，西部被第三期的 M30 打破。方向 270 度。墓圹清晰，墓壁不太规整，墓底中部略低，西部略高。墓口距地表约 0.37、残长约 1.45、宽 0.44~0.58、现存深度 0.23~0.32 米。墓主人为一个 27~28 岁的男子，头部与颈部因 M30 墓圹的破坏已不存，仰身，残存的脊椎较直，肋骨排列较好，左臂自然伸直置于体侧，手腕放在骨盆与股骨交接处外侧，右上臂顺置于体侧，从肘部以下向内斜置于小腹之上，两腿平行伸直，脚部略上翘，并向内侧相互支撑、倒置。墓圹内填灰褐色花土。（彩版 5-2-10:1）

未发现随葬品。

M17

M17 位于南区中部的 T11。西北侧为 M11、M103，东北侧是 M19 和 M20，西侧为 M10，北部被第三期的 M253 打破。方向 285 度。西端略宽，墓葬范围不太清晰，墓壁也不太规整，墓底基本平整。墓口距地表约 0.40、长约 0.73、宽 0.31~0.36、现存深度 0.22~0.24 米。墓主人为一个不超过 2 个月的婴儿，骨骼保存较差，头端略高，上部已被耕地破坏，身体仅存极少数肢骨与肋骨，散置于墓圹中东部。墓圹内填灰褐色花土。（彩版 5-2-10:2）

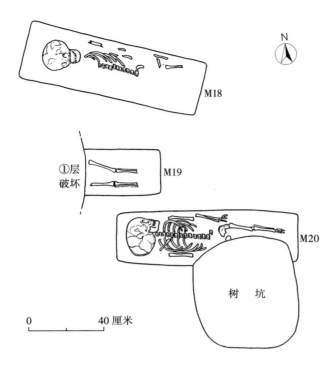

图 5-2-5　M18、M19、M20 平面图

未发现随葬品。

M18

M18 位于南区中部的 T11。南侧紧邻 M19，西侧是 M103，北侧为 M259。方向 295 度。墓圹西端略宽，墓壁不太规整，墓底亦不平整。墓口距地表约 0.36、长约 0.96、宽 0.30~0.32、现存深度约 0.29 米。墓主人为一个 8~9 岁的儿童，骨骼保存较差，头骨上部已被耕土破坏，仅存极少数肢骨与肋骨，散乱地置于墓室中、北部。墓圹内填灰褐色花土。（图 5-2-5；彩版 5-2-10:3）

未发现随葬品。

M19

M19 位于南区中部的 T11。北侧紧邻 M18，西侧是 M103，南侧为 M20。方向 275 度。由于上部被耕地破坏，所以仅残存东部少许墓圹，范围不太清晰，墓壁很不规整，墓底亦不平整。墓口距地表约 0.40、残长约 0.40、宽约 0.25、现存最深处约 0.13 米。墓主人为一个不超过 4 个月的婴儿，仅存微向内侧斜置的两腿，股骨与胫、腓骨均十分酥碎。墓圹内填灰褐色花土。（图 5-2-5；彩版 5-2-10:3）

未发现随葬品。

M20

M20 位于南区中部的 T11。北侧紧邻 M19，西侧为 M103，西南侧是 M17，东南部被一现代树坑破坏。方向 275 度。墓壁不太规整，墓底呈斜坡状，头部所在的西部略高。墓口距地表约 0.40、长约 0.96、宽约 0.28、现存深度 0.17~0.30 米。墓主人为一个 3~5 岁的儿童，骨骼保存较差，头部已被耕地时压扁，面向北侧偏转，颈椎与脊椎残碎，肋骨保存较好，排列整齐；左上臂伸直置于体侧，肘部以下骨骼移位，手腕放在骨盆旁边，右小臂及右侧骨盆及右腿均被树坑破坏，左腿伸直，脚部已经酥碎不存。墓圹内填灰褐色花土。（图 5-2-5；彩版 5-2-10:3）

未发现随葬品。

M21

M21 位于南区最西部，也就是整个墓地的最西端，分布在 T1。方向 280 度。南部被近年一个树坑打破。墓壁北侧边缘较清楚，其余圹界不太清晰，也不太规整，墓底呈斜坡状，头部略高。墓口距地表约 0.20、长约 2.00、宽约 0.90、现存深度 0.10 米。双人合葬墓，墓内平行葬着两位死者，

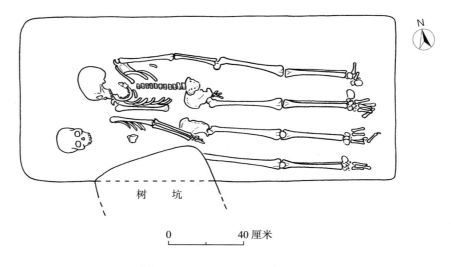

图 5-2-6 M21 平面图

保存状况不太好，葬式相同，均为仰身直肢。南面为一个 25~30 岁的男子，面向上，右臂与胸部至骨盆整个被树坑破坏，左臂伸直，顺置于体侧，肘部以下略向内斜，腕部散置部分指骨，两腿平行伸直，双脚分别向东侧倒置。北侧为一个 30~35 岁的女子，颈部的骨头较乱，面向南侧偏转，胸部骨骼酥碎，脊椎、锁骨肋骨散置在一起，左臂自然伸直置于体侧，手腕放在破碎的骨盆之下，右上臂顺置于体侧，肘部以下残存一小段骨骼斜放在南侧死者腕部，骨盆保存极差，仅存痕迹，两腿平行伸直，双脚向东端倒置。墓圹内填灰褐色花土。（图 5-2-6；彩版 5-2-11:1）

未发现随葬品。

我们曾经怀疑这座墓葬是两座具有打破关系的墓葬，但平面上分不出两个墓圹，未发现打破的痕迹，墓底部的两个死者也位于同一平面，而且方向、高度一致，虽然头部的位置略有区别，但脚端却平齐。尽管从葬制来说，该墓的情况与墓地的任何一个阶段墓葬均有差距，南北两侧的墓葬均距其较远，而且邻近的全部是头向西北的第一期墓葬，这里已经超出墓地头向西部的第二到第四期所有墓葬的分布范围。但是，如果这确是本墓地唯一的一座双人合葬墓，将其排除在史前时期之外，唯恐失去一个重要信息，思考再三，决定姑且归入第二期，以待识者考证。

M23

M23 位于南区中部的 T9。北侧邻近 M9，西南侧为 M8，南部为 M104。方向 278 度。四壁不太规整，壁面稍倾斜，墓底略小于口部，头端高于脚部约 0.15 米。墓口距地表约 0.33、长约 1.79、宽约 0.40、现存深度 0.27~0.42 米。墓主人为一个 45~50 岁的女子，面微向北上方偏转，口张开，仰身，脊椎较直，但两侧的肋骨较乱，左上臂受挤压，肩膀处抵近下颌骨，整体由内侧斜向外置于身体左上方，手腕在骨盆外侧，右上臂微向外张，肘部以下顺置在体侧，腕部在骨盆外侧，两腿基本平行伸直，双脚并列，向东倒置。墓圹内填灰褐色花土。（图 5-2-7；彩版 5-2-11:2）

未发现随葬品。

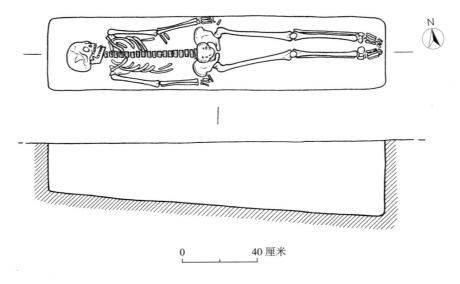

图 5-2-7　M23 平剖面图

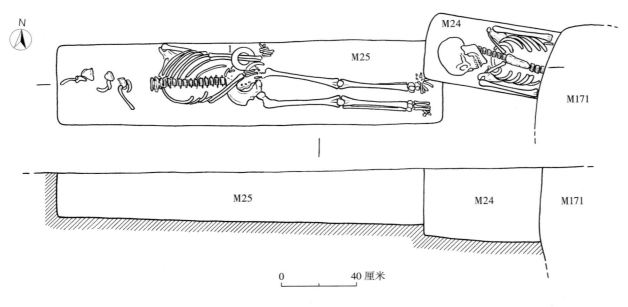

图 5-2-8A　M24、M25 平剖面图

1. 石环

M24

M24 位于南区中部的 T8。北侧邻 M5 与 M6，南侧是 M177，西南角打破 M25，东半部被第三期的 M171 打破。方向 272 度。墓葬仅存西部的少半部分，残存墓壁较规整，墓底倾斜，头部略高。墓口距地表约 0.36、残长约 0.65、宽约 0.38、现存深度 0.36~0.40 米。墓主人为一个 20~25 岁的男子，头部向南倾斜，面亦向南侧偏转，仰身，两上臂自然伸直顺置于体侧，脊椎酥碎，但较直，肋骨保存良好，排列整齐，从腹部、肘部以下全部被破坏。墓圹内填灰褐色花土。（图 5-2-8A；彩版 5-2-11:3）

未发现随葬品。

M25

M25 位于南区中部的 T8。西北侧为 M3 和 M4，东北侧为 M6，东南侧是 M174 和 M177，东部被 M24 打破。方向 265 度。墓葬上部被现代耕地破坏。墓葬整体较狭长，墓壁不太规整，墓底呈斜坡状，头部略高。墓口距地表约 0.36、长约 2.05、宽约 0.44、现存深度 0.24~0.30 米。墓主人为一成年男子，年龄不详，头部已经严重扰乱，骨骼乱置，面向不清，仰身但微向北侧倾斜，脊椎酥碎残缺，左侧肋骨较整齐，右侧肋骨略向内扣，左臂顺置于体侧下方，腕骨在骨盆外散布，右上臂被从上部抽走，从肘部开始斜向内置，整体斜放在腹部，手腕放在左侧骨盆之上，左右手腕在身体左骨盆旁接近，由于手臂向左斜向放置，带动整个上半身均微向北倾斜，两腿的位置整体微向南偏，股骨略向内斜置，膝部以下平行伸直，脚部向内倾斜倒置。墓圹内填灰褐色花土。（图 5-2-8A；彩版 5-2-12:1）

墓主人的左臂接近手腕部套着一件石环。

石环　M25:1，大理岩，质地较细腻。原器应为青灰色，由于沁蚀严重，表面大部分变为褐色或灰白色。整体已断为两截，内外圈均不太圆，内缘较厚，外缘边薄，断面为一端圆弧的楔形，中孔为双面管钻后经修整。外径 11.5~12.1、孔径 6.3~6.5、最厚处 0.5 厘米。（图 5-2-8B；彩版 5-2-12:2）

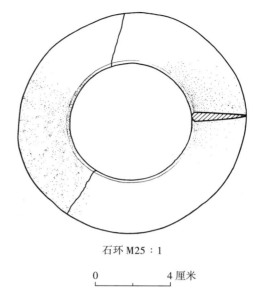

石环 M25:1

0 _____ 4 厘米

图 5-2-8B　M25 出土玉石器

M26

M26 位于南区西部的 T3。南侧为 M27，西北侧是 M39，北侧为 M44，东半部被 M68 打破。方向 280 度。墓葬上半部被近代平整土地时破坏，墓口部不平整，墓壁也不太规整，墓底呈斜坡状，头部略高。墓口距地表约 0.30、残长约 1.50、宽 0.47~0.54、现存深度 0.40~0.49 米。墓主人为一个 20~25 岁的男子，面向上，口大张，仰身，脊椎较直，左侧肋骨排列整齐，右侧肋骨稍移位，右上臂沿身体顺置，肘部微向外弓，手腕向东侧倒置；左上臂略向外撇，从肘部开始斜向内折，手部置于下腹位置，斜向倒置；骨盆保存较好，两腿伸直，右侧股骨因曾骨折呈弧形外弓，膝部以下部分全部被 M68 破坏。墓圹内填灰褐色花土。（图 5-2-9；彩版 5-2-12:3）

墓内共随葬 3 件石器，其中石钺和单孔石器均置于墓主人身下，右臂与手腕交接处的上部放置着 1 件石环。

石钺　M26:3，大理岩。黄褐色，沁蚀严重，表面已白化。器形规整，平面为梯形，顶端残，中间略厚，边缘稍薄，一侧边打磨出三个纵豁口，豁口在两面均向器体延伸为渐浅式凹槽，刃部平齐，一个刃角近弧形，另一个刃角残。接近顶端的平面中央有一个单面管钻孔，孔周有朱砂痕。残长 16.0~16.3、宽 9.5~10.5、最厚处约 0.8、孔径 1.8~2.2 厘米。（图 5-2-9；彩版 5-2-13:2）

单孔石器　M26:2，泥页岩。浅白色。整体为长条形，形制较为规整，大部分厚薄较均匀，

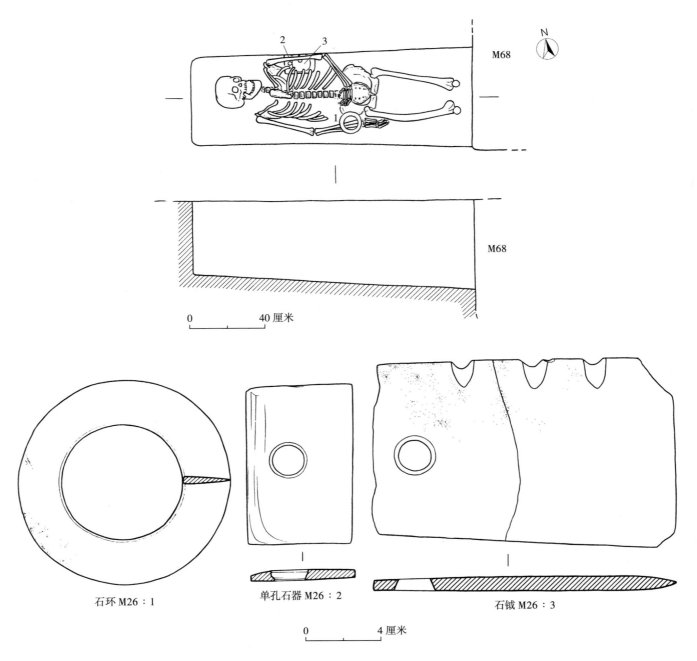

图 5-2-9　M26 平剖面图及其出土玉石器

1. 石环　2. 单孔石器　3. 石钺

只有靠近中孔的一边稍磨薄，平面中央近一长边处有一个双面管钻孔，孔中部微内凹。长 8.3~8.8、宽 6.5、最厚处 0.6、孔径 1.5~2.0 厘米。（图 5-2-9；彩版 5-2-13:1）

　　石环　M26:1，蛇纹石化大理岩。青灰色，一面受沁严重，表面有许多褐色斑纹。器形规整，中孔为双面管钻，内外圈均较圆，内缘处稍厚，外边缘较薄，断面为楔形。外径 11.3、中孔径 6.5、最厚处 0.4 厘米。（图 5-2-9；彩版 5-2-13:3）

M27

M27 位于南区西部的 T3。北邻 M26，东北侧是 M68，东南侧为 M28，西南侧是 M76。方向280 度。墓圹范围清晰，墓壁较规整，墓底呈斜坡状，头部略高。墓口距地表约 0.20、长约 1.95、宽约 0.50、现存深度 0.61~0.69 米。墓主人为一个 40~45 岁的男子，面向北侧偏转，口大张，仰身，脊椎较直，但保存不好，酥碎不堪，锁骨与肋骨保存较好，排列较整齐，双臂顺置于体侧，两手腕均放在骨盆与股骨交接处外侧，股骨略向内侧斜置，膝部略向内并拢，膝部以下微向外伸直，脚掌并列，分别向东端倒置。墓圹内填灰褐色花土。（图 5-2-10A；彩版 5-2-14:1）

墓室内共随葬 4 件玉石器：下腹部有石钺和长方形单孔石器各 1 件，其中单孔石器位于南侧；墓主人身下的胸椎部位顺置 1 件三孔石刀；右下臂上套着一件已经残断的石环。

石钺 M27：1，大理岩。本色应为青灰色，由于整体受沁，器表已经变为黄白色。整体呈梯形，器形不规整，顶端斜直，一面的近中部有一块已经剥落，两侧边缘不整齐，器体中间略厚，边缘稍薄，双面为微凸起的弧面，刃角为弧形，刃中部凹凸不平，近顶端的平面中央有一个单面管钻的圆形孔。长 12.0~13.8、宽 7.5~11.5、最厚处 1.2、孔径 1.5~1.7 厘米。（图 5-2-10B；彩版 5-2-14:2）

单孔石器 M27：2，千枚状片岩，质细成层。灰绿色。整体为长条形，四边平齐，均厚，中央近一端长边处有一个单面钻孔，稍作修整。两个呈对角位置的转角处均有小面积残损、剥落痕迹。长 9.0~9.4、宽约 4.2、厚 0.4、孔径 1.5~1.7 厘米。（图 5-2-10B；彩版 5-2-14:3）

三孔石刀 M27：4，白云岩，受沁严重。黄白色。形制不规整，背部较平直，一侧边呈弧形，另一侧边斜直但较短，中部较厚，边缘稍薄，刃部为凸弧形，但弧线不流畅，圆弧角，靠近短边

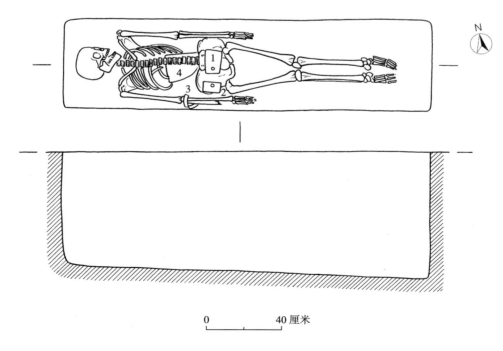

0   40 厘米

图 5-2-10A M27 平剖面图

1. 石钺   2. 单孔石器   3. 石环（残）   4. 三孔石刀

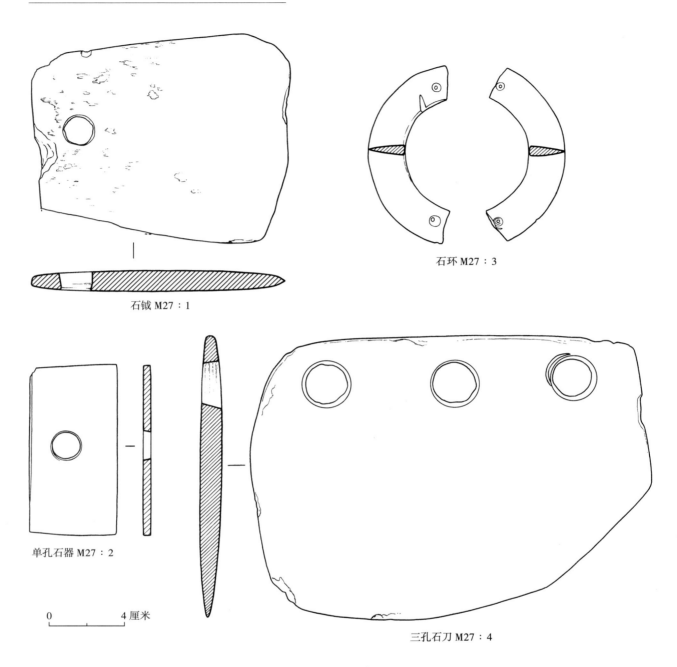

石钺 M27：1

石环 M27：3

单孔石器 M27：2

0　　　　4 厘米

三孔石刀 M27：4

图 5-2-10B　M27 出土玉石器

的一半为斜刃，近背部的平面上有三个基本等距的单面管钻孔，其中一侧孔周有部分钻孔时偏离钻孔的痕迹。长 18.0~21.2、宽 7.8~15.5、最厚处约 1.1、孔径 2.2~2.6 厘米。（图 5-2-10B；彩版 5-2-15）

　　石环　M27：3，已残，仅余不相连接的两块。大理岩。豆青色，略泛白，其中一块受沁较严重。磨制较好，中厚边薄，断面为楔形，中孔为双面管钻。用于连缀的小孔为双面桯钻，略有斜度，以一对一的方式连接，在器身近中孔处有切割痕。外径 10.4、内径 6.5、最厚处 0.5 厘米。（图 5-2-10B；彩版 5-2-14:4）

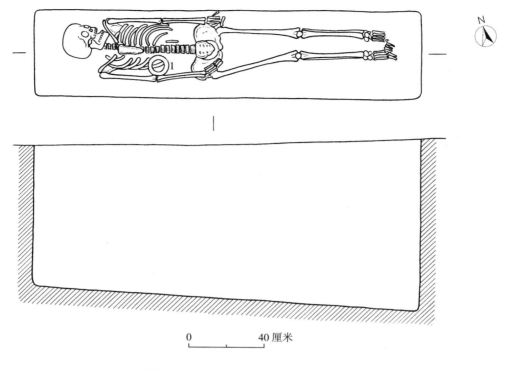

图 5-2-11A　M28 平剖面图

1. 石环

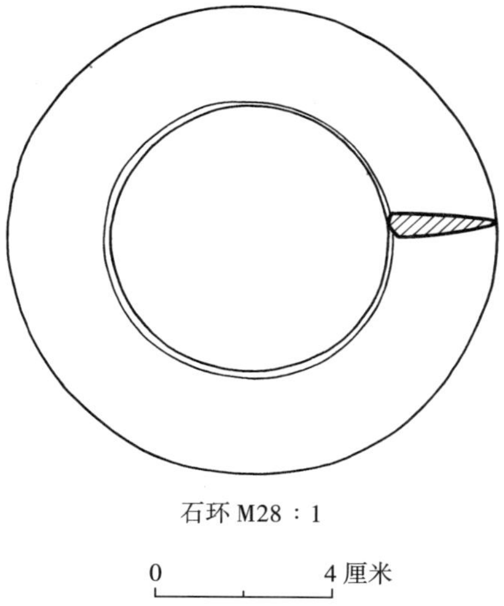

M28

M28 位于南区西部的 T3 和 T4。东侧由南向北分布着 M111、M74 和 M69，西南侧为 M80 和 M83，西侧为 M27。方向 285 度。墓圹较清晰，墓壁也较规整，墓底呈斜坡状，头部略高。墓口距地表 0.25~0.30、长约 2.15、宽约 0.49、现存深度 0.82~0.95 米。墓主人为一个 35~39 岁的男子，面向北侧偏转，口大张，仰身，脊椎与肋骨均保存较好，排列整齐，左臂伸直顺置于体侧，手腕放在骨盆之下，右上臂微外张，从肘部开始向内斜置，手腕放在下腹部，骨盆边缘残损，双腿微向内侧伸直，踝骨接近并拢，双脚并列并分别向东端倒置。墓圹内填灰褐色花土。（图 5-2-11A；彩版 5-2-16：1）

墓主人右腹部紧靠右臂肘弯处发现 1 件石环。

石环　M28：1，大理岩。原器为浅灰色，由于沁蚀白化，器表呈黄白色。器形规整，中孔双面管钻，外圈较圆，内缘为凸弧面并较厚，外侧边缘略薄，断面近楔形。外径 10.8~11.0、内径 6.2、最厚处 0.5 厘米。（图 5-2-11B；彩版 5-2-16：2）

石环 M28：1

图 5-2-11B　M28 出土玉石器

M39

M39 位于南区最西部的 T14 和 T15。北侧为 M41，东北侧为 M44，东南侧是 M26。方向 300

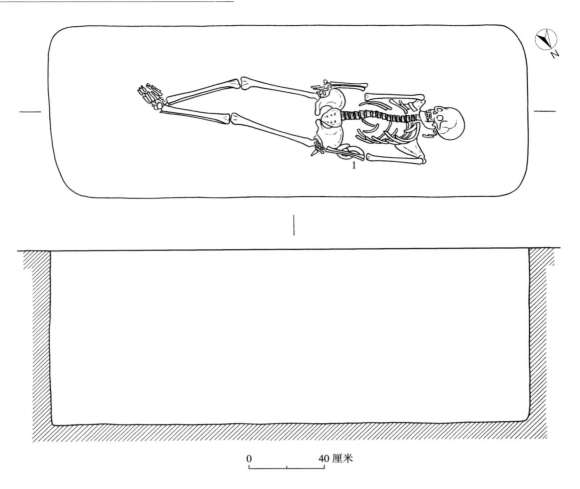

图 5-2-12A　M39 平剖面图

1. 石环（残）

度。墓圹两端呈圆弧形，墓壁近直，底部平坦。墓口距地表约 0.50、长约 2.55、宽约 0.94、现存深度为 0.95 米。墓主人为一个 40~45 岁的男子，面微向南侧上方偏转，仰身，整个尸骨右侧似受到挤压，脊椎不直，胸部以下的部分椎体移位，右侧肋骨也比较散乱，双上臂皆紧贴于身体两侧，但肘部均错位，左臂肘部以下微向内斜，手腕在骨盆东侧略外弯曲，右臂肘部以下仍顺置于体侧，手腕置于盆骨之下，骨盆边缘残损，左腿斜向内侧伸直，右腿膝部呈弓形稍稍向南侧凸出，小腿微向内斜收，踝部并拢，双脚并列，分别向东南侧倒置。墓圹内填灰褐色花土。（图 5-2-12A；彩版 5-2-16:3）

在墓主人的左下臂压着 1 件断为三截的环。

石环　M39：1，大理岩。浅绿色，有部分不太

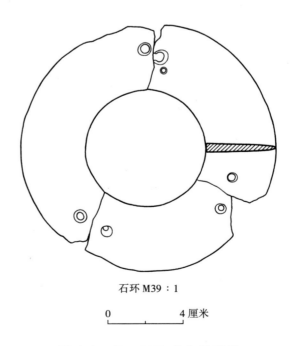

石环 M39：1

图 5-2-12B　M39 出土玉石器

明显的深灰色或灰白色条带。器形较规整，中孔为双面管钻，内外圈均较圆，内缘较直，外侧边缘略薄，断面近楔形。入葬前已断为三段，断茬整齐，所有两段相接处均有一对一的双面桯钻孔相对应，仅有一处钻有两个小孔。外径 13.5、内径 6.3、最厚处 0.5、小孔直径约 0.2~0.8 厘米。（图 5-2-12B；彩版 5-2-16:4）

M41

M41 位于南区西部的 T14 和 T15 及北侧扩方范围内。该墓以北就是南部发掘区的北侧边缘，南侧为 M39，东南侧是 M79。方向 271 度。口部所在的平面倾斜，南侧低北侧高，平面形制不规则，墓壁两端呈圆弧形，但南壁靠东南角的部分墓壁上部坍塌，墓穴的上半部略大于下葬时的范围，底部平坦且基本保持了墓葬的原来规模。墓口距地表约 0.30~0.40、底长约 2.50、底宽约 0.90、现存深度为 1.15 米。墓主人为一个 30~35 岁的男子，头骨残破，面向上，仰身，颈椎残缺，胸椎以下较直，左肩部骨骼腐朽，锁骨仅见于右侧，肋骨排列较整齐，但胸部略显散乱，左臂紧贴于体侧，呈微弧形向内弯，手腕置于骨盆上部，右上臂向外斜置，从肘部开始向内折，手腕部分置于腹部，骨盆的两侧边缘酥碎，两腿伸直，膝部微呈弓形向两侧凸出，踝部接近并拢，脚掌骨向内侧倒置。墓圹内填灰褐色花土。（彩版 5-2-17:1）

未发现随葬品。

M44

M44 位于南区西部 T15。北侧为 M79，南侧为 M26，西南侧是 M39，东南角被 M73 打破。方向 275 度。墓葬西端呈圆弧形且略宽，东端近方形，墓壁较规整，底部为斜坡状，头端较深。墓口距地表约 0.50、长约 1.90、宽 0.34~0.40、现存深度为 0.10~0.35 米。墓主人为一个 30~35 岁的女子，人骨保存情况不太好，面向南侧偏转，口张开，仰身，脊椎较直，锁骨保存良好，肋骨略显散乱，双臂皆顺置于体侧，手腕均放在骨盆与股骨交接处外侧，骨盆两侧缘已经朽坏，股骨微向内侧斜收，膝部以下平行伸直，已经不全的左脚趾骨向东北方向倒置，被打破的东南角旁边散置有右脚的少许趾骨。墓圹内填灰褐色花土。（彩版 5-2-17:2）

未发现随葬品。

M45

M45 位于南区最西部的 T25。东北侧为 M46，东南侧为 M61，墓之下叠压着 M105。方向 280 度。墓底略小于口部，南侧中部略内收，头部所在的西端略宽，墓壁较规整，底部亦较平整。墓口距地表约 0.25、长约 2.00、宽 0.59~0.74、现存深度为 0.50 米。墓主人为一个 35~40 岁的男子，人骨保存情况较好，面部略向南偏转，口微张，仰身，颈椎微向北偏，胸脊向北弓形凸出，椎体呈 S 形扭曲，锁骨与肋骨排列整齐，双上臂皆顺置于体侧，从肘部开始双臂均微向内斜折，左手腕部放在骨盆之上，而右手腕则压在骨盆之下，骨盆两侧缘已经缺损，双腿的股骨微向内侧斜收，膝部以下平行伸直，踝部并拢，双脚并列且分别向东侧倒置。墓圹内填黄褐色花土。（图 5-2-13；彩版 5-2-17:3）

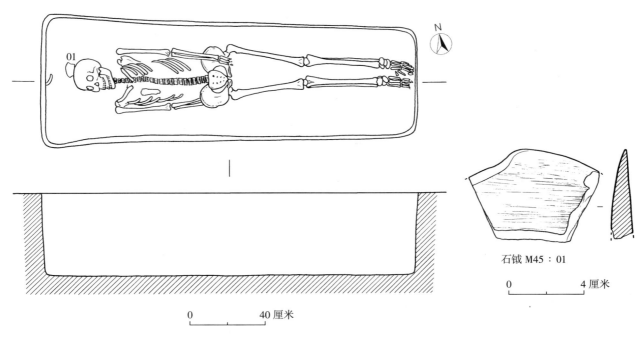

图 5-2-13　M45 平剖面图及其填土出土玉石器
01. 石钺

　　墓内没有发现随葬品。在墓葬底部西端墓主人头骨后发现一件石钺的残片，从位置和器物的保存情况看，应该不是该墓的随葬品，而是填土中的遗物。

　　石钺　M45：01，残，仅余一小段。大理岩。灰黑色，夹白色条带状斑块。中部较厚，边薄，断面为楔形。残存长约 5.0、残宽 4.0~7.0 厘米。（图 5-2-13；彩版 5-2-17:4）

　　M46

　　M46 位于南区最西部的 T26 和 T27。西南侧为 M45，南侧为 M61，北侧为 M76，东侧为 M54，东南部打破第一期的 M62，北部打破一个可能为稍早时期的半圆形坑，但坑内未发现任何遗物。方向 285 度。北侧尚保留着距底面约 0.15 米的墓壁，墓底略小于口部，西端略宽，东端稍窄，墓壁规整，底部较平。墓口距地表约 0.25、长约 2.00、宽 0.65、现存深度约 1.10 米。墓主人为一个 40~44 岁的女子，面部略向北侧偏转，口张开，仰身，脊椎伸直，锁骨、肋骨排列整齐，双臂置于体侧且略外张，双手均位于骨盆的外侧，骨盆边缘残破，右腿基本伸直，左腿股骨略向内斜，膝部并拢，双腿在膝部以下均微向外撇，脚尖向外，脚掌分别向东北或东南侧倒置。墓圹内填黄褐色花土。（图 5-2-14；彩版 5-2-18:1）

　　墓内共发现 5 件石器：1 件石璧套在墓主人的右臂上，另外 1 件石璧平放在左腿外侧近膝部；1 件三孔石刀竖向平放于腹部，刃部向北；左上臂之上横置 1 件石钺，钺北侧的墓壁旁还有 1 件与其配套的单孔石器。

　　石钺　M46：2，石灰岩。土黄色，带褐色斑点。形制较规整，整体为长条形，四边均为弧形边，转角较和缓，中部略厚，边缘稍薄，边缘均较钝，双面平刃也不锋利，一侧边的正中部击打出三

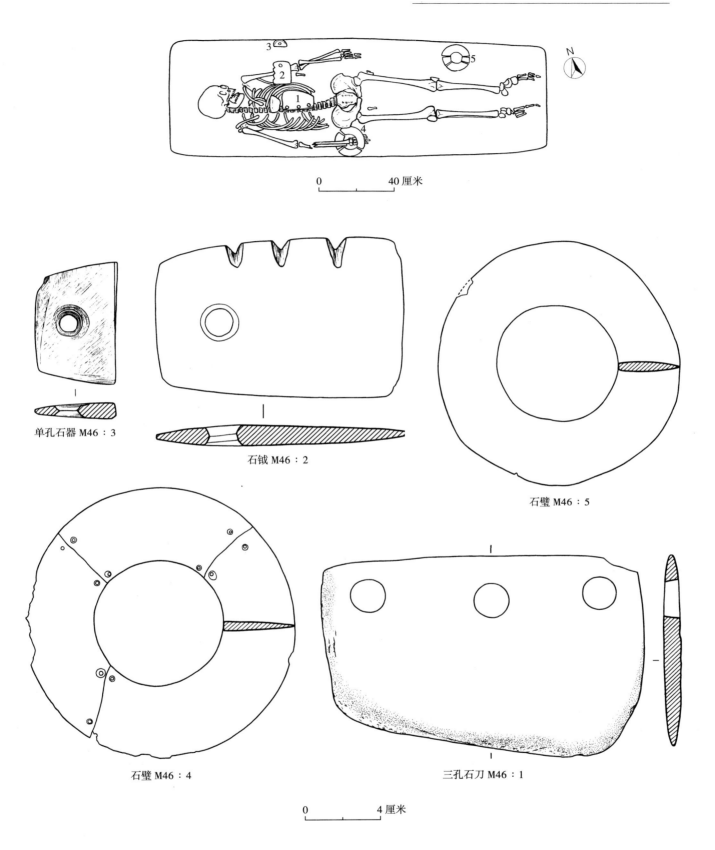

图 5-2-14　M46 平面图及其出土玉石器
1. 三孔石刀　2. 石钺　3. 单孔石器　4、5. 石璧

个等距离的豁口，豁口在两面均由边缘向器体中部延伸为逐渐变浅的凹槽，近顶端的平面中央有一个两面桯钻的圆形小孔，曾稍作修整。长 13.3、宽 6.5~7.8、最厚处 1.2、孔径 1.5~2.0 厘米。（图 5-2-14；彩版 5-2-19:1）

单孔石器　M46：3，泥叶岩。紫红色，带黄绿斑。一端窄一端宽，接近梯形，窄端略薄，宽端稍厚并留有切痕，器物平面正中有一个双面管钻的小孔，孔周留有半圈凹入的钻痕。器表有许多红色，仿佛被朱红浸染。长 5.0~6.8、宽 4.3、最厚处 0.9、孔径 1.0~2.0 厘米。（图 5-2-14；彩版 5-2-18:2）

三孔石刀　M46：1，石灰岩。浅灰色，一面受沁严重，呈土黄色，另一面只边缘受沁。形制不太规整，平面近长方形，一端略宽，另一端稍窄，两侧与刃部均为弧边，圆角双面斜刃，背部平齐，中间厚，边缘薄，接近背部的平面上等距分布三个单面管钻的圆形小孔，孔的直径一面略大，另一面稍小，孔周留有朱砂和旋转痕。长 17.0、宽 7.0~11.0、厚 1.0、孔径 1.8~2.1 厘米。（图 5-2-14；彩版 5-2-19:2）

石璧　2 件，皆蛇纹石化大理岩。内缘厚，外缘薄，断面为楔形。

M46：4，青绿色，沁蚀严重，部分白化。形制较规整，中孔为单面管钻，内外圈均较圆，缘较直。已断裂为长度不等的三段，由两两相对的双面桯钻的小孔缀连。外径 14.6、中孔径 6.9、最厚处 0.6 厘米。（图 5-2-14；彩版 5-2-18:3）

M46：5，深绿色，带黑色条纹，质地较粗。形制不太规整，外圈磨制不精细，多见未磨圆的凸棱痕，内圈经修整，但磨边不光滑。发现时已断为长短不一的四段。外径 13.0~13.5、中孔径 6.5、最厚处 0.5 厘米。（图 5-2-14；彩版 5-2-18:4）

M47

M47 位于南区中部偏西北的 T16 和 T17。东北侧为 M102，西北侧为 M82 和 M89，西侧是 M77，东南邻 M98。方向 270 度。墓圹清晰，墓壁较规整，底部与口部均依地势西北高、东南低。墓口距地表约 0.30、长约 2.30、宽约 0.76、现存深度约 0.50 米。墓主人为一个 40~44 岁的男子，头部略向南偏转，面向上，口大张，颈椎斜置，仰身，胸椎以下较直，锁骨与肋骨保持在原位，并且排列整齐，左上臂顺置于体侧，肘部以下微向内斜置，手腕向内斜折，整个手部均置于骨盆

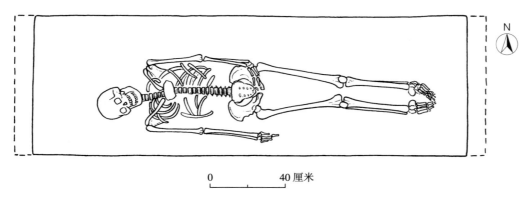

0　　　　40厘米

图 5-2-15　M47 平面图

之上，右臂顺置于体侧，手腕放在骨盆与股骨交接处的外侧，两腿微向内斜向伸直，踝部并拢，脚尖微向内扣，分别向东端倒置。墓圹内填黄褐色花土。（图5-2-15；彩版5-2-20:1）

未发现随葬品。

M48

M48位于南区西部的T27。南侧为M142，东侧是M58和M67，北侧为M55，西北部打破M51。方向280度。墓圹较窄小，墓底略小于口部，墓壁较规整，底部亦较平整。墓口距地表约0.50、长约1.80、宽约0.30、现存深度约0.75米。墓主人为一个45~50岁的男子，人骨保存情况较好，头部向南侧偏置，使颈部及整个身体亦向南侧倾斜，左侧身体略高，面向东南侧偏转，口微张，仰身，胸椎以下椎体因颈部偏转而微扭曲，锁骨位置偏移，右侧肋骨排列较整齐，左侧肋骨部分有些乱，左上臂顺置于左胸上，从肘部开始斜向内折，手腕向下外折，置于右腹和骨盆之上，右臂顺置于体侧，手腕在骨盆与股骨交接处外侧，两腿平行伸直，双脚并列，脚尖分别向东南端倒置。墓圹内填黄褐色花土。（图5-2-16A；彩版5-2-20:2）

墓内共随葬4件玉石器，其中1件石环2件联璜石环一起叠套在墓主人右下臂近肘部，另外有1件石钺平放在两腿的股骨之间，刃部向北。

石钺　M48：4，大理岩，边缘沁蚀残损。黑色夹杂白色条纹。形制不规整，整体近平行四边形，顶端部分内凹呈弧边，边缘微外弧并磨薄，转角圆弧，斜直刃，平面近顶端有一个较大的单面管钻孔。长14.5~15.5、宽10.2~12.2、最厚处1.3、孔径2.5~3.0厘米。（图5-2-16B；彩版5-2-21:1）

石环　M48：3，蛇纹石化大理岩。青绿色，局部受沁发黄。器身较薄，内缘稍厚，外边缘磨刃，

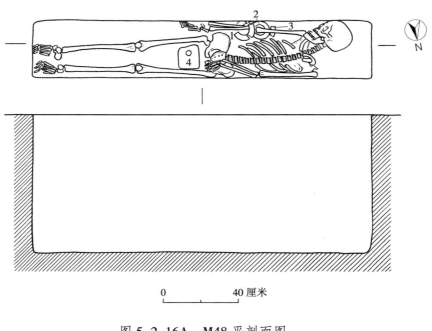

0　　　　　　40厘米

图5-2-16A　M48平剖面图

1、2.联璜石环　3.石环　4.石钺

中孔由单面管钻后稍作修整。已断为六段，断裂处均以一对一的双面桯钻孔缀连。外径 12.7、中孔径 6.7、最厚处 0.4 厘米。（图 5-2-16B；彩版 5-2-21:2）

联璜石环　共 2 件。

M48:1，蛇纹石岩。黄绿色，局部浅绿色发青。整体较规整，内外圈均较圆。由两段缀连而成，其中较短的一段为梯形，整体较薄，但均匀，与另一段较长的厚度有差别；较长的一段中间发生断裂，但未缀补，内缘略厚，外圈边缘磨薄，断面为楔形；两段相接处以二对二的双面桯钻孔连缀。外径 11.7、中孔径 6.8 厘米，较长的一段最厚处 0.5 厘米，较短的一段厚 0.2 厘米。（图 5-2-16B；彩版 5-2-21:3）

M48:2，大理岩。浅灰色，受沁发白呈土黄色。中孔为双面管钻，外圈呈扁圆形，内圈较圆，

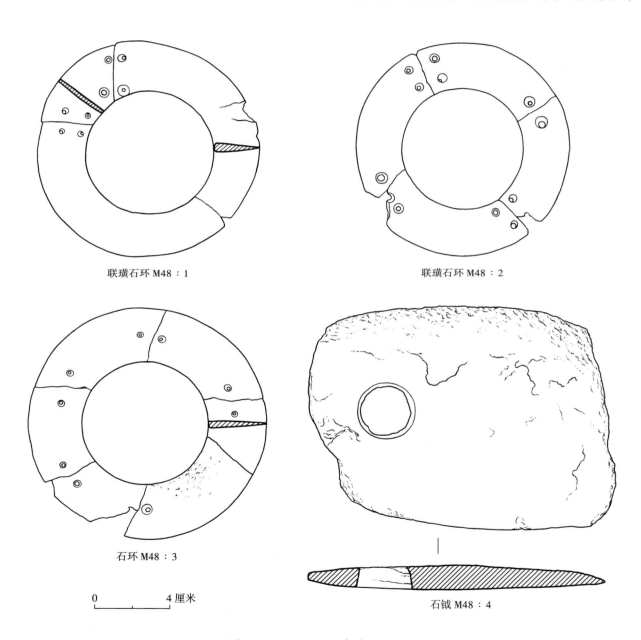

联璜石环 M48:1　　　　　　　　　　联璜石环 M48:2

石环 M48:3

0　　　　　4 厘米

石钺 M48:4

图 5-2-16B　M48 出土玉石器

璜片内缘厚，外缘薄，断面接近楔形。全器由两个璜形片缀连而成，其中每片璜形片又断裂成两段或三段，分别有一处断裂处以一对一或二对一的双面桯钻小孔连接，两璜对接处也以二对二的方式，用双面桯钻孔连接，两个璜形片的连接处有缺损。外径 11.3~11.7、中孔径 6.6、最厚处 0.5 厘米。（图 5-2-16B；彩版 5-2-21:4）

M49

M49 位于南区西部的 T27 和 T28。北侧为 M66，西南侧为 M60，南部被 M145 打破。方向 278 度。墓葬较浅，头部所在的西端略宽，四壁较规整，底部亦较平整。墓口距地表约 0.60、长约 1.86、宽 0.44~0.54、现存深度约 0.15 米。墓主人为一个 40 岁左右的男子，整体倾斜，北高南低，面向上，口张开，仰身，脊椎不直，左侧肋骨保存较好，右侧肋骨残存较少，左臂顺置于体侧，手腕部分放在骨盆与股骨交接处外侧，右臂被 M145 破坏，仅余手腕的少部分骨骼置于骨盆之下，骨盆边缘残损，两腿均微向内斜置，脚踝并拢，脚掌骨不全，堆放在踝部之东。墓圹内填黄褐色花土。（彩版 5-2-22:1）

未发现随葬品。

M51 与 M61

这是一组具有打破关系的小型墓葬，下葬时间虽然有先后之分，但差距并不大。由于 M51 与 M61 有着不可分割的联系，不仅在史前时期十分罕见，即使在后来的阶级社会中也难见到如此逼真再现生活真实的实例，所以，我们将二者放到一起介绍。

两个墓葬位于南区西部的 T26 和 T27。北侧为 M46 和 M54，西北侧为 M45 与 M105。M51 的西部打破 M61，北部打破了空墓 M55，东南部被 M48 打破。

M61 位于西部，方向 295 度。墓口所在平面西部略高，东部稍低，距地表 0.20~0.25、长约 1.90、宽约 0.53、现存深度 0.85~0.90 米。墓底略小于口部，东壁被 M51 破坏，残余的西、南、北三个壁面较规整，底部较平。墓主人为一个 40 岁左右的男子，头部微向北侧偏置，面微向北上方偏转，仰身，锁骨、脊椎保存尚好，胸部微下凹，肋骨略散乱，左臂沿身体顺置，接近墓壁，手部在骨盆与股骨交接处的外侧，右上臂顺置于体侧，肘部以下因叠套璧、环而略向外撇，手腕部分已腐朽不存，双腿伸直，踝部与脚掌压在 M51 之下。墓圹内填黄褐色花土。（彩版 5-2-23:1）

M51 的开口位置与 M61 基本一致，但墓葬的整体走向略有区别，西端稍宽并与 M61 的东部重合，东端较窄，深度较 M61 略浅，长约 1.44、宽 0.40~0.57、现存深度约 0.80 米。墓室东部为空穴，墓主人是一个 40~44 岁的男子，位于在墓室西部，面向西端墓壁，头部低垂，上身上下竖直，颈椎与胸椎的上端微向前倾，锁骨与肋骨整齐地排列在椎体两侧，整体微向前弓身，双手斜背在身后，上臂上下紧贴在身旁，肘部略外弓，从肘部开始斜向下方内收，似被反绑着，双腿呈屈膝状跪在 M61 脚踝之上，股骨向前平置，膝盖并列于 M61 东端脚踝上部的两侧，膝部以下向后与股骨形成折叠状，脚掌心向上平置于骨盆东侧下方，M51 的膝部至脚部所在平面较 M61 的骨骼上部之间有大约 5 厘米的距离。墓内再无其他死者，也不见随葬品。墓圹内填灰褐色花土。（图 5-2-17A；彩版 5-2-22:2、3）

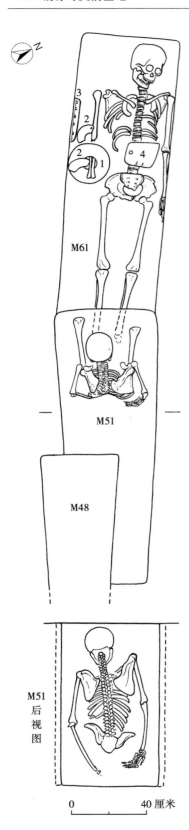

图 5-2-17A　M51、M61 平面图及
M51 后视图

1. 石璧　2. 联璜石璧　3. 五孔石刀　4. 石钺

M51 没有任何随葬品。

M61 随葬有 4 件石器，种类有石钺、五孔石刀、石璧、联璜石璧各 1 件。其中石璧叠套在右臂近腕部；五孔石刀则竖置于右侧与上臂平齐的墓壁旁，刃部向下；石钺横放在腹部，刃部向北侧。

石钺　M61：4，石灰岩，因受沁四边均露出石沙。灰白色，上半部分沁蚀为灰褐色，刃部为灰绿色。整体为不规则的斜梯形，顶端平齐，两侧为斜直边并磨薄，刃部为微向外凸出的宽弧形。一侧边的正中部击打出三个等距离的豁口，豁口在上下两面由边缘向器体中部延伸为逐渐变浅的凹槽。近顶端的平面中央有一个单面管钻孔，孔径一面大一面小，孔内有螺旋状痕迹，内侧残留朱砂痕，孔上方两侧也留有斜向的朱砂痕，应当与绑系有关。长 16.0~18.7、宽 8.8~16.7、最厚处 1.0、上端厚 0.6、孔径 2.3~2.6 厘米。（图 5-2-17B；彩版 5-2-23:2）

五孔石刀　M61：3，白云岩。青灰色，一面受沁为灰白色。形制不规整，中间较厚，两边略薄，背部为方棱状直边但磨制不细，两侧边不太整齐，略带弧度，一侧还有竖条状的凹痕，刃部呈斜边且较钝，不锋利，凹凸不平，两个刃角圆弧，接近背部的平面上有不等距的五个圆孔，孔皆单面管钻，一面大，另一面小，孔内壁有螺旋纹。长 24.5、宽 11.1~16.1、厚 0.3~1.0、孔径 1.7~2.2 厘米。（图 5-2-17B；彩版 5-2-24）

石璧　M61：1，蛇纹石化大理岩。器表原为浅绿色，其中杂有不规则的深绿色或灰白色斑块，由于受沁严重，表面多变为黑褐色，并有黑色斑点。中孔双面管钻，较圆，周正，内缘较厚，呈圆弧状，外缘较薄，因受沁不规整，残缺不全，呈齿状，断面楔形。整器断为三块，连接处没有缀连的痕迹。外径 22.3、中孔径 7.1、内缘厚 0.8、外缘厚 0.1 厘米。（图 5-2-17C；彩版 5-2-23:3）

联璜石璧　M61：2，大理岩。器表原为浅褐色，由于严重受沁，部分变为黑褐色或土黄色。内缘较厚，缘面磨成圆弧状，外缘较薄近刃，断面呈楔形。由一长一短两个璜状片缀连而成，发现时为三块，两块是断裂形成，另两块相接处有双面桯钻的小孔，一端为一对一的方式，另一端为二对二孔的方式，其中有一个孔未钻透，形成一个直

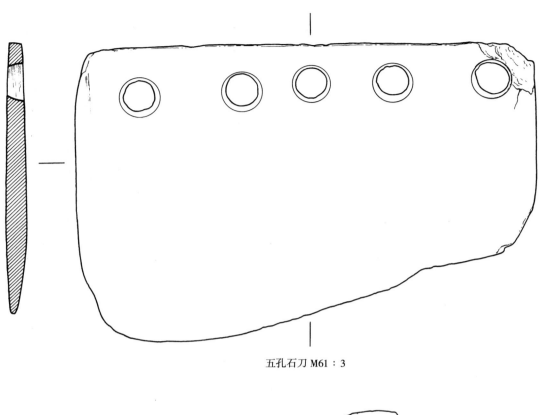

五孔石刀 M61：3

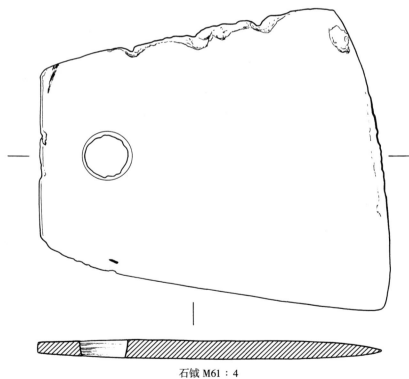

石钺 M61：4

0   4厘米

图 5-2-17B　M61 出土玉石器

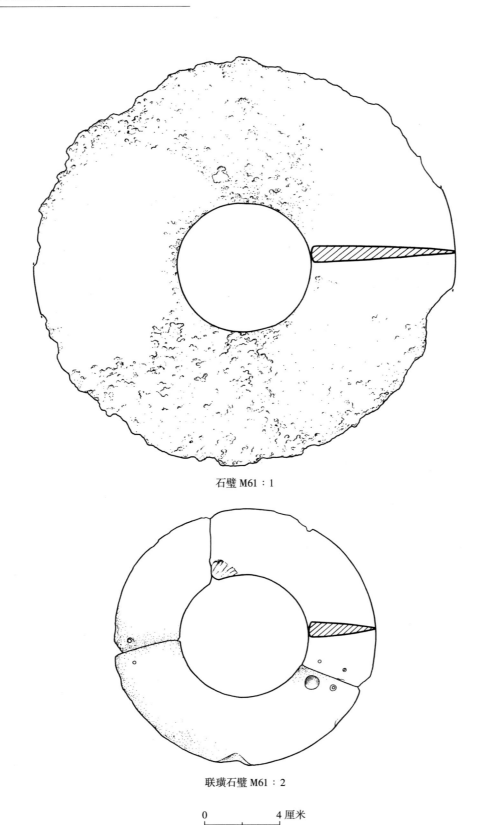

石璧 M61：1

联璜石璧 M61：2

0   4厘米

图 5-2-17C　M61 出土玉石器

径较大的钻痕。外径 14.0、中孔径 6.7、最厚处 0.8 厘米。（图 5-2-17C；彩版 5-2-23:4）

M51 的墓主人既有可能是与 M61 同葬一墓的陪葬者，也不排除是生前有罪于 M61 的墓主人，在 M61 下葬之后才被别人处死或活埋于 M61 的东端，让他永远跪在 M61 的脚下，以示赎罪。从二者各有墓圹、死者骨骼之间有一定距离的现实来看，M51 下葬的时间晚于 M61 的可能性更大一些，但时间差距不会太大。然而具体情况到底如何，还有待进一步研究。

M54

M54 位于墓地南区西部的 T27。南侧为 M55，西侧是 M46，北侧为 M27，东半部被第三期的 M53 打破，墓坑仅存西部大约一半。方向 295 度。墓圹清晰，壁面较规整，墓底略小于口部，底面西北高，东南低，呈斜坡状，但较平整。墓口距地表约 0.50、残长 1.23~1.28、宽 0.98~1.08、现存深度为 1.00~1.08 米。墓主人为一个 20~25 岁的男子，人骨保存情况较好，面向上，微露齿，仰身，脊椎较直，锁骨、肋骨整齐地排列在脊椎两侧，左臂斜向外撇，手腕已经腐朽不存，右上臂斜向外张，肘部微外弓，肘部开始斜向内折，手腕置于骨盆外侧，骨盆以下全部被 M53 破坏。墓圹内填红褐色花土。（图 5-2-18A；彩版 5-2-25:1）

M54 共出土玉石器 10 件，其中石钺 2 件，单孔石器、五孔石刀各 1 件，联璜石璧 2 件，石环与联璜石环共 4 件，另外，还发现少量鳄鱼骨板。石环与石璧全部叠套在墓主人右下臂上（彩版 5-2-25:2）；多孔石刀竖向平放在腹部，刃部向北，石刀已经残断，下半段在 M53 的填土中发现，并可拼对在一起；墓室南部近墓壁处竖置一件石钺，钺之上有 1 件与之配套的单孔石器，石钺旁边散置着一些鳄鱼骨板。此外，在墓主人身下的墓底部填土中还发现 1 件石钺。

石钺　共 2 件。

M54:8，大理岩。青灰色带黄线。形制不规整，近长条形，两侧边磨薄，双面刃不锋利，中部较厚，顶端残损严重，断痕不规整，近顶端的平面中央有一个单面管钻孔，孔内未进一步修整，留有朱砂和钻痕。残长约 13.6、宽 6.8~7.5、最厚处 1.1、孔径 1.3~1.8 厘米。（图 5-2-18B；彩版 5-2-26:2）

M54:11，石灰岩，表面剥蚀严重，露出岩石中的颗粒状成分，周边多处缺损。灰黄色。近梯形，但不太规整，前端为较宽的平弧刃，不锋利，顶端很窄，所有转角处皆为弧边圆角，中部较厚，平面近顶端正中部有一个单面管钻孔，一侧边的正中部击打出三个等距离的豁口，豁口的上下两面为由边缘向器体中部延伸为逐渐变浅的凹槽。长

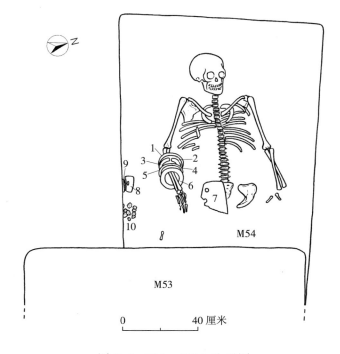

图 5-2-18A　M54 平面图

1、2. 联璜石璧　3. 联璜石环　4~6. 石环　7. 五孔石刀　8、11. 石钺（11 在墓主人身下）　9. 单孔石器　10. 鳄鱼骨板

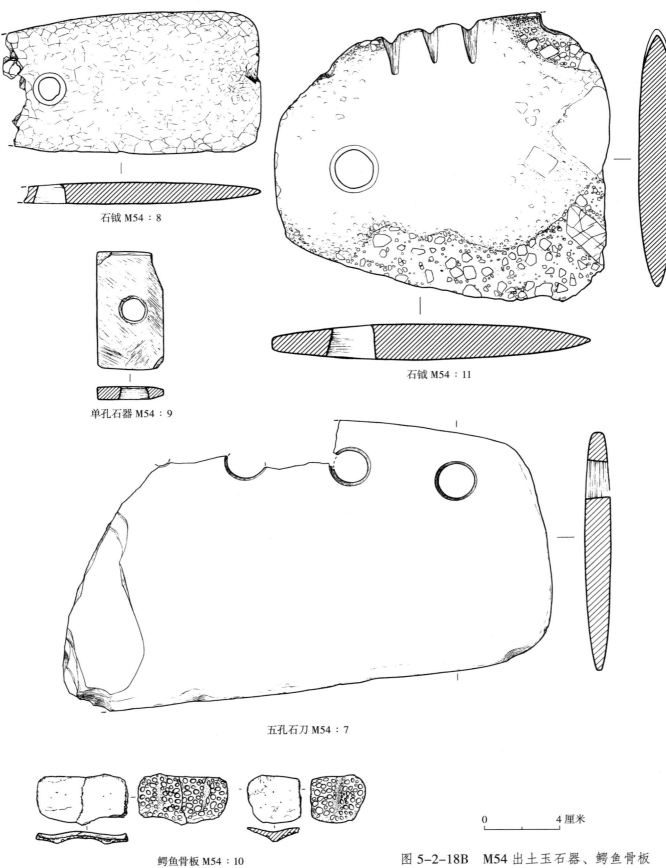

石钺 M54：8

单孔石器 M54：9

石钺 M54：11

五孔石刀 M54：7

鳄鱼骨板 M54：10

0   4 厘米

图 5-2-18B   M54 出土玉石器、鳄鱼骨板

18.0、宽 7.0~16.0、最厚处 2.0、孔径 2.1~2.6 厘米。（图 5-2-18B；彩版 5-2-26:3）

单孔石器 M54:9，泥叶岩。土黄色。平面为长方形，圆角，一角残，厚薄较均匀，四边中的一侧边残留切痕，平面正中有一个单面管钻孔，孔内留有朱砂痕，边缘有磨痕。长 6.5、宽 3.5、最厚处 0.7、孔径 1.3~1.6 厘米。（图 5-2-18B；彩版 5-2-26:1）

五孔石刀 M54:7，发现于 M54 的仅是其中的一部分，另外一些残片发现于 M53 的填土中，二者可以拼合为一器。白云质泥页岩。灰白色。形制不规整，平面近长方形，一端略宽，另一端稍窄，中部厚，边缘薄，背部平齐但残损，两侧与刃部均为弧边，近圆角，双面斜刃，发现时一端近背部留有两孔，另外三孔已残，所有钻孔皆为等距单面钻后修整，内侧留有朱砂和旋转的线痕。残长 26.0、残宽 10.0~15.0、最厚处 1.3、孔径 1.4~1.6 厘米。（图 5-2-18B；彩版 5-2-27:1）

联璜石璧、石环与联璜石环共 6 件。器体均内缘厚，外边薄，断面为楔形。

联璜石璧 共 2 件，由二或三个璜形片连缀而成，每两块璜形片相接处皆用对应的小孔缀连，小孔系双面桯钻。另外，每一块璜形片中部断裂时也用小孔连缀，小孔亦用双面桯钻方式钻成。

M54:1，蛇纹石。白色，器表沁蚀严重，部分白化。由三块璜形片连缀而成，形制较规整，内、外圈均较圆。外径 12.6~12.8、中孔径 6.1、最厚处 0.7 厘米。（图 5-2-18C；彩版 5-2-25:3）

M54:2，蛇纹石。浅青色。器表沁蚀，边缘部分残损，显得形制不太规整。由两个璜形片连缀而成，连接处宽窄不等，对接不合缝，其中一块璜形片中部断裂，断裂处以一对一的方式钻孔连缀。外径 12.5~12.8、中孔径约 6.2、最厚处约 0.6 厘米。（图 5-2-18C；彩版 5-2-25:4）

石环 共 3 件。皆蛇纹石。扁平圆环状。

M54:4，灰白色。较窄，中部断裂。外径 9.5、中孔径 6.0、最厚处 0.4 厘米。（图 5-2-18C；彩版 5-2-28:1）

M54:5，白色，外缘有部分白化和缺损。外径 10.8~11.0、中孔径 6.6、最厚处 0.5 厘米。（图 5-2-18C；彩版 5-2-28:2）

M54:6，白色。较规整，两处发生断裂，用双面桯钻的小孔对应缀连。外径 10.2~10.5、中孔径 6.2~6.3、最厚处 0.6 厘米。（图 5-2-18C；彩版 5-2-28:3）

联璜石环 M54:3，伊利石。深绿色。由一长一短两块璜形片连缀而成，璜形片的中部均断裂。外径 10.0~10.5、中孔径 6.1~6.5、最厚处 0.3 厘米。（图 5-2-18C；彩版 5-2-28:4）

鳄鱼骨板 M54:10，共 16 块，分布在墓葬南壁内侧中部，所有器物均散置于石钺之东侧，当时入葬时是否带有皮肉已经不可考。器物的背面略内凹，分布着许多针尖一样的点状小孔，内侧中部起一条纵向的脊，脊两侧布满浅圆形的小坑。整体形状不同，多为方形或椭圆形，也有的近三角形。仅举两例，两件皆为椭圆形，较大的一片长径约 4.8、短径约 2.4、厚 0.2~0.3 厘米，较小的一片长径约 2.8、短径约 2.5 厘米，厚 0.1~0.4 厘米。（图 5-2-18B；彩版 5-2-27:2）

M55

M55 位于南区西部的 T27。东北侧是 M54，西北部打破第一期的 M62，南部被 M51 打破。方

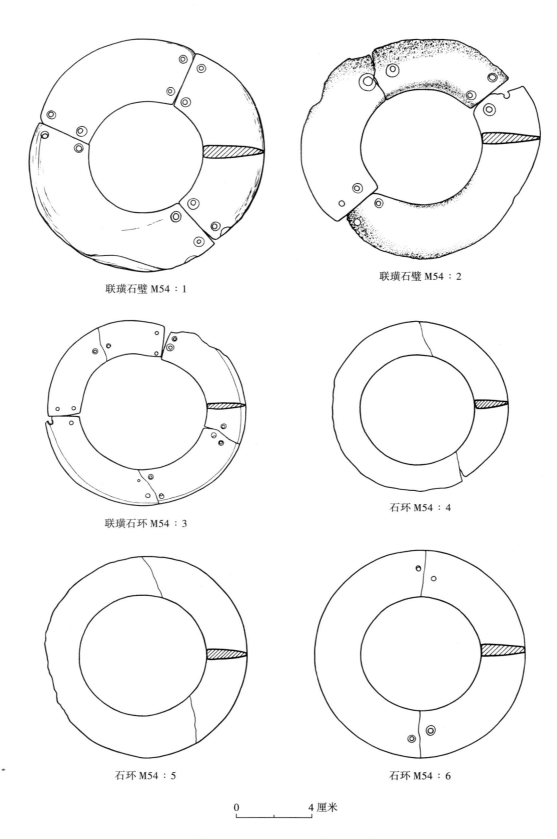

联璜石璧 M54：1

联璜石璧 M54：2

联璜石环 M54：3

石环 M54：4

石环 M54：5

石环 M54：6

0   4 厘米

图 5-2-18C   M54 出土玉石器

向 278 度。墓壁较规整，底部较平整。墓口距地表约 0.50、长约 2.20、宽 0.55~0.60、现存深度为 0.50~0.55 米。这是一个空墓，墓室内未发现墓主人。墓圹内填红褐色花土。

　　未发现随葬品。

　　由于与 M51 之间的界线不太清晰，发掘时曾经推测这是给 M51 墓主人挖下的墓穴，因为死者与 M61 之间的特殊关系而未能葬入此坑。但没有更多证据，也许上述推测并没有发生，该墓坑是因为其他原因挖了一个空穴。只是这一切均已无法确定。

　　### M58

　　M58 位于南区西部 T27 和 T28。西侧为 M48，西北侧为 M54，南部打破了 M66 和 M67，东北部打破了第一期的 M63。方向 282 度。北侧墓壁较规整，东壁与 M66 东侧的墓壁重合，南部和西部分别为 M66 和 M67 的填土，地面界线不太清晰，底部较打破的 M66、M67 略浅，也较平整。墓口距地表约 0.20、长约 2.42、宽约 0.83、现存深度为 1.20 米。墓主人为一个 30~35 岁的男子，头顶略偏向北方，面向上，口微张，颈椎斜置，脊椎伸直，锁骨与肋骨整齐地排列于脊椎两侧，右上臂顺置于体侧，从肘部开始向上折叠，小臂与上臂重叠，手腕在肩部，左上臂紧贴在体侧，从肘部开始斜向内折并斜置于腹部，手腕放在右侧盆骨之上；双腿平行伸直，双脚分别向东北侧倒置。在墓主人东北侧有一个 20~25 岁的男子呈下趴式入葬，该死者头向西，面向下，屈颈，脊椎也有一些扭曲，肋骨整齐地分布在脊椎两侧，锁骨压在近肩部的肋骨之上，左上臂略向外张，右上臂顺置于体侧，双臂均从肘部开始斜向内折，两手腕皆压在身下的骨盆处，但左侧骨盆有些变形，双腿基本伸直，踝部接近并拢，脚掌分别向南侧下方斜置。墓圹内填红褐色花土。（图 5-2-19；彩版 5-2-29）

　　未发现随葬品。

　　由于地面的范围不太清晰，填土之间也没有明显的界线，该墓在清理之初是与 M66 和 M67 一起下挖的，只是在接近墓底才根据人骨出土情况与 M66 分开，而 M67 是清理完其他两座墓之后才清理出来的，三者之间的界限也是最后确定的。目前，这三座墓葬之间的关系仍旧存疑。

　　### M60

　　M60 位于南区西部的 T39。东北侧为 M142，南侧是 M143。方向不明。墓壁上部被后期平整土地时破坏，已经看不清楚墓圹的确切范围，仅有一个不规则的半圆形底部，底面比较平整。口部距地表约 0.70、最长处约 0.80、短处仅 0.55~0.60、现存深度为 0.05 米。未发现墓主人。圹内填红褐色花土。（彩版 5-2-30:1）

　　在靠近半圆形墓底北部发现有石钺、璧和璜的残片各 1 件，另外还有 1 件半筒形的骨器。

　　石钺　M60:4，残。大理岩。黑色。仅存带顶端和一侧边的三角形残片。顶端平齐，侧边为斜直薄边，中部较厚，刃端已残，近顶端的平面中部有一个单面管钻孔，断裂面不整齐。残长约 11.6、残存最宽处约 9.0、孔径 2.0~2.3、最厚处 0.9 厘米。（图 5-2-20；彩版 5-2-30:2）

　　石璧　M60:1，蛇纹石岩。绿色带黄斑。器形较规整，中孔为单面管钻，内外圈均较圆，内缘钻面倾斜，外侧边缘薄近刃，断面为楔形。外径 15.0、中孔径 6.6~7.0、最厚处 0.5 厘米。（图

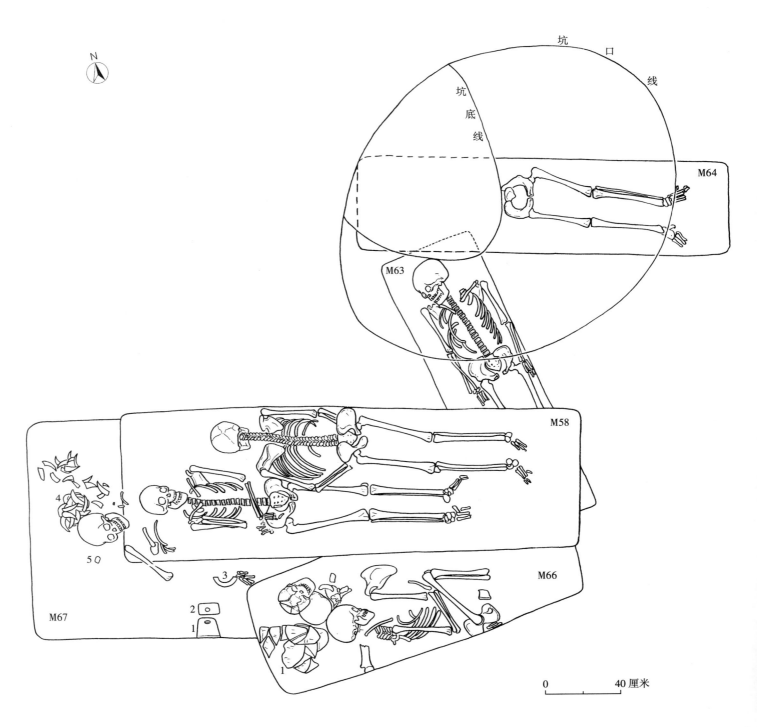

图 5-2-19　M58、M64、M66、M67 平面图

M66：1.小口高领陶罐；M67：1.石钺，2.单孔石器，3.玉璜，4.猪犬齿，5.鳄鱼骨板

5-2-20；彩版 5-2-30:3）

　　石璜　M60：2，可能是联璜环中的其中一块。蛇纹石化大理岩。绿色带黄斑。中孔修整不圆，外圈一端略有残损，边缘稍磨薄，两端各有一个双面桯钻而成的缀连小孔。外径 10.6、中孔径 7.0、

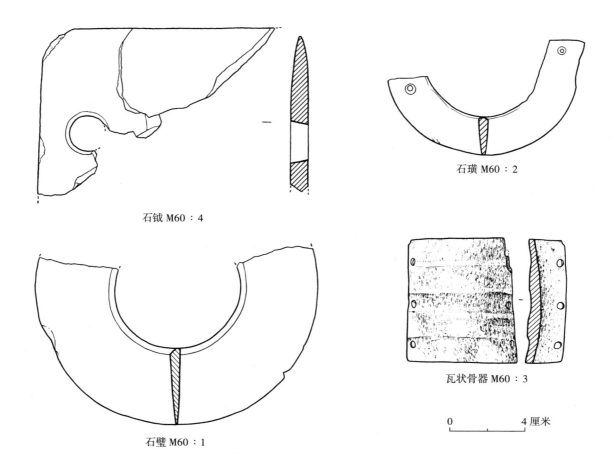

石钺 M60∶4

石璜 M60∶2

石璧 M60∶1

瓦状骨器 M60∶3

0　　　　　4厘米

图 5-2-20　M60 出土玉石器、骨器

最厚处 0.4 厘米。（图 5-2-20；彩版 5-2-30:4）

　　瓦状骨器　本墓地发现的骨器较少，而且一般为骨簪类装饰品，在 M60 出土的这件骨器是较特殊的器物，也许也是装饰品，由于这可能是一件器物的其中一部分，不知原来的整体形状，我们暂称其为瓦状骨器。M60∶3，大型动物管状骨骼切割、磨制而成，制作精美。整体为薄片瓦片状，上下两端平齐，均为方棱状，俯视为弧形，器身上端略小、下端稍大，中间有两周竹节状的凸棱，显得凹凸有致，两侧边整齐平缓，接近两侧边处从上到下分别有三个等距的桯钻小孔，其中一侧的上角部缺损，一个钻孔亦仅留下一半。器壁厚薄不匀，中间较厚，接近两侧边处薄，器物内壁受沁变得粗糙不平，外表也受腐蚀失去了原来的光泽。应该是佩戴在腕部的管状饰品的一部分，两侧的钻孔是用于连缀的。器物通高 6.8、上端外径 6.2、下端外径 7.0、器壁厚 0.2~0.6 厘米。（图5-2-20；彩版 5-2-30:5）

M64

　　M64 位于南区西部的 T28。西侧为 M54，东侧为 M115，东北侧为 M114，西北侧是 M80。方向 284 度。上部和西部被一个庙底沟二期文化的灰坑打破，残余着靠近东壁和南北两侧少许墓壁，

壁面较规整，底部较平整。现存墓口距地表0.20~1.00、残长约1.25、宽0.50~0.54、现存深度为约1.00米。墓主人为一个20~23岁的女子，上半身被破坏，骨骼已经不知去向，仅发现有盆骨以下部分，两腿平行伸直，脚部分别向东北侧和东南侧斜向倒置。未发现随葬品。墓圹内填红褐色花土。（图5-2-19；彩版5-2-31:1）

打破该墓的坑内出土遗物很少，可辨认的残片皆泥质灰陶，器表饰篮纹或素面，属于庙底沟二期文化．由于器物太少并不能确认是否属于陶片代表的时代，但肯定不早于庙底沟二期文化。

M66

M66位于南区西部的T27和T28。南侧为M49，西部打破M67，北部被M58打破。方向282度。墓葬南壁略外弧，壁面较规整，西壁所在区域为M67的填土，界线不清晰，东壁与北壁被M58破坏，底部较平整。墓口距地表约0.20、长约1.75、残宽约0.70、现存深度约1.10米。墓内共有三个人骨，但骨骼均不全，无法辨别哪一个是墓主人，也许均为非正常死亡的死者。根据从南向北的顺序介绍如下：南部死者为一个51~60岁左右的女子，整体为侧身屈肢状，头向西，面向北侧下方，脊椎与南侧墓壁平行向东延展，锁骨斜向置于头骨之东，肋骨皆在脊椎北侧，但较散乱且位于腹部的位置，左臂压在身下，右上臂东西向压在身体之上，从肘部开始向前折，手腕插在两腿的股骨之间，骨盆靠近南壁，双腿向身前呈V字形向前伸，从膝部又折而向后呈V字形弯曲，脚趾大部分不存，仅有几段残骨节散置于骨盆之东。中间的死者为一个40岁左右的男子，头骨、下颌骨保存稍好，头向西，面向下，左上臂连带锁骨斜向置于南侧死者身北，其他肢骨均残，身下还压着部分残缺不全的下肢骨，葬式已经看不清楚了。北部死者为一个13~14岁的女子，发现时仅剩残破的头骨，下颌骨亦残，顶部向西南，上部残碎，葬式不清。墓葬的填土为灰褐色花土。（图5-2-19；彩版5-2-29，5-2-31:2）

在三个人头骨的西侧发现了1件陶罐的残片，可以复原，应该属于本墓。

小口高领陶罐　M66:1，泥质灰陶。圆唇，敞口，高领，束颈，折肩，肩面微上鼓，斜腹略鼓，小平底。腹中部以上磨光，器表有黑色陶衣，腹中部以下饰竖篮纹，其中有不连续的模糊横线，近底部较粗糙，间有部分不太清晰的斜篮纹。口径15.6、底径9.4、最大腹径20.5、高37.0厘米。（图5-2-21；彩版5-2-31:3）

从上述情况来看，应该是在M58下葬时将该墓严重破坏，这些人骨是不是当时就地掩埋的残余并不清楚。该墓与M67的界线也不是十分明确，与M58、M67一样存疑。

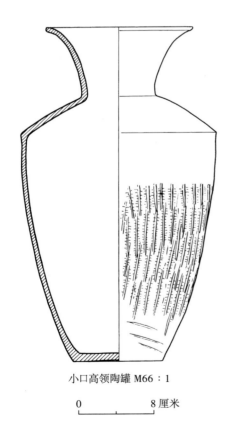

小口高领陶罐 M66:1

0　　　　8厘米

图5-2-21　M66出土陶器

M67

M67 位于南区西部 T27 和 T28。南部为 M49，西侧为 M48，西北侧为 M54，东部被 M58 打破并叠压，东南部被 M66 破坏。方向 282 度。墓葬西壁和南壁、北壁的西半部较规整，东半部墓壁绝大部分被 M58 和 M66 破坏，底部较平整。墓口距地表约 0.20、长约 2.20、宽约 1.15、西部现存深度约 1.35 米。墓主人为一个 20~25 岁的女子，头顶略偏向南方，面向前上方，口微张，右上臂斜置在头骨的东南侧，肘部以下不存，手腕在接近骨盆的位置，胸部残存有少量肋骨和椎体，但毫无规律，左臂及腹部以下均被破坏。墓圹内填灰褐色花土。（图 5-2-19；彩版 5-2-29，5-2-32:1）

在墓葬接近南壁处发现有 3 件玉石器与墓主人在同一个平面（彩版 5-2-32:2），墓主人的头部西北侧还有大量猪犬齿，头南侧散置一件鳄鱼骨板，这些器物应该是属于本墓的随葬品。

玉石器 3 件，其中在墓葬的近南壁处发现有石钺和单孔石器各 1 件，钺的刃部在南部，其后端为单孔石器；在单孔石器北侧、右手腕西侧还发现由 1 件残断环改制的透闪石玉璜，如果，该墓确实属于第二期的话，这件璜是本墓地第二期唯一的一件透闪石玉质器物。

石钺　M67:1，石英、白云质大理岩。表面有各种近黑色的线纹纹理与灰白色斑点夹杂在一起，形成青灰色。整体呈梯形，中间厚，边稍薄，顶端平直，一侧为近直边并磨薄，近顶端处击打出一个小豁口，另一侧边大部分近直，中部磨出两个豁口，豁口在上下两面由边缘向器体中部延伸为逐渐变浅的凹槽，近顶端的转角残损，形成一个短斜直边，刃部为弧顶不在正中间的弧形，接近顶端的平面中央有一个单面管钻孔，孔边稍作修整。长 16.0、宽 8.5~13.2、最厚处 1.1、孔径 1.7~2.6 厘米。（图 5-2-22；彩版 5-2-33:1）

单孔石器　M67:2，泥页岩。灰白色。整体为长条形，两条长边近直并基本平行，两条短侧边均微弧，中间大部分均厚，边缘处均有磨薄的痕迹，其中接近一条长边的一面磨制的斜度较大，器物中部为一个单面管钻的圆形孔。长 10.2~10.9、宽 6.1、厚 0.4~1.1、孔径 2.1~2.5 厘米。（图 5-2-22；彩版 5-2-33:2）

玉璜　M67:3，似用环的残断片磨制而成，一端尚可看出断痕。透闪石玉，玉质细腻。深青绿色，外侧部分边缘受沁发黄。中孔为管钻，内圈近圆，外圈弧度不一致，近两端弧度大，中部近直，内缘稍磨圆，外侧边缘磨薄刃，两端磨薄。两端和中间一处裂缝处共有 4 个缀连用小钻孔，其中除一端的 1 个孔为单面钻外，其余皆为两面对钻。外径约 9.5、内径约 6.0、最厚处 0.4、小孔径 0.2~0.3 厘米。（图 5-2-22；彩版 5-2-33:3）

猪犬齿　M67:4，在墓主人的头部西侧有一些散乱的猪下犬齿，共 37 件，代表 12 个个体。牙表呈白色，整体为一端大一端小的弧弯形，两端多有切割痕迹，牙齿大小不一。这是墓地中随葬猪犬齿年代最早的实例，开了第三期初用猪犬齿随葬的先河。（图 5-2-22；彩版 5-2-32:3）

鳄鱼骨板　仅在墓主人头部南侧散置 1 块，特点与 M54 出土的同类器物相同。

该墓的情况比较特殊。如果从墓葬之间的打破和叠压关系来看，无论怎样划分该墓都不可能晚于打破、叠压着它的 M66 和 M58。尽管 M67 出土的石钺和单孔石器是第二期的代表器物，可是从层位和位置都明显属于该墓的猪犬齿和透闪石软玉璜却应该属于第三期较早阶段。虽然我们将 M58、M66 和该墓全部归入第二期，但至今我们仍旧没有一个比较合理的解释说明这一现象。

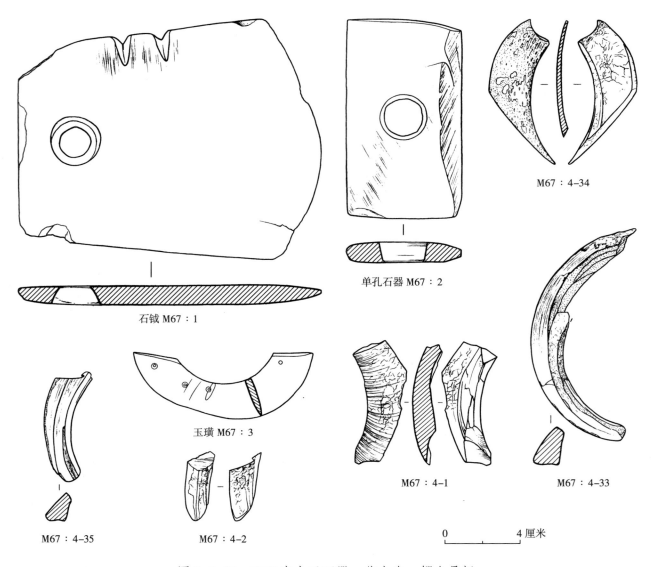

石钺 M67：1

单孔石器 M67：2

M67：4-34

玉璜 M67：3

M67：4-35

M67：4-2

M67：4-1

M67：4-33

0　　　　　4 厘米

图 5-2-22　M67 出土玉石器、猪犬齿、鳄鱼骨板

M68

M68 位于南区西部的 T3。北侧为 M73，西部打破 M26，东部被第三期的 M70 打破。方向 278 度。墓葬规模较大，但墓室内较空旷，西、北、南三侧壁面较规整，东部被 M70 破坏，二者界线不太清晰，底部平整。墓口距地表约 0.45、长约 2.35、宽约 1.25、现存深度约 0.50 米。墓主人为一个成年男子，年龄不详，骨骼已经严重朽烂，但可看出基本葬式，头部严重残碎，保存较好的是头顶，看不清面向，仰身，颈椎与左肩残缺，胸椎以下脊椎伸直，右锁骨与肋骨保存完整的痕迹，排列整齐，双上臂顺置于体侧，从肘部开始均向内斜折，腕部各自放在骨盆之上，双腿股骨部分微向内收，膝部以下伸直，踝部并拢，双脚部均被 M70 破坏，仅在接近脚踝处残存少量散置的趾骨。墓圹内填红褐色花土。（彩版 5-2-34:1）

在墓葬的填土中发现了 2 件玉石器，其中石钺、环各 1 件。虽然不能确定是否属于本墓，但却与本期器物的特点相同。

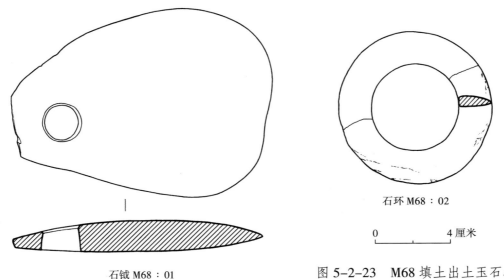

石钺 M68：01

石环 M68：02

0　　　　　4厘米

图 5-2-23　M68 填土出土玉石器

石钺　M68：01，硅质岩。豆青色，有线状白色纹理。磨制精细，整体接近圆角三角形，中间较厚，边缘稍薄，顶端近直边，较窄，经切齐，两侧边均微向外弧，刃部为圆弧角、直刃，刃部较钝，中间微内凹，接近顶端的平面中央有一个双面管钻孔，其中一面钻痕深，另一面较浅。长 13.0~14.0、宽 3.4~10.3、顶端厚 0.6、中部最厚处 1.7、小孔径 1.9~2.1 厘米。（图 5-2-23；彩版 5-2-34:3）

石环　M68：02，大理岩。灰白色，局部泛黄，由于沁蚀严重，大部分已白化，器表有许多褐色斑块。器形较小，形制规整，中孔为双面管钻，内缘较厚，外边磨薄，断面近楔形，边缘有蚀痕。外径 8.2~8.3、内径 4.8、最厚处 0.5 厘米。（图 5-2-23；彩版 5-2-34:2）

M69

M69 位于南区西部的 T4。南侧是 M74 和 M111，西南侧是 M28。方向 290 度。墓葬所在区域平整土地之前有一个坎儿，所以，口部所在地面不平，墓葬周壁规整，底部西北高、东南低，但较平整。现存墓口距地表 0.35~0.95、长约 1.90、宽约 0.50、现存深度为 0.65~0.15 米。墓主人为一个 20~25 岁的男子，上半身被严重扰乱，骨骼十分散乱，而且不同部位的骨骼混杂在一起，已经看不出葬式，下半身两腿在原位，平行伸直，脚部略向东南侧倒置。墓圹内填红褐色花土。（图 5-2-24；彩版 5-2-35:1）

未发现随葬品。

在该墓西部散乱的人骨中还有一个 40~44 岁的男子和一个 6~7 岁的儿童，这两个死者应该不属于该墓，而可能是在盗扰其他墓葬时弃置于该墓圹内的人骨。根据墓地其他时期墓葬的情况，在一个墓内同时发现有成人和小孩人骨的只有第三期的墓葬，因此这些人骨应该是属于第三期的某个墓内挖出来后扔到这个墓葬中去的。然而，第三期的墓中有许多墓中缺乏墓主人和殉人的骨骼，到底该墓中发现的死者是属于哪个墓葬，目前已经不可确认了。也可能正是由于要埋这些人骨，才扰乱了这座本来不应该被盗扰的墓葬，成为少数被严重扰乱的第二期小型墓之一。

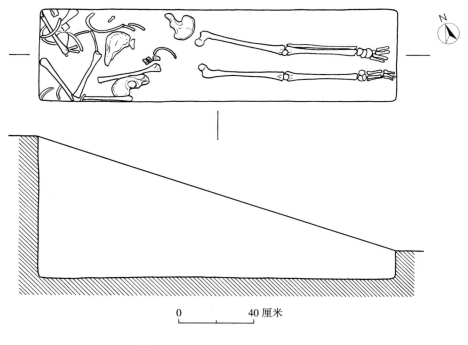

0　　　　　40厘米

图 5-2-24　M69 平剖面图

M71

M71 位于南区西部的 T15 和 T16。东北侧为 M82，西北侧为 M79，西侧是 M44，南部打破了 M73，东部被第三期的 M56 打破。方向 285 度。四壁基本完整，但南部因为是 M73 的填土，界线不太清晰，其余墓壁均比较规整，底部平坦。墓口距地表约 0.50、长约 2.60、宽约 0.90、现存深度约 0.60 米。墓内有两个死者残缺不全的骨骼，西部接近墓边的是一个 40 岁左右的男子，仅存头骨，而且已残。在墓室东北部散置着一个 20 岁左右的男子残头骨碎片及下颌骨残段等，葬式不清。墓圹内填红褐色花土。（彩版 5-2-35:2）

未发现随葬品。

该墓的规模略大于同一时期的小型墓，而且被严重扰乱。曾怀疑是盗扰期间埋葬其他墓中扔出骨骼的地方，但没有任何证据。从其结构来看，属于一个完整的墓葬。归于第二期的原因是其位置与第三期墓葬的排列不符，而且被第三期的 M56 打破，也不符合第三期墓葬的葬制。

M73

M73 位于南区西部的 T15。西北侧为 M79，西南侧为 M26，南侧是 M68，西北角打破了 M44，北部被 M71 打破，东部被第三期的 M56 打破。方向 280 度。西、南侧壁面基本完整，也比较规整，底部平坦。墓口距地表约 0.50、残存长约 1.90、宽 0.90~1.50、现存深度约 0.70 米。墓内仅在中部有一个 40 岁左右男子的残头骨，应该不是下葬时的位置。墓圹内填红褐色花土。（彩版 5-2-35:2）

在墓葬的填土中发现 1 件七孔石刀，这是本墓地发现的个体最大的器物。

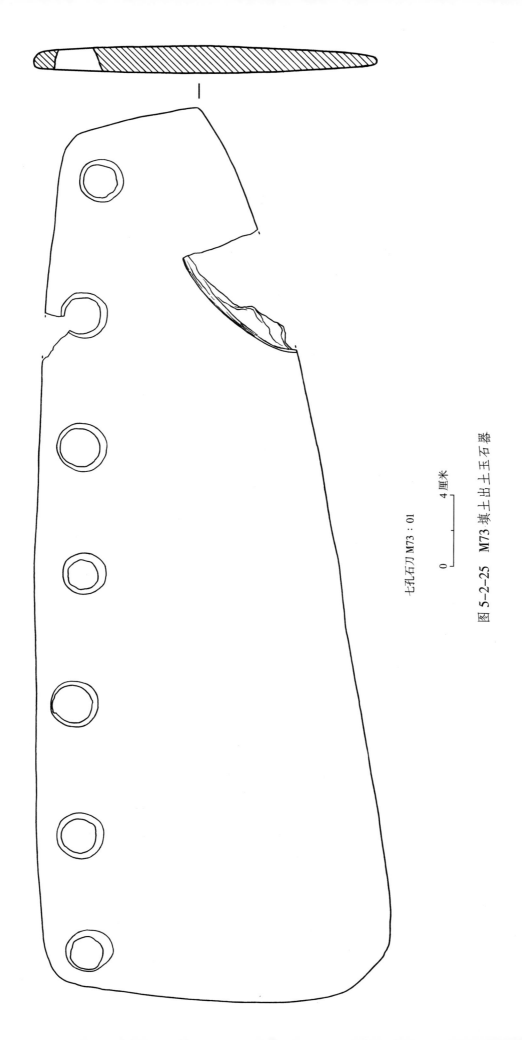

七孔石刀 M73∶01

0 ___ 4 厘米

图 5-2-25　M73 填土出土玉石器

七孔石刀　M73∶01，泥页岩，质地疏松，易碎。灰绿色，受沁十分严重，表面多呈灰褐色。器体较长，背部平直，中部微外弧，两侧边一长一短，均为斜直边，圆弧角，斜长平刃，接近较窄的一端斜收，背部和刃部均有缺损，中部较厚，背部和两边稍薄，较钝的刃部断面圆弧。长 46.0~49.0、宽 7.2~18.4、厚 0.5~1.4、孔径 1.7~2.5 厘米。（图 5-2-25；彩版 5-2-35:3）

该墓的规模略大于同时期的大部分小型墓，而且墓也被扰乱，与第二期的大部分墓葬特征不符，归入本期的思路与 M71 相同。

M74

M74 位于南区中部的 T4 和 T28。北侧为 M69，南侧为 M114，西侧为 M28，墓之下压着 M111 东半部的绝大部分，东部被第三期的 M57 打破。方向 285 度。壁面基本完整，也比较规整，底部平坦。墓口距地表约 0.70、残存长约 1.20、宽约 0.70、现存深度约 0.45 米。墓主人为一个 20~25 岁的男子，尸骨位置整体略偏于墓室的南部，面向南侧上方偏转，口略张开，仰身，胸腹部保存尚好，颈椎与胸椎较直，但腰椎体扭曲，锁骨与肋骨较整齐地排列在脊椎两侧，右上臂置于体侧，肘部以下略上翘，手腕放在右侧的下腹部，左上臂顺置于体侧，下臂已经被挖 M57 时抽走，骨盆较酥碎，仅可看出轮廓，腿部及以下部分均被 M57 破坏。墓圹内填红褐色花土。（彩版 5-2-36:1、2）

未发现随葬品。

M76

M76 位于墓地西部的 T2 和 T3。东北侧为 M27，南侧为 M46，北部打破一个未出土遗物、范围较大的坑。方向 290 度。南、东、西侧壁面保存较好，较规整，北侧仅保留着距底面约 0.10 米的墓壁，底面平坦。墓口距地表 0.21~0.30、长约 2.15、宽 0.70~0.75、现存深度 0.70~0.79 米。墓主人为一个 45~50 岁的男子，面向北侧偏转，口微张开，仰身，颈椎斜置，胸椎以下的脊椎较直，两侧锁骨和肋骨排列较整齐，双上臂均向外张，肘部开始微向内折，基本沿身体方向顺置，两腿平行伸直，脚部分别向墓葬的东端倒置。墓圹内填灰褐色花土。（图 5-2-26A；彩版 5-2-36:3）

墓内共发现 3 件玉石器：墓主人右手腕旁竖着 1 件石钺，钺的北侧上方斜置着与之配套的单

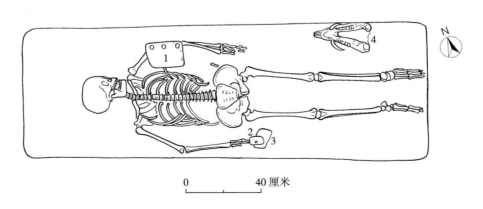

0　　　　　40 厘米

图 5-2-26A　M76 平面图

1. 三孔石刀　2. 单孔石器　3. 石钺　4. 猪下颌骨

孔石器；左上臂上压着1件三孔石刀，刃部向南。另外，左小腿北侧近墓壁处发现了一个野猪下颌骨，嘴部向西，这是墓地唯一用猪下颌骨随葬的实例。需要注意的一个现象是，除了石钺的刃部之外，墓中发现的随葬品皆不是直接放到墓底，距墓底大约有0.10米左右，似乎当时墓底上还有供放置器物的设施，但未发现为何物的线索。

石钺　M76：3，透闪石化大理岩。灰黑色，部分受沁为白色。整体为长条形，器形不太规整，表面较粗糙，器体中间厚边缘薄，两侧边不太直并有缺损，弧形刃，接近顶端的平面中央有一个双面管钻孔，孔中留有朱砂痕。长21.6、宽6.0~8.5、最厚处1.0、孔径1.7~1.9厘米。（图5-2-

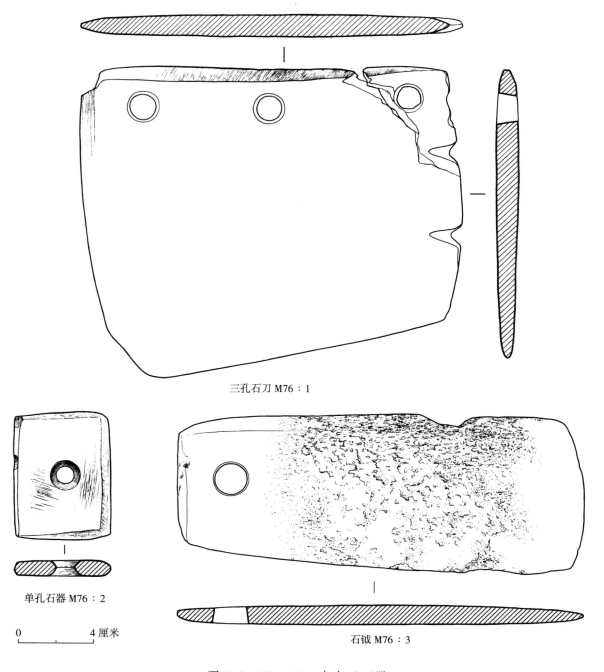

三孔石刀 M76：1

单孔石器 M76：2

0　　　　　4厘米

石钺 M76：3

图 5-2-26B　M76 出土玉石器

26B；彩版 5-2-37:1）

单孔石器　M76：2，泥叶岩，质地较细腻。黄白色，大部分受沁为白色，有卵状、透镜状、大小不等的褐红色斑块。器形较规整，平面为长方形，器体厚薄不匀，四边皆磨出斜面，缘薄，器体中央有一个双面管钻孔，孔内有螺旋痕迹。长 7.1、宽 5.2、最厚处 0.9、孔径 0.9~1.5 厘米。（图 5-2-26B；彩版 5-2-36:5）

三孔石刀　M76：1，石灰岩。土黄色，因含有卵状、透镜状、大小不等的褐红色物质，表面褐红与黄色交杂。平面为横长方形，器形不太规整，中间厚，边缘稍薄，直边弧角，一边稍宽，另一边略窄，较窄的一侧磨出两个豁口，豁口在上下两面由边缘向器体中部延伸为逐渐变浅的凹槽，双面刃较钝，近背部的平面上有三个等距单面管钻孔，其中两个留有管修痕。长 20.0、宽 14.0~17.3、最厚处 1.2、孔径 1.4~1.7 厘米。（图 5-2-26B；彩版 5-2-37:2）

猪下颌骨　M76：4，这是墓地所见较特殊的 1 件随葬品，保存较完整。该个体属于一只雄性野猪，牙齿已经出全，并且有较严重的磨蚀。综合牙齿萌出与磨蚀情况可知，该下颌骨属于一只老年雄猪，年龄当在 32 个月左右。其齿式与新石器时代普遍发现的猪不同，第三门齿缺失，第三臼齿之后还出有一对畸形齿。这是一个少见的畸形个体，对该下颌骨的具体情况，我们将在第十三章作专门介绍。（彩版 5-2-36:4）

M77

M77 位于南区西部的 T15 和 T16。北侧为 M82，东侧是 M47，南侧为 M71，西部打破 M78，北部被第三期的 M72 打破。方向 285 度。墓葬两端为弧形，南侧的中间较直，壁面比较规整，北侧墓壁被破坏，底部平坦。墓口距地表约 0.65、长约 2.40、残宽约 0.30、现存深度约 0.75 米。墓主人埋在熟土内，为一个 8~9 岁的儿童，头顶向上，头骨之下是向西伸展的左侧上肢，头骨之东有两段残肢骨，再向东为残缺不全的脊椎和肋骨，右腿骨斜伸向东北方，左侧小腿被 M72 墓圹破坏，脚部已不存。这个儿童东部的身体之上另有一个成年男子的右侧残下颌骨、一块骶骨及左侧肱骨，年龄不详，可能是墓葬填土之中的遗骨。墓圹内填红褐色花土。（图 5-2-27A；彩版 5-2-38:1）

在墓主人身下发现了 1 件仅缺底部的陶罐。在墓主人西侧发现了 1 件直片状的石钺，器物靠

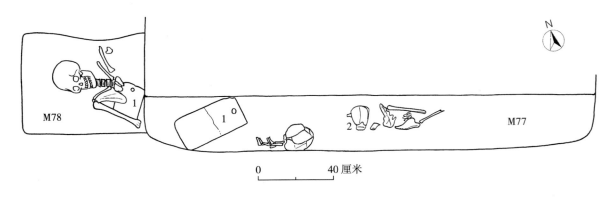

0　　　　　40 厘米

图 5-2-27A　M77、M78 平面图

M77：1. 石钺，2. 小口高领陶罐；M78：1. 石钺

近 M72 墓圹的一角缺损，似被挖掘墓坑时破坏。

小口高领陶罐　M77：2，泥质灰陶。圆唇，敞口，高领，束颈，肩面微上鼓近弧形，折肩，最大径在肩部，腹壁斜直内收，底不存。腹中部以上磨光，器表有黑色陶衣，陶衣外饰有朱红色的图案，有部分已经脱落，从留下的少数残迹可看出，肩面上的图案由圆点、弧线三角组成，口沿内外均涂抹为红色，上腹部也有一周宽带状红色，腹中部以下饰接近竖向排列的斜篮纹。口径12.5、肩部外径 18.4、保存最下端外径 10.5、残高 30.0 厘米。（图 5-2-27B；彩版 5-2-38:2）

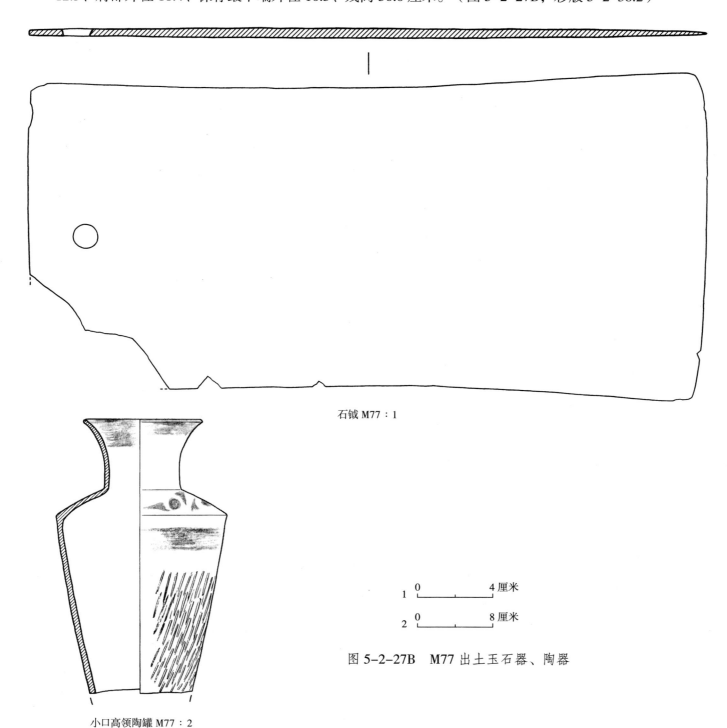

石钺 M77：1

小口高领陶罐 M77：2

1　0　　　　4 厘米

2　0　　　　8 厘米

图 5-2-27B　M77 出土玉石器、陶器

石钺　M77：1，硅质片岩。浅灰色，带黑色斑点。器形规整，制作精美，整体较薄，平面为一端稍宽的长方形，顶端平齐，两侧边微内弧，边缘很薄，双面尖刃，刃平微外弧，接近顶端的正中间有一个单面桯钻孔，孔相对较小，与整体较大的器物不太相称，孔上残留微量朱砂痕，可能与绑系有关。一角及接近该角的侧边有不规则的缺损。长36.2、宽16.8~18.5、最厚处0.5、桯钻孔径1.4~1.7厘米。（图5-2-27B；彩版5-2-38:3）

该墓的情况较特殊，墓主人埋葬方式颇似第三期的殉人，而在孩子身体之上的男子骨骼应该不属于该墓，或许是填土中混入的其他墓葬的残碎人骨。与孩子身体混在一起的随葬品则明显属于第二期，而且被第三期的M72打破，与第三期葬制不同，所以，我们将该墓归入第二期介绍。

M78

M78位于南区西部的T15。西侧为M79，南侧为M71，东部被M77和第三期的M72打破。方向285度。除被打破的东半部外，所余的西端和南、北两侧的壁面基本完整，也比较规整，底部平坦。墓口距地表约0.65、残存长约0.65、宽约0.65、现存深度约0.45米。墓主人是一个25~30岁的男子，由于破坏严重，仅存有胸部以上的部分骨骼，头顶向北偏置，面向上，张口，仰身，颈椎与锁骨位置未移动且保存较好，右上臂顺置于体侧，肘部以下不存，整个左臂及胸部以下的大部分身体已经被破坏。墓圹内填灰褐色花土。（图5-2-27A；彩版5-2-38:1）

在墓主人左侧身下发现有1件石钺。

石钺　M78：1，蛇纹石化大理岩。青绿色，表面墨绿色和灰白色斑纹交杂。平面近长方形，大部分均厚，但较薄，顶端近直，但已经残损不平，两侧边皆为直边，不太平滑，刃微弧，刃部

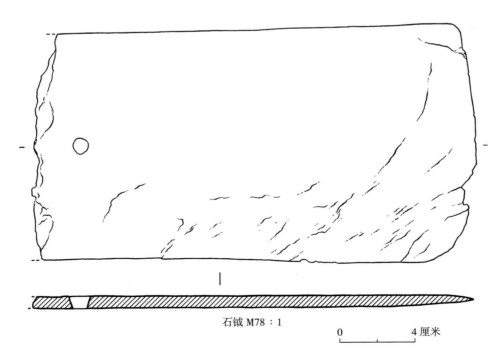

石钺 M78：1

0　　　　4厘米

图5-2-28A　M78出土玉石器

双面磨薄，有崩损缺口，近顶端的平面中央有一个单面管钻孔。残长 23.5、宽 12.4~13.0、最厚处 0.6、孔径 0.8~1.2 厘米。（图 5-2-28A；彩版 5-2-39:1）

该墓虽然所余的面积有限，而且现存深度也不算深，但填土中却发现了 2 件联璜环的部分璜形片和 2 件环的残片，应该不是本墓随葬品，特点与本期的同类器物相似。

石环　残，共 2 片，不是同一件器物上的残片，但质地与形制相同。器形较规整，中孔为双面管钻，内缘较厚，外圈边薄，断面为楔形。

M78:03，蛇纹石化大理岩。沁蚀严重，青绿色。环体较宽，内缘斜直。残长约 8.3、环体宽约 2.8、最厚处 0.4 厘米。（图 5-2-28B；彩版 5-2-39:4 左）

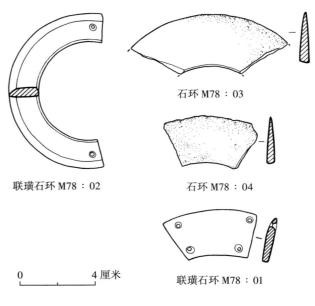

联璜石环 M78:02　　石环 M78:03

石环 M78:04

联璜石环 M78:01

图 5-2-28B　M78 填土出土玉石器

M78:04，大理岩。灰白色。环体稍窄，内缘微弧，残长约 5.0、环体宽约 2.5、最厚处 0.4 厘米。（图 5-2-28B；彩版 5-2-39:4 右）

联璜石环　共 2 件。

M78:01，蛇纹石岩。青灰色，表面因沁发白，新鲜面微透明为乳白色。仅存一块璜体，是联璜环的一部分。两端厚薄不匀，一端断面为枣核形，另一端为楔形，每端各有两个双面桯钻孔。残长约 5.5、宽约 2.4、最厚处 0.4、连缀小孔径 0.2~0.5 厘米。（图 5-2-28B；彩版 5-2-39:2）

M78:02，蛇纹石岩。黄白色，受沁白化，新鲜面为乳白色。半圆形，可能是联璜环的一半。器形规整，打磨精细，呈弧形，断面为短楔形，内圈均磨成凸出的弧形，近外圈的一面磨薄成斜面刃状，两端各有一个双面桯钻孔，孔内壁由外圈至中心逐渐缩小。外径 8.5、中孔径 5.3、最厚处 0.5、小孔径 0.2~0.4 厘米。（图 5-2-28B；彩版 5-2-39:3）

M79

M79 位于南区西部的 T15。东侧为 M78 和 M82，东南侧为 M71，南侧为 M44，西北侧为 M41，北侧接近南部发掘区的边缘。方向 283 度。墓葬上部被近年取土破坏，口部已经不是下葬时的地面。规模间于同期的小型墓与第三期的大型墓之间，形制不太规则，两端接近圆弧形、稍窄，中部略宽，墓壁不直，底部也凹凸不平。墓口距地表 0.60~0.65、最长处约 2.08、宽 0.90~1.00 米，现存深度约 0.50 米。墓内共有 4 个个体的人骨，都有不同程度的扭曲或变形：墓主人为一个 30~35 岁的男子，头向西南斜置，面向南侧偏转，口微张，仰身，身体中部向北呈弧形弯曲状凸出，从颈部以下至骨盆以上的胸腹部保存很差，锁骨、肋骨、脊椎均分布散乱。双臂在体侧顺着身体的曲度向外张开，右臂从肘部缓向内收，手腕放在墓主人股骨外侧接近东南部死者的头顶处，左臂从肘部开始斜向内折，手腕向东南方斜置在左腿股骨外侧，双腿向两侧外弓形凸出，踝部基本并拢，脚尖向东倒置。接近东南部墓壁的死者为一个18~20岁的女子，头部位于墓室中部，头顶向西，整体后仰，下巴上翘，脊椎向东伸直，锁骨与肋骨略移位，但排列整齐，左臂贴于体侧，手腕与墓主人的脚部平齐，右上臂顺置于南侧墓壁旁，压在死者右侧胸腹之上，从肘部开始斜向内折，手腕放在下腹部，左腿呈弧形微弯曲，脚部被东北侧死者的颈部叠压，右腿从膝部内斜折，脚踝部压在左小腿之下。东北部斜躺的死者为一个18~19岁的女子，头向东，面向东北侧偏转，上身整体向东北倾斜，脊椎向西北方伸直，锁骨与肋骨保存较好，并且排列整齐，左上臂顺置于体侧，从肘部开始向内斜折，手部置于下腹部，右上臂贴近身体，亦从肘部向上部曲折，手腕呈钩形放在近墓壁处，双腿平行伸直，脚部内扣于一个陶罐上。在该死者腿部以下，叠压着一个11岁左右的儿童，头向西，整体呈侧卧状，背部贴近北侧墓壁，蜷缩俯首，面向南，脊椎与肋骨等骨骼被挤压变形，分布散乱，双臂屈置于身前，下肢呈屈肢状叠置，从膝部向后斜折，脚部蹬在北侧墓壁上，与东北侧死者的右手接近。除墓主人之外，这些头向不一、姿态各异的死者，显然不是正常的葬式，但是也与第三期的殉人有一些区别。墓圹内填灰褐色花土。（图5-2-29A；彩版5-2-40:1）

本墓是整个墓地发现随葬品数量最多的墓葬，以玉石器为主，有15件，还有2件陶器和10片鳄鱼骨板。墓主人的头、颈之下压着1件三孔石刀，10件璧、环大部分放置在墓主人下腹部与左臂之间，其中2件环叠套在左臂近腕部；膝部放置着配套使用的1件双孔石钺和1件长方形双孔石器，双孔石器在南侧，钺刃在北侧；东北侧的儿童身下横放着1件单孔石钺，墓室东南部还有1块石料。另外，在墓内发现了陶罐和陶盆各1件，分别置于北、南两侧两个女子的两腿之间，其中陶罐被北侧女子的双脚呈环抱状叠压，陶盆则由南侧女子双膝挟持，盆内还放着10片鳄鱼骨板。（彩版5-2-40:2）

小口高领陶罐　M79：12，泥质灰陶。圆唇，敞口，高领，束颈，折肩，肩面微上鼓，斜直

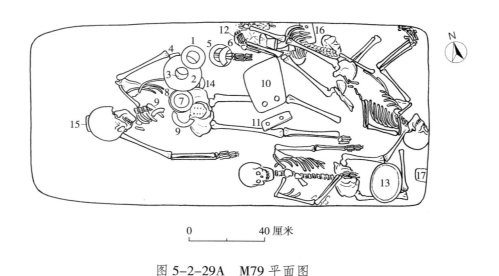

0 _____ 40厘米

图 5-2-29A　M79 平面图

1、3、5~9、14. 石环　2. 石璧　4. 联璜石环　10. 双孔石钺　11. 双孔石器　12. 小口高领陶罐　13. 敞口深腹陶盆　15. 三孔石刀　16. 单孔石钺　17. 石料　18. 鳄鱼骨板（13内）

腹内收，小平底。腹中部以上磨光，器表有黑色陶衣，腹中部以下饰斜篮纹，篮纹中间有三圈凹弦纹。高领内外表、肩部、上腹部和近底部均有鲜艳的朱红色彩绘。口径12、底径8.8、高35.6厘米。（图5-2-29B；彩版5-2-41:1）

敞口深腹陶盆　M79：13，泥质红陶。方唇，侈口，腹微弧，平底。沿面有三圈不太明显的凹弦纹，腹部饰斜篮纹。口径20.8、底径11.6、高11厘米。（图5-2-29B；彩版5-2-41:2）

石钺　2件。单孔、双孔各一件。

M79：16，单孔石钺。大理岩。青灰色，有白色的小斑点。器形较规整，整体长条形，顶略窄，中间厚，边略薄。顶端一角已残缺，刃端的两个角也残断，近顶端的平面中部有一个单面桯钻、略有斜度的小孔，孔周有朱砂痕，孔内侧有明显的螺旋痕迹，器物两侧与小孔相对应处各有两个磨出来的小豁口，豁口与单孔间涂有朱红色痕迹，或为当时缚柄的痕迹，上端的一侧还有一道切痕，余少量朱砂，也应与绑系相关。长15、宽8.8~9.5、厚0.2~0.8、小孔径1.2~2厘米。（图5-2-29C；彩版5-2-42:1）

M79：10，双孔石钺。大理岩。深灰色，有许多不规则状白色斑痕，一面基本保持了原来的颜色，另一面则受沁严重，呈灰黑色，并且剥蚀痕迹十分明显，周边为灰白色，黑白斑杂。整体为近梯形的斜长方形，两面较平，四边均磨薄，但凹凸不齐，顶端微弧，刃部为较宽的斜边弧形，近顶端有两个基本对称的单面管钻孔，孔内壁有螺旋纹，并且留有朱红色痕迹。长23~26.5、宽18.5~22.5、最厚处0.8、小孔径1.7~2.2厘米。（图5-2-29C；彩版5-2-42:3）

双孔石器　M79：11，绿泥石片岩。土黄色，器表略发暗，有斜向纹理。长条形，四边均为方棱状直边，近边缘处经磨光，棱角不太分明，其中较宽的一边稍磨薄，器身有不太对称的两个单面管钻孔，孔内壁有螺旋纹，并且留有朱红色痕迹。器物的一角不规则缺损。长18.4、宽6.0、

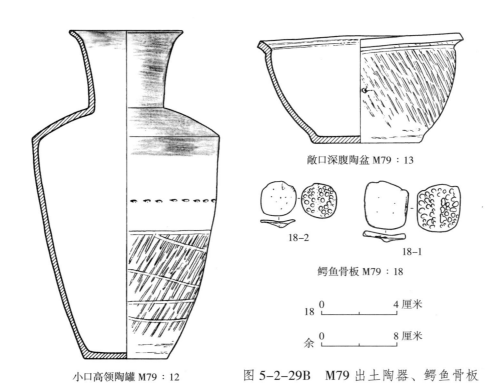

小口高领陶罐 M79：12

敞口深腹陶盆 M79：13

18-2

18-1

鳄鱼骨板 M79：18

18　0　　　　　4厘米

余　0　　　　　8厘米

图 5-2-29B　M79 出土陶器、鳄鱼骨板

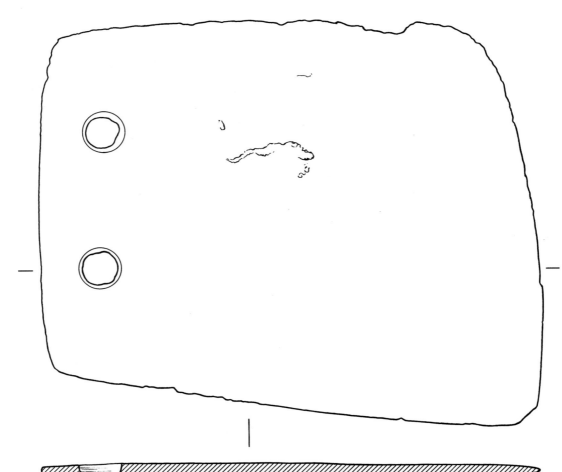

石钺 M79：10

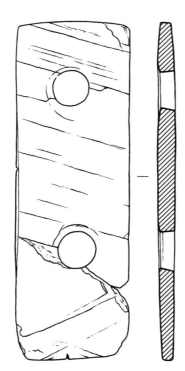

双孔石器 M79：11

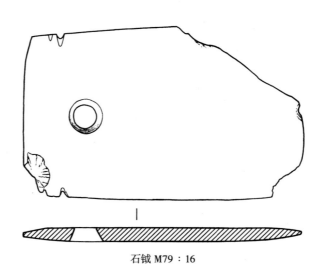

石钺 M79：16

0   4 厘米

图 5-2-29C　M79 出土玉石器

厚 0.6~1.0 厘米。（图 5-2-29C；彩版 5-2-42:2）

三孔石刀　M79：15，大理岩，有两条横向的短线纹理。一面保留了原来的青灰色，其中夹杂有白色斑块，另一面中间受沁为灰白色，周边尚有部分青灰色。中间较厚，边缘略薄，背部为直边，磨制不精细，两侧边圆弧，刀部呈斜直边，较钝，两个刃角为圆弧状，宽刃处有缺损的剥痕，三孔接近背部，基本等距，均为单面管钻，孔内壁有螺旋纹，并且残存有少量涂抹的朱红色痕迹。长 27、宽 10~14、厚 0.3~0.8、小孔径 2~2.6 厘米。（图 5-2-29D；彩版 5-2-43）

石料　M79：17，石英砂岩。青灰色，有少许白色斑点。外形为不规则的四方体，侧面有成层剥落面或打击形成的断面。（彩版 5-2-45:5）

石璧　中孔接近外径的三分之一。M79：2　蛇纹石岩。原器表为青绿色，由于表面受沁严重，绝大部分部位已不能辨别出原来的颜色，青中透白或为黄白色。整体较薄，器体较宽，中孔双面管钻，中部略厚，内缘稍薄，外缘近刃且被腐蚀缺损，所以外径差别较大，几乎不见外圈的边缘。现存直径 17.8~19.5、中孔径 6.8~7.0、最厚处 0.5 厘米。（图 5-2-29E；彩版 5-2-44:1）

石环　共 8 件。

M79：1，蛇纹石化大理岩。浅灰绿色，受沁发白，边缘处有部分呈灰黑色，其中夹有小沙粒痕。形制规整，管钻孔，内外圈均较圆，器体薄厚不均匀，内缘断面圆弧，有明显的横向磨痕，外缘较薄。外径 11.2、孔径 6.2、厚 0.1~0.6 厘米。（图 5-2-29E；彩版 5-2-44:2）

M79：3，蛇纹石岩。浅绿色，由于受沁严重，一面为灰白色，另一面绿色与白色相间。形制规整，内外圈皆圆，器体较薄，内缘略厚，外缘渐薄。外径 12.4、孔径 6.5、厚 0.1~0.5 厘米。（图 5-2-29E；彩版 5-2-44:3）

M79：5，蛇纹石化大理岩，外缘有多处残缺。原为浅灰绿色，一面外圈受沁为灰黑色，另一

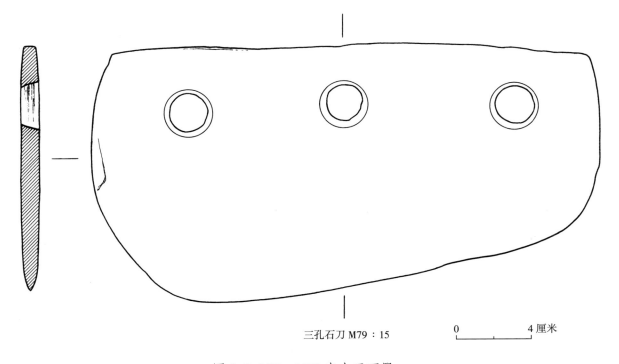

三孔石刀 M79：15

0　　　　　4 厘米

图 5-2-29D　M79 出土玉石器

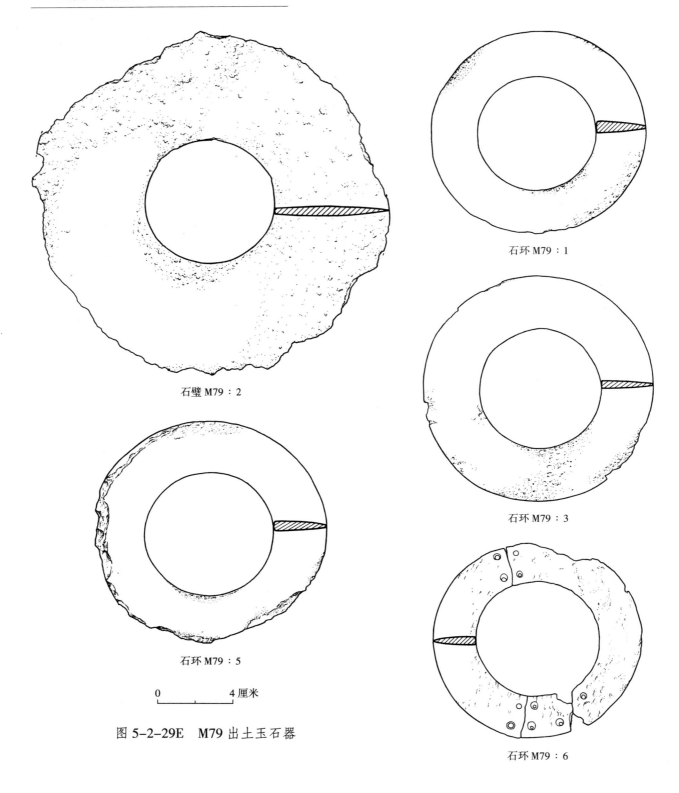

石璧 M79：2

石环 M79：1

石环 M79：3

石环 M79：5

0   4 厘米

图 5-2-29E   M79 出土玉石器

石环 M79：6

面近一半呈灰白色且有明显剥蚀痕迹。中孔为双面管钻，器体薄厚不均匀，内圈厚，外圈薄，内缘断面圆弧，有明显的横向磨痕，外缘有多处残缺。发现时已经断为两块。外径 12.5、孔径 6.8、厚 0.1~0.5 厘米。（图 5-2-29E；彩版 5-2-44:4）

M79：6，蛇纹石化大理岩。原来为浅绿色，大部分器表经水沁后呈浅灰色，也有部分为灰褐色，只有小部分可见原岩新鲜面。器形较规整，内外圈均较圆，中孔为双面管钻，稍作了修整，中间厚，边缘薄，断面为楔形，厚薄不匀，外圈有部分残损。发现时已经断为五块，但只有三个地方有钻孔缀补的痕迹，全部为二对二孔的方式，共有 12 个双面桯钻的小孔，孔有斜度。器物的表面有麻布痕。外径 11.1、孔径 6.5、最厚处 0.5 厘米。（图 5-2-29E；彩版 5-2-44:5）

M79：7，缺一小块。蛇纹石化大理岩。边缘局部受沁，深灰色。器形较规整，内外圈都较圆，中孔双面管钻后修整，内缘较厚且磨为不均匀的圆弧状，外边较薄，断面为楔形。外径 10.5、中孔径 6.0、最厚处 0.5 厘米。（图 5-2-29F；彩版 5-2-44:6）

M79：8，大理岩，器表经严重水沁，边缘残损，发现时已经断为两块。青白色，表面不太鲜亮，一面保持原来的颜色，另一面近一半变为黑褐色。器形较规整，内缘略厚，外边较薄且有一部分残损呈直边，断面为楔形，中孔为双面管钻。外径 11.5、孔径 6.4、厚 0.1~0.6 厘米。（图 5-2-29F；彩版 5-2-45:1）

M79：9，蛇纹石化大理岩，边缘受沁残损，发现时已经断为两块。青灰色，由于受沁严重，一面为灰白色，另一面多为灰黑色，部分部位有明显的水锈痕迹，已经不能看出其原来的颜色。形制不太规整，内、外圈均不圆，中孔为双面管钻。内圈略厚，内缘断面圆弧，外缘较薄，但不均匀。外径 11.1~11.7、孔径 6.0~6.2、厚 0.1~0.6 厘米。（图 5-2-29F；彩版 5-2-45:2）

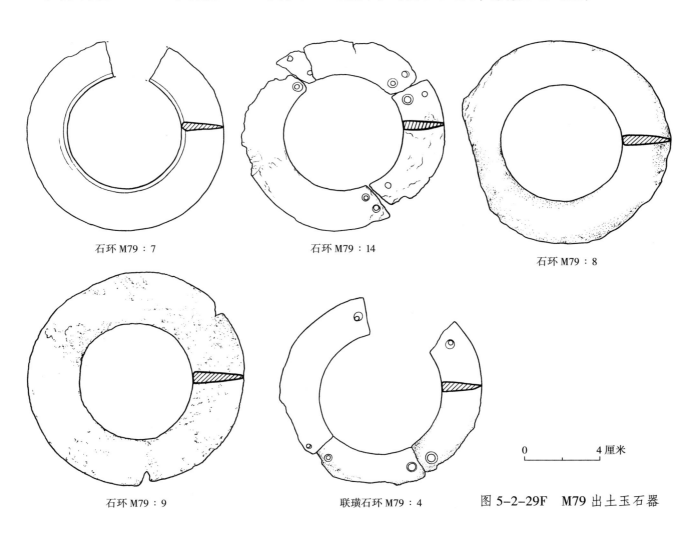

石环 M79：7　　　　　石环 M79：14　　　　　石环 M79：8

石环 M79：9　　　　联璜石环 M79：4　　　　图 5-2-29F　M79 出土玉石器

0　　　　4 厘米

M79：14，蛇纹石化大理岩，沁蚀严重，边缘残损。浅黄褐色，半透明。形制不规整，中孔双面管钻后修整，环体厚薄不匀，内缘略厚，外缘较薄且有缺损的豁口，有的地方为尖刃边。已经断为三片，每一个断茬处均有二对二的桯钻小孔缀连，但有两处因缺损而各少了一个钻孔。器物的表面有布纹。外径 10.5、孔径 6.2、最厚处 0.5 厘米。（图 5-2-29F；彩版 5-2-45:3）

联璜石环　共 1 件。

M79：4，蛇纹石化大理岩。原来应该为灰白色，器表因水沁变为土黄色或浅褐色。器表有摩擦痕。一面较平，另一面呈弧形凸面。环体较窄，内缘较厚，外边略薄，边缘近刃状，共四块，每一块的两端均有一个连缀的桯钻小孔，显然是以一对一孔的方式修复和连缀器物的。外径 10.8、孔径 6.5~6.8、最厚处 0.5 厘米。（图 5-2-29F；彩版 5-2-45:4）

鳄鱼骨板　M79：18，发现于侈口深腹盆内，共 10 块。整体特征与 M54 出土的同类器相同。背面略内凹，分布着许多针尖一样的点状小孔，内侧中部起一条纵向的脊，脊两侧布满浅圆形的小坑。平面形状不同，多为方形或椭圆形，大小不一。仅举两例：M79：18-1，长径 2.8、短径 2、厚 0.2~0.3 厘米。M79：18-2，长径 2.1、短径 1.7、厚 0.1~0.4 厘米。（图 5-2-29B；彩版 5-2-45:6）

M80

M80 位于南区西部的 T3 和 T4、T27 和 T28。西北侧为 M83，东南侧为 M64，东北部被第三期的 M50 打破。方向 275 度。该墓东北部上半部分被第三期的 M50 破坏，残余形状也不规整，似乎不是正规挖成的墓穴。西部近方形，东部呈不规则的圆弧状，南侧略向内收，北侧边较直，周边壁面很粗糙，底部凹凸不平，整体略低于 M50 的墓底，其中东部稍高。墓口距地表约 0.45、长约 1.70、最宽处约 0.50、现存深度为 0.25~0.40 米。墓主人为一个 18~19 岁的女子，整体向北侧卧，头向东，面向北，颈椎弯曲，胸椎以下向东北方向斜置，压在身下的右侧肋骨与锁骨排列较整齐，脊椎左侧置于身体上部的锁骨和肋骨散乱且不全，右上臂置于体侧，肘部以下沿墓壁顺置，左上臂已不存，从肘部开始向前曲折，在骨盆北侧与右下臂交叉，手腕放在右下臂之上，似曾捆捆；两腿基本平行，左腿靠后，大腿皆微向前屈置，从膝部开始与北侧的墓边平行顺置，使腿部整体接近弧形，双脚一前一后均蹬在接近西北角的西端墓壁上。墓圹内填浅灰色土。（彩版 5-2-46:1）

未发现随葬品。

M81

M81 位于南区中部的 T30。南侧为 M151，下面叠压着 M128，西部打破 M129。方向 260 度。墓葬圹边较清晰，壁面也较规整，底部平坦。墓口距地表约 0.50、长约 1.90、宽约 0.55、现存深度约 0.20 米。墓主人为一个 51~60 岁的男子，面向上，口大张，仰身，脊椎伸直，锁骨与肋骨排列整齐，右臂置于体侧，肘部微向外凸出，手腕放在骨盆与股骨交接处外侧，左上臂沿身体顺置，从肘部开始略向内斜置，手腕部在左侧骨盆上向东屈置，两腿向内侧伸直，脚踝部交杂在一起，左小腿、脚部向南斜搭在右小腿、脚部之上，双脚的趾、掌骨散乱地叠置在一起。墓圹内填红褐

色花土。（彩版 5-2-46:2）

未发现随葬品。

M82

M82 位于墓地西部 T16。东侧为 M47，西侧接近 M79，南侧为 M77，东北部打破 M89，南半部被第三期的 M72 打破。方向 305 度。墓葬的形制不太规则，两端为圆弧形，仍保存的北壁和部分东、西墓壁较直，西北部被近年的一个树坑扰乱，底部凹凸不平。墓口距地表 0.40~0.50、长约 2.65、宽 0.80~1.00 米，现存深度 0.90~0.95 米。墓内有三个人的骨骼，墓主人为一个成年女子，头向西，但头骨及左上臂已被栽树时挖出墓坑，仰身，颈椎至腰椎不规则弯曲，左侧锁骨被破坏，肋骨与右侧锁骨保存较好，排列整齐，双臂顺置于体侧，手腕分别放在两侧骨盆旁边，腿部平行伸直，脚尖并列，向东南侧倾斜。墓主人东北侧有一个 18~19 岁的男子，头骨严重变形，头向西并后仰，面向上，口微张，斜侧身，身体扭曲，颈椎与脊椎不规则弯曲，左侧锁骨被压在下颌骨之下，肋骨保存较好，排列整齐，右侧锁骨散置，肋骨挤压变形，左上臂沿墓壁向上，从肘部开始斜向西内折，呈抱头状，右臂沿上身顺置于体侧，手部在骨盆之南，下肢并拢，左腿在上，呈 V 字形弯曲，膝部向南弓起突出，小腿内斜折，双脚叠压在一起并蹬在东北角的墓壁上。墓主人东南侧为一个 15~16 岁的女子，整体呈西南—东北向趴卧，头骨已残并变形，面向东南侧偏转，上半身扭曲，颈椎呈弧形弯曲，脊椎向西南方向伸直，肋骨在脊椎整齐地并列于脊椎两侧，并向下方呈弧形扣置，左臂压在身下，右臂搭在身侧，手腕和整个下半身全部被 M72 破坏。墓主人旁边这两个头向不一、姿态各异的死者，显然不是正常的葬式。墓圹内填灰褐色花土。（图 5-2-30A；彩版 5-2-46:3，5-2-46:4）

墓内共发现随葬品 12 件，包括陶器和玉石器，以玉石器为主。6 件石璧、环全部叠套于墓主人的右臂下半部，右手腕之下还压着 1 件残缺的多孔石刀，膝部放置着 1 件单孔石钺，东北侧死者身下至墓主人腿部斜置着 1 件双孔石钺和 1 件双孔石器，两件器物的孔部相互对应。另外，在

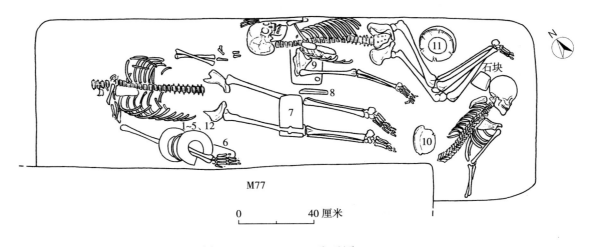

图 5-2-30A　M82 平面图

1、3~5. 石璧　2. 石环　6. 多孔石刀　7. 单孔石钺　8. 双孔石器　9. 双孔石钺　10. 敞口深腹陶盆　11. 小口高领陶罐　12. 联璜石环

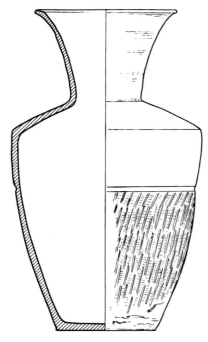

小口高领陶罐 M82：11

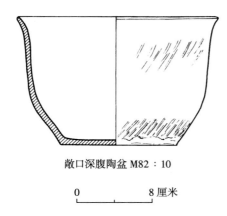

敞口深腹陶盆 M82：10

0   8厘米

图 5-2-30B   M82 出土陶器

墓内发现了陶罐和陶盆各 1 件，陶罐置于东北部男子弯曲的两腿之间，陶盆放在东北部男子膝部与东南部女子之间。

小口高领陶罐   M82：11，泥质灰陶。圆唇，沿面微凹，敞口，高领，束颈，折肩，肩面微上鼓，斜腹略鼓，小平底。腹中部以上磨光，器表有黑色陶衣，腹中部以下饰斜篮纹，近底部较粗糙。口径 15.2、底径 10.5、最大腹径 20.2、高 35.0 厘米。（图 5-2-30B；彩版 5-2-47:1）

敞口深腹陶盆   M82：10，泥质红陶。方唇，敞口，上腹近直，下腹微弧内收，平底。沿外磨光，腹部饰斜篮纹后又稍加磨光。口径 21.5、底径 12.2、高 14.5 厘米。（图 5-2-30B；彩版 5-2-47:2）

石钺   共 2 件。单孔和双孔各一件。

M82：7，单孔石钺。伊利石（或曰水白云母）。器表绿色，但斑驳不纯，墨绿、鲜绿相间，还有白色斑块，其中白色部分受沁发黄。整体近梯形，形制不太规整，器表有不规则磨痕，较粗糙，边缘有残损。器体较薄且不均匀，中部略厚。两面较平，顶端微弧，刃端呈斜弧状，较锋利，刃角近弧形，一侧边较直，另一侧边被击出 4 个不等距的豁口，豁口较浅，在上下两面有由边缘向器体中部延伸为逐渐变浅的凹槽，接近顶端的平面中央有一个双面桯钻孔，钻孔与侧边上端的豁口位置平齐。长 21.6、宽 10.5~12.3、最厚处 0.5、孔径 1.1~1.4 厘米。（图 5-2-30C；彩版 5-2-48）

M82：9，双孔石钺。石英、白云质大理岩。白、灰、黑色斑杂分布，器身中间略厚，边缘较薄近尖刃。器形不规整，四角均为弧形，周边均磨薄为刃状，其中一侧边与刃部微向外弧形凸出，平面近顶端处有两个并列的单面管钻孔。长 27.2、宽 13.5~18.5、最厚处 1.2、孔径 1.7~1.9 厘米。（图 5-2-30C；彩版 5-2-49:1）

双孔石器   M82：8，泥叶岩。近黄色，泛金色，器身遍布小黑点。整体为长条形，一端近弧形，另一端斜直，均厚，一角残断，平面近两端处穿二孔，皆单面管钻，孔内留有朱红色痕迹。长 15.5、宽 5.3、厚 0.5、孔径 1.7~1.9 厘米。（图 5-2-30C；彩版 5-2-49:2）

多孔石刀   M82：6，残断，大理岩。深灰色，器表有不规则白色乱线纹。器形很不规整，残余各边均为弧形，圆弧角，近背部的平面上残存三个不等距的单面管钻孔，其中两个留有管修痕。器体中间厚，双面刃较钝。残长 22.0、残存最宽处 16.5、最厚处 1.0、孔径 1.4~1.7 厘米。（图 5-2-30D；彩版 5-2-49:3）

璧与环共 6 件，由于全部叠套于右臂近手腕处，尽管分为璧、环、联璜环，但应该具有同样的用途。这些器物全部为大理岩磨制而成，圆环状，内缘厚而外边薄，断面为楔形。（彩版 5-2-

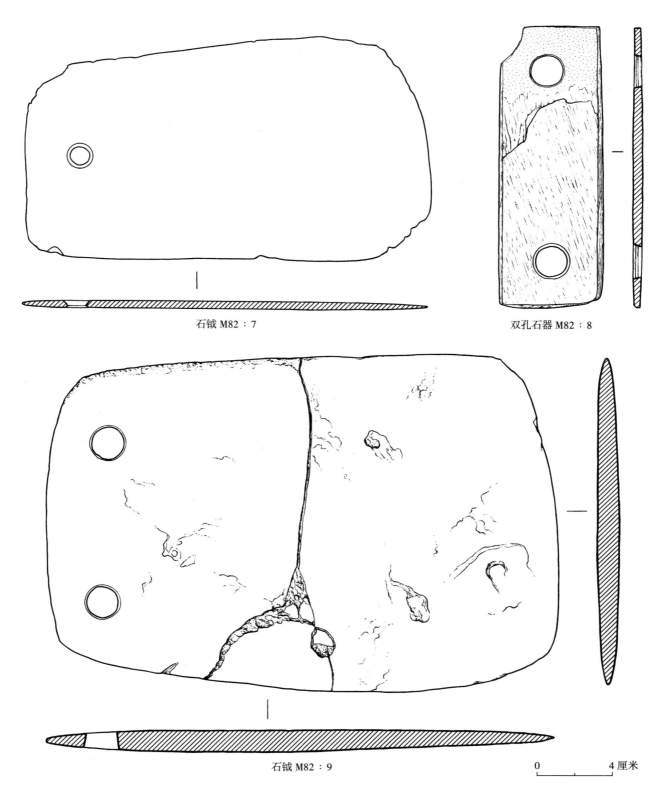

石钺 M82：7

双孔石器 M82：8

石钺 M82：9

0　　　　4 厘米

图 5-2-30C　M82 出土玉石器

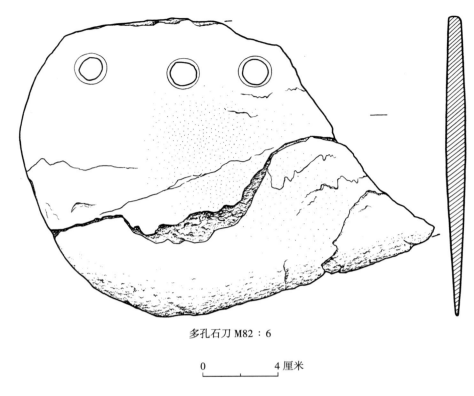

多孔石刀 M82：6

0 _____ 4 厘米

图 5-2-30D　M82 出土玉石器

46:4）

　　石璧　共 4 件。

　　M82：1，灰白色。周边受沁，不太光滑。外径 17.6、中孔径 6.6、最厚处 0.6 厘米。（图 5-2-30E；彩版 5-2-50:1）

　　M82：3，灰白色。发现时与 M82：12 粘在一起，周边受腐蚀略有缺损。外径 13.0~13.5、中孔径 6.5、最厚处 0.6 厘米。（图 5-2-30E；彩版 5-2-50:2）

　　M82：4，浅绿色，严重白化，周边受腐蚀略有缺损。外径 13.5、中孔径 6.3、最厚处 0.5 厘米。（图 5-2-30E；彩版 5-2-50:3）

　　M82：5，浅绿色，微泛黄，杂有黑色斑点，腐蚀严重，器表粗糙，白化处斑驳不纯，周边受腐蚀略有缺损。外径 18.2、中孔径 6.7、最厚处 0.8 厘米。（图 5-2-30E；彩版 5-2-50:4）

　　石环　M82：2，灰白色，微泛黄。断为两块，断裂处以一对一的方式钻孔连接。外径 11.5、中孔径 6.1、最厚处 0.6 厘米。（图 5-2-30E；彩版 5-2-50:5）

　　联璜石环　M82：12，灰绿色。发现时与 M82：3 粘连在一起。由五块璜形片连缀而成，其中的一块还断为两片，相邻的两块璜形片均用对应的小孔连缀，断为两块的璜片也用小孔连缀。外径约 10.5、中孔径约 6.5、最厚处 0.4 厘米。（图 5-2-30E；彩版 5-2-50:2）

　　在 M82 的填土中发现了 1 件钺的残片，还有 1 件石块位于墓室内东南侧死者头骨之后，接近北侧死者的膝盖部位。这些都应该是填土中的遗物。由于钺太小且属于中间部位，特点不突出，石块也是普通砂石，没有制作成器物，所以，在此不作专门介绍。

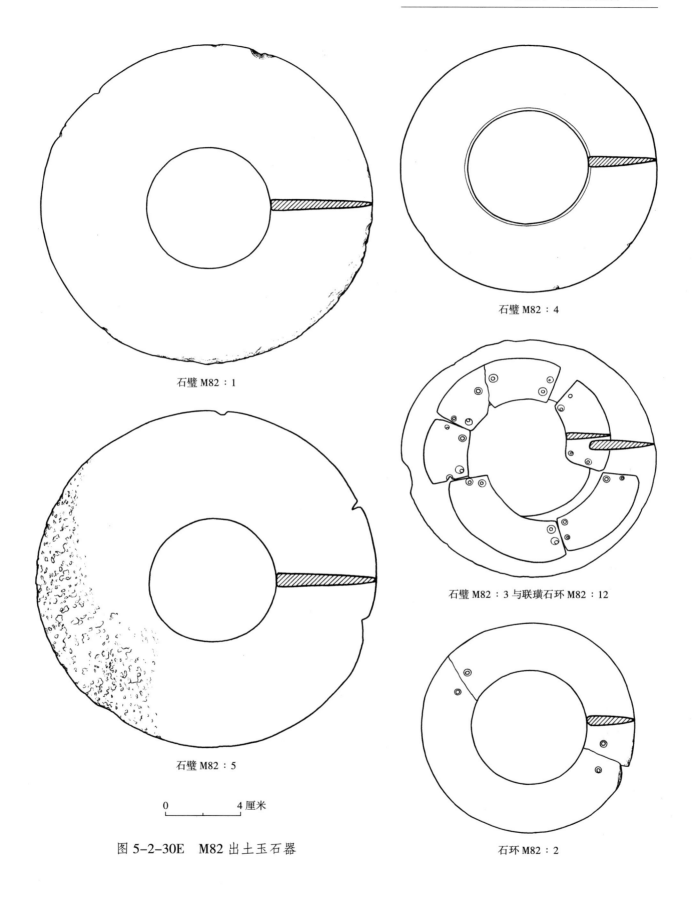

石璧 M82：4

石璧 M82：1

石璧 M82：3 与联璜石环 M82：12

石璧 M82：5

0   4厘米

图 5-2-30E M82 出土玉石器

石环 M82：2

M83

M83 位于南区西部的 T3。东北侧是 M27，东侧为 M28，西部被一个近代坑打破，东南部被第三期的 M50 打破。方向 280 度。该墓东西两端已经被严重破坏，仅中部留有一小部分。墓口距地表约 0.35、残存长约 0.90、宽约 0.45、现存北侧最深处约 0.20 米。墓主人为一个成年女子，年龄不祥，头向西，仅存有两腿的股骨、左侧胫骨及腓骨，直肢。墓圹内填灰褐色花土。

未发现随葬品。

M84

M84 位于南区中部的 T6。西侧为 M117 和 M131，南侧为 M123，北侧是 M121，东部打破并叠压着 M122。方向 270 度。该墓所在的位置正好在一个地堰上，上部已经被平整土地时严重破坏，尤以南部严重，仅中部和北侧留有一部分，除北壁尚存浅浅的墓壁外，其余三边均已不存。墓口距地表约 0.35、残存长约 1.30、宽约 0.50、现存北侧最深处约 0.10 米。墓主人骨骼酥碎，绝大部分已不存在，只有一个印痕，无法鉴定性别和年龄。头骨破碎，面向南侧斜上方偏转，仰身，脊椎略弯曲，仅南侧留有部分锁骨与肋骨的印痕，骨盆腐朽，右腿股骨伸直，左腿股骨略向南侧斜置，股骨中段以下被破坏已经不存。墓圹内填灰褐色花土。（彩版 5-2-51:1）

未发现随葬品。

M85

M85 位于南区中部的 T29。西北侧为 M115，东北侧是 M94，南侧为 M99，东部打破 M101。方向 272 度。该墓上部已经被后代严重破坏，墓葬边缘不太清晰，底部也不平整。墓口距地表约 0.35、长约 1.55、宽约 0.45、现存深度约 0.10 米。墓主人骨骼酥碎，可能为一个 13 岁左右的男孩，头骨被耕种土地时削去了一部分，面微向南侧上方偏转，口张开，仰身，脊椎较直，锁骨与肋骨排列较整齐，双臂紧贴于体侧，右侧肘部受挤压内缩，两个手部仅见有少量指骨置于骨盆旁边，左腿只有膝盖及其以下的少许骨骼在原位，其余部分已不存在，右腿伸直，接近踝骨部分以下被破坏。墓圹内填灰褐色花土。（彩版 5-2-51:2）

未发现随葬品。

M89

M89 位于南区中部 T16。北侧是 M90，东南侧为 M47，北侧为 M90，西南部被 M82 打破。方向 280 度。墓葬圹边清晰，壁面规整，底部平坦。墓口距地表约 0.40、长约 2.00、宽约 0.50、现存深度约 0.70 米。墓主人为一个 35~40 岁的男子，呈西北——东南方向斜置于墓圹内，面微向北侧上方倾斜，口张开，仰身，脊椎较直，锁骨与肋骨排列较整齐，双臂紧贴于体侧，手腕分别置于左右骨盆之下，双腿伸直，右脚紧贴在墓葬的东南角，左脚则在东壁正中间部位，脚尖分别向东侧倒置。墓圹内填红褐色花土。（彩版 5-2-51:3）

未发现随葬品。

M90

M90 位于南区中部的 T16。南侧为 M89，西南侧为 M82，北侧已经接近南部发掘区的北边缘。方向 262 度。墓葬圹边清晰，墓壁规整，底部也较平整。墓口距地表约 0.35、长约 2.20、宽 0.54~0.57、现存深度约 0.60 米。墓主人为一个 45~50 岁的男子，面微向南侧上方偏转，口张开，仰身，脊椎较直，锁骨与肋骨排列较整齐，双臂伸直紧贴于体侧，手腕分别放在左右骨盆的外侧，两腿整体斜向内侧伸直，踝部并拢，脚尖内斜并一起向东倒置。墓圹内填灰褐色花土。（彩版 5-2-51:4）

未发现随葬品。

M92

M92 位于南区中部的 T5、T6、T17 和 T18 交界处。西北侧为 M97，东北侧是 M118，东侧为 M119 和 M120，西南侧为 M93。方向 280 度。墓葬圹边不太规整，东部略宽，底部平坦。墓口距地表约 0.60、长约 2.05、宽约 0.60、现存深度约 0.12 米。墓主人为一个 40 岁左右的男子，面向北侧上方偏转，仰身，脊椎呈弧形弯曲，肋骨较规整，分布在椎体两侧，双臂紧贴于体侧，手腕放在左右骨盆外侧，双腿略偏向北侧墓圹，右腿伸直，左腿股骨部分略向内侧斜置，膝部以下与右腿平行伸直，小腿部分受上部的挤压已经碎裂，脚趾骨不存。墓圹内填灰褐色花土。（图 5-2-31；彩版 5-2-52:1）

墓主人的头部后侧斜置 1 件骨簪。（彩版 5-2-52:2）

骨簪　M92:1，用大中型动物长骨磨制而成。器表为浅黄白色。中部大部分为长条状，断面为略扁的长方形，一面微微向外呈弧形凸起，另一面平齐，接近两端处磨尖，其中一端锐利，表面均光滑平缓。长 16.5、中部断面宽约 0.6、厚约 0.4 厘米。（图 5-2-31；彩版 5-2-52:3）

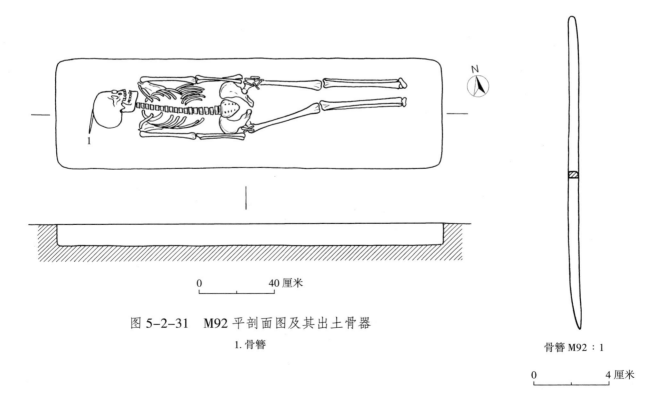

0　　　　　40 厘米

图 5-2-31　M92 平剖面图及其出土骨器

1. 骨簪

骨簪 M92:1

0　　　　4 厘米

M93

M93 位于南区中部 T5。北侧为 M97，东北侧是 M92 和 M120，东侧为 M125，西南侧是 M109。方向 280 度。墓葬较宽大，圹边清晰，壁面也较规整，底部平坦。墓口距地表约 0.60、长约 1.90、宽约 1.08、现存深度约 0.60 米。墓主人为一个 40~44 岁的男子，尸骨整体靠墓圹的北半部，南半部墓圹显得十分空旷，骨骼保存较好，面向南侧上方偏转，仰身，脊椎骨较直，锁骨与肋骨排列整齐，双上臂紧贴于体侧，从肘部均开始向内侧斜折，手腕斜置于左右两侧的骨盆之上，两腿伸直，双脚并列并向东南侧偏倒。墓圹内填灰色花土。（图 5-2-32；彩版 5-2-53:1）

在墓主人的身下发现了 1 件石钺。

石钺　M93:1，石灰岩。灰白色。磨制精细，平面接近长方形，中间厚，顶端平直，两侧边缘薄近刃，其中一侧中部和近顶端的转角处有缺损，在接近顶端的平面正中部有一个双面桯钻孔，孔内留有朱红色粉末，前端两角皆弧形，双面刃近平直，部分刃部有崩痕。长 15.8、宽 4.8~5.2、最厚处 0.5、孔径 0.5~0.9 厘米。（图 5-2-32；彩版 5-2-53:3）

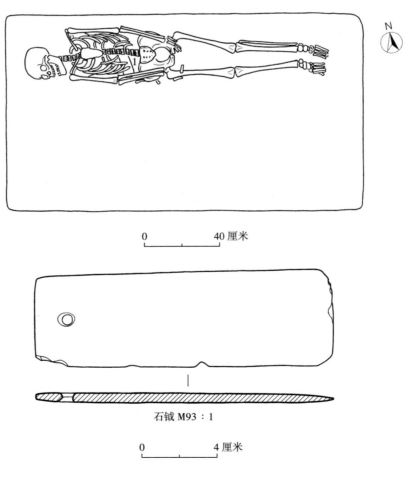

0　　　　　40 厘米

石钺 M93:1

0　　　　　4 厘米

图 5-2-32　M93 平面图及其出土玉石器

1. 石钺

M94

M94 位于南区中部的 T29。东北侧是 M117，西北侧为 M110，西侧是 M115，南侧为 M85 和 M101，东部被第三期的 M100 打破。方向 275 度。墓葬圹边十分清晰，壁面也很规整，底部较平坦。墓口距地表约 0.45、残长约 2.10、宽 0.46、现存深度约 0.83 米。墓主人为一个 24~26 岁的男子，面微向南侧上方偏转，口大张，仰身，脊椎骨较直，锁骨与肋骨排列整齐，双臂紧贴于体侧，手腕向外放在骨盆与股骨交接处外侧接近墓边处，两腿平行伸直，脚掌分别向东倒置。墓圹内填灰褐色花土。（彩版 5-2-53:2）

未发现随葬品。

M95

M95 位于南区中部的 T17，南侧为 M97 和 M98，北侧接近南部发掘区的边缘，整体叠压并打破 M102，西部被第三期的 M59 打破。方向 274 度。墓葬圹边清晰，壁面也较规整，底部平坦。墓口距地表约 0.45、残长约 1.80、宽约 0.90、现存深度约 0.45 米。墓主人为一个 27~28 岁的男子，头部至胸部已被 M59 破坏，仰身，腹部仅存腰椎部分，两侧散置着少许肋骨，双臂紧贴于体侧，但左臂仅余肘部以下部分，手腕均放在骨盆与股骨交接处的外侧，两腿略向内斜置，膝部以下并列伸直，脚踝部并拢，脚掌并列并向东北侧倒置。墓圹内填红褐色花土。（图 5-2-33A；彩版 5-2-54:1）

在墓主人右侧骨盆到大腿处顺置着 1 件三孔石刀，刃部向北，右臂下还发现一些玉环残片。

三孔石刀　M95：1，白云石质大理岩。黑白条带状交错分布。形制不规整，两面均凹凸不平，背部中间内凹；两边长度不同，均微外弧，但线条不流畅，且有多处缺损；四角均为弧度不同的圆弧角，前端为斜弧刃；中间稍厚，边缘较薄，接近背部有三个单面管钻孔，孔内残留朱砂痕，一面的孔周还有不太清晰的朱砂横线。长约 21.3、宽 15.0~18.7、最厚处 1.3、孔径 1.9~2.4 厘米。（图 5-2-33B；彩版 5-2-54:2）

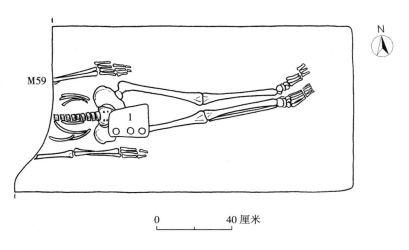

图 5-2-33A　M95 平面图

1. 三孔石刀　2. 石环（残，骨架下）

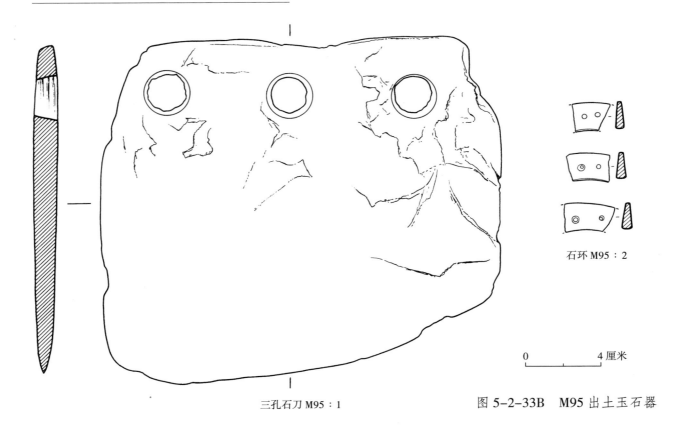

三孔石刀 M95：1

石环 M95：2

图 5-2-33B　M95 出土玉石器

石环　M95：2，共三段残块，应为同一件器物，但不能拼合。含有机质的蛇纹石化大理岩。受沁，表面为黄白色，半透明。内缘稍厚，外边略薄，断面为窄梯形，每段上两端均有一个双面桯钻孔。三段分别长约 2.0、2.3 和 2.4 厘米，宽均为 1.5、厚 0.2~0.4、孔径 0.2~0.4 厘米。（图 5-2-33B；彩版 5-2-54:3）

M97

M97 位于南区中部的 T17。西侧为 M98，西北侧是 M95 和 M102，东南侧是 M92，南侧是 M93，东部被第三期的 M91 打破。方向 278 度。墓葬圹边清晰，壁面规整，底部平坦。墓口距地表约 0.60、残存长约 1.30、宽约 0.65、现存深度约 0.50 米。墓主人为一个 45~50 岁的女子，尸骨整体呈西南—东北方向斜置，头部略偏向西南角，面向上，口微张，仰身，右侧锁骨移位，脊椎较直，两侧的肋骨保存较好，除左胸部分略散乱外，其他骨骼排列整齐，双臂紧贴于体侧，右手腕放在骨盆外侧，右腿仅存股骨上半部分，左手、左腿、右腿下半部分及双脚均被 M91 破坏。墓圹内填灰褐色花土。（彩版 5-2-55:1）

未发现随葬品。

M98

M98 位于南区中部的 T17。西侧是 M47，北侧为 M59、M95 和 M102，东侧为 M97。方向 281 度。墓葬圹边清晰，壁面规整，底部平坦。墓口距地表约 0.50、长约 1.80、宽约 0.65、现存深度约 0.80 米。

墓主人为一个 35~39 岁的男子，面向南偏转，仰身，骨骼受到轻度扰乱，脊椎呈弧形弯曲，大部分肋骨不存，只有锁骨、少数肋骨乱放在胸部或腹部，双臂的骨骼均已移位，左臂肢骨叠置在一起，右臂整体呈曲尺形下移，小臂斜压在股骨之上，右骨盆尚在原位，但左盆骨挪至大腿外侧，双腿平行伸直，脚部仅左脚存有少许骨头，尽管骨骼扰乱并不严重，但却是第二期少有被扰乱的墓葬之一。墓圹内填灰褐色花土。（图 5-2-34；彩版 5-2-55:2）

在墓主人左臂肢骨之下发现 1 件石钺。

石钺　M98：1，蛇纹石化大理岩。黄白色，杂有淡绿色不规则斜线纹理，表面有擦痕，可见部分褐色附着物，另一面部分受沁发白。整体接近梯形，顶端为略外弧的平

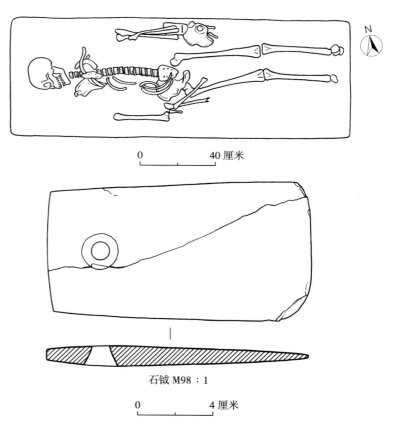

石钺 M98：1

0 ———— 4 厘米

图 5-2-34　M98 平面图及其出土玉石器
1. 石钺

直边，两侧边斜直，前端为弧角、双面直刃；接近顶端的平面正中有双面钻的一个小孔，其中一面钻痕深，另一面钻痕较浅，孔内壁钻痕明显。顶端侧缘隐约可见不明显的磨痕，从顶端至刃部有一条斜向不规则的裂隙。长 14.0、宽 6.5~7.5、最厚处 1.1、钻孔外径 1.0~2.0 厘米。（图 5-2-34；彩版 5-2-55:3）

M99

M99 位于南区中部的 T29。北侧为 M85，东北侧为 M101，南侧是 M112，西部被第三期的 M116 打破，东端的上部被一个现代树坑打破。方向 280 度。墓葬圹边清晰，壁面规整，底部平坦。墓口距地表约 0.50、长约 2.00、宽约 0.45、现存深度约 0.70 米。墓主人为一个 40~45 岁的男子，头部绝大部分被 M116 墓圹破坏，仅留有部分下颌骨，仰身，上半身靠近南侧墓壁，骨骼保存不太好，脊椎近直，锁骨和肋骨基本排列整齐，双臂伸直并顺置于体侧，其中右臂肘部以下向上翘起，因受到挤压而不规则，手腕分别放在两侧股骨与墓壁之间，骨盆酥碎，双腿股骨平行，整体略偏向北，部分朽碎不存，右腿的膝部微呈弓形向北凸出，膝部以下斜收，踝部基本与左腿接近，左脚整体向东北侧倒置，右脚向东倒置。墓圹内填灰褐色花土。（图 5-2-35；彩版 5-2-56:1）

在墓主人右臂肘部下的外侧发现 1 件呈片状的骨饰，2 片，其中 1 片可复原，另 1 片已经酥碎，不能复原。下面介绍可复原的一片器物。

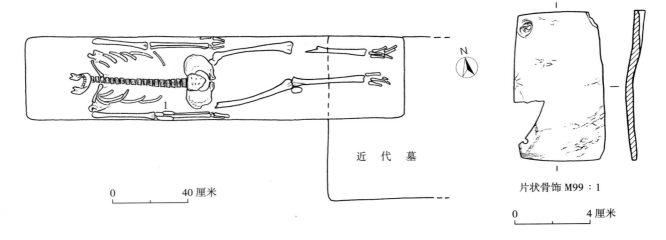

图 5-2-35 M99 平面图及其出土骨器

1. 片状骨饰

片状骨饰 M99：1，已残破，大牲畜骨骼切割、磨制而成。器表为浅褐色。整体为薄片状，上下两端平齐，均为方棱状，俯视略带弧形，器表为素面，两侧边整齐平缓，器壁厚薄不匀，中间较厚，接近两侧边处薄，器物内壁受沁变得粗糙不平，外表也受腐蚀失去了原来的光泽。在一侧边接近两个角处分别有一个桯钻小穿孔，一孔从里向外钻，另一孔从外向里钻，内、外的孔径差距很大，其中一面的孔周有不规则的钻痕，另一侧边接近转角处也有一个未钻透的小孔。应该是佩戴在小臂上的饰品的一部分，两侧的钻孔是用于连缀的。器物通高约8.0、宽4.8、器壁厚约0.2、小孔径约0.2厘米。（图 5-2-35；彩版 5-2-56:2）

M101

M101 位于南区中部 T29。西南侧为 M99，东北侧为 M113，东侧是 M107，西北部被 M85 打破。方向275度。墓葬北侧圹边处曾遭到近年破坏，下部基本保存完整，墓葬范围较清晰，壁面规整较直，西端留有一个小平台，底部平坦。墓口距地表约0.45、长约1.85、宽0.40、现存深度约0.90米。墓主人为一个45~50岁的女子，面向上，口张开，仰身，骨骼保存较好，颈椎微斜，胸椎以下挺直，锁骨与肋骨排列较整齐，双臂伸直，紧贴于体侧，两手均在股骨与骨盆交接处的外侧，腿部伸直，双脚并列并分别向东南侧斜置。墓圹内填灰褐色花土。（彩版 5-2-57:1）

未发现随葬品。

M102

M102 位于南区中部的 T17。西南侧为 M98，东南侧为 M97，几乎整个墓葬都被 M95 叠压，西部被第三期的 M59 打破。方向285度。墓葬圹边清晰，大部分发现于 M95 之下，南部墓壁基本与 M95 的南壁重合，残存的东、北壁面较规整，但仅保存有高0.10米的墓壁，西部近一半被 M59 破坏，底部平坦。墓口已经被破坏，若依 M95 口部所在平面为基准，大约距地表约0.45、残存长度约1.65、宽0.60~0.65、现存深度约0.20米。墓主人为一个35~39岁的女子，头部、胸部以上被破坏，仰身，脊椎略扭曲，肋骨仅存少许，整齐排列于脊椎两侧，右上臂略外撇，从肘部开始微向内收，手腕放在骨盆之下，左上臂已经不存，肘部以下基本沿身体顺置，手腕放在骨盆外侧，两腿平行伸直，脚部分别向东端倒置。墓圹内填红褐色花土。（图5-2-36；彩版5-2-56:3）

在墓主人胸部偏右侧处横置着1件石钺，刃部向南。

石钺　M102：1，大理岩。灰白色，有黑色和白色条斑交杂，一面的沁蚀十分严重，绝大部分表面为浅褐色斑纹，小坑遍布，而且延展至另一面的一侧边和整个器物的顶端。器形不规整，顶端弧形外凸，打击痕迹明显，两侧皆为凸弧斜边，圆弧角，斜平单面刃较钝，中厚边薄，边缘近刃状，接近顶端的平面中央有一个单面管钻孔，孔内壁留有螺旋纹。长13.5~15.2、宽6.5~10.0、最厚处1.1、孔径1.6~2.0厘米。（图5-2-36；彩版5-2-56:4）

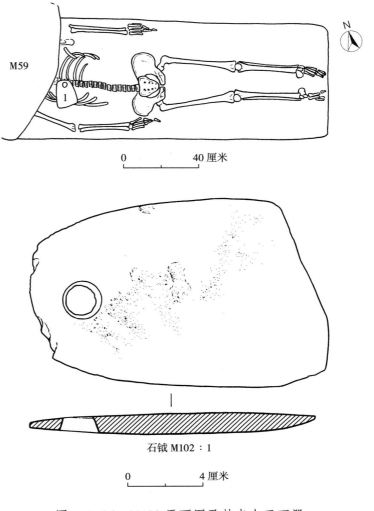

图5-2-36　M102平面图及其出土玉石器
1. 石钺

M103

M103位于南区中部的T10和T11。西南侧为M16，东侧为M18、M19和M20，西端上部被M11打破。方向265度。墓葬圹边较清晰，壁面较规整，底部平坦。墓口距地表约0.35、长约1.90、宽约0.60、现存深度约0.20米。墓主人为一个30岁左右的男子，头部向内蜷缩，面向前上方，仰身，脊椎与锁骨、肋骨保存完整有序，排列整齐，双臂顺置于身体两侧，手腕分别置于骨盆和股骨外侧，两腿平行伸直，脚部并列并分别向东端倒置。墓圹内填灰褐色花土。（彩版5-2-57:2）

未发现随葬品。

M104

M104位于南区中部T9。西南侧为M8，南侧为M12，北侧为M23，东南部被第三期的M29打破。方向275度。墓葬圹边较清晰，残余壁面也较规整，底部平坦。墓口距地表约0.35、长约2.00、宽约0.60、现存深度约0.30米。墓主人为一个51~60岁的女子，面向南侧偏转，口张开，仰身，脊椎保存完好，锁骨、肋骨排列整齐，右臂顺置于体侧，手腕微向内侧倾斜，置于骨盆之下，左上臂略向外撇，从肘部开始斜向内折，手腕放在骨盆后面，两腿伸直，踝部接近并拢，脚部并列并向东端倒置。墓圹内填灰褐色花土。（彩版5-2-57:3）

未发现随葬品。

M105

M105位于南区西部的T26。整体规模较小，上半部分被M45整体叠压并打破。方向285度。墓葬的东部圹边不太清晰，壁面也不太规整，底部不平坦。原来的墓口已不存在，现存口部其实就是M45的底部，距地表约0.75、长约1.10、宽约0.50、现存深度约0.25米。墓主人为一个40岁左右的男子，人骨酥碎，骨架散乱，头部与部分肢骨乱堆在西端的一小块地方，毫无规律，似乎在上面的M45下葬前已经埋入，但不像是为M45刻意奠基的，也许埋的是前期的散乱人骨。墓圹内填灰褐色花土。（彩版5-2-57:4）

未发现随葬品。

M106

M106位于南区中部的T9。西南侧是M23，西北上半部被M9破坏，东北绝大部分部被第三期的M225打破。方向266度。墓圹边不太清晰，壁面也不规整，底部不平坦。墓口距地表约0.50、长约1.85、宽约0.60、现存深度约0.35米。墓主人为一个30岁左右的女子，头部受M9的底部破坏已破碎，面向北侧上方偏转，仰身，口微张，脊椎略扭曲，锁骨、肋骨保存尚好，排列较整齐；右臂紧贴于体侧，手部位于骨盆外侧，指骨较乱，左上臂顺置于体侧，肘部以下被破坏，右侧骨盆斜置，右腿股骨微向东北伸直，右腿下半部分不存，整个左部的手臂肘部以下均被M225破坏，骨骼不知去向。墓圹内填灰褐色花土。（彩版5-2-58:1）

未发现随葬品。

M107

M107位于南区中部的T30，西北侧是M113，西侧为M101，西南侧是M108，东北侧是M127，东部打破M135。方向280度。墓葬圹边清晰，东部稍宽，壁面不太规整，底部不平坦。墓口距地表约0.30、长约1.95、宽0.45~0.50、现存深度约0.30米。墓主人为一个40~44岁左右的女子，下半身略向东北角斜置，面向上，口张开，仰身，颈椎断裂，胸脊以下脊椎伸直，锁骨与肋骨排列整齐，双臂基本伸直并紧贴于体侧，手腕放在骨盆与股骨交接处的外侧，双腿平行伸直，脚部略高，脚掌似微内扣，但双脚所在区域受上部扰乱，保存不好，较散乱。墓圹内填黄褐色花土。（彩版5-2-58:2）

未发现随葬品。

M108

M108 位于南区中部的 T29。西北侧为 M99，北侧是 M101，西南部打破 M112，东部被第三期的 M96 打破。方向 280 度。墓葬剩余部分较少，西端和南北两侧的部分圹边清晰，壁面也规整，底部较平坦。墓口距地表约 0.30、残长约 0.55、宽 0.60、现存深度约 0.60 米。墓主人为一个 40~45 岁的女子，尸骨整体靠北侧，面微向北侧上方偏转，仰身，身体仅存颈椎、锁骨、少数胸部肋骨和左上臂残段，上腹部以下全部被 M96 破坏，具体情况已不可考。墓圹内填灰褐色花土。（彩版 5-2-58:3）

未发现随葬品。

M109

M109 位于南区中部的 T5。东北侧为 M93，东南侧是 M131，西南侧为 M110。方向 275 度。墓葬圹边不太清晰，壁面保存较低，也不规整，底部不太平坦。墓口距地表约 0.50、长约 2.00、宽 0.40~0.50、现存深度约 0.10 米。墓主人为一个 40~50 岁的女子，面向上，上面的部分头骨被破坏，仰身，颈椎微移位，胸部以下脊椎较直，锁骨与肋骨排列整齐，双臂置于体侧，左下臂部分骨骼略有移位，手腕位于左右骨盆的外侧，两腿斜向内侧伸直，踝部并拢，脚部仅存部分散置的掌骨。墓圹内填灰褐色花土。（彩版 5-2-58:4）

未发现随葬品。

M110

M110 位于南区中部的 T5。东北侧为 M109，东侧是 M131 和 M117，南侧为 M94 和 M115，西南部被第三期的 M57 打破。方向 290 度。墓葬圹边不太清晰，壁面不规整，底部不太平坦。墓口距地表约 0.50、长约 1.85、宽 0.70、现存深度约 0.20 米。墓主人为一个 51~60 岁的女子，头部、胸部右侧及右臂上半部分均被 M57 破坏，仰身，腰椎保存尚好，肋骨仅存少许，左上臂于体侧略外张，肘部呈弧形外弓，肘部以下斜向内折，手腕在骨盆外侧，右臂仅存肘部以下部分，基本顺置于体侧，略有移位，手腕在骨盆外侧，双腿伸直，脚部已经被上面叠压的骨骼破坏。墓圹内填灰褐色花土。（图 5-2-37A；彩版 5-2-59:1）

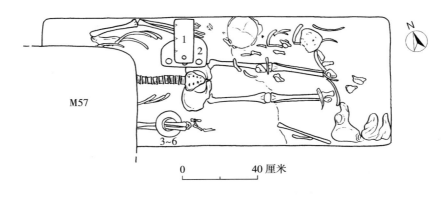

图 5-2-37A　M110 平面图

1. 石钺　2. 三孔石刀　3~6. 石环

　　墓内共发现 6 件随葬品，其中在墓主人的右下臂上叠套着 4 件石环，腹部左侧呈东西向平放着 1 件三孔石刀，刃部向北，石刀上部至墓主人左下臂之上又叠置着 1 件刃部向北侧墓壁的石钺。（彩版 5-2-59:1）

　　石钺　M110:1，石灰岩。器表为浅褐色，上有黑褐色斑点和分布较乱的线状纹。器形较规整，中部稍厚，整体呈长方形，顶端和两侧边均为微外弧的直边，一侧边击打出基本等距的 3 个豁口，豁口的上下两面为由边缘向器体中部延伸为逐渐变浅的凹槽，旁边稍作修整，外弧刃，另

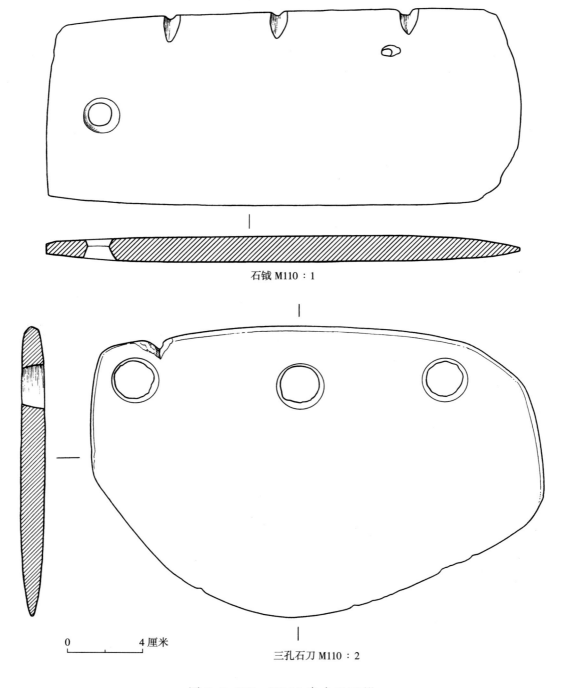

石钺 M110:1

0 ────── 4 厘米

三孔石刀 M110:2

图 5-2-37B　M110 出土玉石器

外，近刃部的豁口旁有双面桯钻的一个斜向小孔，孔外部有一道朱砂痕，可能与绑系有关，近顶端的平面中央用双面钻的方式钻出一孔。长25.1、宽9.2~10.8、厚0.2~1.4、孔径1.1~1.8厘米。（图5-2-37B；彩版5-2-60:1）

三孔石刀　M110:2，大理岩。黄白色。形制不规整，中间较厚，边缘稍薄，背部为微外弧的平直边，一侧为微外弧的直边，另一侧是外弧斜边，刃部为凸出部分偏于一侧的圆弧形，接近背部的器体上等距离钻出三孔，皆为单面管钻。一面边缘受沁，背部偏一侧处有一个三角形缺口。最长处24.0、宽6.5~15.8、最厚处1.3、孔径2.0~2.5厘米。（图5-2-37B；彩版5-2-60:2）

石环　共4件。质地较细，微透明。中间厚边缘薄，断面呈楔形，中孔为单面管钻而成，较直，经磨制修整。

M110:3，大理岩。灰白色。外圈较圆，内圈不太圆也不光滑，器体上有一处裂隙，裂隙两边有二对二的四个缀孔，另一处有一个三角形缺口，器体上还留着基本为一字排开的四个小缀孔。外径13.4、中孔径7.2~7.5、最厚处0.5、缀孔径0.1~0.5厘米。（图5-2-37C；彩版5-2-59:2）

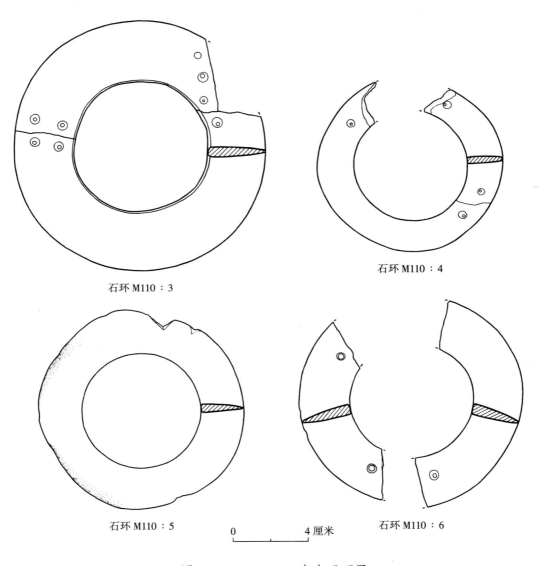

石环 M110:3

石环 M110:4

石环 M110:5

0　　　　　4厘米

石环 M110:6

图 5-2-37C　M110 出土玉石器

M110：4，大理岩。青绿色。整体较窄。外圈不圆，内圈较圆也较光滑，器体断裂，应当至少三段，墓内只发现了两段，形成一个缺口，在断裂处两边有一对一的缀孔。外径 9.3~9.8、中孔径 6.0、最厚处 0.4、缀孔径 0.1~0.5 厘米。（图 5-2-37C；彩版 5-2-59:3）

M110：5，蛇纹石化大理岩。大部分近白色，局部青色。中孔管钻，略厚，外圈磨薄，受沁严重，已不圆，有两个三角形缺损。外径 10.5~10.8、中孔径 6.2、最厚处 0.5 厘米。（图 5-2-37C；彩版 5-2-59:4）

M110：6，大理岩。黄白色。已断为至少三段，仅余两段，断裂处均有以一对一方式缀连的双面桯钻小孔，外圈边缘有部分缺损。外径 9.8~11.5、中孔径 6.5、最厚处 0.6、缀孔径 0.1~0.5 厘米。（图 5-2-37C；彩版 5-2-59:5）

在墓葬的东半部有一些经严重扰乱的人骨毫无规律地压在墓主人的下肢上，这是一个 45~50 岁的女子的骨骼，可能是对附近其他墓葬进行盗扰时弃置的骨骸，不是该墓的死者。

M111

M111 位于南区中部的 T4。北侧为 M69，南侧为 M114，西侧为 M28，上面绝大部分被 M74 叠压着，东部被第三期的 M57 打破。方向 285 度。仅保存西半部的壁面，虽然南北两侧不完整，但比较规整，三个壁面均向下略收，底部较平坦。墓口距地表约 0.70、残存长约 1.20、宽约 0.60、现存深度约 0.60 米。墓主人为一个 20 岁左右的女子，面微向南侧偏转，口略张开，仰身，右肩微耸，脊椎呈弧形向北凸出，锁骨与肋骨排列整齐，双上臂顺置于体侧，从肘部开始均略向内斜折，手腕放在左右两侧的骨盆之上，但骨盆已酥碎，双腿被 M57 破坏。墓圹内填红褐色花土。（图 5-2-38A；彩版 5-2-61:1）

在墓主人右臂肘部附近套着 1 件联璜石环，旁边还有 1 件仅存半圆形的璜形石器，骨盆之东发现有南北向横置的石钺和长方形双孔石器各 1 件，双孔石器在南侧，石钺的刃部向北侧。

石钺　M111：4，石灰岩。土黄色，受沁严重，已沁蚀白化。器形不太规整，整体呈长方形，顶端稍作了修整，中部略厚，边缘稍薄，一侧边上击打出基本等距的四个豁口，豁口的上下两面为由边缘向器体中部延伸并逐渐变浅的凹槽，另一侧上端也击打出两个小豁口，两侧的豁口相互对应，刃端近弧形角，有崩痕。接近顶端的平面正中间有一单面桯钻孔，孔中残留朱砂痕。近顶端的豁口与孔周留下数道朱砂痕迹，可能与绑系有关。长 23.2、宽 14.8~15.2、厚 0.4~1.5、孔径 2.8~3.2 厘米。（图 5-2-38B；彩版 5-2-61:2）

双孔石器　M111：3，泥页岩。青绿色，背部沁蚀严重。器形较规整，整体呈长条形，四边均磨薄，一面接近边缘处皆磨出棱角，正中央有一个单面桯钻孔，孔周留有朱砂痕，在该孔旁边还有一个从另一面以单面桯钻方式贯穿的小穿孔。一角残损。长 14.2、宽 5.0、中部厚 0.8、中

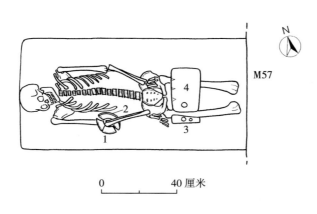

图 5-2-38A　M111 平面图

1.联璜石环　2.璜形石器　3.双孔石器　4.石钺

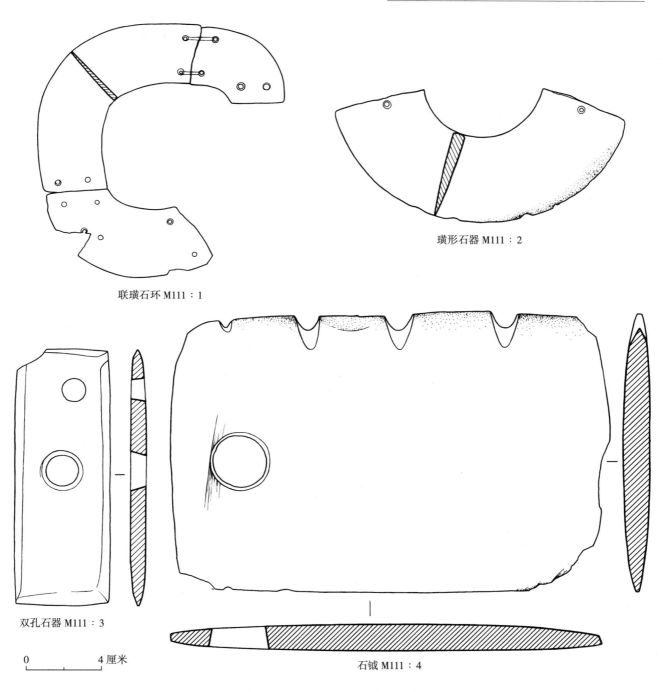

联璜石环 M111：1

璜形石器 M111：2

双孔石器 M111：3

0 ———————— 4 厘米

石钺 M111：4

图 5-2-38B　M111 出土玉石器

央孔径 1.7~2.2、一侧的孔径 1.0~1.1 厘米。（图 5-2-38B；彩版 5-2-61:3）

　　联璜石环　M111：1，残，仅留多半个圆环状璜形片。蛇纹石岩。绿色带黑条带斑。器形的平面形状为圆角方形，中间较厚，边缘稍薄，断面为楔形。剩余的部分由两段缀连而成，其中较长的一段又断裂为两截，较短的一段还缺了一个三角形的缺口，两段缀连、断裂处均有单面或双面桯钻的小孔，均用二对二孔的方式，另外，这两段之间残缺一块，该缺口也有缀连的小孔，以一对一的方式缀补，所有的孔内壁一般均有斜度。外边长 13.2~13.8、环体宽 3.2~3.6、中部厚 0.2、

中孔径约 6.8、缀连小孔径 0.1~0.3 厘米。（图 5-2-38B；彩版 5-2-61:4）

璜形石器 M111:2，残，可能为一件联璜环的部分残体，仅留少半个圆形的璜形片。大理岩。灰绿色。磨制精细。中间较厚，边缘稍薄，边呈刃状，中孔为双面管钻，两端各有一个用于缀连的双面桯钻孔。环面宽 4.6~5.0、最厚处 0.6、小孔径 0.2~0.4 厘米。（图 5-2-38B；彩版 5-2-61:5）

M112

M112 位于南区中部 T29 和 T41。北侧为 M99，南侧距 M152 稍远，东北角的上半部被 M108 打破。方向 280 度。圹边清晰，四壁规整，底部平坦。墓口距地表约 0.35、长约 2.05、宽约 0.64、现存深度约 0.85 米。墓穴的宽度仅容一人，但却埋葬两个成年死者。墓主人为一个 50 岁左右的女子，面向上，口张开，仰身，脊椎呈微弧形，椎体保存不太好，锁骨与肋骨受到挤压而略显散乱，部分肋骨向肩部移位，双臂顺置于体侧，手腕放在股骨外侧，骨盆保存尚好，双腿股骨伸直，左腿膝部以下受上面趴着的死者勾带而向内斜折，右腿膝部以下也略向南侧斜置，双脚被压在上面死者的腿下，脚趾骨较乱。墓圹接近南壁处趴伏着一个 35~40 岁的女子，头部位于墓葬西南角，向下垂首，上身严重倾斜，颈椎与脊椎呈 S 形扭曲，锁骨移位，肋骨保存较好，整齐地分布在脊椎两侧并斜向贴在墓壁上，左上臂斜向上伸，从肘部开始向前弯曲，手指向西伸直横置于墓壁内侧，似扒在墓壁上，右臂压在身下，向前下方伸展，骨盆斜向下方扣置，双腿接近平行伸直，斜向压在墓主人右腿至左脚之上，脚部并列，分别向东南侧倒置，并与墓主人的脚搅缠在一起。上面的这个死者如此极不规则的葬式，显然不是正常埋葬。墓圹内填灰褐色花土。（图 5-2-39A；彩版 5-2-62:1）

墓内随葬有 5 件玉石器，其中石钺、双孔石器、五孔石刀、石璧、石环各 1 件。五孔石刀压在墓主人左臂和盆骨下，刃部向南，单孔石钺置于墓主人左大腿至两腿间，与钺配套的单孔石器夹在墓主人右腿与上部死者的骨盆之间，另外，墓主人右臂上还叠套着石璧、石环各 1 件。

石钺 M112:2，石英、白云质大理岩。黑、灰色斑杂，沁蚀十分严重。形制为很不规整的梯形，顶端平齐，两侧边缘不直，弧形刃，刃角缺损。靠近顶端的平面中央有一个单面管钻孔，未修整。长 20.2、宽 10.0~18.0、最厚处 1.4、孔径 2.0~2.6 厘米。（图 5-2-39B；彩版 5-2-62:3）

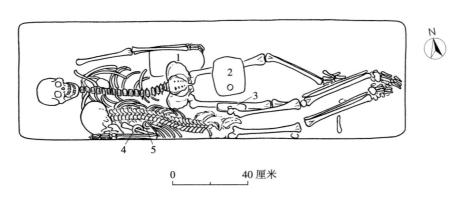

图 5-2-39A　M112 平面图

1.五孔石刀　2.石钺　3.双孔石器　4.石环　5.石璧

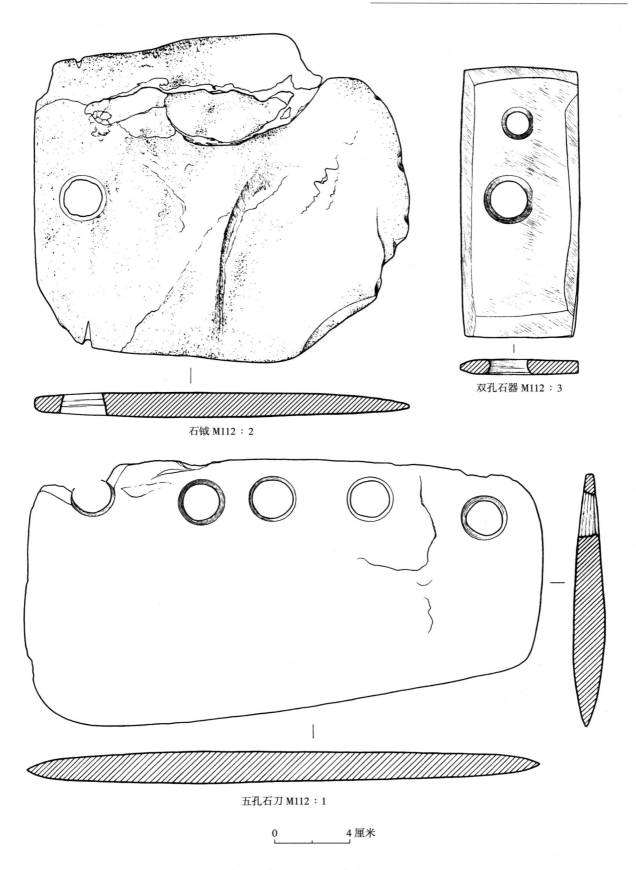

双孔石器 M112：3

石钺 M112：2

五孔石刀 M112：1

0 　　　　　4厘米

图 5-2-39B　M112 出土玉石器

双孔石器 M112：3，泥叶岩。土黄色。长方形，大部分器体均厚、方棱，仅一侧长边磨出类似双面刃的斜面，稍薄。器物表面有擦痕，中间有一个双面钻孔，孔内残留朱砂痕，该孔一侧不远处还有一个稍小的单面钻孔。长14.9、宽6.6、最厚处0.8厘米，大孔正面孔径2.7、背面径2.1厘米，小孔正面径1.6、背面径1.3厘米。（图5-2-39B；彩版5-2-62:2）

五孔石刀 M112：1，硅质岩。灰色，有红色条带。横长方形，一侧稍宽，另一侧略窄，四边均为略带弧度的直边，弧角，两侧及前端皆双面刃，但较钝，器体中间较厚，周边稍薄，接近背部的平面上有五个不等距的单面管钻孔，中间三孔距离较近，器体较宽一侧的一个孔残损，孔内侧均有朱红痕迹。长27.5、宽9.0~14.5、最厚处1.8、孔径2.2~2.5厘米。（图5-2-39B；彩版5-2-63）

石璧、石环各1件，均为大理岩。灰白色，沁蚀严重，表面白化。中间厚边缘薄，断面呈楔形，外圈较圆，中孔为单面管钻而成，较直，经磨制修整。

石璧 M112：5，器形规整，外圈较粗糙，器表有零星的浅褐色沁蚀斑点。外径13.8、中孔径6.3、最厚处0.9厘米。（图5-2-39C；彩版5-2-64:1）

石环 M112：4，由三段缀连而成，相邻两段连接处均有用于缀连的双面桯钻小孔，小孔为一对一的方式，外圈边缘相接处有三处缺损，器表多处有沁蚀形成的不规则浅褐色斑纹。外径13.4、中孔径7.0、最厚处0.8厘米。（图5-2-39C；彩版5-2-64:2）

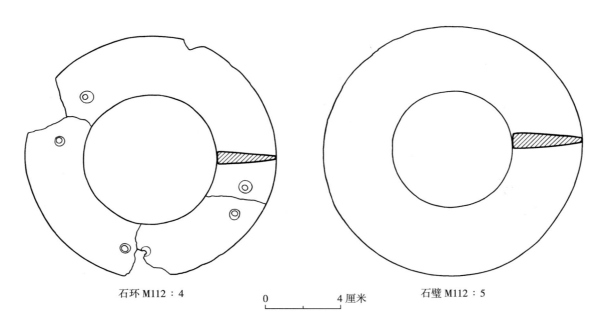

石环 M112：4　　0　　4厘米　　石璧 M112：5

图5-2-39C　M112出土玉石器

M113

M113位于南区中部的T29。西北侧为M94，西南侧为M101，东南侧为M107，东北部被第三期的M100打破。方向279度。南、西和西北部残余部分壁面基本完整，但壁面整体倾斜，底部较口部明显变小，底面平坦。墓口距地表约0.35、长1.80、宽约0.80、现存深度约0.65米。墓主人为一个 45~50 岁的男子，面向北侧上方偏转，口大张，仰身，只存在右半部分，左侧只有上半部分存在，脊椎较直，右侧肋骨也基本保持在原位，排列较整齐，右臂紧贴于体侧，右腿伸直，左上臂仅存一小段，其余部分和左侧胸部以下沿脊柱、骨盆直到左腿均被 M100 破坏，双脚已不存。墓圹内填红褐色花土。（彩版 5-2-65:1）

未发现随葬品。

M114

M114 位于南区中部的 T28。北侧为 M111 和 M74，西南侧是 M64，东南侧为 M115，东北部被第三期的 M57 打破。方向 277 度。墓圹清晰，南、西和西北部残余壁面较直，也比较规整，底部平坦。墓口距地表约 0.35、长约 2.00、宽约 0.50、现存深度约 0.85 米。墓主人为一个 31~34 岁的男子，面向上，口张开，仰身，脊椎中部断裂，锁骨与肋骨保存较好，排列较整齐，双臂紧贴于体侧，手腕部均放在骨盆之下，手指略向外撇，双腿的股骨微内扣，右小腿伸直，左腿膝部以下、右脚踝部以下均被 M57 破坏。墓圹内填红褐色花土。（彩版 5-2-36:2，5-2-65:2）

未发现随葬品。

M115

M115 位于南区中部的 T28 和 T29。西侧是 M64，西北侧为 M114，东侧为 M94，东南侧为 M85。方向 280 度。墓圹清晰，壁面基本完整，也比较规整，底部平坦。墓口距地表约 0.35、长约 1.85、宽约 0.50、现存深度约 0.55 米。墓主人为一个 45 岁左右的男子，面向北侧偏转，口张开，仰身，脊椎与锁骨、肋骨保存较好，保持着基本体位，双臂紧贴于体侧，手腕在骨盆外侧，骨盆稍酥，两腿股骨微向内侧斜置，膝部以下伸直，双脚分开，均蹬在东端的墓壁上，脚尖略向两侧斜向倒置。墓圹内填红褐色花土。（彩版 5-2-65:3）

未发现随葬品。

M117

M117 位于南区中部的 T5、T6、T29 和 T30。西侧为 M110，南侧与 M94 为邻，东部与东北部为 M123 和 M84，北部打破 M131。方向 290 度。上部被后代平整土地破坏，所余部分较浅，但基本完整，也比较规整，底部平坦。墓口距地表约 0.55、长约 2.00、宽约 0.50、现存深度约 0.15 米。墓主人为一个 30 岁左右的男子，面向北侧偏转，口张开，仰身，脊椎、锁骨、肋骨和骨盆均保存在正常体位，右上臂置于体侧，从肘部开始斜向内折，手腕置于小腹和骨盆之上，左臂顺置于身体外侧，手腕放在骨盆与股骨交接部的外侧，双腿平行伸直，脚部分别向东北侧斜向倒置。墓圹内填红褐色花土。（彩版 5-2-65:4）

未发现随葬品。

M118

M118 位于南区西部的 T18，东北侧为 M124，东南侧为 M130 和 M119，西南侧为 M92，西北部被第三期的 M91 打破。方向 270 度。墓葬残余的南、北部分壁面比较规整，东端壁面微内收，底部不太平坦。墓口距地表约 0.50、长约 1.80、宽约 0.45、现存深度约 0.60 米。墓主人为一个成年女子，年龄不详，仰身，头部、锁骨、肋骨和绝大部分脊椎已经不存，仅余少量腰椎，右臂顺置于南侧墓壁内，手腕放在骨盆与股骨交接处外侧，左臂被 M91 破坏，仅余手指部分放在骨盆旁边，连带着少许脊椎的骨盆有些破损，双腿平行伸直，两脚分别向东端倒置，但骨骼散乱。墓圹内填红褐色花土。（彩版 5-2-66:1）

未发现随葬品。

M119

M119 位于南区中部的 T18。南侧为 M120，西侧是 M92，西北侧是 M118，北部打破 M130，东部被第三期的 M132 打破。方向 270 度。墓葬圹边较清晰，除东端部分被破坏外，其余墓壁较规整，底部西部略高于东部。墓口距地表约 0.50、残长约 1.85、宽约 0.40、现存深度约 0.25 米。墓主人为一个 51~60 岁的男子，面略向北上方偏转，仰身，脊椎、锁骨和肋骨保存尚好，均位于正常体位，双臂紧贴于体侧，手腕分别置于骨盆与两侧的墓壁之间，两腿股骨向内收，从膝部以下伸直，脚部被 M132 破坏。墓圹内填红褐色花土。（图 5-2-40；彩版 5-2-66:2）

在墓主人的左臂肘部发现 1 件联璜石环。

联璜石环　M119：1，蛇纹石岩。象牙白色。磨制精细，无切磨痕。中孔为双面管钻，内缘较厚，外圈边缘磨薄、不圆，断面为楔形。环由长短不一的三段弧形璜缀连而成，其中一段中间断裂并以二对二的方式缀连，三段璜形片相接处也多用二对二孔的方式缀连，只有一处为三对三孔，但孔较小，而且部分已磨圆，中间的缀孔也仅余半个，连接处磨平还导致整个器物有 0.5~0.9 的缝隙不能合缝。缀孔均双面桯钻，内壁部分倾斜。外径 12.6~13.2、中孔径 6.7~7.0、最厚处 0.4 厘米。（图 5-2-40；彩版 5-2-66:3）

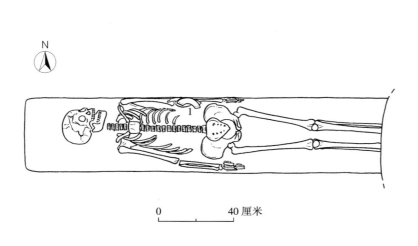

图 5-2-40　M119 平面图及其出土玉石器

1. 联璜石环

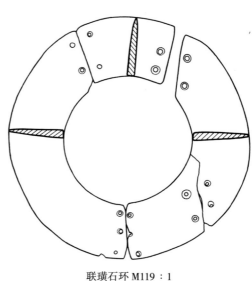

联璜石环 M119：1

0　　　　　4 厘米

M120

M120 位于南区中部的 T6。南侧为 M125，西北侧为 M92，北侧是 M119。方向 281 度。墓葬西端呈圆弧形，圹边清晰，壁面也较规整，底部平坦。墓口距地表约 0.50、长约 2.00、宽约 0.60、现存深度约 0.80 米。墓主人为一个 40~44 的男子，面向上，口大张，仰身，脊椎、锁骨、肋骨与骨盆保存较好，保持在正常体位，双臂顺置于体侧，手腕放在股骨外侧近墓壁处，两腿平行伸直，脚部掌骨不全，分别向东北侧倒置。墓圹内填红褐色花土。（图 5-2-41；彩版 5-2-67:1）

墓内发现 2 件随葬的玉石器，均为联璜石环，全部套在墓主人右臂近腕处，均为两段拼合而成，其中各有一半压在手臂之下。

联璜石环　M120：1，蛇纹石化大理岩。浅绿色，微透明，局部受沁白化呈黄褐色。整体较薄，外侧边缘更薄。由长短不一的两段缀连而成，两段形制不一，较长的一段接近两端处受沁有蚀坑，较短的一段中部断裂，两段相接处分别以二对一或二对二的双面桯钻小孔缀连。由于两段的弧度不同，所以整合后不圆。外径 11.0~11.4、中孔径 5.9~6.4、最厚处 0.4 厘米。（图 5-2-41；彩版 5-2-67:2）

M120：2，蛇纹石化大理岩。浅灰白色，有部分泛浅绿，微透明，由于表面大面积受沁，多

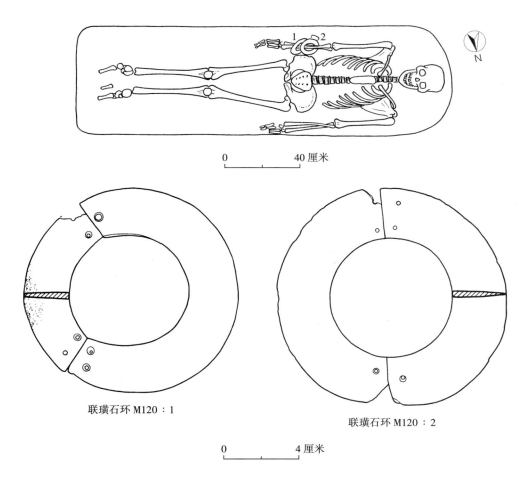

0 ———————— 40 厘米

联璜石环 M120：1

联璜石环 M120：2

0 ———— 4 厘米

图 5-2-41　M120 平面图及其出土玉石器

1、2.联璜石环

数区域变为土黄色。由长短接近的两段璜形片缀连而成，两段形制相似，皆为内缘略厚、外侧尖薄的璜形片，其中一段的两端均有近三角形状的缺损，而且中部断裂，两段相接处分别以一对一、二对二的双面桯钻小孔缀连。两段的弧度接近，整合后内孔较圆，外圈近椭圆形。外径12.0~12.3、中孔径约6.5、最厚处0.3厘米。（图5-2-41；彩版5-2-67:3）

M121

M121位于南区中部的T6。南侧为M84和M122，东侧是M154，北部打破M126，西部被第三期的M87打破。方向267度。墓葬的圹边较清晰，残余的壁面也规整，底部东高西低，不太平坦。墓口距地表约0.50、残存长度约1.30、宽约0.40、现存深度0.20~0.30米。墓主人可能为一个成年女子，年龄不详，头、颈和肩部以上被M87破坏，仰身，胸腹部脊椎与两侧的肋骨保存较好，排列也较整齐，右臂紧贴于体侧，右手腕在骨盆之外，指骨散置，左臂肘部微向外弓，手腕放在左侧骨盆之上，两腿股骨斜向内置，膝部并拢，膝部以下伸直，右脚掌向东南侧倒置，左脚骨缺失。墓圹内填红褐色花土。（彩版5-2-68:1）

未发现随葬品。

M122

M122位于南区中部的T6。北侧为M121，东北侧是M154，西南侧为M123，西部被M84打破。方向270度。墓葬圹边不太清晰，壁面也不规整，底部较平坦。墓口距地表约0.50、长约2.00、宽约0.40、现存深度0.15~0.25米。墓主人是一个31~34岁的女子，面向南侧偏转，仰身，右肩部缺损，脊椎中部断裂，锁骨、肋骨排列整齐，骨盆完整，双臂紧贴于体侧，双手放在各自一侧的骨盆之下，两腿向内斜置，踝部并拢，双脚并列并向东南侧倒置。墓圹内填红褐色花土。（图5-2-42；彩版5-2-68:2）

在墓主人左侧的骨盆之上放着1件断为三段的石环。

石环　M122:1，蛇纹石化大理岩。青灰色，由于受沁，器表多处有褐色斑纹。整体接近椭圆形，中孔为双面管钻后修整，内缘处较厚，外圈较薄，断面为楔形。已经断为三段，其中一个断裂处

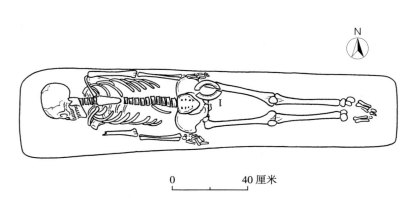

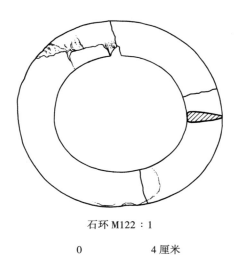

石环 M122:1

图5-2-42　M122平面图及其出土玉石器
1. 石环

有三角形缺损和剥落痕迹。外径 10.0~10.8、中孔径 6.2~7.0、最厚处 0.6 厘米。（图 5-2-42；彩版 5-2-68:3）

M123

M123 位于南区中部的 T6 和 T30。北侧为 M84 和 M122，东南侧是 M81、M128 和 M129，南侧是 M133，西侧为 M117。方向 278 度。墓葬圹边清晰，壁面也较规整，底部平坦。墓口距地表约 0.50、长约 1.90、宽约 0.40、现存深度约 0.40 米。墓主人为一个 50 岁左右的男子，面向南侧上方偏转，仰身，脊椎较直，锁骨与肋骨排列整齐，双臂紧贴于体侧，其中右臂肘部以下向内移位，手腕各自放在两侧的骨盆外侧，骨盆保存良好，两腿斜向内伸直，膝部并拢，小腿部平行，脚部分别向东北和东南两侧倒置。墓圹内填红褐色花土。（图 5-2-43；彩版 5-2-68:4）

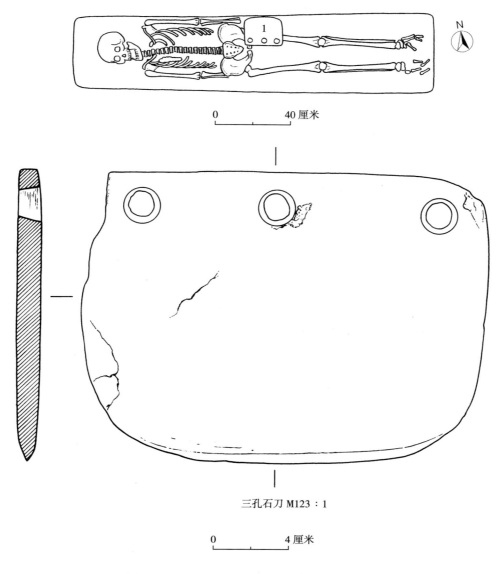

0   40 厘米

三孔石刀 M123：1

0   4 厘米

图 5-2-43 M123 平面图及其出土玉石器

1. 三孔石刀

在墓主人身上发现 1 件三孔石刀。

三孔石刀　M123：1，砂质泥页岩，表面粗涩不平。浅灰色，有白色线状纹交杂，一面严重沁蚀，呈黄白色。形制较规整，背部平直，两侧边微外弧，圆角，凸弧形双面刃，接近背部的平面上有三个基本等距的单面管钻孔，孔周稍作修整，器身基本均厚。长 21.5、宽 15.9、最厚处 1.3、孔径 1.4~1.9 厘米。（图 5-2-43；彩版 5-2-69）

M124

M124 位于南区中部的 T18。北侧是南部发掘区的边缘，西南侧为 M118，南侧为 M130。方向 263 度。墓葬圹边清晰，两端接近圆弧形，南北两侧较直，壁面不太规整，底部平坦。墓口距地表约 0.50、长约 1.75、宽约 0.46、现存深度约 0.80 米。墓主人为一个 51~60 岁的女子，面向北侧上方偏转，口大张，仰身，脊椎微弯曲，肋骨受挤压，虽略散乱但较齐全，双上臂微向外撇，从肘部开始顺置于体侧，手腕分别放在两侧的骨盆外侧，但右手指缺失，两腿平行伸直，脚部因内扣而搭在一起，皆向东倒置。墓圹内填红褐色花土。（彩版 5-2-70:1）

未发现随葬品。

M125

M125 位于南区中部的 T6。北侧为 M120，西南侧是 M121，南部打破 M126。方向 266 度。墓葬圹边清晰，东端基本完整，东、西和北侧的壁面也较规整，南侧上半部被破坏，范围略大，西端为 M126 的填土，界线不太清晰，底部不太平整。墓口距地表约 0.50、长约 1.90、宽仅 0.35、现存深度约 0.40 米。墓主人为一个 40~45 岁的女子，头部微向北侧偏置，略向内蜷曲，面向上，口张开，仰身，整个身体明显被挤压变形，或为下葬时墓圹就偏小所致，颈椎朽坏，胸椎中部向北凸出弯曲，锁骨与肋骨虽然内聚但排列整齐，双臂置于体侧上方，左臂肘部以下向内斜置，左手腕放在骨盆之上，指骨不全，右臂肘部略向内收，手腕在骨盆与股骨交接处外侧，指尖向东顺置，骨盆破碎，两腿股骨向内斜置，膝部以下伸直，踝部并拢，脚掌并列并向东南侧倒置。墓圹内填红褐色花土。（彩版 5-2-70:2）

未发现随葬品。

M126

M126 位于南区中部的 T6。东南侧是 M154，西北角上半部被 M125 打破，西南角的上半部被 M121 打破。方向 290 度。圹边不太清晰，壁面也不很规整，西半部由于南北两侧墓葬的破坏而界线不明显，只有东半部较完整，底部高低不平。墓口距地表约 0.50、长约 2.00、宽约 0.40、现存深度 0.20~0.50 米。墓主人为一个 50 岁左右的女子，面向北侧偏转，口微张，仰身，脊椎较直，锁骨与肋骨多数排列整齐，仅南侧肋骨有部分缺失，左臂顺置于体侧，腕部在骨盆之下，右肩部可能受挤压向内收缩，致使上臂向外斜置，从肘部开始顺置于体侧，两手的指骨均缺失，两腿平行向北呈弓形凸出，左膝部紧抵墓壁，膝部以下基本折而顺置，踝部基本并拢，脚尖并列向东端倒置。墓葬的填土为红褐色花土。（彩版 5-2-70:2）

在墓主人头顶南侧发现有 1 件骨簪。

骨簪 M126：1，动物肢骨磨制而成，器表为浅黄白色。整体扁平状，由较宽的平齐扁圆的一端逐渐过渡到扁平钝尖的另一端，宽度逐渐变窄，厚度也逐渐变薄，断面为扁圆弧形，一面向外弧形凸起，另一面向内凹入，中部向一侧微弧，两侧边光滑平缓。长 16.5、宽厚的一端断面宽约 1.6、最厚处约 0.5 厘米。（图 5-2-44；彩版 5-2-70:3）

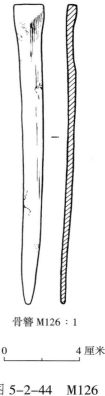

骨簪 M126：1

0   4 厘米

图 5-2-44   M126
出土骨器

M127

M127 位于南区中部的 T30。北侧为 M133，东北侧是 M129、M81 和 M128，南侧为 M107 和 M135，西侧为 M113，西北部被第三期的 M100 打破。方向 272 度。墓葬圹边清晰，壁面也很规整，底部基本平整。墓口距地表约 0.50、长约 1.90、宽约 0.50、现存深度约 0.50 米。墓主人为一个成年男子，年龄不详，头、颈部和胸部以上被破坏，腹以下部分较完整，仰身，残存腰椎较直，残存肋骨排列整齐，右上臂残存一半，与下臂一起顺置于身体右侧上方，腕部在骨盆之上，手指骨不全，左上臂不存，肘部以下两根骨骼斜搭在一起，手腕则置于骨盆与股骨相交处之北，指尖向东，两腿平行伸直，踝部并拢，双脚并列向东北端倒置。墓圹内填红褐色花土。（彩版 5-2-71:1）

未发现随葬品。

M128

M128 位于南区中部的 T30 和 T31。西北侧是 M122，南侧为 M151，西部打破 M129，上面被 M81 叠压和破坏。方向 260 度。墓葬壁面较规整，底部平坦。现存墓口在 M81 的底部，原来应该与 M81 在同一个平面上，原来的口部距地表约 0.50、长约 2.00、宽约 0.55、底部距 M81 所在的口部深度约 0.35 米。墓主人为一个 50 岁左右的男子，面向上，微向北侧上方偏转，口大张，仰身，脊椎较直，锁骨、肋骨保存较好，排列整齐，双臂均伸直顺置于体侧，右手腕放在骨盆下，左手腕放在骨盆北侧，两腿平行伸直，双脚分别向东端倒置。墓圹内填红褐色花土。（彩版 5-2-71:2）

未发现随葬品。

M129

M129 位于南区中部的 T30。北侧是 M122，西侧为 M133，西南侧为 M127，东南侧是 M151，东部被 M81 和 M128 打破。方向 260 度。墓葬圹边清晰，壁面不太规整，底部较平坦。墓口距地表约 0.50、残长约 0.90、宽约 0.50、现存深度约 0.15 米。墓主人为一个 40 岁左右的女子，面向上，口张开，仰身，仅存的胸椎、锁骨与肋骨排列整齐，双上臂均略外张，置于体侧，双臂肘部以下分别顺置于体侧，两手部与腹部以下均被 M81 和 M128 破坏。墓圹内填红褐色花土。（彩版 5-2-46:2）

未发现随葬品。

M130

M130 位于南区西部的 T18。北侧是 M124，西侧为 M118，南部被 M119 打破，东部被第三期的 M132 打破。方向 277 度。墓葬圹边不太清晰，西、北两侧残存壁面也不太规整，底部尚平坦。墓口距地表约 0.50、残长约 1.33、宽约 0.40、现存深度约 0.25 米。墓主人为一个 35~40 岁的女子，面向上，口微张开，仰身，脊椎微向下弯曲，锁骨与肋骨保存尚好，排列较整齐，左臂伸直置于体侧，手腕被骨盆挤压在墓壁旁，右上臂紧贴在身体一侧，从肘部开始向内斜折，手腕放在下腹部到骨盆处，但指骨散乱，双腿股骨略向内收，近膝盖处断裂，膝部以下全部被 M132 破坏。墓圹内填红褐色花土。（彩版 5-2-71:3）

未发现随葬品。

M131

M131 位于南区中部的 T5。东侧为 M84，西北侧是 M109，西侧为 M110，南部被同期的 M117 打破。方向 270 度。墓圹不太清晰，壁面基本完整，比较规整，底部平坦。墓口距地表约 0.50、长约 2.00、宽约 0.55、现存深度约 0.20 米。墓主人为一个 51~60 岁的女子，面微向南上方偏转，口大张，仰身，脊椎较直，排列整齐的肋骨呈弧形向两侧的上方伸展，右上臂置于体侧，肘部以下被破坏，左臂则基本贴于体侧，腕部置于骨盆和股骨交接处的外侧，双腿股骨微向内斜，膝部以下平行伸直，左脚掌向内倾斜并向东南侧倒置，右脚掌整体向东倒置。墓圹内填红褐色花土。（彩版 5-2-71:4）

未发现随葬品。

M133

M133 位于南区中部的 T30。北侧为 M123，东侧是 M129，南侧为 M127，西部被第三期的 M100 打破。方向 273 度。圹边不太清晰，壁面也不规整，底部较平坦。墓口距地表约 0.50、残存长度约 0.60、宽约 0.40、现存深度约 0.15 米。墓主人为一个成年女子，年龄不详，从仅存的小腿部分看，应该为仰身，膝部以下斜向内收，踝部并拢，双脚并列叠压在一起倒向东南。墓圹内填红褐色花土。（彩版 5-2-72:1）

未发现随葬品。

M134

M134 位于南区中部的 T30。西南侧为 M158，东北侧是 M151，西北部打破 M135。方向 266 度。墓葬的圹边清晰，壁面也较规整，底部不太平坦。墓口距地表约 0.60、长约 1.75、宽约 0.50、现存深度 0.40~0.50 米。墓主人为一个 45~50 岁的女子，身体整体向北侧偏转，右侧高于左侧，面向北侧上方，脊椎倾斜且酥碎，右侧肋骨排列整齐，左侧肋骨受压已经散乱，右臂较高，似以熟土从后部垫起，左臂较低，置于墓葬底部，双臂均位于体侧，双臂近肩部收缩，上臂微向外撇，皆从肘部开始基本顺置于体侧，右手腕残存部分指骨，散乱地放在骨盆之上，左手腕已经不存，骨盆整体酥碎，多已不存，仅存痕迹，右腿基本伸直，左腿股骨伸直，膝部以下微向内斜，踝部并拢，脚面一先一后向中间斜向内倒置。墓圹内填红褐色花土。（彩版 5-2-72:2）

未发现随葬品。

M135

M135 位于南区中部的 T30。北侧是 M127，南侧是 M158，东南部和西北部的上半部分分别被 M134、M107 打破，但均未触及本墓的底部。方向 266 度。墓葬圹边清晰，四壁也较规整，底部平坦。墓口距地表约 0.60、长约 1.75、宽约 0.50、现存深度约 0.60 米。墓主人为一个 30 岁左右的男子，面向南侧上方偏转，口大张，仰身，脊椎挺直，锁骨与肋骨排列整齐，右臂顺置于体侧，但肘部以下骨骼稍有错乱，手腕置于骨盆与股骨交接处的外侧，左上臂斜向外张，又从肘部开始向内斜折，手腕屈置于骨盆之下，两腿整体斜向内收式伸直，脚部并列并分别向东北侧倒置。墓圹内填红褐色花土。（图 5-2-45A；彩版 5-2-72:3）

在墓主人的左臂近手腕处的外侧叠置着属于同 1 件器物的石环碎片，左腿股骨上放置着 1 组单孔石器和石钺的组合，单孔石器在南，石钺的刃部向北。

石钺 M135:3，白云岩。下端为灰褐色，中上部渐变为灰白色，顶端为白色，一侧边有暗红色朱砂染色斑块。形制较规整，整体近梯形，顶端平齐，有部分缺损，两边皆直边，圆弧形刃凸出部分偏向一侧，靠近顶端的平面中央有一个单面管钻孔，中间较厚且弧形凸起，边缘稍薄。长 13.5~16.8、宽 11.0~12.8、最厚处 1.4、孔径 2.3~2.8 厘米。（图 5-2-45B；彩版 5-2-73:2）

单孔石器 M135:2，泥页岩。灰绿色。平面呈长方形，侧边微弧，中间略鼓，四边稍薄。单孔位置不在中央，偏向一侧边，为单面管钻，略作修整，内壁有螺旋痕。一个角和一侧边有少许剥痕。长 9.5~9.7、宽约 6.1、厚 0.4~0.8 厘米。（图 5-2-45B；彩版 5-2-72:4）

石环 M135:1，含有机质的蛇纹石化大理岩。青灰色。中孔为双面管钻，但不太圆，接近椭圆形。内缘处为较厚的圆弧状，外缘薄近刃，断面为较短的楔形。环体已断为七段，其中六段为入葬前断裂，每一段之上均有缀连用的双面桯钻小孔，其中较长的两端各有一个孔，较短的仅中间有一个孔。外径 9.9~10.2、内径约 6.2~6.6、最厚处约 0.7 厘米。（图 5-2-45B；彩版 5-2-73:1）

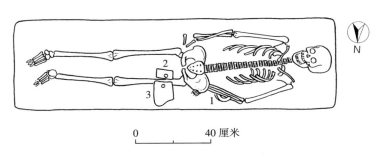

0   40 厘米

图 5-2-45A M135 平面图

1. 石环 2. 单孔石器 3. 石钺

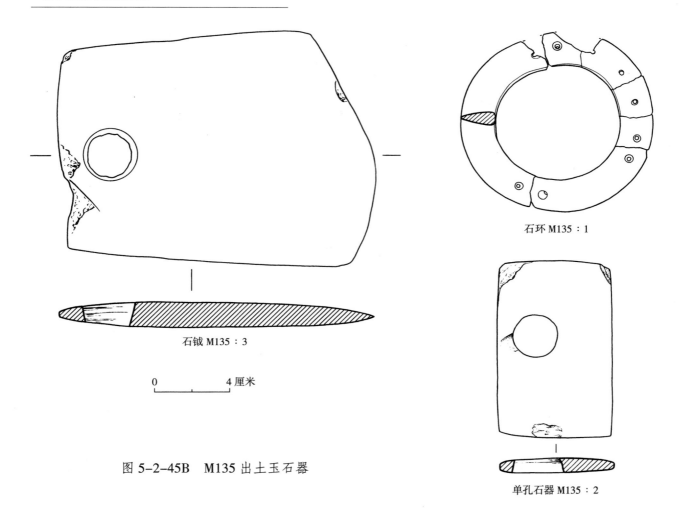

石环 M135：1

石钺 M135：3

0   4 厘米

图 5-2-45B   M135 出土玉石器

单孔石器 M135：2

M136

M136 位于南区中部的 T39 和 T40。北侧是 M145，东部打破 M138 和 M144，西南侧的上半部被后代建清凉寺时破坏，西北部又被第三期的 M141 破坏，仅存半个墓葬的区域。方向 277 度。墓葬的南侧和东端圹边十分清晰，北侧剩余的壁面也很规整，底部较平坦。墓口距地表约 0.60、残长约 1.50、宽约 0.70、现存深度约 0.70 米。墓主人为一个成年女子，年龄不详，仰身，左侧股骨以上至头部的大部分骨骼已不存，上半身只有右臂伸直置于接近身体的部位，手腕放在右骨盆与股骨交接处的外侧，骨盆仅存右半部，双腿均斜向内侧伸直，踝部并拢，脚掌部并列并分别向南侧倒置。墓圹内填黄褐色花土。（图 5-2-46；彩版 5-2-74:1）

未发现随葬品。

M137

M137 位于南区西部的 T26。东南侧为 M60、M142 和 M143，东北侧是 M61 和 M51，北侧是 M105 和 M45。方向为 277 度。墓葬圹边清晰，壁面也较规整，底部不太平坦。由于正好位于清凉寺起建或维修时破坏区域的坡状底面边缘，墓口所在的平面北高南低，距地表 0.60~0.80、长约 2.35、宽约 0.80、现存深度 0.60~0.80 米。墓主人为一个 29~30 岁的女子，面向上，下颌骨与整个

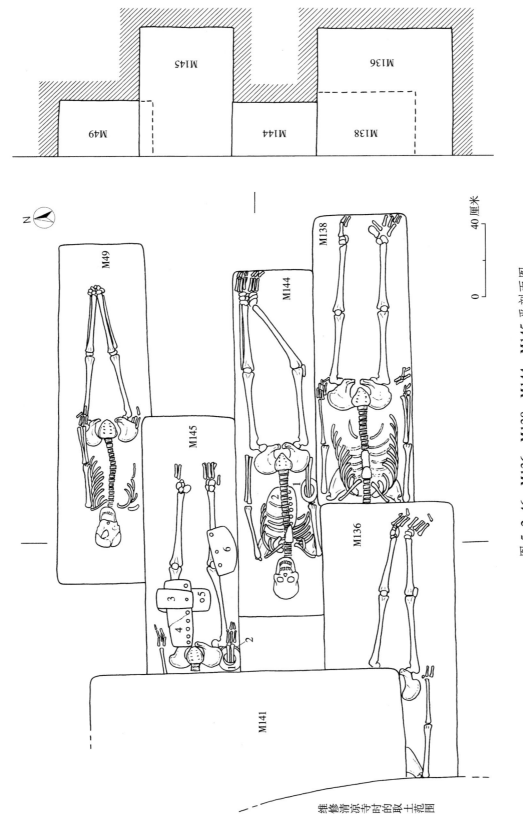

图 5-2-46　M136、M138、M144、M145 平剖面图

M144: 1. 五孔石刀, 2. 石璧; M145: 1、2. 石环, 3. 石钺, 4. 九孔石刀, 5. 石镞, 6. 三孔石刀

上身和左腿股骨部分全部被扰乱，人骨散乱地堆放在墓室中部，左侧的骨盆也弃置到墓室中部的北侧，保持在原位的仅有右腿和左腿下半部，右侧股骨微向内侧斜置，膝部与左腿并拢，膝部以下两腿平行伸直，踝部并拢，脚掌部并列并一起微向东北端倒置。墓圹内填红褐色花土。（彩版5-2-74:2）

未发现随葬品。

墓葬位于第三期墓葬分布范围之外，但盗扰方式与第三、四期墓葬类似，这也是第二期被盗扰的少数墓葬之一，但不知为什么被盗掘，或许是参加盗扰的少数成员不熟悉第三期墓葬分布范围的结果。

M138

M138位于南区西部的T40。北部打破M144，西部被M136打破。方向278度。南侧和东部圹边十分清晰，北侧因为是M144的填土而界线不清，西端被破坏，仅存的多半个墓葬区域内，所有壁面均很规整，底部较平坦。墓口距地表约0.60、残长约1.60、宽约0.50、现存深度约0.35米。墓主人为一个成年男子，年龄不详，颈部以上均已不存在，仰身，剩余的脊椎保存较好，锁骨与肋骨排列整齐，双臂基本伸直顺置于体侧，其中右臂略靠南侧的墓壁，右手腕在骨盆外侧，左手腕部则置于骨盆之下，双手指骨均散乱，两腿平行、分开、伸直，右脚部微向东南侧倒置，左脚则沿墓葬北壁向东倒置于东北墓角。墓圹内填黄褐色花土。（图5-2-46；彩版5-2-74:1）

未发现随葬品。

M142

M142位于南区西部的T27和T39。西南侧为M60和M143，西北侧为M137，北侧是M48，东部被第三期的M141打破。方向300度。墓葬上部已经被后代修建或维修清凉寺时严重破坏，

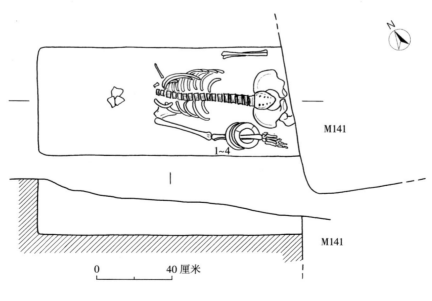

图5-2-47A　M142平剖面图

1~3. 石环　4. 石璧

现存口部只有西壁保存较好，但也不是当时下葬时的原状，其余部分仅残存接近底部的较少壁面，剩余部分圹边清晰，底部平坦。墓口距地表0.60~0.80、残长约1.40、宽约0.60、现存深度0.05~0.30米。墓主人可能为一个成年男子，年龄不详。头骨被后代破坏，只残余几块破碎的骨片，仰身，颈肩部不存，脊椎微扭曲，胸部肋骨排列整齐，右上臂略向外撇，从肘部开始沿身体顺置，手腕在骨盆外侧，指尖向东，左臂肢骨已不全，仅存肘部以下已经移位的部分骨骼，顺放在北侧墓壁旁边，从骨盆以下全部被M141破坏。墓圹内填黄褐色花土。（图5-2-47A；彩版5-2-74:3）

在墓主人右臂的下半部有叠套在一起的3件石环和1件石璧，但全部残破。

石璧 M142:4，蛇纹石岩。新鲜面为黄白色，因受沁严重，器表为灰白色，间有许多褐色斑块。器形规整，外内圈皆圆，大部分厚薄较均匀，外圈边稍薄，中孔为双面管钻，器体已经

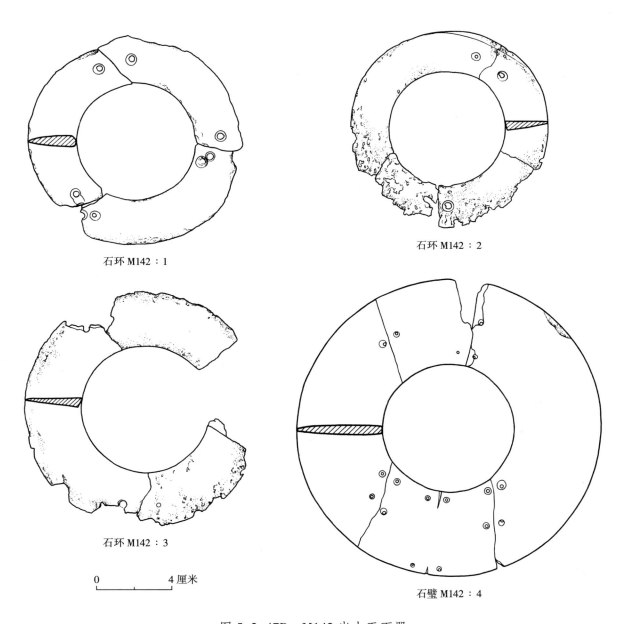

石环 M142:1

石环 M142:2

石环 M142:3

0   4厘米

石璧 M142:4

图5-2-47B M142出土玉石器

断裂为大小、形状不一的四段，缀连处在器体中间和近内缘处，多以二对二孔的方式缀连，缀孔为双面桯钻，另外，还有一块璜形片上发生一段裂纹，虽然已经在接近内、外缘处预先钻好了二对二的缀孔，但器体并未断裂，可见是在使用期间就穿孔缀连过。外径 16.2~16.5、中孔径 6.9~7.0、最厚处 0.5、缀孔径 0.2~0.5 厘米。（图 5-2-47B；彩版 5-2-75:1）

石环　共 3 件。

M142:1，大理岩。青灰色，由于沁蚀严重，部分器体表面呈黄白色或褐色。器形较规整，中孔双面管钻，内缘较厚，外缘较薄近刃且部分经沁蚀已酥，断面近楔形。随葬之前器物已经断裂为三段，并且用一对一孔的方式进行了缀连，缀孔为双面桯钻，有的小孔倾斜，其中一个断裂处外侧有一个三角形的缺口，相应位置也钻有一个小孔，但三角形片已经丢失，与之相接的钻孔也残存半个，同一块璜片的另外一端缀孔旁边还有一个缀孔未钻透，仅有一个凿痕。外径 11.1~11.3、中孔径 6.3、最厚处 0.6、缀孔径 0.2~0.6 厘米。（图 5-2-47B；彩版 5-2-75:2）

M142:2，蛇纹石化大理岩。灰绿色，局部呈灰白色。器形较规整，中孔为双面管钻而成，器体中间厚，由内圈到外圈逐渐变薄，内缘略斜，断面近楔形。由两段缀连而成，相接处以一对一孔的方式缀连，发现时，两段璜片各断为两块，但没有缀孔，外圈有一半左右已经酥碎，残缺不全，呈不规则齿状。外径 10.5~10.8、中孔径 6.2、最厚处 0.5、缀孔径 0.2~0.6 厘米。（图 5-2-47B；彩版 5-2-75:3）

M142:3，大理岩。新鲜面为黄绿色，受沁后为灰白色。中孔为单面管钻，内缘处为较厚的斜面，由内向外边缘逐渐减薄，断面为楔形。整器由已经断裂的至少四段组成，墓中仅残存三段，在可看到的两处相接处各有一对一方式连缀的小孔残迹，有一个本身就没有钻通。由于表面沁蚀严重，外圈多处形成齿状或不规则状缺损，表面也分布有许多小坑。外径 12.8、中孔径约 6.8、最厚处 0.5、缀孔径 0.2~0.5 厘米。（图 5-2-47B；彩版 5-2-75:4）

M143

M143 位于南区西部 T38 和 T39。这里已经是第二期墓葬的最西端了，东北侧为 M142，北侧是 M60。方向 285 度。墓葬上部被后代起建或维修清凉寺时严重破坏，西端保存略好，北侧墓壁尚能看出其范围，南侧范围已经不清楚了，东部墓圹基本不存，底部只有西北部尚有部分保留，但不太平坦。墓口距地表约 1.20~1.15、残长约 1.10、宽约 0.50、现存深度 0.05~0.20 米。墓主人为一个老年女子，年龄不详，上部已经被严重扰乱，大部分骨骼受到破坏，头骨破碎，面向南侧上方，右半身已经基本不存在，仅见少许散乱的肋骨，颈椎和胸椎尚在原位，左侧的锁骨与肋骨排列较整齐，左上臂置于体侧，从肘部开始呈弧形内斜，手腕不存，腹部以下全部被破坏。墓圹内填黄褐色花土。（彩版 5-2-76:1）

未发现随葬品。

M144

M144 位于南区西部的 T39 和 T40。北部打破 M145，南部被 M136 和 M138 打破，这是一组多个小型墓葬具有打破关系的实例。方向 280 度。由于墓葬南侧被破坏，北侧靠西部有一半又是

M145的填土,仅存西壁和东北部的少量壁面,但圹边十分清晰,剩余的壁面也很规整,底面较平坦。墓口距地表约0.60、长约1.90、残宽约0.45、现存深度约0.30米。墓主人为一个20~25岁的女子,头顶略向北侧偏转,面向上,口微张,脊椎、锁骨、肋骨均保存较好,在正常体位整齐排列,左臂顺置于体侧,腕部放在骨盆下,右臂微向内斜置,腕部放在骨盆之上,手指骨散乱,骨盆残损,左腿伸直,右腿股骨部分伸直,膝部以下部分斜折向内侧,与左腿在踝部并拢,双脚跟均蹬在墓葬东北角,脚尖并列并一起向东南侧倒置。墓圹内填黄褐色花土。(图5-2-46;彩版5-2-76:2)

在墓主人的右臂肘部以下套着1件石璧,身体的下腹之下还平放着1件五孔石刀,刃部向北。(彩版5-2-76:3)

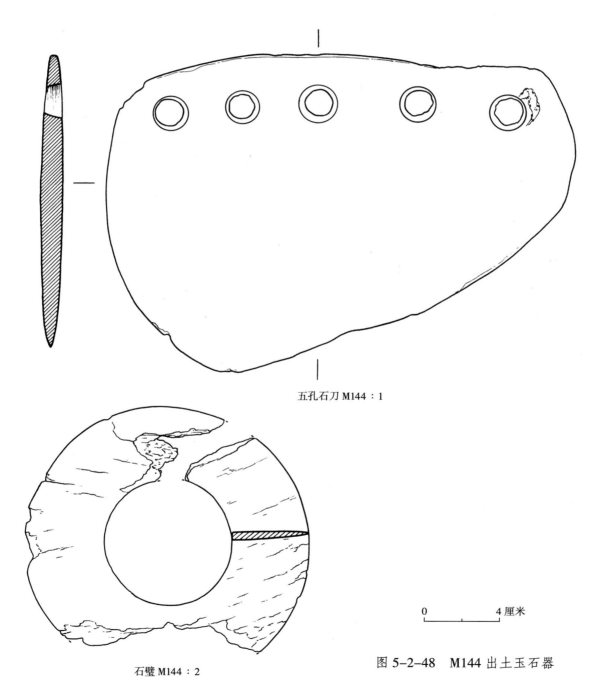

五孔石刀 M144:1

石璧 M144:2

0   4 厘米

图 5-2-48 M144 出土玉石器

　　五孔石刀　M144：1，蛇纹石化大理岩。灰白色，其间有黑色条纹交织。形制不规整，接近圆角三角形，中间厚，边缘薄，背部为内、外微弧相邻的直边，两侧边皆为外弧形，但一侧宽，另一侧窄，所有转角皆圆弧，刃端斜弧，磨成较钝的薄刃。靠近背部的平面上有不等距的五个单面管钻孔，稍作了修整。长 25.0、宽 7.6~17.2、最厚处 1.2、孔径 1.3~2.2 厘米。（图 5-2-48；彩版 5-2-77）

　　石璧　M144：2，蛇纹石化大理岩。黄白色，器表有浅褐色斑块。器形规整，内外皆较圆，中孔为单面管钻，较直。近内缘处较厚，外圈边薄近刃，断面为楔形。由于受沁严重，部分器体靠外边的地方严重缺损，还有一处整块缺失，留下了斑驳的断茬。外径 15.1、中孔径 6.7、最厚处 0.4 厘米。（图 5-2-48；彩版 5-2-76：4）

M145

　　M145 位于南区西部的 T27、T28、T39 和 T40。北部打破 M49，南部被 M144 打破，西部被第三期的 M141 打破。方向 271 度。墓葬圹边十分清晰，除西端被破坏之外，东、南、北三面均剩余很规整的壁面，底部较平坦。墓口距地表约 0.70、残长约 1.40、宽约 0.50、现存深度约 0.70 米。墓主人为一个成年女子，年龄不详，腹部以上全部被 M141 破坏，双臂仅存接近手腕的部分，皆顺置于身体两侧，手均放置在骨盆与股骨接近处的外侧，指尖向东，骨盆残损，双腿平行伸直，脚部分别向东端倒置。墓圹内填黄褐色花土。（图 5-2-46；彩版 5-2-78：1）

　　墓葬中共发现 6 件玉石器，其中在墓主人的右臂近腕部叠套着 2 件石环，左腿股骨之上横放着 2 件石钺，二者之间夹着 1 件平放的九孔石刀，钺和刀的刃部皆向北，右腿膝盖以下还斜向平放着 1 件三孔石刀，刃部向南。

　　石钺　共 2 件。

　　M145：3　透闪石化大理岩。豆青色，部分受沁为灰白色。形制不太规整，整体近窄长梯形，中间较厚，边缘稍薄，顶端修整平齐，两侧边为带有起伏弧度的直边，弧面刃较钝，有部分残缺，接近顶端的平面正中心位置有一个单面管钻孔。长 20.5、宽 7.6~10.2、厚 0.5~1.4、小孔径 1.3~1.9 厘米。（图 5-2-49A；彩版 5-2-79：1）

　　M145：5　蛇纹石化大理岩。青绿色。形制较规整，整体为窄长方形，近顶端的中间较厚，其余均较薄且不均匀，顶端修整平齐，两角稍有缺损，两侧边是带有一点内凹弧度的直边，弧面斜刃，一角有部分残缺，接近顶端的平面正中心位置有一个单面管钻孔。长 29.0、宽 12.0~13.0、最厚处 1.0、小孔径 1.4~1.6 厘米。（图 5-2-49A；彩版 5-2-79：2）

　　九孔石刀　M145：4，已经断为两段。大理岩。土黄色，间有部分浅褐色，沁蚀较严重，绝大部分白化。除背部较直外，其余两侧边均为外凸弧边，所有转角全部是圆弧角，斜长弧刃较钝，中部较厚呈微凸起的弧面，边缘稍薄。接近背部一侧的平面上，以双面管钻的方式钻出基本等距的九个孔，并做了简单修整。九孔排列并不太整齐，大小也有微小的差距，总体规律是中部的孔较大，两侧的孔逐渐变小，两个平面的孔径也有大小之差，个别孔周还有钻孔时留下的弧形平台。长 36.2、宽 10.6~15.4、厚 0.5~1.4、孔较大的一面直径 2.1~2.6、较小的一面直径 2.1~2.1 厘米。（图 5-2-49B；彩版 5-2-78：4）

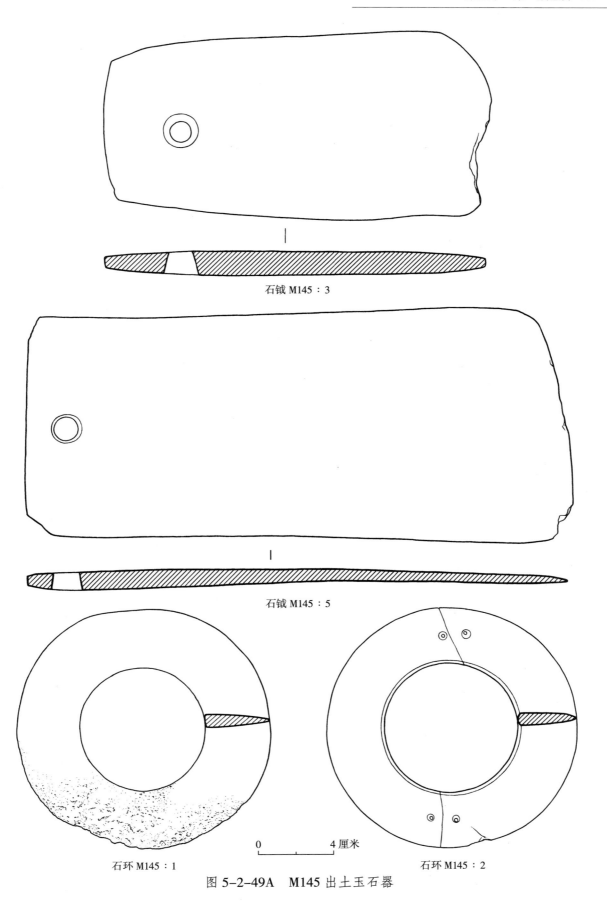

石钺 M145：3

石钺 M145：5

石环 M145：1

0   4厘米

石环 M145：2

图 5-2-49A　M145 出土玉石器

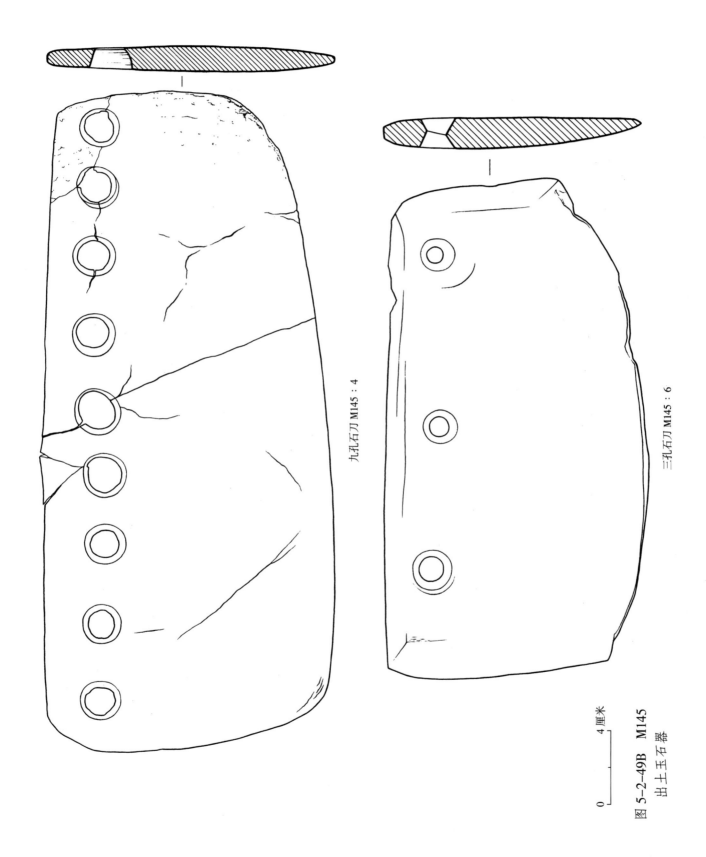

九孔石刀 M145：4

三孔石刀 M145：6

0   4 厘米

图 5-2-49B　M145
出土玉石器

三孔石刀 M145：6，白云岩。浅灰褐色。不太规整，背部虽较直，却有部分缺损，其余两侧边均为外凸弧边，弧形刃较钝，中部较厚，呈微凸起的弧面，由中间向刃端、边缘逐渐变薄，接近背部一侧的平面上，以双面桯钻的方式钻出基本等距的三个孔，并做了简单修整。小孔大小有微小的差距，总体从一侧向另一侧逐渐变小，孔径均两面大，中心小，其中一个孔周还有钻孔时留下的弧形痕迹。长 26.8、宽 9.6~14.0、厚 0.2~1.6、两侧表面孔径 1.8~2.2、孔中心直径 0.9~1.3 厘米。（图 5-2-49B；彩版 5-2-80）

石环 共 2 件。

M145：1，大理岩。青灰色，上有绿色斑，边缘有一半已受沁风化，受沁处表面已经变为浅褐色。器形不规整，中孔较圆，为双面管钻后修整，内缘较厚，外圈边薄而且不圆，断面为楔形。外径 12.8~13.5、中孔径 6.7、最厚处 0.8 厘米。（图 5-2-49A；彩版 5-2-78:2）

M145：2，蛇纹石岩。黄白色，表面受沁，部分为象牙白色。形制规整，制作精细，内外圈皆圆，中孔为双面管钻，内缘较厚，外圈较薄，断面为楔形，已断为两段，断裂处以一对一孔的方式缀连，缀连的小孔为双面桯钻。外径 13.2、中孔径 7.0、最厚处 0.7、缀连处小孔径 0.2~0.4 厘米。（图 5-2-49A；彩版 5-2-78:3）

M151

M151 位于南区中部的 T30 和 T31。西南侧为 M134，北侧为 M81、M128 和 M129。方向 95 度。墓葬圹边十分清晰，壁面也很规整，底部较平坦。墓口距地表约 0.70、长约 1.90、宽约 0.55、现存深度约 0.40 米。墓主人为一个 30~35 岁的女子，头向东，这是墓地少数头向东的墓葬之一，面向南侧偏转，仰身，脊椎较直，左肩上耸，锁骨随肩部变化上移，右肩尚在正常体位，肋骨除少数斜向放置外，大多排列整齐，双上臂均略向外撇，从肘部开始顺置于体侧，形成两臂略向外凸出的弧形，两手腕分别置于两侧骨盆之外，双腿平行伸直，脚部分别向西南、西北两侧倒置。墓圹内填黄褐色花土。（彩版 5-2-81:1）

未发现随葬品。

M152

M152 位于南区中部的 T40 和 T41。西北侧为 M200，东北侧为 M164。方向 267 度。墓葬圹边不太清晰，很浅的壁面也不规整，底部较平坦。墓口距地表约 0.70、长约 2.00、宽约 0.50、现存深度约 0.10 米。墓主人为一个 35~40 岁的男子，头骨被上层垫土破坏，已经破碎，面向南侧上方偏转，口张开，仰身，左肩上耸，锁骨随肩部变化上移，右侧锁骨尚在原来的体位，颈椎与脊椎交接处呈弧形，肋骨保存较好，排列整齐，左臂紧贴于体侧，接近腕部以下被破坏，右臂紧贴在体侧，肘部以下骨骼移位，手腕置于骨盆外侧，指骨不全，双腿平行伸直，脚部向东北侧倒置。墓圹内填黄褐色花土。（图 5-2-50；彩版 5-2-81:2）

在墓主人下腹部横置着 1 件石钺，刃部向北。

石钺 M152：1，泥页岩。质地疏松，成层剥落，易碎裂。灰白色。整体为长条形，顶端近直，一侧边斜直，靠顶端剥落，近刃端则缺损，另一侧边已残，留下了凹凸不平的断茬，

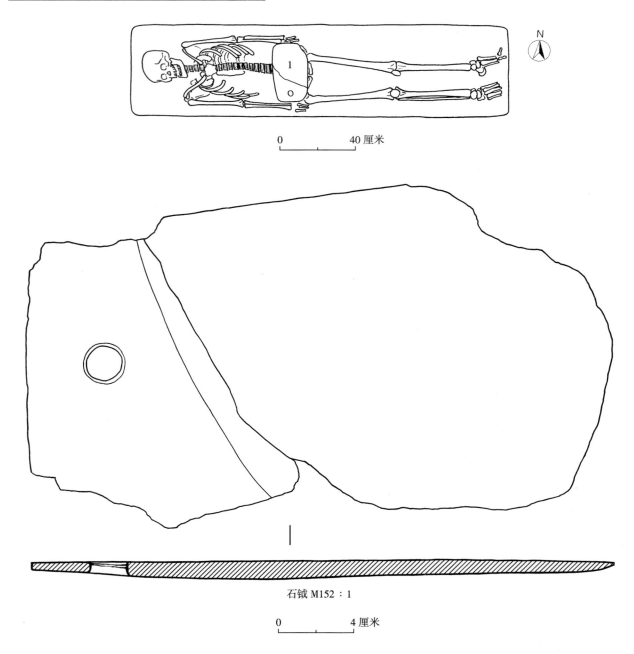

图 5-2-50 M152 平面图及其出土玉石器

1. 石钺

刃端为斜直单面刃，两侧均缺损，中间部分薄厚不均匀，边缘处磨薄，近顶端的平面中部有一个双面管钻的圆形孔，孔内缘圆弧。整个中后部斜向断裂，裂面倾斜，表面可见不整齐的断裂纹路。长 29.0~31.0、残宽 12.8~17.8、最厚处 1.0、孔径 1.9~2.1 厘米。（图 5-2-50；彩版 5-2-81:3）

M154

M154 位于南区中部的 T6 和 T7。西侧为 M121，东侧是 M1 和 M2，北部被第三期的 M139 打破。

方向 275 度。墓葬圹边比较清晰，壁面也规整，但保存部分很浅，底部较平坦。墓口距地表约 0.40、长约 2.00、残存宽 0.25~0.35、现存深度约 0.15 米。墓主人可能为一个成年女子，年龄不详，仰身，因整个身体的大部分全部被 M139 破坏，头部、颈肩和大部分胸、腹部、骨盆及左臂、左腿均不存，右上臂略外撇，肘部以下骨骼上移到上臂的位置，并顺置于体侧压在上臂之上，手腕已不存，右臂内侧还保留有少许肋骨，右腿伸直，脚踝部与残存的左脚掌骨并拢，脚掌骨与趾骨散乱地置于接近墓东壁处。墓圹内填黄褐色花土。（彩版 5-2-82:1）

未发现随葬品。

M156

M156 位于南区中部的 T42。西北侧为 M164，北侧是 M157，东南部被第三期的 M155 打破。方向 270 度。墓葬上部被后期破坏，圹边范围不太清晰，壁面也不太规整，底部不平坦。墓口距地表约 0.70、长约 1.70、宽约 0.50、现存深度约 0.10 米。墓主人为一个 31~34 岁的男子，面向北侧偏转，口大张，仰身，颈椎缺失，胸椎以下呈 S 形扭曲，左侧锁骨向内移位，右侧锁骨缺失，肋骨似受到挤压而较散乱，双臂位于体侧，但右臂略高于身体，小臂骨骼稍微移位，右腕置于骨盆之上，仅存散乱的少许指骨，左上臂肘部与小臂骨骼错位，手腕部置于骨盆与股骨交接处外侧，左腿伸直，右腿股骨部分伸直，膝部至踝部被 M155 破坏，双脚部均已经朽坏，似分别向东侧倒置。墓圹内填黄褐色花土。（彩版 5-2-82:2）

未发现随葬品。

M157

M157 位于南区中部的 T42。西侧为 M164，南侧为 M156，北侧是 M158。方向 265 度。墓葬圹边比较清晰，壁面也较规整，但南壁中部微外弧，底部不太平坦。墓口距地表约 0.70、长约 1.90、宽约 0.55、现存深度 0.30~0.35 米。墓主人可能为一个 60 岁左右的男子，面向南侧偏转，仰身，脊椎、锁骨、肋骨保存较好，保持在正常的体位，其中肋骨两侧向上竖立，双臂均顺置于体侧，肘部以下骨骼稍错乱，手腕置于骨盆与股骨交接处的外侧，双腿股骨微向内斜置，膝部以下平行伸直，脚趾骨分别散乱地置于近墓东壁处。墓圹内填黄褐色花土。（彩版 5-2-83:1）

未发现随葬品。

M158

M158 位于南区中部的 T42。南侧是 M157，西北侧为 M108，北侧是 M134 和 M135。方向 275 度。墓葬圹边比较清晰，壁面也很规整，底部西端较深，也不太平坦。墓口距地表约 0.70、长约 1.95、宽约 0.55、现存深度 0.30~0.35 米。墓主人为一个 50 岁左右的女子，面向南侧偏转，口张开，仰身，脊椎、锁骨、肋骨保存较好，皆位于正常的体位，其中肋骨向两侧斜向倒置，双臂皆顺置于体侧，其中右臂略低，腕部置于骨盆与股骨交接处的外侧，左臂较高，从肘部开始略向内斜折，手腕置于骨盆之上，骨盆残损，双腿平行伸直，整体略偏向东北，脚趾骨散置，略高于墓底，脚掌分别倒向东北和东南方向。墓圹内填黄褐色花土。（图 5-2-51A；彩版 5-2-83:2）

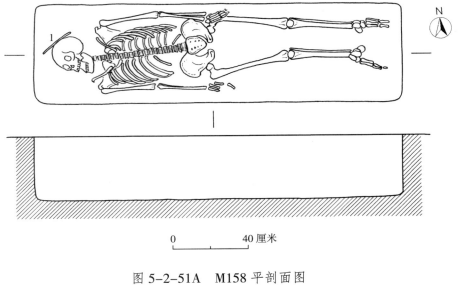

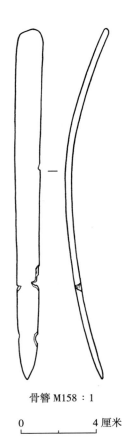

图 5-2-51A　M158 平剖面图

1. 骨簪

在墓主人头顶的西北侧发现 1 件骨簪。

骨簪　M158：1，动物肋骨磨制而成。器表为浅黄白色，中心为白色。整体向一面微弧，接近弓形。平面为扁平的长条形，一端较宽，平面形状为圆弧形，另一端较窄，接近扁平尖锥状，两侧边平齐，由较宽的一端向锐尖的一端平缓过度，断面为两端呈圆弧的扁长方形。长 19.2、最宽处 1.40、最厚处 0.3 厘米。（图 5-2-51B；彩版 5-2-83:3）

骨簪 M158：1

图 5-2-51B　M158
出土骨器

M159

M159 位于南区中部的 T31 和 T43。东北侧为 M185，东南部打破 M172，西部被第三期的 M149 打破。方向 285 度。墓圹比较清晰，壁面也很规整，底部平坦。墓口距地表约 0.70、残长约 1.70、宽 0.50~0.60、现存深度约 0.50 米。墓主人为一个 45~50 岁的女子，肩部以上被 M149 破坏，面向不清，仰身，锁骨残断，仅存碎骨，脊椎呈 S 形扭曲，胸椎已经断裂，左侧肋骨后部排列整齐，右侧肋骨前部斜向倒置，双臂顺置于身体两侧，手腕置于骨盆与股骨交接处的外侧，双腿伸直并向内收，踝部接近并拢，脚掌并列，分别向东南侧倒置。墓圹内填黄褐色花土。（图 5-2-52A；彩版 5-2-84:1）

在墓主人左小臂近肘部处发现 1 件残断的联璜石环。

联璜石环　M159：1，大理岩。由于沁蚀，表面有许多点状小坑。碧绿色，表面严重白化。由两璜缀连而成，由于璜的近两端处微向外凸出，整个内、外圈均近椭圆形，璜内圈皆单面管钻，内缘处近直，较厚，外圈边薄，两璜相接处以二对二的方式钻孔连缀。小孔皆单面桯钻，一面略大，另一面则很小，由于两璜均有不规则状的缺损，有的钻孔仅余半个痕迹。发现时整器发生断裂，其中一个璜断为四段，另一个璜则断成两截。外径 13.4~14.3、内径约 6.8~7.0、最厚处 0.4 厘米；孔径 0.1~0.2 厘米。（图 5-2-52B；彩版 5-2-84:2）

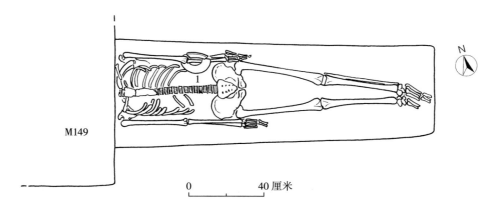

M149

图 5-2-52A　M159 平面图

1. 璜联石环

M163

M163 位于南区中部的 T43 和 T54。东侧为 M184，东北侧为 M175，西北侧是 M156。方向 287 度。墓葬圹边清晰，壁面也很规整，底部平坦。墓口距地表约 0.70、长约 1.85、宽 0.60~0.70、现存深度约 0.20 米。墓主人为一个 30 岁左右的女子，头部整体向西北偏置，面向东北侧上方偏转，仰身，骨盆部分稍向南置，头、脚两端则偏向北侧，整体为两端向北、中部向南的弧形，脊椎斜向伸直，锁骨朽酥，肋骨排列整齐，左臂至手腕均顺置于墓葬北壁内侧，与向南凹入弯曲的身体保持较远的距离，右上臂依身体走向略向外撇，从肘部开始又向内斜折，手腕置于骨盆之上，骨盆酥碎残损；双腿平行伸直，方向稍微偏向东北，脚部分开，分别向东端倒置。墓圹内填黄褐色花土。（彩版 5-2-84:3）

未发现随葬品。

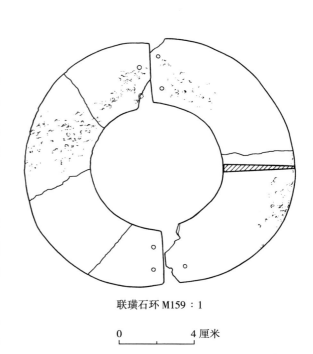

联璜石环 M159：1

0　　　　　　4 厘米

图 5-2-52B　M159 出土玉石器

M164

M164 位于南区中部的 T41 和 T42。东北侧为 M157，东南侧是 M156，西南侧是 M152，北部被第三期的 M86 打破。方向 280 度。墓葬圹边清晰，东南角近弧形，南侧和东、西两端尚存的壁面较规整，北壁已不存，底部较平坦。墓口距地表约 0.70、长约 1.80、残存宽度约 0.40、现存深度约 0.50 米。墓主人为一个 35 岁左右的男子，面略偏向南侧上方，口部已经变形，下颌骨脱落，呈大张口状，仰身，左半部分已经被 M86 破坏，残余的仅有右侧的部分骨骼，少许脊椎骨斜向东北伸直，右半部的锁骨、肋骨排列较整齐，右上臂顺置于体侧，肘部以下至手腕向内斜折，东部

还残存少部分右脚趾骨，似向东端倒置。墓圹内填黄褐色花土。（彩版 5-2-84:4）

未发现随葬品。

M165

M165 位于南区中部的 T8 和 T20。东侧为 M193，东南侧是 M170，北部被第三期的 M160 打破，西部被一个近代坑打破。方向 275 度。墓葬圹边清晰，东、南两侧残存的壁面也很规整，西、北壁已不存，底部较平坦。墓口距地表约 0.70、残长约 1.20、残宽约 0.40、现存深度约 0.30 米。墓主人可能为一个成年女子，年龄不详，仰身，股骨以上部分已经被近代坑破坏，所余的仅有位于股骨两侧近骨盆处的少数手指骨，两腿平行伸直，脚部向东倒置并分别微向两侧倾斜。墓圹内填黄褐色花土。（彩版 5-2-85:1）

未发现随葬品。

M170

M170 位于南区中部的 T8。北侧为 M165 和 M194，东南侧为 M173，西南部被第三期的 M161 打破。方向 275 度。墓葬圹边清晰，壁面也很规整，底部较平坦。墓口距地表约 0.70、长约 2.00、宽约 0.50、现存深度约 0.30 米。墓主人为一个成年女子，年龄不详，仰身，头、颈和右侧的胸腹部全部被 M161 破坏，上半身仅存左侧的部分肋骨、锁骨和左臂，其中锁骨残断，肋骨排列不太整齐，左臂贴墓葬的北壁顺置于体侧，少量左手指骨散置于破碎的骨盆与股骨交接处外侧，左侧的骨盆保存不好，边缘酥碎，右侧的骨盆只有半个，右手腕的少许指骨就置于这半个骨盆外侧，双腿股骨基本平行伸直，左膝部略向北弓起，脚部接近并列，并分别向东北方倒置。墓圹内填黄褐色花土。（图 5-2-53；彩版 5-2-85:2）

在墓主人的左臂肘部之下套着 1 件石环。

石环　M170:1，大理岩。青灰色，部分受沁白化呈浅褐色。形制规整，较圆，中孔为双面管钻后修整，整体较厚，内缘为内鼓的圆弧形，外圈磨圆、略薄。外径 10.9、内径 6.3、厚 0.3~0.7 厘米。（图 5-2-53；彩版 5-2-85:3）

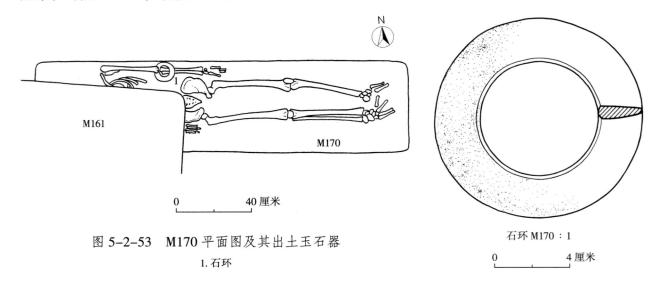

图 5-2-53　M170 平面图及其出土玉石器

1. 石环

石环 M170:1

M172

M172 位于南区中部的 T43 和 T44。东南侧为 M176，北侧为 M185，西北部被 M159 打破。方向 270 度。墓葬圹边清晰，壁面也很规整，底部两端略高于中部。墓口距地表约 0.70、长约 1.95、宽约 0.50、现存深度 0.20~0.25 米。墓主人为一个 35~39 岁的女子，头部微抬高，面向上，仰身，颈椎下沉，胸椎骨断裂，腰椎向南侧移位，锁骨、肋骨在原位且排列整齐，双臂顺置并紧贴于体侧，手腕骨均向内斜置，散乱地放在骨盆之上，但骨盆边缘酥碎，右腿伸直，左腿从股骨开始向内斜，至膝部基本与右腿并拢，左小腿部搭在右小腿之上，使两腿呈交叉状，脚踝部叠置在一起，脚趾骨向东南侧倒置。墓圹内填黄褐色花土。（彩版 5-2-85:4）

未发现随葬品。

M173

M173 位于南区中部的 T8。西北侧为 M170，南侧为 M7，东部被第三期的 M22 打破。方向 272 度。墓葬圹边清晰，壁面也较规整，底部平坦。墓口距地表约 0.70、残长约 0.70、宽约 0.50、现存深度约 0.60 米。墓主人为一个 45 岁左右的男子，面向上，口大张，仰身，脊椎保存不好，胸椎以下腐朽，两臂中段和腹部以下全部被 M22 破坏。墓圹内填黄褐色花土。（彩版 5-2-86:1）

未发现随葬品。

M174

M174 位于南区中部的 T8 和 T32。东北侧为 M177，东侧为 M186，南侧为 M181 和 M182，西部和东北部分别被第三期的 M162 和 M171 打破。方向 272 度。墓葬圹边清晰，残存部分虽然很浅，但壁面规整，底部较平。墓口距地表约 0.70、残长约 1.65、宽约 0.55、现存深度约 0.10 米。墓主人为一个 25 岁左右的女子，头部和颈部被 M162 破坏，仰身，脊椎腐朽，锁骨断裂，肋骨保存不好，但印痕基本在正常体位，左臂位于体旁略偏向外侧，腕部置于破碎的骨盆外侧，右上臂斜向外张，从肘部开始呈曲尺形向内折，腕部放在上腹部，指骨不存，盆骨边缘破碎，股骨伸直，左腿从膝部开始斜向内折，至踝部与右腿基本并拢，右脚趾微偏向东北倒置，左脚趾被 M171 破坏。墓圹内填浅灰色花土。（彩版 5-2-86:2）

未发现随葬品。

M175

M175 位于南区中部的 T43 和 T44。东侧为 M197，北侧为 M176，西南侧是 M163，东北部被第三期的 M168 打破。方向 103 度。墓葬圹边清晰，壁面也很规整，底部东高西低，为缓平的斜坡。墓口距地表约 0.70、长约 1.90、宽约 0.60、现存深度 0.60~0.75 米。墓主人为一个 30 岁左右的女子，头向东，这是此墓地较少的几座头向东的墓葬之一，头、颈部略偏向墓葬东南角，面向西南侧偏转，仰身，颈椎呈弧形偏向东南，胸椎以下较直，左侧肋骨较整齐，腹部较乱，右胸部和右臂上半部分已经被破坏，但腹部旁边的肋骨排列较整齐，右臂的肘部以下基本顺置于体侧，手腕在骨盆外侧，略向外斜置，左臂顺置于体侧，腕部置于骨盆之下，右腿伸直，左腿股骨微向内斜，膝部开

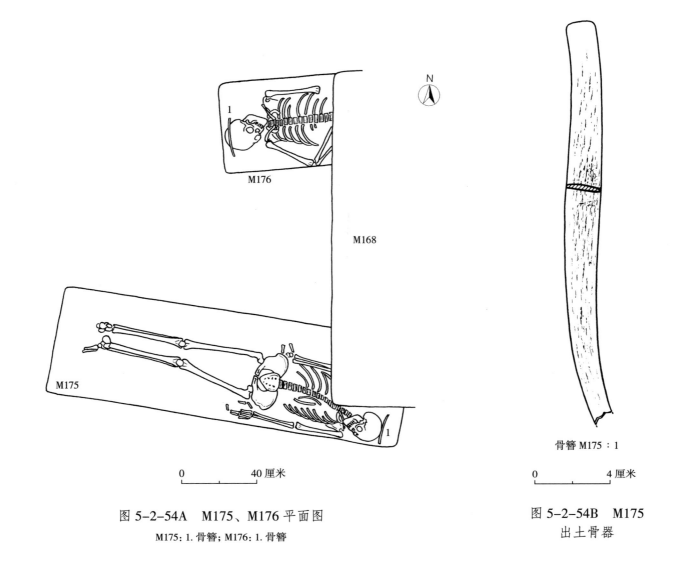

图 5-2-54A　M175、M176 平面图

M175：1. 骨簪；M176：1. 骨簪

图 5-2-54B　M175
出土骨器

始与右腿并列，脚部均偏向西南倒置，右脚趾骨不存。墓圹内填黄褐色花土。（图 5-2-54A；彩版 5-2-87:1）

在墓主人的头顶部发现 1 件骨簪。

骨簪　M175：1，动物肋骨磨制而成。器表为浅黄白色。整体扁平，一端较宽、平齐，中部最宽，另一端由中间逐渐过渡到扁窄，接近尖端处残断，厚度接近，断面为扁长条形，一面向外弧形凸起，另一面向内凹入，中部前端向一侧微弧，两侧边光滑平缓。残长 22.7、中部最宽处面宽 1.9、较宽的一端面宽 1.5、最厚处约 0.3 厘米。（图 5-2-54B；彩版 5-2-87:2）

M176

M176 位于南区中部的 T43 和 T44。西北侧为 M172，南侧为 M175，东部被第三期的 M168 打破。方向 268 度。墓葬圹边较清晰，壁面也规整，底部西端略高。墓口距地表约 0.70、残长约 0.60、宽约 0.50、现存深度 0.60~0.70 米。墓主人为一个 50 岁左右的女子，头顶略偏向西南角，并向上

内侧蜷缩，面向前上方，仰身，颈椎、胸椎残损但较直，锁骨、肋骨整齐地排列在脊椎两侧，左上臂顺置于体侧，右上臂略向外撇，从肘部开始又近直角向内斜折，左小臂以下、右手腕及腹部以下全部被 M168 破坏。墓圹内填黄褐色花土。（图 5-2-54A；彩版 5-2-87:3）

在墓主人的头顶部发现横置着 1 件骨簪。

骨簪 M176:1，动物肢骨磨制而成，器表为较浅的黄白色。整体为扁平状，较宽的一端平面为圆弧形、断面扁平，另外一端钝尖、断面亦为扁平状，两端逐渐自然过渡，宽度由宽逐渐变窄，厚度也由较厚逐渐变薄，中部的断面为扁圆长条形，上下两面外形不同，其中一面微向外呈弧形凸起，另一面较平且直，接近尖端的前中部向一面略微弧形内弯，两侧边光滑平缓。长 21.3、宽厚的一端断面宽 1.1、最厚处 0.3 厘米。（图 5-2-55；彩版 5-2-87:4）

骨簪 M176:1

0   4 厘米

图 5-2-55 M176
出土骨器

M177

M177 位于南区中部的 T8。北侧为 M24，西北侧为 M25，南侧为 M174，东部被第三期的 M171 打破。方向 280 度。墓葬圹边较清晰，壁面也规整，底部西端略高。墓口距地表约 0.70、残长约 0.60、宽约 0.40、现存深度 0.20~0.30 米。墓主人为一个 30 岁左右的女子，头部整体微向西北偏置，面向东北侧偏转，口微张，仰身，脊椎斜向伸直，左侧锁骨错位，胸部的肋骨较整齐，双上臂皆顺置于体侧，从上腹部以下全部被 M171 破坏。墓圹内填黄褐色花土。（彩版 5-2-88:1）

未发现随葬品。

M178

M178 位于南区中部的 T20 和 T21。南部打破 M179，东北部被一个主要分布在南部发掘区北侧边缘之外、未清理的墓葬打破。方向 270 度。墓葬圹边不太清晰，壁面也不规整，底部西端略高。墓口距地表约 0.70、长约 1.90、宽约 0.50、现存深度约 0.20 米。墓主人为一个 40 岁左右的男子，头部靠近西南角，头向后仰，面向上昂，下巴上翘，仰身，脊椎中部下凹，肋骨排列整齐，双臂顺置于体侧，左手不存，右手仅有部分指骨分布在股骨外侧，双腿股骨伸直，左腿大部及右腿膝部以下全部被一个未清理的墓葬破坏。墓圹内填黄褐色花土。（彩版 5-2-88:2）

未发现随葬品。

M179

M179 位于南区中部的 T20 和 T21。东北部被 M178 打破，西部之下叠压着 M190，南部被第三期的 M191 打破。方向大致为 270 度。这实际是具有打破关系的几个墓葬，但由于上部被现代耕地严重破坏，每一个单元的圹边均不清晰，壁面几乎已经不存在，底部也不平整，死者之间的叠压和打破关系比较复杂，不能明确划分出各自的确切范围，甚至很难确认这些人是否属于正常埋葬的死者。兹将这些死者的出土情况介绍如下：

西南部较完整的人骨可能为一个墓葬。中部的人骨由于骨骼叠压在一起，两个人好像乱扔在一起，但被压在下面的死者却肢体不全，也许是北侧墓葬叠压并打破南侧墓葬。东部仅存有部分骨盆和一段股骨的可能是另外一个单元。由于壁面不清，只能将现存平面作为这组单位的开口层位，平面距地表约 0.70 米，人骨所在范围最长处约 3.30、最宽处也近 3.30 米，现存底部基本就是人骨所在层面。该范围内共有 4 个人骨，从南到北依次为：西南部为一个 25~30 岁的女子，面向北侧偏转，仰身，脊椎骨腐朽，仅存残迹，肋骨排列不整齐，似受到挤压所致，右臂和右侧胸腹部到右腿股骨绝大部分被 M191 墓圹破坏，左臂顺置并紧贴于体侧，手腕仅有几枚指骨放在骨盆之上，双腿除被破坏之处外平行伸直，脚部被上层耕地破坏。由南向北的第二个人骨为年龄不详的成年男子，面向上，但上部骨骼被耕种土地时铲去，仰身，脊椎骨腐朽，仅存残迹，肋骨仅存右侧排列较整齐的少数骨骼，双肩似受挤压而上耸，右臂顺置于体侧，手腕放在已经散乱的骨盆之下，右腿微带弧度向南凸出，脚尖向东南侧倒置，左半身被北部的死者叠压或所在的墓葬打破，大部分盆骨和左腿已经不存，只有左上臂顺置于体侧。北部的死者是一个 40~44 岁的女子，面向上，但骨骼被耕耘铲去，仰身，双肩似受挤压而上耸，脊椎仅存胸部的少许骨骼，右侧肋骨虽然整齐却经移位，左侧肋骨散乱，肩部置于南侧死者的左臂之上，右上臂略向外撇，从肘部开始沿身体顺置，手腕在骨盆与股骨交接处之南，左臂被 M178 打破，骨盆边缘酥碎，双腿斜向内侧伸直，踝部并拢，脚趾已不存。东北部是一个不能分辨性别年龄的死者，仅存有左侧半个盆骨和一只右腿股骨，整体应为东西向的仰身直肢。在上述这些人骨之上覆盖的就是现代耕土。（彩版 5-2-88:2）

未发现随葬品。

M181

M181 位于南区中部的 T32。南侧为 M187，北侧为 M174 和 M186，西部打破 M182，东部被第三期的 M180 打破。方向 287 度。墓葬圹边比较清晰，壁面不太规整，底部为西端略高的斜坡。墓口距地表约 0.70、残长约 0.70、宽约 0.52、现存深度 0.20~0.30 米。墓主人为一个 45~50 岁的女子，面向上，口大张，仰身，颈椎和胸椎保存较好，右侧的锁骨移位，肋骨排列整齐，左侧的锁骨在正常体位，肋骨交叉叠压，左臂位于体侧，肘部以下只有一小段，手腕和整个右臂、腹中部以下全部被 M180 破坏。墓圹内填黄褐色花土。（彩版 5-2-88:3、4）

未发现随葬品。

M182

M182 位于南区中部的 T32。南侧为 M187，北侧为 M174，东部被 M181 打破。方向 287 度。墓葬圹边不太清晰，壁面也不规整，底部为西高东低的斜坡。墓口距地表约 0.70、残长约 1.30、宽约 0.50、现存深度 0.10~0.30 米。墓主人为一个 30~35 岁的女子，面向南侧偏转，口微张，上半身整体向南侧倾斜，颈椎歪斜，胸椎以下扭曲，肋骨排列虽然整齐，走向却倾斜，右臂放在身体的侧下方，肘部略向内缩，肘部以下向外撇，手腕放在骨盆外侧，但骨盆本身已经酥碎，左臂压在身体左上部，整体略高，肘部微弯曲，小臂斜压在左侧腹部，手腕向外屈置，放在骨盆侧上方；双腿股骨伸直，从膝部以下被破坏。墓圹内填黄褐色花土。（彩版 5-2-88:3，5-2-89:1）

未发现随葬品。

M183

M183 位于南区中部的 T44。北侧为 M187，西侧为 M176，南侧是 M197，西南部被第三期的 M168 打破。方向 268 度。墓葬圹边清晰，壁面也很规整，底部平坦，在墓葬东南部的上半部分有一个近圆形的洞穴通向墓室。墓口距地表约 0.70、长约 1.90、宽约 0.50、现存深度约 0.60 米。可能的墓主人为一个 30 岁左右的男子，由于受到严重破坏，骨骼绝大多数已经不存在，只有东部弃置着一个头骨，另外在中西部还有少量肋骨不规则地散置于墓底，头向和葬式均已不清楚了。墓圹内填黄褐色花土。（图 5-2-56；彩版 5-2-89:2）

在墓室近东部区域接近头骨处发现有一个破碎的敞口高领垂腹陶瓶。

敞口高领垂腹陶瓶 M183：01，泥质灰陶。尖圆唇，敞口，斜直高领，缓束颈，颈呈微向外张的弧线，腹部下部扁圆，下腹弧形内收，平底。器表为素面，经抛光并着黑色陶衣。口径 9.2、最大腹外径 7.6、底径 5.2、高 15.8 厘米。（图 5-2-56；彩版 5-2-89:3）

由于墓葬被破坏，本墓发现的所有骨骼都是弃置在墓室内的，难以确定是否是墓主人，也无法确认器物是本墓的随葬品还是后期填入墓圹的，归入填土不至于对整个墓地的认识引起误解。

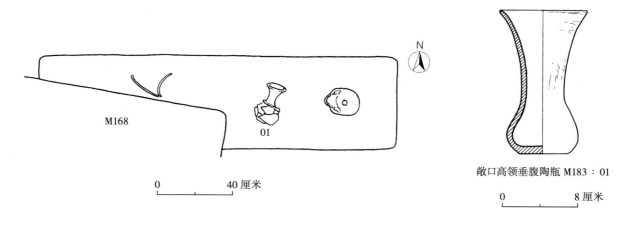

图 5-2-56A M183 平面图及其填土出土陶器
01.敞口高领垂腹陶瓶

M184

M184 位于南区中部的 T44。北侧为 M197，东北侧是 M196，中部和东部被两个近代小坑打破。方向 285 度。墓葬圹边不太清晰，壁面也很不规整，底部不平。墓口距地表约 0.70、残长约 1.60、宽约 0.40、现存深度约 0.20 米。墓主人为一个 50 岁左右的男子，面向北侧偏转，仰身，胸部以上仅存颈椎与胸椎及两侧的部分肋骨，锁骨残断，肋骨排列不太整齐，断裂的双上臂因受挤压向内收缩，顺置于身体两侧的上部，腹部到腿部的股骨被一个近代坑破坏，从膝部以下残存少量骨骼，直肢，但两腿的骨骼叠置在一起，而且右小腿的部分骨骼已经不存，脚部被另一个近代坑破坏，骨骼已经不存。墓圹内填黄褐色花土。（彩版 5-2-90:1）

未发现随葬品。

M185

M185 位于南区中部的 T31 和 T32。南侧为 M172，西南侧是 M159，东北侧为 M187，东南部被第三期的 M167 打破。方向 292 度。墓葬圹边清晰，西端呈圆弧形，整个坑穴较狭窄，壁面规整，底部平坦。墓口距地表约 0.70、残长约 1.40、宽约 0.40、现存深度约 0.60 米。墓主人为一个 46~50 岁的男子，头顶向西南侧上方，整个头颅因接近墓壁而向内折，面向东北侧偏转，上半身也略向北侧倾斜，脊椎扭曲，两侧的锁骨移位，肋骨排列整齐，双臂顺置于体侧，但受挤压严重，右臂位于身体右侧上方，高于整个身体，腕部放在骨盆侧上方，但指骨散乱，有一部分散置在股骨之上，左臂放在身体的侧下方，肘部以下微向内斜折，腕部置于骨盆之下，右腿伸直，左腿股骨部分略向内斜置，膝部以下全部被 M167 破坏。墓圹内填黄褐色花土。（彩版 5-2-90:2）

未发现随葬品。

M186

M186 位于南区中部 T8、T9、T32 和 T33。西侧是 M174，东侧为 M233 和 M234，北部被第三期的 M171 打破。方向 281 度。墓葬圹边清晰，壁面较规整，底部较平坦。墓口距地表约 0.70、长约 2.00、宽约 0.40、现存深度约 0.60 米。墓主人为一个老年男子，由于骨头酥碎，不能确认具体年龄，面向上，口张开，脊椎酥碎，肋骨排列较整齐，右上臂微向外撇，但从肘部开始顺置于体侧，基本与身体平行，腕部置于骨盆外侧，左臂整个被 M171 破坏，骨盆腐朽仅存痕迹，右腿伸直，左腿从北向南斜置，踝部基本并拢，脚部并列向东北侧倒置。墓圹内填黄褐色花土。（彩版 5-2-90:3）

未发现随葬品。

M187

M187 位于南区中部的 T32。北侧为 M181 和 M182，西南侧是 M185，西北部被第三期的 M166 打破。方向 280 度。墓葬圹边较清晰，壁面也很规整，底部平坦。墓口距地表约 0.70、长约 2.00、宽约 0.50、现存深度约 1.00 米。墓主人为一个 51~60 岁的男子，头部略向后仰，面微向北侧偏转，口大张，仰身，脊椎保存良好，东西向伸直，锁骨受挤压向内移位，肋骨排列整齐，左臂顺置于体侧，腕部位于骨盆与股骨交接处外侧，接近墓壁，右上臂微外张，从肘部开始向内斜折，腕部放在骨盆之上，指骨不全，双腿股骨均略向内斜置，膝部以下平行伸直，脚掌向内扣，脚尖分别向东南、东北侧斜置。墓圹内填黄褐色花土。（彩版 5-2-90:4）

未发现随葬品。

M190

M190 位于南区中部的 T20。南侧为 M193，东部被 M179 叠压，西部被第三期的 M160 打破。方向 268 度。墓葬圹边较清晰，壁面也较规整，底部平坦。墓口距地表约 0.70、残长约 0.70、宽约 0.50、现存深度约 0.50 米。墓主人可能为一个成年女子，年龄不详，仰身，由于东西两端遭到两个墓葬的严重破坏，墓内仅存有右腿骨、左小腿骨及部分脚趾，斜向东北方向直肢，脚尖向东侧倒置。墓圹内填黄褐色花土。（彩版 5-2-91:1）

未发现随葬品。

M192

M192 位于南区中部的 T8，西部打破 M193 和 M194，东部被 M198 打破，东北部被第三期的 M191 打破。方向 272 度。墓葬圹边不太清晰，仅有南侧壁面较规整，其余各边或被破坏，或因是墓葬填土而界线不清晰，底部较平坦。墓口距地表约 0.70、残长约 1.00、残宽约 0.32、现存深度约 0.50 米。墓主人为一个 40~45 岁的男子，受到严重破坏，墓主人只有头骨及上身右侧的少量骨骼，头后仰，面向北侧偏转，口张开，右侧残存的锁骨与部分肋骨排列较整齐，右臂紧贴于体侧并依墓壁，手腕已经不存。墓圹内填黄褐色花土。（图 5-2-57；彩版 5-2-91:2）

未发现随葬品。

M193

M193 位于南区中部的 T8。西北侧是 M165，北侧为 M179 和 M190，南部打破 M194，东部被 M192 和第三期的 M191 打破。方向 266 度。墓葬圹边较清晰，但壁面不太规整，底部为西高东低的斜坡。墓口距地表约 0.70、残长约 1.50、宽约 0.45、现存深度 0.25~0.40 米。墓主人为一个 50 岁左右的女子，面向南侧偏转，口张开，仰身，脊椎略腐朽，锁骨、肋骨排列整齐，右上臂紧贴于体侧，肘部以下微向内斜，腕部置于骨盆外侧，指骨不全，左上臂略向外撇，从肘部开始斜折向内侧，腕部置于骨盆至裆部骨骼之上，骨盆酥碎，直肢，但只存一截左侧的股骨。墓圹内填黄褐色花土。（图 5-2-57；彩版 5-2-91:2、3）

在墓主人右臂近腕处套着 1 件石环，已残。

石环　M193:1，大理岩。灰白色，表面有黑斑。器形较规整，但因受沁严重，已经残缺不全，部分环体仅有酥软的碎片，中孔为双面管钻，内缘较厚磨圆，外圈边薄近刃状，断面为楔形。外径约 12.0、内径约 6.9、最厚处 0.4 厘米。（图 5-2-57；彩版 5-2-91:4）

M194

M194 位于南区中部的 T8。西南侧是 M170，北部被 M193 打破，东部被 M192 叠压和打破，东北部被第三期的 M191 打破。方向 267 度。墓葬圹边清晰，壁面规整，底部平坦。墓口距地表约 0.70、残长约 1.70、宽约 0.50、现存深度约 0.60 米。墓主人为一个 40~45 岁的男子，面微向北侧偏转，仰身，脊椎较直，肋骨排列整齐，双上臂紧贴于体侧，肘部以下均微向内斜，腕部分别置于两侧骨盆之外，腿部绝大部分被 M192 叠压，双腿股骨微向内斜置，左腿膝部以下、右

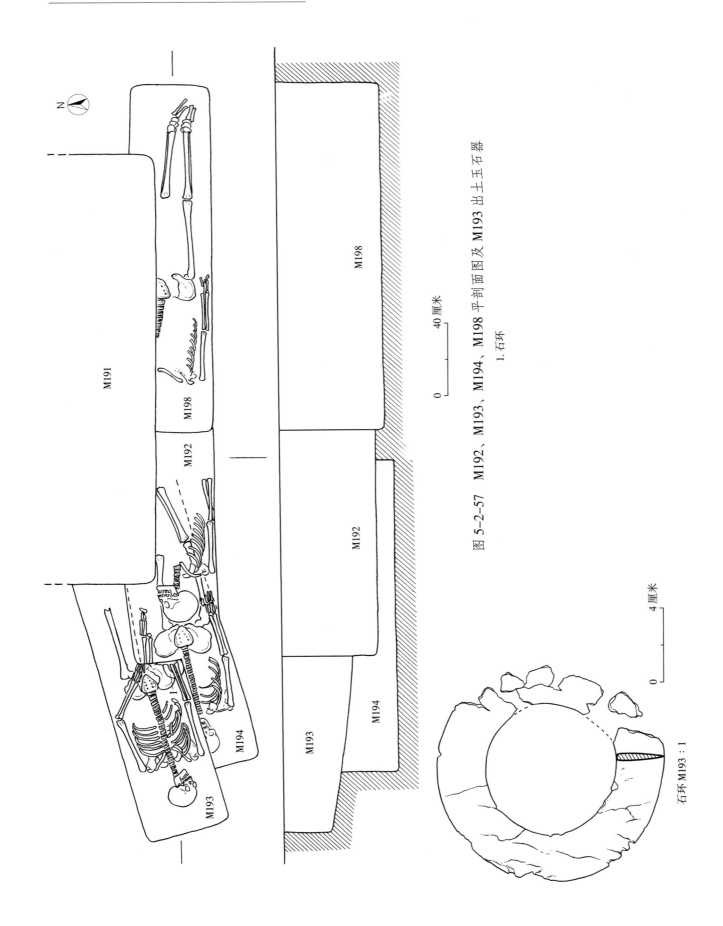

图 5-2-57　M192、M193、M194、M198 平剖面图及 M193 出土玉石器

1. 石环

石环 M193：1

腿踝部以下均被 M191 破坏。墓圹内填黄褐色花土。（图 5-2-57；彩版 5-2-91:2）

未发现随葬品。

M195

M195 位于南区中部的 T44 和 T45。西南侧为 M184，东南侧为 M235，西部叠压并打破 M196，北部被第三期的 M189 打破，西南接近 M196 处的上半部被一个现代树坑破坏。方向 278 度。墓葬圹边清晰，北壁绝大部分已经不存，西端因是 M196 墓葬填土而界线不清晰，残余的南侧、东端和少量北壁较规整，但不连续，底部较平坦。墓口距地表约 0.70、长约 1.70、宽约 0.40、现存深度约 0.50 米。墓主人为一个 45~50 岁的女子，上半身整体略向北侧身，面向东北侧偏转，口微张开，仰身，颈椎呈弧形弯曲，胸椎以下较直，但保存不好，锁骨、肋骨排列较整齐，左上臂紧贴于体侧，较整个身体略低，从肘部以下被 M189 破坏，右臂顺置于体侧上方，腕部屈置，放在骨盆与股骨交接处外侧，紧贴墓壁，双腿股骨微向内斜，膝部以下平行伸直，踝部接近并拢，双脚并列向东端倒置。墓圹内填黄褐色花土。（彩版 5-2-92:1）

在墓主人头骨之下发现 1 件骨簪。

骨簪　M195：1，动物肢骨磨制而成。整体为扁圆长条状，中部已经残断，成为两段，两端均磨成钝圆头，器身略有起伏，但较光滑，断面为扁平的椭圆形。两段不能接合，似还缺失一截。一段残长 11.6、最宽处长径 0.9、短径 0.6 厘米；另一段残长 11.0、最宽处长径 1.0、短径 0.6 厘米。（图 5-2-58；彩版 5-2-92:3）

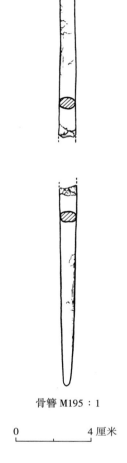

骨簪 M195：1

0　　　　4 厘米

图 5-2-58　M195 出土骨器

M196

M196 位于南区中部的 T44 和 T45。西南侧为 M184，西部打破 M197，东部被 M195 叠压并打破，东北部被第三期的 M189 打破，西南部的少许墓壁被一个现代树坑破坏。方向 270 度。墓葬圹边不太清晰，壁面也不规整，南侧壁面微向外弧，底部不平。墓口距地表约 0.70、长约 1.70、宽 0.50~0.60、现存深度约 0.60 米。墓主人为一个 20 岁左右的女子，上半身整体微向北侧转身，头部蜷曲，面向北侧偏转，下颌骨脱落，仰身，颈椎与脊椎倾斜扭曲，肋骨右高左低但排列整齐，右上臂位于体侧上方，从肘部开始向内斜折，手腕部屈置于骨盆之上与股骨内侧，左臂顺置于体侧，腕部在骨盆与股骨交接处的外侧边，双腿股骨内收，膝部接近并拢，小腿并列伸直，踝部并拢，右脚掌放在左脚面之上并一起向东北侧倒置。墓圹内填黄褐色花土。（彩版 5-2-92:2）

未发现随葬品。

M197

M197 位于南区中部的 T44。南侧为 M184，西北侧为 M175，北侧是 M183，东部被 M196 打破。方向 272 度。墓葬圹边清晰，壁面较规整，底部不太平坦，中部的部分区域高出整个墓底。墓口距地表约 0.70、长约 1.90、宽约 0.40、现存深度约 0.40 米。墓主人为一个 18~19 岁的女子，面向南侧偏转，口张开，仰身，脊椎保存良好，东西向伸直，两侧的锁骨与肋骨也排列整齐，由于受挤压，双臂均位于身体两侧的上方，肘部以下均微向内侧顺置，腕部放在两旁的盆骨之上，双腿的股骨部分向内斜置，膝部接近并拢，左小腿伸直，脚趾骨与右小腿以下分别被 M196 的不同部位破坏。墓圹内填黄褐色花土。（彩版 5-2-93:1）

未发现随葬品。

M198

M198 位于南区中部的 T8 和 T9。东侧为 M9，东南侧是 M23，西部打破 M192，西北部被第三期的 M191 打破。方向 286 度。墓葬圹边清晰，东端与南侧壁面规整，西端为 M192 的填土，界线不太清晰，北侧壁面已经不存，底部较平。墓口距地表约 0.70、长约 1.90、宽约 0.40、现存深度约 0.50 米。墓主人为一个成年女子，年龄不详。仰身，头部、上半身左侧到左腿股骨部分已经被 M191 破坏，脊椎仅残存腹部的少许腰椎，右半部也只有锁骨和沿墓壁顺置于体侧的右臂，腕部放在右侧酥碎的骨盆外侧，右腿股骨斜向内置，膝部以下两腿平行伸直，双脚并列并分别向东侧倒置。墓圹内填黄褐色花土。（图 5-2-57；彩版 5-2-93:2）

未发现随葬品。

M200

M200 位于南区中部的 T40，西北侧为 M138，东南侧是 M152，东北侧为 M112，上部被第三期的 M148 打破，由于墓葬较深，现存部分全部在 M148 底部之下，范围明显小于 M148。方向 270 度。墓葬圹边不太清晰，壁面不规整，底部不平。原来的开口位置不详，现存墓口即 M148 的底面，距地表约 1.20、长约 1.90、宽约 0.65、残存深度约 0.10 米。墓主人为一个 60 岁左右的女子。面向北侧上方偏转，仰身，颈椎斜置，脊椎酥腐，肋骨排列较整齐，双臂紧贴于体侧，腕部分别放在身体两侧盆骨与股骨交接处的外侧，骨盆已经腐朽，双腿股骨微向内斜置，膝部以下平行伸直，脚部分别向东侧倾倒。墓圹内填灰褐色花土。（彩版 5-2-94:1）

墓主人的左上臂、肘部的不同部位套着 3 件石环，双腿股骨上横置着 1 件石钺，刃部向北，另外，在死者身下还发现有 1 件石钺和 1 件五孔石刀，刃部也向北。

石钺　共 2 件，质地均为白云岩，但形制不同。

M200：4，器体有斜向纹理，灰绿色，器表有不规则状浅褐色锈迹。形制规整，整体呈长条形，器体较薄，中间厚，两侧边微内凹，呈尖刃状，前端为斜双面刃，顶端已残。顶端残断处曾有一个双面管钻孔，残断后孔仅存半圆形，后来，又在接近顶端的中央再钻一孔，并做了修整。器身有磨痕，残孔周边有朱砂痕。残长 29.9、宽 8.7~9.3、残孔径 1.1~1.7、后钻的孔径 1.1~1.4、最厚处 0.5 厘米。（图 5-2-59A；彩版 5-2-95:1）

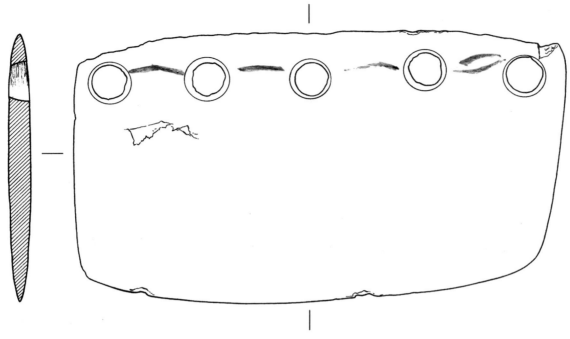

五孔石刀 M200：6

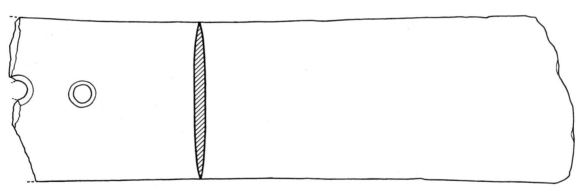

石钺 M200：4

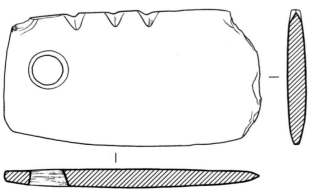

石钺 M200：5

0   4 厘米

图 5-2-59A　M200 出土玉石器

M200：5，原来应为青灰色，因大部分受沁，器表大部分为浅白色，前端分布有不规则状褐色钙质斑块。整体呈长方形，背部斜直，两侧边微外弧，转角处近弧形，器表磨制较精细，中间厚，边缘略薄，一侧边打磨出 3 个带渐浅式凹槽的豁口，可能为绑系用，接近顶端的正中部平面上有一个单面管钻孔，刃部为双面弧形。顶端的一个角和刃端的两角均有崩损痕迹。长 13.6、宽 5.8~7.3、厚 0.3~1.0、孔径 1.8~2.1 厘米。（图 5-2-59A；彩版 5-2-95:2）

五孔石刀　M200：6，石英、白云质大理岩。黑灰色，其中有许多不规则白色线状条带斑杂。形制不规整，背部是凹凸不平的直边，两侧是走向不一致的微外弧边，所有转角均为弧角，前端为双面弧形凸刃，接近背部的平面上有一排基本等距的 5 个单面管钻孔，孔内壁皆残留半孔朱砂痕，外表的孔间亦残有朱砂横线。中间厚，四边均薄，刃部和背部均有崩损缺口。长 24.5~26.0、宽 12.0~14.8、最厚处 1.2、孔径 1.8~2.4 厘米。（图 5-2-59A；彩版 5-2-96）

石环　共 3 件，均为大理岩。器表受沁，部分白化。器形规整，内外皆圆，中孔双面管钻，器体中间厚，外圈边薄似刃，断面为楔形。

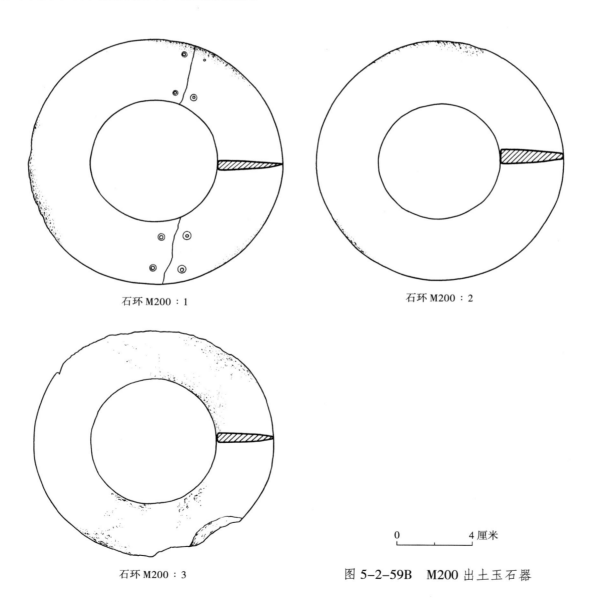

石环 M200：1

石环 M200：2

石环 M200：3

0　　　　　4 厘米

图 5-2-59B　M200 出土玉石器

M200：1，黄灰色。断为两段，以二对二的双面桯钻孔缀连，部分边缘为沁蚀形成的粗涩面。外径约 13.4、内径约 6.7、最厚处约 0.5 厘米。（图 5-2-59B；彩版 5-2-94:2）

M200：2，浅绿色，外圈为圆棱状，部分表面受沁形成白色与褐色相错的斑纹，外圈有沁蚀痕迹。外径约 13.0，内径约 6.5，厚 0.3~0.8 厘米。（图 5-2-59B；彩版 5-2-94:3）

M200：3，黄白色，一面受沁严重，留下了褐色或浅褐色斑块。磨制较细，未留切痕，已断为四段，但未经缀补，外圈有弧形缺损。外径 12.2~12.7、内径 6.7、最厚处 0.5 厘米。（图 5-2-59B；彩版 5-2-94:4）

M208

M208 位于北区的 T204。东南侧是 M209，东侧为 M210。方向 274 度。墓葬上部已经在平整土地时破坏，圹边不清晰，壁面不明显，目前清理的只是骨骼所在的位置，范围较小，实际墓葬应该稍大一些。现存墓口距地表约 1.25、残长约 1.80、清理宽度约 0.45、现存深度约 0.07 米。墓主人为一个 25 岁左右的女子，人骨酥碎，面部经铲削不全，似面向北侧上方，仰身，脊椎微弯曲，肋骨排列较整齐，双臂已经被破坏，骨盆酥碎，双腿骨骼酥裂，股骨微向内斜，膝部以下平行伸直，踝部以下被平整土地时破坏，脚部已经不存。墓圹内填灰褐色花土。（彩版 5-2-97:1）

未发现随葬品。

M209

M209 位于北区的 T204 和 T205。西北侧为 M208，东北侧是 M210，南侧接近北部发掘区的南侧边缘。方向 270 度。范围不太清晰，已经清理的只是骨骼所在的位置，实际墓壁的范围应该更靠西一些。现存墓口距地表约 1.25、残长约 0.90、清理宽度 0.40、现存最深处约 0.15 米。墓主人为一个年龄在 25~30 岁的男子，头已残碎，面向不清，仰身，脊椎微向下弧，锁骨与肋骨排列整齐，双上臂贴于体侧，右臂肘部以下已经被破坏，左臂从肘部开始向内侧斜折，腕部放在骨盆之下，骨盆两侧残损，双腿各有一小段股骨，腿部绝大部分与双脚一起被后期平整土地破坏。墓圹内填灰褐色花土。（彩版 5-2-97:2）

未发现随葬品。

M210

M210 位于北区的 T204 和 T205。西侧为 M208，西南侧是 M209。方向 293 度。平整土地时破坏了墓葬的上部，墓葬圹边不清，壁面不明显，已经清理的只是骨骼所在的位置，并非墓葬的实际范围，从头颈部的走向看，该墓应该为东西方向，因肢体弃置于头骨东南侧，清理出来的范围不一定是原来的墓圹。墓口距地表约 1.25、残长约 1.53、清理宽度 0.50、现存深度约 0.07 米。墓主人为一个 35 岁左右的男子，头已残碎，头顶向西南，面向上但面目不清，颈椎弯曲，残存的少量胸椎与一根肢骨置于颈椎旁边，其他部位的骨骼已经不在原来的位置，绝大部分的肢骨、肋骨、头骨片均堆在了靠东面的一隅，应当是后期平整土地时堆放在一起的，不能确定其葬式。墓葬范围附近填灰褐色花土。（彩版 5-2-97:3）

未发现随葬品。

M215

M215 位于北区的 T210 西北部。东侧为 M217，东南侧是 M218。方向 314 度。墓葬圹边不清晰，壁面也不规范，底部平坦。墓口距地表约 1.70、长约 2.38、宽约 0.50、现存深度约 0.30 米。墓主人仅有部分头骨，旁边有一些碎裂的脊椎骨和肋骨，已经不能辨别出葬式、年龄和性别。墓圹内填灰褐色花土。（彩版 5-2-98:1）

在头骨旁边发现一件残破的石钺，由于该墓不是正常入葬，这件器物不一定就是本墓的随葬品，因与死者头骨在一起，也可能与该死者有关，故归入墓葬填土中。

石钺 M215:01，泥质灰岩。深灰色，仅残余单面管钻的两个残孔边及一侧边少许，整体形制不清。残长 9.8、残宽 6.8、厚 0.90~1.1 厘米。（图 5-2-60；彩版 5-2-98:2）

本墓清理的范围可能不是当时挖出的墓穴，而是一个埋葬弃置头骨的坑，由于不确定其具体情况，也用了墓葬的编号。

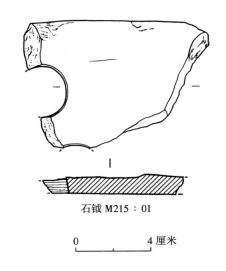

石钺 M215:01

0   4 厘米

图 5-2-60　M215 填土出土玉石器

M217

M217 位于北区的 T210。西侧为 M215，南侧为 M218。方向 270 度。墓葬圹边不太清晰，壁面也不规范，底部基本平坦。墓口距地表约 1.70、长约 2.00、宽约 0.50、现存深度约 0.10 米。墓主人为一个 45~50 岁的男子，头骨破碎，面向南侧偏转，仰身，脊椎扭曲且酥碎，肋骨似经挤压，向腹部斜置，左臂紧贴于身体的侧上方，小臂搭在骨盆之上，手腕放于股骨接近骨盆处，右上臂顺置于体侧，从肘部开始略向内斜折，手腕放在骨盆之上，骨盆边缘残损，两腿整体向内斜向伸直，踝部并拢，两脚掌合在一起，整体向东端倒置。墓圹内填灰褐色花土。（图 5-2-61A；彩版 5-2-99:1）

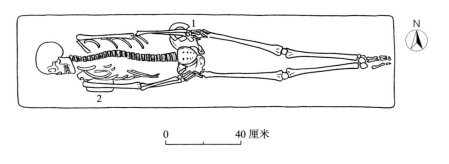

0   40 厘米

图 5-2-61A　M217 平面图

1. 石环　2. 石钺

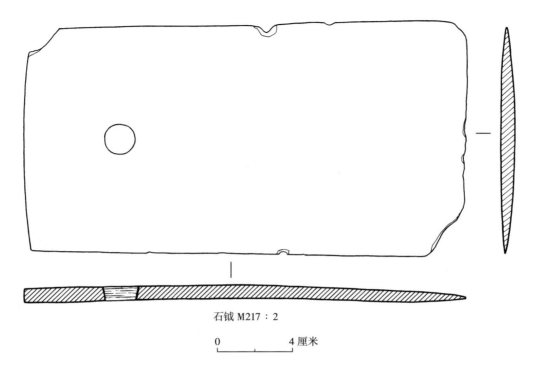

石钺 M217：2

0　　　　　　4厘米

图 5-2-61B　M217 出土玉石器

在墓主人的左臂近手腕处发现有一件多片连缀的石环，身下的盆骨部位发现一件石钺，刃部向北。

石钺　M217：2，石英质大理岩。豆绿色，带白色条带。器形较规整，切割平齐，整体近长方形，顶端微向外弧，两侧基本为直边，弧角、双面平刃，顶端至中间较厚，两边磨薄，接近顶端的正中央有一个单面管钻孔，稍作修整。顶端一角、前端一个刃角已残，两侧边有一些缺损的豁口。长 23.5、宽 12.2~12.9、顶端最厚处 0.8 厘米。（图 5-2-61B；彩版 5-2-99:2）

石环　M217：1，蛇纹石化大理岩。浅豆青色，带少许黑斑，受沁严重。器形不太规整，中孔为双面管钻，虽经修整但不圆，内缘处较厚，向外逐渐变薄，断面长条楔形。已经断为四段，缀连处用一对一孔的方式，缀孔为双面桯钻，只有一片残块仅钻一孔，与其对应的一段上却未钻孔。外径 11.5~11.7、内径 6.4~6.5、最厚处 0.5 厘米。（图 5-2-61C；彩版 5-2-99:3）

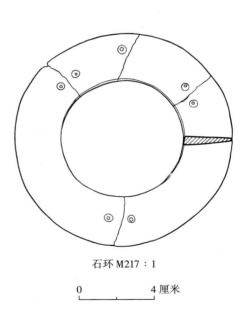

石环 M217：1

0　　　　　　4厘米

图 5-2-61C　M217 出土玉石器

M218

M218 位于北区的 T210。北侧为 M217，西北侧为 M215。方向 9 度，墓葬的方向是根据骨骼

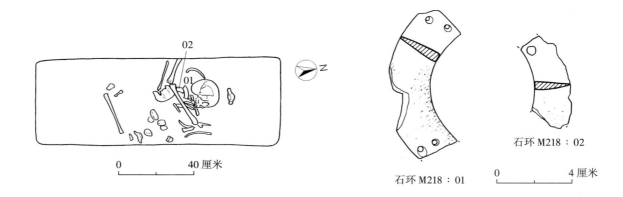

图 5-2-62　M218 平面图及其填土出土玉石器
01、02. 石环

的堆放情况确定的，并不确切。由于墓葬的圹边不清晰，我们是从基本平坦的底部向周围扩展的过程中确定的大致范围，因此，这里介绍的只是发现时人骨的放置情况。墓口距地表约 1.70、清理范围长约 1.30、宽 0.40~0.50、现存深度约 0.10 米。墓主人为一个 25~30 岁的男子，头骨破碎，四肢骨骼横七竖八弃置，十分散乱，已经不能辨别葬式和方向。圹内填灰褐色花土。（图 5-2-62；彩版 5-2-98:3）

在墓主人头部旁边散置的人骨间发现两块残断的石器，虽然不是同一件器物，但质地相同，均为石环的一部分，算作填土中出土遗物。

石环　大理岩。黄白色，沁蚀严重。残存部分皆弧形璜状，中孔双面管钻，内缘较厚，向外逐渐变薄，断面为楔形。

M218：01，两端均残存两个缀连用的单面桯钻小孔，外圈有不规则状缺损。残长 8.2、宽 2.3、最厚处 0.5、小孔直径 0.2~0.6 厘米。（图 5-2-62；彩版 5-2-98:4）

M218：02，较窄，一端内侧有一孔，外侧边缘残损。残长 5.2、宽 2.0、最厚处 0.5、小孔径 0.5 厘米。（图 5-2-62；彩版 5-2-98:4）

M221

M221 位于南区中部的 T33。北侧为 M227，西部打破 M223，西南部打破 M224，东部被第三期的 M219 打破。方向 268 度。墓葬北侧和东南角残存的壁面清晰、规整，东壁和东北部被 M219 破坏，西南部和西端是另外两个墓葬的填土，界线不太清晰，底部较平。墓口距地表约 0.70、残长约 0.95、宽约 0.50、现存深度约 0.60 米。墓主人为一个 35~40 岁的男子，面向北侧偏转，头部和上半身均向北侧倾斜，身体仰身微侧，颈椎至胸椎弯曲，腰椎斜直，右侧肋骨排列整齐，左侧肋骨较散乱，左臂顺置于体侧，小臂和手腕的部分骨骼缺失，右臂整体略高于身体，上臂放在体侧上方，从肘部开始向内斜折，腕部置于下腹之上，手指已经散乱，腹以下全部被 M219 破坏。墓圹内填黄褐色花土。（彩版 5-2-100:1）

未发现随葬品。

M222

M222 位于南区中部的 T33。东北部打破 M223，东部打破 M224，西部被第三期的 M188 打破。方向 272 度。墓葬除被破坏的西半部外，中部南边的圹边清晰，北侧和东端的墓口处为另外两个墓葬的填土，界线不太明显，接近底部处壁面规整，底部较平。墓口距地表约 0.70、残长约 1.20、宽约 0.40、现存深度约 0.80 米。墓主人为一个 40 岁左右的男子，腹部以上全部被 M188 破坏，脊椎近尾骨处较直，从残存迹象看，墓主人为仰身，双臂位于身体两侧，但仅存有部分小臂和手部，小臂基本与身体方向一致，顺置于南北两侧墓壁内，手腕略向外屈置于骨盆外侧，骨盆两侧残损，双腿微向内侧斜向伸直，脚掌分别向东端倒置。墓圹内填黄褐色花土。（彩版 5-2-100:1、2）

未发现随葬品。

M223

M223 位于南区中部的 T33。北侧为 M227，东部被 M221 打破，西南部被 M222 打破，东南部打破 M224。方向 275 度。墓葬上半部偏西北处被近年挖树坑破坏，残存部分仅西端和北侧边缘下半部，在树坑底部圹边清晰，壁面也规整，东端和西南边缘分别被 M221 或 M222 破坏，南侧边缘则是 M224 的填土，界线不太清晰，残余的底部较平。墓口距地表约 0.70、残长约 1.00、宽约 0.50、现存深度约 0.60 米。墓主人为一个 60 岁以上的女子，头后仰，下巴上翘，面向南侧上方偏转，仰身，脊椎齐全，但胸椎部分扭曲、断裂，右侧胸部被破坏，腹部肋骨较规整，左侧锁骨保存较好，肋骨略显散乱，左上臂位于体侧，从肘部开始向内斜折，腕部均置于下腹部，右上臂被 M222 破坏，右小臂折向内侧，斜置于下腹部，手腕放在接近裆部的骨盆中间，下肢全部被 M221 破坏。墓圹内填黄褐色花土。（彩版 5-2-100:1、2）

未发现随葬品。

M224

M224 位于南区中部的 T33。北部被 M223 打破，西部被 M222 打破，东北部被 M221 打破，只保存了很少的一部分。方向 275°。墓葬大面积被破坏，残存的东南角和部分南壁圹边清晰，壁面也规整，其余壁面已经不存，底部较平。墓口距地表约 0.70、残长约 1.25、残宽约 0.30、现存深度约 0.60 米。墓主人为一个成年女子，年龄不详，仰身，整个左半身全部被 M221 和 M223 破坏，残余部分均属于身体的右侧，右臂肘部以上被 M222 破坏，肘部以下部分顺置于体侧，手腕残迹放在骨盆之上，右骨盆仅余痕迹，右腿伸直，右脚掌向东蹬在东端墓壁上，脚尖微向东南侧倒置。墓圹内填黄褐色花土。（彩版 5-2-100:1、2）

未发现随葬品。

M226

M226 位于南区中部的 T21。南侧为 M9，西侧为 M179，西南是 M198，东部被第三期的 M225 打破。方向 280 度。墓葬残存部分圹边清晰，壁面也很规整，底部平坦。墓口距地表约 0.70、残长约 0.40、宽约 0.50、现存深度约 0.30 米。墓主人头骨、胸部以下全部被破坏，仅存残头骨片和少量颈椎、肩胛骨的残片，从残迹来看，下葬时应该为仰身直肢，但性别、年龄已经无法判断。墓圹内填灰褐色花土。（彩版 5-2-100:3）

未发现随葬品。

M227

M227 位于南区中部的 T33。南部为 M221 和 M223，西北侧是 M228，北部打破 M229。方向 280 度。除北侧墓边为另外两个墓葬的填土而界线模糊处，其余圹边清晰，但壁面不太规整，底部西端略高，东端稍低，呈斜坡状。墓口距地表约 0.70、长约 1.60、宽约 0.40、现存深度 0.20~0.30 米。墓主人为一个 50 岁左右的女子，可能是因为下葬时死者斜靠在墓葬南壁上的缘故，人骨整体微向北侧倾斜，头部向前蜷缩，头顶向上，面向东，倾斜仰身，颈椎屈置，胸椎和腰椎残损，肋骨散乱地挤压在一起，左臂位于体侧的左下方，右臂置于体侧的右上方，两臂皆从肘部开始向内斜折，手腕交汇于下腹部与骨盆之上，右手在上，左手在下，两腿股骨略向内斜置，膝部以下平行伸直，右腿整体高于左腿，踝部基本并拢，脚掌并列蹬在东端的墓壁上，脚尖向上。墓圹内填黄褐色花土。（彩版 5-2-101:1）

未发现随葬品。

M228

M228 位于南区中部的 T33。东南侧为 M227，东部打破 M229，西部被第三期的 M180 打破。方向 296 度。墓葬残存部分圹边清晰，壁面规整，底部平坦。墓口距地表约 0.70、残长约 1.60、宽约 0.50、现存深度约 0.60 米。墓主人为一个成年女子，年龄不详，头骨被 M180 破坏，上半身腐朽严重，从痕迹看当为仰身，骨盆已朽，左腿整体伸直，右腿股骨也伸直，从膝部以下微向北侧斜置，踝部接近并拢，脚掌分别向东南侧倒置，但右脚掌骨不全。墓圹内填黄褐色花土。（彩版 5-2-101:1）

未发现随葬品。

M229

M229 位于南区中部的 T33。西部被 M228 打破，东南部被 M227 打破。方向 285 度。墓葬残存部分较少，东北部的圹边清晰，南壁仅残存低于 M227 墓底部的少许残壁，壁面规整，西端被破坏，底部平坦。墓口距地表约 0.70、残长约 0.50、宽约 0.50、现存深度约 0.40 米。墓主人为一个成年男子，年龄不详，膝部以上全部被 M228 破坏，仅存两腿膝部和伸直的小腿部分，踝部接近并拢，脚尖并列向东南侧倒置。墓圹内填黄褐色花土。（彩版 5-2-101:1）

未发现随葬品。

M231

M231 位于南区中部的 T45 和 T56。东南侧是 M317，西部打破 M235，东部被第三期的

M230 打破。方向 272 度。墓葬圹边较规整，西端与 M235 交接处界线不太清晰，壁面不太规整，底部平坦。墓口距地表约 0.80、残长约 0.90、宽约 0.40、现存深度约 0.10 米。墓主人为一个 50 岁左右的女子，头顶向西南，面部微向东北侧上方偏转，下巴前翘，仰身，身体整体向北侧偏转，颈椎与左侧锁骨腐朽，右侧锁骨也残断，胸椎扭曲，肋骨排列较整齐，左臂似受挤压而置于身体的侧下方，手腕在朽坏且移位的骨盆之下，右上臂顺置于身体之上，肘部以下尺骨和桡骨分置，手腕已经被破坏，骨盆酥碎，双腿及其以下部分全部被 M230 破坏。墓圹内填浅灰色土。（彩版 5-2-101:2）

未发现随葬品。

M232

M232 位于南区中部的 T9。北侧为 M8，东南侧为 M233，上部被 M13 叠压与打破，东部被 M12 打破，西部被第三期的 M171 打破。方向 272 度。东北部圹边清晰，保存有北侧大部分和东北角的壁面，较规整，在 M12、M13 底部以下留下的东南部壁面也较整齐，底面平坦。墓口距地表约 0.70、残长约 0.80、宽约 0.50、现存深度约 0.70 米。墓主人为一个成年女子，年龄不详，股骨中段以上均被 M171 破坏，两腿斜向内收并伸直，踝部接近并拢，脚掌并列向东北侧倒置。墓圹内填黄褐色花土。（彩版 5-2-101:3）

未发现随葬品。

M233

M233 位于南区中部的 T9。西北侧为 M232，西南侧为 M186，上部和北部被 M12 打破，东南部打破 M234，东部有少部分墓口被后代的一个不规则状沟破坏。方向 269 度。墓葬西南部的圹边清晰，壁面也较规整，北侧 M12 底面以下的壁面也清楚、规整，南侧中部在 M234 填土处界线不明显，东部坑底才看出墓葬的范围，墓底面不太平坦，墓主人上半身所在区域略高。墓口距地表约 0.70、长约 2.20、宽约 0.60、现存深度约 0.50 米。墓主人为一个成年男子，年龄不详，面向北侧上方偏转，口张开，仰身，脊椎微扭曲，锁骨与肋骨比较整齐，但北侧略散乱且骨骼不全，双臂所在的平面均高于墓底，略斜向外张，肘部以下顺置于身体外侧近墓壁处，左右手腕均置于骨盆外侧，骨盆边缘残损，两腿股骨部分伸直，右腿膝部以下微向内斜，踝部接近并拢，脚掌与脚尖并列向东南侧倒置。墓圹内填黄褐色花土。（彩版 5-2-101:4）

未发现随葬品。

M234

M234 位于南区中部的 T9。西侧为 M186，西南侧是 M228 与 M229，北部绝大部分被 M233 打破，东半部被后代的一个不规则状沟破坏。方向 282 度。墓葬所余部分很少，仅有西南角两边的圹边清晰，壁面也规整，其余部分已经不存，残存底面南高北低，不太平坦。墓口距地表约 0.70、残长约 0.60、宽约 0.20、现存深度约 0.30 米。墓主人仅存部分骨骼残片，性别、年龄无法判断，右上臂顺置于体侧，肘部以下仅存一小段骨头，右锁骨与肋骨虽然仍在原位，但十分残碎，从残余

迹象看，应该为仰身。墓圹内填黄褐色花土。（彩版 5-2-101:4）

未发现随葬品。

M235

M235 位于南区中部的 T45 和 T56。西北侧是 M195，东南部墓壁被 M231 打破，但未损人骨。方向 265 度。除被打破的部分外，其余各边的圹边较清晰，但壁面不太规整，底部平坦。墓口距地表约 0.80、长约 1.90、宽约 0.50、现存深度约 0.10 米。墓主人为一个 24~26 岁的女子，头顶略向西北偏移，面向上，微向内侧蜷曲，仰身，由于两侧受到挤压，脊椎扭曲变形，肋骨的两端被压在双臂之下；双臂虽然位于体侧，但肩部均向内侧收缩，整体由上臂到手腕斜向外张，双手皆在骨盆外侧，而骨盆边缘已残损，两腿股骨向内收，膝部并拢，小腿平行伸直，踝部接近并拢，脚掌并列并向东南侧倒置。墓圹内填浅灰色土。（彩版 5-2-101:2）

未发现随葬品。

M237

M237 位于南区中部的 T34。北侧为 M10，西部被第三期的 M236 打破。方向 270 度。墓葬仅残余东部的一小部分，圹边清晰，壁面规整，底部平坦。墓口距地表约 0.70、残长约 0.80、宽约 0.50、现存深度约 0.70 米。墓主人可能为一个成年女子，年龄不详，仰身，但绝大部分均被 M236 破坏，仅存的两只小腿斜向内侧伸直，踝部接近并拢，北部脚掌向东南侧倒置，南侧脚部仅余几段趾骨，散置于墓室东南部。墓圹内填黄褐色花土。（彩版 5-2-102:1）

未发现随葬品。

M239

M239 位于南区中部的 T21。上部被近代平整土地破坏，南侧是 M242，西南侧为 M226，北侧接近南部发掘区的边缘，东部被一个绝大部分位于发掘区外、未清理的墓葬打破，南半部被耕土层破坏。方向 255 度。墓葬圹边不太清晰，残余壁面不太规整，底部平坦。墓口距地表约 0.60、残长约 1.20、残宽约 0.40、现存深度约 0.10 米。墓主人为一个 25~30 岁的女子，头顶略向北侧偏移，面向上但被耕种削去一部分，仰身，颈椎弯曲，胸椎以下较直但酥碎，肋骨排列整齐，肩部锁骨尚存，右臂被破坏，左臂顺置于体侧，腕部位于骨盆与股骨交接处的外侧，骨盆酥碎，左腿股骨伸直，左腿膝部以下和右腿全部被那个未清理的墓葬破坏，骨骼荡然无存。墓圹内填浅灰色土。（彩版 5-2-102:2）

未发现随葬品。

M242

M242 位于南区中部的 T21。北侧为 M239，东南侧为 M261，西部被第三期的 M225 打破。方向 262 度。残余的东半部分圹边清晰，壁面不太规整，底部平坦。墓口距地表约 0.60、残长约 0.50、宽约 0.40、现存深度约 0.20 米。墓主人可能为一个成年女子，年龄不详，骨骼绝大部分被破坏，仅存平行伸直的两段小腿和双脚，踝部接近并拢，两脚的脚尖向内扣，并列向东侧倒置。墓圹内填黄褐色花土。（彩版 5-2-102:3）

未发现随葬品。

M243

M243 位于南区中部的 T10。东南侧为 M10，南部打破 M244，东北部被 M16 打破，西部被第三期的 M30 打破。方向 270 度。墓葬圹边不太清晰，残存壁面也不太规整，底部平坦。墓口距地表约 0.60、残长约 0.40、宽约 0.40、现存深度约 0.20 米。墓主人可能为一个成年女子，年龄不详，人骨绝大部分均被 M30 破坏，仅存的两段小腿骨平行伸直，踝部并拢，脚趾骨散置。墓圹内填黄褐色花土。（彩版 5-2-102:4）

未发现随葬品。

M244

M244 位于南区中部的 T10。东南侧被 M10 打破，东北部被 M243 打破，西北部被第三期的 M30 打破，上部靠西端被一个规模较大的近代沟破坏。方向 255 度。墓葬圹边不太清晰，壁面也不太规整，底部平坦，上部遭到耕种的严重破坏。墓口距地表 0.60~0.80、长约 1.80、宽约 0.40、现存最深处约 0.15 米。墓主人为一个成年女子，年龄不详，头骨与颈椎被近代沟挖掉，上半身被扰乱，仰身，脊椎酥碎，肋骨排列虽然整齐但保存不好，右臂顺置于体侧，残存的部分手指骨散置于股骨外侧，右腿伸直，脚部向东部倒置，整个左半部分从肩膀到脚掌全部被 M30 和 M243 破坏。墓圹内填浅灰色土。（彩版 5-2-102:4）

未发现随葬品。

M247

M247 位于南区中部的 T35。北侧为 M249 和 M290，东南侧是 M286，西南侧为 M248，西部被第三期的 M246 破坏。方向 285 度。墓葬圹边不太清晰，壁面也不太规整，底部平坦。墓口距地表约 0.60、残长约 0.80、宽约 0.50、现存深度约 0.10 米。墓主人为一个成年女子，年龄不详，股骨以上部分全部被 M246 挖掉，仅存的双腿接近平行伸直，残存的部分脚趾骨向东部倒置。墓圹内填灰褐色花土。（彩版 5-2-103:1）

未发现随葬品。

M248

M248 位于南区中部的 T35。西部绝大部分被一个规模较大的近代沟破坏，东南侧为 M256，东北部被第三期的 M246 破坏。方向 260 度。墓葬圹边不太清晰，壁面不规整，底部平坦。墓口距地表约 0.60、残长约 0.60、残宽约 0.20、现存深度约 0.10 米。墓主人年龄、性别不详，大部分人骨已被近代沟和 M246 挖掉，仅存的部分右股骨和小腿伸直，脚掌向东南侧倒置。墓圹内填灰褐色花土。（彩版 5-2-103:2）

未发现随葬品。

M249

M249 位于南区中部的 T35。西南侧是 M248，南侧为 M247，东部被 M290 打破，西部被第三期的 M246 破坏。方向 280 度。墓葬残存中间的一小部分，南北两侧的圹边比较清晰，壁面也规整，底部平坦。墓口距地表约 0.60、残长约 0.50、宽约 0.60、现存深度约 0.60 米。墓主人为一个成年女子，年龄不详，残损的盆骨以上部分被 M246 挖掉，两腿股骨平行伸直，膝盖以下部分被 M290 破坏。墓圹内填灰褐花色土。（彩版 5-2-103:3）

未发现随葬品。

M255

M255 位于南区中部的 T35。西部是一个规模较大、北窄南宽的近代沟，南侧为 M257，东北侧为 M284 与 M286，北部打破 M256，西南部被第三期的 M254 打破。方向 260 度。墓葬东半部圹边较清晰，所余壁面也较规整，中部的北侧边缘是 M256 的填土，界线不太清晰，西端被破坏，底部平坦。墓口距地表约 0.60、残长约 1.85、宽约 0.50、现存深度约 0.20 米。墓主人可能为一个成年女子，年龄不详。从左肩到右侧骨盆以上的绝大部分均被 M254 打破，头骨与颈椎已经不存，仰身，胸部仅存左半部分和右侧少许，锁骨残断，脊椎扭曲、酥碎，两侧的肋骨皆腐朽，左臂顺置于体侧，肘部以下压在 M256 腿骨之上，手腕位于骨盆与股骨交接处的外侧，右臂整体不存，骨盆边缘残损，双腿股骨向内斜收，膝部以下平行伸直，踝部接近并拢，左脚尖向内扣，与右脚掌搭在一起并向东侧倒置。墓圹内填灰褐色花土。（彩版 5-2-103:4）

未发现随葬品。

M256

M256 位于南区中部的 T35。西部是一个规模较大、北窄南宽的近代沟，西北侧为 M248，东侧是 M286，东南部被 M255 打破，西部被近代沟边缘破坏。方向 275 度。墓葬仅残余北侧靠东部的少部分圹边，不太清晰，仅存的壁面较规整，底部平坦。墓口距地表约 0.60、残长约 1.00、残宽约 0.40、现存深度 0.10~0.20 米。墓主人可能为一个 15~16 岁的男子，骨盆以上全部被沟边缘破坏，残存的右手的部分指骨放在残破的骨盆南侧，双腿斜向内侧伸直，右腿膝部以下被 M255 叠压，踝部接近并拢，脚部被 M255 破坏。墓圹内填灰褐色花土。（彩版 5-2-103:4）

未发现随葬品。

M257

M257 位于南区中部的 T35 和 T47。西北侧为 M255，东北侧是 M284 和 M286，西部被第三期的 M254 打破。方向 270 度。墓葬所余的东半部分圹边清晰，壁面也很规整，底部平坦。墓口距地表约 0.80、残长约 1.20、宽约 0.50、现存深度约 0.30 米。墓主人可能为一个成年女子，胸部以上部分全部被 M254 破坏，仰身，但上半身余下的下腹部骨骼多酥碎不存，只有少量脊椎骨和散置于墓室南北两侧的手指骨，双腿股骨向内斜置，膝部以下平行伸直，双脚的脚尖内扣，均蹬在东端壁面上。墓圹内填灰褐色花土。（彩版 5-2-104:1）

未发现随葬品。

M259

M259 位于南区中部的 T11。北侧为 M262，东北侧为 M296，南侧为 M18，西北部和东南角分别被第三期的 M258 和 M294 打破。方向 270 度。墓葬圹边清晰，壁面也很规整，底部平坦。墓口距地表约 0.70、长约 2.00、宽约 0.50、现存深度约 0.90 米。墓主人可能为一个成年女子，年龄不详，上半身除右臂外，绝大部分被 M258 破坏，仰身，右臂顺置于体侧，手腕置于骨盆外侧，骨盆仅存右侧少半部分，双腿的股骨向内斜置，从膝部以下并列伸直，脚面分别向东倒置。墓圹内填灰褐色花土。（彩版 5-2-104:2）

未发现随葬品。

M260

M260 位于南区中部的 T10。西南侧是 M15，东南侧是 M11 和 M103，西北侧是 M261，北部被第三期的 M241 打破，东部被第四期的 M240 打破。方向 278 度。墓葬仅残存西南一角，所余圹边较清晰，壁面规整，底部平坦。墓口距地表约 0.70、残长约 0.50、残宽约 0.55、现存深度约 0.30 米。墓主人为一个 13~14 岁的女子，仅存头骨、右侧肩部和右臂上端，其余骨骼均被两个打破该墓的大型墓破坏，面向上，口张开。墓圹内填灰褐色土。（彩版 5-2-104:3）

未发现随葬品。

M261

M261 位于南区中部的 T10 和 T22。南侧为 M15，西北侧是 M242，东部被第三期的 M241 打破。方向 277 度。墓葬只残留有西端的一小部分，所余圹边较清晰，壁面也较规整，底部平坦。墓口距地表约 0.60、残长约 0.40、宽约 0.45、现存深度约 0.30 米。墓主人为一个 30 岁左右的女子，仅存头骨和部分颈椎、锁骨和残肋骨，肩、胸部以下的绝大部分均被破坏，面向南侧偏转，仰身。墓圹内填灰褐色土。（彩版 5-2-104:4）

未发现随葬品。

M262

M262 位于南区中部的 T23。上部被现代平整土地扰乱，南侧为 M259，东侧为 M296，北侧接近南部发掘区的北侧边缘。方向 260 度。墓葬圹边较清晰，壁面不太规整，底部凹凸不平。墓口距地表约 0.70、长约 1.80、宽约 0.50、现存深度 0.10~0.15 米。墓主人为一个 60 岁以上的女子，头顶略向西南角偏移，面向上，额部被耕种土地削去，仰身，脊椎酥碎，残存的少许肋骨散置，锁骨仅有右侧的一段，左上臂移位，高出整个墓室底部，斜置于肋骨部位之上，或为后期扰乱之后随意弃置在墓葬范围内，肘部以下不存，右上臂顺置于身体南侧，从肘部开始向内斜折，至下腹部后，手腕又向东屈置于下腹和骨盆之上，两腿接近伸直，膝部微向南凸出，踝部接近并拢，脚尖分别向东北和东南两侧斜向倒置。墓圹内填浅灰色土。（彩版 5-2-105:1）

未发现随葬品。

M278

M278 位于南区东部的 T47。西北侧为 M257，东北侧为 M284，东南侧未发现第二期的墓葬，也就是说这里已经是第二期墓葬的东南界了。方向 260 度。由于这一区域地势整体较低，又受到平整土地之前的冲沟冲刷，上部已经被破坏，发现时圹边不太清晰，壁面也不很规整，底部倾斜，西高东低，东半部的底部被后代破坏。现存墓口距地表约 1.25、残长约 0.90、宽约 0.50、现存最深处约 0.15 米。墓主人为一个成年个体，性别、年龄不详，头部上端已被耕种削去大部分，正面向上，仰身，只残存锁骨、肋骨、脊椎和部分上臂，颈椎与胸椎呈弧形，两侧的肋骨保存较好，但接近脊椎处有其他部位的骨骼丢弃，锁骨移位，左上臂顺置于体侧，右上臂也在体侧，但仅存一半，下臂和腹部以下全部被后代破坏。墓圹内填灰褐色花土。（彩版 5-2-105:2）

未发现随葬品。

M284

M284 位于南区东部的 T36。西北侧是 M247 和 M290，西南侧为 M278 和 M257，西部打破 M286，东南部绝大部分被第四期的 M283 打破和叠压，这里是第二期墓葬的最东部了。方向 282 度。墓葬东端的上部被 M283 破坏，只存近底部的墓圹，但西半部基本完整，留存下来的墓圹清晰，壁面较规整，底部较平坦。墓口距地表 1.50~1.80、长约 1.90、宽约 0.50、现存深度 0.10~0.65 米。墓主人为一个 25~30 岁的男子，面朝东北侧偏转，口微张开，从颈椎至腰椎呈 S 形扭曲，锁骨、肋骨保存很好，排列也基本整齐，左臂紧贴于体侧，手腕放在盆骨之下，右上臂向外斜伸，从肘部往下与身体基本平行，手腕放在盆骨外侧，双腿股骨微向内斜，膝部以下平行伸直，双脚微内扣，分别向东侧倒置。墓圹内填灰褐色花土。（彩版 5-2-105:3）

未发现随葬品。

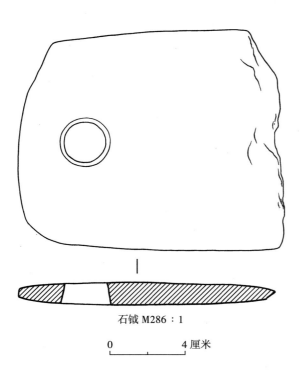

石钺 M286：1

0   4 厘米

图 5-2-63　M286 出土玉石器

M286

M286 位于南区东部的 T35 和 T36。西北侧是 M247 和 M290，西侧是 M255 和 M256，西南侧为 M257，东南部被 M284 打破。方向 261 度。圹边清晰，壁面规整，底部较平坦。墓口距地表约 1.26、长约 2.10、宽约 0.70、现存深度约 0.60 米。墓主人为一个 35~40 岁的女子，头部在墓室西南，脚部略偏向东北，面向北侧偏转，仰身，锁骨、脊椎和肋骨等部位保存较好，均位于正常的体位，左上臂置于体侧，肘部以下略外撇，手腕放在骨盆与股骨交接处的外侧，右臂紧贴在身体旁，手腕放在盆骨之下，双腿平行伸直，右腿的部分股骨与膝盖以下部分被 M284 破坏，仅留有一点踝骨，左脚整体向东侧倒置。墓圹内填灰褐色花土。（彩版 5-2-106:1）

在墓主人的下腹部左侧发现 1 件残断的石钺，刃部向北。

石钺　M286：1，矽卡岩。灰白色带深灰色斑点。器形不太规整，整体近长方形，顶端为外凸弧边，左右角圆弧，两侧边斜直，刃角微弧，斜平刃，有部分崩损。中间较厚，两边稍薄，近顶端平面的中部有一个单面管钻孔。长 10.5~14.0、宽 11.1~12.1、最厚处 1.2、孔径 2.3~2.6 厘米。（图 5-2-63；彩版 5-2-106:2）

M290

M290 位于南区中、东部交界处的 T35 和 T36。西南侧为 M247，东南部是 M286，西部打破 M249。方向 270 度。墓葬上部被后代扰乱，因此圹边不太清晰，接近底部的壁面基本规整，底部不平。现存墓口距地表约 1.15、长约 1.30、宽约 0.50、现存最深处约 0.15 米。墓主人为一个 25 岁的女子，头部靠墓室的西南角，面向南侧上方偏转，仰身，颈椎与腰椎下端微扭曲，但胸椎基本伸直，锁骨、肋骨基本保持在正常的体位，右臂顺置于体侧，手腕放在骨盆之下，左上臂虽然也位于体侧，但明显受挤压向内侧移位，肘部以下骨骼散乱，手指骨散在骨盆周围，骨盆中部有裂缝，右腿略向内侧斜向伸直，脚趾骨残存少许，散置于墓葬东部，左腿残存部分也向内侧斜置，膝部以下大部分被上部垫土破坏，残断处已经与右腿基本并拢。在墓主人腹内有一个婴儿，头骨碎片分别在其母亲脊椎的两侧，其他骨骼已经酥碎或腐朽不存，显然尚未出生，年龄、性别无法判断。这是墓地可以确定在怀孕期间下葬的唯一妇女，也是唯一的一个未出生的婴儿。墓圹内填灰褐色花土。（彩版 5-2-105:4）

未发现随葬品。

M296

M296 位于南区东部的 T23 和 T24。西侧为 M262，西南侧为 M259，北侧接近南部发掘区边缘，这里已经到了南部发掘区第二期墓葬的东北边缘地带了。方向 249 度。由于整个墓室上部和东部均被上层表土层扰乱，墓葬的圹边不太清晰，壁面也不规整，西部残存的底部平坦。现存墓口距地表约 1.05、残长约 0.80、宽约 0.50、现存最深处约 0.15 米。墓主人为一个 13~14 岁的儿童，可能为女性，骨骼保存不太好，头顶略向西南角偏移，面向南侧上方偏转，面部被耕种土地削去了一半，口张开，仰身，颈椎与胸椎微弯曲，锁骨、肋骨基本保持在正常体位，但受挤压变形，右上臂只有一小段，位于体侧，身体的其他绝大部分全部被破坏。墓圹内填灰褐色花土。（彩版 5-2-106:3）

未发现随葬品。

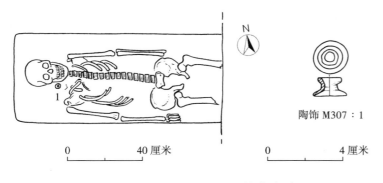

图 5-2-64　M307 平面图及其出土陶器

1. 陶饰

M307

M307 位于南区中部的 T80。南侧为 M325，西南侧为 M310。方向 278 度。由于上部及东部均被垫土层破坏，墓葬仅存的西半部，圹边不太清晰，壁面也不规整，由西到东逐渐变浅，底部不平坦。现存墓口距地表 1.30~1.55、残长约 1.10、宽约 0.50、现存最深处约 0.20 米。墓主人为一个 35 岁左右的女子，头骨破碎，面向上，口大张，仰身，

脊椎呈 S 形扭曲，锁骨、肋骨基本保存齐全，但排列不太整齐；双臂皆顺置于体侧接近墓壁处，右腕置于股骨外侧，左腕被破坏，已经不存；盆骨破碎，双腿仅存少许股骨平行伸直，股骨中段以下全部被上部垫土层破坏。墓圹内填灰褐色花土。（图 5-2-64；彩版 5-2-107:1）

墓主人下颌骨右侧发现 1 个陶饰。

陶饰　M307:1，泥质褐陶。扁圆形，中间穿圆形小孔，周边磨制较光滑。外径 1.9、小孔径 0.5、厚 0.2 厘米。（图 5-2-64；彩版 5-2-107:2）

M310

M310 位于南区中部的 T79。东北侧是 M307，东侧为 M325，西北侧为 M321，南侧接近南部发掘区的边缘。方向 262 度。由于上部被垫土层破坏，墓葬的圹边不太清晰，壁面也不规整，底部不平坦。现存墓口距地表约 1.30、残长约 1.75、宽约 0.55、现存深度约 0.20 米。墓主人可能为一个 12~13 岁的儿童，头骨破碎，面向上，但被耕种削去了一半，口微张，仰身，脊椎呈弧形扭曲，锁骨、肋骨保存较好，右侧的排列也整齐；双臂紧贴于体侧，左手腕保存不好，仅有部分手指骨置于盆骨外侧，右手腕已经不存，盆骨破碎，腿部仅存左腿伸直的股骨部分，左腿膝部以下和右腿全部被上部垫土层破坏，脚部也未幸存。墓圹内填灰褐色花土。（图 5-2-65；彩版 5-2-107:3）

未发现随葬品。

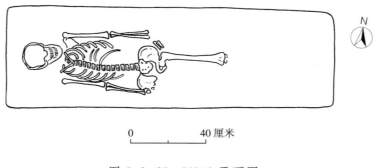

图 5-2-65　M310 平面图

M316

M316 位于南区中部的 T68。南侧为 M321，北侧是 M318，东南侧为 M307，西南部和东部分别被第三期的 M311 和 M320 打破。方向 87度。除被第三期墓葬破坏的壁面外，其余圹边清晰，壁面规整，底部平坦。现存墓口距地表约 1.30、残长约 1.60、宽约 0.60、现存深度约 0.20米。墓主人为一个成年男子，头向东，是墓地中集中分布、南北排列整齐的四座头向东的墓葬之一。胸部以上被 M320 破坏，胸椎和腰椎较直，肋骨基本保持在正常体位，右上臂仅有下半截，向外斜置，从肘部开始向内折，腕部向外屈置于骨盆外侧，左上臂仅存近肘部一小段，与下臂一起顺置于身侧，靠近墓壁，左、右侧骨盆均残，双腿股骨平行放置，膝部以下的骨骼皆被破坏。墓圹内填灰褐色花土。（图 5-2-66A；彩版 5-2-108:1）

在墓葬内发现 2 件随葬品，在墓主人左臂近腕部发现 1 件套在臂上的石环，在墓主人左肋与左臂之间顺放着 1 件骨簪。

石环　M316：1，大理岩。黄白色。中孔双面管钻，但内外圈均不圆不正，外边缘还被打掉一块。

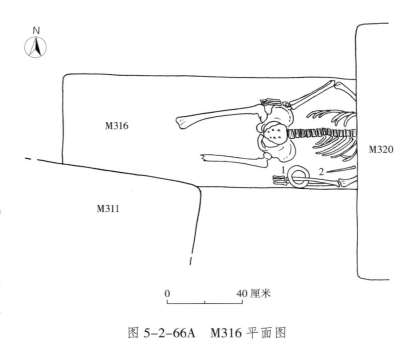

图 5-2-66A　M316 平面图

1. 石环　2. 骨簪

已经断为两段，以一对一的双面桯钻孔缀连。器表打磨精细，内圈较厚，断面为一端略宽的长条形。外径 9.5~9.8、内径 5.6~6.0、厚 0.4~0.6 厘米。（图 5-2-66B；彩版 5-2-108:2）

骨簪　M316：2，动物肢骨磨制而成。整体为扁圆长条状，一端残断，一端磨尖，断面为扁平的椭圆形。残长 13.6、宽 1.0、厚 0.3 厘米。（图 5-2-66B；彩版 5-2-108:3）

M317

M317 位于南区中部的 T57。南侧为 M318，西北侧为 M231 和 M235，东南部被第三期的 M319 打破。方向 92 度。墓葬的圹边清晰，壁面较规整，底部平坦。现存墓口距地表约 1.30、长

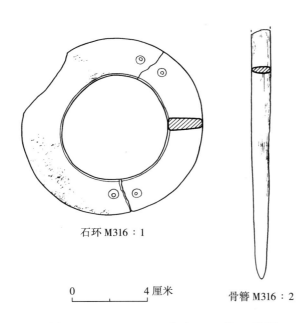

石环 M316：1

骨簪 M316：2

图 5-2-66B　M316 出土玉石器、骨器

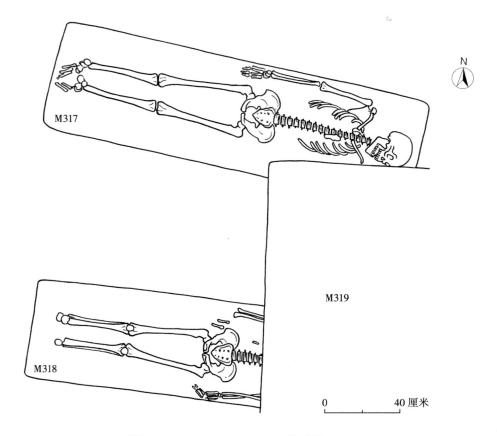

图 5-2-67　M317、M318 平面图

约 2.00、宽约 0.60、现存深度约 0.20 米。墓主人为一个 45 岁左右的男子，头向东，是墓地中集中分布、南北排列整齐的四座头向东的墓葬之一。头骨残，面向南侧上方偏转，口张开，仰身，左臂与左侧的胸部上半部分被 M319 破坏，脊椎较直，锁骨与大部分肋骨保持在正常体位，右上臂略向外斜，从肘部开始顺置于体侧近墓壁处，腕部置于股骨外侧，双腿平行伸直，右脚掌微内扣，掌骨散乱，双脚分别向西侧倒置。墓圹内填灰褐色花土。（图 5-2-67；彩版 5-2-108:4）

未发现随葬品。

M318

M318 位于南区中部的 T57。南侧为 M316，北侧是 M317，东部被第三期的 M319 打破。方向87 度。墓葬的圹边清晰，壁面规整，底部平坦。现存墓口距地表约 1.30、残长约 2.30、宽约 0.55、保存深度约 0.20 米。墓主人为一个 40~44 岁的男子，头向东，是墓地中集中分布、南北排列整齐的四座头向东的墓葬之一，腹部以上全部被 M319 破坏，肋骨基本不存，保存下来的腰椎位于原位，双臂仅有肘部以下部分，皆顺置于身体两侧近墓壁处，腕部分别置于骨盆外侧，其中右腕仅有几段指骨，左腕基本完整，左、右骨盆尚存，双腿股骨微向内侧斜置，膝部以下平行伸直，脚部被破坏。墓圹内填灰褐色花土。（图 5-2-67；彩版 5-2-109:1）

未发现随葬品。

M321

M321 位于南区中部的 T78 和 T79，北侧是 M316，东南侧为 M310，东部被第三期的 M315 打破。方向 85 度。墓葬的圹边清晰，壁面规整，底部平坦。现存墓口距地表约 1.30、长约 2.00、宽约 0.55、保存深度约 0.40 米。墓主人为一个成年男子，头向东，这是墓地中集中分布、南北排列整齐的四座头向东的墓葬之一。颈部以上已被 M315 破坏，头骨不存，仰身，脊椎较直，锁骨与肋骨的上半部分已经不存，下半部分肋骨排列较整齐，双臂皆顺置于体侧，腕部分别放在骨盆外侧，左、右骨盆仅存残块，左腿股骨微向内斜，膝部以下与伸直的右腿平行，右脚掌向西侧倒置，左脚整体向西北侧倒置并搭在右脚面上。墓圹内填灰褐色花土。（图 3-2-68；彩版 5-2-109:2）

墓主人左上臂外侧近南壁处竖置着 1 件石钺，刃部向下。

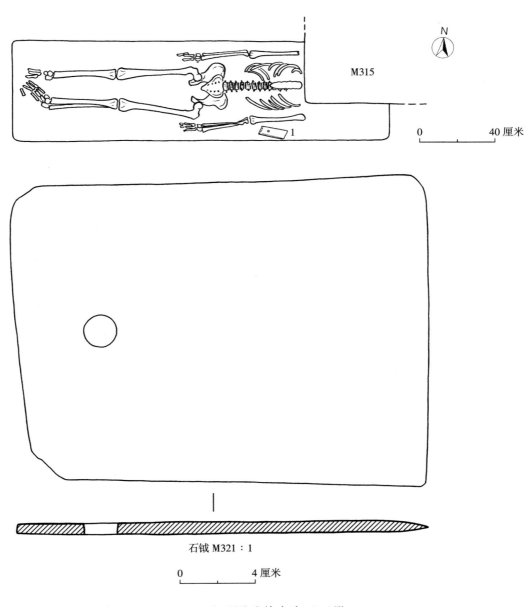

图 5-2-68　M321 平面图及其出土玉石器

1. 石钺

石钺　M321：1，蛇纹石化大理岩。浅绿色。形制较规整，整体近上下边接近的梯形，顶端是微外弧的斜直边，两侧均直边，双面平刃，接近顶端的平面正中心有一个单面管钻孔，中间稍厚，边缘略薄。长 21.0~22.1、宽 16.1~17.0、最厚处 0.6、孔径 1.7 厘米。（图 3-2-68；彩版 5-2-109:4）

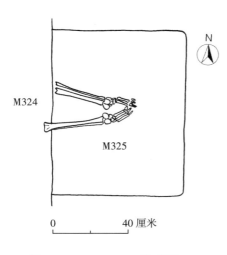

图 5-2-69　M325 平面图

M325

M325 位于南区中部的 T80。北侧是 M307，西侧为 M310，西部被第三期的 M324 打破，南部接近南部发掘区的边缘。方向 267 度。墓葬的圹边清晰，壁面规整，底部平坦，西半部大部分被 M324 破坏。现存墓口距地表约 1.30、残长约 0.70、宽约 0.90、保存深度约 1.50 米。墓主人可能为一个成年男子，年龄不详，由于破坏严重，膝部以上部分全部不存，仅在墓室东部残存有向内侧斜置、逐渐并拢的两小腿和脚部，依此判断其葬式是头向西，仰身直肢，双脚内扣，其中左脚掌向东南部倒置，右脚向东北侧倒置，脚尖接近左脚面。墓圹内填灰褐色花土。（图 5-2-69；彩版 5-2-109:3）

未发现随葬品。

第六章　第三期墓葬

第三期墓葬共 105 座。这些墓葬的开口层位、整体形制和第二期的绝大部分小型墓基本相同，也是开口于耕土或垫土层下的竖穴土坑墓。墓葬方向虽然略有差别，但大致均为东西向，可辨别墓主人头向者全部向西。与第一、二期墓葬相比，本期墓葬的个体面积总体较大，所以我们全部称为大型墓。在与第二期墓葬分布区域重合处，许多本期墓葬都打破了第二期的小型墓，有的打破好几座墓葬，但本期的墓葬之间没有任何打破关系，东部的极个别墓被第四期墓打破或叠压，绝大部分墓壁和墓室都保留的较好。墓葬均较深，受近代冲沟、近代坑穴的破坏不太严重，整体布局比较完整。

虽然本期墓葬的时间有先后之分，但保留下来的百余座墓葬却属于同一类别，从墓葬分期的角度来说，应当将其视为同一期的遗存，因此有必要对这类墓葬的整体特征进行概括。同时，每一座墓葬又具有各自不同的情况，对不同区域个体墓葬详细的介绍，将有利于我们对不同阶段死者入葬时的理念进行分析，对当地墓葬制度的完善和变化有更清晰的了解，进而对这一时期精神文化的进程进行梳理。下面我们对这一时期墓葬的发现情况和出土遗物的特点进行介绍。

第一节　概　述

在属于第三期的全部墓葬中，有一部分只发现有殉葬的婴儿、少年等未成年人，而不见墓主人，还有一部分墓因盗掘或破坏严重而未发现人骨，极个别墓因残留的人骨太少或骨骼保存太差，不能进行相关鉴定。能够确认的成年墓主人中，男女数量差距很大，女性人数不到男性的四分之一，从死者的性别构成来看，男女比例极不合理，这一点与第二期墓葬具有极大的差别。

第三期墓葬主要分布在南部发掘区。在下葬之前作了周密的规划，墓位排列比较规范，南北相邻的墓葬间距相近，成行分布，整齐有序，从地势较高的西部至地势略低的东部，等距离分布着 10 排墓葬。墓葬所在的区域也是第二期墓葬的主要分布区，所以二者的墓葬有大面积的重合，这种现象在东南部较少，但西北部却十分普遍，显然，这一时期的墓地格局是在破坏了前期已经延续多年墓地的基础上逐渐形成的。虽然两期墓葬相距时间并不长，但墓主人显然不是属于同一个部族的成员。另外，在北部发掘区也发现有少量属于这一时期的墓葬，这些墓葬和南部发掘区西南部相应部位的墓葬排列不太整齐，归属也存疑，我们将在具体介绍时说明归入本期的原因。

本期墓葬的规模，在不同阶段有一些差别，墓圹占据的范围也不同，因此，东西相邻的墓葬并不成列，每一排的数量也不等，其中从西向东的第 4 排墓葬占据着坡地正中心的部位，是这类墓葬的核心区域，规模最大，个体墓圹占地面积接近6.00平方米，现存埋葬深度仍达2.50米以上，极个别的墓葬深近4.00米。以这排墓葬为界，西侧的三排和东侧的六排墓葬，规模逐级变小，深度也较浅，一般长2.3~2.6、宽1.3~1.8米，面积在3.00~5.00平方米之间，现存深度1.00~1.20米。形成这种规模、葬制区别的原因是不同的，其中坡地西部规模相对较小的墓葬，位置安排不太规范，应该是最早开始埋葬集团成员时的特殊现象，而靠东部的墓葬应该是本期最后阶段，规模逐渐变小，葬制也有了一些变化，应当是集团实力下降所致。整体来说，墓主人走过了一个从兴起到兴盛再走向衰落的历程。

本期所有的墓葬全部被盗扰，大多数仅保存了不同部位的部分遗存，盗扰最严重的是位于中心区域、规模较大的墓葬。盗掘者均以挖掘洞穴的方式进入墓室，洞穴的位置以墓主人头端所在的西部最多见，也有一些位于墓室南、北两侧，范围绝大部分都局限于墓圹之内。由于盗洞内的填土与墓葬本身的填土十分相似，所以多数很难分清盗洞痕迹，只有少部分墓葬盗洞，因规模较大，超出了墓圹范围并打破墓壁，洞穴的填土中也掺进去一些生土块，这些盗洞还能清理出清晰的范围来。就清理出来的盗洞来看，并没有固定的形状，多数口部接近圆形或椭圆形，在接近垂直的洞穴靠近底部时，盗掘者将洞穴向中部或周边呈不规则状扩展、延伸。这种扩展比较随意，底部的扰乱范围也不一样，严重者涉及整个墓底，将墓主人的尸骨乱弃，所以，墓室内的头骨、肢骨乱七八糟，已经没有固定的位置，甚至一些死者的骨骼被扔到其他墓的盗洞中，致使一些墓内的盗洞中发现的骨骼并不一定全部属于该墓的墓主人或殉人，还有的墓主人骨骼干脆不知去向，几乎已成为空墓。总体来说，规模较大的墓葬已经面目全非，留下的信息十分有限，东西两侧规模相对较小的墓葬中，盗洞在底部扩展范围不大，墓主人所在的墓室中部多数被扰动，有的墓主人上半身被搅扰或移动、弃置，但下半身及墓室周边的二层台部分基本保留，墓壁也保持着原来的形状，而且还在不同部位留着一些下葬时放进去的随葬品，是我们认识这类墓葬的主要资料。我们已经无从知晓盗扰时在地面上是否有坟堆一类的标志，但盗扰的位置选择得十分准确，在同一个区域内常见的现象是：第二、三期的墓葬重合，但第三期墓被严重扰乱，而位置相邻的第二期墓一般都保存完好，只有极其个别的第二期墓受到波及，存在一些较乱的迹象。对同一区域内不同的墓葬区别对待，甚至对每一座墓葬下葬的时间和他们的身份都如此清楚，说明盗扰者十分了解墓地的情况。

虽然盗扰使本期墓葬残缺不全，远远不能反映下葬时的全貌，但我们却能从那些盗扰不太严重的墓葬留下的一些线索中，探寻下葬时的轨迹。根据绝大多数墓葬底部四周保存的熟土二层台推测，这些墓葬下葬时均有葬具，虽然没有留下明显的棺木痕迹，但长条形的二层台内侧范围应当就是当时放置棺材的位置，而熟土二层台本身则是棺外的填土，这是与第二期墓葬最明显的差别之一。虽然多数墓室内墓主人的骨骼受到严重扰乱，最初的葬式已经看不清楚了，但在少数墓葬中还保留着下葬时的部分原状：可分辨葬式的墓主人全部是一次葬，皆为仰身直肢。墓主人一般位于二层台内侧的范围内，骨骼上都留有朱红色，有的墓葬整个墓底均为红色，显然是有意铺撒进去的，尚红已经成为当时的一种十分常见的葬俗，与第二期相比，这一观念显然更加强化了。

普遍殉人是第三期有别于其他各期墓葬的一个重要的特点，可以确定拥有殉人的墓大约占本期全部墓葬的一半左右，如果所有墓葬均不经扰乱，拥有殉人的墓葬所占的比例必定会更大一些。其中西部和中部的墓葬殉人比较普遍，但西部墓葬殉人的现象不太规范，而东部却有一些墓中不见殉人。从墓葬的测年、分布状况分析，本期墓下葬的先后顺序应该是由西向东，可见殉人现象经历了从开始出现到十分盛行，又逐渐减少直至消失的过程。殉人的年龄以 10 岁左右或 10 岁以下的小孩为主，只有少数青少年和成人。从分布地域来看，殉葬成人的少数墓葬多见于墓地西部，应当是最初开始殉葬时存在的现象，后来才逐渐形成以小孩子殉葬的规范。墓地中东部的墓葬不存在殉葬现象，可能是本期最后阶段墓主人地位下降的反映。不同规模和位置的墓葬拥有殉葬的人数也不同，一般为 1 人，少数为 2 人或 3 人，极个别墓葬达 4 人，殉葬人数较多的墓葬都位于中部或接近中部区域。殉人在墓室内所在的位置并不固定，墓室的东、南、北三面及东南角和东北角等方位都有发现，但墓主人头部所在的西部和墓室中部均不埋殉人。殉人的入葬姿态各不相同，有的呈蹲踞式蜷缩在一角，有的呈俯身式横趴在墓葬一端，也有的垂首下跪，还有的将死后的孩子骨头叠置于墓葬的一边或一角，极少数呈不规则状弃置于墓室内，无论哪一种方式都显得十分骇人。只盛行于一定时期内的人殉现象，反映了较复杂的社会背景和制度。

从墓葬的规模和多数墓葬反映的葬制来看，本期的所有墓葬在下葬时应该都有随葬品，随葬的器物也应当较第二期更精致。根据统计，随葬品仍以玉石器为主。由于扰乱严重，除极个别墓葬侥幸保存了入葬时的原状外，大部分墓室均遭劫掠，大多数器物已经不存在了。即使少数器物留下来，能够保存在下葬时放置位置者也很少。那些被挪动过、已经不在下葬时位置的器物，已经失去推测其用途或随葬入墓所蕴含寓意的条件，至于放在盗洞范围内的器物，甚至不能确认是否属于该墓或这一时期。值得庆幸的是一些扰乱程度较轻的墓，墓主人臂或腕部发现有玉石璧、环类器物，而且保持了下葬时器物的佩戴方式，成为我们认识这些器物最直接的证据。另外一些发现于盗洞中或被弃置在扰乱后的墓室内的随葬品，很难确定原来的佩戴或放置方式，其用途也只能依据同类器物的情况推测，但却丰富了这一时期玉石器的种类。与第二期相比，本期应该不存在大量未随葬玉石器的墓葬，目前发现的器物自然不是全部，发掘所见的随葬品数量与下葬时放入墓内的总数显然应该相去甚远。但劫余的器物多为精美的玉石器，其中琮、牙璧、方形璧、六边形凸沿筒状器、多片连缀的大型玉璧及动物头状饰品等，都是这一时期具有代表性的器物，它们分别出土于不同墓葬中，说明随葬器物整体较精致。圆形环、璧和多片连缀而成的联璜环、联璜璧仍旧是发现数量最多的器物，其中不同的器类中均包括时代特色鲜明的器物。在盗洞或扰乱后的墓室内发现精美玉石器和其他器物，表明了盗扰墓葬的主要目的并非获取玉石器等珍稀的随葬品。那些十分精致的玉石器，具有时代和地位象征，客观上使我们能从中管窥当时的葬俗。此外，本期之初以珍稀物品为死者随葬的现象比较流行，但后来逐渐淡化了。

玉石器的质地在这一时期发生了重大变化，除继续使用本地的岩石外，出现了一些透闪石玉或其他精美石料制作的器物。在我们对墓地附近的中条山区进行的地质调查中，没有发现透闪石玉的矿源，文献中也没有明确存在这类岩石的记录，所以，这些器物所用的原料应该不是当地所产，而是来自于其他地区。科研人员通过肉眼观察、微量元素、氧同位素及年代测试等多种方法对出土器物进行了分析，结论是墓地中发现的透闪石玉的来源体现了多源的特点，其中部分玉料的同位素年龄值与西北地区玉料的同位素年龄值比较接近。这个结论与玉石器形制分析得到的认识有一些差别，看来，当时这里的玉石器的制作理念与材料来源并非同源，联系前期已经存在玉石器在本地加工成型的现实，推测这种随葬品至少有一部分是在本地制作的。这反映了不同区域文化特色在器物制作方面汇聚在一起的突出特点，是一个十分重要的信息。

从玉石器的制作水平来看，这一时期比第二期有了较大提升，既有对前期因素的继承，也有外来因素的渗透，器物不仅造型别致，打磨加工也比较精细。目前，我们没有足够的资料全面了解这一阶段玉石器的组合情况，只能以基本保存了墓葬下葬时情形的 M100 为主，参考其他墓葬中部分未经扰动的器物随葬情况，作如下推测：当时用于随葬的主要器类是玉石器，其中的璧、环等器类的佩戴方式与第二期没有区别，但无论形制还是质地都有了明显的变化；还有一些器物则是新引进的类别或创新的形制，其中玉琮和管状、动物头状饰品等器物发现虽然较少，但别具一格，特点突出，体现出复杂的文化交流与融合趋势；第二期流行的石钺、长方形多孔石刀等一些器物却极少或不见了，说明一种全新的理念已经取代了原来的意识。

石钺不再是墓葬中最多见、最具代表性的器类。在本期仅发现了不太典型的 3 件。其中在 M146 发现了 2 件，较精致的一件器高小于器宽，与第二期的石钺形制不同，而且发现于二层台上的一个女性殉人胸、腹部，似被抱在怀中，应该有象征权威的含义，而同一墓内发现的另外一件钺，无论形制、质地还是放置位置，均与权威没有直接关系，这两件钺的旁边均未发现带孔石器，与第二期两类器物配套使用的情况截然不同。M100 发现的钺形器放置在墓主人头部，不能保证是原来放置的位置，而且器形较小、质地较差，不是最重要的礼器。上述两座墓葬均位于墓地的西部区域，应该是本期中年代较早的墓葬。由此可见，除那些发现在墓葬填土中的前期器物外，这一时期不存在与第二期形制相同的石钺，更没有石钺与带孔石器一起出土的情况，显示出与第二期显著的不同，似乎这种显示身份地位的器类已经不再流行。

刀在第三期发现极少。作为随葬品的刀仅在 M146 发现 1 件，整体为双孔长条状，直背凹刃，不是本地前期传统的延续，形制与临汾盆地发现的同类器物基本相同。在第二期富有特征的多孔石刀在这一阶段绝对不见，偶尔有多孔刀的残片发现于本期墓葬的填土中，其形制与被其打破的第二期墓葬中的残石刀相同，有的甚至可以拼对到一起，显然是挖掘墓穴时破坏了前期的墓室，部分器物残片混入这一时期墓葬的填土中，并非本期的随葬品。在后面对墓葬中出土器物介绍时，填土中发现的这类器物也将与能够确定属于第三期的器物分开，以示区别。

玉琮是第三期特有的器物。在发掘中，我们仅发现了 2 件，早年收集到的器物中，也有 2 件发现于该墓地的琮。在所有这些器物中，只有出土于 M52 的一件玉琮可以确定是被套在墓主人的左手上。另外，被严重扰乱的 M87 北侧二层台中部也弃置着一件玉琮，但不知下葬时的具体位置和佩戴方式。从这两件器物的发现情况看，我们没有发现"礼地"的任何迹象，但应该是具有较高或特殊身份的死者才能拥有的器物。由此推测，以前收集到的两件器物也应该属于第三期的墓葬。

璧、环类器物仍旧是这一时期最多见的器类。除整体为扁薄圆环状的器物外，延续了第二期由双片或多片璜形或不规则形玉片连缀为圆圈的风格，佩戴方式也与第二期的同类器物基本相同，一般是套或放置于两臂、腕部，应该还是作为装饰品随葬的。器物与第二期的区别表现在整体造型上，明显的变化是器体的边缘多见方棱状，而少见第二期的那种外缘扁薄近刃状的情况。同时，环类器物一般中孔较大，但环体较窄，而璧类器物则中孔很小，周边的器体较宽，与江南地区曾经流行的器物十分相似。少数玉璧、环的器体上带有小孔或镶嵌着绿松石，从发现位置看，应该是挂在项上做装饰品的器物。值得注意的是出现了一些造型别致、构思独特、十分精巧的器物，其中有牙璧、方形璧、宽体镯等，这些精致的器物都是发现在保存较好的墓葬中，随葬位置比较固定，而且每个墓内只有一件，显示其很珍贵。如果那些规模较大的墓葬不被破坏，这类器物应当会更多一些。另外，M146 发现了 1 件六边形凸沿筒状器，从器形来看应该是戴在臂上或手腕部位的筒状镯类器，但却不是发现于墓主人的臂上，而放在棺材之外的二层台填土中。这种形制的器物不仅在中原地区少见，其他区域也未发现过，目前仅见此一件，具有独创性。

小件的饰品在墓地中比较少见。第二期的玉石器中，仅有个别小件器物，而且没有刻意加工的痕迹，显得简单且笨拙。第三期发现的这类器物虽然也并不多，却展示出了一种清新活泼的风格，尤其是小巧的缀饰，造型别致，令人耳目一新。M87 是一个被严重扰乱的墓葬，在墓室中北部的底面之上，发现了散落的 2 件动物头状装饰品，器表雕刻十分精细，造型惟妙惟肖。由于是劫余器物，不知原来下葬时放在什么位置，根据器物中部上下贯穿的小孔推测，可能是连缀在其他物品上的小件饰物。另外一种较重要的装饰品是凹腰形的管状器，中部上下穿孔，这类器物发现于不同的墓内，也位于盗扰之后的墓室底面之上，由于具体位置在头骨附近，不大可能是附在木质柄类一端的装饰，或许是耳部的坠饰。这两类器物在其他区域的文化遗存中曾有发现，是本地与其他文化频繁交流的实物证据。

第三期发现的陶器发现也比较少，而且多见于墓地靠西的墓葬中，年代应当偏早。这些器物延续了第二期已经存在的类别，仍旧是小口高领罐或侈口深腹盆，但两类器物并不一定共存，而是罐为主，而且整体形制和纹饰细部表现出与第二期的区别，说明当时日常使用的陶器造型和装饰风格也发生了变化。值得特别指出的是，M146 发现了三件十分精美的彩绘敞口高领圆腹瓶，虽然器表的彩绘多已脱落，图案并不完整，却是墓地发现最精美的陶器。

除玉石器和陶器之外，少数墓内还发现了鳄鱼骨板，骨板的形状、特点及其在墓中放置的位置与第二期发现的同类器物相同，应该是对此前理念的继承，而且这几座出土鳄鱼骨板的墓葬也位于中西部，与第二期墓葬所在区域重合，应该是本期年代较早的墓葬。

第三期的个别墓用猪的犬齿随葬，这是第二期墓葬中未见的新现象，尽管严重的扰乱已经使不少牙齿丢失，但发现的总数还是达 206 件。它们集中出土于 M52、M57、M141、M146、M147、M148 等几座墓中，各墓中出土的数量有较大差别，其中最多的 M146 达 108 件。与出土鳄鱼骨板的墓葬类似，随葬猪犬齿的墓葬也分布于墓地的中、西部相交接的位置，南北成排，其中，M146 与 M141 为一排，其余墓葬为另一排。这些犬齿出土时或堆放在一起，或散置于死者头部一侧，M147 则放在死者左侧胸部处的陶罐中。经鉴定，这些牙齿全部为雄性猪的犬齿，下犬齿的数量多于上犬齿，主要保留齿尖部分，有切割痕以及断口。许多犬齿经火烧过，有一些烧得比较严重，以至于保存状况很差。这种处理方式显然是某种宗教仪式的需要，犬齿或许就是一种专门的仪式上用来献祭的牺牲，必须用雄性猪的犬齿，在举行完仪式之后被放置在墓内。这是特殊习俗遗留下来的信息，虽然我们没有解析出其确切的程序，但从发现的位置来看，它们集中出现在东西并列的两排墓葬中，大约只流行于本期的较早阶段，其中还包括出土有玉琮的 M52，或许这些墓主人有一部分生前就是巫觋一类人物。

值得注意的还有 M139，该墓位于南部发掘区中部偏北处，规模较大，墓主人应该有较高等级或十分富裕，尽管已经被盗掘一空，但墓室的西北部二层台之上还保留了一副完整的羊骨架。这是全墓地唯一的全羊骨骼，应该是在下葬后的填埋过程中进行祭祀的遗留。这一例子再一次说明，下葬时及填埋过程中都曾经举行过隆重的仪式。但为什么只有在此墓中用羊则没有任何资料说明。

位于墓地中部的 M180 出土了 6 件椭圆形牙制饰物，2 件为一组，全部是经磨制而成的小件器物，它们位于死者腕部，应该是作为串饰物佩戴于手腕上的，功能应该与多件玉石片连缀在一起的环类似。

从总体情况来说，第三期墓主人比第二期那些小型墓的主人富有，而且，埋葬的不是同一种人，虽然缺失了代表墓主人身份的标志性玉石器，却出现了明确具有阶级对立或等级森严的殉人制度，是目前发现的规模最大、殉人最多的史前墓地。由于下葬后不久就遭到严重盗扰，墓室内保存状况很差，除了布局未发生变化外，失去了许多重要的信息，即使如此，仍旧能够透过一些留存至今的遗存，了解部分当时下葬时的情况，是研究史前时期不可多得的珍贵资料。

第二节 详 述

在本节中，我们将集中对属于第三期墓葬的发现情况进行介绍。其中有个别墓葬归属并不十分明确，这是因为有一些墓葬不在墓地中心位置，特征不太明显，而且保存情况较差，不能确切地反映其特点，我们在介绍这些墓葬时，将会把归入这一期的理由同时说明。凡是发现时仍旧保存有随葬器物的墓葬，在介绍该墓的保存状况之后，就对出土的随葬品特点进行叙述。在第三期墓葬盗洞的填土中出土的玉石器，绝大部分特点与该墓出土的器物基本相同，虽然盗扰时也有可能混入前期或其他墓葬中的个别器物，不过数量很少，而且不会影响对该墓葬所代表年代和等级的认识，我们可以当作该墓同一时期的出土器物，但为了客观，介绍时一般都说明是出土于盗洞范围内。另外，在墓室填土中发现的一些器物，明显属于第二期，是挖掘本期墓葬的墓圹时破坏了第二期的墓葬，回填时将前期遗物混入本期墓的填土内了，显然不能代表该墓的下葬时期，在报告的介绍中，我们将这些器物单列出来，并且如实将其出土情况和器物的特征分别说明。为了与随葬的器物区别开来，这些填土中的遗物单独编号，并在序号之前加"0"，以示差别。

下面我们依编号顺序对属于第三期的所有墓葬的发现情况进行叙述。

M22

M22 墓位于南区中部的 T8 和 T9。北侧为 M191，东南侧为 M29，南侧是 M171，西侧是 M161，西部打破第二期的 M7 和 M173。方向 295 度。墓葬圹边清晰，壁面规整，底部平坦。墓口距地表约 0.30、长约 2.25、宽 1.45 米，现存深度约 2.20 米。墓室四壁之内有熟土二层台，但保存不太好，只有南北两侧可以依稀看出大致的范围，二层台内侧南北间距约 0.75~0.90 米，东西两端的范围不太清晰，似与墓室长度接近，保存最高处在墓室东南角殉人所在之处，高约 0.25 米。

墓葬经盗扰，盗洞打在西南部，进入墓室后主要对西部轻度扰乱。墓主人骨骼虽然看似整齐，但保存很差，多已朽烂，是一个45~50岁的男子，面向上，仰身，脊椎较直，肋骨排列整齐，左上臂紧贴于体侧，右上臂略向外张，从肘部开始两臂皆顺置于体侧，手腕部分别放在骨盆外侧，双腿股骨部分微向内收，膝盖以下平行伸直，踝部并拢，脚部骨骼不全，分别向东南偏倒。在南侧的二层台上，有一个年龄在10~11岁的殉人，从残存的迹象看，死者头向东，双手抱头，上肢折叠在一起，似曾经扒在墓壁上，肋骨散乱，下肢伸直，殉人的骨盆和腿部的骨骼已经不全，少数脚趾骨散置于接近二层台内侧的边缘处。墓圹内填灰褐色花土。（彩版6-2-1:1）

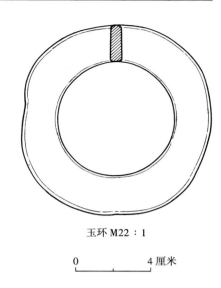

玉环 M22：1

0   4厘米

图6-2-1 M22出土玉石器

在墓主人的左臂肘部以下套着1件精致的玉环。

玉环　M22：1，透闪石玉。青白色，边缘为浅褐糖色。中孔为管钻，较圆，外圈不太圆，边缘不整齐，有部分内缩略凹，器体基本均厚，但不均匀，内外缘均磨为凸起的弧形，断面为圆角长方形。外径9.9~10.3、中孔径6.2、厚0.6厘米。（图6-2-1；彩版6-2-2:1）

M29

M29位于墓地中部的T9。北侧为M225，东南侧为M30，南侧是M199，西南侧是M171，西北部和西南部分别打破第二期的M104和M12。方向285度。墓坑上半部被一个近代沟破坏，但现存墓口部圹边清晰，墓壁规整，壁面加工却较粗糙，墓底平坦，墓室四周曾有熟土二层台，发现时只有部分遗痕，已无法确认具体范围。墓口距地表约0.35、长2.35~2.45、宽约1.40、现存深度约2.00米。该墓未清理出明显的盗洞，但从墓室内的情况来看，应该曾经过轻度扰乱，不过盗扰并未扰乱墓主人和殉人的骨骼位置，似乎对随葬器物也未扰动，只是破坏了二层台，这种盗扰方式在墓地比较少见。墓主人为一个40~45岁的男子，头顶略偏北，面向上，口张开，仰身，脊椎与肋骨腐朽，只有痕迹，双臂伸直置于体侧，双手已经残缺，骨盆酥碎，右腿基本伸直，左腿股骨部分略向内斜，膝盖以下与右腿并拢，平行伸直，右脚趾不全，左脚掌向东倒置，头部与肢体之上残存着部分朱红色。墓葬西北侧接近北墓壁处有一个30岁左右的男性殉人，似被弃置于棺外，头向东，面向北侧斜上方偏转，身体基本平躺，脊椎扭曲，肋骨排列不太规整，右上臂斜靠在北侧墓壁上，从肘部开始向头部内折，手腕搭在左侧面部，形成抱头状，左上臂紧贴在身体左侧，从肘部开始斜向内折，手腕置于胸前，下肢整体为脚部抬高上翘的姿势，左腿接近伸直，右腿膝盖部向北微弧形弓起，踝骨部并拢，双脚蹬在西北墓角，脚尖并列向上。墓圹内填灰褐色花土。（图6-2-2A；彩版6-2-1:2）

在墓主人左胸部发现1件玉环，应是挂在胸前的饰品。

玉环　M29：1，透闪石玉。浅黄绿色，略发灰，间有大面积褐或黑糖色斑纹。形制不太规整，中孔为双面管钻，外圈不圆，器体基本均厚，但不均匀，内外缘均磨为凸起的弧形，断面为圆角

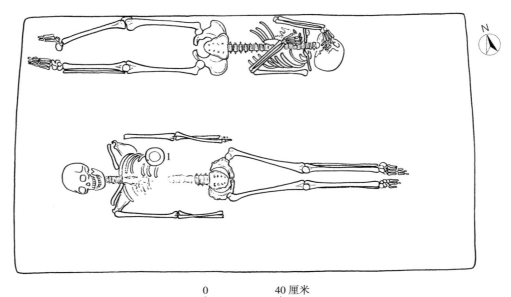

图 6-2-2A　M29 平面图

1. 玉环

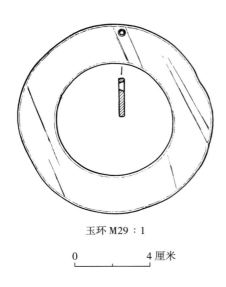

玉环 M29：1

图 6-2-2B　M29 出土玉石器

长方形。一面在中孔的边缘有管钻时留下的旋转痕迹，另一面经抛光，但不够精细，两面共存七道片状工具的切割痕，环体靠外缘处有一个双面桯钻的小孔。外径 10.2~10.5、中孔径 6.2、厚 0.3、小孔径 0.2~0.5 厘米。（图 6-2-2B；彩版 6-2-2:2）

M30

M30 位于南区中部的 T10 南部。西北侧为 M29，北邻 M241，东侧为 M253，南侧为 M236，西端的墓圹上部被一个近代沟破坏，东部及东南部打破了第二期的 M16、M243 和 M244。方向 285 度。现存墓口部圹边清晰，墓壁较规整，壁面加工粗糙，底部较平坦。墓口距地表约 0.35、长约 2.6、宽 1.10~1.14、现存深度 1.60~1.66 米。墓室四周有熟土二层台，宽度不一，其中北侧最宽，西端最窄，二层台内侧范围长约 2.20、宽约 0.60 米，保存高度约 0.15 米，二层台内的长、宽仅可容身，未发现任何棺木痕迹。该墓未清理出明显的盗洞，从墓室内的情况来看，即使经过轻度扰乱，也并未扰乱墓葬的整体格局。墓主人为一个 40 岁左右的男子，面向上，仰身，脊椎较直，肋骨排列整齐，双臂伸直紧贴于体侧，手腕分别放在两侧的骨盆之下，双腿股骨部分微向内斜置，膝部以下平行伸直，踝部并拢，双脚并列分别向东端倒置，墓主人胸部及其周围有明显的朱红痕迹。墓圹内填灰褐色花土。（彩版 6-2-1:3）

在墓主人左臂肘部以下套着 1 件石璧。

石璧 M30：1 蛇纹石化大理岩。深灰色，部分区域受沁呈白色，整个器体上散布着许多近黑色的小点，器表经抛光。形制不规整，厚薄较均匀，外圈不圆，内、外缘皆近方棱状，断面为长方形，内孔用双面管钻而成。两面均有片状切割的痕迹。外径16.3~16.8、中孔径6.7、厚0.6厘米。（图6-2-3；彩版6-2-3）

M50

M50 位于南区西部T3、T4、T27和T28。北侧为M75，西南侧为M53，东侧是M57，南部和西北部分别打破第二期的M80和M83。方向280度。东端稍宽，西端略窄，转角处圆弧，南部墓壁较规整，北部似乎不是原来的墓壁，十分粗糙，底部呈斜坡状，西北高，东南低，未发现二层台的遗迹。墓口距地表约0.35、长约2.15、宽0.60~0.70、

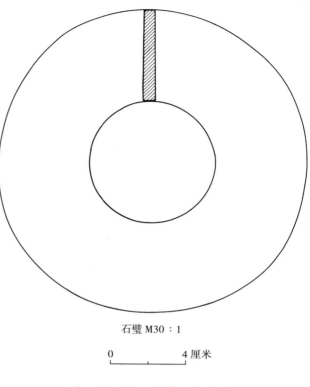

石璧 M30：1

0 _____ 4厘米

图 6-2-3 M30 出土玉石器

现存深度0.15~0.30米。墓主人为一个16~17岁的男子，仅存有头骨和少数肢骨，整个墓室内比较杂乱，骨头散乱弃置，其中头骨在接近西端的中部。墓圹内填浅灰色土。（彩版6-2-1:4）

未发现随葬品。

与同期的其他墓葬相比，该墓的位置虽然基本合理，但葬制较特殊，而且也比较浅，似乎是盗扰时随意挖的一个坑，用来弃置从其他墓内挖出的人骨，但这种扰乱的情况更接近于第三期，所以，我们归入本期介绍。

M52

M52 位于南区中部偏西的T4、T5、T16和T17。西侧为M56，东北侧为M91，南侧是M65，未与其他墓葬发生打破关系。方向280度。墓圹范围清晰，轮廓基本保存完好，四壁较规整，底面中部较低，周围略高。墓口距地表约0.50、长约2.38、宽约1.60，现存深度约1.25米。墓室四周有熟土二层台，二层台的东、南、西三面的宽度相近，仅北侧较宽，其内侧范围长约1.93、宽1.00~1.06米，保存高度0.15~0.25米。墓葬已经被严重盗扰，盗洞位于墓葬西部，范围未超出原来的墓圹，主要扰乱区域在墓室中、西部。墓主人为一个35~40岁的男子，下半身尚在原位，原来葬式应该是仰身直肢，发现时，头部和部分上半身整体被翻转过来，置于西北侧，不仅面向下，包括胸部、上臂和部分脊椎骨均向下作俯身状，其中右上臂位于体侧，左上臂则被压在身下，肋骨部分随上半段脊椎散置于墓室西北部，其余大部分置于墓室的北侧，有一根肋骨弃置在与头部连在一起的右上臂旁边，另外一些骨骼也有移位，其中左臂的肘部以下部分斜置在未移动的腹部

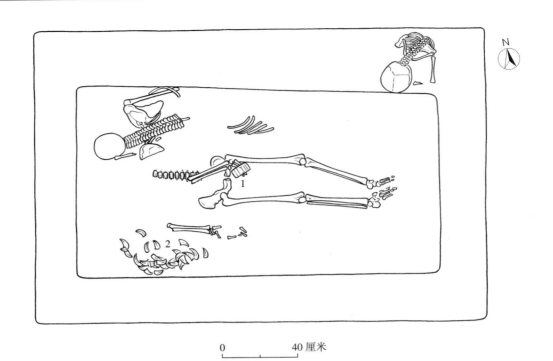

0   40 厘米

图 6-2-4A   M52 平面图

1. 玉琮   2. 猪犬齿

至左侧骨盆之上，手腕斜向内折回屈置于裆部，右臂的肘部以下虽然还在墓室南侧的原位，但手指骨已经散失，双腿的股骨部分平行伸直，左腿膝盖以下向内斜置，接近踝骨处并拢，双脚前后重叠并分别向东北方向倒置。在二层台东北角有一个 5~6 岁的殉人，其葬式特殊，上半身向内蜷缩，头部低垂，脊椎弯曲，左上臂向前伸展，肘部向下屈置，右臂整体向前下方伸展，下肢屈曲近下跪式，其状甚为悲惨。从墓内骨骼的弃置情况看，该墓被盗扰时尸体应该还没有完全腐烂，否则，将无法整块地翻转过来，也有可能是盗掘时将部分人骨与身下的生土一起撬起来，并且翻扣在西北墓室内，总体来说，虽然保留了一部分原状，盗扰还是比较严重。墓圹内填黄褐色花土。（图 6-2-4A；彩版 6-2-4:1~3）

墓内的随葬品仅见 1 件套在左手上的玉琮和散置于西南侧的猪上犬齿。

玉琮   M52：1，透闪石玉。主体为白色，间有黄白、灰蓝色和浅褐色，局部显糖色。中间为双面管钻穿孔，孔内壁光滑，射较低且四角高度不一，四个侧面较平整；外表素面，每一面的正中部各有两条上下走向的凹槽，凹槽的中间较宽深、两端略尖浅，另外，部分侧面还有不同走向的摩擦凹痕，也是中间较宽深、两端略尖浅。内径 6.2、外轮廓宽 7.1~7.5、侧缘厚 0.9、通高 4.1~4.2、射高 0.6~1.0 厘米。（图 6-2-4B；彩版 6-2-5）

猪犬齿   M52：2，共存 22 件，均上犬齿，所有牙齿均为半弧状，内侧略平，中间较粗，两端较细，断面为一侧内凹的椭圆形。表面颜色不纯，部分发黄，有较粗的纹理。长约 7、断面长径 2.33、短径 1.8~2.0 厘米。（图 6-2-4B；彩版 6-2-4:4）

在该墓的填土中发现有 1 件石钺残片。

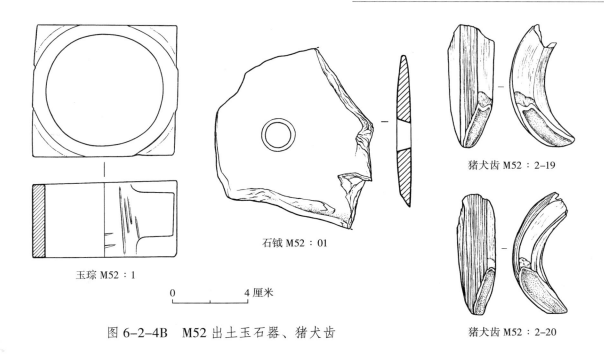

玉琮 M52：1

0　　　　　4厘米

石钺 M52：01

猪犬齿 M52：2-19

猪犬齿 M52：2-20

图 6-2-4B　M52 出土玉石器、猪犬齿

石钺　M52：01，残，白云岩。灰白色，间有灰黑色斑纹。顶端和一侧尚存少部分边缘，另一侧边与刃端均残，顶端略厚，呈圆弧状，侧边较薄，断面上还可看出明显的层理，平面近顶端有一个单面管钻孔，孔径一面略大，另一面较小，孔内缘留有螺旋状钻痕。残长 8.3、残宽 5~10.0、厚 0.3~0.7、孔径 1.3~1.9 厘米。（图 6-2-4B；彩版 6-2-4:5）

M53

M53 位于南区西部的 T27。南侧为 M141，东侧是 M116，北侧为 M50，西部打破第二期的 M54。方向 288 度。除西北部为 M54 的填土边界有些模糊外，其余三边的圹边均比较清晰，墓壁虽然规整，但壁面加工较粗糙，墓底平坦。墓口距地表约 0.50、长 2.63~2.65、宽 1.43~1.45、现存深度约 1.30 米。墓室四壁之内均有熟土二层台，二层台内侧范围长约 2.05、宽 0.70~0.75 米，保存高度约 0.15 米。该墓未清理出明显的盗洞，但从墓室内的情况来看，应该曾经过轻度扰乱，不过盗扰并未扰乱墓主人。墓室内的人骨比较乱，中间的墓主人是一个 51~60 岁的男子，头骨已被压扁，面向北，仰身，脊椎微弯曲。肋骨排列较整齐，右臂沿体侧伸直，手腕置于骨盆南侧，左臂向内侧斜置，下臂与手腕均被压在骨盆之下，双腿股骨微向内斜置，膝部以下平行伸直，踝骨部并拢，双脚并列分别向东倒置。墓主人南侧的正中间为一个成年男子，仅存一些毫无规律的头骨残片、少量下肢骨等骨骼，具体年龄无法判断。墓主人下肢上斜置一个无头尸骨，是一个 12~13 岁的儿童，性别不详，头向西北，但头骨部分已经不存，仅残存少量肋骨、肢骨和髂骨部分，其中右侧上、下臂并列置于身体右侧，显然是后置或经过移位，肋骨只有右半侧存在，另一侧则缺失，下肢只有平行分布的股骨部分，膝盖以下全部不知去向。除墓主人之外，这两个死者显然不是正常埋葬，其骨骼是盗扰时扰乱还是下葬时就肢体不全不得而知，从有些骨骼被压在墓主人的身下，似乎是在墓主人下葬前已经弃置在墓圹内的，是一种仪式的遗留，但这种殉人方式与绝

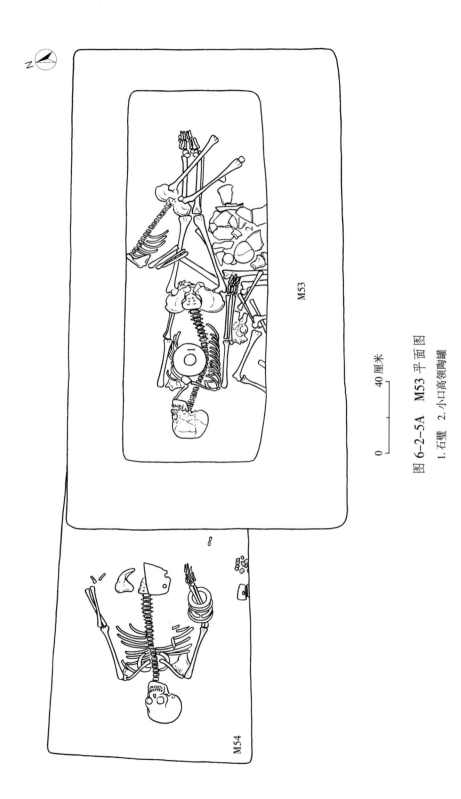

图 6-2-5A　M53 平面图

1. 石璧　2. 小口高领陶罐

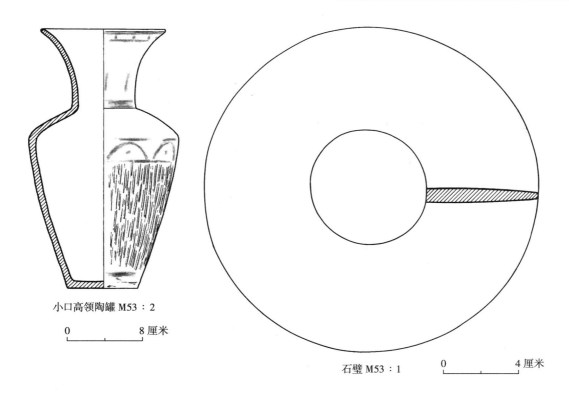

小口高领陶罐 M53：2

0　　　　　8 厘米

石璧 M53：1　　　0　　　4 厘米

图 6-2-5B　M53 出土陶器、玉石器

大部分第三期墓葬不同，与第二期的那些稍大一些的墓葬情况却有些类似，或许说明本期较早阶段的殉葬制度还不太成熟，延续了前期的一些做法。墓圹内填黄褐色花土。（图 6-2-5A；彩版 6-2-6，6-2-7:1）

在墓主人胸部略靠左侧放置着 1 件石璧，腿部南侧的那些散乱人骨之东还有 1 件可以复原的陶罐。

小口高领陶罐　M53：2，泥质灰陶。圆唇，敞口，高领，束颈，肩面上鼓呈弧形，缓折肩，腹壁斜直内收，小平底。腹中部以上磨光，器表有黑色陶衣，陶衣外饰朱红色，但大部分已经脱落，仅留少数残迹，腹中部以下饰竖篮纹且带横丝，近底部较粗糙。口径 12.2、最大腹径 16.0、底径 7.8、高 28.4 厘米。（图 6-2-5B；彩版 6-2-7:2）

石璧　M53：1，大理岩。器表为浅灰绿色。形制较规整，中孔为双面管钻，孔径较小，孔壁较直，内外圈皆较圆，器体基本均厚，外圈边略薄，边缘为方棱状。器表一侧有片状切割工具留下的斜向切痕。外径 17.8、中孔径 6.2、厚 0.8 厘米。（图 6-2-5B；彩版 6-2-8）

本墓位于第二期墓葬比较密集的区域，在发掘过程中除清理出属于该墓随葬的器物外，填土中发现了一些特点与第二期墓葬出土的玉石器种类、形制相同的器物，其中有的石刀残片可与 M54 下腹部出土的多孔刀 M54：7 拼合在一起，其他器物还有残石钺、石环、带孔石器等，这些器物应该属于第二期墓葬，大约是在挖掘 M53 的墓穴时被破坏，此后，在埋葬 M53 时其墓内的玉石器又被填入该墓的墓圹内，器物除有一部分肯定属于 M54 外，其余器物的归属不清，为了说明与本墓随葬器物之间的差别，我们另外在下面分类介绍这些器物。

石钺 共2件。

M53：06，蛇纹石化大理岩。浅绿色，器身多处受沁呈浅白或黄褐色。整体为长条梯形，顶端平直，微外弧，两侧边斜直，双面平刃，器体从顶端至刃端逐渐变薄，接近顶端的平面中央有一个双面管钻孔。一侧边接近刃部处有不规则的缺损。长14.0~14.3、宽6.0~7.7、厚0.5、孔径0.9~1.6厘米。（图6-2-5C；彩版6-2-9:1）

M53：08，残。大理岩。黑色与白色交杂，白色居多，黑色以条纹状交织。整体呈梯形，顶端平直，两侧边斜直，弧角斜平双面刃，中间较厚，边缘磨薄，接近顶端的平面中央有一个单面桯钻孔。一面下半部和刃部受沁严重，表面形成许多小坑，刃缘有崩裂缺口，整体断裂为至少五块，上半部接近一侧边处断裂并缺损。残长19.1~19.6、顶端残宽约6.8、刃宽13.1、孔径1.8~2.3厘米。（图6-2-5C；彩版6-2-9:3）

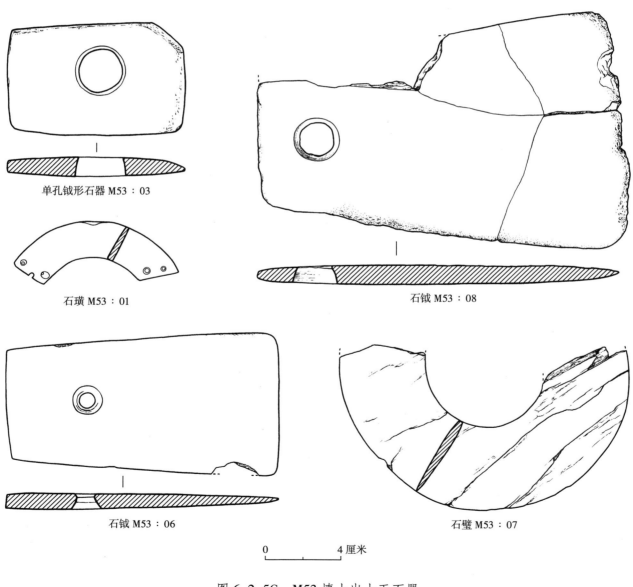

单孔钺形石器 M53：03

石璜 M53：01

石钺 M53：08

石钺 M53：06

石璧 M53：07

0   4厘米

图6-2-5C M53填土出土玉石器

　　单孔钺形石器　1件。M53：03，石灰岩。黄、白色相间，受沁严重，沁蚀处白化，部分呈浅灰褐色。平面为长方形，顶端微外弧近平，中间稍厚，边缘略薄，单孔，下侧边缘磨薄，一角截去一部分后也磨薄，刃端较钝，平面的中央有一个单面管钻孔，未修整。长约8.3、宽5.5~6.2、顶端至中间厚约0.6~1.0、刃部厚约0.2、一面孔径2.4、另一面孔径约2.6厘米。（图6-2-5C；彩版6-2-9:2）

　　多孔石刀　共发现6块多孔石刀的残片。其中一块与M54：7多孔石刀可拼对到一起，已经在介绍M54时叙述，另外一块也是M54：7的一部分，残损过甚，不能与其拼合，在此不再介绍。另外，有2片虽然不能拼合，但为同一件器物，编了一个号M53：05，另外2片分别编号为M53：04、M53：09。

　　M53：05，残，根据质地和形制，并与其他墓中器物的比较，可确认为多孔刀。石灰岩。灰色，受沁部分表面白化。器体中间厚，边缘薄，器体上有许多擦痕。其中一块接近背部，有一个残孔，为单面桯钻孔，残长约8.0、残存最宽处约7.0、最厚处约0.8、一面孔径4.0、另一面孔径3.7厘米（图6-2-5D）。另外一块应该是该件器物的不同部位，仅残存刃部，刃端近平，不太锋利，残长约10.0、残存最宽处约7.0、最厚处约0.7厘米。（图6-2-5D；彩版6-2-10:1）

　　M53：04，残，大理岩。器表斑杂不纯，白色与黑色交织分布，受沁白化。背部平直，残存的一端为弧边圆角，平刃，刃部圆钝，接近背部的平面上残留1个完整孔和2个残孔，孔径接近，皆单面桯钻，孔周稍作修整。残存最长处约19.2、宽约13.4、最厚处约1.5、刃部厚约0.50、一面孔径2.8、另一面孔径约2.2厘米。（图6-2-5D；彩版6-2-10:2）

　　M53：09，大理岩。器表黑白交杂，黑色条纹较多。背部微弧凸，不规整，间有缺损，两端均已经残断，一侧边斜断，仅存近背部的弧角，另一侧边不规则断裂，仅存近刃部的弧角，中间较厚，边缘均薄，钝圆刃，接近背部的平面上残留2个完整孔和1个残孔边，孔径接近，孔皆单面管钻，内侧留有朱砂痕。残存最长处约17.0、最宽处约13.7、最厚处约1.0、刃部厚约0.3、一面孔径2.2、另一面孔径约1.8厘米。（图6-2-5D；彩版6-2-10:4）

　　单孔石刀　1件。M53：02，残，石灰岩。灰黑色。残余大约一半，形制不太规整，平面接近长方形，背部平直微外弧，一侧边断裂，刃端基本平齐，一面磨薄，为一面斜刃，基本均厚，磨制不精，两面均有磨制痕迹，残损处一侧有一个双面桯钻孔，一面的孔旁还有较大面积的剥落痕。残长约6.5、宽4.5~5.4、厚约0.4、孔径1.2~1.5厘米。（图6-2-5D；彩版6-2-10:3）

　　石刀　1件。M53：010，已残，发现时断为两块，但可拼合为一件，不能确定是否带孔，仅可确认属于刀类器物。白云质大理岩，灰色与灰黑色条带相间。磨制精细，只残余部分平齐的刃部，刃不锋利，两侧和后半部分均残断，断茬不太整齐，刃部亦在两块相接处残缺一个小三角。残长20.0、最宽处9.0、最厚处1.0厘米。（图6-2-5D；彩版6-2-10:5）

　　石璧　1件。为其中的一部分。M53：07，残，仅余一半。蛇纹石化大理岩。灰绿色，夹杂黑色斑点，白化严重，沁蚀严重处为黄褐色。中孔为双面管钻，整体较薄，中间略厚，外边磨薄为刃状，两端断茬不整齐。外径约15.2、内径约6.2、最厚处约0.4、内缘厚约0.2厘米。（图6-2-5C；彩版6-2-9:4）

　　石璜　1件。M53：01，蛇纹石化大理岩。灰白色与浅青色相间，受沁部分白化。内外圈均

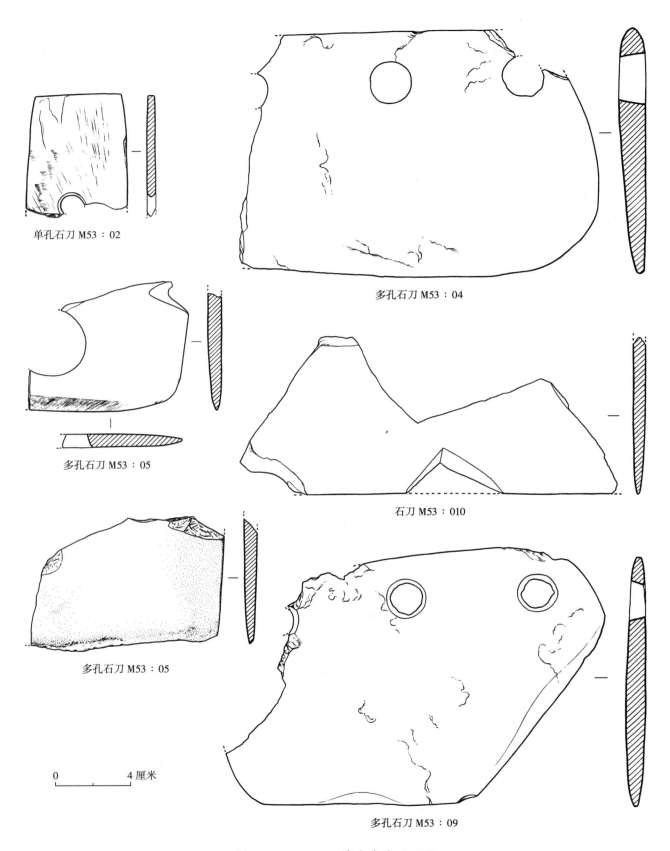

单孔石刀 M53：02

多孔石刀 M53：04

多孔石刀 M53：05

石刀 M53：010

多孔石刀 M53：05

多孔石刀 M53：09

0   4厘米

图 6-2-5D   M53 填土出土玉石器

未打磨光滑，可能是联璜环的一部分，内侧边缘略厚，外圈边缘稍薄，断面为楔形，两端均切割后经打磨，较整齐，接近两端的平面上均有双面桯钻的小孔，其中一端有并排的两孔，另一端四孔，但四孔之中有一孔未钻透，另一孔因太接近边缘已经磨坏，其实可用的也仅是并排的两个孔。残长约 8.7、宽约 2.0、厚约 0.2~0.3、孔径 0.1~0.5 厘米。（图 6-2-5C；彩版 6-2-9:5）

M56

M56 位于南区西部 T3、T4、T15、T16 的交界处。南侧为 M70，北侧是 M72，东侧为 M52，西部打破第二期的 M71 和 M73。方向 290 度。除西部打破第二期墓葬处由于是墓葬填土而界线有些模糊外，其余圹边较清楚，墓壁规整，底部西北低，东南高，呈斜坡状，但较平整。墓口距地表约 0.60、长约 2.65、宽约 1.60、现存深度约 1.52 米。墓室周边保留有很高的熟土二层台，二层台内侧范围长约 2.15、宽 0.84~0.95 米，保存高度约 0.76 米。墓葬被盗扰，盗洞在西南部，虽然范围很小，但位置把握较准确，进入墓室后仅扰乱了西南部的部分人骨。墓主人为一个 40~45 岁的男子，人骨保存情况极差，头骨破碎，面向上，仰身，上半身整体微向南侧倾斜，脊椎较直，肋骨仅存痕迹，右上臂顺置于体侧，下臂移位，斜置于胸腔至右侧骨盆旁边，手腕骨骼散乱，放在右侧骨盆之南，左上臂顺置于体侧，从肘部开始斜向内折，手腕屈置于左侧骨盆之上，双腿整体均向内斜向伸直，踝骨部以下已经朽坏不存。墓葬西南角盗扰范围内的二层台上放着一个头骨，缺下颌，保存稍好，为一 20~25 岁的女子，不能确定是否为本墓的殉人。墓圹内填红褐色花土。（图 6-2-6A；彩版 6-2-11:1）

在墓室内未发现任何随葬品，但在墓葬的填土内却发现 2 件石器残件，其中 1 件是石钺，另

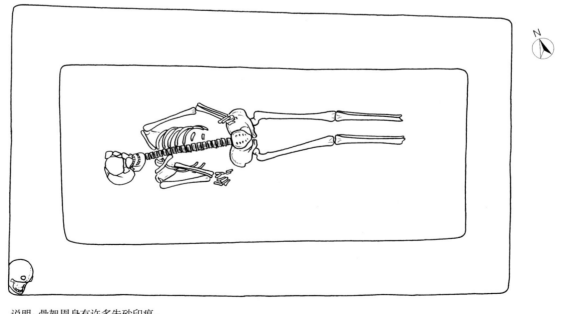

说明: 骨架周身有许多朱砂印痕。

0　　　　　40 厘米

图 6-2-6A　M56 平面图

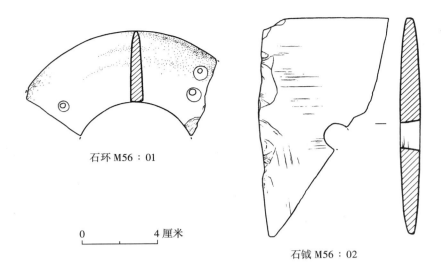

石环 M56：01

0   4 厘米

石钺 M56：02

图 6-2-6B   M56 填土出土玉石器

外 1 件为石环。

石钺   M56：02，大理岩。深灰色。残余钺顶端一角，顶端平直，有崩裂剥落痕迹，残存的一边较直，中间厚，两边薄，近顶端的平面上有一个单面管钻孔。残存两边分别长 6.6、12.0 厘米，厚 0.5~1.0、孔径 1.5~1.7 厘米。（图 6-2-6B；彩版 6-2-11:2）

石环   M56：01，大理岩。黄白色。为联璜环中的一块，中孔为双面管钻，内缘较厚，外圈边薄，璜形片两端各有二个和一个缀孔，皆双面桯钻，孔内壁有斜度。残存部分最长处 10.3、器体宽 3.9、厚 0.1~0.6、小孔径 0.2~0.7 厘米。（图 6-2-6B；彩版 6-2-11:3）

M57

M57 位于南区中部的 T4、T5、T28 和 T29 交界处。南侧为 M116，东南侧是 M100，北侧是 M65，西侧为 M50 和 M75，东北部打破第二期的 M110，西部和西南部打破了第二期的 M74（下部是 M111）和 M114。方向 288 度。除打破第二期墓葬处之外，其余圹边均很清晰，四壁规整，底面平整。墓口距地表约 0.60、长约 2.55、宽约 1.64、现存深度约 0.95 米。墓室四边均保留有熟土二层台，其内侧范围长约 1.88、宽 0.95~1.05 米，保存高度约 0.20 米。墓葬被轻度盗扰，盗洞位于墓室的西部，范围较小，从西南角延伸到墓室的西北部，整个西部被扰乱，但室内其他区域均未扰动。墓主人为一个 40 岁左右的男子，面向上，仰身，脊椎较直，肋骨保存较好，排列整齐，左上臂被盗扰时破坏，肘部以下向内斜置，手腕放于骨盆之上，右臂顺置于体侧，上臂略向外张，从肘部开始微向内折，手腕向外屈置于骨盆之侧，右腿伸直，左腿微向内斜，踝骨部并拢，双脚掌并列，分别向东侧倒置。二层台北侧中部上叠置一个 5~6 岁的儿童骨骼，头向西，面向上，残存的右臂顺置于北侧墓壁旁，肘部开始向内折，指骨散置于头骨北侧上方，其他部位的骨骼已经腐朽不存。墓圹内填灰褐色花土。（图 6-2-7A；彩版 6-2-11:4）

墓主人的左下臂套着石璧和联璜石环各 1 件，墓葬西南角上贴壁竖置 1 件陶器的残片，西北部的二层台上散放着几件猪犬齿。

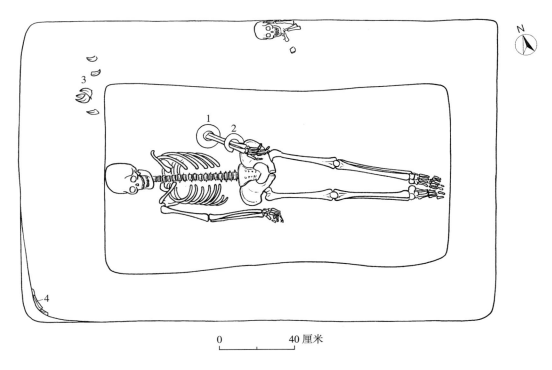

0　　　　40 厘米

图 6-2-7A　M57 平面图

1.石璧　2.联璜石环　3.猪犬齿　4.陶片

陶罐残片　M57：4，泥质灰陶。器形较大，是一块陶罐肩腹部的残片，上部接近肩部，下部为略带弧度的直腹残片。近肩部器表为素面，下腹部饰斜篮纹。残高 22.2、残宽 20.0、厚约 0.8 厘米。（图 6-2-7B）

石璧　M57：1，大理岩。灰绿色，带黑点。外圈不圆，边缘也不太规整，厚薄不匀，中部较厚，边缘略薄，中孔为双面管钻，呈扁圆形。外径 13.2~13.6、中孔径 6.0~6.7、孔部厚 0.7、边缘厚 0.2~0.5 厘米。（图 6-2-7B；彩版 6-2-12:1）

联璜石环　M57：2，蛇纹石化大理岩。浅绿色，略发黄。整体呈椭圆形，厚薄不匀，中部略厚，边缘稍薄。由四块璜状片缀连而成，从穿孔处看，其中的两个璜状片可能是由同一个璜形块从中间切割而成，每两块相接处均以双面桯钻的小孔连缀，由于两片璜的两端各钻一孔，另两片璜的两端则各钻二孔，所以，当时连接时有二孔对二孔、一孔对一孔及二孔对一孔的多种选择。外径 10.5~11.2、中孔径 6.0~7.0、厚 0.3~0.4 厘米。（图 6-2-7B；彩版 6-2-12:2）

猪犬齿　M57：3，共发现 6 件，特征与 M52 出土的相同，均为上犬齿。（图 6-2-7B；彩版 6-2-12:3）

在墓葬的填土内发现有 1 件石钺的残片。

石钺　M57：01，黏土岩。灰绿色。仅存靠近顶端一角的一块近长方形残片，顶端平直，转角近弧形，近顶端的平面上有一个单面管钻孔，转角处的侧边打出一豁口，其余部分残缺，中间较厚，边缘很薄。残长 5.2~6.3、残宽 3.0~3.7、近孔部厚约 0.8、背部厚约 0.3 厘米。（图 6-2-7B；彩版 6-2-11:5）

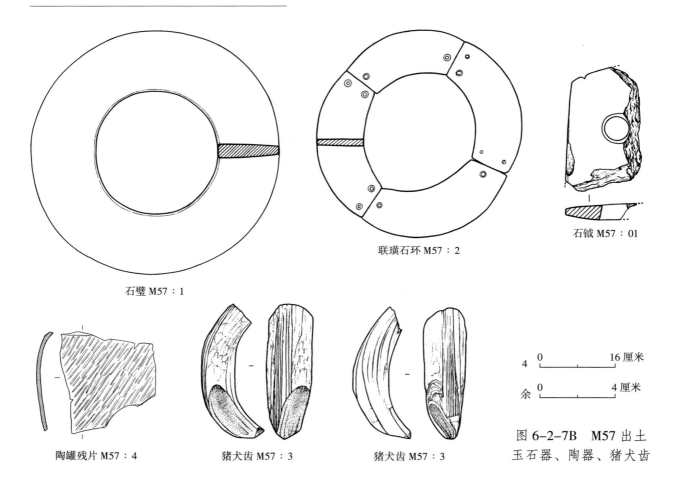

石璧 M57：1

联璜石环 M57：2

石钺 M57：01

陶罐残片 M57：4

猪犬齿 M57：3

猪犬齿 M57：3

图 6-2-7B　M57 出土
玉石器、陶器、猪犬齿

M59

M59 位于南区中部的 T16 和 T17。北侧接近南部发掘区的北边缘，南侧为 M52，东部打破第二期的 M95 和 M102。方向 295 度。除东部打破第二期墓葬处之外，其余圹边清楚，墓壁较规整，底面较平整。墓口距地表约 0.20、长约 2.50、宽约 1.30、现存深度为 1.37 米。墓室南侧未发现明确的二层台痕迹，其余的东、西、北三边均有宽窄不等的熟土二层台，其内侧的范围长 2.10、宽约 1.00米，现存高度为 0.50 米。墓葬遭到严重盗扰，但未清理出明确的盗洞范围，根据墓底部的情况看，盗洞应该在墓圹内南侧的中部，盗扰除破坏了南侧的二层台外，墓室中部已经被全部扰乱。墓主人为一个 31~34 岁的男子，骨骼全部堆放在墓室东半部接近二层台的北侧，人骨散乱，而且保存情况极差，已经无法看出其葬式。在墓室东端的二层台上有一个 6~7 岁的儿童，头骨在北侧，已经破碎，身体向东南侧下方扭曲斜置，部分骨骼置于墓室东端的正中间部位。墓圹内填红褐色花土。（彩版 6-2-13：1）

未发现随葬品。

M65

M65 位于南区中部的 T4 和 T5。南侧为 M57，北侧是 M52，东侧为 M87，西侧是 M70。方向 285 度。在现代平整土地时，墓葬上部遭到严重的破坏，墓室的上半部分已经被挖掉了，残存的下半部分圹边清楚，墓壁较规整，底部两端略高，中南部较低，为中间坡度平缓地凹入的弧形。墓口距地表约 0.40、现存长约 3.00、宽约 2.00、现存深度 0.75~0.90 米。墓室四周尚保存较低的熟土二层台，其中南侧稍宽，其余三边略窄，西北角微向外扩展，二层台内侧的范围长 2.35~2.40、宽约 1.20 米，现存高度为 0.05~0.10 米。墓葬被轻度盗扰，盗洞位于墓室的西部正中间，涉及墓室之外的范围较小，保留下来的部分平面近长方形，从西部延伸到墓室后进入西南部，室内部分区域被扰乱，但其他区域均未扰动。墓主人为一个 45~50 岁的男子，整个身体有些扭曲，似经拖拉，

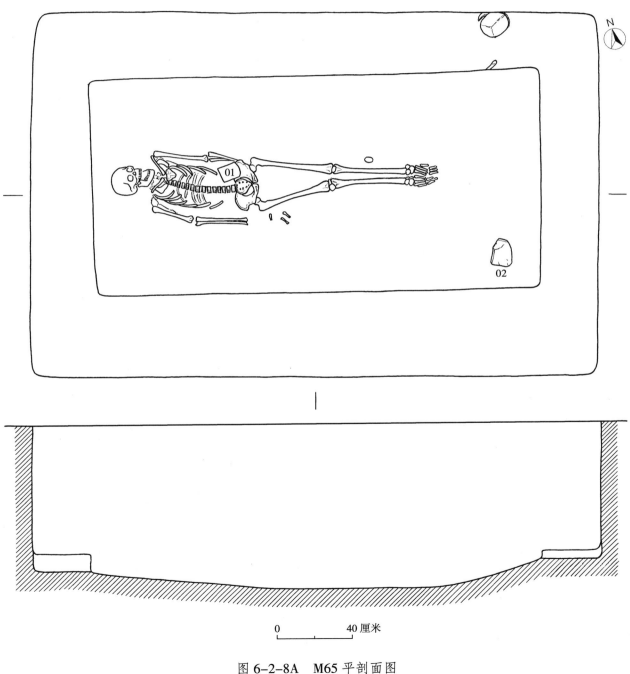

0　　　　40 厘米

图 6-2-8A　M65 平剖面图

01. 石斧（残）　02. 陶片

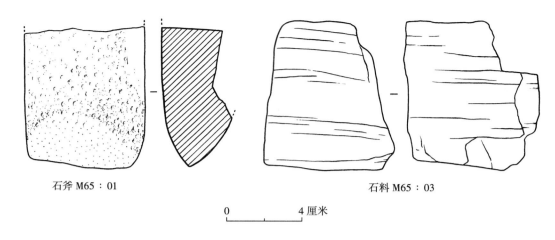

石斧 M65：01　　　　　　　　　　　　　石料 M65：03

0　　　　　4 厘米

图 6-2-8B　M65 填土出土玉石器

头骨整体高于身体其他部位，头颅略向后仰，面向上，口张开，仰身，颈椎不存，胸椎以下的脊椎呈中部略低的弧形，肋骨随着脊椎的弧度排列，右上臂微向外张，从肘部以下顺置于体侧，腕部只有散置于股骨外侧的小骨节，左上臂顺置于体侧，下臂斜向内置，手腕放在骨盆之下，双腿股骨部分向内斜伸，从膝盖以下并拢，小腿紧靠在一起，接近平行伸直，踝部并拢，双脚掌并列并分别向东侧倒置。墓葬的二层台东北部角上发现一个头骨，保存稍好，仅缺下颌，为一个 5~6 岁的儿童，可能是殉人残骸。墓圹内填红褐色花土。（图 6-2-8A；彩版 6-2-13:2）

在墓葬的填土和接近墓主人骨骼处发现有一些陶器残片和玉石器：墓室二层台内侧的东南部发现 1 块陶片，在墓主人左下腹部放置着 1 件残石斧，另外，在墓室的填土内还发现有 1 件石料残件。不能确认是否属于墓葬的随葬品，与本期其他墓葬中发现的随葬器物特点也不同，我们全部归入填土中。

陶片　M65：02，泥质灰陶。器表饰斜篮纹。根据陶片的弧度来看，应该是罐类器物的残片。

石斧　M65：01，辉绿岩。灰绿色。仅残余前半部，接近中部与上半部剥落的裂面，遍体布满琢制痕迹，刃部磨光，有使用痕。残长 7.0~7.5、宽 5.5~6.5、最厚处 3.5 厘米。（图 6-2-8B；彩版 6-2-13:3）

石料　M65：03，石英岩。黄白色。整体为不规则状，器物表面可看到石质层状分布的状况。残长 8.0~8.2、宽 4.0~6.9、厚 5.5~7.0 厘米。（图 6-2-8B；彩版 6-2-13:4）

M70

M70 位于南区西部的 T3 和 T4。北侧为 M56，东侧为 M65，南侧是 M75，西部打破第二期的 M68。方向 280 度。除西端是 M68 的填土，二者的界线和相互之间的打破关系较模糊外，其余边圹清晰，壁面较规整，东面稍窄，西面略宽，底部不太平整，墓室内没有发现明确的二层台痕迹。墓口距地表约 0.50、长约 2.10、宽 0.86~1.06、现存深度为 0.40 米。该墓未清理出明显的盗洞，但从墓室内的情况来看，应该曾经过严重扰乱，部分区域堆积着经过翻动的人骨或杂土。墓室内共有 3 个个体的人骨，但所有人骨均不规范，葬式不清，已经无法确认哪一个是墓主人。其中靠

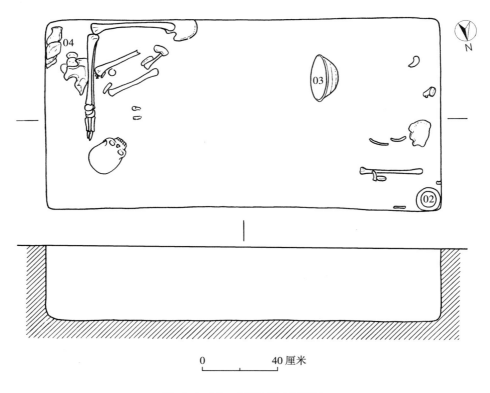

图 6-2-9A　M70 平剖面图

02. 玉环　03. 陶盆　04. 小口高领陶罐

东北部有头骨的死者为一个 14~17 岁的女子；东南角的死者为一个 17~18 岁的男子，只有四肢骨和右侧髋骨，肢骨与髋骨均不在原来的位置，有的骨骼可能是整体移动，也有的则是随意弃置；西部的死者仅可判断为成年女子，但年龄不详，发现了散置的左侧胫骨、残骶骨，骨骼放置位置十分散乱。墓圹内填灰褐色花土。（图 6-2-9A；彩版 6-2-14:1）

本墓内发现的所有遗物均散乱地混杂在填土和人骨之间，不能确认是否属于本墓的随葬品，全部归入填土中。

在墓葬的中部偏西位置发现了 1 个倾斜的完整陶盆，上部填土中还有一些散乱的陶片，是一件可复原的小口高领罐残片。

小口高领陶罐　M70：04，泥质灰陶。整体较圆胖，圆唇，敞口，高领，束颈，肩面微上鼓，折肩，最大径在肩部，腹部斜收，略鼓，平底。腹中部以上磨光，其中上腹部磨光不细，仍可隐约看到斜篮纹，器表有黑色陶衣，腹中部以下饰斜篮纹，篮纹的上端边缘处有一周锥刺纹，近底部较粗糙。口径 11.8、底径 11.5、最大外径 22.4、高 38.4 厘米。（图 6-2-9B；彩版 6-2-15:1）

敞口深腹陶盆　M70：03，泥质灰陶。方唇，敞口，宽沿斜折，上腹近直，下腹向外圆弧，近底部内收，平底。沿外磨光不细，上腹部为素面，下腹饰斜篮纹，近底部磨光。口径 25.2、底径 10.0、高 13.4 厘米。（图 6-2-9B；彩版 6-2-15:2）

在墓葬的填土中，还发现有 1 件完整的石环及 1 件玉料，未发现与任何一个死者有关。

石环　M70：02，大理岩。黄白色，部分泛青色，有红色斑块。磨制精细，无切痕，但环面

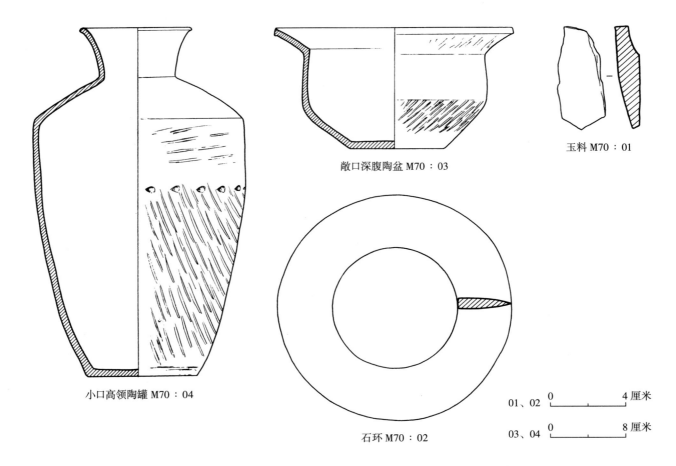

小口高领陶罐 M70：04

敞口深腹陶盆 M70：03

玉料 M70：01

石环 M70：02

01、02　0 ——————— 4 厘米

03、04　0 ——————— 8 厘米

图 6-2-9B　M70 填土出土陶器、玉石器

高低不平，中心钻孔为双面管钻，孔缘稍修整，较直，内缘处较厚，外圈边薄呈刃状。外径 12.5、内径约 6.7、最厚处 0.6 厘米。（图 6-2-9B；彩版 6-2-14:2）

　　玉料　M70：01，玉髓。灰白色，形制不规则，表面有剥落痕。长约 5.0~5.5、宽约 1.2~2.3、厚 0.4~1.2 厘米。（图 6-2-9B；彩版 6-2-14:3）

　　该墓内的三个死者可能有盗掘其他墓葬时挖出来的死者，已经不能辨识何者为本墓的主人了，墓地中还有一些墓葬或坑穴中也有类似的人骨散置情况，也有一些墓内已经将所有人骨全部扔出墓室，这是当时盗扰时造成的特殊现象。

M72

　　M72 位于南区西部的 T15 和 T16。南侧为 M56，东南侧为 M52，西南部、西部和北部分别打破了第二期的 M77、M78 和 M82，方向 285 度。墓壁比较规整，底部平坦，这是第三期少数缺乏熟土二层台的墓葬，或许在较早阶段，墓葬制度还不健全。墓口距地表约 0.65、长约 2.40、宽约 0.80、现存深度约 1.45 米。该墓未清理出明显的盗洞，可能曾经过轻度扰乱，不过只扰乱墓主人头骨附近，其余部分未受太大影响。墓主人为一个 30~35 岁的男子，头骨与上身涂朱，面向南侧上方偏转，口张开，似曾经移动，仰身，颈椎与锁骨缺失，胸椎以下较直，肋骨排列整齐，双臂顺置于体侧，

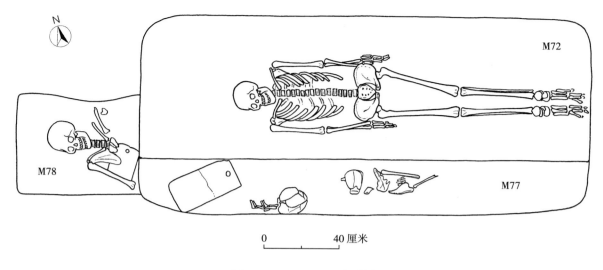

图 6-2-10 M72 平面图

手腕均位于股骨与骨盆交接处，骨盆完整，左侧股骨曾骨折，两腿分别向南呈弓形凸出状弯曲，膝盖以下略向北斜置，踝部并拢，双脚并列，脚掌并排向东南侧倒置。墓圹内填红褐色花土。（图6-2-10）

未发现随葬品。

M75

M75 位于南区西部的 T3 和 T4。北侧为 M70，南侧为 M50，东南侧为 M57，东北侧是 M65。方向 280 度。墓圹较清晰，壁面也规整，底部东半部近一半的区域基本保持着原来的墓底，比较平整，该墓未发现明确的熟土二层台，在这一排的三期墓葬中存在这种情况的有好几座，应该是制度不健全的体现。墓口距地表约 0.45、长约 2.00、宽 1.00、现存深度约 1.25 米。该墓曾经过严重扰乱，在墓葬口部就发现了明显的盗洞，位置在墓圹内的北中部到西部，最上部为一个西南—东北向的椭圆形坑。清理过程中，在距墓口约 0.25 米处的盗洞范围内弃置一个 45~50 岁的女子，仅存残破的头骨及部分肢骨。盗洞一直向下挖掘，由于深度挖过了墓底，在墓底西部形成一个不太规则的圆形凹底坑。坑内有一堆乱骨，毫无规律，其中有一个是 31~34 岁的男子，但仅存残破的头骨，部分肢骨及左侧残髋骨；另外，这堆人骨中还有另外一个成年男子，也仅有少量肢骨。这些人骨太乱，不仅已经分不清哪一个是墓主人，甚至是否全是本墓内的人骨也无从考证了。墓圹内填灰褐色花土。（图 6-2-11；彩版 6-2-16:1、2）

在该墓的填土中，发现了 1 件残断的石环。

石环 M75：01，仅保存一段璜状残片，两端的断茬不整齐，显然是环的一部分。大理岩。灰白色。中孔为双面管钻，内缘较厚，外圈边薄，断面为楔形，璜两端各以双面桯钻方式钻一个用于缀边的小孔，孔的口部较大，内壁倾斜。残长 10.3、环体宽 2.5、最厚处 0.6、缀孔径 0.3~0.7厘米。（图 6-2-11；彩版 6-2-16:4）

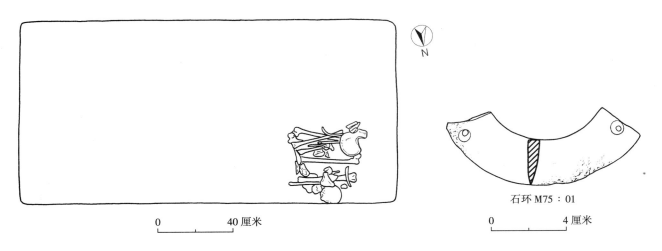

图 6-2-11　M75 平面图及其填土出土玉石器

M86

M86 位于南区中部的 T41 与 T42。西侧为 M148，北侧是 M96，东北侧是 M149，东南侧是 M155，西南侧是 M153，南部打破属于第二期的 M164。方向 275 度。墓葬圹边清晰，壁面也十分规整，底面平坦。墓口距地表约 0.40、长约 3.00、宽 1.40、现存深度约 2.00 米。墓室四周保存有高达 0.45 米的熟土二层台，其中西部保存较窄，西南角已经接近墓壁，或许是因为葬具朽坏时向外变形而留下的痕迹。发现时二层台内侧的范围长约 2.72、宽 0.90~1.05 米，现存高度为 0.45 米。墓室内已被严重盗扰，盗洞打在中西部属于墓圹的范围内，进入底部后将墓室内全部扰乱，或许二层台西端较窄就与盗扰时的破坏有关。墓主人的骨骼全无，但在墓底的中部发现了一个弃置的殉人骨骸，殉葬者可能为一个 12~13 岁的女孩，头骨已经移位，头顶向东北方向，身体却向南呈蜷缩状横置，脊椎呈南北方向，西侧的肋骨不存，东侧的肋骨排列尚好，肢骨和骨盆散置于身体周围，中、东部的墓室二层台范围内均可见到不同部位的骨骼。在墓底部中部集中发现有一些不同形状的大块石头，形状和放置方式没有规律，石头周围撒着一些朱红色粉末，不知是下葬时举行仪式的遗留，还是在盗扰时因某种原因被弃置于墓底。墓圹内填红褐色花土。（图 6-2-12；彩版 6-2-16:3）

在距墓口部约 0.60 米处，墓葬西北角的填土中发现了 1 件残石环，这里不属于盗洞的范围。

石环　M86：01，残损，仅余一小段。大理岩。沁蚀严重，表面为灰白色。中孔为双面管钻，内缘处较厚，外圈边薄，断面为楔形。外圈多处蚀缺，两端断茬不整齐。残长 12.5、环体宽 3.3、最厚处 0.6 厘米。（图 6-1-12；彩版 6-2-16:5）

M87

M87 位于南区中部的 T5 与 T6。南侧是 M100，西侧是 M65，北侧为 M91，东北侧为 M139，东南侧是 M140，东部打破属于第二期的 M121。方向 275 度。墓口所在平面北侧稍高，南侧略低，墓葬的圹边十分清晰，壁面也比较规整，在西端墓壁中部距西北角约 0.45 米、距底部约 0.40 米处有一个弧形凹入的脚窝，每个脚窝保存范围东西约 0.20、南北最宽处约 0.15 米，底部平坦。现存

图 6-2-12　M86 平剖面图及其填土出土玉石器
01. 石环

石环 M86：01

墓口距地表 0.40~0.60、长约 2.90、宽约 1.40、现存深度 1.80~2.00 米。墓室四边均保留有基本完整的熟土二层台，其中北侧较宽，南侧偏窄，西端比东端宽，二层台内侧的范围长约 2.60、宽约 0.90 米，保存高度约 0.30 米。整个墓葬已经被严重盗扰，西部及西侧墓圹之外均有明显的盗洞，平面为椭圆形，其中超出墓葬范围部分东西长约 0.90、南北宽约 1.10 米，盗洞由西向东逐渐加深，在距墓底约 0.65 米处与西端墓壁交会，然后倾斜进入墓室，室内二层台范围内全部被扰乱。墓主人可能为一个成年男子，包括头骨和肢骨在内的所有骨骼全部被扰乱，散置于墓底部的大部分区域内，有一部分骨骼还散落在盗洞的填土内，没有一点规律。墓葬底部的骨骼中还有两个可能为殉人，分别为 13~14 岁和 8~9 岁的儿童，其中稍大一点的殉人位于墓葬中部偏北的二层台内，另一个殉人的骨骼被散乱地弃置于墓室近北侧的中部，葬式均已经看不清楚了。此外，在墓葬的西部盗洞范围内近口部还发现一个可能为成年男子的头骨残片，由于残存过少，不能确认是属于该墓的墓主人还是在盗掘本墓的同时从其他墓葬中挖出的部分遗骨。墓圹内填红褐色花土。（图 6-2-13A；彩版 6-2-17:1）

在墓室的底部发现了 5 件玉石器，因为分别在墓室的底部或在二层台内，而不是在填土中，我们认为应该是本墓的随葬品，只是被盗扰时扰乱了，不能确定原来下葬时所在的位置。其中有 1 件璧发现于二层台内侧的西北角，1 件环位于墓室中部偏北处，在墓室的中部偏北侧还有 2 个动物头状的小饰品，另外，北侧二层台内发现了 1 件石琮。（彩版 6-2-17:2）

石琮　M87∶1，大理岩。主体为深绿色，受沁部分白化。单节，整体为扁平的方形，两端的四个角略低于环形琮面，形成近似射的效果；中间为双面管钻穿孔，孔内缘修整为四角圆弧、四边近直的方圆形，内壁较光滑；四个侧面较平整，每一面靠近两边的部分各有两道一组的竖向凹槽；四个转角处均划出三道平行凹槽，所有凹槽皆中间较宽深、两端略尖浅，其余琮体素面。内径 5.1~5.6、外侧边长 6.2、内侧缘厚 0.5、通高 2.9 厘米。（图 6-2-13B；彩版 6-2-17:3）

石璧　M87∶2　大理岩。黄白色，部分带糖色，器表许多沁入的不规则状褐色线纹，微透明。形制较规整，中孔为双面管钻，外圈不太圆，外缘磨成弧圆状，内缘较直，环体中部基本均厚，但不同部位不匀，断面为一边略外凸的长方形。外径 16.1~16.6、内径约 6.6、厚约 0.7 厘米。（图 6-2-13B；彩版 6-2-18:1）

玉环　M87∶3，透闪石玉。青灰色，整体颜色较深，中间有不规则状的黄褐与白色细线纹路，边缘受沁，呈黑褐色。加工较规整，中孔为双面管钻，内缘为外凸弧状，较厚，外圈略薄，断面为楔形。外径 12.4~12.5、内径约 6.4、厚约 0.2~0.5 厘米。（图 6-2-13B；彩版 6-2-18:2）

动物头状石饰　共 2 件，均为伊利石。白色略暗，微泛浅黄色。圆雕，正面雕出似虎、熊或猫类动物头部的轮廓，背部平整，两侧各有一个桯钻的斜穿小孔直通背部，中间为一个贯穿上下的直孔。应为缝缀的饰品。

M87∶4，面部轮廓较明显，刻有耳、眼、嘴等，心形花朵状双耳上竖，圆形双目微内凹，两腮部有弧形凸出，显出圆滑的嘴部和下巴，似十分警觉，形象生动。高约 1.5、宽约 1.3、厚约 0.8 厘米。（图 6-2-13B；彩版 6-2-17:4）

M87∶5，面部轮廓不明显，仅用凹痕雕出动物头部各个部位的大致形状。高约 1.5、宽约 2.0、厚约 0.6 厘米。（图 6-2-13B；彩版 6-2-17:5）

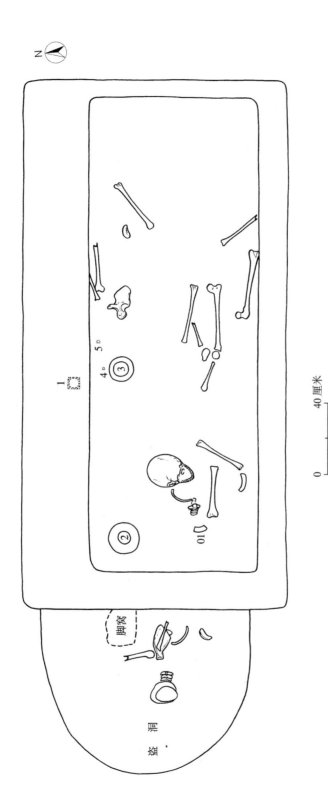

图 6-2-13A　M87 平面图

1. 石琮（二层台内）　2. 石璧　3. 玉环　4、5. 动物头状石饰　01. 石环（璧）残片

0 ⸺ 40 厘米

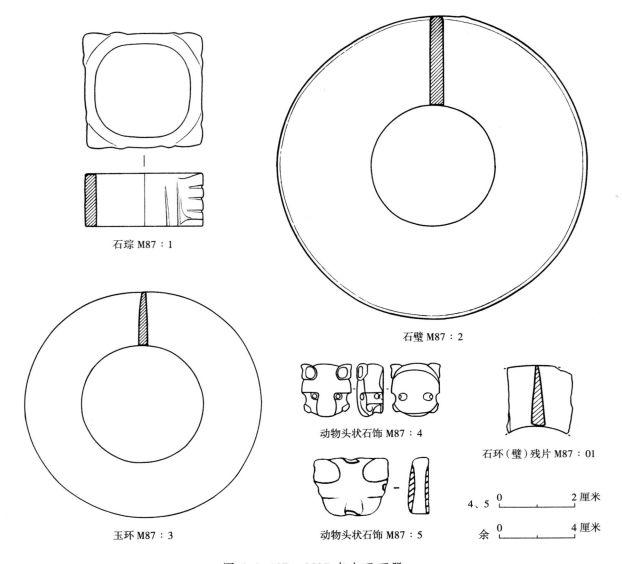

石琮 M87：1

石璧 M87：2

玉环 M87：3

动物头状石饰 M87：4

动物头状石饰 M87：5

石环（璧）残片 M87：01

4、5 0 ____ 2 厘米

余 0 ____ 4 厘米

图 6-2-13B　M87 出土玉石器

　　除上述随葬品外，在墓葬东部距墓口部约 1.15 米处的填土中还发现了 1 块玉石残片，这里不是盗洞的范围，应该是下葬时填土中夹杂的遗物。

　　石环（璧）残片　M87：01，残断，仅余一小段，是环或璧的残片。大理岩。青白色，含有深绿色斑晶。中孔为双面管钻，内缘斜弧且厚，外圈边薄，断面为楔形。残长 3.3、器体宽 3.3、最厚处 0.7 厘米。（图 6-2-13B；彩版 6-2-17:6）

　　M91

　　M91 位于南区中部 T17 和 T18。北侧接近南部发掘区的边缘，东侧是 M132，南侧为 M87，西部和东南部分别打破了属于第二期的 M97 和 M118。方向 283 度。墓葬圹边清晰，壁面规整，在墓室接近底部的四壁上可以看到挖墓时留下的工具痕迹，皆为斜向或竖向平行的凹痕，大约 0.15 米为一排，如果是斜向的痕迹，上下两排之间方向调换（彩版 6-2-19:3），墓葬底面平坦。墓口

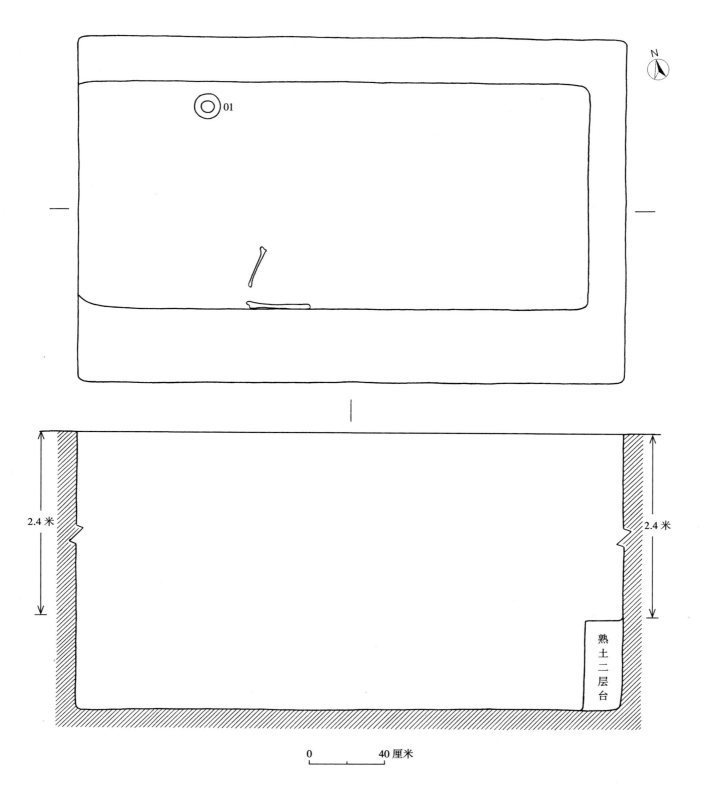

图 6-2-14A M91 平剖面图

01. 玉璧

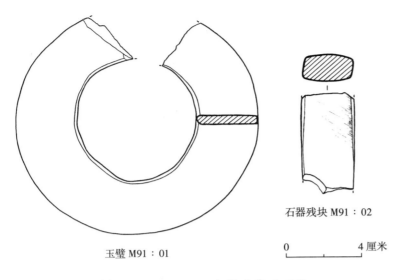

玉璧 M91：01

石器残块 M91：02

0   4 厘米

图 6-2-14B　M91 盗洞采集玉石器

距地表约 0.40、长约 2.90、宽 1.90、现存深度约 2.40 米。墓室四周有熟土二层台，其中西端的二层台已经不存在了，我们标示的二层台范围包括西端被毁坏的区域，二层台内侧的范围长约 2.70、宽约 1.25 米，现存高度约 0.50 米。墓圹内的中西部有一个规模较大的盗洞，一直打到墓底部，然后向周边扩展，由于盗扰严重，整个墓底基本没有残存任何遗存。墓室内不见随葬品，仅存两段腿骨被弃置在南侧的地层内侧边缘，可能是墓主人的骨骼，无法判断其年龄与性别。墓圹内填红褐色花土。（图 6-2-14A；彩版 6-2-19:1、2）

在墓葬北侧的中部、属于盗洞的范围内，距墓口约 1.00 米处，发现有 1 件玉璧和 1 件石器残块，无法确认是属于本墓的随葬品还是盗掘本墓的同时在其他墓内挖出来的遗物。

玉璧　M91：01，透闪石玉。青绿色，夹杂有黑色或灰白色的条状或云团状斑纹。器形不太规整，内外圈均不太圆，也不平滑，内缘磨出弧形凸出，外圈则基本为方棱形，璧体的厚度与孔缘基本一致，断面为一面略弧的长条形。缺失了一小块，缺口旁还有一块发生了断裂。外径 12.5~12.8、内径 6.3~6.6、厚 0.5 厘米。（图 6-2-14B；彩版 6-2-19:4）

石器残块　M91：02，大理岩。浅白色，微黄。整体为一个四面均微微鼓起的长方体，上下两端皆残断，其中一端还留下一个弧形内凹的钻孔痕迹。残长 5.6、环体宽 2.6、最厚处 1.5 厘米。（图 6-2-14B；彩版 6-2-19:5）

M96

M96 位于南区中部的 T29、T30、T41 和 T42。北侧是 M100，东侧是 M149，南侧为 M86，西部打破第二期的 M108。方向 280 度。墓葬圹边清晰，壁面也十分规整，底部平坦。现存墓口距地表约 0.35、长约 3.00、宽约 1.80、现存深度约 1.75 米。墓室周边有熟土二层台，二层台内侧还有一个较小的低平凹面，类似于棺室的范围，形成两个二层台。外圈二层台内侧的范围长约 2.46、宽约 1.20 米，现存高度为 0.40 米；内圈的二层台范围长约 2.05、宽约 0.80 米，底面高度约 0.05 米。墓葬被严重盗扰，盗洞位于墓圹的西部，部分洞穴超出了西端墓圹约 0.30 米，墓圹之外的部分为圆弧形，宽约 1.10 米，进入墓室约与二层台上缘平齐时，盗扰范围扩大到整个墓室。在墓底部还发现有较厚的一层朱红粉末，两块体积较大的长条状石块置于骨骼之上的墓室中央，这里属于盗扰的范围内，不能确认这两块石头是盗扰时扔进墓内，还是原来下葬时就放在墓内，只是移动了位置。墓主人的骨骼全部在内圈的范围内，为一个 20~25 岁的男子，人骨包括头骨、髋骨、尺骨残段等，由于遭到严重盗扰破坏，散乱地置于墓底，毫无规律，葬式已不可知。墓圹内填红褐色

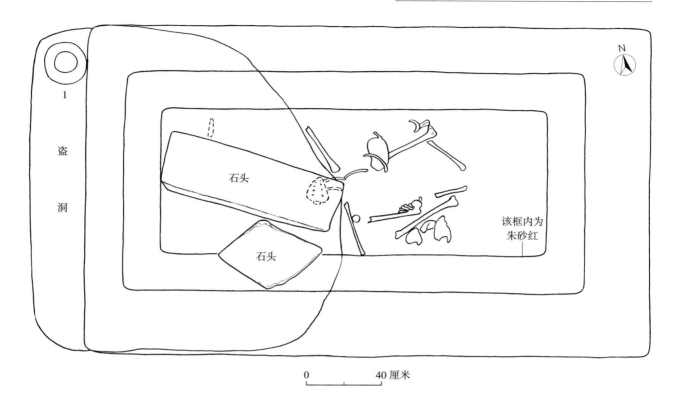

图 6-2-15A　M96 平面图

1. 石璧

花土。（图 6-2-15A；彩版 6-2-20:1、2）

　　在墓葬西侧属于盗洞的范围内，距墓口约 1.10 米处发现了 1 件精致的石璧，可能是遗失在盗洞内的随葬品。

　　石璧　M96:1，大理岩。近黄白色，有不太清晰的豆青或浅灰色斑纹，器表经抛光。形制规整，中孔为单面钻，内、外圈均不太圆，厚薄不均，由于切割和磨制不细，有两处很薄，整体由边缘向中心逐渐加厚，断面不太规整，部分区域经沁蚀。外径 16.8~17.5、内径 6.7~7.0、厚 0.4~0.8 厘米。（图 6-2-15B；彩版 6-2-20:3）

M100

　　M100 位于南区中部的 T29 和 T30。南、北分别与 M96、M87 为邻，西南侧是 M116，西北侧是 M57，东北侧是 M140，

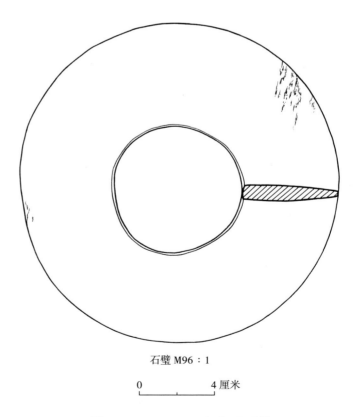

石璧 M96:1

图 6-2-15B　M96 出土玉石器

东南侧为 M149，西部、西南部、东部和东南部分别打破了第二期的 M94、M113、M133 和 M127 四座墓葬。方向 276 度。墓葬圹边清晰，壁面规整，底部平坦。底面整个铺洒一层朱砂，其中墓主人的上半身所在位置铺垫最多，直到发掘时，墓主人尸骨周围的土色仍旧为朱红色，殉人的骨架上亦有朱红。墓口距地表约 0.45、长约 2.80、宽 1.60、现存深度约 1.85 米。墓室周边有二层熟土台阶，可能分别是椁室与棺室的痕迹，外圈二层台内侧范围长约 2.58、宽约 1.05 米，保存高度约 0.40 米；内圈二层台内侧范围长约 2.20、宽约 0.65 米，保存高度约 0.10 米。墓葬被盗扰，上部的盗洞接近西侧墓壁，一部分超出墓室的范畴，打破了墓壁的中部，墓圹之外的盗洞为东西狭长的长方形，宽度约 0.60 米，在墓圹范围内的盗洞较宽大，占据了墓葬西半部的绝大部分区域，但下挖的洞穴达到墓室上层的二层台层面后，并未向中间扩展，所以墓葬底部绝大部分保存完好。墓主人的骨骼已经全部朽坏，无法鉴定性别和年龄，根据留下的大致轮廓可确认头向西，头端略偏南，脚端稍偏北。在墓室东南部接近底部的二层台内发现有一个 7~8 岁的儿童，骨骼相互叠置，缺乏规律，无法确认其具体葬式。另外，在墓葬盗洞范围内距墓口部约 1.30 米、接近二层台面的地方还弃置着一个小孩的骨骼，头顶向北，下颌骨脱落，肢骨和肋骨散置，已经不能辨别葬式、性别和年龄，也不能确定是本墓的殉人还是在盗掘过程中将其他墓葬中的殉葬者混进本墓填土之中，即使属于该墓，也无法确认其原来所在的位置。墓圹内填灰褐色花土。（图 6-2-16A；彩版 6-2-21:1、2）

墓内随葬品全部为比较精致的玉石器，累计达 9 件，只有 1 件环发现于距口部约 1.15 米处的盗洞范围内（彩版 6-2-21:3），已经不能确定原来下葬时的位置，其余的所有器物基本保持在下葬时的原位，应该是当时比较流行的基本组合。其中墓主人两臂近腕部均套叠着各种璧、环和联璜璧，

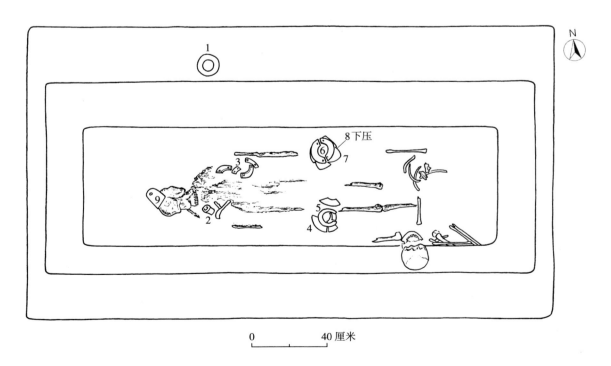

图 6-2-16A　M100 平面图

1. 石环　2. 管状玉饰　3. 异形联璜玉环　4. 联璜石璧　5、8. 玉环　6. 联璜玉璧　7. 玉牙璧　9. 钺形石器

胸部有 1 件多边形联璜环，当是挂件，右胸接近肩部还有 2 件管状饰，头顶外则斜置着 1 件钺形器，刃部向东南侧。（彩版 6-2-21:4，6-2-22:1）

钺形石器 M100：9，蛇纹石岩。土沁严重，全部白化，黄白色，双面均磨光，表面有光泽。顶端窄刃端宽，刃部不明显，较厚，一角已残，顶端平直，有切痕，一侧边较直，另一侧边略斜，刃部较钝，近顶端的平面中心处有一个单面钻孔。器表留有布纹，上端有朱红痕迹。长 8.0、上端宽 5.0~6.0、刃端残宽 5.5、厚 0.6~1.0、孔径 0.8~1.0 厘米。（图 6-2-16B；彩版 6-2-22:2）

璧、环类器物种类较全，均较精致，但质地各异。可分为环、联璜环、异形联璜环和牙璧等几种。

环 共 3 件，形制较规整，环体较窄，中孔较大。其中一件为大理岩，两件为透闪石玉。

M100：1，大理岩。浅绿间灰白色，中间有较深的绿色条带。厚薄不匀，中孔为双面管钻。外径 11.3~11.4、中孔径 6.5~6.6、中部厚 0.7、边缘最厚处 0.5 厘米。（图 6-2-16B；彩版 6-2-23）

M100：5，透闪石玉。青色发灰，边缘受沁发白。中孔为双面管钻，内、外圈均较圆，正背两面各有一道切痕。外径 10.2、中孔径 6.2~6.4、厚 0.4 厘米。（图 6-2-16B；彩版 6-2-24:1）

M100：8，透闪石玉。青绿色，表面局部受沁白化。器体很窄，中孔为双面管钻并经修整，环壁较厚且均匀，器体上有一个单面桯钻小孔。外径 8.9~9.0、中孔径 5.9~6.0、厚 0.5 厘米、桯钻小孔直径 0.2~0.8 厘米。（图 6-2-16B；彩版 6-2-24:2）

联璜璧 共 2 件，其中一件为黏土岩，另一件为透闪石玉。

M100：4，黏土岩。青白色，受沁白化较严重。由三块璜形片组成，其中一块断裂，有对称的小孔连缀，相邻的两璜之间也用相对的单面桯钻孔连缀。器表打磨精细，但厚薄不匀，表面留有切痕。中孔为双面管钻。外径 12.5、中孔径 6.0、厚 0.4~0.6 厘米。（图 6-2-16B；彩版 6-2-24:3）

M100：6，透闪石玉。青白色，受沁部分白化。由两段璜片缀连而成，形制规整，中孔为双面管钻，内外均较圆，厚薄均匀，两璜相接处各以相对应的一个双面桯钻小孔连缀。外径 12.4~12.6、中孔径 6.2、厚 0.7 厘米。（图 6-2-16B；彩版 6-2-25）

异形联璜玉环 M100：3，透闪石玉。青灰色，表面受沁发白。整体近不规则的外弧边三角形，由三块外圈带凸角的弧形璜片缀连而成，其中一块有经缀补的斜向断裂缝，相邻的两块璜片间用对应的单面桯钻小孔连缀。中孔为双面管钻，内圈边缘磨圆，整体器物厚薄均匀，断面近长方形，一块外圈带锐角的璜片中部近中孔处钻有一个小孔，内镶一颗绿松石粒。环体宽约 2.1~2.8、中孔径 6.3~6.6、厚 0.6 厘米。（图 6-2-16B；彩版 6-2-26）

玉牙璧 M100：7，透闪石玉。青绿色，抛光较好，周边钙化，部分受沁白化。制作规整，中孔为两面管钻而成，平面外轮廓为方形，四牙边刃明显，中间厚，由中心孔向边缘逐渐变薄，断面为楔形。两面修整，表面温润，细腻，有不太清晰的线拉切痕迹，牙沟摩擦划痕依稀可辨。外轮廓宽 11.9~12.7、中孔径 6.0~6.2、中心最厚处 0.6 厘米。（图 6-2-16B；彩版 6-2-27）

管状玉饰 M100：2，透闪石玉。青白色，器表经沁蚀，部分白化。整体为亚腰形管状，一端小，一端大，中心以单面两次管钻贯通，孔偏于一侧。一端直径 3.0、另一端直径 2.2、壁厚 0.8~1.0、中孔径 0.7~2.5 厘米。（图 6-2-16B；彩版 6-2-22:3）

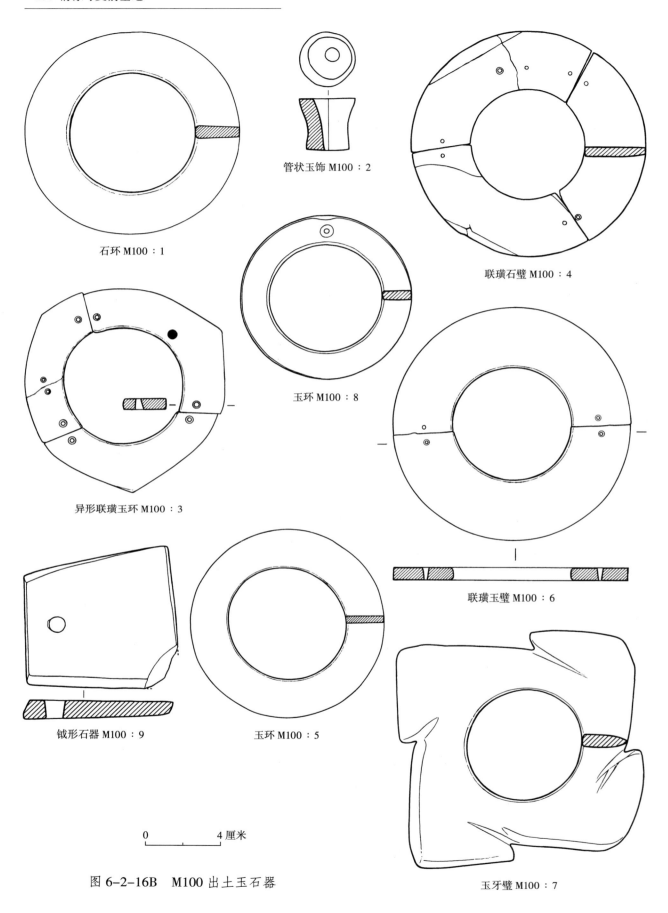

石环 M100：1

管状玉饰 M100：2

联璜石璧 M100：4

玉环 M100：8

异形联璜玉环 M100：3

联璜玉璧 M100：6

钺形石器 M100：9

玉环 M100：5

0　　　　　4厘米

图 6-2-16B　M100 出土玉石器

玉牙璧 M100：7

M116

M116 位于南区中部的 T28 和 T29。北侧为 M57，西侧是 M53，东北侧是 M100，东南侧是 M96，南侧是 M147。方向 289 度。墓葬圹边清晰，四壁规整，底部平坦，墓口距地表约 0.35、长约 2.70、宽 1.95、现存深度约 1.45 米。墓室四周有保存较低的熟土二层台，二层台内侧的范围长约 2.20、宽约 1.25 米，保存高度约 0.10 米。墓葬遭到盗扰，盗洞打在墓圹内的西部，规模较小，进入墓室后将中西部扰乱。墓主人可能为一个成年男子，年龄不详，残碎的头顶偏向西北，面向不清，仰身，上半身骨骼已经移位，而且保存很差，骨骼放置也较乱，双腿股骨微向内倾斜，膝盖以下平行伸直，踝部并拢，脚趾杂乱。墓圹内填灰褐色花土。（彩版 6-2-28:1）

未发现随葬品。

M132

M132 位于南区中部的 T18 和 T19。西侧为 M91，北侧接近南部发掘区的边缘，东侧是 M160，南侧为 M139，西部打破了属于第二期的 M119 和 M130。方向 272 度。墓葬的圹边十分清晰，壁面也很规整，底面平坦，墓口距地表约 0.50、长约 2.90、宽 1.80、现存深度约 1.70 米。墓室周边有熟土二层台，二层台内侧范围较规范，长约 2.65、宽约 1.15 米，保存高度约 0.05 米。墓葬遭到严重盗扰，墓葬的西南部有一个横跨墓圹内外的盗洞，墓圹内的盗洞从墓葬西南角一直延伸到中部，形状不规则，墓圹外的范围从墓葬西南角到南壁中部逐渐向南侧扩展，最宽处约 0.40 米，洞穴一直达到与墓室二层台接近的深度后，又向周边扩展，对墓室内的底部全部进行了扰乱。在墓室中部偏西北处弃置着一个酥碎的头骨，旁边的墓室西半部散乱地堆积着一些肋骨和股骨，这些骨骼表面发黑，不能确认是经过火烧还是其他原因所致，已经无法鉴定其年龄、性别。墓圹内填红褐色花土。（彩版 6-2-28:2）

在墓室西部弃置的人骨旁边发现了 1 件锥状的陶质饰品，虽然不能确认其不是该墓的随葬品，考虑到该墓被盗扰的严重程度和这件器物附近的人骨已经被扰动的事实，我们还是将其作为填土中发现的遗物进行介绍。另外，在墓葬的上层填土中还发现 1 件石环残片。

陶饰 M132：01，泥质灰陶，中前段为圆锥状，后段被压扁，后端呈圆弧形，近后端中部有一个单面穿刺形成的小孔。长 7.0、中部最大直径 1.3、穿孔直径 0.2~0.6 厘米。（图 6-2-17；彩版 6-2-28:3）

石环 M132：02，残块，伊利石，亦即水白云母。深绿色，微透明。中孔为双面管钻，内缘厚，外圈边薄，断面为楔形，器物表面有螺旋状的磨制痕迹，残断的一端有一个双面桯钻的缀孔。残存最长处 3.5、环体宽 2.3 厘米。（图 6-2-17；彩版 6-2-28:4）

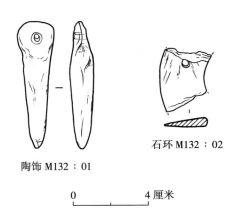

陶饰 M132：01

石环 M132：02

0   4 厘米

图 6-2-17 M132 填土出土陶器、玉石器

M139

M139 位于南区中部 T6 与 T7。西侧为 M87，北侧是 M132，东侧为 M161，南侧是 M140，东部和西

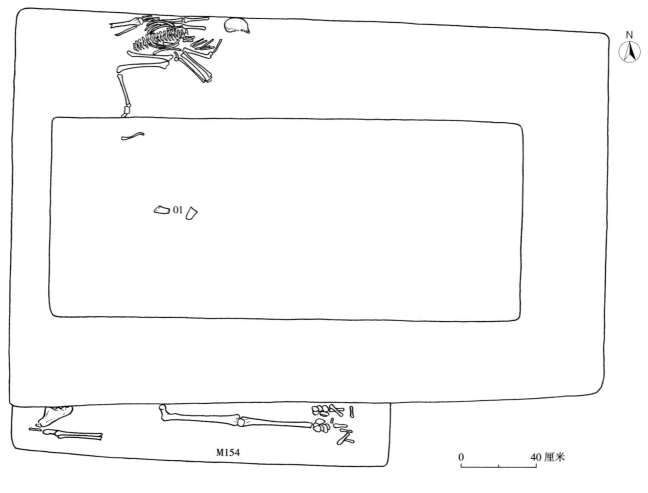

图 6-2-18A　M139 平面图

01. 石镯

南部分别打破了属于第二期的 M1 和 M154。方向 271 度。墓葬的圹边十分清晰，壁面也很规整，底部较平坦。墓口距地表约 0.55、长约 3.15、宽约 2.0~2.2 米、现存深度约 1.40 米。墓室周边有熟土二层台，二层台内侧的范围长约 2.50、宽约 1.10 米，保存高度约 0.45 米。墓葬被严重盗扰，由于盗洞打在墓圹范围内，未清理出明确的洞穴，进入墓室后扩展至整个墓室，对底部全部进行了扰乱，但未涉及二层台的范围。墓主人骨骼已经全部不知去向。在墓葬北侧偏西部的二层台上弃置着一具羊的骨骼，头向东，贴于墓壁内侧，身体似趴伏于二层台上，四肢不规则地置于肋骨周围，只有一条腿呈曲尺状伸向墓室，另有一件肢骨弃置于墓室范围内，从保存的左上颌可知年龄为半岁左右。墓圹内填黄褐色花土。（图 6-2-18A；彩版 6-2-29:1、2、4）

　　墓室底部中部偏西处发现有 2 块可拼合在一起的镯残片，虽然极有可能是本墓的随葬器物，但墓葬盗扰如此严重，甚至墓圹内的人骨也被挖出墓圹，我们没有足够证据说明此玉石器的确切归属，权且作为墓葬填土中出土的器物介绍于下。

　　石镯　M139：01，残，伊利石，即水白云母。灰白色，多处有受沁形成的褐色斑点。整体为圆形筒状，周壁的中部为缩腰，上下均为较窄的平沿，接近上下沿的外表有横向线状磨痕。外径8.0、

内径 6.1、厚 0.3、器高 2.5 厘米。（图 6-2-18B；彩版 6-2-29:3）

M140

M140 位于南区中部 T6、T7、T30 和 T31。北侧为 M139，东侧是 M162，南侧为 M149，西北侧为 M87，西南侧是 M100。方向 282 度。墓葬的圹边十分清晰，壁面也很规整，底部平坦。墓口距地表约 0.50、长约 3.06、宽约 1.90、现存深度约 2.60 米。墓室周边有熟土二层台，二层台内侧的范围长约 2.50、宽约 1.10 米，保存高度约 0.30 米。墓葬被严重盗扰，而且有东、西两个盗洞，均超出了墓圹的范围并打破墓壁，其中为东端的盗洞位于东侧边缘正中间，平面为东西向的弧角长条形，一半在墓圹内，另一半在墓圹外，长约 1.20、宽 0.60 米，挖到接近二层台上缘时，西侧呈弧形内收进入墓室，与墓壁交接处深约 2.20，墓室内侧部分最深处与整个墓深一致。墓葬西端的盗洞也跨在墓壁内外两侧，洞穴南北贯通，东半部分为南北狭长的椭圆形，西半部分为东侧较宽的梯形，椭圆形部分南北长约 1.90、东西宽约 0.60 米，西侧的梯形西侧边南北长约 0.90 米，东侧边南北长约 1.10 米，东西宽约 0.40 米，洞穴西侧壁面上半部分较直，从距墓口约 1.40 米处开始呈缓弧形或台阶状内收，与墓壁相交处最深约 1.85 米，进入墓室后的深度与整个墓深一致。在盗洞距墓口约 1.40 米处有一处不规则形的踩踏面，南北最长处约 1.00、东西最宽处约 0.80 米，或为盗扰时留下的。墓内没有任何人骨和随葬品的迹象，已经被盗掘为空墓。墓圹内填土黄褐色花土。（图 6-2-19A；彩版 6-2-30:1）

在盗洞的踩踏硬面东北侧发现有一件残环片，这里是盗洞所在的范围。

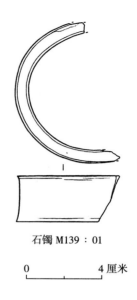

石镯 M139：01

```
0          4 厘米
```

图 6-2-18B　M139 填土
出土玉石器

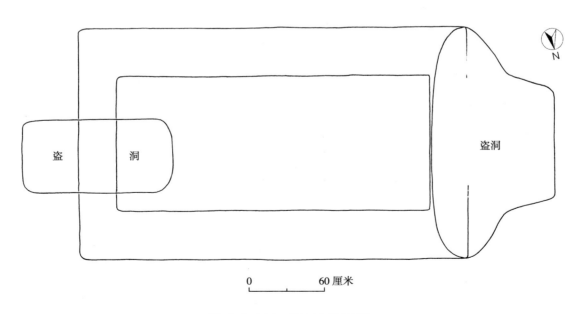

```
0          60 厘米
```

图 6-2-19A　M140 平面图

石环 M140：01

0   4厘米

图 6-2-19B M140 盗洞
出土玉石器

石环 M140：01，蛇纹石岩。浅绿色，表面受沁发白。环状，较薄，两端皆残，一端偏上有一个双面桯钻的小孔，厚薄均匀。残长 3.5、环体宽 1.5、厚 0.3 厘米。（图 6-2-19B；彩版 6-2-30:2）

M141

M141 位于南区西部 T27 和 T39。南侧为 M146，东侧为 M147，北侧是 M53，东部打破第二期的 M136 和 M145，西部打破第二期的 M142。方向 275 度。墓葬上部已经被后代起建或维修清凉寺时严重破坏，西南部残存部分较浅，其余部分圹边十分清晰，壁面也很规整，底部平坦。墓口距地表 0.70~1.15、长约 2.50、宽约 1.50、现存深度 0.85~1.30 米。墓室周边有两端呈圆弧状的熟土二层台，二层台内侧的范围东西最长处约 2.25、宽约 1.10 米，保存高度约 0.40 米。墓葬被严重盗扰，盗洞应该打在墓圹范围的西半部，但未清理出明确的范围来。墓主人是一个成年男子，但无法确定其年龄，其上半身已经不存，只有一个破碎的头骨还在原来的位置，下半身也只有两腿部分骨骼大概方位的朽痕，尚可看出两腿是直肢，皆从膝盖以下向内斜收，踝骨并拢，脚尖向东倒置。墓圹内填黄褐色花土。（彩版 6-2-30:3）

在墓主人上半身双臂的位置发现有部分随葬品，其中左臂的肘部附近有 1 件璧、右臂近腕部有 2 件断为四块的环。另外，在墓主人头骨西侧发现了一些猪犬齿散乱地弃置在二层台内侧边缘处。

石璧 M141：1，大理岩。器表为灰白色，受沁严重，有不规则的褐色斑块。器形较规整，中孔为双面管钻，内外圈皆圆，器体厚薄不匀，内、外缘皆为方棱状，但内缘稍厚，器体有两

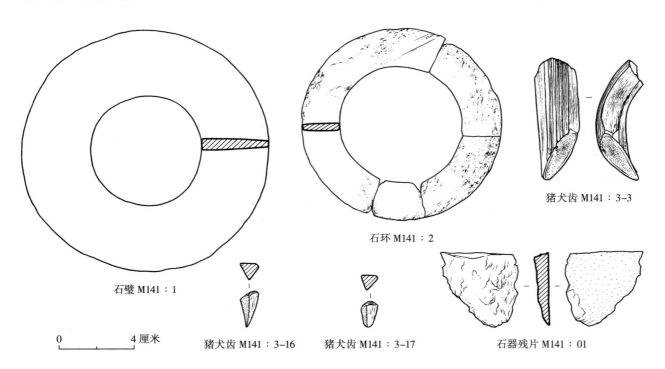

石璧 M141：1

0   4厘米

猪犬齿 M141：3-3

石环 M141：2

猪犬齿 M141：3-16   猪犬齿 M141：3-17   石器残片 M141：01

图 6-2-20 M141 墓葬及填土出土玉石器、猪犬齿

处发生断裂，但基本保存完好。外径约 13.2、内径约 6.1、厚 0.3~0.5 厘米。（图 6-2-20；彩版 6-2-31:1）

石环　M141：2，蛇纹石岩。黄白色，局部有黑褐色斑点。形制较规整，中孔为双面管钻，器体厚薄较均匀，断面为长条形。由于受沁严重，外圈不太光滑，而且整体已断为四段，在几个相接处多有缺损。外径 10.5、中孔径 6.5、厚 0.4 厘米。（图 6-2-20；彩版 6-2-31:2）

猪犬齿　M141：3，共 20 件，其中下犬齿 1 件，余 19 件为上犬齿，特点与 M52 等墓内出土的同类牙齿相同。（图 6-2-20；彩版 6-2-31:3）

在该墓的填土中还发现了一块石器残片，应当不是本墓的随葬器物。

石器残片　M141：01，大理岩。黑、灰、黄斑杂。一面较平滑，另外一面有剥落痕。最长处 4.3、最宽处 4.0 厘米。（图 6-2-20；彩版 6-2-30:4）

M146

M146 位于南区西部的 T39 和 T40，属于整个墓地的西南部。北侧为 M141，东北侧为 M148，东南侧是 M150，西南侧是 M264。方向 274 度。墓葬上部和西部的绝大部分墓壁均被后代建设或维修清凉寺时破坏，西北部的较小范围内存在很低的壁面，剩余部分的圹边十分清晰，东、南、北三面的壁面也很规整，底部较平坦，墓口距地表约 0.70、长约 2.70、宽约 1.70、现存深度约 0.95 米。墓室周边有熟土二层台，但较低浅，其内侧范围长约 2.00、宽约 0.80 米，保存高度约 0.05 米。墓葬未清理出明确的盗掘范围，从被破坏墓主人的葬式和两腿的放置方式看，应该也经过盗扰，扰乱的范围大概限于墓室的西部，室内残存部分还保留着较多的信息。墓主人为一个成年男子，年龄不详，头向西，仰身，骨盆以上及右腿股骨全部被破坏，仅余左腿及右腿下半部，双腿呈弓形向外凸出，脚跟向内并拢，脚尖分别向东北和东南两侧斜置。墓内发现有 4 个殉人，是整个墓地中发现殉人最多的墓葬：墓室北侧的二层台上有一个 20~25 岁的女子，整体为侧身屈肢，头骨上部被压变形，头向西，面向北，上身略侧，脊椎呈 S 形扭曲，左肩向上抵近下颚，上臂被压在身下，肘部向下弯曲，腕部折而向上，搭在墓壁边上，右上臂沿身体顺置，紧贴在身侧，从肘部向内折，横置于上腹部，手腕向下屈置，怀抱着两件玉石器，骨盆原来应是侧身的体位，后经挤压，呈平置状，已明显变形，左腿向北微呈弧形凸出，右腿股骨向北斜置，膝部凸出，膝下向东南侧回折，整个右腿呈屈肢状压在左腿之上，脚部被压在东北角另一个殉人的身下。东北部二层台上的死者为一个呈趴卧状的男子，年仅 14~17 岁，头向北，整个身体呈趴卧状，侧靠在墓葬的东北角，上身扭曲致使脊椎弯曲，左臂、耻骨、坐骨、髂骨被挤压在一起，右上臂斜置于体侧，肘部斜向外折，手部放在二层台边缘，腿部经挤压后呈不规则状向前下方屈肢，呈折叠状与脚部一起被压在整个身体之下。墓葬东部有两个死者叠压在一起，其中上部呈趴卧式的是一个 11~12 岁的儿童，性别不详，头向南，面向下，身体中部向下弯曲呈不规则屈体，脊椎随身体的起伏而弧形弯曲，右上臂与身下另一个殉人的左臂纠缠在一起，从肘部以下被压在身下，左臂则紧贴于体侧，从肘部开始折而向下弯曲，并被压在身下，骨盆处明显向上弓起，使整个死者的身体呈横置的 S 形，腿部的股骨伸向斜下方，膝部以下折向北侧平行横置，脚部呈不规则状叠置于下面死者的下肢上。这个小孩之下叠压着另一个横卧的女子，年龄约 27~28 岁，位于墓葬东南角，头顶向南，颈部扭

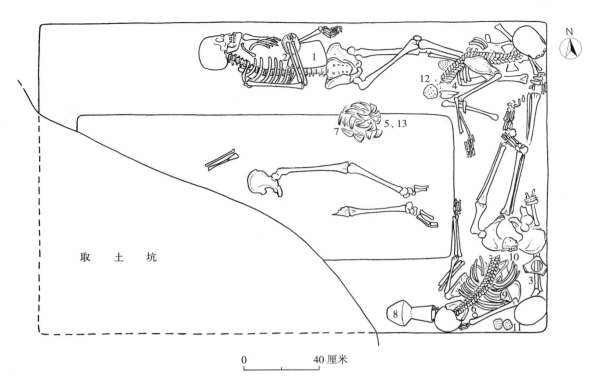

图 6-2-21A　M146 平面图

1. 玉钺　2. 石钺　3. 六边形凸沿筒状石器　4. 双孔石刀　5. 猪犬齿　6. 石饰品　7. 玉梳形器　8~10. 敞口高领圆腹陶瓶　11、12. 鳄鱼骨板　13. 刀状石器（包裹在 5 猪犬齿中）

曲使其面向北，仰身，左臂似经挤压后移位，与上面孩子的右臂纠缠在一起并向墓室中间斜伸，从肘部开始斜向外伸展，手部位于墓葬二层台的边缘，与东北角殉人的右手接近，右臂紧贴墓边，腕部置于骨盆旁边，下肢伸直，脚部与东北角殉人的膝部交接，趾骨散乱地置于东壁中北部。墓圹内填黄褐色花土。（图 6-2-21A；彩版 6-2-32:1、2，6-2-33:1）

　　墓内不同部位共发现 13 件（组）形制各异的随葬品：北侧二层台上的殉人怀里抱着一宽一窄各 1 件钺，紧邻该死者的墓室内有一堆猪犬齿，内置 1 件刀状石器的残片，西边还放有 1 件玉梳形器；在墓葬东部二层台上的殉人身下放置着一些特殊的器物，发现时与殉人的骨骼混杂在一起，其中东南部有 3 件花纹不一的彩绘陶瓶（彩版 6-2-33:2）、1 件六边形凸沿筒状石器和 1 个小件饰品及部分鳄鱼骨板，东北部则有 1 件长方形双孔石刀和散置的少数鳄鱼骨板。

　　敞口高领圆腹陶瓶　共发现 3 件。泥质红陶。近方唇，敞口，斜直高领，束颈，腹部圆鼓近球形，下腹微弧内收，底部内凹。器表经抛光并着黑色陶衣，陶衣外绘有红、绿、白彩：口外为一圈红色，其下依次为成周分布的白色、绿色和红色，其中白色与绿色之间还有间断红线隔开，腹部纹样由于脱落严重，图案已不全，仅可以看出有红色三角、圆点和绿色圆点纹及白色弧形等元素构成。

　　M146：8，口径 10.0、最大腹径 12.0、底径 6.0、高 21.0 厘米。（图 6-2-21B；彩版 6-2-34）

　　M146：9，口径 11.0、最大腹径 12.2、底径 6.2、高 21.6 厘米。（图 6-2-21B；彩版 6-2-

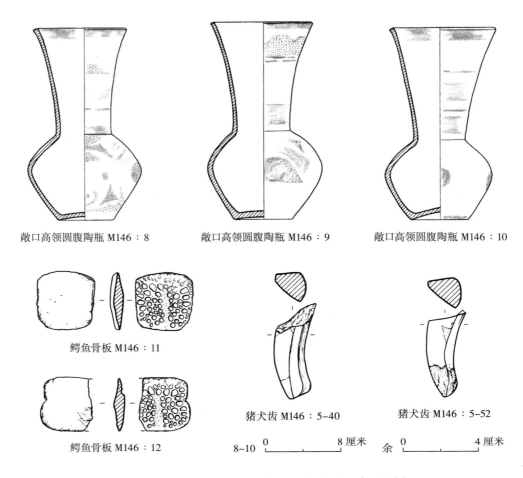

敞口高领圆腹陶瓶 M146：8　　　　敞口高领圆腹陶瓶 M146：9　　　　敞口高领圆腹陶瓶 M146：10

鳄鱼骨板 M146：11

鳄鱼骨板 M146：12

猪犬齿 M146：5-40　　　　猪犬齿 M146：5-52

图 6-2-21B　M146 出土陶器、猪犬齿、鳄鱼骨板

35:1）

M146：10，口径 11.2、最大腹径 11.5、底径 6.4、高 21.0 厘米。（图 6-2-21B；彩版 6-2-35:2）

墓内共随葬玉石器 7 件，其中有钺 2 件，石刀、梳形器、六边形凸沿筒状石器及小饰品、刀状石器各 1 件。

钺　2 件。均为单孔钺，形制和质地均有较大区别。其中一件较精致，为透闪石玉；另一件较粗糙，是硅质岩。

M146：1，透闪石玉。青灰色，但斑杂不纯。器形很规整，整体近梯形，两侧边斜直，顶端平直，刃端为斜弧形凸刃。中间较厚，两侧边薄近刃，接近顶端的平面中央有一个单面管钻孔，正钻背修，孔中尚留少量朱砂痕，顶端留有两道切割痕。长 11.5~13.5、顶端宽 15.2、刃端宽 16.6、最厚处 0.9、孔径 1.0~1.5 厘米。（图 6-2-21C；彩版 6-2-36:1）

M146：2，钠长岩。灰绿色，微显黄色，边缘近咖啡色。器形较规整，弧边、弧角、弧刃，中间厚，边缘薄，弧形双面凸刃，周边多处破裂，近顶端的平面中央有一个单面管钻孔。长 15.5、顶端宽约 6.0、刃端残宽 7.0、中部最厚处 1.5、顶端厚约 0.6、孔径 1.5~1.9 厘米。（图 6-2-21C；彩版 6-2-36:2）

双孔石刀　M146：4，大理岩。深灰色。形制较规整，平面为窄长方形，表面磨光，背部平直，两边近直，刃部内弧，器体较厚，边缘略薄，平面中央接近两端处有两个单面钻成的穿孔，其中一面的孔两侧器表有斜通角端的朱砂痕迹，孔内亦有朱砂痕，刃部中间有缺损。背部长 24.8、刃部长 25.4、宽 6.1~7.3、最厚处 1.0 厘米。（图 6-2-21C；彩版 6-2-37：1）

玉梳形器　M146：7，透闪石玉。黄白色，略泛灰。平面形状近长方形，四边均微外弧，中部厚，由中间向边缘部逐渐变薄，一条长边近直，另一边磨出三个豁口，豁口之内各有向器体逐渐变窄、

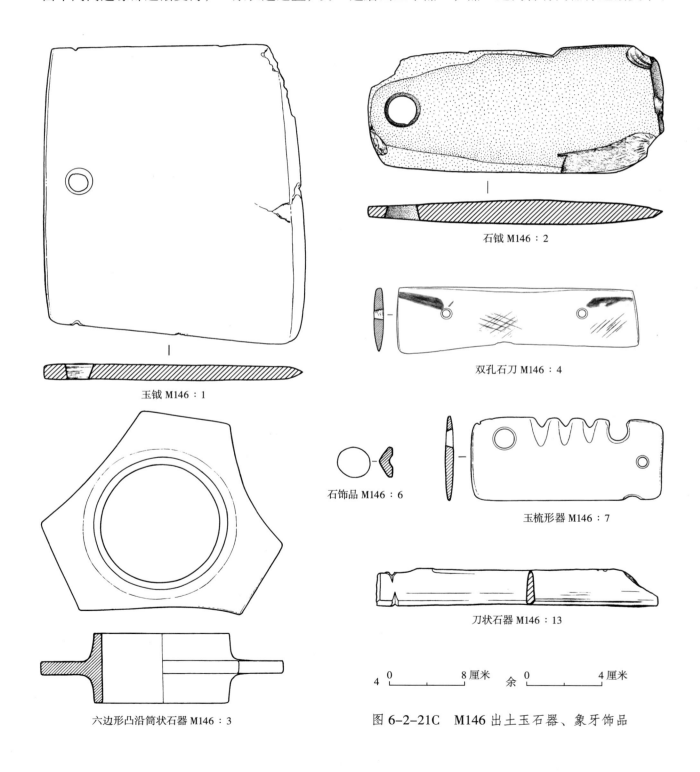

玉钺 M146：1

石钺 M146：2

双孔石刀 M146：4

石饰品 M146：6

玉梳形器 M146：7

刀状石器 M146：13

六边形凸沿筒状石器 M146：3

图 6-2-21C　M146 出土玉石器、象牙饰品

变浅的凹槽，凹槽两侧各有一个较大的管钻孔，其中一个孔因接近长边而断为一个缺口，两条短边长度略有区别，靠近较窄一端的平面中央有一个管钻小孔，较直的长边接近较窄一端处有弧形缺损。长 10.1、宽 4.3~4.5、最厚处 0.4 厘米，两个较大的孔径 1.00~1.10、小孔径 0.5~0.7 厘米。（图 6-2-21C；彩版 6-2-37:3）

六边形凸沿筒状石器　M146:3，大理岩。白化严重，器表为黄白色，有黑褐色颗粒状斑点。形制独特，接近凸沿环，中部为薄壁圆筒状，上、下皆为平沿，中心是管钻穿孔，壁均厚，圆筒之外的中部向外是不等边的六边形薄凸沿，其中三个边近直，另三个边略内弧，直边与弧边相间。中心圆筒孔径 6.3、器高 3.8 厘米。（图 6-2-21C；彩版 6-2-38）

石饰品　M146:6，大理岩。乳白色。圆锥形，底部为圆形，由底面向上，周边向中心逐渐缩小成钝锥尖，底部似欲穿孔，但孔没有穿透，形成一个凹入的坑。最大直径 1.7、器厚 0.5、整体高 0.7 厘米。（图 6-2-21C；彩版 6-2-39:1）

刀状石器　M146:13，发现于猪犬齿中间，已残。大理岩。黑灰色，间有不太清晰的褐色、浅绿色斑块。整体为扁薄的长条形，尾端平齐，断茬粗糙，近尾端处两侧边上各有一个由外向内逐渐变浅的缺口。器体一侧较厚，另一侧磨薄近刃，残存的中部略窄，前段断裂并残损，接近前端断茬处器体逐渐变宽，较厚的一侧留有明显的切割痕，形成"凸"字形断面，两面也有磨痕和切割痕，接近厚边的一侧还能看出切割痕，刃部磨光较细，接近尾端的一侧有打掉一块的剥落痕迹，当时使用时已经稍事磨光。背部残长 15.0、刃端残长 13.0、尾端宽 1.8、接近尾端处和前端接近断茬处宽均近 2.0、中部较窄处宽仅 1.8、刃部厚约 0.2、背部接近尾端最厚处 0.6、前端断茬处厚约 0.4 厘米。（图 6-2-21C；彩版 6-2-37:2）

猪犬齿　在田野中整体编号为 M146:5，共出土 108 件，代表 30 个个体，放置在墓室的二层台内侧近北部墓主人股骨旁。牙齿出土时堆放在一起，全部为雄性猪的下犬齿，互相胶结，其中包裹着一件刀状石器，牙齿主要保留齿尖部分，有切割痕以及断口，而且有一部分经火烧烤过，保存状况很差。（图 6-2-21B；彩版 6-2-39:2）

M146 是发现动物牙齿数量最多的墓葬，应当用于下葬时的某种祭祀仪式。对这些牙齿的具体情况，我们将在第十三章进行专门介绍。

象牙饰品　共 3 件。与猪犬齿混合在一起，未单独编号。用象门齿制成，表面粗糙，与象门齿外侧的釉质层类似，横切面呈弧形，其中一件的一侧边缘各有 3 个孔，可能在制作的过程中曾经断裂，但在随葬时仍将其修复起来。器物的具体情况我们将在第十三章专门介绍。

鳄鱼骨板　在 M146 东部殉人之间散置着少数鳄鱼骨板，多为椭圆形，特点与第二期的同类器物相同。

M146:11，长边约 3.2、短边约 3.0、最厚处 0.5 厘米。（图 6-2-21B；彩版 6-2-39:3）

M146:12，长边残断。残长约 2.2、宽约 3.0、最厚处 0.6 厘米。（图 6-2-21B；彩版 6-2-39:3）

M147

M147 位于南区中部 T28 和 T40。西侧为 M141，南侧为 M148，北侧是 M116，东侧为 M96。

方向 290 度。墓葬圹边十分清晰，壁面也很规整，底面较平坦。墓口距地表约 0.70、长约 2.53、宽约 1.50、现存深度约 0.80 米。墓室周边有熟土二层台，除西端较窄外，其他三面的宽度接近，二层台内侧范围长约 2.20、宽约 0.90 米，存高约 0.10 米。墓葬未清理出明确的盗洞，从墓室的情况看，也曾经过轻度扰乱，位置应该在西部偏北处，范围较小，只扰乱了随葬的玉石器，并打碎了随葬的陶器。墓主人为一个 45~50 岁的男子，头骨被压碎，面向北侧偏转，口张开，仰身，脊椎较直，肋骨整齐地排列在脊椎两侧，双上臂顺置于体侧，从肘部开始均向内斜折，手腕分别置于各自一侧的骨盆内侧近裆部，骨盆被压扁，双腿股骨向内斜置，从膝部开始接近平行伸直，踝部并拢，脚部并列并分别向东南侧倒置。墓圹内填黄褐色花土。（图 6-2-22A；彩版 6-2-40:1）

墓葬的随葬品虽然很少，却分为三类，其中墓主人左胸部有陶器的碎片，可能是 1 件高领罐，陶罐为泥质灰陶，已经不能复原，形制也不清楚，特点应该与同时期其他墓葬出土的陶罐类似，在此不作介绍。其他两类为玉石器和动物牙齿。

联璜石环　M147：1，由多片缀合而成。白云岩。灰白色，部分夹杂黑条带。分段缀连，所留下的断块仅够多半个圆，其余部分或许当时下葬时已经缺失，也可能是后期盗扰时被挖出墓坑，每一片都是中间厚、边缘薄，内缘的缘面倾斜，璜片均用双面桯钻孔缀连，缀孔为一对一的方式，有的孔内倾斜，大小也不一致，璜片的长度和宽度不一，部分有断裂或缺损，还有的璜外圈内凹，形成弧状缺口。璜片宽约 3.0~4.0、最厚处 0.5 厘米。（图 6-2-22B；彩版 6-2-40:2、3）

猪犬齿　在墓主人左胸部的陶器碎片中夹杂着猪犬齿 14 件，其中下犬齿 2 件，上犬齿 12 件，这些牙齿应该是放置在罐内随葬的。M147：3，数量较少，与 M52 出土的牙齿特点相同。（图 6-2-22B；彩版 6-2-40:4）

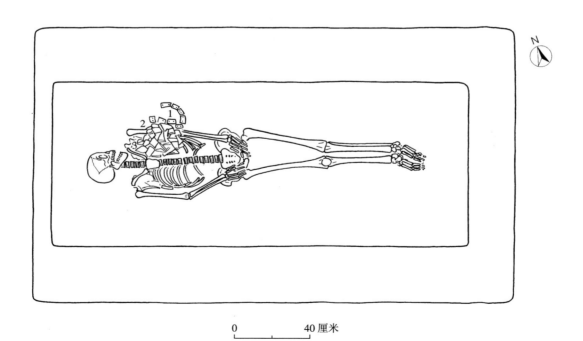

0　　　　　40厘米

图 6-2-22A　M147 平面图

1.联璜石环　2.残陶片　3.猪犬齿（在 2 残陶片下）

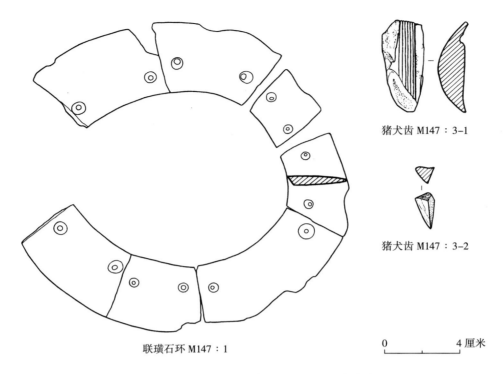

猪犬齿 M147：3-1

猪犬齿 M147：3-2

联璜石环 M147：1

0　　　　　　4 厘米

图 6-2-22B　M147 出土玉石器、猪犬齿

M148

M148 位于南区中部的 T40。北侧为 M147，东侧是 M86，南侧为 M150，西南侧为 M146，西北侧为 M141，整个墓葬打破并整体叠压着第二期的 M200。方向 279 度。墓葬圹边十分清晰，壁面也很规整，底面平坦，墓室周边曾经有熟土二层台，但发现时保存不好，范围不太清晰，只有部分遗痕。墓口距地表约 0.70、长约 2.50、宽 1.30、现存深度约 0.40 米。墓葬未清理出明确的盗洞，从墓室的情况看，也曾经过轻度扰乱，位置应该在西部偏北处，规模较小，只扰乱了墓主人头部所在的狭小范围，所以墓葬保留着较完整的信息。墓主人为一个 30 岁左右的男子，头骨残破，面向上，口微张，仰身，脊椎、肋骨和骨盆均保存较好，并且排列整齐，双臂紧贴于体侧，腕部分别置于两侧的骨盆与股骨交接之处，双腿股骨部分略向内侧斜置，从膝部以下平行伸直，踝部并拢，双脚并列并分别向东端倒置。墓圹内填黄褐色花土。（图 6-2-23；彩版 6-2-41:1）

在墓主人的左手腕上平放着 1 件石环，北侧还有 1 件筒状石镯和 1 件由两块拼合的联璜石环，另外，头骨西侧还发现有 3 件猪犬齿。（彩版 6-2-41:2）

石环　M148：1，大理岩。灰白色，器体上有分布不匀的云团状物质。中孔为双面管钻后修整，较圆，外圈为扁圆形，厚薄不匀，中间厚，边缘薄如刃，断面呈楔形，外侧边缘有一处缺损。外径 11.5~12.0、中孔径 6.6、最厚处 0.6 厘米。（图 6-2-23；彩版 6-2-42:1）

联璜玉环　M148：3　透闪石玉。浅绿色，部分器体颜色稍深。由两块大小接近的璜片对接而成。外圈较圆，但内圈为椭圆形，内缘略厚，外缘稍薄，璜片对接处以一对一的小孔缀连，其中一片钻孔处器体断裂，器表有磨制时留下的痕迹。外径 10.2、中孔径 4.8~5.6、厚 0.2~0.5、缀孔径 0.3~0.5 厘米。（图 6-2-23；彩版 6-2-42:2）

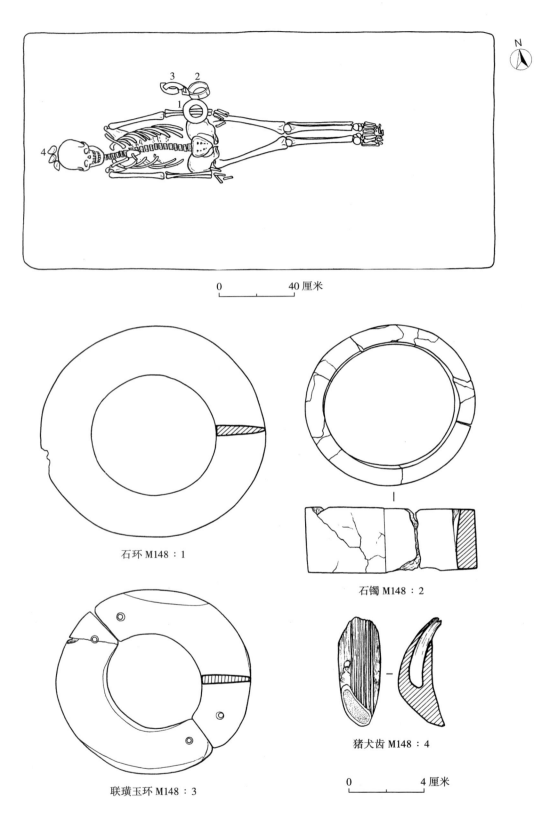

图 6-2-23　M148 平面图及其出土玉石器、猪犬齿

1. 石环　2. 石镯　3. 联璜玉环　4. 猪犬齿 (3 件)

石镯　M148：2，大理岩。新鲜面为乳白色，表面近土黄色。形制规整，整体为圆筒状，内外皆管钻，上下均平齐，厚度接近，内外也光滑，高度略有差别，由于破损为数段，拼合后不太圆，相邻两段连接处均有缺损，显得表面斑驳不平。外径8.6~9.0、中孔径6.8~7.2、厚0.8~1.0、高3.2~3.6厘米。（图6-2-23；彩版6-2-42:3）

猪犬齿　M148：4，共3件。上犬齿。与M52的特点相同。（图6-2-23；彩版6-2-41:3）

M149

M149位于南区中部的T30、T31、T42和T43。西侧为M96，南侧为M155，东侧是M166和M167，北侧为M140，东部打破了第二期的M159。方向287度。墓葬的圹边十分清晰，壁面也很规整，底面较平坦。墓口距地表约0.70、长约3.90、宽约1.80、现存深度约2.50米。一个范围很大的盗洞不仅覆盖了整个墓葬，而且在墓圹之西还有近2平方米的范围，盗洞的平面近圆角方形，其中西侧超出墓圹约2.00米，南部边缘超出墓葬西南角约0.10米，北侧边缘基本与墓葬西北角

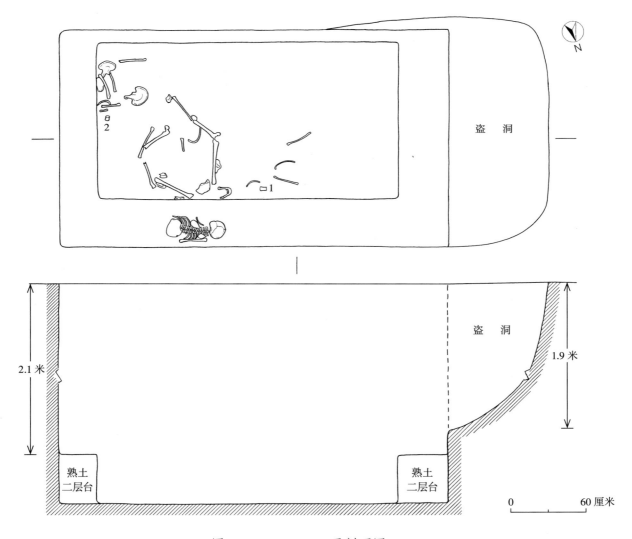

图 6-2-24A　M149 平剖面图

1、2.管状石饰

重合，东部在墓葬范围内，上部壁面较直，大约挖至距墓口 0.95 米后，呈不规则锅底状下挖，盗洞南北两侧边缘与墓葬西南角及西侧壁面相交，进入墓葬范围后，继续呈不规则状坡度向墓室内倾斜，在距底部约 0.50 米时，西侧边缘收缩到墓室的范围内，然后斜向进入墓底部，并且逐渐向周边扩展至整个墓底的中间部分。墓室周边有熟土二层台，但不太规范，南边较窄，其余三边较宽，其内侧范围长约 2.40、宽约 1.30 米，保存高度约 0.40 米。由于被严重盗掘，墓室内十分混乱。墓主人为一个 30 岁左右的男子，骨骼毫无规律地散布在墓室中、东部区域，已经无法判断下葬时的葬式，头骨在东部，已碎裂，下颌骨置于近墓室北侧的二层台下，骨盆在东南角，肢骨横、竖、斜或交叉散布于墓室的中部。在墓葬北边的二层台上面有一个 8~9 岁的殉人，性别不详，小孩呈趴卧状，头向西，面向下，整个上身偏转，南侧偏低，脊椎斜置，两侧肋骨排列较整齐，右臂上半部分贴在体侧，从肘部开始向下折，左臂整个被压在身下，向东斜伸，下肢股骨向西平伸，膝盖以下折而向东，呈折叠状屈置于上身之下，整体似被按压入墓室的棺木之外。墓圹内填黄褐色花土。（图 6-2-24A；彩版 6-2-43:1）

在墓室东部的中间和北部中间接近二层台处，各有 1 件管状饰置于散乱的人骨之间，这应该是该墓劫余的随葬器物。

管状石饰　共 2 件。皆为伊利石（水白云母）。深绿色，发青。整体为上下端平齐的管状，管身中部向内收缩，中间上下贯穿，穿孔采用双面桯钻的方式，在管体中部接合，形成两端孔较大、中间较小的对喇叭形孔，其内壁还有管钻的痕迹。

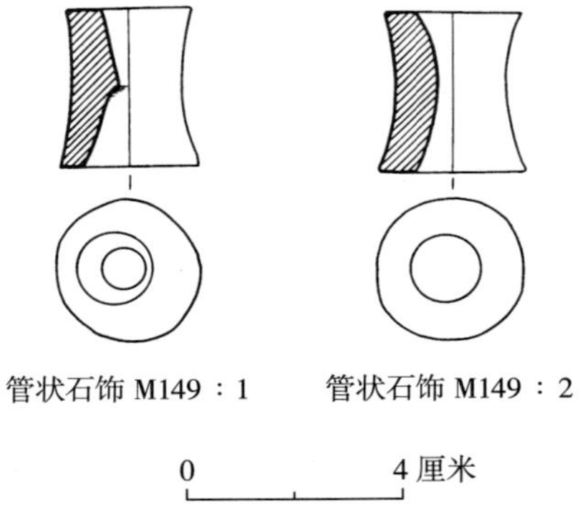

M149:1，穿孔的位置略有偏差，器壁不同部位的厚薄不一，管内部中心有对钻时接合时留下的台面。上端外径 2.2、中孔径 0.8 厘米，下端外径 2.6、中孔径 1.4 厘米，器壁厚 0.5~0.8、高 3.0 厘米。（图 6-2-24B；彩版 6-2-43:2）

M149:2，器体上下端可看出其中有浅灰或浅黄色的纹理，两端虽然也是一端较粗，另一端略细，但直径较接近，中孔位置基本在两端平面的中心位置。上端外径 2.5、下端外径 2.7、上、下两端中孔直径均 1.4、器壁厚 0.6~0.8、高 3.0 厘米。（图 6-2-24B；彩版 6-2-43:3）

管状石饰 M149:1　　　管状石饰 M149:2

0　　　　　4 厘米

图 6-2-24B　M149 出土玉石器

M150

M150 位于南区中部的 T40 和 T51。西北侧为 M146，北侧为 M148，东侧是 M153，西南侧为 M263 和 M264。方向 287 度。墓葬圹边十分清晰，壁面也很规整，底部较平坦。墓口距地表约 0.70、长约 2.20、宽 1.40、现存深度约 1.00 米。墓室周边有熟土二层台，其内侧范围长约 1.86、宽约 0.80 米，保存高度约 0.30 米。墓葬西南角有一个稍微超出墓圹的盗洞，范围不大，盗洞只到了二层台所在深度，基本未触及墓室，所以，墓圹内基本情况保存较好。墓主人为一个 40 岁左右的男子，头骨残破，面向上，口微张，仰身，脊椎和肋骨等部位均保存较好，骨盆边缘缺损，双臂紧贴于体侧，腕部附于两侧骨盆的外侧，双腿均向内斜伸，踝部基本并拢，双脚并列，分别向东南侧倒置。二层台的东南角有一个呈趴跪状的儿童，年纪约 11~12 岁，头向西，面向下，脊椎扭曲，肋骨不整齐，双臂屈置，靠近墓中心的右侧骨架已经散乱，接近南壁的左臂亦已移位，比较散乱，两腿蜷曲，大腿与小腿叠置，双脚接近，脚尖向下，其状十分悲惨。墓圹内填黄褐色花土。（图6-2-25；彩版6-2-44:1）

该墓共出土玉石器3件，墓主人的左肘部叠套着石环和联璜石环各1件，旁边放置有1件方形石璧。（彩版6-2-44:2）

方形石璧　M150：3，蛇纹石化大理岩。灰白色，略泛青，白色处受沁发黄，有不规则状绿色斑块。平面外形接近方形，一侧略宽，中心为圆形双面管钻孔，钻痕不平，中间略厚，边缘处薄近锐尖，接近一角处有一个单面桯钻的小孔，另有一角略破损。长11.7、宽10.2、中孔径6.1、

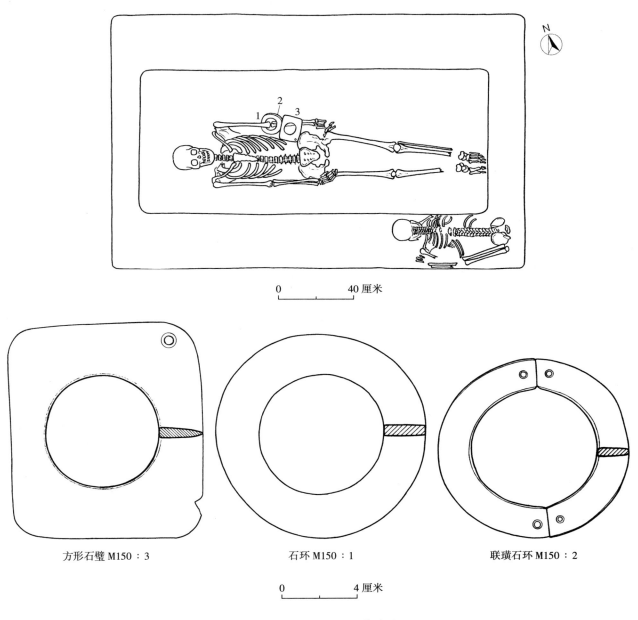

0　　　　　　40厘米

0　　　　　　4厘米

方形石璧 M150：3　　　　石环 M150：1　　　　联璜石环 M150：2

图6-2-25　M150平面图及其出土玉石器

1.石环　2.联璜石环　3.方形石璧

内缘厚 0.4 厘米，小孔径 0.6~0.8 厘米。（图 6-2-25；彩版 6-2-44:3）

石环　M150：1，大理岩。青灰色。制作不精，器形修整不圆，中孔为双面管钻，较直，但不圆。器体厚薄不匀，边缘未专门磨薄。外径 11.1、中孔径 6.70、厚 0.6 厘米。（图 6-2-25；彩版 6-2-44:4）

联璜石环　M150：2，大理岩。浅黄绿色。器形较规整，中孔为双面管钻。由两段缀连而成，其中一段断裂，两璜连接处有对应的双面桯钻单孔。器体厚薄较均匀，断面为长条形。外径 10.3、中孔径 6.5~6.7、厚 0.4~0.6 厘米。（图 6-2-25；彩版 6-2-44:5）

M153

M153 位于南区中部的 T41 和 T52。西侧为 M150，北侧为 M86，东侧是 M155，南侧为 M270。方向 285 度。墓葬的圹边十分清晰，壁面也很规整，底部较平坦。墓口距地表约 0.70、长约 2.60、宽 1.10~1.30、现存深度约 2.95 米。墓室周边有保存较高的熟土二层台，但保存不太规则，有的区域略向外扩，也有的地方向内收，现存内侧范围长约 2.10、宽 0.80~1.10 米，保存高度约 0.65 米。有两个东西相连的盗洞打破了墓葬的北中部，盗洞的平面形状不规则，西侧的盗洞接近圆角方形，东侧的盗洞接近圆形，它们均有一半进入墓葬范围内，另一部分在墓圹之北，二者均打破了北侧的墓壁，在墓壁上留下的垂直深度接近，均在二层台上部开始向墓室内扩展，整个墓底全部被扰乱。根据现存的迹象推测，两个盗洞不是一次挖成的，其中西侧的盗洞打破了东侧的盗洞，北壁上西

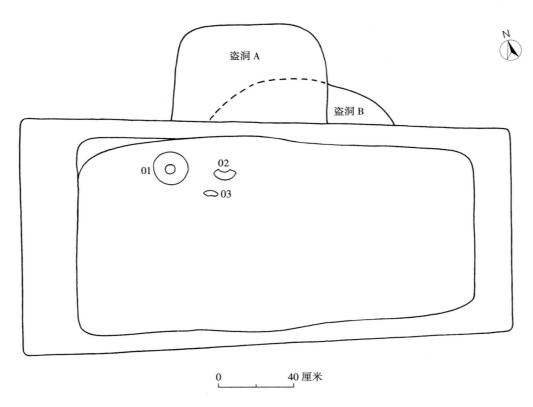

图 6-2-26A　M153 平面图

01. 石璧　02. 玉环　03. 石器残片

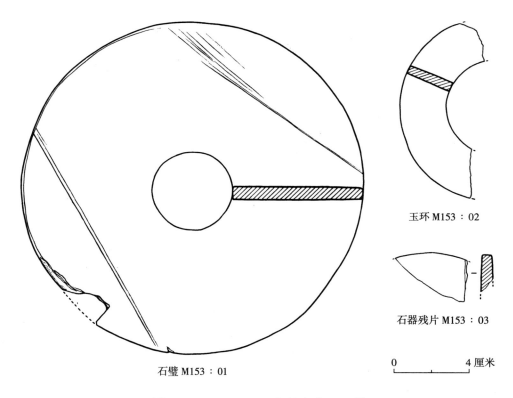

玉环 M153：02

石器残片 M153：03

0   4 厘米

石璧 M153：01

图 6-2-26B　M153 盗洞出土玉石器

侧的盗洞残迹保存较多，南北约 0.55、东西 0.75~0.83、深约 2.30 米，东侧的盗洞被西侧盗洞破坏，残存部分为向外微凸的弧形，南北最宽处约 0.25 米。室内人骨已不知去向。墓圹内填黄褐色花土。（图 6-2-26A；彩版 6-2-45:1）

盗洞填土中发现有玉石器，在墓葬底部接近二层台的墓室北部边缘处发现了璧和残环各 1 件，另外，还有 1 块玉石器残片。由于墓室全部被盗掘，出土器物的地方也在盗洞的范围内，器物是否属于该墓存疑。

石璧　M153：01，蛇纹石化大理岩。浅灰绿色，夹杂细白条带。器形规整，厚薄较匀，中孔较小、较直，为单面管钻而成。器表稍作修整，有不规则裂隙，一面有一道直线状切割痕迹，边缘有部分残缺。外径 17.8~18.1、内径 4.3~4.5、厚约 0.6 厘米。（图 6-2-26B；彩版 6-2-45:2）

玉环　M153：02，已残断，仅余一半，而且已断为两段。透闪石玉。深绿色。器形规整，中孔为双面管钻，器体较薄，内外边缘均接近方棱，基本均厚，断面接近长条形，断茬和外圈有部分沁蚀，呈黄白色。残存最长处 9.6、器体宽 2.6、厚 0.5 厘米。（图 6-2-26B；彩版 6-2-45:3）

石器残片　M153：03，残断，已经不能辨别原来的器形。滑石。墨绿色，不透明。仅余一小段，其中留有一条弧形边，由弧边向断边不断增厚。残存最长处 4.6、残宽 2.4、厚 0.5~0.6 厘米。（图 6-2-26B；彩版 6-2-45:4）

M155

M155 位于南区中部的 T42、T43、T53 和 T54。西侧为 M153，北侧为 M149，东侧是 M169，

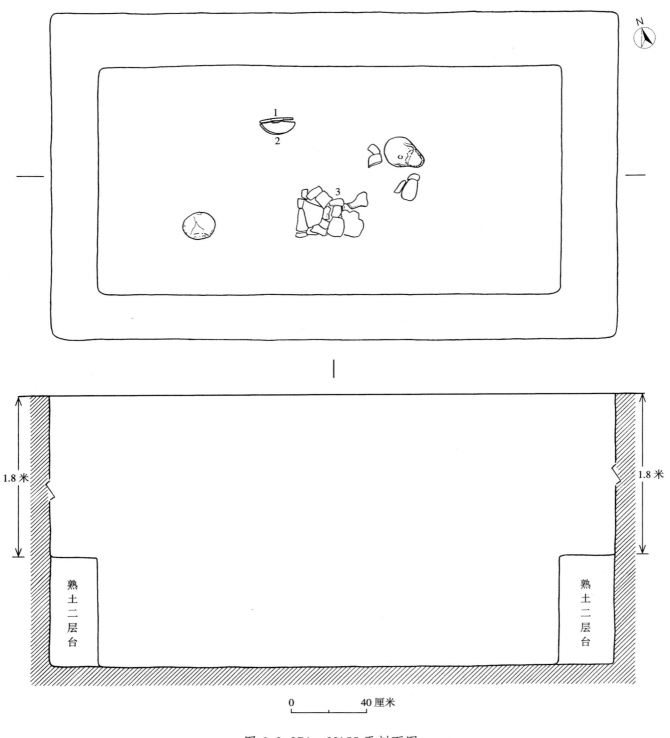

图 6-2-27A M155 平剖面图

1. 石璧 2. 联璜玉璧 3. 高领折腹陶罐

南侧是 M273，西北部打破第二期的 M156。方向 286 度。墓葬圹边十分清晰，壁面也很规整，底面较平坦。墓口距地表约 0.70、长约 3.00、宽约 1.80、现存深度约 2.40 米。墓室周边有保存较好的熟土二层台，二层台的内侧范围长约 2.46、宽约 1.26 米，保存高度约 0.60 米。墓葬遭到严重盗扰，由于盗洞的范围在墓圹范围内，未清理出明确的盗洞，周边墓壁也未受到破坏，墓室底部的二层台范围内全部被扰乱。墓内绝大部分人骨已不存，但在墓室中部和西南部弃置着 2 个头骨和部分成年股骨，其中之一应该是本墓的墓主人，为一个 51~60 岁的男子，另外一个为殉人，是一个 11~12 岁的儿童，可能为女孩子，两人原来所在的位置不清。墓圹内填黄褐色花土。（图 6-2-27A；彩版 6-2-46:1）

在墓葬底部发现有陶器和玉石器两类器物，应该是本墓劫余的随葬品。（彩版 6-2-46:2）

在墓底中部偏南侧的位置散乱地弃置着一些陶器的残片，经拼对复原为 1 件高领折腹罐。

高领折腹陶罐　M155:3，泥质灰陶。圆唇，微敞口，高领，束颈，上腹微外鼓，中折腹，最大腹径在折腹处，下腹斜长，微外鼓，小平底外侧微内凹。整个器表均为素面，领、腹部有不太明显的横向抹痕，近底部有一圈一端为弧形的按压痕。口径 12.0、底径 8.5、最大腹外径 20.6、高 27.2 厘米。（图 6-2-27B；彩版 6-2-47:1）

玉石器　2 件。在墓室底部陶器的西北侧竖置着完整的璧和联璜璧各 1 件，两件器物紧靠在一起，位置已经接近中部偏北侧的二层台边缘。这里不是下葬时器物原来的位置，而是盗扰过程中弃置在此的，但应该是本墓的随葬品。

石璧　M155:1，蛇纹石化大理岩。浅黄绿色，有黑色或褐色的小点。形制规整，内外圈皆圆，中孔为双面管钻，中间较厚，边缘略薄，断面接近长条形。外径 16.2、内径 6.6、厚 0.35~0.7 厘米。（图 6-2-27B；彩版 6-2-47:2）

联璜玉璧　M155:2，透闪石玉。浅绿色，有黑色或褐色斑痕，并间有白色不规则的纹理。由两个成形对开的玉璜形片拼合而成，两璜纹理部位相同，连接处有桯钻小孔以一对二的方式缀合，缀孔分单面桯钻和双面桯钻两种。由于两璜均为弧形，而且近两端处弧度略向外张，所以，中孔不是正圆形，形成了整体外形略似圆弧边的方形，而内孔则接近椭圆形，器物薄厚均匀，两面平整，边缘处皆为方棱状，断面为长条形。外径 18.5~19.2、内径 6.2~6.8、厚 0.4 厘米。（图 6-2-27B；彩版 6-2-46:4）

M160

M160 位于南区中部的 T8 和 T20。西侧为 M132，北侧接近南部发掘区的边缘，东部和南部分别打破了第二期的 M190 和 M165。方向 285 度。墓葬圹边十分清晰，壁面也很规整，底部平坦，墓主人周围铺有较厚的朱砂。墓口距地表约 0.70、长约 2.40、宽约 1.40、现存深度约 1.50 米。墓室东、南、西三边保留有高约 0.35 米的熟土二层台，而北部墓壁则直接到墓底，二层台的内侧范围长约 2.00、宽约 1.10 米，保存高度约 0.35 米。墓圹内的西南部有一个范围不太大的盗洞，在接近二层台处向墓室倾斜进入底部，整个西半部被扰乱。墓主人为一个 30~35 岁的男子，头骨弃于墓室北侧，整个上半身已经被是挪动，仰身，脊椎扭曲斜置，颈椎部分倾斜至左肩部，少数肋骨散乱地放在脊椎左侧，整个右臂已经不存，左臂也只有肘部以下的部分骨骼，被斜置于腹左侧，手腕不存，两腿位于原位，整体向内斜伸，踝部并拢，脚部的骨骼已朽。未发现任何随葬品。墓圹内填黄褐色花土。（彩版 6-2-46:3）

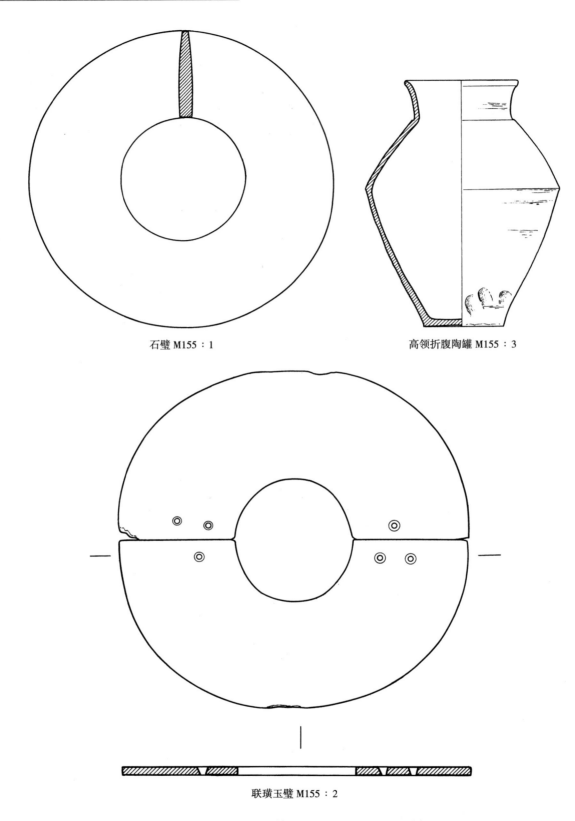

石璧 M155∶1　　　　　　　　　　　高领折腹陶罐 M155∶3

联璜玉璧 M155∶2

3 ⊢0————8厘米　　余 ⊢0————4厘米

图 6-2-27B　M155 出土陶器、玉石器

M161

M161 位于南区中部的 T7 和 T8。西侧为 M139，北侧为 M160，东侧是 M22，西南部和东北部分别打破了第二期的 M4 和 M170。方向 280 度。墓葬圹边十分清晰，壁面规整，底部平坦。墓口距地表约 0.70、长约 2.60、宽约 1.60、现存深度约 1.80 米。墓室周边有保存较低的熟土二层台，其内侧的范围长约 2.35、宽约 1.20 米，保存高度约 0.10 米。在墓圹范围内的西部有一个规模较大的盗洞直达墓底，将整个西半部的墓底扰乱，在未经扰乱的墓室中东部墓主人腿骨附近遍撒朱砂。墓主人为一个 20 岁左右的女子，骨盆及其以上已经被扰乱，头骨和部分肢骨、肋骨及骨盆弃置于墓室西部，毫无规律，双腿位于原来的位置，股骨虽然伸直，但接近骨盆一端已经向内斜向移位，膝部略向外张，膝部以下至踝部内收近并拢，仅存少量脚趾骨，散置于脚踝的位置。但在腿骨的北侧却放有一块大石头，不能确认是盗掘时扔进墓室还是原来下葬时就因某种原因放置在此。墓圹内填黄褐色花土。（图 6-2-28；彩版 6-2-48:1）

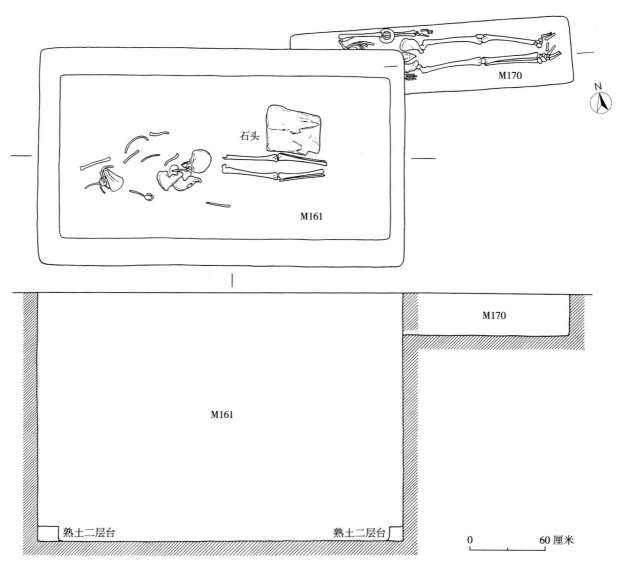

图 6-2-28　M161 平剖面图

未发现随葬品。

M162

M162 位于南区中部的 T7、T8、T31 和 T32。南侧为 M166，西侧为 M140，北侧为 M161，东南侧是 M180，东北侧是 M171，东部打破第二期的 M174。方向 280 度。墓葬圹边十分清晰，壁面也很规整，底部平坦，墓主人周边遍撒朱砂。墓口距地表约 0.70、长约 2.80、宽约 1.60、现存深度约 1.90 米。墓室周边有熟土二层台，二层台的内侧范围长约 2.50、宽约 1.20 米，保存高度约 0.20 米。墓圹内的西南部有一个盗洞直达墓葬底部，将整个墓室的西半部全部扰乱。墓主人可能为一个成年男子，年龄不详，骨骼保存不好，双肩及颈部以上部分被扰乱，头骨不存，胸部以下侥幸保存，但脊椎已经扭曲，肋骨散乱地放在脊椎两侧，双臂已经移位，左上臂被破坏，肘部以下骨骼分散，并移位于胸腹左侧，只有手腕放在下葬时的左侧骨盆旁边，右上臂斜置于右肩至左腹部之上，肘部以下微向内敛，腕部斜向内置于骨盆之上，下腹部与骨盆已经酥碎，双腿股骨部分斜向内收，膝部以下接近平行伸直，双脚并列，分别向东侧倒置，但趾骨多数已朽。墓圹内填黄褐色花土。（图 6-2-29A；彩版 6-2-48:2）

在墓主人的左臂近手腕处套着 1 件联璜玉璧。

联璜玉璧　M162:1，透闪石玉。绿色，连接处白化，表面有一些白色斑点。由三段璜形玉片缀连而成，厚薄不匀，外圈稍薄，断面为窄长的梯形。两璜连接处以一对一或一对二的双面桯钻孔相互连接，其中两段的两端均有残孔痕迹，有的孔尚未钻透。连接处显然经过磨平处理，平

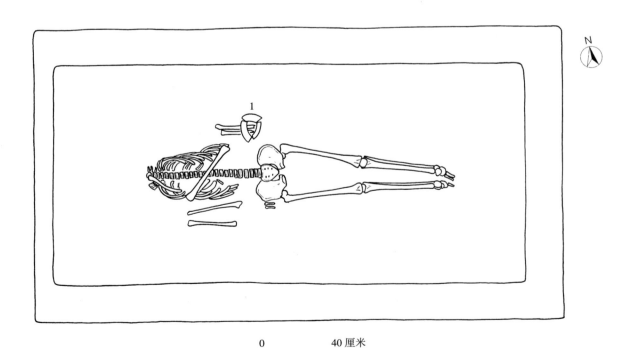

0　　　　　40 厘米

图 6-2-29A　M162 平面图

1. 联璜玉璧

面上残存部分切痕。外径 13.6~13.8、内径 6.2~6.5、厚 0.2~0.4 厘米。（图 6-2-29B；彩版 6-2-48:3）

M166

M166 位于南区中部的 T31 和 T32。北侧为 M162，东侧为 M180，南侧为 M167，西南侧是 M149，东南部打破第二期的 M187。方向 280 度。墓葬圹边清晰，壁面也很规整，底部平坦，墓底遍铺朱砂。墓口距地表约 0.70、长约 2.50、宽约 1.40、现存深度约 1.70 米。墓室周边有熟土二层台，其内侧范围长约 2.10、宽约 1.00 米，保存高度约 0.20 米。墓葬被严重盗扰，盗洞的范围局限在墓圹之中，未清理出明确的盗洞，但墓室的西部盗扰较严重，所以，盗洞应该在中西部。墓主人为一个 30 岁左右的男子，骨盆以上遭到扰乱，整个墓主人的骨骼遍撒于墓室中部，毫无规律，其中头部斜置于墓室中南部的一根上肢骨旁，头顶向东南方，少量脊椎骨在西北部，肋骨在北中部和中南部，保存在原位的只有左腿大部和右腿股骨少部分骨骼，从迹象看双腿均斜向内侧伸直，脚部已经朽坏。墓圹内填黄褐色花土。（彩版 6-2-49:1）

未发现随葬品。

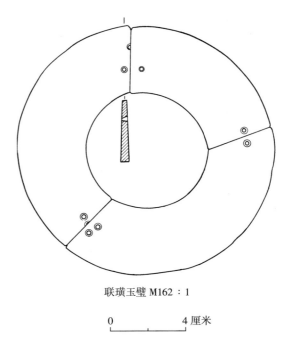

联璜玉璧 M162：1

```
0          4 厘米
```

图 6-2-29B　M162 出土玉石器

M167

M167 位于南区中部的 T32 和 T44。北侧为 M166，东侧为 M188，南侧为 M168，西侧为 M149，西南部和西北部分别打破第二期的 M172 和 M185。方向 275 度。墓葬圹边清晰，壁面也很规整，底部平坦，墓底遍铺朱砂。墓口距地表约 0.70、长约 2.50、宽约 1.50、现存深度约 1.50 米。墓葬经严重盗扰，但盗洞的范围局限于墓圹所在的范围内，未清理出明确的洞穴，进入墓室后将整个墓底全部扰乱，甚至墓室周边的熟土二层台也被毁，其中西部最严重。墓主人为一个 20 岁左右的男子，整个上半身的骨骼遍撒于墓室西北部，已经无法判断原来的葬式，甚至找不到头骨，只有骨盆内侧、左腿大部和右腿的少部分股骨还在原位，可看出墓主人原来应该是仰身，两腿均向内侧斜向伸直，从膝部开始接近并拢，脚部均已经不存。墓圹内填黄褐色花土。（图 6-2-30A；彩版 6-2-49:2）

在墓室内未发现任何随葬品，只在中西部可能是盗扰范围内的填土中发现了 1 块玉璜，或许是遗落的本墓随葬品。

玉璜　M167：01，透闪石玉。青灰色，带白色条线纹理。两端均不整齐，可能是一件环或璧的组成部分。磨制精细，中孔为双面管钻，内缘处厚，外侧边缘薄近刃状，表面有磨痕，两端钻小孔，一个为带斜度的双面桯钻孔，另一个为单面桯钻孔。长 11.6、器体宽 2.8~3.1、厚 0.3 厘米。（图 6-2-30B；彩版 6-2-49:4）

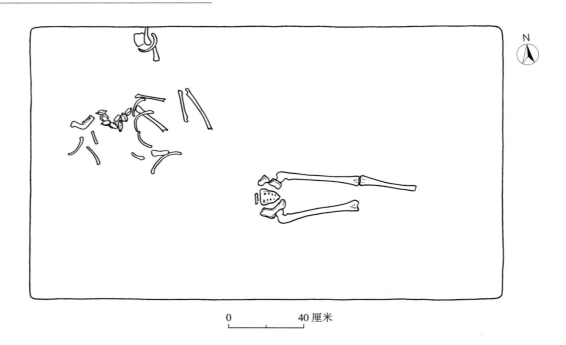

0 _____ 40 厘米

图 6-2-30A   M167 平面图

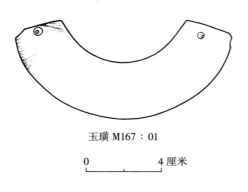

玉璜 M167：01

0 _____ 4 厘米

图 6-2-30B   M167 盗洞出土玉石器

M168

M168 位于南区中部的 T44。北侧为 M167，东侧为 M189，南侧为 M169，西南部、西北部和东北部分别打破了第二期的 M175、M176 和 M183。方向 273 度。墓葬圹边清晰，壁面也很规整，底部平坦，墓底遍铺朱砂。墓口距地表约 0.70、长约 2.75、宽约 1.85、现存深度约 1.86 米。墓室周边有熟土二层台，其内侧范围长约 2.30、宽约 1.10 米，保存高度约 0.60 米。墓葬被严重盗扰，盗洞的范围局限于墓圹所在西部范围内，进入墓室后将范围向周边扩展，整个墓室的西半部二层台内侧全部被扰乱，但东半部的扰乱程度较轻。墓主人为一个 25 岁左右的男子，整个墓主人上半身的骨骼遍撒于墓室西北部，头骨弃置于接近北侧二层台的墓室内，头顶向东，双臂和脊椎、肋骨、骨盆均被翻扰乱扔，毫无规律，双腿部分虽然还在原位，但因为墓室中部骨骼腐蚀严重，只能看出由上到下向内斜向伸直，但已经腐朽，几乎只有痕迹了，脚部不存。墓圹内填黄褐色花土。（图 6-2-31；彩版 6-2-49:3）

未发现随葬品。

M169

M169 位于南区中部的 T43、T44、T54 和 T55。北侧为 M168，西侧是 M155，东南侧为 M312，南侧为 M313。方向 280 度。墓葬圹边清晰，壁面也很规整，底部平坦，墓室周边的熟土二层台

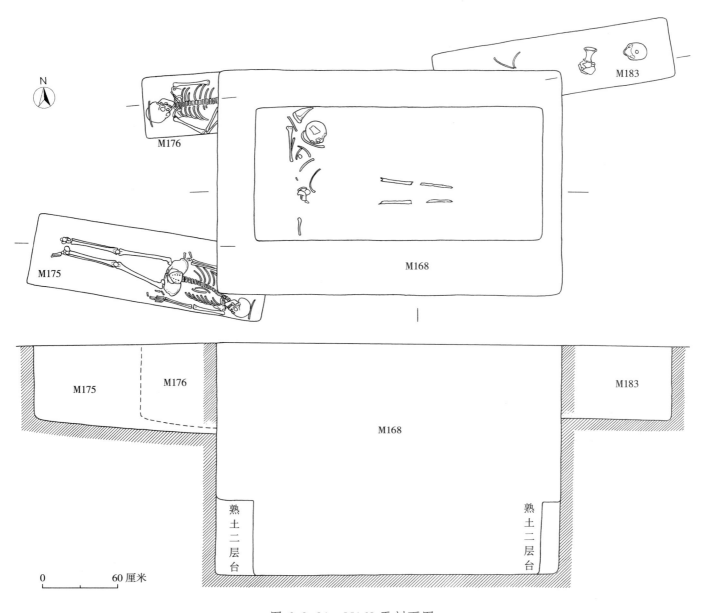

图 6-2-31　M168 平剖面图

已经被毁，墓室东部尚存朱砂，墓主人的左骨盆上也染有鲜红的朱砂。墓口距地表约 0.70、长约 2.80、宽约 1.60、现存深度约 1.70 米。整个墓葬被盗扰，口部西侧壁外有接近半圆形的锅底状盗洞，北侧的口部也有不规则的扰乱坑，但这两处的盗坑均较浅，找到墓葬的范围后，盗洞的主体全部缩小至墓圹内，进入墓室后主要扰乱的是墓圹的西南部，所以墓室内虽然二层台部分被破坏，其他部分的扰乱并不严重，东部墓主人的大部分骨骼尚在原位。墓主人为一个 20~25 岁的男子，整个上半身全部向北推移，骨骼也已经变形，头骨显然受到身体移动的牵扯，头顶向西南歪斜，面向东南侧偏转，口微张开，颈椎歪斜并与胸椎以下的脊椎断裂，其他骨骼也不在原来的方位，肋骨散乱，左上臂随身体向北移后尚在体侧，但从肘部以下部分折向北伸，而且前段断裂，手腕不知去向，右上臂横置于胸腹之上，而肘部以下的骨骼却放置在原来应该是上臂的位置，手腕部分则放在腹中部，骨盆以下部分还在原位，双腿股骨向内侧斜置，膝部以下平行伸直，踝骨接近并拢，脚部并列并分别向东倒置。墓圹内填黄褐色花土。（彩版 6-2-50:1）

未发现随葬品。

M171

M171 位于南区中部 T8 和 T9。北侧为 M22，南侧为 M180，西部和西南部分别打破第二期的 M24、M177 和 M174，北部和东部则分别打破第二期的 M5 和 M13、M232。方向 280 度。墓葬圹边清晰，壁面也较规整，底部平坦，似曾铺有草木灰，人骨周围有朱砂。墓口距地表约 0.70、长约 2.50、宽约 1.70、现存深度约 1.50 米。墓室周边有熟土二层台，其内侧范围长约 2.10、宽约 1.20 米，保存高度约 0.20 米。墓葬被盗扰，盗洞在墓圹范围内，未清理出具体洞穴，进入墓室后主要扰乱了墓主人头部所在区域，另外东北侧的殉人处也似经扰乱。墓主人为一个 51~60 岁的男子，头骨破碎，面向不清，仰身，颈椎不存，胸椎以下扭曲为向北凸出的弧形，肋骨保存尚好，整齐地排列在脊椎两侧，双臂紧贴于体侧，肘部以下微向外撇，腕部分别置于两侧的骨盆之外，双腿斜向内侧伸直，踝处基本并拢，脚部掌骨和趾骨均比较散乱。墓北侧的二层台偏东处有一个 6~7 岁的儿童殉葬，整体应该是侧卧式，头向东，面向下，骨骼不全，仅有部分肢骨散置，虽然上臂和下肢的方位基本保持，但已经扭曲变形。墓圹内填灰褐色花土。（彩版 6-2-50:2）

未发现随葬品。

M180

M180 位于南区中部的 T32 和 T33。北侧为 M171，东侧为 M199，南侧为 M188，西侧是 M166，西北部和东部分别打破了第二期的 M181 和 M228。方向 280 度。墓葬圹边清晰，壁面也很规整，底部平坦，墓底近人骨处辅朱砂，朱砂周边有草木灰。墓口距地表约 0.70、长约 2.50、宽约 1.65、现存深度约 2.25 米。墓室周边有熟土二层台，其内侧范围长约 2.05、宽约 1.30 米，保存高度约 0.50 米。墓葬被盗扰，其中西部扰乱较严重，但基本保持了墓底的格局。墓主人为一个成年男子，骨骼腐朽，几乎只有痕迹，年龄不详，头骨破碎，据留下的迹象看，应该面向上，仰身，脊椎呈向南凸出的弧形，左侧锁骨与肋骨散乱，右侧锁骨移位，肋骨排列较整齐，双臂均已经移位，似曾分置于身体两侧，移位后的左臂向内斜置于胸腹部，肘部以下折向斜上方右肩的位置，手腕不存，右上臂顺置于体侧，肘部以下的两段骨骼分别置于上臂与身体之间、外侧，手腕只有少数骨头分别放在两侧骨盆与股骨交接处之外，骨盆、双腿还在原位，股骨斜向内收，膝盖以下平行伸直，踝部与双脚已不存。在接近东南角的南侧二层台上发现有一个殉人，死者为一个 13~14 岁的女孩，整体为腿部在下、上半身在上的折叠状，头向东，面向下，脊椎与肋骨均扭曲，双臂向下伸展，双腿股骨向东伸直，膝部又回折在股骨之下，脚部在颈椎和胸脯之下，整个身体均折叠在一起，其状甚为悲惨。墓圹内填灰褐色花土。（图 6-2-32A；彩版 6-2-50:3）

在死者右骨盆外侧的手腕处发现了 1 件玉环和 3 对动物牙齿磨制出的装饰品。（彩版 6-2-50:3）

玉环 M180:1，透闪石玉。浅黄绿色，多处有不规则状糖色斑纹。形制规整，内外圈皆较圆，

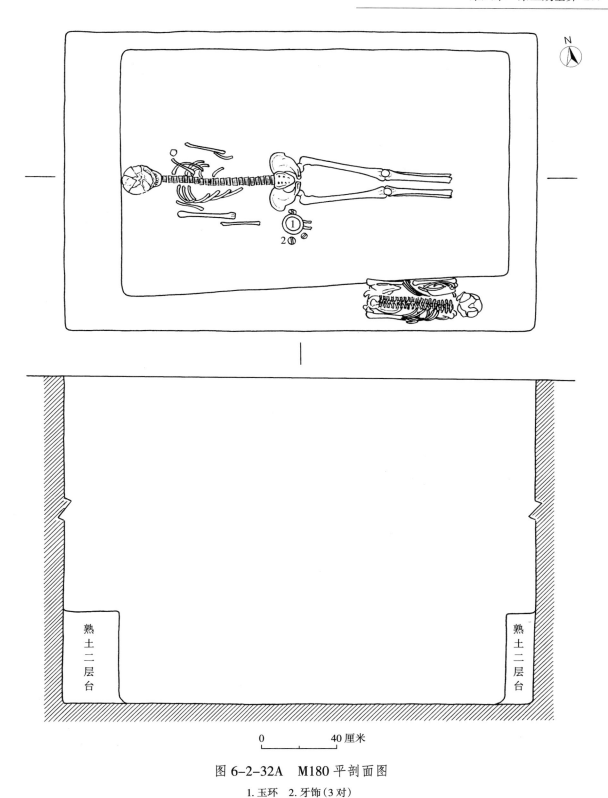

图 6-2-32A M180 平剖面图

1. 玉环 2. 牙饰（3 对）

中孔为双面管钻，厚薄不太均匀，断面为两端略弧的长条形，一面留着两道切痕。外径约 11.1、内径 6.6-6.7，厚约 0.5 厘米。（图 6-2-32B；彩版 6-2-51:1）

牙饰 共 6 片 3 对，均用动物牙齿切割、琢磨制成，形制相同，大小相近，制作方法一致，

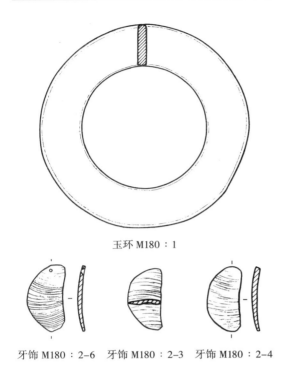

玉环 M180：1

牙饰 M180：2-6　　牙饰 M180：2-3　　牙饰 M180：2-4

0　　　　　　　4厘米

图 6-2-32B　M180 出土玉石器、牙饰

均为犬齿去薄之后，再将边缘进行磨圆。所有饰品的平面形状均为一边平直、微凹的半月形，每一件大小不同，外圈弧度也不同。饰物两面分别是牙齿的外表和内壁，其中外表的一面向外呈弧形凸起，保留着牙齿原来的线状纹路，另一面是牙齿内壁深浅不一的凹面，有的切割痕迹仍然十分明显。

M180：2-1，较窄、小，外圈不太圆，接近平直一边的一角缺损，残长约 3.5、最宽处约 1.3、最厚处约 0.1 厘米。

M180：2-2，较窄、小，外边不圆，直边微弧，长约 3.7、最宽处 1.5、最厚处约 0.2 厘米。

M180：2-3，厚薄不匀，周边切割痕迹十分明显，长约 3.4、最厚处 0.2 厘米。（图 6-2-32B；彩版 6-2-51:2）

M180：2-4，直边微凹，直边近两角处为弧形，长约 3.5、最厚处约 0.2 厘米。（图 6-2-32B；彩版 6-2-51:2）

M180：2-5，较窄，外边不圆，直边微弧，长约 3.7、最宽处约 1.2、最厚处约 0.2 厘米。（彩版 6-2-51:2）

M180：2-6，直边微凹，直边近两角处为弧形，接近一端的弧形角处有一个小型穿孔，方向为从牙的非釉质面向釉面，内面孔径达 0.4，外面仅不足 0.1 厘米，长约 3.5、最厚处约 0.2 厘米。（图 6-2-32B；彩版 6-2-51:2）

M188

M188 位于南区中部 T32、T33、T44、T45。北侧为 M180，南侧为 M189，西侧是 M167，东部打破第二期的 M222。方向 278 度。墓葬圹边清晰，壁面也很规整，底部平坦，墓底遍铺朱砂。墓口距地表约 0.70、长约 2.50、宽约 1.60、现存深度约 2.00 米。墓室周边有熟土二层台，其内侧范围长约 2.00、宽约 1.10 米，保存高度约 0.40 米。墓葬遭到盗扰，盗洞打在墓圹范围内，平面形状为椭圆形，口部长径 2.40、短径 1.50 米，口部之下呈锅底状，向下挖至二层台上缘时，扩展至二层台内侧范围内，主要对墓室的西部进行扰乱。墓主人的骨骼已经严重腐朽，几乎只有痕迹了，可以确认为一个男子，年龄不详，仰身，头骨弃置于左胸部，头顶向上，涂有朱红，脊椎和部分肋骨基本保留在原位，左侧骨骼散乱或丢失，左上臂肢骨弃于墓室西端，肘部以下的部分骨骼斜置于北侧的二层台旁，手腕不存，右上臂放在体侧并略向外张，肘部以下略回扣，但已移位，手腕也已经不存，骨盆以下部分保存了下葬时的体位，双腿股骨向内侧斜伸，膝部以下平行伸直，踝部并列，脚部均向内扣，相互依靠着倒向墓室的东端。墓圹内填黄褐色花土。（图 6-2-33A；彩版 6-2-52:1）

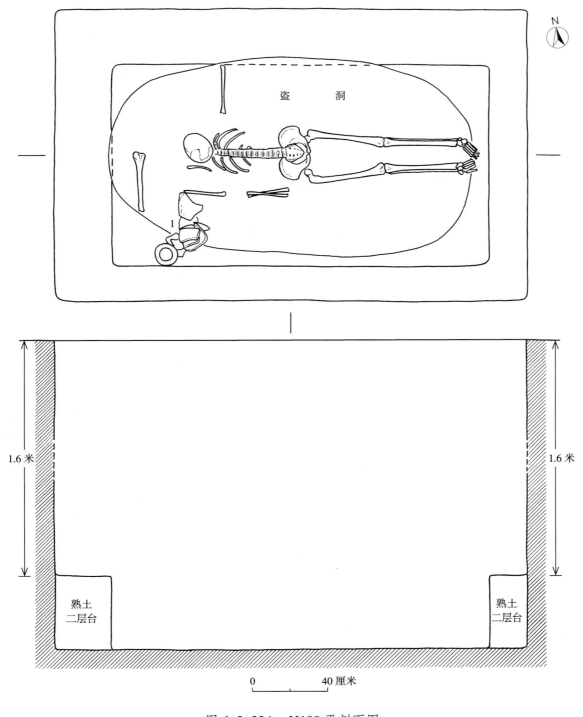

图 6-2-33A　M188 平剖面图

1. 小口高领陶罐

在墓主人右肩的西南侧发现了 1 件破碎的陶罐，可以复原。

小口高领陶罐　M188：1，泥质灰陶，器表为深灰色。圆唇，平沿较宽，整体外折，沿面微向内侧斜，敞口，高领，束颈，圆折肩，肩面上鼓，斜腹略鼓，小平底。上腹部以上磨光，折肩处有横向磨光痕迹，肩面正中有三圈凹旋纹夹着的戳印纹，上腹部以下饰竖篮纹，在篮纹外，从

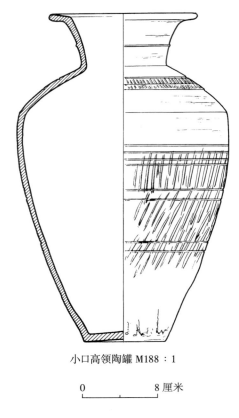

小口高领陶罐 M188：1

0 ——— 8 厘米

图 6-2-33B　M188 出土陶器

上腹部至下腹部有间距不等的 8 条凹旋纹，将篮纹截断，近底部较粗糙。口径 15.6、底径 8.5、最大腹径 22.4、高 36.0 厘米。（图 6-2-33B；彩版 6-2-52:2）

M189

M189 位于南区中部的 T44 和 T45。北侧为 M188，西侧是 M168，南侧为 M312，东南侧为 M230，东北侧为 M220，西南部打破第二期的 M195 和 M196。方向 287 度。墓葬圹边清晰，壁面也很规整，底部平坦。墓口距地表约 0.70、长约 2.40、宽约 1.30、现存深度约 2.00 米。墓室周边有熟土二层台，但绝大部分已经被破坏，仅在殉人所在之处有一些模糊的痕迹。墓葬被严重盗扰，盗洞挖在西部的墓圹范围内，进入墓室后将整个底部周边全部扰乱，尤以西部最严重。墓主人为一个 40 岁左右的女子，整个上半身的骨骼散乱或丢失，头骨被弃置于上身的北侧，头顶向上，已经残缺，仰身，颈椎、锁骨不存，胸椎以下部分肋骨未移位，但骨骼分布十分散乱，没有规律，左上臂向内斜置于肋骨北侧，肘部以下到手部斜放在上臂外侧至骨盆旁边，右上臂和一段小臂交杂于腹部，另一段小臂骨头连着手腕斜放在下腹至骨盆之上，右侧骨盆残缺，左侧骨盆保存尚好，双腿基本还在原位，整体向内侧伸直，踝部并拢，双脚向内扣搭在一起，并一起斜向东端倒置。在墓室的东南侧二层台内发现了一个年龄约 6、7 岁的殉人，由于受到扰乱，殉人的葬式已经不太清楚，从残存的迹象看，应该呈趴卧式，侧卧在南侧墓壁与底部交连处，头向东，面朝下，肋骨和脊椎尚好，右侧在上、左侧在下地倾斜趴在墓壁旁，左上臂似向墓室一侧伸出，从肘部回折至头部之下，右臂和双腿被扰乱，骨骼散置。墓圹内填黄褐色花土。（彩版 6-2-52:3）

未发现随葬品。

M191

M191 位于南区中部 T8、T9、T20、T21。东侧为 M225，西侧是 M160，西南部和东南部分别打破第二期的 M192、M194、M193 和 M198，北部打破第二期的 M179。方向 287 度。墓葬圹边清晰，壁面也很规整，底部平坦。墓口距地表约 0.70、长约 2.40、宽约 1.30、现存深度约 1.30 米。墓室周边有熟土二层台，其内侧范围长约 2.00、宽 0.95~1.00 米，保存高度约 0.10 米。墓葬被严重盗扰，盗洞的位置虽然在墓圹范围内，但由于进入墓室后扩展到整个底部的所有区域，而且对中部的骨骼全部翻搅了一遍，所以，墓葬的底部十分混乱。墓主人的骨骼已经面目全非，不过，虽然散乱，却未丢失，亦未扔出圹外，可确认这是一个 45 岁左右的女子，葬式无法辨别，上身骨骼比较集中地弃于墓室西南到中部的区域，毫无规律，只能大致分出椎体堆放在西端、骨盆在中部，间于二者之间的是散乱的肋骨，在墓室东南部只有腿部几根不全的骨骼，但也不在原来的位置，另外，部分股骨斜置于西端的椎体之上，脚趾骨则在东、中部散乱地随意弃置。墓圹内填黄褐色花土。（彩版 6-2-53:1）

未发现随葬品。

M199

M199 位于南区中部的 T9、T10、T33 和 T34。北侧为 M29，东侧为 M236，南侧是 M219，西侧为 M180。方向 280 度。墓葬圹边清晰，壁面也较规整，底部平坦，墓底人骨处铺朱砂，其间还有草木灰，墓口距地表约 0.70、长约 2.70、宽约 1.70、现存深度约 1.80 米。墓室周边有熟土二层台，其中西端和北侧较窄，东部较宽，二层台宽 0.10~0.40 米，内侧长约 2.20、宽约 1.40 米，保存高度约 0.60 米。墓葬被盗扰，盗洞打在墓圹范围内，未清理出明确的洞穴，墓室的西部扰乱较严重。墓主人为一个 50 岁左右的男子，骨骼已经腐朽，据残存的痕迹仍能看出下葬时的葬式。头骨破碎，并被弃置于墓葬二层台内的西南角，头顶向西北，面向西南角，仰身，颈椎锁骨不存，上半身仅保存胸腹下半部的脊椎和肋骨部分，双臂已经不知去向，骨盆腐朽，双腿微向内收、伸直，踝部并拢，脚趾似向内倾斜并一起向东倒置。墓圹内填灰褐色花土。（彩版 6-2-53:2）

未发现随葬品。

M207

M207 位于北区的 T210。东侧为 M216，南侧未发掘。方向 284 度。墓葬上部经平整土地的扰乱，圹边不清晰，壁面不明显，底部还较平坦，目前清理出来的其实只是骨架所在的区域，而实际范围、方向均不太清楚。墓口距地表约 1.65、残长约 1.50、实际清理宽度约 0.50、保存深度约 0.10 米。墓主人的性别年龄不详，头骨置于西北端，已残碎，其余人骨胡乱叠置于墓圹之内，已无法确认当时的葬式。墓圹内填灰褐色花土。（图 6-2-34A；彩版 6-2-53:3）

填土中发现玉石残器 4 件，均夹杂在散乱的人骨之间，有环、璧、三孔刀和多孔刀各 1 件。

三孔石刀　M207：03，白云岩。青灰色，表面有沁蚀形成的不规则状褐色斑块。横长方形，背部为平直的方棱，两侧弧边，一侧边缘靠背部处有一个残孔状的弧形内凹，前端为弧角弧刃，中部较厚，边缘稍薄，接近背部的平面上有两个完整孔和一个残断的半圆形孔，钻孔为双面管钻，稍作修整。背部接近一侧边处的角部残缺。长 23.4、宽 11.3~14.5、最厚处 1.0、背部厚 0.6、孔径 2.0~2.4 厘米。（图 6-2-34B；彩版 6-2-54:1）

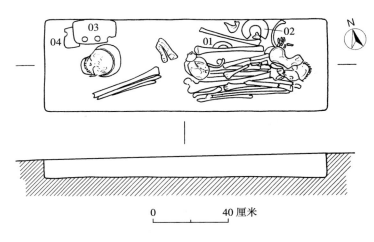

图 6-2-34A　M207 平剖面图

01. 石环　02. 石璧（残）　03. 三孔石刀　04. 多孔石刀

多孔石刀　M207：04，由于残断，不能确认平面上接近刀背部的孔数，所以只能称其为多孔刀。大理岩。黑灰色，表面遍布褐色水浸锈迹。整体形制不明，仅余中间的少部分器体，接近背部尚存两个单面管钻的残孔，前端有部分不规整的残刃。残存最长处10.4、残存最宽处13.0、最厚处1.0、孔径2.0厘米。（图6-2-34B；彩版6-2-54:2）

石璧　M207：02，含铬金云母大理岩。灰白色，微透明。器形不规整，中孔管钻较直，内缘

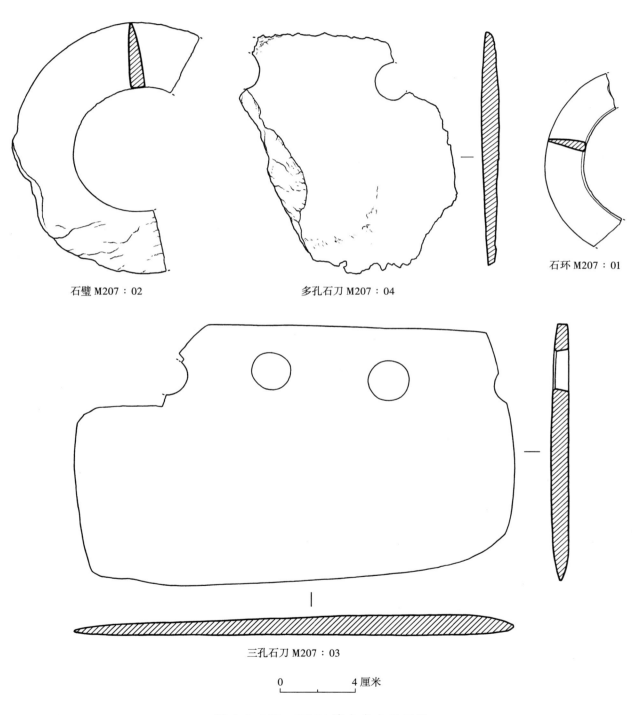

石璧 M207：02　　　　多孔石刀 M207：04　　　　石环 M207：01

三孔石刀 M207：03

0　　　　　4厘米

图6-2-34B　M207填土出土玉石器

厚，外圈边薄，边缘残损致使外圈凹凸不平滑，上下两环面均微向外鼓，断面为两边微弧的楔形。外径 13.8、内径 6.7、环面宽 2.2~3.5、最厚处 0.8 厘米。（图 6-2-34B；彩版 6-2-54:3）

石环　M207：01，含铬金云母的大理岩。灰白色，表面有沁蚀形成的浅褐色。只残存一小段弧形环体，中孔为单面管钻，双面经过修整，内缘处较厚，外圈边较薄，断面为楔形。残长约 9.5、环体宽约 2.0、最厚处约 0.5 厘米。（6-2-34B；彩版 6-2-54:4）

该墓的归属存疑，从人骨的扰乱情况看属于第三期，但墓室内未发现随葬品，而填土中的玉石器均残破，特征明显属于第二期，由于这种情况在其他第三期墓葬中也存在，而且第三期墓葬填土中出土第二期器物也属正常，所以，我们暂时将墓葬归入第三期。

M216

M216 位于北区 T210 的东南角。西侧为 M207，东、南侧未发掘。方向 290 度。墓葬圹边不太清晰，壁面较直，底部基本平坦，已经被严重扰乱。墓口距地表约 1.70、长约 1.20、宽约 0.60、现存深度约 0.10 米。墓主人为一个 51~60 岁的男子，头骨破碎，肢骨横七竖八，椎体散置在肢骨之间，十分散乱，已经不能辨别葬式。墓圹内填灰褐色花土。（彩版 6-2-55:1）

未发现随葬品。

该墓在排列顺序和墓葬特点方面没有直接证据，归属存疑，根据人骨的扰乱情况归入第三期。

M219

M219 位于南区中部的 T33 和 T34。西北侧为 M180，北侧为 M199，东北侧是 M238，东南侧为 M245，南侧是 M220，西南部打破了第二期的 M221 和 M224。方向 270 度。墓葬圹边清晰，壁面也很规整，底部平坦，墓室中部墓主人的身下还保留有草木灰。墓口距地表约 0.70、长约 2.30、宽约 1.02、现存深度约 1.70 米。墓室周边均有熟土二层台，其中南边台面略宽，其余三边均较窄，二层台内侧保存的范围不规范，长约 1.95、宽约 0.65 米，保存高度约 0.10 米。墓葬被盗扰，盗洞打在墓圹范围内，直接进入墓室西部，将墓主人上半身扰乱。墓主人为一个成年男子，年龄不详，整个上半身骨骼已经不存，仅右手置于骨盆外侧，左侧的骨盆被弃置于下腹部的位置，右侧骨盆和下半身位于原位，双腿由外向内斜向伸直，踝部并拢，双脚并列向东南侧偏倒。墓葬南侧靠西南端的二层台上发现有一个殉人，是一个 24~26 岁的女子，呈头东脚南侧身状，靠在南侧墓壁上，殉人所在区域也被扰乱，部分骨骼已经移位，现存头部整体为上昂式后仰，头顶向南，面向东，下颌向东北，身体侧卧，脊椎为向南凸出的弧形，右臂顺置于身下，左臂斜置于背后，肘部以下向北折，接近手腕部分置于下腹位置，双腿伸直，左侧股骨不存，右侧骨盆贴近墓壁，股骨斜伸向西北，至膝盖处与左膝并拢，小腿部分平行伸向西南角，脚尖向西北侧倒置。墓圹内填灰褐色花土。（彩版 6-2-55:2）

未发现随葬品。

M220

M220 位于南区中部的 T45 和 T46。南侧是 M230，西南侧为 M189，西北侧为 M188，北侧为

M219，东北侧是 M245，东南侧为 M251。方向 272 度。墓葬圹边清晰，壁面也很规整，底部平坦，墓底人骨处铺朱砂，其间还有草木灰痕迹。墓口距地表约 0.80、长约 2.50、宽约 1.40、现存深度约 1.60 米。除西端外，东、南、北三边均保留有熟土二层台，二层台面宽 0.20~0.40 米，内侧长约 2.10、宽约 1.00 米，保存高度约 0.10 米。墓葬被严重盗扰，盗洞打在墓圹范围内，并直接进入中、西部的墓室内，将底部绝大部分扰乱。墓主人为一个 30~35 岁的男子，骨骼已经散乱，头骨破碎，斜置于西端，头顶向西南角，面向上，大张口，原来可能为仰身，但脊椎、肢骨和肋骨已经严重残缺，位置也随意弃置，骨盆不规则地弃置于胸部的位置，左右股骨倒置，并移到墓室南侧，双腿膝部以下基本保持原位，平行伸直，脚部并列，脚掌分别向东侧倒置。墓葬东端接近东南角的二层台上发现有一个 11~12 岁的殉葬儿童，性别不详，整体呈蹲坐式靠在东侧墓壁上，头顶向南侧上方，面向东南侧，垂头挣扎，身体前倾，脊椎向西北弧形凸出并扭曲变形，靠墓壁的左侧肋骨排列较整齐，靠墓室的肋骨散乱缺失，左臂搭在墓壁上，右臂垂在体侧，左侧骨盆倾斜接近东墓壁，右侧骨盆平放在二层台上，双腿股骨向东南侧上方伸展，膝部回折，左膝近墓壁，右膝斜向东南，呈屈肢状跪于二层台上，双脚被压在骨盆之下，甚为悲惨。墓圹内填灰褐色花土。（彩版 6-2-55:3）

未发现随葬品。

M225

M225 位于南区中部的 T9 和 T21。西侧为 M191，南侧是 M29，东侧为 M241，北侧接近南部发掘区北边缘，北部和东部的上半部分被两个近代坑破坏，东北部和西北部分别打破了第二期的 M242 和 M226，南部打破了第二期的 M9 和 M106。方向 280 度。墓葬圹边十分清晰，壁面也很规整，底部平坦，墓主人的身下有草木灰，身上有朱砂红。墓口距地表约 0.70、长约 2.50、宽约 1.50、现存深度约 1.70 米。墓室周边均有熟土二层台，其内侧范围长约 2.10、宽约 1.05 米，保存高度约 0.20 米。墓葬被盗扰，盗洞打在墓圹的范围内，直接进入墓室，严重扰乱了中、西部区域。墓主人为一个 45 岁左右的男子，除人为破坏外，人骨保存也不好，朽坏严重，多数仅留有痕迹，头骨移位于尸骨右臂外侧，颈椎与锁骨缺失，上半身微向南偏，仰身，胸椎以下腐朽，肋骨散乱缺失，双上臂顺置于身体外侧，右臂肘部以下向内侧斜置，手腕朽痕位于右侧骨盆的位置，左臂肘部以下散置在下腹北侧，手腕已不存，骨盆朽坏，双腿股骨微向内斜置，膝部并拢，小腿平行伸直，脚尖内扣，分别向东倒置。墓圹内填灰褐色花土。（彩版 6-2-55:4）

未发现随葬品。

M230

M230 位于南区中部的 T45、T46、T56 和 T57。北侧为 M220，东北侧为 M251，东南侧为 M355，南侧为 M299，西部打破第二期的 M231。方向 280 度。墓葬圹边清晰，壁面也很规整，底部平坦。墓口距地表约 0.80、长约 2.45、宽约 1.40、现存深度约 1.50 米。东、西、北三边的熟土二层台均被破坏，仅依稀可看出一些痕迹，南侧则保存着宽约 0.20、高约 0.20 米的二层台，而且向两端延伸至墓壁处，长度基本与墓圹相同。墓葬被盗扰，盗洞打在墓圹范围内，进入墓室后将整个墓底全部扰乱，尤其是西北部比较严重，中部和南部的少部分区域仍保留着下葬时的一些迹象。墓主人为一个成年女子，年龄不详，上半身的骨骼已经被扔出墓圹，仅有左手指置于骨盆左侧之外，绝大部分盆骨已经残缺，只有少量骨盆和腿部基本保持原位，双腿从股骨至脚部向内斜向伸直，踝部并拢，左脚的部分脚掌向东北侧倒置，右脚趾不存。墓葬南侧近东南角的二层台上，发现有一个7~8岁的儿童殉葬，性别不详，殉人整体为侧身屈肢，头向西，头骨破碎，面向上，身体倾斜，右侧在南侧上方，左侧接近墓室中部的二层台内缘，背靠在南侧墓壁上，右臂已经被扰乱破坏，左臂放在体侧，腕部被破坏，两腿股骨向东北方向斜置，膝部向北凸出，膝部以下部分微向东南方屈置，形成角度较大的屈肢，双脚上下叠置，放在接近东南角的墓壁旁边，但趾骨已不存。墓圹内填灰褐色花土。（彩版6-2-56:1）

未发现随葬品。

M236

M236位于南区中部的T10和T34。南侧为M238，西侧为M199，北侧为M30，东北侧是M253，东南侧为M246，东部打破第二期的M237。方向280度。墓葬上部被一个规模较大的近代沟破坏，下部圹边清晰，壁面也很规整，底部平坦，部分区域有草木灰。现存墓口距地表1.10~1.20、长约2.30、宽约1.35、保存深度2.10~2.20米。墓室周边有熟土二层台，其内范围长约2.00、宽约0.95米，保存高度约0.30米。墓葬被严重盗扰，盗洞局限于墓圹的范围内，进入墓室后扩展至整个二层台之内的区域，几乎将墓底全部翻了一遍。墓主人为一个30岁左右的男子，骨骼受到严重扰乱，已经无法辨别下葬时的葬式，头骨弃置于西部接近二层台处，头顶向上，下颌骨与头骨分离，弃于头骨东侧，脊椎散失，一块骨盆放在西北角二层台内，另一块骨盆置于东北部接近角落的二层台内侧，上肢骨和肋骨散乱，与下肢骨一起横七竖八地散布在墓室东部，毫无规律。墓圹内填灰褐色花土。（彩版6-2-56:2）

未发现随葬品。

M238

M238位于南区中部的T34。北侧是M236，西南侧为M219，南侧是M245，东南侧是M254，东北侧为M246。方向275度。墓葬上部被一个规模较大的近代沟破坏，下部圹边清晰，壁面规整，底部平坦。现存墓口距地表1.20~1.50、长约2.40、宽约1.05、保存深度0.30~0.80米。墓葬遭到严重盗扰，二层台已经被破坏，只留下一些不太明显的迹象。墓主人为一个50岁左右的男子，头骨破碎，仅存头盖骨部分，似面向北侧偏转，上半身被扰乱，已经辨别不清葬式，肢骨、肋骨胡乱弃置，脊椎缺失，双上臂与肩部堆放在头骨旁，肘部以下的骨骼和肋骨一起弃置于胸腹南侧，两腿的股骨部分上移至腹部的位置，膝盖以下部分基本在原来的位置，两腿接近平行，踝骨并拢，双脚并列，残存的少量脚趾骨显示脚面曾向东南侧倒置。墓圹内填浅灰色土。（彩版6-2-56:3）

未发现随葬品。

M241

M241 位于南区中部的 T10 和 T22。西侧是 M225，北侧接近南部发掘区的边缘，东侧为 M258，南侧为 M30，南部和西部分别打破了第二期的 M260 和 M261，东部被第四期的 M240 打破。方向 275 度。墓葬圹边清晰，壁面也很规整，底部平坦。墓口距地表约 0.60、长约 2.40、宽约 1.30、现存深度约 2.00 米。墓室被严重盗扰，盗洞局限于墓室范围内的中西部，但进入墓室后向周边扩展，将整个墓底全部扰乱，二层台也被破坏，中部长方形的朱红色的范围应该是墓主人所在的位置，只能据此可推测二层台内侧的大致范围。墓主人为一个成年男子，年龄不详，头骨不见，部分上半身肢骨与两腿残存的股骨叠置在一起，置于墓室中西部，墓室中部散置着部分手指骨，膝盖以下部分基本保持原位，微向内侧斜向伸直，接近脚部处残断，骨骼不存。墓圹内填灰褐色花土。（彩版 6-2-57:1）

在墓室内中部偏西南处堆放的骨骼旁边弃置着 1 件残断的玉璜形器。

玉璜 M241:1，透闪石玉。灰白色，带黑色斑纹。较规整，内外圈均较圆，均厚，两端各有一个桯钻的小孔。璜体宽约 2.5、厚约 0.4、小孔径 2.0~0.6 厘米。（图 6-2-35；彩版 6-2-57:2）

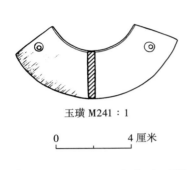

玉璜 M241:1

0   4 厘米

图 6-2-35　M241 出土玉石器

M245

M245 位于南区中部的 T46。北侧为 M238，西南侧为 M220，南侧为 M251，东侧是 M254。方向 274 度。墓葬上部被一个规模较大的近代沟破坏，下半部分圹边清晰，壁面也很规整，底部平坦。现存墓口距地表 1.00~1.10、长约 2.50、宽约 1.30、保存深度 1.10~1.20 米。墓葬被严重盗扰，从墓圹内的东北部至墓圹外的西南部有一个规模较大的盗洞，洞穴是先在上部挖一个斜坡式浅坑，至一定深度确认墓圹的范围后，沿着墓葬南部偏西处的墓壁挖掘一个可供一个人进入的圆形坑，在接近二层台面时，向北斜向进入墓室，然后扰乱了整个墓底，包括墓壁内侧的熟土二层台也未能幸免，在圆形盗洞的底部还弃置着部分从墓内挖出来的人骨。墓主人是一个 45~50 岁的男子，盗洞内交叉叠置的肢骨与墓室内中部和西南部的骨骼为同一个死者，原来的葬式不清，另外，散置于墓室东部的头骨、盆骨及部分肢骨是一个 12~13 岁的儿童，性别不详，应当是扰乱后的殉人，葬式和原来所在的位置也不清楚。墓圹内填灰褐色花土。（彩版 6-2-56:4）

未发现随葬品。

M246

M246 位于南区中部的 T35。北侧为 M253，东北侧是 M292，南侧为 M254，西南侧为 M238，西北侧是 M236，东部和西南部分别打破第二期的 M247、M249 和 M248。方向 270 度。墓葬圹边清晰，壁面也很规整，底面平坦，底部中间发现有朱砂的痕迹，朱砂南北两侧有草木灰。墓口距地表约 0.60、长约 2.40、宽约 1.60、现存深度约 2.20 米。墓室四周有基本等宽的熟土二层台，其内侧范围长约 2.00、宽约 1.20 米，保存高度约 0.40 米。整个墓葬被严重盗扰，盗洞的位置在墓葬的北侧，口部的规模较大，接近圆形，直径约 2.50 米，其中一半超出墓葬北侧边缘，下挖约 0.30 米时，逐渐收缩到墓圹的范围内，进入墓室后，主要扰乱的范围又缩小到二层台内侧，并且集中在西半部，北侧的二层台也被破坏了一部分。墓主人为 60 岁左右的男子，由于西南部扰乱十分严重，头骨移位，被孤单地弃置于墓室南部正中间，头顶向上，面朝东南，上半身似经拖拉，脊梁整体向西南角偏斜，而且不整合，有部分断裂，肋骨多位于脊梁两侧，已经不全，双臂分别被弃置于西端和西南角，骨骼已经散乱，下半身基本还在原位，股骨微向内侧斜置，膝部并拢，小腿平行伸直，接近踝骨处腐朽严重，只留有部分痕迹，脚部已经不存。在墓室北部中间的二层台内发现一个殉人，为 12~13 岁的儿童，性别不详，倾斜着侧身依靠在墓室北侧，大部分被二层台掩埋，头向东，面向南，右臂被扰乱，仅留有部分肢骨，左臂压在身体之下，肢体扭曲，腿部为右腿上、左腿下的方式叠置，基本向西端侧下方斜向伸直，直至墓底，脚部已经移位，少量趾骨置于腿骨北侧。墓圹内填灰褐色花土。（彩版 6-2-57:3）

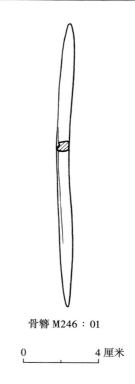

骨簪 M246：01

```
0          4 厘米
```

图 6-2-36 M246 填土
出土骨器

墓室内未发现随葬品。在墓葬的填土中发现有 1 件骨簪，形制较特殊，不能确认是否属于该墓的墓主人。

骨簪 M246：01，用大中型动物长骨磨制而成。器表为浅褐色。中部微弧，接近方棱状，棱边磨光较细，四边均内凹，凹面底部较粗涩，断面为四边凹入的长方形，两端均磨尖，其中较粗的一端残断，接近两个尖端处均为扁方形，断面近长方形。残长 15.5 厘米，中部断面长 0.70、宽 0.5 厘米。（图 6-2-36；彩版 6-2-57:4）

M250

M250 位于南区中部的 T47 和 T58。北侧为 M252，东北侧为 M279，南侧为 M354，西南侧为 M355，西北侧为 M251。方向 278 度。墓葬上部被一个规模较大的近代沟破坏，下半部分圹边清晰，壁面也很规整，底部平坦。墓口距地表 1.20~1.40、长约 2.30、宽约 1.30、现存深度 1.10~1.20 米。墓室四周有熟土二层台，其中南侧极窄，几乎接近墓壁，其内侧范围长约 1.90、宽约 1.00 米，保存高度约 0.10 米。墓葬被严重盗扰，盗洞局限于墓圹范围内，直达墓室西半部，整个墓室被盗掘一空，墓主人可能为一个成年女子，年龄不详，大部分人骨已经被扔出墓圹，仅有两条腿骨保留在原位，脚部向东，从股骨到脚部均微向内侧伸直，踝部并拢，脚掌并列，叠压在一起并向东南侧倒置。墓圹内填灰褐色花土。（彩版 6-2-58:1）

未发现随葬品。

M251

M251 位于南区中部的 T46。北侧为 M245，西北侧为 M220，西南侧为 M230，南侧为 M355，东南侧为 M250，东北侧是 M252。方向 275 度。墓葬上部被一个规模较大的近代沟破坏，现存开口部分圹边清晰，圹内壁面也很规整，底部平坦，墓口距地表约 0.80、长约 2.45、宽约 1.35、保存深度约 1.70 米。墓葬被严重盗扰，盗洞打在墓圹范围内，一直进入墓室，整个底部全部被破坏，二层台也未幸免，发现时既未发现墓主人和殉人，也未发现任何随葬品，已经成为空墓。墓圹内填灰褐色花土。（彩版 6-2-58:2）

M252

M252 位于南区中部的 T47。北侧为 M254，东北侧为 M281，东南侧为 M279，南侧为 M250，西侧为 M251。方向 275 度。墓葬上部被一个规模较大的近代沟破坏，现存圹边清晰，壁面也很规整，底部平坦，墓室内有残存的草木灰。墓口距地表 0.95~1.10、长约 2.50、宽约 1.40、现存深度 1.50~1.65 米。墓室周边保存有熟土二层台，其内侧的范围长约 2.00、宽约 0.80 米，保存高度约 0.10 米。墓葬被严重盗扰，盗洞局限在墓圹的范围内，主要扰乱了墓室的西半部。墓主人为一个 45~50 岁的男子，面向北侧上方偏转，仰身，脊椎中部微向下陷，但较直，锁骨与肋骨分列在脊椎两侧，比较整齐，右上臂斜向外置于体侧，从肘部开始呈锐角上折向墓室的西南角，手腕不存，左上臂不存，肘部以下部分被整体移到人骨头部和上身的右侧，肘部抵近头骨，手腕放在右胸部，下半身基本完整并位于原位，但腐朽较严重，两腿基本伸直，左脚面向东侧倒置，右脚趾骨不存。墓圹内填灰褐色花土。（彩版 6-2-58:3）

未发现随葬品。

M253

M253 位于南区中部的 T10 和 T11。北侧为 M258，东北侧为 M294，东南侧为 M292，南侧是 M246，西侧为 M30，南部和西南部分别打破第二期的 M17 和 M10。方向 270 度。墓葬圹边清晰，壁面也很规整，底部平坦，墓室内有残存的草木灰。墓口距地表约 0.60、长约 2.50、宽约 1.50、现存深度约 2.30 米。墓室周边保存有熟土二层台，其内侧的范围长约 2.25、宽约 1.00 米，保存高度约 0.30 米。墓葬被严重盗扰，盗洞位于墓圹内的西部，大致呈南北较长的椭圆形，西南侧的二层台也有一部分被盗洞破坏，进入墓室后扰乱范围还向东扩展至中部。墓主人为一个 45 岁左右的男子，整个骨架上半身均遭到扰乱，头骨弃置于南部偏西处，头顶向上，可能为仰身，基本位于原位的脊椎呈 S 形扭曲，肋骨零乱地散置于脊椎周围，双臂不见踪影，仅有一块肩胛骨弃于身体北侧，下半身基本完整并位于原位，但腐朽严重，仅存痕迹，两腿斜向内侧伸直，脚部不存。墓圹内填灰褐色花土。（彩版 6-2-58:4）

未发现随葬品。

M254

M254 位于南区中部的 T35 和 T47。南侧为 M252，西南侧为 M245，西北侧为 M238，北侧是 M246，东侧为 M285，北部和东部分别打破第二期的 M255 与 M257。方向 275 度。墓葬上部绝大部分为一个规模较大的近代沟破坏，现存部分墓圹清晰，壁面也很规整，底部平坦，墓室内残存有草木灰。墓口距地表 0.70~0.90、长约 2.40、宽约 1.40、保存深度 1.30~1.50 米。墓室周边有熟土二层台，其内侧的范围长约2.00、宽约1.00米，保存高度约0.30米。墓葬被严重盗扰，盗洞打在墓葬的中西部，进入墓室后，将二层台内侧范围内的整个墓主人所在区域全部扰乱。墓主人为一个51~60岁的女子，骨骼全部被扰乱，头骨位于西端，头顶向西，面向南，一块脊椎骨斜向抵近颈部，而下颌骨则被扔在脊椎骨北侧，另外一截脊梁扭曲、断裂，呈西南—东北方向斜置于头骨东南，上肢骨除一根骨头斜放在头骨北侧外，其余肢骨和肋骨乱堆在脊梁骨东侧，整个腿骨被移到上半身应该在的位置，两股骨呈V字形斜向压在上肢骨和肋骨堆之上，而膝部以下的部分骨骼上下叠置于股骨之东的墓室中部，脚部已经不存。墓圹内填灰褐色花土。（彩版6-2-59:1）

　　未发现随葬品。

M258

　　M258位于南区中部的T10、T11、T22和T23。北侧接近南部发掘区的北侧边缘，西侧为M241，南侧是M253，东侧是M295，东南部打破第二期的M259，西南部被第四期的M240打破。方向280度。墓葬圹边清晰，壁面也很规整，底部平坦，墓室内有残存的草木灰。墓口距地表约0.70、长约2.90、宽约1.60、现存深度约1.90米。墓室周边保存有熟土二层台，其内侧的范围长约1.80、宽约1.20米，保存高度约0.30米。墓葬被严重盗扰，盗洞的位置在墓室西部，与M240东端破坏处重合，主要扰乱了墓室的西半部，墓主人为一个成年男子，年龄不详，上半身右侧被M240破坏，仅余部分左侧的肢骨，而且均已经移位，散置于骨盆的西北侧，右侧骨盆与股骨被破坏，膝部以下与左腿微向内侧伸直，左侧骨盆已残损，股骨以下斜向内侧伸直，踝部接近并拢，双脚掌并列，一起向东南侧倒置。墓圹内填灰褐色花土。（彩版6-2-59:2）

　　未发现随葬品。

M263

　　M263位于南区西部的T49和T50。北侧为M264，西侧接近南部发掘区西南端边缘，南侧未发现墓葬，东侧是大片空旷的区域。方向260度。上部被清凉寺起建或维修时破坏，墓葬口部圹边较清晰，壁面也规整，底部不平坦。现存墓口距地表约0.65、长约2.35、宽0.93~1.00、现存深度约0.55米。墓葬被严重盗扰，盗洞应该打在墓圹范围内，底部被严重扰乱。墓主人为一个45~50岁的男子，人骨杂乱地堆放在墓葬西半部，毫无规律。在这堆人骨中还有一个小于12岁的儿童个体，但仅见左侧一块髋骨，可见当时这个墓葬也曾经有殉人。墓圹内填黄褐色花土。（彩版6-2-59:3）

　　未发现随葬品。

M264

　　M264位于南区西部的T49和T50。东北侧是M146和M150，东侧是大片空旷的区域，南侧为M263，西侧接近南部发掘区西端边缘。方向290度。上部被清凉寺起建或维修时破坏，墓葬口部圹边较清晰，西宽东窄，四壁不太规整，壁面较粗糙，底部不平坦。现存墓口距地表约0.65、长约2.90、宽0.84~1.00、现存深度约0.10米。墓葬被严重盗扰，圆形盗洞打在墓葬的中部，进入墓室后将墓底部全部扰乱。墓主人的小腿骨虽然酥碎，但还放在原位，分别斜向内侧伸直，踝部并拢，北侧脚掌向东北侧倒置，南侧脚掌不存。根据腿骨与其他人骨的比较，推测墓主人可能为一个成年男子，年龄不详。墓内的绝大部分人骨杂乱地堆放在墓葬西半部，毫无规律，可判定的人骨除墓主人外，还有25~30岁和30~35岁的女子各一个，另外还有一个颅骨残片，骨壁很薄，为一个儿童，性别年龄不详。这些人骨是否全部属于本墓没有任何证据，如果是的话，这是墓地中一个级别较高的墓葬，殉人的人数和构成均非一般殉人墓可比；如果不是的话，他们属于哪个墓葬，因何埋到该墓的西端，均不清楚。墓圹内填黄褐色花土。（彩版6-2-59:3）

未发现随葬品。

M267

M267位于南区中部的T63。北侧为M270，东侧为M272，南侧为M268，西侧有大片的空旷区域。方向290度。上部被清凉寺起建或维修时破坏，墓葬圹边清晰，壁面规整但较粗糙，底部凹凸不平。墓口距地表约0.70、长约2.30、宽约0.70、现存深度约0.40米。墓葬被严重盗扰，盗洞不明显，但墓室中人骨十分混乱。墓室中部偏东处有三个儿童的头骨堆放在一起，墓室西北部也有三个人的骨架相互叠压在一起，西南部还有一些碎骨片弃置，其年龄分别为7~8岁、8~9岁和9~11岁，从这些人骨的位置和放置方式不能确认当时下葬时任何一个人的葬式，也不能确定何人为墓主人，或许三人全部为殉人，甚至有可能这些死者是从其他墓葬中挖出来另掘一坑埋葬，抑或纯粹是埋葬将要用于殉葬儿童的地方，但目前我们没有任何证据说明，只是根据墓内人骨的混乱情况和分布位置推测属于第三期。墓圹内填黄褐色花土。（彩版6-2-60:1）

在墓葬底部三个头骨中位于西南侧的头骨旁边发现了1件玉环，或许是随葬品，也有可能是与这些头骨一起弃置于墓室内的器物，但入葬年代应该与该墓属于同一时期，在此作为随葬品介绍。

玉环　M267:1，透闪石玉。青绿色，边缘受沁白化，器表尚有部分不规则的白色斑点。整体为椭圆形，外圈不太圆，部分边缘受沁蚀成直边，中孔为单面管钻而成，内外缘均有些许倾斜，环体基本均厚，断面为窄长的平行四边形。外径8.2~9.3、内孔径4.0~6.7、厚0.7厘米。（图6-2-37；彩版6-2-60:2）

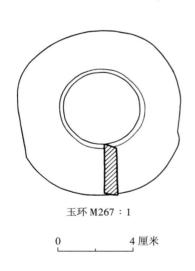

玉环 M267:1

0   4厘米

图6-2-37　M267出土玉石器

M268

M268位于南区中部的T63。北侧为M267，东侧为M272，西南侧已经到了墓地的边缘地带，未发现墓葬，西侧有大片空旷的区域。方向285度。上部被清凉寺起建或维修时破坏，墓葬圹边清晰，壁面较粗糙但垂直、规整，底部凹凸不平。墓口距地表约0.70、长约2.60、宽约0.70、现存深度约1.00米。墓葬被严重盗扰，盗洞应该位于墓圹范围内，但不明显，进入墓室后，将整个墓底部全部扰乱，未发现二层台的痕迹。在墓葬中部偏东处堆放有人骨，包括头骨碎片和肋骨、椎体和肢骨，另外墓葬西北部也弃置着部分肢骨，经鉴定两处的人骨属于同一个个体，是一个 3~5 岁的儿童，或许为殉人，而墓主人的骨骼已经不知去向。墓内填黄褐色花土。（彩版 6-2-61:1）

未发现随葬品。

M269

M269 位于南区中部的 T75 和 T86。北侧为 M271，东北侧为 M302，西侧未发现墓葬，可能已经到了墓地的西端，南侧接近南部发掘区的边缘。方向 268 度。墓葬的上部被清凉寺起建或维修时破坏，现存墓口应该低于下葬时的地面，圹边十分清晰，壁面垂直、规整，底部平坦。整个墓葬被严重盗扰，盗洞口部呈不规则的椭圆形，从北中部一直延伸向西南部，绝大部分未超出墓室的范围，只在南侧的圹外有一小部分呈锅底状的坑边，洞穴在西北部，进入墓圹后为一个缩小的椭圆形坑，直接挖过墓室的底面，最深处在底面以下还下掘了约 0.20 米，洞穴之外的区域沿着底面向周边扩张，除东南角之外，整个墓底全部被扰乱。本来在墓室的四周还有熟土二层台，由于扰乱严重，已经荡然无存，仅在东部区域可以依稀看出二层台内侧的模糊痕迹，但已经不能复原当时的具体范围。墓葬西北部等处发现有一些不太清晰的草木灰痕迹，可能是棺木腐朽后的遗留。四壁上还有当年掘墓时留下的工具痕迹，呈斜向或垂直状凹入壁面，使用的应当为铲状器物，这类痕迹在其他墓葬中也有发现。另外，在墓葬的西壁和南壁近西南角处还各留有一个不太规则的脚窝，西壁的脚窝距现存墓口约 1.75 米，而南壁上的脚窝则距现存墓口达 2.05 米。墓口距地表约 1.60、长约 2.75、宽 1.50~1.62、现存深度约 3.70 米。墓内有两个地方堆放着人骨，其中西北部的部分骨骼置于盗洞内，接近北侧的墓壁，死者的头骨已经碎成几片，另外一些肢骨横七竖八地弃置在头骨片周围，其中还夹杂着椎体、下颌骨等；在这堆人骨北侧上方距底部约 0.65 米处、接近西北角的北壁前斜置着一些叠在一起的下肢骨、堆在一起的椎骨和锁骨等，这里也是盗洞的范围，其高度应当接近下葬时二层台台面所在的位置。据鉴定，这两部分骨骼属于同一个个体，是一个 14~15 岁的少年，性别不详。然而，由于这些人骨全部是盗洞填土内发现的，我们无法根据上述情况确认下葬时死者的葬式，甚至位置也不能确定。另一个死者位于墓葬的东南角，是一个 10~13 岁的儿童，性别不详，死者头顶向上，面向东侧墓壁，俯身向下，身体的扭曲使脊梁中部断裂，而左侧肋骨接近平铺，右侧肋骨则挤压在一起，左臂垂直伸向身体之下伸展，由于后期填土下沉，部分肢骨竖立于头骨旁边，右上臂顺置于体侧，从肘部开始也折而垂直向身下伸展，盆骨位于西端上方，双腿股骨向前伸展，膝部折回呈折叠状弯曲于身下，脚部压在骨盆和尾骨之下，从葬式上可清楚地看出这是俯身被压到墓角活埋进墓内的。就目前情况，我们可以确认东南角的死者为殉人，却不能确定西北部的死者是否为墓主人，或许两人全部为殉人，而真正的主人遗骸已不知去向。墓圹内填黄褐色花土。（图 6-2-38A；彩版 6-2-61:2，6-2-62:1、2，6-2-63:1）

未发现随葬品。

在墓葬盗洞填土中，我们意外发现一件属于陶寺文化晚期的陶鬲残片，可以复原。

陶鬲　M269：01，泥质灰陶，方唇，直口，圆弧腹，三袋足肥硕，口沿外和袋足上皆饰拍印的绳纹。直径 20.0、高约 25.5 厘米。（图 6-2-38B；彩版 6-2-63:2）

这是整个墓地发现唯一的一件陶鬲，从其他墓葬的随葬品来看，这里墓内只随葬高领折肩罐

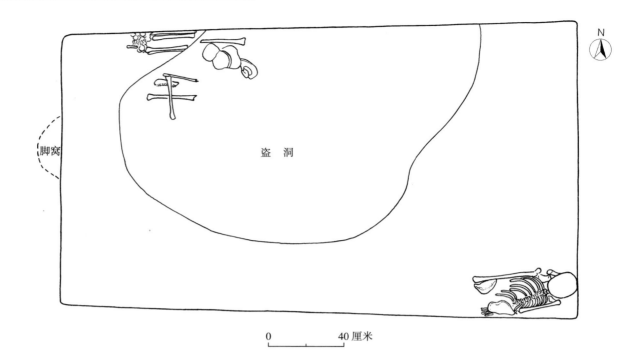

图 6-2-38A　M269 平面图

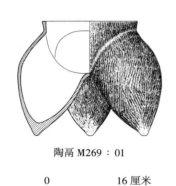

陶鬲 M269：01

0　　　　16 厘米

图 6-2-38B　M269 盗洞
出土陶器

和深腹盆，这件器物不应该是本墓的随葬品。或许是盗扰墓葬的那些人曾经用过的日用品？若果然如此，可以说明盗扰墓葬的时间、人员构成等一些问题。

M270

M270 位于南区中部的 T52 和 T63。北侧为 M153，东北侧为 M273，东南侧为 M272，南侧为 M267。方向 276 度。墓葬上部被清凉寺起建或维修时破坏，保存下来的部分圹边清晰，但壁面较粗糙，底部凹凸不平。墓口距地表约 0.70、长约 2.00、宽约 0.80、现存深度约 0.20 米。似被盗扰，盗洞位置和形状不太清楚，但应该局限于墓圹范围内，墓中部偏东处弃置有几根人骨，人骨旁边和墓室西端还有散碎的石头，是因为盗掘，还是当时只是掘坑埋葬一些从其他地方挖出来的骨骼，不得而知。墓圹内填黄褐色花土。

未发现随葬品。

M271

M271 位于南区西部的 T64 和 T75。北侧为 M272，东侧为 M300，南侧是 M269，西北侧为 M268。方向 294 度。墓葬上部被清凉寺起建或维修时取土破坏，保存下来的圹边清晰，壁面垂直、规整，底部平坦。墓葬西壁上留有当年掘墓时留下的工具痕迹，上下垂直，凹入壁面，当为铲类工具的印痕。墓室底面的北部和东部区域发现有草木灰和朱红的痕迹。墓口距地表约 0.70、长约

2.90、宽约 1.50、现存深度约 3.70 米。墓室的四周有熟土二层台，发现时部分区域的二层台明显受到破坏，已经不完整了，尤其是东南部和西北部破坏最严重，二层台内侧的范围长约 2.53、宽约 1.03 米，现存高度 0.10~0.20 米。墓葬被严重盗扰，盗洞打在墓葬正中部，口部为东西向不规则的椭圆形，东部稍窄，相同范围的直筒一直挖至接近底部，然后呈不规则状向周边扩张，整个墓底全部被扰乱，而且不局限于二层台范围内，即使东南角的殉人所在区域也遭到部分破坏。墓主人是一个 24~26 岁的男子，人骨弃置散乱，墓室内的中部偏西北处至东部的二层台内侧范围内全部散布着墓主人不同部位的骨骼，其中在墓葬西北部的有股骨、骨盆，中部则是头盖骨、下颌骨和上肢骨，部分股骨和腓骨则放在接近东部的区域，这些骨骼横七竖八，全部不在原来下葬时的位置，也没有任何规律。墓葬东南角沿南侧墓壁埋有两个殉人，虽然部分部位遭到一些损坏，但位置和葬式基本保留下来。稍靠西的是一个 10~11 岁的儿童，性别不详，头向西，呈侧身屈肢状位于南侧墓壁边，面向南侧下方，下颌骨被整体掰了下来，下巴向东抵近右侧肋骨，整个上半身均受挤压变形，脊椎靠近墓室中部，肋骨在椎体两侧横向或向下排列，略显散乱，右臂压在身体的侧下方，左臂已经被破坏，仅余手指骨放在头盖骨和下颌骨旁边，从骨盆开始，下肢骨向前弯曲，全部挤在上身和墓壁之间，股骨前伸，膝盖以下又向西北屈置，脚部压在头骨之下。另外一个殉人为一个 5 岁以下的儿童，位于近东南角的南壁二层台内，整体也呈侧卧状，头向西，骨骼已经碎成几片，位置接近西侧殉人骨盆的北侧，面向南侧下方，双臂斜向身前的墓壁处伸展，上侧的左臂已经被破坏，不知去向，右臂叠压在身下，部分上臂斜向压在颈椎之下，脊椎斜伸向东南角，左侧肋骨不存，右侧肋骨斜向侧下方东西平行排列，但已受压变形，右腿股骨向身后折向东北，沿东壁斜置，从膝部开始折而向西南，整个小腿骨与股骨重叠，脚部位于墓壁东南角的脊椎尾端之下，左侧腿骨被破坏，仅保存部分骨骼，分别竖在墓葬东南角和东部墓壁内侧。墓圹内填黄褐色花土。（彩版 6-2-64:1）

未发现随葬品。

M272

M272 位于南区西部的 T64。北侧为 M273，东北侧为 M303，东南侧为 M300，南侧是 M271，西侧为 M267。方向 290 度。墓葬上部被清凉寺起建或维修时取土破坏，现存口部圹边清晰，绝大部分壁面垂直、规整，由于盗扰墓葬时，向周边扩展过程中破坏了部分壁面，所以部分壁面凹凸不平，底部平坦。部分区域接近底部的墓壁上还有当年掘墓时留下的工具痕迹，呈上下垂直状并列分布，印痕凹入壁面，使用的当为铲类工具。墓室底部中间区域发现有草木灰和朱红的痕迹。现存墓口距地表约 0.50、长约 2.90、宽 1.36~1.50、现存深度约 2.00 米。墓室的四周有熟土二层台，由于盗掘时的扰乱，大部分区域明显受到破坏，已经不完整了，内侧范围不规则，边缘也极不规整，较低处保存的高度不足 0.10 米，最高处高度约 0.20 米。这是墓地中被盗扰最严重的墓葬之一，盗洞从墓口部就十分清晰，其范围在墓圹内的中部延伸到西南角，呈东西向不规则的椭圆状，东部稍宽，保持该形状的直筒挖到墓底后，又向周边扩张，整个墓底全部被扰乱，即使东南部殉人所在区域也未幸免。墓主人是一个成年男子，墓内的中部偏西南处散布着墓主人不同部位的人骨，其中在墓葬西南部南北向弃置着上肢和肩胛骨，中部则是南北向弃置的股骨、南端向东折回的部分残肢骨，残破的头骨在两处肢骨之间的北侧，由于是随意弃置，头顶朝向东方，上颌的牙齿尚存，但下颌骨已不知去向，根据这几处人骨显然无法判断下葬时的葬式。在接近墓葬东南角的南壁和东壁内侧的二层台内有两个殉人，其中南壁靠东处是一个 7~8 岁的儿童，性别不详，头向东，头骨被扰动，顶部向北，面向南侧上方，下颌骨已脱落，牙齿向上、下巴向南抵近南侧墓壁，侧身，整个上半身均受挤压变形，脊椎扭曲，肋骨散乱地叠压在脊椎骨周围，缺乏规律，右上臂弃置于头骨北侧，肘部以下的部分骨头在头骨东侧，斜向上贴在墓壁上，左上臂似曾在贴近墓壁处向上伸展，头骨西侧有一根骨头向上竖置，但肘部以下部分则被弃置于肋骨西侧，骨盆上下叠压变形，间于肋骨和部分肢骨之间，下肢骨伸直，所在的部位高度不一，股骨位于高于底部约 0.20 米的二层台的台面处，向西上方斜伸，一条腿的膝部以下两根骨头交杂横置在二层台的台面之上，另外一条腿的膝部以下向斜下方斜靠在被破坏的二层台北侧，西端接近底部，旁边还有少数脚趾骨。另外一个殉人为一个 6 岁的儿童，置于近东南角的东壁内侧二层台内，整体呈俯卧状，头骨向南，面向下，双臂向身下伸展，脊椎与东侧墓壁平行，双腿股骨分别向上半身的两侧斜向伸展，从膝部开始又回折向北侧，踝部略内收，整个腿部类似于下跪式，形成 M 状，脚部位于东墓壁中部，脚面向下，脚尖向北倒置。墓圹内填黄褐色花土。（彩版 6-2-64:2~4）

未发现随葬品。

M273

M273 位于南区西部的 T53 和 T54。北侧为 M155，东北侧为 M313，东南侧为 M303，南侧是 M272，西南侧为 M270，西北侧是 M153。方向 275 度。墓葬上部被清凉寺起建或维修时取土破坏，平面东端略宽，西端稍窄，圹边清晰，绝大部分壁面垂直、规整，由于盗扰时向周边扩展破坏，壁面也有多处凹凸不平，底部平坦。墓室内中间部分区域发现有草木灰和朱红的痕迹。墓口距地表约 0.40、长约 3.05、宽 1.80~2.00、现存深度约 2.70 米。墓室的周边有熟土二层台，发现时保存范围不规则，尤其是南部已经全部被破坏，保留的内侧范围长约 2.50、宽 1.20~1.65 米，现存高度约 0.50 米。墓葬被严重盗扰，口部的盗洞范围在圹内的中南部到西端，呈东西向不规则的椭圆形，东部稍宽，盗洞以此形状一直挖到底，然后又向周边扩张，整个墓底全部被扰乱，残存的二层台范围内一片狼藉。墓主人是一个成年男子，下葬时所在位置已全部被翻搅，残存骨骼不全，在中部偏东处散布着墓主人不同部位的人骨，其中东南部是仅存顶部的残头骨，北部则是下肢骨，一条腿的股骨在东北部，由东南向西北方向斜置，膝盖以下则向西折，与北侧墓壁平行，另一条腿的股骨与上述腿部骨骼叠压在一起，膝盖以下则向西顺置于股骨西端，其他椎骨、肋骨等骨骼毫无规律地散置于下肢骨南侧、头骨西侧的墓室中部，与朱红色的填土搅在一起。在墓葬东北部和北部有两个殉人，东北部的是一个 8 岁左右的儿童，性别不详，葬式特殊，头顶向上，面向南，整个上半身侧倚在东侧墓壁上，脊椎由上到下斜向西北侧方向侧卧，中间明显下凹，受挤压变形，脊椎两侧的肋骨并列于右臂之下，左臂向前右侧伸展，手腕向左上方屈置，右上臂向右前方伸展，肘部开始向内折转，与上臂形成曲尺状，手腕平放在身前，骨盆向左右两侧展开，两端上翘，中间下凹，两腿均为屈肢，右腿股骨基本与北侧墓壁平行，从膝盖处缓折向西北，脚部则向西倒置，左腿股骨向西南侧前伸，放在右腿股骨之下，从膝盖处开始折回西北，又从右腿的股骨之下穿过，脚部在右脚后侧向西端倒置，由于两腿屈置的膝部以下部分已伸入二层台内侧，所以，二层台内侧区域可能有部分椁室的范围，其中应该另置棺木。另外一个殉人为6~7岁的儿童，放在近北侧墓壁内侧的二层内，整体也呈俯卧状，头向西，连带着肩胛骨倒向西南侧，顶骨残损，下颌脱落，面向下，脊椎整体沿墓边呈扭曲状向东延展，胸椎为弧线形向南凸出，肋骨向脊椎两侧的下方并列分布，双上臂均顺置于体侧，但从肘部以下向身前伸展，两个手腕放在整个身体前面，骨盆置于脊椎尾端两侧，分别向下平置，双腿股骨向西端的前下方伸展，从膝部开始又折回来向东放置，整个腿部呈跪式叠置于上身之下，双脚不存。墓圹内填黄褐色花土。（彩版6-2-65:1~3）

未发现随葬品。

M279

M279位于南区东部的T48。北侧是M281，西北侧为M252，西南侧是M250，南侧为M352，东部被第四期的M275和M276打破，同时，南侧东部的部分边缘受M275西北角的挤压有些变形，东北部的半个墓葬还被较浅的M276叠压。方向260度。由于墓葬所在区域受到后代取土破坏，西端地势较高，东端较低，但现存的圹边清晰，壁面基本规整，底部较平坦。墓口距地表0.55~1.05、长约2.90、宽约1.30、现存深度约1.20米。墓室的周边有熟土二层台，其内侧范围长约2.15、宽约0.95米，保存高度0.10~0.25米。墓葬被严重盗扰，在墓圹范围内的西部发现一个不规则形的盗洞，洞穴一直到底，扰乱了墓室中部以西的绝大部分区域，对人骨的扰乱尤其严重。墓主人为一个35~39岁的女子，头部和上半身已扔出墓室，在西南角二层台内侧的墓室内，不规则地弃置有部分股骨和盆骨的残余，小腿部分尚在原位，两腿并列伸直，踝部接近并拢，脚掌分别向东侧倒置。墓圹内填灰褐色花土。（彩版6-2-66:1）

未发现随葬品。

M281

M281位于南区东部的T47和T48，北侧是M285，西北侧为M254，西南侧是M252，南侧为M279。方向260度。墓葬所在区域受到后代取土破坏，西北端地势较高，东南端较低，现存圹边清晰，壁面较规整，底部较平。墓口距地表1.10~1.70、长约2.00、宽约0.95、现存深度0.50~1.10米。墓室的周边有熟土二层台，由于部分区域被破坏，内侧边缘不规整，北侧较宽，南侧很窄，东端也稍宽于西端，其范围长约1.78、宽约0.85米，存高约0.10米。墓葬被严重盗扰，盗洞打在墓圹的西部，但范围不太清晰，未清理出明显的洞穴，进入墓室后，将墓底绝大部分扰乱，仅东半部保留了原来的基本情况。墓主人为一个20岁左右的女子，上半身被破坏，头骨、肋骨和脊椎骨全部扔出墓室，原位散置着尚存的部分右手指骨，残存的少数上肢骨毫无规律地扔在在墓室西端，右侧骨盆也被弃于西南部，左右股骨被扔在墓室的西侧的上肢骨旁边，左侧骨盆压在右股骨之下，双腿膝部以下部分保存在原来的位置，平行伸直，脚、踝部基本并拢，脚掌骨集中放置于踝骨之东。墓圹内填灰褐色花土。（彩版6-2-66:2）

未发现随葬品。

M285

M285 位于南区东部的 T35、T36、T47 和 T48，西侧为 M254，北侧是 M292，南侧为 M281，东南角被第四期的 M282 打破。方向 260 度。墓葬所在区域受到后代取土破坏，西端地势较高，东端较低，现存圹边清晰，西端呈圆弧形，东端为方形，壁面较规整，底部不平，西部因盗洞挖过了底面而稍深，东部较浅。墓口距地表 1.15~1.45、长约 2.30、宽约 1.30、现存深度 0.75~1.00 米。墓室的周边有熟土二层台，北边略宽，东端最窄，西部的二层台被破坏，保存宽度 0.10~0.32 米，由于盗扰严重，中部至东部残存的二层台内侧范围长约 1.30、宽约 0.80 米，现存高度 0.10~0.20 米。盗洞打在墓圹内的西半部，从口部一直向下凿穿底部，其范围南北长约 1.30、东西宽约 0.90、最深处低于墓室底部约 0.10~0.15 米。墓主人为一个 45~50 岁的女子，腹部以上被扰乱，随意乱扔的头骨接近西北部，头顶向东，面向上，其他肋骨、肢骨及部分脊椎骨毫无规律地堆放在墓室西端的盗洞底部，腹部以下基本保留在原位，包括接近骨盆的部分脊椎骨，骨盆两侧残损，双腿微向内侧伸直，踝部基本并拢，左脚趾骨散置于墓室东端近二层台处，右脚趾骨不存。墓圹内填灰褐色花土。（彩版 6-2-66:3）

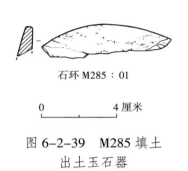

石环 M285：01

0   4 厘米

图 6-2-39　M285 填土
出土玉石器

墓室内未发现确切属于本墓的随葬品，但在墓葬的填土中发现有 1 小块玉石器，由于残破过甚，已经不能确认是环还是璧了，暂当做环。

石环　M285：01，残。大理岩。器表为黄白色，其中间有浅绿色斑纹和深绿色散点。仅存有少部分残块，可能是环的一部分，外圈为圆形，一端边缘较厚，另一端略薄，器体从内、外边缘向中部逐渐变厚。因为残缺过甚，已经看不出原来的器形了。残长 6.9、外缘厚 0.3~0.5、残断面最厚处约 0.7 厘米。（图 6-2-39；彩版 6-2-66:4）

M292

M292 位于南区东部的 T11、T12、T35 和 T36，南侧为 M285，西南侧为 M246，西北侧为 M253，北侧是 M294。方向 265 度。墓葬的口部西高东低，圹边清晰，壁面规整，底部平坦。现存墓口距地表 1.15~1.55、长约 2.20、宽约 1.05、现存深度约 1.10 米。墓葬遭到严重扰乱，盗洞打在墓圹内的西半部，从口部一直到达底部，并且向周边扩展至全部墓室，二层台已经全部被破坏，不能清理出完整的形态。墓主人的骨骼只留下两根股骨残段分别置于西端和西南墓壁内侧，其余不知去向，无法判断其的年龄、性别，也不知下葬时的葬式。墓圹内填灰褐色花土。（彩版 6-2-67:1）

未发现随葬品。

M294

M294 位于南区中、东部相接处的 T11 和 T12。南侧为 M292，西南侧为 M253，西北侧是 M258，北侧为 M295，西北部打破第二期的 M259。方向 267 度。墓葬的口部西高东低，圹边清晰，壁面规整，底部平坦。墓口距地表 1.10~1.60、长约 2.10、宽约 1.50、现存深度约 2.60 米。墓室的东、南、北三边的墓壁内侧保留有熟土二层台，而西端则遭破坏，现存二层内侧长约 1.95、宽 1.20~1.25 米，保存高度约 0.20 米。墓葬遭到较严重的盗扰，盗洞打在墓圹范围内的西半部，向下直达墓室，中西部被严重扰乱，包括西端的二层台。墓主人为一个 30 岁左右的男子，骨盆以上骨骼全部被扰乱，头骨弃置在西端，头顶倒过来向东，面向西南侧上方，下颌骨脱落，扔到西北部接近二层台的位置，锁骨、脊椎、肋骨和部分上肢骨均被堆到墓葬的西部，毫无规律，骨盆也分两处弃置在乱堆的人骨之上，而双臂的三段肢骨却围绕着这堆骨骼，分别放在南、东南和东北侧，上半身的葬式已经无法辨别。腿部还位于原来的位置，整体微向内侧斜向伸直，踝部接近并拢，双脚并列并分别倒向东南侧。墓圹内填灰褐色花土。（彩版 6-2-67:2）

未发现随葬品。

M295

M295 位于南区中、东部相接处的 T11、T12、T23 和 T24。南侧为 M294，西侧为 M258，北侧接近南部发掘区的北侧边缘。方向 267 度。墓葬的口部西高东低，圹边清晰，西端稍窄，东端略宽，壁面规整，底部平坦。墓口距地表 1.05~1.30、长约 2.40、宽 1.20~1.40、现存最深处约 1.50 米。二层台范围不清晰，经轻度盗扰，盗洞打在墓圹西半部，进入墓室后仅砸扁了墓主人的头骨，其余部分未进一步扰乱。墓主人为一个 30~35 岁的男子，面向上，仰身，脊椎较直，锁骨、肋骨排列整齐，双上臂均顺置于体侧，肘部以下皆微向内斜置，左右手腕分别位于在骨盆与股骨交接处的外侧，双腿的股骨微向内斜，膝部以下基本平行，踝部并拢，脚尖并列并分别向东侧倒置。墓圹内填灰褐色花土。（彩版 6-2-67:3）

未发现随葬品。

M297

M297 位于南区中部的 T78。北侧为 M308，东北侧为 M314，西南侧为 M298，西北侧是 M305，南侧接近南部发掘区的南部边缘。方向 278 度。墓葬的圹边清晰，壁面规整，底部平坦。现存墓口距地表约 1.60、长约 2.30、宽约 1.10、现存深度约 1.86 米。墓葬遭到较严重的盗扰，盗洞打在墓圹范围内的西部，进入墓室后向周边扩展，整个墓室均被扰乱，熟土二层台也被破坏。墓主人为一个 45~50 岁的男子，左骨盆和整个上半身全部被扰乱，葬式不清，保存下来的右骨盆也已经破碎，双腿微向内倾斜，踝部并拢，脚部并列并分别向东北侧倒置。在接近墓葬东南角原来属于二层台的范围内，发现了一个不完整的死者骨骼，是一个 27~28 岁的女子，头骨被扔出墓圹，从迹象来看，整体呈侧身屈肢状，呈东西方向，不全的肋骨位于西侧，排列不太整齐，左、右盆骨基本完整，但被移位至南侧墓壁下的肋骨和股骨之间，双腿并列，肢骨纤细，上下叠压，右侧在上，左侧在下，股骨向东北方向斜伸，膝部开始折向后弯曲，小腿斜伸向墓葬东南角，使整个腿部呈三角状，脚趾骨散乱地堆放在东南角靠东壁处，或许这是该墓的一个殉人，也可能是从其他墓葬中挖出来弃置到本墓的人骨，但由于扰乱严重，已经无法弄清具体情况了。墓圹内填灰褐色花土。（彩版 6-2-67:4）

未发现随葬品。

M298

M298 位于南区中部的 T77、T78、T88 和 T89。东侧为 M297，北侧是 M305，西北侧为 M302，南侧接近南部发掘区的边缘。方向 260 度。墓葬的圹边清晰，壁面规整，底部平坦。现存墓口距地表约 1.60、长约 2.50、宽约 1.20、现存深度约 2.30 米。墓室的周边有熟土二层台，其内侧范围虽然规整，但整体略偏，使每一边的台面宽度均不一致，南侧的二层台宽度相差最大，靠东最窄处不足 0.05 米，西端宽 0.25~0.32、北侧宽 0.15~0.30、东端宽 0.30~0.38 米，整个二层台内侧范围长约 1.90、宽约 0.80 米，现存高度约 0.30 米。在墓圹内的东北部有一个东西狭长、近椭圆形的盗洞，直达底部，二层台范围内基本全部被扰乱，接近盗洞的东北侧二层台也受损。墓主人为一个 31~34 岁的男子，骨骼绝大部分堆放在墓室的东北部，头骨弃置在中部，顶部向上，面向东南，脊椎竖置于头骨东北，部分肋骨与之相连，另一部分肋骨则并列在东北侧，肋骨之下压着一部分上肢骨和一根股骨，另外一些上肢骨却放在东南部二层台内侧，骨盆、尾骨和其他一些小骨头放在头骨北侧，股骨除压在肋骨之下者外，还有一段竖插在头骨与脊椎之间，其他骨骼则斜向弃置于东北部的二层台处，原来的葬式不明。墓圹内填灰褐色花土。（彩版 6-2-68:1）

未发现随葬品。

M299

M299 位于南区中部的 T56 和 T57。北侧为 M230，东北侧为 M355，东南侧为 M319，南侧是 M309，西南侧为 M304，西北侧是 M312。方向 262 度。墓葬的圹边清晰，西端略宽，东端稍窄，壁面规整，底部平坦。现存墓口距地表约 1.10、长约 2.50、宽 1.20~1.44、现存深度约 1.70 米。墓葬被严重盗扰，盗洞在墓圹内中部靠西北处，进入墓室后，盗掘范围向周边扩展，将整个墓室底部全部扰乱，熟土二层台也未幸免。墓主人为一个 45~50 岁的男子，头骨微向西北移位，头顶向西北侧上方，面向东南，牙齿紧咬，仰身，但盆骨以上全部被扰乱，尤其是左胸、腹部基本被铲平，仅右上臂在原来的位置，但从肘部以下已不存，左上臂却斜置于右腹的位置，两上臂西北侧是其他部位的骨骼，均很杂乱地堆放在一起，难辨具体葬式。双腿未扰乱，平行伸直，脚尖内扣，并分别向东端的内侧倒置。在墓主人头部以西的盗洞范围内，弃置有一个紧靠西壁的成年女子残骸，头骨嵌入墓壁，距墓底约 0.40 米，其下是贴在墓壁边上的左侧骨盆，与其连接在一起的一段股骨在接近底部转角处斜伸向墓底，右侧的骨盆和一段股骨则叠压在前述股骨之上，位于墓主人头骨之南，其他骨骼不存，从残存迹象看，这或许是被拖入盗洞的一个殉人。墓圹内填灰褐色花土。（彩版 6-2-68:2）

未发现随葬品。

M300

M300 位于南区中部的 T65、T66、T76 和 T77。北侧为 M303，东侧为 M301，南侧为 M302，西侧为 M271。方向 254 度。墓葬的口部北侧略高南侧稍低，圹边清晰，东端略带弧形，壁面规整，底部西南部比北部和东北部明显要高，地面和底面两方面的差距，使南壁的高度比北壁少了一米

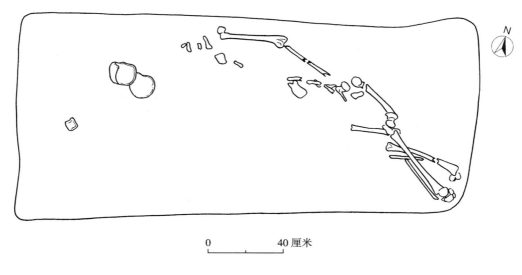

图 6-2-40 M300 平面图

多，这在整个墓地也比较少见。现存墓口中部距地表 1.25~1.35、长约 2.40、宽约 1.10、现存深度 1.20~2.45 米。墓葬被严重盗扰，盗洞打在墓圹范围内的西南部，进入墓室后不仅向周边扩展，而且向北侧倾斜下挖，使底部成为斜坡，整个墓室均被扰乱，东端似乎还经过焚毁，原来曾经存在的熟土二层台了无踪迹。墓主人为一个 35~39 岁的女子，头骨已移位并破裂，置于墓室中部偏西北处，其余骨骼从北中部向东南角斜向弃置，左臂位于北壁旁边，下肢骨似乎被火焚烧，面目全非，双腿似叠置于东南部，其余骨骼散置，毫无规律，另外，西部也有零星碎骨。墓圹内填灰褐色花土。（图 6-2-40；彩版 6-2-68:3）

未发现随葬品。

M301

M301 位于南区中部的 T66 和 T67。北侧为 M306，东北侧为 M311，东南侧为 M308，南侧为 M305，西侧是 M300。方向 270 度。墓葬平面的东端和西端均呈弧形，南北两侧较直，圹边清晰，壁面规整，口部东北稍高，西南略低，现存墓口距地表 1.20~1.30、长约 2.30、宽约 1.10、现存深度 2.05~2.15 米。墓葬被严重盗扰，盗洞打在墓圹内的西南角，扰乱了整个墓室，不仅原来的熟土二层台荡然无存，而且将墓主人上半身的部分骨骼也扔出墓圹，还将西南角墓壁向外扩大了少许。墓主人为一个 45~50 岁的男子，头骨不存，盆骨以上的少部分脊椎、肋骨等骨骼弃置于墓室西南部，残存的部分肢骨放在中部偏北处，散乱的骨骼毫无规律。骨盆以下部分整体被拖拉、移位到墓室西南部的盗洞范围内，从骨盆到双脚由西南向东北斜置，仍旧保持股骨内收、膝部以下平行伸直的姿势，双脚并列并分别向东北侧倒置，双腿之下压着上述那些散乱弃置的人骨。墓圹内填灰褐色花土。（图 6-2-41；彩版 6-2-68:4）

未发现随葬品。

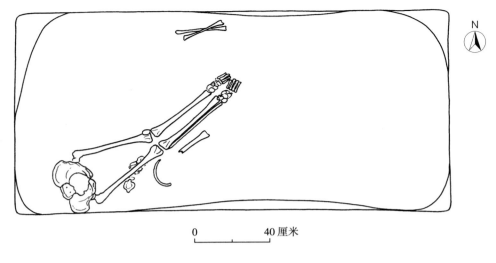

0 —————— 40 厘米

图 6-2-41　M301 平面图

M302

M302 位于南区中部的 T76 和 T77。北侧为 M300，东侧为 M305，东南侧为 M298，西南侧为 M269，西北侧是 M271。方向 254 度。墓葬的口部所在平面西南侧稍低，东北部较高，圹边清晰，壁面规整，底面平整。现存墓口距地表 1.40~1.50、长约 2.60、宽约 1.60、现存深度 2.00~2.40 米。墓葬被严重扰乱，盗洞打在墓圹内的西部，进入底部时将范围扩展至整个墓室，二层台也被破坏。墓主人为一个 31~34 岁的男子，但头骨和大部分脊椎骨已经扔出墓坑，留下来的骨骼也全部向西南角拖移，盆骨以上的人骨经扰乱，并集中置于墓室偏西南处，肋骨分三部分较整齐地放在偏南部，双臂收集在一起，东西并列、南北向放在偏北的位置，脊椎仅存尾骨处的个别椎体，还在盆骨中间，左右盆骨虽然尚在原位，但边缘已经受损，双腿股骨东西向微向内侧伸直，从膝部以下微向东北方向偏移，踝部并拢，脚部并列置于墓室中部，脚尖分别向东倒置。墓圹内填灰褐色花土。（图 6-2-42；彩版 6-2-69:1）

未发现随葬品。

M303

M303 位于南区中部的 T65 和 T66。北侧为 M313，东侧为 M306，南侧为 M300，西南侧为 M272，西北侧是 M273。方向 265 度。墓葬的口部所在的平面西南稍低，东北部较高，圹边清晰，壁面规整，底部平坦。现存墓口距地表 1.30~1.35、长约 2.60、宽约 1.50、现存深度约 1.80 米。墓葬被严重盗扰，盗洞在墓圹范围内，进入墓底后，扩大到整个墓室，不仅扰乱了中部，而且破坏了周边的熟土二层台。墓主人为一个 20~23 岁的女子，仅存少量骨骼，但这些骨骼已经不在墓室底部，夹杂在扰乱后的填土之中，其中左、右髋骨分别置于墓室的南部和东部，南部的髋骨旁边还有少数肢骨和肋骨。墓圹内填灰褐色花土。（图 6-2-43；彩版 6-2-69:2）

在东部墓主人的髋骨西北侧发现 1 件管状饰，应该是盗扰过程中遗漏的本墓随葬品，由于发现于填土中，虽然与墓内的骨骼在一个深度，但不能确定是否属于本墓的随葬品，故归入填

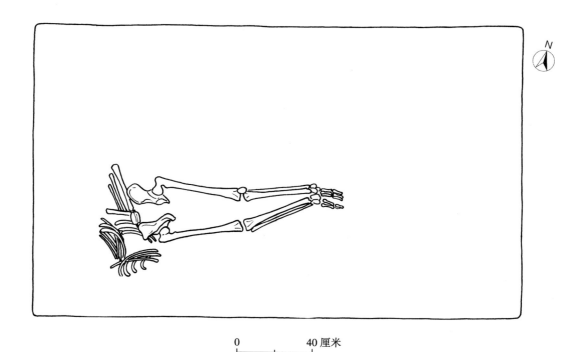

0　　　　　40 厘米

图 6-2-42　M302 平面图

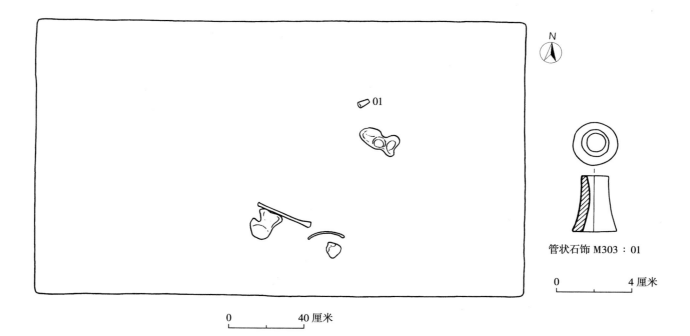

管状石饰 M303：01

0　　　　　4 厘米

0　　　　　40 厘米

图 6-2-43　M303 平面图及其填土出土玉石器

01. 管状石饰

土之中。

管状石饰 M303:01,伊利石（水白云母）。碧绿色。外形为喇叭状,中央有一个双面管钻孔上下贯通,钻痕明显,两端口沿平齐,口沿均为方棱状。较小的一端外径1.50、内径1.0厘米,较大的一端外径2.4、内径1.4厘米,通高3.1厘米。（图6-2-43;彩版6-2-69:3）

M304

M304位于南区中部的T55和T56。北侧为M312,东北侧为M299,东南侧为M309,南侧为M306,西侧是M313。方向267度。墓葬的口部所在的平面西南稍低,东北较高,圹边清晰,壁面规整,底部平坦。现存墓口距地表1.25~1.30、长约2.50、宽约1.30、现存深度约1.80米。墓室的四周有熟土二层台,二层台面的宽度0.15~0.30米,其内侧范围长约2.00、宽约0.70、保存高约0.10米。墓葬被严重盗掘,盗洞在墓圹范围内,进入底部后,扩大到整个墓室,扰乱了底部绝大部分区域。墓主人可能为一个成年女子,由于扰乱严重,墓室内除左侧小腿部分还在原位外,左腿股骨、整个右腿的骨骼不规则地弃置在墓室北侧的二层台中部到西北部,其他部位骨骼已经全部被扔出墓圹,不知去向。墓圹内填灰褐色花土。（图6-2-44;彩版6-2-70:1）

未发现随葬品。

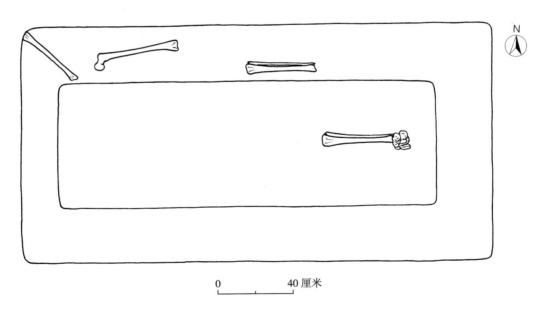

0   40厘米

图6-2-44 M304平面图

M305

M305位于南区中部的T77和T78。北侧为M301,东侧为M308,南侧为M298,西侧是M302。方向255度。墓葬的口部所在的平面西南稍低,东北较高,平面圹边清晰,壁面规整,底部平坦。现存墓口距地表1.35~1.40、长约2.40、宽约1.40、现存深度约2.10米。墓室的周边有熟土二层台,其中东部和北部大部分二层台被破坏,二层台面宽0.15~0.30米,其内侧长约2.10、

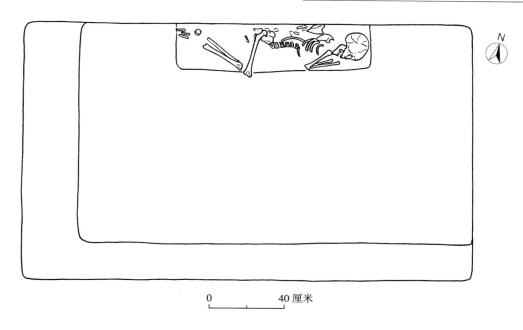

0 　　　　40 厘米

图 6-2-45　M305 平面图

宽 1.20、高度约 0.10 米。墓葬被严重盗扰，盗洞打在墓圹内，进入底部后将范围扩展至整个墓室。
墓主人骨骼已经全部被扔出墓圹，在墓葬北侧中部偏东处的墓壁内侧残存着一个殉人的骨骼，是
大约 8~9 岁的儿童，整体埋在被翻搅过的北侧二层台内，侧身屈肢，骨骼不全，头向东，顶骨破碎，
面向南侧下方，颈椎移位，脊椎平伸，肋骨散乱，左侧移动过的肩胛骨在最上面，左上臂斜向墓
底伸展，从肘部开始折回至头骨下方，整体呈折叠状，左侧肢骨被叠压在身下，也为折肢，手部
压在头骨之下，右侧骨盆在椎体尾端上方，右股骨斜向前下方斜伸，膝部开始又折向西端斜上方，
与墓壁平行延展，形成锐角三角形状屈肢，脚部在小腿西端接近北侧墓壁处，略高于腿骨，左侧
骨盆、腿部和脚部被叠压在右腿的侧后方，也是屈肢，两腿整体似侧向跪在地上。墓圹内填灰褐
色花土。（图 6-2-45；彩版 6-2-70:2、4）

未发现随葬品。

M306

M306 位于南区中部的 T66 和 T67。北侧为 M304，东北侧为 M309，东南侧为 M311，南侧为
M301，西侧是 M303。方向 280 度。墓葬的圹边清晰，壁面规整，底部平坦。现存墓口距地表约 1.30、
长约 2.40、宽约 1.30、现存深度约 2.20 米。墓葬被严重盗扰，盗洞就打在墓圹的范围内，进入底部后，
向周边扩展，将整个墓室全部扰乱，周边的二层台也被破坏。墓主人与殉人的骨骼已经混在一起，
属于墓主人的骨骼仅有散置于墓室西北部的股骨，可能为一个女子。北侧中部残碎的头骨顶部向
西北侧上方，属于一个 12~13 岁的儿童，性别不详，应该是墓内的殉人，头骨之东并列分布的两
条小腿和墓葬南部正中酥碎的少许肢骨及散置的小块骨头均为殉人的骨骼，但是其原来下葬时的
位置和方式已经不得而知。墓圹内填灰褐色花土。（图 6-2-46；彩版 6-2-70:3）

未发现随葬品。

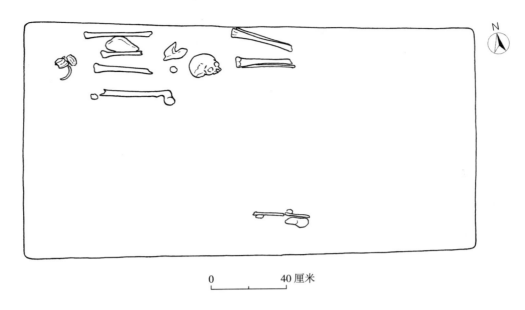

0   40 厘米

图 6-2-46   M306 平面图

M308

M308 位于南区中部的 T78 和 T79。北侧为 M311，东北侧为 M315，东侧为 M314，南侧是 M297，西侧为 M305。方向 270 度。墓葬的圹边清晰，壁面规整，底部平坦。现存墓口距地表约 1.30、长约 2.75、宽约 1.45、现存深度约 2.00 米。墓葬被严重盗扰，盗洞在西南部的墓圹范围内，进入底部后扩展到整个墓室，熟土二层台全部被破坏，甚至南部殉人所在区域也未幸免。墓主人为一个 35~39 岁的男子，头向西，面向北侧上方偏转，仰身，整体微向北侧身，脊椎扭曲成 S 形，肋骨基本保持在脊椎两侧的原位，但明显随脊椎的走向变形，肩部向中间挤压，锁骨变形移位，右上臂弃置在右侧肋骨之上，肘部以下与上臂错位，斜置于腹部至右侧骨盆处，手指骨骼散乱地分布在骨盆与股骨交界处的南侧，左上臂在体侧斜向外伸展，肘部以下的骨骼被拆散，分别东西向弃置于上臂北侧、膝部以北两处，手腕已经不存，两腿股骨微向内斜置，双膝接近并拢，小腿平行伸直，脚掌向内扣，并分别向东端倒置。在墓葬南侧靠东处发现有殉人残骸，是一个 7~8 岁的儿童，头向西，整体为侧身屈肢，头骨受压破碎，平铺在墓底与壁面的交接处，上下颌骨散乱弃置，肢骨散布在头骨周围，左上肢斜置于头骨东侧的南侧墓壁上，肘部以下部分向西北方斜内折，置于头骨和下颌骨之上，与上臂形成三角状，手指骨散乱地弃置于头骨北侧右臂肘部转角处，右上臂从肩部斜向西伸展，置于头骨北侧，肘部以下向南折，放在头骨西侧。从上述的迹象看，原来可能是双手抱头状，脊椎东西向扭曲排列，肋骨上下叠压，左侧在上，右侧在下，骨盆倾斜，左骨盆在东南侧，双腿股骨并列伸向东南，抵近墓壁，膝部开始微向东北回折，小腿向东北侧并列伸直，脚趾骨仅存少许，散布在墓葬东南角。墓圹内填灰褐色花土。（图 6-2-47；彩版 6-2-71:1、2）

未发现随葬品。

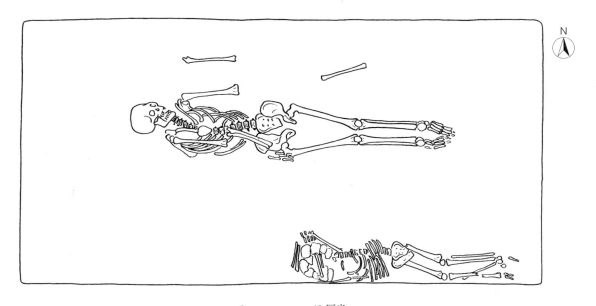

0   40厘米

图 6-2-47　M308 平面图

M309

M309 位于南区中部的 T67 和 T68。北侧为 M299，东侧为 M319，南侧为 M311，西南侧是
M306，西北侧是 M304。方向 272 度。墓葬的圹边清晰，壁面规整，底部平坦。现存墓口距地表
约 1.40、长约 2.45、宽 1.20~1.30、现存深度约 1.55 米。墓葬被严重盗扰，盗洞在西北部，进入
底部后，向周边扩展，将整个墓底全部扰乱，二层台也被破坏。墓主人为一个成年人，但性别、
年龄不详，盗扰者已经将多数人骨扔出墓外，仅有左侧尺骨、桡骨残段散置或堆放在墓室西北部
盗洞进入墓室之处。另外，在这些骨骼的中间还发现一个殉人头骨，是一个 12~13 岁的儿童，但
其葬式和位置均无从知晓。墓圹内填灰褐色花土。（图 6-2-48；彩版 6-2-71:3）

在墓葬西部接近底面的填土中发现了残骨簪 1 件，不能确认是否属于该墓的墓主人。

骨簪　M309：01，残，用鸟类管状骨制成，制作略显粗糙。表面为浅褐色，簪体呈扁圆形，
通体磨光，器体为不均匀的细圆棍状，两端均残，整体由一端向另一端逐渐变细，断面近圆形，
较粗的一端中空。残长 10.0、较粗的一端断面直径 0.7、较细的一端断面直径 0.5 厘米。（图
6-2-48；彩版 6-2-71:4）

M311

M311 位于南区中部的 T67 和 T68。北侧为 M309，东侧为 M320，南侧为 M308，西南侧是
M301，西北侧是 M306，东部打破第二期的 M316。方向 275 度。墓葬开口所在的平面不平，西南
部略低，圹边清晰，壁面规整，底部平坦。现存墓口距地表约 1.25~1.30、长约 2.50、宽约 1.50、
现存深度约 1.60 米。墓葬被严重盗扰，盗洞在墓圹内的西南部，进入底部后，又向整个墓室扩展，
二层台也全部被破坏，尤其严重的是西南部。墓主人为一个 45 岁左右的男子，上半身骨骼被翻乱，

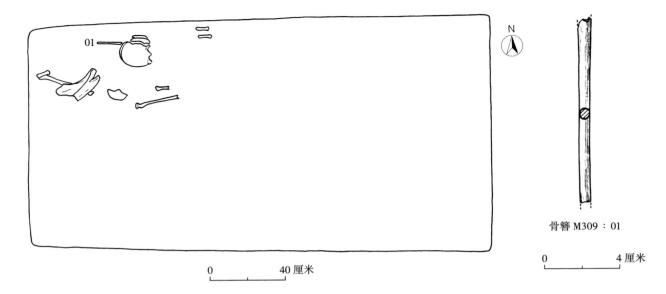

骨簪 M309：01

图 6-2-48 M309 平面图及其填土出土骨器
01. 骨簪

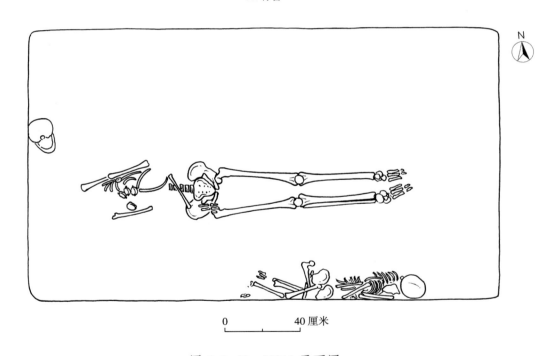

图 6-2-49 M311 平面图

头骨竖置在西端偏北的墓壁边，头顶向北侧上方，面向东南，仰身，脊梁上半部断裂并与残存的肋骨混杂在一起，放置在胸部应该在的位置，毫无规律，双上臂位于杂乱的肋骨西北侧，呈西南—东北方向斜置，中间还有一段交叠，两根小臂的骨骼散布在肋骨的南部与东南部，分别为西南—东北或东南—西北方向斜置，一些手指骨散置在右侧盆骨之上，接近尾端的少许腰椎与骨盆连在一起，骨盆位于原位，但两侧已经残损，两腿位于原来的位置，股骨微向内斜置，膝部并拢，小腿骨平行伸直，双脚并列向东北方倒置。在墓葬南部偏东二层台的位置发现有一个殉人，是 6~7

岁的儿童，整体俯卧，头向东，面向南侧下方，脊椎呈弧形伸展，肋骨基本分布在脊椎两侧的原位，但受挤压而变形，其中有一根肋骨被斜放在脊椎后侧，可能是盗扰时移动了原来的位置，左臂压在身体之下，右上臂斜向头前伸展，肘部折而向后，由东向西搭在南侧墓壁上，盆骨右上左下并列向南侧下方斜置，双腿均为屈肢，左腿弯曲较甚，但股骨已经移位，膝部以下缓折向西北，脚趾骨平置在最西端的墓底，右腿整个压在左腿之上，股骨斜伸至南墓壁处，膝部以下部分亦微向西北弯曲，脚趾贴在南壁上。墓圹内填灰褐色花土。（图6-2-49；彩版6-2-72:1、2）

未发现随葬品。

M312

M312位于南区中部的T55和T56。北侧为M189，东侧为M230和M299，南侧为M304，西侧是M169。方向263度。墓葬口部所在的平面东北稍高，西南偏低，圹边清晰，西端稍窄，东端略宽，壁面规整，底部为斜坡状，南侧高于北侧，墓葬的南侧墓壁明显较北侧墓壁浅。现存墓口距地表1.10~1.20、长约2.40、宽1.10~1.30、现存深度1.40~1.55米。墓葬被严重盗扰，盗洞在西南部，进入墓室后向周边扩张，底部全部被扰乱，二层台也被破坏，墓室的西南角还向外扩展、凸出，这里现存的墓壁其实是盗洞的边缘。墓主人为一个20~25岁的男子，骨骼被翻乱，头骨弃置在西部偏北的墓壁边，并且已破碎，顶部向下，下颌向西北侧上方，脊梁扭曲且断裂，整个脊椎为两端在北侧、中部向南凸出的弧形，肋骨不存，右上臂伸向西南，从肘部折向北方，呈曲尺状置于脊椎西南侧，手腕部压在颈椎下，左上臂从脊椎中部向下至底部然后折向南面，被压在脊梁以下，盆骨酥碎扭曲，两腿的股骨一端与盆骨相接，向东呈八字形张开，右小腿连带脚部呈西南——东北向交杂横放在右股骨之上，左小腿骨则脚向西南、膝部向东北，放在脊椎的北侧，脚部与左上臂肘部相接。墓葬东南角落殉葬一个6岁左右的儿童，整体为跪立状，头颅低垂，头顶向上，面向东北，脊椎垂直向下扭曲竖立，绝大部分肋骨较整齐地排列在椎骨的两侧，另外，殉人东北侧的下肢骨旁边还散乱地放着被扰乱的部分肋骨，左上臂在体侧斜向下竖置，肘部以下被破坏，仅存手指骨回放在前下部的左膝之上，右上臂置于头骨东南侧，肘部以下的部分肢骨散放在接近墓室东端的底部，整个下肢呈折叠状跪在地上，其中双腿的股骨向前伸展，膝部分开，分别向东北和北侧凸出，膝部以下折回，压在股骨之下，双腿至踝部接近并拢，脚部整个压在身体之下。墓圹内填灰褐色花土。（图6-2-50；彩版6-2-72:3、4）

未发现随葬品。

M313

M313位于南区中部的T54和T55。北侧为M169，东侧为M304，南侧为M303，西侧是M273。方向270度。墓葬的圹边清晰，壁面规整，底部平坦。现存墓口距地表约1.30、长约2.70、宽约1.70、现存深度约1.55米。墓葬被严重盗扰，盗洞在西部，进入墓室后向周边扩张，使整个墓室底部均被扰乱，还破坏了所有熟土二层台。墓主人为一个40~45岁的男子，头骨弃置在墓室中部的北侧，面部所在的上侧被削去一半，仰身，但上半身骨骼被翻乱，颈椎已经腐朽，右侧的锁骨和肩胛骨变为褐色，脊梁较直，但仅存痕迹，脊椎两侧的肋骨排列整齐，双臂横七竖八地放

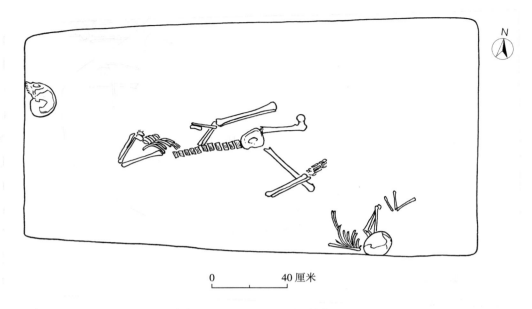

0   40 厘米

图 6-2-50 M312 平面图

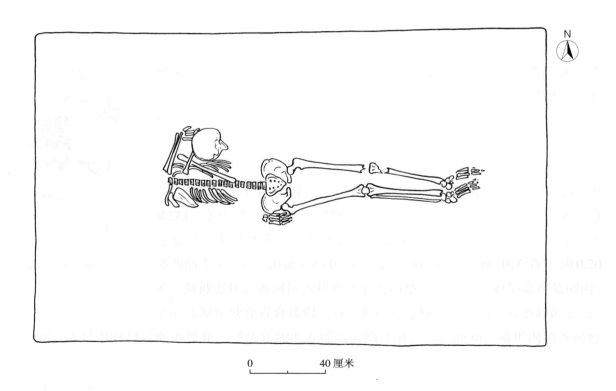

0   40 厘米

图 6-2-51 M313 平面图

在左胸至腹部的肋骨之上、头骨西侧，唯有右手腕向东平放在右盆骨外侧，骨盆已酥碎，两侧边缺损，双腿股骨微向内斜置，双膝均略向北凸出，膝部以下平行向东伸直，踝部前后并拢，脚掌并列并向东北侧倒置。墓圹内填灰褐色花土。（图 6-2-51；彩版 6-2-73:1）

　　未发现随葬品。

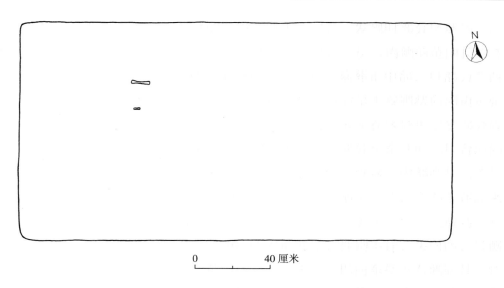

图 6-2-52　M314 平面图

M314

M314 位于南区中部的 T79。西侧为 M308，北侧为 M315，东北侧为 M323，东南侧为 M324，南侧接近南部发掘区的边缘。方向 275 度。墓葬的圹边清晰，壁面规整，底部平坦。现存墓口距地表约 1.30、长约 2.30、宽约 1.20、现存深度约 1.50 米。墓葬被严重扰乱，盗洞在墓圹内，进入墓室后将整个底部盗掘一空，仅在西部散见有 2 截手指骨，其余骨骼已经全部扔出墓圹。墓圹内填灰褐色花土。（图 6-2-52；彩版 6-2-73:2）

未发现随葬品。

M315

M315 位于南区中部的 T68 和 T79。北侧为 M320，东侧为 M323，南侧是 M314，西部打破第二期的 M321。方向 266 度。墓葬的圹边清晰，壁面规整，底部平坦。现存墓口距地表约 1.30、长约 2.50、宽约 1.30、现存深度约 1.60 米。接近底部的周边有熟土二层台，但仅残存南半部和东、西两端靠南的部分范围，靠近北侧墓壁的二层台已经被破坏，残存的台面宽 0.10~0.20、高度约 0.50 米。整个墓室均被扰乱，盗洞在西部，进入墓室后范围扩展到整个墓底。墓主人为一个 45~50 岁的男子，骨骼被翻乱，全部夹杂在墓葬西北部已经被扰乱了的土堆之内，虽然骨骼尚全，但横七竖八，毫无规律，从接近土堆的上层可以比较明确看出一些骨骼的混乱迹象，在接近西端墓壁处是骨盆残部和脊椎残块，这些骨骼两侧是由西南向东北斜向弃置的股骨，其中靠近墓室中部的股骨之下压着部分小腿骨和散乱的脚趾骨，另外一根小腿骨则东西向横置在墓室中部，该骨骼的北侧全部是散乱的上肢骨和脊椎骨碎片，根据这些情况显然已经无法判断墓主人原来的葬式。墓圹内填灰褐色花土。（图 6-2-53A；彩版 6-2-73:3、4）

在墓葬西南部距口部约 0.75 米处发现 1 件弃置的石环，这里是盗洞的范围，应当是盗扰时遗留下的墓葬随葬品。

石环　M315:1，大理岩。灰白色，部分发黄。形制规整，内外圈皆较圆，中孔为双面管钻，

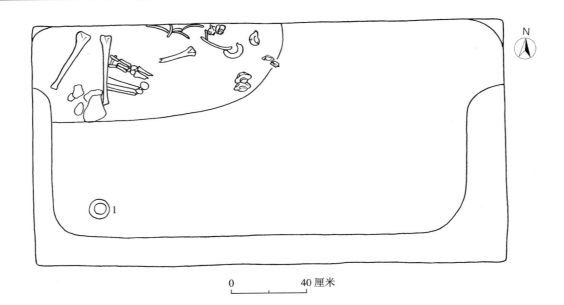

0　　　　　　40厘米

图 6-2-53A　M315 平面图

1. 石环（置放在距墓口深 0.75 米处）

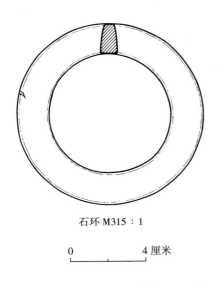

石环 M315：1

0　　　　4厘米

图 6-2-53B　M315 出土玉石器

环体厚薄略有区别，环体内外圈边缘均为方棱状，断面为内宽外窄的梯形。外径约 9.9、内径约 6.6、厚 0.5~0.9 厘米。（图 6-2-53B；彩版 6-2-74）

M319

M319 位于南区中部的 T57 和 T68。南侧为 M320，东侧是 M353，北侧为 M355，西部打破第二期的 M317 和 M318。方向为 260 度。墓葬的圹边清晰，壁面较规整，西端稍宽，东端略窄，底部平坦。现存墓口距地表约 1.30、长约 2.60、宽 1.55~1.70、现存深度约 1.30 米。墓葬遭到十分严重的盗扰，盗洞打在墓圹的区域内，进入墓室后向周边扩展，将整个墓底部全部扰乱，甚至四壁内侧的二层台也未幸免。墓主人为一个 60 岁左右的女子，葬式不清，残缺不全的人骨分为两堆散置，分别位于盗洞所在的墓葬北侧略偏西处和西南部。其中，西端正中间的墓壁底部弃置着一个头骨，顶部向西南，脱落的下颌骨在北侧，头骨下还散置着一些手指头，头骨南侧有一些股骨、小腿骨、脚趾骨，均斜向横置或竖向插入地面；另外一堆人骨在墓葬北侧墓壁前的中部，其中包括锁骨、肋骨、脊椎骨、上肢骨等上半身的骨骼。此外，在墓葬北侧墓壁中部的人骨中还有一个年龄不详的男性髋骨残块，死者到底是属于该墓内的殉人，还是另外一个墓中的死者被盗扰时弃置于该墓的盗洞中，根据目前的迹象已不可考。墓圹内填灰褐色花土。（图 6-2-54；彩版 6-2-75:1）

未发现随葬品。

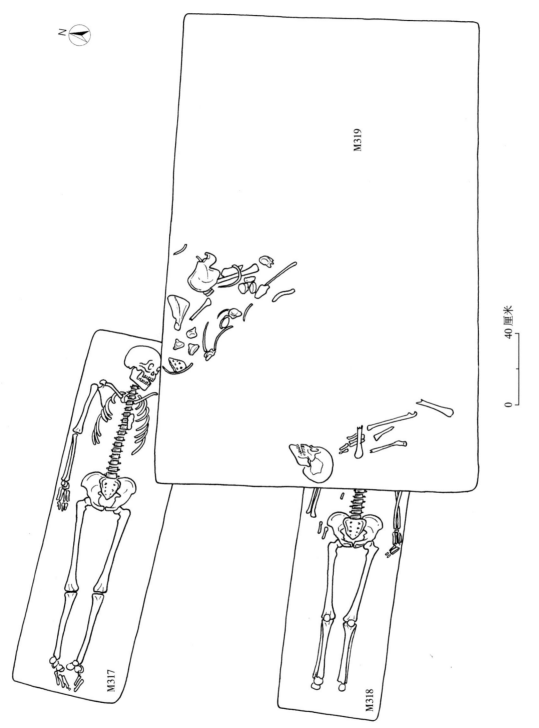

图 6-2-54　M319 平面图

M320

M320 位于南区中部的 T68。南侧为 M315，东侧为 M322，北侧是 M319，西侧为 M311，西部打破第二期的 M316。方向 265 度。墓葬的圹边清晰，壁面规整，底部平坦。现存墓口距地表约 1.30、残长约 2.30、宽约 1.40、现存深度约 1.50 米。墓室的周边墓壁内侧有熟土二层台，保存部分较低，其内侧范围长约 2.05、宽约 1.00 米，现存高度约 0.15 米。墓葬遭到十分严重的盗扰，盗洞打在墓圹的区域内，进入墓室后向周边扩展，将整个墓底部全部扰乱。墓主人为一个 46~50 岁的男子，骨骼已经被严重扰乱，头骨残破，且挤压变形，被弃置在墓室中部偏东处，顶部向东，头骨西南侧还横置着基本完整的右侧尺骨、桡骨，其余骨骼已经被扔出墓圹，不知去向。墓圹内填灰褐色花土。（图 6-2-55；彩版 6-2-75:2）

未发现随葬品。

M322

M322 位于南区中部的 T69。南侧为 M323，东侧为 M329，北侧是 M353，西侧为 M320。方向 271 度。墓葬的圹边清晰，壁面规整，底部平坦。现存墓口距地表约 1.50、长约 2.40、宽约 1.40、现存深度约 1.40 米，墓室的周边有宽约 0.20 米的熟土二层台，其内侧范围长约 2.00、宽约 0.95 米，现存高度约 0.10 米。在墓葬西北部墓圹内有一个东西狭长近椭圆形的盗洞，进入墓室后未向周边扩张，仅轻微扰乱了西北角的一小部分。墓主人为一个 50 岁左右的男子，头向西，面向东北侧上方偏转，仰身，脊椎下凹且微扭曲，锁骨和肋骨保存较好，分别整齐地排列于脊椎两侧，右上臂向东南侧斜伸，从肘部开始折向内侧，腕部抵于腹侧，使右臂的平面形状近似三角形，手腕向东回折，顺着身体向下放置，左上臂沿身体方向斜向置于体侧，肘部以下被移位，斜向弃置于左肩以上、头骨旁边，骨盆两侧稍有缺损，双腿整体微向内侧伸直，踝部并拢，脚面并列向东端内侧倒置。墓圹内填灰褐色花土。（图 6-2-56；彩版 6-2-75:3）

未发现随葬品。

M323

M323 位于南区中部的 T69 和 T80。南侧为 M324，东侧为 M328，北侧是 M322，西侧为 M315，东部打破第二期的小型墓 M307。方向 263 度。墓葬的圹边清晰，壁面规整，底部平坦。现存墓口距地表约 1.50、长约 2.70、宽约 1.45、现存深度约 1.50 米。墓室的周边有宽约 0.15 米的熟土二层台，其内侧范围长约 2.40、宽约 1.15 米，现存高度约 0.10 米。墓圹范围内的中部偏北处有一个东西狭长的椭圆形盗洞，洞穴进入墓室后将扰乱范围扩大到绝大部分底部，二层台内侧全部被扰乱。墓主人为一个成年个体，性别、年龄不详，骨骼绝大部分已经被扔出墓圹，显得墓室内十分空旷，仅在墓室东部残存有保存不太好的两条小腿及部分脚趾骨，腿骨整体微向内侧伸直，踝部并拢，脚部向内叠置，脚趾十分散乱，依此判断墓主人原来的葬式可能是头向西的仰身直肢。墓圹内填灰褐色花土。（图 6-2-57；彩版 6-2-75:4）

未发现随葬品。

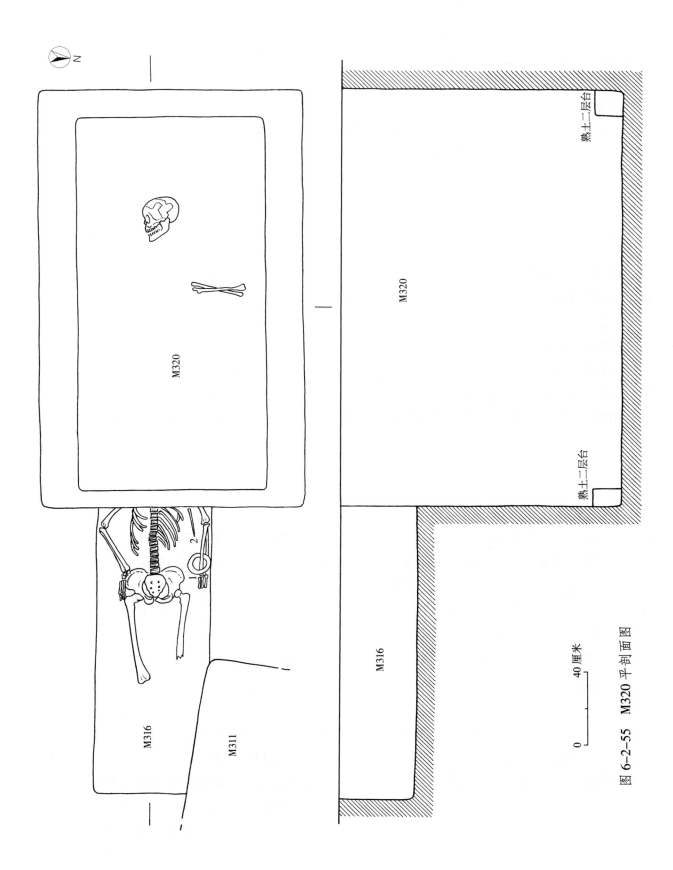

图 6-2-55 M320 平剖面图

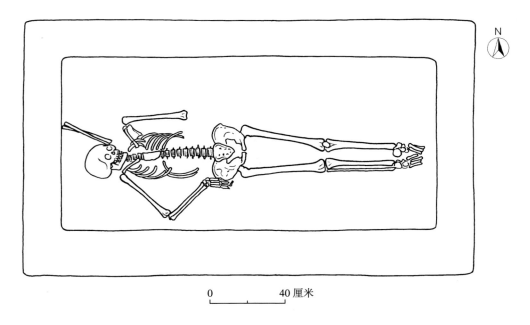

0   40 厘米

图 6-2-56   M322 平面图

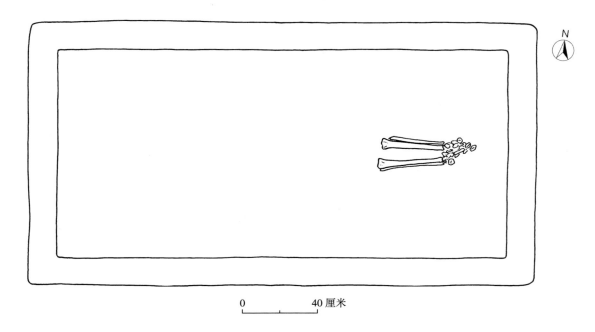

0   40 厘米

图 6-2-57   M323 平面图

M324

M324 位于南区中部的 T80。北侧是 M323，东侧为 M326，西侧为 M314，南侧接近南部发掘区的边缘，东部打破了第二期的 M325。方向 265 度。墓葬的圹边清晰，壁面规整，底部平坦。现存墓口距地表约 1.30、长约 2.80、宽约 1.50、现存深度约 1.90 米。墓室的周边有宽 0.10~0.30 的熟土二层台，其中北侧较窄，其余三边宽度相近，其内侧范围长约 2.20、宽约 1.00 米，现存高度约 0.20 米。在墓葬圹内的中部偏西处有一个东西狭长的椭圆形盗洞，呈直筒状下挖直达墓室，进入墓底部后将墓室二层台范围内基本全部扰乱，中、西部是其重点。墓主人为一个 50~55 的男子，

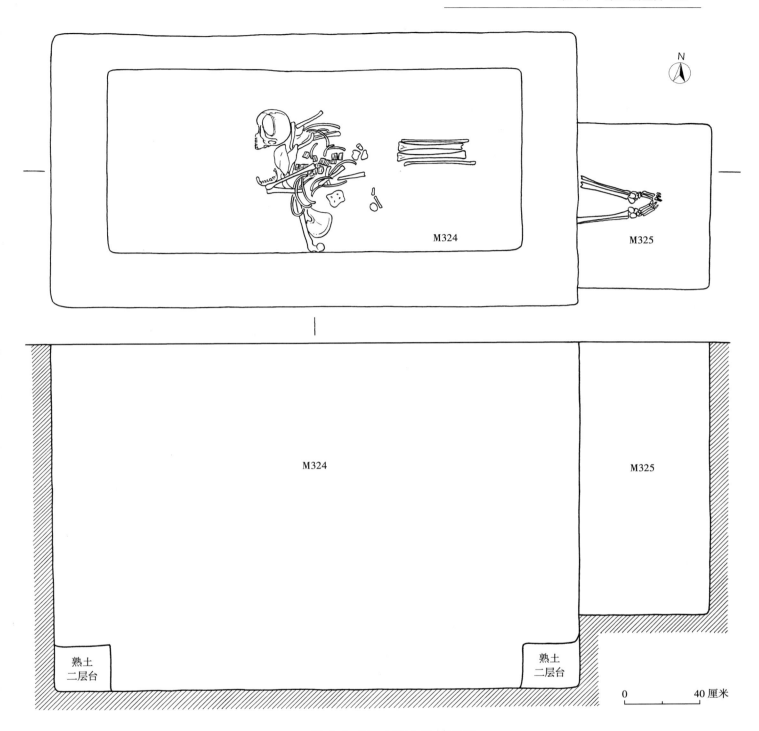

图 6-2-58　M324 平剖面图

膝部以上部分全部被扰乱，骨骼杂乱无章地堆放在墓室中部，各个部位的骨骼尚齐全，头骨放在西北侧，头顶向东，面向上，下颌骨脱落，置于南侧最上面的一根上肢骨旁，其他肢骨放在下部，脊椎、肋骨和锁骨、骨盆等堆放在肢骨之上，在墓室中东部为残存的少数散碎人骨，其旁边有两段并列的小腿骨，可见胫骨腓骨残段，这里应该是原来下葬时腿部所在的位置。墓圹内填灰褐色花土。（图 6-2-58；彩版 6-2-76:1）

未发现随葬品。

M326

M326 位于南区东部的 T80 和 T81。西侧为 M324，北侧为 M328，南侧接近南部发掘区的边缘。方向 268 度。墓葬靠西端的上半部被一个近代坑破坏，其余圹边清晰，壁面规整，底部平坦。现存墓口最高处距地表约 1.75、长约 2.30、宽约 1.50、保存深度 0.95~1.30 米。墓葬经轻度盗扰，盗洞打在墓圹内的西北部，进入墓室后，将周边的二层台全部毁坏，但墓室中部基本未扰乱，仅墓主人的左肩部和脚部受到一些破坏。墓主人为一个 60 岁左右的男子，头骨破碎且微向西北方向偏转，面向上，仰身，脊椎较直，左侧肋骨散乱、缺失，右侧肋骨排列较整齐，右上臂贴于体侧，从肘部开始稍微斜向内折，左上臂顺置于体侧，从肘部开始急折回右侧腹部，手腕向东弯曲，放在右手腕的北侧，两手东西并列，共同置于右骨盆之上，骨盆两侧稍微缺损，双腿整体斜向内伸直，踝部基本并拢，脚部仅存少数掌骨。墓圹内填灰褐色花土。（图 6-2-59；彩版 6-2-76:2）

未发现随葬品。

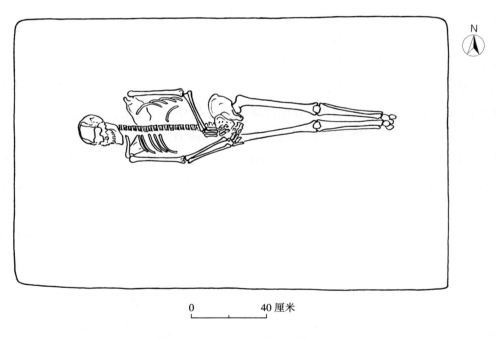

0   40 厘米

图 6-2-59　M326 平面图

M328

M328 位于南区东部的 T70 和 T81。北侧是 M329，南侧为 M326，西侧为 M323。方向 275 度。墓葬口部所在的平面不平，西北部稍高，东南部略低，墓圹西部较宽，东部稍窄，圹边清晰，壁面规整，底部平坦。现存墓口距地表 1.50~1.55、长约 2.70、宽 1.55~1.75、现存深度 0.70~0.80 米。墓葬被严重盗扰，盗洞的位置在墓圹内的西北部，进入墓室后，将整个底部全部扰乱，二层

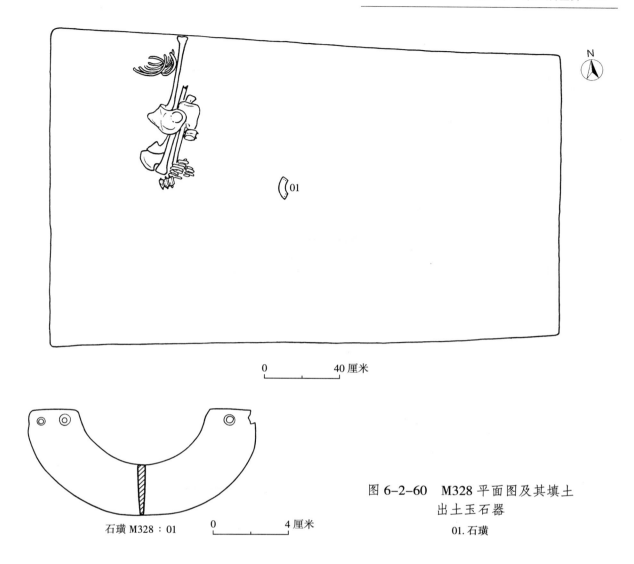

图 6-2-60　M328 平面图及其填土
出土玉石器
01. 石璜

石璜 M328：01

台已经被破坏，还将墓主人的骨骼集中在盗洞之下，其中有一部分已经扔出墓外，不知去向。墓主人为一个 51~60 岁的女子，人骨全部堆放在墓葬西北部的盗洞进入墓室之处，夹杂着骨头的虚土略高于墓室底部，放置毫无规律，而且骨骼不全，可确定的有部分斜置的股骨、残断的髋骨和少数肋骨及缩聚在一起的脊椎骨，但没有头骨。墓圹内填灰褐色花土。（图 6-2-60；彩版 6-2-76:3）

在墓室的底部中心部位发现 1 件残存的石璜，不能确定佩戴的位置和方式，也不能确定是前期填土中遗留的器物还是本墓劫余的随葬品，由于墓葬遭到严重盗扰，我们归入填土中发现的遗物。

石璜　M328：01，可能是联璜环多片璜中的其中之一。蛇纹石化大理岩。绿色，其中夹杂深绿色斑块。器形不规整，弧度掌握不好，厚薄不匀，内缘较厚，外圈边薄，断面为薄楔形，一端有两个单面桯钻孔，另一端仅有一个双面桯钻孔，而且靠外缘处有缺损。长约 12.0、璜体宽 2.6~3.0、厚 0.2~0.4、小孔径 0.3~0.6 厘米。（图 6-2-60；彩版 6-2-76:4）

M329

M329 位于南区东部的 T70。南侧为 M328，西侧为 M322，北侧是 M351。方向 272 度。墓葬的口部所在平面不平，西部略高，东部稍低，圹边清晰，壁面规整，底部平坦。现存墓口距地表 1.40~1.50、长约 2.80、宽约 1.70、现存深度约 1.20 米。墓葬被盗掘一空，盗洞在墓圹内的中西部，进入墓室后扩展至整个底部，二层台也未幸免，并且似经点火焚烧。人骨不存。墓圹内填灰褐色花土。（彩版 6-2-77:1）

未发现随葬品。

M351

M351 位于南区东部的 T59 和 T70。北侧是 M352，西侧为 M353，南侧为 M329。方向 255 度。墓葬的口部所在平面不平，西部明显偏高，东部较低，圹边清晰，壁面规整，底部平坦。现存墓口距地表 1.50~1.70、长约 2.60、宽约 1.60、现存深度 1.35~1.55 米。墓葬被轻度盗扰，盗洞的位置在墓圹内的西部，进入墓室后，将整个底部周边进行了扰乱，二层台已经被破坏，但中部基本保存完好。墓主人为一个 51~60 岁的女子，面向北侧偏转，仰身，脊椎、锁骨和肋骨均保存完好，未被扰乱，双上臂皆顺置于体侧，左臂从肘部开始有些向外移位，但基本与身体平行，手腕放在骨盆外侧，右臂从肘部开始斜向内折，手腕搭在右侧骨盆之上，骨盆边缘略有残损，双腿斜向内侧伸直，踝部接近并拢，残缺不全的脚趾骨堆放在一起。墓圹内填灰褐色花土。（图 6-2-61；彩版 6-2-77:2）

未发现随葬品。

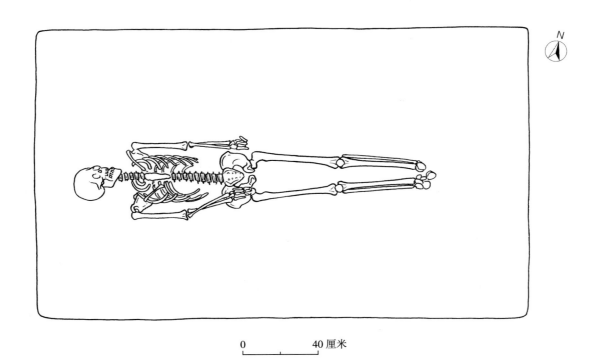

0   40 厘米

图 6-2-61 M351 平面图

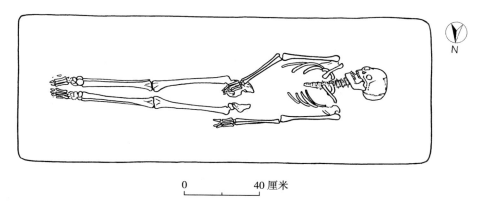

0　　　　40 厘米

图 6-2-62　M352 平面图

M352

M352 位于南区的 T59，南侧为 M351，西侧为 M354，北侧是 M279。方向 265 度。墓葬的圹边清晰，壁面规整，底部平坦。现存墓口距地表约 1.50、长约 2.20、宽约 0.80、现存深度 0.15~0.25 米。墓葬规模较小，也未发现二层台的迹象，中部有一个盗洞进入墓室，不过，仅将墓主人的腹部和脊椎扰乱，未向其他区域扩展。墓主人为一个 45 岁左右的男子，面向南侧上方偏转，口微张，仰身，颈椎弯曲，脊椎只存胸椎部分且酥碎，腰椎所在的腹部被破坏，锁骨与肋骨不全且移位，左臂贴于体侧，肘部略有错位，手腕放在骨盆与股骨交接处的外侧，右上臂顺置于体侧，从肘部开始向内侧斜折，手腕搭在右侧骨盆之上，双腿股骨微向内斜置，膝部以下平行伸直，踝部并拢，脚掌并列并分别向东侧倒置。墓圹内填灰褐色花土。（图 6-2-62；彩版 6-2-77:3）

未发现随葬品。

M353

M353 位于南区中部的 T58 和 T69。北侧是 M354，东侧为 M351，南侧为 M322，西侧为 M319。方向 265 度。墓葬的口部所在平面不平，西部略高，东部稍低，圹边清晰，壁面规整，底部平坦。墓口距地表 1.50~1.55、长约 2.60、宽约 1.75、现存深度 1.40~1.45 米。墓室的周边有熟土二层台，其内侧范围长约 2.00、宽约 1.05 米，保存高度约 0.10 米。墓葬被严重盗扰，盗洞从墓葬西部进入底部，墓室西半部被扰乱，部分人骨也被扔出墓圹。墓主人为一个成年男子，年龄不详，上半身已经基本全部被毁坏，仅有尾骨弃置于墓室西北部，骨盆扭曲并且残缺不全，双腿斜向内侧伸直，踝部并拢，双脚并列向东北侧倒置。墓圹内填灰褐色花土。（图 6-2-63；彩版 6-2-78:1）

在墓室中部墓主人骨盆的西侧发现 1 件管状石饰品，这里是盗洞的范围，可能是劫余的随葬品。

管状石饰　M353：1，伊利石。深绿色，半透明。一端略大、另一端稍小圆筒形，中央双面管钻一孔贯通，外侧磨圆，上、下两端的筒边均为平沿方棱状。一端外径 1.7、内径 1.3 厘米，另一端外径 1.5、内径 0.9 厘米，通高 2.9~3.0 厘米。（图 6-2-63；彩版 6-2-78:2）

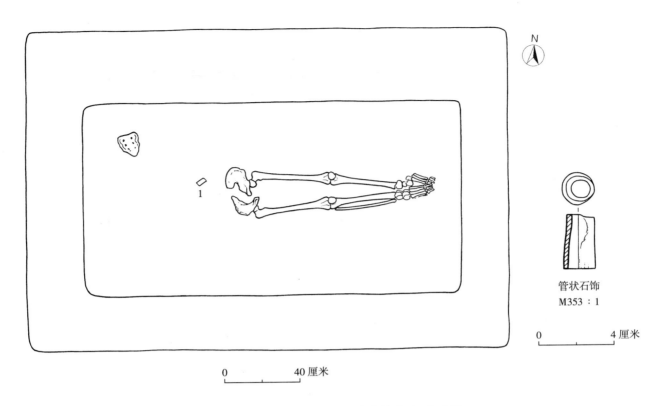

图 6-2-63　M353 平面图及其出土玉石器

1. 管状石饰

M354

M354 位于南区中部的 T58。北侧是 M250，东侧为 M352，南侧为 M353，西侧为 M355。方向 270 度。墓葬的口部所在的平面西部略高于东部，保留下来的圹边清晰，壁面规整，底部平坦。现存墓口距地表 1.40~1.50、长约 2.00、宽约 1.10、现存深度 1.40~1.50 米。墓葬被严重盗扰，盗洞打在墓葬中北部，垂直进入墓底后，又向周边扩展，将整个四壁内侧的熟土二层台全部毁坏，扰乱重点是西半部。墓主人为一个 45~50 岁的女子，上半身骨骼被严重扰乱，锁骨、脊椎、肋骨、盆骨和部分上肢骨均堆放在墓室的西北部，头骨也被夹杂在中间，杂乱无章，毫无规律。右侧上肢骨斜置于右腿股骨之上，其中上臂在西北部，肘部以下骨骼不全，而且与上臂错位，右手掌放在右腿股骨和上肢骨的西南侧，双腿以下位于原位，整体斜向内侧伸直，双脚并拢，右脚趾骨不存，左脚残存脚趾少许，向东侧倒置。另外，在距墓口约 0.30 米的北部中间盗洞范围内发现有一个 25~30 岁男子的骨骼，脊椎呈西南—东北方向斜置在东侧，一条腿骨蜷曲着弃置于西侧，另一条腿的股骨呈东南—西北方向斜置在南侧，膝部以下的部分骨骼呈西—东的方向扔在西部，脚部搭在南侧的股骨之上，其余锁骨、肋骨、上肢骨和骨盆等部位的骨骼堆放在一起，杂乱无章。该死者可能是从其他墓葬的墓室内中翻出来以后，胡乱填入本墓的盗坑之内的，但具体情况已经不得而知。墓圹内填灰褐色花土。（图 6-2-64A、B；彩版 6-2-79:1、2）

在墓室的填土中发现 1 件饰品。由于器物在盗洞范围内，到底是该墓葬的随葬品、盗扰者弃

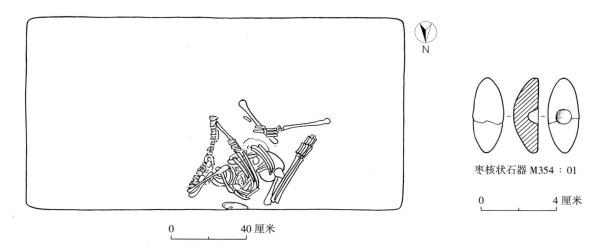

枣核状石器 M354：01

0   4厘米

图 6-2-64A　M354 深 0.35 米处平面图及其填土出土玉石器

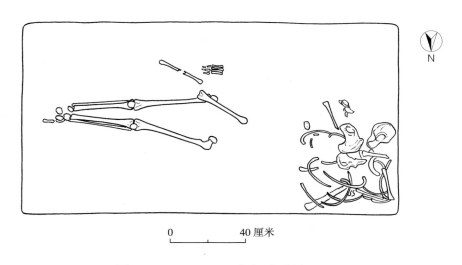

0   40厘米

图 6-2-64B　M354 墓底平面图

置的饰物，还是前期遗物被破坏后弃置于该墓填土中，目前没有任何证据可以说明，谨录于此。

枣核状石器　M354：01，大理岩。白色。正视为枣核状椭圆形，侧视为一侧平直、一侧弧形凸起的半球形，平直的一面正中有一个圆形小坑，可能是一种饰品或柄末端的镦饰。长径 4.2、短径 1.7、厚 0.5~1.0、坑深 0.5 厘米。（图 6-2-64A；彩版 6-2-79:3）

M355

M355 位于南区中部的 T57。北侧是 M251，东北侧为 M250，东南侧为 M354，南侧为 M319，西南侧 M299，西北侧为 M230。方向 265 度。墓葬的圹边清晰，壁面规整，底部平坦。现存墓口距地表约 1.40、长约 2.45、宽约 1.45、现存深度约 1.00 米。墓葬被严重盗扰，盗洞打在墓葬中西部，垂直进入墓底后，又向周边扩展，将整个底部全部毁坏，四壁内侧的熟土二层台也未幸免，其中

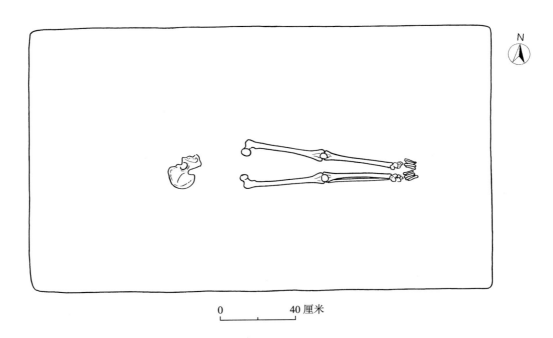

0　　　　　40 厘米

图 6-2-65　M355 平面图

最严重的是西半部。墓主人为一个成年男子，年龄不详，上半身已不存，骨骼也扔出墓圹，不知去向，骨盆只有少部分残片弃置于墓葬西部靠近中间的位置，双腿基本保留了下葬时的情况，股骨微向内侧斜置，膝部以下平行伸直，踝部接近并拢，右脚掌和趾骨较齐全，但左脚掌与趾骨却保存较少，双脚并列，分别向东端偏北侧倒置。墓圹内填灰褐色花土。（图 6-2-65；彩版 6-2-77:4）

未发现随葬品。

第七章　第四期墓葬

第四期墓葬共 44 座。这些墓葬的开口层位、墓葬的方向、面积、形制及墓主人的葬式和第三期的大型墓基本相同，所有墓葬均开口于耕土或垫土层之下，墓葬方向虽然略有差别，但大致均为东西向，墓主人头向全部向西。归入本期的墓葬主要分布在南部发掘区的东部，另外还有少量墓葬位于东北部发掘区的断崖边，两个区域的墓葬距离虽然较远，但南北遥遥相对，应该属于同一时期。

属于本期的墓葬之间没有任何打破关系，但位于南部发掘区的极个别墓葬打破了第三期的墓葬，成为我们划分开这两期墓葬的主要依据。除东部冲沟边上的墓葬受到较严重的破坏外，其他绝大部分墓葬的墓壁和墓室都保留得比较好，因此，整体布局比较完整。

这数十座墓葬是本墓地最后一批入葬者，虽然在随葬品、殉人等具有等级制度方面与第三期墓葬区别明显，从分期的角度我们将其独立划分为一期，但所反映的其他一些问题与第三期也有类似的地方，因此在对这类墓葬的整体特征进行概括时，我们重点说明与第三期墓葬之间的区别，不过，对不同区域个体墓葬的介绍相对详细，这样便于更清晰地了解当地墓葬制度的变化脉络。

下面我们分节对墓葬情况进行介绍。

第一节　概　述

属于第四期的墓葬全部位于接近冲沟的断崖附近，包括南部发掘区的 35 座和东北发掘区的 9 座。这里整体地势较西北部最高处低，其中，东北部的墓葬是在一个斜坡上平整出的一个台阶上，现存地面西边是一个高约 2 米的断崖，保存的地面整体低于西北部发掘区约 3 米，墓葬的上半部分已经被破坏。南部发掘区东部的地面高度也低于西北部发掘区约 3 米，但墓葬开口位置却在 1.7 米以下，因此，当时的地面高度东北部略高于东南部区域。从平面分布来看，二者之间隔着一处现代居民的地井式院落，南北基本对应，大部分墓葬的方向和特点也接近。由于个体特征表现得并不十分清楚，有的墓葬的归属存疑，我们将在具体介绍时说明归入本期的原因。

本期墓葬的个体面积与第三期东部的墓相近，一般长约 2.3~2.6 米、宽约 1.3~1.8 米，面积在 3.00~5.00 平方米之间。由于东南部区域的地面之下有很厚的一层垫土，而且垫土之前可能就受到破坏，虽然有的墓葬稍深一些，但现存深度多数在 1.00 米以内，没有发现类似第三期中部的那种规模特别大、深的墓葬，而东北部的墓葬绝大部分只留下接近底面的部分，基本是耕土之下即为墓口。这些墓葬在下葬之前也作了周密的规划，墓位排列十分规范，南北相邻的墓葬间距相近，成行分布，整齐有序，由于所有墓葬的规模接近，甚至比第三期墓葬更整齐。东部沟边因坍塌毁坏了部分墓圹，仅保存靠西部的一半，目前共保存东西相邻的 4 排墓葬，其中西部的两排南部有一块空地未安排墓葬。

墓葬所在的区域与其他各期的墓葬没有大面积的重合，可能是因为墓地地势的影响，墓葬方向整体偏转，个别墓打破了第三期墓葬。绝大部分特点与第三期接近，可看出葬式者，墓主人全部是一次葬，葬式为仰身直肢，骨骼上一般留有朱红色，但墓室内的埋葬特征有了一些变化，只有少部分墓葬有二层台，也没有留下葬具的痕迹，不见殉人，所以，我们觉得将其与第三期分开比较合理。不过，总体来说，这一时期墓葬应当与第三期墓葬相距时间并不长，是第三期的延续，墓主人所在的集团和从事的职业应该未发生变化。

由于临近冲沟，本期有一些墓葬的墓主人骨骼已经因沟边坍塌而残缺不全，也有的墓葬骨骼保存太差，无法进行鉴定，还有的墓葬因为盗扰严重，墓圹内已经没有人骨，所以能够鉴定的墓主人不足 40 人。其中可确定年龄者全部为成年人，从死者的性别构成来看，男女数量差距比较大，女性人数大约是男性人数的三分之二。尽管仍不合理，但与第三期相比，女性人数所占的比例还是有了较大的增加，这是一个较明显的变化。

本期大部分墓葬经过盗扰，但扰乱程度不太严重。与第三期墓葬的情况类似，盗扰者也以挖掘洞穴的方式进入墓室，盗洞口部一般接近圆形或椭圆形，位置在墓主人头端所在的西部和墓室南、北两侧都有发现，绝大部分范围都局限在墓圹之内，个别超出墓圹范围，垂直的洞穴接近底部时，盗掘者将洞穴向中部或周边呈不规则状扩张。有的墓主人似乎还曾被拖动过，说明盗扰时间与下葬时间相距很近。有的墓葬中死者的骨骼被扔到墓圹之外，致使一些墓葬几乎已成为空墓。分布在东北发掘区的墓葬未发现明确的盗扰迹象。这一时期的墓葬没有发现明确的殉人，说明殉葬现象在墓地最后阶段已经消失了。

第四期墓葬随葬品发现很少，只在个别墓葬中发现了少数玉石器。虽然盗扰和坍塌使本期墓葬残缺不全，不能反映当时下葬时的全貌，但从多数未扰乱墓室的情况反映的葬制来看，本期的绝大部分墓葬在下葬时就没有随葬品，值得庆幸的是少量墓主人臂或腕部发现有玉石器，而且保持了下葬时器物的佩戴方式。玉石器的种类特别单纯，主要是璧、环、镯类器物，只有 1 件小饰品。根据测定，这些器物有 2 件是闪石玉，其中一件用三片连缀在一起的环，两片是透闪石玉，另一片则是蛇纹石化大理岩，说明透闪石玉料的稀缺或墓主人所在集团财富的窘迫，从另一个角度上反映出透闪石玉确实不是产自当地。其余的玉石器皆为质地也较粗糙的石器，从玉石器的制作水平来看，这一时期比第三期有了较大的下滑。没有其他质地的随葬品。显然，这一阶段墓主人已经不再有往日的辉煌、以前的崇高权威，无论是社会地位还是经济实力均远逊于第三期，不再兴盛的事实昭然若揭，经济基础已经不能支撑原来的理念和意识的需要。

第二节　详　述

在本节中将集中对属于第四期墓葬的发现情况进行介绍。有一些墓葬特征不明显，而且保存情况较差，不能确切地反映其特点，这一点与归入第二、三期的少量墓葬类似，我们在介绍这些墓葬时，会把将其归入这一期的理由同时说明。凡是拥有随葬器物的墓葬，在对墓葬的保存状况进行叙述之后就对该墓出土遗物的特点进行介绍，对这些器物出土的地点和相关背景，在报告的介绍中也会如实将情况说明。

　　下面我们以墓葬编号先后为序，对第四期所有墓葬发现情况逐一予以介绍。

M201

　　M201 位于东北区的 T221。东侧是冲沟的断崖，北侧是 M205 和 M206，西北侧是 M214，南侧为 M202。方向 246 度。墓葬上部遭到平整土地的破坏，东部是断崖的边缘，长期的冲刷使墓葬东半部分已经坍塌，现存圹边不太清晰，壁面不太规整，底部不太平坦，中间留有朱砂。墓口距现地表约 0.25、残长约 1.70、宽约 1.00、现存深度约 0.20 米。墓主人骨骼十分残酥，已不能辨别其年龄和性别，头骨残碎，面向上，因受到上部耕种破坏而残损，仰身，由于树根伸进了墓主人的身体范围内，上半身的颈椎、胸椎、肋骨和右侧骨盆、左侧股骨均受到破坏，骨骼有些散乱，双上臂均置于体侧并略向外撇，右臂肘部以下已不存在，左臂肘部以下向内侧斜伸，手腕放在骨盆外侧，骨盆残碎，双腿仅残存股骨部分，直肢，膝部以下被断崖破坏。墓圹内填灰褐色花土。（图 7-2-1A；彩版 7-2-1:1）

　　在墓主人左臂近腕部散置着三块璜形片，从其位置看，下葬时应该是佩戴在手腕上的一件联璜玉石璧，但明显是拼凑而成的，而且这三块璜形片本身还可以分开各自佩戴。

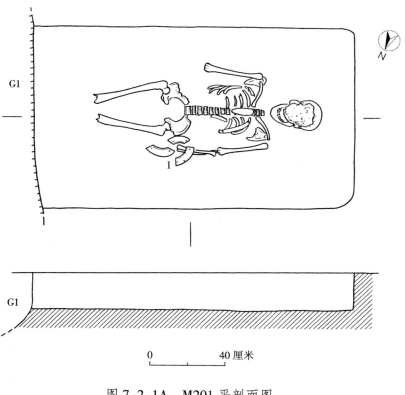

图 7-2-1A　M201 平剖面图

1. 联璜玉石璧

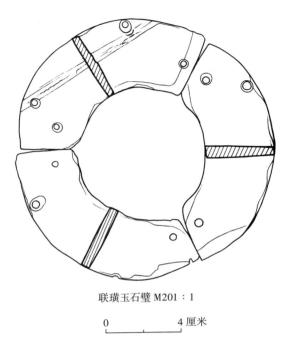

联璜玉石璧 M201：1

0 ——— 4 厘米

图 7-2-1B　M201 出土玉石器

联璜玉石璧　M201：1，由三个璜片组成，其中两段为透闪石玉，一段是蛇纹石大理岩，质地均较细。透闪石玉为绿色，带有大片的云团状或不规则状土黄沁色，蛇纹石大理岩上灰黑和白色斑点混杂。三段璜的断面皆为中部略厚的长方形，但每一段的厚度并不相同，透闪石玉璜的平面上留有明显的片切痕及线切割痕。所有璜片上均有单面桯钻的小孔，而且不同部位的小孔形状不一，其中每一片的两端各有一孔是用于与其他璜片连缀，此外，在其中的一块透闪石玉璜、大理石璜接近一端的外侧边缘处各钻有一个小孔，另一块透闪石玉璜的外侧边缘则钻出两个小孔，这几个孔应该是用于悬挂或佩戴用的，可见，这几个璜既可以相互连缀在一起，也可以分开使用，璜的内外缘和两端均有不同程度磨圆度，也使联璜环内外圈均不圆，而且连接处也不是严丝合缝，所以很难根据内外圈的直径确定这是环或是璧，暂且认定为璧。外径 13.6~14.2、内径 6.5~7.5、厚 0.4~0.7、缀孔径 0.3~0.7 厘米。（图 7-2-1B；彩版 7-2-1:2）

M202

M202 位于东北区的 T221。东侧是冲沟的断崖，北侧为 M201，南侧是 M203。方向 266 度。墓葬上部遭到平整土地的破坏，东部是断崖的边缘，长期的冲刷使墓葬东半部分已经坍塌，现存圹边不太清晰，壁面也不太明显，底部不太平坦。墓口距地表约 0.25、残长 1.40~1.50、宽约 0.96、现存深度约 0.22 米。墓主人为一个 45~50 岁的男子，头骨已残碎，正面受到破坏，头顶略向南偏，面向东北侧上方偏转，下颌骨脱落，仰身，脊椎斜直，肋骨较整齐地分布在脊椎两侧，基本保存完好，双臂顺置于体侧，从肘部以下略向内收，两手腕压在骨盆之下，手指骨不全，左侧骨盆破碎，右侧骨盆略损，下肢仅存部分股骨，虽然为直肢，但明显向北斜置，使墓主人整体为骨盆部位向南凸出的弓形，股骨以下的腿脚部分全部被断崖破坏。墓圹内填灰褐色花土。（彩版 7-2-2:1）

未发现随葬品。

M203

M203 位于东北区的 T220。东侧是冲沟的断崖，北侧为 M202，西侧是 M213，西南侧为 M212。方向为 263 度。墓葬上部遭到平整土地的破坏，东部是断崖的边缘，长期的冲刷使墓葬东半部分已经坍塌，现存圹边不太清晰，壁面也不太明显，底部不太平坦。墓口距地表约 0.25、残长 1.40~1.57、宽约 1.20、现存深度约 0.35 米。墓主人为一个 40~45 岁的女子，头顶骨已受损、残碎，面向北侧偏转，口微张，仰身，颈椎、脊椎微弯曲，肋骨、锁骨整齐排列在脊椎两侧，保存较好，双臂微向外伸直，顺置于体侧，手腕分别放在两侧骨盆之外，骨盆略受损，下肢仅残存部分股骨，直肢，股骨以下部分被断崖破坏。墓圹内填灰褐色花土。（彩版 7-2-2:2）

未发现随葬品。

M204

M204 位于东北区的 T222。东侧是冲沟的断崖，南侧为 M206，西南侧是 M205，北侧已经到了墓地的边缘，未发现墓葬。方向 275 度。墓葬上部遭到平整土地的破坏，东部是断崖的边缘，长期的冲刷使墓葬东半部分已经坍塌，现存的圹边不太清晰，壁面也不太明显，底部不太平坦，残存部分本来就少，树根占去了绝大部分，所以只有很少一部分墓圹。墓口距地表约 0.25、残存最长处约 0.50、宽约 1.20、现存深度约 0.27 米。墓主人为一 45~50 岁的男子，墓圹内仅存一些被压扁的头骨碎片，而且被一根粗大的树根托起，其余部分全部被断崖破坏，已经不知墓主人的葬式。墓圹内填灰褐色花土。（彩版 7-2-2:3，7-2-3:1）

未发现随葬品。

M205

M205 位于东北区的 T222。西侧是 M214，东北侧为 M204，东南侧为 M206。方向为 275 度。墓葬上部遭到平整土地的破坏，东部是断崖的边缘，现存的圹边不太清晰，形制不规范，位置也与其他墓葬分布规律不同，保存下来的是一个圆角长方形的浅坑。墓口距地表约 0.25、边长 0.66~0.70、现存深度约 0.07 米。墓主人为一个 40~45 岁的男子，骨架散乱、破碎，毫无规律地堆放在一个接近圆形的小坑里，而且酥碎，保存非常差，墓圹内填灰褐色花土。（彩版 7-2-2:3，7-2-3:2）

未发现随葬品。

这个坑范围不清，仅可辨别出有一堆残碎的人骨，似乎是一个堆放人骨的坑穴，分期归属也不清，由于位置与第四期墓葬接近，遂归入第四期。

M206

M206 位于东北区的 T221。南侧为 M201，西北侧为 M205，北侧是 M204。方向为 265 度。墓葬上部遭到平整土地的破坏，东部是断崖的边缘，长期的冲刷使墓葬东半部分已经坍塌，现存的圹边不太清晰，壁面也不太明显，已经清理的其实是人骨所在区域，底部不太平坦。墓口距地表约 0.25、残长 0.90~0.95、宽约 0.55、现存深度 0.10~0.20 米。墓主人为一 30~35 岁的男子，头已残碎，面向上，下颌骨脱落并扔在颈部两侧，仰身，脊椎残碎、断裂，锁骨与肋骨散乱，覆盖在脊椎两侧，左上臂仅存有接近肩膀的一小段，似顺置于体侧，其余臂膀与左侧下腹部一起被破坏，右臂顺置于体侧，肘部以下仅存一小段骨骼，腹部以下全部被断崖破坏。墓圹内填灰褐色花土。（彩版 7-2-2:3，7-2-3:3）

未发现随葬品。

M212

M212 位于东北区的 T220~T222 西部的扩方范围内。北侧为 M213，东北侧是 M203，西、南侧接近东北发掘区的边缘。方向 270 度。墓葬上部遭到平整土地的破坏，东部接近断崖的边缘，墓口所在平面西部略高，东部稍低，圹边清晰，西端为圆弧形，壁面较规整，底部平坦。墓口距地表 0.25~0.35、长约 2.19、宽约 0.95、现存深度 0.10~0.20 米。墓主人为一个 40~45 岁的男子，面向南侧上方偏转，仰身，脊椎较直，但颈椎、腰椎下陷，肋骨虽然在脊椎两侧的正常体位，但较散乱，双上臂皆在体侧略向外张，肘部以下均斜向内收，手腕向下平放在骨盆外侧，骨盆边缘酥碎，双腿的股骨微内收，膝部以下平行伸直，踝部并拢，脚掌骨骼散碎地放在踝骨以东。墓圹内填灰褐色花土。（彩版 7-2-4:1）

未发现随葬品。

M213

M213 位于东北区的 T220~T222 西部的扩方范围内，东侧为 M203，南侧是 M212，西侧接近东北发掘区的边缘。方向 265 度。墓葬上部遭到平整土地的破坏，东部接近断崖的边缘，墓口所在平面西部略高，东部稍低，圹边不太清晰，壁面较规整，底部平坦。墓口距地表 0.25~0.35、长约 2.10、宽约 0.65、现存深度 0.05~0.15 米。墓主人为一个 40~45 岁的女子，上半身整体微向南面侧身，面向南侧上方偏转，口张开，仰身，脊椎向北弓形凸出并扭曲残碎，脊椎右侧的肋骨排列较整齐，但左侧肋骨受挤压，双臂紧贴在体侧，右手腕放在骨盆外侧，左手腕放在骨盆之上，左右骨盆皆已经破碎，双腿股骨平行向南斜伸，膝盖向南弓形凸出，从膝部开始右腿向北屈置，左腿则基本伸直，踝部并拢，右脚尖向东倒置，左脚被上部破坏。墓圹内填灰褐色花土。（彩版 7-2-4:2）

未发现随葬品。

M214

M214 位于东北区的 T220~T222 西部的扩方范围内。东侧为 M204 和 M205，南侧为 M213，西、北侧接近东北发掘区的边缘。方向 266 度。墓葬上部遭到平整土地的破坏，东部接近断崖的边缘，圹边不太清晰，壁面也不太规整，底部平坦。墓口距地表约 0.25、长约 1.85、宽约 0.60、现存深度约 0.10 米。墓主人为一个 30~35 岁的女子，头骨破碎，面向北侧偏转，仰身，颈椎不存，胸椎伸直，残存的肋骨整齐地排在脊椎两侧，左上臂顺置于体侧，右上臂微向外张，双上臂的中段和胸部以下被平整土地破坏，只在墓室东部有个别斜置或散置的残碎腿骨。墓圹内填灰褐色花土。（彩版 7-2-4:3）

未发现随葬品。

M240

M240 位于南区中部的 T10 和 T11。东侧为 M293，北侧接近南部发掘区的北部边缘，东部和西北部分别打破了第三期的 M258 和 M241，西南部打破第二期的 M260。方向 274 度。墓葬圹边清晰，壁面也很规整，底部平坦。墓口距地表约 0.70、长约 2.90、宽约 1.40、现存深度约 2.70 米。墓室周边有熟土二层台，二层台的东端宽于西端，北部宽于南部，其内侧范围长 2.00、宽约 0.90 米，保存高度约 0.10 米。墓葬被严重盗扰，盗洞的范围局限于墓圹所在西部范围内，进入墓室后将范围向周边扩展，整个墓室的二层台内侧全部被扰乱。墓主人为一个成年女子，年龄不详，残余骨骼全部弃置在二层台内侧，头骨弃置在墓室二层台内的西南侧，仅存头盖骨的一部分，部分肢骨在墓室中部和东部，残断的一片骨盆在东北部，骶骨在骨盆的西南侧，少数椎关节散乱地弃置于二层台南部，葬式不清。墓圹内填灰褐色花土。（彩版 7-2-5:1、2）

未发现随葬品。

M274

M274 位于南区东部的 T97。西侧为 M276，北侧是 M277，东北侧是 M340，东南侧是 M348，南侧为 M350。方向 275 度。墓葬的圹边清晰，整体西部略宽，东部稍窄，壁面很规整，底部平坦。墓口距地表约 1.65、长约 2.60、宽 1.30~1.50、现存深度约 0.90 米。墓室周边有熟土二层台，其内侧范围，西部稍宽，东部略窄，长约 1.78、宽 0.78~0.90 米，保存高度约 0.14 米。似经轻度扰乱，但未清理出明确的盗洞，从墓内的情况看，可能在东北侧墓圹范围内打盗洞进入墓室，然后推移了墓主人的腿部，但并未大规模扰乱。墓主人为一个 44~45 岁的男子，面向北侧偏转，仰身，脊椎微向南呈弓形凸出，锁骨、肋骨在脊椎两侧排列整齐，双臂顺置于体侧，右腕放在右侧骨盆与股骨相交处的外侧，左手腕置于左侧骨盆之下，骨盆大部分已经破碎，左腿股骨似经移动而向南斜置，至膝部接近右腿，膝部以下与右小腿贴近并列，右腿基本伸直，但受到左腿的挤压微向南移，踝部并拢，脚掌与趾骨已经散乱，放在墓室东部接近二层台内侧处。墓圹内填灰褐色花土。（彩版 7-2-6:1）

未发现随葬品。

M275

M275 位于南区东部的 T48 和 T59。北侧是 M276，东侧是 M350，东南侧是面积较大的一片空地，西北部打破第三期的 M279。方向 285 度。墓葬的圹边清晰，壁面也很规整，底面较平坦。墓口距地表约 1.75、长约 2.30、宽 1.00、现存深度约 0.65 米。墓室的周边有熟土二层台，其内侧范围西部稍宽，东部略窄，长约 2.01、宽 0.55~0.65 米，保存高度约 0.05 米。似经轻度扰乱，但未清理出明确的盗洞，从墓内的情况看，可能盗洞在墓圹内的中部，进入墓室后扰乱了墓主人胸腹部的骨骼。墓主人为一个 45 岁左右的女子，骨头酥碎，面向南侧偏转，仰身，脊椎与肋骨保存较差，仅有不太清楚的部分骨骼痕迹，而且胸腹部似经扰乱，骨骼位置有过移动，双上臂皆向外张，从肘部开始均微向内侧斜折，手腕置于两侧接近骨盆处，骨盆已经酥损不全，左腿伸直，右腿股骨微向南斜伸，膝部凸出，膝部以下斜向内折，至踝部两腿接近，双脚分别向东侧倒置。墓圹内填灰褐色花土。（图 7-2-2；彩版 7-2-6:2）

墓内共发现 4 件玉石器随葬品，其中在墓主人左臂近腕处套着 1 件玉环，右臂近腕处套着 2 件石璧，另外，在死者头骨接近左耳的后侧放着 1 件柱状石器。（彩版 7-2-6:3、4）

石璧　2 件。均为大理岩。

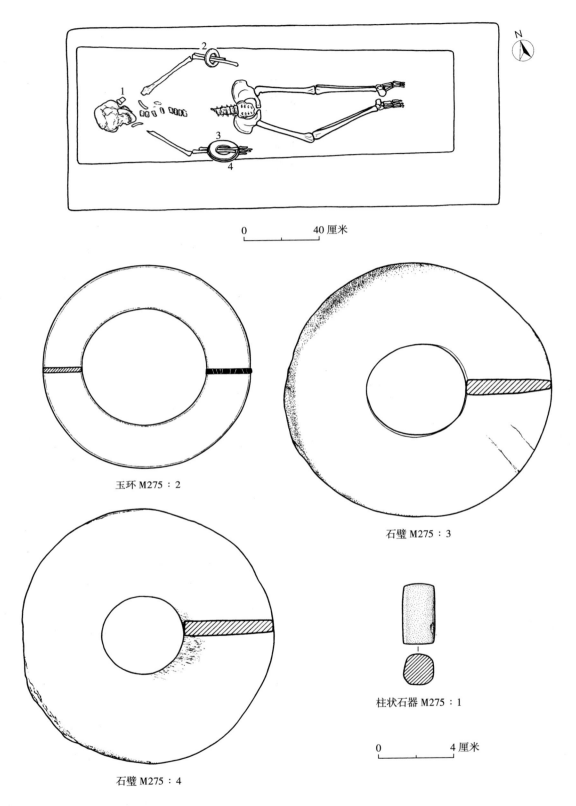

0 ————— 40 厘米

玉环 M275：2

石璧 M275：3

石璧 M275：4

柱状石器 M275：1

0 ————— 4 厘米

图 7-2-2　M275 平面图及其出土玉石器

1.柱状石器　2.玉环　3、4.石璧

M275：3，灰绿与灰白条带交杂，一面受沁发白且粗涩。制作不精，器形修整不圆，磨制不细。内外圈皆为方棱，中部略厚，边缘较薄，断面为一端微宽的长条形，双面管钻的中孔较小、较直，但不太圆。外径 13.8~14.2、中孔径 5.0~5.3、厚 0.5~0.8 厘米。（图 7-2-2；彩版 7-2-7:1）

M275：4，浅绿色与灰白色相间，器表受沁白化。形制不规整，中孔单面管钻修整，外圈不圆，厚薄不匀，内外圈均为方棱状，断面为一端微宽的长条形。外径 13.5~14.0、中孔径 4.3、厚 0.5~0.8 厘米。（图 7-2-2；彩版 7-2-7:2）

玉环　M275：2，透闪石玉。器表为黄白色，有部分颜色略深。器形较规整，中孔为双面管钻。发现时已断为三段，但断茬皆可准确对接，其中一段上从内圈至外圈纵向镶嵌着绿色的条状孔雀石。外圈略薄，断面近长条形。外径 10.7~11.1、中孔径 5.8~6.9、厚 0.3~0.4 厘米。（图 7-2-2；彩版 7-2-8:1）

柱状石器　M275：1，蛇纹石岩。白色，器表白化严重。柱形，平面为不规则的圆角梯形，先切为长圆柱形，再磨周边，上下亦磨平，器表为光素面。断面边长仅 1.6~1.8、长 3.3 厘米。（图 7-2-2；彩版 7-2-8:2）

M276

M276 位于南区东部的 T48。南侧为 M275，东侧是 M274，北侧是 M282，西部打破第三期的 M279，由于墓葬较浅，有半个墓葬的区域叠压在 M279 东半部之上。方向 275 度。墓葬的圹边十分清晰，壁面也很规整，平面的西部稍窄，东部较宽，底面较平坦，墓口距地表约 1.66、长约 2.50、宽 0.85~1.05、现存深度约 0.57 米。墓室的周边有熟土二层台，其内侧范围西部稍窄，东部略宽，长约 2.05，宽 0.46~0.70 米，保存高度约 0.10 米。墓内似经轻度扰乱，但未清理出明确的盗洞，从墓内的情况看，盗洞可能在西部，盗贼进入墓室后移动过墓主人的头、颈部。墓主人为一个 51~60 岁的男子，头部微向北偏，面向南侧偏转，仰身，颈椎断裂，整体脊椎呈 S 状扭曲，肋骨排列在脊椎两侧，但不太整齐，双臂均顺置于体侧，右手腕在骨盆外侧，左手腕不存，左腿股骨微向内斜伸，至膝部与右膝接近，右腿接近伸直，踝部并拢，双脚并列并分别向东南侧倒置。墓圹内填灰褐色花土。（彩版 7-2-9:1）

在墓主人左臂近手腕处套着 1 件已断为四块的石环。

石环　M276：1，大理岩。灰绿色，表面沁蚀白化。器形较规整，内外圈均较圆，环体接近内缘处稍厚，断面为一端微宽的长条状，中间大孔为双面管钻后再修整而成。入葬前，已经断为三块璜形片，璜形片相接处有两处以一对一的方式钻孔缀连，另一处因小孔断裂缺损，又在旁边加钻了一个小孔，这些小孔均为双面桯钻，发现时最大的璜形片也断为两段，但未钻孔缀连。外径 12.1、内径 6.2、厚 0.4~0.6 厘米。（图 7-2-3；彩版 7-2-9:2）

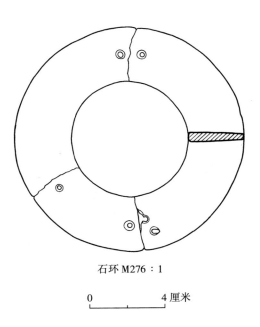

石环 M276：1

0 ⊢——⊣ 4 厘米

图 7-2-3　M276 出土玉石器

M277

M277 位于南区东部的 T97。北侧是 M280，西侧为 M282，南侧是 M274，东侧是 M340。方向 258 度。墓葬的圹边比较清晰，西部略宽，东部稍窄，壁面很规整，底部平坦。墓口距地表约 1.60、长约 2.50、宽 1.20~1.26、现存深度约 0.70 米。该墓被盗扰，盗洞打在墓葬西部，进入墓室后，将范围向周边扩展，整个底部周边的熟土二层台已经不存，中部也被严重扰乱。墓主人为一个 45 岁左右的男子，上半身被扰乱，头骨被弃置在北中部，头顶向东北，面向上，口微张，身体整体向北扭转，颈椎断裂、胸椎下半部分扭曲变形，肋骨散乱弃置，右上臂置于西侧，下臂与身体扭在一起，左臂已经移位，上臂斜置于左膝至肋骨之间，肘部以下则东西向横放或南北向斜置在脊椎旁边，与肋骨混杂在一起，骨盆已破碎，受上身扭转的影响挤压在一起，双腿东西向伸直，但骨骼整体向南挤压，股骨紧靠，膝部以下的小腿平行伸直，还在原位，脚掌与趾骨向内倾斜，叠置在踝骨东部。墓圹内填灰褐色花土。（彩版 7-2-10:1、2）

未发现随葬品。

M280

M280 位于南区东部的 T94。南侧为 M277，西侧是 M283，北侧是 M288，东侧为 M339。方向 261 度。墓葬的圹边清晰，壁面规整，底部平坦。墓口距地表约 1.50、长约 2.60、宽约 1.40、现存深度约 0.65 米，墓室的周边有熟土二层台，其内侧范围长约 2.15、宽约 1.05 米，保存高度约 0.15 米。墓葬遭到轻度盗扰，盗洞的范围仅局限于西部。墓主人为一个 50 岁左右的男子，整体位于墓室的北侧，头顶向下，面向西，下颌朝上，颈椎扭曲并连带了部分胸椎，仰身，胸椎下半部分错位，锁骨移位，肋骨较整齐地排列在脊椎两侧，双上臂皆顺置于体侧，接近肩部内收，分别从肘部开始向内斜折，腕部在骨盆偏右侧并拢，左上右下搭放在的盆骨之上，双腿股骨略向内收，膝部以下平行伸直，踝部基本并拢，脚部并列，分别向东侧倒置。墓圹内填灰褐色花土。（彩版 7-2-11:1）

未发现随葬品。

M282

M282 位于南区东部的 T36 和 T48。南侧为 M276，东南侧为 M277，东北侧为 M280，北侧是 M283，西北部打破第三期的 M285。方向 270 度。墓葬的西端呈圆弧形，东部为方形，圹边清晰，壁面较规整，底部较平坦。墓口距地表约 1.65、长约 2.55、宽约 1.30、现存深度约 0.87 米。墓室的周边有熟土二层台，其内侧范围长约 2.20、宽约 0.75 米，保存高度 0.15~0.25 米。未发现明确的盗扰痕迹，墓内也较整齐。墓主人为一个 40~45 岁的女子，面朝北侧偏转，口张开，颈椎较直，胸椎微弯曲，锁骨与肋骨保存较好，排列整齐，右臂顺置于体侧，手腕在盆骨外侧并向南斜置，左上臂顺置于体侧，从肘部开始向内侧斜伸，手腕放在盆骨之下，双腿股骨斜向内收，膝部以下平行伸直，踝部基本并拢，脚部并列，右上左下一起向东北侧倒置。墓圹内填灰褐色花土。（彩版 7-2-11:2）

未发现随葬品。

M283

M283 位于南区东部的 T36。南侧为 M282，北侧是 M287，东侧为 M280，西北部叠压并打破第二期的 M284。方向 270 度。墓葬圹边清晰，壁面较规整，底部较平坦，墓口距地表约 1.65、长约 2.55、宽约 1.30、现存深度约 0.60 米。墓葬被严重盗掘，墓室内一无所有。墓圹内填灰褐色花土。

未发现随葬品。

M287

M287 位于南区东部的 T36。南侧为 M283，北侧为 M293，东侧是 M288。方向 269 度。墓葬的西端呈弧形，东端为方形，圹边清晰，壁面较规整，底部较平坦。墓口距地表约 1.80、长约 2.45、宽约 1.45、现存深度约 0.95 米。墓室的周边有熟土二层台，发现时保存着南、东、北三边的部分平台，西侧已经被破坏，整个二层台南北两侧的内缘似已经向外扩展，现存部分内侧范围长约 2.25，宽 0.85~1.15 米，保存高度约 0.10~0.25 米。墓葬经盗扰，盗洞打在西端墓壁内侧的墓室范围内，进入墓室后，范围扩展到中、东部区域，并拖动了墓主人，似乎还在墓内焚烧过棺木或其他物品，使墓底中、西部大面积变黑。墓主人为一个成年男子，年龄不详，整体被拖离原来的位置，位于墓室二层台内侧的中北处，头部靠近西北部并抬离墓底，面朝东北侧偏转，上下颌骨错位，颈椎扭曲，上半身整个挤压变窄，锁骨和肋骨绝大部分已不存，仅有少量骨头散置于右肩部，脊椎仅有被烧黑的腰椎部分残块，右上臂置于体侧，从肘部开始向内斜折，腕部放在下腹部，手指骨散置，左臂大部分被火烤成浅褐色，虽置于体侧但明显挤压向南凹入，上臂斜向南置，从肘部以下微向回折，手部的少量骨节放在股骨外侧，骨盆已酥碎，双腿股骨向内收，膝部以下斜向东南方平行伸直，踝部基本并拢，脚趾骨散乱，置于踝部东侧。墓圹内填灰褐色花土。（彩版 7-2-11:3）

未发现随葬品。

M288

M288 位于南区东部的 T94。南侧为 M280，西侧为 M287，北侧是 M289，东侧为 M335。方向 265 度。墓葬的圹边清晰，壁面规整，底部平坦。墓口距地表约 1.50、长约 2.30、宽约 1.40、现存深度约 1.00 米。墓室的周边有熟土二层台，其内侧范围长约 1.95、宽 0.70~1.00、保存高度 0.05~0.10 米。墓葬经盗扰，盗洞打在墓圹范围内的西半部，进入墓室后，又向中部区域扩展，扰乱了墓室的中西部。墓主人为一个 35~40 岁的男子，头骨经移动，顶向西侧上方，面向前上方，颈部至骨盆被全部扰乱，仰身，颈椎、脊梁随头骨被向西端拖动，残存部分略扭曲，肋骨散乱，下腹部残损，双臂被移位，仅右上臂还位于身体右侧，其余肢骨横七竖八地散置于左胸部，一只手腕置于左胸外侧，盆骨被散乱地弃于死者左侧的中部，右腿基本伸直，左腿股骨斜向内置，膝部与右腿接近，膝部以下两腿平行伸直，踝部并拢，脚部右上左下叠置并向东北侧倒置。墓圹内填灰褐色花土。（彩版 7-2-11:4）

未发现随葬品。

M289

M289 位于南区东部的 T91 和 T94。南侧为 M288，北侧是 M291，东侧为 M336，西侧有一块地方被一个近年打下的坑穴破坏，未发现墓葬，东部打破第一期一个编号为 W3 的瓮棺葬。方向262 度。墓葬的东部略宽，西部稍窄，圹边清晰，壁面规整，底部平坦。墓口距地表约 1.50、长约 2.80、宽 1.55~1.65、现存深度约 0.73 米。墓室的周边有熟土二层台，其内侧保存范围不太规则，长约 2.00，宽 1.05~1.10 米，保存高度约 0.10 米。虽然墓葬中部的部分人骨有些散乱，但未清理出明确的盗洞，不能确认是否经过后期扰乱。墓主人为一个 51~60 岁的男子，头向上抬起，面向东北侧上方，仰身，脊椎和锁骨都保存完好，肋骨也基本排列整齐，双臂位于身体两侧，左下臂部分骨骼被移位，左手腕与肢骨脱位且向外撇，置于骨盆之外侧，右腕部则回扣置于盆骨之上，双腿股骨斜向内收，膝部以下双腿平行伸直，踝部并拢，脚部并列并分别向东侧倒置。墓圹内填灰褐色花土。（彩版7-2-12:1）

未发现随葬品。

M291

M291 位于南区东部的 T12 和 T91。南侧为 M289，西侧有一块地方被一个近年打下的坑穴破坏，未发现墓葬，西北侧是 M293，北侧接近南部发掘区的东北边缘，东南侧为 M334。方向为262 度。墓葬的圹边清晰，壁面规整，底部平坦。墓口距地表约 1.40、长约 2.55、宽约 1.50、现存深度约 0.90 米。墓室的周边有熟土二层台，其内侧范围长约 2.15、宽 1.10~1.20、保存高度约 0.20 米。墓葬经盗扰，盗洞位于中部偏西南处，盗洞内土质松软，有水浸痕迹，进入墓室后，扰乱范围有所扩大，遍及墓室的中西部。墓主人为一个 60 岁左右的男子，整体被拖到墓葬二层台内侧的西南部，现存骨骼头向西南，面向南侧上方偏转，仰身，胸部基本完整，颈椎、锁骨尚在原位，肋骨排列整齐，但胸椎断裂，右上臂位于身体右侧，肘部以下仅存的一段骨骼弃置于墓室中南部，另外，在西南角部还散落着一些碎骨头，腹部以下及左臂全部被破坏，而且骨骼已经被扔出墓圹。墓圹内填灰褐色花土。（彩版 7-2-12:2）

未发现随葬品。

M293

M293 位于南区东部的 T12 和 T24。南侧有一块地方被一个近年打下的坑穴破坏，未发现墓葬，东南侧为 M291，北侧就是南部发掘区的边缘。方向 270 度。墓葬的口部的平面不平坦，西北部稍高，东南部略低，保留部分圹边清晰，壁面规整，底部平坦。墓口距地表约 1.80~1.95、长约 2.50、宽约 1.40、现存深度约 0.55 米。底部曾有熟土二层台，但已经被盗扰破坏。盗洞位于中部偏西南处，整个墓室均被扰乱。墓主人为一个 35~40 岁的女子，所有骨骼被堆放到墓葬的西南部，这里应该就是盗洞进入墓室的位置，西端的墓壁上还斜置着个别肢骨，由于骨骼散乱，葬式已经无法辨别。墓圹内填灰褐色花土。（彩版 7-2-12:3）

未发现随葬品。

M327

M327 位于南区的 T92 和 T93。北侧和东侧接近南部发掘区的边缘地带，而且已经临近断崖，南侧为 M333，西侧为 M334。方向 257 度。墓葬的圹边清晰，壁面规整，底部平坦。墓室中部墓主人周围有细腻的浅灰色土，或为棺材朽痕，但未发现明确的二层台痕迹。现存墓口距地表约 1.70、长约 2.00、宽约 1.25、现存深度约 0.95 米。未发现明确的盗洞，墓主人的头骨部分有些乱，不能确定是否为盗扰所致。墓主人为一个 40 岁左右的男子，头骨破碎，面向上，下颌骨脱落在右肩旁边，颈椎不存，仰身，胸椎和腰椎较直，肋骨分布在脊椎两侧，排列整齐，双臂顺置于体侧，手腕均放在骨盆之下，双腿伸直，双脚并列并分别向东侧倒置。墓圹内填灰褐色花土。（图 7-2-4；彩版 7-2-12:4）

未发现随葬品。

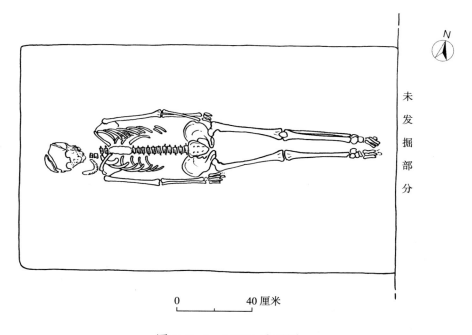

0　　　　　40 厘米

图 7-2-4　M327 平面图

M330

M330 位于南区的 T103 和 T104。北侧是 M332，东侧为 M343，南侧为 M331，西侧为一片较大的空地。方向 265 度。墓葬的圹边清晰，壁面规整，底部平坦。现存墓口距地表约 1.70、长约 2.70、宽约 1.60、现存深度约 0.90 米。墓葬被盗扰，盗洞在西部的墓圹范围内，进入墓室后，整个底部被扰乱，由于底部全部被夷平，不知是否有过二层台。墓主人为一个 45~50 男子，似乎被拖动过，致使上半身整体扭曲，面向东南，口微张，仰身，脊椎向南侧弧形斜置，锁骨保存尚好，左侧肋骨排列整齐，右侧肋骨较乱，上肢已经移位，现存右上臂略向外撇，从肘部开始斜内折至骨盆之上，手腕回折，放在骨盆与股骨相交处，左上臂顺置于体侧，肘部以下至手腕部断裂并向下移，手腕和指骨在股骨外侧，骨盆边缘残损，双腿股骨斜向内置，膝部以下基本平行伸直，踝部并拢，双脚并列分别向东倒置。墓圹内填灰褐色花土。（图 7-2-5；彩版 7-2-13:1）

未发现随葬品。

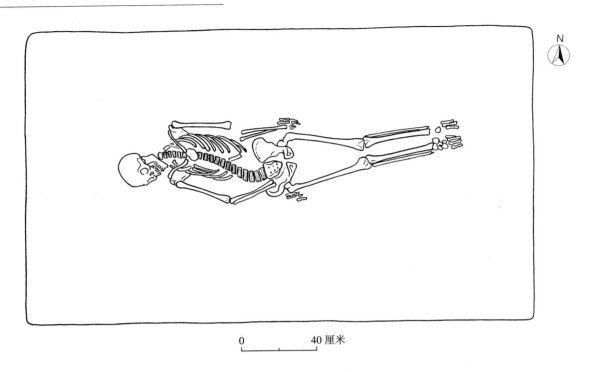

0   40 厘米

图 7-2-5   M330 平面图

M331

M331 位于南区的 T106 和 T107。北侧是 M330，东侧为 M342，西侧为一块较大的空地，南侧已经到了南部发掘区的边缘。方向 265 度。墓葬的圹边清晰，壁面规整，底部平坦。现存墓口距地表约 1.70、长约 2.70、宽约 1.65、现存深度约 0.55 米。墓葬被盗扰，盗洞在西部的墓圹范围内，进入墓室后，将整个底部扰乱。由于墓室内全部被夷平，不知是否有过二层台。墓主人为一个 50~55 岁的男子，盆骨以上全部扰乱，头骨基本完整，但弃置于墓葬中部偏西南处，头顶向西，面向北，胸腹部被横向弃置，颈部向北，有一根骨头横向弃置于脊椎北侧，胸椎中部断裂，肋骨整齐排列在脊梁两侧，上肢骨弃于头骨与盆骨之间，左上臂在南部，肘部以下屈置，手部接近头骨，右上臂在北部，肘部以下斜置于骨盆西边，手则弯曲置在骨盆南侧，盆骨两侧边缘略残损，而且骨盆以下部分可能也被拖动过，但左右髋骨及其骶骨保存完整，尚保持着仰身直肢的基本葬式，股骨部分斜向内置，小腿部分基本平行伸直，脚趾骨不全，似分别向东倒置。墓圹内填土为灰褐色花土。（图 7-2-6；彩版 7-2-13:2）

未发现随葬品。

M332

M332 位于南区的 T100、T101、T103 和 T104。北侧是 M349，东侧为 M344，南侧为 M330，西侧为一块较大的空地。方向 270 度。墓葬的圹边清晰，壁面规整，底部平坦。现存墓口距地表约 1.70、长约 2.80、宽约 1.85、现存深度约 0.70 米。墓葬西南侧墓圹之外有一个近圆形的盗洞，直径约 0.70 米，由于洞穴大部分在墓壁之外，仅有很少一部分打破墓圹南壁进入墓室，所以盗掘

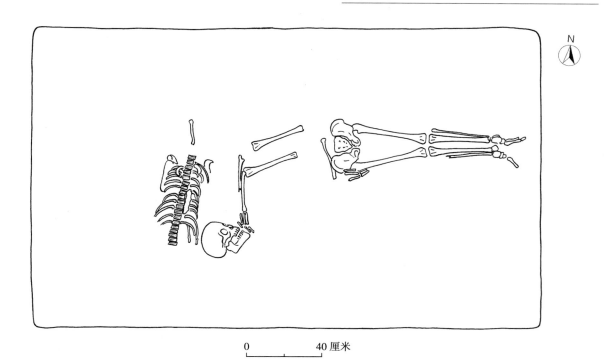

0　　　　　40 厘米

图 7-2-6　M331 平面图

者是从洞穴直接到底之后再向北钻进墓室的，但却不仅扰乱了整个墓底部，而且拖动了墓主人。墓主人为一个 40~44 岁的女子，整个尸骨已经拖离原来的位置，身体呈西南——东北方向斜置于墓室的中南部，头骨在接近盗洞的西南部，整个头颅抬起，头顶向上，面向北侧上方，仰身，颈椎扭曲，脊椎斜置，锁骨、肋骨整齐地排列在脊椎两侧，双臂整体顺置于体侧，肘部以下有部分骨骼缺失，手腕分别放在两侧的骨盆之下，指骨散乱且不全，骨盆残损严重且已散乱，双腿斜向内侧伸直，踝部接近并拢，脚部并列并分别向东北侧倒置，部分脚趾骨扔在脚部北侧。墓圹内填灰褐色花土。（图 7-2-7；彩版 7-2-13:3）

未发现随葬品。

M333

M333 位于南区的 T95 和 T96。南侧为 M337，西侧为 M336，北侧是 M327，东部被冲沟旁的断崖破坏。方向 265 度。除东半部分已经不存在外，保留下来的圹边清晰，壁面规整，底部平坦。现存墓口距地表约 1.70、残长约 1.70、宽约 1.35、现存深度约 1.10 米。墓葬被严重盗扰，盗洞打在墓圹内的西半部，进入墓室后向周边扩展，将整个底部全部扰乱，是否存在二层台已经不清楚。墓主人为一个成年女子，年龄不详，膝部以上人骨全部被扰乱，部分肋骨、脊椎骨和上肢骨等部位的少量骨骼散乱地堆在西部区域，残缺不全，毫无规律，左侧股骨虽然有一端位于原位，但整体向西南斜伸，在墓室中东部残存有两截小腿，中部以东被断崖破坏，依此判断其葬式是头向西，仰身直肢。墓圹内填灰褐色花土。（图 7-2-8；彩版 7-2-14:1）

未发现随葬品。

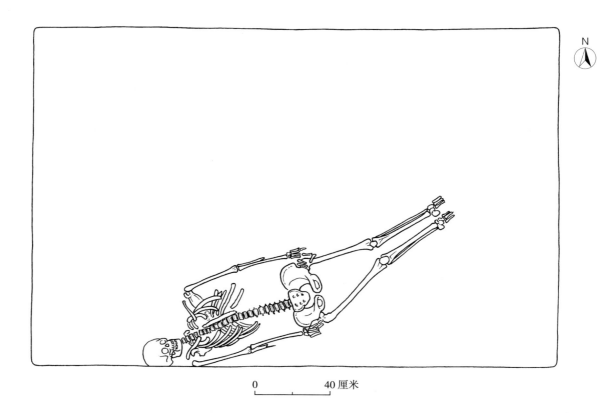

0　　　　40厘米

图 7-2-7　M332 平面图

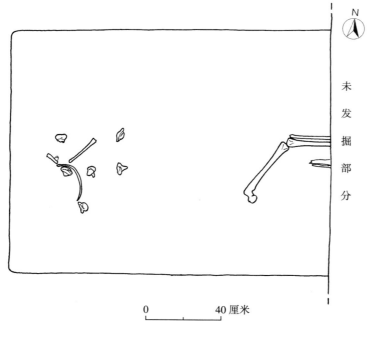

0　　　　40厘米

图 7-2-8　M333 平面图

M334

　　M334 位 于 南 区 东 部 的 T91 和 T92。东侧为 M327，南侧为 M336，西侧为 M291，北侧临近南部发掘区北侧边缘。方向 270 度。墓葬的圹边清晰，壁面规整，底部平坦。现存墓口距地表约 1.70、长约 2.60、宽约 1.60、现存深度约 0.85 米。墓室的周边有熟土二层台，其内侧范围长约 2.13、宽约 1.00 米，保存高度约 0.20 米。墓主人为一个 40~45 岁的男子，骨骼保存极差，而且有部分缺失，头骨正面破碎，似面向北侧上方偏转，整个头部表面全部是朱红色，仰身，颈椎断裂，胸椎以下较直，锁骨与肋骨排列整齐并位于原位，但有的地方仅存印

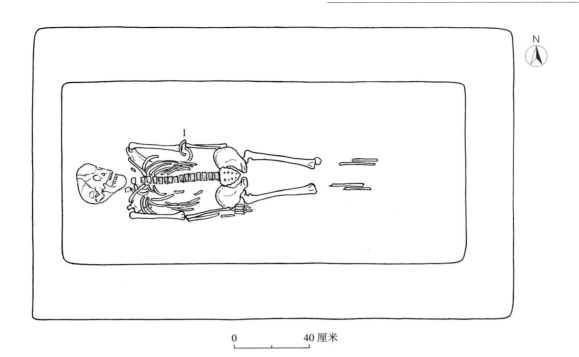

图 7-2-9A　M334 平面图

1. 石镯

痕，双臂置于体侧，腕部分别放在身体两侧的骨盆与股骨交接处外侧，双腿股骨略向中间伸直，膝部以下因酥碎仅见基本平行的两段小腿骨，接近踝部的腿骨和脚部已朽坏。墓圹内填灰褐色花土。（图 7-2-9A；彩版 7-2-14:2、3）

在墓主人左臂接近肘部的位置套着 1 件缺一块的石镯。

石镯　M334：1，大理岩。黄白色，沁蚀严重，边缘尤甚，表面多因白化呈褐色，而且多钙质胶结斑点。平面为环形，体宽扁，上下沿均为方棱状，较平齐。至少由三段缀连，保留有其中的两段，两段都经打磨，表面较光滑，现存两段间均有一对一的双面桯钻的小孔，应该用于缀连。外径约 7.6~7.8、内径约 6.1、高约 2.4 厘米。（图 7-2-9B；彩版 7-2-14:4）

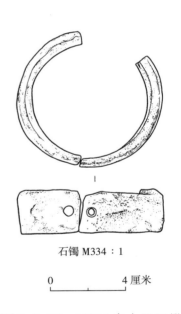

石镯 M334：1

图 7-2-9B　M334 出土玉石器

M335

M335 位于南区的 T94 和 T95。北侧是 M336，东北侧为 M333，东南侧为 M337，南侧为 M339，西侧为 M288。方向 270 度。墓葬的圹边清晰，壁面规整，底部平坦。现存墓口距地表约 1.70、长约 2.25、宽约 1.15、现存深度约 0.35 米。墓葬被严重盗扰，盗洞打在墓圹范围内的西部，进入墓室后向周边扩展，遍及整个墓底，二层台是本来就不存在还是已经被破坏，不清楚。墓主人为一个成年男子，年龄不详，上半身全部不存，仅余腿部骨骼，其中右腿保持在原位，整体伸直，只有膝盖部分残损，左腿股骨移到墓室中部偏北侧，与原位有大约 0.25 米左右的距离，东西向放

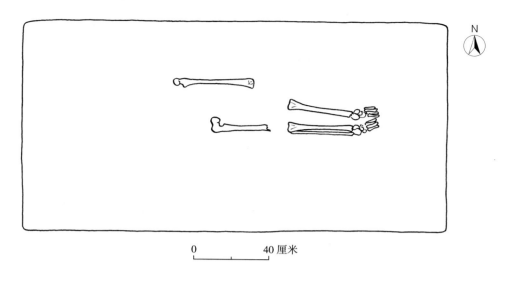

0   40 厘米

图 7-2-10   M335 平面图

置，两小腿和踝骨及趾骨齐全，由西向东伸直，踝骨并拢，脚部并列并分别向东北侧倒置，依此判断其葬式是头向西，仰身直肢。墓圹内填灰褐色花土。（图 7-2-10；彩版 7-2-15:1）

未发现随葬品。

M336

M336 位于南区的 T94 和 T95。东侧为 M333，南侧为 M335，西侧为 M289，北侧是 M334。方向 270 度。墓葬的圹边清晰，壁面规整，底部平坦，现存墓口距地表约 1.70、长约 2.40、宽约 1.20、现存深度约 0.80 米。墓室的周边有熟土二层台，其内侧范围长约 2.00、宽约 0.90 米，保存高度约 0.30 米。墓葬被轻度扰乱，盗洞打在墓圹内中部偏西南处，进入墓室后又向东北方向扩展，直至北侧二层台内侧，主要扰乱了墓主人上半身所在的部分区域。墓主人为一个 56~60 岁的男子，骨骼保存很差并有部分缺失，头骨已残，颅骨上全是朱红色，面向东北侧上方偏转，下颌骨被破坏，仰身，从右侧肩膀处向东北的右上臂、胸部肋骨、脊椎、锁骨、左臂肘部以下部分骨骼均被破坏，扔出墓坑，残存的左上臂顺置于体侧，但肘部以下断裂，部分已移位至上臂两侧，右臂只有肘部以下的部分骨骼斜向内置于体侧，双手腕分别放在两侧的骨盆之上，但骨盆已经腐朽，双腿股骨略向中间斜伸，膝部以下基本平行伸直，但十分酥碎，有些部位只有痕迹，踝骨并拢，双脚内扣，并分别向东端倒置。墓圹内填灰褐色花土。（图 7-2-11；彩版 7-2-15:2）

未发现随葬品。

M337

M337 位于南区的 T95 和 T96。北侧是 M333，西北侧为 M335，西南侧为 M339，南侧是 M338，东半部分被冲沟旁的断崖破坏。方向 260 度。墓葬的圹边清晰，壁面规整，底部平坦。现存墓口距地表约 1.70、残长约 1.60、宽约 1.35、现存深度约 0.80 米。墓葬被严重扰乱，盗洞应该打在墓圹范围内，但未清理出明确的范围，进入墓室后将整个底部全部破坏，人骨已经全部扔出墓圹，

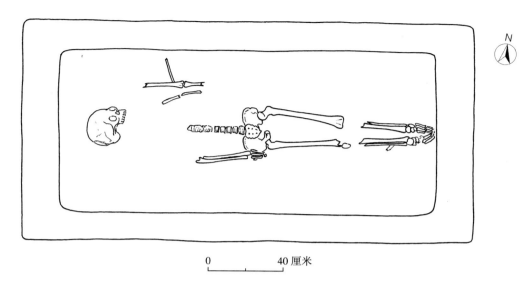

图 7-2-11　M336 平面图

现为一个空墓。墓圹内填灰褐色花土。（彩版
7-2-15:3）

未发现随葬品。

M338

M338 位于南区的 T95、T96、T98 和
T99。南侧为 M341，西南侧为 M340，西北侧
为 M339，北侧为 M337，东半部分被冲沟旁的
断崖破坏。方向 270 度。墓葬的圹边清晰，壁
面规整，底部平坦。现存墓口距地表约 1.70、
残长约 1.40、宽约 1.40 米，保存深度约 1.10 米。
墓室的南、西、北三边壁面内侧均有熟土二层
台，其中南侧较宽，其余两边较窄，内侧范围
残长约 1.20、宽约 1.00 米，现存高度约 0.10 米。
墓葬经轻度扰乱，盗洞打在西部，西端的墓室
底部被扰乱。墓主人为一个成年男子，年龄不
详，头骨被扰乱、移位，残成碎块，面向下弃

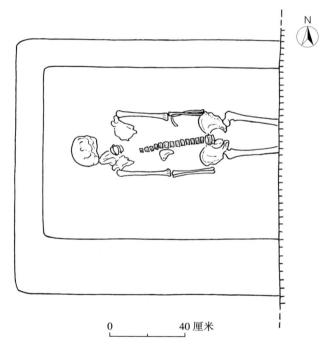

图 7-2-12　M338 平面图

置，颈椎和两侧肩部被扰乱，部分骨骼缺失，仰身，胸椎也已向南移位，胸椎以下从西南向东北
斜置，腰椎近尾骨处断裂，肋骨大部分散失，双臂皆顺置于体侧，左臂的肘部还被推挤略内凹，左、
右手腕均向内扣，放在骨盆与股骨交界处的骨盆之下，骨盆本身残损，边缘缺失，两腿的股骨略
向中间伸直，股骨的中部以下全部被断崖破坏。墓圹内填灰褐色花土。（图 7-2-12；彩版 7-2-
15:4）

未发现随葬品。

M339

M339 位于南区的 T94、T95、T97 和 T98。北侧是 M335，东北侧为 M337，东南侧为 M338，南侧为 M340，西侧为 M280。方向 270 度。墓葬的圹边清晰，壁面规整，底部平坦。现存墓口距地表约 1.70、长约 2.25、宽约 1.20、现存深度约 0.70 米。墓葬被盗扰，盗洞打在中东部，将墓室内中部以东的区域全部破坏。墓主人为一个 25 岁左右的女子，仅余上半身部分，人骨保存不好，头骨破碎，面向上，仰身，颈椎、胸椎扭曲断裂，锁骨、肋骨基本保持原位，但明显经过扰乱和挤压，左侧部分骨骼变形，右上臂顺置于体侧，左臂不存，腹部以下、双臂的肘部以下部分全部被破坏，而且人骨也被扔出墓圹。墓圹内填灰褐色花土。（图 7-2-13；彩版 7-2-16:1）

未发现随葬品。

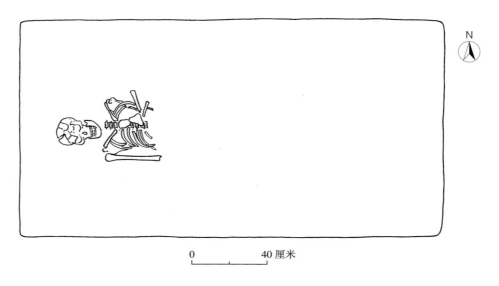

图 7-2-13　M339 平面图

M340

M340 位于南区的 T98。北侧是 M339，东北侧为 M338，东南侧为 M341，南侧为 M348，西侧是 M277。方向 265 度。墓葬的圹边清晰，壁面规整，底部平坦。现存墓口距地表约 1.70、长约 2.25、宽约 1.10、现存深度约 0.50 米。墓葬被严重盗扰，盗洞打在墓圹范围内的中南部，进入墓室后扰乱了南部、中部和东部的绝大部分区域。墓主人为一个 25~30 岁的女子，部分尸骨可能经过拖拉，所存骨骼均残破、酥碎不堪，头骨破碎，面向上，下颌脱落、分离，仰身，颈椎不存，胸椎和腰椎相接处断裂，锁骨残损，身体右侧的部分骨骼和腹部至骨盆处皆残缺，应该是盗洞进入墓室的位置，其中右上臂只存一小段，置于体侧，右侧肋骨只存少许残骨，左侧的肋骨仅有胸部少部分在原位，左臂酥碎，顺置于体侧，手腕已不存，骨盆残缺，双腿只存少许股骨，而且已经移位，呈西南——东北向斜置于墓室中部，接近平行，膝部以下至脚部全部不存。墓圹内填灰褐色花土。（图 7-2-14；彩版 7-2-16:2）

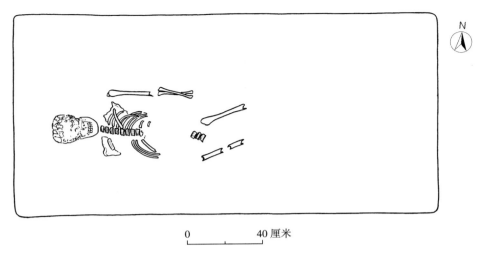

0   40 厘米

图 7-2-14　M340 平面图

未发现随葬品。

M341

M341 位于南区的 T98 和 T99。南侧为
M347，西侧为 M340，北侧为 M338，东部被冲沟
旁的断崖破坏。方向 275 度。墓葬的圹边清晰，
壁面规整，底部平坦。现存墓口距地表约 1.70、
残长约 1.30、宽约 1.25、现存深度约 0.60 米。墓
葬范围内未发现明确的盗洞，但墓葬西端可能受
到轻微盗扰，但墓内人骨保存较好。墓主人为一
个 51~60 岁的男子，头骨上部受压变形，与身体
断开并已残碎，面向北侧上方扭转，似经移动，
仰身，颈椎不存，左侧锁骨移动，右侧锁骨不
存，胸椎以下较直，肋骨排列较整齐，左臂顺置
于体侧，手腕部放在骨盆之下，手指骨不存，右

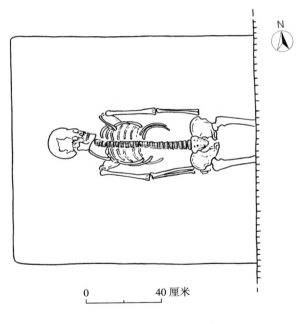

0   40 厘米

图 7-2-15　M341 平面图

上臂略向外斜置，肘部以下向内斜折，手腕放在骨盆之下，手指骨已经不存，骨盆酥碎，左腿股
骨略偏向中间，右腿基本伸直，股骨以下被断崖破坏。墓圹内填灰褐色花土。（图 7-2-15；彩版
7-2-16:3）

未发现随葬品。

M342

M342 位于南区的 T107 和 T108。北侧是 M343，西侧为 M331，东侧和南侧是南部发掘区的东
南角，而且，东侧已经临近冲沟旁的断崖。方向 266 度。墓葬的圹边清晰，壁面规整，底部平坦。

现存墓口距地表约 1.70、长约 2.15、宽约 1.05、现存深度约 0.60 米。未发现明确的盗洞,但墓主人身体左侧的部分骨骼似被扰乱。墓主人为一个 56~60 岁的男子,面向北侧上方偏转,口大张,仰身,脊椎较直,锁骨与肋骨略显凌乱,双臂皆顺置于体侧,左手腕在骨盆之下,右手腕则接近股骨上端,骨盆两侧的边缘略有残损,双腿股骨向内斜置,从膝部以下接近平行伸直,膝部与踝部均并拢,脚部并列并分别向东北侧倒置。墓圹内填灰褐色花土。(图 7-2-16;彩版 7-2-16:4)

未发现随葬品。

M343

M343 位于南区的 T104 和 T105。北侧是 M344,南侧为 M342,西侧为 M330,东侧临近冲沟

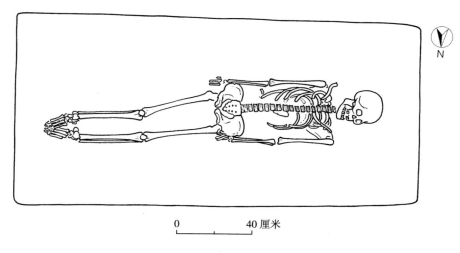

0   40 厘米

图 7-2-16   M342 平面图

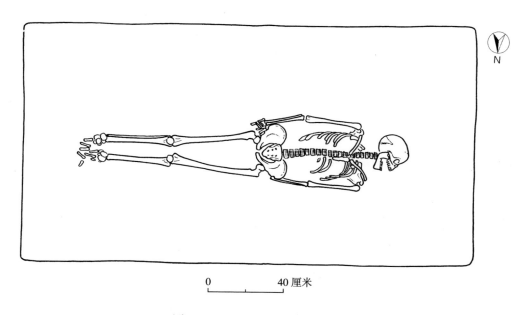

0   40 厘米

图 7-2-17   M343 平面图

旁的断崖。方向 266 度。墓葬的圹边清晰，壁面规整，底部平坦。现存墓口距地表约 1.70、长约 2.40、宽约 1.30、现存深度约 0.60 米。未发现明确的盗洞，但墓主人的骨骼似经挤压变形，可能也曾经过扰乱。墓主人为一个 35~40 岁的女子，面向北侧偏转，口大张，仰身，脊椎中部微向南侧弧形凸出，锁骨与肋骨略显凌乱，右上臂微向外斜伸，肘部开始向内斜置，手腕放在骨盆外侧，左臂可能受到挤压，贴于体侧，整体内缩，手腕骨在骨盆下，骨盆基本保存完好，双腿股骨微向内收，膝部以下平行伸直，踝部接近并拢，双脚并列并分别向东侧倒置。墓圹内填灰褐色花土。（图 7-2-17；彩版 7-2-17:1）

未发现随葬品。

M344

M344 位于南区的 T104 和 T105。北侧是 M345，西侧为 M332，南侧为 M343，东侧临近冲沟旁的断崖，但墓圹保存基本完整。方向 268 度。墓葬的圹边清晰，壁面规整，底部平坦。现存墓口距地表约 1.70、长约 2.50、宽约 1.60、现存深度约 0.50 米。墓葬被严重盗扰，盗洞打在墓圹内的中西部，进入墓室后向周围扩展，整个墓底全部被扰乱，已经不能确定是否有过熟土二层台。墓主人可能为一个成年女子，年龄不详，绝大部分骨骼被扔出墓圹，仅存左、右股骨及胫骨等，堆放在墓室中部略偏东处，方向不一，东西方向者居多，也有个别南北向弃置的骨骼。墓圹内填灰褐色花土。（图 7-2-18；彩版 7-2-17:2）

未发现随葬品。

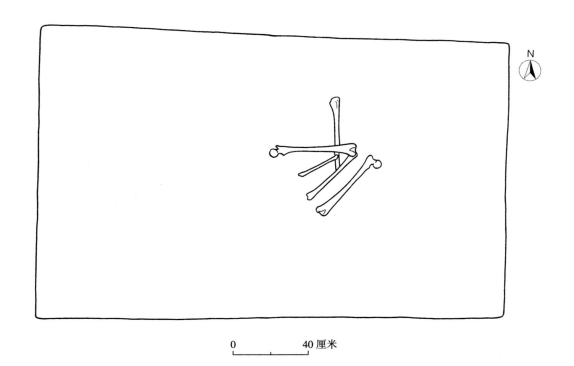

0   40 厘米

图 7-2-18 M344 平面图

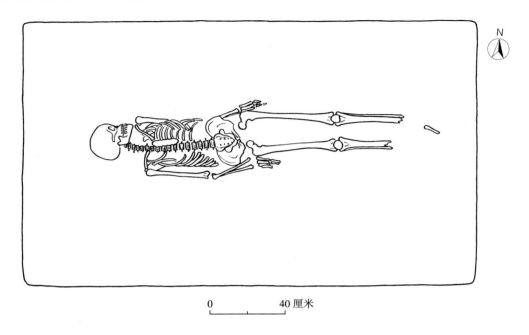

0 　　　　　40厘米

图 7-2-19　M345 平面图

M345

M345 位于南区的 T101 和 T102。北侧是 M346，西北侧为 M349，西南侧为 M332，南侧为 M344，东侧临近冲沟旁的断崖。方向 265 度。墓葬的圹边清晰，壁面规整，底部平坦。现存墓口距地表约 1.70、长约 2.40、宽约 1.45、现存深度约 0.50 米。墓葬经轻微的盗扰，盗洞打在墓圹内的东部区域，进入墓室后，扩展到墓室的北侧，主要是推动了墓主人的身体中部，使其整个身躯向南移动，其余区域基本未扰乱。墓主人为一个 35~40 岁的男子，整个尸骨经过推移，头部略偏北部，面部亦向北侧偏转，仰身，颈椎到胸脊连接处微弯曲、斜置，胸椎向南呈弧形凸出，腰椎部分又向北回归，锁骨、肋骨排列较整齐，但北侧因受到挤压而变形，右上臂贴于体侧，肘部向外侧移位，肘部以下的骨骼斜向东北放置，手腕在骨盆与股骨交界处的外侧，左上臂置于体侧并向内收缩，肘部可能受挤压而内缩压在身下，肘部以下骨骼斜向东北侧斜置，手腕放在股骨上端的外侧，手指略显零乱，左侧骨盆显然被移动过，向西侧偏移且斜置，双腿股骨微向内斜置，膝部以下平行伸直，小腿骨均从中部断裂，断裂处以下不存，仅在东部弃置一节掌骨。墓圹内填灰褐色花土。（图 7-2-19；彩版 7-2-17:3）

未发现随葬品。

M346

M346 位于南区的 T101 和 T102。北侧是 M347，西侧为 M349，南侧是 M345，东侧接近冲沟旁的断崖。方向 270 度。墓葬的圹边清晰，壁面规整，底部平坦。现存墓口距地表约 1.70、长约 2.40、宽约 1.30 米，现存深度约 0.80 米。墓室的周边有宽约 0.15~0.20 米的熟土二层台，其内侧范围长约 2.05、宽约 0.90 米，保存高度约 0.20 米。在墓圹西南部有一个沿西、南两侧墓壁进入墓室的盗洞，墓室内的中西部基本全部被扰乱，西南部盗洞进入墓室范围内的二层台也被破坏。墓主人为一个

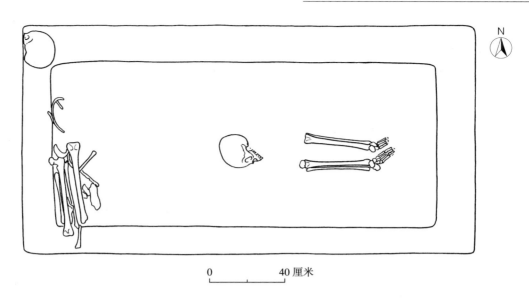

0 ⸺ 40 厘米

图 7-2-20　M346 平面图

55~60 岁的男子，但膝部以上的骨骼全部弃置于墓室西南部的盗洞范围内，只能确认部分股骨和上肢骨被南北向横置于骨骼的最上部，其余骨骼毫无规律地混杂在一起，头骨弃置于墓室中部，下颌脱落且不知下落，保存的头部骨骼弃置也较随意，面向南侧。双腿膝部以下保持在原位，从膝部向东略内收，踝部并拢，双脚并列并分别向东北侧倒置，依此判断其葬式应该是仰身直肢。另外，在墓葬西北角二层台之上还放置着一个 40 岁左右的男子头骨，不能确认这个人是否附属于该墓。墓圹内填灰褐色花土。（图 7-2-20；彩版 7-2-17:4）

　　未发现随葬品。

　　M347

　　M347 位于南区的 T98、T99、T101 和 T102。北侧是 M341，西侧为 M348，南侧为 M346，东侧接近冲沟旁的断崖。方向 270 度。墓葬的圹边清晰，东端稍宽，西端略窄，壁面规整，底部平坦。现存墓口距地表约 1.70、长约 2.45、宽 1.45~1.55、现存深度约 1.20 米。墓室的周边有宽约 0.15~0.20 米的熟土二层台，其内侧范围长约 2.10、宽 1.15~1.25 米，保存高度约 0.10 米。墓葬被严重盗扰，盗洞打在墓圹范围内的中部区域，垂直进入墓室后，又向周围扩展，墓室底部的中西部基本全部被扰乱。墓主人为一个 40~45 岁的男子，膝部以上的骨骼全部被扰乱，弃置于墓室中、西部，其中骨盆位于西北部二层台西壁内侧，股骨在骨盆东侧分别向东、向南两个方向放置，股骨之间胡乱堆放着部分肩胛骨、上肢骨、肋骨及脊椎骨，头盖骨与下颌骨分离并破碎，也夹杂在这些骨骼中，墓室中部还散置一些尾骨、椎体和肋骨，正中偏东部有一个膝盖骨，双腿膝部以下还在原位平行伸直，膝部和踝部均接近并拢，少许脚掌和脚趾骨置于墓室东部，似向东端倒置，依此判断其葬式是仰身直肢。墓圹内填灰褐色花土。（图 7-2-21；彩版 7-2-18:1）

　　未发现随葬品。

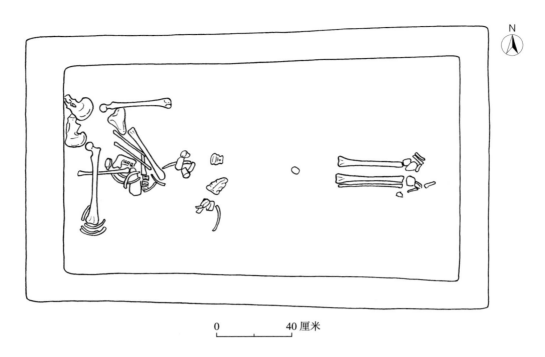

0   40 厘米

图 7-2-21　M347 平面图

M348

M348 位于南区的 T97、T98、T100 和 T101。北侧是 M340，东侧为 M347，南侧为 M349，西侧为 M350，西北侧是 M274。方向 273 度。墓葬的圹边清晰，壁面规整，底部平坦。现存墓口距地表约 1.70、长约 2.40、宽约 1.60 米，现存深度约 1.20 米。在墓室的周边有较高的熟土二层台，其内侧范围长约 2.15、宽约 1.25、高度约 0.40 米。墓葬被盗扰，盗洞打在墓圹范围内的中部，进入墓室后，又向周围扩展，二层台范围内的墓室底部全部被扰乱。墓主人为一个 20~23 岁的男子，头骨弃于西南部，面向西南墓角，上半身骨骼被分成两部分放置，一部分肩胛骨、肢骨及肋骨在头骨东北侧由西北向东南斜置，另外一部分肋骨和肢骨则置于墓室中部，骨盆带着尾骨、双腿股骨部分由东北向西南斜置，其中右腿膝部以下已经不存，左腿小腿部分折回来与股骨重合，压在股骨和骨盆之下的是上肢骨和肋骨，还有一些骨骼已经扔出墓圹。墓圹内填灰褐色花土。（图 7-2-22；彩版 7-2-18:2 ）

未发现随葬品。

M349

M349 位于南区的 T100 和 T101。北侧是 M348，西北侧为 M350，南侧为 M332，东南侧为 M345，东北侧是 M346。方向 279 度。墓葬的圹边清晰，西端稍宽，东端略窄，壁面规整，底部平坦。现存墓口距地表约 1.70、长约 2.20、宽 1.35~1.50、现存深度约 0.50 米。墓葬被严重盗扰，盗洞打在墓圹范围内的西部，进入墓室后又向周边扩展，将底部全部扰乱。墓主人可能为一个成年男子，年龄不详，仅存下肢骨残段和其他碎骨，堆放在墓室中西部，其中肢骨横七竖八地放置

0   40厘米

图 7-2-22 M348 平面图

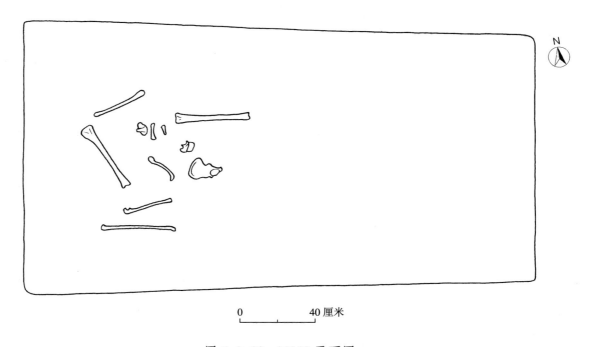

0   40厘米

图 7-2-23 M349 平面图

在外围，中间则是部分锁骨、肋骨残段和个别椎体，其他骨骼已经全部扔出墓圹。墓圹内填灰褐色花土。（图 7-2-23；彩版 7-2-18:3）

未发现随葬品。

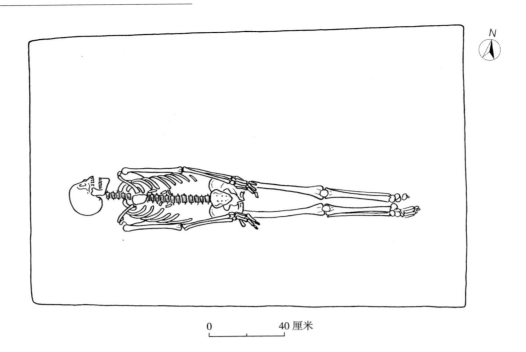

0   40 厘米

图 7-2-24   M350 平面图

M350

M350 位于南区的 T97 和 T100。西北侧为 M275，北侧是 M274，东侧为 M348，南侧为一块较大的空地。方向 260 度。墓葬的圹边清晰，西端稍窄，东端略宽，壁面规整，底部平坦。现存墓口距地表约 1.70、长约 2.30、宽 1.45~1.55、现存深度约 0.50 米。墓圹范围内未发现明确的盗洞。墓主人为一个 50 岁左右的男子，面向北侧偏转，仰身，脊椎较直，锁骨、肋骨排列整齐，左右上臂皆顺置于体侧，从肘部开始分别向内斜折，手腕各自放在左右两侧的骨盆之上，但骨盆边缘残损，双腿股骨微向内斜向伸直，小腿平行伸直，膝部和踝部均并拢，脚部并列并分别向东倒置。墓圹内填灰褐色花土。（图 7-2-24；彩版 7-2-18:4）

未发现随葬品。

清凉寺史前墓地 下

山西省考古研究所
运城市文物工作站
芮城县旅游文物局　编著

薛新明　主编

文物出版社

The Prehistoric Cemetery of Qingliangsi

Volume III

(With an English Abstract)

by

Shanxi Provincial Institute of Archaeology

Yuncheng Municipal Workstation of Cultural Heritage

Ruicheng County Administration of Tourism and Cultural Heritage

Editor-in-chief: Xinming Xue

Cultural Relics Press

Beijing · 2016

彩版目录

1. 墓地位置（东南—西北）

2. 墓地位置（东—西）

彩版1-1-1 墓地位置

1. 墓地中心区（左侧为地堰。东北—西南）

2. 墓地东南侧地势（西北—东南）

彩版1-1-2　墓地周边环境

1. 东部的地势（山顶部。西—东）

2. 北部通向盐湖的山沟（山顶部。南—北）

彩版1-1-3　墓地北侧的中条山区地貌

1. 西北部地势（山顶部。东南—西北）

2. 东北部地势（山顶部。西南—东北）

彩版1-1-4 墓地北侧的中条山区地貌

1. 发现玉石器的地点（西—东）

2. 发现的玉器

3. 发现的玉器

彩版2-1-1 最早发现玉石器的地点与发现的玉器

1. 墓地南侧的地势（北—南）

2. 墓地西侧高地发现的房址（西南—东北）

彩版2-2-1　2002年的调查

1. 2003年发掘区（西—东）

2. 2003年发掘现场（正在清理M4。西—东）

彩版2—3—1　2003年的发掘

1. M4、M6、M24、M25出土情形（南—北）

2. 2003年下雪后的发掘现场（西—东）

彩版2-3-2   2003年的发掘

1. 墓地西北部发掘区（东—西）

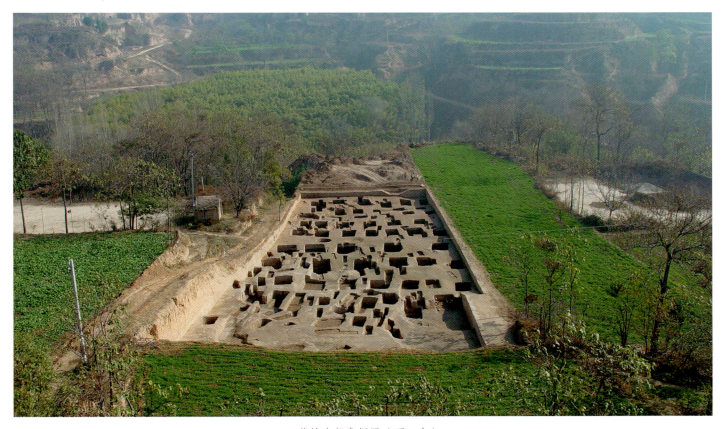

2. 墓地南部发掘区（西—东）

彩版2-3-3 2004年的发掘

1. 东北部墓葬分布情况（东南—西北）

2. 东北部墓葬分布情况（东北—西南）

彩版2-3-4 2004年的发掘

1. 高空摄影

2. 高地录像

彩版2-3-5　2004年影像记录

彩版2-3-6　高空拍摄的2004年发掘现场全景（左侧为北部）

彩版2-3-7 高空拍摄的2004年发掘现场环境（左侧为北部）

1. 2004年10月24日，国家文物局顾玉才和吉林大学朱泓由山西省考古研究所宋建忠陪同到工地视察

2. 2004年11月14日，国家文物局闫亚林和北京大学赵辉到工地视察

3. 清凉寺墓地获评2004年度全国十大考古新发现，图为颁奖现场（前排左一为清凉寺墓地发掘领队薛新明）

彩版2-3-8　专家、领导视察工地与2004年度全国十大考古新发现颁奖现场

1. 西南部墓葬分布情况（南—北）

2. 东部部分大型墓打破中部大型墓情况（东—西）

彩版2-3-9　2005年发掘现场

彩版2-3-10　高空拍摄的2005年发掘现场全景（左侧为北部）

彩版2-3-11　高空拍摄的2005年发掘现场环境（左侧为南部）

彩版2-3-12　2003年至2005年主要发掘区鸟瞰（西-东）

1. 方启博士现场观察人骨

2. 陈靓博士现场鉴定并收集人骨资料

3. 员雪梅团队野外考察墓地周边玉石矿料

彩版2-4-1 多学科介入的工作现场

1. M32与M33（西南—东北）

3. M51与M61（东—西）

2. M48、M51与M61（西—东）

4. M191与M192～M194、M198（东—西）

彩版3-2-1　墓葬叠压与打破情形

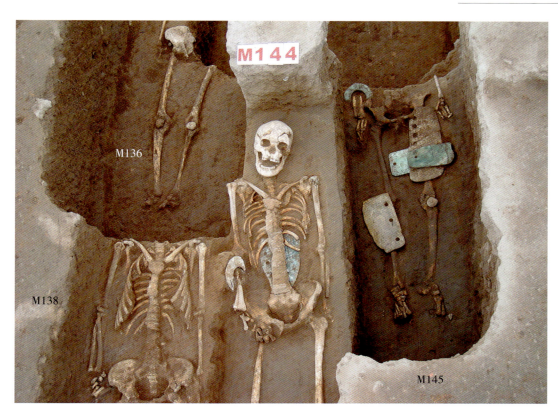

1. M136、M138、M144与M145（东—西）

2. M53与M54（东—西）

3. M276、M279（东—西）

彩版3-2-2　墓葬叠压与打破情形

1. 石钺T17①：1

2. 石钺T19①：1

3. 石钺T44①：1

4. 石钺T210①：1

彩版3-3-1　地层堆积出土玉石器

五孔石刀T38①：1

彩版3-3-2　地层堆积出土玉石器

1. 石牙璧T21①：1

2. 石环T37①：1

3. 石环T210①：2

4. 石璧T44①：2

5. 石环T30①：1

彩版3-3-3　地层堆积出土玉石器

1. M31（东南—西北）

2. M32（东南—西北）

3. M33（西南—东北）

4. M34（东南—西北）

彩版4-2-1 第一期墓葬M31～M34

1. M35（东南—西北）

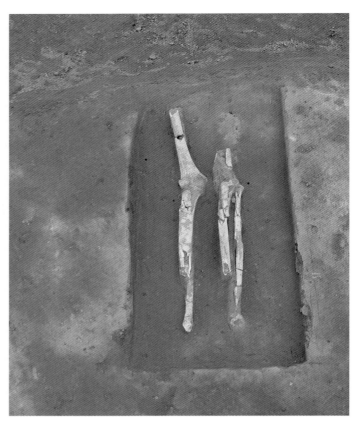

2. M36（东南—西北）

3. M37（东南—西北）

4. M38（东南—西北）

彩版4-2-2　第一期墓葬M35～M38

1. M40（东南—西北）

2. M42（东南—西北）

3. M43（南—北）

4. M62（东南—西北）

彩版4-2-3　第一期墓葬M40、M42、M43、M62

1. M63（东南—西北）

2. M88（东南—西北）

3. M211（东南—西北）

4. M265（东南—西北）

5. M266（西南—东北）

彩版4－2－4　第一期墓葬M63、M88、M211、M265、M266

1. W2（南—北）

2. 直口深腹陶钵 W2：2

3. 侈口弦纹陶罐 W2：1

彩版4-3-1　第一期瓮棺葬 W2 及葬具

1. W3（西—东）

2. W3

3. 敛口深腹陶钵W3：2

4. 侈口弦纹陶罐W3：1

彩版4-3-2　第一期瓮棺葬W3及葬具

1. W4（北—南）

2. 敛口绳纹陶罐W4：1

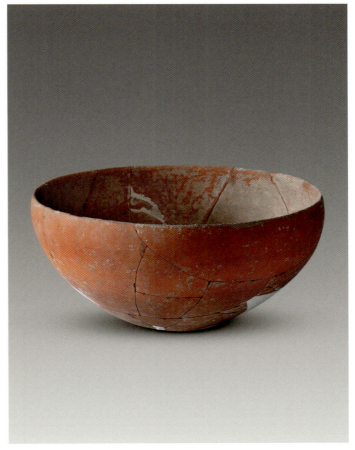

3. 直口深腹陶钵W4：2

彩版4-3-3 第一期瓮棺葬W4及葬具

1. W5与W6（南—北）

2. W5（南—北）

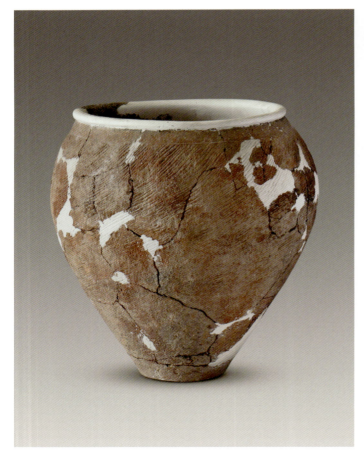

3. 敛口绳纹陶罐W5：1

4. 直口深腹陶钵W5：2

彩版4-3-4 第一期瓮棺葬W5及葬具

1. W6（南—北）

2. 侈口弦纹陶罐 W6：1

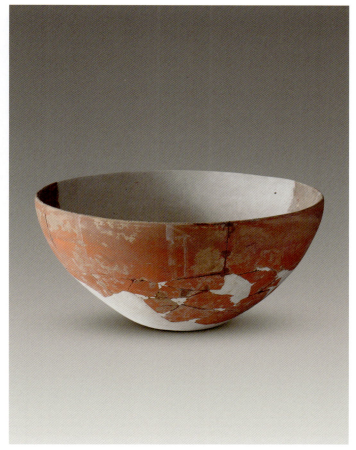

3. 直口深腹陶钵 W6：2

彩版4-3-5 第一期瓮棺葬W6及葬具

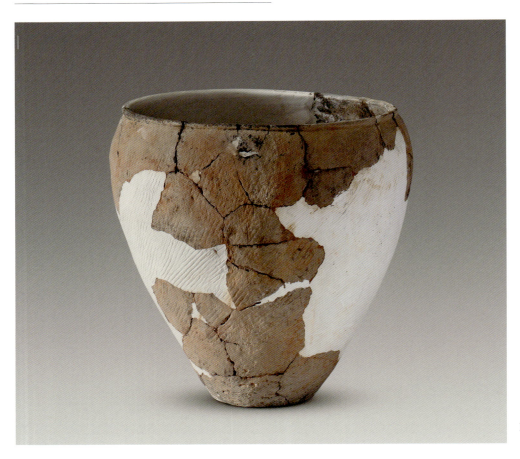

1. 敛口绳纹陶罐W7：1

2. 侈口弦纹陶罐W8：1

彩版4-3-6 第一期瓮棺葬W7、W8葬具

1. M1、M2、M4（西—东）

2. M2石环出土情形

3. 石环M2：1

彩版5-2-1　第二期墓葬M1、M2及其出土玉石器

1. M4（东—西）

2. 玉石器出土情形（南—北）

3. 三孔石器M4：10

4. 石片M4：12

彩版5-2-2　第二期墓葬M4及其出土玉石器

1. 石钺M4：5

2. 石钺M4：7

彩版5-2-3　M4出土玉石器

2. 石钺M4：9

3. 单孔石器M4：6

1. 石钺M4：8

彩版5-2-4　M4出土玉石器

1. 石环M4：1

2. 石环M4：2

3. 石环M4：3

4. 石环M4：4

5. 联璜石环M4：11

彩版5-2-5　M4出土玉石器

1. M5与M6、M7（东—西）

2. M5（东—西）

3. 石环M5：1

彩版5-2-6　第二期墓葬M5及其出土玉石器

1. M6（东—西）

2. M7（东—西）

3. M8（东—西）

4. M9（东—西）

彩版5-2-7　第二期墓葬M6～M9

1. M10（西—北）

2. 骨簪M10：1

3. 骨簪M10：2

彩版5-2-8　第二期墓葬M10及其出土骨器

1. M11（东—西）

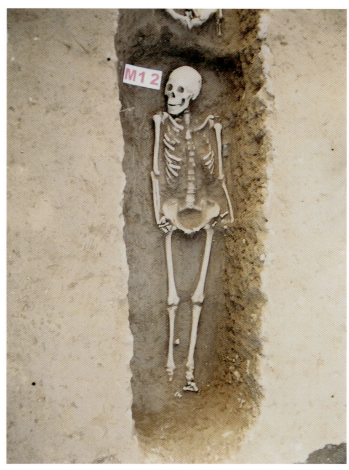

2. M12（东—西）

3. M13（东—西）

4. M14、M15（东—西）

彩版5-2-9　第二期墓葬M11～M15

1. M16（东—西）

2. M17（东—西）

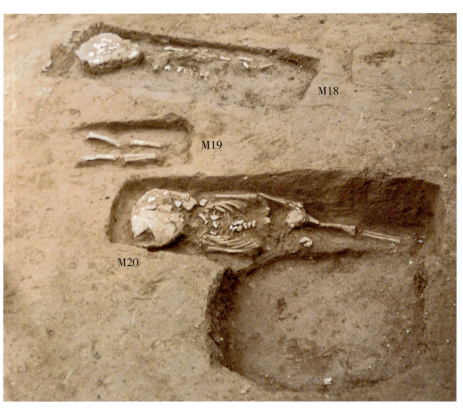

3. M18～M20（南—北）

彩版5-2-10　第二期墓葬M16～M20

1. M21（东—西）

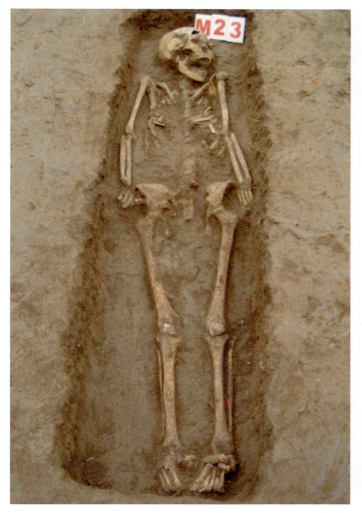

2. M23（东—西）

3. M24（东—西）

彩版5-2-11　第二期墓葬M21、M23、M24

1. M25（北—南）

2. 石环M25：1

3. M26（东—西）

彩版5-2-12　第二期墓葬M25、M26及M25出土玉石器

1. 单孔石器M26：2　　　　　　　　　　　　2. 石钺M26：3

3. 石环M26：1

彩版5-2-13　M26出土玉石器

1. M27（东—西）

2. 石钺M27：1

3. 单孔石器M27：2

4. 石环M27：3

彩版5-2-14　第二期墓葬M27及其出土玉石器

三孔石刀M27：4

彩版5-2-15　M27出土玉石器

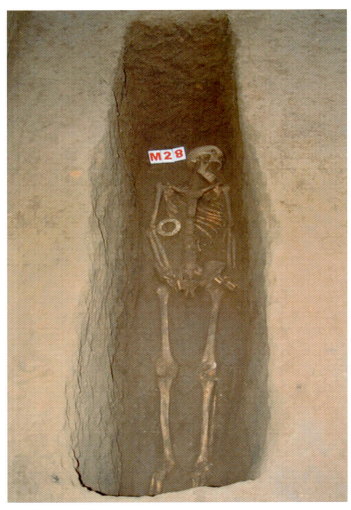

1. M28（东—西）

3. M39（东—西）

2. 石环M28：1

4. 石环M39：1

彩版5-2-16　第二期墓葬M28、M39及其出土玉石器

1. M41（东—西）

2. M44（东—西）

3. M45（东—西）

4. 石钺M45∶01

彩版5-2-17　第二期墓葬M41、M44、M45及M45填土出土玉石器

1. M46（东—西）

2. 单孔石器M46∶3

3. 石璧M46∶4

4. 石璧M46∶5

彩版5-2-18　第二期墓葬M46及其出土玉石器

1. 石钺M46：2

2. 三孔石刀M46：1

彩版5-2-19　M46出土玉石器

1. M47（东—西）

2. M48（东—西）

彩版5-2-20　第二期墓葬M47、M48

1. 石钺M48：4

2. 石环M48：3

3. 联璜石环M48：1

4. 联璜石环M48：2

彩版5-2-21　M48出土玉石器

1. M49（东—西）

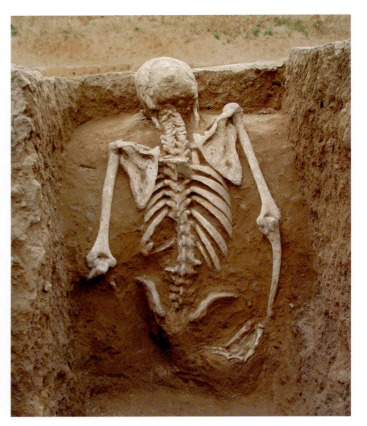

2. M51（东—西）

3. M51、M61（东—西）

彩版5-2-22　第二期墓葬M49、M51、M61

1. M61（东—西）

3. 石璧M61：1

2. 石钺M61：4

4. 联璜石璧M61：2

彩版5-2-23　M61及其出土玉石器

五孔石刀 M61：3

彩版5-2-24　M61出土玉石器

1. M54（东—西）

2. M54石环、璧出土情形（东—西）

3. 联璜石璧M54：1

4. 联璜石璧M54：2

彩版5-2-25　第二期墓葬M54及其出土玉石器

1. 单孔石器M54：9

2. 石钺M54：8

3. 石钺M54：11

彩版5-2-26　M54出土玉石器

1. 五孔石刀M54：7

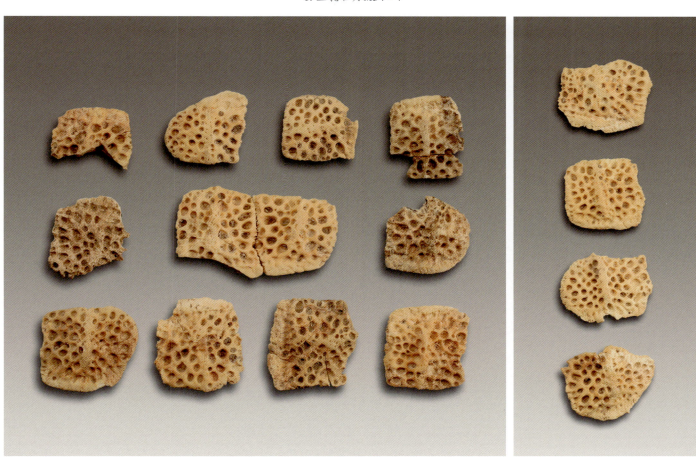

2. 鳄鱼骨板M54：10

彩版5−2−27　M54出土玉石器、鳄鱼骨板

1. 石环M54：4

3. 石环M54：6

2. 石环M54：5

4. 联璜石环M54：3

彩版5-2-28　M54出土玉石器

彩版5-2-29　第二期墓葬M58、M66、M67（东-西）

1. M60（东—西）

2. 石钺M60：4

3. 石璧M60：1

4. 石璜M60：2

5. 瓦状骨器M60：3

彩版5-2-30　第二期墓葬M60及其出土玉石器、骨器

1. M64（东—西）

3. 小口高领陶罐M66：1

2. M66（东—西）

彩版5-2-31　第二期墓葬M64、M66及M66出土陶器

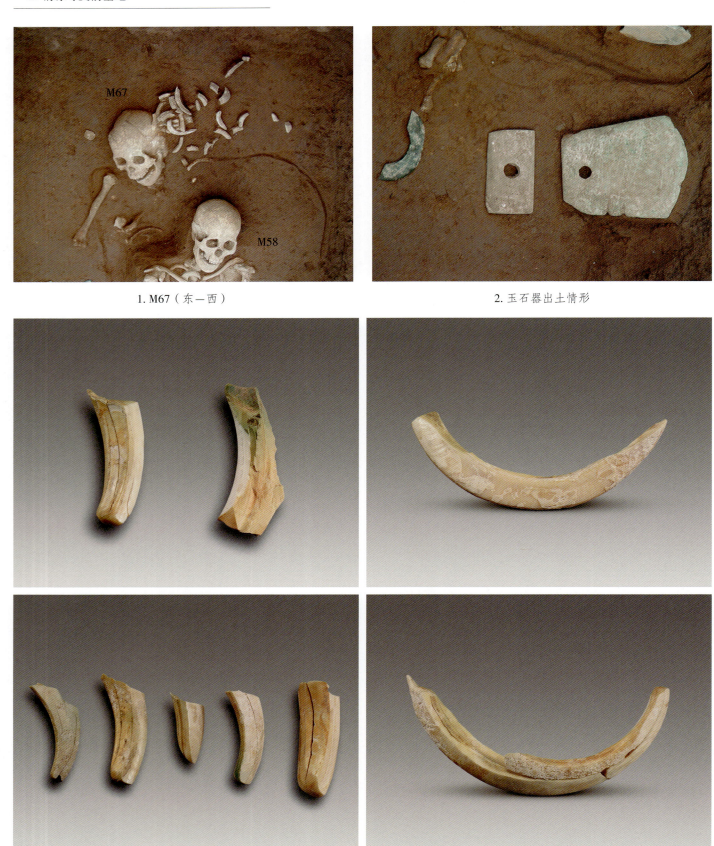

1. M67（东—西）　　　　　　　　　　2. 玉石器出土情形

3. 猪犬齿M67：4

彩版5－2－32　M67及其出土猪犬齿

1. 石钺M67：1

2. 单孔石器M67：2

3. 玉璜M67：3

彩版5-2-33 M67出土玉石器

1. M68（东—西）

2. 石环M68：02

3. 石钺M68：01

彩版5-2-34　第二期墓葬M68及其填土出土玉石器

1. M69（东—西）

2. M71与M73（东—西）

3. 七孔石刀M73∶01

彩版5-2-35　第二期墓葬M69、M71、M73及M73填土出土玉石器

1. M74（东—西）

2. M74与M114（东—西）

3. M76（东—西）

4. 猪下颌骨M76：4

5. 单孔石器M76：2

彩版5-2-36　第二期墓葬M74、M76及M76出土猪下颌骨、玉石器

1. 石钺M76：3

2. 三孔石刀M76：1

彩版5-2-37　M76出土玉石器

1. M77、M78、M79与M72（东—西）

2. 小口高领陶罐M77：2

3. 石钺M77：1

彩版5-2-38　第二期墓葬M77、M78及M77出土陶器、玉石器

1. 石钺M78：1

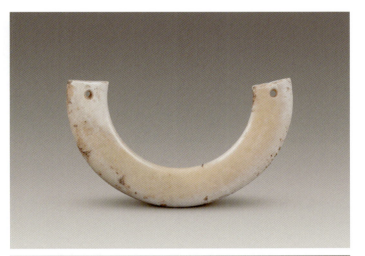

2. 联璜石环M78：01

4. 石环M78：03（左）、04（右）

3. 联璜石环M78：02

彩版5-2-39 M78及其填土出土玉石器

1. M79（东—西）

2. 陶器、玉石器出土情形
（北—南）

彩版5-2-40　第二期墓葬M79

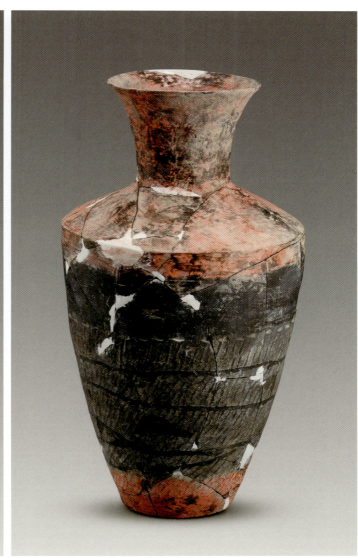

1. 小口高领陶罐M79：12

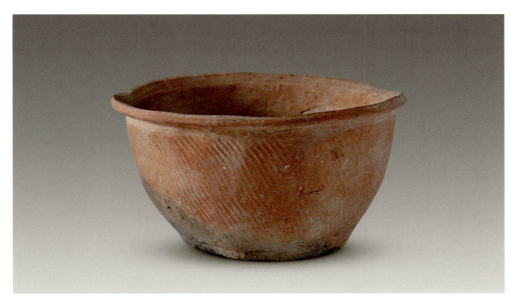

2. 敞口深腹陶盆M79：13

彩版5-2-41　M79出土陶器

1. 石钺M79：16

2. 双孔石器M79：11

3. 石钺M79：10

彩版5-2-42　M79出土玉石器

三孔石刀M79：15

彩版5-2-43　M79出土玉石器

5. 石料M79：17

6. 鳄鱼骨板M79：18

彩版5-2-45　M79出土玉石器、鳄鱼骨板

1. M80（西—东）

2. M81（东—西）

3. M82（东—西）

4. M82石璧、环出土情形（南—北）

彩版5-2-46　第二期墓葬M80～M82

1. 小口高领陶罐M82：11

2. 敞口深腹陶盆M82：10

彩版5-2-47　M82出土陶器

石钺M82：7

彩版5-2-48　M82出土玉石器

1. 石钺M82：9

2. 双孔石器M82：8

3. 多孔石刀M82：6

彩版5-2-49 M82出土玉石器

1. 石璧M82：1

2. 石璧M82：3与联璜石环M82：12

3. 石璧M82：4

4. 石璧M82：5

5. 石环M82：2

彩版5-2-50　M82出土玉石器

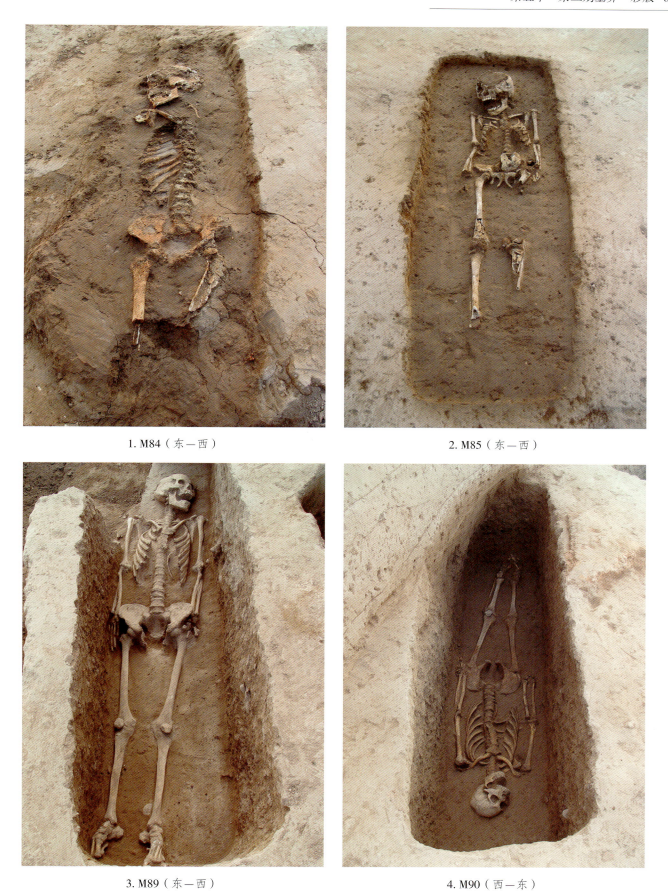

1. M84（东—西）

2. M85（东—西）

3. M89（东—西）

4. M90（西—东）

彩版5-2-51 第二期墓葬M84、M85、M89、M90

1. M92（东—西）

3. 骨簪M92：1

2. 骨簪M92：1出土情形（东—西）

彩版5-2-52　第二期墓葬M92及其出土骨器

1. M93（东—西）

2. M94（东—西）

3. 石钺M93：1

彩版5-2-53　第二期墓葬M93、M94及M93出土玉石器

1. M95（东—西）

2. 三孔石刀 M95：1

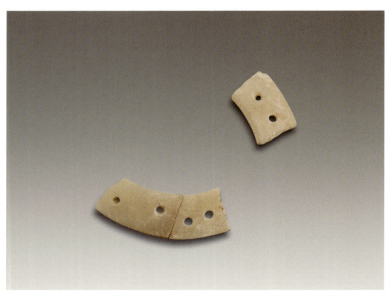

3. 石环 M95：2

彩版5-2-54　第二期墓葬M95及其出土玉石器

1. M97（东—西）

2. M98（东—西）

3. 石钺M98：1

彩版5-2-55　第二期墓葬M97、M98及M98出土玉石器

1. M99（东—西）

3. M102（东—西）

2. 片状骨饰M99：1

4. 石钺M102：1

彩版5-2-56　第二期墓葬M99、M102及其出土骨器、玉石器

1. M101（东—西）

2. M103（东—西）

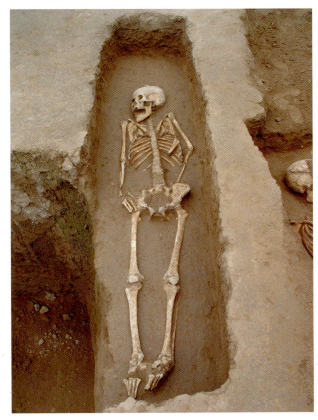

3. M104（东—西）

4. M105（东—西）

彩版5-2-57　第二期墓葬M101、M103～M105

1. M106（东—西）

3. M108（东—西）

2. M107（东—西）

4. M109（东—西）

彩版5-2-58　第二期墓葬M106～M109

1. M110（东—西）

3. 石环M110：4

2. 石环M110：3

4. 石环M110：5

5. 石环M110：6

彩版5-2-59　第二期墓葬M110及其出土玉石器

1. 石钺M110：1

2. 三孔石刀M110：2

彩版5-2-60　M110出土玉石器

1. M111（东—西）

2. 石钺M111：4

3. 双孔石器M111：3

4. 联璜石环M111：1

5. 璜形石器M111：2

彩版5-2-61 第二期墓葬M111及其出土玉石器

1. M112（东—西）

2. 双孔石器M112：3

3. 石钺M112：2

彩版5-2-62 第二期墓葬M112及其出土玉石器

五孔石刀M112：1

彩版5-2-63 M112出土玉石器

1. 石璧M112：5

2. 石环M112：4

彩版5-2-64　M112出土玉石器

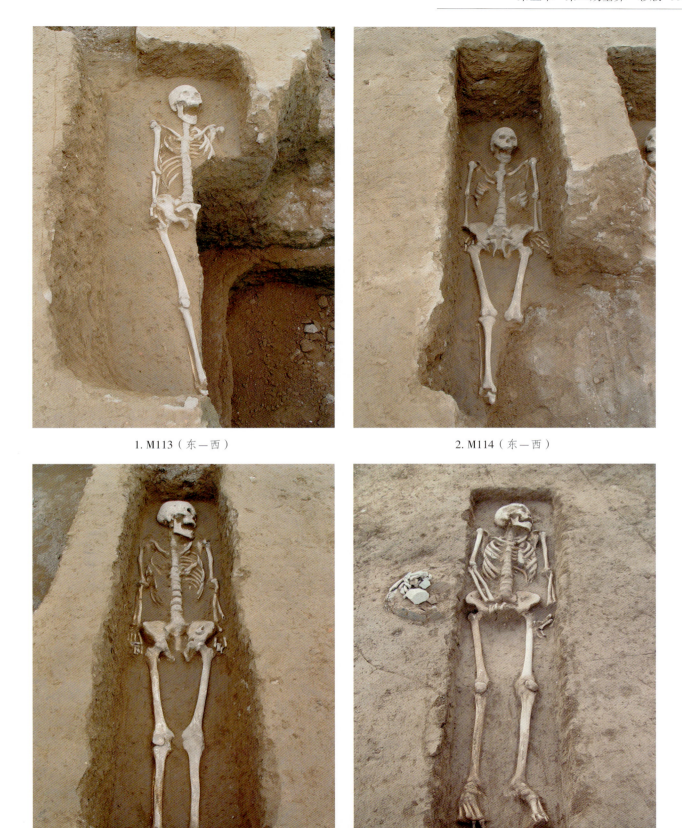

1. M113（东—西）

2. M114（东—西）

3. M115（东—西）

4. M117（东—西）

彩版5-2-65　第二期墓葬M113～M115、M117

1. M118（东—西）

2. M119（东—西）

3. 联璜石环M119：1

彩版5-2-66　第二期墓葬M118、M119及M119出土玉石器

1. M120（东—西）

2. 联璜石环M120：1

3. 联璜石环M120：2

彩版5-2-67　第二期墓葬M120及其出土玉石器

1. M121（东—西）

2. M122（西—东）

3. 石环M122：1

4. M123（东—西）

彩版5-2-68　第二期墓葬M121～M123及M122出土玉石器

三孔石刀 M123：1

彩版5-2-69　M123出土玉石器

1. M124（东—西）

2. M125、M126（东—西）

3. 骨簪M126：1

彩版5-2-70　第二期墓葬M124～M126及M126出土骨器

1. M127（东—西）

2. M128（东—西）

3. M130（东—西）

4. M131（东—西）

彩版5-2-71 第二期墓葬M127、M128、M130、M131

1. M133（北—南）

3. M135（东—西）

2. M134（东—西）

4. 单孔石器M135：2

彩版5-2-72　第二期墓葬M133～M135及M135出土玉石器

1. 石环M135：1

2. 石钺M135：3

彩版5-2-73 M135出土玉石器

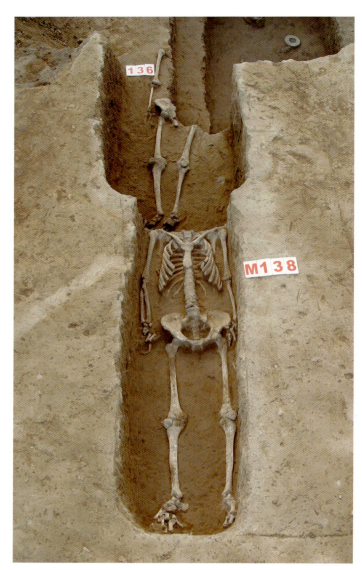

1. M136、M138（东—西）

2. M137（东—西）

3. M142（东—西）

彩版5-2-74　第二期墓葬M136～M138、M142

1. 石璧M142：4

2. 石环M142：1

3. 石环M142：2

4. 石环M142：3

彩版5-2-75　M142出土玉石器

1. M143（东—西）

3. M144玉石器出土情形（东—西）

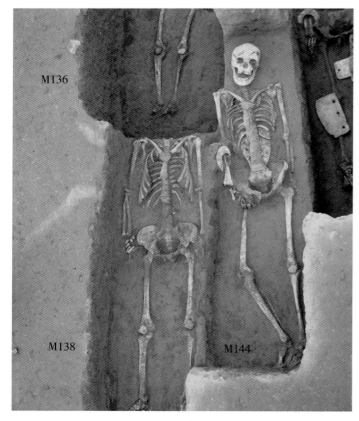

2. M144（东—西）

4. 石璧M144：2

彩版5-2-76　第二期墓葬M143、M144及M144出土玉石器

五孔石刀M144：1

彩版5-2-77　M144出土玉石器

1. M145（东—西）

2. 石环M145：1

3. 石环M145：2

4. 九孔石刀M145：4

彩版5-2-78 第二期墓葬M145及其出土玉石器

1. 石钺M145：3

2. 石钺M145：5

彩版5-2-79　M145出土玉石器

三孔石刀 M145：6

彩版5-2-80　M145出土玉石器

1. M151（西—东）

2. M152（东—西）

3. 石钺M152：1

彩版5-2-81　第二期墓葬M151、M152及M152出土玉石器

1. M154（东—西）

2. M156（东—西）

彩版5-2-82　第二期墓葬M154、M156

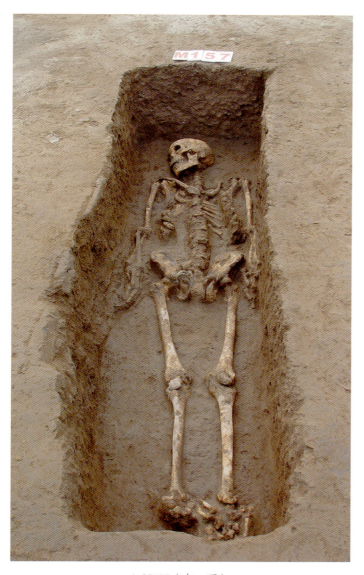

1. M157（东—西）

2. M158（东—西）

3. 骨簪M158：1

彩版5-2-83　第二期墓葬M157、M158及M158出土骨器

1. M159（东—西）

2. 联璜石环M159：1

3. M163（东—西）

4. M164（东—西）

彩版5-2-84　第二期墓葬M159、M163、M164及M159出土玉石器

1. M165（东—西）

2. M170（东—西）

3. 石环M170：1

4. M172（东—西）

彩版5-2-85　第二期墓葬M165、M170、M172及M170出土玉石器

1. M173（东—西）　　　　　　2. M174（东—西）

彩版5-2-86　第二期墓葬M173、M174

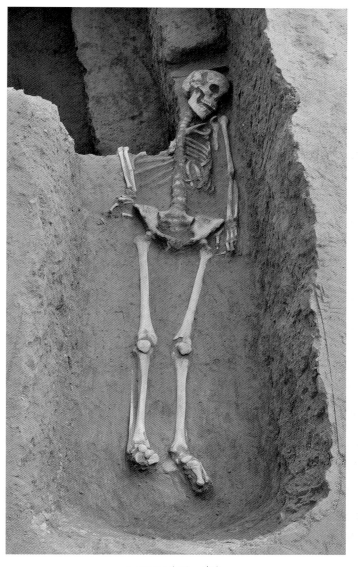

1. M175（西—东）

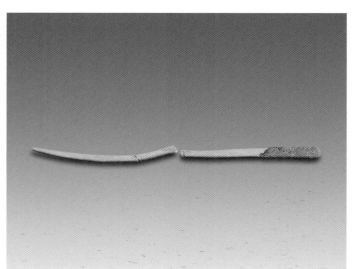

3. M176（东—西）

2. 骨簪 M175：1

4. 骨簪 M176：1

彩版5-2-87　第二期墓葬M175、M176及其出土骨器

1. M177（东—西）

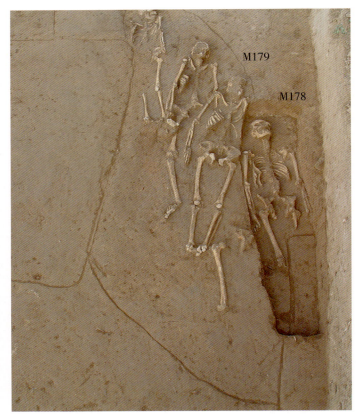

2. M178、M179（东—西）

3. M181、M182（东—西）

4. M181（东—西）

彩版5-2-88　第二期墓葬M177～M179、M181、M182

1. M182（东—西）

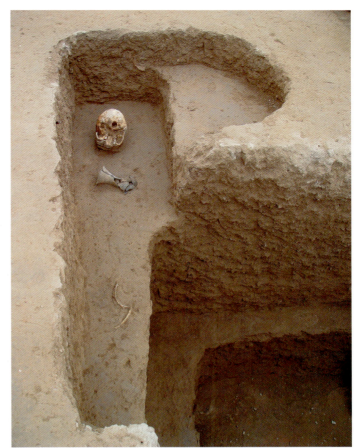

2. M183（西—东）

3. 敞口高领垂腹陶瓶M183：01

彩版5-2-89　第二期墓葬M182、M183及M183填土出土陶器

1. M184（东—西）

2. M185（东—西）

3. M186（东—西）

4. M187（东—西）

彩版5-2-90　第二期墓葬M184～M187

1. M190（东—西）

3. M193（东—西）

2. M192～194（东—西）

4. 石环M193：1

彩版5-2-91 第二期墓葬M190、M192～M194及M193出土玉石器

1. M195（东—西）　　　　　　　　　　　2. M196（东—西）

3. 骨簪 M195∶1

彩版5-2-92　第二期墓葬M195、M196及M195出土骨器

1. M197（东—西）   2. M198（东—西）

彩版5-2-93 第二期墓葬M197、M198

1. M200（东—西）

2. 石环M200：1

3. 石环M200：2

4. 石环M200：3

彩版5-2-94　第二期墓葬M200及其出土玉石器

1. 石钺 M200：4

2. 石钺 M200：5

彩版5-2-95　M200出土玉石器

五孔石刀 M200：6

彩版5-2-96　M200出土玉石器

1. M208（东—西）

2. M209（东—西）

3. M210（东—西）

彩版5-2-97　第二期墓葬M208～M210

1. M215（东—西）

3. M218（南—北）

2. 石钺M215：01

4. 石环M218：01（下）、02（上）

彩版5-2-98　第二期墓葬M215、M218及其填土出土玉石器

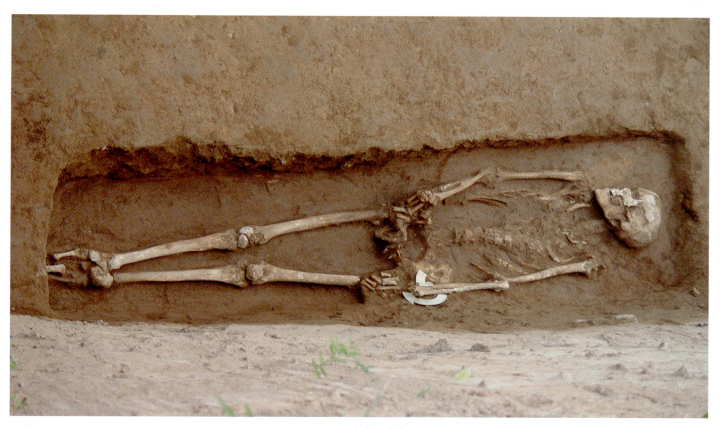

1. M217（北—南）

2. 石钺M217：2

3. 石环M217：1

彩版5-2-99　第二期墓葬M217及其出土玉石器

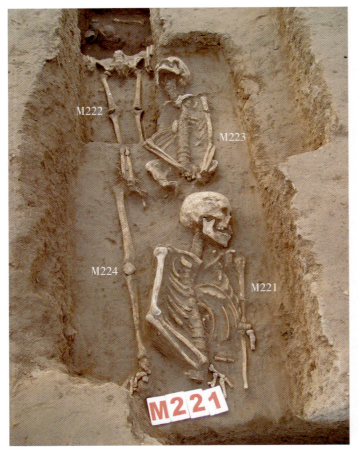

1. M221～M224（东—西）

2. M221～M224（西—东）

3. M226（东—西）

彩版5-2-100　第二期墓葬M221～M224、M226

1. M227~M229（东—西）

2. M231、M235（东—西）

3. M232（东—西）

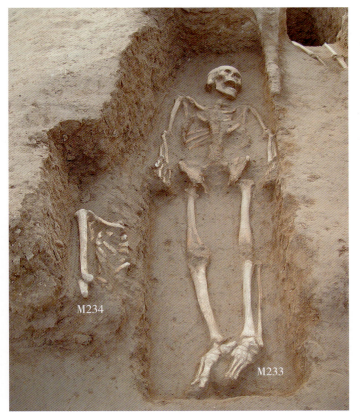

4. M233、M234（东—西）

彩版5-2-101　第二期墓葬M227~M229、M231~M235

1. M237（西—东）

2. M239（东—西）

3. M242（东—西）

4. M243、M244（东—西）

彩版5-2-102　第二期墓葬M237、M239、M242～M244

1. M247（东—西）

3. M249（东—西）

2. M248（东—西）

4. M255、M256（东—西）

彩版5-2-103　第二期墓葬M247～M249、M255、M256

1. M257（东—西）

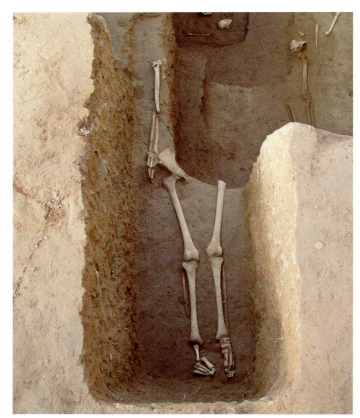

2. M259（东—西）

3. M260（东—西）

4. M261（东—西）

彩版5-2-104 第二期墓葬M257、M259～M261

1. M262（东—西）

3. M284（东—西）

4. M290（东—西）

2. M278（东—西）

彩版5-2-105　第二期墓葬M262、M278、M284、M290

1. M286（东—西）

3. M296（东—西）

2. 石钺M286：1

彩版5-2-106　第二期墓葬M286、M296及M286出土玉石器

1. M307（东—西）

3. M310（东—西）

2. 陶饰M307：1

彩版5-2-107 第二期墓葬M307、M310及M307出土陶器

1. M316（西—东）

2. 石环M316：1

3. 骨簪M316：2

4. M317（西—东）

彩版5-2-108　第二期墓葬M316、M317及M316出土玉石器、骨器

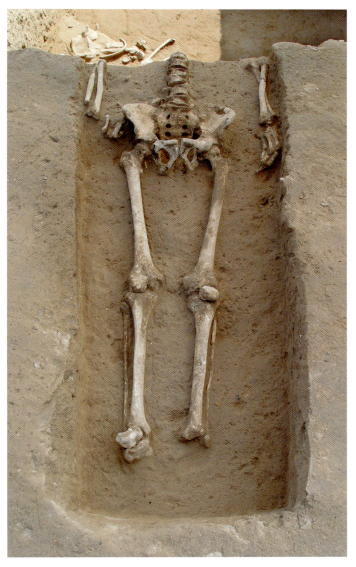

1. M318（西—东）

2. M321（西—东）

3. M325（东—西）

4. 石钺M321：1

彩版5-2-109　第二期墓葬M318、M321、M325及M321出土玉石器

1. M22（东—西）

2. M29（东—西）

3. M30（东—西）

4. M50（西—东）

彩版6-2-1　第三期墓葬M22、M29、M30、M50

1. 玉环M22∶1

2. 玉环M29∶1

彩版6-2-2 M22、M29出土玉石器

石璧M30：1

彩版6-2-3　M30出土玉石器

1. M52（东—西）

3. 玉琮M52：1出土情形（南—北）

2. M52殉人刚发现时的情形（西—东）

4. 猪犬齿M52：2

5. 石钺M52：01

彩版6-2-4 第三期墓葬M52及其出土猪犬齿、玉石器

玉琮M52：1

彩版6-2-5　M52出土玉石器

M53打破二期墓葬M54（东—西）

彩版6-2-6 第三期墓葬M53

1. M53（东—西）

2. 小口高领陶罐M53：2

彩版6-2-7　M53及其出土陶器

石璧 M53：1

彩版6-2-8　M53出土玉石器

1. 石钺M53：06

2. 单孔钺形石器M53：03

3. 石钺M53：08

4. 石璧M53：07

5. 石璜M53：01

彩版6-2-9　M53填土出土玉石器

1. 多孔石刀M53：05

2. 多孔石刀M53：04

3. 单孔石刀M53：02

4. 多孔石刀M53：09

5. 石刀M53：010

彩版6-2-10　M53填土出土玉石器

1. M56（东—西）

2. 石钺M56：02

3. 石环M56：01

4. M57（东—西）

5. 石钺M57：01

彩版6-2-11　第三期墓葬M56、M57及其填土出土玉石器

2. 联璜石环M57：2

1. 石璧M57：1

3. 猪犬齿M57：3

彩版6-2-12　M57出土玉石器、猪犬齿

1. M59（西—东）

2. M65（东—西）

3. 石斧 M65：01

4. 石料 M65：03

彩版6-2-13　第三期墓葬M59、M65及M65填土出土玉石器

1. M70（东—西）

2. 石环M70：02

3. 玉料M70：01

彩版6-2-14　第三期墓葬M70及其填土出土玉石器

1. 小口高领陶罐 M70：04

2. 敞口深腹陶盆 M70：03

彩版6-2-15 M70填土出土陶器

1. M75（东—西）

2. M75盗洞内弃置人骨（东—西）

3. M86（东—西）

4. 石环M75：01

5. 石环M86：01

彩版6-2-16　第三期墓葬M75、M86及其填土出土玉石器

1. M87（东—西）

2. 玉环与动物头状石饰出土情形（东南—西北）

3. 石琮 M87：1

4. 动物头状石饰 M87：4

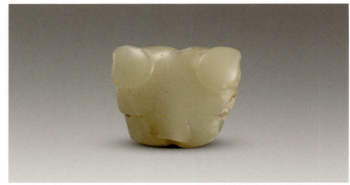

5. 动物头状石饰 M87：5

6. 石环（璧）残片 M87：01

彩版6-2-17　第三期墓葬M87及其出土玉石器

1. 石璧M87：2

2. 玉环M87：3

彩版6-2-18 M87出土玉石器

1. M91（东—西）

3. M91西壁上的工具痕迹

4. 玉璧M91：01

2. M91被第二期墓葬M97打破

5. 石器残块M91：02

彩版6-2-19　第三期墓葬M91及其填土出土玉石器

1. M96（东—西）

2. M96上部（东—西）

3. 石璧M96：1

彩版6-2-20　第三期墓葬M96及其出土玉石器

1. M100（东—西）

2. M100盗洞中发现的小孩骨骼（西—东）

3. M100盗洞范围边缘发现的玉环（东—西）

4. 玉石器出土情形（东—西）

彩版6-2-21　第三期墓葬M100

1. 玉牙璧M100：7出土情形

2. 钺形石器M100：9

3. 管状玉饰M100：2

彩版6-2-22　M100出土玉石器

石环M100：1

彩版6-2-23　M100出土玉石器

2. 玉环M100∶8

1. 玉环M100∶5

3. 联璜石璧M100∶4

彩版6-2-24　M100出土玉石器

联璜玉璧M100：6

彩版6-2-25　M100出土玉石器

异形联璜玉环M100：3

彩版6-2-26 M100出土玉石器

玉牙璧M100：7

彩版6-2-27　M100出土玉石器

1. M116（东—西）

3. 陶饰M132：01

2. M132（东—西）

4. 石环M132：02

彩版6-2-28　第三期墓葬M116、M132及M132填土出土陶器、玉石器

1. M139（东—西）

2. M139局部（西—东）

3. 石镯M139：01

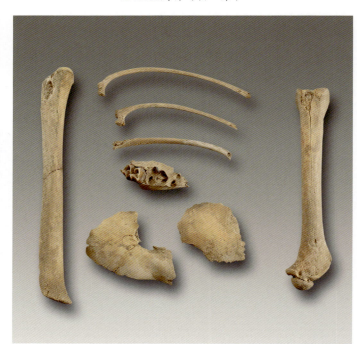

4. M139发现的部分羊骨骼

彩版6-2-29　第三期墓葬M139及其出土玉石器、羊骨骼

1. M140（东—西）

3. M141（东—西）

2. 石环M140：01

4. 石器残片M141：01

彩版6-2-30 第三期墓葬M140、M141及其填土出土玉石器

1. 石璧M141：1

2. 石环M141：2

3. 猪犬齿M141：3

彩版6-2-31　M141出土玉石器、猪犬齿

1. M146（西—东）

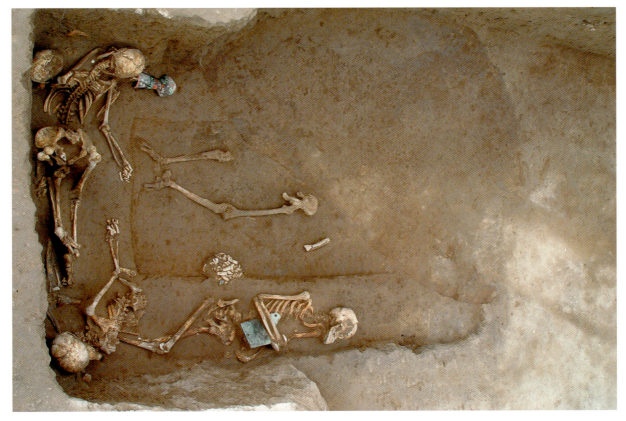

2. M146（北—南）

彩版6-2-32　第三期墓葬M146

1. M146（东—西）

2. 敞口高领圆腹陶瓶M146：8出土情形（西—东）

彩版6-2-33　M146

敞口高领圆腹陶瓶M146∶8

彩版6-2-34　M146出土陶器

1. 敞口高领圆腹陶瓶M146：9   2. 敞口高领圆腹陶瓶M146：10

彩版6-2-35　M146出土陶器

1. 玉钺M146：1

2. 石钺M146：2

彩版6-2-36　M146出土玉石器

1. 双孔石刀 M146：4

2. 刀状石器 M146：13

3. 玉梳形器 M146：7

彩版6-2-37　M146出土玉石器

六边形凸沿筒状石器M146：3

彩版6-2-38　M146出土玉石器

1. 石饰品 M146：6

2. 猪犬齿 M146：5

3. 鳄鱼骨板 M146：11、12

彩版6-2-39 M146出土玉石器、猪犬齿、鳄鱼骨板

1. M147（东—西）

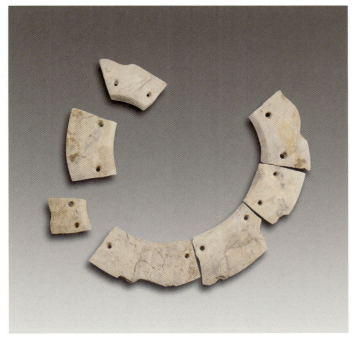

3. 联璜石环M147：1

4. 猪犬齿M147：3

2. 联璜石环M147：1出土情形（北—南）

彩版6-2-40　第三期墓葬M147及其出土玉石器、猪犬齿

1. M148（东—西）

2. 玉石器出土情形

3. 猪犬齿M148：4

彩版6-2-41　第三期墓葬M148及其出土猪犬齿

1. 石环M148：1

2. 联璜玉环M148：3

3. 石镯M148：2

彩版6-2-42　M148出土玉石器

1. M149（东—西）

2. 管状石饰M149：1

3. 管状石饰M149：2

彩版6-2-43　第三期墓葬M149及其出土玉石器

1. M150（东—西）

2. 玉石器出土情形（东—西）

3. 方形石璧M150：3

4. 石环M150：1

5. 联璜石环M150：2

彩版6-2-44　第三期墓葬M150及其出土玉石器

1. M153（西—东）

2. 石璧M153：01

3. 玉环M153：02

4. 石器残片M153：03

彩版6-2-45　第三期墓葬M153及其盗洞出土玉石器

1. M155（东—西）

3. M160（东—西）

2. M155玉石器出土情形

4. 联璜玉璧M155：2

彩版6-2-46　第三期墓葬M155、M160及M155出土玉石器

1. 高领折腹陶罐M155：3

2. 石璧M155：1

彩版6-2-47　M155出土陶器、玉石器

1. M161（东—西）

2. M162（东—西）

3. 联璜玉璧 M162：1

彩版6-2-48　第三期墓葬M161、M162及M162出土玉石器

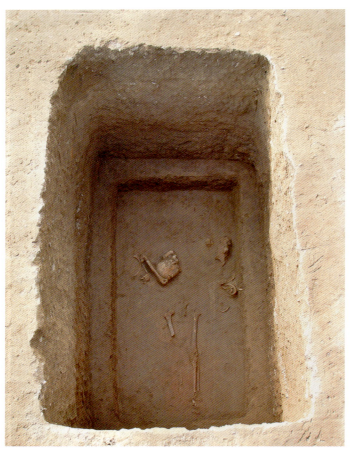

1. M166（东—西）

2. M167（东—西）

3. M168（东—西）

4. 玉璜M167：01

彩版6-2-49　第三期墓葬M166~M168及M167盗洞出土玉石器

1. M169（东—西）

2. M171（东—西）

3. M180（东—西）

彩版6-2-50　第三期墓葬M169、M171、M180

1. 玉环M180：1

2. 牙饰M180：2-4、2-3、2-6、2-5

彩版6-2-51　M180出土玉石器、牙器

1. M188（东—西）

2. 小口高领陶罐M188：1

3. M189（东—西）

彩版6-2-52 第三期墓葬M188、M189及M188出土陶器

1. M191（东—西）

3. M207（东—西）

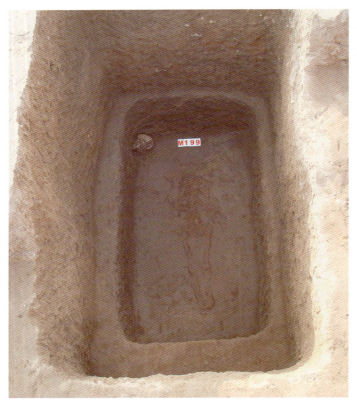

2. M199（东—西）

彩版6-2-53　第三期墓葬M191、M199、M207

1. 三孔石刀M207：03

2. 多孔石刀M207：04

3. 石璧M207：02

4. 石环M207：01

彩版6-2-54　M207填土出土玉石器

1. M216（东—西）

2. M219（东—西）

3. M220（东—西）

4. M225（东—西）

彩版6-2-55　第三期墓葬M216、M219、M220、M225

1. M230（东—西）

2. M236（东—西）

3. M238（东—西）

4. M245（东—西）

彩版6-2-56　第三期墓葬M230、M236、M238、M245

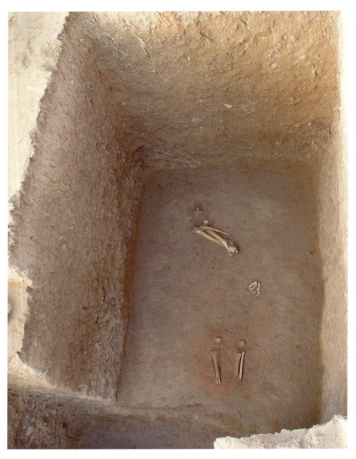

1. M241（东—西）

3. M246（东—西）

2. 玉璜M241：1

4. 骨簪M246：01

彩版6-2-57　第三期墓葬M241、M246及其出土玉石器、骨器

1. M250（东—西）

3. M252（东—西）

2. M251（东—西）

4. M253（东—西）

彩版6-2-58 第三期墓葬M250～M253

1. M254（东—西）

2. M258（东—西）

3. M263与M264（东—西）

彩版6-2-59　第三期墓葬M254、M258、M263、M264

1. M267（东—西）　　　　　　　　　　2. 玉环M267：1

彩版6-2-60　第三期墓葬M267及其出土玉石器

1. M268（东—西）　　　　　　　　　　　　　　2. M269（东—西）

彩版6-2-61　第三期墓葬M268、M269

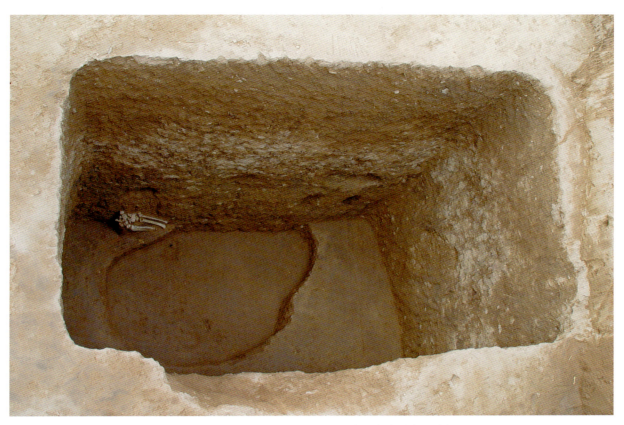

1. M269盗洞近底部时的范围和南壁上的脚窝（南—北）

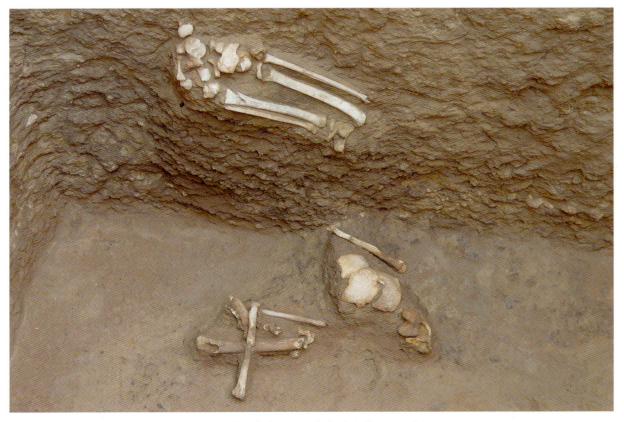

2. M269散置在盗洞不同高度的人骨（南—北）

彩版6-2-62　M269盗洞与脚窝

1. M269发现的殉人（南—北）

2. 陶鬲M269：01

彩版6-2-63　M269殉人及其盗洞出土陶器

1. M271（东—西）

2. M272（东—西）

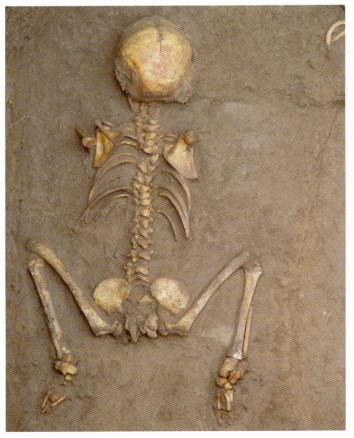

3. M272东部殉人（北—南）

4. M272东南部殉人（北—南）

彩版6-2-64　第三期墓葬M271、M272

1. M273（东—西）

2. M273东北部殉人（南—北）

3. M273北部殉人（南—北）

彩版6-2-65　第三期墓葬M273

1. 被M275、M276打破的M279（东—西）

2. M281（东—西）

3. M285（东—西）

4. 石环M285∶01

彩版6-2-66　第三期墓葬M279、M281、M285及M285填土出土玉石器

1. M292（东—西）

2. M294（东—西）

3. M295（东—西）

4. M297（东—西）

彩版6-2-67　第三期墓葬M292、M294、M295、M297

1. M298（东—西）

2. M299（东—西）

3. M300（东—西）

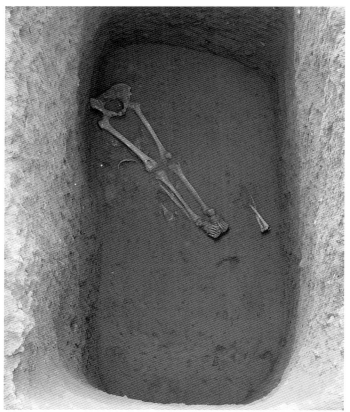

4. M301（东—西）

彩版6-2-68 第三期墓葬M298～M301

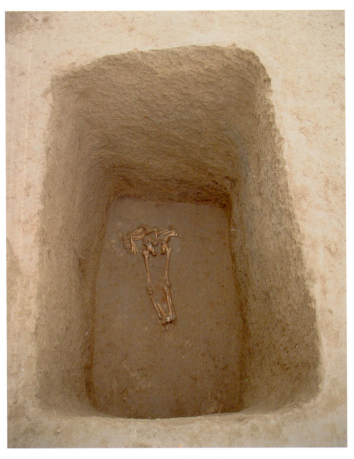

1. M302（东—西）

2. M303（东—西）

3. 管状石饰 M303：01

彩版6—2—69 第三期墓葬M302、M303及M303填土出土玉石器

1. M304（东—西）

2. M305（东—西）

3. M306（东—西）

4. M305殉人（南—北）

彩版6-2-70　第三期墓葬M304～M306

1. M308（东—西）

2. M308殉人（北—南）

3. M309（东—西）

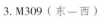

4. 骨簪M309：01

彩版6-2-71　第三期墓葬M308、M309及M309填土出土骨器

1. M311（东—西）

3. M312（东—西）

2. M311殉人（北—南）

4. M312殉人（北—南）

彩版6-2-72　第三期墓葬M311、M312

1. M313（东—西）

2. M314（东—西）

3. M315盗洞范围内发现石环情形（东—西）

4. M315底部状况（东—西）

彩版6-2-73　第三期墓葬M313～M315

石环M315：1

彩版6-2-74 M315出土玉石器

1. M319（东一西）

2. M320（东一西）

3. M322（东一西）

4. M323（东一西）

彩版6-2-75　第三期墓葬M319、M320、M322、M323

1. M324（东—西）

2. M326（东—西）

3. M328（东—西）

4. 石璜M328：01

彩版6-2-76　第三期墓葬M324、M326、M328及M328填土出土玉石器

1. M329（东—西）

2. M351（东—西）

3. M352（东—西）

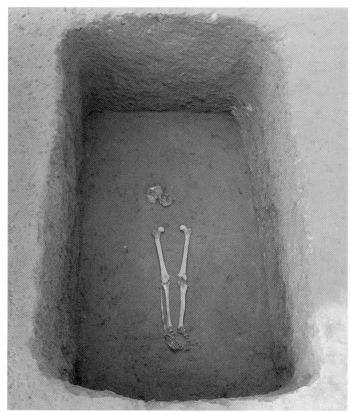

4. M355（东—西）

彩版6-2-77　第三期墓葬M329、M351、M352、M355

1. M353（东—西）

2. 管状石饰 M353：1

彩版6-2-78　第三期墓葬 M353 及其出土玉石器

1. M354（东—西）

2. M354（东—西）

3. 枣核状石器M354：01

彩版6-2-79 第三期墓葬M354及其填土出土玉石器

1. M201（东—西）

2. 联璜玉石璧M201：1

彩版7-2-1 第四期墓葬M201及其出土玉石器

1. M202（东—西）

2. M203（东—西）

3. M204、M205、M206（东—西）

彩版7-2-2　第四期墓葬M202～M206

1. M204（东—西）

2. M205（东—西）

3. M206（东—西）

彩版7-2-3 第四期墓葬M204～M206

1. M212（东—西）

2. M213（西—东）

3. M214（东—西）

彩版7-2-4　第四期墓葬M212～M214

1. M240（南—北）

2. M240（东—西）

彩版7-2-5 第四期墓葬M240

1. M274（东—西）

2. M275（东—西）

3. 柱状石器M275：1出土情形（北—南）

4. 玉环M275：2出土情形（东—西）

彩版7-2-6　第四期墓葬M274、M275

1. 石璧M275：3

2. 石璧M275：4

彩版7-2-7　M275出土玉石器

1. 玉环M275：2

2. 柱状石器M275：1

彩版7-2-8　M275出土玉石器

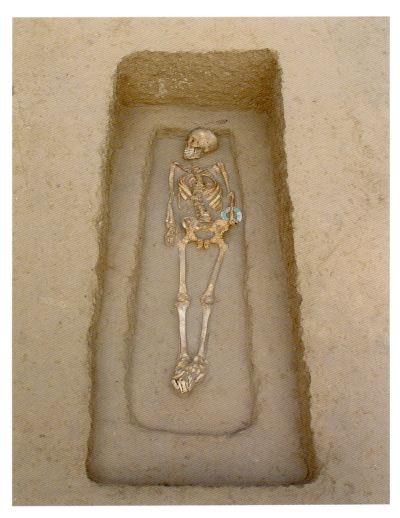

1. M276（东—西）

2. 石环 M276：1

彩版7-2-9　第四期墓葬M276及其出土玉石器

1. M277（东—西）

2. M277墓主人出土情形（南—北）

彩版7-2-10 第四期墓葬M277

1. M280（东—西）

2. M282（东—西）

3. M287（东—西）

4. M288（东—西）

彩版7-2-11 第四期墓葬M280、M282、M287、M288

1. M289（东—西）

2. M291（东—西）

3. M293（东—西）

4. M327（东—西）

彩版7-2-12　第四期墓葬M289、M291、M293、M327

1. M330（东—西）

2. M331（东—西）

3. M332（东—西）

彩版7-2-13 第四期墓葬M330～M332

1. M333（东—西）

2. M334（东—西）

3. M334（东—西）

4. 石镯M334：1

彩版7-2-14　第四期墓葬M333、M334及M334出土玉石器

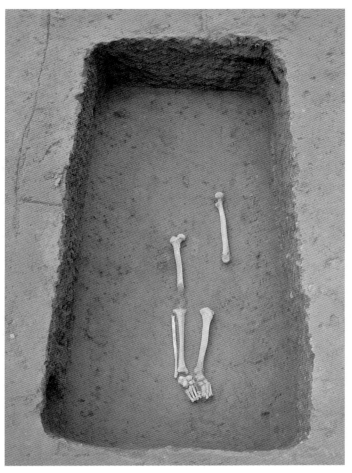

1. M335（东—西）

2. M336（东—西）

3. M337（东—西）

4. M338（东—西）

彩版7-2-15 第四期墓葬M335～M338

1. M339（东—西）

2. M340（东—西）

3. M341（东—西）

4. M342（东—西）

彩版7-2-16　　第四期墓葬M339～M342

1. M343（东—西）

2. M344（东—西）

3. M345（东—西）

4. M346（东—西）

彩版7-2-17　第四期墓葬M343～M346

1. M347（东—西）

2. M348（东—西）

3. M349（东—西）

4. M350（东—西）

彩版7-2-18　第四期墓葬M347~M350

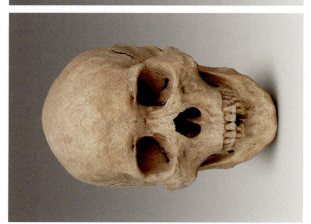

1. M90墓主头骨正视、侧视、顶视、后视

2. M101墓主头骨正视、侧视、顶视、后视

彩版10-2-1　第二期墓葬M90、M101墓主头骨

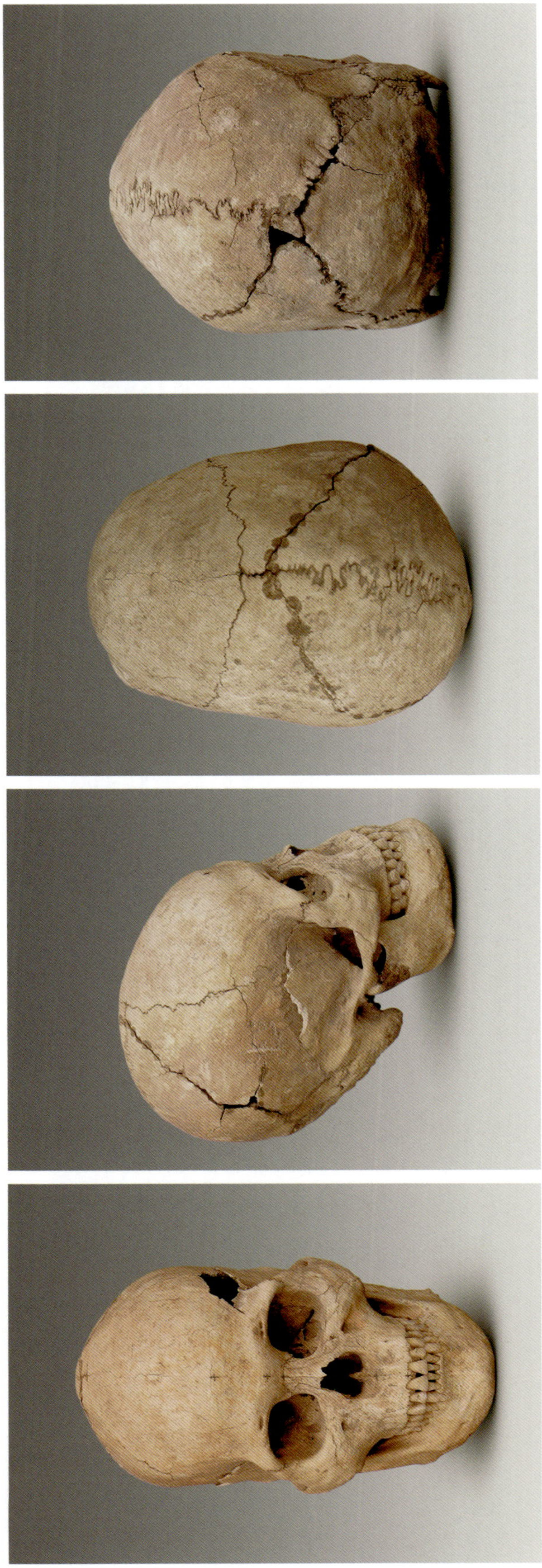

1. M111墓主头骨正视、侧视、顶视、后视

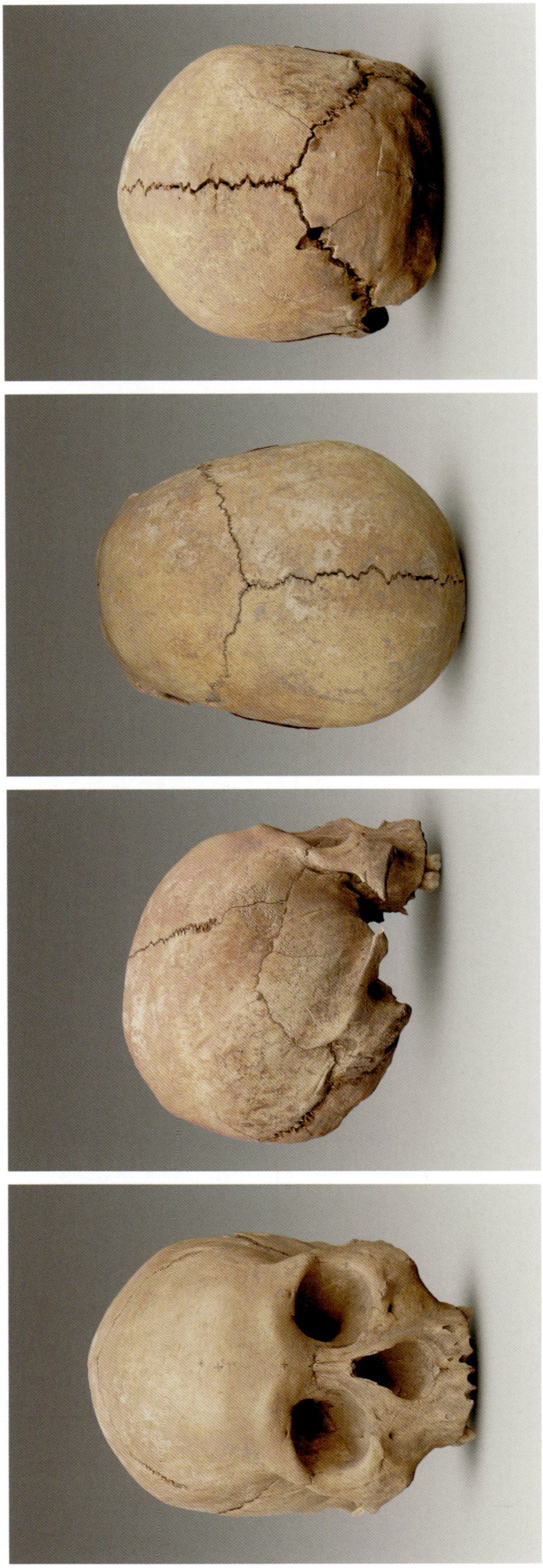

2. M113墓主头骨正视、侧视、顶视、后视

彩版10-2-2 第二期墓葬M111、M113墓主头骨

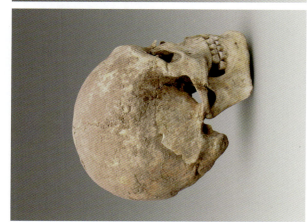

1. M114墓主头骨正视、侧视、顶视、后视

2. M128墓主头骨正视、侧视、顶视、后视

彩版10-2-3 第二期墓葬M114、M128墓主头骨

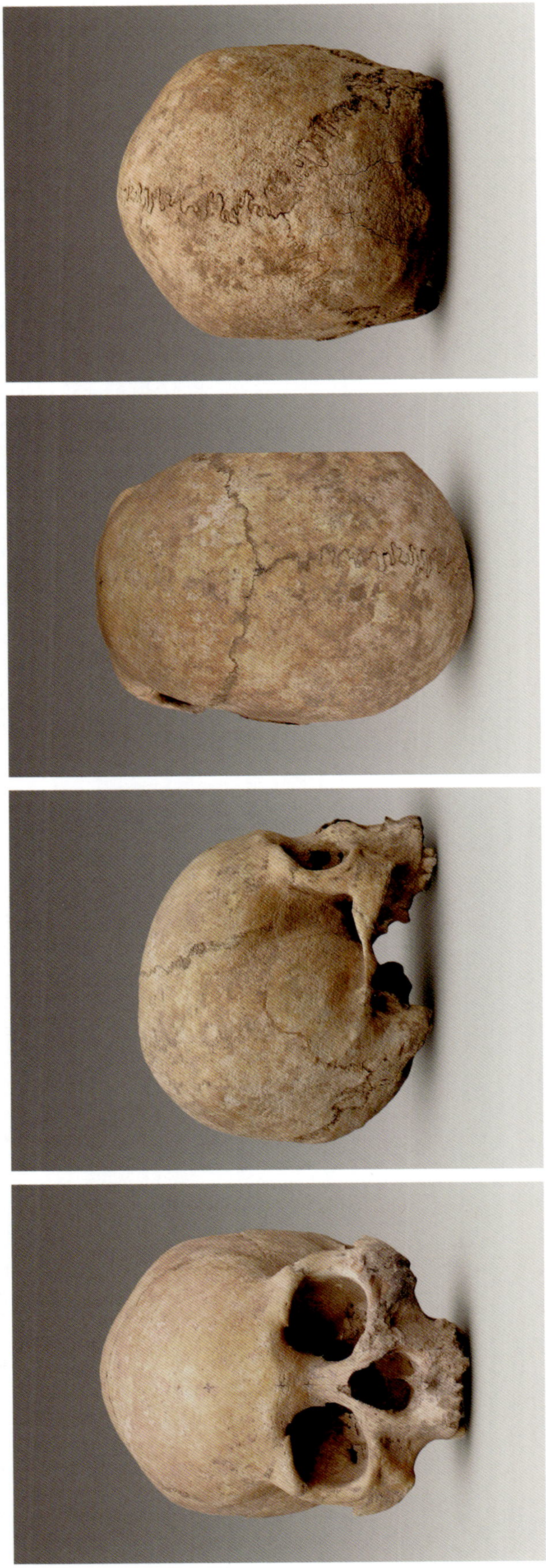

1. M183墓主头骨正视、侧视、顶视、后视

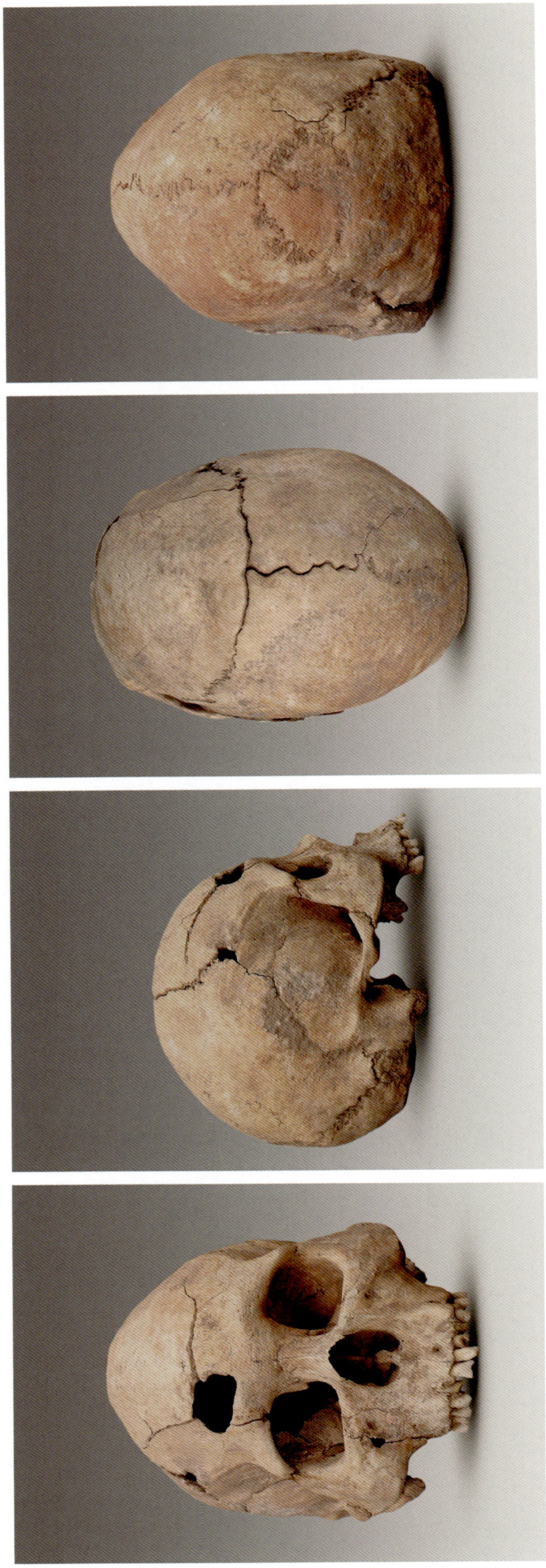

2. M187墓主头骨正视、侧视、顶视、后视

彩版10-2-4 第二期墓葬M183、M187墓主头骨

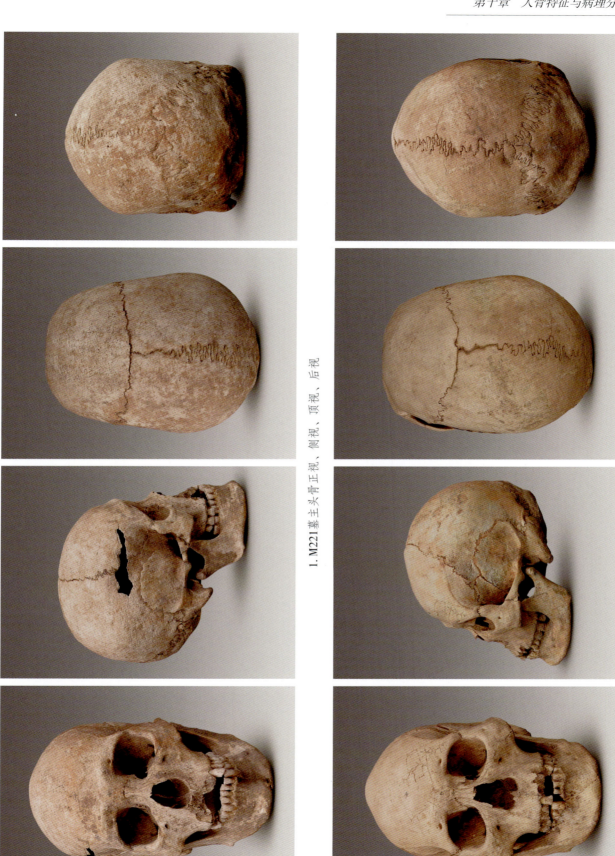

1. M221墓主头骨正视、侧视、顶视、后视

2. M57墓主头骨正视、侧视、顶视、后视

彩版10-2-5　第二期墓葬M221、第三期墓葬M57墓主头骨

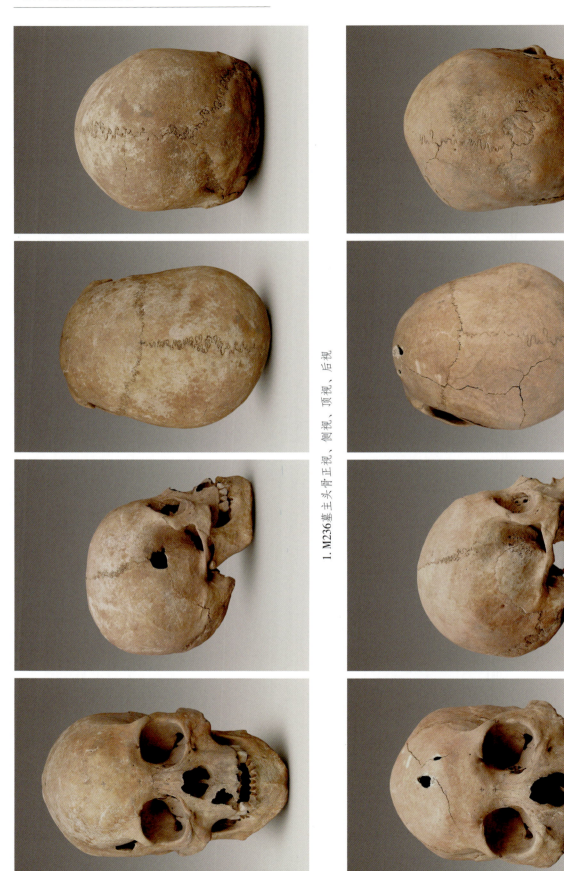

1. M236墓主头骨正视、侧视、顶视、后视

2. M246墓主头骨正视、侧视、顶视、后视

彩版10-2-6 第三期墓葬M236、M246墓主头骨

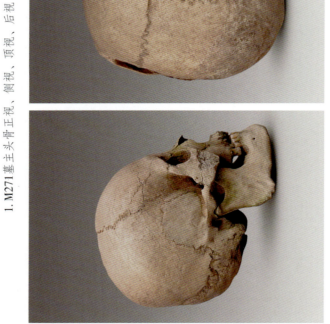
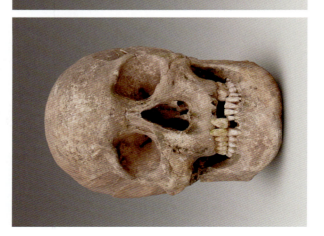

1. M271墓主头骨正视、侧视、顶视、后视

2. M308墓主头骨正视、侧视、顶视、后视

彩版10-2-7　第三期墓葬M271、M308墓主头骨

1. M311墓主头骨正视、侧视、顶视、后视

2. M319墓主头骨正视、侧视、顶视、后视

彩版10−2−8　第三期墓葬M311、M319墓主头骨

1. M354墓主头骨正视、侧视、顶视、后视

2. M274墓主头骨正视、侧视、顶视、后视

彩版10-2-9　第二期墓葬M354、第四期墓葬M274墓主头骨

1. M280墓主头骨正视、侧视、顶视、后视

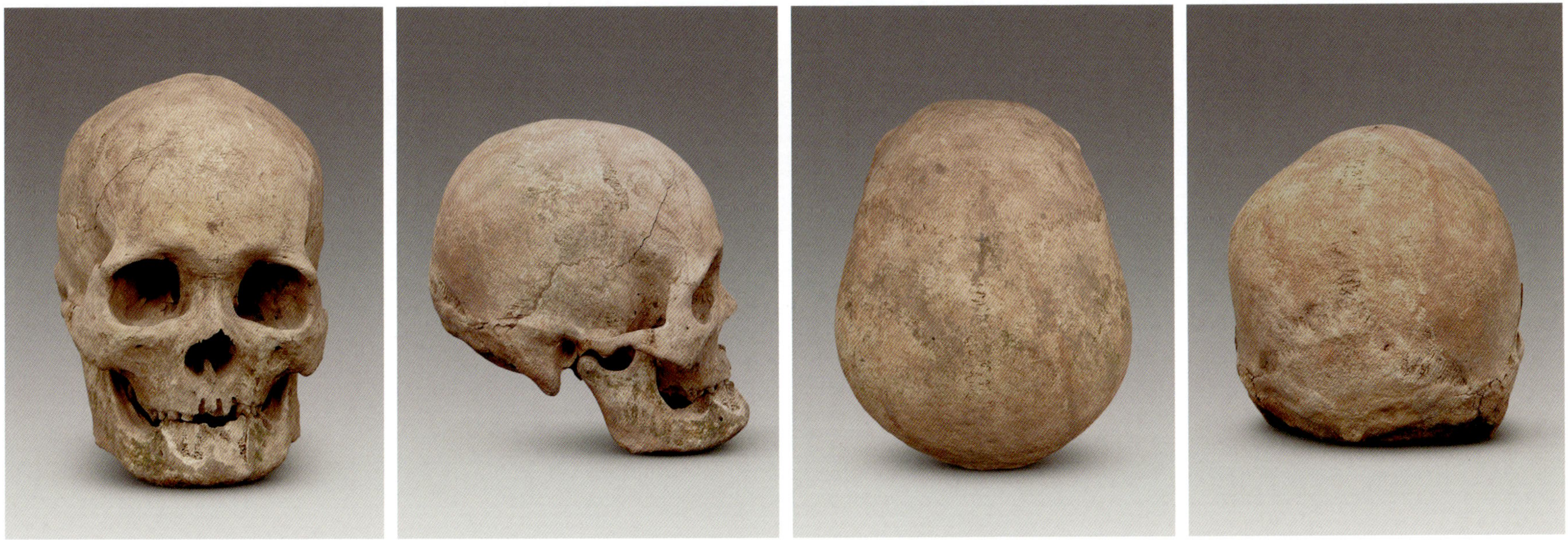

2. M288墓主头骨正视、侧视、顶视、后视

彩版10-2-10 第四期墓葬M280、M288墓主头骨

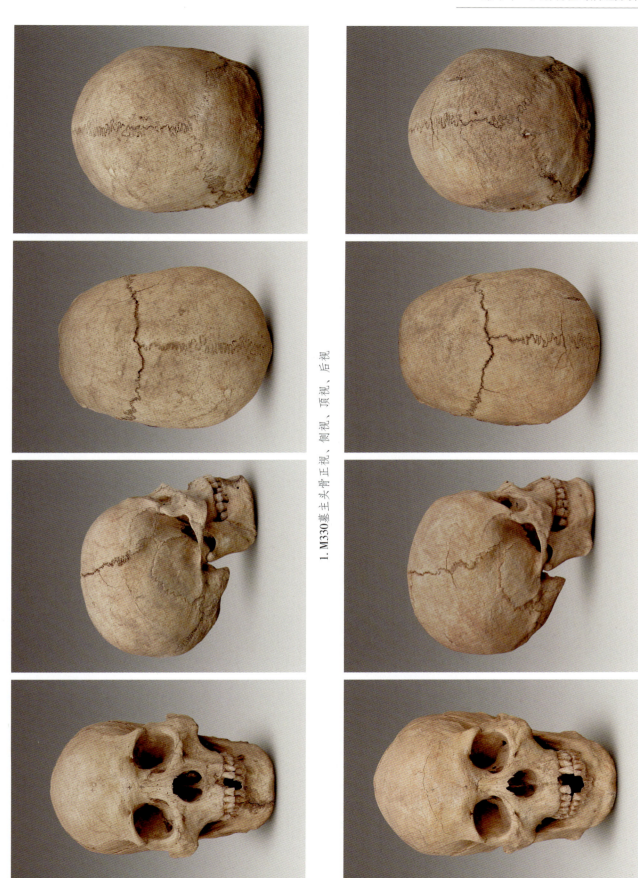

1. M330墓主头骨正视、侧视、顶视、后视

2. M331墓主头骨正视、侧视、顶视、后视

彩版10—2—11　第四期墓葬M330、M331墓主头骨

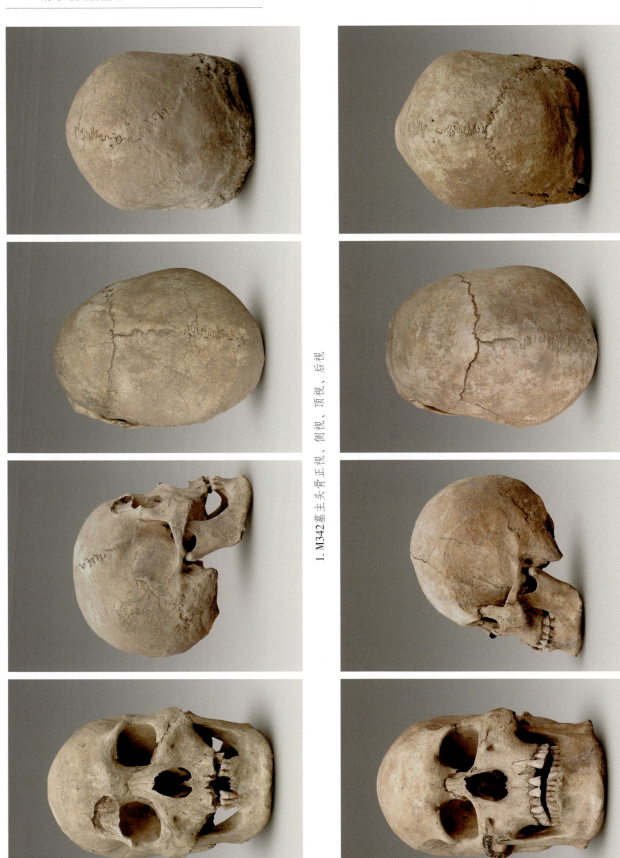

1. M342墓主头骨正视、侧视、顶视、后视

2. M350墓主头骨正视、侧视、顶视、后视

彩版10-2-12 第四期墓葬M342、M350墓主头骨

1. M148墓主龋齿（三期）

2. M108墓主牙周病（二期）

3. M110墓主（东）牙周病（二期）

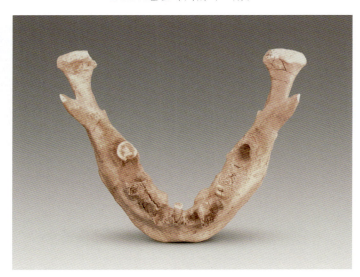

4. M150墓主牙周病（三期）

5. M66墓主（3）根尖脓肿（二期）

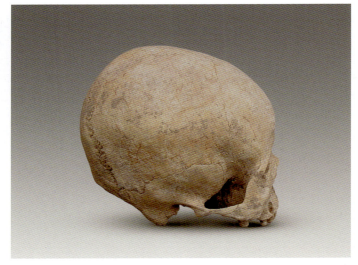

6. M158墓主根尖脓肿（二期）

彩版10-6-1 墓主龋齿、牙周病与根尖脓肿

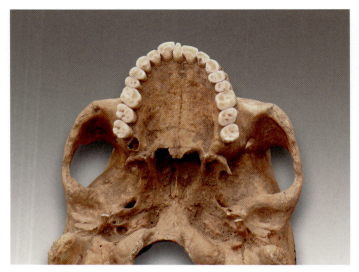

1. M114墓主多齿（二期）

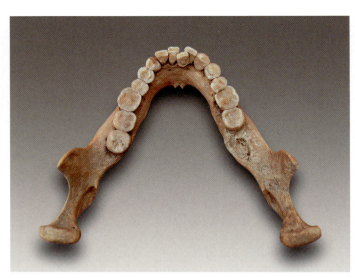

2. M108墓主门齿拥挤（二期）

3. M157墓主下颌齿M$_3$阻生（二期）

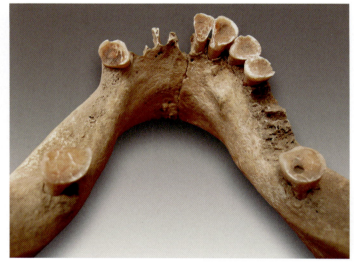

4. M319墓主牙齿偏斜式磨耗（三期）

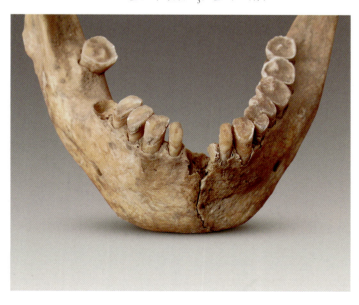

5. M351墓主牙齿偏斜式磨耗（三期）

彩版10-6-2　墓主牙齿畸形与偏斜式磨耗

1. M90墓主腰椎椎体骨刺（二期）

2. M90墓主第一腰椎骨刺（二期）

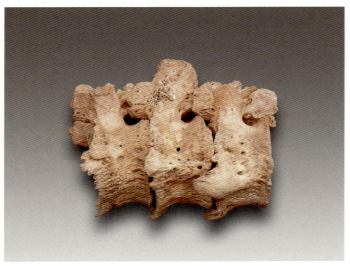

3. M330墓主腰椎椎体骨刺（四期）

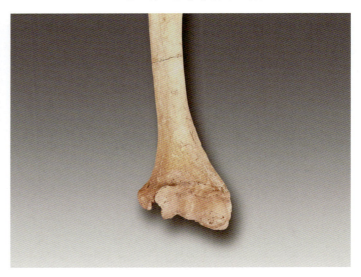

4. M135墓主肱骨象牙化骨质（二期）

5. M288墓主腓骨头关节面上的钙化面（四期）

6. M300墓主肱骨骨赘（三期）

7. M114墓主顶骨上的骨瘤（二期）

彩版10-6-3 墓主的退行性关节病与骨瘤

1. M258墓主骶髂关节融合（强直性脊柱炎）（三期）

3. M324墓主腰椎骶化（三期）

4. M29墓主尺骨骨折（三期）

2. M222墓主腰椎骶化（二期）

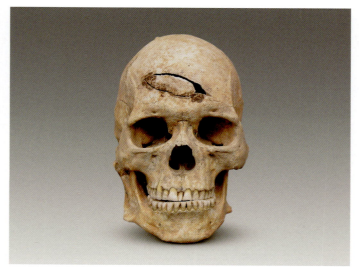

5. M114墓主鼻骨骨折（二期）

彩版10-6-4　墓主的强直性脊柱炎、腰椎骶化与骨骼创伤

1. M26墓主股骨骨折变形（二期）

2. M99墓主第一掌骨骨折（二期）

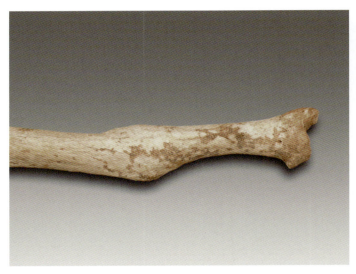

3. M164墓主尺骨骨折（二期）

4. M65墓主桡骨骨折（三期）

5. M274墓主肱骨骨折后导致感染（四期）

6. M274墓主肱骨骨折后感染（四期）

彩版10-6-5　墓主骨骼创伤

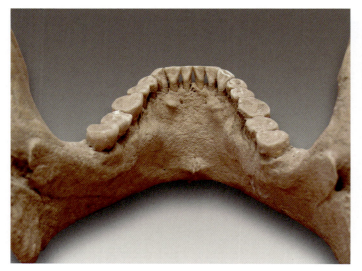

1. M106墓主下颌圆枕（二期）

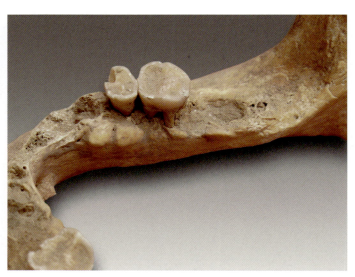

2. M120墓主下颌圆枕（二期）

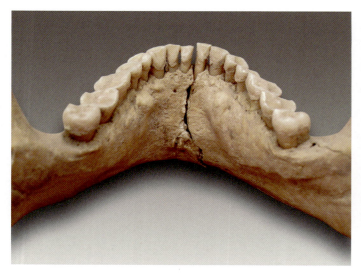

3. M122墓主下颌圆枕（二期）

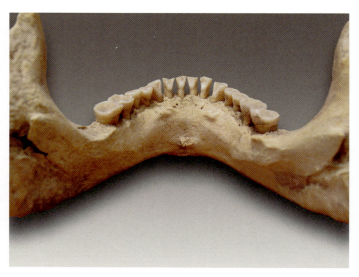

4. M187墓主下颌圆枕（二期）

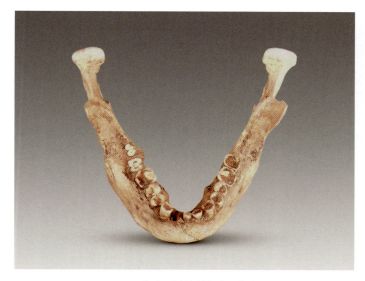

5. M57墓主下颌圆枕（三期）

6. M150墓主下颌圆枕（三期）

彩版10-7-1　墓主下颌圆枕

1. M76出土猪下颌骨（二期）

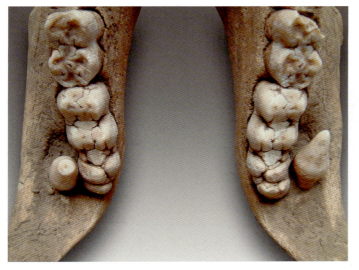

2. M76出土猪下颌骨M_3之后多出的一对锥形齿（二期）

3. M76出土猪下颌骨上的锥形齿（二期）

4. M67出土猪下犬齿（二期）

5. M146出土猪下犬齿（三期）

6. M52出土猪上犬齿（三期）

7. M54、M79出土鳄鱼背面骨板（二期）

彩版13-3-1 动物骨骼的种类

2 厘米

1. M126出土Ⅰ型骨簪（二期）

2 厘米

4. M180出土牙饰（三期）

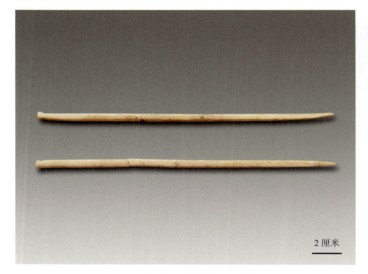

2 厘米

2. M10出土Ⅱ型骨簪（二期）

2 厘米

5. M146出土象牙饰品外面（三期）

2 厘米

3. M60出土Ⅱ型骨饰（二期）

2 厘米

6. M146出土象牙饰品内面（三期）

彩版13-3-2 动物骨骼的人工制品

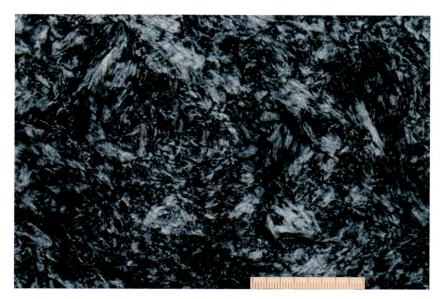

1. M153 : 02 透闪石纤维交织结构（+）

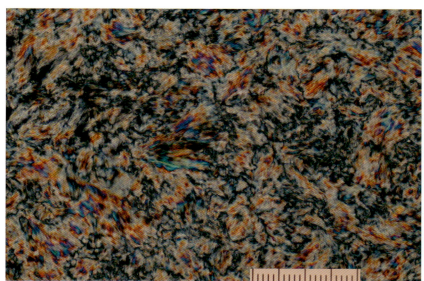

2. M91 : 01 透闪石纤维交织结构（+）

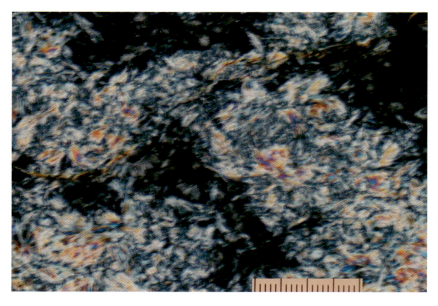

3. M91 : 01 含杂质矿物绿泥石（+）

彩版14-1-1　透闪石玉器切片的显微结构与矿物成分